A SECULAR AGE

世俗时代

Charles Taylor
查尔斯·泰勒 著

英译：张容南　盛　韵　刘　擎　张双利　王新生　徐志跃

法译：崇　明

审校：徐志跃　张容南

上海三联书店

献给我的女儿格里塔(Gretta)

目 录

CONTENTS

中文版序

  我很高兴听到《世俗时代》的中译本即将面世。这不仅由于任何一位作者得知他的作品将有更多读者而感到高兴，而且出于一个特殊的理由，这个理由看似悖谬。

  正如读者将会看到的那样，这本书声称它的目标较窄。我试图理解在"拉丁基督教"世界——即我们所认为的"西方"世界或北大西洋世界——一个世俗的时代是如何到来的。我并不试图对作为一个全球现象的世俗化进行叙述。这种自我限制的原因不是出于我的谦逊，尽管我清楚地知道自己的不足。它还因为我相信一个更全面的世俗化研究在这个阶段是不可能做到的。

  这是因为在主要的文明——即印度的、伊斯兰的、中国的和西方的文明——之间还存在着巨大的差异。整个历史背景、对"宗教是什么"的理解、将宗教与政治生活相联系的方式，以及其他的重要因素，在这些不同的文化传统中都是如此不同，即便使用同一个术语也常常是成问题的。也许"宗教"这个词最能清楚地说明这一点。宗教在基督教社会中的含义，也许与伊斯兰的理解在某方面最为接近，但与印度的概念相去甚远，也就更难适用于中国的情况了。儒家是宗教吗？在中国它常常被放置于与基督教、佛教和伊斯兰教不同的宗教类别中，并且就我所知，这仍然是中国官方的观点。但就传统来看，儒家与中华帝国的关系类似于基督教与晚期罗马帝国及其中世纪继承者的关系。也就是说，它定义了国家伦理以及维持这种伦理的重要礼仪。

  让我们继续来问这个问题：儒家是一种宗教吗？如果认为必须找到一种答案，那就是在假设说，有某种跨文化的宗教概念可以一视同仁地适用于所有文明。但事实是，文明的差异如此之大，以至于没有哪个概念可以以这种方式被应用。这些文明之间的差异是巨大的，部分是因为它们的历史太过悠久。我们可以追溯它们伟大的道德和宗教变迁，像卡尔·雅斯贝尔斯（Karl Jaspers）与什穆埃尔·艾森施塔特（Shmuel Eisenstadt）那样的学者，将这些变迁归到"轴心革命"的名下。这些标杆人物将这些革命的原点设定在出现了孔子、佛陀、希伯来先知和希腊哲学家的公元前4世纪，也许他们甚至会追溯到更远的过去。

这意味着只有在对不同的文明语境有了更细致的研究之后，我们才能获得对"宗教"发展以及"世俗化"兴起的全球性理解。一旦这些文明得到更好的理解，这些理论所需要的概念就会从这些文明轨迹的对比中出现。我写作《世俗时代》，目的只是对定义一个这样的轨迹，即西方的轨迹，做出微薄的贡献。

那么，这会让中国读者感兴趣吗？我希望它会，我也认为它应该会。因为在这个全球化的时代，我们与其他文明共同建立了如国家、企业、经济、官僚制、军队等相似的制度，以及像联合国、奥林匹克运动会等共同组织。惟有看到我们的文化和宗教轨迹与之有何不同，惟有对照其他文明，我们才能理解自身。我提供了对西方发展路径的勾画，这也许会有助于中国读者问一问自己，这幅图景在哪些方面不同于中国的轨迹？对这些问题的回答将帮助我们更好地把握中国历史的独特性。

作为回报，我希望能从中国读者对这本书的阅读中获得一些反馈。我们这些在西方、在殖民霸权时代生活的人，往往会在全球范围内投射我们的概念，就像它们适用于所有地方一样，"宗教"概念就是一例。我们急切地需要更清晰地把握相对照的案例，以便更好地界定我们自己的轨迹。就此而言，我们都在同一艘船上；我们都会从对其他轨迹更准确、更适当的界定中获益。

这就是为什么当我得知我的这本书即将在中国出版时感到欣喜的原因，这并非仅仅因为所有的作者都希望拥有更多的读者，也并非仅仅因为它或许有助于中国对其发展轨迹进行自我界定，还因为我（以及所有西方人）非常需要中国的尝试来帮助我们定义自身。我对狭窄的西方轨迹进行叙述，原因之一是希望它可能促成这类对照性理解的交流。我对本书中文版的问世感到非常高兴，这就像一个被珍视的愿望终于获得实现。

序　言

这本书源起于 1999 年春季我在爱丁堡大学所做的吉福德系列讲座 (Gifford Lectures),题为"生活在一个世俗时代"。此后经过相当长的时间,实际上已经扩展了著作的规模。大致说来,1999 年的讲座涵盖了目前这本书的前三部分,第四和第五部分处理了我本想要讨论的问题,但当时缺乏时间和能力予以恰当的论述。(我希望过去的几年在这方面有所助益。)

自 1999 年以来这部著作逐渐扩展起来,也拓宽了其论述的范围。但是,第一个进程还未能与第二个进程同步并进。这个更大的论述需要一部比我现在呈现给读者的更庞大的著作。我在讲述一个故事,就是关于我们通常所说的现代西方"世俗化"的故事。在讲这个故事的时候,我试图澄清这个经常被援用但仍不十分清楚的过程究竟是怎样的。要完全做到这一点,我本该讲述一个更为密集、更为连续的故事,但这是我既没有时间也没有能力去完成的事情。

我请拿起这本书的读者不要将它想象为一个连续的故事和论证,而是将它看作一组相互交织的篇章,它们相互阐明并为彼此提供一种相关性的语境脉络。我也希望论题的一般性要旨会从这个粗略的描述中浮现出来,这也会促进他人形成更进一步的方式,去发展、应用、修改和转化我的论述。

我要感谢爱丁堡的吉福德讲座委员会最初推动我来开始这个项目。我也要为自己获得 1996—1998 年间的艾萨克·基拉姆(Isaac Killam)研究奖,向加拿大国家艺术委员会(the Canada Council)致谢,这项奖金让我得以启动这本书的写作;还要感谢加拿大社会科学和人文学研究委员会 (the Social Science and Humanities Research Council of Canada)授予我

2003年度金奖。2000—2001年间在维也纳的人类科学研究院(Institut für die Wissenschaften vom Menschen)的访问使我获益良多。2005—2006年间柏林高等研究院(Wissenschaftskolleg zu Berlin)授予我一项研究奖金,让我得以在可能有的最好条件下完成这个项目,这些条件包括与何塞·卡萨诺瓦(José Casanova)和汉斯·乔阿斯(Hans Joas)的讨论,他们一直在(与我)平行的项目中开展研究。

我也一定要感谢跨文化研究中心(the Centre for Transcultural Studies)所汇聚的成员。我在这部著作中使用的一些关键概念是在我们的交流中形成的。

在写作这本书的过程中,我得到布赖恩·史密斯(Bryan Smyth)极大的帮助,他翻译或发现了许多(外语)文本的译文,并编制了本书的索引。未经注明的翻译几乎都是由他做的,偶尔经过我自己的修饰。

世俗时代

导　论

1

　　我们生活在一个世俗时代——这种说法意味着什么呢？几乎每个人都会同意，在某种意义上，"我们"确实如此。这里的"我们"，是指在西方生活的人们，或者说在西北部的、或（换个说法）在北大西洋世界中生活的人们，尽管世俗性也部分地、并以不同方式延伸到这个世界之外。当我们将这些社会与人类历史上任何其他社会相比较——也就是，一方面与几乎所有其他当代社会（例如，伊斯兰教国家，印度，非洲）比较，另一方面与人类历史的其余部分（大西洋世界的或其他地方的历史）比较——似乎都难以拒绝有关世俗性的论断。

　　但是，这种世俗性所蕴含的意思并不那么清晰。对它的特征化描述有两大备选表述方式，或更恰当地说，有两种备选表述族。第一种着眼于共同的体制与实践，以国家（the state）最为明显（但并非唯一）。那么区别就在于这一点，即所有前现代社会的政治组织，都以某种方式与上帝或其他终极实在观念有关，或因信仰、或因依附而连接于上帝，以上帝为根基，得到上帝护佑，而现代西方国家则摆脱了这种连接。教会现在与政治结构相分离——在英国和北欧国家存在一些例外，但它们十分低调，也不严格，不能真正构成例外。在很大程度上，有无宗教信仰成为一件个人的私事。政治社会同样被视为（各种宗教的）信者与不信者的社会。[1]

　　换言之，在我们的"世俗"社会中，你可以充分介入政治而无需"遭遇上帝"，也就是无需走到这种境地——在那里，亚伯拉罕的上帝对于这整个事业的至关重要性得到了强有力的、明白无误的证明。在今天,少数残余的仪式或祷告的时刻难以构成那样的"遭遇",但在更早世纪的基督教世界中,这是不可避免的。

这种陈述方式让我们明白,不只是国家被卷入到这种变化之中。如果我们在自己的文明中回溯几个世纪,那么我们就会看到,在上述意义上,在整个社会实践——不仅仅是政治实践——和所有社会层面,上帝都是在场的。例如,当地方政府以教区为运行模式,而教区仍然主要是一个祈祷的共同体;或者,当行会维持着一种宗教仪式生活,而这种生活不只是流于形式;再或者,当社会所有组成部分能够自我展示的唯一方式是宗教节日,比如像圣体节(Corpus Christi)游行。在那些社会中,若不在上述意义上"遭遇上帝",你就不能参与任何类型的公共活动。但今天的情况已经完全不同了。

如果你在人类历史上回溯得甚至更远,那你就会到达古代社会,在那里,我们如今所作的那一整套区分——将我们的社会划分为宗教的、政治的、经济的、社会的等各个方面——将不再具有意义。在那些早期社会中,宗教"无所不在",[2]与其他一切事物交织在一起,决不构成一个它自己的单独"领域"。

对世俗性的一种理解是根据公共空间。据称,这些空间已经把上帝或任何终极实在的指涉都清除了。或者从另一方面来说,当我们在各种活动领域(经济的,政治的,文化的,教育的,职业的,娱乐的)运作时,我们所遵循的规范和原则,我们所进行的审思和商议,一般都不令我们求助上帝或任何宗教信仰。我们行动所凭借的考量都内在于各个领域的"合理性"——在经济领域是收益最大化,在政治领域是对最多数人的最大利益,诸如此类。这与更早时期构成鲜明对比,在那时,基督教信仰制定了权威规条,这些规条通常出自神职人员,在上述任何领域它都不能被轻易忽视,比如,禁止高利贷或推行正统的义务。[3]

但是,无论我们是根据规条还是根据礼俗或仪式性来看这一点,把宗教从诸般自主社会领域清空,无疑兼容于如下状况——大多数人依旧信仰上帝,并有力地践行着他们的宗教。我突然想到共产波兰的例子。

这可能有点离题,因为那里的公共世俗性是被一种独裁且不得人心的政体所强加的。但在这个问题上,美国倒是相当引人瞩目。它是最早将教会与国家分离的社会之一,却也是宗教信仰与实践人数统计最高的西方社会。

这仍然是人们常常想要弄清楚的问题——当他们说到我们的时代是世俗的,并以此(怀旧地或宽慰地)对比早先的信仰时代或敬虔时代的时候。在第二种意义上,世俗性在于宗教信仰与实践的衰落,在于人们远离上帝和不再去教堂礼拜。就此而言,西欧各国已经大体上变成世俗的了,甚至那些在公共空间仍残留着公开谈论上帝的国家也是如此。

而现在我相信,有必要在第三种意义上展开对这个世俗时代的考察,它与第二种意义密切相关,与第一种意义也不无联系。考察会集中于信仰的各种境况。在此意义上转向世俗性,除了其他方面之外,还包含着从一种社会转向另一种社会,在前者那里,对上帝的信仰是未受挑战、甚至是不成问题的;而在后者那里,信仰上帝被理解为多种选项之一,而且常常还是并非最容易被接受的那种选项。与第二种意义相比,在这种意义上,至少美国的许多社会文化环境已经世俗化了,而且我认为美国作为一个整体也是如此。今天与此形成鲜明反差的例子是大多数穆斯林社会,或是广大印度人生活的那种社会文化环境。就算有人表明,在美国去基督教教堂或犹太教会堂做礼拜的人数统计接近于在(比如说)巴基斯坦或约旦星期五去清真寺祷告的出席率(也可以加上每日的祷告),这也是无关紧要的。这类证据只是在世俗性的第二种意义上把这几个社会划归为同类。然而,对我来说似乎显而易见的是,在这些社会之间,对于各自所信的是什么,存在着巨大的差异,这部分源自这样一个事实:在基督教(或"后基督教")社会,信仰只是一个选项,在某种意义上还是备受围攻的选项,而在穆斯林社会,则不是(或还不是)如此。

所以,我这里想要做的,是从第三种意义上来考察我们时代的世俗性,对此我大约可以如是概括:我想要界定和追溯的是这样一种变化,它将我们从一个实际上不可能不信上帝的社会,带入了另一个社会,在其中,信仰(甚至对最坚定的信徒而言)只是诸多人生可能性之一。或许我会觉得，让我抛弃自己的信仰是不可思议的，不过也存在着另外一些人（包括一些可能离我很近的人），他们没有什么信仰（至少不是信仰上帝或超越者），但我不可能全然诚实地干脆将他们的生活方式贬斥为堕落的、盲目的或没有价值的。对上帝的信仰不再是不证自明的，存在着多种其他选项。而这也可能意味着，至少在这种特定的社会文化环境中，一个人坚持信仰是艰难的。会有一些人感到必须要放弃信仰，即使他们会哀其所失。至少从 19 世纪中叶开始，这在我们的社会中已经是一种清晰可辨的经验。还有其他许多人，对他们来说，信仰甚至从不像是一种值得选择的可能。今天，对成千上万的人来说，这些显然是真实的。

在这个意义上，世俗性是关于理解之整体语境的问题，而我们道德的、灵性的或宗教的经验与追寻正是发生在这种语境之中。我在这里用"理解的语境"，意指两类事物：一是那种可能已经被几乎所有人明确表述过的东西，比如选项的多样性；一是那种构成此类经验与追寻之隐含的、大多漫无焦点的背景性的东西，借用海德格尔的一个术语来说，是其"前本体论"。

那么，一个时代或社会世俗与否，或许在于其灵性经验和灵性求索之境况。显然，一个时代（或社会）在这个维度中处于何种状态，与它在第二种意义上有多么世俗关系很大，而后者取决于信仰与实践的水准，但两者之间并不存在简单的关联，正如美国的情形所表明的。至于涉及公共空间的第一种意义，可能和其他两种意义都不相关（印度的例子或许会支持这一点）。但是我坚持认为，在西方的情形中，向公共世俗性的转变，实际上已经成为导致第三种意义上的世俗时代的部分因素。

〜 2 〜

明确阐述这种经验的境况，终究要比人所能想象的更为困难。这部分是因为人们倾向于专注信仰本身。通常令人感兴趣并能激起许多苦闷与冲突的，是次一级的问题：人们真正相信与践行的是什么？有多少人信上帝？这种趋势会朝哪个方向发展？对公共世俗性的关切常常涉及人们信什么或行什么，以及他们因此被如何对待的问题：我们的世俗主义政体，是否将有信仰的基督徒边缘化了，正如一些人在美国所宣称的那样？或者，它是否将那些至今尚未被承认的群体——非洲裔美国人、西班牙人，或者还有男同性恋者和女同性恋者——污名化了？

但在我们的社会中，有关宗教的重大问题往往是依据信念来界定的。先是基督教对自身的界定总是和信经有关。而第二种意义上的世俗主义经常被看作基督教信念的衰落；这种衰落被视为主要是由其他信念——对科学和理性的信念——的兴盛所推动，或是由诸多具体学科的成果所推动，例如进化论学说，或对心智功能的神经心理学解释。

我之所以要将关注焦点转向信念、经验与追寻的境况，部分理由在于我不满于第二种世俗主义的这种解释：科学驳倒并因此而驱逐了宗教信仰。我的不满在于彼此相关的两个层面。首先，在诸如从达尔文的发现推出对宗教的所谓反驳之类的假定性论证中，我看不出有什么说服力。其次，我的不满部分还出于这个理由，我不认为这种论证能够恰当解释人们实际上为何放弃他们的信仰，即使他们自己明确说是因为"达尔文驳倒了圣经"云云——据说在 1890 年代，一个哈罗公学的男生就是这么说的。[4] 当然，糟糕的论证可以在完好的心理解释或历史解释中起到关键作用。但是，此论证遗漏了在原教旨主义与无神论这两极之间存在的如此之多的可行的前景，类似这样的糟糕论证也亟需说明，这些其他的路径何以未曾行走。我认为，这种更深层的说明有待在我试图探究的层面上被发现。我很快就会回到这一点。

为了在这个层面说得更清楚些，我想谈谈关于信与不信的问题。信与不信不是作为彼此对立竞争的**理论**，这里的理论是指人们说明生存或道德的方式，不论这种说明是依据上帝还是依据自然中的某种东西，或是依据其他随便什么东西。相反，我想要做的是集中关注于不同种类的活出来的经验（这种经验多少会参与到对你的生活的理解），关注于作为信者或不信者去生活会是怎样的情形。

这些关注点初步指示了我在探索的方向，我们可以说，这些是在最

5

广泛的意义上过我们的道德/灵性生活的不同备选方式。

我们都会这么认为,我们的生活和/或我们在其中展开我们生活的空间,具有确定的道德/灵性形态。在某处,在某种活动或某种状态中,有着一种完满(fullness)、一种丰富(richness)。也就是说,在那个地方(活动或境况),生活是更加完满、更加丰富、更加深刻、更值得过、更令人敬慕的,更是生活应有的样子。这或许就是一种力量所在:我们对此的经验常常是深深的触动、灵感的涌动。也许这种完满感只是我们从远处隐约瞥见的东西;对完满应是什么样子,我们有强烈的直觉——倘若我们可以处在那种境况(比如说,平安或整全),或许就能够在完整、慷慨、放弃或忘我那样的水平上行事。但有时会出现被经验到的完满时刻,喜乐和满足的时刻,在那个时刻,我们心如止水。来看一个例子,摘自贝德·格里菲斯(Bede Griffiths)自传的一个片段,以此来举一反三:

> 在学校最后一个学期的某天傍晚,我独自出行,听到鸟儿正齐声吟唱,这只有在一年中该时节的黎明或日落时分才能听到。此刻我记起了这份惊喜的震撼,伴随着在我耳畔响起的鸟鸣。那一刻我仿佛觉得以前从未听到过鸟儿歌唱,我好奇地想,它们是否整年都一直这样唱着,而我却从未对此留意。走着走着,我来到了几棵盛开的山楂树旁,又一次,我感到自己以前从未见过这样的景色,从未体验过这般的甜美芬芳。假如此刻我突然被带入天堂花园的树林之中,听到一个天使唱诗班在歌唱,我也不会感到更多的惊喜。然后,我来到运动场上太阳西落之处。一只云雀忽然从我近旁的树下飞起来,在我的头顶上倾吐它的歌声,然后缓缓下沉,歌声渐稀。当落日余晖消隐,万物沉静之际,黄昏的帷幕开始笼罩大地。我现在还记得当时那种临到我的敬畏感。我感觉自己就要倾身跪下,好像我正站在一位天使的面前;我几乎不敢仰望天空的面容,因为它仿佛就是上帝脸上的面纱。[5]

在这个例子中,完满感是在某个经验中降临的,此经验动摇并突破了我们在世界上的寻常存在感，这世界有着熟悉的事物、活动和参照点。按彼得·伯格（Peter Berger）在描述罗伯特·穆齐尔（Robert Musil）的作品时所言，这也许是这样一些时刻，那时，"寻常的现实被'废除'，而某种 6 极为他性（other）的东西呈现出来"，此即穆齐尔所描述的"他性境况"（der andere Zustand，the other condition）的意识状态。[6]

但是，即使没有此类界限经验（不论是让人提升，还是令人敬畏），完满感的确也可以发生。也许存在这样的时刻，当那些看似就要把我们拖垮的深度分歧、困惑、担忧和悲伤，不知怎么就消解了，或达成一致了，我们因此感到统一，感到向前推进，突然变得干劲十足和充满活力。我们最高远的志向和我们的生命活力以某种方式得以协调一致，它们相互增强，而不是产生心理困局。这就是席勒（Schiller）试图以他的"游戏"概念来理解的那种经验。[7]

这些以及其他不胜枚举的经验，可以帮助我们定位"完满"，[8] 而我们朝向完满则在道德或灵性上为自身确立了方向。这些经验之所以能够为我们确定方向，是因为它们为它们的所属提供了某种感觉：上帝的临在，大自然的声音，流行万物的力，或是欲望与形式冲动在我们身上的一致。但是，这些经验也常常是令人不安的和神秘的。我们对于它们从何而来的感知，可能也是不清晰的、混乱的和残缺不全的。我们被深深地触动，也被迷惑和震撼。我们努力要去清晰地表达自己经历了什么。如果在对它的表述上我们取得成功，尽管只是部分地成功，我们就会感到如释重负，仿佛这种经验因着被聚焦、被清晰说出并因此被充分显现而得到增强。

这有助于为我们的生活确定一个方向。但方向感也有着其负斜率；我们终究会在某处经验到一种距离，一种缺失，一种放逐，一种似乎无可救药的对抵达此地的无能；力量的缺失；困惑，或者更糟糕的，那种传统上所称的抑郁，即厌倦（波德莱尔［Baudelaire］所说的"忧郁"［spleen］）。在后一种境况中，糟糕之处在于，我们失去了对何处是完满之地的感知，甚至不知道完满可能包含些什么；我们感到已经忘记完满的样子，或再也不能相信完满。但是，缺失的痛楚、丧失的痛楚，依旧在那里，其实，它在某些方面甚至变得更严重了。[9]

我们可以在传统中看到还有其他放逐的形象，在那里处于支配地位的是一种诅咒感，感到永远被排除在完满之外，而且是应得的和明确的；或者被掳意象，这些意象在可憎形式的范围内，体现了对完满的彻底否定，比如我们在希罗尼穆斯·波希（Hieronymus Bosch）的绘画中所看到的那种怪兽形式。

然后是第三点，存在着一种稳定的中间境况，我们对此常常是渴望的。在此境况，我们在尚未抵达完满时有办法逃避否定、放逐和空虚的形式。我们妥协于中间位置，常常通过某种生活中稳定的、甚至常规例行的秩序，因为在这样的秩序中，我们做些对自己有意义的事情；比如，促进我们日常幸福的事情，以各种方式让人充实的事情，或是对我们以为是善的事物有所贡献的事情。在最好的情形中，常常是这三者兼具：比如，我们努力去和配偶及孩子们快乐地生活在一起，同时从事一个令我们感到满意的职业，而且这职业也明显对构成人类福利有贡献。

然而，对这种中间境况来说，以下两点是根本必要的。首先，与我们日常活动之意义相系的常规、秩序、规律，会以某种方式对那种放逐、厌倦或被怪兽掳掠等予以提醒和牵制；其次，我们在一定程度上可以感知与那完满之地的持续联系，经年累月地向完满之地缓慢行进。只要中间境况的平衡未被破坏，那完满之地就不会被断然放弃，不会让人对它彻底绝望。[10]

这里可能会显得，我对于我们的道德生活/灵性生活这个大概普遍结构所作的描述，是向信徒倾斜的。很明显，上一段最后几句话相当符合处于中间境况的信徒的思想状态。她继续将信心置于更完满境况（常常被描述为拯救），她不会放弃对它的盼望，而且她也希望感受到，她对于朝向完满的进程至少是开放的，即便还未朝那个方向迈出几小步。

但是，肯定还存在许多不信者。对他们而言，我描述为中间境况的这种生活就是全部了。这就是目标。好好地、充分地过这种生活，人的生活就是这么回事——比如我前面描述的三重梗概。这就是人的生活所能提供的全部；根据这一观点，首先，这目标绝非小事；其次，若相信还有更多(比如死后或某种不可企及的圣洁),就是要逃避和破坏对此般人性卓越的追求。

因此,若将完满描述为远离此中间境况的另一个"地方",或许是误导性的。然而,这里存在着一个结构性的类比。不信者想要成为这样一种人:对他而言,此生是完全令人满足的,他会因这样的生活而满心欢喜,在这样的生活中,他的整个完满感能够找到一个合适的对象。而他尚未达到那个地方。要么就是他并没有真的在他的生活中充分活出建构性意义:他在婚姻中并不真正幸福,在工作中并不满足,或者并不确信这份工作对人类有益;要么就是虽然他合乎情理地相信这些方面他都够格,但与他明确表达的观点相反,他在自己的生活中无法找到内心那份平安感,以及满足感、完全感。换言之,尚有他所渴望的但却超越了他所在之处的某种东西。他或许还没完全克服对某种超越之物的怀旧。无论如何,他仍然有一段路要走。而那就是这个"地方意象"背后的要点所在,尽管这个地方并不是在"别处"(在明显包含相当不同的活动的意义上而言),或是一个此生之外的境况。

我们现在把人类道德/灵性生活的这些典型维度描述为完满的确认、放逐的模式和中间境况的类型,其用意是要让我们能更好地将信与不信,理解为活出来的境况,而不只是理解为所赞同的理论或信条。

在此有一个巨大而鲜明的反差:对于信者而言,对完满之地的说明需要提到上帝,即提到某种超越人类生活和/或自然的东西;而对于不信者来说,就不是这样,他们宁愿对任何说明不做定论,或者依据人类潜力去理解完满,而对人的理解又是自然主义的。但到此为止,对于这种反差的描述,似乎仍然只是一种信念的描述。我们需要做的是去具体感受生活经验的差异。

当然,活出来的经验是极为多样的。但我们或许可以辨识出一些不断重现的主题。我们得到的感受是,对信者来说,完满——经常地或典型地——降临于他们,那是他们所接受的某种东西;更进一步说,是在类似于个人关系中从另一个能够爱和给予的存在者那里接受;除了其他方面之外,对完满的趋近包括奉献和祷告(以及慈善,施舍);他们意识到自

8

11

己离完全奉献和施舍的境况还很远；他们也意识到自己还处于自设的藩篱中，被次要的事情和目标所束缚，还不能像他们倘若处在完满之地时那样自我敞开和施受。因此而有这一概念：在一种关系中接受力量或完满；然而，接受者并不是在其当前状态中单纯地被赋予力量；他/她需要被开启、被转变、被带出自我。

这是一种非常基督教式的表述。为了与现代的不信作出对比，将它与另一种较为"佛教式"的表述并置或许是有益的。在佛教那里，个人关系会退出中心位置。而在整体上更突出强调的指向是：超越自我、开放自我、接受一种超越我们的力量。

对于现代的不信者来说，困境则相当不同。到达完满的力量是内在的，这种情况也有各种不同的变体。一种是集中于我们作为理性存在的本性。康德式的变体是其最为坦诚的形式。作为理性能动者，我们有力量去制定我们的生活所依据的法律。这种力量是如此之大，胜过我们里面的（以欲望的形式存在的）纯粹本性之力量，以至于当我们不带扭曲地沉思它时，会情不自禁地对这种力量心生崇敬。完满之地在于，我们最终设法让这种力量获得充分主宰，并因此靠它生活。我们感到一种接受性，当我们作为怀着欲望的存在者，充分感知到自身的脆弱与悲怆，我们带着钦慕与敬畏仰望立法的力量。但是，这最终并不意味着有任何来自外部的接受；这种力量是内在的，而我们越了解这种力量，就越明白它是在人的里面，而道德必定是自律的而非他律的。

（后来的费尔巴哈这一路的异化理论也可以列在此处：我们把这一令人畏惧的力量投射给上帝，是因为早前错误地将它置于我们自身之外；我们需要让人类重新占有它。但康德并没有采取这一步骤。）

9

当然，理性的力量还有许多更加自然主义的变体，它们偏离了康德思想中二元论的、宗教的维度，即他对道德主体的彻底自由、对不朽、对上帝的信仰——实践理性的三个假设。或许还有一种更严酷的自然主义，几乎没有赋予人类理性多少可以运用的空间，认为人一方面受本能驱动，另一方面被生存的迫切需要所束缚。此种自然主义对我们为什么拥有这种理性力量，根本不提供说明。而此力量主要是对理性的工具性使用,那又是与康德不同的。我们常常发现,持这种自然主义的人,倾慕冷漠理性的力量,认为这种力量能够不带幻想地注视世界和人生,最能够为人间福祉而清醒地行动。某种敬畏依然围绕着作为一种批评力量的理性,此理性能够帮助我们消除幻象,摆脱那些盲目的本能力量和滋生恐惧、狭隘与胆怯的幻想。最接近完满的属性,就在于理性这一力量,而它完全是属于我们自己的,当它通过我们自己的、常常是英雄般的行动,就会得以发展。(在此,现代"科学"理性这个巨人常被提及,例如哥白尼、达尔文和弗洛伊德。)

我们是既脆弱又勇敢的存在者,能够毫不懦弱地直面一个无意义的、有敌意的宇宙,能够挺身接受制定我们自身生活的法则这一挑战,这样一种自我感确实可以鼓舞人心,正如我们在加缪等人的作品中所看到的那样。[11]完全接受这一挑战,且我们视自身为大的自我感又在此过程中获得力量——这一我们渴望却鲜能(若曾有过的话)抵达的境况,可以发挥作为其自身的完满之地的功能,这是在我此处所讨论的意义上而言的。

也有与这些因理性的自足力量而欢喜的模式相对的其他不信模式,类似宗教观点的后一类模式认为,要实现完满,我们需要从自主理性之外的其他地方接受力量。理性本身是狭隘的,对完满的要求视而不见。如果理性不承认任何限制,被某种自负和傲慢所驱动,那么它将会不断走向对人类和生态的毁灭。这里常常呼应了宗教对现代的冷漠而不信的理性所作的批判。不过,其力量的来源不是超越性的,而是有待在"自然"那里,在我们内心深处,或同时在两者之中被找到。在此,我们可以看出某些关于内在性(immanence)的理论,它们源自浪漫派对冷漠理性的批评,源自(最引人注目的)我们时代的某种生态伦理学,尤其是深度生态学。理性的心灵必须向某种更深刻、更完满的事物开放自己。这是某种(至少部分是)内在的东西,是我们自己最深的情感或本能。因此,我们必须治愈我们里面的分裂,这分裂由冷漠的理性产生,把思想放在情感、本能或直觉的对立面。

正如刚刚提到的,我们这里列出的观点,的确与宗教对不信的启蒙所作出的反应有些相似之处,也就是它们都强调接受,与那种自足形成鲜明的对比。但这些观点有意要保持其内在性,它们对宗教那种经常性的敌意,与冷漠理性不相上下(若不是更多的话)。

还有在此难以做出分类的第三类观点,不过我希望后面的讨论能对此有所阐明。这些观点很像当代的后现代主义的某些模式,它们否认、攻击、嘲笑那种自足理性的主张,至于力量接受自何处,则根本不提供外源。就如它们坚决攻击启蒙的纯思想之梦一样,它们也不遗余力地诋毁和否认浪漫派的慰藉观念(在情感或恢复的统一性中寻求安慰);它们甚至常常显得更渴望强化它们的无神论信仰。它们总是想要强调,分裂在本质上无可挽回,缺乏中心,完满永不在场;完满至多是个必要的梦想,是某种我们也许不得不假设的东西,为的是最低限度了解我们的世界的意义,但完满总是在别处,原则上永远难以找到。

这族(family)观点似乎与我在此所谈论的诸般结构毫不相关。但我还是认为,这族观点以许多方式利用了这些结构,这不难表明。特别是,它从我们能够直面无法补救的局面并依然坚持不懈的勇气和伟大感中获得力量。我想在后面再回头讨论这个问题。

至此,我们稍有进展,我们谈到信与不信乃是活出或经验道德/灵性生活的方式,并在三个维度上展开。在第一个维度,即经验完满的方式,我至少提炼出一些对比;能将我们带到这一完满的力量之源;这源泉究竟是"内在的"还是"外在的";以及从哪里可以看出这种区分。与这些差异相对应,则有放逐的经验以及中间境况的经验。

对于这个内在/外在之区别,还需要多说几句,但在对此作出进一步阐释之前,我们需要先探索此完满经验——在这一经验中,完满"位于"某处——的另一个重要侧面。在此,我们已越过纯粹的信念,且更贴近活出来的经验,但我们活出的方式依然存在重要的差异,而这些差异有待阐明。

当我说,完满来自一种超越我的力量,我必须接受它,诸如此类,这些说法究竟是什么意思呢? 在今天,这很可能意味着类似下面的说法:

当我沉迷于这种神学观点时,我的那些相冲突的道德/灵性经验才获得最佳理解。也就是说,在我自己的经验中,在祈祷之际,在完满时刻,在克服了放逐感的经验中,在我观察周围其他人的生活时的所见所闻中——有着杰出的灵性完满的生活,或最大限度自设藩篱的生活,或有着恶魔般邪恶的生活,等等,这似乎就是出现的图景。但是,我从未、或只是非常罕见地真正确信摆脱了一些怀疑,也不受某种反对所困扰,这种反对可能出自某种与我不相适合的经验,某些展现出别有所依的完满生活,或某些时常吸引我的另类完满模式,等等。

这是典型的现代境况,而且一个类似的故事可以由不信者讲出。我们生活在这样的境况:在其中,我们禁不住意识到,存在着多种不同的解说,即明智的、未受蛊惑的、怀有良好意愿的人们可能而且确实对之持有分歧的种种观点。我们不禁要不时地前后打量、左右观望,在充满怀疑与不确定性的境况中活出我们的信仰。

正是这种怀疑的迹象促使人们去谈论"理论"。因为理论往往是些假设,在最终的不确定性中持守,等待进一步的证据作出决定。我希望我所说的已在很大程度上表明,我们不能将它们当作纯理论来理解,而且,假如我们生活在这样或那样的灵性中,我们的整个经验就有可能被扭曲。但我们今天仍然意识到,一个人可以不同地活出灵性生命,而力量、完满和放逐等也可以采取不同的形态。

但是活出这些重要方面,显然也有另一种方式,而且许多人的确做到了。这是一种境况,在其中,用来描述力量、完满之地以及放逐之直接经验的确切措辞,会被**我们**识别为种种可能的选择之一,但对当事人而言,并不会出现这种经验与其解说之间的区别。让我们再次以希罗尼穆斯·波希的绘画为例。那些以怪兽形式表现的被邪灵所附、那些恶鬼和被囚掳的梦魇;我们可以想象,这些事在那个时代许多人有过的经验中,都不是任何意义上的"理论"。它们是真实恐惧的对象,而且这种恐惧是如此触目惊心,以至于我们不可能真有这种想法——它们或许是虚幻不实的。你,或者你所认识的人们,已经经验到这些事。而且,在你周围的环境中,也许根本不会有人想到去暗示它们是不真实的。

11

　　类似地,在新约时期的巴勒斯坦,当人们看到有人被鬼所附时,他们总是急于去应对邻人或是所爱者身上这种境况的真实苦难,根本不可能抱有这样一种想法,即被鬼所附只是对一种心理状态的有趣说明,可以用"心灵内部"的术语来识别,但对于这种境况还有其他的、可能更可靠的病原学解释。

　　或者还可以再举一个当代的例子,这个例子来自西非,因此必定会说到那位塞莱斯廷(Celestine),她曾经接受过比尔吉特·迈耶(Birgit Meyer)的访谈。[12]她"曾和妈妈一起从艾文塔尔(Aventile)一路走回家,陪伴她们的是一个穿着北方白色长袍的陌生人"。当后来被问到的时候,她妈妈否认见过这个人。原来,他是阿肯人(Akan)的神灵松卢(Sowlui),而塞莱斯廷不得不效忠于他。在塞莱斯廷的世界里,确认此人为此神灵或许可被称为"信念",因为它是跟着经验而来,试图说明原委。但是,这个陪伴她的人恰恰是她遭遇到的重要人物,即她的世界的事实。

　　因此,存在着这样一种活出的经验之境况,在那里,也许被我们称为道德/灵性解说的东西,并不是解说,而是活出来的,被经验为直接的现实,就像石头、河流和山脉一样。这显然也适用于事情积极一面:比如,对于处在我们文化早期阶段的人们来说,走向完满就意味着更接近上帝。他们在生活中面对的非此即彼的选择就是:是过一种更完全的敬虔生活,还是与完满一直保持距离,继续为那些次要之善而活;用 17 世纪法国的语词来说就是,是成为"虔诚的信徒"(dévot)还是"凡夫俗子"(mondain),并不就何为完满去追逐不同的解说。

　　如今,我们的文明中已发生事情的一部分是,我们很大程度上已经侵蚀了这些有着直接确定性的形式。也就是说,有一点似乎很清楚,即这些形式(对我们而言)绝不会像它们在希罗尼穆斯·波希的时代那样全然"天真"(naïve)。[13]但我们仍然有相类似的东西,虽然它们更薄弱。我谈论的是,道德/灵性生活容易在特定背景中显出的方式。也就是说,尽管每个人现在都需要意识到,有一种以上的选项,但很可能的情况是,在我们的社会环境中,某种信或不信的解说容易突显,成为一种最动听的解说。你知道还有别的解说,而且,如果你对另一种解说感兴趣,进而接近它,你也许会彻底思考走向它的方式,其间也会有挣扎和搏斗。你与你的信仰共同体破裂了,变成一个无神论者;或者你走向了相反的方向。但还是可以说,有一个选项是默认选项。

在这一点上,我们西方文明中已有一个巨大变化。我们不仅是从一种境况转变到另一种境况(在前者,大多数人"天真地"生活在一种作为简单实在的解说中,这种解说部分是基督教的,部分与源自异教的"精神"有关;在后者,几乎没人能够做到这样),而且所有人都将他们的选项看作多种选项之一。我们都学会了在两种立场之间游移:一种是"投身参与的"(engaged)立场,据此,我们尽最大可能践行我们的立场向我们所开启的实在;另一种是"漠然的"(disengaged)立场,据此,我们能够看到我们只不过占据了诸多可能立场之一,我们必须以各种方式与其他的立场共存。

但我们还有另一个境况改变,在从前的境况中,信仰是默认选项,不仅对天真的人来说是如此,而且对那些了解、思考和谈论过无神论的人亦是如此;而在如今的境况中,对越来越多的人来说,根据初步印象,不信似乎是唯一动听的解说。这些不信者的祖先是天真的、半异教的信徒,就此而言,因不信者从未有过"天真的"无神论者的境况,所以他们对祖先的境况总是隔着一层;但对他们来说,不信的解说似乎是最动听的解说,因此也就很难理解人们会接受另外一种解说。正因如此,他们轻易地追逐相当荒唐的错误理论来解释宗教信仰:人们惧怕不确定性和未知性;他们头脑薄弱,被内疚感所羁绊,等等。

这并不是说每个人都处于这种境况。我们的现代文明由许多社会、亚社会和环境氛围构成,彼此各不相同。但在越来越多的这些社会氛围中,那种不信的预设已变成主导性的,并在某些关键的社会环境中——比如在学术和智识生活中——获得了霸权,不信的预设因此能更容易延伸到别处。

为了把信与不信之间的讨论置于我们所处的时代,我们必须将之放在我们活出来的经验和塑造这种经验的解说之语境。这不仅意味着这样做并非仅用不同"理论"来解释同一种经验,而且还意味着要理解不同

13

解说的差异化地位；它们何以能够被"天真地"或"反思性地"活出，何以这种或那种解说成为许多人或社会环境的默认选项。

对于这一点，换个术语来说就是：就信上帝而言，在公元1500年与在公元2000年，相当程度上不是同一回事。我并非是指这一事实，即甚至正统基督教也经历了重要的变化（例如，"地狱的没落"，或对救赎的新理解）。即便关于相同的信条陈述，也存在重要的差异。只要我们考虑到如下事实，上述变化就明朗了，即所有信条之被持守，均在理所当然的语境或框架之内，这种框架通常是不明示的，甚至持信者也未必知晓，因为它从未得到表述。这就是在维特根斯坦、海德格尔或波兰尼（Polanyi）的影响下，哲学家们称之为"背景"的东西。[14] 诚如维特根斯坦所指出的，[15] 这个世界，连同所有化石和上面的条痕，并不是在五分钟之前才形成的——这是我研究岩层构造时认为理所当然的，若不是某些疯狂的哲学家——他们痴迷地骑上了他们的认识论木马——将此命题向我提出，我根本就不会想到要去表述和承认这一点。

但现在我也许着了迷，我再也不能"天真地"进入我的研究了，而是要去考虑什么才是我一直所倚靠的，或许还要考虑这种可能性：我所倚靠的，也许是错误的。这种对天真的破坏往往成为通向更充分理解的道路（即便这个例子不是）。你或许只是在这样一个框架下操作，在其中，所有的运动都处在一个主要方向，或上或下；但为了要在一艘宇宙飞船上发挥功能——即便是作如是构想——你也必须明白，这个框架是多么相对和受限。

我上面谈论的差异，是人据以信上帝或据以拒绝信上帝的整个背景框架之一。昔日和今日的两种框架分别被视为"天真的"和"反思的"而彼此关联，因为后者摊开了一个问题，而此问题在前者那里一直因未曾意识到的背景形态而遭到阻止。

背景上的转移，或更恰当地说，早期背景的瓦解，会变得昭然若揭，只要聚焦于我们现今所作的某些区别，比如，内在与超越之间、自然与超自然之间。每个人，无论是肯定还是否定每一对区别的后一项，都能理解这些区别。这就分出一个独立、自立的层面，即"自然"这一层面，它与某些更深远或超越的事物是否发生互动，都被认为是可以的。这种分法成为现代理论工作之关键点，并反过来对应于现代经验的一个构成性维度，我希望在下面对此作更详细的说明。

正是这种背景上的转移，即我们在其中经验完满、寻求完满的整个语境之转移，才是我所说的第三种意义上的世俗时代的来临。我们如何从一种境况转移到了另一种境况？在前一种境况，即基督教世界，人们天真地在一个有神论解说内生活；在后一种境况，我们在两种立场之间切换，每个人的解说都敞露无遗，而且不信已经成为许多人主要的默认选项。这就是我要描述的转型，我也将在后续篇章中对此作出（非常局部的）解释。

这不容易做到，但是只有通过将此转型看成是活出的经验之转型，我们才能开始恰当地提出正确的问题，并避免幼稚地看待各方：要么认为不信就是偏离任何意义的完满，或是背叛完满（有神论者有时倾向于对无神论者作如是观）；要么认为信只是一套理论，试图用来解释我们都有的经验，而这些经验的真实性可以被纯然内在地理解（无神论者有时倾向于对有神论者作如是观）。

事实上，对于这些选项之间的差异，我们必须不仅根据信经来理解，而且还要按照经验和感知的差异来理解。在这后一层面，我们必须考虑两种重要的差异：首先，在信或不信的整体背景上发生了巨大的变迁，即早先"天真"框架的消逝，以及我们的"反思"框架的兴起。第二，我们必须意识到，信者与不信者对各自世界的经验，会有极大的不同。完满有待在我们之外的某种事物中被发现，这是一种感知，但能够作为一种经验事实突然改变我们，正如前文引述的贝德·格里菲斯的例子，或者如克洛岱尔（Claudel）在巴黎圣母院的晚祷中所经历的皈依时刻。这种经验随后会得到清楚表述，并被合理解释；它会产生一些具体的信条。这个过程可能需要时间，成问题的信条经过一些年日就会改变，虽然这种经验在记忆中依然是范式时刻。这就是贝德（Bede）身上所发生的事情，他就那个关键时刻形成完全有神论的解读，是在若干年之后；类似的"延迟"，也可见于克洛岱尔的例子。[16] 因此，第三种世俗性的境况，必须根据我们时代某种特定经验的可能性或不可能性来描述。

⌘ **3** ⌘

15　　在上文中,我一直在与"世俗的"或"世俗性"这个词较劲。在你开始考虑它之前,它似乎很明确,然而一旦你开始思考,各种难题便会接踵而至。我试着驱逐其中一些问题,为此我区分了该词的三种含义。这样做并不能摆脱所有的问题,但或许足以让我的探寻取得一些进展。

但世俗性的三种模式全都指涉"宗教":(1)退出公共空间的宗教;(2)作为信仰与实践的一种类型,且不论是否在退化;(3)作为某种特定信仰或委身,而它在这个时代的境况正在经受检视。但什么是"宗教"呢?宗教极为藐视定义,主要是因为,我们想要称之为"宗教的"现象,在人类生活中是如此惊人地变化多端。在古代各种社会生活中,"宗教无处不在",而在我们的社会中,宗教名下存在着界限分明的一系列信仰、实践和体制,当我们试图去思考古今之间(关于宗教)有何共同之处时,我们就会面对一个艰难的、或许是无法完成的任务。

然而,如果我们是审慎的(或带着胆怯),并反思到,我们正试图理解出现在某一文明,即现代西方的文明——或其更早期的化身,拉丁基督教世界——的一组形式和变化,我们大可欣慰地明白,我们用不着去打造一个定义,用以涵盖所有时代、所有人类社会中一切"宗教的"事物。我们(北大西洋的或"西方的")文明中的人们曾经在乎而且至今依然在乎的这一变化,即涉及到宗教在我所识别的世俗性之三种维度中的地位,其实也是我在这种变化的一个关键侧面上所开始探讨的:我们已经从这样一个世界——在那里,完满之地被毫无疑问地理解为外在于或超越于人类的生活——转移到了一个冲突的时代,在此,这种"超越"解说遭到其他"内在"解说的挑战(这些内在解说以许多相当不同的方式把完满之地置于人类生活"之内")。更为晚近时期的许多重要论战也与此有关(可资对比的是,在更早的时期,人们曾为基督教教义的不同解说而殊死斗争）。

　　换言之，依据"超越"与"内在"之区分来解读"宗教"，将会有助于我们这里的目标。这正是我所提议的审慎（或带着胆怯）之举的精妙之处。这远不是要证明，一般意义上的宗教可以根据这种区分来界定。有人甚至认为，只有我们（西方人，拉丁基督徒）才会作出这种特殊而严格的区分，且不论这是我们智识的荣耀还是愚昧（各有一些，我后面会说到）。比如，你不能将此区分强加给柏拉图，倒不是因你无法区分理念（Ideas）和"模仿"（copy）理念的流变之物，而恰恰是因为你只有借助理念才能理解这些变化着的现实。西方的伟大发明是"自然"中的内在秩序之发明，该秩序的运行可被系统地理解和解释，而且自成体系，至于进一步的问题——这个整体秩序是否还有一种更深层的意义——则悬而未决。若是有，我们是否应该推断出在它之外有一个超越的创造主？这一"内在的"观念已包含了否认——或至少是分离和质疑——"自然"事物和"超自然"事物这两端之间任何形式的相互渗透，不论对"超自然的"理解是依据一个超越的上帝、诸神或神灵、或是魔力以及别的什么。[17]

　　因此，依照这种内在与超越之分别来界定宗教，是特别适合我们文化的举措。这也许会被看作是地方化的、排外的、沾沾自喜的，但我要争辩说，这是一个聪明之举，因为我们试图理解的，是在某一文化中的变化，而对该文化来说，上述区分已成为基础。

　　因此，与其像在前面的讨论中所做的那样，去寻问完满的来源是被视为/经验为内在的还是外在的，我们不如去问，人们是否承认某种外在于或超越于他们生活的事物。这就是通常表达这个问题的方式，我想在后续讨论中予以采纳。关于这种区分的内涵，我会在后面章节中提供稍微充分的描述，那时，我们将着手考察现代世俗化理论。我充分认识到，诸如"超越的"这样一个词汇是非常棘手的——部分是因为，如我刚才所提示的那样，在现代性和世俗化的进程中，这些区分已被建构或重新界定。但我相信，尽管"超越的"一词已经模糊不清，但它依然可用于我们的语境。

　　但是，对"宗教"的通常描述，是根据对超越的信仰，而正是出于上面

16

探讨过的理由,我要补充一种更着重实践语境的理解。下面就试着谈谈这一点。

每个人,每个社会,都伴随或倚靠何为人间福祉(human flourishing)的某种(些)观念:是什么构成一种完满的人生? 是什么造就真正值得过的生活? 我们最羡慕别人的是什么? 在生活中,我们不禁要问这类问题。而在回答它们时的挣扎,则界定出我们生活所凭依的观念,或我们徘徊其间的观点。在另一层面,这些观点得到整理,有时是在哲学理论中,有时是在道德准则中,有时是在宗教实践和敬虔中。这些观点,连同我们身边的人所参与的各种疏于表述的实践,构成了社会提供给我们每个人的资源,可供我们在试图引导自己的人生之际作为参考。

进入类似上述问题的另一种方式,是依据内/外之分,但问法是这样的:最高、最好的生活,是否包括我们对一种超越之善的寻求、承认或侍奉? 在这里,超越是指独立于人间福祉。在什么情况下,最高的、最真实的、本真的或适合的人间福祉,能够将我们对人间福祉之外的某种事物的追求(也)纳入到我们的根本目标范围? 我说到"根本目标",因为即使那种最自足的人文主义,也必须(在工具意义上)关怀一些非人类事物的状况,比如自然环境的状况。问题在于这些目标是否还是根本上重要的。

显然,在犹太-基督教的宗教传统中,对这个问题的回答是肯定的。热爱、敬拜上帝就是终极目的。当然,在这个传统中,人间福祉被视为是合乎上帝旨意的,但人们对上帝的敬虔并不以此为条件。"愿你的旨意行……"并不等同于"让人发达",尽管我们知道,上帝愿意人们发达。

这是一个我们非常熟悉的例子。不过也存在着别的方式,我们由此被引导着,去超越平凡的人间福祉。佛教是个例子。某种程度上,我们可以这样解说佛陀的信息,即它告诉我们如何实现真福,也就是如何逃离苦海并达至福乐。[18]但显然的是,对佛教福乐状况的理解往往倾向于"修正论的"理解,与我们通常所理解的人间福祉近乎相左。此处的分歧可以根据身份的根本改变来说明。对发达的常规理解假设了一个连续的自我,这个自我是发达的受益者,或者是不发达情况下的受苦者。佛教的无我教义,旨在让我们超越这个自我幻象。涅槃之路包含对可识别的所有形式的人间福祉的放弃,或者至少是胜过。

在佛教与基督教这两种宗教中,虽有教义上的巨大差异,但也有相似之处。相似之处在于:信徒或虔信者被呼召,要在内心深处,与他们自己的发达目标决裂;也就是说,他们被要求脱离他们自身的发达目标,以致灭己(佛教),或弃绝人间福祉而侍奉上帝(基督教)。各自宗教典范在其代表人物身上清晰可见:佛陀实现了觉悟;基督顺服天父的旨意,甘愿屈辱地受死。

但是,我们能否按照上面的提示,重新解说"真正的"发达,使之包含弃绝(renunciation)之意,就如斯多葛主义所做的那样? 基督教不能这么做,我估计佛教也不能这么做。在基督教情形中,弃绝的真正目标恰恰要求,以前平凡的兴旺发达被肯定为正当合理的。若长命百岁不是一种善,基督舍身受死就不可能获得它应有的意义。就此而言,耶稣受死与苏格拉底之死极为不同,后者被描绘为离开此地去更好的地方。我们在此看到基督教与希腊哲学之间无法逾越的鸿沟。上帝愿意带来平凡的人间福祉,福音书记载的很大一部分内容,就是基督使这种福祉临到病痛中的人们成为可能——他治病赶鬼。对弃绝的召唤并不否定发达的价值;相反,这是要以上帝为万事万物之中心的召唤,即使代价是放弃这一不可替代的善;这种放弃的果效是,一方面,放弃成为令他人发达的源泉,另一方面,它成为与上帝同工的产物,有份于由上帝所恢复的更完全的发达。这是一种治愈创伤与"修正世界"(此处借用希伯来短语 *tikkun olam*)的模式。

这意味着,发达与弃绝不可能简单地彼此融合而形成单一目标,好像可以按斯多葛主义的方式,在人生航程上,把被弃绝之物当作不必要的压载抛出舱外。在基督教这里,依然有一种根本张力。发达是好的,尽管对它的寻求不是我们的终极目标。但即使在我们弃绝它之处,我们也重新肯定它,因为我们按照上帝的旨意,成为发达的管道,通向他人,并最终通向所有的人。

佛教中是否也有类似的悖论关系? 是还是否,我不确定,但佛教也

18

有这一观念：弃绝者是对受苦者的怜悯心之源泉。慈悲和圣爱（agape）之间有相似点。与基督教世界相平行的是，佛教文明历经多个世纪，也发展出天职的区分，既有真正的出家者，也有居士，后者继续着以平凡的兴旺发达为目标的生活形式，但同时也力图为来生积攒"功德"。（当然，这种区分在新教改革中被彻底"解构"，对我们这里的故事而言，这种解构带来了致命的后果，这是我们多少都已意识到的，不过，追溯它与现代世俗主义之联系的任务还远远没有完成。）

凸显这一区分，即在人间福祉与超越它的目标之间作出区分，意义也在于此。我想主张的是，在我所指意义上的现代世俗性之来临，始终相系于一种社会的兴起，在此社会中，一种纯粹自足的人文主义，有史以来第一次成为一种广泛持有的选择。我是指这样一种人文主义：不接受任何超越人间福祉的最终目标，也不热爱这一福祉之外的任何事物。这样的社会史无前例。

虽然这种人文主义起源于一种宗教传统，而在这一传统中，发达与超越的目标既被区分，又悖论地彼此相联系（对于我们的叙事来说，这一点很重要），但这并不意味着，所有先前的社会都在这个领域中提出了二元性，如我已就佛教和基督教所论述过的那样。也存在着其他一些观点，比如在道教中，发达以一元方式被构想，其中包含着对高等层面的**敬畏**。但在这些论点中，这种敬畏虽说对发达是必要的，却不能以纯粹工具性的精神来持有。也就是说，倘若敬畏被如此理解，敬畏也就不复为敬畏了。

换言之，在现代性之前，对人类困境的一般理解，把我们放在一个秩序中，而我们在其中并不处在最高位置。像诸神或神灵这样的高等存在，或如"理念"、神人共居的寰宇（cosmopolis）之类更高类别的存在，都要求并配得我们的崇拜、敬畏、奉献或热爱。在某些观点中，敬畏或敬虔本身被视为人间福祉的有机部分；它是属人之善的应有部分。道教是一例，柏拉图主义和斯多葛主义这样的古代哲学也是如此。在另一些观点中，即使我们付上代价，也要敬虔，或者导致我们的善的，唯有通过讨上帝的喜悦。但即便这样，所需的敬畏也是真实的。这些存在者命令我

19

们敬畏。根本没有这样的问题,即我们对待这些存在者,就如同对待我们为得到能量而予以利用的自然力量一样。

若是那样,我们也许可以说到一种人文主义,但却不是那种自足的或无求于外的人文主义(exclusive humanism)。古代的人文主义与处在现代世俗性核心的自足的人文主义是个对照。

这一论题,即把无求于外的人文主义仅仅置于现代性之内,也许显得太露骨和不讲例外,令人难以置信。其实,例外是存在的。按我的理解,古代的伊壁鸠鲁主义就是一种自足的人文主义。它承认诸神的存在,却否认它们与人的生活的相关性。对此我要辩解,一花独放不是春。我所讨论的是这样一个时代:自足的人文主义已经成为一种广泛持有的选择,而在古代世界从来不曾如此,那里赞成这种观点的仅仅是一小部分精英,而精英本就少得可怜。

我也不想宣称,现代世俗性以某种方式与无求于外的人文主义几乎一致。一则,在我的界定方式中,世俗性是一种境况——我们对完满的体验和追寻在其中发生,这是我们作为信者与不信者共享的境况。二则,我无意宣称,无求于外的人文主义提供了不同于宗教的仅有选项。我们的时代已经见证了一股强烈的思潮,可称之为非宗教的反人文主义,在当下以形形色色的名号传播,比如“解构主义”和“后结构主义”。这些思潮植根于 19 世纪影响深远的作品,尤其是尼采的作品。与此同时,也存在着一些尝试,要在一种非宗教的基础上重建一种有求于外的人文主义,这可见于各种形式的深度生态学。

我的主张反而会是这样的:第三种意义上的世俗性之形成,是与无求于外的人文主义之可能性如影相随的,并由此首次扩展了可能选项的范围,终结了“天真的”宗教信仰的时代。在某种意义上,无求于外的人文主义逐步临到我们头上,是经由一种中间形态,即护佑的自然神论(Providential Deism);而自然神论与人文主义这两者之成为可能,都是因着正统基督教内的某些前期发展。一旦这种人文主义浮出水面,新的、多样的、不再天真的困境,就为超出原初范围、增加种种选项留出余地。但在此过程中,关键的转型步骤,就是无求于外的人文主义的出现。

从此观点出发就可提出一种单线描述，用以刻画早先时代与世俗时代之间的差异：世俗时代是这样的时代，在其中，超越人间福祉的所有目标的东西都被遮蔽，变得是可想而知的；或者更确切地说，这种遮蔽属于大众可以想象的生活之范围。这是世俗性与自足的人文主义之间的关键联系。[19]

　　因此，对我们的目标而言，"宗教"可以根据"超越"来界定，但"超越"（transcendence）一词必须作多维度的理解。一个人是否相信某种超越内在秩序的能动者（agency）或力量，确实是"宗教"的一个关键特征，这在各种世俗化理论中也常常出现。正是我们与那超越的上帝的关系，被挪出了社会生活的中心位置（世俗性1）；正是对此上帝的信仰之衰落，被这些理论所追踪（世俗性2）。但为了更好地理解我们想要解释的现象，我们应当在三重维度中来考察宗教与"彼岸"（beyond）的关系。其中的关键维度，即可以帮助我们理解世俗性对我们生活之影响的那个维度，就是我刚刚探索过的，它是这样一种感知：存在着高过和超出人间福祉的某种善。以基督教为例，我们可以想到圣爱，这爱是上帝向我们表明的，也是我们通过上帝的大能可以分享的。换言之，转变的可能性摆在我们面前，而此转变将带领我们去超越纯粹属人的完满。当然，这种我们可以达到的更高之善的观念，只有在宗教信仰背景中才能得到理解——相信一种更高的力量，即出现在大多数宗教定义中的说法，信仰超越的上帝。然而还有第三点——这一基督教故事，即我们因圣爱而来的潜在转变，要求我们超出生死间的"自然"界限来看待生命；我们的生命延伸到"此生"之外。

　　为了理解我们文化中有关宗教信与不信之间的斗争、对抗和辩论，我们必须把宗教理解为是结合了超越性之三个维度的。这并非因为在我们的社会中没有其他正在得到探索的可能选择，即处在这三个维度的超越视界与对宗教的完全否定之间的某些选项。恰恰相反，这些选项是丰富多样的。而是因为，在某种程度上，我在本书要用许多章节予以说明的，此多方参与的辩论被两大极端所塑造，一端是超越性的宗教，另一端是对它的直接否定。人们完全有理由认为，在现代文化方面，这是一场灾难；但我想说，这是一个事实。

❦ 4 ❦

与世俗性 1（世俗化的公共空间）和世俗性 2（信仰及其实践的衰落）相比，世俗性 3 是我的兴趣所在。从上一节可知，世俗性 3 由信仰的几个新的境况组成；此世俗性在于，它把新的形态赋予了有关信仰的经验，此经验提示信仰，又被信仰所界定；它是新的语境，所有对道德和灵性的探寻和追问都必须在此语境中进行。

此新语境的主要特征是，它结束了对超越领域、对人间福祉之外的目标或主张的天真承认。但这相当不同于以往宗教上的潮起潮落，即一种天真视域最终取代了另一种天真视域，或两者调和性地相融合——比如，随着土耳其的征服，小亚细亚从基督教改宗皈依了伊斯兰教。现在，天真远离了任何人，无论是信者还是不信者。

这就是我们所处社会总的语境。这个社会容纳各种不同氛围，而不同氛围的默认选项可能各不相同，但每一氛围中的居住者都很清楚地知晓其他人所偏爱的选项，而不能把它们当作莫名其妙的异乡错误打发掉。

将我们带入这一新境况的关键变化是：无求于外的人文主义，作为一个可被广为持有的选项开始登场。这一切何以发生？换种方式来问，究竟发生了什么，乃至信仰的境况——以我在此所描述的方式——被如此改变？这些不是容易回答的问题。

就是说，我认为它们不容易回答。但对我们时代的许多人来说，答案似乎相当明显，至少其大致脉络是清楚的。现代性导致以三种形式出现的世俗性。这个因果联系是不可回避的，而主流的世俗化理论着眼于解释为何必然如此。现代文明不得不导致"上帝之死"。

我认为这个理论非常没有说服力，但是为了说明缘由，我不得不投入我自己的故事，这是我要在后面各章讲述的。在本书后面阶段，我会回到这个问题——有说服力的世俗化理论可能会是怎样的。

但我首先要说明一个词,它事关我将要发展的论辩。实际上是两个词。第一,如上所说,我所关切的是西方,或是北大西洋世界。换句话说,我要处理的一种文明,其最主要的根系是在被称为"拉丁基督教世界"的地方。当然,世俗化和世俗性如今已经成为远远超出这个世界的边界而存在的现象。将来的某一天,应该有可能着手对全球范围内的这一整体现象展开研究。但我不认为能够那样开始。此乃因为,在各不相同的文明中,世俗性——如同"现代性"的其他特征,例如政治结构、民主形式、媒体运用等——实际上有相当不同的表达,而且其发展也受不同要求和抱负的推动。我们越来越生活在一个"多样现代性"的世界里。[20]这些关键的变化,在我们匆忙做出全球性概括之前,首先需要在其不同的文明场地得到研究。我的画布已经铺展得太过宽大;即使是在北大西洋世界内部,通往世俗性也有许多区域的和民族的路径,而我无以公平地处理所有这些路径。尽管如此,我还是希望这个过程的某些一般特征

22 可以得到阐明。[21]沿着这个思路,我是在重复我在《自我的根源》(*Sources of the Self*)[22]一书中的努力,那本书中同样论及了有着普世人间关怀的一组问题,但处理它们则是在一个区域内。

其次,在下面几章里,我将会针对我所称的"化减故事"(subtraction stories)展开持续的论辩。简单地说,我所指的是这样一些故事:它们一般地论及现代性,并特别地论及世俗性,通过这样的故事——人类已经失去或抛弃了某种早先受限制的视域、幻象或知识的局限,或者人类已经从凡此种种之中将自己解放出来——来解释现代性和世俗性。从现代性或世俗性这一进程中浮现出来的东西,是根据人性的一些潜在特征来理解的,而这些特征始终存在,只是那时一直被如今已经废置的东西阻碍了。针对这种故事,我将会逐步论证:西方的现代性(包括其世俗性)是一项成果,即新的发明、新近建构的自我理解以及相关实践所带来的成果,它无法依据人类生活的恒久特征来解释。

我希望后续的详细讨论,会让这个问题所涉及的东西更加清楚明白。我也会在本书后面部分(第十五章),更系统地回到这个问题。

第一部分

大改革

1 信仰的堡垒

1

对于我在此想要回答的问题,一个问法是:为什么在我们西方社会,比方说在公元 1500 年时,不信上帝实际上是不可能的;而到了公元 2000 年,我们当中的许多人发现,不信上帝不仅容易,甚至不可避免?

部分答案无疑在于,那个时代每个人都有信仰,另类选择会显得稀奇古怪。但这只是把问题向后推了一步。我们需要了解事情如何变化,另类选择何以变得是可以思议的了。

这个图景的一个重要部分在于,他们那个世界,有如此多的特征是以有利于信仰的方式被讲述的,这使得上帝的临在似乎无可否认。我将提及三个特征,它们在我将要讲述的故事中都发挥了作用。

(1)他们生活于其中的自然世界,在他们所想象的宇宙中具有其位置,这个自然世界见证了上帝的目的和行动;这种见证不只是以明显的方式发生,那种今天我们(至少我们当中的许多人)仍然能够理解和欣赏的方式——也就是自然世界的秩序和设计都证明了创世的故事;而且还由于这个自然秩序中的重大事件——风暴、干旱、洪水和瘟疫,以及某些格外丰饶、昌盛的年份——都被视为上帝的行动,正如我们法律语言中那个现在已经被废弃的隐喻依然可以见证的那样。

(2)上帝也暗含在社会存在本身(但并不被描述为"社会"这个现代术语,而是被描述为城邦、王国、教会或诸如此类)。一个王国只能被构想为建基于某种更好的东西——高于世俗时间中单纯人类行动的东西。除此之外,构成了社会、教区、市镇与行会的各种联合体的生活——正如我在前面所提到的那样——是与仪式和崇拜交织在一起的。一个人不得不遭遇无处不在的上帝。

（3）人们生活在一个"迷魅的"（enchanted）世界中。这也许不是最好的表达，它似乎可以唤起光与精灵。但我在这里所援引的"迷魅"，正是韦伯的"祛魅"（disenchantment）这一表达的否定含义。韦伯的表达乃是对现代境况的描述，但该术语在我们讨论的这些问题中运用得特别广泛，所以我打算用其反义词作为描述前现代境况的一个关键特征。在这个意义上，那个"迷魅的"世界，正是我们祖先生活其间的那个充满种种神灵、鬼魔和道德力量的世界。

生活在这个世界的人们并不必然相信上帝，当然也未必相信亚伯拉罕的上帝，正如无数"异教"社会的存在所表明的那样。但在公元 1500 年欧洲农民的视野中，在所有不可避免的犹豫不决之上，基督教的上帝是一种终极保证，即善终将取胜，或至少会牵制众多黑暗势力。

在一个有此三个特征的世界中，无神论近乎是不可思议的。这一切似乎如此明显：上帝是存在的，上帝在宇宙中行动，创建和支撑着社会，并作为一个堡垒抵御邪恶。所以，对于我开篇提出的那个问题——"在公元 1500 年和公元 2000 年之间到底发生了什么？"——部分的答案就是，这三个特征都已消失。

但是，正如我在前面所论证的那样，这并非故事的全部。现代性的兴起并不只是一个消损的故事或化减的故事。在那两个标记年份之间，我们所要考察的关键区别，是在对"完满"（fullness）一词理解上的转移，作为前一年份的标志性境况，我们最高的灵性和道德抱负令我们无可避免地指向上帝，可以说，没有上帝根本就说不通；而作为后一年份的标志性境况，人们可以和许多不同的渊源相关，而且常常是与那些否定上帝的渊源相关。现在，能够感受到上帝临在于我们世界的那三种特征都消失了，尽管它的消失也确实有助于这种变化，但它不可能独自产生这种变化。因为，即便是在一个祛魅的世界，在一个世俗社会，在一个后宇宙论的世界，我们的确仍然能够继续把"完满"经验为上帝之所赐。为了能不落入此窘况，我们需要别开蹊径。

因此,我所要讲的这个故事,不但要涉及上帝的临在如何在这三方面消退,而且还必须说明,何以不是上帝、而是别的东西会成为道德或灵性抱负以及"完满性"之必要的客观支点。从某种意义上说,对于"发生了什么"这个大问题,我们追问的是:可替代上帝的完满性之路是如何兴起的? 我关注的是无求于外的人文主义的发生史(Entstehungsgeschichte)。

一个通常的化减故事将一切归因于祛魅。首先,科学给了我们对世界的"自然主义的"说明,然后人们开始寻求有别于上帝的替代。但事情并非如此简单。17 世纪新机械论科学并没有被看作是对上帝的必然威胁,而是对迷魅世界和魔法的威胁。它也开始对特殊神意(particular providence)构成问题。但走向祛魅的路径,也存在着某些重要的基督教动机,达尔文在 18 世纪甚至还没有出现。

然后,人们当然开始以世俗方式来看待社会。人们进行革命,在某些情况中,这涉及到对教会的反叛。但正如 1640 年代所发生过的,这种反叛也可能以其他教会机构的名义进行,并伴随着对引导我们的神意的强烈感受。

一种更全面的化减故事主张:不仅是祛魅,而且是上帝在所有三个领域的逐渐缺席,才使得我们重新打量有关完满之区别的可能参照点。仿佛它们已然在那里,就等着被邀请进来。

我的观点是,在一个重要的意义上,它们尚未在那里。诚然,存在着各种各样的学说教义,其中有些是人想象的,它们甚至是正统作者已经予以猛烈抨击的;还有一些是古代作者早就阐明的。但这些都还不是真正可用的另类途径。我指的是这样一种"完满"说明,即它们能够真正让人民理解,而不是局限于非常有限的几个原创性头脑。

否定地看,只要人们仍然持有一种迷魅的宇宙观——即将我们人类视作是处在充满神灵的领域中,而且其中有些神灵是邪恶的——就很难看到一种无求于外的人文主义何以能够充当那个替代角色。当然,在这方面,科学因在世界祛魅上提供帮助,确实有助于为无求于外的人文主义开路。就此而言,一个关键性条件是对于自我及其在宇宙中位置的新感知:对于一个充满神灵与魔力的世界,这种自我是不开放的、不可渗透的,也是不容易受其伤害的,而是我所称的"缓冲的"(buffered)。但是,要产生这种缓冲的自我,所需要的远不止于祛魅;同样必要的,还有对我们确定道德秩序自身力量的自信。

但用于这种自信的资源,在古代异教世界非有神论伦理学中,真的是唾手可得的吗?我以为,只有很少一部分。首先,那些伦理观点中有些仍然将我们置于一个更大的灵性或宇宙的秩序。比如,柏拉图主义和斯多葛主义。诚然,它们根本没有必要与魔法精灵和林中精灵交往,但它们以自己的方式抵制祛魅和机械论的宇宙。它们并不真正是我所说的无求于外的人文主义。我甚至认为,亚里士多德也是如此,因为承担起沉思更大秩序之重任的,乃是我们里面的某种神性的东西。

不过,在伊壁鸠鲁主义那里,则无疑有唾手可得的无求于外的人文主义。对于自然主义方向上的探索(例如休谟),卢克莱修(Lucretius)成为其灵感来源之一,也就不足为奇。但是,伊壁鸠鲁主义仅仅以其原貌并不能真正达到目的。它可以教我们通过克服有关诸神的幻象以达到心神安宁,但这并不是那种能够在现代背景下蓬勃发展的人文主义所需要的东西。因为在这种人文主义中,一个人在生活中创造道德秩序的力量具有相当不同的形态。这种力量必须包含活跃的能力,可用来塑造我们的自然和社会世界;它必须由某种指向人类善行的动机来激活。要让这第二个要求的表述以某种方式重提宗教传统,现代人文主义除了必须是积极主义的和干预主义的,还必须产生圣爱的某种替代品。

这一切都意味着,无求于外的人文主义之可接受的形式尚须被想象出来。而这不可能一蹴而就,也不可能是跳跃式的兴起,它会经历一系列阶段,从早期基督教形式中逐渐脱颖而出。这就是我试图要讲述的故事。

的确,截至 19 世纪晚期,我们已经充分形成了摆在我们面前的诸般别样道路。人们可以倾向于这个道路或其他道路,部分基于他们对科学的看法——即便如此,他们的道德本体论也发挥了至关重要的作用,这是我所将要论证的。但是到了今天,一种自然主义的唯物论不仅在大肆兜售,而且还将其自身呈现为唯一与科学这一现代世界中最具威望的制度相容的观点;这就可以想象,一个人对自己的信心、对自己被转变之能力的种种怀疑,或对其自身信念何以确为幼稚的和不恰当的感受,就可能与这种强大的意识形态融为一体,并将人送上那条不信的道路,即便他带着惋惜和怀旧。但是,若将这种在维多利亚时代或我们今天非常熟悉的故事情景投射到更早的世纪,就是严重的时代倒错。在更早的时代,互相竞争的多种观点——我们今天还在这些观点之间犹豫不决——仍在铸造过程之中。

≈ **2** ≈

我在开篇提出的问题陈述了一个对比,即在公元 1500 年的信仰境况和公元 2000 年的信仰境况之间的对比,然后谈到为了厘清这种反差,我所想要讲述的故事。但为什么要讲一个故事呢?为什么不只是提取分析性对比,陈述事情那时是什么样子,而今又是什么样子,而对连接的叙事不予考虑?谁需要所有这些细节,这种历史?通过辨识那时上帝临在的三种方式——而在今天那样的临在已经消失——我不是已经为这种分析性对比做出了一个令人满意的开端吗?

在某种程度上,最终目标是要达到这样的对比,或至少通过这样一种对比描述,来聚焦我们在公元 2000 年的境况。但我认为,一个人如果试图忽略这段历史,这一目标就难以实现。个中理由,我希望随着本书的推进而变得日益清晰和令人信服。我在此只是大致说一下:我们当前的灵性困境的一个关键事实是,它是历史的;即我们对自身以及我们所处位置的理解,部分取决于我们如何感知到达目前位置的过程,以及如何感知战胜先前境况的过程。因此,我们普遍意识到生活在一个"祛魅的"世界;而我们用这个词昭示了我们感到世界曾经是"迷魅的"。还有,我们不仅意识到世界曾经如此,而且还意识到我们抵达今天所在之处,乃是一场斗争和一种成就;同时,在某些方面,这种成就也是脆弱的。我们知道这一点,因为我们每个人随着成长都不得不接受祛魅的规训,我们经常为在这方面的失败而相互责备,指责对方陷入"魔幻"思维,沉迷于"神话",屈从于"幻想"。我们会说,甲不是生活在我们的世纪,乙具有一种"中世纪"心智,而丙——我们所羡慕的人——则是走在时代前列。

29

换言之,我们对当下位置的感知,在关键方面,部分地取决于我们如何到达此地的故事。在这个意义上,我们的世俗时代也势必存在难以逃避的上帝-参照——虽然常常是否定式的。而正是因为我们对于我们现在所处位置的描述与这段旅程有关,所以如果认错了旅程,那我们对它的描述就可能是错误的。对现代性的"化减"说明,实际上就是如此。要搞明白我们今在何处,我们必须重返过去,恰当地讲出故事。

我们的过去沉淀于我们的当下,如果不能公平地处理我们所由之处,就注定会错误地识别我们自己。这就是为什么叙事并非可有可无的选择,也是为什么我认为必须在此讲一个故事。

这样就加大了我们的任务,而且这在潜力上没有限度。西方基督教世界世俗化过程中所发生的故事,范围如此之广,面向如此之多,乃至于即使再写几本篇幅与本书相当的书,也仍然难以充分恰当地处理这个故事。在我所选择的拉丁基督教世界这一领域,尤其如此,因为它不是均质的。正如我们在下面将要看到的,这里有着不止一条路径,不同民族(国家)和地区,各自在不同的时间,以不同的速度,走上了自己的道路。我只能给出故事的基本骨架,并触及一些重大的转折。我希望所涉及到的动力机制的一般图景将从这种纲要式的叙述中获得呈现,但一些历时性的说明也是必不可少的。

3

讲故事不能省略,但讲故事本身又是不够的。实际上,整个讨论必须在分析与历史之间来回往复。在此,我从提出今昔对比的一些明显特征开始,然后再通过故事予以填充和丰富。这些特征大致落入我上面提到的三大否定性变化范围,但我将从最后一点,推进到第一点,而实际上，我要提及到五种变化。

首先是祛魅，即清除通向不信的障碍 3（I）。然后进入障碍 2 的领地（II），我也想看看更早期的社会是如何让某些深刻张力保持平衡的（III）。这反过来又联系于对时间的一种共同理解，这种理解自此之后被废除了（IV）。最后我要处理对于障碍 1 的侵蚀，其方式是古老的宇宙（cosmos）观念被现代的中立性宇宙（neutral universe）所取代（V）。

I. 让我先从那个迷魅的世界谈起。这是我们祖先所认同的充满神灵、鬼魔和道德势力的世界。祛魅的过程就是这个世界逐渐消失了，取而代之的是我们今天所生活的世界：在其中，我们的思想、感情与灵性热忱的唯一处所，就是我们称之为心灵（minds）的地方；宇宙之中仅有的心灵，也只是人类的心灵（或许我需要向可能存在的火星人或外星人道歉）；而心灵是有界限的，因此这些思想和感情等等，也都处于心灵界限"之内"。

这一内在空间之构成，是靠着可能的内省自我意识。这并不意味着每种内在的东西都能够被带入这种意识。依然有这样的可能："在心灵中"有某些东西是如此之深，它们或许被隐藏（压抑）起来，以致我们永远无法把它们带入意识。但是，这些东西仍然属于内在空间，它们处在我们能通过内省来把握的东西之外，但又帮助我们塑造了那些东西；正如那些越出了我们视域的东西，仍然在可见的世界中具有其位置，尽管我们可能永远无法抵达那里去见证它们。这一意义上的"内向"是由我所称的"激进自反性"（radical reflexivity）构成的。[1]

我试图在此描述的并非是理论。相反，我的目标是我们当代所活出的理解；也就是我们天真地看待事物的方式。我们或许可以说：我们正好活在解说当中，我们根本不曾意识到它是一种解说，或者——对我们大部分人来说——甚至根本不曾表述过它。这意味着，我并不去考虑种种用来说明"心灵"及其与"身体"关系的哲学理论。我不是将我们活出的理解归于某种笛卡尔的二元论，或其一元论唯物主义对手，或身份理论，或其他什么理论；甚至也不归于更为精致和恰当的"涉身的能动"

30

(embodied agency)理论。我试图捕捉那种先于哲学困局的理解层次。虽然这种对于心灵的现代理解固然会以一种更早的"迷魅"理解所不具备的方式,对笛卡尔类型的理论开放自身,但它本身并不是这类理论。换句话说,关于心灵的现代理念使得"身心问题"之类的东西变得可以想象,甚至以一种无可逃避的方式变得如此,而在较早的理解中,这类"身心问题"是不可思议的。但心灵的现代理念并不由其本身提供对这个问题的答案。

我对天真的理解有兴趣,因为我认为,在朝向祛魅的运动中,对天真的理解已经发生了一种根本性转移。这不同于我前面就上帝以及其他灵性受造物的存在问题所说的。在那里,我们已从对它们作为实在的天真接受,开始转向这样一种感知:无论承认它们还是否认它们,都将进入一个有争议的地带;不再有天真的有神论者,正如没有天真的无神论者。但在这种变化背后的,是我正在谈论的有关我们对我们的世界在感知上的一个转移。在我们原来的感知中,这些神灵毫无疑问地在那里,并影响着我们;而现在则转移到另一种感知,即神灵不再那样存在,而且曾经让它们在那里的许多方式已经变得不可思议。它们不再如此有影响力,这恰恰是我们天真地经验到的。

当然,这并不意味着,在我们的天真经验中,它们是不存在的。在这里,运用否定性词汇的范围相当广泛。我们并不(不再)经验到它们的存在;但是若要说我们经验到它们的非存在,那也是不对的。类似地,在天真层面,我也并没有经验到事物的分子构成,但这并不妨碍我去相信我在物理课上学到的东西。只是这些信念在我的世界图景中确实有特定的位置;而我知道,它们之所以是我唾手可得的,只是因为经由别人作出的复杂理论探索活动。同样,上帝或其他神灵的存在,并没有被现代的世界-理解所否定;但这种理解把信仰定位于一个容许怀疑、争论、调停性的解释等领域。

因此,在对天真的理解上的这一转移,对我此处目标而言非常重要。若要获得对此转移的更清晰看法,就要求对信仰境况的改变有更好的把握。在此,我们触及到我所谓的第三种意义的世俗性核心。

我从心灵这个概念开始着手阐述对这种天真的理解。思想等等，发生于心灵，而心灵（大体上）是属人的；而且心灵是有边界的：它们是内在的空间。

让我们从第一原则开始。我用"思想等等"这一表述所要表达的是什么呢？当然，我指的是我们拥有的感知，以及我们持有的关乎世界和我们自身的信念或命题。但我也是指我们的回应，即我们在事物中发现的意味、重要性与意义。对此，我想用"意义"（meaning）这个通用术语来表示，即使在原则上会有混淆于语言学意义的危险。我在此使用这个词，意思类似于我们谈论"人生意义"，或谈论某种人际关系对我们有重大的"意义"。

当我们在这个含义上看待意义，以心灵为中心的观点（mind-centred view）与迷魅世界之间的关键区别就浮现出来。以前者来看，意义是在"心灵之中"，这是指，事物之所以有意义，就在于它们能唤起我们的某种反应，而这又与我们作为能够有此反应的受造物之本性有关，即我们是有感情、有欲望、有爱憎的受造物，是被赋予了最广泛意义上的心灵的存在者。

我必须再次强调，这种对事物的理解方式先于种种哲学理论中的阐述，无论是唯物主义、唯心主义，或是一元论和二元论。我们可以采取严格的唯物主义观点，我们的反应可以用我们作为有机体这样的事物所具有的功能来说明，还可以进一步用有机体的感知所触发的神经生理反应来说明。这样，我们仍是在用我们的反应来说明事物的意义，而这些反应是"在我们里面的"，意思是说，它们依赖于我们内部如何被"编程"或"装上线路"。

这种唯物主义的幻想——我们明白，这意味着我们可以是被某些疯狂的科学家所操纵的"缸中之脑"（brains in a vat）——要倚赖下述这种观点来获得其意义：所有种类的思想之物质的充分条件，就在头颅之内。因此，令人信服的关于一个不存在的世界的思想，可以通过生成适当的头脑状态来产生。内部与外部的布局，以及对心灵景致（mind-outlook）至关重要的区分内外的边界，都可以在唯物主义的心灵阐述中被再生

32

出来。

　　然而,在那个迷魅的世界中,意义并非存在于此含义上的心灵之内,而且确然不在人的心灵之内。如果我们去看五百年前普通人的生活,甚或很大一部分精英的生活,我们就会以多样方式看到何以如此。首先,他们生活在灵界,既有好灵,也有坏灵。坏灵当然包括撒但,除此之外,世界还充满了形形色色的鬼魔,从四面八方威胁着人类:来自森林和荒野的鬼魔与精灵,还有一些可能在日常生活中危及我们的鬼魔与精灵。

　　站在善端的灵也是难以计数的。不只有上帝,还有上帝的圣徒,人们向他们祈祷,在某些情况下,人们去拜访圣徒的陵墓,或是怀着被医治的盼望,或是因求治得愈而感恩,或是因从极度危险中(如在海上)获救而前来致谢。

　　这些超人类的能动者对我们来说或许并不陌生。他们有悖于我上面提到的现代视野的第二点,即我们通常容易相信的在宇宙中唯有人类才具有心灵。但是,这些神灵似乎也给出了一幅心灵图景,多少与我们的心灵图景相似,意义以仁慈的或邪恶的意图形式,得以在此图景中存在驻留。

　　但是,以这种方式看待事物,还是低估了迷魅世界的陌生性。因此,恰恰是在对圣徒的崇拜中,我们可以看到,这里的力量何以不都是能动者,即能够就授予恩惠作出决定的主体。力量也存于事物中。[2] 因为圣徒的医治行动常常与存放他们遗物的某些中心机构联系在一起;要么(据传)是他们的遗骨,要么是某个与他们生活有关的遗物,就如那个真十字架的某些残片(就耶稣基督的情况来说),或曾在罗马一些地方展示过的圣维罗妮卡(Saint Veronica)给耶稣擦脸的汗布。我们还可以举出其他更多曾被赋予神圣力量的物件,比如圣体或在圣烛节被祝圣的蜡烛,诸如此类。这些物件是灵性力量的所在之处;这就是为什么它们必须被小心呵护,若被滥用就可能带来严重损害。

　　实际上,在迷魅世界,人格的能动性与非人格的力量之间的界限,并非完全是划定清楚的。我们在圣物的例子中再次看到这一点。圣物的治愈效用,或施加在偷窃它们和未能善待它们的那些人身上的诅咒,既

来自作为力量之源的圣物，又来自圣物所属的圣徒之善意或愤怒。的
确，我们可以说，在这个世界上有全范围的力量，范围从超级能动者——
我们暂且取邪恶的一方，如永远密谋惩罚我们的撒但本人——到一些几
乎与它们所在之处无法区分的次要魔鬼，比如树木精灵，甚至是能带来
疾病或死亡的魔力药水。这阐明了我在此想要引出（具体的我稍后再
说）的一个观点，即相比"缓冲的"自我与"心灵的"世界，迷魅的世界显示
出一些确定的界限之缺失，这令我们感到困惑，因为这些界限对我们而
言是不可或缺的。

　　因此，在前现代世界，意义不仅存在于心灵，还可以居于事物或人类
之外、宇宙之内的种种主体。我们可以通过考察这些事物/主体所拥有
的两种力量，在两个维度上与今天相对比。

　　第一种是把一个确定的意义施加给我们的力量。在某种意义上，这
样的情况在今天也常常发生，世界上发生的事情不由自主地会触发我们
内心的回应。不幸临头，我们悲伤；好事来临，我们欣喜。但具有力量的
事物在迷魅世界影响我们的方式，在我们今天的理解中，已经完全没有
相似之处。

　　对我们来说，那些既非人类、也非人类之表达的世界中的事物，是在
心灵"之外"的。它们会以自己的方式影响心灵——事实上以两种可能
的方式：

　　（1）我们可以观察这些事物，并因此改变我们对世界的看法，或者这
些事物以某种方式激发我们，反之我们不会被激发。（2）既然我们作为
身体，是与这些外部事物相连续的，而且我们的精神状态会对我们的身
体状态以多种多样的方式作出因果回应（根本不需要去赞同任何特定因
果理论就可以明白这些方式），那么，我们的体力、情绪和动机等等就可
以、并将继续受到外部发生之事的影响。

　　但在所有这些情况下，诸如我们内部出现的反应、事物呈现的意义，
是我们作为心智（或分泌出心智的有机体）如何运作的功能。相比之下，
在迷魅的世界中，意义已在客体/能动者那里，它在那里，几乎独立于我
们；即使我们不存在，它也会存在。这意味着，客体/能动者可以向我们

传达这种意义,在这第三种方式中,可以说它是靠着把我们带入其力场(field of force)而将意义施加给我们。它甚至能以这种方式,将相当陌生的意义施加给我们——这里用"陌生"一词来修饰"意义",是因为基于我们的本性,一般不会拥有此类意义;同样,在正面的情况下,它能强化我们内生的良好反应。

换句话说,世界影响我们的方式不只是通过呈现给我们确定的事态,而我们只是出于自身本性对事态做出反应;也不只是通过在我们内部生成某种化学-生物条件,而通过我们的运作方式,此条件产生兴奋或抑郁。在所有这些情况中,意义某种程度上仅在世界影响心灵/有机体时才会出现。就此而言,意义是内生的。但在迷魅的世界,意义是在我们之外,在与我们接触之前它就已经在那里了;它能够侵蚀我们,而我们可能落入其力场。它从外部临到我们。

就某一点而言,这显得很怪异。但从另一点来看,有一个类比,对于今天的我们来说能够理解而且有益。我们只要想想,人与人之间发生的那些事情。比方说,我情绪非常糟糕。我围着房子游荡,充满愤怒和沮丧。而你早晨起来时,充满乐观和活力;但你逐渐感到自己在消耗,耗尽到与我一样的沮丧陷阱。(或者说起来令人更愉快一点,你的沮丧让我打起了精神。)在某种意义上,临到你的情绪是外生的。

不过,在你的情绪储存中,这种情绪是属于忧郁一类的。让这种情绪在今天出现,是因为我,但你自己对它敏感,就不是因为我。我们也可以看看更为根本的外生变化的例子。也许我从你这里学会一种敞开的、给予的爱,而在这之前,我几乎不能有这种爱,甚至对这种爱的存在都想否认;它不在我的可能性地图上。或者再从更根本处着眼,我们两人已经抵达了一种爱,这种爱在本质上涉及分享与交流,而我们各自都不可能单方面拥有这种爱。对我们当中的每一方来说,这种爱在一定意义上就是另一方的礼物。我们可能要说,这种爱发生在我们"中间"(interspace),而不是存在于我们各自的内部。

但是,这当然不是迷魅的世界;因为我们仍然停留在人的领域、能动的人、有潜力的人。它只能看起来像迷魅的世界,只要我们通过人之主体的原子论观点这一棱镜（即思想只存在于个人心灵之内）去理解祛魅。可惜，这太过常见了。在踏入以心灵为中心的观点这一步中，有某种东西使得我们很容易接受原子化理论。哲学不断地要从这些理论中挣脱出来。不过，我再说一次，我试图处理的是一个整体的理解框架，它提取自给出此框架的多种哲学理论。

这些常见的人间之事并未给予我们迷魅的世界，但它们提供了一个类比，帮助我们理解那个世界。有一种在彼此之间诱发意义的人之间（inter-human）的力量，对于个体而言它是外生的；而前现代的理解允许这种力量（或至少某种类似于这种力量的东西）漫延于人的领域之外。

我们从而可以阐明这样一个想法：意义之在事物中，部分地依据此从外部诱导或施加意义的力量。但在迷魅的世界，事物中的意义还包括另外一种力量。这些"充上力的"（charged）物体不仅能够影响我们，而且还能影响世上的其他事物。它们可以治病，可以拯救失事船舶，可以停止冰雹雷电，等等。它们具有那种我们通常所说的"魔力"。经过祝圣的物体（例如，圣人的遗物、圣体、蜡烛）都充满了上帝的权能，能做某些上帝的权能才能做的善事，比如治病、抵御灾害。而邪恶力量之源也相应地能够促发有害的后果，它让我们生病，让我们的牲畜孱弱，让我们的庄稼枯萎，诸如此类。

再一次，为了强调与我们世界的对比，我们可以说，在迷魅世界中，"充上力的"事物具有一种因果力，这符合它们合为一体的意义。文艺复兴盛期的应和论（theory of the correspondences），在当时是一种精英的而非大众的信条，它带有同样的迷魅逻辑，充满了这种以意义为中介的因果联系。为什么水银可以治疗性病？因为这病是在市场中染上的，而赫耳墨斯（Hermes）是市场之神。* 这种思维方式完全不同于我们后伽利略时代以心灵为中心的祛魅。如果思想和意义只在心灵之内，那就根本不可能有"充上力的"客体，而事物之间的因果关系无论如何也不可

35

---

* "水银"一词与罗马神祇墨丘利（Mercury）是同一个词，而墨丘利相当于希腊神话中的赫耳墨斯。——编者注

能倚赖于它们的意义，因为意义必定是从我们的心灵投射在它们之上的。换句话说，心灵之外的物理世界必定按照因果律来运作，而因果律决不会显现事物所具有的对于我们的道德意义。

因此，在迷魅世界中，"充上力的"事物可以施加意义，并带来与它们的意义成比例的物理后果。我将这两者分别称为影响力与因果力。

现在我想要试图阐明，在这个世界中，某些对我们而言既熟悉又至关重要的边界是如何销蚀的。我已经讨论过，在那些"充上力的"存在者当中，主体与事物之间的界限。但更为核心的是，我们在心灵与世界之间所划出的明确界限，在更早期的理解中却是远为模糊的。

这是从影响力的事实得出的结论。一旦意义并非唯独在心灵之内，一旦我们会落入那种魅力，进入外生意义之力量的领域，那么，我们就将这种意义想象为包括我们在内的，或者穿透我们的。可以说，我们处于由这种影响力所界定的空间。这种意义不再能被简单地置于内部，但也不能全然被置于外部。不如说，它处于某种中间（interspace）状态，跨越了对我们而言是清晰的边界。或者以我想要在此处运用的比喻来说，边界是"可渗透的"（porous）。[3]

这种可渗透性最为明显地见于对被鬼所附的恐惧。鬼可以接管我们。的确，在五个世纪之前，许多更为可观的精神疾病的表现——即被我们归类为精神病的行为——正如同在新约时代那样被归咎于鬼附。对此病症的一种"治疗"是殴打患者；其背后的观念则是让鬼在这个附身处感到极不舒服，从而诱其离开。

36　　但模糊性还要更甚于此。甚至在影响力的寻常案例与完全被鬼所附之间的界限也不是泾渭分明的。有全范围的各样案例。当我们更高的能力与力量似乎全然被遮蔽时，比如说胡话时，人们就说到鬼附。但在某种程度上，任何邪恶的影响力都涉及到我们最高能力的某种被遮蔽。只有在善的影响力情况下，比如在我们充满恩典之际，通过我们里面最好的和最高级的部分，我们才与能动者/力量融为一体。鬼会附于我们，但上帝或圣灵会进入我们，或从内部激发我们。

无论是行善还是作恶，影响力都抹去了鲜明的界限。比如说，某个人坠入爱河，而这会对他的生活产生或好或坏的影响。我们认为，这是一个"内部"事件，即使它容易受外部压力影响——以我上面所提到的两种方式——它也肯定会有后果。

然而，现在让我们假定，我们将生活中的爱情整体上视为处在女神阿芙洛狄特(Aphrodite)庇护之下。那就是说，爱情进展顺利是被阿芙洛狄特赞许的。这不仅意味着她不让外部危险靠近，就像一个人间守护者，她在这方面对有利条件负有因果责任；而且还意味着焕发出正确的内在激励，这种激励是来自她的一个礼物。换句话说，我处在最兴奋状态，这不只是有关我内在欲望领域的事实；而在于我成为女神之礼物的接受者。最高的状态不能简单地被明白无误地置于内部，它被置于礼物被接受的空间，即中间。

现在来想象一下：这不是一种理论，而是我们如何感觉事物之所是；故此，这也似乎是我们如何经验它们。于是，内在就不再仅仅是内在的，它也是外在的。也就是说，在人的生活深处的情感，存在于一个把我们带出自身之外的空间，此空间可以让某种类似于人的力量的外部能力渗透其间。

现在让我们转向相对一端：即转向伤害我们的邪灵。这里也有一个维度，我们可以据此熟悉这一端：有这样的存在者，它们想要我们作恶，并能创造条件，让恶发生。这听起来就像是一个人格的敌人，只不过这个敌人有一整套远非人所能及的邪恶诡计。这或许对称于阿芙洛狄特的外部保护。

但同样，邪灵所具有的，不只是怪异的和令人叹为观止的外部力量。与之相比，恶意者更具有入侵性。它可以削弱我们的抵抗意志和生存意志。它能穿透作为活着的、有意志的存在者的我们，并且是通过我们自己的目标与意图。我们无法将其行动限制在"外部"领域。

这作为一个经验模式，而不是作为理论，可以通过以下说法来把握：对于不只是出自人的、居于宇宙甚至超越宇宙的仁慈或恶意，我们感到自己是脆弱不堪的或"可医治的"（这个词是作为"脆弱不堪的"之理想化的反义词）。此脆弱感是随着祛魅而消失的主要特征之一。危险性之任

何具体的归咎（比如归咎于女巫），在那个世界契合于普遍的脆弱感，而
37　这种归咎也说明了这种脆弱感。这就是归咎之可信的缘由。而这些归
咎之所以讲得通，之所以充分可信，端赖迷魅的世界所提供的框架。就
此而言，它们类似于我们世界可见的一种归咎：将敌意归因于法网不及
的城市中的某个持枪者。

伴随着面对恶意时的脆弱的，则是息怒的需要，即要有所行动，去收
买或赢得这些力量的友谊，或至少解除其敌意。与此相关，则有另一些
观念：为了息怒，做什么才是符合规矩的？由此就有了"应当"、"亏欠"的
观念，以及有了罪与罚的观念，并因此在这个世界发挥更大的作用。

当然，可以依据人间友/敌的类比，来把握有关神与灵的谈论。但正
如我前面指出的，这还把握不到前现代世界观的整体。它向我们开启了
一个更为相异的宇宙。这些既能突破边界、又能在内部作为的宇宙力
量，不仅仅是像我们一样的人格化造物。这里存在着整整一个系列的力
量类型，逐步离开人格化的，直到我们需要一种相当不同的模式；那类总
是包含了某些意义的诸般宇宙实在；由此可以影响我们，使我们在某些
环境下活出这些意义。

所有这一切对我们度过经验的整体方式有着非常重要的后果。我
想尝试对这种关键性差异做些更充分的阐明。

让我们看一个为人熟知的影响力例子，此种影响力存在于非生命物
质，又和上述应和论相似。此例取自精英理论，而非大众信念，但原理是
相同的。考虑一下忧郁：黑胆汁不是忧郁的原因，它体现为忧郁，它就是
忧郁。在此，情感生活又是可渗透的，它并不仅仅存在于一种内在的、精
神的空间。我们面对邪恶时的脆弱，即内在破坏性，其所延伸到的，不止
是邪灵。它超出这些邪灵，延伸到那些没有意志却仍然散发着邪恶意义
的事物。

看看反差的例子。一个现代人感到沮丧、忧郁。他被告知：这只是你
身体的化学反应，你是饿了，或是存在激素失调，诸如此类。他马上就释然
了。他可以与这种感觉拉开某种距离，这种感觉是依据事实本身被宣布
的，而不是被证明的。事物并非真有这种意义，只是感觉如此而已，这是一

个成因行动的结果,与事物的意义完全无关。这一超脱(disengagement)步骤倚赖于我们现代的心/身分离,以及对身体的贬低,即身体"只是"心理的一个有条件的原因。

但一个前现代的人,就算明白了他的情绪源自黑胆汁,也无济于事。因为这并不允许抽离。黑胆汁**就是**忧郁。现在,他只知道他落入了真实事物的掌控之中。

这就是两者之间的对比:一个是现代的、被包裹起来的自我——我想称其为"缓冲的"自我;另一个是更早的、迷魅世界的"可渗透的"自我。这种反差造成了什么区别呢?

这种反差造成了非常不同的生存境况。对此,最后一个关于忧郁及其成因的例子有很好的提示。对于现代的、缓冲的自我而言,存在着这样的可能,即与心灵外部一切事物的抽离和超脱。我的最终目标是在我里面产生的那些目标,而事物的关键意义是由我对事物的反应所界定的那些意义。这些目标与意义可能以前述两种方式经受不住外部的操纵;但这在原则上可以用反操纵来抗衡:我避免那些令人痛苦的或诱惑性的经历,我不去激增错误的物质,等等。

这并不是说,这种缓冲的理解使你必然采取这一立场。这只是说,允许它作为一种可能,而可渗透的理解则没有这种可能。按照定义,对可渗透的自我来说,最强有力、最重要的情绪根源是在"心灵"之外的;或者更确切地说,下述观念根本就没有意义:存在着一个清晰的边界,可以让我们界定一个内在的根据地,立足于此,我们就能够超脱其他领域。

作为一个被包裹起来的自我,我可以将边界视为一个缓冲区,这样,用当代表述来说,边界之外的事物就不必"找我麻烦"。这就是我在此使用"缓冲的"一词的含义。这种自我可以将自身看作是无法被伤害的,事物对此自我的意义,由自我说了算。

这两种描述分别指向这种对比的两个重要侧面。第一,可渗透的自我抵挡不住神灵、鬼魔和宇宙力量。与此相伴的是某种特定的恐惧,这种恐惧能够在某些环境条件下抓住这种自我。而缓冲的自我则已被带出充满此类恐惧的世界。举例来说,波希(Bosch)的一些地狱绘画作品就

38

对这种情景有过生动的描绘。

诚然，某种类似的东西可以取而代之。也可以认为，这些形象间接地表达了内心深层被压抑的思想和情感。但要点在于，在这样一种深刻转变了的对自我与世界的理解中，我们将这些形象界定为内心的，自然也会用非常不同的方式来对待它们。确实，这种处理方式的一个重要部分，就是旨在使超脱成为可能。

也许，在我们的世界，最明显的转型标志是，今天许多人会怀旧地回望可渗透的自我的世界。人们觉得，我们与宇宙之间厚厚的情感界限，仿佛是一种损失。其目的是要尝试在一定程度上恢复这一失落的情感。所以人们去看神怪片，为的是体验那种兴奋感。我们的农耕祖先会认为我们这样做是疯了。实际上，你不可能从真正让你害怕的事物中获得兴奋感。

第二个侧面是，缓冲的自我能够形成一种超脱的抱负，即要超脱于 39 边界之外的任何事物，要将属于它自己的自律秩序赋予它的生活。恐惧的缺席恰恰不是可被享受的，而是被视为自我控制或自我导向的机会。

因此，在迷魅的世界，能动者与宇宙力量之间的边界是模糊的，心灵与世界之间的边界是可渗透的，正如我们从"充上力的"物体能够影响我们的方式中所看到的。我刚刚谈到过物质（如黑胆汁）的道德影响力。就与神灵的关系而言，也可提出类似的观点。在此，边界的可渗透性在多种多样的"附身"中出现，从完全占领一个人，直到各种各样的由一个神灵或上帝所支配，以及与神灵或上帝的部分融合。[4] 再提一下，自我与他者之间的边界是模糊的、可渗透的，这必须被视为**经验**的事实，而不是关乎"理论"或"信念"。

在今天，另一个清晰的边界——即在物理科学定律与事物对我们所具有的意义之间的边界——也被忽视。"充上力的"物体借助其固有意义而具有因果力量。确实，可以用更彻底的方式来表明边界的缺失；甚至还有一个区分，也与迷魅的世界相冲突，那就是"充上力的"物体的两种力量（影响力与因果力）之间的区分，作为典型的现代人，我也一直把此区分用作一种说明工具。这并不是说，此区分原本就不能在那个世界作出,这一点我们将会看到;而是说,此区分并不必然地对应于事件的两种类型,两种实际上(而非分析性意义上)截然不同的类型。也就是说,医治你的那种力量,也同样可以使你变成一个更好或更神圣的人;可以说,这是在同一个行动中完成的。因为这两种残缺常常不被视为有真正的区别。[5] 这表明,在比如圣地或由圣物、祝圣物等等的医治中,我们所处理的问题是不同于现代医学的,即使是在最可类比之处。人们取走圣地坎特伯雷的玻璃瓶水——据说它掺入了殉道者托马斯·贝克特(Thomas à Becket)的血,然后饮用这种水以产生某种治疗效果,这种方式初看之下与今天在一个特殊的药房寻找某种稀有药物相当类似。但现代的边界在那里是没有的,相应地,治疗意在针对身体,而不是心灵,即使是针对心灵,也仅仅因为这是(以上述的典型方式)受到有机体内变化的影响。这显现于如下这种方式,在其中,疾病与罪常常被视为难解难分,互相关联。我们患病,是因为我们从里面被罪的光景损耗。在这种情况下,我们或许会说,罪所带来的后果,我们今天会归之于免疫系统失灵。[6]当时人们普遍相信,某些症状会在赦罪后消除。罪恶和疾病之间的密切关联,也解释了拉特兰公会议以及其他公会议的决议——告诫人们不要求助于普通药物来代替灵性的治疗,并连带禁止向异教徒医生(例如犹太人)寻医问诊。

当然,在实践中,许多人对待药物,就好像它们自身起作用,而无关乎吃药者的灵性状况。这也正是神职人员和受过教育的观察者们反复抱怨的原因,但不是出于他们具有那种现代缓冲自我的态度——那种对于来自药房的处方药的态度。相反,他们希望饮用那种圣水或将手放入圣物箱,灵性的和身体的变化即会同时发生,而无需他们严肃的灵性投入。同样道理,许多人无视大赦的条件,即信友在投身朝圣或其他获取大赦的行动之前,应当先做告解;他们把大赦本身视为足以将上帝的赦免带给他们。这是路德所反对的丑闻,而他远非这么做的第一人。

然而,正如当时有这样一种人,他们粗鲁地对待神圣之物或神圣之举,近乎现代人将医治物品工具化;因此,今天依然有将疾病与罪相关联的立场。想想看,一些人对艾滋病流行的反应,或者癌症患者经常被告知的:他们患病,是因为他们糟糕的生活方式(苏珊·桑塔格[Susan Sortag]曾抗议这种说法)。在一定意义上,某些古老的态度并非不可恢复。只是需要明白,当一个人认真拥护这些态度时,他就在根本上与现代认同格格不入。一个人接受某些信条,但绝大多数人会把这些信条斥为怪异。

在五百年前的迷魅世界,身体与道德之间并没有划出一条清晰的界限。但这仅仅从另一侧面道出那个基本事实:围绕心灵的边界在构成上是可渗透的。那些明显是人之外的事物和能动者,可以改变或塑造我们的灵性和情绪境况,不是仅仅改变我们的身体状况(并因此间接地改变和塑造我们的灵性或情绪境况),而是一举改变全部。这些能动者并非简单地从"心灵"之外来运作,而是在我们的情感和精神构成上,它们起着促进作用。

要明白,这不是我们今天划分身体/道德边界的唯一方式,这种方式在那时不被承认。我们严格地把非属人的世界置于心灵之外,与此相关联的是,我们将此世界感知为毫无例外的自然规律领域。现代的后牛顿视野在此获得了至高无上的支配地位。现在,即使我们在理论上必须以同一种"科学的"方法来处理属人的世界,但在实践中却并不致力于以此模式来制定我们与他者的交往方式。实际上,在我们所经历的人类行动领域,大事的成就可以通过例外的意志努力,或是富有魅力的号召,以及不可化约为规则或公式的最佳判断。因此,我们常常将各种后果看作是来自例外的、超常有效(或无效)的行动,而无法将这些后果阐释为一套简单规律的实例。

然而,我们的祖先恰恰是以这种方式来理解他们世界的重大自然事件:疗效或失效,丰收或饥馑,灾害或风暴,海上营救或沉没海底。这些都不是毫无例外的规律的实例,而是行动;有时是邪恶的能动者的行动,有时是圣徒的行动,有时是上帝的行动。"上帝的作为"(acts of God)一词在当时有其真实的意义。

这种情况一直持续到文艺复兴时期。鲍斯玛(Bouwsma)指出,加尔文将风暴和洪水看作是特殊神意,可以说是上帝回应我们的作为。[7]毫无例外的秩序,依然是将来的事。这是迷魅世界的一个侧面。

那么,所有这一切又如何关系到信仰的条件? 这种关系可以按照两种方式来陈述,对应于前述"缓冲的"/"可渗透的"这一对比的两个侧面。

首先,在迷魅世界,无信仰(disbelief)是很困难的。这在很大程度上并非因为神灵是事物之理所当然、不可否认的部分,而上帝是一个灵,因此不可否认。更重要的是,上帝是作为占优势的灵卷入这个世界,而且,上帝是作为唯一的保障,来确保善意在这样一个令人畏惧和惊恐的力量场中胜出。当然,仅此则意味着,我们与上帝的关系,我们对上帝的情感,可能会带有模糊性,正如它们总是这样。但这也将意味着,有望拒绝上帝这一预期,并不使人忙于退到缓冲的自我这一安全的防御阵地,而是让我们在上帝缺席的力量场中自己去闯。实际上,我们唯一的求助可能是去寻求另一个保护者;若此,最有可能的候选者即是上帝的死敌撒但。在中世纪,尽管很难凭借所有那些捏造的指控来加以辨别,但有极少数狂妄的灵魂有可能真的作出了类似的选择,然而,这显然不是能够吸引广大人群的一个选项。

一般而言,反对上帝并不是迷魅世界的一个选项,那是转向缓冲的自我这种变迁所冲击的一种方式,它消除了通向不信的巨大障碍。但如我前面所论证的,这还不够,还需要有唾手可得的无求于外的人文主义这一积极选项。在此,变迁的重大意义才得以显明。此变迁打开了摆脱宇宙和上帝的某种途径,这种摆脱使得无求于外的人文主义成为一种可能性的选择。

但这只是可能,还没有成为现实。要理解它何以成为现实,我们必须更严密地去追踪祛魅的实际推进过程。在许多方面,祛魅得以展开的实际进程,标定了现代西方世俗性的实际境况,也标定了正在发生的信与不信之间的斗争所处的条件。

∽◆ 4 ◆∽

II. 我一直在讲，现代的自我是"缓冲的自我"，而更早的生存模式是"可渗透的自我"。但此处实词的使用也许是误导。有人可以把现代意义的自我经历为缓冲的，而同时始终意识到自己是一个个体。的确，这种理解适用于个体性，甚至原子论；有时我们会怀疑，此理解是否能接纳一种共同体意义。从根本而言，缓冲的自我是意识到超脱之可能性的自我。而超脱常常是在与一个人的整体环境（自然的和社会的环境）的关系中展开的。

然而，在我们祖先那个迷魅的、可渗透的世界生活，本质上就是社会性生活。对我产生影响的灵性力量，常常来自我周围的人们；例如，我的敌人所施的咒语，或者在教区教堂被祝圣过的一支蜡烛所提供的保护。但不仅仅是我个人，更为根本的是，这些力量也常常影响到作为一个社会的我们，而我们也是作为一个社会去抵抗这些力量。

先说后一种情况：许多"好的法术"（good magic）出自教会。它内在于这样一种感受，即上帝是善意获胜的终极保证。所以，我们会在雷电将临时敲响教堂的钟声，甚至采取更重要的做法，整个社区列队游行，在祷告日"巡勘教区边界"。带着圣体（the host）和拥有的圣物，我们沿着教区边界行进，以此为下个季节抵挡邪灵。在英格兰的一个此类仪式中，人们对福音书的诵读是："在长满谷物和青草的广阔田野，祈愿靠着上帝话语的运行，使那存留于空气并弄脏空气的邪灵力量……被制服……好让谷物无恙无病……服务我们，为我们所用，供养我们的身体。"[8] 在此，我们的防守是集体的，所部署的力量也是只有我们作为一个社群才能凭借的力量，它可以是教区的力量，但更广泛地，则是整个教会的力量。

因此，我们共同投身于此。这有两个后果。首先，它极为重视恪守共识。击退"异教徒"和拒绝这种力量，或将其习俗谴责为偶像崇拜，不只是个人的事情。抵抗甚或抨击共同仪式的村民，使得这些仪式的功效

42

受到危害，因此也就对每个人构成威胁。

当我们带着优越感回顾早先年代的不宽容时，这是我们常常易于忘记的事情。只要共同福祉紧密联系于集体的仪式、奉献和忠诚，那么一个人掉队，更不用说他试图亵渎或玷污仪式，就不能被视为他个人自身的事情。有一种非常好的共同动机会把他拉回社群。

在这些早期岁月，诸般社会——不只是各个教区，而是整个王国——被视为站在一起面对上帝，并要为它们成员的"正统"（正确的崇拜）负责。某些人的异常可能会招致对整个社会的惩罚。在某种特定时刻，上帝甚至把惩罚归因于自己，我们可以说，在某种程度上，击打是为了上帝的荣耀。例如，对路德而言，似乎就是如此。[9] 甚至在 16 世纪末，像博丹 43（Jean Bodin）这样一位公认的有识之士，也会在他论及镇压巫术之必要性的作品中说，我们必须"严厉地惩罚，以平息上帝的愤怒"。[10]

有一种观念根深蒂固，即一个包含了异教徒、甚至不信者的社会，必定会陷入混乱。它甚至以半理性化形式进入了启蒙年代，例如，表现为如下这种观点：对无神论者而言，忠诚的誓言一定是无效的，因为按定义，无神论者根本不怕死后报应。洛克（Locke）作如是观，甚至伏尔泰（Voltaire）也很接近这种想法。

这意味着，当时面临着趋向正统的巨大压力。这是一个后果。但就我们此处的目的而言，另一个后果或许更为重要，因为我们是在追溯，对那时的人们来说，上帝何以在相当程度上是"天真"经验的对象。这就把我们带入我们在本章所辨识的特征（2）。如果如此重要的社会行动涉及到一起部署这种"法术"或灵性力量，那么社会本身就被视为、被经验为这种力量的处所。你怎么能够既充分"投入"诸如巡勘教区边界这种集体仪式，又怀疑上帝和圣礼的力量呢？这就像是如今既装配电源插座，同时又怀疑电力的存在一样。在你的社会之微功能中，上帝的力量对你来说就是在那里的。

这个例子与教区层级有关，但其观点对于社会更高层级而言也是正确的，比如对于普世教会或王国。后者与前者是类似的，但在它自己的方式中，它能够存在，是幸亏有神圣的力量，即"呵护君王的上帝"，他的膏抹,以及被认为是国王固有的某些奇妙力量。

所有这些层面的社会纽带都交织于神圣,否则就真的不可想象。一个不是如此支撑起来的社会怎能存在于迷魅世界? 如果不是根植于上帝的神圣,那么或许就不得不在那恶者的反神圣中建立根基。

因此,社会这一极为稳固和不可缺少的实体为上帝辩护。推论不仅是这样的:我有道德和灵性的渴望,因此上帝存在;而且也是这样的:我们连结于社会,因此上帝存在。正是在这个层面,即上帝在社会中的生存-奠基的角色,也许才最好地说明了我们的心智要接受如下可能性是多么困难,这可能性即是:一个不以共同宗教信仰为根基的社会也可能存在。[11]

III. 还有另外一个特征或一组特征,对于我们祖先的世界至关重要,而且已经被废弃了。这种特征逐渐消失的故事成为转型的核心。这种特征是中世纪基督教世界与其他许多(或许大多数)由"高级"宗教主导的文明所共有的。

44　　　我们可以称此特征为张力中的平衡,此张力存在于两种目标之间。一方面,基督教信仰指向一种自我超越,正如我们在前面章节中所讨论的那样,是生命转向那超越寻常的人间福祉的东西。另一方面,中世纪社会的体制与实践,与所有人类社会一样,至少要部分地去适应和促进一定程度的人间福祉。这就在以下两种要求之间建立起一种张力:一方面是信仰所呼吁的总体转变要求,一方面是日常所进行的人类生活要求。

这种张力以各种方式呈现。最常见、也最为人所熟知的一种方式,是围绕着独身这一呼召。在最初几个世纪,这些呼召首先是在东方教会开始变得重要。在遁世和隐修生活的最初浪潮背后有这样一种认识:独身能够让心灵完全归向上帝。生殖是我们对堕落及因此引入世间的死亡的回应。因着生殖繁衍,我们继续在堕落的时间中延续人类。但通过独身,我们能够试图跳出堕落的时间,回归上帝的永恒。[12]

这种张力可以在一个责成人人独身的教会中被克服,正如在我们的时代中震颤派教徒(Shakers)所做的那样。另外,它也能够以改教家最终采取的方式来克服,那就是完全拒绝独身呼召。只有在后一种情况下,完全的要求与日常生活的要求之间的张力才会以其他形式爆发。

但主流天主教和东正教教会结合了独身与婚姻这两种生活模式。而且随着时间的推移,这种区别逐渐变成一种互补性。所以,在拉丁教会中,(在理论上)独身的神职人员可以为一个已婚的平信徒祈祷,并履行教牧职能,而平信徒也可以转而支持神职人员。就更大范围而言,修士们会为所有人祷告,托钵修会进行布道,其他人则提供救济和医疗等。随着时间的推移,上述张力被一种基于功能互补的平衡所覆盖。

当然,这并不能完全终结持续不断的张力之源。首先,在主导的、公认的发达观念与福音要求之间继续存在着不和谐。荣誉伦理、自尊心和社会地位的要求,都被置入至少上层阶级的发达模式。而作为世俗贵族主要职业的武士生活,也有其相应的要求,虽然有综合的尝试——比如在修士-十字军的理想中——但很难与福音要求相一致。

使得争议更加激烈的,是有关圣礼和圣物之角色与地位的问题。这些礼仪旨在服务于虔诚信众的拯救,但它们也是"白法术"(white magic)的核心,因为借助这种法术,可以守护和增进寻常的人间福祉。因此,被祝圣的圣餐是围绕教区边界巡行的一部分。而那些"圣物",比如被祝圣过的蜡烛,会被用来驱赶邪恶魔法和消除疾病。

那么,在原则上这是福音书的延续,因为福音书记载了耶稣治病和恢复人丰盛生活的权柄。但是,对神圣权柄的这些使用是否会越出边界,以致拯救秩序中的目标被忽视,甚或以发达之名被亵渎?如果圣餐被带回家,被当作有魔力的物质用于某种目的,那会怎样?如果神圣的力量被俘获为爱情的魅力,那又会怎样?[13]

当伊拉斯谟(Erasmus)亲眼目睹之后,他非常反感当时相当流行的敬虔行为之全然**趋利**的本性。

> 有某些人用特殊的仪式崇拜某些特定的神圣力量。某人时常向克里斯多弗(Christopher)行礼,尽管只在他看到圣徒形象的时候,

45

因为他已确信,在这样的日子里他将确保免于不幸之死。另一个人崇拜圣罗克(St. Roch),因为他想要驱走瘟疫。另有一些人向着芭芭拉(Barbara)或乔治(George)喃喃地祷告,以求免于落入敌人之手。这个人向阿波罗尼亚(Apollonia)发誓禁食,为的是逃脱牙痛;那个人凝视着圣约伯(St. Job)的形象,为的是摆脱痒症。有些人将他们的一部分收入分给穷人,为的是让他们的生意免于厄运;还有一些人对着哲罗姆(Jerome)点燃蜡烛,为的是复苏他们糟糕的生意。

对伊拉斯谟而言,所有这一切都等于偶像崇拜。[14]

如果将张力的这些要点考虑在内,在某种意义上我们可以认为,中世纪的天主教体现了一种基于等级互补的平衡。显然,这被承认是作为整体的社会之组织原则。例如,那个著名的俗套表述——即神职人员为所有的人祈祷,领主为所有的人提供保护,而农民为所有的人耕耘——就概括了这样一种理念:社会按互补职能进行组织,但这些职能不具有平等的尊严。类似地,独身呼召可能被视为有较高的地位,而无可否认地,圣职就是如此;但这并不妨碍它们与其他地位较低的生活模式在职能整体中维持平衡。

由此意味着,在原则上,某种低于最高使命和抱负的东西是有其自身地位的。张力化解为一种平衡。我们稍后就会看到,这并不是中世纪晚期的全部真相,而仅仅是其一部分。

张力中的平衡这一特点,以另一种方式在这种社会中出现,在狂欢节以及类似的节庆——例如,欢宴节(the feasts of misrule)或男孩主教节(boy bishops)等等——中变得尤为明显,这些节日是事物的日常秩序被反转的时期,或者说是"翻了个底朝天的世界"的时期。有一段暂时性的嬉戏顽皮的间歇,让人们尽情制造一种反转寻常秩序的状态。男孩戴上大主教的高冕,愚人扮演一天的国王。人们可以嘲弄通常被尊敬的事物,可以允许自己有各式各样的放纵,不仅有性放纵,还有近乎暴力的行为,诸如此类。

这些节日是迷人的,因为它们对于人们的意义,是在节日中被强有力地立时感受到的——人们兴致勃勃地投身这些节日——却依然像谜一样神秘莫测。[15]这种莫测之谜特别令我们现代人迷惑不解,因为这些节日并没有提供可以选择的秩序,以替代现有秩序,这根本不同于我们在现代政治中所理解的那种意义,即提出一种与现行体制对立并可以取代它的事物秩序。节庆中的嘲弄被这样一种认识所框住:更好的人,更卓越的人,更有德行的人,以及教会的魅力领袖等等,应该作为统治者;而在那种意义上,诙谐最终不是真正的诙谐。[16]

纳塔莉·戴维斯(Natalie Davis)曾经论证并主张,城市背景中的这些节庆有一个乡村起源,在那里,未婚男青年沉迷于戏谑和搞破坏一般会被认可,比如"闹洞房"。但也正如她指出的,这种戏谑在很大程度上是维护主导道德价值观的。[17]

不过,即使有对秩序的此般接受,但也依然存在与此秩序显然矛盾的东西,比如通过表演和嘲笑所显露出的某些深切渴望。我不知道那时发生了什么,但有一些值得注意的、有趣的和暗示性的想法已被提出。

甚至在当时就有人给出了一种解释:作为一个安全阀,人们需要这样。美德和良好秩序的砝码如此沉重,在对本能的压抑下,已经积聚了如此大的蒸汽,以致整个系统要想免于分崩离析,就必须要有周期性的减压。当然,当时的人们尚未根据蒸汽术语来考虑,但有一个法国神职人员用当时的技术术语清晰地表达了这个观点。

> 我们做这些事情是闹着玩的,不是认真的,正如古老的习俗本来就是这样。由此,每年一次,我们天生固有的愚蠢可以得到释放和蒸发。如果气孔没有时常打开一下,酒囊和酒桶不是会发生爆裂吗?我们也是旧酒桶……[18]

正是从那个时候,人们开始把这些节日与罗马农神节相联系,此后更是如此。要描绘真实的历史联系,似乎还没有足够的根据,但在原则上完全可以接受这样的假定,即某种相似的东西在此重新浮现。此假定之背后的思想,吸收了有关农神节和其他类似节日(例如,在古代的美索不达米亚,还有阿兹特克人[Aztec]的世界更新)的理论。人们一般认为,这些理论背后的直觉是,秩序约束了一种原始的混沌,混沌既是秩序的敌人,又是所有能量(包括秩序之能量)的来源。这种约束必须捕获那种能量,并在奠定秩序的重大时刻实现这种捕获。然而,年复一年固定不变的程序碾碎了这种力量,使之流失;因此,秩序本身只能通过周期性的更新才能持存。在这种更新中,混沌的力量先是被重新释放,然后被引入到秩序之重新奠定。仿佛抵御混乱来维护秩序的努力最终不得不被削弱,变得疲惫,除非这种秩序被重新投入混沌的原始能量之中,以便带着更新过的力量重现。或是大致与此类似的情景,很难对此做出完全清楚的解释。

当然还有巴赫金(Bakhtin),他展现了笑声中的乌托邦张力。笑作为所有边界的溶解剂,把我们联结于每一个人和每一个事物本身;这些都在狂欢节中得到赞美。从中,肉身的基督复临(Parousia)被预示。[19]

特纳(Victor Turner)提出了另一种理论。我们所嘲笑的秩序是重要的,却不是终极的;秩序所服务的共同体才是终极的;此共同体在根本上是平等主义的,人人包括在内。然而,我们不能废除秩序。共同体是秩序的基础,在根本上与终极上是由平等者构成。我们以共同体的名义暂停这种秩序,由此来定期地更新它,重新将它献给上帝,使之回归其原初意义。[20]

我陈列出这些理论,无论它们各自有什么样的优点,它们都强调,这些节庆所发生其间的世界,有一个重要的特征。它包含某种互补感,即对立面之互为必需,也就是相反的、无法同时经历的种种状态之互为必需。当然,我们都在某种程度上经历互补:我们工作数小时,放松数小时,睡眠数小时。但是,让现代人心灵感到不安的是,狂欢背后的互补性存在于道德或灵性层面。我们不只是在应对事实上的不相容,就像同时睡觉和看电视这样的不相容。我们正在应对的事情,有被喜欢的事情,也有被遣责的事情,伴随着合法与非法,秩序与混乱。所有上面描述的共同点在于,它们假设了一个世界,背后的基础可能是一个宇宙,在其中秩序需要混乱,在其中我们必须给相互矛盾的原则让出位置。

特纳对此的讨论尤为有趣,因为他试图把这个狂欢现象置于一个更广的视野。它是某个关系的一种体现,而此关系出现于世界各地范围极大的前现代社会。就其一般形式而言,此关系可以这样来表述:所有结构都需要反结构。特纳所用"结构"一词的意思,不妨借用默顿(Thomas Merton)的一个短语来表达:"'角色丛、身份丛和身份次序的类型化安排',在某个给定社会,是被**有意识地**承认并且有规律地运作的。"[21]我们也许可以对此进行重新表述,论说一个社会的行为规范,而不同的角色和身份,及其权利、义务、权力和可责难之处,则可以据此确定。

特纳的论点是,在许多社会中,这种规范被极为严肃地对待,并被贯彻执行,在大部分时间中甚至是被严苛地实施,即便如此,这些社会也总有某些时刻或情境,使得此规范暂停、无效,甚至被逾越。显然,在中世纪的欧洲,狂欢节和欢宴节就构成了这样的时刻。但这些"翻转仪式"(rituals of reversal)实际上非常普遍。例如,在许多非洲社会的国王登基仪式中,登基者必须经历一场磨难,他要在此磨难中被他未来的臣民唾骂、威吓,甚至遭受脚踢和推搡。[22]

这种翻转类似于另一种关系;按照主流法律-政治规范,作为弱势或低等身份之人,若处于那类关系中,就可以在互补领域行使另一种权力。特纳列举了一些非洲社会的例子。这些社会的原住民已被军事上占优势的侵略者征服。"侵略者控制着高层政治职位,如王位、省州长和酋长。另一方面,土著人通过他们的领袖常常被认为具有一种神秘力量,管辖着土地的肥沃和地上的繁衍。这些土生土长的人拥有宗教的力量,这是一种与强者的法律-政治权力相对峙的'弱者的权力',代表了不可分割的土地本身,用以反抗那种政治体制及其内部的区块分割以及权威的等级结构。"[23]

这种情形类似于有着如下特点的所有社会:在这样的社会,各种无权的、地位低的阶级能够在各自领域行使某种权威,比如,有些时候对妇女就是如此;或者在这些社会中,弱势者、贫困者和圈外人被某种特定魅力所环绕,比如,圣徒般的疯子,或者中世纪社会的穷人。他们的命运在

48

早期现代社会发生了转变，对此我将在下文中讨论。

特纳进一步扩展了类比的范围，包括范金纳普（Arnold van Gennep）所研究的具有"通过仪式"（rites of passage）的社会。[24] 这里的接触点在于，人们借以从一种身份进到下一种身份的这些礼仪——比如说，青年男子通过割礼而迈入成年——涉及到新人从他们先前的角色走出，进入到某种中间状态，在此状态下他们被剥去了所有的身份标志。在某种意义上，他们早先的身份被抹去了，他们度过一段"门槛"期，即在步入新身份之前，要经历一番试探与考验。范金纳普采用了"门槛"这个比喻，并为描述此境况创造了"阈限"（liminality）一词。特纳将阈限看作是一种"反结构"，因为在这样一种境况中，寻常规范的标志，连同其权利、义务和身份准则，都已经被暂时勾销。

所有这些处境的共同之处在于，都存在结构与反结构、规训与反规训的作用；它所采取的形式，要么是规范被暂时搁置或逾越，要么是像上面所列举的征服者与原住民之间的关系，规范本身允许存在与优势权力源相对的反原则；这种作用为互补的"弱者权力"打开了空间。仿佛感到存在这样一种需要：以权力结构的对立面来互补此结构。否则的话……会是怎样的情景？

这里的基本直觉很难界定。我在上文中提到一些与狂欢节有关的可能性。其中之一是这样的观念：规范的压力需要时不时地解压放松；我们需要释放。但由此而来的进一步的观念是：持续不断应用的规范会耗尽我们所有的能量，规范需要去重新捕获对立原则下未必驯服的某种力量。特纳在评论埃文思-普里查德（Evans-Pritchard）论限制猥亵的仪式的文章时指出：

> 在表达两性之间性感与敌意的公开象征体系中被释放的原始能量，被引向代表结构秩序及其所倚赖的价值观和美德的主要象征。每一种对立都在一个被恢复的统一体中得到克服或超越，而且该统一体又被危及它的力量所加固。礼仪的一个方面就由这些仪式显示出来，它将是一种手段，让人身上那些哺乳动物构成中所固有的

无序力量服务于社会秩序。[25]

这些解释仍然显得相当"功能主义";仪式的目的似乎依然是要维护社会。但特纳把这些解释置于"休戚与共"(communitas)的拉力语境,这将我们带到此解释层面之外。"休戚与共"是我们共有的一种直觉:除了我们通过伴随规范而来的多样角色而彼此相连这种方式之外,我们还是由兴趣各异的人们组成的社群,而彼此相联系的人们在根本上是平等的。在翻转或越轨的时刻所突然显现、并赋予弱者权力以正当性的,正是此潜在的共同体。

然而,这一说明还是具有其"功能主义"的面目。当我们诅咒选定的国王的时候,我们提醒他以及我们自己:统治者的权力和特权有更深一层的目的,那就是整体的福利。但在特纳的观点中,休戚与共的吸引力可以摆脱我们的社会界限。此吸引力也因着一个常识而活跃,即我们都是人类,彼此平等,并构成整体。反结构的吸引力可以来自社会之外,甚至来自人类之外。依此观点,我上面提到的第一种张力——在寻常的兴旺发达与更高的弃世志业之间的张力——就可以被正当地看作是结构对峙反结构的另一个例子。一种自称是更高的生活挑战着权力结构、财产和武士的主导地位,但这种更高的生活不能简单地取代已有秩序。它们被迫进入共存,因此而有某种互补性。

这使我们得以理解,结构与反结构的作用可以在多个层面发生,因为正是国家与教会一起构成的这一整体的互补性,担当着制约狂欢的反结构的结构之一端。

所以,社群的吸引力可能是"多价的"(multi-valenced)。它不仅能彰显我们的群体,也能彰显人类共同体。驱使我们摆脱循规蹈矩的角色,除了放弃伙伴关系之外,这种吸引力还有其他作用,它解放了我们的自发性和创造性,让想象力自由驰骋。

以此视角来看,反结构的力量也来自这样一种感受:所有规矩都限制我们,将我们排除在一些重要事情之外,不让我们看见和感受有着重大时机的事情。我们还记得,在某些通过仪式中,年长者可以利用"阈限"境况,指导青年人进入最深层的社会知识;好像这些事情的学习,只能是那些走出他们通常的循规蹈矩角色并乐意受教的人们,除此之外,这些见识是无法学到的。我们在此认出"退修"(retreat)背后的原则,既是宗教的也是世俗的。

这里的一般现象因此是反结构的必要性。所有规矩,就其僵硬性所带来的痛苦,其对灵性的削弱,以及对社会凝聚的萎缩、盲目,甚至最终的自我毁灭,都需要被对抗,有时甚至需要被击溃,以表示对它们的否定。现世与灵性之间的张力,以及狂欢节和其他翻转仪式的存在,在在表明,反结构的必要感在拉丁基督教世界曾经非常活跃。那么,今天发生了什么变化呢?

正如上面提到的"退修"所显示的那样,反结构的必要性并没有完全消失。我们在自己的日常生活中能够感受到这种必要性。我们仍然觉得需要"出去走走,以摆脱烦恼",需要暂停,并"给自己重新充电",需要度假,远离我们的常规角色。即使有狂欢节类型的时刻:公共节假日,橄榄球赛。在此,人们像他们的前辈一样,徘徊在危险的边缘,有时跨过了暴力的边缘。休戚与共在特别危险或丧失至爱的时刻会突然出现,比如哀悼戴安娜王妃的人群。

不同的是,对反结构之需要的承认,已经不再出现在整个社会层次,也不再与其正式的政法机构相关。也许有人会问:这何以可能? 在上面提到的所有个案中,反结构的需要是按照灵性语境来理解的:人间规范存在于更大的灵性宇宙之内,若要让社会与宇宙合拍,并汲取宇宙力量,向反结构敞开就是必要的。由此可见,反结构之需要的丧失,正是公共空间世俗化(前文所述的第一种意义的世俗化)的简单结果。

我在此关注这一点,是因为我认为它对世俗性 1 的兴起发挥了非常重要的作用。也就是说,先于公共空间世俗化并有助于其发生的,正是

51 必要的互补感的丧失,以及反结构的需要的丧失。一种规范根本不需要为与之相矛盾的原则留有余地,即根本没有界限的规范之强制执行——此乃极权主义精神,这种观念不只是反结构在现代性中丧失的一个后果。这一点当然是对的。不过,同属事实的是,一种诱惑是先在的,此诱

惑就是实施一种绝不容忍限制的规范。正是向此诱惑屈服,才促成了完整意义的现代世俗性。

这是我马上要讲的故事。此刻,我只想完成我正在做的彼时与现今之间的对比。

当然,反结构丧失的一个后果是倾向于认为,完美的规范不需要有所限制,人们能够并且应当毫无约束地去执行它。这一直是我们的时代推动各种极权主义运动和政体的强劲理念之一。社会必须被彻底重造,根本不允许有来自传统的对行动的约束来妨碍这一事业。此倾向以不太激进的方式鼓励一种狭隘的视野,依此视野,各种政治正确的"言语规范"被应用于某些校园,给诸如"零容忍"之类的口号增添一丝积极的色彩。

法国大革命时期也许就是这样的时刻,反结构在其中丧失,与此同时,毫无道德边界地应用规范的计划也被认真地设想。这最清楚地暴露于各不相同的革命政府都试图设计节日,用以表达和确立新社会。在这些企图中,这些政府极大地利用了更早期的节日,比如狂欢节、朝圣节(被法国"联盟节"所模仿)和圣体节游行,但这种计划的性质已经在某种意义上被逆转了。

那是因为反结构之维已经完全丧失。仪式的目的并非是要在现处支配地位的规范中开个口子,而是要表达规范精神,并激发对规范的认同。有时也会借用狂欢节的反结构元素,比如革命第二年的去基督教化过程,但这种破坏性的嘲弄被引向旧宗教和一般意义上的旧制度,其目标是要完全毁灭支配性规范的敌人,而不是暂时搁置这种规范本身。[26]

因为适合于赞美官方认定的现实,这些节日一般而言都是井然有序的;它们意在赞颂社会团结本身,或是赞颂"自然";它们是严格地平等和对等的,试图达到卢梭的要求——废除观众与表演者之间的差别。正如对此类节日的一篇报道所描述的:"5 月 15 日的自由节至少是民族的,因为人民在其中既是演员,也是观众。"[27]这些节日断然是人类中心的。"唯一真正的宗教是使人高贵的宗教,通过赋予他崇高理念——关于他的存在之尊严,以及他被人类的规划者呼召承担的美好使命而去顺应的伟大

52

命运。"[28]

　　不足为怪的是,这些节日非常沉闷,而随着主办它们的政权的落幕,这些节日连同包括这些节日的新年历也都消失了。它们也是 20 世纪共产主义政权自我贴金的类似企图的先驱,而这些政权遭遇到同样的命运。我们从中得知,传统的反结构在我们时代发生了何种变化,一如我们在 1793 年去基督教化过程中看到的对狂欢节某些方面的利用。它们能够为乌托邦或一个新的、全然和谐的政权提供指南。我会在下面回到这个问题。

　　然而,建立一个没有道德边界的结构是遗忘了反结构的时代的诱惑,但不是宿命。这诱惑是可以被躲避的,一般来说已经被躲避了。对立原则可以被植入我们支配性的政治规范,正如分权一样;这在限权名义下,即国民的消极自由的名义下,已经普遍实现。当然,还依然要在知识层面作出尝试,去表明这些自由的、自我限制的政体如何来自单一原则,正如我们在罗尔斯(Rawls)和德沃金(Dworkin)所秉持的当代"自由主义"例子中所看到的那样。这表明现代性投入那种单一而全能规范的神话有多深。[29]但还有一些理论家,如贡斯当(Benjamin Constant)、托克维尔(Alexis de Tocqueville),以及我们世纪的伯林(Isaiah Berlin),他们都已经认识到,我们不得不忠诚于多个原则,认识到我们在本质上秉持的那些原则经常处于冲突之中。

　　在这种多元主义的自由政体于理论和实践上都已得到发展的地方,反结构的丧失所导致的种种后果被大为缓解。我们甚至可以说,反结构已经在这些社会中有了新的位置,那就是私人领域。公共/私人的区别,以及消极自由的广泛领域,在这些社会中,对等于它们之前社会中的翻转节日。正是在这里,我们主动地在朋友和家人中间,或在自愿参与的社团当中,我们才能够"隐退"(drop out),甩开我们的规范角色,用我们整个的存在来思考和感受,并寻求种种认真投入的社群形式。若没有这一区域,在现代社会也许无法活出人样的生活。

　　这个非正式的区域也发展出它自己的公共领域,在这样的公共领域,想象力得以滋养,观念和形象得以传播:这是艺术、音乐、文学、思想和宗教生活的领域，如果没有这个领域，我们个人的隐退也许会极度贫瘠。这个反结构的现代空间，为自由自在的创造开辟了前所未有的前景，但与此同时，也开启了迄今为止尚无经验的危险：孤立和意义的丧失。这两方面都源自这一事实：此空间是"私人的"，其公共领域纯粹是由自愿参与来维持的。[30]

53

现代困境由此在结构上区别于此前的任何困境。这意味着，传统的结构与反结构作用之一部分，对我们不再有影响。在翻转仪式中，或者在前面提到的非洲社会可憎的登基仪式中，我们不仅有相对立原则的公开提出，允许它们在嘲弄闹剧中出现和介入。而且，目的也常常是要把它们带入某种协同作用；为了减少结构的自我封闭，并同时允许结构去汲取反结构的能量，从而更新自己。

这是我们现代人无能为力的事情。即使有能力去做，至少也不能再借助仪式。有时，一个社会中的各种对抗力量被汇聚起来，承认他们的共同性，这往往是因为面临某种共同的威胁，或处于共同悲痛的时刻。但这是一个极为不同的事情。我们如此经常地需要外部的危险来促进我们的团结，这一事实在一定程度上解释了民族主义在我们时代的持续力量。

因此，反结构迁移到的地方之一是私人领地，以及由此而得以维持的那些公共领域。但这还不是全部。在我们这个高度相互依存的、科技的、超级官僚化的世界中，反结构的召唤依然强劲，在某些方面甚至比以往任何时候都更有力量。在过去两百年间，一系列的抗议，反对中央控制，反对严密管制，反对工具理性的僭政，反对要求顺从的势力，反对破坏自然，反对扼杀想象力，一直伴随着这个社会的发展。这类抗议在 20 世纪 60 年代和 70 年代达到高潮，而我们可以肯定，这绝不会是最后一波。

那时，狂欢节的许多方面得到重现和改写。想一想 1968 年巴黎的五月风暴，连同它对结构的痛斥，以及它自以为所释放的休戚与共的能量。"68 这一代人"恰恰想要回避私人空间的反结构，他们想要让它成为公共空间的中心，其实，他们想要取消两者之间的区别。

　　然而,这还是与早先时期反结构的位置有重大区别。在这里,对规范的否定是作为乌托邦和新规划之源被利用的,但如我上面所提到的,这些新规划旨在取代现有社会。但无论闹剧中的革命者试图把狂欢节和革命带到多么接近的地步,两者永远不会一致。革命的目的是取代当前秩序。它搜寻以前的反结构中有价值的东西,为的是设计一种包含自由、共同性和激进博爱的新规范。革命催生一种崭新而完美的规范,这种规范根本不需要道德界限,也根本不容忍任何反结构。它是一种终结一切反结构的反结构。这个梦想假如得以贯彻(幸运的是,那不是在1968年),就将变成一场噩梦。

54　　至此,我们已经意识到,在更早的规范与否定的作用中存在着一种智慧,而我们有忽视这一智慧的危险。所有结构都需要加以限制,即使不是被暂停。而要做到这一点,我们不能完全不要结构。我们需要在不同规范及其局限之间曲折前行,去寻求更好的社会,却从不陷入那种幻觉,即我们可以跳出这种对立张力而进入纯粹的反结构,而且这是可以永久地独自主宰的反结构,即净化的非规范(a purified non-code)。[31]

　　但非同寻常的是,这种梦想在我们的时代中如此经常地被重新产生,而翻新这种梦想的人,甚至是在其他方面堪称头脑严谨冷静的人,比如去梦想"国家消亡"的"科学社会主义"的那些发明者。这是因为结构因着失去它们早期的社会纾解途径而带来种种痛苦,其僵化、不义、对人们的抱负和苦难的麻木不仁,驱使我们不断回到这种梦想。我们可能还没有看到它最后的终结。

❧ 5 ❧

　　IV. 显然,在此有着翻转和反结构的世界中,时间不可能是被本雅明(Benjamin)置于现代性核心的那种"均质的、空洞的时间"(homogeneous, empty time)。[32]例如,狂欢时间是时机性的,也就是说,时间线遭遇时机性的节点,这是些这样的时刻,它们的性质与放置要求翻转,继而是其他要求更高的重新奉献的时刻,还有其他近似于基督复临的时刻:忏悔星期二,四旬期,复活节。

如今我们所讲述的在我们时代关于自己的故事中,也存在着时机性的节点。革命本身就是被其继承人和支持者理解为这样的时机性时刻,而民族主义的历史编撰也充满了这样的时刻,但围绕这些时刻所汇聚起来的东西已经改变了。在前现代时期,为日常时间而组织起来的领域是来自我所谓的"更高时间"(higher time)。

在此可以引入的一个最容易理解的术语,就是"永恒"(eternity)。这个术语并没有错,因为它是哲学上和神学上的神圣术语,用于更高时间。但我需要更一般化的术语,因为(a)存在着不只一种永恒,(b)这些都没有囊括所有的更高时间。

更高时间起到过什么作用呢? 或许有人会说,它们汇聚、集合、定秩、打断俗世日常时间。这让我迎难而上,称后者为"世俗时间"(secular time)。这里有一个风险,因为我已把"世俗"这个词(并在三种意义上使用!)用于我们时代的特征。即使我不得不引入这个词的第四种意义,那也是因为它是原初意义,而本章的三种意义都由此派生。

大家都知道,"世俗的"(secular)一词来自拉丁文 saeculum,即"世纪"或"年代"。当它开始被用作一对术语中的一个时,比如在俗的(secular)/修会的(regular)神职人员,或是在现世中与在宗教(即某种修会)中相对,其原意就被作了非常特殊的利用。处在俗世的人被嵌入日常时间,过着日常时间的生活;与之相对的是那些避开日常时间的人,他们活着是为了更接近永恒。该词由此被用来指相对于更高时间的日常时间。一个与此并行的区别是世俗的(temporal)/灵性的(spiritual),前者关心日常时间中的事情,而后者关心永恒的事务。

所以,要讨论前现代的时间意识,很难避开"世俗的"这个术语。最好是把相关事情梳理清楚,然后再使用它。

"世俗的"时间对我们来说就是日常时间,的确,对于我们而言它只是时间,即一段时间。一事接着一事发生,某事过去了也就过去了。时间位次的传递是始终一致的:如果甲在乙之前,而乙在丙之前,那么甲就

55

在丙之前。如果我们量化这些关系，这种位次也同样成立：如果甲在乙很久之前，而乙在丙很久之前，那么甲就在丙很久很久之前。

更高时间则汇聚并重新定秩世俗时间。它们在世俗时间秩序中引入了各种"弯曲"以及表面上的不一致。那些在世俗时间中相隔很远的事件反而可以是紧密相连的。对于我在此试图描述的某些同样的问题，本尼迪克·安德森（Benedict Anderson）曾有过一次非常深入的讨论。[33] 其中他援引了奥尔巴哈（Auerbach）对"预示-应验"关系的论述，在这种关系中，旧约中的事件支持新约中的事件，比如以撒的献祭与基督的受难。这两个事件之相连，是通过它们在上帝计划中直接相邻的位置。虽然它们相隔遥远（"永世万代"或"永远的永远"），但在永恒中它们被拉近，几近同一。在上帝的时间中，献祭与受难有着某种同时性。

类似地，1998 年的耶稣受难日在一定程度上比 1997 年的仲夏日更接近原初的受难日。一旦事件是按与多种时间的关系来定位，确定时间的问题就变得相当不同了。

"更高时间"为什么是更高的？用永恒来回答则很容易，因为欧洲继承了柏拉图和希腊哲学。真正实在的、完满的存在（being），是在时间之外，永不改变。而时间是永恒的运动之象。它是不完美的，或倾向于不完美。

对亚里士多德来说，这就是尘世的真相。根本无法指望人世间的事物能够完全适合其本质。但也有一些完美无缺地反映出永恒的过程：例如，循环运行的星体，无始无终。

这一思想的一般倾向是寻求一个永恒的宇宙，也就是一个虽历经变化却无始无终的宇宙。但真正的永恒是超越这一思想的；永恒是固定的、不变的。

这是理念（Ideas）的领域。在理念之下是理念在世界中的各种化身，化身即开始展示诸般不完美。这种情形在俗世的日常时间中变得非常严重，每种事物都在一定程度上偏离了它的形式（Form）。

因此，在时间中发生的事情不比在永恒中更真实。这种偏离被施加了一种限制，因为时间的进程被更接近永恒的更高运动（如星体的旋转）

所牵制。依据某些说法,时间进程还受制于循环的"大年",这是时间的巨循环,经此循环之后,万物都返回其原初状态。这是借自神话的一个常见观念。故此,对斯多葛派而言,在每个这样的循环之后,一切事物都会在一场大火中返回其原初的无分化状态。

在没有完全放弃这一永恒观念的情况下,基督教发展出一个多少有所不同的观念。圣经将宇宙看作是由上帝创造的,它也讲述了上帝对待人类的故事。但这种神-人历史与不断重复循环的观念并不相容。它也意味着,在时间中发生的事情是很重要的。上帝进入了时间中的戏剧。耶稣道成肉身,被钉十架,都是在时间中发生的,因此,此世发生的事情就不能再被视为不是充分真实的。

由此而出现另一种永恒的观念。只要永恒是按着柏拉图和普罗提诺(Plotinus)的路子来体认的,我们通向上帝的道路就在于我们出离时间。而且,上帝是不动情的、超越时间的,他实际上不可能是历史中的参与者。基督教的观念必须有别于此。经过缓慢演化,在拉丁基督教世界中,最为著名的表述来自奥古斯丁。在他那里,永恒被重新构想为汇聚的时间。

奥古斯丁与他的希腊源头不同。希腊思想家观察客观的时间,即过程与运动的时间。而奥古斯丁在他的《忏悔录》第十一卷中有一段考察他所经验到的时间的著名讨论。他所说的"瞬间"(instant)不是亚里士多德的"现在"(nun),nun 是一个极限,像一个点,是时间段的一个没有延伸的边界。相反,这种瞬间是将"过去"汇聚成为"现在",并投射一种未来。它不再是"客观上"存在的过去,此时就在我的现在之中;它塑造了这样一个时刻:我在这个时刻中转向一个"客观上"尚未存在的将来,但在此是作为一种投射。[34] 在某种意义上,或许可以认为奥古斯丁已经预示了海德格尔的三种"绽出"(ekstaseis)。[35]

这就在一个行动的各部分之间产生了一种同时性;因我的行动从我的过去发生,伴随着我投射的未来,且是对行动的一个回应,这样,我的行动就紧密结合了我的处境。这些不同部分彼此理解。它们不能相互分离,由此,在行动的此刻就存在最低限度的一致性,或叫"最低的厚度"，低于此厚度，时间就不能被进一步切分，否则行动的连贯性就会崩溃。这种连贯性我们也发现于一个旋律或一首诗（这是奥古斯丁偏爱的例子）。[36]第一个音符与最后一个音符存在一种同时性，因为要让旋律被听到，所有音符就必须在其他人面前发出声音。在此微观环境中，时间至关重要，因为它给了我们构成旋律的音符的顺序。但在这里起作用的，并不是作为毁灭者的时间——它夺走我的青春，使我遥不可及，并把往昔岁月拒之门外。

57

因此而有了行动或享乐时刻的延伸同时性，比如，这可见之于我们真正投入的一场对话。你的问题、我的答复以及你的反驳，都是在这个意义上一起发生的，尽管这有点像旋律，问、答、驳在时间上的顺序是至关重要的。

于是，奥古斯丁认为，上帝能够而且也确实让所有这样的时间都成为行动的一个瞬间。因此，所有的时间都出现在他面前，并在延伸的同时性之中。他的当下容纳了所有时间。这就是一个"永恒的当下"（nunc stans）。

因此，上升到永恒，就是上升到分享上帝的瞬间。奥古斯丁把日常时间视为消散，视为宇宙之展开，视为统一性的逐渐丧失，视为与我们的过去不断切割，但又伸手不及未来。我们迷失于我们的时间碎片。但我们对永恒有无法抑制的渴望，所以我们追求走出这种境况。不幸的是，这种追求往往是这样的：试图赋予我们的碎片以永恒的意义，由此将事物神圣化，从而堕入更深的罪。[37]

因此，中世纪曾有过两种模式的永恒，我们可以分别称之为"柏拉图的永恒"和"上帝的永恒"。柏拉图的永恒完全不动，也不动情，我们通过超拔时间追求这种永恒；而上帝的永恒并没有废除时间，而是将时间汇聚于一个瞬间。若要抵达，唯有通过分享上帝的生命。

对此，我们还必须添加第三类更高时间，依照伊利亚德（Eliade），我们可以称之为"起源时间"（time of origins）。[38]与前两种永恒不同，"起源时间"不是由哲学家和神学家发展出来的，而是属于大众民间传统，并且实际上也不仅是在欧洲，而是几乎遍布各地。

此永恒观念属于"伟大时间"（Great Time）或"太初时间"（illud tempus），其时，万物秩序得以建立，无论是当前世界之创造秩序，还是以其律法确立我们这群子民。此时，居间代理者（agents）比起今天的人们来说，有着更大的范围，也许是诸神，或至少是英雄。依照世俗时间来说，这个起源是在遥远的过去，它是"远古"（time out of mind）。但它并不仅仅在过去，因为它也是某种我们能够重新接近、再次靠近的东西。这或许只能靠仪式来企及，但这个仪式也可以有重建教堂和献堂的效果，从而更靠近起源。因此，"伟大时间"既在我们背后，某种意义上又在我们之上。它既是在原初发生的，又是伟大的典范，当我们穿行于历史，就可以接近它或是远离它。

于是，这三种更高时间各有一些方面，有助于我们中世纪先辈形成时间意识。在每一种情况之中，连同世俗时间的"水平"维度，都存在着一个"垂直"维度，这就允许我上面提到的时间之"弯曲"和缩短。世俗时间的流动发生在多元的垂直背景中，因而每一事物都与一种以上的时间相关。

因此，一个中世纪晚期的王国（在其中，国王有两个"身体"），必须也 58 被认为存在于柏拉图的永恒之中。能够永远不死的身体不受制于时间和变化。同时，许多这样的王国都将它们的律法视为奠定于远古，此概念即出自"起源时间"的框架。再则，这些王国作为基督教世界的一部分，也经由那个通向上帝之永恒的教会而联系在一起。

同时，在教会年历中，教会记念并再现耶稣基督在世时发生在"彼时"（illo tempore）的事件。这即是何以能说今年的耶稣受难日比去年的仲夏日更靠近耶稣十架受难。而耶稣受难事件本身——因为在此耶稣基督的行动/激情分享了上帝之永恒——也更靠近所有的时间，比这些时间在世俗意义上的相互关系更为紧密。

用另外的术语来说，依此观点，世俗时间的种种片段不是均质的和彼此可以互换的。它们的性质受到它们与更高时间的关系的影响。这让我想起一个构成对比的说法，即本雅明以"均质的、空洞的时间"来标识现代意识。依此观点，时间已成为类似空间的容器，填进去什么都无所谓。

我不太确定,对我们当代观念的这一看法,是否如其所认为的那样正确。不错,从古代和中世纪的"地方"到现代的"空间"这一转移,涉及到空间的一些部分与碰巧填充其间的事物的分离。一个"地方"是要被那里已有的东西所辨识的,可是,牛顿式的空间和时间仅仅只是容器而已,在容器内,物体可以被四处移动(甚至非物体,比如"真空",在这里也适用)。但对时间的许多当代理解却认为,时间不可与宇宙过程分离,比如熵理论。

然而,宇宙论术语中的时间识别使之成为一种对属人的、历史的事件根本不在乎的容器。这些事件即是我们人类在此星球上活生生的实践。在这个意义上,宇宙论时间(对我们而言)是均质的和空洞的。

但这完全不适用于早先的、复杂的时间意识。如果一个时间片段的辨识不只是根据它在世俗时间秩序中的位置,而且也根据它与更高时间的接近程度,那么这个片段中所发生的事情就不再是无关于它所在的位置。一个疏远永恒秩序范式的时代将会展示更严重的失序,而一个更接近上帝之永恒的"时间-地方"则将更为聚合。在圣徒节日的朝圣中心,被尊为神圣的正是时间本身。[39]当哈姆雷特说"这个时代脱节了",我们可从字面上理解此评论,而不只是将它理解为换喻词,用以表达"丹麦社会的境况,此境况恰巧填充了这可悲的时间片段"。"脱节"是指各种事物没有以恰当的方式结合,而在更接近永恒之定秩范式的时代,诸事彼此契合。正如我们应该在字面意义上理解马塞勒斯(Marcellus)早先的那句评论:妖魔鬼怪不敢在平安夜游荡世间,因为"这一时间是如此神圣,如此祥和"。[40]

然而,均质的和空洞的并没有充分叙述出现代时间意识。我在后面将要论证,我们有种种叙事形式,围绕着潜力观念与成熟观念而聚集,这在某种意义上使得不同的时间定位意味深长。但可以肯定的是,比起那种早先复杂的更高时间意识,我们的观点高举时间的均质性和对内容的漠不关心,我们现在甚至感到很难理解哈姆雷特所意指的内涵。

这是因为,与我们先辈不同,我们倾向于唯独局限于世俗时间的水平流动来理解我们的生活。再强调一下，我并非意指，比方说，人们不再相信上帝之永恒。很多人仍然是相信的。但是，对今天的许多人而言，世俗在更高时间的鳞状叠覆不再是共同的、"天真的"经验，即尚未仅仅因为显而易见而成为信或不信的候选对象；对于 14 世纪孔波斯特拉（Compostela）或坎特伯雷的朝圣者来说，则是单纯的经验。（也许在今天，波兰的琴斯托霍雅［Częstachowa］和墨西哥的瓜达卢佩［Guadalupe］对许多人来说还是朝圣之地；我们的世俗时代有其地理和社会的边界，一如有其时间的边界。）

这是祛魅和反结构消失之外的另一个重大转变，它帮助确立起世俗社会之条件。显然，现代自然科学与变化有关。就变化背后的稳定实在而言，17 世纪的机械论科学提供了一种完全不同的观念。这不再是永恒；稳定不是超越时间，也不是汇聚时间，而只是时间中的变化规律。这类似于古代的客观时间，只是现在根本不存在异常。月亮准确地服从这些规律，就如诸多行星一般。数学的永恒并不超越变化，但恒常地控制着变化。它对所有时间都是等距离的，在这个意义上，它不是一种"更高时间"。

虽然科学对于我们现在的观点非常重要，但我们不必夸大其原因作用，乃至视其为转型的主要动力。我们被包围于世俗时间，这种处境也是我们的生活方式带来的。导致祛魅的社会与意识形态变迁，同样造成了我们这种处境。特别是，我们现代文明秩序的规训使得我们在衡量时间和安排时间上尤为不同，而且这在人类历史上是前所未有的。时间已经成为一种宝贵资源，不得"浪费"。其结果是紧张有序的时间环境之形成。此环境已经包围我们，到了近乎自然的程度。我们在自己建构的环境中，生活在统一的、单一意义上的世俗时间中，而为了做事成功，我们试图衡量与控制时间。相比现代性的任何其他侧面，此"时间框架"或许与韦伯（Weber）的著名描述——"铁笼"最为相配。[41]铁笼遮挡了所有更高时间，让人难以设想它们。这将是我后面故事中的一部分。

V. 与此时间意识上的变化交织在一起的，是我们对所生活其间的世界在理解上的转型。我们或许可以这样说，从前我们生活在"宇宙"

（cosmos），如今我们被包含于"世界"（universe）。

60　　　我用"宇宙"来指我们祖先的生存总体性观念，因为该词包含有序整体的意思。这不是说我们的世界没有自身的秩序，而是说，宇宙中的事物秩序是对人有意义的秩序。也就是说，宇宙中的秩序原则是密切联系于、而且通常等同于让我们的生活井然有序的原则。

所以，亚里士多德的宇宙有上帝在其最高处和核心处，上帝之永不止息和永不改变的行动所说明的，接近于柏拉图的永恒。但此行动，即一种思想，也处在我们生活的中心。理论思考是我们里面"最具神性的"那个部分。[42]而对柏拉图来说，以及对此整个思想模式来说，宇宙展现了一种秩序，我们应当把此秩序彰显于我们自身的生活，包括个人生活和社会生活。

对秩序的此般理解包含这样的思想：宇宙是有限的，有约束的。至少希腊人是这么认为的，他们还认为，秩序与限制是难分难解、联系在一起的；在此意义上，我们的文明是希腊人的后裔。

这种宇宙是一个等级体系；有着高低不等的存在层次。其最高层是永恒；它得以连为一体，其实是靠着存在于永恒层次的东西，即理念，或上帝，或两者一道——理念是创造主的思想。

宇宙这一理念部分由于科学革命而逐渐消失，于是，我们开始发现自己处在一个"世界"之中。此世界有其属于自身的秩序，即体现于无例外的种种自然规律。但此秩序已不再是存在的等级体系，也没有明显指向永恒作为其汇聚原则的处所。世界以世俗时间奔流不息。总之，它的秩序原则与人的意义没有关系，即使有关系，也至少不是直接相关或明显相关。

圣经宗教先是进入希腊-罗马世界，之后进入阿拉伯世界和全球各地，但这种宗教也是在宇宙理念之内发展的。由此我们开始看到，我们自身处于规定了的历史，它在一个有界的环境内展开。因此，连绵成整体的宇宙论-神性的历史，就得以被呈现于一个大教堂的彩色玻璃窗上。但世界则要达到无界限，至少其界限难以被围在时间或空间中。我们的地球和太阳系处于银河系，而且只是无数银河系之一。我们的起源返回到进化时间的迷雾中,因此对于究竟什么能算作人类故事的开端,我们并不清楚,而此故事的许多面貌已经无可挽回地遗失了。

在过去两个世纪,信与不信之间诸多壮观的论战,已经开启了从世界概念出发对圣经宗教的挑战。但是,尽管这些论战达到令媒体广为关注的程度,我却怀疑世界概念对不信者是否具有相关性。也只是在圣经宗教桎梏于宇宙观念的地方,论战才兴起。将创世放在公元前 4004 年的某一天,即是这种思维的一个典型例子,它自相矛盾地使用现代才发展出来的严密计算模式,为的是在宇宙堡垒中巩固自身。同样,拒绝物种进化这一理念本身(作为抗拒新达尔文主义的某些更难以置信的方面)也是如此。

在世界内重新思考圣经宗教,并不存在这样的障碍。一些早期思想家,包括奥利金和库萨的尼古拉,已经做过类似的工作,更不用说帕斯卡尔了,他为无限空间之永恒沉默招魂,这使他断然超越了宇宙的范围和诸天的喧哗。

世界所理解的真正相关性更为微妙和间接。从世界去理解的相关性在于,它已经改变了辩论的术语,重塑了信与不信双方的前景,开辟出奥秘的新场所,并且提供了否认超越性的新途径。我们在后面将会具体阐明,这一世界——即被视为一个巨大钟表装置的秩序,其部件被构造得完美啮合——何以能够成为某种神佑(Providence)学说的基础。

然而,对我们时空背景的新理解,是与我此处所描述的旨在产生这一新语境的其他变化一起艰难前行的。让我继续往下讲它如何发生的故事。

❧ **6** ❧

我在为我们所失落的世界绘制一幅肖像。在那个世界,灵性力量触动着可渗透的主体,社会根植于神圣,世俗时间根植于更高时间,而且,在那个世界的社会,结构与反结构之间的作用在平衡中得到约束;此人间戏剧是在宇宙内展开。但在我们粗略地称为祛魅的转型过程中,所有这一切都被拆除,取而代之的是相当不同的东西。

这是如何发生的呢?原因有很多。人们能够列举的有:文艺复兴人文主义,科学革命,"警察国家"的兴起,宗教改革。所有这些都是正确的,但要完整地理解它们,我们必须领会一个运动的重要性,这个运动聚集了中世纪晚期的能量,旨在再造欧洲社会,以满足福音的要求,以及之后的"文明"的要求。或许,把"革命的"这个过多使用的词汇用在这里并没有错,因为此"改革"(Reform)推动力是现代欧洲革命理念的摇篮。错用一下萨达姆·侯赛因(Saddam Hussein)的修辞,我们可以说它是"革命之母"。

我在此所称的"改革",表达了一种深刻的不满——不满于平信徒生活与弃世神职之间的等级制平衡。在某个方面,这是完全可以理解的。这种平衡包括承认这样一点:民众做不到完全之要求。在某种意义上,民众是被完全者"带着走"的,有点违反基督教信仰的根本精神。

但是,这并没有说明那种不安,即不断增长的缩小差距的要求。所有围绕一种"高级"宗教组织起来的文明都存在此类大幅度差距,有专心侍奉的人,也有缺乏委身的人;有更高要求的敬虔形式,也有更为敷衍的践行;有脱俗弃世的道路,也有让宗教仪式更多服务于兴旺发达需要的道路。借用有关欧洲一体化的行话来说,这些宗教文明在"以多种速度"运行。

如我们在前面看到的,这些"速度"差异最终可能被模糊地接受,甚至在各种互补理论中也获得一定的承认。这里的互补是指平信徒与神职人员,或者如修士、隐修士、游方圣人等敬虔"能手"(virtuosi)之间构成互补。人们依据一种交换来理解这种关系。例如,在许多佛教社会中,俗人供养僧人,并由此积累功德以获得更好的轮回。

出现于"黑暗时代"(Dark Ages)的拉丁基督教世界就属于这一类型。但它落在此种境地,并非绝无仅有。多种"速度"在东方教会也相当显见,更不用说其他主要文明了。令拉丁基督教世界显得独特的,反而是对差距不断增长的深深不满。虽然起初目的并不是要完全消除差异,但为了缩小最快者与最慢者之间的差距,也有些认真的尝试。而不满却在增长,在不同运动中显明自身。这些运动有的出自精英,有的出自民众。

当然,精英与民众之间的边界并不整齐。从某种意义上说,神职人员属于精英,但也有受教育少的教区神职人员处在底层,他们的思想和行动更接近他们的教民,而不是更接近他们的主教或在大学、托钵修会的同道。与此同时,出现了不断增长的受过教育的平信徒;他们不仅是绅士,或不特别限于绅士,还有新兴的"中产阶级",其兴起或由经商,或做律师,或是国家和教会中的管理者,以及通过文法学校的扩展。

我所称的"改革"(Reform),用了大写字母 R,是要区别于另一些尝试,即更为专心侍奉的人们,通过布道、劝勉和以身作则,尝试传播他们的经验和敬虔方式。这些改革运动甚至可能是由正式机构组织和资助的,并不等同于我要论述的"改革"。劝人信教和复兴运动在所有高级文明中都会间或出现,它们与"改革"的区别在于,这些运动并不想让不太专心侍奉的形式丧失合法性,只是想让这些人越来越多地归向更高的"速度"。

然而,在中世纪晚期的欧洲也有许多改革。只要回想一下行乞修士的布道就知道了。但拉丁基督教世界的独特之处是越来越关心"改革",即改造整个社会以达到更高标准的推动力。我并不自称能解释这种"对秩序的狂热"(rage for order),但在我看来,这似乎是中世纪晚期和现代早期的一个事实,而且,在部分世俗化了的"文明"理想中,它也是被延续到现代时期的一个事实。我的观点是,对于古老迷魅的宇宙之破坏,对于无求于外的人文主义能获得成功的另类道路的产生,这一"狂热"是至关重要的。

信仰生活中的哪些差异导致了它的传播?它们不易被准确界定。但有一个信仰上的重要分歧。在一种信仰模式下,教义的基本原则得到更为详尽的阐述,而敬虔的生活在一定程度上采取内心祈祷的形式,以及后来的默想操练的形式;而在与此形成对比的另一种信仰模式下,信条内容非常初步,敬虔与否也主要看一个人做了什么。正如皮埃尔·肖努(Pierre Chaunu)所说的那样,这些人有"一种行动而非知识的宗教"。[43]

　　敬虔在行为举止上极为多样，包括禁食之类的做法，也包括在适当时间（主要是主日、节假日、四旬期和降临期）禁戒工作，还包括在主日望弥撒，至少每年一次参加复活节期间的告解和领受圣体。这些都是规定的行为。但也有可供人们选择的丰富广泛的敬虔举止，诸多礼仪，比如圣周五在祭坛前面"爬向十字架"，在圣烛节祝福蜡烛，参加圣体游行；还有一系列崇敬圣人、圣物、向圣母祈祷，但在这方面意见纷呈，而且越来越有争议。

　　在某种意义上，这种两层宗教，即信仰实践的等级双轨制，在"黑暗时代"是非常容易理解的。以8世纪刚皈依的日耳曼部落为例，通常他们是因着首领的决定而入教的。就是否愿意皈依而言，他们主要受传教士行神迹能力（按他们所见）的影响；这就像7世纪盎格鲁-撒克逊人的皈依一样，在很大程度上是被基督教圣人创造神迹奇事的力量所折服。[44]4世纪高卢的乡民也是如此，圣马丁（St. Martin of Tours）力图把他们归化到基督教。所有这些人必定根据他们所熟悉的神圣力量范畴来理解此新宗教；或许有更卓越的形式，但处于同一个理解范围。他们所理解的新礼仪之意义，与专职传教士所持的正确的权威意义显然不同。[45]

64　　这种理解差异或不同步，在整个中世纪都处于恰当位置，就如在某些（有时是大量的）边缘人群中还依然保持着，[46]包括较晚归化的地区（斯堪的纳维亚，波罗的海地区）；双轨制是稳定的，实际上它是不可替代的。

　　但事实上，差距在不断缩小，并且是以几种方式在缩小。

　　首先，在公元1000年之后的岁月中，可以看到一种流行广泛、聚焦基督中心论的灵修方式在稳步发展，这种灵修注重耶稣受苦的人性，这可见于宗教艺术（对耶稣在十字架上受难的描绘日益重要，愈发处于核心）；亦见于认同耶稣受难的实践（圣方济各的圣伤痕，以及相当不同层次上的鞭笞派运动）；随着中世纪临近结束，与崇敬其他圣人相比，敬虔的焦点越来越放在基督，或基督及其母亲，或圣家庭。[47]即使在创造神迹奇事的圣物范畴，在那几个世纪也有转移，即转向与耶稣和玛利亚相关联的圣物：圣十字架的残片，基督的宝血，玛利亚的乳汁，耶稣的五个圣伤痕。[48]

按依曼·杜菲(Eamon Duffy)所说,"平信徒群体想要培育与基督及其母亲充满感情的、悔罪的亲密关系,这是中世纪晚期信仰上的通用语言。"[49]崇拜的焦点越来越指向耶稣受难;基督作为充满爱的兄弟,他的死是为人类赎罪。这里隐含着一种转移,从凯旋的十架神学转向受苦的十架神学。"因你上十字架,我等敬拜你,钦崇你"这一祈祷也被改变,以致原文最后一词 ascendentem(上),被念作 pendentem(悬于),祷告遂变成"因你悬于十字架,我等敬拜你,钦崇你"。我们因此可以理解,为什么基督五个圣伤痕的种种图像会有如此的力量。它们提供了一面旗帜,求恩巡礼(the Pilgrimage of Grace)即在此旗帜下进行。[50]

这些实践可能仍然不同于某些精英的做法,例如,伊拉斯谟和科利特(Colet)这样的人文主义者就对崇敬圣地、圣物敬而远之,[51]但是,不论这些提出责难的人文主义者和改革者怎样坚持,中世纪末期的拉丁基督教世界核心地区的宗教领域,异教信仰已经所剩无几。[52]

但实践上的这种差异甚至在 16 世纪初这一转折点之前几百年间就已成问题。如前所述,此差异受到两个方向的攻击。一方面是我想要涉及的来自下层的运动;另一方面是神职人员把持的等级教会,也似乎在不断地一致努力(按他们所认识的)要去提升实践标准。或许可以说,这是要让大众向精英的宗教看齐。例如,1215 年的拉特兰公会议对所有平信徒提出向神父告解的要求,且每年至少一次。与此相伴的则是培训神父和编制指导手册,以便神职人员能更好地塑造信徒的良心。

然后是托钵修会修士的行动,它对等级森严的教会具有多种影响,虽然不是那么稳定。托钵修士常常比教区神父受过更好的教育(而且通常也与这些贫困的俗世神父构成竞争),他们的巡游布道显然达到这样的效果:开辟出非常有效的与底层沟通交流的新渠道。有关更为迫切的新实践的需求信息,通过他们得以非常有效地传播到整个范围的拉丁基督教世界。假如我们认为精英改变底层的这种努力,就好比是预备另一个相距遥远的世界,即布尔什维克那样的政党会从中出现的世界,我们就可以明白,这些巡游托钵修士成了中世纪后期的一种宣传鼓动形式。(当然,这里还有许多中间阶段,包括后来的耶稣会士、雅各宾党人等阶

65

层。）托钵修士实际上改变了许多人的意识。他们成为一场根本性变化的关键部分,而该变化在双重的宗教改革中达到顶峰。

托钵修士的布道对于一个最引人注目的变化起过相当大的作用,那就是对于死亡的态度。正如菲利普·阿利埃斯(Philippe Ariès)等人已经注意到的,[53]在我们今天看来,中世纪后期对死亡问题日益关切,甚至有对死亡的恐惧。有不计其数的针对"记得,你终有一死"这一主题的布道与写作,有象征死亡的舞蹈,有不断被人传抄的《三个活人和三个死人的故事》[54],所有这些作品的要点在于,面对死亡的临近,生命、成功、快乐这些"好东西"都是虚空。任何好东西都将消失,都将变成它的反面。那个能激发欲望的女人或男人的美丽躯体,将会变成它的反面,成为腐肉。的确,它在某种意义上已然如此,在表面外观之下亦是如此。

> La beauté du corps est toute entière dans la peau. En effet, si les hommes, doués, comme les lynx de Béotie, d'intérieure pénétration visuelle, voyaient ce qui est sous la peau, la vue seule des femmes leur serait nauséabonde: cette grâce féminine n'est que saburre, sang, humeur, fiel. Considérez ce qui se cache dans les narines, dans la gorge, dans le ventre: saletés partout. . . . Et nous qui répugnons à toucher, même du bout du doigt, de la vomissure et du fumier, comment pouvons-nous désirer serrer dans nos bras le sac d'excréments luimême?[55]

> ("身体的美丽全然存之于皮肤。如果人们像波提亚[Boethia]的猞猁那样被赋予透视能力,可以看到皮肤下面是什么,那么仅仅看到一个女人就会让人作呕。她的女性魅力仅仅是粘液和血浆,是体液和胆汁。想想在鼻孔、喉咙和腹中隐藏的东西:除了污秽什么都没有……而如果我们哪怕用指尖去接触呕吐物和排泄物也会感到恶心,那么我们怎能还有欲望去拥抱这个污物袋本身?"[56]

这里的要点当然不是说,肉体经历的这些快乐是近乎不真实的,而是在于，当我们转向这些快乐，我们就在忽视真正重要的东西，即我们在自身死亡之后所要面对的问题：上帝对我们一生的审判。在该世纪，作为一种大众现象出现的，是对于死亡的立场，其实，自最初几个世纪以来，灵性精英一直在不断召唤这种立场。人们经常用颅骨来刻画圣哲罗姆，就是因为人们认为他是在默想死亡；如何能够做到这样？恰恰是要离开那些无关紧要之事，转向真正重要的问题；这个问题要求一个回答，我们借以向世界而死、为上帝而活。

因此，从某种意义上，在克服"多速度体制"方面，中世纪晚期在灵性方面关注死亡成为重要的一步。我们可以把这一步视作统治集团和神职人员的努力所带来的（或许部分如此），也可以把它视作信徒当中更深入的自发运动所产生的（显然是主要的），不论怎么看，这一步使得教会上层和下层彼此靠拢，有点像在一个重大问题上达成一致。

我说"有点像"，是因为仍然存在一些重要差异。更好的说法也许是，精英本身在改变，新的差异出现了；其中最重要的差异，终于在1517年爆发，给拉丁基督教世界带来了剧烈后果。

但是在探讨此问题之前，我想更细致地看看人们面对死亡的新立场。它同时代表了一种基督教化与一种个体化。

首先，基督教化是显而易见的。拉丁基督教世界的人们已经从异教的宗教观走出。而在异教对死亡的看法中，在某种意义上，死亡只是生命历程的下一阶段；一般是衰败的阶段，这在早期希腊的"冥界"（Hades）概念中有著名的表述。这种衰败使得我们与死者的关系颇为复杂，因为我们能够很容易地想到，离别曾经生活的地方让他们产生怨恨，而我们持续的好运则让他们妒忌，他们恨不能返回人间来纠缠我们。我们举办葬礼极为倾向和解，或者换个说法，乃是旨在劝诱我们的先辈，好让他们的亡魂牢牢地留在下一阶段。因此，我们与他们的关系是复杂的：我们需要他们的善意，但我们不希望他们离我们太近。我们很矛盾。

在这种安排下，虽然我们会惧怕死者，但我们并没有充分理由惧怕死亡。我们不欢迎死亡，但它是事物之自然秩序的组成部分，一个被指定的阶段。

　　而基督教观念引入了相当不同的东西，某种不可比较的东西。虽然基督教信仰已经吸收、并有时也详尽阐发有关事物自然秩序的种种概念，但其主要着眼于另一个维度，即终末。我们被呼召去活出新的生命，死亡在这样的生命中已被胜过。这种改变意味着，我们活着不再是为了人间福祉，不论这种福祉是何种样貌，它都是按自然秩序来定义的。

67　　　前已述及，对人间福祉的超越这一观念对基督教至关重要，但此观念亦见于其他"高级"宗教，比如在佛教中就很明显，并且也是这些宗教常被视为"高级"的原因之一。一方面是呼召人们活出超越，另一方面是面向终末的转变，两者之间的关系颇为复杂，而且在基督教诸世纪一直争议不断。根据不一定符合正统神学、但在信徒中反复出现的一种看法，通过我们对呼召作出合适的回应，我们得以进入至高的新生命，若回应不当，就无法进入。有些神学家指出，这种简单化的描述遗漏了一点，即上帝的作为，它使我们能够回应呼召；但一般来说，这种简单描述只是取代了试炼的定义，即我们会在试炼中跌倒，但通过试炼对于进入天国来说是必需的。

　　依据基督教历史的一个核心意象，在我们完全进入天国之前，会有一个审判介入。我们的生活会以这样或那样的方式被估量，可能会不合格。正是在这里，的确**有**怕死的理由；作为生命结束的死亡，因此也可以说是人生档案的完成，我们要带着它面对审判。

　　因此，急切地转向死亡与审判，体现了民众经历必死方式的基督教化。这并不是说大量旧方式不再有效了，民众仍然害怕亡魂，害怕这些亡魂不愿意接受自己的死亡，害怕他们还要纠缠我们的骇人渴望。[57]蒙田（Montaigne）曾谈到，在他那个年代，普通民众对死亡有一种亲密和接纳的态度，而且他也想效法这种态度。[58]许多人仍然不把死亡经验为令人恐惧的东西，或以死亡来怀疑生命，而是把死亡当作生命循环的一部分。我们活着，然后死去。此外，死者在许多方面仍然是生者的社会的一部分。他们葬在同一个地点，常常是村落的中心。在有些地方，死者被认为会在某些节日回到我们身边，因此有死者在墓地起舞的传闻。死者的显现既让人有点害怕,又让人感到安慰,一如他们生前。[59]

尽管如此,新的观点照样稳步推进。与此相伴随的是某种个体化。这在本质上彼此相关吗?从某种意义上说,是的。回应呼召、审判和转变之整体,诉诸于个体的责任。前已提及,对死亡新的关切在一定程度上吸收了少数派灵修的基本形式,它源自早先时代的隐修士和苦修者。

然而,面对死亡更古老的集体方式遭到中断,中断程度之深,甚至影响到基督教信仰的既有形态。从基督教最初时期开始,时间终结之际每个人都将面临共同审判这种观念即是基督教信仰的核心。在后来的中世纪,教会开始传播有些不同的观念,即每一个个体在其死亡之际,将要面临对他/她个人的审判。在一定意义上,这就使得离世时刻我的"档案"这个问题十分突出,也更为紧迫。在此之前,相信"最后审判"在某种程度上是可以叠加到更古老的、前基督教的死亡观念——死亡是生命循环的一部分。最终的生命转变被推迟到更遥远之处,乃至于如何将生命转变、如何将生命连贯于我们当前的死亡经验这个问题依然含糊不清。而对近在眼前的个人审判的新信仰,又把这个问题提到近处,有时近得可怕。正如德吕莫(Delumeau)所说的那样,"对现世的蔑视,将死亡戏剧化,以及对个人得救的坚持,是同时出现的。"[60]

理解这一变化何以发生的整个问题,就在这里显示出复杂性,对此没有单一答案。毫无疑问,这部分地是由精英神职人员所引发的。变革是拉丁基督教整体努力的一部分,旨在提升全社会的信仰水平。我们可以在诸多时刻辨识出这一变革的开端,但 1215 年是一个不错的起始点,那一年的拉特兰公会议决定普遍实行神父亲聆告解制度。无论如何,自13 世纪以降,主要通过托钵修会的布道,产生了一种"内部讨伐"。讨伐真正的异端,比如多明我会修士在阿比尔派地区所进行的;但也有一项长期展开的运动,要求悔改,要求面对死亡与审判的事实,并且有相应的行为。也许,有关个人审判的教导可以被视为这一讨伐的部分装备。

但在另一方面,我们可以认为,不仅只有终末论培育了个体化,很大程度上恰恰是相反的情形。某些传统的生活构架被打破了:离开乡村去城镇生活的农民;任职于商业、法律或行政机构并具有社会流动性的新

68

群体;倚靠武器和他们的机智谋生的雇佣兵;文艺复兴时期意大利白手起家的新统治者;所有这些人都不再深深扎根于共同体生活方式,而正是在这种古老方式中,死者仍然被视为当前社群的一部分。

那是这样一些人,他们或许认为自己是针对财富、权力或荣誉来设计自己的命运。正是要向这些人传布如下的教导:"记得你会死",一切现世成功终成虚空,所有生命与美丽必定朽坏。这种不可避免的逆转,对一心往高处爬的人来说,会格外显出戏剧性。正因如此,这会成为布道者所偏爱的一个主题;也正因如此,某些大人物要公开表明,他们已接受此观点:一个大主教愿意在他的墓碑上标明,能代表他的不仅是职位,还有正在被蠕虫吞噬的尸体(如韦尔斯大教堂)。

69　　　无论原动力是什么,新的灵性都有个性化侧面。这也反映在日益强调的性纯洁,这种强调开始逼近对其他一些罪的强调,比如愤怒和暴力,以及断绝兄弟情谊。[61] 鲍西(Bossy)谈论到,早期强调的是厌恶之罪(sins of aversion),这是违反仁慈与团结的罪;后来逐渐让位于一种日益增长的对于色欲之罪的关切,这是违反贞洁的罪,被视为一种玷污和对个人圣洁的否定。[62] 鲍西也注意到在悔罪的主要目标上发生的转移,即从涉及弥补损失、修复伤害为目标的悔罪,转向涉及洗心革面的悔罪。[63]

与此同时,新的个体化带来一种新的社会纽带,这是借助一个转折,它在我们的历史上曾反复出现。围绕对死亡和审判极为个体化的关切,形成了新的代祷关系。生者可以为死者的灵魂祈祷,并给死者的灵魂带去各种宽慰;可怕的个人命运可以通过互助来应对。

正是这一点,使得"炼狱"急剧发展为灵性关切和行动焦点。从最初几个世纪以来,就一直存在着这样的观念——所有避免了永罚的人尚未进入天堂,以及有净化之火的模糊概念。但只有在中世纪的拉丁基督教世界,这种观念才不仅仅发展为完整教义,而且还发展为新的时间性(temporality)。在我们此世的时间性生存和上帝的永恒(与所有时间都是同时的)之间,插入了一种准时间的新领域,在此领域,灵魂存在于死后的即刻审判与最后审判之间。这是净化之地,对所有人都是必要的,但有两种人除外,一是圣徒(他们不需要净化),二是被罚入地狱的人(他们不配得到净化）；总之，这对每个人的已故亲友几乎都是必要的。

生者的祈祷会影响到炼狱中那些人的受苦程度；正如圣徒和圣母玛利亚的代祷一样。由此发展出有关诸圣功劳的宝藏和分施给罪人的可能性这种完整理论。这巩固了大赦制度，但大赦到头来却以准时间的钱币来计算：这样做可以为你炼狱中的母亲免除一年四十天的暂罚。[64]

这种情形一发不可收拾，超出了任何正常的神学或基督教实践的界限，并最终在中世纪教会的整体架构上点燃大火。这段历史众所周知。按照根本的反叛立场，我们看到这样的景象：富有、权重和贪婪的教会统治阶层，倚靠平信徒的无知和恐惧，搜刮巨量钱财，服务于罗马的种种目标，其中主要是维护和扩张教会管辖地，以及建造各种宏伟的文艺复兴教堂。

这种看法颇为可信，但它掩盖了另一方向上的一个运动。当时，大众敬虔的一个需要是，在死亡面前有团结一致的措施，教会当局是否很大程度上是在回应、或者某种意义上是在跟随这种敬虔？肖努和杜菲（Duffy）这两位论者都指出，种种联合是何等重要，而这类联合都是围绕这一目标而兴起，或是部分围绕这一目标而构筑。互助协会、兄弟会（confréries）[65]、甚至教区本身的生活（例如，读出被祈祷者的名单），都是如此。[66]在晚期中世纪教会，炼狱成为基督徒很大一部分信仰生活的焦点。炼狱使得极大的焦虑得以疏导，转向代求的祈祷和行为，转向穷人的爱德捐献，[67]或为追思弥撒捐献。

若要直截了当地问 16 世纪初的重大问题何在，我们不妨先问一下：当改教家试图连根拔除整个教会体制之际，上述这种巨大的能量，如此大的焦虑和希望导向哪里了？民众的反应是本能地拒绝这种破坏，抑或是他们追随改教家，将那种能量疏导到新方向、新领地？在许多地方，这个大问题对宗教改革的命运无疑是至关重要的。

无论如何，关乎死亡和审判的这一新灵性，在某种意义上本应使精英与大众走得更近，达成更为基督教式的死亡观，而此新灵性的传播也是考虑到此目标的；但所有这一切带来的却是相反的效果：新灵性加大了部分精英与信众间的裂缝,最终成为教会分裂的借口。为什么会是这样呢?

因为扩大某些精英少数派修行与极大多数信众实践之间差距的,除了对钉死十架的基督的全新敬虔以及对死亡的全新关切,还有其他一些运动。

首先,旨在发展更为深刻、内在的敬虔生活的一些尝试开始出现,而且源头不同。始于艾克哈特(Meister Eckhart)的德国神秘主义传统或许是此领域最为人熟知的,但远非独此一家。在14世纪,更广泛传播、更具影响力的是共同生活兄弟团的现代敬虔运动,其中最著名人物是托马斯·肯培(Thomas à Kempis),他是《效法基督》(*The Imitation of Christ*)一书的作者。这种敬虔方式更多强调个人祈祷和内省,甚至鼓励人们写灵修日记。

在这个新的方向,还有与上述这些尝试或其他任何运动不相关联的大量举措,兴起于级别较低的神职人员以及不断增长的受过更多教育并善于思考的平信徒。人们正在寻求一种更具个人性的宗教生活,一种新的祈祷,想要自己阅读和默想圣经。

这是新的精英群体,其范围未必与等级化的、神职人员的教会领导层相重合。其实,这一领导层常常带着怀疑态度看待这些强调内在的新灵性形式。艾克哈特的某些作品遭到教廷谴责。某些祈祷运动,像伯格音派(Béguines),也与教会相抵触,并被宣布为离经叛道。在天主教会中,对这种灵性形式的怀疑一直持续到非常晚近的时期。依纳爵(Ignatius)和大德兰(Teresa)都在不同时期遭到西班牙宗教裁判所的责难,而"阿隆白朗陶斯派"(Alumbrados)这一较早的内在敬虔运动浪潮,也被裁判所判为异端,并一直受到密切关注,以防它以典型妄想狂的方式复发。特伦托公会议之后情况稍有好转,但即使如此,教会当局对新的内在形式的恐惧仍未停止。

但是,尽管这种灵性形式与教会当局有着潜在冲突,但它也会脱离底层,其发展路线有别于主流大众敬虔。大众敬虔主要表现在信仰的行为举止上,而不太注重反省和默想的操练。其信仰行为包括公开祷告,念主祷文和万福玛利亚，以及教会的礼仪祷文，更不用说像斋戒和朝圣等这些能够个体化的行动。这是付诸行动的敬虔模式。

转向内在并不必然意味着放弃这些行动的敬虔形式，更不是反对它们。然而，某些更擅长内在敬虔的人却对这些形式感到厌恶，认为它们愚蠢地偏离了真正的虔诚。这种反应常见于基督教人文主义者，伊拉斯谟（Erasmus）就是例子。精英人士从外部看待大众敬虔，往往看不见使得这种敬虔富有活力的内心，因此很容易对它作出负面判断，上述活动的敬虔形式也不例外。由此，在有知识的少数派修行与大众信仰实践之间就开始出现新的裂缝。

但是，这种大众信仰实践不仅会被攻击为只重外表、偏离真道，而且还有与之相关的日益不安，这种不安恰恰是它植根于迷魅世界的核心所必须具备的。如我们所见，在此迷魅世界，"充上力的"物体在其中具有影响力和因果力，源自上帝及其圣徒的圣物成为人们的保障，用以抵挡充满恶毒力量的有害存在者和事物。因此，圣人的遗物便具有了"善的法术"的力量，如在圣烛节被祝福的蜡烛，在棕枝主日诵读受难故事时制作的十字架，在弥撒仪式中被祝圣的圣水、面包片（不是圣体）[68]，用作护身符的写下来的祈祷，"羔羊像"（agnus dei），声音能驱赶雷电的教堂大钟，[69]当然，尤其还有祭坛的圣礼本身。

此时，这一切令大众当中日益增加的少数派（他们未必来自社会精英阶层）深感不安。不安的理由多种多样，而且或多或少都是根本性的。即便其所根据的是最无批判力的假设，但某些大众信仰实践仍然注定问题多多。以行善为动机来施行因果力，比如医治，这完全没有问题；当因果力的施行与积极的影响力（比如，当治疗效果部分地通过悔罪和赦免来达到）不相分离，就更加没有问题。但总会存在可疑的因果力运用，比如把圣体用作催情药；或是公然邪恶地利用圣事，比如将亡者弥撒说成是为某个活人做的，以便让那个人早死。还有将神圣力量与幽暗势力联合使用，其中以黑弥撒（Black Mass）最为著名。所以，即便是在对圣礼力量更为根本的怀疑兴起之前，教会也总是不得不去管理此处的合法与非法的边界。

更为根本地,对因果力的使用,哪怕其目的无可指责,也有令人不安之处。我们在前面看到,伊拉斯谟就是如此。只要圣礼是出于好的影响力的目标,被用来将我们带入恩宠境界,就是可以接受的。但若是其重点放在零零落落的属世目标上,即使这些目标本身是好的,也会使我们偏离真正的敬虔。请求圣人代祷应该纯粹以我们自身灵性增进为目标。"赞美圣人的正确方式是效法他们的德行,他们看重于此,远胜于看重一百支蜡烛……而你们却崇敬存放在圣陵的保罗遗骨,而不是崇敬那深藏于保罗作品中的智慧。"[70]在这里,至关重要的并不是信仰的外在表现,而是内心目的。但要将这一点贯彻执行,自然会令大量的信仰实践半途而废。如果你的目标是在内心更像保罗,你就不太可能把触摸圣物看作是得体之举。这并非因为,依据悠久的敬虔认识,圣物无法让你在灵性上长进;而是因为,在圣物所归属的世界,属灵好处和属世好处之间的边界通常不被注意,尽管伊拉斯谟如此渴望管理这边界。

而最为根本的是,一种深层的神学异议出现了,即反对教会"白法术"(white magic),而且无论其目的如何。把任何事物视为"充上力的"客体,甚至包括圣礼,原则上都是错误的,哪怕其目的是为了让人变得更圣洁,而不是为了防止疾病或农作物歉收。上帝的力量无法被如此限制,仿佛可以将此力量拘禁于某事物,或其方向由此可以被我们操控。

对教会"白法术"的拒斥早已出现。它在中世纪几乎所有的异端中一再出现,甚至还更早,比如在韦尔多派(Waldensians)。这在罗拉德派(Lollards)以及更为激进的胡斯派(Hussites)信徒当中格外突出;这种拒斥也为新教教会所承袭。而且,它所关切的不只是偏离中心的滥用,而是信仰整体之核心,即始终由圣体(Eucharist)构成的核心问题。威克里夫(Wycliffe)拒绝神父祝圣饼、酒的效力,即只根据仪式的效力,而不论圣事施行者的属灵境况。从根本上说是我刚刚提到过的观念,即有关上帝的力量。上帝回应一个神圣之人的祈祷是可以理解的,但难以让人接受的观念是:任何年长的神父,无论其多么堕落,都能驾驭上帝的行动。同样的道理也被用来进一步抨击对任何"充上力的"物体的操纵,或用来斥责向圣母或圣人的祈祷。上帝有行动的自由。这属于上帝的主权。

73

（我们可以理解，此灵性意义与司各脱-奥卡姆主义［Scotist-Occamite］神学有着某种亲和性，后者也强调上帝不受约束、至高无上的权柄。在路德对这一思想流派的援用方式中我们可以看到，这还不只是一种亲和性。）

这里还不仅仅是人文主义者对纷杂的大众信仰实践的苛责，虽然这两种潮流也会合流，比如在宗教改革上就是如此。但是，正如我已经指明的，此般拒绝教会法术也出现在大众层面。罗拉德派信徒通常是一些相当朴素的人；而激进的塔波尔派（Taborites）则在社会最底层拥有吸引力。是什么推动了这些运动？

原因有很多，我想挑选两个因素来讲。这两个因素在某种意义上互为表里。其一是社会因素，其二我称之为"恐惧场的翻转"。

先讲社会维度。教会法术是旨在控制上帝力量的不正当权力。是谁主张这种权力？等级制的教会。反抗的一拨力量指向权力主张者，而这些人就个人而言毫无圣洁可言，却对普通民众的生活行使着很大权力，并且滥用这种权力。教会法术就是被那些法术师败坏了名声。

但是，在那个迷魅的世界，要去反抗和拒绝法术却绝非易事。此世界充满了幽暗的法术，只有"白法术"才能予以牵制。而且，甚至好的法术也充满带有危险的力量。肖努令人信服地描述了大众对圣体的态度。圣体被如此高调地称颂为上帝力量之汇集，普通民众则感到自己不配，而布道中也经常强化这种不配感，民众被放在如此低的位置，乃至害怕去领圣体。按教会规定，他们被迫每年至少领一次圣体，但这个最低要求对绝大多数人来说，事实上是最高要求。我们必须记住，"充上力的"物体，无论其法术多么良善，若从错误一方获取，仍然可能是危险的——在这个意义上，它非常像我们生活中的电力。不配者领受圣体被视为非常危险的，而教会的布道更强化了这一点。

但是，圣体依然是带有力量的客体，这可见诸于不断加强的另一种做法，即朝拜祝圣的显供圣体。这种朝拜在中世纪晚期越来越普遍，如同圣体游行一样。仿佛是说，圣体的力量在此安全距离得以发挥效力，而领圣体对于人们来说是过于接近了。[71]

反抗所有这一切意味着直面恐惧的阻碍。但基督教信仰的一个潜力就是对恐惧场的翻转。上帝的力量将战胜一切邪恶法术。这是基督教信仰所有变化形式中所常见的。但是，此胜利可以被理解为"白法术"对"黑法术"的胜利，或者也可以被理解为上帝之本原力量对一切法术的胜利。要汲取这种力量，你必须彻底跳出法术领域，完全地、单单地倚靠上帝的力量。

这种"祛魅"之举隐含于犹太教传统以及后来的基督教。有一个对两者而言都是根本性的决裂，即与被它们判定为坏法术的东西（即对异教诸神及其势力的膜拜）在其中猖獗的领域的决裂。但是，这种绝裂有两种形式可以采纳；在某种意义上，是游离于两种形式之间。要明白这一点，我们只需看看以利亚如何在迦密山胜过那群侍奉巴力的先知。以利亚挑战那群先知，看看究竟哪一位神（耶和华还是巴力）会降火于祭物，并表明他们侍奉的巴力没能显灵，而他以利亚却做到了，他在这么做的时候，某种意义上是在对他们施展一个成功的反法术。但在此故事中，以利亚传达的要点在于，他们的法术是空洞的，完全无效的，他们的神毫无能力。

上帝的力量可以战胜异教的迷魅世界。但其得以展开，要么是通过一个善的、符合上帝旨意的法术，要么是借助消灭一切法术，并最终除去这个法术所施行的领域。从这两种途径中的一种转到另一种，就要求翻转恐惧场。事先，你最恐惧的是法术的力量，当然是那种坏的、魔鬼的法术，但你对好的法术也会有一种健康的恐惧，并与之保持安全距离。翻转之来临，是在于你带走所有此类恐惧，并将其转换成对上帝的敬畏，上帝成为唯一正确的敬畏对象，即确信这种敬畏能使你防御所有法术。

在某种意义上，你也许会说，这是以恐惧驱逐恐惧。但这是很不正确的。是有这样的情况：我害怕自己在谈话过程中出丑，但这种害怕会被一场致命事故所引起的那种害怕驱走——比如我们在高速公路上遇到多车相撞的事故。但对上帝的敬畏却不是这样，这种畏惧是某种更高的东西，这种畏惧会提升我们，而对法术的害怕却似乎降低我们。所以，我们需要的是一种翻转场，在那里，你可以去直面那从前最为恐惧的（或许我们应当说是去"降伏"那从前最为恐惧的),而现在恰恰是使你充满勇气和力量。此翻转场从一个新的领域汲取上帝的力量。

(因面对恐惧并翻转它而释放的力量,也必定会鼓励某些狂妄之举,异教徒凭着张狂之气蔑视神圣,比如亵渎圣体,或如一名罗拉德派教徒那样焚烧圣女加大利纳[Ste. Catherine]的塑像来做他的晚餐,并以此取笑,说她正在经历第二次殉难。)[72]

在这些早期的异端中,对法术的恐惧以及对教会权力的恐惧是被一起翻转的。正是这种翻转,为向中世纪大众敬虔发起最激进的挑战提供了动力。这种激进挑战把人们吸引到一种形式相当不同的礼仪和教会生活中,圣礼倾向于变成纯粹象征性的,权威也从圣统中溜走,并被回归于圣经,而有形教会被更加分明地与真正得救者群体相区分。

在某种意义上,宗教改革的舞台似乎已经搭建好了;而这些早期运动一直被视为原宗教改革(哈德逊[Hudson]关于罗拉德派的著作就取名为《早产的宗教改革》[*The Premature Reformation*])。但尚有一个重大因素阙如,那就是因信得救的教义。此教义很符合对教会法术的否定,以及对纯粹圣经权威的回归,但其与这两者的关联并非绝对必须的。也可以设想另一条事件链,在另一种叙事中,宗教改革的某些重要元素不必被逐出天主教会,走向对圣礼的否定(路德本人从来不赞同这种否定),也不必否认传统的价值(路德同样没有如此反对传统)。但这或许需要假设有一个相当不同的罗马,不同于它在那几百年间如此醉心于权力炫耀。

但重要的一点是,因为提出因信得救,路德触及了当时最为头痛的问题,即一种核心的关切和恐惧,它如此深入地支配着平信徒的敬虔,也冲击着整个大赦事业,即审判、永罚和救恩的问题。就路德在此问题上提出了他的标准而言,他了解某种能够感召人民大众的东西,而不像人文主义者那样批判大众敬虔,或者拒绝神圣。

在应对这个问题的进程中,路德对恐惧场作出了另一种翻转,类似于否定教会法术时所采纳的做法。推动大赦出售的是对惩罚的恐惧。但路德的要点在于,我们都是罪人,应受惩罚。救恩包含完全直面和接

75

受这种惩罚。只有面对我们完全的罪性，我们才能全然倚靠上帝的怜悯，而唯有倚靠上帝的怜悯，我们才能被称义。"惧怕地狱的人奔向地狱"，[73]我们必须降服我们的恐惧，这样就把恐惧转变为对上帝之拯救力量的信心。

这里也许存在着一种反讽。天主教有关罪与悔改的大量教导基于这样一个原则：普通民众太过麻木不仁，他们必须受到恐吓才会有所回应，必须用强效措施唤醒他们。[74]布道者力图最大限度地让他们的会众觉得自己有罪，甚至轻微的罪也被渲染为可怕的事情，因为它们毕竟也涉及到冒犯上帝。[75]或许正是基于恐惧的诸般刺激，帮助人们做好了准备，去响应路德对恐惧场的翻转。

这种反讽或许被加剧了，因为我们看到，某些新教的布道重复着同样的模式。你应该对你的得救抱有信心，但绝不要自满。[76]不过，许多牧者认为，他们的羊群容易陷入自满的危险，所以他们也渲染可怕的永罚景象。[77]这样做是否也为他们相当部分的羊群逃到人文主义那里去做好了准备？我相信已然如此，我们稍后再来讨论这个问题。

❧ 7 ❧

因此，对于宗教复兴的强烈渴望，至少在我已经描述的三条轴线上展开：转向更为内在的、强烈的个人敬虔；对"圣礼"和教会控制的法术存有更大的担忧；继而是后来的因信得救这一令人振奋的新观念，它以喷薄之势进入一个被审判的焦虑和不配感所撕裂的世界。

这些渴望激发了种种改革；人们的生活焕然一新，形成了像"共同生活弟兄会"这样的社团，并发展出祈祷和默观的信仰新实践。他们为什么不停留在这个层面？他们为什么非要涌向"改革"，即试图改造整个教会，并禁止和废除那些更低的"速度"？稳健的改革者，比如伊拉斯谟，可能会对不太激进的解决方案感到满意。让他感到害怕的正是那种"对秩序的狂热"，即改革者那种砸碎旧体制的需要，甚至确实采取了圣像破坏的方式。

> 弥撒已被废除了，但又有什么更为神圣的东西取而代之呢？……
> 我从不曾进入你的教堂，但我也不时遇见过听你布道的会众，他们
> 从教堂出来，就像被鬼附一般，脸上带着愤怒……他们从教堂出来，
> 有时又像一个武士，深受将军言辞的鼓舞，要去投身猛烈的攻击。
> 你的布道何曾带来会众的悔罪和悔过呢？他们不是更关心压制神
> 职人员和圣职生活吗？他们不是在走向骚乱甚于走向敬虔吗？骚
> 乱在这些福音人群中不是很常见吗？他们不是为了些微原由就让
> 自己去实施暴力吗？[78]

改革所难以解决的是教会中的神圣问题。关于"神圣"(sacred)这一
语词的含义，我是指这样一种信念：上帝的力量以某种方式汇集于某些
特定的人、时间、地点或行动。神性力量既然存在于这些方面，一定程度
上就不存在于其他"世俗的"人、时间等方面。神圣在中世纪教会的实践
中发挥了核心作用。教堂是神圣的地方，且因圣物的在场而越发神圣；
节日是神圣的时间；而教会的圣礼则是神圣的行动，这些圣礼假定了神
职人员的特殊力量。因此，对于圣礼和圣物的担忧是难以遏制的，尤其
是事态发展到否定祭坛圣礼中的神圣的时候。就这些问题而言，一个和
平的、包括各方的解决方案本应可以设想，但这要求已有一个更开放、更
包容的天主教会，也就是说，天主教会不应该如此热衷于搜查异见和排
除异端；这要求的代表人物是伊拉斯谟而非约翰·艾克(John Eck)。

但这还是不够。上述解决方案也需要新教徒一方的支持，即新教徒
对神圣实践的反应，不是视之为可憎之事，或上帝眼中的偶像崇拜。路
德宗信徒与温和的天主教徒本来有可能在这一系列问题(甚至包括圣体
问题)上达成一致，种种教义表述也有可能得到阐明。但是双方都陷入
一种强烈的诱惑，认为彼此存在无法调和的差异——要么全然拒绝圣
礼，要么陷入教宗至上主义的偶像崇拜。

正是在此处，我们可以追问：强硬路线的胜利是否被计划好的，某种

77

程度上取决于中世纪末期双方都浸于其中的改革风气。如果目标是改造教会以达到更高程度上一致的标准，减少较高部分与较低部分之间的差距，那么，从允许更大的实践多样性来着手，或许就是不利的。其实，宗教改革是被一种更为不妥协的模式下的改革精神所驱使的。从一开始，宗教改革的重大论题之一就是拒绝承认特殊天召和通向完全的劝导。不应再有普通基督徒和超级基督徒之划分。弃世的天召被废除了，所有基督徒一视同仁，都应该全然奉献。

从这一点来看，宗教改革是改革精神的最终成果，第一次产生出真正一致的信徒，即提高到同一水准，不同速度也就不再有地盘。假如因信得救曾是至高重要的问题，共存或许就是可以想象的。但在改革作为驱动力的地方，基督教世界内部的分裂是不可避免的。伊拉斯谟所看见的从巴塞尔的教堂走出来的那些面容冷漠的敬拜者，他们正是受到改革以及进一步对于偶像崇拜的仇恨所鼓励的人群。

宗教改革作为改革，对我要讲述的故事来说至关重要。这是关于迷魅宇宙消逝，以及人文主义作为信仰的替代品最终成形的故事。第一个后果似乎足够明显；宗教改革以祛魅这个发动机而为人所知。第二个结果则不太明显，也更为间接。它经过了一系列重新为整个社会奠定秩序的尝试，这些尝试出现在新教之激进的加尔文主义一翼，我将依次来说明这两点。

首先是祛魅。如果我们去看加尔文，就可以看到在拒绝神圣背后那种巨大的能量。加尔文是灵感四溢、有异象的改教家。与包括圣方济各等人在内的许多伟大改教家一样，他的异象令他提出一种激进的简单化，据此简单化，信仰要义就从纷杂的次要关切后面凸显出来。这些改革者都把居于支配地位的平衡视为一种坏的妥协，至少对他们而言是这样。他们的异象有三个方面：（1）他们更敏锐地理解我们所被要求的是怎样的转变；（2）他们更敏锐地发现我们的种种缺陷；（3）他们更清晰地看见上帝的伟大。这三点是连为一体的。正如加尔文本人所说，（1）和（2）只是同一个洞见的两个侧面。[79]

正是对于信仰要义的感知才使得激进的简单化成为可能;这种感知显明宗教实践的不相关性,即使其意图并不相反(伊拉斯谟)。

结果,改教家作出许多后续尝试,力图动员每个人都去达到更高级的转变。这些尝试有其中世纪后期的改革前史。更早的尝试已陷入困境,先是妥协,继而自身发展出一些机械的、循规蹈矩的方面,例如,告解、区分罪的类别等等。这些方面与任何旨在产生转变的体制或许是不可分离的,但加尔文想要作出一个根本性决裂。

加尔文的激进的简单化也许可以这样表述:我们是败坏的;因此,我们的得救全然是上帝的作为。"人只要以为自己有丝毫的义,就是亵渎上帝,因他所归给自己的义,夺去了上帝荣耀的义。"[80]

上帝的光荣与荣耀是至尊的。[81]但上帝的尊荣因亚当的罪而受损害。[82]上帝将尊荣归于他的公义,将他的荣耀归于对此等造物的拒斥。但上帝是仁慈的。他通过基督得到因我们的罪而必须拥有的赔偿;他在基督身上完成了所需的替罪代罚,这得以让我们被算为义。

在此,我想要离题片刻,指出一个重大事实:像其他改教家一样,加尔文在一种司法-惩罚(juridical-penal)模式中,制定了他关于我们的无能和上帝对此的补救,而此模式承袭自奥古斯丁及后来的安瑟伦。这里有所有基督徒(以及或许任何信仰的现实主义者)都不得不承认的一个谜,即恶之难题;尽管我们知道,我们出生是为了至高者,但我们有时不但会莫名其妙地选择反对这位至高者,而且甚至会觉得我们别无选择。一个对称的奥秘是(这只是对基督徒而言),上帝会采取行动来克服这种无能,这就是恩典的教义。

安瑟伦用罪与罚来表达此双重的奥秘。无能被解释为对我们最初堕落的应有惩罚(当然,究竟是哪个最初行为,仍然是一个谜)。因为一直是顽固的罪人,所以我们如今配得永罚。我们如今遭受的惩罚不仅是得到准许的,而且,依据这个概念的逻辑,还要索偿,作为对我们过犯的赔偿。不过上帝是仁慈的,想要拯救我们当中的一些人。为了做到这一点,他不得不让他的儿子来付出这一赔偿,然后又以无缘无故的怜悯之举,将此赔偿算为对我们的罪的赔偿。

　　无需说,这并非阐明这种双重奥秘的唯一方式。东方教会的教父,比如尼撒的格列高利(Gregory of Nyssa),所作的表述就与此不同。但在这一点上,奥古斯丁和安瑟伦塑造了拉丁基督教世界的神学,宗教改革非但没有矫正,反而加剧了这种不平衡。有一种感觉,即这种语言超过其他所有语言,已经完全锁定了种种奥秘,这种感觉是一种鼓励,要把其逻辑推向最为反直觉的种种结论,即使不说是骇人的结论,例如,大多数人受永罚的教义,或者双重预定论。得出这些结论所伴随的自信,即使不说是傲慢,它也为后来人文主义者对奥秘的敌意,预设并提供了一个模式。[83]

79　　我在此处提及这一点,是因为这个司法-惩罚模式的霸权,对后来不信的兴起有着重要影响,它既包括把人们带离信仰,也包括在自然神论方向上修改信仰。

　　回到祛魅的动力问题,由上帝的怜悯所抵消的人之无能,被接受为好消息。因为,如果我们明白自己的状况是多么无望,我们如何无法靠自己的功劳来支付赔偿,律法是如何判定我们有罪,那么,我们被耶稣基督所救赎这个消息,就会让我们摆脱绝望。即使我们依然在挣扎,它也会让我们摆脱焦虑。当然,如下这个问题总是挥之不去,即如果得救的人这么少,我们何以知道我们得救了? 答案是:有信心,回应呼召,这本身就是我们身处幸运者行列的标志。于是,我们应该自信,不然的话,我们就信心软弱了。

　　这样就改变了宗教生活的重心。上帝的力量并不是通过各种"圣礼"运行,或通过我们能汲取神圣力量的地点运行。这些都被视为我们可以控制的某种东西,因此是亵渎上帝的。在某种程度上,我们可以说,只要圣/俗之别可被定位在人、时间、空间和姿态上,这种区别也就瓦解了。这意味着神圣突然被拓宽了:对得救者来说,上帝在所有事物中使我们成圣,这包括我们的日常生活、我们的工作以及婚姻等等。

　　然而,若换个角度来看,成圣的渠道完全变窄了,因为这样一来,成圣就全然取决于我们的内在转变,即我们在信心中听命于上帝的怜悯。否则就会产生混乱,而我们也根本无法建立有效秩序。

这并不意味着，一切都发生在我们的头脑之中。那是后来的一个越轨，即宗教的完全主观化。加尔文强调，上帝真实地在行动，他向我们传达恩典和成圣。上帝通过耶稣基督喂养我们；在某种意义上，是以他的身体和宝血供应我们，因为付出赔偿的，正是他肉身的生存，并以他的宝血流出达到顶点。因此，圣餐是一种标志，表达着某种真实的东西，即完全具有该样式的东西——我们被上帝所喂养的存在。但加尔文不能承认，上帝或许已经将他的部分拯救功效释放到世界，并听凭人类行动的支配，因为这是要使我们这样的造物（乃是肉身的、社会的、历史的造物）真正成圣的代价。圣礼的整个功效取决于上帝与我的信心之间的联系，这是一种作出和被领受的言语行动。而为了让领受得以发生，我们必须理解和接受全部意义。"离开上帝的话语，圣礼没有任何功用。"[84]

因此，我们使得世界不再具有迷魅的力量；我们拒绝圣礼，拒绝古老宗教中所有的"法术"因素。它们不仅无用，而且亵渎上帝，因为它们没有根据地把权柄归属于我们，这就"从上帝公义的荣耀"中"摘取"了权柄。这也意味着，圣徒的代祷没有任何功效。在关乎神灵与权柄的世界面前，这赋予我们极大的自由。对加尔文而言，基督徒的自由就在于此：一个人在信心中看见救赎；一个人全心侍奉上帝；以及一个人不再因无关紧要的事担惊受怕。[85]我们可以抛开古老宗教所有的形形色色的礼仪和赎罪行动。现在，因着圣灵的引导，我们在日常生活中侍奉上帝，我们因此能够自由地重新安排事物的秩序。我们无需过分崇奉风俗；这可能将我们引向可怕的歧途。[86]

祛魅的能量是双重的。首先是负能量：我们必须拒绝一切带有偶像崇拜的东西。我们与那个迷魅世界作战，毫不留情。起初，进行这场战斗并非因为迷魅全然不实，而是因为迷魅必然是不敬虔的。如果我们不准许求助于宗教仪式或教会的"白法术"，那么所有法术必定都是黑的。于是，一切幽灵现在都被归在魔鬼这个大敌的名下，甚至所谓的善法术也实际上必定是在侍奉这个敌人。[87]

因此在短期内，这就会导致某些旧信仰的加强，尤其是对于女巫的信仰，她们现在被重新界定为一种更加邪恶的角色——魔鬼的同伙。这

80

使小镇萨勒姆(Salem)的猎巫行动成为可能。但更长远地来看，这种攻击只会瓦解一个整体观点，而只有在此观点下，那些迫害才有意义。

起着更大瓦解作用的，是第二种能量，即正能量。在完全失去宗教仪式及其为我们所设界限的世界，我们感到一种全新的自由，可以重新去奠定事物的最好秩序。为了信心和上帝的荣耀，我们采取关键立场。我们付诸行动，定下事物的最好秩序。旧的禁忌或所谓神圣的秩序，阻止不了我们。因此，我们能够将世界合理化，从中驱逐出神秘(因为神秘现在全都集中于上帝的旨意)。巨大能量被释放到在世俗时间中重新奠定事物秩序。

这就把我们带到这一转折的第二大后果，即它对人文主义之兴起的长期贡献。此后果之产生恰恰经由重定社会秩序的运动，不仅涉及教会组织，也涉及世俗生活。是什么推动了这种实践？(即我们见之于某些加尔文主义的社会，像日内瓦、新英格兰和16世纪中叶清教徒统治的英格兰的行动主义。)此运动延续了中世纪晚期的改革传统，但却是在一个有着更大抱负的层面上进行的。

我们能够理解这种重定秩序的运动——假若我们将之对照基督教信仰固有的张力及其在此时期所采取的形式。

一种持久的张力是我们已稍有涉及的。这是一个得到消解或至少得到缓解的张力，靠着一套在不同"速度"的天职之间建立起等级制互补的规则。我们可以将此张力描述为居于两种要求之间，一方面是对爱上帝的要求，这意味着跟随他，甚至走向十字架，乐意放弃一切；另一方面是肯定人间生活和兴旺发达的要求。这两种要求之所以能会合，乃因为奉献给上帝的道路通常所采取的形式是喂养、医治和以衣蔽体，抵御痛苦与死亡，由此，人间福祉才有可能。这明确见于基督的一生。

81　　张力之兴起，是当涉及这一问题之际：让大多数人见证什么是基督徒的生活。这些人通过工作、家庭、市民生活、朋友、建设社会与未来等等，投身于完满的人间福祉。圣洁的弃世者之所以把两种要求结合在一起，就因为他/她的弃世可以直接尽职于仁爱和医治的善工。但对于那些投身于日常生活、结婚生子或种地经商的人，又该如何是好呢？

可以给出在理论上对每个人都有效的答案：超越庸常感性之人对生活之善的肯定，这种肯定非常注重自我的好处、自我的生活，甚至为此而不惜牺牲不计其数的其他人；同时相连于对上帝的肯定，肯定他对人类的圣爱，而我为了参与这爱的行动，要甘心付出，不遗余力，乐意放弃我所拥有的一切。

但对平常人来说，这一答案提出的要求似乎有点悖论：活在所有发达的实践与体制之中，但同时又不能全然活在其中。在它们当中，但又不属于它们；在它们当中，但又保持距离，并乐意失去它们。奥古斯丁如是说：使用此世之物，但并不享用它们；"uti"（使用）而不"frui"（享用）。或用罗耀拉-加尔文的表述，全然为上帝的荣耀而活。

令人头痛的问题是弄懂此悖论的意味。任何束缚它的企图都面临两个对立的危险。一是把弃世观念看得太高，从而使得兴旺发达的人间生活变成对其自身的嘲弄，特别是想到中世纪就婚内性关系对平信徒的教导，它完全排斥性快乐。另一种危险是设定最低标准。想一想拯救所必需的最低标准：持守某些重要的诫命。但随后我们就知道，即使是这些诫命，也常常被打破；所以，到头来，最低标准只是要求你及时悔改。

这里的最终结果是，作为此张力本身一部分的固有危险现在临到我们头上。我们清楚地确定，弃世天职高于俗世天职。这样就产生了第一等和第二等基督徒；第二等在某种意义上被第一等带领。我们重新回到了等级制的互补。

鉴于我们想要持守的重要真理是所有生命及其天职的互补性，因此，我们全都在互补中侍奉上帝，不能把一些人放在其他人之上。

因此，这里似乎是进退两难：既不能过分要求普通人弃世，又不能以多速体制为代价而放松这些要求。

激进的新教全然拒绝多速体制，并以此名义废除所谓更高的、弃世的天职；但又使得弃世成为日常生活的一部分。它避免了上述第二种难处，但却接近上述第一种危险：给平常的兴旺发达加上了它难以承担的弃世重负。事实上，它以一组严峻的道德要求扩大了恰当的圣洁生活的

82

图景。在拒绝互补性的逻辑中，这似乎是不可避免的，因为如果我们真要坚持所有天职都有着同等要求，又不想使这一要求降低水准，那么必定是对所有人最大的苛求。

秩序与失序的表象在此很重要。被称义的、圣洁的人避开了失序行为，包括酗酒、淫乱、放肆的言谈、无节制的笑、斗殴和暴力等等，生活井井有条。[88]

此外，加尔文主义者与当时的许多人（尤其是精英）一样，对社会无序有着强烈的耻辱感，认为上述那些表现中的民众行为是有罪的，而整个社会也陷入了失序、恶习、不义和亵渎之中。一个重要目标就是纠正这种状况，不仅在个人层面，也在社会层面。

正是在这里，以下这一点就变得意义重大[89]：新教是沿着接续中世纪改革的路线，力图提升平信徒的道德标准，不满足于一个只有少数人完整履行福音的世界，试图要完全普及某些敬虔实践。

但是，鉴于现在重视社会秩序，道德要求的普遍化就不仅涉及到把较高的道德要求置于个人自身的生活，而且也涉及到让秩序进入社会。这并不被视为包含着个人道德的标准被冲淡，而是被视为其完成。加尔文坚持主张，我们必须控制整个社会的恶行，以免道德不端腐化他人。我们彼此有责任，也对整个社会负有责任。[90]

的确，要达到加尔文主义社会常常企及的秩序程度——例如在日内瓦和英格兰——在历史上是相当例外的，也是前所未有的。它涉及跳跃到前所未及的高度，也被理解为这样一种跳跃。

当然，加尔文主义者并不认为人类靠自身就能实现这种跳跃，只有上帝的能力才使跳跃成为可能。为了实现跳跃，我们必须承认我们自身的无助，并在信心中转向上帝。正是这一点，使得整个事业极为不同于更高度道德化的关于人间福祉的新观点。有些人在相当程度上超越人间福祉而转向上帝，并以荣耀上帝而不是以人类安逸为目标来建立这种秩序，只有他们才能成功。

在这里，内在动机是关键。但这意味着，为了现实地践行此秩序，除了律己的个人生活和有序的社会这两层之外，还必须有秩序的第三层。

同样必要的是，人对这一切的内在态度也要正确。不要把这一态度建立在对自身独立力量的感觉上；那或许是盲目的、自以为是的和不敬虔的。 83 但与此同时，又要避免另一种感觉——因受不可消除的罪的辖制，觉得自己确实无力。成圣之人必然有这样的感受：他们得蒙上帝救赎，得到上帝所赐力量，去建立敬畏上帝的秩序。

清教徒的灵性生活有些左右为难。一方面，人必须对自己的得救有信心。忧心忡忡的怀疑等于是把上帝的礼物拒之门外，甚至可以视为根本没有得救的标志。但与此同时，泰然自若的自信则表明，你完全忘记了其中包含的神学风险；忘记了你是完全配受永罚的罪人，只能靠着上帝白白的恩典才得赎回；忘记了你实际上挂在悬崖边上，只是靠着上帝伸出的手才不致跌落深渊。

清教徒的布道在对这两种危险的承认中左右摇摆。一方面，人们被告知，他们冒犯上帝是如此之深，而想自我改正却是如此无力；另一方面，他们获得保证，上帝已经救他们脱离永罚。然而，惟恐他们认为所有这一切都是理所当然的，他们又必须被提醒，他们是多么无助，如此等等。[91]

既然新教徒有这样一种普遍信念，即得救的通常标志之一就是对上帝的救赎行动有确定的信心，那么，可以理解的是，人们会进行深入的自我反省，以明白自身的内在意向是什么。但有一个很难划清的界限，去区分什么是对某些内心情感和反应的省察，什么是对情感和反应的显示，尤其是在通向答案的路径如此之多的情况下。当一个人还被劝告去感受这些事情时，就更是如此。

结果，秩序建构的第三层在新教的（也包括部分天主教的）灵性中得以出现：建立正确的内在态度。要能够避免两端：一是绝望或令人心理瘫痪的忧郁，二是浅薄的、不加思考的自信。

我想人们现在可以明白，这种律己的秩序建构是如何为一个大的翻转做出了准备。一方面，我们有这样一批人，他们发展了性格的操练，因此他们能够建立起（暂时的）较高程度的道德秩序。另一方面，其中某些人联合寻找途径，要把一种前所未有的井然秩序强加给社会，或者至少去相信他们能够这样做，只要具备恰当的条件。

这时，他们的行动（即在敬拜与社会生活中驱逐神圣）和他们的工具性态度（即在建立秩序的过程中对事物和社会所采取的态度），都倾向于把迷魅逐出世界。这个世界开始逐渐变得没有了幽灵和有意义的力量，变得越来越像是我们现在所熟悉的祛魅的世界。结果，视主体为"可渗透的"这种理解也逐渐消失。

84　　　不过，其直接后果并不是上帝的地位受到丝毫动摇，不再需要上帝来保证善在一个充满多样幽灵和力量的世界取胜。但在第一种情形下，这种多样性遭到否认，而是更偏向于把魔鬼视作单一的竞争来源。所有法术都成为邪恶的，成为魔鬼的招数。面对普遍配受的永罚，若想恶不得胜，上帝的力量更是极为必要的，对上帝的感受也更加敏锐。

但翻转已在一个事实中得到预备，这个事实就是，随着秩序建立在行为中，并且至少被视为我们的力量能够把秩序实现于社会，更关键的是，随着人们洞察某种动机平衡的秘密，他们就能使自己同时跟上这些外部秩序，因此下述可能性就被打开了：不知不觉地滑入前述的第二端，即这样的自信——我们控制着这些事物，我们能够成功。

当然，我们仍然继续坚持明确的信念，即惟有上帝的力量使这一切成为可能；但实际上我们已发展出这样的自信，即相比于混乱败坏的阶层、边缘人、罗马天主教徒等群体，我们是举止端正的成功者，身处秩序井然的社会或阶层，承受着上帝的恩典。此信心难以动摇，只要我们保留三层秩序。当然，仍然正确的一般命题是，绝大多数人注定要受永罚，得救者是非常幸运的少数人；但在实践上，我们自信自己属于此少数者；而且世界就该这样展开。我们是无助的罪人这种宣称逐渐流于形式。

我已经描述过在更缺乏反思和敬虔的群体成员中有可能发生的变化；但更强的控制感会产生更具反思性和更敬虔的人。因此，阿明尼乌主义（Arminianism）过段时间就会出现在所有加尔文主义社会，虽然由此也确实引发了预定论正统的复兴，但随后阿明尼乌主义照样会卷土重来。这种发展是不可避免的，尤其考虑到加尔文主义在改变人们生活方面的成功。

我们可以看到，从对我们实现三层秩序之能力的自信，如何可能走向无求于外的人文主义。它所需要的只是在两个关键点上砍掉与上帝的关联。

首先，秩序的目标被重新定义为纯属人间福祉问题。我们不再把追求秩序视为跟随上帝的方式，更遑论荣耀上帝。其次，追求秩序的力量不再从上帝支取，而是纯粹倚靠属人的能力。

然而，这种走向内在的双重运动造成了一个后果，那就是人间福祉新观念的诞生，而且几乎史无前例。这种新理解的表达经常依据"自然"，沿循从古人传至我们的哲学传统。

⚬⚬ 8 ⚬⚬

这里，我先讲了故事的后面环节。在我们能够理解宗教改革在世界 85 之祛魅以及无求于外的人文主义的创生上是如何发挥作用之前，我们应当先来感受一下前前后后框住宗教改革的整个时期，即大约从 1450 年至 1650 年的这个时期。我们可以说，长达三百年的"改革"，包括我们所称的"宗教改革"以及反宗教改革的各个阶段。但它也包括此前中世纪后期的运动，这些运动旨在改革大众的敬虔，将之带到"更高"的标准。这里有一种连续性。由于宗教改革旨在缩小精英与民众、神职人员与平信徒之间的差距（至少在理论上），所以它使曾以不同形式发起的一项事业得以继续。

只是到了这个时期，三种变化一起发生，互相混合，彼此阻碍或推动。它们是如此混合，只能在分析时才加以分离。第一，在平信徒的信仰上，有些自主的变化，比如，崇敬被钉十架的基督，以及面对死亡和炼狱的集体性实践。这些变化可能受到上层的鼓励，但主要不是由上层力量所推动的。第二，新精英得以崛起和发展，他们有着不同的视野或不同的社会基础；与此类似的是受过教育的平信徒，他们日益成为此时期拉丁基督教世界之宗教图景的标志。

第三,精英们(无论新的或旧的)精心尝试,他们试图革新整个社会,改变大众生活,使之更好地符合精英们强烈确信的模式。从这一时期之初,甚至在我划定的这一时期之前,此变化已可见于中世纪教会所采取的一系列旨在提升信仰水准的措施。这是非常重要的事实,我在前面提到过,但没能做出解释;此即拉丁基督教世界"对秩序的狂热",因此带来不满,不满于在宗教领袖和民众之间、神职统治阶层与平信徒之间的等级制平衡,而这种平衡在"高级"宗教主导的各种文明中一直都是惯例而非特例。[92]

这绝不只是短暂阶段,因为此类尝试一再重复。首先,同样的精英们,即天主教会的统治阶层,通过特伦托公会议,继续不断地做出这种努力,影响到反宗教改革教会的各种分支。神职人员的教育标准不断提升,同样提高的还有俗世信众的宗教实践标准。

其次,类似尝试也有出自其他精英的,有时(但并非总是)与教会当局构成竞争。明确处于竞争地位的,是要在宗教改革的庇护下整顿社会的那些人:路德宗主导地区的教会与政府领袖;选择"改革"并帮助创建改革宗教会(Reformed Churches)的基督教人文主义者,加尔文当然首当其冲;还有与上述人士有着灵性契合、并在亨利与罗马教廷决裂后改革英国教会的那些人。有点顽固的民众被迫一次次朝着新体制发展,在此过程中有时很猛烈,有时是被温和说服,而新精英的崛起常常起到推波助澜的作用。

再其次,我们也看到另外一系列重建社会的尝试,那是由世俗当局以良好社会秩序的名义实施的;这种尝试中总带有宗教成分,但从未单单以宗教术语来界定。穷人和托钵修士的处境历经重新评价。他们开始失去身上的福音光环,与其说被视为慈善对象,不如说被当作需要处置的社会问题。他们会被集中起来,施以管教和规训,有时还会被半监禁处置。[93]

这只是新兴"警察国家"的一个侧面。这种国家试图以理性方式组织民众生活;确保他们得到适当的教育,归属教会,并过着稳重且具有经济能力的生活。这种国家也是有效抗击各种社会灾害的组织,比如通过更严格的隔离制度来控制瘟疫。

在这方面并不一定存在敌对竞争。这些世俗当局与某些教会或其他机构密切合作。嘉禄·鲍容茂(Charles Borromeo),这位著名的反宗教改革的米兰主教,对许多教会实践进行改革,以符合更先进的模式:指责狂欢节和其他异教残余,因为它们混合了神圣与世俗;试图把动物逐出教堂,终止在墓地跳舞,禁止胡闹音乐,等等;总之,试图建立一个更有秩序、也更少"迷魅"形式的基督教实践,而且他也鼓励地方政府组织和规训穷人和流浪汉的措施。

在所有这些改革和组织的尝试中,贯穿着一些共同特征:(1)它们是激进的;它们寻求重新奠定社会秩序的有效措施;它们极为主张干预。(2)它们是均匀化的;旨在把单一模式或纲要应用于所有事和所有人;他们试图消除异常、例外、边缘群体以及各种不遵从规范的人。(3)它们是同质化的;虽然它们仍然在基于等级差异的社会运行,但它们的总体倾向是要减少差异,教育大众,使他们越来越遵从原本适用更优秀人群的标准,这在教会的各项改革中是非常清楚的,但在"警察国家"组织民众生活的尝试上也是如此。(4)它们是韦伯双重意义上的"合理化":它们不仅涉及工具理性越来越多地使用于激进改革过程以及改革目标的设计上(例如,在经济领域),而且它们也试图通过一套有条理的规则来安排社会(韦伯第二维度的合理性,即价值合理性)。

这些特征,加上信仰革新固有的推进力,使它们朝着如下方向推进: 87 世界的祛魅,基于等级平衡的社会之消除,不论是精英与大众之间的平衡,还是在狂欢节和"翻天覆地的世界"中所发现的那种平衡。的确,对于狂欢节以及此类大众文化残余的敌意,是宗教的与世俗的重置秩序所共有的显著要点之一。在 16 和 17 世纪的精英看来,狂欢节中翻天覆地的世界,不是娱乐主题,不是对精英骄傲的有益矫正,不是一个"气孔"(安全阀),也不是对人类生活之深度与多维的承认。它简直就是罪的形象,是罪的引诱。自布兰特(Brant)的《愚人船》(*Ship of Fools*)开始,一系列的写作、绘画(波希[Bosch],勃鲁盖尔[Breughel])和插图开始就此翻转主题,提供道德训诫。最终,这根本不是好笑的事情。确实,翻天覆地的世界是我们每天生活其中的世界,是罪颠覆一切秩序的世界。想要惩罚罪与混乱这种庄重的决心取得了主导地位,这是以纯粹的谴责对两歧和复杂的否认,这种否认也反映了统治精英消除狂欢与嬉戏行为的企图,理由是,它们紧密相连于无序,并把异教元素和基督教元素相混合,它们是邪恶的温床。(我们看到我们时代所谓政治正确的那种东西的诞生。)德吕莫(Delumeau)将此联系到相平行的对疯狂的态度;[94] 早先疯狂可以被看作是异象、甚至是圣洁的情形,而此时则更多地毫不含糊地被判为罪的事实。

这就使我注意到整个这一时期的一个很重要的特征。此特征最初是以精英与大众文化之间日渐加深的分裂为标志的。彼得·伯克(Peter Burke)追溯了这种分裂的主要因素。当然,区分精英文化与大众文化存在着危险。从很久以前开始,就一直存在着限于精英的文化元素,如神学、经院哲学、文言书信。但或许可以认为,在中世纪并没有对称情况。也就是说,不曾有把精英排斥在外的大众文化。大众敬虔模式也是绅士和神职阶层参与的;狂欢节更是人人参与其中。

但从文艺复兴后期开始,分裂逐渐开始加大。我们或许可以说,一类精英脱离了大众文化;他们所脱离的,可能是宗教领域的圣像崇拜,也可能是狂欢节和大众娱乐。这种脱离表明,精英形成的人生理想,与大众文化在许多方面格格不入,比如宗教领域的敬虔理想以及世俗领域的"文明"理想。这种脱离在该阶段并未持存,但它是再造社会(即积极地重新安排大众生活)的基础,并由此带来如此重大的后果。

88　　　这就是我们必须看待转型的背景,因为此转型终结了迷魅世界,并把无求于外的人文主义首批形式推上历史舞台。此人文主义特征取决于产生它的过程,取决于它的激进倾向,取决于它对均匀化、同质化、合理性的追求,当然还有它对迷魅与平衡的敌意。

在理想情况下,我们应该可以从不同侧面来追踪重建秩序的整个过程,包括两种改革和"警察国家"。但在这么做之前,我们必须描述世俗的"改革"尝试的某些背景。在这些努力背后,隐含着关于自然的哲学概念,因此,我们需要把这些概念的现代史作为重要因素来考虑。我们需要考察人文主义在中世纪晚期与近代早期的发展，因为这些发展也极大地影响到重整生活与社会的尝试。我想现在就来关注这条线索。

✥ 9 ✥

首先提出有关整个这一时期的更一般的评论。正如德吕莫所论，这是一个焦虑的时代，[95] 充满强烈恐惧的时代。害怕法术，害怕外人，害怕无序，当然，也害怕罪、死亡和审判。在 14 世纪的大灾难之后，这一点尤为显著；饥荒，战争，以及首要的黑死病。有时，恐惧就是由这些灾难来表明的。

但似乎也可能是，这种恐惧因着社会所经历的转变而被成倍放大。不仅有缓慢的祛魅，而且也有重新安排社会的不断尝试和辞旧迎新带来的不安定感。

祛魅的首要后果不是去除鬼怪，这是我们要记得的。由于祛魅采取激进形式，它就避开了所有的教会法术，并将所有法术打上黑色（邪恶）印记。所有这类事物都归属于魔鬼，而所有巫师、女巫、巫医等等，都有被打上魔鬼同盟标记的危险。

在某种意义上，妖魔鬼怪被汇聚在一起，甚至就像上帝的正能量已经集中起来，不再分布于"充上力的"客体和教会法术。只有一个敌人，那就是魔鬼，即撒但。

这一变化也引发焦虑。更害怕魔鬼，更担心我们的得救。更强调争战的重要性。

所以，并不令人惊讶的是，这个时代是迫害加剧的时代，有些迫害在我们看来几近疯狂。这里也许是我们可称之为社会恐慌的现象。1789年大革命下的法国，有所谓的"大恐慌"（Grande Peur），也许就是其中一例。正因为我们通过社会秩序来打击邪恶势力，或把此秩序视为对它们的防范，所以，一旦我们认为对这种社会秩序至关重要的东西正在遭到破坏，就会产生某种巨大的恐惧。我所指的，是那些对实现我们所需 89

要的任何保护都具关键性的东西。我们可以认为,这种恐惧延续到世俗时代。一个现代社会一旦意识到一些年轻人操弄恐怖主义,它就会深受震动,此乃因为这是在削弱保障人之安全的堡垒,即人们所理解的秩序。或者也可以联想到麦卡锡时代人们的过度反应,因为他们认为,迄今一直被信任的某些环境竟然窝藏着共产主义者。

也许是出于与此类似的理由,中世纪晚期和近代早期加强了对边缘人群的迫害,其中有些人以往一直被允许和平地生存。对女巫的追捕稳步升级。更加热衷于追捕异教徒,对流浪汉的恐惧加剧(但这也有客观的变化)。其前提在于,存在着更加无缘无故的焦虑,真正事关一个人自己的得救;因此,更可能的是,人们会对败坏行径作出强烈反应,因为它威胁到社会中神圣不可侵犯的堡垒,社会正是靠着这个堡垒抵御任何威胁。

我将在本书接近结尾处再回到这个问题。

2 规训社会的兴起

1

　　我们的一部分叙述似乎是对自然兴趣的不断增长,可以说,这是因着自然本身,而不仅因其是上帝存在的证明;这一兴趣可以在科学中看到(例如亚里士多德在 13 和 14 世纪的复兴);在艺术中看到(例如乔托[Giotto]的新"现实主义",他仔细观察自己身边的人,并把他们放入他的画中);在伦理学中看到(重新发现古代伦理中的"自然",亚里士多德,斯多葛主义)。这一过程开始甚早,经历了几个阶段。它是"12 世纪文艺复兴"的一个重要方面。但接着,另一种对自然的兴趣在 15 世纪的唯名论者当中显明;文艺复兴的人文主义者当中也出现了一种;17 世纪经历了伽利略-牛顿的转向,科学世界观的伟大革命又进一步深化了该面向;之后还有更多发展。

　　现在,这一过程与现代世俗主义的关系已经很明显。正如我上文指出的,通过一种十分寻常的讲故事方式,人们开始对自然感兴趣,对周边的生命感兴趣,"兴趣对象是它们本身",而不仅仅关乎上帝。此前他们在思考和描绘自然或人生时只有一个目标,现在他们有了两个目标。他们迈出了朝向我们旅途的第一步。他们只要对自然本身越来越感兴趣就足够了,这种倾向会逐渐成长,同时,有关神圣的言说逐渐式微。最终,他们成为现代的无求于外的人文主义者,或至少是世俗主义者。当然,这一叙事的基础,是终点明显正确;对自然的兴趣不受外在的指涉,或者说只关乎我们人类——这是唯一合理的立场。但这只能慢慢揭示,其间会遭遇抵抗,走几步退几步,但整体上看,它必会随着时间的推移而占据主流。

　　这一直线叙述就是另一种"化减"故事,我在导论中已经讨论过。我们只需要丢弃对上帝的指涉即可,对自然本身感兴趣(或者根据我们的兴趣)作为"自然的"立场出现了。

91　　这种叙述在我看来是错误的。真正的故事要有趣得多。这一叙事的首要明显错误,在于将对自然本身的兴趣与指涉上帝对立起来;事实上,这两者并不冲突。且看新亚里士多德派-基督教的综合,其最有影响力的例证就是托马斯。这导出了人们所称的自然的自主性。我们周遭的万物有它们自己的天性,有它们力求体现的形式,进而有了它们自身的完美。它们也会被召唤展示另一种恩典维度的完美,但这并不影响它们与生俱来的自然的完美。恩典不会摧毁自然,只会使之更加完美。

　　但是,思索那些天性完美的事物,尽管会搁置恩典,却不会让我们背离上帝。自然提供了另一种遭遇上帝的方式,因为这是上帝的创造。自然秩序证明了上帝的美善。这就是为何阿奎那会说:"Detrahere ergo perfectioni creaturarum est detrahere perfectioni divinae virtutis."[1] ("因此,贬低万物的完美,就是贬低神性力量的完美。")[2]

　　当然,人人都知道这是教条。直线叙述和我的叙述差异在于,是否严肃地将此作为改变的动机。你可以坚持认为,唯一合理的观点之自然吸引力开始发生效力。自然的自主性是朝向对所有超自然的否认迈出的第一小步。当然,当时的人们不会这样说;他们必须有种关乎上帝的可以接受的理由。但真正吸引他们的是对自然本身日益增长的兴趣。

　　这正是我要予以驳斥的。但出于为了讨论这一问题扫清道路,我们必须处理当时和现在境况中的一个明显特征,它可能会令我们感到困惑。即便在"信仰的时代"(age of faith),每个人的敬虔程度也是不同的。事实上,我们甚至可以猜想,在任何给定时代,有深厚信仰(无论这信仰是什么)的人所占人口比例并非不变。信条不是问题。我们可以假设用圣体(the Host)作为祈爱工具的人很看重祝圣仪式的力量,但其中的敬虔程度或者说指涉上帝的程度则不是很明显。

　　同样,自然的自主性观念中也可能有整套的意义。思考或学习是不同计划的一部分,其中包括了从赞美上帝、寻找处事的最有效方式、经历道德反省到审美欣赏的所有途径。我们无法在这里论说单个目标。

有趣的问题在于,哪个(哪些)目标是支配性的? 是什么解释了自然的自主性的最初转向? 是什么解释了其持续影响? 哪些意义被定义为正确的或是最高的? 当然,这里和其他地方一样,我们没有理由去寻找一个独一无二的起因;但我认为,包含了指涉上帝的那些意义扮演了非常重要的角色。

很清楚,自阿奎那以降,教会内部的学者型知识分子表述了这一转向。直线道路观点无法真正考虑的,是自然的自主性据以让其独特虔信成为可能的方式。事实上,这会与其他类型的虔信发生冲突,这就是为何改变可能会(也确实发生了)引发抵抗,为何改变可能会被当成不敬虔而受到**严惩**,尽管其并非不敬虔。

我们可以尝试理解这些不同方式的虔信。一种方式是聚焦于作为伟大作为发生场所的万物,是上帝所行的奇迹。这一方式被圣经大大丰富了,但也倚赖于自圣经时代开始发生的许多神迹奇事。想到面包就会联想起降在旷野的天赐食粮(吗哪),犹太人的逾越节仪式,最后的晚餐,以及天上的筵席。[3] 聚焦于这些上帝作为的角色作用,没有为考虑其本质留下余地,即从这些作为抽取出来统驭它们的某种稳定存在方式。这一灵性形式为中世纪中期的学者修士广为接受,他们对圣经经文及其神迹的比喻叙述十分关注。

但这里缺失的是作为有序整体的寰宇(universe)观念,也就是后来被称为宇宙(cosmos)或全世界(universitas mundi)的东西。也许我们可以说,一条道路聚焦于上帝的话语作为,另一条道路聚焦于使得这些作为成为可能的奇妙的系统性语言。带着这一印象前进,我们可以说,对于那些走上第一条道路的人而言,第二条道路似乎贬低了上帝的能力及其神迹,限制了上帝,好像他无法创造新的语言;而对于那些走上第二条道路的人而言,第一条道路似乎对上帝最伟大的发明视而不见,那就是他创造了一个有序的整体。[4] 这从欧坦的洪诺留(Honorius of Autun)将世界的形象比作一把伟大的西特琴(cithar)可以看出。

92

Summus namque opifex universitatem quasi magnam citharam condidit，in qua veluti chordas ad multiplices sonos reddendos posuit.[5]

（"至高无上的工匠让宇宙看似一把伟大的西特琴，然后他又安装好可以发出不同音响的琴弦。"）[6]

毋庸赘言，对于走第二条道路的人而言，自然的自主性根本不涉及到万物之象征意义或寓意的否认。这些意义只是现在才被理解为反对和谐秩序的背景。言语行为采用了一种有序语言的语法和词汇。万物拥有稳定的本质，这并不会阻止它们成为把我们引向上帝的记号。引用圣维克多的休（Hugues of St. Victor）的话说，"Universus mundus iste sensibilis quasi quidam liber est scriptus digito Dei..."[7]（"整个可感知世界就仿佛上帝用手指写出的一部书。"）[8]

所以，自然的自主性具有真实而有力的属灵源泉。绘画和雕塑中的新"现实主义"也是一样。这也常常被说成是附加的。圣母和圣婴的肖像画表现的是画家对当时的模特的真实观察，在宗教绘画中有许多个人的肖像画，它所代表的不再只是拜占庭教堂穹顶上那威严的、全能的基督的普适标准画像，而是表现了活生生的个人特征；所有这些常常被视为一种宗教之外的动机，虽说其伴随有宗教目的。[9]

但这种对比似乎再一次被误解了。自然作为有序整体的感受，确实给视觉艺术带来冲击，但除此之外，我们还能在 12 和 13 世纪看到这一改变在灵性方面的其他原因。

中世纪中期的隐修传统在灵性追求上倾向于与世隔绝，因为这种生活最接近于遁世的少数派所倡导的使徒生活（vita apostolica），[10] 我们可以看到 12 世纪晚期的平信徒运动，呼唤一种使徒生活的新模式，身处世界之中，并为世界而存在。也就是说，新生活应该走出家门，去向世界传教；这样才能真正实现（或者说重现）"使徒"一词的本义（部分也是这些运动的结果）。后来，这些运动有些变成了异端，比如彼得·瓦尔多

(Peter Waldo)所领导的运动;其他则改革了教会生活,最著名的就是方济各和多明我所创立的新修会。[11]

这一新的转向也许可以与我之前提到的灵性发展相关联,此后几个世纪对人性的耶稣、受难的耶稣的信仰逐渐增长,而在之前的拉丁基督教世界占主导地位的,则是审判的基督(比如在"全能的主"一词中就有所反映)。圣方济各也反映了这一点,比如他身上的圣伤痕。强调作为人来受难的基督,明显符合这样的期冀:将基督带给我们的时代那些受苦的人们。它们是同一种主导观念的两种面向,基督是我们的兄弟,我们的邻居,他就在我们中间。

这就是这种新精神方向的主旨。它是基督教的一大主题,就像道成肉身的信仰一样,在基督教历史中不断以不同形式重现:将基督带给民众的这种期冀;因为在之前的属灵安排中,民众、特别是穷人,总是被忽略或疏远。这些新运动的目标是将"使徒生活"的重心从修院转到平信徒当中,尤其是城镇的新环境中,那里有商人、工匠,也有赤贫者。瓦尔多和方济各都是工匠的孩子。

所以,将基督带入世界的尝试并不让人奇怪,这个世界是凡俗的,原本是不圣洁的,而且,这样的尝试应该唤起对于此世的重新强调。一方面,这包括了对自然的新视野,我们可以在方济各的丰富灵性中看到,上帝的生命体现在我们周围有生命和无生命的万物中;另一方面,它将焦点转向了普通民众。

也许我们可以加上一句,是个体的普通民众。因为方济各的灵性之另一重要方面在于极度关注耶稣基督这个人。这种投入正如路易·杜普雷(Louis Dupré)所言,最终会开启"一种新视角,关注个体的特殊性"。在智识层面上,这需要时间去一步步梳理,伟大的方济各会思想家,如波纳文图拉(Bonaventure)、邓·司各脱(Duns Scotus)、威廉·奥卡姆(William of Occam)等人都有所著述,但最终它会赋予个体殊相一个新的地位,而不仅是作为共相的实例。完美的知识如今的含义是抓住"个体形式",用邓·司各脱的话来说,就是"这一个"(haecceitas)。[12]

虽然当时的情况不甚明了,但现在我们以后见之明去看,这成为西

94

方文明史的一个重要转折点,可以说朝定义了我们文化的个体至尊地位迈进重要的一步。当然,它之所以如此重要,是因为它不仅是一次智性转折,不仅反映了难以发音的学术新术语。它更是一次虔信的革命,焦点是祈祷和爱:范式性的人类个体——神人(God-Man)登场了,只要与他相关联,人类全体都能够被真正了解。

这样看来顺理成章的是,该关注首次反映在绘画中,即是阿西西教堂里乔托的壁画。这种对真实的同时代人多样的外貌细节的兴趣,并不是伴随着绘画的宗教意义出现的;它内化于看待世界的全新灵性姿态。

在对自然的新兴趣中,我已经确认了两种自主的灵性动机:对作为有序宇宙创造者的上帝的虔信,该有序宇宙的各个部分本身也展现了微观秩序中长期的奇迹(这当然适用于人类,但不限于人类);还有一种福音转向,将耶稣带到民众中去。很显然,这两个动机可以和谐共处;福音转向社会或环境,因为社会先前并没有充分受到福音的触动,这自然引导我们去理解上帝是如何临在于我们的受众生活,以便我们更好地对这些受众说话。宗教改革之后传教士的最佳实践就是不断记录这一叙述,95 不断尝试让福音去适应传教受众的文化和传统。你也许会得出这样的概括性观点,即宣讲福音书,如果不是为了表现宣讲者高人一等,那么就要求对宣讲对象的生活有近距离且尊重的关注,因为这先于福音将带来的恩典。再次,理所当然的是,自然作为“自主的”这一新型理解的某些主要表述,来自某一修会的成员,此修会的正式名称是宣道者修会(Ordo Predicatorum,即多明我会)。

这一新的双重取向的形成明显跟这几个世纪的社会演化有很大关系,尤其是新城市环境的发展。相较于封建社会结构,新环境相对自由,有城镇、工会、行会、自我治理的新景象,并伴随着超越地方性而扩展的新型横向联系。的确,新的修会正是由流动的传教士构成,他们在乡村的宣讲极大地拓展了更广的新型联系。他们成了传播理念和形象的渠道,在某种意义上,他们是联接各地处境相似的人们的链条,而四处游历的传道士则是传播媒介,通过他们,普通民众对于相互联结开始有了更为鲜活的社会想象，此后印刷术的发明更是极大地加剧了这一进程。[13]

但要理解社会基础，还不能忽视这里依然无所不在的宗教动机。对自然的新兴趣并不是跨出宗教世界观的一步，哪怕部分上也不是；它是宗教世界观内部的一个变异。对现代世俗性作直线描述是不可持续的。相反，我在这里提供的是途径曲折的描述，充满了未曾预料的后果。显然正确的是，自然的自主性（在经历了一系列换位之后）最终成为无求于外的人文主义磨坊里的谷粒。如果你认为建立此自主性就已经是迈向那个方向的一步，就大错特错了。这一行动在当时有着很不同的意义，在其他情形下，可能永远也不会有今天的不信者所理解的意义。

另一条路能够达到我这里想说的道理，也就是说，对自然本身的兴趣，无论是科学研究，或是审美绘画、伦理反省，并不总是同样的东西。它可以是很不同的，有赖于背景理解，因为自然事物在这样的背景理解中得到揭示。最后一句有某种海德格尔式的回音：这是我故意的。海德格尔提出了"存在的意义"问题，也就是对实体为何物的背景理解，它通常不明言，随着时代变化而变化。

就我们正在观察的时代而言，毋庸赘言，万物都是被创造的，出自上帝之手。正如海德格尔常说的，在中世纪，实体是在"受造的存在"（ens creatum）这一主要描述下来理解的。他似乎主要考虑的是经院时期，这也是他的处女作所处理的对象。但事实上，正如我们已经看到的，符合这一主要描述的不仅只有一个理解构架。着重万物是上帝奇妙作为发生的场域，也将把万物视为受造物，但这种观念极不同于另一种观点，即把它们纳入有序宇宙之组成部分。

现在，对我们的叙述来说很重要的一点是，基础描述以许多方式进一步演化。我已经提到重新转向世界对于视觉艺术的冲击，但随着时间推移，视自然为有规律的秩序或连贯的宇宙这样的相关观念，似乎也在起作用。如果一种艺术仍旧停留在将万物视为超越力量发生的场域，那么它无需考虑自身在连贯秩序中的相对位置。人物的头部与身体不成比例，或是人物与背景不成比例，这些都无关紧要。但 15 世纪的绘画已

96

经有了透视法，我们会看到物体很明显地在单一的连贯空间中出现。[14]这种模仿自然的新方式很明显源于另外一种截然不同的理解模式，这种理解模式关注什么是物体，以及在物性(thinghood)中什么才是重要的。

空间的连贯必然意味着时间的连贯。我们在多处讨论过，时间在更早期的理解中相当复杂。即使是世俗时代，既有日常的"暂时"生存之时间，事情在这样的时间中以均匀的节奏先后发生；还有更高的时间，即永恒的种种模式。这里有我所称的柏拉图的永恒，即永恒不变的本质领域，而不断流变的摹本都是苍白的映像。这里也有上帝的永恒，他与整个历史流变保持同步，是永恒的当下(nunc stans)。还有起源时间，这是一种原初奠基事件的更高时间，我们可以周期性地在某些更高时刻再度接近这一时间。

这最后一句暗示，这种时间理解是将这些更高模式视为织入世俗时间的，并不停地干涉世俗时空的单一连贯秩序。在世俗时间中相隔甚远的两个事件，可能其实很接近，因为其中一件趋近于起源时间。比如复活节守夜将我们带回到复活节的源起时刻，它比去年的某个夏日更为接近——虽然从世俗时间上看，去年的某日与复活节更为接近。在埃及起源的逾越节和最后的晚餐，从类型学上看十分接近，尽管它们在世俗时间中有漫长的差距。以此类推。

但时间的非同质性限定了一种空间的非同质性。特定的神圣处所——教堂、圣殿、朝拜之地——比其他的日常处所更接近于更高时间。真要掌握这种复杂性，或者说掌握这里的等级，你必须打破空间，要么就不要尝试连贯性地去看待它。这后一种选项是被圣像传统奉为圭臬的，并深刻地影响了文艺复兴之前的教堂绘画。

但当绘画建立了连贯性之后，前一种选项走向了前台，我们可以在巴洛克时期天主教绘画中看到端倪。例如圣洛可(San Rocco)大会堂里丁托列托(Tintoretto)的《复活》。耶稣的形象出现在坟墓中，其区域与画面中卫兵所在的部分有尖锐的不连续性。这是一个很好的例子，它说明在自然的自主性建立之后，相同的深刻宗教意义如何能以极为不同的形式重新出现。

还有另一系列不同路径的激进转向,渐进地接受了世界作为受造存在的主要描述,其中有一种在我们的故事中很关键。它始于唯名论的革命,即反对主流的托马斯主义的自然的自主性观念。在这里,基本的动机是神学的。亚里士多德式的自然观似乎为每个事物定义了其自然完美及其恰当的善。它独立于上帝的意愿,当然,这也不排除上帝是该物的创造者。然而一旦被创造,似乎显而易见的是,上帝就无法重新定义对该物来说什么算是好的。你可能会忍不住说,作为至善存在的上帝,他的意愿必然总是良善的,他总是为物 O 意欲 G,而 G 必然是 O 的自然善。

当然,关键的 O 在这里就是人类,由此似乎显出,一旦创造了人类,上帝只能期望将人类的本性定义为他们的善。但对一些思想家来说,这似乎是难以接受的,因为这是企图限制上帝的主权。上帝必须始终保有决定何为善的自由。善就是上帝的意愿;而不应该说上帝只能(根据事物的本性)意欲善。对奥卡姆及其追随者来说,这是拒绝本质"实在论"(realism)最强有力的动机。

在这里,人类思想的这一整全维度之另一个至为重要的面向出现了。信仰,即存在的意义,其所相关联的,不仅是洞察世界,而且还是理解能动者处身世界的立场。关于本质的实在论表明了能动者的困境,这能动者把正当行动视为随从模式(本质),而这模式(本质)却必须首先在事物中得到描述。唯名论反对这一点,上帝就是超级能动者,他与事物的关系是,他可以根据自主的目的自由地去处置万物。

如果这是对的,那么作为倚赖性的、被造的能动者,我们与这些事物的关系,就不应该根据事物显示的规范模式,而是根据我们的创造主之自主的超级目的。事物所服务的目的是外在于它们自身的。这一立场从根本上来说是工具理性的立场。

当然,这首先要服务上帝的目标;但这一转向很快达到一种对存在的新理解,根据这种理解,所有内在目的都被排除了,目的因果(final causation)退场了,仅剩下动力因果(efficient causation)。于是有了所谓的"世界图景的机械化"。这转而为科学观念开辟了道路,因为在科学观

98

念中，对假设之真的良好检验，是使得你能产生果效的东西。这是培根的观点。

根本的转变发生了。我们依然处在受造存在的畛域中。世界是上帝的造物。进一步说，它是一个有序的整体。但现在秩序不再是规范性的，这是指，世界表现出（或多或少不尽完美）一组规范模式的实例，而我们应该效仿这些模式。更确切地说，世界是一个各部分互相影响的巨大场域，它按照设计好的方式运作，达到特定的结果。

目标是外在的，这是指，我们无法通过所推测的在事物中起作用的规范模式去理解事物。但如果我们能够识别这一类机械化图景所旨在服务的目的，还是可以领会目标的。即便没有规范模式，但只要事物被设定为产生特定结果，即是可以顺利运作的。

这些是上帝早已确立的结果。我们既可以通过圣经来了解，也可以通过研究上帝的造物来了解。它取决于我们努力去实现这些目的。

在这个世界过敬虔生活，非常不同于在阿奎那-亚里士多德的有序宇宙，或是伪狄奥尼索斯的等级宇宙生活。它不再是仰慕一种规范秩序（其中上帝通过神迹和象征表达自己的旨意）的问题。相反，我们不得不作为工具理性的能动者而居于其间，有效地参与体系运作以实现上帝的目标；因为正是通过这些目标，而不是通过神迹，上帝在他的世界启示他自己。这并不只是不同的两种立场，而是互不兼容的两种立场。我们必须抛弃那种将宇宙视为神迹之场域的想法，将此斥为幻象，为的是有效地采纳工具立场。不止在大众信仰层面上，即神灵的世界，我们必须对宇宙进行祛魅；在科学的高级文化层面上，我们也必须引发类似的转向，用沉默却仁慈的机器置换充满有序神迹的宇宙（在此宇宙中万物都有意义）。

我们可以看出，这一转向与改革宗神学所暗示的祛魅动力很合拍。这类科学在英国和荷兰流行并非偶然。这里所出现的关键特征，也出现于有关宗教改革的最终后果的叙事：祛魅，对世界的积极工具立场，追随上帝的目标，也就是仁慈。这些都是新出现的无求于外的人文主义的关键特征。

99

　　但我们叙事的这一部分仍不完整。按其所述,从象征转向机械论,似乎主要是由神学需求所推动的。一种单单与上帝主权相容的观点,最终产生了对世界规范的新式人类立场。这一叙事中肯定还有一些东西;而且它与宗教改革坚持上帝主权的亲缘性是毋庸置疑的。然而,还有其他力量推动这种用工具术语对人的能动性所进行的重新定义;这种根据定秩行为对人文主义所进行的改写。新人文主义深深扎根于文艺复兴时期,既能与宗教信仰衔接,又能部分地独立于信仰。

　　首先,我们从事科学研究时,对于所做的事情,我们有了新的观念。理解它,要求我们在思维中构建一种秩序。15 世纪时,库萨的尼古拉(Nicholas of Cusa)发展了此类叙述。这一建构主义还没有挑战宇宙作为有意义之秩序的观念。斐奇诺(Ficino)接受了这一建构,他先是在佛罗伦萨的小圈子里阐述了一种极有影响力的柏拉图主义形式,然后又将其传播开去。

　　　　因为人类观察到了天界的秩序,当他们行动时,无论去哪里、用何种方式、产生何种结果,谁又能否认,人类拥有与天界创造者几乎相同的天才? 谁又能否认,如果给人类以合适的工具和造天的材料,他们多半也能制造出天界? 因为现在他们尽管用不同的材料打造世界,却与天界有着极为相似的秩序。[15]

　　莱昂纳多(Leonardo)后来也有了类似的想法,认为我们必须找到事物中的"理"(ragioni)。但这又包含了第二种创造;事实上有两种创造:第一种靠理性,也就是科学,第二种靠想象力,也就是艺术。

　　但是,这一将能动的人视为主动性、建构性、塑造性的愿景,并不仅仅限于促进思索并掌握世界的活动,比如科学和艺术;它还开始在伦理上占据更大的位置,其形式成为伦理改善的一种新型理解,以及如何达到好的生活。我接下来会进行考察。

⟢ 2 ⟣

　　此叙事的一个关键线索，始于文艺复兴时期的温文尔雅（civility）观念。文艺复兴时的"温文尔雅"是我们的"文明"的前身，并具有相同的效力。它是我们有而别人没有的东西，别人缺少优美、风雅等我们这种生活方式中所看重的重要成就。别人是"野蛮人"。从这些词语中我们可以概括出潜台词，就是丛林生活和城市生活的对比。

　　城市这一存在颇具古风，向来被视为最佳且最高级的人类生活场所。亚里士多德清楚地说过，人类只有在城邦中才能达到完整的天性。"温文尔雅"来自城邦（polis）一词的拉丁文翻译 civitas，事实上其词源是希腊语，也用来表达很相近的意思：17 世纪法国人所说的"礼仪之邦"（état policé），就是他们有而"野蛮人"所没有的。

　　所以，这一词语的一部分被用来指称治理模式。个人必须受到有序的治理，有一套法律，统治者和地方法官依据法律来履行其职责功能。因为野蛮人身上被投射了"自然人"的印象，所以他们被认为缺乏这些东西。但多数情况下，他们真正缺乏的，是没有成立我们所认为的现代国家，现代国家是持续性的政府工具，政府与社会相比聚集了大量的权力，可以通过各种重要途径去重塑社会。[16]当这种情况发展到一定程度，就会被视为"礼仪之邦"的定义性特征。

　　第三，温文尔雅要求的治理模式能够保证一定的国内和平。温文尔雅无法与粗暴吵闹、随意而未经允许的暴力、公开争吵相伴，无论是对年轻的贵族还是普通民众都一视同仁。当然，这些在近世早期还是时常发生的。这提醒了我们，文艺复兴话语中的"温文尔雅"的位置，和我们现在所讲的"文明"的位置，是有重要差别的。当我们在早报上读到波斯尼亚或卢旺达的大屠杀，或是利比里亚政府倒台时，我们倾向于感受到自己所身处的"文明"的宁静，即便我们会觉得有些尴尬而不好意思大声说出来。本土的种族动乱可能会打扰我们的宁静，但很快会恢复原样。

在文艺复兴时期，这一理念在精英圈中流行，但精英们都很清楚地明白，这不只外国没有，在本土也没有好好实现。普通民众跟美洲的野蛮人不在一个层次，甚至远远高于欧洲边缘的野蛮人（比如爱尔兰人、俄罗斯人），[17]但还有许多地方需要努力。而且即使是统治精英成员，每一代新人也需要服从严格的纪律，正如威尼斯在1551年提出的公共教育法案那样。[18]温文尔雅不是你到了历史的特定阶段就能轻松获得的东西，我们还倾向于认为文明也是这样得到的。

这反映了欧洲社会自14世纪前后开始经历的转型。新的观念（或者说新发现的观念）反映了一种新的生活方式。如果我们将玫瑰战争（Wars of the Roses）之前的英国贵族和绅士的生活与都铎王朝的生活相比较，差异将十分惊人。战斗不再是这一阶层的生活常态，除非要为国王而战。此类进程延续了四个世纪，直到1800年，一个标准的"文明"国家意味着保证本土长期和平，以商业代替战争成为主要活动，政治社会的主要关怀亦以商贸为重，或至少分享从前战争所占据的重要地位。

但这一变化并非没有遭遇抵抗。年轻贵族年少气盛，时而会伤人，狂欢宴饮摇摆于玩笑和暴力一线之间，匪盗盛行，流浪汉也有危险，因生活条件不堪忍受而导致的城市暴乱和农民起义常有发生。温文尔雅在某种程度上必须是战斗信条。

有序治理只是温文尔雅的一个方面，还有其他种种。它们包括各类艺术和科学（今天我们会称之为"技术"）的发展；包括理性道德的自我控制的发展；也包括很关键的品味、举止有礼和优雅；简而言之，即良好的教养和文明的行止。[19]

但这些与有序治理和本土和平一样，都被视为规训、培养的结果。温文尔雅的根本形象就是对野蛮、原始的自然本性进行培养或是驯化的结果。[20]这使得我们前辈的民族优越感一览无遗。他们不觉得自己和美洲印第安人的差别是两种"文化"之间的差别（我们今天肯定会这么说），而是文化和自然之间的差异。我们是经过训练的、守规矩的、塑造而成的，他们不是。这是生米和熟饭的差异。

101

重要的是不要忘记这个对比中有一种模糊。许多人倾向于认为,温文尔雅使我们显得无力和无能。也许高级美德恰恰应在未经开发的自然中寻找。[21]当然,在民族优越感的整体取向中,也有令人尊敬的例外,比如蒙田。[22]但对那些在野蛮/驯化的对比语境中思考的人来说,无论选择哪一方,其整体理解中都会体现从野蛮到驯化的进程中所包含的严厉规训。利普修斯(Lipsius)将之定义为"女巫喀耳刻(rod of Circe)的魔杖,不论人兽,只要碰过即被驯化,懂得敬畏和顺从,而之前他们全都野性难驯"。[23]"喀耳刻的魔杖"是很好的文学意象,听上去很轻松,但后半句显示出这一转化其实步履艰难。温文尔雅要求克己,不是放任自流,而是改头换面。它是一种重塑自我的挣扎。

102　　　我上面提到对挣扎的强调,部分反映了温文尔雅四面楚歌的境况;在某种程度上精英阶层有此感受,而大众无疑更是如此。但接下来我们会问,为什么要考虑大众? 历史上的许多精英都对自己的生活方式有优越感,也乐于控制或剥削下层民众,而低等阶层绝不会梦想拥有这种生活方式的潜在可能性。所有的奴隶社会都是如此;还有许多其他社会。早期伊斯兰帝国是个很好的例子:阿拉伯统治者并不要求其基督教臣民改变宗教信仰。他们自己也很乐于实践新的启示。大规模的改宗是后来才出现的,而且由臣民主动发起。

　　当然,一开始精英阶层成员对温文尔雅的态度是一致的。值得注意的是它如何在16世纪紧紧跟随宗教改革而快速发展起来,接下来步伐更加迅猛,不断尝试改造下层社会。下层社会不再自由自在,而是被纠缠、欺压、逼迫、训诫、锤炼,被有组织地抛弃散漫而无序的习俗,被要求遵从文明行止这样或那样的特性。当然,从一开始就没有人想要彻底改造他们以符合完美的理想状态;但放任自流也是不可接受的。于是到了这一进程的尾声,我们进入了现有的世界——一个人人都应该"讲文明"的世界。

　　为何采取这种积极主动的方式? 动机似乎很复杂。一条线索对于任何地方的精英都可以理解:人民必须受到规训,因为他们的混乱无序会威胁到精英阶层。这在英国对"济贫法"的支持上尤为明显。济贫法对穷人的救助条件有严格限定,乞讨被禁止或是被严格限制,流浪被定为非法,如此等等。16 世纪的人口增长伴随着经济环境恶化,意味着穷人数量增加了;他们的流动性也增加了,朝较大城市聚集,寻找在家园不再拥有的援助和救济。这一数目巨大的贫困流动人口给公共秩序带来威胁,催生犯罪,传播疾病。控制救济、阻止自由乞讨、防止穷人流动的尝试,也许可以被理解为是对这些威胁的回应。

但是,这一动机后来从负面考虑转化成了正面关怀。社会改革被看成是治国之道的关键,对于维持或提升国力至关重要。人们渐渐领悟到:第一,统治行为可以帮助改善经济状况;第二,经济状况是军事力量的先决条件。第二条至今依然是国家政策的决定性领域,特别是在统治者要抵御外敌入侵或扩大自身实力之时。但战争的主要财源来自税收;而税收只能在短期内提高,除非生产增加,或是有更多贸易顺差。以前的统治者关心的是我们可能称之为"分配"的问题:都城中粮食匮乏会抬高价格,可能会严重影响公共秩序;劳动力匮乏也会导致其价格飙升,致使乡绅和城镇雇主无力承担;大批赤贫者会聚集在城镇要求救济,这点我在前面已经提到过;所有这些情况的出现,都会导致呼吁采取控制价格的措施,或是降价销售商品。

但是到了 17 世纪,随着军事技术的发展,一些国家的生产力明显高于其他国家,从而有了很大的优势(比如荷兰和英格兰),于是有了干预供应方的压力。各国统治者都开始关心生产力;事实上一整套衡量方式都与国土大小、发达、繁荣甚至人丁兴旺有关,所有这些都对军事实力有直接或间接的影响。

国家需要身体健康、人数众多、遵守规矩的人民,可以从中征召优良的战士;国家需要许多人口从事生产,这样才有足够的收入来武装及补给军人;国家还需要清醒的、有秩序的、勤劳的人们来保证足够的生产力。统治者越来越关心如何以更为彻底的方式改造臣民,不光要维持秩序、防止动乱,而且要参与欧洲军力平衡这一筹码不断加大的赌局。

所以,干预在恐惧和野心之下被驱动:为了阻止混乱,为了增加权力;其动机一方面消极,一方面积极。但在我看来,这不会是故事的全貌。还有另一种恐惧,另一个积极的目标。

首先,这另一种恐惧存在于精英阶层。这种感受是当我们挣扎着自我规训时,却看到其他人在标榜不羁行为;这成为那种在努力禁欲的人心中情欲被激发的扰动。如果说对犯罪、疾病和混乱的直接恐惧能够解释济贫法,那么什么能解释对于流行文化元素(比如狂欢节、欢宴节以及各类舞蹈节)的压抑呢?

当然,这里的对象不再只是温文尔雅。各种宗教变革的需求常常会刺激这类改变。但这就引向我要表明的一个主要观点。虽然温文尔雅的目标和宗教变革(不论是新教或天主教)的目标在定义上有明显的区别,但它们在实践中常常无缝连接。规训人群使之有序的种种尝试,几乎总是带有宗教成分,比如要求人们去听布道,学习教理问答;在良善举止与宗教难以分离的文明中,还会是别番景象吗? 同时,宗教改革也有公共秩序成分,而且这看似不可避免,因为宗教皈依的结果理应包括一种有序生活,这也包含了对特定社会秩序的遵守。16 世纪最著名的改革民众的尝试——新教方面有加尔文的日内瓦,天主教方面有圣嘉禄的米兰——都将宗教、道德和良好公共秩序的问题合并处理,而且许多措施斩钉截铁,你很难将宗教问题从良好公民秩序问题中清晰地划分出来。圣嘉禄抨击狂欢节和舞蹈节,他也曾尝试管理并规训穷人。所有这些都是专项改革计划中的一部分。

但这不只是说,两项在概念上不同的改革计划在特定语境下趋于融合。我还相信,这两种理想也会彼此影响、彼此改变。正如我在上文中讨论过的,宗教改革被一种需要所占据,这是中世纪晚期及近代早期日益被强烈感受到的需要,即不仅仅是精英,而且是所有信众,都要尽可能去践行福音的要求。之前也有此类需求,中世纪有重塑平信徒信仰实践的潜流。但 16 世纪的种种改革成为巨大的飞跃;在新教方面已经达到在原则上否认任何天职等级的程度。每个人都被呼召去充分活出信仰。这意味着寻常百姓的生活和信仰实践不再能听之任之。他们必须被劝导,被命令,有时还要被迫放弃,例如,要学会崇敬圣人和圣物,绕着五朔节花柱跳舞,等等。有一种动力促使某些规范广为普及,其部分设想是为了指向人类同伴的慈善要求,考虑到上帝会因为不守规矩成员的渎神行为而惩罚我们整个社群,就会更加主动地推行这些规范。

我要说的是,其中一些沾了世俗目标的光,因为世俗目标要将温文尔雅施加于大众。两种目标一般并不被视为相冲突的(除了在某些特定的语境,我之后会提到),不像我们今天所认为的,世俗目标和宗教目标泾渭分明。它们总体上相安无事,都从属于一种连贯而规范的人生观。如果围绕宗教改革的义务感普及到世俗改革,那也毫不奇怪。所以,在上文提到的两种恐惧之外,温文尔雅的要求之强加,也部分地以"给人民带来好处"为名义;不只是伪善的理性化(虽然许多时候的确如此),而且也是出于责任感。

然而,曲折变化也在朝其他方向发展。我前面提到过,宗教信仰自然被认为是要产生有序的生活。或者用否定句式来说,罪的必然结果是混乱和冲突。对于加尔文来说,堕落的人总是企图控制他人。"我会说,人的本性是每个人都想成为邻里的主人,没有一个人乐意臣服于他人。"[24]但无论如何,在这个堕落的世界中,社会秩序并非一定是个人圣洁之成果的突出部分。

所以,如果我们的使徒生活模范是生活在荒野修院的隐修士,那么我们不会想到即便最高等级的圣洁会终结世界的暴力和混乱。当然,如果我们指的是拥抱每个人的基督教而非少数社群,情况会很不同。但即便如此,也不表示社会秩序必须归功于神圣性;我们必须记得,宗教改革时期的所有相关各方,尤其是新教徒,他们坚持极端奥古斯丁主义(hyper-Augustinian)的立场,认为只有一小部分人会被拯救。基督徒的生活会给社会带来秩序,但其影响方式并不意味着每个成员都是圣徒。这是分离主义教派的路径,遭到了路德和加尔文的严厉驳斥。他们宁愿敬虔的小部分人控制一切,确保它们行在正确的轨道上。

现在我们能明白上文提到的信仰中的某些依据,即上帝会因为我们同胞的任性作为而惩罚我们全体。但尽管如此,也很难说它必然来自于基督徒信仰,即虔信者有义务管理一切并使之井井有条。少数归少数,

105

中世纪修士采取了一种不尽相同的立场。[25]

因此,新教家族中至少某些支派(特别是加尔文派)以此方式承担起解释世界的责任。很可能这种解释的某些部分与当时提出社会、经济改革议程的政治精英的说明有重合之处。

换言之,良好的温文尔雅秩序与善好的敬虔秩序,没有各自固守在完全分隔且毫无沟通的空间。它们在某种程度上融合了,并彼此影响改变。敬虔的冲动,即要让所有真正的基督徒(当然,这里指的是少数被拯救的人,不包括已被预知下地狱的人,即便他们在名义上是教会的成员)过上完全圣洁的生活,影响了社会改革的议程,并为之加了一把普世-博爱的推力。而温文尔雅也要求社会秩序重组,反过来为敬虔有序的生活带来新的社会维度。

16世纪中期宗教改革的一位巡游使徒、波兰圣者扬·拉斯基(Jan Łaski)在书中表达了宗教敬虔和社会秩序的这种无缝衔接。他认为,在一个正确改革的社会中,

> 王公和地方官员会更平和;贵族间的战争会停止;高级教士的野心会受到惩罚;所有人都各司其职。儿童从小开始学习圣礼规范;教义得到纯正宣讲;圣礼的管理井井有条;大众被约束;美德受到表彰;恶行被纠正;让冥顽者真正忏悔,将叛逆者逐出教会;上帝的荣耀应与以他圣名进行的恰当祈祷相得益彰;婚姻会重新回到原初诚实体面的状态;妓院被取缔;穷人得到照顾,乞讨绝迹;病者会被探访、安抚;逝者得到正当的葬礼,迷信不得容身。[26]

这一普世议程在加尔文主义的社会也许更为明显,尤以16世纪晚期和17世纪的英格兰和美国的清教徒为甚。同样的无序、暴力、流浪汉、"无主之人",不时地令几乎每个人害怕,也令清教徒害怕。他们自然会透过原罪来看待无序;从堕落之人身上还能期待什么呢?但他们也将继归信而来的生活变革视作这一无序的药方。正如我们看到的,对圣洁后果的这一看法,并不必然源自他们对原罪后果的看法。还有一些人坚

信,虔诚的基督徒应该避世,或者靠施舍度日,或者采取一种寂静主义的立场,或者拥抱无政府主义。"有信仰的基督徒会是坏公民",这种看法并非只是马基雅维利独有的。

相比之下,在清教徒对于好生活的观念中,"圣人"被视为新社会秩序的栋梁。因着反对修士、乞丐、流浪汉以及闲散绅士的懒惰和无序,圣人"从事诚实而得体的工作,不会让自己被游手好闲所腐化"。[27]这里不是指任意的活动,而是指他毕生所投入的志业。"没有正当、诚实工作的人,没有既定目标和计划的人,无法取悦上帝。"清教牧师撒母耳·西伦(Samuel Hieron)如是说。[28]

这些人勤勤恳恳,谨守规矩,从事有价值的工作,值得信赖。他们有"既定目标和计划",所以可以彼此预见。基于他们互相订立的盟约,你可以建立一个坚实可靠的社会秩序。他们不会胡闹,因为游手好闲是各种邪恶的主要繁殖土壤。"一个游手好闲者的脑子很快就会成为魔鬼的商铺……城市里为什么会有反对执政官的暴动和流言呢?你找不出什么比游手好闲更重要的原因了。"[29]

有了可以信赖的人,就能建立一个安全有序的社会。当然,并非每个人都会像他们一样。然而,清教徒的事业能够克服这一困难:敬虔者应去统治,冥顽者应被束缚。正如巴克斯特(Baxter)所设想的,行政官必须迫使所有人"学习上帝的话语,安静而有序地行走……直到他们自觉自愿地宣信基督"。[30]当然,这基本上与加尔文在日内瓦建立的秩序如出一辙。 107

所以说,加尔文派改革定义了真正基督徒顺服的道路,似乎也为当时严重的、甚至骇人的社会危机提供了解决方案。伴随着对救恩的渴望和对永罚的恐惧,一种非常属世的社会焦虑开始作为唤起某种信仰的理由,而这种信仰既能使信徒重生,也许还能限制颇有威胁的混乱状况。灵性的恢复和公民秩序的解救相辅相成。

我们可以换种方式说,中世纪晚期的精英(当然是神职人员,但也有日益增长的平信徒提倡者)发展着更为强烈的敬虔理想,开始要求教会改革,但同时,同一精英阶层的成员(有时是其他人,有时是同一批人),

也在发展/恢复礼仪文明的理想,要求一种更为有序、更少暴力的社会生活。这两者之间有某种紧张,但也可以合作共存,彼此影响;事实上,它们开始有了重叠的议程。

在这一语境中,温文尔雅理想产生主动的、具有转变力的目标这一事实背后,有一种复杂的因果叙事。随着时间推移,温文尔雅目标无疑因军事需求的升级而增强,然后是财力,然后是勤勉的、受教育的、守规矩的人们的经济成效。但这部分也是与宗教改革的目标共生并相互影响的结果,自此,"改善"本身开始被视为一种义务,这从新斯多葛主义的伦理中可以看出。

从否定方面讲,它部分是一种尝试,试图抵挡有害社会秩序的真正威胁;部分是对诸如狂欢节、欢宴节等行为的反对,这些行为在过去可以被接受,但对于那些努力接受新理想的人们来说却是不胜其烦。在这里,与宗教改革的共生再次起到明显作用,因为这种对恶行的敏感性正是严格的宗教良心的一大特征。

我们可以从性道德方面看到清楚的例证。中世纪欧洲许多地方允许卖淫,这似乎是针对通奸和强奸的合理预防办法,因为后者有着破坏性后果。[31]康斯坦茨公会议甚至为大量参会人员建立了临时妓院。但新式的虔信倾向于强调性纯洁,关注焦点不再是暴力之罪和社会分化;于是人们对卖淫的态度也改变了。支持卖淫变得不可想象,卖淫本身也变得越来越令人不安。一种着迷-反感出现了,它主要表现在对堕落妇女大范围的不断救助上。不能听之任之,需要有所作为。

结果是,近代早期精英们在这两种理想的合力作用下,各方面都变得越来越反对大众实践。他们对于自己眼中的混乱、粗鲁、不受控制的暴力的容忍度完全消失了。之前被视为正常的,现在被视为不可接受,甚至可耻。在 16 世纪以及之后的一些时候,我所描述的复杂动机引出了五种类型的规划。

(1)第一种是我之前提到的新型济贫法。其中包括一个重要的转向,甚至可以说是翻转过去的做法。在中世纪,贫穷散发着一种圣洁光环。这不是因为等级意识极为明显的社会不轻视社会阶梯最底层的赤贫者和无权无势的人,而恰恰是因为这一点,穷人提供了成圣的机会。根据《马太福音》第 25 章,帮助有需要的人就是帮助耶稣。那个世界的富人为了补偿他们的骄傲、抵消他们的罪,可做的事情之一,就是周济穷人。国王如此,修院如此,之后富裕的中产阶级也纷纷效仿。富人们通常会在遗嘱中写上一条,在自己的葬礼上救济一定数目的赤贫者,这会保佑他们的灵魂。与福音故事相反,天堂若是听到乞丐拉撒路的祈祷,可能会保佑富人们进入永恒的安息。[32]

但在 15 世纪,部分因为人口增长以及粮食歉收,有一大批赤贫者向城镇流动,于是对穷人的态度发生了激烈的转变。新的一系列济贫法出台,其原则是严格区分有能力工作的人和真正无法工作、只能靠救济过活的人。前者遭到驱逐或是被强制工作,但薪水极低,工作环境通常很艰苦。那些无能力工作的穷人可以松口气,但仍旧处于高度控制的环境中,时常会被送进类似监狱般的收容机构。还有针对乞丐的孩子的改造措施,包括教他们手艺,让他们变成有用的人和勤劳的社会成员。[33]

所有这些操作:提供工作,提供庇护,训练和改造,都涉及封闭限制,既是经济手段,也是控制手段。这就开始了福柯(Michel Foucault)所言的"大禁闭"(le grand renfermement)时期,并逐渐开始涉及其他阶层的无助人群,其中最著名的就是疯子。[34]

先不论动机如何,可以明显看到,人们的态度有了巨大转变;你可以说,贫穷是从全方位来理解的。正如盖莱梅克(Geremek)指出的,[35]在中世纪,甘愿守贫是通向神圣的道路。非甘愿的贫穷者一般不被视为圣者。若非按他们应有的耐心承受自身的命运,他们就会妒忌,或转向犯罪。但无论如何,穷人是成圣的机会。帮助他们,就是帮助耶稣。新的立场则将这种观念抛在一边,以一种截然不同的定位去看待乞丐,其中包括两层:一方面他们要接受测评;他是否该受救济,援助他是否正当,或者他应否自食其力?其次,对他们的处置评估遵循工具理性,是否划算成了关注焦点。17 世纪的英国教养院(work-house)中,人们劳作是为了生产经济需要的东西。他们纺织羊毛,因为这是当时的工业瓶颈。通过这种方式,他们因为受到照管而付出劳动,这也帮助了社会。改过向

109

善工作也同样严格追求工具性。在阿姆斯特丹的锉木监狱,习惯性偷懒的人会被关进特殊的牢房,不工作的时候水就会慢慢涨高,如果他们休息的时间太长,后果可想而知。[36]

极端的清教观念甚至比这更为严厉。对乞丐的评价极为冷酷和敌对。在帕金斯(Perkins)看来,乞丐"就像腐烂的手脚从身体上掉下来",[37]井然有序的共和国没有他们的位置。

正是这种激烈的方向性变化导致了抵制。在天主教国家,一些教士基于教义发出反对的声音,尤其是托钵修会。再比如西班牙,这个从经济发展来看更为"落后"的国家,宗教改革陷入了完全停滞。[38]与整个中世纪有关贫穷的神学的割断,显得太突兀了。但在大部分欧洲天主教国家,这并不足以阻止新方式的推进。新方式在巴黎实行了,也出现于圣嘉禄在米兰的计划。

作为第二个来源的反对声音甚至更缺乏能力来阻止改变。它来自人民本身,当一个乞丐被拖走时,有时民众会抗议,甚至保护乞丐,将其藏起来。

(2)国家政府、城市政府、教会当局,或它们的某种结合体,时常打击通俗文化的某些元素:喧闹节庆、狂欢节、欢宴节、在教堂里跳舞。这里我们也看到了一种逆转。之前被视为正常的情境,每个人都准备参与其中,如今却被视为应该彻底谴责的行为,而且从某种意义上说,这令人深感不安。

1509 年,伊拉斯谟谴责他在锡耶纳看到的狂欢节是"不信基督的野蛮节",这基于两点:第一,它包含了"古代异教的痕迹";第二,"人们过度放纵"。[39]伊丽莎白一世时的清教徒腓利·斯脱勃(Philip Stubbes)抨击了"邪恶舞蹈的可怕罪恶",这会引向"肮脏的触摸和不洁的拉手",从而变成"通向淫乱的桥梁,纵欲的准备,污秽的撩拨,走向所有下流淫荡的前奏"。[40]

110　　　正如伯克指出的,几个世纪以来,教士一直在批评通俗文化的这些方面。[41]但也有新东西:(a)出自宗教的攻击加强了,因为人们对神圣处所产生了新的忧虑;(b)温文尔雅的理想及其秩序、文雅、精致的规范,已经令统治阶层与这些实践渐渐疏离。

温文尔雅本身会导致伯克所说的"上层社会从通俗文化中撤退"。

> 1500 年……通俗文化是每个人的文化;对受教育者来说是第二文化,对其他所有人来说是唯一的文化。然而到了 1800 年,欧洲的大部分教士、贵族、商人和专家(以及他们的妻子),都将通俗文化抛给了下层阶级,于是他们在世界观上产生了前所未有的深刻差异。[42]

16 世纪的温文尔雅意味着,

> 贵族采取了更为"优雅的"言谈举止,一种新式的、更具自我意识的行为风格,他们的学习基于礼仪书籍,其中最有名的是卡斯蒂利翁(Castiglione)的《弄臣》(Courtier)。贵族学习锤炼自我控制,举止带着一种刻意的无动于衷,他们要熏陶出品味感,总是一副参加正式舞会般的高贵做派。讨论舞蹈的文章层出不穷,宫廷舞蹈从乡村舞蹈中分化出来。贵族不再与侍从一起在大厅吃饭,而开始有了分开的饭厅。(更别说"起居室"[drawing rooms]一词了,以前是叫"撤退室"[withdrawing rooms]。)他们不再与佃农摔跤(这曾是伦巴第地区的习俗),不再在公共场合宰杀牛羊(这曾是西班牙的习俗)。贵族开始学习"正确地"说话、书写,依循正式的规则,尽量避免使用工匠和农夫的技术用语和方言词汇。[43]

温文尔雅理想本身足已引出这一"撤退",而且的确在 18 世纪与传统的敬虔元素划分了界限——因其"过于狂热"。但在与宗教改革的交织作用下,它超越了"撤退",而企图压抑并重塑民众的文化;比如巴伐利亚的马克西米利安(Maximilian),他在 17 世纪初的改革计划中特别禁止魔法、化妆舞会、短裙、男女混浴、算命、无节制的饮食以及婚礼上的"猥亵"言语。[44]

(3)在 17 世纪,这前两类行为被纳入第三类范畴:正在法国和中欧

111　发展的绝对主义或计划干预的国家机构所做的尝试,旨在通过法令去塑造臣民的经济、教育、精神和物质福利,虽旨在有益于权力稳固,但也出于改善民众生活。从 15 到 18 世纪,井然有序的"礼仪之邦"(Polizeistaat)[45]的理想在德国被捧上天。宗教改革的形势赋予国家干预活动以动力,在宗教改革中,每块领地的统治者都不得不注意教会的重组(在新教领地),并强制顺从(在所有领地)。但控制的尝试在下一个世纪得到扩展,并囊括了经济、社会、教育等诸多目标。这些覆盖了我们在(1)和(2)中已经讨论过的一些领域,即救济法,以及对一些传统节庆与实践的压制。[46]但在 16 世纪,范围被进一步扩展,开始试图建立学校教育,这样可以提高生产力,向臣民反复灌输一种更为理性、勤劳、生产导向的世界观。社会要得到规训,但目的是引导人们自我约束。[47]

简而言之,这意味着将温文尔雅理想的一些特质赋予更广大阶层的人民。无疑,这里的一个重要动机是培养能够从中征召顺从、高效士兵的人群,并且生产能够供养及武装军队的资源。但许多法令也将改善(以它们的方式衡量)自身定为目标。当我们进入 18 世纪,立法的种种目的越来越与启蒙理念相融合,越来越强调人类活动的生产、物质方面,因其对个人和整个社会都有益处。[48]

(4)这些社会变革之所以可能,端赖于充满公正精神与纪律的有效管理机构的发展。这些机构,比如在低地国家,可能是地方性的和更为自发的,或者可能包含了愈发理性化的中央国家官僚体制。后者最显著的例子或许是普鲁士,自 17 世纪晚期开始,普鲁士就力图在欧洲列强中占得一席之地,尽管其人口和财富基础大大不如其他强国。

而使得这些机构发展成为可能的,是纪律和奉献的结合,这就让普鲁士比其对手筹到更多的钱,训练更多的士兵,当然,这是相对于人口和财富而言。菲利普·戈斯基(Philip Gorski)令人信服地指出,这一超常表现的根源,部分在于精英中广泛传播的新斯多葛主义哲学,但更多在于统治集团和主要政治人物的加尔文主义或敬虔主义的信仰。改革的驱动力于是成为这一超凡故事中的关键因素。[49]

(5)如果我们看到规训、"方法"、程序之模式的大量涌现,就得以从

另一角度看见整个发展。有些出现于个人领域，比如自我控制的方式， 112
智性或灵性发展的方式；有些是被集体接受的，比如荷兰和普鲁士的政
治精英身上所发生的情形；还有一些是在等级控制语境下被灌输和强加
的。福柯注意到训练计划基于对身体动作的仔细分析，将之分解成许多
部分，然后操练人们达到一种标准化形式，这在16世纪被大大增强了。
其主要发生场所当然是在军队，开创了新式军事训练模式，但其中一些
原则也被应用于学校、医院以及后来的工厂。[50]

　　旨在自我转变的系统计划中，最著名的例子是罗耀拉（Loyola）的灵
性操练，一种旨在灵性改变的默想。但一个世纪之后，这两种关键观念，
即以方法引导的默想，也突然出现在笛卡尔提出的计划中（毕竟他也受
教于拉弗莱什［Laflèche］的耶稣会士）。

❧ 3 ❧

　　温文尔雅理想的核心是驯化野蛮的天性，这已经包含了这样的立
场，即我们所称的"对我们自身的重建"。其所采取的形式是"塑造自我"
（self-fashioning）的计划和方法，[51]正如我们在上述第（5）种类型中所看到
的。我们认为自己低劣的天性需要被控制、被改造，有时甚至应被消除，
这样才能达到一种更高的境界。当然，诸如基督教和古人的传统伦理观
念中也有类似的观点。所有这些都以更高之境的名义控制或消灭卑劣
部分。然而，这一新的世界观的特殊之处在于强调意志，着重把形式强
加于惰性、难移的质料。

　　伟大的古代伦理学，如柏拉图、亚里士多德、斯多葛派所提倡的，要
求低劣欲望处于服从地位，斯多葛派甚至要求消除这等欲望（斯多葛派
认为，激情作为一种错误的意见，在智者心灵中完全消失了）。但美德的
主导形象是和谐的灵魂。主要观念涉及一个形式，该形式已在人的天性
中起作用，有德之人必须助其出现，也就是说，不是关乎从外部施加的范
型。重塑质料和强加形式这样的形象，是用来理解人类生产活动的关键

词语,但在伦理学中没有地位。实践(praxis)和创制(poiesis)有着清晰的区别;正如人们反复指出的,我们用现代术语所指称的"意志"在这些伦理学中并无地位。

对我们来说,这个问题在两个维度上展开:有时我们区分好的意志和坏的意志;有时我们区分强大的意志和薄弱的意志。前一种对比无疑来自基督教;在西方,其最有名的构想是奥古斯丁的两种爱:圣爱与欲爱。但新式现代思想潮流的主轴是另一种对比。美德要求强大意志,这样才能对抗强大阻力来实施善。通过将意志概念置于核心,就不仅仅与古人离开几步,而是在这一意志概念内把轴心转离基督教思想的主线。

在现代世界观中,意志的这一关键角色并不总是被言明,而且古代的和谐概念也并未完全缺失,我们在马上要讨论的新斯多葛主义中将会看到这一点。不过,不论形式如何,转变都是明显的。

我认为,这种将创制引入实践领域的立场,是与我之前提到过的诸种转变相辅相成的;在库萨的尼古拉、斐奇诺、莱昂纳多的观念中,我们自身的建构活动使得科学成为可能,后来自然科学转向舍勒所谓的"效能知识"(Leistungswissen)——这种科学中真理由工具性成效所确认。当然,这最后一种转变中也有我之前提到过的神学上的原因。回过头去看,这正是新科学本身成功之处(当然从工具性成效来说,这一成功不是立竿见影的)。现在我们可以看出,有关好生活的一组关键概念肯定也起了作用。创制的两种模式,即伦理学上的重构立场,和对科学的工具性而非沉思性的理解,互相提供了支撑。

我们对于本性(自然)之立场的划时代转变,包括我们自身内部和自身之外,都是一系列独立变化共同决定的结果,不能简单归因于某一种关键因素。很明显,在摧毁将宇宙视为形式之实现的旧观念上,上帝之无限主权的意义是工具性的。这可见于唯名论的作者,以及之后 17 世纪的许多新科学拥趸,比如笛卡尔和梅森(Mersenne)。如果上帝在创世上拥有绝对权力,这意味着他不受内在倾向的限制,甚至不受那些他起初创造的事物的限制,那么,实在必须被视为由他无限操控的,而最符合这一要求的是视自然为机械装置的观点,由此,一切内在目的论考虑都被排除在外。

如果这是万物的本质,就势必会影响我们看待世界的立场。我们不仅必须改变科学的模式,不再探寻亚里士多德或柏拉图的形式,转而探寻有效的因果性关系;而且可操控的宇宙招引我们发展那种"效能知识",或是控制的科学。它暗示这样的目标:成为"自然的主人和所有者"(笛卡尔的名言)。[52]更有甚者,它会鼓励我们模仿上帝,遵从他,利用事物以达到符合他心意的效果。

很诱惑人的是,从这里去寻找一个划时代转变的关键,即从找到我们在宇宙(cosmos)中的位置,转变到在宇宙(universe)中构建秩序;要么是作为一种新的追随上帝的方式,要么是一种反动,对抗上帝之充斥宇宙的力量,因为这种力量似乎不为我们留有任何余地,而且的确会摧毁前一种我们在有序宇宙中占据应有地位的感觉。类似后者的人类"自我确定"式的"反击"叙述,得到了布鲁门伯格(Blumenberg)的支持。[53]

不过,似乎明显的是,重建的动力也有其他来源,并且源自不那么反动的动机。重建不用等待旧宇宙的灭亡。即便在柏拉图的世界由形式塑造这一理念中,也可以发展这样的观念,即人类必须参与这一塑造过程,并且被召唤去完成它。在这方面,文艺复兴赋予了艺术家一个重要角色。马尔西利奥·斐奇诺如是表达:"人模仿神圣之自然的所有作品;而对那些较差之自然,他会纠正、改善,使之完美。"米开朗基罗也这样看待自己的工作。莱昂纳多认为艺术家必须服从我们在自然中发现的"理",但我们的任务是必须以自身的理性构建活动充分表现这些"理"。经验需要理性,"掌握并驯化自然"。这样,人类艺术家便能以自己的方式"去创造"。他们不再只是自然的卑微模仿者,而是它的竞争者,正如皮科(Pico)所言:"不是自然的仆人,而是对手。"[54]

类似情况发生在现代科学的革命中,我们也有文艺复兴"三杰",迪(Dee),布鲁诺(Bruno),弗卢德(Fludd),以及各种各样的炼金术士,他们将对自然中形式甚或灵魂的至高地位的强烈信念,与转化和改良目的结合起来。点金术能让我们点铁成金,也能使人达到完美。[55]

当然,很重要的是,这些非机械论的创制没有成为未来的潮流,它们很快就被伽利略-培根的立场取代了,再后来又被浪漫主义那一代人以十分不同的形式重新发现。但它们同许多其他现象一起足以表明,重构的动力与朝机械论的转向并非不可分离,也并非必然与反对上帝的绝对权力联系在一起。

如果这一多线索的创制是温文尔雅理想的核心,那么当塑造自我的实践被施加于社会整体,当新生国家越来越成为道德和社会实践的工程师,重构的立场必须达到更显著的程度。

为了例示我所谈论的转变,我想看看 16 世纪最有影响的新斯多葛派作家朱斯特斯·利普修斯(Justus Lipsius)的观点。他在我的叙述中是一个关键人物,不仅因为他阐明了这一新建构范围的伦理理论,也因为他引领了方向,告诉人们如何将这一观点应用于政治-军事领域。

利普修斯(在某种程度上)创造了一种基督教化的斯多葛哲学,但他更倾向于斯多葛主义一面。基督教和斯多葛哲学在伦理领域有两大差异:(a)基督教认为我们需要上帝的恩典,在上帝的帮助下解放我们潜在的善良意愿;而斯多葛哲学只诉诸于我们的理性和自制力。(b)基督教认为善良意愿的最完满实现在于圣爱,在于我们对邻人的爱;而斯多葛哲学认为明智的人业已达到不动情(apatheia)的境界,即超越激情。这两者并非一定不能兼容;圣爱也可以被视为大慈大悲的无激情状态。但基督教神学避开了这一斯多葛式的解读,并且有很好的圣经依据。福音书里刻画的基督,因怜悯(*splangnizesthai*)而"心肠"被感动;他在十字架上的呼求很难看作是不动情的表现。在公元后几个世纪,这给基督教神学带来最大的难点,因为源于古希腊的上帝是不动情的,这一观念恰恰在当时还很有势力;耶稣明显没有达到这一标准,这甚至成为支持阿里乌主义(Arianism)的论点。但最后,正统派拒绝了斯多葛式的方案。

然而,这正是利普修斯所拥护的。他反对同情(miseratio)或怜悯(misericordia),即情感的怜悯,转而偏好主动干预的怜悯,但基础是内心完全无动于衷。当时的神学家注意到这里的细微差别,在他的《论恒常》(*De Constantia*)西班牙语译本中,批评"同情"的那些句子被删掉了。[56]

至于另一个问题，新斯多葛主义对于是否需要上帝的恩典保持沉默。我们还没有处理无求于外的人文主义。在古典模式中，上帝扮演着中心角色；他是我们生活所依据的"理"（ratio）的源头。"理源于天，源于上帝本身——塞内加（Seneca）赞美它是植入人里面的神性之灵"。因为"上帝透过这灵（乃是他的形象）接近我们；或者说，他进入我们里面"。[57]

在这里，斯多葛主义的观念被植入"上帝的形象"这一圣经词汇。利普修斯还十分强调另一种斯多葛哲学和基督教所共有的学说，即上帝的护佑（Providence）。一切事情都经由上帝的护佑而发生。上帝让我们经受所遭遇的试炼，自有其目的。阻止试炼是徒劳而愚蠢的。相反，我们应该顺从，就像兵营或战场上的士兵那样。用塞内加的话来说："我们生来即在王国中；顺服上帝就是自由。"[58]

那么，顺服上帝或顺服理性到底是什么？答案本质上说是斯多葛主义的：来自地上和身体的意见，把我们引至错误方向；外部灾难，失去钱财、健康甚至生命，只会影响可变事物，而可变事物必然烟消云散。理性则吩咐我们要抓住那不变的东西。引用利普修斯的前辈和同胞伊拉斯谟（也是对 16 世纪人文主义影响最深的人之一）的话，"将你的爱转移到永恒的、天上的、不会朽坏的事物上去，这样你才会更冷静地爱这短暂而飘忽的肉身形式。"[59]通过对永恒的坚持，我们会获得恒稳，也就是利普修斯愿景的核心美德。"恒稳表示心灵正当且坚毅的力量，不因外部偶然情境而喜悦或悲伤。力量是一种植入心灵的坚定，但不是靠意见，而是靠判断力和正确的理性。"[60]

恒稳为我们提供了正确道路的准则。但在这条路上，我们还会遇见和谐。如果我们选择跟随上帝作为我们的基本原则，那么我们就在同一条道路上；同理，如果我们以自然或理性为引导，我们也在同一条道路上。所有这些准则都是并肩而行。

良善之人表现出恒定、耐心和坚忍，他不为混乱、无序、暴力、苦难所动摇。这里的意思是说他不会为此沮丧或不安，并不是说他不会做出反应。相反，利普修斯走上了一种近世的典型道路，他以行动主义走出了斯多葛主义。我们可以说，比起爱比克泰德（Epictetus），他的视野更接近

116

罗马人或塞内加派,尽管这些作者都曾启发他。但事实上他走得比罗马人更远,他已经不满足于人对世界的责任,而是为达到善而展开积极的斗争。利普修斯的作品充满了军事隐喻,而且,他的一些最早期的热心读者也关心军事,这一点我们之后会看到。

　　甚至在此处,也有与斯多葛哲学的一次重大分离。利普修斯坚信我们的自由意志,我们对自己的世界负责。理性应激励意志,而意志施加纪律,纪律则装备我们,以展开与邪恶和无序的斗争。坚忍和毅力不仅表示被动承受苦难的力量,它也意味着不屈不挠进行正义之战的力量。

　　为何这种(半)基督教化的斯多葛主义在当时有如此影响?而且其影响所及,甚至达到认信界限的两边;包括利普修斯的家乡荷兰,以及德国和法国?加尔文宗、路德宗和天主教徒都赞扬它。的确,利普修斯在所有这三种信仰的大学——鲁汶,耶拿,莱顿——都教过书,这在当时是罕见的壮举。

　　有两个明显原因:第一,如果精英阶层受温文尔雅理想打动的许多成员比前辈更不能容忍暴力和无序,那么他们看到如下情形无疑就会惊
117　恐万分:宗教改革事业不仅没有带来和平与秩序,反而在许多时候导致了更多的冲突和混乱,而且常常有着特别恶劣的后果。这些人在寻找一种信仰模式,不那么执迷于认信传统,而更关心所有教会共享的要理。某种意义上说,这些人都在一定程度上与伊拉斯谟的精神相契合,但在特定情况下,他们经常变成了法国人所说的谋士(les politiques)。他们首要关心的是和平与调解,强烈反对拉帮结派的狂热分子。利普修斯的两位显赫的法国追随者——沙朗(Charron)和杜·维尔(du Vair)都是这一类天主教徒,一位是神父,一位是主教。

　　其次,像谋士一样,利普修斯的读者并不满足于对恶意冲突表示哀叹;他们还想结束这种冲突,缔造新的政治秩序。这些人通常有军事和政府职责在身,是统治者、军官和公务员。他们参与或准备参与我之前提到的五类方案。他们在寻找一种哲学能够指引这项事业,许多人在利普修斯的作品中找到了。

　　稍后我会试着考察,为何这种现代化的斯多葛主义能够为国家行动

主义提供基础,但首先我想提一下已经发生的转变,事实上这一转变在朝后来的自然神论发展,最终成为无求于外的人文主义。

再次重申,我们必须避免一种时代错误,即将此视为沿一条直路前行的一步。就其核心而言,利普修斯的观点是有神论的,他的上帝执掌的不是18世纪自然神论仁慈的、和谐的宇宙。但基督教某些关键元素,那些与恩典和圣爱有关的要素,已经被遮蔽了,这就决定性地改变了这一世界观的重心。更有甚者,敬拜上帝似乎失去了关键位置,除非通过理性和恒常的培养;某种意义上说,这正是这一哲学的有力之处,因为16世纪所有斗争都关乎敬拜上帝。用一种貌似时代错误的表述,这种缄默可被视为"你自由选择教会"(更确切地说,是你的统治者选择的教会)的邀请。但这也会被视作将敬拜最终贬低为可有可无。

上帝仍旧十分关键,因为他是理性之源,追随理性就是追随我们心中上帝的形象。但似乎他要我们做的,就是成为优秀的人,别无他求。这为后来的自然神论的人类中心主义打下了基础,在这之后,又有了进一步的转折,将我们的理性力量与上帝在我们里面的工作脱离开。重要的转折业已发生。新斯多葛主义是一次急转,而自然神论则是另一次急转。

利普修斯的作品对于18世纪末开始实施的军事和社会重建方案十分重要,因为他的伦理观号召对公共生活积极干预,也因为他提供了规训(discipline)这一关键观念。 118

利普修斯1589年写的《论政治或公民学说六书》(*Politicorum sive civilis doctrinae*,*libri sex*)中所阐述的政治学说,采取了我所说的"谋士"立场,也就是说,他所关注的是在遍及欧洲大部分地区的宗派内战境况下,如何恢复秩序和稳定。他倾向于君主形式的政府,不太关心有产者的诉求。但是诸侯要受严格的道德原则的指引,献身于社会福利。

当然,这项工作大大超过了提出一般建议,并且包含军队改革的详细方案。这些都强调了操练和秩序对于打造有效军队的重要性。但他的规训概念远不止于此,他还想要加入道德转变。他的理想是创建一支职业化军队,个人荣誉和肆意掳掠的古老价值观将被逐出核心位置,引导士兵的应该是倡导自律、适度、节制的斯多葛式原则。[61]

　　换言之，训练的目的不光是达到协作行动、服从指挥的纪律性，也是为了从道德上重塑士兵，灌输一种服务和自律的职业伦理。不负责任的雇佣军对雇主的臣民而言，往往与敌人一样，也是一种危险，他们将被纪律严明的军队所取代，后者将以抑制劫掠为荣。

　　现在这一重要性是双重的，既有具体层面，也有更一般的层面。具体结果是，1590年代荷兰军事改革的倡导者接纳了利普修斯的建议，其中包括他的几位学生（特别是奥兰治的莫里斯[Maurice of Orange]）。利用严格的训练来打造有效军队的方法，在欧洲得到了普遍的效仿——比如瑞典的古斯塔夫·阿多弗斯（Gustavus Adolphus）的军队和克伦威尔（Cromwell）的新模范军。

　　在更一般的层面，利普修斯为下个世纪有着较高道德目标的严肃改革者设定了基调，不论他们是统治者、高级公务员，还是地方官员、军事将领，他们发起了从各个维度重塑社会的改革。首先，利普修斯提出一种服务普遍福祉的道德目标，其基础是主张朴素和自律的个人伦理；这将成为再造范围更广的、建制的和社会的生活基础，其方式是训练从属人群的纪律性；其结果是将自我控制和勤奋工作的价值内化于这些人自身。

　　简而言之，被称为"新教工作伦理"的东西——其氛围与马克斯·
119　韦伯所言的"内在于此世的禁欲主义"（innerweltliche Askese）[62]相当——即将诞生，但它在相当大程度上是通过政治权威的积极重建努力。也许可以说，这种君主专制时期的国家积极干预的伦理，在引介一种理性化、纪律化、职业化的生活模式上，与加尔文主义的天职伦理起到的作用不相上下。新斯多葛主义受到了加尔文主义的极大强化，在某些地区通过国家官僚体系自上而下运作，推动转变；而加尔文主义和虔信派在其他地方通过虔诚克己的小业主和志愿团体进行自下而上的运作。[63]

　　在积极行动和专注苦修方面，新斯多葛主义和加尔文主义非常相似。事实上，加尔文自谋生路之初，就出版了一部研究塞内加的作品。尽管教义上有些不同，但加尔文派中那些没有很强神学正统意识的人很容易将两者混为一谈。（事实上，对于许多天主教徒和路德宗信徒来说，把两者捏在一起并不难。)两者奠定秩序的冲动非常相似：在社会中建立稳定秩序，通过训练人们"行为规范"，通过献身某些职业，而职业目标的确定则根据对人类同胞的服务：在私有领域，通过生产性劳动；在公共部门，通过政府献身于臣民的福祉。其实，在政治领域，加尔文主义催生了一些相当不同的形式，有些与绝对统治深深对立。但是社会秩序的图景既是行动主义要求达到的，也是敬虔的/德性的统驭目的之必需，两者并肩而行。

同样平行且并不令我们吃惊的一点是，人们相信这一切都能够实现。到底是什么，让人们面对历史和当下如此之多的暴力和混乱，面对人性如此明显的痼疾，依然能够严肃地期望我们可以毅然朝着更好的方向去改变？

很明显，这里有世界观上的重大转变。中世纪似乎沉湎于这样一种观念——可能大部分时代的大部分人也都会这样看——即此世的罪恶和混乱很难被彻底除去。当然，许多（可能是大部分）时代会假定过去存在一个黄金时代；于是人们会觉得，在条件合适的情况下，黄金时代能够重现。文艺复兴的人文主义者就如此联想到古典文化的巅峰，但这也是卡洛林王朝据以复辟"罗马帝国"的精神所在，前后相继的拜占庭皇帝们梦想着重新上演查士丁尼（Justinian）的君临天下。

但这种巅峰很少像 17 世纪的加尔文主义者或新斯多葛方案所定义的那样暧昧模糊。这里可以分两方面来说：第一，其目的是要完整地消除暴力和社会无序，只剩下偶发的个体犯罪和国家发动的合法暴力（比如战争或镇压犯罪）；第二，其目标是向每个人灌输至少一些文明的、温文尔雅的规范和恰如其分的有序生活。这些目标当然是相互关连的，而且只有完成类似第二项的事情，才能实现第一项的目的。

这样的抱负在欧洲历史上前所未有，不过中国历史上似乎有可堪比的尝试。事实上，其倡导者也留意创新。也就是说，当他们从过去不同的"黄金时代"汲取灵感时，他们也意识到自己不仅要重现过去，而且要在关键方面超越过去。

加尔文主义者也是这样回溯早期教会。现在，尽管他们可能与基督

120

教当年的圣洁相比自叹弗如,但他们也知道,在更早的时候,要建立整个基督教社会是不可能的。这就是为何我们会看到,他们时常在旧约的以色列寻找典范,因为那里至少提供了一个四处遭到敌人攻击的敬虔社会的形象。但他们要超越以色列的方面,则按照基督教神学的核心信条来定义。

同样,利普修斯及其新斯多葛主义继承人回顾了罗马帝国伟大的法律、军事和政治成就。某种意义上说,这里有人文主义兴趣的转向,从拉丁和希腊文学转向罗马史学,如希腊人波利比乌斯(Polybius),尤其是塔西佗(Tacitus)。在修辞学上,塔西佗的风格也渐渐比西塞罗(Cicero)那种激情四溢的风格更受青睐。他们对斯多葛主义的关注点是塞内加。人们甚至将 17 世纪称为"罗马世纪"。[64]但是,尽管他们仰慕罗马的治理之道、军事纪律以及斯多葛哲学,但他们也愈发意识到旨在改革风俗、改变整个国民世界观的方案正在进入全新的领域。

还有另一种整个社会实行高尚、严肃道德的模范,那就是罗马共和国早期,或是(更为罕见的)希腊城邦的鼎盛时期。这在现代欧洲历史的其他时刻扮演了重要角色:文艺复兴时期的意大利城市中的平民人文主义者,当然还有 18 世纪的美国和法国革命。但需要再度重申的是,至少在后一时期,人们非常清楚地意识到自己无法回到这些直接自治的、小型的面对面的社会;[65]更进一步说,这种社会形态无法在大型现代国家实现,原因之一是古代共和国**并没有**包含其所有人口,因为其中很大一部分工人、奴隶人口被排除在外。[66]

那么他们从哪里得到进入未知领地的自信呢? 这个问题可能对我们来说很奇怪,因为我们在很大程度上生活于他们所创造的时代。我们所处的北大西洋世界理所当然地认为,暴力和混乱"自然"应该被有效去除,剩余的两极是个人犯罪和国家主导的战争。南洛杉矶或巴黎郊区发生的动乱不仅让我们震惊和受创,也令我们视之为社会出现了严重问题的征兆。我们充满恐惧地看待苏联的一些后继者,看出了其中与我们前现代历史更为相近的东西。某种意义上说,我们已经达到了为每个人灌输"文明"的目标,大部分人口能够识字,受过多年的学校教育,都接受有规范的工作和有序的和平生活常态。以至于当我们看到一些年轻人倒退回暴力选择、走上一条完全抛弃家庭和工作伦理的生活道路时,会觉得无比震惊。我们这未经反省的规范,甚至超过了四百年前加尔文派牧师和新斯多葛主义官员所期望的改革目标。

然而,我们还必须克服时代错误,明白这里发生的转变是多么重要,甚至惊人。问题还在于:他们是如何开始相信他们能够做到这一切?

因为所有这些方案、这种改造的冲动的背后,表明有一种重塑人类能力的超凡自信。我们禁不住会对一些清教计划的抱负感到惊叹,他们企图靠法律去控制人类的犯罪天性。威廉·斯托顿(William Stoughton)在 1604 年发表的一篇宏文中宣布:"遵守刻在两块石板上的上帝之神圣律法中所包含的所有诚命当然最好……但从今往后,不遵守戒律就会受到帝王和世俗司法权力的惩罚。"因此,十诫整体已经被刑法化。斯托顿继续讨论了异端以及离开教会的情形;同期其他的清教徒提议立法,禁止逗熊游戏、舞蹈、诅咒、星期日体育活动、教堂酒会等等。[67]

但从另一方面来看,礼仪之邦的法令彰显了一种极大的抱负。通过规范百姓的生活细节去改造他们,表现出一种为民众打造新气质的近乎无限的自信。正如拉伊夫(Raeff)所言:"一直在暗示,从未被明言的是……人类天性之可塑性的假设。"这就是说,"人性从本质上说是可塑的,可以被意志和外部环境所改变。"[68]

当然,在一些人眼中,这种改造只是原则上的可能性,他们本来并没有期望能够在大众中走得那么远;但不论如何,改造者相信,在原则上根本没有什么东西能够阻挡这一社会工程。

那么,什么会成为阻挡呢? 首先,正是传统的理解框架为整体改革设置了可能性的种种限制。就欧洲中世纪来看,这一点在奥古斯丁那里已有清楚表述。上帝之城和世俗之城毗邻而居,互有交叉。世俗之城是罪恶之所,它天生就有暴力和冲突的倾向。政府本身可能就会成为更大范围的暴力中介。然而它又不可或缺。因为只有如此强力的中介才能令所有其他稍弱的力量臣服,否则社会生活就会陷入彻底的混乱。

从这种相对较低的国家观来看,国家的作用是在堕落的世界中维持某种秩序,而实际上向臣民传授美德已经超出它的能力,因此也超出它的指令。

当然,在基督教领地,上帝之城也在我们中间。或许一个基督教国家可以做得更好? 但这位生活在基督教帝国的奥古斯丁并不这么认为。一个基督教国家可以帮助教会压制异端和错误的异教,但不会使臣民变得更好;只有教会代表的上帝之城,才能如此追求。

进一步说,数字关系与上帝之城背道而驰。奥古斯丁以及中世纪晚期的天主教,甚至加尔文主义,都认为最终被拯救的人数很少。他们只是被诅咒下地狱的一大群人中的一小撮精英。

既然奥古斯丁是宗教改革者心目中的思想大师,为何他们想象自己能够超越奥古斯丁如此有说服力地所确定的界限呢? 答案不是因为他们相信上帝的选民数目更多,而是他们看到一种上帝的安排,使得上帝的选民能够统治、规范整个社会。

当然,之后他们不知不觉地产生了相当不同的看法。少数得救者和多数下地狱者之间的界限,不再是平等地在各社会内划定,而是划分为敬畏神的社会(意谓多数人为上帝选民的社会)和罗马及其模仿者所主宰的社会(或者说异教信仰的幽暗社会)。有些勇敢的人可能会与逼迫作斗争,但大部分人明显在走向毁灭。这一悄然转向无可避免。如果不是带着"每个人都有机会成为上帝的选民"这样的假设,是很难向听众布道的。进一步说,许多腹背受敌的加尔文主义社群也认同这种"划分我们、他们"的观念,倾向于自比古代以色列。

于是奥古斯丁讨论的各种界限在加尔文主义者中被绕过了。在没有多少正统氛围的新斯多葛主义中,这些界限似乎完全消失了。

但这不只是对变革潜力在信念上的一个变化,而是在对社会结构及其与恶的关系理解上,一种未经言明的整体认识逐渐消失了,并由此为新的自信的出现铺平了道路。

123　　　我已经提到,看待社会某些方面的方式已有深远转变。比如,贫穷在社会中的位置已经与从前不同,一些被视为纯粹邪恶和混乱的陈旧社会礼仪也遭到疏离和弃绝。在这两个例子中,早期立场所隐含的,远不止是某个学说；相反，它是一种整体理解框架。

也许我们这样说比较清楚，它倾向于将社会分成连贯的不同阶层，各阶层有等级之分，但同时又在功能上互补。我们熟悉一些能够反映出此框架且被明确持守的学说的例子；比如，三个等级构成的社会：有祈祷的人（修士和教牧人员），有战斗的人（贵族），有劳作的人（农民）；或者王国和人的身体之间的种种比拟，各阶层又对应身体的各自部分（国王对应头部，贵族对应膀臂，等等）。

这些表达的要点在于，尽管不同阶层的价值有明显的差异——毕竟我们面对的是等级秩序——但绝不可能通过消灭较低阶层来改善社会，比如把所有人都改造成修士或骑士。每一个阶层对整体而言都是不可或缺的。

我的建议是，这一在普遍意识中起作用的理解也可用于其他区分，甚至用在尚没有明确教义可资达到其效应的地方。因此，人们对穷人的态度带有一些过去的影子，部分是由于人们理所当然地觉得"穷人总是与你相伴随"。言之成理的是，这更因为穷人一方面受富人的周济，一方面也是富人得到救赎的机会。这里在价值差异之外，还有一种互补性。（尽管差异可以从两个方向说：施与赈济的王公贵族在世俗地位上肯定高于乞丐；但后者在宗教层面上来说可能更高。）在这种理解之下，试图去实际消除贫穷成为一件不可思议的事情。

我相信，类似情况也适用于苦修的圣洁与喧闹精神的全然宣泄、甚至与肉欲享受之间的关系。当然，这点更难以证明，因为不像穷人的情形，此处没有明确的教义可供援引。但此类情况似乎暗含在狂欢节、不同类型的欢宴节仪式中，在所有那些仪式里世界被天翻地覆，而在此之后，事物又复归井然有序。这至少是我因此在前一部分所论证的。

当然，对所有这些情形的一种说明就是"气孔"（安全阀）理论：社会需要这样的临时许可，允许因日常生活的压抑而积累的"气"释放掉，为的是焕然一新地回到标准的规则。但这种仪式可以作另外的解读。狂欢节上的吃喝、性爱和（大多是模仿的）暴力，乃是一种承认，即这些肉体的欲求，虽说明显比四旬期的苦修禁欲要低等，但无法被完全除掉，也就

124

是说,这些欲望必须得到正当对待。当然,"气孔"理论也用一种形式论及这一点。但我的意思是,这些欲望必须得到发泄,不仅因为发条上得太紧会绷断,而且因为它们是不可改变的事物平衡之一部分,至少在基督再临之前是如此。它们让我们的世界生生不息。所以我们要在仪式指定的时间里颂扬它们的地位,并清楚地知道,当狂欢结束、世界恢复常态时,它们作为低等存在必须让位于高等存在。

抑或这平衡反映了更深层的东西,如特纳所说的社会有两套定位:它是秩序,是社群;它是结构,但必须定期追溯反结构之根。后者不能完全失落,我们必须赋予它发泄渠道。

无论哪种情况,狂欢节都假定了一种时间理解,即时间是时机性的和多层次的,正如我在第一章讨论过的。

这一理解框架从许多方面来说是前基督教的,其起源在基督教之外;但不一定就是反基督教的。恶与善如此密切相关,以致在万物的结局之前,恶无法被根除,这一思想在福音书中也有正当根据。用福音书中的说法,稗子和麦子一起生长,直到收割之时。

很明显,到了现代,精英们与这种理解框架完全失去了联系。慢慢地,一种对世界和时间的新观念开始占据优势,据此新观念,秩序和混沌的互补不再是必要的。让混沌有一席之地不再是不可避免的交替(伴随着时间之时机性形式),而是没有必要的一个让步,是对恶的妥协,因为所要让步的东西,正是我们试图清除的。于是对这些流行文化元素的批评声音越来越多,并在 16 到 17 世纪的精英中间形成震耳欲聋的大合唱。

这里的故事很长,简要来说,我们可以看到,这种源于基督教视野的对世界和时间的新型理解框架,被世俗的变体取代了;更确切地说,它在慢慢朝世俗方向滑动,可能正是从利普修斯的新斯多葛主义开始的。的确,我们可以说它帮助构建了现代的世俗世界观,其中"均质的、空洞的时间"是关键成分。与此相伴的是毫不妥协的秩序新观念:我们生活中的秩序;以及社会秩序。

此外,这种现代版本对暴力和社会混乱的容忍度比之前的时代要小很多。16 世纪见证了对难以驾驭的军事贵族的驯化,及其在宫廷服务、宫廷侍卫或庄园管理上的应用。18 世纪开始了对大众的驯化。暴乱、农民起义、社会动乱在西北欧变得越来越少。最终，我们达到了相当高程度的非暴力，这是大部分大西洋社会所期待的国内生活。（从这点以及其他方面来看，美国是一个回归早期时代的特例。）

而经由这种发展而来的增长（此增长部分是受此发展推动，又反过来强化此发展），是**能力感**的增长，此处的能力是将这类秩序施加到我们生活中去的能力。这一自信是各种规训方案（有个体的，也有社会的）的核心；从 16 世纪开始，这些宗教、经济和政治上的方案开始慢慢改造我们。与这一自信同质的，是另一个信念，即我们无须妥协、无需互补，而且，树立秩序并不需要承认在任何相对立的混沌原则中所确立的界限。正因如此，这种秩序冲动同时被反向的传统节庆所冒犯和变得不稳定，也就无法容忍"颠倒的世界"。

于是，人们变得很容易失去这样的见识：原则上，人的可塑性是有界限的，高对低的优势亦有界限。野蛮的天性也许会抵制文明礼仪，但已经没有无可挽回的损失、致命的失衡、整体关键部分的毁灭。你走得越远越好。这适用于巴拉圭的耶稣会乌托邦（Jesuit Utopias），正如很大程度上适用于中欧的礼仪之邦。

使这一观点神圣化的心理学理论将在后来崛起。人类是各种习惯的结合，之前是一张白纸；改革没有任何限制。但是，对界限的鲁莽忽视并不源自于这些理论，而是源自于对秩序的全新理解，此理解把意志的建构性努力放到了改造人类生活中的关键位置。

如果我们要问下述问题，我们最好对此作出描述。这些精英认为，他们真的能够改造社会，但这种积极的希望是靠什么支持？以加尔文主义者为例，他们有这样的信念，即上帝的护佑会赋予他们统治地位，至少在已是上帝选民的社会中是如此。但在受新斯多葛主义影响的思想氛围中，又发展出一种新的想法，即自然秩序的观念，这观念似乎为在革新世界中的希望提供了基础。

自然秩序这一观念似乎古已有之。究竟是柏拉图教导的，还是亚里士多德、抑或他们在中世纪和之后的继承者教导的？但这是一种截然不同的秩序。它是规范性的，但以相当不同的方式。

较古老的秩序观念，最早源自柏拉图，不论是在托马斯的亚里士多德式更新那里，还是在伪狄奥尼索斯的世界中，都被视为早已在现实中起作用的形式之一。我们周遭的可见世界表达或呈现了这些形式，不论是被视为某种"流溢"（emanation）的结果，或是更传统的说法，即根据上帝心中的想法的创造。

126　　起作用的形式这一观念，是古代伦理学传统的关键，我前面将之与现代重建主义的观点相对比，后者认为形式是人类意志强加于自然的。现在对自然的新观念依然在这一重建主义视野的范围内。秩序不是自身起作用，力图去实现。相反，秩序是一种方式，在这样的方式中，万物被上帝设计成一起配合，因此，当它们遵循这一计划，它们只是按它们当行的去行。但这一计划不是自身在自然中运行，去力图朝前实现自身。相反，在某些部门，它只是简单地与万物实际运作的方式相对应；而在其他领域，只有秉有意志的理性存在者才能认识秩序并将之付诸实现。

后一种秩序的主要领域是人类社会；在这里，计划是诉诸理性的规范，而不是在存在中早就起作用的那种秩序。或者再说一遍，它可以在存在中运作的唯一方式，是通过理性存在者对它感兴趣并让它发生。这不仅与一种针对世界和社会的重构立场兼容，而且需要这一立场。[69]

在 17 世纪，此思想据以被提出的十分有影响力的概念形式是自然法的概念。这曾在托马斯主义思想中扮演了重要角色；然后继续影响了西班牙思想家，比如苏亚雷斯（Suarez）及其后学。但格劳秀斯（Grotius）、普芬道夫（Pufendorf）和洛克（Locke）等这些我们今天视为现代自然法理论的奠基性思想家，则赋予此思想以新的转折。

格劳秀斯推导出的自然法，没有因循亚里士多德-托马斯主义者对人类自然（或天性）之目的的定义。它几乎是以更为几何学的方式进行的。在《战争与和平法》（*De jure belli ac pacis*）的前几页，格劳秀斯把自然法推导为"适用于"（convenit）[70]既理性又合群的人。这一推导极为简明扼要，但稍加引伸就会看到：一个有理性的人会以规则、纪律、原则行事;一个有理性的人也会合群,必须使法律能让大家生活在一起相安无事。大部分传统自然法的标准禁忌和禁令是根据这一基础来推演的。这里根本没有预设起作用的形式,但有一种万物(这里是指人类)"理性地"和谐共处的方式,这就是有约束力的规范。

格劳秀斯是利普修斯的追随者,他认为这一法则只受理性的约束(因此有了著名的论断,"即便上帝不再存在",法律仍会持续);[71] 而普芬道夫和后来的洛克将之视为上帝的命令而具有约束力。但他们的基本论点是相同的。上帝让人有理性,让人合群,让人有自我保存的本能。从这点来看,很清楚,他用何种规范来约束他的造物。很清楚,他们必须尊重各自的生命、自由和财产。

这些法则约束着我们,因为造物主可以为他的产品设定规则。但我 127 们不需要天启来告诉我们规则到底是哪些,它们清楚地存在于这些产品的自然(或天性)之中。

这一自然法或者自然秩序的概念,随着欧洲社会的重塑方案成长。洛克将重建立场推上了新台阶,他认为人类心灵是一块白板,等着习惯慢慢刻其上。他对自己社会的改造十分热衷,比如他提出了不少教育观念。他成为现代自然法传统的主要代表之一绝非偶然。

为何这两条路会走到一起?为何社会重构者需要自然法这样的东西?为何他们不发展一种人类本性可塑(就像洛克的惊人之举)的理论,并认为那样就足够了?

因为他们需要坚固的支撑来构建意见广为一致的公共秩序。新斯多葛主义诞生于宗教派别之间痛苦而剧烈的冲突之中。其最重要的意旨之一,就是要超越和不顾及宗派差异,提供一个基础,以在政治生活的根基上达成理性一致。格劳秀斯追随利普修斯,发展出一整套理论,不光要服从国家,也要服从国际法,这意味着其有效性是跨越宗教宗派的。自然法理论的目的是提供一种理性的共同基础,不仅代替了极端主义宗教派别的片面理论,而且后来在洛克一脉的变体中,也驳斥了另一路针对宗教冲突的危险且有缺陷的反应,比如不受任何法律约束的主权理论。

　　我提到这些，是因为我们必须牢记，自然法引出的秩序有很多理论对手，这些对手也是为了解决宗教冲突的危急状态而设计的，也为国家的重构活动提供了基础。我们忘记了这些，因为失败者通常会滑出历史视线，但对于宗教战争带来的混乱，17 世纪欧洲最显要的解决方案就是绝对主义国家（absolute state）。此方案倾向于以其自身的秩序概念为依据。这一点也常常滑出我们的视线，因为它与前现代观念的差别并非根本性的。从一方面来说，它至少还是等级制的：它视社会层层排列的等级或阶层构成，大部分依循之前的中世纪分配方式。它也乐于维持之前的有机理解框架，将社会视为普通人之间的等级互补。但在其他方面，比如精英对现实的表述，这一方案则极为现代，这可从波舒哀（Bossuet）的作品中看到。

　　这些表述的起点是现代的能动者观念，即能动者是在建构秩序，而不是合乎那些已在"自然"（天性）中的秩序。和自然法观念一样，这种能动者观念视政治秩序为对如下一个问题的回答：如何在不同的、潜在敌对的能动者当中维持和平和文明。绝对统治和固定的社会等级都是针对这一问题的方案，而不是靠宇宙的自然来给出答案。针对这一目标的首批解答，是让所有人服从某种单一的、不可挑战的意志，提供"主权"的场所，而在这一现代的意志中心的观点中，如果没有"主权"，社会就根本无法存在。等级制满足了秩序的目的，给每个人指定了职位和角色，然后将其置于命令链条中的位置，这样，高层的命令就得以贯彻到整个社会。

　　对于许多 17 世纪的人来说，比起那些基于天赋人权理论的方法，针对社会混乱威胁的这一解决办法似乎在理智上更令人信服，而且在政治上更为有效。的确，早先的前洛克时代的自然法理论向这种清晰的不可分割的主权理想妥协了：对格劳秀斯和普芬道夫来说，社会契约的目的正是要建立此种类型的主权统治。

　　更进一步说，这种等级制的、支配的秩序观念，也援引了上帝护佑的教义。在服从这类主权之际，人就是听从上帝的旨意，这最清楚地体现在该观念的一个变体（今天依然臭名昭著），也就是"君权神授"理论。

　　从今天的立场来看,这种支配观念似乎悬在中世纪的天命安排和自然法主导的现代性的半空当中。从某种方式上说,这一判断犯了时代错误,因为这种观念主宰了所在时代,在当时看来根本不像是一种过渡形式。但这一判断也有真实之处,支配观念的确保持了之前时代天命安排的某些面向,并自视为之前皇权统治的延续。

　　作为一种假定延续了之前时代各阶层互补的支配型社会结构,绝对国家表现出了与特伦托公会议之后的天主教会的某些类似性。尽管这一类似可能会招致敌意,但也容易在教会和拥护这一世界观的君主之间产生亲和性。教会与旧制度的致命纠缠因着这一亲和性而愈发紧密。鉴于这一点,也许要给这种支配-等级制的秩序观念赋予"巴洛克"的名称,不会过于牵强附会,尽管以"巴洛克"之名繁荣的艺术和建筑并没有主导所有采取这一政治理论模式的社会(比如路易十四的法国就自视为"古典风格")。但各类艺术形式无疑反映出与等级制的结合,以及与来自确定模式的上层之推动的结合。

　　从洛克一路发展的自然法理论选择了很不同的方向。当然,这一理论曾经有过(也需要)唯意志论的一面,强调重构的力量;但它也需要一种规范秩序的观念,为了重构而去确立规则和目标。此处起决定作用的关键概念不是等级制或支配性,其起点是平等的个体携手进入一种互利的社会。

　　逐渐地,这一规范秩序变成重构社会的目标蓝图。这些理性而合群的存在者,注定要在尊重彼此生命和自由的前提下共同生活,也注定要通过不断开发自然环境来维持生存。[72] 恰当的开发能够带来经济增长。自然开发也立即催生了财产权,同时使得改善及其进一步经济增长成为可能。

　　由此可见,从对于自然法的这种反思中所出现的是勤勉者之稳定秩序的规范,他们既定的人生进程是:响应天召,各司其职,致力于社会的繁荣和增长,而非致力于战争和掠夺,他们接受一种互相尊敬的道德和自我改善的伦理。这一秩序似乎不止是一个好的想法;它是理性的、上帝所赐的生活方式。要达到这样的生活,不能靠一时兴起,或是特殊偏

129

好；它朝着万物命定的方向前进，其终点是万物各安其位。

这是万物的自然秩序，不是因为它存在于历史中（这一观点将随着黑格尔把亚里士多德式的目的论重新整合进建构主义者的世界观而出现），而是因为它是合理的，甚至是我们所努力的天意目标。

我们现在认识到，这些努力是在很长一段时间中产生的。一个概念诞生了，而此概念我们现在归在"发展"名下。若没有此概念，我们就变得很难思考人类社会和历史。若没有此概念，我们近乎不知所措，无法定义社会性的善。

很明显，我们对时间的理解有了根本性改变。等级制平衡的基础理解，伴随着一种时间理解，其中循环扮演着重要角色，而不同时间片段从性质上说都是独特的：现在是狂欢或者"恶搞"的时间；然后有恢复秩序的时间。现代重构之长时间范围是线性的，由"均质的、空洞的时间"[73]构成。

这一自然秩序观念在 18 世纪将进一步发展，并完成"大存在链"这种旧观念的转变，从等级秩序（其各种形式均在现实中起作用）转向多种自然的宇宙，满足它们的需要和活动网络。在自然的永恒变化中，它们互相支持和帮助。

相当明显的是，17 世纪原本理念中的平衡丢失了。在那时，与顽固的自然苦苦斗争的感觉为我们终极命运的和谐所平衡。但在 18 世纪，和谐越来越被视为本来就有的东西。利益的和谐从起初就被写入人之天性。同情以及利益共同体就应该足以建立一种无冲突的秩序。我们要搜寻的，是把事情搞砸的邪恶人物：帝王、教士、圈地者？

我们无需夸张。整体转化远远没有达到，但艰难跋涉时常为人所遗忘。这反映了一种新情况，对于不断扩张的欧洲精英中的许多人来说，"文明"已经到来；彻底改良过的社会近在咫尺，早已不是远景；一切只需要再加一揽子改革方案：政治（比如，代议政府），经济（比如，放任主义），社会（比如，结束世袭制度和特权阶层）。诚然，这最终方案中的一部分甚至被定义为反"文明"（让-雅克·卢梭的许多作品都有此类针砭）。

这是一种困境，其标志是一种秩序完成感，一种重构的力量得到成功实施的感觉,人类中心主义繁荣于其中,万事俱备,无求于外的人文主义者终于可以在历史的子宫中结下珠胎。

4

在转到这个话题之前,我想再回头探讨一下这种人文主义的一些基础如何从新斯多葛主义传统中发展而来。

之前我提到过新斯多葛主义如何为重构立场提供了重要位置。有这样的形式概念的重点转移,即从倾向于自我实现但要求我们配合的形式,转向由外来的意志力施加于我们生活的形式。在 17 世纪,朝向创制伦理的推进,其顶点是有关漠然的能动(disengaged agency)的新理论,和一种把意志主宰激情视为德性的新理解。其中最有影响的一个构想是笛卡尔提出的。

笛卡尔很明显站在新斯多葛主义思想的立场上。他受到利普修斯的法国信徒杜·维尔和沙朗的影响;无疑他在拉弗莱什的耶稣会士老师那里听到过利普修斯的思想。正如我们看到的,利普修斯构想中的新斯多葛主义已经脱离了原初的模式:它强调意志,以及身心二元论。笛卡尔将这些边界推得更远,发展出一套十分不同的观念。

这一转变可以这样来理解:原来的伦理是基于在现实中起作用的秩序,现在的新伦理则把秩序视为意志所施加的。笛卡尔一贯坚持机械论的物质世界观,这样就彻底毁掉了前一种伦理的任何可能性基础。人们之前常说,自然事物表达或是实现了一种形式,现在这样的说法不再有意义。用这些术语所作的因果关系解释,全都不再能为人所理解。诸形式及其表达专属思想领域,物质必须作机械论的解释。

更进一步说,阐明这一区别对伦理学至关重要。因为德性存在于头脑之中,其形式是意志,它对身体以及产生于身体和灵魂之结合的事物领域(特别是激情),实施至高无上的控制。如果对这里的区别不清楚,就无法看明白何者该居于控制地位。

科学和德性都要求我们为世界祛魅，要求我们彻底区分身体和心灵，将所有的思想和意义都归入内在于大脑的领域。我们必须设立坚实的界限，正如我们之前讨论过的，这一界限定义了缓冲的自我。对笛卡尔而言，将现实视为纯粹的物理过程正是建立界限的方法，而且不可或缺。

在伦理学维度上，我们要处理的是实践（praxis），其要求是我们能够将头脑以外的东西视为物理过程，这意味着对心外之物采取一种工具立场，或者说是重构立场。但这一立场必须不仅要容纳身体，而且要容纳任何不是纯精神的东西；也就是说，它也必须容纳只有当身体和灵魂统一时头脑里才会产生的东西，特别是激情。

于是笛卡尔发展出与斯多葛主义大相径庭的关于激情的理论。对于斯多葛主义而言，激情是错误的意见。当我们获得智慧，就能远离激情。它们会像幻觉般烟消云散。笛卡尔所理解的激情处于十分不同的位置；不是看它们的内容，而是看它们的功能。它们是造物主赋予我们的，帮助我们对于特定的情境产生有着合宜活力的回应。所以目标不是赶走它们，而是将它们置于理性工具控制之下。

激情不仅不会消失，而且最优秀的人的激情甚至比大多数人更为强烈。关键在于，它们受意志控制。笛卡尔敬仰那些"最伟大的灵魂"，"他们的推理力量如此强大，尽管他们也有激情，甚至常常比普通人更为暴烈，但他们的理性始终占据主宰地位"。[74] 所以我们远远做不到根除激情，"只要让激情臣服于理性就足够了；一旦它们被驯服，有时候正因为它们的过激倾向而格外有用"。[75]

笛卡尔的做法保持了斯多葛主义和新斯多葛思想中的超脱（或译"漠然"）准则。理性告诉我们怎样做最好，我们据此采取行动。但我们始终全然漠视结果。我前面引用过"最伟大的灵魂"的段落这样继续：

> 他们竭力在此生此世获得命运的青睐；但相比永恒，他们对命运又是那么不在意，他们看待世事好像我们看待一场游戏。

这里体现的是一种类型的斯多葛主义。超脱、恒常、坚忍以及理性控制的中心思想都被保留下来，但背后的人类学已经有了重大转变。

当我们追问好生活有何好处时，就能最清楚地看到其中的差异；或者稍微换一种角度，问问吸引我们的喜乐（或满足）的本质是什么。

在形式起作用的古代伦理中，这个问题的答案有两个层次。首先，既然我们是人类之形式的具体呈现，那么，去过好生活就是让我们与自身天性相合；这样我们就能逃离分割和内心骚动，享受和谐；我们不再被相反作用的种种力量撕扯，由此才能得到恒定。我们不再渴望不适合我们的东西，由此实现自立。

其次，形式也在我们周遭的整个宇宙中起作用，这一点在某些伦理学说中占有一席之地。比如，在柏拉图那里，我们内在的理性只是让我们看到宇宙中的秩序并去爱它。我们对它的爱使得我们想要模仿它，这样我们自己也可以过一种有序的生活。[76] 向善的动力不仅来自我们予以具体呈现的形式，也来自整全，而此整全的秩序则由"至善之形式"（Form of the Good）奠定。换言之，喜乐或满足之得到，不仅靠我们依循自身天性，而且也靠我们与整全保持合拍。

不是所有古代伦理都会求助于经由整体的迂回。亚里士多德也许就不会这样。但斯多葛主义对此迂回加以更改。智者是幸福的，因为依循了她的天性；但她也欣然接受临到自己身上的所有事情，因为这是上帝护佑之展开的一部分。

可是，对笛卡尔而言，此等迂回要么已经消失，要么被赋予了相当不同的基础。事实上，坚信（steadfastness）保留了下来；就如护佑概念也得以保留。但宇宙已经无法提供这样一幅图景：秩序在万物中运行。我们所能从中捡拾的，就是对万物本该如何运作的洞察，接着就是我们必须加以实现的事情，正如我们在激情的典范例证中所看到的。

现在，关键在于内在的喜乐。但这些已经不再是和谐或者冲突的缺席，因为好人恰恰应该严阵以待，她的使命是运用她的所有力量。在激情的领域，好人会比普通人更猛烈，她的"理性始终占据主宰地位"。她不随天然嗜好而行，而要通过斗争施加一种秩序，这种秩序确实是上帝

133

为人类设计的，但只有通过意志的胜利才能获得。[77]

通过斗争取得支配地位，而不是没有冲突的和谐，现在成为最高德性，由此流溢出的欢欣就是理性胜利之际的满足。因为"我是什么"，根本上说就是合乎理性的意志。

> 自由意志本身成了我们所能拥有的最高贵的东西，而且正因为它使我们从某种程度上与上帝类似，并且似乎使我们不屈服于他，因此对它善加利用，是我们所拥有的善中至善；此外，没有什么能比它更属于我们，对我们更为重要。所有这些的结论在于，只有从自由意志那里才能产生我们的最大满足。[78]

这里的"满足"指的是作为一个理性的人过着有尊严的生活，这要求主语"我"受到理性的统驭。

接着有了一次意外的转折，笛卡尔在这里引入了荣誉伦理的一个关键术语"慷慨"。这个词的意义在 17 世纪有些不同，它指一个人对自己的地位以及相称的荣誉有很强的意识，并促使他不辜负这一地位对他的要求。高乃依（Corneille）笔下的主人公总是在宣称他们的"慷慨"，并作为他们马上要做的惊人、勇敢或是可怕行动的原因。

但笛卡尔拿掉了这个概念的社会阶层等公共空间外延，将之用于自我认知的内在领域。

> 真正的慷慨使得一个人能够在正当范围内给予自己最高的自尊，它仅仅在于，一方面来说，他知道除了意志的自由支配之外没有什么真正属于他的，他只会因为善用或误用意志而得到嘉奖或责备；部分在于他感到在他身上存在某种坚定牢固的善用意志的决心，也就是说，他从来不背离自己的意志来从事和实施一切他判断为最好的事情。[79]

我不应辜负的理性能动者的地位，不是由社会定义的。这正是笛卡尔所说的"自身的尊严","所有德性的关键,是激情带来的所有混乱的总药方"。[80]换言之,有一种能够支撑和维护其他人的核心美德,比如,苏格拉底把它赋予智慧,有些人把它赋予节制,而对笛卡尔来说,核心美德则是慷慨。这里的关键动机是,我作为理性存在的地位,对我有一定的要求,能达到这一地位所要求的尊严,我就能得到满足。

这里打动我们的已经不是自我与自然、宇宙保持合拍的存在感,而更像一种我自身的内在价值感,显明自我指认的东西。康德的尊严(Würde)概念也相去不远。即将到来的无求于外的人文主义的一大关键元素已经到位。[81]

正如我们在上文所看到的,这一理性控制的新伦理预设了祛魅。的确,祛魅是导致新伦理的诸多力量之一,而且在宗教改革拒斥古老宗教仪式方面起着推波助澜的作用。新伦理由此为新认同——我称之为"缓冲的自我"——的形成助了一臂之力,而且加剧了认同程度。

缓冲的自我是一种不再害怕恶魔、邪灵、魔力的能动者。更激进地 135说,这些不再能侵犯他;对他而言,这些都不存在;邪灵、恶魔无论有何种威胁或作用,都无法"抵达"他。而现在,漠然的理性能动者对欲望实施着类似的操作。

当然,我们的欲望依然能够入侵,实际上它就是人们的倾向、癖好。但它们被剥夺了任何更高的意义或者光环。它们只是实际的引诱而已。我们应该能够摆脱所有欲望,理性地决定我们应该如何最佳地处置它们。

> 就引导生活而言,理智的真正功能只是不带激情地检查并考量所有完善身体和心灵的价值所在,以便当我们通常不得不放弃某些事物而拥有另外一些事物时,我们总是选择最好的。[82]

任何旨在控制激情的高级道德都必须引发这种批判性的操作——这一点此时已是实情。因为实际上,我们的"低级"激情常常环绕着一层十分有力的光环。比如,暴力冲动往往伴随着伟大时刻的感觉。如果我被羞辱,会危及我的荣誉;或者,我即将做出的攻击,是出于高尚的理由。实际上,暴力是令人兴奋的,似乎能将我们从日常生活的平庸中拉起,带到一种更高、更激动的层面。此处的暴力接近性欲的畛域,由此这两者时常纠缠在一起。无论是分开还是交织,这两者都会给我们一种释放感,觉得摆脱了庸常,即日常世界的单调。这就是为何它们可以在各种仪式(比如狂欢节)中同时或分别出现。

　　贯穿所有传统伦理观点的一大重要主题,就是揭穿这些欲望的虚名,摧毁它们的光环。从这一点上看,理性控制的伦理亦是如此。柏拉图和斯多葛主义也不遗余力地让人看到,那些黑暗王国中看似闪光的东西其实只是幻象,在白昼的冷光下,光环会彻底消失。这一洞察随着对荣誉伦理的长期攻击(从柏拉图、斯多葛派、奥古斯丁直到现代)而愈加明显。我的意思是,原初形式的伦理将公众的认可、荣耀视为有价值的目的;我说的不是要取代原初公共形式那种升华、内化的形式(如笛卡尔)。荣誉在柏拉图那里被弱化为外在,在奥古斯丁那里是万恶之源骄傲设想的目的,在霍布斯那里则是"虚荣"。

　　但这一揭露依然会给欲望留下一些旧有理论的光环。柏拉图认为,我对一个美人的性欲是一种对美之理念朦胧又有些歪曲的承认,美之理念才是我心灵所向。在其现有形式中,这一欲望必须被视为无法实现其应许,但应许也并非全错。对于理性控制的伦理来说,这些都被扫荡一空。只剩下实际的引诱之领地,正如外部的机械世界不会成为更高意义(即便是混乱的、扭曲的意义)的场域。这一领域完全剥夺了任何意义。这不仅是欲望的虚名歪曲了光环的真实基础,而是光环本身就是完全的幻象。

　　接下来便顺理成章,你不需要特殊的洞察力就能看穿这一虚名。你只要一劳永逸地采取正确的立场——工具理性控制立场,那个情感的世界就失去了表达;抑或它暴露出真实的、祛魅了的本来面目。

　　从某种意义上说,这个能动者是超级缓冲的(super-buffered)。他不仅不会被恶魔和邪灵所附,也完全不为欲望光环所动。在机械式的宇宙中,在一个功能性地理解激情的畛域中,如此一种光环已经没有了本体论地位,没有了它可以感应的对象。只有一种让人心烦的、激越的情感,它占据着我们,直到我们找回理智,并披戴上完全的、缓冲的身份。

我们无需提醒自己,现代性没有止步于理性控制的伦理。这只是对现代身份的这种解释表示不满的一个燃点而已,因为这种解释很快就被那些有时被称作"浪漫主义"的思想和情感的广阔河流淹没。认为能够剥离情感之所有光环的想法,似乎不仅是错误的,而且也是对我们人性的极度糟蹋和否认。

但在超脱的理性这一身份认同中,祛魅和工具控制这两者越走越近。正是这一点为无求于外的人文主义这种新选择铺平了道路。

❦ 5 ❦

对自我和社会采取这种超脱的、规训的立场,已经成为确定现代认同的核心储备的一部分。它也是世俗性 3 的核心特征。规训的立场帮助打造了我称之为"缓冲的自我"的第二个方面。我之前讨论过,祛魅涉及划定界限,并结束了与精灵世界相关联的可渗透性。 **137**

而超脱或漠然的立场也会导致划定某些界限,退出某些亲密模式,同时与特定的身体功能保持距离。诺贝特·埃利亚斯(Norbert Elias)在他的杰作中所做的探索令人钦佩。[83]

当我们与某人有亲密关系时,我们之间会有情感交流,我们撤去屏障,能够感知彼此的情绪。这种关系通常存在于家人和知己之间。

从个体发生方面来说,这些关系是很关键的,因为自婴孩和儿童时代起,我们的健康成长和成人所需的承认都一直伴随着这些亲密关系。如果完全剥离这些关系,我们无法知道自己是谁;或者说,我们的世界不复存在。

这时候,我们的身份认同,我们对何为真正重要之事的感知,依然会与某些关系紧密相关:我们只有在这种关系中,才会真正理解我们是谁,什么东西至关重要;这种关系可以是爱情,或者一个人与英雄、圣徒、大师、榜样的关系。所以当这种关系遇到不测时,身份认同也会受到威胁。当关系中的另一方死去,对我们来说会很艰难,但我们通常能够恢复,在生活中继续着与他们的关系。最差的情况是关系变质,他们否定了我们,或是我们改变了对他们的看法。这些都是决定性的关系。

当然,在我们小的时候,上述这些关系会尤为真实。但长大之后,有些人被教育成另一种身份认同,与早年的亲密关系相疏离。比如,在尚武社会中,青年男子在特定年龄中不得接触女性。你依然需要被承认,却是从勇士领袖那里,你和他们的关系转移了某些亲密维度,和同辈的关系亦是如此。其中会有粗鲁的玩笑,胡闹和恶作剧,自吹自擂,而没有之前那种与女性相处时的温存款语和表露脆弱。之前的那些关系不再被认同为是决定性的。

现在,超脱或漠然又让我们朝这个方向迈进了一步。事实上,它和武士伦理有一定的亲和性(正如我们之前看到的,笛卡尔祈求"慷慨")。[84]只是现在所有的规训都围绕着一种不讲人情的(impersonal)原则。若推到极端,训令会是这样的:尽一切可能地自力更生;只关涉上帝或原则。允许你有温情,但不允许将它体现于决定性关系。其实,在极端情形下,所有决定性关系都旨在被"扬弃"于上帝/原则。

当然,要达到那个终点是很难的;而且它只会成为抱负的终点,而非起点。我们起初都需要承认来支撑身份认同,而大部分人一辈子都是如此。他们的身份认同只有在与领导或同事的关系中才能很好地发展。但这些决定性关系依然僵硬、粗鲁、拘谨、缺乏亲密。其目标已经反映在这些关系特征中;这是一种自力更生、自给自足、自我治理、自主自律。我们需要承认来达到这些目标,但之后我们会试着超越它,攀登到顶之后撤掉梯子。

超脱的规训由此构筑一种新型的自我经验,以自给自足为终极目的。弗洛伊德所说的自我的骄傲孤独就是一个例证。人类之间的交互空间不再重要。我们的伟大情感来自内在。

之后,在反对这类规训时,我们重新发现了深层情感、我们的亲密关系,就好像重新发现了失落的大陆。我们以全新的方式再次去体验它们,用新的眼光去看待它们。想想劳伦斯(D. H. Lawrence)对情感深度那种得意洋洋的重新发现吧。(打个不恰当的比方,我们早就不再相信鬼魂了,但听鬼故事还是会很激动。)

埃利亚斯记录了伴随温文尔雅(之后是文明)概念的发展所带来的行为举止上的巨大转变。转变当然是从精英阶层开始,但接着在19世纪遍布到整个社会。这一转变包括渐渐提高了尴尬的门槛,或者说厌恶的门槛,并且相当引人瞩目。我们现在回望公元1500年时的景象,难免会感到惊讶,甚至有一点震惊。

早期的礼仪指导书告诫人们不要把鼻涕擤在桌布上(143—144)。1558年的一本书里说,如果一个人在马路上看到一堆粪便,然后指给另一个人看,还拿起来给另一个人闻,这不是一个"很好的习惯"(177)。这本书还告诉人们不要在公共场所排泄(177)。很明显,那个时代的礼仪标准与我们时代有着天壤之别。

埃利亚斯追踪了门槛提高的过程,它不是一蹴而就的。早期的礼仪书建议你不要用桌布擤鼻涕,后来的礼仪书要求你使用手帕,诸如此类。一开始你被要求不要在门厅走廊里排泄,但在文明进程的末期,甚至一本礼仪书里提到这样的事情也是不雅的。人们有了"不能说的时刻"(Bann des Schweigens),根本不应提及此类身体功能(183—184)。

埃利亚斯将整个运动归因于两大主要因素。第一,宫廷里众多人在一起生活,这就要求强制推行更为严厉的规则;随着人口稠密度增加、社会互动加强,这一运动得以推广。这种对行为举止的必要规范就是"文明的进程"(E332)。

此外,埃利亚斯还看到另一起作用的动力机制,就是阶级或地位的差异。上层阶级要求文雅的服务以区别于较低的阶级;尤其是当贵族们被迫进入彬彬有礼的城市生活,而他们手中的资源和权力不再足以明显与资产阶级作出区分时,文雅的服务就显得尤为必要。当然,这会让部分"绅士资产阶级"和其他人想要模仿更高的阶层;于是就要求上层不断推进文雅程度以保持距离(136—139,E83—85)。埃利亚斯举了一个很

139

好的例子,作为宫廷模式的法语很快一统天下,成为现在我们每个人所说的法语(145—152)。

我认为这两种论点都有道理,但我觉得他所描述的发展也可以用来理解另外两种相关的历史背景。我想这样来看待它们,即它们反映出超脱的、守规矩的立场首先压抑了亲密关系,然后让我们与自身的强烈情感和身体功能保持距离。

如果我们要看这些改变如何冲击了我们,首先跃入眼帘的是讲究礼仪之门槛的提高;这类似于我们了解到一些更为令人恶心的行为(就像我刚才提到的那些行为)时的特殊感受。但实际上,在一些早期礼仪书中,建议避免这些行为的语境,不光是假设普通读者不会觉得这些行为倒胃口,甚至从来不会因为它们令人恶心而收到反对的建议。还有些东西也处于危险中,比如被允许的亲密关系。

实际上,这些书里提出的许多问题与亲密性有明显的关系,比如其他人在场时是否能够裸露身体,如厕时是否能让别人看到,以及吃别人盘子里的食物等。很明显,如果对两个关系亲密的人而言,就不存在这些问题;避免与陌生人"混合液体"、合用一个勺子之类的礼仪,在爱侣之间就不存在。做爱本身就是一种肆意地混合体液。

中世纪晚期和近世早期的那些礼仪指导书里警告这类行为,通常是担心不正当且冒犯性的亲密行为。此类关系常常牵涉到身份不对称的两方,所以地位低的一方被警告不要利用与地位高的一方的亲密关系。

因此,16世纪的指导书《礼范》(Galateo)写道:"我认为让所有客人从一个盘子里取菜是不合适的,除非主人社会地位比所有客人都要高,这样客人会觉得是一种荣幸。如果在地位相当的人中间这样做,主人会显得自恃高人一等。"(E114)在这个例子中,很明显,禁忌针对的是冒昧的亲密。如果上级向你表示亲密,你不但不应觉得反感,反而是种荣幸。但正是因为这个原因,你作为地位低的一方就绝对不可以先有这样的举止。《礼范》还建议不要让别人看到你的私密处,但接着写道:"与此类似的行为都不应该在人面前做,除非是让你觉得不必避嫌的人。的确,一位大公可能会在仆人或者级别较低的朋友面前裸露身体;因为这样做他

不是在表现傲慢,而是表达特殊的情感和友谊。"(E113)

　　早期的温文尔雅针对不对称的亲密施加了各种各样的限制(而今天这些限制已经彻底变成双向的),国王会在侍臣面前穿衣,甚至当着别人的面坐在用来方便的"洞椅"(chaise-percée)上。伏尔泰(Voltaire)的情妇夏特莱侯爵夫人(Marquise de Châteler)有一次在洗澡时对着她的男仆裸露了身体,男仆惊慌失措,而她只是为了训斥他没有加好热水(E113)。这里同样是等级上的不对称在起作用。

　　随着平等关系的发展进程,这些限制不仅没有放松,反而在地位相当的人们当中普遍化了,最终发展成普适限制。身体亲密性的限制,起先在于衡量是否尊敬上级,后来变成与所有人相处时的禁忌。现在我们对于暴露会感到尴尬,甚至对接触感到恶心(比如用别人用过的勺子)。我们读到 18 世纪的自我暴露时会充满震惊,惊讶于**他们**丝毫没有感到尴尬或是受伤。我们觉得暴露身体是那些手握权力的人残忍地强加于下人的行为,为了羞辱下人,比如狱卒对犯人所为;而看到大部分有权有势的人自己也会暴露身体,对今人来说则十分怪异。

　　暴露身体的意义逆转成为一种普遍的禁忌,我觉得它一方面反映了不规矩的亲密举止的退场——那是现代规训立场的一部分。此后,这种亲密性只保留给小圈子,大体上是核心家庭成员;甚至在核心家庭中,这些禁忌依然部分有效。你的各种身体功能,体液和分泌物是你自己的私事,要与他人保持距离,你与他人可以通过语言和目光交流,肢体接触只在亲密关系中发生,或者礼仪允许的时刻,比如握手。

　　这种发展还有另一方面,家人或是爱侣之间的亲密关系愈发强烈,形成了"隐私"的新空间和传统,与外界彻底隔离。的确,我们可以说亲密的意义在这里发生了深远的改变。在之前的关系中,主仆之间的混杂接触反映了一种亲近,至少是不戒备;而在新的更狭小、更强烈的关系中,亲密有了我们现在的意义,指对他人敞开心灵,分享我们最深处、最强烈、最"私密"的情感。分享情感的维度是我们现代观念的一部分,当然,它来自一个将深沉、强烈的情感视为人类核心满足感的时代。新型的伙伴式婚姻及家庭要求一种之前时代所没有的隐私性,正因为它是分 141

享情感之所在，这如今被视为人间重要的善，其实，对许多人来说，它是完整人生的关键部分。我们正走向当代的道路，和谐持家、生养孩子、传宗接代不再是定义婚姻的意义，婚姻的主要目的变成一种情感的满足，而这种满足感被视为核心的人间诸善之一。[85]

但总体上来说，与先辈们相比，我们与世界的关系变得更加缺乏身体感了；当我们与他人互动时，我们每个人的重力中心移出了身体。重心置于身体之外，处在有着漠然的、规训的能动者那里，这样的能动者可以不带情感地加以掌控。这是我们与其他人相互投射的面具，通过这一相互投射，我们彼此帮助以期达到这一理性距离，企及这一高尚的理想境界。

这就是为何有人打破禁忌时会显得如此恼人。他不仅自己出丑，而且还颠覆了共同维持的规训。因为这并不容易。埃利亚斯阐述了"文明的进程"需要我们与所有强烈的情绪保持距离：生气，对暴力、性欲的迷恋，对身体功能和排泄的迷恋（这与性感受也有关系）。我们的先辈可以随意发怒，他们坦然地以暴力为荣，他们聚集围观对人或动物的残酷惩罚；所有这些都会让今天的我们感到恐惧。这些行为和身体亲密共同被彻底压抑了。这不仅仅意味着，我们倾向于更好地控制怒火，至少会要求彼此这样做；而且还意味着，我们学会了如何压抑愤怒和厌恶之感。我们只有在虚构的情境下才会享受暴力，比如小说，或是跟小说差不多的电视节目（280）。

要维持这种掌控的唯一途径，就是唤醒我们规范的、文雅的自我，使得我们对那些与身体、性欲或暴力的放任串通一气的情感，产生恶心或者厌恶。"文明"在这一意义上已经超过了单纯禁止行动，因为这些行为本身不会引起反感，只是为了表明对其他人的尊重。超脱的规训之稳步推进，要求我们与上述放任保持距离，这就要求我们唤起与这种放任相系的污秽感或卑贱感，这当然是在理性控制的尊严这一视野之下来看待的。

从这方面来说，这两种情绪是连在一起的，是一枚硬币的两面：一方面是不带情感的不偏不倚的高贵感；另一方面是将愤怒和性欲视为一种

142

囚禁,会将我们从俯视万物的高度拉下来。上个世纪曾有过解除原始性欲禁忌的尝试(特别是罗素[Bertrand Russell]本人),只将愤怒和暴力视为客观理性的玷污者,并坚持一种无私仁爱的伦理。这有可能是可行的,尽管在将性欲冷静化、客观化的过程中也有明显的危险。如果成功,这将是现代性的另一发明。但实际上,过去几个世纪的文明进程中,对于性和暴力保持了相似的距离。

所以说,文明的推进靠的是提高对身体亲密、原始性欲和暴力的厌恶或鄙弃这一门槛。"精巧"、"敏感"成了礼仪社会的美德。1672 年古尔旦(Courtin)曾说过,使用过的勺子要清洁过之后才能再次放进公盘(154)。它不再是在上级面前不能放肆的礼节问题,而是一种会引起别人恶心的行为问题。

正如我之前所说的,既然文明是我们一起参与的游戏,我们通过漠然的面具互相关联,并由此维持规范;因此,当我们打破这些禁忌时,不但会引起反感,而且会感到无比羞耻。从某种意义上说,文明事关特定场合的羞耻感。

这样,经过规训的、超脱的能动者便完成了我称之为"缓冲的自我"的另一面向。在已经祛魅的世界,不仅有坚固的内在/外在界限,而且更进一步针对强烈的身体欲望和身体迷恋竖立起屏障。屏障是漠然的、规训的能动者所竖立的,并以此能动者的核心身份之名,旨在与放任地带保持距离。但由于这也是人类感情交流之地,互相之间很容易激起亲密感,因此,这一距离也会极大窄化被允许的亲密范围。在可亲密的狭小圈子之外,我们被训练成作为理性控制的、有尊严的主体彼此相待,我们的决定性关系不再是亲密关系,而且实际上我们已经准备要最终超越所有的决定性关系。

这里的缓冲不仅是相对身体生活的区域而言,而且从某种程度上,也是相对他者而言。顺理成章的是,按此规训的能动者很容易相信原子论的意识形态,因为人类也可能"像蘑菇一样从地里长出来"。

⬥ **6** ⬥

现在继续我们的故事，看看是什么使得无求于外的人文主义这种转

143　向成为可能。但在展开之前，我想暂停一下，把整体情况放到另一个框架中去，这也许会有重要启发。我们的问题是，我们如何从公元 1500 年很难不信上帝这种境况，转变成公元 2000 年我们现在的处境，即许多人觉得不信上帝很容易。一种描述当下环境的方式认为，许多人只为纯粹内在的目标而生活就已经觉得很幸福了；他们的生活方式无需考虑超越者。

我要提出的是一种两阶段叙述。在第一阶段中，我们发展出一种世界观和生活模式（起先主要限于精英阶层），对内在和超越进行了清晰的划分；用西方基督教学术语言来说，就是划分自然和超自然。我不是说（神学）理论中也有这种区分，不过拉丁基督教徒的确划分过这一界限（其实早在中世纪中期就有了）。这本身值得注意；它凸显了这一文明的位置，并预示了不远的将来。

但对我们来说重要的不是理论区分，而是对经验进行分类，从而可能将某些特定现实与纯"自然"关联，将它们与超越分离；通过这种分类，我们终于可以将周围环境视为"自然"层面的存在，无论我们在多大程度上相信它们指示了某种超越的东西。

很明显，在充满神灵和魔力的迷魅世界中，在由理念和感应所塑造的世界中，在人们能够遇见神圣的世界中，一个人无法这样来经验周围环境。所以，首先，这些世界必须予以摧毁或瓦解，因为它们已是无法亲身经验的世界；内在的和超越的不同层次必须得到区分。

此分类是第一阶段。这与继续信仰上帝起先是兼容的。的确，它伴随着的是对上帝更有意识、更热忱的奉献。正是这种奉献极大地加速了祛魅的进程，分类从而有了成效。

经常有人注意到，世俗化进程是如何与宗教信仰的加强相伴随的。

"宗教改革和反宗教改革背后的推动力和寓意"是"宗教正在成为强烈的个人决定"。在 17 和 18 世纪，有一种"强调个人委身的新型基督教在不断世俗化的社会中发展"。[86]祛魅和个人信仰之间产生关联，其明显原因是，从一开始，个人信仰就以其"对秩序的狂热"推动了祛魅。后来，又有了另一方向的原因：基督教在一个越来越少反映上帝的世界中，只得回头倚赖自身资源。

但基督教为事物分门别类的动力不仅仅来自于"对秩序的狂热"。这种新的、更为个人化、更为强烈的基督教信仰，也在朝另一个方向移动。自中世纪中期开始，西方基督教不断尝试将信仰更完整地融入日常生活。这时常伴随着这样一个目标，即减少教会内不同"速度"之间的差距，但其实这不是一回事。我的意思是说，这些尝试会将更强烈的虔信生活带进一种之前缺席的个人和社会存在的小环境。

这一过程的一大结果是新型修会的创建。新式修士吸取了隐修主义的某些纪律，包括守贫和独身，并将之从修院中拉出，进入世界。比如，13 世纪的托钵修会修士，以及后来的耶稣会士。这一运动在天主教会中延续至今，比如在类似特蕾莎（Teresa）修女所创建的修会。

在另一层面上，我们看到中世纪晚期的一些运动，比如共同生活弟兄会，其目标正是将祈祷更密切地融入日常生活中。宗教改革本身的一大标志也是这一目标，来自于我所说的对日常生活的肯定。一个基督徒每天都会在工作和家庭生活中敬拜上帝。这些都不会被视为怠慢或亵渎。

我认为，这一志向与表现方法上的一些深远转变相关，这些转变可见之于近几百年间的西方绘画。我同意之前提到的路易·杜普雷假设的方济各会运动与新"现实主义"之间的关系，新"现实主义"所关注的是把身边的特定人物绘入宗教画，其滥觞即是乔托。之后的几个世纪，文艺复兴的意大利以及此后的荷兰绘画走出了偶像的光环，之前画家喜欢将耶稣、玛利亚和圣徒们画成原型人物，身处天界，而后来的画家将他们画成同时代人，就像我们会在自身世界中所遇见的人。

评论家时常将这种转变本身视为一种世俗化，人们的兴趣转向世界

144

万物本身。这肯定有一定的道理，如果我们想想那些有权有势的大公们的肖像。但我认为，如果这样去看宗教画是错误的。正相反，宗教画应被视为如下尝试的一部分，即试图让信仰更贴近日常生活。这种宗教画展示了一种强烈的道成肉身的灵性，尝试去看或想象耶稣和玛利亚真的在我们中间，为我们生活着的日常环境带来神圣性。

所以，这种绘画中的现实主义、柔和感、肉体感、具体性（参见"北方文艺复兴展"[Northern Renaissance]）不应被解读为背离超越性，而应在敬虔的语境中去理解，它有力地肯定了道成肉身，并试图靠着让道彻底进入世界，从而更充分地活出这道。

145　　在这种绘画中，超越和内在是相连的。但顺理成章的是，当人们对于内在的兴趣与日俱增，往往会引起一种紧张。关联有被打破的危险。人们开始觉得更高现实的肖像画应有突破，如在风格主义和许多巴洛克绘画中。人物的线条超出了我们的身体局限，或者在有些画作上我们能看到高级时间的闯入，比如之前提到过的丁托列托描绘的《复活》，抑或某种关联通过寓言来维系。

这些跟我们的叙事如何衔接呢？我想这种对此时此地的关注，最终会有助于分类。我之前提到过透视法的发现以及对空间关系的兴趣帮助形成了空间统一感。从某一个点观测到的井井有条的场景，就像透过一扇窗户观看，用阿尔贝蒂（Alberti）的名言，"一扇透明的窗户"，[87] 表现了一个坚实的世界，不再被那些栖息于高级时间（无法与我们的时间相关联）的人物所冲垮。如此表现的世界变来越来越宜居，与各种神灵、魔力和高级时间的直接相遇越来越少。它们相对地变成了不用亲身经验的信仰对象。

西方基督教中不止一个面向帮助了内在和超越的割裂；不单单是对秩序的狂热（暗含于更为强烈的虔信，其对祛魅的推动十分明显）；而且也有让上帝更充分地临在日常生活以及所有语境的需求，这引导人们以一种新的意义和坚毅态度投入这些语境。

反讽之处正在于此，敬虔和信仰的丰富果实，都在为脱离信仰、进入一个纯粹内在的世界铺路。下一章的主题就是这一切是如何发生的。

3 大脱嵌

我们已经看到,在拉丁基督教世界的重要精英人物中发展出了一种缓冲的身份认同,丝毫不受迷魅宇宙的影响渗透。思想和行为的纪律规范使得这一认同更为坚固。这些纪律的目标不仅是改造个人行为,而且是改造和重塑整个社会,使之更为和平、有序、勤勉。

此新改造的社会之目的,是要在一个稳定的(日益被理解为理性的)秩序中毫不含糊地彰显福音的要求。旧有迷魅世界之种种含混的互补性,再也没有位置:世俗生活与修院之间,体面秩序与狂欢节的周期性间歇之间,神灵和魔力之被承认的力量与它们受神权管治之间。新秩序是一以贯之、不妥协并且浑然一体的。祛魅给目的和原则带来一种新的一致性。

这一秩序的不断强加,意味着不稳定的后轴心时代(post-Axial)的平衡之终结。一方面是个体宗教,强调敬虔、顺服或获得理性认识的美德,另一方面是整个社会的集体仪式(往往与旧宇宙相连)。现在,两者之间的妥协被打破了,前者占了上风。祛魅、宗教改革,与个体宗教合流。正如教会最完美的境界是每个成员各负其责(在某些地方,比如康涅狄格州公理会,这是对其成员的明确要求),社会本身的重构也朝向由个体组成。我打算称之为"大脱嵌"(the Great Disembedding),表示轴心革命达到了其逻辑结论。

这包含了一种对我们社会生活的新式自我理解的成长和加固,这种自我理解赋予了个体前所未有的首要地位。我想在此描述这一叙事的大致路线。

谈到我们的自我理解,尤其值得关注我们的"社会想象",也就是在理论出现之前,我们在当代西方世界对社会生活的集体想象。之后我会拓展这一观念,以及它在我们生活中所扮演的角色。

147　　　但首先,我想把此革命置于过去几百年的想象,并从文化-宗教的发展这一更广阔范围来考察,因为学界已普遍这样来理解。如果我们先聚焦于早期小规模社会的宗教生活的一些特征(就我们所能追踪到的而言),这一千年变化的全貌就会显得更为清晰。肯定有这样一个阶段,全体人类都生活在这样的小规模社会中,即便这个时期的生活面貌大部分只能靠推测。

　　但如果我们聚焦于我所称的"早期宗教"(覆盖了部分罗伯特·贝拉[Robert Bellah]所言的"古代宗教")[1],就会注意到这些生活形式是如何深远地"嵌入"了能动者。这里有三种关键方式。

　　首先,从社会方面来看,在旧石器时代、甚至新石器时代特定时期的部落社会,宗教生活与社会生活不可分割。当然,这并不是早期宗教所特有的情况。这包含了明显的事实,这些社群里的能动者所使用的基本语言、神圣范畴、宗教体验形式、仪式活动模式等等,都能在他们的社会性宗教生活中找到。就好像每一个这样的小规模社会都以自己的原创风格去塑造、表述一些人类共通的能力。这里有传播和借鉴,但词汇的差异性、可能性的多样化是极为突出的。

　　人类共通的宗教能力是什么,本体论上这种能力是否被完全置于人类心理范畴,这些能力是否必须被视为对超越人类的灵性实在的不同回应,对于这些我们可以暂且不论。这样的东西是否是人类生活无可避免的维度,抑或人类最终可以将之抛诸脑后,我们也可以对之保持开放的态度(虽然很明显,本书作者对这两个问题都有基于直觉的坚定看法)。然而,突出的有两点,第一,诸如与神灵、魔力或超自然力量的关系这种事情无所不在,而超自然力量被认为是在更高意义上存在的,而不是日常生活中普通的势力和动物性。第二,人们对这些力量和权势的领悟以及与它们的关系,又是如此不同。这里的不同不仅仅是不同"理论"或不同"信仰"的差异,而是反映了不同能力和不同经验的巨大差异,构成现有宗教道路的储备库。

　　有些人陷入恍惚状态,被视作神灵附体;有些人(有时候就是同一批人)会做生动的异梦,也有萨满教巫师会觉得自己上升到了更高的世界,还有些人在特定情况下会得到神奇的医治，诸如此类。所有这些都超过了我们现代文明中大部分人的经验范围，而他们中的每一个也超过了其他古人的经验范围，在他们身上这种能力没有显现。所以，对一些人来说，异梦是可能的，但附体却不可能；对另一些人来说，附体是可能的，但医治却不可能，以此类推。

我们每个人都能够从所在社会中获得宗教语言、能力和经验模式，这一事实适用于全体人类。即便是伟大而创新的宗教创始人，也必须使用所在社会中此前就已经存在的词汇。最后这渐渐成了对人类语言的大致定论，我们在什么样的语言群体中成长，就从那里获取语言，只有通过倚仗它才能超越它。但也很清楚，我们已经进入了一个灵性语汇传播越来越快的世界，每个人能够获取的语汇不止一种，而每一种语汇也在被许多其他语汇所影响；简而言之，相隔遥远的人们的宗教生活之间的突兀差异渐渐被侵蚀。

但与大脱嵌密切相关的是第二种方式，早期宗教是社会性的，重要的宗教行为包括祈灵、祈祷、献祭、抚慰神灵等；靠近这些力量，人们会得到治疗，受它们保护，在它们的指导下占卜，等等——这种方式首要的能动者是作为整体的社会群体，或是一些被视为能够代表该群体的专业能动者。在早期宗教中，我们主要是作为一个社会与上帝关联。

举个例子，我们在丁卡人（Dinka）的祭祀礼仪中可以看到这两方面，正如半个世纪前戈弗雷·林哈德（Godfrey Lienhardt）所描述的，一方面，祭祀的主要实施者"鱼叉神手们"是"负责人"，为整个社会代言；另一方面，整个社群也会参与，重复神手们的祈求召唤，直到每个人的注意力集中到一项仪式上。其高潮时，"那些参加仪式者浑然成为一体，每个成员都极具感知力"。这种参与时常呈现出被所祈求的神灵附体的现象。[2]

这并不是某一特定社群中偶然发生的行为。这种集体行动对于仪式的功效来说是至关重要的。在丁卡人的世界中，你无法凭借一己之力召唤神灵。"个体是社群中真正而传统的一员，如果一个丁卡人离开家庭和宗族而遭遇不幸，就会感到极为恐惧，群体行动的重要性也正体现于此。"[3]

这种集体仪式行动中，其首席能动者代表整个社群施行礼仪，而社群也以自己的方式参与到仪式中，这似乎是所有早期宗教的特征，并以某种方式延续至今。当然，只要人们生活在迷魅世界中，它就会继续占据重要位置，就像我在之前讨论祛魅时所说的。比如，农村的"击界碑列队游行"*仪式，必须全教区参与，没有这种整体参与的集体行动就无法有效。[4]

这一社会仪式的嵌入通常伴随着另一种特征。正因为最重要的宗教行为是集体的，它时常要求特定的职能人物，如祭司、萨满、巫医、占卜师、酋长等在仪式中担任关键角色，所以定义这些角色的社会秩序，其神圣性不可侵犯。这当然是宗教生活的方面，也是激进的启蒙运动所确认并加以嘲弄的方面。这里赤裸裸的罪行是各种不平等的堑壕，利用了与万物不容置疑的神圣结构的相似性来占据统治地位。所以有人会渴望"用最后的祭司的肠子绞死最后的国王"那一天的到来。但这种相似性其实非常古老，它在后来许多更为狠毒、邪恶的不平等形式尚未发展起来时就有了，远在国王和祭司的等级社会之前。

那些早期社会中的不平等和公正问题之下有更深层的东西，触及了我们今天所谓的人类"身份认同"。正因为他们最重要的活动是由整个集体（部落、宗族、次部落、家族）来完成的，用某种方式来阐述（仪式由酋长、萨满、鱼叉神手等人引导），他们不会认为自己能够脱离社会母体而存在，甚至可能永远不会想到去这样尝试。

为了了解其中的意味，我们可以想象一些对我们自己来说也不是那么容易理解的情境。如果我出生在另一个家庭会怎样？作为抽象练习，这问题可以这样来问（答案：就像那些实际上出生于其他家庭的人）。但如果我尝试抓住这一问题，即查究我自己的身份认同感，进行类推：如果我没有从事那份职业会怎样？如果我没有跟那个女人结婚会怎样？诸如此类，那么，我就会开始头晕。我在身份认同的形成层面钻得太深，以

＊　击界碑列队流行（Beat the bouns），英国古时在耶稣升天节由教士率学童以柳条击打界碑列队流行，意在儆戒顽童越界。——译者注

至于无法理解这个问题。对于大部分人来说，涉及性别时也会遇到类似困境。

这里我要试图表达的观点是，早期社会中人们没有能力脱离某一特定环境来想象自我，而此特定环境触及到我们社会根本秩序中的成员资格。但我们已经不同于早期人，诸多"如果我……会怎样？"这样的问题不光可以想象，甚至会成为迫在眉睫的实际议题，（我该移民吗？我该改变宗教信仰/或者干脆不信教吗？）这成了脱嵌的衡量标准。另一结果是我们有能力容纳抽象问题，甚至在我们无法予以真实想象的问题上。

所以，我称之为"社会性嵌入"的问题，部分来说是一个身份认同问题。站在个体的自我感这一立场来看，它意味着无法脱离特定的母体来想象自我。但它也可以被理解成一种社会实在；这里指我们一同想象我们社会生存的方式，比如我们最重要的行为是整个社会的行为，必须有某种结构以便实施。我们可以明白，我们的自我感正是在这类社会想象取得支配地位的世界中逐步形成的，此世界也为我们的自我感设立了一些界限。

于是有了在社会中的嵌入，但这也伴随着在宇宙中的嵌入。在早期宗教中，与我们交流的神灵和魔力有多种复杂的关联方式。我们在之前讨论中世纪先辈的迷魅世界中可以窥见一斑：他们崇拜的上帝超越于世界，所以他们必须与宇宙之内的（intra-cosmic）神灵打交道，他们会面对那些嵌在事物当中的偶然力量，包括圣物、圣地等等。在早期宗教中，即便高级神灵也时常被识别出属乎世界的某些特征；只要后来被称为"图腾崇拜"的现象存在，我们甚至就可以说，世界上的某种特征，比如一种动物或植物，是一群人身份认同的核心。[5] 甚至还可能的是，某一地理上特定的地形对我们的宗教生活也至关重要。某些地方是神圣的，或者一块土地的轮廓向我们诉说了神圣时间的原初安排。我们通过这一地形风景与祖先和高级时间相系。[6]

除了与社会和宇宙的关联，我们在早期宗教中还能看到第三种嵌入现实的形式。这与我们倾向于认为是属于"高级"宗教的情形构成极为强烈的对比。人们祈求神灵和魔力的内容通常是富裕、健康、长寿、多子多孙,也祈求免遭疾病、饥饿、不育、早夭。这里我们能够立刻理解的是人间福祉,无论怎样增加上述内容,这些祈求对我们来说都很"正常"。然而,正如我在第一章所描述的,后来"高级"宗教的核心在于,我们必须强烈质疑这种普遍的理解,我们受到召唤要超越这种理解。

这并不意味着人间福祉是万物追求的最终目的。神灵也许还有其他意图,有些甚至会对我们产生有害的影响。对早期宗教而言,神灵并不总是善待我们,他也可能无动于衷,甚至可能产生敌意、嫉妒、愤怒,这是我们必须逃避的。虽然原则上说仁慈会占上风,但这一过程必须得到人的协助,倚靠悔罪,甚至倚靠"魔法师"式人物的行动。经历所有这些,依然真实的是,神灵的仁慈意图通过普遍的人间福祉来定义。再次,也许一些人可能获得超出普通人的能力,比如先知或萨满,但这些最终促进了人们一般所理解的福祉。

相比之下,我们在第一章讨论过,基督教或佛教认为,我们有超越人间福祉的善,即使当我们在人间福祉各层面彻底失败时,我们也能获得这样的善,甚至是在**经历**极端失败(比如年轻时死在十字架上),或是完全离开兴旺发达的场域(结束转世轮回)之际。与早期宗教相比,基督教的矛盾在于一方面它似乎强调了上帝对人类无条件的爱,早期的神灵没有这方面的矛盾;另一方面又重新定义了我们的目的是超越兴旺发达。

从这方面看,早期宗教与现代的无求于外的人文主义确有相通之处;这可见于启蒙时代之后许多现代人对于"异教信仰"的同情;约翰·斯图亚特·密尔(John Stuart Mill)认为,"异教的自我肯定"比"基督徒的自我否定"要高明得多。[7](这与对"多神论"的同情有关,但又不尽相同,以后我会讨论。)当然,现代人文主义之史无前例,乃因其认为,兴旺发达与任何超越层面没有关联。

正如之前所提到的,我用"早期宗教"与许多人称之为"后轴心时代"的宗教相对照。[8]这里对应的是卡尔·雅斯贝尔斯(Karl Jaspers)所称的"轴心时代",[9]公元前最后一千年的黄金时代,各种"高级"宗教形式似乎在不同文明中独立出现了,其创始代表人物有孔子、释迦牟尼、苏格拉底和希伯来先知。

与之前比较就会发现,轴心时代各宗教的惊人特征很难事先预料,它们在嵌入性的所有三个维度开启了突破:社会秩序、宇宙、人间之善。不是所有文明都具有全部特征,也不是所有特征都一蹴而就:也许佛教走得最远,它激进地削弱了第二个维度,世界秩序本身被质疑了,因为轮回意味着苦难。在基督教中也有类似情况:我们的世界混乱无序,必须得到更新。但一些后轴心时代的世界观保持了与有序宇宙的关联感,正如我们在孔子和柏拉图那里所看见的,尽管两者的方法差异很大;然而他们区分了这一秩序与实际的、很不完备的社会秩序,因此,通过集体宗教生活与宇宙紧密关联是有问题的。

弗朗西斯·奥克莱(Francis Oakley)在讨论君主制的历史时详细描绘了早期的三重嵌入图景:

> 王权……源于一种"古代的"心态,这种心态看上去是彻底一元论的,认为在人和神之间没有铜墙铁壁,凭借直觉知道神内在于自然界循环节律中,市民社会也受到这些自然进程的牵制,所以它的首要功能也是基本的宗教功能,是保存宇宙秩序和人类与自然界的"和谐与共"。[10]

人类能动者嵌入社会,社会嵌入宇宙,而宇宙包含了神。我所描述的轴心期转型至少在某一点上打破了这一链条。奥克莱认为对我们在西方的发展尤为起到决定作用的突破点,是犹太教创造了"从无中生有"的概念,这将上帝从宇宙中分离出来,并置于宇宙之上。它意味着上帝有可能会成为我们与"世界之道"决裂这一要求的源头;布拉格(Brague)称之为"世界的智慧"不再限制我们。[11]

但在轴心期诸宗教中,最根本的新颖之处也许是对于人间之善有了修正的立场。它们或多或少都对人间福祉这一看似毫无问题的共识进行了激烈的质疑,之后又无可避免地质疑了达到福祉所必需的社会结构和宇宙特征。正如我之前提到的,变化是双重的。一方面,上帝、诸神、

152

精灵或天界等"超越"领域，无论如何定义，之前包含的元素既有偏向人间之善的，也有不偏向人间之善的，后来渐渐变得毫不含糊地肯定人间之善。但在另一方面，超越和人间之善这两大关键术语，在此过程中被重新理解了。

我们已经注意到前一个术语的变化。超越现在可能是指宇宙之上或者宇宙之外，比如《创世记》中的造物主上帝，或是佛教里的涅槃。如果它依旧是宇宙论的，也就失去了原有的含糊性，表现出一种纯粹之善的秩序，比如中国思想中的"天"，作为公正统治的担保者，[12] 或是柏拉图的理念秩序，其关键是"至善"。

但后一个术语也必须跟着改变。人类最高目标不能再像以前一样，仅仅只是兴旺发达。要么是提出一个新目标，有一种救赎能够带领我们超越通常所理解的人间福祉；要么是天或至善要求我们模仿或体现其毫不含混的良善，由此改变凡尘俗世的万物秩序。的确，这通常会包括更宽泛意义上的繁荣，我们自身的发达（比如个人、家庭、宗族或部落）不再成为最高目标。当然，这可能要通过重新定义"发达"的内涵来表达。

153

从另一角度看，这意味着我们对恶的态度有所改变，即把恶视为事物之破坏性的、造成伤害的一面。它不再是万物秩序的组成部分，不再应该按原样接受，而是必需对恶有所作为。这可能被理解为通过自我转变而逃避恶，或是被视为制服和消灭恶的斗争，但无论哪种情况，恶都不再作为万物平衡的必要的一部分，人们不必再忍受恶。当然，"恶"这一词语本身的含义也改变了，它不再代表宇宙的消极面，而开始被烙上不完美的标记。[13]

我们可以这样对比：与后轴心时代宗教不同，早期宗教包括了一种对万物秩序的接受，而且是在我之前讨论过的三大维度上的全面接受。斯坦纳（W. E. Stanner）在讨论澳大利亚土著宗教的一系列精彩文章中提到了"顺受情绪"（the mood of assent），并认为那是这种灵性的核心。土著还没有"与人生争吵"，这是由后轴心时代不同宗教所开启的。[14] 在某种程度上，这样的对比很容易错失，因为原始神话通过在梦幻时代（Dream Time）——时间之外的原初时间，它是"时时处处存在的"——叙述万物秩序,其中包含了许多由诡计、欺骗和暴力所导致的灾难故事,而人类以一种受损的、分裂的方式,总是能够从灾难中恢复并重新站起来,这样就保持了生命和苦难之间的内在联系,"合"与"分"不可分割。现在这可能会让我们想起其他有关人类堕落的故事,包括与《创世记》第一章有关的故事。但与基督教对比,土著觉得必须去"追随"梦境,通过仪式来恢复梦境,从而与原初时间秩序相交流,与撕裂的、受损的天命相关联,而在其中善恶是交织的。根本不存在修复原初裂缝或补救、恢复原初失落的问题。更有甚者,相伴随的仪式和智慧会让人们接受无情的命运,并"愉快地拥抱那些无法改变的东西"。[15]原初的灾难不会让我们与神圣世界或高级世界相分离(不像《创世记》中说的那样),反而对我们试图"追随"的神圣秩序有塑造之功。

轴心时代没有废除早期宗教生活。早期宗教的特征以改良的形式继续定义主流宗教生活长达几个世纪。当然这些改良不仅来自于轴心时代的表述,也来自于大规模的、更为分化的、以城市为中心的社会的兴起,这些社会有着更为层阶化的组织和萌芽期的国家结构。的确,有人认为这些也在脱嵌过程中扮演了部分角色,因为国家权力的存在会试图控制并塑造宗教生活和社会构架,以符合自己的需求,所以会削弱宗教生活和这些构架的不可捉摸感。[16]我觉得这个话题有很多可以讨论,以后我会再提出类似问题,但现在我想集中讨论轴心期诸般变化的意义。

这些变化都没有立刻全然改变整个社会的宗教生活,但它们为宗教脱嵌提供了新的前景:对于与神圣或超越层面相关联的追求,极大地改变了当时有关兴旺发达的种种观念,甚至超越了这些观念,而且这种追求是个体凭一己之力即可达到的,在新的社会性中,可以不与既有的神圣秩序相勾连。于是僧侣、印度教徒、苦行僧、一些天神化身的信徒能够自己提出想法,从而催生出史无前例的社会性模式:入会组织、信徒宗派、僧团、修会,等等。

在所有这些情形中,都存在着与整个更大社会的宗教生活的某种缝隙、差异甚至是断裂。这些情况本身不尽相同,因不同的阶层、种姓、地位而异,一种新的宗教世界观可能会占据其中一脉。但时常会有一种新的敬虔能够跨越所有这些阶层,尤其是在第三维度断裂之处,伴随着"更高的"人间之善这一理念的传播。

这里有无可避免的紧张,时常也有这样的尝试:确保整体统一,恢复不同宗教形式之间的互补感。为此,那些全心奉献"更高"形式的人们,尽管他们一方面可以被视为对那些依然留恋早期宗教形式、祈求神灵赐下人间福祉的人们的永久责备,然而也可以被视为与这些人处于互相帮助的关系之中。平信徒(或俗众)供养修士(或僧侣),以此来获得"功德",这被理解为他们沿着"更高"的道路向前迈进了一步,同时也可用来保护他们免于人生诸般危险,保佑他们身体健康、多子多福。

朝向互补的拉力非常强大,即便在"高级"宗教统驭整个社会的情形中,比如佛教、基督教和伊斯兰教,大概没有什么可比性,敬虔的少数宗教"专家"(virtuosi,这是马克斯·韦伯的术语)与依附社会性仪式、以及依然以兴旺发达为取向的大众宗教之间的差异,也得以存留下来或重构自身,它靠的是两方面的结合,一是张力,二是等级制互补。

以后见之明的现代视角来看,仿佛是这样的情形:轴心时代的几大灵性传统未能产生完全的脱嵌效果,这是因为,它们被多数派宗教生活的势力所包围,而多数派依然固执于旧模式。它们的确带来了特定形式的宗教个人主义,但这是路易·杜蒙(Louis Dumont)称之为"此世之外的个体"(l'individu hors du monde)的宪章[17],也就是说,这是少数精英的生活方式,从某种程度上说,它处于"世界"的边缘,或与"世界"的关系有点紧张,这里的"世界"不仅指相系于更高者或神圣者而获得秩序的宇宙,而且也指同时相系于宇宙和神圣者的社会。这个"世界"依然是嵌入的母体,依然为社会生活提供无可逃避的框架,包括那些试图摆脱却依然在一定程度上处于其势力范围之内的个体的框架。[18]

此时依然有待发生的事情是让母体本身转型,即依据轴心期灵性的某些原则去改造母体,由此,"世界"本身就会被视为由个体构成。这就是杜蒙所说的"此世之外的个体"的宪章,能动者在其日常的"世俗"生活中首先将自己视为个体,也即现代性之人类能动者。

这一转型"谋划"是我在之前章节中描述过的,即根据基督教秩序的要求彻底改造社会,清算它与迷魅宇宙的联系,移除种种旧有互补性的一切残余,这包括属灵和属世之间的互补,献给上帝的生活与"此世"的生活之间的互补,秩序和由它利用的混乱之间的互补。

此谋划是彻底脱嵌的,所凭借的是其操作形式或运作模式:经由客观化和工具性立场,对行为和社会诸形式进行规训性重塑。但其内在目的也关注脱嵌。这一点从祛魅的动力就看得很清楚,即瓦解嵌入的第二维度;但我们也能在基督教语境中看到这点。一方面,基督教可以像任何轴心期的灵性那样操作;它也可以与另一个此类灵性(比如,斯多葛主义)联合起来操作。但也存在基督教的特有模式。新约充满了这样的召唤:号召人们离开或看轻家庭、宗族、社会的纽带,成为天国的子民。我们看到,这也清楚地反映在某些新教教会的运作方式里,个人不是单单因出生而成为教会一员,必须因回应个人呼召而加入教会。这反过来帮助强化这样一种社会概念,即社会基于盟约,进而最终将由自由个体的决定来构建。

这是一个相对明显的脉络。但我的论点是,基督教的或基督教-斯多葛主义的作用,即尝试在产生现代"世界中的个体"的过程中来改造社会,是更为普遍的,并且有多个路径。它先是推进道德,然后把社会想象朝着现代个人主义方向推进。这在道德秩序的新观念中变得很明显,我在之前的章节中[19]提到,此新观念出现于现代自然法理论。这要极大地归功于斯多葛主义,其发起人可能是荷兰新斯多葛派的利普修斯和格劳秀斯。但这是一种基督教化的斯多葛主义,而且是现代的斯多葛主义,这是指,在该种学说中,凭靠意志来改造人类社会这种举措被赋予了关键地位。

我们可以说,缓冲的身份认同和改革谋划都助推了脱嵌。正如我之前所说的,嵌入既是身份认同问题(自我想象的语境限制),也是社会想象问题(我们得以思考或想象整个社会的各种方式)。但是新的缓冲的身份认同,因其强调个人敬虔和规训而对旧有的集体仪式和归属感不断远离、否认甚至敌视,而改革的推力开始设想废止它们。被规训的精英

156

们,既在自我认知上,也在针对社会的谋划上,都走向了由个体构建的社会世界这一观念。

这种宽泛衡量标准的历史解释是有问题的,人们对韦伯之新教伦理发展及其与资本主义的关系这一论题的讨论,已经认识到了这一问题。的确,我这里的讨论也相当宽泛,我所提出的是对更广泛联系的一种说明。韦伯显然是我的论述来源之一。

现在人们时常反对韦伯的论点,认为它无法证明认信的忠诚和资本主义发展之间清晰可循的联系。但是,就属灵的世界观和经济、政治业绩的关系而言,其在本质上就决定了,所谓的影响关系可能是更为发散的和间接的。假如我们跟随马克思主义最庸俗的形式,真的相信所有改变都能以非灵性因素(比如,经济动机)去解释,那么灵性的改变永远是因变量,可以忽略。但实际上,两者之间的相互关系更为密切。特定的道德自我理解植根于特定的宗教实践,这可以同时意味着,自我理解会因为这些实践的传播得到提升,而自我理解也塑造实践,并帮助它们建立稳固基础。如果相信总是实践先行,或是采取相反的观念,以为"理念"推动历史,都是同样荒谬的。

从长远来看,这并不影响我们对于特定社会形式和灵性传统之间的关系进行合理判断。如果说,盎格鲁-撒克逊形式的资本主义企业要比中国企业更缺乏家族关系——这似乎是无需否认的,[20]那么这真的无关乎新教的个人教会成员观念与儒家以家庭为中心的观念之间的差异吗?这种关联性似乎是值得相信的,即使其中的微观联系无法一一追踪。

157　　同理,我在这里的论题力图将现代西方文化中个人之无可置疑的首要地位(我们很快会在现代道德秩序观念的形式中予以探讨),与早期社会转型(连同轴心期灵性原则)的激进尝试联系起来,换句话说,就是追踪我们现在的自我理解框架是如何发展起来的。

因为掌握化减故事,人们很容易就认为,我们不需要追踪此类谱系。这些看法很强势,因为我们已经把个人主义视为常识。现代人的错误在于把个人主义的理解框架视为理所当然,"自然而然地"将之视为一开始就存在的自我理解。正如在现代认识论思想中,对事物的中立描述被认为首先触动我们，然后"价值"才被"加上去"；所以，这里我们首先将自己视为个体，然后才意识到他人和群体形式。这很容易令人们用某种化减故事去理解现代个人主义的崛起：旧有视野被侵蚀，逐渐式微，继而浮出水面的是将自我视为个体的认知。

与之相反，我们在这里提出的观念是，我们首要的自我理解深深植根于社会（或者说被深深嵌入社会）。我们至关重要的身份是父亲、儿子等等，再就是某个部落一员。只有到了后来，我们才开始首要地视自身为自由的个体。这不仅仅是中立自我观上的一场革命，而且涉及到道德领域的深远变化——这在身份认同的转移上总是实情。

这意味着我们必须区分植根社会（或嵌入社会）的形式模式和质料模式，由此对应我上面提到的两个方面。在第一层面，我们总是被嵌入社会的；我们靠着进入某种语言，在对话中弄明白身份认同。但在内容层面，我们可能是去学习做一个个体，要有自己的意见，要获得我们自身与上帝的关系，即我们自己的皈依经验。

由此可见，大脱嵌是作为我们理解道德秩序上的一次革命而出现的。当它继续向前时，又始终伴随着有关道德秩序的种种观念。成为一个个人不是变成鲁滨逊，而是以一定的方式置身于其他人当中，这是刚刚提到的整体论之先验的必要性反映。

这一革命让我们不再嵌入宇宙论的神圣；这一脱嵌是全部的，不像更早的后轴心期发展那样，只是部分的、对某些人而言的。它也让我们不再嵌入社会的神圣，并设想了一种新型的与上帝的关系，即将上帝视为设计者。这种新关系实际上变得可有可无，因为可以这样认为，道德秩序背后的设计是导向人间福祉。轴心革命的这一超越面向，部分而言是倒退，或许干脆就被处理为此世和彼世的分离。但这里只说是部分倒退，因为福祉的概念依然处于我们现代道德观的监督之下：它们必须要符合道德秩序本身的要求，要公正、平等、非支配性，只有如此才能不被谴责。我们的福祉概念由此可以不断被修正。这属于我们的后轴心期境况。

大脱嵌的最后阶段大部分由基督教提供动力。但用伊万·伊里奇

158

(Ivan Illich)令人难忘的话来说,这也是基督教的"败坏"。[21]说提供动力,是因为福音也是一种脱嵌。之前我提到过挣脱既有纽带的号召。按伊里奇的解释,这一要求在一个类似好撒玛利亚人的故事里更为强烈。此要求虽没有被言明,但其含义昭然若揭。如果撒玛利亚人遵照神圣社会界限的要求,他就永远不会停下脚步,去帮助受伤的犹太人。很明显,天国涉及另一种纽带,这一纽带把我们带入圣爱之网。

这里也正是败坏进入之处:我们得到的不是圣爱之网,而是一个规训社会,在这样的社会,无条件的关系具有首要性,各类规范也因此具有首要性。然而,这一社会肇始于一个值得称赞的尝试,即抵抗"世人"的要求并进而改造"世人"。新约中的"世人"(world, cosmos),一方面有肯定的意义,比如"上帝爱世人"(《约翰福音》3:16),另一方面也有否定的意义,比如"不要像世人那样论断",等等。"世人"的后一含义可以被理解为万物之当前被圣化的秩序,以及它在宇宙中的嵌入。[22]从这一点上来说,教会恰好与世人站在对立面。希尔德布兰德(Hildebrand,即教宗格列高利七世)清楚地看到了这一点,这就是为何他在叙任权之争(investiture controversy)中面对王权的推动和野心,极力保持主教任命不受权力场的裹挟。

看上去可能很明显的是,人们应该以这一防御性胜利为基础,去尝试改变及净化"世人"的权力场,使之与基督教的灵性要求越来越协调。但显然这无法一蹴而就。变化越来越多,但整个谋划不断以更为激进的形式再次点燃,通过各色各样的宗教改革,直到当前时代。其反讽之处在于,它不知怎么就变成了相当不同的东西;换句话说,是"世人"终究胜利了。也许,矛盾就在于用规训方法强加"上帝国"这一观念本身。权力的诱惑毕竟太过强大,正如陀思妥耶夫斯基(Dostoyevsky)在宗教大法官的传奇中所看到的。败坏滋生于权力。

现在让我们来讨论大脱嵌在现代社会想象中的发生方式。

·4 现代社会想象·

1 现代道德秩序[1]

我将从道德秩序的新愿景开始。我认为该愿景在现代西方社会的发展上起着核心作用。这最清楚地表现于 17 世纪自然法的新理论,其出现主要是对宗教战争导致的国内、国际失序作出回应。参照我们这里的目的,格劳秀斯和洛克是其中最重要的理论家。

格劳秀斯提出规范秩序,作为政治社会的基础,但他的出发点是社会成员的本性。人类是合理、合群的能动者,他们为了互利而和平协作。

从 17 世纪开始,此观念日益主导我们的政治思考和我们想象自身社会的方式。在格劳秀斯肇其端的表述中,它是有关何为政治社会的理论,也就是说,政治社会的目的何在,如何形成? 但任何此类理论都无可逃避地要提供道德秩序的观念。它要谈的是我们应该如何在社会中共同生活。

社会图景是这样的:一些个体走到一起,形成一个政治实体,它要面对之前就存在的某种道德背景,并怀有确定的目标。道德背景是自然权利之一;这些人彼此原本就有确定的道德义务。所寻求的目标是确定的共同利益,其中最重要的是安全性。

道德秩序的基本观念强调权利和义务,这是我们作为个体彼此之间所具有的,甚至先于政治纽带或在政治纽带之外。政治义务被视为这些更基本的道德束缚的延伸或应用。政治权威本身之正当性,就因为它是由个体同意的(原初契约),并且由于之前就存在的守信原则,这一契约产生了具有约束力的义务。

考虑到此契约理论后来的发展,甚至是同一世纪由洛克作出的发展,我们会惊讶地发现,格劳秀斯从此契约理论引伸出的道德-政治结论是多么温和。其所同意的政治正当性的根基之被提出,不是为了质疑现有政府的资格。此推论的目的,反而是要削弱反抗的理由,因为教派的狂热分子所要求的反抗太不负责任;假设是,现有的正当政权最终是奠基于这种类型的同意。格劳秀斯也力求为战争与和平的基本规则给出超越教派苛责的坚固根基。在 17 世纪初,人们经历了持续而痛苦的宗教战争,在这样的语境下,这种强调完全可以理解。

正是洛克率先把这一理论用来为"革命"辩护,并作为有限政府的根基。现在可以严肃地诉诸权利以反对权力。同意不仅仅是建立政府的原初协议,而且是持续的同意税收的权利。

在接下来的三个世纪,从洛克直到我们的时代,尽管契约语言可能逐渐减少了,而且只被少数理论家使用,但基本观念,即社会是为个体的(相互)利益而存在的,以及对个体权利的捍卫,却越来越重要。也就是说,契约论既开始成为主导观点,把更陈旧的社会理论或新的对手挤到政治生活和话语的边缘;它还产生出有关政治生活越来越深远的论断。原初同意的要求,通过洛克之同意税收的中间站点,成为人民主权的成熟学说。自然权利理论最终产生了一张缜密的网络,用来限制立法和行政行为,具体是通过牢固确立的宪章,那已经成为当代政体的重要特征。在自然状态的起点,一切优劣关系均不予考虑——此为平等假设,[2] 并被用于越来越多的场合,最终导致大量的平等对待或非歧视条款,并且是作为最稳固宪章的有机组成部分。

换句话来说,在这最后四百年间,此社会观中所隐含的道德秩序观念经历了双重扩展:一是在广度上(越来越多的人生活其中,已成为主流),一是在强度上(它所提出的要求更猛烈,更详细)。观念仿佛经历了一系列的"修订",每次都比前次更丰富,要求也更高,直到如今。

这双重的扩展可以按几种方式来追溯。现代自然法话语始于相当专业的"利基"(niche)。它给哲学家和法律理论家提供了一种语言,可以用来讨论政府的正当性,以及战争与和平的规则,即现代国际法之初期学说。随后,它开始渗透到其他位置并转变话语。有这样一个在我讲述的故事中充当关键角色的情形,即新的道德秩序观念如何开始改变并重新表述上帝的护佑,以及上帝在人际间和在宇宙中建立的秩序。我在下面回过头来再讨论这一点。

对当今生活更为重要的是,这一秩序观念对我们的社会观念和政体观念何以越来越重要,并在此过程中如何重塑这些概念。而在此扩展过程中,它已经不再只是一种激荡专家话语的理论,而是成为我们社会想象的有机部分,也就是说,成为我们同时代人想象他们所居住和维系的社会的方式。我在后面会更细致地描述此过程。

从一个位置转到许多位置,从理论转到社会想象,此外,还可以看见此扩展沿着第三条轴线,按照这一道德秩序强加给我们的那类要求来定义。

有时候,道德秩序观念并不承载着对其整体实现的真实期待。这并不是说根本就没有期待,否则它或许就不是道德秩序观念——当然是按我此处的用法。它将被视为追求目标,被有些人所实现,但在一般的意义上,也许只有少数人能够真正实现,至少在目前条件下。

因此,福音产生了"圣徒团契"这一概念,此团契由对上帝的爱、彼此的爱和对人类的爱所激发,其成员根本上摆脱了争竞对抗,摆脱了彼此怨恨,摆脱了功利之爱,摆脱了统治野心,等等。中世纪的普遍期待是仅有少数人真正想要如此追求,而他们不得不生活在离此理想相距甚远的世界。但到了"时候满足",这也许是照着最后的安排,围绕在上帝身旁的那些人的秩序。我们可以在这里讲论一种道德秩序,而不只是无端的理想,因为它被认为是处于充分实现的过程,但实现的时间尚未来临。

另一语境中的一个远程比喻,也许是"乌托邦"的某些现代定义。乌托邦引导我们去看事物的一条道路,它们可以在某些最终可能的条件下得以实现;但乌托邦同时也作为需要参照的标准。

与此判然有别的是多少要求在此时此地实现的各种秩序。但这也可以按两种相当不同的方式来理解。一是,秩序是必须实现的;它是构成事物常规方式的基础。中世纪的政治秩序观念常常即是属于这种类型。在理解"国王的两个身体"时,他个人的身体存在实现并体现了一个不死的皇家"身体"。若不出现极为意外的和极度失序的情况（比如,某种可怕的篡位）,这种秩序就会得到充分实现。此秩序提供给我们一个规定,与其说它是理解实在的一把钥匙,倒不如说它是与围绕我们的宇宙相联系的存在链。它提供给我们理解真际的解释痕迹。

162　　　　但道德秩序也能够与实在处于另一种关系,作为尚未得到实现的秩序,但要求被整体地实施。它提供一种命令式的规定。

　　概括这些特点,我们可以说,道德秩序或政治秩序的观念要么是终极的,比如圣徒团契,要么是此时此地的。如果是后者,它既可以是解释性的,也可以是规定性的。

　　与中世纪基督教理想构成对比的是,现代秩序观念一开始就被视为此时此地的。但它确定地沿着一个路径迁移,从更为解释性的,迁移到更为规定性的。正如格劳秀斯和普芬道夫这样的思想家在原初位置所使用的那样,它提供一种解释,解释什么是已有政体必须有的基础;要基于信以为真的奠基契约,这些政府才享有不容置疑的正当性。自然法理论起初是对正当性的解释。

　　但到了洛克那里,政治理论就已经能够为革命辩护,其实是使革命在某些情况下成为道德上必要的;而与此同时,人类道德困境的其他一般特征又提供与譬如产权有关的正当性之解释。沿着此路线的稍后阶段,这一秩序观念被交织进"修订形式",甚至要求更具革命性的变革,包括产权关系上的变革,这反映在一些有影响的理论中,比如卢梭和马克思的理论。

　　因此,尽管从一个位置推进到多个位置,并从理论迁移到社会想象,现代秩序观念也沿着第三条轴线行进,由此产生的话语也就跳出了从解释到规定的路径。在此过程中,它开始与范围广泛的伦理观念纠缠在一起,但导致的结合也有共同点,即它们都在本质上利用了以现代自然法理论为源头的政治、道德秩序理解。

　　此三条轴线的扩展显然是引人注目的,它迫切地需要作出说明。不幸的是,这不是我的意图的一部分,因为我的意图相对聚焦明确,即旨在对现代社会想象的兴起提供一个因果说明。若能厘清它所采取的某种形式,我将会很高兴。但是,因其本身的性质,这将有助于更鲜明地聚焦因果说明的诸般议题,对此我将在稍后提供一些零星想法。但在此刻,我想进一步探索此现代秩序的独特之处。

从前述应该明显看出一个要点,即我在此使用的道德秩序观念远不只是应该管治我们相互关系和/或政治生活的一套规范。对道德秩序的理解可以帮助人们认同世界、神性行动或人类生活之特点,而正是这些特点使得确定的规范既是对的,又是(就迄今所表明的)可实现的,就此而言,对道德秩序的理解增强了对规范的认识和承认。换言之,秩序形象不仅定义什么是对的,而且还定义值得追求和希望实现对的事情(至少是部分地)的语境。

现在清楚的是,源自格劳秀斯和洛克的自然法理论、以及几经转变而形成的道德秩序形象,相当不同于根植于前现代时期社会想象中的形象。

值得在此选出两大类型前现代道德秩序,因为我们可以从中看到,在向现代性转型期间,它们是如何被格劳秀斯-洛克一脉所取代、丢弃或边缘化的。一个类型以某群人的律法(Law)观念为基础。此律法自远古起就治理此民,某种意义上也定义此民。这一观念似乎在印欧部落中广泛传播,而这些部落在不同阶段涌入欧洲。在 17 世纪的英格兰,此观念强而有力,并在古代宪法的伪装下成为关键观念之一,被用来为反抗国王做辩护。[3]

这一案例应足以表明,这些观念并不总是在意义上是保守的;但我们也应该在此范畴内包括规范性秩序的意义,因为此意义在农民社群中一直代代相传,并从中发展出"道德经济"(moral economy)图景,他们可以据此批评地主加诸他们头上的负担,或由国家和教会向他们征收的苛捐杂税。[4]此一再出现的观念看来一直是这样的:原初可接受的负担分配因篡权而被取代,应该回到原先的负担水平。

另一类型是围绕社会中的等级观念来组织的,而此等级表达出、且对应于宇宙中的等级。其理论表述所用语言常常源自柏拉图-亚里士多

163

德的"形式"概念,但根本观念也强有力地出现在对应理论中,比如,国王在他的王国如同狮子在动物中、鹰在群鸟中等等。正是从此观点引发了这样的观念,即人的领域的失序将在自然中产生共鸣,因为事物的秩序受到了威胁。顿肯王(Duncan)被杀那夜,"空中有哀哭的声音;有人听见奇怪的死亡的惨叫",白日早就应该来到了,但黑暗依然笼罩大地。在上星期二,有一头盘踞在高岩上的雄鹰,被一只吃田鼠的猫头鹰啄死了;而顿肯王的马在那一夜野性大发,"倔强得不受羁勒,好像要向人类发出挑战"。[5]

164 　　这些例子,尤其是第二个例子,旨在表明我们有个秩序,这秩序倾向于靠着事物的进程而施加自身;违背秩序则要遭到超越了纯属人类领域的强烈反对。这在前现代道德秩序观念中似乎是个极为共同的特征。阿那克西曼德(Anaximander)把任何对自然进程的偏离都视作不义,他说,阻碍它的事物最终必定"根据时间的评判,为它们的不义彼此遭受惩罚和报应"。[6]赫拉克利特(Heraclitus)若用类似术语来论说事物秩序,他会说,假如太阳偏离它被指定的行程,复仇女神将会抓住它并把它拉回去。[7]当然,在想象变化不息的世界中各种事物和事件时,柏拉图的形式也颇起作用。

　　在这些例子中,非常清楚的是,一种道德秩序远远不止是一组规范;也就是说,它也包含我们可称之为"本体的"成分,用来识别使得规范得以实现的世界之特征。现在,正如我在第二章所说,在亚里士多德或柏拉图所使用的意义上而言,或者从顿肯王被谋杀的宇宙反应的意义上而言,源自格劳秀斯和洛克的道德秩序不是自我实现的。因此也就很容易想到,我们现代的道德秩序观念整体上缺乏本体的成分。但我希望稍后表明,这或许是个错误。是有重要差异,但它在于这一事实,即此成分现在是关乎我们人、但却不触及上帝或宇宙的一个特征,不过,这不是所谓的本体维度的整体缺席。

　　要看清楚现代的道德秩序理解的独特之处,我们不妨关注一下自然法理论的理想化何以不同于先前时期主导的理想化。前现代的社会想象,尤其是上面提到的第二种类型的,是由种种模式的等级互补所构造的。社会被认为是由不同阶层构成的。这些阶层相互需要和相互补充。但这并不意味着它们的关系是真正相互的，因为它们并不在同一层面生存。相反，它们形成一个等级制，在其中，一些阶层比另一些阶层有着更高的尊严和价值。一个例子是常常被论及的中世纪情形，即有着三个阶层（劳口、劳拳、劳力）的社会之理想化：祈祷者，战斗者，劳作者。显然，这三类人相互需要，但也毫无疑问，这里有尊严高低的尺度；有的职能在本质上是高于其他职能的。

这类理想的关键是，职能的分配本身是规范性秩序的主要部分。各阶层应该施行其为了其他阶层的特定职能（这里当然假定其他阶层已经进入这些交换关系），不仅如此，我们还要敞开这样的可能，即可以对事情作相当不同的安排，比如在这个世界有人祈祷、有人战斗、有人劳作。的确，等级差异本身被视为事物的恰当秩序，它是自然或社会形式的一部分。在柏拉图主义或新柏拉图主义传统中，如我已经提到的，这一形式早已在这个世界起作用，任何偏离它的企图都是让实在反对自身。社会或许也在这样的企图中变质（denatured）。这些早期理论中的有机隐喻因此而有着惊人的力量。有机论变成起作用的形式之典范场所，力图医治其创伤，治疗其疾病。同时，有机论展示的职能安排不单单是偶然的，它还是"规范的"和正确的。脚在下、头在上，这就是道理所在。

现代的秩序理想化在根本上离开了这一点。不仅仅是柏拉图主义类型的形式无处可起作用；问题在于，与此相联系的是，不论社会可能发展出什么样的职能分配，都被视为偶然的；它将在工具上得到辩护或被丢弃；它自身不能定义善。基本的规范原则其实是社会成员满足彼此的需要，彼此帮助，简单来说，就是其行为要像合理的和社会的造物。如此，他们彼此互补。为了使互补最有效地进行，他们需要承担起具体的功能区分，但这种区分没有被赋予根本价值。区分是偶然的、不确定的，并在潜力上是可变的。在有些情形中，区分纯粹就是临时的，就如古代城邦的原则（我们可以是统治者，也可以反过来被统治）。在另一些情形中，区分需要终生的专业化，但其中也根本没有内在价值，在上帝眼里，所有召命（或职业）都是平等的。现代秩序想方设法不赋予等级或区分之具体结构以本体论地位。

换言之,新的规范秩序的基本点是构成社会上个体间的彼此尊重和相互服务。实际结构旨在服务这些目的,并据此从工具上被判断。差异可能被下述事实所遮蔽,更古老的阶层也同样产生相互服务;神职阶层为平信徒祈祷,平信徒则捍卫神职人员并为之劳作。但关键点在于划分类型,且处于高低不同阶层;而根据新的理解,我们从个体和他们彼此服务的义务着手,结果就是分工,因为分工能最有效地履行这种义务。

也因此,在柏拉图的《理想国》卷二的推理中,起始点就是,要满足相互服务秩序的需要,个体并非是自足的。但很快就清楚的是,此秩序的结构才是要点。而当我们理解到这一秩序注定与灵魂中的规范秩序处于比拟和互动关系时,最后的疑问才被挪去。相比之下,在现代理想中,重点是相互尊重和相互服务,先不论如何实现这一点。

我已经提到,有两个差异把这一理想区别于较早的、源于柏拉图的等级互补秩序:"形式"对实在不再起作用;职能分配本身不是规范性的。有第三个区分支持现代理想。就得之于柏拉图的理论而言,不同阶级处在正确关系时彼此提供的相互服务还包括把他们带入有着最高德性的境况;其实,这可以说是整个秩序提供给其所有成员的。但在现代理想中,相互尊重和相互服务的方向,是服务我们的日常目标,即生命、自由、个人和家庭生计。我上面说过,社会组织不是按其内在形式来评判,而是从工具上来评判。但我们现在可以增加一点,对于这种组织,至关重要的是去关心自由的能动者生存的基本条件,而不是去关心德性的卓越——尽管我们可以作出判断,为了在此过程中起到恰当作用,我们需要更高层次的德性。

因此,我们相互间的基本服务是(用后来时代的语言)集体安全的提供,即在法律之下提供给我们的生命安全和财产安全。但我们也在经济交换上彼此服务。这两大目的,即安全和繁荣,现在是我们安排有序社会的主要目标,这本身可以被视为其基本成员之间有着互利的交换。理想的社会秩序是这样的,我们的目的互相协调,个人在发展自身的同时帮助他人。

这一理想秩序被认为不是纯粹由人发明的。相反,此秩序是由上帝设计的,万物都在其中遵照上帝旨意彼此效力。到了 18 世纪,同样的模式也被投射到宇宙,把整个世界看成是完美的互相联系的部分之集合,在其中,每种造物的目的与其他种类的目的相协调。

这一秩序为我们的基本活动确立了目标,只要目标属于我们推翻它或实现它的力量范围。当然,如果我们去看整体,我们就会看到秩序在很大程度上是已经被实现的;但是,如果我们把目光投向人间事务,我们就会看到我们已经偏离秩序和颠覆秩序到了何等程度;它成为我们应该力图返回的规范。

在道理上,这一秩序被认为是显然的。当然,如果我们请教启示,我们也将发现启示表达出我们要予以遵行的要求。但是,唯独理性才能告诉我们上帝的目的。有气息的事物,包括我们自身,力图保存自身。这是上帝的作为。

> 上帝既已造人,在他里面植入强烈的自我保存的欲望,并为世界准备了各样东西,适合于制作食物和衣饰以及其他生活必需品,听命于他的设计,人应该在地上生活和忍受一些时间,免得如此奇妙的造物因自身的疏忽或因缺乏必需品而再次被毁灭……上帝……对他说,(那是)由他的感觉和理性引导的,……去使用那些为了生存而可用的事物……因为欲望,保存他生命和存在的强烈欲望,已被植入他里面,作为上帝自身的行动原则,即理性,那是上帝在他里面的声音,不得不教导他和使他放心,要追求自然倾向,他就不得不保存他的存在,他这样做是听从上帝的旨意。[8]

我们因有理性而明白,不仅我们的生命,而且是所有人的生命,都值得保存。而且,上帝把我们造成是合群的存在者。所以,"每个人注定要保存自身,不任意放弃他的位置;因此,按同样理由,当他的保存不至于面临竞争,他就应该尽其所能去保存其他的人。"[9]

与此类似,洛克推论说,上帝给予我们理性和规训的能力,我们因此

167

可以最有效地保存自身。理所当然的，我们应该是"勤劳的和理智的"。[10]
规训和改进的伦理本身是自然秩序之要求。自然秩序是上帝早就设计
好的，他的计划本身就要求人用意志强迫接受秩序。

　　我们可以在洛克的表述中看到，他极为倚重根据互利来理解的相互
服务。"经济的"（即有序的、和平的和生产性的）活动已经成为人的行为
模式及和谐共处的关键。对比于等级互补的理论，我们相遇在和睦且相
互服务的区域，但并非是就超越我们日常目标和目的而言，而是正好相
反，此乃按照上帝的设计将这些目标和目的予以实现的过程。

　　现在，此理想秩序从一开始就与事情的实际走向极不同步，也因此
与每个社会层面的有效社会想象相脱节。等级互补乃是人们的生活据
以有效运行的原则，从王国一路往下，到城市，到主教教区，到教区，到宗
族和家庭。我们依然还能在家庭中鲜活地感受到这种悬殊，因为只是在
我们的时代，男人和女人间的等级互补之更古老的形象才真正全面受到
挑战。但这是"长征"的后来阶段，在这样的长征过程中，现代理想秩序
沿着我提到的三条轴线推进，实际上在每个层面接通和改变着我们的社
会想象，并伴随着革命性的后果。

　　后果的革命性本质确保了此理想秩序在一系列领域中的应用，最初
采纳此理论的人们没有发现，而对今天的我们则似乎是显而易见的。在
家庭中，在住家的主仆之间，在领地上的地主和雇农之间，在受过教育的
精英和大众之间，生活的等级互补形式依然强有力地保留着，这就似乎
"证明"了，秩序的新原则应该被应用在某些界限内。经常地，这甚至不
被视为局限。比如，18 世纪的辉格党人（Whigs）以"人民"的名义捍卫他
们的寡头政治权力，在我们看来似乎是昭然若揭的矛盾情形，但在辉格
党领袖们看来，则仅仅是常识。

　　事实上，他们援引更古老的对"人民"的理解，这种理解来自前现代
的秩序观念，属于我上面提到的第一种类型，即人民之为人民，是由"自
远古起"即已存在的"律法"构建的。这一律法可以将一群人赐予领袖
们，领袖们由此相当自然地替"人民"说话。甚至在欧洲现代早期的革命

168

（或者说是我们认为那些是革命），也是在此理解下展开的——譬如，在法国宗教战争期间的反抗王权者，他们并不把反抗的权利赋予无组织化的群众，而是赋予"助理裁判官"。这也是议会反抗查理一世的基础。

这一长征也许直到现在才停下。或者说，我们也是精神局限的牺牲品，我们的后代将会因为我们的不一致或伪善而谴责我们。无论如何，这一旅程的某些非常重要的部分只是到了近时才发生。这方面我已提及当代的性别关系。但我们也应该记住，就在不久之前，我们整个所谓的现代社会还远离这一现代社会想象。尤金·韦伯（Eugene Weber）已经表明，[11]许多法国农民社群只是到了上个世纪才被转型，纳入到有着四千万个体公民的法兰西。他明白地指出，这些农民先前的生活模式是极为倚赖、并非平等的互补行为模式；尤其是在两性之间，但不限于此：也有年轻的兄弟姐妹的命运，他们拒绝分割财产，为的是让家庭财产保持完整和容易生存。在一个贫穷和没有保障的世界，在一个恒久面临死亡威胁的世界，家规和族规似乎是生存的唯一保障。现代个人主义模式似乎是一种奢侈，一种危险的放纵。

这种情况很容易被忘记，因为一旦我们安顿于现代社会想象，那它似乎就是我们仅有的一种想象，即唯一有意义的社会想象。说到底，我们全都是个体吗？我们结成社会不是为了彼此互利吗？要不然我们怎样衡量社会生活？

这很容易使我们去拥抱一种相当扭曲的过程观；这可以从两方面来讲。首先，新秩序原则的推进及其对传统互补模式的取代，很容易被视为以牺牲"社群"为代价的"个人主义"之兴起。在新式个体理解之处，必然有与之相对立的新式合群（sociality）理解，即互利社会的职能差异终究是偶然的，其成员在根本上是平等的。这就是我在这些段落所要强调的，正因为它被普遍地忽视。个体似乎是主要的，因为我们把取代更老的互补形式解读为共同体的侵蚀。我们似乎必须承担起一个老问题，即如何诱使或迫使个体进入某种社会秩序，使他遵守和服从规则。

这种周期性的失败经验足够真实。但这不应该使我们无视这样的事实：现代性也是新的合群原则的兴起。社群被毁时有发生，正如我们

169

可以在法国大革命的情形中看到的，人们常常因战争、革命或迅速的经济变迁而被逐出他们的古老形式，但一时又没能在新结构中找到立足点，即把一些改变了的实践与新原则联系在一起，以形成可行的社会想象。但这并不表明，现代个人主义按其本质是社群的解体。也不是说，现代政治困境是由霍布斯（Hobbes）所定义的那种：我们如何让原子个人主义摆脱因徒困境？真正的、一再出现的问题之更好的定义来自托克维尔（Tocqueville）或我们时代的费雷（François Furet）。

　　第二个扭曲是人们所熟悉的。现代原则在我们看来是如此自明：我们按本性和本质不是个体的吗？我们受到现代性兴起的一种化减叙事所诱惑。我们只需要摆脱旧视野，明显可见的另一选择就是相互服务的秩序观念。根本不需要创造性的洞见或建构性的努力。当我们抛弃更老的宗教和形而上学之后，剩下能够维持的，显然就是个人主义和互利观念。

　　但是，反过来说才是事实。人类走过的绝大部分历史，是以互补的诸般模式为主，并混杂了程度不等的等级。也一直有平等的"岛屿"，像古希腊城邦公民那种，然而一旦把它们放在更大的图景，这些"岛屿"其实处在等级"海洋"之中。这些社会对现代个人主义来说是何等异样，自不待言；不只在理论层面，而且也改变和渗透着社会想象。这一想象现已联系于有着人类历史上前所未有力量的社会，若试图阻止它，大概是不可能的，而且也是疯狂的。但我们在思想上一定不要落入常见的时代倒错。

　　对抗这类错误的最佳手段，是要再次想起这一常常充满冲突的长征之某些阶段，因为这一理论靠着这一长征，最终达到对我们想象的牢固影响。

　　随着我的观点推进，我将对此有所论述。但在此阶段，我想把前面的讨论综合一下，并勾勒出这一现代道德秩序理解的主要特征。

170　　这可以简要概括为三点，稍后我会加上第四点：

　　（1）此互利秩序的原初理想化是在有关权利和正当统治的理论中出

现的。它从个体开始,并把社会视为是为了个体而建立的。政治社会被视为先于政治的重要事物的工具。

这种个体主义意味着拒斥先前占统治地位的等级观念,因为根据等级观念,一个人,作为恰当的道德主体,只能根植于更大的社会整体,其本性恰恰要表现出等级互补。在其原初形式,格劳秀斯-洛克的理论反对所有那些以亚里士多德为首的观点,那些观点否认一个人可以在社会之外成为一个全然合格的人的主体。

随着这一秩序观念的推进,产生出新的化减叙事,它又开始与一种把人定义为社会动物的哲学人类学相联系,这时,人不能靠自身发挥道德功能。卢梭、黑格尔、马克思就是这种推进的早期例子,并被我们自身时代的一系列思想家所追随。但我依然把它们视为现代观念的种种减缩,因为它们所假定为秩序良好的社会,纳入了平等个体间的相互服务关系,并以之为关键要素。这是目标,认同此目标的甚至包括这些人,他们认为"个体中产阶级"是虚构的,并认为该目标只有在共产主义社会才能得到实现。这种观点所系的伦理观念甚至与自然法理论家的伦理观念构成反题,其实它更接近于他们所拒斥的亚里士多德的观点,故此,现代观念的核心依然是我们世界中的观念力(idée-force)。

(2)作为一个工具,政治社会使得这些个体能够为了互利而彼此服务;既提供保障,又培育交换和繁荣。社会中的任何区分都要按这一目的获得辩护;根本不存在有着内在善的等级制或其他形式。

正如我们上面看到的,这一特点的意义在于,相互服务所注重的,是日常生活的需要,而不是为了获得最高的美德。它旨在确保作为自由主体的生存条件。也正是在此处,后来的化减涉及到一个修正。比如,在卢梭那里,自由本身成为定义新美德的基础,而真正的互利秩序与确保自立美德的秩序变得难解难分。但卢梭和那些追随他的人依然把核心重点放在确保自由、平等和日常生活需要上。

(3)此理论从政治社会必须服务的个体开始。更为重要的是,这一服务是根据对个人权利的捍卫来定义的。处于这些权利核心的是自由。自由的重要性也被下述要求所证明:政治社会的基础,建立于受此社会约束的人们的"同意"。

171　　如果反思此理论得以有效的语境,我们就能明白,对自由的决定性强调是武断的。互利秩序是一个有待建立的理想。它是指南,那些人据以想要建立一个可靠的和平,并进而再造社会,使之接近于该秩序的规范。此理论的倡导者已经把自己视为主体,他们通过超然的、规训的行动改变自身生活,并改变更大的社会秩序。他们是缓冲的、规训的自我。在他们的自我理解中,自由的主体是核心。对权利的强调,以及自由在其中的首要性,并不只是源于"社会应该为其成员而存在"这一原则;它也反映了持有这一原则的人的感受——对他们自身能动性,以及对该能动性在规范上所要求的世界中的处境,即自由。

因此,在此起作用的伦理恰恰也应该根据这一能动性条件来定义,正如它也根据理想秩序的要求来定义一样。我们最好把它看作是自由和互利的伦理。其中自由和权利都是根本性的。这也是为什么,在源于此伦理的政治理论中,"同意"起着一个极为重要的作用。

概言之,互利秩序包括(1)个人之间(或起码的道德主体,他们独立于更大的层阶秩序);利益(2)重要的是包括生命和生活方式,不论这些方式是否保护与美德实践的关系;它旨在(3)确保自由和易于根据权利来表达。此外还要加上第四点:(4)这些权利,这种自由和互利,是要平等地保护所有参与者。平等的准确含义将有所变化,但它必须以某种形式得到肯定,并且源自对层阶秩序的拒斥。这些是关键特征,即现代道德秩序观念中通过其变化着的"化减"而一再出现的常项。

❧ 2　什么是"社会想象"? ❧

在前面这些段落中,我多次用到"社会想象"一词。也许现在到了需要稍稍澄清其内涵的时候了。

我用此词所试图指向的含义,比起人们以超然其外的模式思考社会实在时所产生的知识方案,要更广更深。我思考更多的,是人们想象他们的生存的种种方式,他们如何与其他人和睦相处,在他们和同伴之间,事情是如何展开的,他们的期待一般是如何得到满足的,以及这些期待背后隐含的更深层的规范概念。

我在此想要论说的是"社会想象",而不是社会理论,因为两者之间有着重要差异。事实上包括几大差异。我说及"想象"(1)因为我在谈论的是普通人想象周遭环境的方式,而这通常不是用理论术语来表达的,而是用图像、故事和传说等来表达的。但同样真实的是(2)理论通常为少数人所掌握,而我们对社会想象更感兴趣,因为它被广大人群所共享,即使不是被全体社会成员所共享。这导致第三个差异:(3)社会想象是使得共同实践成为可能的共同认识或理解,是对正当性广为共享的感受。

但常见的情况是,起先只是少数人掌握的理论会逐渐渗透到社会想象,也许先是精英,然后是整个社会。格劳秀斯和洛克的理论大体上就是这样,尽管一路上有许多转型,而且最终形式也相当多变。

在任何给定时间,我们的社会想象都是复杂的。社会想象结合了我们对人与人之间彼此期待的感受;某种使得我们能够施行集体实践的共同理解,而这些集体实践构成了我们的社会生活。它也结合了我们在施行共同实践上的和睦相处感。这一理解既是事实的,又是"规范的"。也就是说,我们对事情通常如何运行有种感受,但这又与事情应该如何进行的观念(即什么样的错误步骤会使实践无效)交织在一起。以我们通过普选来选择政府为例。使得我们的投票行为对我们当中的每个人都有意义,涉及到背景理解,而其中一部分则是我们对整体行动的意识,这涉及到所有公民,这些公民各自做出选择,但是从同样的供选择对象中选择,并且这些微观选择复合成为一个具有约束力的集体选择。要理解这类宏观决定中所涉及到的因素,我们的识别能力十分关键,即我们能够识别什么行为构成违规:某类权势,买选票,威胁,诸如此类。换句话说,这种宏观决定若要达到其目的,就必须符合某些规范。譬如说,假如某一小群人可以强迫所有其他人服从他们的命令,那就不再是一个民主的决定。

对规范的这一理解所隐含的是认出理想情形的能力,比如,一场理想的选举是这样的,在选举中,各位公民自主地、最大限度地发挥他/她的判断力,在选举中,每个人的声音都得到倾听,等等。而在这样的理想之外,尚有关乎道德/形而上秩序的某种观念,在此观念语境中,规范和理想才有意义。

我所称的社会想象含义更广,它超越了当下的背景理解,即使得我们的具体实践有意义的背景理解。这不是概念的任意延伸,因为,正如没有被理解的实践对我们不会有意义,也因此不可能有意义,所以,这样173 的理解假如要有意义,就预设了要对我们的整体处境有更广的把握,包括我们如何彼此忍耐,如何到达现状,如何与其他团体相关联,等等。

这一更广的把握,根本没有明确的界限。这就是被当代哲学家描述为"背景"的东西的本质。[12]事实上,正是因为整体处境的理解在很大程度上是非系统的和不明确的,我们世界的具体特征才以它们的本来面目向我们揭示。从来就不可能用明确学说的形式恰当地表达整体处境的理解,就因为它没有界限和不确定的本性。这是论说"想象"而不是论说理论的另一个理由。

实践与其背后的背景理解之间的关系,因此不是单面向的。如果理解使得实践变得可能,那么,同样正确的是,实践很大程度上承载着此理解。在任何给定时代,我们可以说到由社会的某个既定集团所能支配的集体行动之"剧目"(repertory)。这些是他们知道如何去做的共同行动,从普选和介入整个社会,到懂得如何在接待大厅与不拘礼节的一群人展开有礼貌但不介入的对话。要让这些集体行动成功,我们不得不做出一些区别,知道何时、如何和跟谁说话,这些区别包含社会空间的含蓄"地图",标示出我们可以在什么环境下以什么方式与什么样的人合作。如果某群人全都在社会上比我优等,或全都在官阶上高于我,或全都是妇女,也许我不会主动开启谈话。

对社会空间的这种含蓄把握,不同于对此空间的理论描述,即区分出不同类型人群及其相应的规范。在实践中隐含的理解之于社会理论,就像我在一个熟悉环境中遛达的能力之于这个区域的(实际)地图。我可以自如地把握方向,无需采纳地图提供给我的总览角度。类似地,对绝大部分人类历史来说,我们通过把握共同剧目,就能让一般社会生活运行,无需借助理论的概观。人类按社会想象运行,远远早于有关自身的理论化事业。[13]

为了进一步澄清这一隐含的理解之广度和深度,下面另一个例子也有帮助。比方说我们组织一场示威。这意味着此行动已经在我们的剧目中。我们知道如何集会,如何打横幅和游行。我们知道这意味着维持在某些限度内,既在空间上(不去侵入某些空间),也在冲击他人的方式上(攻击性界限一面——不允许有暴力)。我们理解老规矩。

背景理解使得我们的这种行动成为可能,但背景理解本身是复杂的。对此背景理解的部分把握,是我们向他人说话时对自身的某种图像,我们以某种方式与他人相联系——比如说,一国同胞或人种。这里有言语行为,说话的人和听话的人,以及对他们如何处于这种彼此关系的理解。也有公共空间,我们早就处于彼此间的某种对话。和所有言语行为一样,对话被指向先前说过的话,并期待有待说出的话。[14]

说话模式也在一定程度上表明,相对听话的人,我们的立足点何在。此行动是强烈的;它旨在施加影响,甚至是,假如我们的消息不被听闻,就威胁会有某些后果。但这也意味着劝说;它保持这一暴力面向。它推断,听者是可以而且必须与之讲道理的人。

把消息传递到政府以及会受到影响的同伴公民,我们正在做的这种事情之当下意义,只有在更广的背景中才能明白,因为在大背景中,我们与他人处于持续的关系中,并且也适合用此方式向他们说话,而不是靠着哀求或以武装暴乱为威胁。我们毕竟可以迅速表示这一点,借助一个道理:这种示威在一个稳定有序的民主社会拥有其正常地位。

这并不意味着就没有反例——马尼拉 1986,天安门 1989——在那些情形下,武装暴动或许完全可以获得辩护。但问题恰恰是,在那些环境下,这种行动的目的是邀请僭政者开启民主转型。

这里我们可以看到,对我们当下所做事情的理解(若没有这种理解,我们无法从事此行动),构成此行动所具有的意义,这是因为我们对更大处境的把握：我们在他人和权力面前如何持续地或已经站稳脚跟。这反过来开阔了我们的眼界，进一步看清我们在时空中的位置：我们与其他国家和人民的关系，比如，与我们试图模仿的国外民主生活模式，或与我们试图避而远之的僭政的关系；在我们的历史上、在我们生成的叙事中，我们所占的位置，我们据以认识这一和平示威的能力，被我们视为民主的一项成就，是由我们的先辈用巨大代价赢得的，或是我们渴求通过这一共同行动变得有能力做成的事情。

在国际上和在历史上所处地位的感觉，也可以在示威本身的图解（iconography）中被唤起，比如 1989 年中国的天安门事件，就可参比法国大革命，并透过自由女神像参照美国的情形。

使得任何既定行动具有意义的背景因此是既广且深。它并不包括我们世界中的一切，但相关的赋予意义的（sense-giving）特征并不被限定范围；因此我们才能说，赋予意义动用了我们的整个世界，也就是说，这是我们对整体处境的感受，在时间和空间中，在他国他民中，以及在历世历代中。

175　　　这一更广背景的一个重要部分，是我上面所称的道德秩序感。我用该词的意思远远不限于对社会实践所蕴含规范的领会，因为对规范的领会是当下理解的一部分（当下理解使得实践成为可能）。如我前面所述，必定还有对于某种使得这些规范可以实现的东西的感受。这也是行动背景的关键部分。人们示威，并不是为了不可能之事、乌有之事[15]——即便真这么做，那么按事实来说，这就是全然不同的行动了。当我们行进在天安门，我们所说的一部分内容是：一个（某种程度上是更多的）民主社会对我们是可能的，我们可以让它成功实现，尽管我们的老人政治统治者持怀疑态度。

譬如，这一信心的基础恰恰在于：我们和其他人类一样，能够一起保持一个民主社会，也就是说，这是在我们人类前景之内的，这将包括据以理解人的生活和历史的一些道德秩序形象。从上面的讨论应该清楚的是，尽管我们的道德秩序形象阐明我们行动的部分意义，但它们决不必然颠覆现状。它们也可以成为革命实践的基础，就如在马尼拉和北京，正如它们也可以是现有秩序的基础。

我在以下部分要做的,是勾勒大的转变,即现代道德秩序理论逐渐渗透和转变我们社会想象的过程。在这样的过程中,原先只是理想化的东西发展成复杂的想象,这是通过被社会实践所吸收和携手并进的过程,这些实践部分是传统实践,但通常因接触而被转变。对于扩展我上面所称的道德秩序的理解而言,这是关键。若没有我们的想象这种渗透/转型,它难以成为我们文化中占据主流的观点。

我们看见这类转型的发生,比如我们当代世界伟大的奠基性革命,美国革命和法国革命。在美国革命中,转型较为平稳,没有带来什么大灾难,因为民众主权的理想化与现有议会民选做法的对接相对无碍;而在法国大革命情形中,没有能力把同样的原则"转译"为稳定的和公认的一套做法,这严重地导致了长达百年的冲突和不稳定。但在这两个案例中,都有对理论之历史首要性的意识,那是现代"革命"观念的核心所在,我们借以开始根据一致认可的原则来再造政治生活。此"建构论"已经成为现代政治文化的一个核心特征。

当理论渗透和转变社会想象时,恰好涉及到什么?在相当大的程度上,人们接受、即兴参与,或被引入新的实践。这些实践的意义是由新观点造就的,而新观点最初是在理论中被清晰说出的;这新观点是把意义赋予实践的语境。因此,新理解是以前所未有的方式进入参与者的。它开始界定他们的世界的轮廓,并最终被当作事物之理所当然的样子,显而易见到提都不用提的地步。

但这个过程不只是单向的;理论改造社会想象。理论在解释行动的时候也被"解释"了,仿佛作为这些实践的背景被赋予了特定的形态。这很像康德的抽象范畴这一概念在被应用到时空中时变得"具象化了"(schematized),[16]理论是在密集的共同实践领域被"具象化了"。

此过程也无需在此处结束。新的实践伴随它所产生的含蓄理解,可以成为修改理论的基础,而理论反过来又可以影响实践,如此循环往复。

我在此称作"长征"的,乃是一个过程,借助这过程,新的实践,或旧实践的修改,要么通过在某些群体和人群阶层的即兴行动(比如,18世纪受过教育的精英阶层的公共领域,19 世纪工人的工会),要么是由精英以某种方式发起,并攻占越来越多的根据地(比如,雅各宾党人对巴黎"各区"的组织)。或另类地,一组实践在它们缓慢发展和衍生的进程中逐渐改变它们对于人们的意义,因此而有助于建构新的社会想象("经济")。在所有这些情形中,最终的结果是西方社会中社会想象的深刻转型,以及由此而来的我们生活其中的世界的深刻转型。

～ 3　作为客观化实在的经济 ～

　　事实上,社会的自我理解有三种重要形式,这是我在本节要处理的。它们对于现代性来说是关键性的,每个形式都代表了格劳秀斯-洛克道德秩序理论所引发的对社会想象的渗透或转型。它们相应是(1)"经济",(2)公共领域和(3)民主的自我治理之实践和观点。

　　我从(1)开始。这一形式显然关联于"礼貌"文明的自我理解,它的根基是在商业社会。但我们可以找到这一理解更往前的根源,即格劳秀斯-洛克秩序观念本身。

　　上文已提及,这一新秩序概念导致宇宙观的变化,即把宇宙理解为上帝护佑的作品。事实上,这是最早的例子之一,可用来表明新秩序模式如何超越其原初的恰当位置,重塑上帝护佑的治理之形象。

　　上帝按照一个仁慈计划治理世界,这是古老的观念,甚至是前基督教的观念,既有犹太教根源,也有斯多葛主义根源。其新颖之处就在于看待上帝的仁慈计划的方式。从世界的设计到良善的造物主上帝的存在,诸如此类的论证都可见于这种新方式。但这些论证也是非常古老的。只是以前的这些论证坚持整个框架的壮美设计,我们的世界、恒星和行星等等都被设计得各就其位;然后坚持造物之值得倾慕的微观设计,包括我们自身,有着各司其职的器官;进而又坚持生命由自然过程所维持的普遍方式。

　　这些显然都得到继承,但在 18 世纪所添加的内容是,互利被重视,并认为人的生命是被设计成产生互利。重点有时放在相互的仁爱。但更经常的设计是，幸福被等同于可称作"不可见的手"因素之存在。这是指，我们的行动和态度是在"被编好的程序"中既有的，这些行动和态度将为了普遍的幸福而系统地产生善果，即使这些善果并非是行为动机的一部分或在态度上予以肯定的。在这些机制中，最为著名的机制出自亚当·斯密（Adam Smith）的《国富论》（*Wealth of Nations*），根据此机制，我们对个人自身兴旺发达的追求会提高普遍的福利。但也有其他例子，譬如，可以从他的《道德情操论》（*Theory of Moral Sentiments*）引用一例。在该著作中，斯密认为，"自然"造化已经使得我们极为仰慕等级和财富，那是因为，社会秩序若是倚赖对于看得见的优秀的尊重，而不是倚赖美德和智慧这些不太耀眼的品质，就会更有保障。[17]

这里的秩序是优良工程设计之秩序，充足因果关系在其中起着关键作用。就此而言，此秩序与一些更早的秩序观念不同，因为在之前的秩序中，和谐来自理念或形式之间的共鸣，而理念或形式则在社会不同存在层次或等级中得到显明。新观念中的关键因素是我们的目的互相啮合，尽管这些目的在我们每个人的清醒意识中会有很大分歧。它们让我们忙于交换各自的优势。我们倾慕和支持富人及出身名门的人，而作为回报，我们欣赏那种稳定的秩序，因为若无此秩序，兴旺发达也不可能。上帝的设计是彼此关联的诸多原因中的一个原因，但不是处于和谐的诸般意义中的一个意义。

换一种表达来说，人类投身于交换服务，其根本模式接近于我们所称的"经济"。

对"护佑"的这种新理解在洛克那里的显明，可见于其《政府二论》（*Second Treaties*）的自然法理论表述中。我们在此已经看到，在这新的秩序观念中，经济维度有着何等大的重要性。这又有两个方面。组织化社会的两大主要目标是安全和经济繁荣。但是，由于整个理论强调某种有利可图的交换，政治社会本身也可以从准经济的隐喻来看待。

因此，像路易十四这样的大人物，在他给皇太子的忠告中，也支持交换的观点："构成世界的所有这些不同条件，只是借助对等相互的义务之 178

交换而彼此连为一体。我们接受臣民的顺从和尊敬,不是他们白白给予的,而是需要酬报的,这酬报就是期待我们提供正义和保护。"[18]

这也连带提供了洞见(确实是如此),让我们可以明白,互利秩序成为我们社会想象这一"长征"中的重要转变阶段。这一模式对立于以命令和等级为基础的秩序。路易以及他的同时代人所提供的,可以被视为新旧之间的妥协。对不同职能(这里是统治者和臣民)的基本辩护理由是新的,即必要的和富有成果的服务交换。但是,得到辩护的依然是等级社会,并且终究是最根本的等级关系,即绝对君主与臣民之间的等级关系。对统治的辩护越来越依据职能上的必要性,但主人形象依然反映了某种固有的优越性,即一种形而上的等级。万人之上的君王可以使社会团结一致,并维持一切。借用路易喜欢用的比喻,君王就像太阳。[19]

我们可以把它称为"巴洛克"[20]解决方案,但要排除其最令人惊叹的例子,那就是在凡尔赛宫,宫廷是以"古典"术语来看待自身。正是这一妥协在欧洲绝大部分地区统治了一段时间,即靠着等级互补之大场面、仪式和形象,旧政权得以维持,但正当性辩护的基础越来越多地援引现代秩序。波舒哀对路易之绝对统治的辩护也属此类。

其次,经济会变得不只是隐喻,它开始越来越被视为社会主导目的。与路易写下充满忠告的回忆录相隔不久,蒙克莱田(Montchrétien)提出了一种国家理论,强调国家主要能够为了经济繁荣而协调权力(顺带说一句,"政治经济学"一词似乎也出自他的手笔)。商人经营出于爱钱,但统治者制定善政(此乃看得见的手)可以将此金钱欲望引向共同的善。[21]

这第二个转变反映了我上面勾勒的现代秩序的特征(2):我们旨在彼此授予的互利把关键位置留给了生命保障和生活手段。这不是护佑理论内的一个孤立变化;它与该时代的一个主要趋势相吻合。

这一趋势通常按照标准的"唯物主义"解释来理解,那是我在第三章的讨论中提到过的;譬如,老式马克思主义的描述,即商业阶级、商人、之后的制造商,这些人越来越多,并获得越来越大的力量。甚至在其自身水平,也需要对这一描述作出补充,即要参照对国家权力日渐变化的要求。统治精英日益明白,增加的生产和有利的交换,是政治军事力量的关键条件。荷兰和英国的经验就表明此点。当然，一旦某些国家开始从经济上"发展"，它们的对手就得被迫跟上，否则就会降格到倚赖地位。这是商贸阶层地位得到增强的原因，即便人数和财富不见得增长很多。

这些因素很重要，但它们并不能对变化作出整体说明，导致这变化的种种原因是我之前暗示过的。这条路上令我们震惊的是，那是在几个层面上的变化，不仅在经济上，而且在政治上和灵性上。就此而言，我认为韦伯是对的，即使其理论的所有细节并非都能被应用。

人们稳定地从事一项职业具有原初的重要性，这源于一个事实，即他们由此让自己置身于"既定的目的和目标"（借用上面提及的清教徒术语）。如果有序生活成为一项要求，而且这要求不只针对军事或灵性/知识精英，也针对普通大众，那么他们就不得不变得有序，认真对待人生中所做的事情，并必然去做，即从事某种生产性的职业。真正有序的社会要求一个人严肃对待这些经济职业，并为这些职业制定纪律。这是"政治的"基础。

但在改革宗基督徒中，以及很大程度上也在天主教徒中，之所以提出此要求，还有一个紧迫的灵性理由，那就是韦伯所了解的理由。若从新教某些宗派来说，如果我们想要拒绝天主教的职业观，即某些职业更高级，比如，独身生活或隐修生活，遵循"通向完全的劝导"（counsels of perfection），又假定一个人声称，所有的基督徒都必须是百分之百的基督徒，而且在任何职业中都可以做完全的基督徒，那么，这个人就必须声称，日常生活，即绝大多数人忍不住要走向的生活，包括生产、家庭、工作和性的生活，就与任何其他生活一样神圣。其实，这比修道的禁欲更神圣，因为后者的基础是声称已找到更高道路，但那是虚空的和骄傲的声称。

这是将日常生活圣化的基础，而我想要主张的是，这种圣化对我们的文明有着深远影响，并挣脱原来的宗教形式，形成无数的世俗形式。它有两个侧面：一是它提升了日常生活，使之成为最高形式基督徒生活的地方；二是它还有反精英主义的冲力：它拆除了那些所谓的更高级的生存模式，不论是在教会内（修道圣职），还是在此世（来自古代的伦理把默想置于比生产性生存更高的地位）。有权柄的被他们从宝座上扔了下来，而卑微的和温柔的则被抬举。

这两个侧面在现代文明中一直深具影响。经济在我们的生活中被赋予核心位置，第一个侧面是部分背景，它对我们极为看重的家庭或"关系"也起着很大的作用。至于第二个侧面，则是平等在社会和政治生活中举足轻重的背景因素。[22]

180　　所有这些因素，物质的或精神的，都有助于说明经济逐步被提升到核心位置，这一提升在18世纪已明确可见。同时，另一个因素得以进入；或许可以说，它是上述"政治的"因素的延伸。人们越来越认可这样的观念：商业和经济活动是通向和平有序生活的道路。"温和的商业"得到称赞，并衬出贵族追求军事荣誉之残暴。一个社会越是转向商业，就越会变得温顺和文明，越擅长和平技艺。赚钱的动力被视为"平静的激情"。一旦此激情站稳脚，就能有助于控制和禁止暴力倾向的激情。或换句话说，赚钱满足我们的"利益"，而利益可以制约和控制激情。[23]康德甚至相信，随着国家成为共和国，它就越来越受普通纳税人的制约，因受经济利益驱使，诉诸战争就会越来越罕见。

以经济为中心的自然秩序的新观念隐含了利益和谐的学说。它甚至可被投射到宇宙，因为正是这一点反映了18世纪的宇宙秩序观，不是作为形式起作用的等级制，而是作为存在者之链，每个存在者的目的相互啮合。诸般事物互相连贯，因为它们在生存和兴盛的过程中互相效力。它们构成一个理想的经济。

> 看到濒临死亡的植物依然存活，
> 看到正在毁灭的生命再次复生：
> 一切的消亡由其他形式补充，
> （我们交替捕捉生命的气息，而后死去）
> 就像生于物质之海的泡沫，
> 它们产生、破粹，最终回归大海。
> 没有什么游离于外：部分与整体相连；

一个伸展到万有、保存万有的"灵魂"。

它将万物相连,无论是伟大的还是卑微的;
它在人的帮助下造兽,在兽的帮助下造人;
万物皆被它侍奉,万物皆侍奉它:无物孤立存在;
存在之链持存,不知止于何处。
······

上帝根据每一存在者的本性,
构造其适合的福祉,规定其恰当的界限;
正如他构造整体,护佑整体,
以我们交互的需求建造交互的幸福:
由此,永恒的秩序从起初运行,
造物与造物相连,人与人相连。

181

蒲柏(Pope)从中得意洋洋地总结说,"真正的自爱与合群是同一的。"[24]

或许,这就是此新秩序观念所带来的第一个大转变,既在理论上,又在社会想象上,包括我们开始视我们的社会为一个"经济体",即互相联为一体的生产、交换和消费活动,自成系统,有其自身的规律和自身动力机制。经济不再是由权威人物对家庭或国家中的集体所需资源加以管理,而是被定义为把我们相连在一起的方式,一个共存领域,如果不发生失序和冲突,它在原则上即可以自足。把经济设想为一个系统是18世纪的理论成就,并与重农学派和亚当·斯密联系在一起;但逐渐以经济协作和交换作为社会最重要的目的和议程,则是历时很长的社会想象之转移过程,从该时期发端并持续至今。从此以后,组织化社会不再等同于政体;社会生存之其他维度被视为有着自身形式和完整性。这也反映在该时期"公民社会"一词的含义变迁。

这是我想要讨论的三个社会想象形式之一。但在开始讨论第二种形式之前,我想引出我们现代的自我理解的一般特征,这一特征是在我们对比经济和其他两种形式之际才显露的。公共领域和自我治理的"人民"这两种社会想象,都把我们设想为集体的能动者。正是这些新的集体能动模式成为西方现代性最惊人的特征,并且不限于西方;我们终究得生活在民主时代。

但根据看不见的手来描述经济生活则相当不同。这里根本没有集体能动者,其实,此描述等于是否认这种集体能动者。有代表自己行动的个人能动者,但总的结果却是在他们背后发生的。此结果有某种可预测的形式,因为有确定的规律支配着无数个体行动的连结方式。

这是一种客观化的描述,这种描述对待社会事件就像对待自然中遵循类似规律的其他过程一样。但客观化呈现社会生活,就如想象社会能动性的新模式一样,也是源自现代道德秩序的现代理解的一部分。两者打包在一起。一旦社会秩序观念不再被处理为在实在中"起作用的形式"(Forms-at-work),即柏拉图所诉诸的那种形式,而是被处理为由能动者强加于惰性实在的形式,我们就需要有关此惰性实在的规划图,以及建造它的种种因果联系,正如我们需要集体行动的模式。工程师在他要从事的领域,需要知道该领域的规律,就如他想成就什么,先要有图纸;其实,先要知道规律,然后才能有图纸。

因此,该时代也见证了新式客观化社会科学的开始,起初是威廉·佩蒂(William Petty)在 17 世纪对冰岛的调查,即汇集有关财富、生产和人口的事实和统计数据,作为制定政策的基础。社会实在的客观化图景是西方现代性的一个显著特征,其显著程度不亚于大规模集体性能动者之构成。[25]现代对社会的把握,根本上是双焦点的。

要更好地理解科学本性上的这一变化,我们应该从分野的另一端来看。只要根据类似柏拉图-亚里士多德类型的目的论来理解社会,就不可能有这种双焦点的把握。说起目的论,我并不想唤起任何沉重的形而上学说,我是在谈论一种广泛的理解,即认为社会有一个"规范的"秩序,该秩序倾向于随时间推移而维持自身,但也可能遭到某些发展的威胁,因为这些发展超出了某些限度,会加速滑向毁灭、内乱或恰当形式的全然消失。我们可以看到，这样一种对社会的理解非常类似于我们把自身当作有机体的理解，用健康和疾病这样的关键概念来理解。

甚至马基雅维利也有这种理解，即使社会已走向共和形式。有某种张力中的平衡，假如这些形式要存活，就需要在精英和民众之间维持这种平衡。在健康政体中，这一平衡是由不同阶层之间的互动、对立和相互监督来维持的。但存在着威胁到平衡的某些发展，诸如公民过分感兴趣于他们的私有财富和财产。这构成个体"腐败"（corruzione），若不及时处理，严重的话将导致共和政体之下自由的终结。这里有原因的归咎：财富损害自由；但此术语的使用引起规范上的强烈共鸣，也就表明社会的理解是围绕规范形式的概念来组织的。

只要社会思想以此方式来组织，双焦点的把握就不能牢固。实在不被理解为惰性的，而是被理解为由规范形式所塑造的。但只要规范形式处于其恰当形态的界限之内，它就是自我维持的，如果超出界限则渐渐坠入毁灭，正如健康人的身体也会如此。一般认为，成功的集体行动所发生的领域是由此形式塑造的；其实，此形式是集体行动的条件；一旦失去此形式，集体行动就会解体，蜕变为利己主义个体腐败的争夺。既没有惰性实在，也没有在实在上施加某种形状的外部行动。

也许有人认为，斯密"看不见的手"这一概念定义了新的"规范"秩序，即彼此增进的秩序；某种程度上可以这么看待它，而我们时代形形色色新自由主义的"市场"支持者也是这样来援引它的。但它不是集体行动的秩序；因为"市场"是对集体行动的否定。市场要恰当运行，就要求某种类型的干预（维持秩序，强制合同执行，确立度量衡等等），以及（被不厌其烦地强调的）不干预（叫政府不来烦扰我们）。关于斯密的"看不见的手"，从古老科学立场来看，其惊人之处在于，它是在**腐败者**——即纯粹自私自利的行为者——中产生的自发秩序。它并不像马基雅维利所发现的财富和腐败的连结那样，是有关恰当集体行动之规范条件的一个发现。

在涉及这些因素的科学中，不属于规范构建的实在之内的行动，以及和规范无涉的、惰性的社会场，都没有地位。现代双焦点把握的两个

183

因素都不能在此种科学中找到恰当位置。

　　科学本性上的这一迁移还与我在前几节提到的那个变化相连。对现代人来说,组织化社会不再与国家组织等同。一旦我们开始去发现能动者背后发生的客观过程,恰恰显示出某种规律般的系统性的其他社会方面。看不见的手所引导的"经济"是其中之一;但社会生活的其他侧面,文化或是人口,将在以后被挑出来做科学处理。对于系统性互动的人类之同一个整体,可以按不止一种方式视之形成一个实体或"社会"。我们可以称之为"经济"、"国家"或"公民社会"(现在是以其非政治方面而被认同的),或者只是作为一个"社会"或一种"文化",等等。经由一系列不同的应用,"社会"已经与"政体"脱钩,正在自由漂浮。

　　在这一科学革命中,大多数都拒绝出于目的(telos)的规范思考模式。在大多数来自现代秩序观念的道德思维中,这一拒绝如今处于核心部分。这种拒绝可见于洛克和受他影响的那些人的反亚里士多德的基本态度。当然,支持新的机械论科学立场显然激发了对目的论的拒绝。但正在出现的道德理论同样如此。原子论的新自然法理论之有别于以阿奎那为代表的自然法理论,就在于彻底脱离被托马斯当作核心的亚里士多德源头。正确的政治形式不能从在人类社会中起作用的目的推导出来。证明法律是正当的,要么它出自上帝的命令,要么它在逻辑上站得住脚,赋予人类理性本性和社会本性(格劳秀斯),要么(在后来)它提供确保利益和谐的方法。[26]

　　我们必须注意到,现代的双焦点把握并非没有其张力。我早前提到,自由在现代道德秩序中被当作核心之善,乃是武断的,它是这样的人们的核心特性之一,他们既赞同社会又因此构建社会;自由铭刻在他们的处境中,使他们成为创造者,建构他们自身社会世界,与此相对照的是,他们生在其中的世界早就有着自身的"规范"形式。其实,之所以果断拒绝亚里士多德的目的论,理由在于,无论是过去还是现在,人们都认为,目的论潜在地限制我们决定自己生活和建构我们自己社会的自由。

　　但正是因为这个理由,在两种把握之间会爆发战斗。在一个学派看来,有的把握是对不可规避的实在的把握,因此归之于客观把握,但在另一个学派看来,那是在假的"实证性"面前放弃了人类设计自身世界的能力。把极端重要性给予自由,就注定会导致这类挑战。这种批判在卢梭那里处于核心,除他之外,在费希特(Fichte)、黑格尔和马克思那里也是如此。我们不需要贬低已经在我们的文明中所具有的这种重要性。这样一种抱负一再出现:要把仅仅作为"自在"(an sich)来经历的东西转变成"自为"(für sich)的某种东西("自在"和"自为"这样的术语借用自黑格尔和马克思)。这也常见于一些企图,即要把起初仅仅是客观的社会学范畴(比如"残疾人"或"享受福利的人"),通过发起运动而转变成集体的能动者。

但是,在这些哲学家写作和他们的工作产生影响之前,则有公民人文主义传统,即共和自治的伦理。这里我们涉及到一直与现代道德秩序本身不可分离的一种张力。即使此秩序推进和占据了我们的现代社会想象,但它也唤起不安和怀疑。我们上面看到,此秩序之确立相连于现代社会的一种自我理解,即现代社会是商业的;而人们认为,商业阶段的转型产生了民族国家内部的和平。这一社会废黜了作为最高人类活动的战争,而替代它地位的则是生产。生产对古老的武士荣誉模式充满敌意,并倾向于拉平差距。

但这只能唤起抵抗。这不仅来自于在旧事物方式中有其地位的阶层,即佩剑贵族;还有许多来自各阶层的人也对此摇摆不定。随着商业社会的来临,崇高、英雄主义、对非功利事业的全心奉献,似乎都有萎缩的危险,甚至有可能在这世界上消失。

这种担忧也以这样的形式出现,担心礼貌社会的风气会让男人变得"女人气",丧失了他们的男子气概。这一关切是18世纪一再出现的重要主题。在最原始层面,这种关切可见于上层阶级背叛所处时代的礼貌规范;在稍高一点的层面,则可见于决斗在18世纪英格兰的回归。[27]但在最高层面,此关切倡导公民人文主义的伦理,以此对抗商业社会的风气;它也许是对此现代形式所带来的诸般危险(虚弱、腐败和自由的丢失)的一种补偿。此关切并非微不足道,它占据了该时代最有影响力的一些思想家,比如亚当·斯密。[28]

185

这些担心和张力一直是现代文化的核心部分。它们在一种形式下会导致"化减"的现代秩序观念，为的是挽救公民德性、自由或非异化的自治，正如我们在卢梭或马克思那里看到的。要不然，它们就确实被一些人视为潜在的退化威胁，尽管这种威胁是内在于秩序的，但这么认为的人根本不想拒绝此秩序，他们只想找到一些预防危险前景的措施。斯密，以及后来的托克维尔，就属此类。

但历代以来，担心拉平差距，担心英雄主义和崇高之终结，也会转变为强烈弃绝现代道德秩序及其所支持的所有事物，正如我们在尼采那里看到的。在现代文明的核心之处，存在另一种尝试，即试图围绕相反的秩序观念来建立政治制度，其中最显著的，是各种法西斯主义和相关的威权主义形式，但这些尝试都失败了。不过，尼采的持续流行向我们显明，他的极具摧毁力的批判依然在向现今的许多人说话。现代秩序尽管已经根深蒂固——甚至是因为这种根深蒂固——却依然唤起抵制。

4　公共领域

（2）经济也许是"公民社会"实现独立于政体的身份的第一个维度。但它很快就由公共领域跟进。

我想把公共领域描述为一个共同空间，在那里，社会成员被视为通过种种媒介而相遇：印刷品、电子网络产品和面对面的交遇；目的是要讨论有着共同利益的事情，并因此能够就这些事情形成共同的思想。我说"一个共同空间"，因为尽管媒体是多样的，其中发生的交流也是多样的，但这些在原则上都被视为人际沟通。我们如今在电视上的讨论，会顾及今早报纸上说了些什么，而报纸上所说的又是对昨晚电台讨论的报道。那也是为什么我们通常用单数形式来论及公共领域。

公共领域是现代社会的核心特征。公共领域是如此核心，乃至即使它在实际上被压制或被操控的地方，也得伪造一个出来。现代独裁社会一般都不得不搞运动。社论出现在党报上，声称是在表达作家们的意

186

212

见,供他们的同伴公民参考;群众游行示威是被组织的,声称是在为大量民众感受到的愤慨提供通道。所有这些动作的发生过程仿佛都是真的,通过交流形成共同的思想,纵然结果是从一开始就被精心控制的。

在这一讨论中,我想特别援引两本非常有趣的书,一本是几乎在三十年前出版但近年才被译成英文的,即哈贝马斯(Jürgen Habermas)的《公共领域的结构转型》(*The Structural Transformation of the Public Sphere*)[29],它所处理的是 18 世纪西欧普遍意志的发展;另一本是近期出版的沃纳(Michael Warner)的《共和国的书信》(*The Letters of the Republic*)[30],该书描述英美殖民地的类似现象。

哈贝马斯的书,核心主题是普遍意志的新概念在 18 世纪西欧的出现。散布的出版物和小团体或地方交流,开始被解读为一个大辩论,从中整个社会的"普遍意志"得以出现。换句话说,理所当然的是,共享同一种观点但分散四处的人们,被联系于某种讨论空间,在那里,他们能够与他人一起交换思想并达到共同的目标。

这一共同空间是什么? 它是相当奇怪的东西,如果你开始思考它的话。这里涉及到的人们,按假设是从未见过面的。但他们被视为是相互联系在一起的,通过媒体——在 18 世纪是印刷品——讨论的共同空间。图书、小册子、报纸在受过教育的人当中流通,传播论题、分析、论证、反论证,相互参照和辩驳。这些印刷品被广为阅读,并通常在面对面的聚会中被讨论,在客厅、咖啡馆、沙龙、和/或在更(具权威性的)"公共"场所,如议会。从全部这种空间所产生的,假如有被普遍感觉到的观点,就算作这一新意义上的"普遍意志"。

这一空间是"公共空间",按我此处所用该词的意义。上一段,我谈到一个结论"算作"普遍意志。这反映了一个事实,即公共领域只能在它被如此想象之际才能存在。除非所有分散的讨论被它们的参与者视为联系于一个大的交流,否则就不可能有某种结果作为"普遍意志"这回事。这并不意味着想象在这里是万能的。也有客观条件;内部条件,比如,分散的地方讨论有跨地区的参照;外部条件,比如,必须有散发自多种多样的独立来源的印刷品,因为只有在此基础上,讨论才可被视为共

同讨论。正如人们所常说的,要有现代公共领域,"印刷资本主义"必须

187　先行。不过,正如沃纳表明的,印刷本身,甚至印刷资本主义,并没有提供充分条件。它们必须在正确的文化背景中来做,由此才能产生重要的共同理解。[31]公共领域是社会想象的一个突变,是对现代社会发展十分关键的一个突变。它是长征路上重要的一步。

　　公共领域是什么类型的领域,以及为什么它在18世纪是新事物? 对这样的问题的理解,我们现在有着更有利的位置。我一直在说,它是某种共同空间,从没见过面的人们在其中理解到自身在从事讨论,并有能力达到一个共同的思想。这里我想引入新的术语。我们可以说到"共同空间",是在人们出于无论什么目的就某个焦点一起走向共同行动之际,这行动或是礼仪性的,或是欣赏一部戏,或是一场对谈,或是庆祝一个大事件,等等。他们的焦点是共同的,这就有别于简单汇聚在一起,因为他们共同理解到,关注共同的对象或目的让他们走到一起;这就有别于许多人只是碰巧且自顾自地在一件事上彼此联系。在这个意义上,"人类的意见"提供的仅仅是汇聚一处的统一性,而普遍意志应该是从一系列共同行动产生的。

　　现在,当人们为了某种目的集合在一起,一种凭直觉可以理解的共同空间就建立了,不论它是亲密层面的谈话,还是更大的、更"公共"规模的商谈集会,或是一场仪式、典礼,或是观看一场体育比赛、歌剧,诸如此类。共同空间产生自某个场所的集会,我想称之为"话题共同空间"。

　　但公共空间,按我们已定义的,则有点不同。公共空间超越这样的话题空间。我们可以说,公共领域把多种多样的这类空间编织进一个更大的非集会空间。同样的公共讨论被认为穿越到我们今天的讨论,穿越到明天某人的真诚谈话,穿越到周四的报纸访谈,等等。我想称此更大类型的非地方性的共同空间为"元话题的"(meta-topical)。出现在18世纪的公共领域是元话题的共同空间。

　　我们发现,此类空间部分由共同理解构成;也就是说,虽然它们不能被简化成这样的理解,但若没有这样的理解,此类空间也不能生存。史无前例的新型空间要求史无前例的新理解。这就是公共领域的情形。

所谓新，并非新在元话题上。教会、国家早已存在元话题空间。而把新颖之处搞明白，可以把我们引向公共领域的关键特征，毕竟，在我看来，公共领域乃是长征中的一步。

之所以说是长征中的一步，是因为这一社会想象上的突变，是由现代秩序观念激发的。它的两大特征也凸显于这方面。一个特征是，它是势所必然的：它有独立的同一性，区别于政治。另一个特征是，它的力量是正当性的基准。如果我们对照原初的理想化（比如格劳秀斯或洛克的），就能明白这些特征何以重要。 188

首先，正如我在上面的素描（第一点）已经阐明的，在格劳秀斯-洛克的理想化中，政治社会被视为先于政治之物的工具；有一个地方在精神上是在政体之外的，仿佛可从这地方来判断政体的表现。这正好反映在想象独立于政治的社会生活新方式，即经济和公共领域。

第二，对社会旨在捍卫的权利来说，自由是核心的（第三点）。既作为对这一要点的回应，也作为对其背后的能动概念的回应，此理论极为重视一个要求，即政治社会的建立，要基于受它约束的人们的同意。

现在看到，正当统治的契约论之前就已存在。但该世纪种种理论的新颖之处在于，同意将这一要求放在更为根本的层面上。理论所要求的不仅仅是早已存在的人们必须同意那些统治者。现在要求的是，原初契约把我们带出自然状态，甚至创立集体性的生存，而此集体性对其成员个人有某种主张。

原初要求的是一劳永逸的同意，而且是正当性的一个条件，但很容易演变成要求当前的同意。政府必须赢得被统治者的同意；不仅仅是原初的，而且还作为正当性的持续条件。而从普遍意志之正当化功能中开始浮出表面的，正是这种持续同意的要求。

我将按照倒序来阐明公共领域的这些特征。最好的做法或许是在两个层面上说清楚其新颖之处：公共领域**做**什么；公共领域**是**什么。

首先，公共领域做什么；或更准确地说，在公共领域，什么被做成。公共领域是潜在地涉及每个人的场所（尽管在 18 世纪这一主张仅涉及受过教育的人或"有知识的"少数人），在这样的场所，社会可以就大事达成共同想法。这一共同想法是从批判性辩论中出现的理性观点，而不仅仅是对恰巧在人群中被持有的任何观点的总结。[32] 作为一个结果，共同想法有着规范地位：政府应该倾听它。对此有两个理由，理由之一倾向于占据优势并最终吞没另一个理由。第一个理由是，这一意见可能是出于学术的，政府因此会审慎地听从。来自梅西耶（Louis Sébastien Mercier）的为哈贝马斯所引用的如下陈述，对这一观念做了清楚的表达：[33]

189 　　好书取决于在所有阶层人民当中的启蒙；它们披戴真理。已经统治欧洲的恰恰是它们；它们就政府的义务、缺点、真正的利益等方面开导政府，它们也开导普遍意志，而政府必须倾听和服从普遍意志：这些好书是有耐心的专家，等待着国家管理者清醒，等待着他们的激情平息。

康德也明显有类似的观点。

　　第二个理由随着主权在民的观点而出现。政府于是就不但要明智地跟从民意，它这么做还受到道德上的约束。政府应该在讲道理的公众当中来立法和统治。议会或法院在决策时应该一起专心倾听，并实施人民当中有知识的辩论里所体现出的意见。由此兴起沃纳以及哈贝马斯所称的"监督原则"，该原则强调政府部门的程序要公开，可以让有分辨能力的公民进行监督。[34] 借助走向公开，立法审议就把普遍意志考虑进去，并使得审议最大限度地合理化，而同时又让自身暴露于普遍意志的压力之下，由此承认立法应当最终服从这一意见的明确要求。[35]

　　于是，公共领域成为一个场所，在这样的场所中，应该指导政府的合理观点得到详尽阐明。这开始被视为自由社会的一个根本特征。按伯克（Burke）所言，"在一个自由国家，每个人都认为他在所有公共事务上有份。"[36] 当然，相比于欧洲刚刚过去的时代，在 18 世纪，关于这一原则确有很新的东西。但有人会问，在历史上这是新的东西吗？这是不是所有自由社会的一个特征？

　　不是；有一个细微但重要的差异。让我们来比较有着公共领域的现代社会与一个古代共和国或城邦。在后者,我们可以想象,公共事务上的辩论可以在一系列背景中展开:在参与会饮的朋友当中,在市场上相遇的人们之间,以及自然地,在事情最终得到解决的人民会议(ekklesia)。辩论围绕在有能力的决策团体中进行并最终在那里得出结论。现在的不同在于,在此团体之外的讨论,为团体内同样这些人最终采取的行动作出了预备。"非正式的"讨论不是被隔离在外的,被给予属于它们自己的地位,而是被视为构成一种元话题空间。

但这是现代公共领域所发生的事情。它是讨论空间,而在自我意识中,这些讨论被视为在权力之外。它应该被权力倾听,但它本身不是权力的作为。关键就在于此超政治地位的意义。如我们将在下面看见的,这个意义把公共领域与现代社会其他本质上被视为超政治的侧面联系在一起。超政治的地位不仅仅是否定性地被定义的,即作为权力的缺失。它还被肯定性地看待:正因为普遍意志不是权力的作为,理论上说,它可以同时超然于党派精神和党派理性。

换句话说,随着现代公共领域而来的一个观念是,政治权力必须被某种外部东西加以监督和制衡。当然,要有外部制衡这一立场并不是新的,新就新在此立场的本质。此本质不被定义为上帝的旨意或自然法(尽管可以认为,此本质阐明了上帝的旨意或自然法),而是作为发自理性而非源自权力或传统权威的话语。按哈贝马斯所说,权力必须被理性驯服。这里的观念是"真理否定法的权威"。[37]

这样,公共领域与它之前的所有事物不同。"非正式的"讨论,尽管可以达到极为重要性的裁定,也是在权力领域之外获得定义的。它从古代集会中借用了一些形象——这在美国的情形中尤为突出——为的是把整个公共领域设计为一个讨论空间。但按照沃纳所显明的,它是在与这个模式的关系中来创新的。那些干预的人们仿佛就是站在集会前的演讲者。但与真正的古代集会中的典范人物不同的是,他们争取某种客观性,不偏不倚,并回避党派精神。他们力图否定他们自己的具体性,并由此不受"任何私人的或党派的观点"所影响。这就是沃纳所称的"否定性原则"。我们不仅可以视之为与印刷出版协调,与口说媒介相对,而且

190

可视之为对新的公共领域之超政治这一关键特征的表达，作为施加在（on）和向着（to）权力的理性话语，而不是受权力支配（by）的话语。[38]

诚如沃纳所指出的那样，公共领域的兴起涉及到旧社会秩序理想中的一个破裂，那时候该秩序尚未被冲突和差异所断开。相反，它意味着辩论爆发并持续，原则上卷入了每个人，而这是完全正当的。旧的统一性一去不返，新的统一性有待胜出。因为不断持续的分歧并不意味着是权力上的作为，以及由辩证法手段实施的准内战。其潜在的分裂和摧毁后果也被一个事实所抵消，即它是权力之外的辩论，理性的辩论，力图不带党派偏见地定义共同之善。"抵制争议的语言却为争议阐明了规范。它默默地把免于冲突性辩论的社会秩序理想转变成免于社会冲突的辩论理想。"[39]

由此可见，公共领域所做的，就是能够让社会达成共同想法，却不需要政治领域作中介，在权力之外的理性话语中，尽管这话语对权力是具有规范力的。现在让我们来看看，为了做到这一点，公共领域必须**是**什么样子的。

为此，我们最好试图确定其中未曾有过的新东西。我想一定程度上可以分两个步骤来进行。首先是早已触及的新颖之侧面。如果我们把公共领域与其基本形象的一个重要来源（即古代共和国）相比较，首先引起我们注意的，是其超政治的场所。"学人共和国"是一常见术语，是17世纪末国际学者协会成员在交流中自己命名的。这是公共领域的先驱现象；其实，这一协会对塑造公共领域是有功劳的。这是政治之外建构起的"共和国"。

相似和差异都赋予公共领域以力量，并指向这一形象：作为一个统一的协会，它是一个共和国，聚集所有有知识的参与者，跨越政治边界；但它也是摆脱了服从的共和国；其"公民"对它根本没有效忠义务，只要他们从事学问事业。

这某种程度上被18世纪公共领域所继承。在其内，社会成员走到一起，追求一个共同目的；他们形成社团，并意识到自己是在形成一个社团,尽管它不是由社会的政治结构所建构的。但古代城邦或共和国在这一点上就不同。雅典是一个社会,一个公民集体(koinonia),但只是政治地建构的。罗马也同样如此。古代社会是由法律赋予其同一性的。在军团旗帜上标有 SPQR(Senatus populusque romanus,罗马人民参议院),但这里的"人民"是全体罗马公民,即那些按法律被定义为公民的人。人民并没有一个同一性,并不构成一个先于法律和法律之外的统一体。如我们在上面看到的,这也反映了一个共同的前现代理解,关于社会实践背后的道德/形而上秩序。

对比之下,在设计公共领域时,我们的 18 世纪前辈把他们自己置于一个社团中,这一共同的讨论空间,根本不归功于政治结构,但被视为独立于政治结构而存在。

这一超政治的地位是其新颖性的一个侧面:一个政治社会的所有成员(或至少所有有能力的和"被启蒙的"成员),还应该被视为在国家之外形成了一个社会。确实,这一社会比任何一个国家都要广大;出于某些目的,它还延伸到文明化欧洲的所有的人。这是一个极为重要的侧面,并对应于我们当代文明的一个关键特征,此特征也在这时出现,但不止在公共领域中可见。我想稍后继续讨论这一点,我们必须先讨论第二个步骤。

因为很显然的是,一个超政治的国际社会,就其本身而言并非新事物。之前就有斯多葛主义的世界都城(cosmopolis),更近时则有基督教会。欧洲人已经习惯于生活在双重社会,即由两大不可相互化约的原则所组织的一个社会。因此,公共领域新颖性的第二个侧面必须被定义为其根本的世俗性(secularity)。 192

这里我借助"世俗性"一词很特殊的用法,接近于其原初的含义,即用来表达某种时间。它显然密切地联系于"世俗性"的一个共同含义,即聚焦于从公共领域中挪走上帝、宗教或灵性。我在这里所谈论的,准确地说,并不是指这一点,而是对此起着推波助澜作用的因素,即对社会以什么为根基,我们的理解经历了变迁。尽管有混淆的风险,但还是有一个理由在此使用"世俗"一词,因为在它的词源上,它标示出此语境中的关键所在,这就牵涉到人类社会占据时间的方式。但这一描述差异的方式只能在后面引出,在某种初步探索之后。

我在这里使用的"世俗性"概念是根本性的,因为它不仅有对比于社会的神性根基的含义,而且有对比于任何把社会建构于某种超越同时代共同行动的东西的观念。如果借助我在第一章描述的那些前现代秩序观念,我们会发现,比如,等级社会把它们自身看作是"存在链"之一部分的象征。在王室、贵族等位置上的实际人物背后,还有"理念",或这些人暂时体现的恒久形而上"实在"。国王有两个身体,只有一个是具体的和会朽坏的身体,现在需要得到喂养和穿戴服饰,以后也将被埋葬。[40] 在这一观点中,是什么构成一个社会之为社会的东西?是它所体现的形而上秩序。[41] 人们在一个框架内行动,而此框架是先于和独立于他们的行动而存在的。

但世俗性不仅与上帝所立定的教会或存在链相对,它也不同于另一种社会理解,即认为我们的社会是自远古起就是我们的法所建构的,因为这也把我们的行动置于一种框架之内,这框架把我们团结在一起,构成一个社会,并超越我们的共同行动。

与所有这些构成对比的是,公共领域是一种社团,但它的建构完全出自我们在其中施行的共同行动:只要可能,通过思想交流,达成一个共同思想之际。其作为社团的存在正是以这样的方式一起行动。此共同行动不是因一种框架而成为可能的,而那样的框架需要在某种超越行动的(action-transcendent)维度中才得以建立:要么是上帝的作为,要么是在大存在链中,要么是出于祖传的律法。这就是使它根本世俗化的因素。我想主张,这是把我们带入其中的新颖且前所未有的东西的核心。

193　这是直率的陈述。显然,这一世俗性概念依然需要得到进一步澄清。或许,与"神秘身体"和"大存在链"的反差已经足够明显。但我也主张相异于传统部落社会的一个不同点,即类似于已奠基了北大西洋政体的日耳曼人所具有的那种状况,或另一种形式,即构建起古代共和国和城邦的那一种形式。但这一点可能遭到挑战。

这些社会是由法来定义的。但那就是有别于公共领域的全部吗?

毕竟，无论何时，只要我们想要在这一领域作为，我们就会遭遇早已处在恰当位置的一系列结构，包括报纸、电视网络、出版等等。我们是在这些媒体所提供的渠道内作为。难道这不是很类似于一个部落的任何成员，他或她不得不在现有的酋长关系、议事会、年度会议等等结构中来行动？当然，公共领域的建制不断变化；报社倒闭，电视网络兼并，诸如此类。但也没有什么部落一直是绝对地固定于其既有形式；那些形式也随着时间而演变。如果有人声称，这一前生存的结构对持续行动是有效的，但对于建立公共领域这样的奠基之举，答案也许是：这些是不可能在时间之流中识别的，这方面比部落好不到哪里去。而假如我们想要坚持主张，必定有这样的时刻，那么我们就应该评论说，许多部落也传递创始之举的传说，比如在吕库古（Lycurgus）制定了法律之际。他显然是在已有结构之外作为的。

在结构内谈论行动，也可以让相似之处显明，但有存留在相应的共同理解中的一个重要差异。不错，在一个发挥作用的公共领域，任一时间的行动是在之前确定的结构内得到实施的。有事物的实际安排，但这种安排并不享有高于领域内实施的行动的特权。结构是在先前共同空间的沟通行动期间确立的，完全相似于我们现在正在实施的那些行动。我们的当前行动可以修改这些结构，那是完全正当的，因为这些结构只不过被视为此类沟通行动的沉淀和促成因素。

但一个部落的传统法通常享有不同的地位。当然，我们可以随着时间流转而变革它，因循它自身提供的对策。但它不是仅仅被视为行动的沉淀和促成因素。废除法律或许意味着废除公共行动的主体，因为法律把部落定义为一个实体。而公共领域则可以重新创设，即使在所有媒体都被消灭，只需简单地再办一个新的媒体，而一个部落延续其生命，只能基于这样的理解：尽管法律因外来征服而中断其功效，但它依然有效。

这也是我说下面这番话时的含义所在。我认为，构成社会的东西，使得共同的能动性成为可能的东西，超越了在社会内施行的共同行动。我们今天的共同行动所需要的结构，不仅仅是作为昨天共同行动的一个后果，尽管昨天的和今天的共同行动在本质上没有区别。相反，传统法不

194

论何时都是任一共同行动的前提，因为没有它，这种共同的能动性就不可能存在。在此意义上，它是超越的。相比之下，在一个纯粹世俗的社团中（在我所用的意义上），共同能动性仅仅产生于共同行动，并且作为共同行动的沉淀因素。

因此，在我试图在这里定义的世俗性概念背后，关键差别可以联系于这一问题：什么构成社团？或者换个问法，当这一群人随着时间推移而继续时，是什么使他们成为一个共同的能动者？设若这是某种超越此能动者从事的那些共同行动领域的东西，那么此种社团就是非世俗性的。设若构成因素除了这种共同行动别无其他因素——不论已在过去发生的或现在发生的创始之举是否是非物质性的——我们就有了世俗性。

我现在想要主张的是，这类世俗性是现代的；即它是人类历史上非常近期才发生的。当然，存在着仅仅从共同行动就已经产生的各类短暂且话题性的共同能动者。一群人汇集一处，人们大声抗议，然后市长的家被扔石头，或别墅被烧毁。但在现代日子之前，在纯粹世俗性基础上，持久的、元话题的共同能动性是不可思议的。人们只能把自身理解为是由超越行动的某种东西建构成这样的共同能动者，或是来自上帝的奠基，或是社会所体现的存在链，或是定义我们为子民的某种传统法。18 世纪的公共空间由此代表了新类型的立场：元话题的共同空间和共同的能动性，但此能动性却没有超越行动的建构，纯粹根植于其自身的共同行动。

但一些传统社会常常"记得的"奠基时刻又如何呢？吕库古给了斯巴达法律，这行动又算什么呢？这些例子确实向我们显明，存在发自共同行动的建构因素（这里是法律）：吕库古提议，斯巴达人接受。但正是因为此类奠基时刻的本质，它们被置于的层面与当代共同行动的层面显然不同。奠基之举被移置到更高层面，即英雄时间，那一时刻并不被视为与我们今天所做事情同处一个品质水平。奠基行动恰恰不像我们的行动，并不仅仅因为它是更早的类似之举，并且其沉淀又规定了我们的结构。不仅仅是更早，而在于那是另一种时间，即典范时刻。[42]

而这也是为什么我总想使用"世俗"一词,尽管它可能产生诸多误解。因为很清楚,我不仅仅是指"不倚赖宗教"。[43]我所排除在外的,要广泛得多。因为"世俗的"原初含义是"有关时代的",也就是说,属于世俗时间。按我们之前所见,它接近于现世/属灵(temporal/spiritual)这一对比中的现世。

早前时代的理解是,这是世俗时间,其存在倚赖它与更高时间的关系(被更高时间所环绕和渗透:这里难以找到恰到好处的词汇)。前现代的时间理解似乎总是多维度的。时间是被永恒超越的,并被永恒设定在恰当位置;不论是希腊哲学的时间,还是圣经中上帝的时间。在这两种情形下,永恒都不只是无尽的世俗时间,但是向着那永不改变者上升,或时间的某种汇集,成为一个统一体;因此会有"世世代代"、"永永远远"这样的表述。

像柏拉图或基督徒那样把时间和永恒相联系,即使在基督教世界,也并非绝无仅有。还有更广泛的奠基时间的意义,按伊利亚德(Eliade)所用的术语,就是"起源时间",[44]它与日常时间中的当前时刻复杂地联系在一起,这是因为它经常性地可以通过礼仪而抵达,而其力量也被一再化用于某些特权时刻。那也是为什么它不能简单地被明确置于过去(在日常时间)。在重复展现基督生命的"奠基"事件上,基督教礼仪年吸收了这种也被其他宗教广为共享的时间意识。

现在,人们似乎普遍认为,重要的元话题空间和能动者是在更高时间模式中被建构的。国家、教会几乎必然地存在于不只一个时间维度,假如它们纯粹在世俗或日常时间中存在,那简直是不可思议。一个体现了大存在链的国家被联系于永恒的理念领域;由法律定义的人民与法律被制订之际的奠基时刻相通;诸如此类。

从某个角度可以认为,现代"世俗化"是对更高时间的拒斥,是把时间设置为纯粹世俗的。事件现在只存在于这一维度,在这样的维度中,事件处在更大和更少的现世距离,并与同类型的其他事件处于因果关系。现代的同时性概念大致如此:在同时性中,在因果上或意义上极不相关的事件之所以被放在一起,只是因为它们同时发生于世俗时间轴上

195

的同一个点。现代文学以及新闻媒体被社会科学所支持,已经使得我们习惯于根据垂直时间片段来设想社会,把无数发生的事情,相关联的或不相关联的,放在一起。我认为安德森(Anderson)有一点说对了,即这是一种典型的现代社会想象模式,此模式是我们的中世纪祖先所难以理解的,因为在中世纪,世俗时间中的事件是以非常不同的方式与更高时间相联系的,若只是在现代的同时性关系中并置它们,就显得不自然。这承载着均质性假设,被占主导地位的时间意识从根本上拒斥。[45]我会在下面回头论及这一点。

走向我所称的"世俗性"的一步,显然联系于这一根本上被整肃的时间意识。它之出现是当社团被坚固地和整体地置于均质的世俗时间,不论更高时间是否被整个否定,也不论其他社团是否依然被允许在更高时间中存在。因此之故,我的论述是要把此情形联系于公共领域,以及公共领域之新颖的和(接近于)史无前例的本质。

我现在或许能将此讨论收拢,并试图陈述公共领域曾是(was)什么。它曾是一个新的元话题空间,在其中,社会成员可以交流观点并达到共同的思想。由此,它构成一个元话题的能动机制,但被认为是独立于社会的政治建构而存在的,并且完全是在世俗时间内存在。

公共领域曾经是、现在依然是的,就是这样一个超政治的、世俗的、元话题的空间。理解这一点的重要性,部分在于这样的事实:它不是单打独斗的,而是某种发展的一部分,但该发展却转变了我们对社会和时间的整体理解,因此,甚至在唤起它以前曾是什么样的时候,我们都会觉得很难。

〜　5　至高无上的人民　〜

(3)这后一方面就是帮助建构现代社会想象中相互联系的大突变链中的第三方面。这起初也是作为一个理论登场的,然后逐步渗透和改变社会想象。但这是如何发生的? 事实上我们可以区分两个相当不同的路径。我这里把它们定义为理想型,这是因为我认识到,在真实历史发展过程中,它们常常是结合在一起的,有时难以拆解。

一方面,一种理论可以激发一种伴随新实践的新活力,以此方式形成任何采纳这些实践的团体之想象。围绕"约"(Covenant)这个观念形成的第一个清教徒教会提供了这样的例子。一个新的教会结构出自一个神学创新;而这成为政治变迁故事的一部分,因为在某些美洲殖民地,公民结构本身就受到教会治理方式的影响,比如康涅狄格的公理制(Congregationalism),在那里,只有"皈依者"享有完全的公民资格。

否则,社会想象上的变化就不会伴随着对古已有之的实践作出重新解释。正当性的更古老形式可以说被新的秩序理解所占领,并随后被转变;在某些案例中,没有明显的断裂。

美国是个恰当的案例。在大不列颠和美洲占据主导地位的一些观 197 念,即促发英国内战的那些观念,以及殖民地反抗的开端,基本上是往回看的。他们转向"古代宪政"的观念,这是基于远古就有的法律秩序,在这样的秩序中,"议会"在国王旁边有其正当位置。这是最广为人知的前现代秩序理解的一个典型,可以回溯到并非是在日常时间中的"起源时间"(伊利亚德的用语)。

这一从美国革命中出现的更古老观念进而转变为人民主权中的成熟根基,而美国宪法也据以被说成是出于"我们,人民"之口。先于这一观念的,则是诉诸理想化的自然法秩序,即在《独立宣言》中乞灵于"自明的真理"。[46] 此转型较为容易,因为被理解为传统法的东西,把很重要的地位赋予了被选举的议会和他们对税收的同意。接下来所需要的,就是转向这些因素的平衡,以便让选举成为正当权力的唯一来源。

但是,为了使这一变革瓜熟蒂落,必须发生的就是社会想象的转变,其中,奠基观念取自神秘的早期时刻,并被视为人民现今也能做的事情。换句话说,它变成是某种可以在当代纯粹世俗时间内由集体行动带来的东西。这在18世纪也时有发生,但更多是朝向其终点而不是其开端。精英事先提出奠基行动的种种理论,但这些理论并没有恰当地深入到它们旨在产生影响的普遍社会想象。因此会有1688年被呈现为一种连续性的举动,即回到先在的合法性,尽管当我们回头看时那似乎是激进的新尝试。(我们被一个语用学上的变化所蒙骗。"光荣革命"原本有回到原初位置的意思,而不是创造性地接管这一现代意义。当然,借助其效用历史,它有助于改变含义。)

新理论和传统实践之间的匹配对结果很关键。人民主权之所以在美国情形中被唤起,因为它能够找到被普遍同意的建制意义。所有殖民者都同意,找到新宪法的途径是通过某种议事会,也许比一般议事会稍大,比如在1799年的马萨诸塞。古老的代表性建制有助于用实践术语来"解释"新概念。

我们可以说,美国革命是基于一个正当性观念开始的,但终结时则孕育出另一个非常不同的观念;同时又在某种程度上避免了根本性断裂。殖民者一开始倚靠声张传统的"英国人的权利"来对抗傲慢和迟钝的帝国政府。一旦与国王的决裂在议会中得以完成,就不用再臣服于统治者,抵抗的领导权自然就传给了已有的民选立法机构,并在大陆会议中联合起来。与1640年代的内战的相似性是很明显的。

但战争总是激进化的一个来源。决裂本身是通过肯定普世人权的《独立宣言》作出的,不再单单是英国人的那些权利。某些州基于民意采纳新宪法,但整个运动最终在一个宪法中达到顶峰——宪法把新的共和国明确置于现代道德秩序之内,作为人民的意愿,这人民根本不需要某种前存在的法律而成为人民,而是可以视自身为法律的来源。

根本而言,新的社会想象是通过追溯式重新解释而来的。革命力量很大程度上基于古老的、向后看的正当性观念而得到调动。这在后来被视为内在于至高无上的人民权力之实施。其存在及其正当性的证明就在于它所建立的新政体。但人民主权若不是很快进入图景,也许就难以完成这一任务。原有的观念唤起由古代宪法所定义的人民之传统权利,在它被带着对往昔的毫无怜悯的忘恩负义(此乃现代革命的特点)降到遗忘地位之前,不得不做出原创性的提升,动员殖民者投身斗争。

这当然并不意味着实践上没有任何改变,改变的只是正当性话语。相反,某些重要的新步骤被采纳,且只能是新话语才能为之辩护的。我已提到新的州立宪法,比如马萨诸塞州1799年的宪法。但联邦宪法本身是最著名的例子。在联邦党人的观点中,创立一个新的中央权力是十分紧要的事情,这中央权力不单单是诸州的创造物;这是他们想取代的加盟体制的主要缺陷。必须有创造共同工具的某种东西,它远不只是诸州诸民(peoples)。新的联合政府必须有其自身在"美利坚合众国人民"中的正当性基础。这是整个联邦党人计划必不可少的一部分。

但在同时,如此就把一个主权的人民之行动投射到往昔,若没有制度和实践上的连续性,或许也是不可能的,因为连续性使得把过去的行动重新解释为新原则的果实成为可能。这一连续性的实质在于,在殖民者当中,民选议会事实上被普遍承认为正当的权力形式。这是更加深刻感知到的,因为他们的民选立法机构长期以来就是他们的地方自由的主要堡垒,以此对抗皇室的或帝国执政官的侵犯。说到底,像采纳新的州立宪法这样的关键转折点的来临,他们诉诸于特殊的扩大议会。人民主权能被信奉,是因为它有一个明确的、毫无异议的制度意义。这是新秩序的基础。[47]

相当不同的是法国革命中的情形,伴随着致命的结果。"将革命进行到底"[48]被所有历史学家评论为"不可能",部分原因正在于此,因为任何人民主权的具体表达都会受到有着实质支持的另一具体表达的挑战。法国革命最初几年令人惊恐万分的不稳定就因为这一否定性事实,即从王朝统治正当性向民族正当性的转移,没有在有着更为广泛基础的社会想象中获得一致同意的意义。

这也并非被理解为这一不稳定的全球性"说明",但可以这样来理解:它告诉我们,那些我们用来说明它的不同因素以某种方式一起产生了我们所知道的结果。当然,伴随国王左右的实质部分,即军队和贵族,并不接受新原则,这一事实就给稳定带来了巨大阻碍。甚至在赞成新的正当性的那些人当中,本身也四分五裂。但使得后面这些人的分裂如此致命的因素,是对民族主权的制度意义缺乏任何一致的理解。

伯克对革命家的忠告是坚持传统宪法,并逐步修改。但这已经不是

199

革命家所能胜任的。这不仅因为此宪法的代表性建制，即"三级会议"，已处于暂时中止状态长达一百七十五年。他们还与时代的平等公民权这一抱负极不同步，其时，这一抱负已经在受过教育的阶级（即中产阶级和相当一部分贵族）当中发展起来，并以多种方式找到表达；否定性方面是攻击贵族特权，肯定性方面则是对共和国罗马及其理想的热衷。[49]那也是为什么1789年的"平民阶级"实际上的第一个要求是取消分立的议会，并将所有代表聚在一起，成立单一的"国民议会"。

其至更为沉重的是，在这些受过教育的精英之外，对于代表性宪法意味着什么，几乎很少为人所知。不错，人民群众响应了三级会议的呼求，带着他们的陈情书，但这整个程序假设了皇帝主权的持续；它终究不适合用来作为民意的通道。

稳健派所希望的，是某种沿着伯克建议的路线的行动：传统宪法演变，塑造某种代表建制，这种代表建制通过公民选票而被所有人理解为民族意志的表达。这就是在18世纪即已形成的下议院建制，尽管这里的"人民"还是为数很少的精英，但被视为是替整个人民讲话的，具体是通过种种模式的实质代表。

在英国导致这一步走出的那个演变，已经产生了自我治理形式的意义，而自我治理乃是广泛的社会之社会想象的一部分。那也是为什么更广泛的民众参与的要求在英国采取了扩展商贸的建议。人民想要参与已建立的代表结构，最著名的如1830年代和1840年代的宪章运动宣传。上面讨论过的美国情形在这同样的演变上领先一步；他们的代表性议会一般是基于男性选举权的普选。

这些通过被选举议会实现的自治形式，在盎格鲁-萨克逊社会中是普遍可得的部分剧目。但在法国，不仅因为这些自治形式在百姓阶层中缺失，而且因为法国民众发展出他们自己的抗议形式，其结构出于相当不同的逻辑。在转向检讨这些问题之前，就现代革命转型还有一个一般性的观点有待提出，并在一些新理论基础上展开。

只有在"人民"或至少重要的少数派活动人士能够理解并内化一种理论时，所希望的转型才能成功。但对于政治的行动者来说，理解一个理论就是有能力将理论投入他们所在世界的实践。他们是通过使得理论产生果效的实践来理解一种理论的。这些实践必须对他们有意义,即理论规定的那种意义。但使得我们的实践有意义的,则是我们的社会想象。因此,此类转型的关键就在于,人民(或其中的几拨活跃人群)共享一个能够实现这一要求的社会想象,也就是说,此社会想象包括了实现新理论的方式。

由此我们可以把给定时间的人民的社会想象设想为某种剧目大全(按我在第二章所建议的),包括他们能够理解其意义的全部实践。要按照正当性的新原则来转变社会,我们必须有一套剧目,其中包括了满足此原则的诸般方式。这个要求可以一分为二:(1)行动者必须知道做什么,必须掌握剧目中让新秩序产生效果的实践;和(2)全部行动者必须就这些实践是什么这个问题达成一致。

援引康德哲学来打个比方:理论是抽象范畴;假如它们要在历史中有效,就需要"被图式化",以便在实践领域接受某种具体的解释。

有这样一些现代革命处境,在那里,(1)事实上曾经是完全缺失。比如,以俄罗斯为例:沙皇统治在 1917 年的土崩瓦解被认为是为新的共和正当性开启了道路,"临时政府"所认为的正当性,也会在他们呼吁于次年召开的立宪会议上得到定义。但是,如果我们根据菲格斯(Orlando Figes)的分析,[50] 绝大多数农民不能把俄罗斯人民作为整体设想为主权能动者。农民完全能够理解的,他们所寻求的,是村社组织(mir)自行采取行动的自由,瓜分贵族霸占的土地(在他们看来),不再承受中央政府之手的压迫。他们的社会想象包括了一个地方性的集体能动者,即村社人民。他们知道,这一能动者必须对付国民政府,因为后者可能给他们带来许多伤害,即便偶尔也给他们带来好处。但他们对于作为国民的**人民**(这样的人民可以从独裁政府那里接管主权)则毫无概念。他们的剧目并不包括国族层面的此类集体能动者;他们能够理解的,是像普加乔夫斯基纳(Pugachoveschina)那样的大规模起义,其目标不是要接管和取代中央权力,而是要迫使它不那么有害和减少侵入。

相比之下,在法国革命期间,缺失的是(2)。可用来实现人民主权的

201

229

方案不止一个。一方面，传统的三级会议建制不适合此目地；（普通的）人民只选出三级会议之一；整个体制意味着代表臣民向主权君主哀求。

但另一方面，可供采纳的理论范围比在美国的情形中所能采纳的更为广泛。这部分归功于这样的事实，在英语世界，代议制强有力地占据了想象者的头脑，这就阻止了理论想象；但它也产生于法国文化和思想的独特轨迹。

在法国案例中有着特殊重要性的，是受卢梭影响的一系列理论。这些理论有着对法国革命来说乃是致命性的两个特征。首先在于，是什么支撑了卢梭的"普遍意志"（la volonté générale）概念。这反映了卢梭对现代秩序观念做了新的和更激进的"化减"。

正如我们看到的，这一秩序观念的原则在于，我们每个人都要自由地追求他自己维持生命的手段，但在追求过程中，要注意方法，必须至少不阻碍其他人的平行追求。换句话说，我们人生规划的追求必须和谐。但对这一和谐的认识则多种多样。它可以通过"看不见的手"的过程而产生，就如备受赞誉的亚当·斯密的理论。[51]但既然这从来不被认为是足够的，和谐也被认为是需要我们有意识地通过遵从自然法而产生的。洛克把这视为上帝赐予的，而顺从自然法的动机不论怎样都会使我们顺服上帝：对我们的创造主的义务感，和对永罚的恐惧。

后来，对上帝的敬畏被一种不受情感影响的仁慈观念所取代，或被自然情感的观念所取代。但所有这些较早期的概念的共同之处，是它们假定了我们里面的动机的二元性。我们可能受诱惑，以他人为代价而满足自身利益；然后我们也可能受感动——通过对上帝的敬畏，理智的仁慈，或别的什么——为普遍之善而有所作为。卢梭想拒绝的，正是此二元论。真正的和谐之来临，唯有在我们能克服此二元性之际。当我对自己的爱，协调于我实现另一欲求，即实现我的合作能动者（那些与我一起参与和谐的人）的正当目标。用卢梭的语言，自爱的原始本能和同情在理性而有德性的人身上融为一体，成为对共同之善的爱，此爱在政治语境则以"普遍意志"为人所知。

换句话说，在有着完全德性的人身上，自爱不再与对他人的爱相区别。但对此区别的克服又在另一点上带来新的二元论。如果自爱也是爱人类，那么如何去解释在我们里面对抗德性的自私倾向？这些必定来自卢梭称之为"骄傲"的另一个动机。由此，我对自身的关切采取两种形式，它们相互对立，就如善与恶对立。

这一区别在启蒙语境下是新的。但在另一意义上，它涉及到向着深深扎根于传统的思维方式的回归。我们要区分意志中的两种品质。我们返回到奥古斯丁的道德世界：人能有两种爱，一善一恶。但它是修正版的奥古斯丁，帕拉纠主义的奥古斯丁，即便悖论不太具有冲击性，因为善的意志现在是与生俱来的、自然的、全然人类中心的，对于这一点，博蒙特主教（Monseigneur de Beaumont）看得非常清楚。

此理论本身也是非常现代的，被置于现代道德秩序。目标是让个体的意志和谐，但假如没有产生一个新的身份，即"共我"（common self），这也是做不到的。[52] 必须得到挽救的，是自由（liberty），每个人的个体自由。自由（freedom）是至高的善，乃至于卢梭得以重新解释德性与邪恶，使之与自由和奴役相一致。"单单受欲望冲动支配是奴役，服从自愿接受的法律是自由。"[53] 法律是我们喜爱的，因为它旨在全体的善，所以它不是对自由的制约。相反，它来自我们里面最本真的东西，来自被扩大的和被置换到更高道德的自爱。它是从孤独转向社会的果实，也是从动物状态转向人性状态的果实。

从自然状态向社会状态的转变，在人里面产生了一个惊人的变化，在他的行为中以正义替代本能，并为他的行动赋予了先前缺乏的道德……尽管在此状态中，他失去了他从自然中获得的很多益处，但他获得的益处是如此巨大——他的能力得到践行和发展，他的思想拓宽了，他的情感高贵了，他的整个灵魂得到提升——乃至于如果不是这一新状态的滥用经常使他降落到他先前水平以下，他或许将常常庆祝那个使其永远脱离了自然状态的幸福时刻，这个时刻把他从一个愚蠢有限的动物，变成一个有智力的存在者和一个人。

另一方面,与此规律相对的,并非是本真自我,而是一种意志,这种意志因倚赖他人而被腐化,已偏离其合适的轨道。

卢梭的"化减"给予我们的道德心理学,非常不同于源自洛克的启蒙时期的标准概念。它不仅回到一个意志,而此意志潜力具有两种品质,即善和恶。它还以相当不同的方式呈现理性与善意的关系。在主流启蒙观点看来,超脱的理性,即把我们提升到一个普世立场,使得我们成为不偏不倚的旁观者,就像解放了我们里面的普遍善意,或至少教导我们去承认我们经过了启蒙的自利,但在卢梭看来,这一客观化的理性是谋略思维的仆人,只是用来使我们更充分地卷入权力算计,这种算计因着试图控制别人,事实上反而使我们越来越倚赖他们。

这一谋略的自我既是一体的,同时又是分离的,渴望他人的认可,甚至进一步压抑了真正的自我。追求德性的努力就是试图恢复一个被埋没的、在我们里面几乎被深深禁止的声音。我们所需要的,正是超脱的对立面;我们反而是需要深交于我们自身里面最亲密和最本质的声音,那是被世界的喧嚣所淹没的声音。

204　　　　良心!良心!神性的本能,来自天上的不朽之声;是无知、有限但有智力和自由的造物之明确向导;善恶之永远正确的法官,使得人与上帝相像!是你造就了他的本性的卓越和行动的道德;没有你,我在我里面找不到让我上升到野兽以上的东西——有的只是在没有规则的理解和没有原则的理性的帮助下不断误入歧途的悲惨特权。[55]

这一理论暗示了一种新的政治,此种政治事实上就是我们所看到的1792—1794年间大革命达到高潮之际被推演的。这是这样一种政治,它(a)使得德性成为一个核心概念,这一德性又包括在爱己和爱国的融合中。正如罗伯斯庇尔在1792年所说的:"共和国的灵魂是德性,它是对祖国的爱,即宽宏大量的奉献,把所有特殊利益都归到普遍利益中去。"[56]在某种意义上,这是回归到古代的德性概念,孟德斯鸠将之识别为共和国的"主要推动力","持续把共和国的利益置于个人自身利益之上"。[57]但在新的卢梭融合术语中,这一说法被重新编辑了。

(b)它倾向于摩尼教(manicheism)。在德性和邪恶之间的灰色地带倾向于消失。在对作为普遍之善的爱旁边,根本没有私人利益的正当地位,哪怕是次要于普遍之善的地位也没有。自利是腐败的标记,因此也是邪恶的标记,而至其极限处,可以变得与其对立面不可分离。利己主义者变得等同于卖国贼。

(c)这种政治话语有一个准宗教的要旨。这常常被提到。[58]"神圣"常常被唤起(神圣联盟,杀死了马拉[Marat]等人的"亵渎神圣的手")。

(d)但这种政治最致命的特点之一是其复杂的代表概念。对卢梭来说——当然这也是他的理论的第二个重要特征——政治的代表,在其常规意义上通过选举的议会,是令人深恶痛绝的。这与他对透明的坚持有关联。[59]普遍意志是最大透明性的场所,在这个意义上,当我们的意志融合为一,我们就相互间达到最大限度的在场和开放。不透明是特殊意志所固有的,而要实现这些特殊意志,我们常常试图采用间接的谋略、利用操控和虚假的外表(这触及另一种形式的"代表",一种准剧场类型的,并且还是坏的和有害的代表)。这也是为什么这一政治观点如此容易用隐藏的和不被允许的行动、甚至阴谋来消化不满,并因此触及极限而叛逆。另一方面,普遍意志是被公开产生的,在每个人眼皮底下。这也是为什么在这种类型的政治中,普遍意志总是要一再被定义和被宣布,有人甚至会说,在人民面前产生,是在卢梭明确描述过的另一类剧场中。这不是演员呈现自身与观看者的地方,而是以公共节日为模式的那种剧场,在那里,每个人既是演员也是观众。这是把真正的共和节日与堕落的现代剧场形式相区分的东西。在前者,一个人可以问:

> 但这些演出的对象是什么?它们演出了什么?什么也不是,如果你愿意的话。伴随着自由,人群统治的地方幸福也将统治。在广场中央,树立起一个鲜花环绕的长矛,让人们聚集在那里,你就拥有了一个节日庆典。甚至还可能更好:让观众也参与表演,让他们自

205

233

己成为演员,这样一来,每个人都在别人中间看见自己并且爱自己,从而让所有的人更好地联合在一起。[60]

透明,即是"非代表",需要明确的话语形式,普遍意志由此得到公共性的定义;甚至为了人民和由人民显明的礼仪形式,不是一劳永逸之举,而是一再重复,有人甚至着迷地去思考。在巴黎的这些致命岁月,革命话语之关键维度由此得到理解,在那里,正当性的赢得是通过(最终正确的)普遍意志之表述,以及健康而有德性的共和国之表述。这在某种程度上解释了1792—1794年间派系斗争惊人的喋喋不休。但它也表明赋予革命节日的重要性,对此奥佐夫(Mona Ozouf)曾做过研究。[61]这是尝试让共和国显明于人民,或按卢梭的话,人民显明自身;这些节日常常从早期宗教仪式借用形式,比如圣体节游行。

206　　我说卢梭的代表概念是复杂的,因为它涉及到的不只是否定点,即阻断代表制议会。我们在革命话语本身以及节日中能够看到另一种代表,散漫的或准剧场的。有人可能说,这很公平;这并不违反卢梭的禁止;节日甚至是按他的计划设立的。但这里已有某种不那么容忍和潜在危险的东西。就普遍意志只存在于有真正德性的地方而言,也就是要求个人意志和共同意志的真正融合,那么,这样一种情形能说明什么——许多人,甚至绝大多数人依然是"腐败的",也就是说,还没有实现这种融合?它们将是真正的普遍意志的工具,客观上说是每个人的意志,也就是每个人如果有德性就会认同的共同目标。

这一少数派就对于其自身正确性的洞见该做什么?仅仅让一个腐败的多数人的"全体意志"通过某种形式上被同意的投票程序进行下去?这会有什么价值,因为按假定那里根本没有真正的共和国——真正的共和国乃是所有人的意志与普遍意志相一致?显然,少数派被召唤去有所作为,为的是产生真正的共和国,这意味着抗击腐败、建立德性。

我们可以在这里看到一直是我们的世界之致命部分的先锋政治的诱惑。这类政治涉及新种类"代表"的声称。它不是旧的前现代类型,因为在旧类型那里,国王根据事物的结构"代表"他的王国,主教代表教会,公爵代表他的公国,诸如此类,因为在占据他们的地盘时,他们把他们的臣属建构成可代表的集体。革命权力非常不同于此,但在形式上很相似,革命权力将使用准剧场形式的自我代表,以此让代表功能彰显。

但它也不是现代意义的代表,那是卢梭所谴责的。因为现代意义的代表机制中,议员是由相关当事人选出来的,其决策对所有的人都有约束。我们可以说,这一新奇的、不是被充分承认的形式反而是靠着"化身"(incarnation)代表类型。少数人体现了普遍意志,而且是普遍意志唯一被体现的地方。不仅因为这少数人想要让自己与"正式"模式下被选举的代表区分开来,而且还因为,关于这一代表整体说话的声称,有着某种本质上临时的东西。按假定,在功能正常的共和国,它根本没有地位。它只能在革命转型中充当一个角色。它是革命理论的一部分;它在行政理论中根本没有位置。[62] 这也是为什么,我们总是在 20 世纪布尔什维克主义的先锋队政治中看到前后不一,根源即在于此。

不管怎么说,这只是一种半认同的代表理论,即新政治形式孕育的化身代表。它是新类型的激进先锋"俱乐部"背后隐含的理论,其中雅各宾党人是最受颂扬的例子。继科善(Augustin Cochin)之后,费雷已经表明,在助长三级会议的召唤方面,"思想社团"是多么重要。[63]

我们可以在此看到某一类政治的理论基础,这类政治以 1792—1794 年令人兴奋的高潮为我们所熟悉,并创造了我们在列宁式共产主义中继续看到的一个现代传统。它是德性政治,作为个人意志和普遍意志的融合,它是摩尼教式的、高度"意识形态的",甚至在调门上是准宗教的。它追求透明性,因此恐惧其两极对立的、隐藏的议程和阴谋。它践行两种形式的"代表":第一种既以松散形式又以准剧场形式,它彰显普遍意志;而第二种只是含蓄的,主张一种化身代表。

显然,这一风格之政治的诞生,伴随着代表制政府已有剧目的缺失,并不足以解释 1792—1794 年之恐怖事件。我们还必须考虑其他已有的共同行动的剧目,尤其是在法国所为人熟知的民众反抗形式。这些形式极大地影响了我们称为恐怖的东西,并在某种意义上共同创造了新意识形态和这些根深蒂固的强大民间方式。[64]

但我们可以看到两种相当不同的道路之间的对比,借助这些道路,表达现代道德秩序的理论开始渗透到社会想象,并进一步渗透到先是精英、后是整个社会的实践剧目。我们还可以看到,道路如何影响到结果。在法国"采纳"的形式,结果有趣地不同于英美模式。罗桑瓦隆(Pierre Rosanvallon)追踪了普选如何在法国实现的特殊道路,他阐明了在这一共和传统中社会想象的不同形态。[65]

❦ 6　直接进入的社会 ❦

我已根据道德秩序背后的观念描述了我们的现代社会想象,这秩序是在我们特征性的社会实践中捕捉到的,并形成了17世纪自然法理论的显著特征。但明确的是,在秩序观念背后的变化已经带来与之相伴随的一系列变化。

我已注意到超越行动的奠基之缺失,即一个事实:现代社会形式无求于外地存在于世俗时间。现代社会想象不再把更大的跨地方的实体视为奠基于某种他性的东西,即比世俗时间内的行动更高的某种东西。如我上面所论证的,前现代状态不是这样的。一般认为,王国的等级秩序基于"大存在链"。部落单元被视为被其法律建构为如此,这法律可追溯到远古,或追溯到有着伊利亚德意义上的"起源时间"地位的某种奠基时刻。直到(和包括)英国内战的前现代革命中,向后看、建立一个原初的法律的重要性,来自这样一个意义,即政治实体在此意义上是超越行动的。它不能单靠自己的行动创造自身。相反,它能充当一个实体,因为它已被建构为如此;那也是为什么这样的正当性与回归原初宪法相联系。

17世纪的社会契约论,将人民视为走出自然状态而走到一起,显然属于另一种思想秩序。但是,如果我上面的论证是对的,那么,这种把握事物的新方式在18世纪末还没有进入社会想象。美国革命在某种意义上是个分水岭。它是在向后看的精神中进行的，这是指，殖民者是为他们作为英国人已有的权利而战。再说，他们的战斗是在他们已有的殖民地立法机构下，即在"大陆会议"中联合起来。但在整个过程中出现了"我们，人民"这一关键的虚构，新宪法的宣布被置于这样的语境中。

这里被唤起的观念是"人民"，或按它有时也被经常称呼的"民族"，可以先于和独立于其政治宪法而存在。因此，这一"人民"可以靠着它在世俗时间内的自身行动把自己的宪法赋予它自身。当然，划时代的行动很快开始充斥另一些形象，它们援自古老的更高时间观念。"时代新秩序"（Novus Ordo Seclorum），正如法国革命新年历一样，极为倚重犹太教-基督教的启示论。宪法奠定开始被赋予了几分"起源时间"的力度，那是更高时间，充满了更高等种类的能动者，是我们要不懈地试图重新抵达的所在。不仅如此，把握事物的新方式还在广为流传。民族、人民，可以有个性，可以超出任何先前的政治秩序范围共同作为。现代民族主义的关键前提之一就在其中，因为没有这一前提，民族自决的要求或许根本没有意义。这正是人民制定他们自己宪法的权利，且完全不受制于他们历史的政治组织。

为了看明白集体能动者这一新观念，即"民族"或"人民"，如何清楚地表达为对时间的新理解，我想借助安德森非常有洞察力的讨论。[66]安德森强调，用同时性范畴来把握社会这一新方式，已经为归属一个民族的新感觉做好了预备。[67]作为整体的社会是由所有复杂的事件同时发生构成的。这些事件标志着那个时刻社会成员的生活，是一种均质时间的这个片段的填充物。这一非常清楚、毫无歧义的同时性概念归属于这样一种时间理解，即把时间单单视为世俗的。只要世俗时间交织于种种更高时间，就无法保证所有事件被置于毫无歧义的同时性和相继性的关系。传统佳节某种程度上是与我的生活同时的，也与我的同伴朝圣者同时，但在另一方面，它接近永恒，接近起源时间及它所预示的事件。

纯然世俗的时间理解使得我们可以"水平地"想象社会，不与任何"更高的时间点"相关联，而事件的日常顺序会触及更高时间，因此而不

209

必承认任何特权人物或能动者——诸如国王或祭司——他们站在此类所谓更高时间点，或居于它们中间。这一根本的水平性恰恰是直接进入的社会所蕴含的东西，在这样的社会，各个成员都是"抵达整体的居间者"。安德森在下面的观点上毫无疑问是对的，他认为，若不是因着印刷资本主义之类的社会发展，这一新理解是不可能产生的，但他并不想据此暗示，这些发展足以说明社会想象的转型。现代社会还要求另一些转型，以去除妨碍我们把自身认作社会的障碍。其中的关键是这样一种把握社会的能力，即从去中心的观点，它不属于任何人。也就是说，寻求一种比我自身的视界更真、更权威的视界，并不导致我把社会的核心置于一个国王、神圣团体或任何其他什么，而是允许这种横向的、水平的观点，这是不处身其中的观察者可以拥有的——这样，社会就可能在一个没有特权节点的画面中被铺展开来。在"世界图景的时代"，[68]现代社会、它们的自我理解，与可相互比照的现代代表模式之间存在着密切的内在联系：社会作为同时性的事件，社会交换作为客观的"体系"，社会地带就是按地图那样被绘制出来的东西，历史文化就是在博物馆展示的东西，诸如此类。

　　因此，也有确然的社会"垂直性"，此垂直性倚赖在更高时间中的奠基，但更高时间已消失于现代社会。可是，从另一个角度看，这也是经中介进入的社会，在古制王国，像法兰西，臣民在一个秩序内聚在一起，是通过其最高点，即国王的人格，这一秩序通过国王连接于更高时间和万物秩序。我们通过我们与国王的关系而成为这一秩序的成员。正如我们在上一章看到的，较早的等级制社会倾向于把权力和臣服的关系人格化。

　　现代的水平社会之原则根本不同。我们每个人与中心是等距离的，我们都是整体的中介。这描述了我们可以称之为"直接进入"的社会。我们已经从一个有着人格化连接的等级秩序转移到一个非人格的平等关系；从经中介进入的垂直世界转移到水平的、直接进入的社会。

210　　在较早期的形式，等级制伴随着我所称的居间的进入。分级别的社会，用托克维尔的用语，则是"品级社会"，比如像 17 世纪的法国，在明显的意义上是等级化的。但这意味着，一个人是通过属于社会的某一部分而归属社会的。作为一个农民，他连接于一个地主，而地主转过来又被国王掌握。一个人是地方公司的成员，该公司在王国中占据地位，或以其获承认的地位而在国会中施展某种影响，等等。相比之下，现代公民概念是直接的。不论我是否通过居间组织以多种方式与社会其余部分相联系，我认为我的公民地位与所有这些无关。我归属于一个国家的根本方式不倚赖任何其他归属或不以它们为居间。我和所有我的同伴公民一样，与我们共同效忠的国家处于直接的关系。

当然，这并不必然改变行事方式。我认识某个人，其内兄是法官，或国会议员，因此我在处于一个困境时给她打电话。我们可以说，已被改变的，是规范图景。但在此背后的，并且使得新规范对我们来说成为可能的，则要求在人们想象归属感的方式上有所变化。在 17 世纪以及之前的法国，显然有这样的人民，对他们来说，"直接进入"这一观念是异质的、难以明确把握的。受过教育的人可以联想到古代共和国的模式。但对许多其他人来说，要理解归属于类似王国或普世教会这样的更大整体，只能通过更直接的、可理解的归属单元——教区、地主——之重叠而成的更大单元。在带来诸多变化上，现代性已经涉及到我们社会想象中的一场革命，即把这些居间形式贬低到边缘，而"直接进入"的意象大为扩散。

这是通过我正描述的社会形式的崛起而来的：在公共领域中，人们把自己视为在直接参与民族范围的（有时甚至是国际的）讨论；在市场经济中，所有的经济能动者被视为进入以平等为基础的与他人的契约关系；当然，还有现代公民国家。但我们也能想到其他一些方式，在其中，进入的直接性也抓住我们的想象。比如，我们把自己视为处于时尚空间，接纳和传递风尚。我们把自己视为世界范围的媒体明星观众的一部分。尽管这些空间在它们自身的意义上是层阶的——它们以准传奇般的人物为中心——但它们提供给所有参与者的进入是用不着任何其他效忠或归属为中介的。有点像是同样类型，伴随着更实质性的参与模式，在种种运动中都是唾手可得的，这些运动可以是社会的，也可以是政治的或宗教的，它们是现代生活的一个关键特征，并把人们跨地区、跨国211

家地联系为单一的集体能动者。

这些被想象为直接进入的模式联系于现代平等主义和个人主义，其实也是平等主义和个人主义的不同要素。进入的直接性取消了层阶归属的异质性。它使我们一致，那是变得平等的一种方式。（它是否是唯一方式，这是当今绝大多数有关多元文化主义斗争中十分紧要的致命议题。）同时，种种居间被贬低，削减了它们在我们生活中的重要性；个体越来越摆脱它们而独立，因此也就越来越有作为个体的自我意识。现代个人主义作为道德观念，并不意味着根本上停止归属——那是失范的和崩溃的个人主义——而是把自己想象为归属于更广的、更非人格的实体：国家、运动和人类共同体。这个变化，从另一个角度被描述为从"网络"或"关系"身份向"类别"（categorical）身份的转移。[69]

我们马上可以看到，在一个重要意义上，现代的直接进入的社会比前现代社会更为均质。但这并不意味着，在不同地方之间的文化和生活方式上，现在比几百年前倾向于更少实际差异，尽管这无疑是对的。同样成为事实的是，不同阶级的社会想象已经变得越来越靠近。层阶的、居间的社会的一个特征是，某个地方社群、村庄或教区的人们，对他们的社会之外的其余人可能只有最为模糊的想法。他们或许对中央权威有些印象，好的国王和坏的大臣的某种混合，但对如何填充图景的其余部分，则很少有想法。特别是，他们对构成王国的其他人和地区也是相当茫然无知。在政治精英的和受教育较少的阶级或乡下人的理论与社会想象之间，事实上存在很大差距。这种状况在许多国家一直延续到相当近的时候。19世纪绝大部分时期的法国，这一状态得到很好记录，尽管共和国领袖们就"一个和不可分的"民族的评论自信满满。[70]这种分裂意识与直接进入的社会之生存极不匹配。必要的转型最终是由"第三共和国"做成的，经由"大革命"理论化的现代法国才首次成为真正的和包括所有人的。这一（在不止一个意义上）社会想象上的革命性变化，就是韦伯在他的书名《农民成为法国人》（*Peasants into Frenchmen*）中所捕捉到的东西。[71]

◆ 5 观念论的幽灵 ◆

我从关于秩序的基本观念——首先是一种理论,后来被塑造成社会想象——来讨论西方现代性,这个事实也许会被某些读者看作是"观念论"色彩的,是把"观念"归为历史中的一种独立力量。但显而易见,有人可能会认为,因果的箭头是朝相反方向射去的。例如,我在上面提到了"经济的"模式在秩序的现代理解中的重要性,显然这反映了当下正在发生的事情,如商人的崛起,农业的资本主义形式,市场的扩展。这才是正确的、"唯物论的"解释。

现在我认为这种反对建立在一个错误的二分之上,它将"观念"和"物质因素"当作彼此竞争的力量。但事实上,我们在人类历史中所看到的是同时作为两者的范围广泛的人类实践,也就是说,既是"物质的"实践,由人类在时空中开展(经常是强制维持的),与此同时,又是自我概念,以及理解模式。它们常常密不可分,就像前面章节中对社会想象的讨论所示,因为自我理解是让实践的参与者明白他们在做什么的关键条件。因为人类实践是有意义的活动,某些"观念"内在于它们;所以你不能为了问"何者为因,何者为果"这个问题而把两者分开。

"唯物论"如果要有意义的话,必须被重新表述,就像科亨(Cohen)对历史唯物论的高超论述所展示的那样。[1] 它可以是这样一个论题,其大意是,在历史上某些动机是占据主导地位的,它是那些追求"物质"事物的动机,例如追求谋生手段的经济动机,或是追求权力的动机。这或许可以解释生产方式向"更高级的"形式的渐进转变。现在,在任何情况下,一种特定的模式都需要某种"观念"、法律形式以及被普遍接受的规范等等。因此,马克思主义理论认为充分发展的资本主义与封建的劳动条件是不相容的;它需要形式上(法律上)自由的劳动力,劳动力可以流动并把握合适时机出卖劳动。

213　　　　此处的"唯物论"议题宣称,在任何由生产方式、法律形式和观念构成的"组合"中,生产方式都是关键性的解释因素。推动人们去采纳新方式的根本动机,也会引导他们去采纳新的法律形式,因为这些法律形式对那种生产方式来说是至关重要的。这里的解释形式是目的论的,而非一个动力因果(efficient causation)的问题。在历史论述中,人们可以假设和包含一种动力因果关系:由于法律形式便利了资本主义的模式(动力因),因此这种模式下的能动者被诱导来支持新的法律形式(即便他们一开始并没有意识到他们在做什么)。这是一个"为了什么"的解释,换言之,一个目的论的说明。

必须说明的是,这样表述的唯物论是前后一贯的,但其代价在于,它不可能被信奉为普遍原则。在很多情境下我们都可以将经济动机看作首要原因,并用它来解释对特定道德观念的采纳;就像 1960 年代的广告商开始采用新的表现主义的个性化语言,并最终被引导进入新的理想。但用经济学术语来解释宗教改革的因信得救教义之传播却令人难以置信。史学中唯一的普遍规则是,根本不存在这样的普遍规则,可用来把某种动机秩序确定为唯一驱动力。历史上"观念"总是被包裹在特定实践中出现的,即便它们仅仅是话语实践。但驱动人们采纳和传播这些包裹的动机可能是大不相同的;事实上,尚不清楚我们是否有贯穿人类历史的有效的动机类型学("经济的"相对"政治的","经济的"相对"观念的",等等)。

同样的观点可以用不同方式来表述。任何新实践或新制度显然都有"物质"条件。如果没有商业实践(贸易、货币、银行、簿记法等)的蓬勃发展,现代资本主义不可能兴起。但从另一个角度来看,这类实践形成了"观念"世界中的条件。如果人们想要参与这些实践,他们必须就如何与他人合作、规范是什么达成确定的共识。我们没有注意到这一点,因为我们把它看作是理所当然的。或者我们像亚当·斯密那样假设,人总有一种"交易的欲望",[2] 可能只是缺乏一些技巧,或某些程序的详细知识,来从事这些活动。

但如果我们被扔回到礼物交换的社会,如马塞尔·莫斯(Marcel

Mauss)所写的³那种社会，我们也许会明白，要向那里的人解释清楚我们的"贸易"难度极大，因为贸易在他们眼里甚至可能是令人恐怖的事情，是对他们的侮辱。例如，如果别人送来礼物，我们立刻还以等价的货币，或更糟的，我们将它退回，要求更多的东西。

若是论到开创一种新的政治实践，如民主自治，我们就会看到，在很多情况下，缺失的并不是特定的"物质"条件，比如有关人群的相互接近，良好的沟通，以及可能作为"物质"动机而被想到的（像对王室压迫或贵族剥削的愤怒），而是缺乏对自治的共同理解，如前面章节的讨论所示。

一般来说，一种新的实践既需要具备"物质的"条件，又需要具备"观念的"条件；我们试图去解释哪一方面可能取决于哪一方面，这是成问题的。为什么一场民主革命恰巧在那个时候发生，而不是之前发生呢？答案可能是：因为人们在推翻君主制之前从未受到过如此残酷的压迫；或者可能是：因为他们开始看到一些惊人的例子，民主带来繁荣（欧洲的吸引力？）。但也可能是：因为在那一刻他们已经开发出一种允许自我维持的民主制，而不是用一种模式的专制去推翻另一种模式的专制。还有可能是：因为在那个时候，民主的统治形式看起来是对的，并与他们的尊严相一致。当然我们没有以经验为基础的理由，认为第二类解释必然让位给第一类解释。在两类解释间孰轻孰重不能被预先决定，在不同的例子中会有不同。

但是，正因为这两个层次的交织，也就可以消除对"观念论"的担心，无需就我所描述的变化提出因果解释，同时也有助于我在此稍议一下，道德秩序的新观念如何获得最终塑造现代社会想象的力量。

我已经提到过一个背景，即理论家面对宗教战争带来的破坏所做出的话语实践，这堪称上述现代道德秩序起初的栖息地。其目标是找到稳定的正当性基础，并且是超越信仰分歧的。但这整个尝试需要被置于一个更宽泛的语境下来理解：你也许将它称为从 14 世纪晚期到 16 世纪对封建贵族的驯化或教化。我指的是贵族阶级的转型，即从半独立的武士头领（他们通常有着大量随从，理论上效忠于国王，但实际上能用其强制权力实现各种王权并不认可的目的），转变为君王/国家的尊贵臣仆，他们通常可能以军事能力提供服务，但除此之外不再能够独立行动。

在英国，这种变化主要发生于都铎王朝的统治之下，它提出用新的服务贵族来取代在玫瑰战争中奄奄一息的武士阶级的残余。在法国，这个过程更长，也包含了更激烈的冲突，它包括在旧的佩剑贵族旁边设立一个新的穿袍贵族。

215　　这改变了贵族和士绅精英的自我理解，他们的社会想象不是关乎整个社会，而是关乎自身作为社会中一个阶级或等级。这带来了新的社交模式，新的理想，以及完成其角色所需的新的训练概念。理想不再是半独立的武士、"白衣骑士"以及伴随的荣誉代号，而是朝臣的理想，与他人共同作为，共同服务于王权。新绅士主要需要的不是军事训练，而是使他成为"文明"治理者的人文教育。职责现在是向人提供意见和说服别人，先是同僚，最后是掌权者。有必要培养自我表达、修辞、说服、赢得友谊、外表威严、乐于助人、讨人喜爱等能力。旧贵族生活在他们的庄园，被他们的下属家丁环绕着，而新贵们在宫廷和城市里工作，这里的等级关系更复杂，通常也更模糊，有的时候还不确定，因为巧妙的策略可以让你瞬间爬到顶层（而错误则可能导致突然间一落千丈）。[4]

这就是对精英进行人文主义训练的重要性之所在。与其教你的儿子在马上格斗，不如让他阅读伊拉斯谟或卡斯蒂利翁，这样他就知道如何说话得体，给人留下良好印象，在不同场合令人信服地与他人交谈。这种训练在新的社会空间和社交模式中是明智的，因为在这样的空间，贵族和绅士的孩子将不得不自己去奋斗。定义新社交的范式不是仪式化的战斗，而是在大致平等的环境下令人信服地对话、交谈和相互取悦。我指的大致平等，并不是说没有等级制，因为宫廷社会充满了等级，我指的是一个等级制可以被部分悬置起来的环境，这是出于我在上面提到的复杂性、模糊性和不确定性。因此一个人要学会在某些共同的礼貌约束下与不同层次的人说话，因为这是令人愉悦和令人信服所需要的。

这些品质往往被包装进"礼貌"这个词，礼貌的词源指向这些品质得以展示的空间。该词是一个古老的词汇，它可以追溯到吟游诗人的时代,并历经了 15 世纪繁荣的勃艮第宫廷。但其词义发生了改变。过去的宫廷是半独立的武士时常聚集起来进行格斗以及围绕王室进行等级展示的地方。但当卡斯蒂利翁写作他的畅销书《弄臣》时,其背景是乌尔比诺(Urbino)的公爵夫人掌管的市法院,弄臣有永久居留权,而他的工作是向掌权者进言献策。生活是一场持续的对话。

就其后来的词义,"礼貌"可以与另一个词"温文尔雅"联系起来。这 216 也唤起一个深厚的背景,那是我在第二章第二节中所试图描述的。正如我们看到的,它其实还关系到有序的政府和对过度暴力的压制。

因此,文艺复兴盛期对"礼貌"的理解,使它接近同一时代对"温文尔雅"的理解。[5] 两者的汇合反映了对贵族的驯化,以及在新生的现代国家统治下社会内部的极大安定(外部战争是另外一回事)。这两种美德指示出在新的精英社会空间凝聚人心所需要的品质。"借助礼貌和仁慈,人间所有社会得以维持和保存";"文明的主要标志是宁静、和谐、一致、共契和友爱"。促进和谐与天下太平的美德,除了温文尔雅,还包括"礼貌、温柔、和蔼、宽厚和仁慈"。[6]

上面对"温文尔雅"的讨论把我们引到向着文职精英转型的第三方面。温文尔雅并非人类的自然境况,它也不容易被实现。它要求极大的操练,驯化原始本性。无法无天的儿童体现了"自然"状态,他们必须经历塑造。[7]

因此我们不仅要在驯化贵族的语境下来理解温文尔雅这一概念,而且要联系到更普遍、更野心勃勃的尝试,即通过新的规训形式——经济的、军事的、宗教的和道德的——来改造社会所有阶层,这种尝试至少是 17 世纪欧洲社会的一个显著特征。而新教和天主教都有一个志向,即要达到更为完全的宗教革新;还有国家的野心,即实现更强军力及其作为必要条件之一的更具生产力的经济,都为这种尝试推波助澜。事实上,这两个计划常常交织在一起;重在改革的政府将宗教看作实行规训的极佳源泉,将教会看作唾手可得的工具。反过来,很多宗教改革者将有序的社会生活看作皈依的本质表达。

我们由此看到,礼貌、温文尔雅和(宗教)改革相互交织进行,我们也看到欧洲社会变化之各个方向:有序的政府,暴力的减少,克己的规训,经济改革,基于这些规训的新制度/实践,例如,经济创业模式的改变,新的"收容"形式(医院、学校、济贫院),新的军队组织形式,等等。

这是观念论吗? 我想如果有人愚蠢到认为这些理想对欧洲社会没有影响,没有推动这些变化,那么它确实如此。但事实上,这完全是不可预料的。在每一个阶段,都有多种动机密不可分地交织在一起:王国政府力图维持秩序,同样,这些政府也想尽办法寻找军备经费,并越来越认识到,要得到军备经费,它们就需要提升经济;通过服务于这些王国政府或通过贸易,新的非贵族阶层得以兴起;当然,宗教本身的革新动机也赋予了强大的推动力,它涉及到很多人,它带来的变化让人难以抗拒。所有这一切都推动了体现这些理想的那些变化。

所有这一切都有助于创造出一个新的精神世界,而现代秩序理想得以在其中安家。要追溯它们之间的种种关联和亲和之处并不难。我们一方面看到,与温文尔雅观念相关联,新型精英社交模式发展起来,其中的范式是对话,而且是在准平等的条件下;另一方面我们还看到推广这种温文尔雅的计划,即超出统治阶层,扩展到更广泛的社会阶层。这与现代道德秩序的观念也有亲和之处。对话的社交可以令人想到作为相互交换的社会模式,而不是等级秩序;通过规训来改造非精英阶层的计划可能有这样的意味,即温文尔雅的特征将不会永远是单个阶级的属性,而是要扩展到更广范围。与此同时,改造人这个目标,让人联想到与旧秩序观念的决裂,此目标采用半柏拉图主义的模式,即这是一个理想形式,它是真实的基础,并致力于自身的实现——或至少反对任何侵害它的东西,就像周遭环境对麦克白的犯罪表达它们的恐惧。它很适合这样的秩序概念,即有待在建设性的技巧中实现的公式,而这正是现代秩序提供的;社会通过契约从人类能动性中产生,而上帝向我们提供了我们应当追随的模式。

这些是可能的亲和之处;但与此同时,还有不同之处。例如,对话的社会可能与共和自治的理想之间建立的新的相关性,如同文艺复兴时期的意大利,之后的北欧,尤其是内战期间和之后的英国。[8] 也有可能,它会依然陷落于社会转型的另一位代理者,即"绝对的"君主制国家。

是什么因素把前述的精英社会意识推进到现代社会想象领域的?看起来似乎是18世纪新社交模式的发展(特别是在英国,这种发展起步略早)。那些参与统治或管理社会的精英阶层在这个时期扩大了,纳入了那些忙于"经济"职责的人,这要么是因为原统治阶级成员转向了这些职责,例如,成为高级地主;要么是因为它为商人、银行家和普通的有产者开辟出经营场地。

于是,我在前面提到的准平等条件必须跨越一个更宽的鸿沟。在没有产生全方位当代平等观念的情形下,对"社会"成员资格的理解拓宽了,并与特定的绅士或贵族特征脱钩,即使葆有"上流社会"的语言也是如此。对于温文尔雅扩展化的理解,现在常被叫做"礼貌",其目标依然是要缓和社会关系,营造和谐氛围,但现在它必须将各个阶级的人团结在一起,在一些像咖啡馆、剧院、花园等新的场所推行。[9] 与早期的温文尔雅观念一样,进入礼貌的社会包括拓宽个人视野,进入一种非私人的、更高级的存在方式;但现在强调的重点是仁慈的美德,以及一种与早期的武士或弄臣相比不那么具有公开竞争性的生活方式。18世纪的礼貌社会甚至产生了一种"敏感"的伦理。

与等级制的相对疏远,新确立的仁慈之中心地位,这些都使得这个时代更接近上面提到的现代秩序模式。与此同时,将经济职能纳入"社会",则强化了温文尔雅与这种秩序观念之间的亲和性。

18世纪的转变在某种意义上是西方现代性发展过程中的关键一笔。"礼貌"社会产生了一种新的自我意识,可以称之为"历史性的"全新意识。它不仅前所未有地意识到了经济基础的重要性,还对属于"商业"社会的生活方式这一历史新阶段的地位有了全新的理解。18世纪产生了新的、分期的历史理论,这些理论认为人类社会的发展经历了由经济形式决定的几个阶段:例如,狩猎-采集社会,农业社会,等等,顶峰是当代商业社会。[10] 这使得人们以新的眼光来看待这整个转变:我所说的对贵族的驯化,以及现代社会的内部安定。商业和"贸易交往"的力量将武力价值和军事生活方式降低到从属角色，从而结束了它们对人类文化长期的主导地位。[11]不能再以不变的词汇简单地理解政治社会了；你必须考虑事件发生的这个划时代。现代性是一个没有先例的划时代。[12]

第二部分

转折点

6 护佑的自然神论

　　让我们现在回到故事主线：一种无求于外的人文主义是怎样首先成为众多人的热门选择，先是在精英群体，接着又在更广的范围？[1]

　　此创生过程经历了一个中间过渡阶段，即我们通常称之为"自然神论"的阶段。自然神论包括许多方面，在这一部分的几章中，我主要想阐发其中的三个方面。第一个方面主要围绕这样一种世界观，即世界是由上帝设计的。这种理解作为一个一般性的观念当然是完全符合正统的，但它在17世纪晚期和18世纪经历了一个人类中心论的转向。我把这一转向的结果称为"神佑意义上的自然神论"（Providential Deism，以下简称"护佑的自然神论"）。自然神论的第二个方面是指这个转向，即客观的（impersonal）秩序开始具有首要性。上帝与我们相关联，主要借助确定的万物秩序之建立，而该秩序的道德形式是我们很容易把握的，只要我们不被错误的、迷信的观念所误导。我们通过遵从该秩序的要求而服从上帝。自然神论的第三个方面，我们可以从真正的、原初的自然宗教观来看，这种观念认为，自然宗教因历史上的种种添加物和腐败而模糊不清，它现在必须被重新还原本来面目。

～ 1 ～

　　我们在前文已经看到，现代道德秩序的话语如何重新塑造了人们对护佑的理解。它在某种意义上导致了对于护佑的一种"经济主义"的理解。但对于我们现在要展开的这个故事来说，最具决定性的还是对"神性护佑"之目的的窄化。上帝赋予我们的目的就只剩下让我们去完成这个由他为我们所设计的互利秩序了。

当然，上帝的秩序之关键特征（源自于我们发现它和规定它的那个方式本身）在于，它旨在构成该秩序的所有造物的善，尤其是我们自身的善。这一点对于整个犹太教-基督教传统来说并不新颖。但是，过去人们认为上帝在他的创造中还有进一步的目的，这些目的大多数是不可测知的，但它们包括我们对上帝的爱和敬拜。这样一来，我们对上帝的承认和倚赖就立即给我们提出了一个更高的要求，该要求超越了人间福祉。

222　　但是，大约在 17、18 世纪之交，这种观念发生了一个显著的人类中心主义的转移，这个过程历时约数十年。其实，对于这一转移，如果我们分别辨明了它所带来的四个方向上的变化，每个方向的变化都进一步降低了超越的地位和作用，那我们就能更好地把握住它的全景。

第一个人类中心主义的转向伴随着这种更深目的感的消退；而另一个观念——除了实现上帝的计划，我们依然亏欠上帝——也随之消退。这在根本上就意味着，我们对于上帝的义务在本质上只有去实现我们自己的善。廷德尔（Tindal）在他《基督教与创世一样古老》（*Christianity as Old as the Creation*）这本著作中对该思想进行了明确的表述，这个书名本身就反映了自然神论的第三个方面，即诉诸于原初的自然宗教。对于廷德尔来说，上帝所赋予我们的目的仅限于去促成"他的理性的造物之共同利益和互惠的幸福"。[2]

不过，廷德尔是个极端的例子，并且他的著作在 18 世纪初出版时很多人不同意该书的观点。廷德尔对自己的观点一路坚持到底，而我这里只谈论一个趋势，但廷德尔绝不是该趋势的唯一发言人。当时在荷兰有流亡的胡格诺派（Huguenot）教徒让·勒克拉克（Jean Leclerc）和雅克·伯纳德（Jacques Bernard），稍稍之后，则有法国的圣皮埃尔院长（Abbe de Saint- Pierre）也采纳这样一种立场，即德性实践是上帝配得的唯一崇拜形式。宗教目标和政治目标是同样的："遵从正义，践行仁慈"。这位极具思想影响力的院长提出了"仁慈"的观念，该观念后来成为启蒙运动中一个关键性的观念。他最喜爱使用的对上帝的称呼是"最高仁慈的存在"和"无限仁慈的存在"。[3]

　　但是,除了直接赞同这些明确表述的思想家之外,甚至那些坚持正统信仰的人也受到这一人文化趋势的影响;常见的情况是,他们信仰的超越维度变得越来越边缘化。

　　第二个人类中心主义的转移是恩宠(grace,或恩典)的逐渐消失。上帝所设计的秩序就在那里,理性可以看见。靠着理性和训练,人们能够积极应对挑战并实现此秩序。当然,即使是对这种理性能力的高估观点持赞同态度的那些正统思想家,也往往会补充一点:由于我们堕落的人性,实现这个理性训练计划所要求的完备的善良意志,依然需要上帝的恩宠。在我称之为自然神论的这种精神环境中,这一点虽然并没有完全被否定,但的确变得黯淡了。

　　上帝当然还有价值;事实上,人们一般赋予上帝两方面的价值。首先,他创造了我们,赋予我们理性,在有些情况下还同时赋予我们仁慈,正是这些能力使我们能够把事物结合在一起,能够实现他的计划。其次,在这些赐予还不足够的情况下,他还是那处于时间终点处的最高审判者,他应许将根据审判分别带给人们无法想象的喜乐或不可言说的痛苦,而他的这些应许能够帮助我们更加专心致志于现在的任务。

　　这个时代的作者们关于这两方面价值的观点不尽相同,有些更加倚赖于人的内在仁慈,而另一些更加倚赖于上帝最终将带来的奖赏和惩罚。洛克代表着一个极端。他认为,由于懒惰、贪婪、狂热、野心、迷信、糟糕的教育和习俗,我们非常容易偏离正确理性的道路,因此上帝必须以护佑的方式行动,他确立和颁布(通过启示)这样的奖赏和惩罚,不然的话,我们就不会有足够的动力来顺服上帝的计划。

　　　　事实上,哲学家们已经表明了德性的美丽,他们把它明确地呈现出来,把人们的注意力和赞美都集中在它身上,但却没有赋予它特殊的东西,很少有人愿意真正信奉它……但是现在,在天平上,"荣耀的、超越一切的、不朽的重量"正被加在德性这一端,于是人们对它产生兴趣,德性成为可以看到的、最能给人的生活增添内容的一种买卖,大体上说,它也是最划算的买卖……它有另外一种寓意和有效性来说服人们,即如果你在今生能按照德性过得很好,那么你在来世必将获得幸福。一旦人们看到了来世无穷无尽、不可言说的极乐,他们的内心就会有某种更加坚定的东西,驱动他们在今生过有德性的生活……以此为基础,而且仅仅以此为基础,道德就能够坚定不移,经受住所有其他的竞争。[4]

洛克的这一立场引起了其他一些思想家的反感,比如沙夫茨伯里(Shaftesbury)以及在他之后的哈奇森(Hutcheson),他们坚持主张内在于我们自身的爱、仁慈和团结具有重要的道德驱动力。伴随着"地狱的衰落"以及人们越来越不愿意接受那个毫不宽容的、施予惩罚的上帝的信仰,这第二种立场在约一个世纪的过程中逐渐得到人们的认同。但是,这两种立场的任何一个都没有强调恩宠的作用。

第三个转移紧随前面两个转移,奥秘感消退了。同样,我们也在世纪之交看到了此转移中的极端表述,即托兰德(Toland)的《基督教并不神秘》(*Christianity not mysterious*)。托兰德此书遭到教会的严厉驳斥,在爱尔兰甚至还被刽子手们当众焚烧。但它实际上只是明确地表达了一个更加普遍的趋势,并将之推到极致。而别人一般都不愿或不敢去表述这种趋势。

可以这么说,第三个转移产生自其他两个变化和人们理解自然秩序的一般方式。如果上帝赋予我们的目的只包括我们自身的善,而且这是可以从我们本性的设计来理解的,那么此处就根本没有什么奥秘可隐藏的。如果我们撇开了传统基督教信仰的一个核心奥秘,即关于恶、我们与上帝之间的疏离、我们无法仅凭自己的力量重新回到上帝,而是认为我们所需要的动机已在那里,要么是正当理解的自我利益,要么是我们的仁慈情感,那么,在人心深处就再也没有进一步的奥秘了。

奥秘的另一重大所在地——上帝的护佑,也被掏空了。上帝的护佑仅仅包含在我们所理解的为我们预备的计划中。"特殊护佑"(particular providence),即上帝在特殊情形下所行的不可预见的干预,在上帝的计划中不再有位置,仅仅是神迹而已。事实上,假如上帝仰仗我们的理性去

224

把握他的宇宙规律,并进而去执行他的计划,那么理性也许就不用对他负责了,并且也挫败了他以神迹方式干预的目的。按哈奇森所论证的,假如上帝针对特殊情形对规律做出调整,那么"这立即就会取代人的所有发明创造、预先筹划和审慎的行为"。[5]

第四个转移伴随着另一个有关上帝的观念的消失而来,那个观念就是,上帝希望人类改变,而且这样的改变会使人类超越他们目前的境况所固有的种种局限。在基督教传统,此观念通常这样来表达:人变得分有上帝的生命。希腊教父以及继承了他们思想的剑桥柏拉图主义者(Cambridge Platonists)都论及"神格化"(theiosis),并视之为人的命运的一部分。可以说,这种期许与超越仅仅属于人间福祉的要求相应和。爱上帝和像上帝那样全然爱造物,这样的呼召对我们来说无疑是难以企及的,但上述改变的应许正与此呼召相称,使我们能够达到这样的高度。

这一期许历来作为死后生命或来世的描述,流传得最为久远。这种能使我们超越此生局限的改变,将在死后的另一种生命中得到实现。例如像巴特勒(Butler)和康德这样的思想家,即使他们在其他几个转移上做出了让步,但依然紧紧抓住这个传统基督教教义的残余。当然,以此种形式,生命改变的教义就被稳妥地隔离于此世的基督徒生活,被完全打发到来世去了。

所有这些转移的基础究竟是什么? 在那个时代有诸多因素无疑都可以帮助我们来解释这一现象(始终记住,我前已提及,此处所给出的这些解释是片面的和片段性的)。

肖努谈到过宗教热情和宗教争论的"高潮",这些高潮在经历了一个半世纪的高扬之后开始衰落。我们的世纪经历过强大的意识形态动员,很熟悉这种疲劳反应(fatigue reaction);这种反应好像在 17 世纪下半叶的英国和法国也发生过。在这两个国家中,起引领作用的阶级对于那种极具进攻性的宗教派别之争越来越失去同情,宗教宽容越来越成为一种被普遍接受的规范。1685 年路易废除了南特赦令(Edict of Nantes),[6]这在整个欧洲范围内引起强烈的反对,它表明该政令完全背离了欧洲精英的主流观点。

　　进一步地具体到英国当时的情况。英国人在内战之后不得不认真反思激烈的宗教派别之争所导致的惨痛代价。我们在王政复辟时期也看到了人们对于宗教"盲信"和"狂信"的反动。与此同时，部分地由于这个原因，部分地由于新科学的成功，人们开始主张要有一种更加简单的、在教义上不作详尽阐述的宗教，也是更容易为理性所接近的宗教。

225　　所有这些因素都发挥了作用，但我并不认为它们可以充分说明我刚才描述的四重人类中心主义的转移。可以确定的是，在许多欧洲国家的领导阶层那里，宗教热情已经消退。我们可以在很多咖啡馆和沙龙的谈话中看到一种怀疑主义的态度，甚至是对宗教进行嘲讽。正是这种一般氛围，而不是广泛的明确持守的不信，说明了我们在那些有关怀的神职人员和严肃的信徒身上看到的一种意识，即他们认为自己身负重要的护教任务。像波义耳（Boyle）和克拉克（Clarke）这样的重要人物，都关心怎样为上帝的存在和上帝的至善提供可靠证明。从写作意图来看，巴特勒的著作大体上也是护教的。

　　事实上，巴特勒在 1751 年给他教区的教职人员的训令中就曾经提到："宗教在这个国家普遍衰退，这已经成为我们每一个人都能看到的事实，并在一段时间以来遭到每一个认真的人的抱怨。"巴特勒同时还指出，对于这些问题进行认真的思考，"并且宣称他们自己是非信徒的人越来越多，随着人数的增加，同时在增长着的还有他们的热情"。[7]

　　在 1751 年的时候，那些真正的不信者，诸如我们今天所知的大量的不信者，即明确拒斥信仰上帝的人，人数并不是很多，尽管真正符合该称呼的少数人已受到高度重视。巴特勒所真正回应的是宗教热情的消退，甚至是对宗教的不满。这种情况在历史上许多重要时刻都曾有过，但都没有因此而导致一种敌对的信仰体系的真正崛起。

　　正如麦克尔·巴克利（Michael Buckley）在他那本极富洞察力的著作中所指出的，更重要的是这样的事实，即这种不满所引起的重大护教努力本身如此迅猛地窄化了关注焦点。它很少借助上帝的救赎行动，也不详述敬虔和祈祷的生活，虽然 17 世纪在这方面的实践是丰富的。所有的论证所专注的，就是去证明上帝是创造主，并表明他的护佑或护理。[8]

那么,为什么会有这种窄化呢?我认为它部分地反映出道德秩序的新观念已经深入人心。我们完全可以理解,在经历了围绕恩宠、自由意志、救赎预定论等深奥神学问题的可怕斗争之后,很多人都会渴求一种神学论述不太复杂的信仰,希望这种信仰能够指引他们过圣洁生活。剑桥柏拉图主义者们就提出这种呼吁。其他一些思想家也提出同样的请求,如杰里米·泰勒(Jeremy Taylor),约翰·蒂洛森(John Tillotson)和洛克。重要的是,对圣洁生活的呼吁开始被化减为着重道德的召唤,而道德又被理解为行为上的事情。

如果我们考察从剑桥柏拉图主义者、经由蒂洛森到洛克和18世纪,我们就会发现护教学和绝大多数的布道,在对罪(sin)的理解上已经发生很大的变化,他们越来越不关心这种罪,即人必须经历生命的某种改变才能被解救的境况,而是越来越关心另一种罪,即错误行为,是我们可以通过被劝说、教育或规训就可远离的。专门研究该历史时期的很多历史学家都注意到了这种独特的关切——关注正确行为的道德。宗教被窄化为道德主义。[9]

这种道德反过来又被现代秩序观念所规定,在那种秩序中,人们的目的与人们的互利完美地契合。自爱(self-love)和社会性(social)在根本上是一体的。这种和谐是由上帝在他的护佑中精心制作的——此观点是护教学一个关键部分。正如蒂洛森所说,"劝说明智且体谅的人们去信教,最好的办法就是让他们确信,宗教与幸福、我们的义务与我们的利益,在根本上是同一件事情,只是在不同概念下被考量。"[10] 226

今天的观察者会惊愕地看待这种预先收缩了的宗教(pre-shrunk religion),[11]因为它预示了后来分别从两边展开的对宗教的全面拒斥,卫斯理(Wesley)是一边,后来的世俗人文主义者是另一边。那么,宗教在当时怎么会被如此狭隘地理解呢?

关于这一点,人们通常给出的解释是,这是理性的要求。的确,王政复辟时期的教士们常常诉诸于理性。这是回到一种更简单的、在神学上更少详尽展开的宗教方式,这种宗教将更少引起那些具有分裂性质的宗教争论。通过理性,人们希望可以为那不容置疑的信仰规定最具概括性的内核。对于英国国教来说,理性可以帮助他们在两方面同时削弱敌人,即通过驳斥"迷信"和证明"盲信"毫无根据,从而同时战胜教宗至上主义者和清教徒。有力支持英国皇家学会的教会人士托马斯·斯普拉特(Thomas Sprat)指出,那些信赖"无法言明的信仰和狂信"的人会惧怕科学进步,但是,"我们的教会······永远不会在理性光照下抱有偏见,也不会因为人们知识的进展和人手所造产品的进步而受到损害······从所有这些我们可以得出结论说,我们不能与理性作对,否则就必然损毁我们自己的力量。"[12]

　　靠着事后观察的优势,我们知道这种论证后来何以被掉头反对斯普拉特的教会;但是,如果我们不接受简单的世俗化命题,即宗教在理性面前必须退位,我们就难以看到,这是对斯普拉特那个时代的官方宗教之窄化所作出的令人信服的解释。首先,"理性"并非只有单一的、毫不含糊的含义。剑桥柏拉图主义者也诉诸理性,试图定义一种更加简单、更加纯粹的宗教,滋养我们的圣洁生活。但在他们对理性的解释中包含有对神性的直觉。当然,这种笛卡尔-柏拉图式的理解由于新兴自然科学的成功而被削弱。但是,即使我们接受了这种对知识的新解释,把知识看成经验的、以感官证据为中心的,我们依然无法说明,护教学和大多数的布道何以把基督论、虔诚敬拜和宗教经验排除在外。

　　新兴自然科学确实威胁到了一些已经与宗教有着盘根错节联系的外围形式,如托勒密(Ptolemaic)的宇宙体系和经院主义的方法;它也的确加速了世界的祛魅过程,使精神与物质进一步分离;更严重的是,没有227例外的自然规律这一观念后来提出了与神迹的可能性有关的问题。但仅有这些依然无法解释从敬虔和宗教经验到外在道德主义的转向。

　　的确,肖努所说的"高潮"之衰退,意味着人们在宗教生活方面的敬虔也有所衰退。但这依然无法解释为什么过去的宗教生活内容现在会经常采取这种道德主义的形式,也无法说明为什么像劳威廉(William Law)这样的人物在 18 世纪上半叶会是如此默默无闻。劳威廉的敬虔生活极易使人想起 17 世纪的上帝中心论,但要一直等到极其敬重他的卫斯理开始布道,这种祈祷生活才得到广泛传扬。

在现代早期，敬虔实践的发展相当丰富。此乃延续了中世纪末期兴盛的内在宗教潮流。圣依纳爵·罗耀拉为了让我们向上帝敞开而阐述了神操（或灵操），其中就采用了规训、方法和对人之能动性的新意识。17世纪法国的"敬虔的人文主义"则探索了使我们的生活达到"以上帝为中心"的各种方式，对此，亨利·布雷蒙（Henri Bremond）做过很好的描述。[13]这种"敬虔的人文主义"预设并加强了我们对自身方向的高度反省，即对于正在我们身上起主导作用的分心和自私自利境况的意识，并且也提出了培养我们敬虔和热爱上帝的途径，使得我们超越了这些境况。从这些祈祷和敬虔实践，从圣方济各·沙雷（St. François de Sales）《论爱上帝》（*Traité de L'Amour de Dieu*）所体现的这类反思，上帝在此世的临在依然能被强烈地感受到，无论这在神学家的理论中已被怎样窄化。[14]

根据敬虔的人文主义假设，我们可以在自己内心建立朝向上帝的冲动力（élan），它是我们可以培养的种子。这一观念刚好与在那个时代具有强大影响力的一种极端奥古斯丁主义的灵性相冲突。如果我们的人性真是极其堕落，那么在我们身上能够找到这种冲动力的希望就是一种陷阱和欺骗，是由我们的傲慢所制造出来的一种虚构。如果我们充分认识到了我们与上帝之间这种不可跨越的距离，那我们就只能完全倚靠上帝的仁慈，希望他修复我们被毁的人性。我们必须带着敬畏之心，顺服从他至高之处发出的诫命，而不能假定我们可以在爱中接近他。

当然，这种立场也为我们所称的詹森主义（Jansenist）这一灵性流派所普遍采纳。圣齐兰（St. Cyran）、阿尔诺（Arnauld）、尼科尔（Nicole）等人对敬虔的人文主义持高度怀疑和极端批判的态度。[15]但这种观点的影响非常广泛，远远超出了詹森主义教派。我们可以在波舒哀那里看到对强调敬畏的宗教的肯定，具体可见于他在"纯粹的爱"这个问题上与敬虔的人文主义后期辩护者费内隆（Fénelon）展开的斗争。

这种灵修特别强调外在行为，既包括道德行为，也包括宗教仪式的行为。因此，詹森派信徒特别强调教会的祈祷，并引入了相当数量的礼仪改革；他们要求一种有着极高标准的伦理行为。他们无疑为那个时代在自我约束和组织等方面的重要成就做出了贡献。但与此同时，他们很

228

可能也导致了那种内在敬虔生活的衰退，这种生活基于我们与上帝的内在连结。当敬虔高潮退去之后，他们或许也以这种方式认可了如此片面地把宗教理解为正确的道德行为的观念。

这里有一个悖论，因为根据詹森主义的观点，恰恰是敬虔的人文主义在人性问题上的自信，最终培育了后来的无求于外的人文主义，其实，这已是通往无求于外的人文主义道路上的重要一步。我们显然可以认为，后来关于本性之善（既包括外在的，也包括内在的）的思想，可能就是从这种人文主义敬虔传统中吸取了资源。从表面上看，这两种人文主义之间好像有更多的连续性，与它们相比，詹森主义关于人性败坏和对上帝敬畏的思想，与后来的人文主义对本性之天真无邪的乐观认定之间，连续性则要少得多。然而，我们同样也可以主张后二者之间虽然看似相互矛盾，但实际上它们存在着一些重要的内在关联。这二者的关系可以帮助我们揭示：一种关于外在行为的宗教在 18 世纪为何会变得如此重要；它（指詹森主义）所规定的那些行为在很多阶层是如何事先就已经由外在规训确立起来了。它还可以帮助我们进一步解释，一旦它所推动的那种内在敬虔生活不再能广泛地被人们所感知，对人之天真无邪的认定又是怎样作为对堕落和畏惧感的反动而兴起的。

暂且不论上述这些推测具有多少真理性，我们已经明确看到的是，18 世纪初期的这种被窄化的宗教和护教学，与一种独特的关于自我的概念和对护佑的理解正相应和。根据这种关于自我的概念，自我是被缓冲的自我；对护佑或护理的这种理解受到现代道德秩序的直接影响。因此，我们真正应该追问的问题也许是：为什么此种道德秩序在关于这一时代的正当性诠释上留下了如此深刻的印记？

要找到答案，我们不得不关注该时代的经验之另一面。我指的是精英人士的经验，他们成功地把他们所寻求的那种秩序加诸于他们自身以及整个社会。首先，通过教育过上规矩、节制、勤奋的生活，这在社会上已是相当广泛，对于大多数人来说，这种生活已成为第二自然或第二天性。这种第二天性是个体有可能偏离的，但并非永远都处于被抛弃或背弃的威胁之下。在这方面，该时期统治阶级的处境（比如说，18 世纪英国的统治阶级)与更早时期容易走向暴力和混乱的骑士阶层的处境非常不同(例如英国都铎王朝时期的骑士,尽管 18 世纪英国统治阶级的有些成员就是他们的后人)。与此同时,在教育其他阶层以及在这些阶层中灌输有序生活的某些方面也在逐步推进。这些统治阶级亲身见证了保护私有财产的那些严厉法律的颁行,但在他们眼中,前面依然有很长的路要走;在某种意义上,"文明化过程"已经开始,而且还将进一步持续。

　　早期的新斯多葛主义强调,为了过一种有纪律的生活,我们必须展开激烈的斗争,既包括能动者内部的斗争,也包括能动者与社会之间的斗争。而到了 18 世纪,这种强调斗争的口吻逐渐淡化了。洛克还在以极其生动的方式强调这是何等艰难的跋涉,但半个世纪之后,很多作家呈现给我们一幅更加平和的画面。秩序现在更经常地被视为是很有把握来实现的,这要么是因为大多数人认为自我利益导致它所偏好的公共之善,要么是因为人的标准动机被看作是更加友好和仁慈的。

　　上述两个理由中的第一个,即哈勒威(Halévy)所说的"利益的和谐",在那个时代的思想中越来越占据主导地位。我们在 17 世纪的尼科尔的思想中可以找到这一立场,尤其是他的这一观念:社会可以组织得如此之好,甚至我们最低层次的动机都可以有助于秩序。该观念因曼德维尔(Mandeville)的《蜜蜂的寓言》(*The Fable of the Bees*)而众所周知,书中令人震惊的思想是:私人的恶行有助于公共之善。最终,这一思想在亚当·斯密关于"看不见的手"的原理中得到了最经典的表述,从此之后几乎得到普遍承认。

　　显然,此转变反映了这样一种经验,即规矩、勤奋、高效的生活形式得到成功灌输。虽然这些真理经常被当作永恒的,但实际上它们只是设定自我利益将在生产性工作和公平交换中得到正常表达,而不会在军事剥削和掠夺中得到表达。它们假定民众已习得的是有规矩的生产这一"中产阶级"伦理,而不是军事冒险伦理。上述第一个理由开始被看作是"自然的",正是这一事实的充分说明,西欧的精英开始对他们所建构的这些秩序自信满满。他们对这些秩序已有十分把握,以致开始把它们看作第一自然,而非第二自然。

或者,根据另一个广泛流行的观点,一旦人们脱离了野蛮状态,开始尝到文明的好处,就可以认为这些秩序是稳妥的。认识到和平的工业和贸易之重要,是生活在一个"礼貌"时代的应有之义,相伴的还有以理智讨论和上等品味为特点的自由社交。

这种省略性的理解所建构起来的是一种假象,我们(他们的后人)直到今天还极易受到这种假象的影响。例如,我们看到下述这一现象仍会感到吃惊:由哈佛一流经济学家向苏联所建议的"私有化",最终却在那里使犯罪集团掌管了大多数企业,或使以前的统治集团沦为强盗统治。

广泛流传的利益和谐说反映了自然秩序观念上的转变(我们在前一部分中所描述的)。在此转变过程中,经济维度显得越来越重要,"经济的"(也就是有序的、和平的、生产性的)活动越来越被看作人的活动的模型。

我们也许可以明白,以经济为中心的和谐观念何以对我们上文所描述的四重人类中心主义转移起到推波助澜的作用。对和谐的信念意味着我们对自身创建秩序的能力的自信,这种自信使得上帝恩宠之助似乎失去必要。整个秩序是经探索就能理解清楚的,这就没有给奥秘留下多少空间。一旦人们认为和平与秩序不再倚赖崇高的抱负,而是倚赖我们身上低级的、利益驱动的自爱,任何想超越我们自身、目标高过日常人间福祉的尝试,就都显得是多余的。

事实上,崇高追求不仅是不必要的,而且还具有潜在的危险性。豪放和壮举更亲近贵族武士的荣誉伦理,但它们有可能破坏互利驱动的服务之井然有序的交换。上帝赋予我们的目的假如真的只是人间福祉,并且是靠我们明智地运用勤勉和工具理性而得到福祉,那么像圣方济各这样的人物还能发挥什么作用呢? 我们知道,出于爱的伟大生命力,他号召他的跟随者献身于贫穷生活。从最乐观的角度看,这必定降低国民生产总值,因为劳动力中减少了这些托钵修士;但更糟糕的是,它会降低生产者群体的士气。[16]还不如把我们自身视为一种自爱的生物,承认这种天性的局限,并充分利用这种天性。

这好像是廷德尔的观点。他相信上帝能够有公正无私的爱,而人却不能。我们只能因为上帝给我们好处才爱上帝。上帝的伟大就在于,虽然他不需要我们,但他还是倾向于单单关心我们的好处。廷德尔没有看到,我们被要求在任何情况下都要参与这一舍己的爱。[17]

但在这一问题上,其他方面也变得显然了。向自然神论的转移也有相当的根据,有些观点论证来自基督教传统的核心,通常为改教家所用。就以正式放弃错误壮举、转而拥抱普通的自爱天性这个问题为例。这紧紧平行于改教家的一个重要立场,即他们捍卫日常生活,捍卫工作和家庭的天职,反对所谓超常的独身天召。在改教家眼里,这些胸怀大志的人充满了傲慢的幻觉,仿佛他们没有平常人按上帝所造而有的需要,也能做一切。他们藐视上帝的恩赐,因为"上帝已经给了我们这些暂存之物让我们享受……因此,我们应该啜饮它们的甘甜,要用它们来缓解我们的饥渴,从而使我们能够不再贪得无厌地渴求更多"。[18]廷德尔还将这一论点推至更远;有人可能会认为他走过了头,逾越了基督教信仰的范围,但他诉诸于一种基督教的反攻——反对那些精英们对于自身无根据的纯洁性的傲慢宣称。[19]

甚至有更激进的观念(也被后来的无求于外的人文主义所赞同),即把普通的、甚至感官的欲望恢复到善的地位,并用以反对正统宗教对欲望的贬低;虽然该观念既针对主流新教,也针对天主教,但它却采纳并置换了宗教改革运动的一个主题。此主题宣称,要把基督徒从不必要的、专横的苦修主义重压下解放出来。加尔文说,基督徒的自由意味着不因无关紧要之物而踟蹰不安。[20]现在,这同一种释放感被用在欲望之无罪性的讨论上。我们的这个部分就像被古老的紧箍咒套住一般,我们想要释放它。我们几乎可以说,正是人文主义将之从捆绑中解救出来,高举它,并且称之为善。伴随欲望的释放,我们还解救了人生命中的卑微和平庸,以及迄今为止一直被蔑视的属于感官和物质的东西。

同样,对奥秘的拒斥也进一步展开,体现在改教家对天主教会的一系列批评。对教会圣礼的攻击,尤其是对于弥撒的攻击,根本无视"奥秘在此"这一主张。一小块饼怎么可能是基督的身体?这些奥秘被污蔑为是一种借口,因为那是我们现在所说的神话,目的是要把基督徒束缚在

231

篡夺的权力之下。普通基督徒可以阅读圣经,掌握其明确的含义。他根本不需要这种权威。加尔文对天主教会之奥秘的批判,到了托兰德手中,就成了对奥秘本身的批判。[21]

　　廷德尔运用的一个论点来自其他基督徒对改教家的极端奥古斯丁主义发动的批评,当时,极端奥古斯丁主义的正统性尚未被削弱。威茨科特(Whichcote)等人主张,在上帝与我们的关系上,如果假定他根本不关心我们的好处,或认为上帝会需要我们的侍奉,或我们没有满足荣耀上帝的要求他就会生气,诸如此类,都是在贬低上帝。廷德尔在其著作中采纳了这一观点:我们不应认为上帝会因为人的错误行为而受到伤害。认为上帝惩罚我们是为了恢复他自己的荣耀,这不仅是错误的,而且还是对上帝的贬低。上帝这样做纯粹是为了我们。[22]

　　在这里我们看到这场辩论的另外一个方面。廷德尔所用的这个观点来自反潮流,其所反的,是在现代早期基督教世界两大派别中都处于主导地位的奥古斯丁主义。在这个意义上,可以说,他属于对主流基督教强烈反动的一部分。当我们开始描述无求于外的人文主义之兴起时,我们也将把这一点考虑在内。虽然威茨科特的立场在当时是一种少数派的观点,但是它依然属于更加宽泛的基督教传统。对于威茨科特来说,上帝所追求的我们的好处,还包括我们的"神格化"(deification),即提升人性使其参与神性。[23]但对廷德尔来说,上帝所追求的就只有普通的人间福祉。

　　无论是在当时还是在现在,很多人都认为,廷德尔表述的观点是对人的能力的无端削减。浪漫派时期以下,已经有一系列思想家坚决反对把那种英雄壮举之维从人的生命中除去,其中包括托克维尔和尼采。这种削减本身甚至看起来是无法为人所理解的。但我们必须记住,它包含了另一个方向上的超越自我。理性的能动者既能看到自爱和社会性是同一的,又能以此为基础设计出一个社会秩序,他/她因此也就超越了他/她本人作为单个存在者的狭隘观点。作为工具理性的主体,他/她站232 在能够综观整体的位置上,被这个整体的伟大和设计所推动。理论家们有时会陷入一种实用主义的矛盾——在他们的主体理论中,他们不去考虑那些激励他们担当理论家和总体规划者的动机。但这种方式的超越依然存在，并且是他们的地位背后的一个动力。

这也许会推动我们去追踪我们的宗教观产生如此惊人窄化的另一个原因，这一次聚焦于缓冲的自我，特别是这种自我的超脱理性。这个时期的护教学聚焦于作为一种互利秩序的宇宙。部分受到新兴自然科学启发的护教学，几乎和新兴自然科学如出一辙，也把宇宙表述为我们眼前的一个系统，我们据以在一种画面（tableau）中把握整全。其实，根据这一时期发展起来的主流道德理论，真正的道德主体应该能够分离于他自己的处境，采取"公正的旁观者"立场。"公正的旁观者"这一概念首先由哈奇森引入关于道德问题的争论中，然后在亚当·斯密和功利主义者那里得到了继承。

当然，这是一种经典的超脱（disengagement）立场，展现宇宙就像展现一幅图画，而思想者却不纠缠其中；即使他承认，他算是其中一个小小的组成部分，但这不是他此刻注视整全的优势位置。我们处于海德格尔所说的"世界-图像的时代"。[24]

而在视宇宙为种种形式构成的等级系统这种理解框架内，情况就完全不同了。在那种框架下，观察的人显然处于某个等级层次，尽管他也知道，还有更高的等级层次，并对它们的本性有一些认识，但对他来说，不言而喻的是，他对于它们的把握是不完备的。在这个意义上，要见整全于一幅画面（其中，所有部分和所有层次都是同等可理解的，因为它们与思想者的相对位置是一样的），显然是不可能的。对整全的观察，来自其中某个确定的位置，因此，它在本质上反映出观察者所处的独特位置。

那么，这对那个时期的宗教和护教学又产生了怎样的影响？上帝的诸般目的正在被轻易地从宇宙中读出，他的善良旨意则被证明出来——如此这般的自信，所反映的立场恰恰是"世界图像"，即对整全的超脱的把握，而更高层次可能无法被充分认识的道理，则被彻底抛在脑后。

另外，占据该时期护教学主导地位的重点是神义论，着力从宇宙角度证明上帝的善和公义，也反映了这种超脱立场。人们总是会受到一些因素的影响而质疑上帝的公正。毕竟，亚伯拉罕和摩西很久以前即开始就上帝的旨意不断地与上帝辩论。但却只有在世界-图像的时代，人们才会有这样一种确定性，即人们确信自己已经掌握了所有的要素，能够公正地展开一场对上帝的审讯（并且能够通过我们的护教学，最后成功地证明上帝是无罪的）。的确，人们对神义论兴趣浓厚，这看来是这个时代的一个特征。在更早的时候，面对着存在于上帝所创造的这个世界上的艰难和困苦，我们可以更容易地去求助于上帝，因为他是帮助者和救赎者，虽说我们也承认，我们无法真正理解，他的创造怎么会陷入到这样一种窘境，以及究竟是谁的过错（大概是我们的过错）。现在的情形却是，我们认为，我们明白所有这一切是怎样发生的，于是，原来的论点也被取而代之了。人们在咖啡馆和沙龙对神性公义进行反思，开始表达他们的不满，面对这种状况，神学家们开始觉得，这是他们必须应对的挑战，要对这股正在袭来的不信潮流予以回击。可是，新发现的认识论困境却套住了他们对神义论的强烈关注。

至此，我们能够稍稍感知到造成了四重遮蔽的复杂力量，而我以"护佑的自然神论"这一理想型来凸显这些遮蔽。其中有这样的社会经验：把秩序和规训成功地强加于自我和社会；也有早已属于改革宗基督教的一些反思得到推进，并推向更为激进的阶段；还有对救赎论上的司法-惩罚模式的反动，因为该模式在中世纪基督教和改革宗基督教那里已经变为一种排外视野。这种反动有着深刻的基督教根源，例如，它与希腊教父的思想之间就存在着渊源关系，但它同时也为自然神论提供了支撑，接下来它还将为无求于外的人文主义提供动力。

那么，在自然神论这四重遮蔽之后，留给上帝的还有什么呢？依然还有非常重要的东西。上帝仍然是造物主，因而是我们的恩人，我们对他感激不尽。我们感激他的护佑，正是护佑安排了我们的好处；但这一护佑仅仅保留为一般性的，特殊护佑和神迹则被逐出。究其实，这些特殊护佑会挫败上帝已为我们安排的那种好处。上帝还为我们预备了来世，有赏有罚。这又是为了我们的好处，因为正是来世的盼望激励我们去完成他的仁慈计划。

然而，保留的上帝观念并不足以阻止无求于外的人文主义。我们可以再回顾一下理路。一旦祛魅临到世界,上帝是我们灵性生活和道德生活之必不可少的源泉这一感知,也随之被挪走了。原先,在一个充满神灵和重大势力的世界,上帝是中保,保证善将得胜,或至少善得以持守,现在,上帝则成为(1)那个定秩力所必要的增能剂,而我们正是通过定秩力来祛除世界的迷魅,并让世界转而为我们的目的服务。作为我们灵性存在和物质存在的真正源泉,上帝(2)要求我们的忠心和敬拜,而因着与充满迷魅的世界相分离,敬拜现在变得更加纯洁。

但伴随着四重遮蔽的是原有的上帝观开始没落,因为传统上帝观认为,上帝给我们安排的目的,远远不止是实现他在此世的计划。敬拜上帝缩减到在此世实现上帝的目标(等同于我们自己的目标)。因此,要点(2)就变得越来越弱了。

至于要点(1),是主要根据恩宠教义来表达的。像新斯多葛主义这样的世俗伦理学也支持此教义,支持的理由是,把秩序施加到自我和世界的力量,就是在我们里面的上帝的力量,而我们必须体认到它、滋养它。随着人们的自信不断增强(这反映于和谐的、以经济为中心的新秩序),上帝的恩宠,以及对我们里面的上帝之力量的滋养,似乎都不是那么必要了。这就为接下来的转向创造了空间,而转向之后,确定秩序的力量被看作是完全内在于人本身的。

不错,根据自然神论的观点,上帝也可以另外的方式帮助我们。对于他作品中的善的默观就能够激励我们,并供应我们力量去实现他的旨意。

> 因此,除了原初的、独立的和全能的善,追求普遍幸福的灵魂之宁静而最深广的倾向,根本无法在别处找到安息和喜乐的中心;不认识到这善,没有对它的热烈之爱和全身心的顺从,灵魂也就无法达到其最稳定、最高的完全和卓越。[25]

这个源泉所能赋予我们的力量是不容忽视的,也许大多数人都将认识到,他们需要类似这样的源泉。但是,即使已有这样的认识,我们还是不清楚,为什么具有同样激励的力量不能来自对自然秩序本身的默观,而无需提到造物主。这样的想法已重现于种种无求于外的人文主义。

因此,无求于外的人文主义越来越作为一种可行的灵性观深入人心,而不是作为一种理论仅由少数人掌握。它的出现需要两个条件:否定的条件是,迷魅的世界已经消退;肯定的条件是,关于我们最高的灵性抱负和道德抱负,要有可行的概念之兴起,这样,在我们承认和追求这些抱负时,即使没有上帝,我们也知道如何进行。这发生于已被施加的秩序伦理(该秩序在祛魅过程中起到极其必要的作用),及其对此伦理的经验,因为此经验令人感到,无需外求,只需倚靠内在于人本身的力量就能践行伦理。那些观点,即人们据以把上帝视为确定秩序的力量之必不可少的源泉,开始褪色,并变得难以觉察。迄今为止,从来未曾被想到过的,开始变得可以设想了。

～ 2 ～

可想,也许是吧,但尚未想出。接下来我打算对从"可想"到"想出"的转变做更加近距离的考察。它出现于这样的文化内,那是在18世纪西欧发达社会精英人群中发展起来的,即"礼貌"社会的文化。

礼貌社会这一观念究竟是什么?它是在西方的(主要是英国、法国和苏格兰的)精英阶层中流行的,是他们对自身世界自我理解的一部分。它是用历史的形式来表述的自我理解,与普遍流行于现代社会的自我理解是同一类型。礼貌社会刚刚从更早的形式中脱胎而出,并靠对比来定义。

中世纪社会历来是暴力的,到处是武装贵族之间的无序冲突,贵族成员的自我定位就是武士;古代城邦和共和国也是由武士阶级所领导的,它们也以自己的方式投入战争。而礼貌社会的成员则主要投身于和平相处之道。

首先,这种社会是生产性的,它赋予各种有用的技艺以及对它们的稳步改进以重要地位。用现代术语来说，社会的经济维度，尤其是经济进步，得到高度重视。人们普遍认为，转型到礼貌社会的一个重要原因，始终是商业的发展。

但这种社会的另一个根本特征，是热爱更精细的技艺，热爱我们今天时常所说的美术，以及文学、交谈和哲学。礼貌社会是文明的，这意味着，比起之前那种社会，它已经达到更高水平的精致和文雅（至于它是否已超过古典文明的高峰，则还有争议）。

但这就意味着，它不仅凭其关键目标（和平而不是斗争，在各样技艺上的改进而不是在作战技巧上的提升）来定义自身，而且也因其特有的行为风格而自豪。文雅的或礼貌的"举止"是关键，事实上，"礼貌的"（polite）一词也在此语境下一直存活于我们的语言中，即使它在 18 世纪所具有的其他多个用法都已消失。"举止"（manners，也可译作"礼貌"）规定了某种交际活动，成为我们彼此相连、彼此接近和交谈的方式。

方式或举止有礼貌，就是要把别人当作独立的主体或能动者，包括尊重他（现在当然还包括她）自己的合理观点和正当利益，还要进入以互利为目的的彬彬有礼的交换；无论它是以增加彼此财富为目的的经济交换，还是为了互相启发和相互愉悦的话语交流。因此，这种交际活动的典型场所，除了市场，就是沙龙和咖啡馆。在沙龙和咖啡馆，互相启发的交谈正在发生，并通过日益增长的出版物而延伸，而出版物又为这些交流提供谈资。礼貌社会首先就体现在这种聚会和交往的文雅和精致上，当然，其中也会出现新型的不敬和争强好胜，但这类失礼会受到礼貌辩论形式和目标的约束。你对我的绝妙嘲讽挫伤我的锐气，并确保沙龙女主人在社交聚会的余下时光让你唱主角，但这种语刺旨在取乐，甚或为了赐教，所以，在这方面就远远不同于剑刺：假如我能够按照一决雌雄的早期形式，诱使你在黎明时分出来见我，那么我当时所梦想的就是一剑刺入你的心脏。

同样，彼此作为平等者的相互尊重有严格的限制。它不包括绝大多 **236** 数农民或手艺人，但它的确成功地把贵族和有良好社会地位的平民（两者没有过大的等级差距）聚集在一起。

在礼貌（manners）之下，还有风俗（les moeurs），虽然这二者之间的界限很难被明确划分。风俗由很大程度上不成文的价值观和规范组成综合体，指引着礼貌社会成员间的彼此往来。什么是被要求的，什么是被允许的，在人的尊严下面究竟蕴含着什么，或人的尊严究竟要求些什么，什么是可耻的，什么是光荣的，什么是丧尽天良的，什么又是为人称道的，所有这些都是风俗问题。礼貌文化中的人们是颇能意识到风俗的，因为他们正确地认识到，在之前几百年间发生的变化，并不在于他们国家的法律，也不在于建制宗教的形式，或权威和主权的基础。伏尔泰曾经称赞路易十四时代是礼貌社会在法国得以确立的时代，法国也因此在欧洲成为最早建立起礼貌社会的国家（就像所有的法国人、甚至也包括许多不列颠人所认为的那样）。[26] 但在路易十四时代，真正发生变化的并不是社会中那些成文的、有效的规则，而是那种精神，那些体现在精英们交往生活中非官方的、大多是不成文的规范。当时在法律上并没有任何规定可以阻止路易废除南特敕令或停止对那些信奉新教的臣民的迫害，但透过礼貌这个棱镜，人们就会把他这些明目张胆地不尊重言论自由的行为看作是极不正当的或昧着良心的。[27]

因此产生了这一新文化的转变，可从经济和政治角度得到部分理解：商业的扩展，更广范围内的旅行和"发现"；更强势的国家的崛起，这就可以迫使那些好战的贵族解除其非正规军队，并维持和平；但该转变也被视为根本观点上的变化：眼界更加开阔，感受性和鉴赏力更加高雅，对科学和哲学具有更大的兴趣。所有这些都正像休谟在《大不列颠史》（*History of Great Britain*）中所描述的那样：

在这一时期（大约公元 1500 年之后），在整个欧洲，尤其是在英国，人们的心智经历了一场普遍的、但却不易觉察的革命。虽然文字在先前那个时代就已经得到复兴，但当时却只有那些从事特殊职业的人们（这些职业往往都有久坐的特征）才能经常与文字打交道，不像现在，如今它们已经开始以各种不同程度在全世界所有人中间广为流传。无论是机械方面的技艺，还是人文方面的艺术，它们每天都在得到重大的改进。航海已经延伸到整个地球的所有地方。
旅行变得更加安全和惬意。在欧洲,政治的一般制度变得更加广泛
和全面。作为这个普遍发酵和变化过程的结果,人们的观念在各个
方面都得到了扩充。[28]

在礼貌社会这一自我理解上,我们可以看到前述现代道德秩序所发
挥的核心作用,而且这一文明理想折射出该秩序。自由和尊重他人之独
立利益和见解的社交模式被给予重要地位;社交旨在互利的认识;商业
和生产性活动地位的提高,所有这些都反映了现代秩序的重要特征。

更加重要的是,这里有一个源自此秩序的社交理想,并且已被确立
为社会关系的独立准则。这里的"独立",首先意味着独立于政治结构。
当然,起初这并不是一个革命性的威胁。事实上,因着礼貌社会的这一
初步自我理解,并通过有关其自身起源的一个观点,强势的、甚至是"绝
对的"国家之崛起,被视为社会和平的关键目标,而社会和平则使得绝对
国家这一更高的新阶段成为可能。难怪伏尔泰在其著作中会称赞路易
十四是这一变化的主要推动者。即使是那些在英国语境下写作的人,虽
然非常在意他们的"自由",但也强烈地感到权威之必要。可以确定的
是,休谟对于权威的必要性也有过明确的表达,虽然我们同时也要记住
与这个领域的大多数作者相比,休谟对辉格党的路线持有更加怀疑的
态度。

但是,凭借对礼貌的如此理解,现代道德秩序在启蒙派舆论中成为
好政府的准则,是善于纳谏的统治者甚至"专制君主"都应当倾听的。伏
尔泰就是这么看的,当时的一些"专制君主"——腓特烈(Frederick)、约
瑟夫(Joseph)、凯瑟琳(Catherine)——也的确开始做出部分回应。于是
我们就已经开始了那个过程,它将使"公意"(public opinion)在旧制度走
向灭亡的那些年代成为国王行为的仲裁者。

此处建立的现代道德秩序和"温文而雅"之间的关联,也阐明了本书
所要辩护的一个主要论点,即在秩序理想与社会据以"文明化"的组织纪
律和模式之间存在着密切的联系。事实上,正因为这些重塑自我的形式

237

取得可见的成功,人们才对此种社交模式作为独立的准则信心十足。根据上面的讨论,我们可以认为,礼貌文化是现代道德秩序从纯粹理论过渡到社会想象形式这一过程中的第一阶段,由此巩固了受过良好教育的、"文雅的"(polished)精英之实践。

但"独立"还意味着更多的东西。它意味着独立于教会的或特殊的-教义的权威。当然,这并不必定意味着独立于宗教;因为如我前面所描述的,在护佑理论框架中很容易想象现代道德秩序,即作为上帝为人类做出的设计。但这正好增强了立足点:视这种秩序为上帝的设计,也就赋予了它权威,它因此既不能被来自天主教教义权威的任何判决所推翻,也不能被人们以任何专属于某个教派的教义之名义所拒绝。在此我们可以回顾一下现代道德秩序的最早表述,比如格劳秀斯的表述,就是为了给予政治权威一个占得稳的位置,使之独立于教派斗争。

238 　　要把此种立场的逻辑贯彻到底,实际上就要坚信,这种交际活动的规范力量难以被任何教会的判定所否决,这也是为什么礼貌社会对于废除南特敕令的法令会做出否定的反应,进入 18 世纪后更是如此。针对教义上的差异而作出粗暴强制,这种做法本身与涉及上帝是道德秩序的设计者的普遍真理无关,而是对该秩序的破坏——当然,除非这对于确保公众的安宁和服从是必要的,但在这个案例中,情况显然并非如此。启蒙了的欧洲可以体谅对某个教派的镇压——甚至是血腥的镇压——假如该教派的教义为颠覆现有权威和财产权的行为提供辩护,但无法体谅对那些遵守法律、只是在神学上稍有偏离的臣民进行无缘无故的压制。

因此,在礼貌社会的框架内,针对教会的行动和干涉,以及因信仰差异而有的对抗,形成了一套具有规范性的约束:大体上重叠于当代社会中我们已经熟悉的那些约束。国家权力应该独立于教会控制而运作,公共秩序应该得到维持,使其免受教会之争和教义之争的搅扰,不论斗争产生于下面的教派之间,还是产生于上面的、出于毫无理由的国家压制和逼迫。[29]

这意味着,在这一社交理想和神圣权威之间存在着强烈的潜在冲突。神圣权威的声称,一般出自天主教会的信理部,或英国教会当局的

"最高"解释。而一系列非基督教和反基督教的立场(从种种形式的自然神论和神体一位论,到无求于外的人文主义)的实际形成,也可以在此潜在的和经常也是实际展开的斗争领域得到最恰当的理解。

礼貌的社交为效忠强势神圣权威带来压力,因那种权威声称有权干预社会和政治,而且干预方式可以超越、甚至打破秩序。出于同样原因,新的社交也给那些可能为此类强势神圣权威奠定基础的种种信仰和实践带来压力。这其中就包括强势的"神圣"观念,按我们前面章节所定义的,那样的神圣落实于某些人、某些地方、某些时间或行动,并把有别于它们的,定义为相对立的"世俗"。因此,"礼貌"的观点对我所讲的"祛魅"更为友好,并且这种新文化是神圣被驱逐过程的延续。

更进一步,主张神圣权威的背后,还有基督这个人物的神性。虽然耶稣是上帝,抑或仅仅只是一个伟大先知和教师,与上帝是否是互利秩序的设计师这个问题并不相关,但依然有这样的试探,即放弃基督的神性问题或教义,滑向索齐尼主义(Socianism)或自然神论;或者对此问题采取怀疑论立场。

礼貌文明和它确立的道德秩序,很容易被当作是一个自足的(self-sufficient)构架,人们会在这个构架内去寻找社会生活、道德生活和政治生活的标准;它所承认的仅有的超越关联,是那些用来巩固该秩序、且不会为侵犯该秩序的行为提供辩护的关联。在社会层面和文明层面,它完美地契合于、其实是表达了前述的"缓冲的身份",即因祛魅而产生的自我理解。换言之,它是这样一种社会的和文明的构架,该构架禁止或阻止了超越存在与人类的某些关联,而在历史上,经由这些关联,超越存在会以某种方式影响人们,并临在于他们的生活。此构架倾向于在文明的水平上完成并牢固树立起我前面所描述的人类中心主义转移。它为缓冲的身份建立缓冲的世界。

若要明白产生自这个逻辑的视界,我们不妨看看18世纪作家用来描述这个礼貌文明之历史以及现状的一些关键术语。有三种危险的宗教,分别被归类为"迷信"、"盲信"和"狂信"。迷信标示了宗教的魔法维度,即那些在理解上带有魔法色彩的仪式、崇拜和实践。就此而言,它们延

239

续和扩展了新教用来谴责天主教的已有词汇。盲信主要指信仰上的必然无疑,是信仰者对某种特许的确信,即允许他们超越、甚至粗暴地扰乱这个互利秩序。而狂信则指另外一种确信无疑,即确信听见上帝说话,并能据以行动,而无需倚赖任何外部权威,不管是教会权威还是政治权威。狂信虽然会导致盲信,但也可以使人们远离盲信,比如像贵格会之类的某些和平主义教派,就有这种情况;同时,盲信也可以产生于有着强势权威结构的宗教,比如,历来与狂信不沾边的天主教会。

雷纳尔神父(Abbé Raynal)在其很有影响的一部著作中明确指出,服从这一现代秩序观念(他称作"普遍利益")是市民社会的至高原则。"普遍利益是应该在国家中存在的万事之法则"。并由此得出,"只有人民,或承担人民权威的主权权威,才有权利对任何制度是否符合普遍利益进行判断。"在接下来的讨论中,他阐明了宗教可能给该秩序带来的危险:

> 　　对一种宗教的信条和教规进行审查是属于、且仅属于此权威的职责:关于信条,与人们通常的理解相反,要确保它不会使社会和平遭受动乱的侵袭,如果关于将来幸福的教义观念与人们荣耀上帝的热忱和对启示真理的顺服结合起来,这一动乱将更为危险;关于教规,要确保它不会撼动在社会上普遍流行的风俗,不会抑制人们的爱国主义精神,不会削弱人们的勇气,不会使人们远离工业、婚姻和公共事务,不会损害人口和社会交往,不会激发狂热和不宽容,不会在家庭成员之间、在一个城市的不同家庭之间、在一个国家的不同城市之间、在一个世界的不同国家之间播撒分裂,不会降低人们对于主权者和官员的尊重,不会传播使人悲哀的严苛准则和使人疯狂的教导。[30]

启蒙运动中不太激进的一翼对待迷信要比其对待盲信和狂信这两种偏差更加温和,因为像休谟和吉本(Gibbon)这样的作者理所当然地认为,启蒙和文雅是精英才会掌握的,如何在民众中维持和平秩序,依然是个问题。民众有点迷信可以是件好事,这既能满足他们宗教方面的冲

240

动，又不会教唆他们造反。它假定了宗教主要是由崇拜（cult）定义，而不是由教义定义，教义会成为与持守其他信条的信徒产生争论的根源。

这里的相反模式是天主教，它的迷信其实是与一个好战的教义相连的。但吉本所说的模式是古代世界，那时的不信教精英足够老练，得以在外表上奉行其国家的崇拜，使民众的崇拜实践活动丝毫不受干扰。"在罗马世界流行着各种各样的崇拜方式，大众视它们都同等真实；哲学家认为它们都同样虚假；地方行政官员则认为它们都同样有用。"[31] 吉本情不自禁地显示出对于这些古代地方行政官员的同情，而相比之下，基督徒则盲目地拒绝去尽这样的义务：在外表上顺从重大的公共仪式，诸如此类。相比路易十四那样的现代的正统强制推行者，吉本更偏向这些古代地方行政官，并把他们刻画成不情愿的逼迫者。对那些宗派成员，古代行政官更多感到的不是愤慨，而是困惑；他们真的是难以理解这些宗派成员。吉本得出结论说，与基督教世界中的现代掌权者相比，这些古代官员并不严厉。"由于他们是在执行立法者的温和政策，而不是出于偏执自身信仰的狂热，所以可以肯定的是，他们对于执法对象的蔑视经常会减弱，他们的人性也经常会停止或打断他们对于那些法律的执行，这些法律所针对的是那些谦卑的、无名的基督的跟随者。"[32] 这些罗马的地方行政官在礼貌伦理上应该得到好评，因为他们的动机纯粹是对公共秩序的关注，其中没有掺杂任何教义上的热情；他们是合格的，而路易则是可耻的，不合格的。

具体体现在吉本和休谟思想中的这种版本的礼貌文化反对狂信，不仅在"狂信"这个词于当时所具有的意义上，而且也在当代意义上。礼貌和优雅也要求这样一种立场，即对宗教狂热分子那些充满憎恨的、丑陋的、经常是残忍的和破坏性的行为，保持冷静而嘲讽的距离。这两位作者对于这些行为的谴责当然是极其强烈的，但他们与所批评的对象保持冷静距离，间或穿插些嘲讽性的妙语，由此表达出他们文明立场的优越性。对他们来说，这种沉着立场本身就是脱去蒙昧的一个教养标志，并与吉本的显著风格所具有的力量和影响力融为一体。

在另一个段落，吉本把古代的异教思想家与基督教宗派成员相对

241

比,他描述了前者在基督徒皇帝统治下镇压异教时的痛苦:

> 智者把异教的毁灭描述为可怕的、令人惊愕的异兆,黑暗笼罩了大地,又恢复到古代的混乱和黑夜的统治。他们以严肃的、哀婉动人的语气述说到,那些庙宇一变而为圣体安置所,那些曾经供奉着神像的圣殿,则被基督教殉道者的遗骸不体面地玷污了。

这是典型的吉本风格,是他典型的带有嘲讽性的自我定位,我们所引的段落的最后一个部分,尤其是"玷污"这一带有强烈意味的词,可以从中读出早期的间接表达风格:他是借智者的口说出这个词的。但在后面,吉本似乎写上了他自己不带什么感情色彩的评论:"在不认同其恶意的前提下,我们能够很自然地体会到智者的惊愕,他们是革命的旁观者,这场革命把罗马法律的这些无声受害者提升到罗马帝国神圣的、不可见的保护者行列。"[33]他邀请我们这些脱去蒙昧的读者,站在一定高度去眺望这些灾难性事件,细细体味这一切的荒谬性,既不生气,也不挂虑。

礼貌文明提供了舞台,这是一个与基督教产生潜在的严重冲突的场地,其中会有种种不同反应。有的力图调和二者;有的感受到冲突,并开始批评"礼貌";有的虽感受到冲突,却被迫采取拒斥基督教正统的种种模式。但礼貌或教养本身并不为理解更为广泛的拒斥提供背景。它可以帮助我们理解吉本和休谟这样的精英派怀疑论者,但要理解那些做出更加激进回应的人,却无能为力。这里的"激进"有双重意义,一方面它是指这些立场有时在政治上更加激进,比起伏尔泰和吉本的启蒙,这些立场不太适应既存的秩序;但我又认为,这些立场经常会沿着激进方向不断发展,最终导致一种好战的、无求于外的人文主义的生成,有时甚至会走得更远,滑入唯物主义。要说明这种无求于外的人文主义如何得以形成、并被普通大众接受为一种现实的选择,还要涉及到很多其他方面的内容。

❧ 3 ❧

在前面几页,我试图表明无求于外的人文主义何以能够兴起。但这还不是在描述其实际兴起,以及它作为一个现实选择出现意味着什么。

让我试着再说说我的描述的主要线索,以便更好地描绘有待述说的方方面面。我重复提到在 18 世纪所发生的四重人类中心主义转移,并将之与我的"护佑的自然神论"概念联系在一起。在某种意义上,可以认为前两个转移是根本性的,其他两个转移是随之出现的。

第一个转移是,上帝对于人类的计划一降而为人类去实现他们生活中的秩序,而该秩序是上帝为人类的幸福和福祉而设计的。从根本上而言,上帝创造我们的目的就是让我们去实现互利秩序。至于人类还有超越人间福祉的使命这一意义,则在自然神论的氛围中被冲淡了。

此转移反过来又置身于欧洲文化中历时长久的大改革趋势。大改革是指这样的图谋:精英要改造社会和普通民众的生活和实践活动,为的是达到精英所认为的更高标准。这是一个值得注意的事实。我在这里无意对该事实提出解释,但我要作为一个事实来陈述的是,自从 11 世纪罗马教宗格列高利七世的教会改革(Hildebrandine Reform)以来,提升普通民众道德水准的尝试一直接连不断。起初是各种宗教上的改革;他们要把整个神职阶层、后来甚至要把平信徒,都提升到一种更高标准的敬虔和圣洁生活,高标准主要参照隐修者和神职人员的实践。关于提升有着普遍要求的标准这种做法,我们可以举个例子。1215 年第四次拉特兰公会议确定了这样的目标,要求所有平信徒都要遵守这样的制度:每年至少有一次告解、赦罪和领受圣体。

阿奎列(Arquillière)把支撑着罗马教宗格列高利七世的教会改革的观念称为"政治的奥古斯丁主义"。这么称呼对于奥古斯丁有点不公平,对此阿奎列也承认。[34]奥古斯丁非常强调上帝之城与世俗之城的距离,而教会当局的这种尝试,即在国家权力的支持下使社会与天国之城更加一

243

277

致,在他看来至少是极端危险的。[35]当然,推行改革的教宗也承认,我们不能期待正义在此世得到完全实现,对奥古斯丁来说,正义必须包括为上帝留下其应有的位置。在终末之前,世界将一直充满罪人。但是我们可以设想这样一种生活制度,人们在其中所服从的统治是模仿完满正义的。如果国王的权力真正听从上帝的仆人——那些带着上帝旨意之权威来说话的人,这里指教会主教团——的警告,那么我们可以建立起这样的秩序,在其中,那些真正良善者将会是统治者,而那些败坏者则将被迫服从。[36]

经过长达几个世纪、数个阶段的发展,才慢慢形成这样的观念:就在这个此时此地的世界,我们根本不需要向任何其他原则作出妥协。基督复临的应许,即上帝将完全掌权,能够在此世实现,尽管它会以简化形式,并且需要有强制。从此往后,基督教改革的动力就倾向于沿着这个方向推进:信众必须被改造,从而使他们尽可能接近少数全心奉献的基督徒。福柯正确地指出,1215 年第四次拉特兰公会议的决议,即规定了所有平信徒要做一对一的告解,是这个改造工程的一部分。

当然,改革从来没有像计划中那样顺利展开。但引人注目的是这样的努力,即教会精英经历周期性的懈怠和腐败之后,又一次次回到这样的企图。教宗格列高利七世本人就有这样的经历:懈怠期之后,又起而抗击。接下来一批又一批的改革者也是这样,他们主要在两个层次上努力:一方面,他们在规范上努力,提出了适用于神职人员和平信徒的强制规范;另一方面,他们也通过宣教士的运动,呼召人们皈依,面对个人审判的可怕责任。

从某种意义上说,我们所说的宗教改革运动就应该放在这个语境下来理解。的确,宗教改革运动所做出的反应,是反对一个时期以来教会高层令人震惊的懈怠和腐败,但是它所拒斥的天主教会本身,几个世纪以来一直是各种改革努力的中心,并且在异端和教会内部分裂的影响下,也经历了另一场大规模改革。也许,基督教世界的其他分支都不曾有过拉丁基督教世界在这公元第二个千年里的改革尝试——如此接二连三,如此影响深远,如此遍布全球,并一直延续到今天。某种意义上可

244

以说，改革、重新唤醒、重新组织、更新敬虔和规训等等，已经成为所有产生于西方基督教世界的教会固有文化的一部分。同样，我也无意去理解其缘由；但在我看来，这是一个极其重要的事实。[37]

大约在公元 1500 年的时候，这种努力在方向上发生了变化。它开始接受一种更加野心勃勃的目标，它要改变人们的习惯和生活实践，不仅是信教者的，也是所有民众的；它要向每一个人灌输有序的、节制的、规训的和生产性的生活方式。正是在这一点上，出于宗教改革的努力就与引入温文尔雅的尝试交织在了一起，由此，培养文雅就开始成为关键词。这并不是简单的接管，即强加在宗教改革努力之上的航向偏离；因为宗教改革者本身同意，敬虔（Godliness）之不容否定的果实就是有秩序、有纪律的生活。即使出于很好的神学理由，他们也试图培养温文尔雅。[38]

但是，因时间拖得很长，这方面大概也是有所偏离，至少是可怕的反讽。因为曾经被认为是敬虔之确切标志、因而是非常值得去追求的东西，莫名其妙地渗入敬虔之本质，渐渐与敬虔难以区分。在改革及其规训上的巨大投入，这些极大的努力，其本身似乎已经模糊了信仰的核心，导致人们用某种次要的东西来取代信仰的首要目的——万事以上帝为中心。而这种投入却使得拉丁世界和前拉丁世界的基督徒在想到其他宗教、甚至是其他基督教教会的那些人时，内心充满灵性优越感。这就是第一个人类中心主义的转移。

第二个转移补充了第一个转移。一旦目标缩小了，就会让人感到，那目标是靠我们独自的力量就能囊括在手的。恩宠显得不太重要了。我们由此看到无求于外的人文主义得以产生的土壤。那个它即将登上的舞台已经搭建好了。但是它要能够实际地登上这个舞台，光有这个否定性的事实还不够，即恩宠好像已经不是那么极其必要的了；对于身处 16 世纪的加尔文和他的同仁来说，恩宠曾经是极其必要的，当他们面对那些广泛地流行于其所处社会中的混乱、暴力、罪恶、道德败坏和危险的时候，他们知道唯有强烈的灵药才能带来秩序。（事实上我们还有补充：就如今日巴西利亚［Brasilian］的一个工人也知道的——当他加入某五旬节派教会并成功摆脱严重酗酒习惯时；又如贫民窟出生的非洲裔美国少

年所知道的——如果他通过加入"伊斯兰国家派"［the Naticon of Islam］
而成功地逃脱了毒品文化的纠缠。）

在此否定性变化之外，我们还需要肯定性的一步，据此道德/灵性源
泉可被经验为纯粹内在的。这也是我们故事的一个关键部分。这又意
味着什么呢？按我在导论中的提问方式，可以这么来表述：我们需要明
白，假如丝毫不提及上帝，但又纯粹内在于人的能力范围之内，要去经验
到道德完满、识别我们最高道德能力和道德抱负的中心，是如何变得
可能。

然而，在我们所描述的语境中，恰恰不是任何此类经验都能获得成
功。从那时起，我们看到许多关于完美的表述，都是单单指向人；例如，
尼采在其《权力意志》（*The Will to Power*）最后一个词条中提到永恒轮
回；我们在那里觉察到，尼采捕捉到的，是被拔高的灵感时刻，在此时刻，
支撑灵感的认识，无疑就是无神论。[39]但这不可能是第一种无求于外的人
文主义模式。因为产生该模式的语境是由这样的观念来确定的：互利秩
序在道德上有着压倒一切的重要性，也就是说，这一秩序必须尽可能得
到实现，而且这么做是在我们能力范围之内。道德完满性之识别，最高
的道德源泉之认定，都必须足以担当这一互利任务。这种识别必须是重
要之事，它要能够激励我们亲自去实现它，即它在功能上取代了基督教
的圣爱或新斯多葛主义的无私与仁慈。

这就意味着，它必须包含的，不仅有自信——即我们能实际地重新
安排和塑造我们的生活，而且还有驱动力——激励我们为了所有人的利
益去实现这一自信。最高的道德能力之中心，必须同时是仁慈和普遍正
义之抱负的源泉。仁慈和普遍关怀恰恰是18世纪种种主义、理论或人物
的标志，包括无求于外的人文主义（或者也可以说，是后来变质为无求于
外的人文主义）；功利主义或康德的理论；启蒙时期，人的权利和基于普
遍人类幸福和福利的新制度的支持者。正如边沁（Bentham）在下述这段
著名文字中所说的："在我的著作中有哪一页我曾须臾忘掉对于人类的
爱？请指给我看，指出这样一页的这只手应该马上把它撕掉。"[40]

这样的道德源泉必须被创造/发现。标准的化减故事会告诉我们，

一旦那些旧的、宗教的和形而上的信仰凋谢,也就最终为现存的、纯粹属人的道德动机腾出了位置。但事实却并非如此。也许看起来如此,因为现在的最高道德能力的中心,被认定是在"人性"中。这一认定与几个世纪以来的有求于外(non-exclusive)的人文主义相关联,尤其是与那种由我们从古代思想家那里继承下来的道德理论相关联,这些道德理论在当时显然是唾手可得的思想资源。

但已经明确的一点是,在一种意义上,这种现代人文主义不同于大多数古代的人性伦理学,不同的原因在于,它是无求于外的,也就是说,它有关人间福祉的观念根本无涉人应该敬畏、热爱或承认的更高者,而这绝然有别于柏拉图或斯多葛主义者这样的古代思想家。另一方面,也有伊壁鸠鲁-卢克莱修(Epicurean-Lucretian)的哲学特例,该哲学似乎真的是我所指的无求于外的(正因如此,这种哲学成为像休谟这样的一系列现代思想家的参照点)。即使我们以此作为比较,两者的差异也是极为明显的。

首先,对人间福祉的现代想象被纳入同时针对自然和人类社会的激进的、干预的立场。自然和人类社会都需要我们根据工具理性来重定秩序,使其适合于人的目的。针对人类社会提出的种种理论都从工具性角度来看待社会,例如,社会的存在是为了保护生命和财产。社会是从功能上来理解的。激进的重定秩序和工具理性是关键范畴。

其次,新的人文主义从其基督教根基上接过普遍主义;要不然就换个方向,就像16、17世纪的一个颇有影响的思想流派那样(经常被称作"新斯多葛主义"),从古代斯多葛主义资源中恢复普遍主义。这是指,新的人文主义原则上承认,每个人的善必须在重新奠定秩序时得到满足。当然,这个"原则"其实多有违背,这也对应当时的文化限制,不管这些限制是出于阶级、出身、性别还是宗教信仰。但是,这个原则依然是起作用的,因为这些违背和排斥是出于当时的压力,并且要说明理由,否则难以维持下去。

此外,这种新的人文主义还设定,我们有积极性去为同伴人类的好处尽力。我们生来就有朝此方向的特殊禀性。这样,现代人文主义的道

246

德心理学就大为不同于古代的。对古代人来说,我们由于友谊或共同的公民身份纽带而与(某些)他人密切相关,因为在这些方面我们只能追求我们共有的善。我们的行善欲望出于对这些共同目标的承认。亚里士多德认为,甚至连分配正义也只有在城邦的共同事业框架内才有意义。在古代思想中,只有斯多葛主义提供了例外案例,有异于这种狭隘范围的仁慈。但即使在这个问题上,虽说斯多葛主义者确实把团结纽带放在整个人类范围内来理解,但他们在某种意义上依然忠于同一种框架:他们只是简单地把纽带延伸了,把我们看作是由所有的神和所有的人组成的伟大的普世城邦(cosmopolis)的一部分。

相反,在基督教的圣爱中,始终得到强调的,则是另外一条道路,这条道路能使我们超越任何已有团结纽带的藩篱。那位好撒玛利亚人与受他帮助的人之间并没有任何关联。这一点确实是整个故事的关键。当然,这种越出共同体边界的主动的仁爱,可被置于由上帝的所有儿女组成的超级共同体之语境,由此重复于某种与斯多葛主义之普世城邦相近的东西。但它更多被认为是有待建立的,即它是一个末世论概念。出自圣爱的典范性超越界限,即基督的道成肉身和受死,并不是由先前就有的共同体或团结纽带所驱动的。它是上帝白白赐予的礼物。

这种主动的、超越了共同体的仁慈反映在现代无求于外的人文主义之种种道德心理学,反映在一个经常出现的观念,即人类生来就有仁慈的或利他主义的能力,这种能力只要不被不利的条件所扼杀,就会显现出来。甚至是,只要人们试图对此给出一种自然主义的解释,例如在关于同情的理论中,我们就会看到这样的观念,即人的动机包括一种为他人的善尽力的禀性,只因为他们是人类同伴,而与任何共同利益或共同目的的看法无关。

换言之,在现代人文主义的道德心理学中,仁慈的特别驱动力独立于先前就有的联系或纽带。它的范围在原则上是普遍的。这可以说是圣爱的历史痕迹。或者说,这是上述第二个内在化转移的后果,即要建构我们的个人生活和集体生活的秩序,再也不用到上帝和恩宠中去寻找力量。但我们不能仅仅对此转移作否定性描述。它不仅把上帝关在我们生活之外,而且还把这一伟大的仁慈能力或利他主义能力赋予了人。不错,在拒绝基督教的人当中,确实有人借口真正回到前现代的无求于外的人文主义,比如像卢克莱修的人文主义。休谟就是这种取向的一个例子。但现代无求于外的人文主义的主要目的,却是要把这种仁慈能力内在化,这就绝不是回到古代智慧。尼采不厌其烦地证明这一点,甚至连休谟也把一个非常现代的同情观念纳入他的理论。

在现代各种人文主义与古代思想的关系问题上,我一直在强调前者的创新,它们摆脱基督教信仰,但又利用其形式:主动地重新奠定秩序;工具理性;普遍主义;仁慈。当然,它们也旨在拒绝基督教超越人间福祉的渴望。因此,舍己,只有有助于现在定义的普遍福祉,才被认为是理性的和自然的,即使如此,也要在合理的界限内。除此之外,都被谴责为越界或狂信。想想休谟或吉本这种思想家是如何蔑视基督教的苦修传统、修院制度、传教士以及说预言,又是如何轻视卫斯理宗信徒的情绪化的布道。圣爱的接替者必须被严格控制在适度、工具理性、也许还有很好的品味这些界限之内。

尽管如此,圣爱类比(agape-analogue)之保留,仍很值得注意。我认为,这一保留告诉我们关乎此转变及其关乎我们自己的两个要点。

第一,若是在任何其他基础上,向无求于外的人文主义转变恐怕是不可能的。我这里的假设是,该转变以我们在为生活和社会安排秩序的过程中所获得的自信为基础,这些秩序至少开始更加近似于互利的理想模型。但是,圣爱或仁慈已经在三个层次上成为此理想模型的一部分。乐善好施是个人行为之理想的一部分;好的社会秩序必须包括关爱所有社会成员;一个体面的人适当的内在倾向,包括那些行善的倾向。该转变中的基本一步,就是这样的认识,即创造这个秩序的能力存在于我们所有人身上;而既然这个秩序部分是由圣爱或仁慈建构起来的,那么这个能力也就必须存在于我们身上。 248

若是走向直截了当的卢克莱修式的视野,也许涉及到要与社会和道德的整体倾向有更大的决裂,但断裂的根基还没有打下。当然,后来随着不信在我们的文化中站稳了脚跟,这种可能性和其他可能性才开始出现。

　　第二个要点则从另外一个角度来处理该问题。我刚才讲到，只有这个转变在当时是可能的——我指的是它不仅仅是一种边缘性的、例外的现象——而所谓的转向纯粹的卢克莱修主义则不可能。但重要的是，它在当时曾是（was）可能的，只是必需准备好的某些背景是否定的。我曾提到，这种重定秩序也促成祛魅。说白了，在一个充满神灵和魔力的世界，我们很难想象一个没有上帝的宇宙。但是，祛魅的短期效果，以及由此导致的对我们改变自我和改变社会的能力提出更高要求，似乎都使上帝的主动性恩宠变得更必需了。正是伴随着这种重定秩序的过程取得了确定的成功和日常化，才为没有上帝的世界开启了空间。

　　但即使考虑进这一点，该转变也不会必然发生。它还需要一些肯定的东西，即作为所有不同方式的结果，人们实际能够获得这样的确信：这些能力就存在于他们自身。他们可以在自身的属人资源中找到普遍仁慈和正义的动机。

　　他们可以找到这些源泉的一个明显之处，即自豪感（pride）。这不是指基督教布道予以否定性判断的骄傲，而是指一种积极力量——自豪感在武士-贵族伦理中处于核心地位，一个人被自豪感打动，他觉得自己能胜任所属等级的要求，这让他的尊严感油然而生。在 17 世纪的法国，这种动机被称作"慷慨"。高乃依（Corneille）笔下的人物一再唤起它。下面是克利奥帕特拉（Cleopatra）在《庞贝之死》（*Pompée*）中所做的一段演说：

> Les Princes ont cela de leur haute naissance
>
> Leur âme dans leur sang prend des impressions
>
> Qui dessous leur vertu rangent les passions.
>
> Leur générosité soumet tout à leur gloire. [41]
>
> （"国王们从他们高贵家世获得慷慨，
>
> 他们的灵魂在他们的血脉中获得力量，
>
> 把他们的激情置于德性之下。
>
> 他们的慷慨让一切服从他们的荣誉。"）[42]

在这里,克制更低下激情的动机,恰恰是感受到因高贵出身而来的东西,　249
即唯独与他们的地位相称的荣誉。

正如我们前面在笛卡尔那里看到的,借用这种伦理的转化形式是可能的。我曾提到(第二章第四节),笛卡尔使慷慨成为"所有德性的关键,是激情带来的所有混乱的总药方"。但是现在,高的地位(其要求是我们必须去做到的)已经不是一个社会等级,而是作为理性控制主体这种人类身份。它所指示的,就是要服从理性超脱的要求。

很显然,荣誉伦理与来自于新斯多葛主义的超脱的自我规训之理想,有着足够明显的亲和性。并非只有笛卡尔联系起这两者。我在上文中指出,在规训的要求和武士训练的要求之间也有类似之处,二者都要求远离某些亲密关系。

孟德斯鸠指出,"高贵的骄傲出自德性带来的内在满足",它是一种"与大人物相宜"的情感。"伟大的灵魂会禁不住充分展现自己;它感受着自身存在的尊严。"[43] 后来,这种内在满足感被快乐主义哲学所吸收;它被当作是最大的快乐之一。马里沃(Marivaux)对此予以肯定:"是的! 感性的快乐,我用它来称呼一个人在做出德行之后给予自己的得意见证。"狄德罗(Diderot)也完全赞同此点,他认为,"德性带来的喜乐是持久性的,来自于它的那些如此纯洁的快乐是情感的愉悦。"[44]

当然,这种动机满足这一要求:纯粹内在于人的道德源泉。没有人会怀疑,如果更古老的武士道德规范孤零零地在那里,不曾作为也承认上帝或诸神的世界观之一部分,那么它们便是无求于外的人文主义;其实,像后来尼采的尝试,倡导变调的贵族伦理,毫无疑问就是无求于外的。但问题是,这种倡导普遍仁慈的新伦理还需要更多,并且不同于那种本质上利己的动机。

孟德斯鸠本人精辟地指出了这一点。他认为在荣誉学派(the school of honour)那里,

les vertus qu'on nous y montre sont toujours moins ce que l'on doit aux autres, que ce que l'on se doit à soi-même: elles ne sont pas tant ce qui nous appelle vers nos concitoyens, que ce qui nous en distingue. On n'y juge pas les actions des hommes comme bonnes, mais comme belles; comme justes, mais comme grandes; comme raisonnables, mais comme extraordinaires. [45]

（"人们在这里向我们展现的德性与其说是我们相对于他人所应该做的，不如说是我们相对于自己所应该做的；与其说它们是在召唤我们走向我们的同类公民，不如说正是那些使我们与他们相区别的东西。在这里，人的行为不是被评价为善，而是被评价为好；不是被评价为正义，而是被评价为伟大；不是被评价为理性，而是被评价为不同寻常。"）[46]

当然，孟德斯鸠在这里所说的是诚实的人（honnête homme）的原初伦理，而不是他本人和笛卡尔所采取的那个被改造后的伦理，后者被认为可以激励主体去获得规训的、理性的仁慈。但清楚的是，要点必定部分地存留。

如果说活出作为理性存在者的尊严包含着为了普遍慈善和正义尽力，那么如此去做的内在倾向就必须是理性所要求的一部分，也就是说，理性主体在她自身中发现，此倾向是她的核心特征的一部分。别无他法。自豪感不能充分替代普遍仁慈。自豪感只能是第二位的，在我的普遍仁慈即使衰弱之际，给我一个理由去活出尊严；但在这种仁慈完全缺席的情况下，自豪感则难以起作用。或者，我们至少可以说，它会是一种非常不同的伦理，仁慈在其中不再列入我的尊严让我非做不可的事情；比如，尼采的超人伦理。

同样，又是孟德斯鸠对这一点进行了最好的表述：

最接近神性护佑的，莫过于这种普遍的仁慈和这种涵盖所有人的伟大的爱的能力；而最靠近动物本能的，莫过于心灵只被自身利益或靠近自身利益的东西所触动时为自己设置的这些界限。[47]

因此,新的人文主义需要也找到了仁慈的内在源泉,而且还不止是一种方式。

方式之一是通过对超脱的工具理性力量的强烈感知,这种理性不动感情的冷静和客观被视为足以支撑普遍的仁慈。此处就表明了现代人文主义的新斯多葛主义根源;当然,有一点要排除在外,即护佑万物的过程这一观念丢失了,因为新斯多葛主义还认为,这种过程由仁慈的上帝设计,是智慧的人必须学会接受和支持的。现在,该观念升级了,乃至于超脱的理性本身必须鼓动起服务整体的欲望,靠的是帮助我们不再受制于我们自己那些狭隘的视界,使我们能够达到对整体的认识。就靠这一事实,不偏不倚的旁观者就将是仁慈的;他看到了最大的幸福最终是怎样的,并想要完成它。

与这一观点相系的,也许还有一些危险的幻象,但它无疑符合现代世界强有力的道德经验。超脱本身,因着让我们脱离迷乱混杂的一团个人欲望、渴望和嫉妒,释放出我们里面的普遍仁慈。在20世纪,罗素对此已经做了明确的表达。在《宗教的本质》一文中,他区分了人的两种本性,一个是"特殊的、有限的和自我中心的";另一个是"普遍的、无限的和无偏见的"。那个无限的部分"无偏见地照耀着":

> 相隔久远的时代和空间上遥远的地区与当下和近在眼前的一切,对它而言是一样真实。在思想中,它超越并摆脱感官的生活,始终寻求那普遍的和向所有人敞开的东西。在欲望和意愿中,它只好的为目的,而不考虑这好处究竟是我的还是你们的。在感情上,它把爱给予所有的人,而不是只给那些能够帮助自我实现其目的的人。它不像那个有限的自我,它是无偏见的;它的无偏见性导致了思想中的真理、行动中的正义和情感上的普遍的爱。[48]

内化道德能力的另一种方式是通过对纯粹、普遍意志的感受,比如,在康德那里,意志是我们在它面前要充满敬畏的内心力量。这与我刚刚所描述的超脱理性关系密切,但有一点排除在外,即仁爱源泉不是所考

251

察事物的广度。相反,按照普遍法则来作为的能力成了惊奇的和令人无限尊重的对象。康德同时提到这二者:"头顶的星空和心中的道德律"。[49]正是这种能力激励和提升我们充分达到正义和仁慈的要求。

第三种方式是通过对普遍同情的感知,而同情发展成美德只需要适当的条件。再也看不见爱的源泉存留于冷静客观的理性,或存留于我们根据普遍法则行事这一令人敬畏的能力。它深处于我们感情的天性构造(make-up);但它却被那些在历史上发展起来的虚假而违背天性的条件所压抑、扭曲和遮蔽。我们的任务是要找到可以解放它的条件。卢梭——尤其是他关于怜悯的概念——是一个在这方面颇有感召力的思想家。[50]

稍后产生的另一个观点是费尔巴哈的幻想,即我们归于上帝的能力是真正属于人的潜力,道德激励的这一丰富宝藏可被重新发现于我们的里面。

在这里,新颖之处不仅是对于道德源泉的理论解释。这是些道德经验的新模式。有人可能会使我们以为,对道德力量的感情或感觉,从古至今都是同样的;它只是被作了不同的解释,以前叫圣爱,现在叫"心中的道德律"。毕竟,有些早期观点也在某种意义上把这些源泉置于我们的里面;例如新斯多葛主义的观念:理性是在我们里面的上帝的火花。难道是一位康德主义者感受到同一个火花,但恰恰对它做出了一种不同的解释吗?

这种观点无疑具有重要的含意。例如,康德式的道德经验与斯多葛主义者、新斯多葛主义者的道德经验,显然存在连续性,而康德对后者也多有利用。然而,认为差异仅仅是背景解释问题,则是大错特错的;或认为存在这样的原始情感,它是利普修斯和康德所共有的,但他们分别把它归结为不同的因果机制;就好像两个人同样都是喉咙痛,但他们却把它归结为不同的病因。

如果我们听到罗素在上引段落中表述他对道德激励的感受,那么我们能够听得出来,他不只是在提供一种深层说明,他还在表达这样的经验:被提升到一个更高的、更普遍的道德层面。它如此被理解,是此经验之有机组成部分。这就是为什么，即使存在所有那些类似，罗素的经验都必定不同于一个康德主义者观照我们心中的道德律这种经验，或一个信徒聆听巴赫的清唱剧的经验。在这两种情况下，激励（或灵感）都伴随着、并来自于对人之困境的特殊理解。这也是为什么，当我们更清楚地聚焦于这一困境，或我们被关于该困境的现实之特别令人惊诧的感受所征服，激励（或灵感）也会变得强烈。

这并非是说，那只是经验之冷酷的事实，不容批评，就好像当我提供一些自传性细节内容时，我只说如此这般的想法使我感到激动，但我并不知道这是为什么。因为这里同时也包含着一种解释，而这种解释可能被证明是错误的。我毕竟是在声称识别了此处打动人心的是什么，而这种声称在许多方面会失灵。随着我们对事情有了更好的理解，这种激励会失效；它激励过我们的某个方面，也许已不像我们之前所认为的那样有价值了；或者我们关于实在（例如，上帝的存在）的声称，可能不再显得是有根据的了。在所有这些情况下，原先的那个经验都将就此消失。

要不然，我们可以去重新解释原初经验，而无需抛弃它。这正是格里菲斯（Bede Griffiths）遇到过的情况，我在导论部分引用了他对标志性完满时刻的描述。起初，这种时刻劝说他相信一种"对自然的崇拜"，这是因为他阅读华兹华斯（Wordsworth）、雪莱（Shelley）和济慈（Keats）等一批浪漫派诗人的作品时形成的。后来，他成为天主教修士，他就把这一时刻看作是转身寻求上帝的时刻。但这种重新解释并不是把原初经验当作是像喉咙痛那样的经验，认为我们现在对它有了另一种解释。因为意义是经验的有机组成部分，它是构成经验的要素。这不仅意味着，一个人重新解释经验就变成不再能够以完全同样的方式来体会它；而且还意味着，变化可能就在于，相比当初所能够理解的，我们在其中看到了更深刻、更丰富的意义。这是成熟的贝德看待自己几十年前的学生时代所经历时刻的方式。

从新道德动机的这一发现，我们得到一个复合物，其中包含着经验 253
和我们关于现实的要求，它们一起构成了道德生活的新模式。这些新模式，因把道德源泉置于我们自己之内，从而构成无求于外的人文主义之诸般形式。这是化减故事很难加以解释的。

　　我试图在上面显明，新道德生活模式的创新，与源于古代世界的传统人文主义伦理有关。但大多数普通的化减故事并没有对此足够重视。这类化减故事背后的想法是，一旦宗教的和形而上的信仰衰弱，我们就只剩下平凡人的欲望，这些欲望构成我们现代人文主义的基础。一旦错误的神话被减去，它就成为剩余物。在最激进形式的化减故事中，平凡的欲望在价值上经历了一个逆转。以前，在彼世救赎的名义下，它被全面谴责，现在则被肯定。性满足现在被看作是最大的快乐之一，而不是被谴责为通往地狱之路。平常的自爱不再是罪，而是健康人生的真正基础。化减故事的核心就在于，它认为我们只需要把那些压在我们身上的有悖常理的、虚幻的谴责去除掉，平凡人的欲望的价值就将能够按照它那一贯如此的本性充分显现出来。

　　恢复人之自然（或本性）的地位，当然是启蒙的重要组成部分；很清楚，这种关于逆转和把负担从我们身上去除掉的故事，正表明那时和现在的倡导者们是如何看待自身的。但同样明确的是，这个故事漏掉了关键环节。

　　在启蒙中，对此逆转有两种不同的理解方式。我这里其实是提出两种理想型，因为绝大多数思想家从这两种理想型中都有所取。它们各自按自己的方式把正义/仁慈的动机塑造为内在的，相对于早期基督教和斯多葛主义对此动机的理解，它们带来了一场革命；这场革命的具体内涵就在于为普通的、未被转变的人之欲望和自爱昭雪，以前被看作是通往普遍的正义/仁慈的障碍，现在要么被锻造为清白的，要么被锻造为向善的积极力量。

　　（1）那种"清白化"（innocentizing）的策略把人的动机刻画为中性的；它始终是自爱模式，可以被引向好，也可以被引向坏；可以被引向合理，也可以被引向不合理。由理性引导，它就走向正义和互助。一个极端情形是，这一理想型几近得到纯粹体现，正如爱尔维修（Helvétius）所说的："肉体的痛苦和快乐。这是尚未被承认的人的所有行为的原则。"[51]这里，我们的动机之本质问题彻底消失了。一切都取决于是什么在引导它。

源自古代的有求于外的传统人文主义认为，人要走出低级的、感官的自私自利，上升到更宽广、更崇高和更纯净的视界；而到了无求于外的人文主义，则有类似表述：人要从一种狭隘的、非理性的、愚钝的、未经启蒙的看世界的方式，走向启蒙和科学。科学按其本性来说，就是要采取客观的、在这个意义上也是普遍的视界来看待事物。看待生活如果从"无源之见"（in the view from nowhere），或者用该时代的术语，从"无偏见的旁观者"立场，那就是要从共相（或普遍）来思考，不能再根据地方性角度。但这种上升现在唯独被限于认识领域；意志依然是不变的。

在这个框架中，意志的品质何以与伦理学不相干就很清楚了。要知道我们究竟应当做什么，我们所需要的只是完全超脱的理性。

（2）那种"积极"（positive）的策略把原初的、未被败坏的人之动机，描画成内含一种与所有他人构成团结纽带的倾向。"同情"这一观念就是在18世纪这个语境中被经常提出的。我们可以在某些形式的原始主义（primitivism）那里找到此理想型的极端：高贵的野蛮人已被败坏了，他那原初的直接而健康的反应能力已被遮蔽了。卢梭在他的原始主义环节上就反映出这一情形（参见其在《论人类不平等的起源》中对在自然状态下人的未经反思的怜悯反应的描述），[52] 虽然他的整个理论要复杂得多。

至此，有一点搞清楚了，即我们此处并没有看到，按平常人的欲望之通常被理解和经历的状态而做出的简单肯定。在上述各情形中，都是构建起一个特殊语境，在此语境中欲望可以表现为是清白的或好的。第一种情形要突显出人的欲望应该是清白的，因为它能够靠着超脱的理性而被引导到有着仁慈秩序的轨道。如果它不能被此种方式所引导，那么显然它在那些致力于构建如此秩序的人们眼中就是极坏的，就像启蒙的所有倡导者所认为的那样。在这个语境中，即人的意志被理解为是那种普遍的、冷静的、无偏见的向善意志，而此意志据说产生自我们的超脱理性，人之自然（或本性）确实看来恢复了它的清白。但如果我们由此而得出结论说，这只是对一直在那里的东西的简单发现，那么我们的结论就过于草率了。那是在爱尔维修的图画中的事物所呈现的方式。但是，在采纳此图画之前，我们关于淫欲、贪婪、愤怒等七宗罪的经验却是非常不

254

同的,并且对于那些认为该图画站不住脚的人来说,也是如此不同。我们所具有的,是可以产生自上述第一个(罗素的)道德生活方式的观点,此观点实际上让一些人有能力去行善——此乃重要事实。这是该时代的一个新发展。

在第二种策略那里,这种情况会更加清楚。这一策略对平凡欲望的所谓潜力有相当新颖的洞见,强调它能够自发地使自身与某种圣爱(怜悯、同情)相一致。这种能力有其自身的本质,但已被丢失或遮蔽了,因此需要被找回。同样,这里也没有按平常人的欲望之通常被经历的状态而做出的简单肯定,要把它从宗教诋毁中解救出来。这种被"圣爱化的"的欲望属于一种新模式的道德生活,即上述第三种(卢梭)。

255　　因此,并不是说,一旦旧的神话解体,或教会这一"声名狼藉的"旧制度被摧毁,我们就掉进了无求于外的人文主义。这种人文主义开启了人之新的潜力,即生活在这些新模式的道德生活中,道德生活的源泉在其中被彻底内在化了。化减故事不会让我们对这些伟大的成就表现出应有的惊奇或赞美;我们应当对它感到惊奇或赞美,因为它毕竟是人类发展史上最伟大的成就之一,不管我们认为它的范围或限度是怎样的。

这是一项成就,因为一旦抵达此地步,我们靠着对事物不偏不倚的观点,或靠着对我们里面曾被埋没的同情心的感知,就获得激励和能力去行善,不过,要是这样,还需要训练或把洞见纳为己有,并经常靠自己做很多努力。正是在这一方面,它接近于这样的情形:我们被自身传统中的其他伟大道德源泉所激励,无论源泉是善的理念,还是上帝的圣爱,抑或是道或仁。这些东西恰恰不像怕黑、怕高或我们对父母微笑的反应等这些我们来到人世间就自然拥有的东西。开启这些可得的新源泉,因此是在一个前所未有的方向上的重要一步,我们不应该轻易就把它打发掉。

我们可以根据人类灵性发展史上其他相似转型来考察罗素通过超脱而达到普遍仁慈的这一思想。存在其他的此类转变。经历这种转变时,我们突然感受到一种召唤,要我们超越团结纽带的狭隘圈子,去拥抱更广范围的人,甚至是拥抱全人类。这方面的例子有新约,穆罕默德所感受到的召唤（召唤他超越部落或民族，去建立新的穆斯林共同体），斯多葛主义，佛陀跨越种姓和其他礼仪界限等等。这些转变总是唤起某些人的反对和抵制，但也为其他人打开了新的愿景，即更高水平的灵性志向。这是某种人们能够以种种不同方式予以回应的东西。罗素所表述的这种现代形式，新就新在，我们首次拥有这样一个通向共相（普遍性）的通道，而该共相不再以某种方式基于它与超越的关联。即使我们认为，因遗漏了某种重要方面，这样的呼吁是不充分的，但我们不得不承认，此发展，即这一纯粹内在意义上的普遍纽带，是一项重要成就，是人类历史上的一个里程碑。[53]

在这一点上，我可以再来谈谈我在前面尚未予以充分探索的一个问题。在道德秩序之现代理解中，什么是"本体的成分"？我之前指出，我们关于道德秩序的种种观念，所包括的远不只是诸般规范或理想的定义；它们同时还提供给我们一幅图景，有关在上帝旨意中何谓宇宙、何谓人，正是这样的图景使得这些规范恰如其分并有可能实现。这对早期的前现代观念而言，似乎是足够清楚的。一种秩序扎根于宇宙，它倾向于实现自身，并会对任何违背之举作出反应，就如动物王国对老国王顿肯被谋杀作出反应。很显然，该秩序有一个非常真实的"本体的成分"。但我们忍不住相信，转向以人为中心的定义——尤其是这样一些定义，它们不把秩序看作是实现自身的，而是把它看作是有待建构的——已经把这个本体的成分彻底丢弃了。

我们现在可以看到这一观点错在何处。互利秩序对于产生于启蒙的无求于外的人文主义举足轻重，而对该秩序的现代理解则的确包含着此种成分。差异在于，此成分现在是内在于人的。该秩序之所以是恰如其分的、并且是可以由我们去实现的，恰恰是因为我们在一定条件下有能力行出普遍的仁慈和正义。根据那些更彻底的唯物主义的变种，这种秩序可能在自然那里再也找不到救兵，此时就只能奉行"弱肉强食"。我们可能看到，人类大家庭处身冷漠、甚至是敌对的宇宙。我们甚至还能够看到，人类有能力释放出何等可怕的、毁灭性的欲望。但是，尽管经历所有这些，如下观念依然维持着，即一定的条件，诸如教育、规训和"文明

256

293

化"，或肯定性的、非惩罚性的成长环境，将释放那些动机，让人行出超脱的仁慈、普遍的同情或对道德法则的敬畏，这一秩序之能建立，要靠这些动机。

换言之，一种自信还能维持，即该秩序对我们里面的深刻之维具有吸引力，因此朝向秩序的建构并不像在沙地上建造沙雕。相反，它可以是自动稳定的，而其实现使我们明白，我们是多么珍惜它。此秩序之稳步实现（即便只是部分实现）的条件，因此就是这样的条件：该秩序对我们里面的深刻之维具有吸引力，而这深刻之维可以在这些条件下得到释放、发展和成熟。但我们里面对该秩序的回应，则是践行仁爱的这些动机。这些动机因此就是本体的成分，是我们对秩序的现代的、非信仰的理解中依然葆有的。[54]

这说明了为什么本体的成分不容易被否认。尼采确实否认了，其后的法西斯主义者也是如此。但是，如果你追随他们沿着这条路走，你不得不走得更远。你必须同时否认一切普遍性的规范和理想。你不能既保持该秩序的那些标准，又同时丢弃掉一切本体的成分。一些呼唤尼采之名的当代人可能就落入这样的情形，他们有时也被称为"后现代主义者"。但他们所提出的那些要求，例如对"差异"的普遍承认，却表明他们自己也在建构一种对道德秩序的现代理解。如果这种承认是不可能的，那么为什么要去痛斥那些没能承认的人们呢？如果它是可能的，又是什么使得它成为可能的呢？它吸引我们的是什么呢？

表明仁慈乃是内在能力的上述两种策略，分别对应于有关此能力在我们本性中的本体性安置的两种主要观点。第一种观点认为，仁慈是我们避免了狭隘的特殊立场的结果。我们通过启蒙和规训而上升到这个水平。第二种观点认为，仁慈的能力植根于我们的深层本性，植根于我们原初的同情倾向，但此倾向此后也会丢失或被遮盖。这两种观点产生的理解方式，在下述问题上相当不同：对于我们上升到美德或跌落至邪恶，有历史的和个人的叙事，这些叙事该如何理解？因此，在第一种解释中，规训的、合理的自我控制发挥着完全积极的作用；但也常常有人认为，正是自我控制导致我们偏离了自己原初的、自发的善良本性，比如卢梭就这么认为。另一方面,深层的、与生俱来的本性这一观念,常常是对洛克和爱尔维修一脉理性规训的伦理学的诅咒。

这里有两个类型的故事,但这并不意味着不能去尝试做一种综合。其实,一些最强有力的、令人印象深刻的理论就是结合二者的尝试。康德是一个恰当例子:我们的本体本性(noumenal nature)的确是某种内在于我们的东西;但它要经过很长的理性规训过程才能显现出来。所有的德国观念论哲学都是对康德这一洞见的修饰和发展;马克思也从该传统中吸取了思想资源。约翰·斯图亚特·密尔则试图以一种非常不同的方式结合这两个传统。

不管我们怎样理解它,发现/确定仁慈之内在于人的源泉,都是我们的文明的伟大成就之一,成为现代不信(modern unbelief)的宪章。是什么使这个伟大转变成为可能的? 这是我在前几页纠缠的问题。很明确,进入无求于外的人文主义这一跳跃的语境是由我先前所描述的"自然神论"确立的:焦点越来越转向互利秩序,甚或"文明",以之作为人类的目的;接着就是非常相对的、但却又是史无前例的进步,以实现该秩序;由此产生的是对人的能力、对按照人的目的来驾驭宇宙的自信。"自然神论"提供了框架,但进步为该跳跃提供了"物质的条件"。

不过,显然还有其他条件:例如,超脱和公共空间的世俗化。对这些方面,我们必须做点补充,它涉及对能动性的自我理解。很明确,现代文化的内在转向为道德源泉的内在化作出了预备。对此,我在其他的地方有广泛处理;[55] 在这里我只想提及突出的几点。

很清楚,以超脱理性为形式的内在转向,直接为道德生活的这些新方式——至少是第一种(罗素)——做了准备。那个超脱的、被规训了的能动者可以重新塑造自我,他在自我身上找到并释放了那种令人敬畏的控制力,他显然是现代的无求于外的人文主义的重要支撑之一。

超脱或漠然还以另一种方式起作用。正如我们在笛卡尔那里所看到的,关键步骤是使能动者与其场域相分离,注意力集中于能动者,使其自身所有的东西显示出来,而且是与周遭环境相分离的。这对于笛卡尔的"我思故我在"的方法具有核心重要的意义:先看见那些在我们"里面" 258

的观念,然后再提出关于它们是否与"外面"的对象相符合的问题。

我们可以用类似方式来追溯另一个同时在发展着的观念,即事物的本质就在它们的"里面",这种无求于外的方式,与传统哲学的种种理论差异很大。[56] 该观念与人们对超脱的反应交织在一起,带来了新的焦点,即把我们的情感视为内在的。在此条件之下才有了 18 世纪那些以"道德情感"为核心的影响广泛的伦理学理论,后来,我们的道德救赎可以被视为"里面"的本性之流露。[57]

所有这些都为道德源泉的内在化创造了文化资源。这里可能是又一个存在反讽的地方,因为这个内在转向在宗教生活中也很明显,事实上这整个转向大体上是由宗教动机推动的。

就如我们上面看到的,中世纪的大众宗教主要是一种在行为上的敬虔;人们会禁食,参加集体仪式和祈祷,望弥撒,等等。但在中世纪晚期,发生了很强的、更加朝向内心敬虔的一个转向,即此时人们的注意力焦点被自觉地放在上帝及其良善上。后来的伊拉斯谟式的敬虔则强调,真正重要的是灵性,是动机,而不是外在实践。然后,宗教改革运动宣扬因信得救,个体信仰之品质这一问题成为无数信徒生活的核心。

在 17 世纪的法国,贝吕勒(Bérulle)等人提出了"上帝中心论"问题;焦点被更加尖锐地放在个体的内在性情上:我的生存中心是我自己吗?或者,我以上帝为中心吗? 从这一点出发的诸多运动,与我们在人文主义文化中所看到的那些运动相平行。与人们对道德情感的强调相呼应,情感的敬虔也得到了发展:虔信派,循道宗,而在天主教一边,则有圣心会(Sacred Heart)。

那个关于我们怎样把旧的、不变的宗教丢掉,又怎样去发现和释放那恒久的人之天性的故事,在宗教和人文主义这两个方面都是错误的。这两个方面都有创新和发明,它们二者之间持续的、相互的影响把二者连结在一起。

我们可以尽己所能地确定这一阶段,但我们永远无法充分解释无求于外的人文主义之兴起;我们当然无法给出这样的解释,如果这样的解释意味着表明它在一定条件下的必然性。就像人所取得的所有那些引人注目的成就一样，它中间总是存在着某种东西，我们永远无法把它还原为那些使之产生的条件。

这项伟大成就在当时是可能的，这是关乎我们人类的一个重要事实，虽然我们可以对该事实进行不同的解读。我们认为，我们当然能够在里面找到我们的道德源泉，因为按照费尔巴哈的方式，我们过去曾有的这些关于道德能力的概念，实际上只是我们关于自身潜力的一种异化的意识。我们也可以站在另一极端坚持认为，这个想象中的知觉（关于道德源泉内在性的知觉）实际上只是一种错觉，是由人的傲慢和自大所投下的阴影。或者，我们也可以认为，正如我本人所认为的那样，这两种解读中的任何一个都不具有真正的说服力。费尔巴哈主义的观点不能解释我们所经验到的与纯粹内在的人文主义有关的所有不满。如果它真的是我们成功达到的真理，已经排除了所有的错误，那它应该有更加强大的自我安顿的功能，应该有更加强大的说服力。那种关于该成就只是一种纯粹错觉的观点，不能解释这种人文主义的各种版本如何会加强人们去行善。

无论最终定论如何，抵达无求于外的人文主义这一转变，是这段历史的一件事实，而且也是我们必须去弄懂的一件事实——如果我们要使自己适应这个现代的世俗时代并改变它的话。这一事实如何能够帮助我们去理解我们的当前困境？

❦ 4 ❧

但是，这个事实真的能够帮助我们理解当前的时代吗？可以说，此一时彼一时。目前存在着一整串不信的立场，包括很多似乎跟启蒙的人文主义极少有关系的立场，其中有些是公开敌视启蒙的，有些则声称自己是反人文主义的。还有，我们该怎样去理解那些受尼采启发的一系列观点（要知道，尼采痛斥互利的现代秩序）？

我在这里所提出的主张可分为三个部分。首先，我已经指出，我称之为无求于外的人文主义之产生,是与倡导自由和互利的伦理相关联的,它实际上是为此伦理提供了另一系列的道德源泉。其次我想说,当时它不可能以任何其他方式产生出来。第三,我想进一步指出,这个起源直到今天都还具有重要的意义;我们在今天所看到的范围远为广泛的各种不信立场,在某种程度上依然是以互利伦理中的这个起源点为标志。

第一项主张或许会被广泛接受。我所谈论的这个转变开始于 17 世纪下半叶,并持续到 18 世纪。让人感到产生重要变化的首批标志之一,是人们对于路易十四废除南特敕令的反应。欧洲知识界对此的反应是强烈抗议。对如此众多安分守己的、忠诚的法国臣民之自由良知所施加的暴力,似乎是无理的和野蛮的。特别是培尔(Bayle),他表达出了当时许多人所感受到的那种义愤。

在 17 世纪上半叶,产生这样的反应或许还不可能。不错,甚至在那时就已经有很多人赞同宗教宽容。如果黎塞留(Richelieu)处理发生在拉罗歇尔(La Rochelle)的动乱之际就废除了该敕令,此举会令很多人遗憾,亦会受到广泛的批评,它在新教信徒当中会挑起对天主教迫害作出教派性的义愤。但不会有这样一种认识,即良心自由是无论什么教派都应该拥护和倡导的一种价值,而在对信仰自由的破坏中包含着某种倒退性的、野蛮的东西。这一新的认识在整个 18 世纪都在不断地扩大影响,它在伏尔泰所发起的那些著名运动中达到高潮,尤其是在平反卡拉斯案(Calas Case)中。

当我们把该事件放在更长跨度内的心态变化中来看待(该事件一方面是在这样的心态变化背景下出现的,另一方面又对人们这种心态的变化起到进一步的推动作用),我们就会看到西欧精英的道德理解重心所发生的一个决定性转变。自由,尤其是信仰自由,开始成为一种实质性的价值,成为任何可被接受的政治秩序的一个根本特征。

针对整个社会根本观点的变迁,我们所探讨的运动类似于地质运动,意思是说,如果我们仅仅关注短跨度时段,运动就很难解释,而且也不是很明显,但是,如果我们所取时段是 1685 年以后的那个世纪,或许更恰当地说是 1650 年以后的一个半世纪,那么运动的存在就显然是不可否定的。

伴随着对自由的这种日益强调,或者说紧接着这种强调,出现了对于我们可称之为福利的更大关切,即对经济繁荣和经济增长的关切,伴随着后者的前景越来越得到认识。这当然部分地是由政府需要所推动的,政府需要为战争从财政上和经济上准备更多的军费,但欧洲知识界早就开始牵挂福利本身。最重要的是,对新的前景的认识开始在整个 18 世纪广为流传。

在 18 世纪后期,对自由和福利的强调发生了一个更加激进的转向。我指的是,在人们提出并详细讨论的提议中,涉及到一些对现存实践的根本性背离。例如,我们可以从来自重农学派和亚当·斯密的自由经济中看到这一点——不可否认,相比英国,在法国背景下的提议走得更远。但是新的激进性延伸到法令的改革上(边沁,贝卡里亚[Beccaria]),又最终延伸到政治上——随着时钟进入该世纪最后二十五年和充满革命的伟大时代。道德秩序的现代观念在该世纪所起的作用,也从主要是解释学的,日益转变为规定性的。

我从自由和仁慈秩序的伦理角度所解释的,正是发生在精英的公共舆论中的这些相互关联着的转变——当然,与此相伴随的,还有公共舆论作为一种被承认的现象开始出现,而且被赋予了使事物正当化的力量。在我看来,我们可以这样来理解这整个运动:它不断制定出此伦理的要求,连带着还有越来越迫切的要求,即此伦理要付诸实践。

正是在这个运动中,先有"护佑的自然神论",然后才出笼了无求于外的人文主义之早期的、颇有影响的种种表述。二者在时间上的重合似乎不可否认,但我要为更紧密的联系作辩护。那么,这种联系是什么呢?

概括上面所述,这种联系就是,无求于外的人文主义之所以开始显得可信,正是因为我所描述过的多重人类中心主义转移。这些转移首先表现在:把规训的秩序强加于个人生活和社会生活成为核心的道德关切,以确保在个体身上有更高标准的克己和好行为,在社会上有和平、秩序和繁荣。甚至很多虔诚的基督徒也开始十分看重这一建构秩序的计

261

划。即使在宗教领域，人类的那些最高目标似乎也转向针对纯粹属人的种种好处，继而当朝向这些目标取得长足进步时，认为这些目标都是纯粹属人的能力范围之内这一观念就开始广为流传。

如果说以神迹或护佑的介入形式所展开的上帝之帮助，已经显得越来越不必要、不重要了，但下面这一点在宗教传统中却依然是核心信条，即若是没有以恩宠方式表达的上帝之帮助，人不能生发出实现这些目标的意志。正是在这里，第二重转移开启了一个纯粹内在于人的道德源泉的领域。于是，我们需要上帝的帮助以达到最高的道德/灵性目标，就不再是显然的和不可否认的需要，即不再是绝大多数人都可感知的经验。人们能够渐渐感到，在他们落实定秩计划时，激励他们行动的是一些纯粹属人的动机，诸如无偏见的仁慈，纯粹属人的同情，等等；与此同时，他们还感觉到，再也没有什么比这项计划更高或更重要的了。

很清楚，同时需要有这两重转移才能导致这个结果。那些最高目标必须被下降到人的领域，换言之，人间福祉之外的那些目的必须渐渐消失，甚至消失于许多虔诚信徒的视野，目的在于使强化的道德能力能够处于居间位置去实现这些目标，并在我们的目标和我们的道德能力之间建立起一种平衡。我上面描述的第三重转移，即祛除奥秘，则显明了一个相关联的领域中同样的双重运动。一方面，有待理解的一切现在都要相系于纯粹属人的目标来得到定义：我们必须认识到人的生活应该如何组织，才能带来人的完满和幸福。与此同时，凭借新科学的方法，我们似乎已经获得了高级的认知能力。在这两重运动之间，奥秘领地萎缩了，甚至全然不见了。

在前面两个变化所营造的氛围中，接下来唯一要求的，就是来世盼望的消失，第四个转移也行将完成。在这一时期，已经产生这样一种倾向，即从平安、安息和与心爱的人重逢来设想死后生命，这使得关于生命转变（特别是相对于我们今世的生命）的视域消退了。

这种双重运动逐渐令无求于外的人文主义成为一个想要得到的选择。这令人想起拥抱这种新的人文主义的积极动机。与之相伴随的是与日俱增的感受，即感受到人的力量，作为超脱的、公正的、奠定秩序的

能动者,为自己立法的能动者,以及感受到这样的能动者,他或她能够为
仁慈和同情开掘出广袤的内在源泉,这样的源泉赋予他/她以力量,以前
所未有的规模为普遍的人类福利而行动。换言之,这个自足的能动者能 262
够挫败和扫除掉人们那些古老的畏惧——畏惧邪灵,畏惧不被上帝拣
选,畏惧盲目的、势不可挡的自然力量。

简而言之,这是缓冲的身份,能够建立训练有素的控制和仁慈,产生
其自身的尊严感和力量感,以及其自身的内在满足感,所有这些都会向
无求于外的人文主义倾斜。

但也还有一个否定性动机。我们可以注意到,贯穿于启蒙运动的一
个重大主题,是对正统基督教的愤怒,甚至是憎恨。这种愤怒在不同地
方有强弱之分;在天主教国家更为强烈,或者一般来说,在那些"自然神
论"的影响还不足以软化人类中心主义与基督教信仰之间对立的地方,
仇恨更为强烈。当启蒙的倡导者对宗教表示气愤和敌对的时候,他们攻
击宗教的蒙昧主义和非理性,这两方面依次受到谴责,主要是因为宗教
为压迫和强加的苦难进行辩护。提出人间福祉以外的那些目标,被看作
是否定人们获得幸福的权利。

基督教之所以令启蒙思想特别反感,主要是出于那个司法-惩罚模
式,在整个中世纪和新教改革时期,人们以这种方式来表述原罪及其赎
罪的教义。我们与完全(perfection)之间的距离被解释为对我们早期的
原罪的惩罚;我们通过耶稣基督而得到的救赎,则是他为此亏欠献上补
偿,也可以说是偿付赎价。[58]

这种解释本身就有它令人反感的方面。但它同时还与另外两个教
义相关,而后者潜在地含有极大的冒犯性。第一个教义是只有少数人得
救的信仰。第二个教义即是预定论,在这个司法-惩罚模式语境中,相信
上帝全能,似乎必然地产生预定论。[59]

事实上,在 17 和 18 世纪,舆论就已经开始反对这些教义。一方面,
有"地狱的衰落"和普救论的兴起;另一方面,有对预定罚入地狱论的日
益反感,甚至是在加尔文主义的社会中也是如此。当然,这些发展并非
独立于我在上面考察过的那种发展,即对人的行善能力的自信心日益增

长。但这些发展额外添加了一层动机，即对正统教义表述的反感，这种
反感要么导致修正的信仰，要么在某些案例中导致与信仰的剧烈冲突，
这是必然的。

再次强调，随着人们对人的力量、尤其是对理性力量的自信心的增
强，他们越来越难以接受教会的权威声称，即认为教会是信仰上的权
威，而此信仰又部分地包含种种奥秘。这是另一条路，基于科学的现代
理性主义能够据以主张，科学的兴起驳斥了宗教。

但这仍然没有充分把握住否定性的运动，即当时在精英圈广为流
传的对于基督教的敌意。这种敌意并不仅仅针对司法-惩罚模式的某
些特殊教义，也不只是理性主义对奥秘的拒斥。

我们看到，基督教历史上的实践大多抵触这种主张纯粹内在的人间
之善的新伦理：所有致力于超越人间之善的追求，无论是隐修主义或默
祷生活，还是方济各式的灵性，或卫斯理式的献身，一切使我们脱离日常
人间快乐和生产活动的东西，似乎都成为对好生活的威胁，都被谴责为
"盲信"或"狂信"。休谟区别了真正的美德（那些对他人和自己都有用的
品质）和"修士的美德"（独身、禁食、苦修、禁欲、忘我、谦恭、静默、独处），
后者不仅对人类福利毫无贡献，而且还贬低人类福利。"有见识的人"拒
斥这些修士的美德，因为它们毫无用处；既不会增进人类的财富，也不会
增加人类对于社会的价值；既不会为他人带来娱乐，也不能使自己快乐。
"那个阴郁的、浮躁的狂热者，死后也许会在日历上占据一个位置；但他
活着的时候却极少有可能与他人结成密切的关系，极少有可能被接纳
为社会的一员，除了那些与他一样令人厌恶、一样沉闷无趣的人之外。"[60]

对基督教之历史实践的极大拒斥，已隐含于主流新教对"自然神论"
的采纳和激进化（新教以此来批判天主教教义）。而对那种现代人文主
义来说，要把自己定义为反基督教的（无论它自己在某种微弱的意义上
依然是"自然神论的"，还是转身投向彻底的无神论），就只要把基督教本
身与这些"狂信"实践相等同，实际上也就是把它等同于某一超出人间福
祉的抱负，而这里的人间福祉，是在现代道德秩序中被定义的。

对一些当代人来说（他们视为显而易见的是，基督教必定等同于那

种更高抱负），转身投向无神论好像是不可避免的。但在当时，却有可能走出另一条不同的道路，即把基督教信仰与后来的这种精炼化的变体相等同 *，该道路从廷德尔一直延续到佩雷（Paley）。在当时已经采取了强调规训和仁慈的缓冲的新身份认同的精英群体中，会讨论一个合宜的解释学问题，即新认同应该是加强还是减弱人们对于祖传信仰的忠诚？

我们看到被采纳的立场有三种：（1）一些人把这种"真的"、改革之后的信仰，与文明和"礼貌"结合起来。（2）其他一些人则反对这种结合，他们强调，信仰必须带领我们超越这种有着美妙自制、自足的生活方式，信仰要求舍己、要求放下自主性。此立场可见于18世纪末福音派的反动以及更早的卫斯理宗教义中。（3）还有一些人，他们同意对信仰作更高要求的定义，但也正因为这一点，他们拒斥这一立场，视之为"礼貌"的敌人，甚至最终把它看作一种野蛮主义的力量；像吉本那样的人就持这种立场。

那些归在第一类的人，他们在结合对信仰和文明的忠诚上毫无困难。但那些归在第二类的人，对于这种结合也没有困难，因为他们的天职感并不包含对文明（那些被他们认作是真的文明）的拒斥。此处，我们可以想想许多福音派信徒，他们力图把关于改革和仁慈的现有定义极端化，例如，在反对奴隶制的斗争中。

另一方面，那些奥秘感浓重的基督徒，或那些深受天主教圣礼派影响的信徒，或那些来自于虔信派或循道宗的信徒，则经常和非信徒一样，感到他们的信仰与主导的伦理不能相容。

因此，在这个问题上，某人最终采取什么立场，可能极为倚赖个人经验、独特气质和感受到的亲和之处。已经深深认同缓冲的自我身份的某人，会觉得坚守基督教的忠诚很安全，比如圣公会信徒。但是，某人虽则也对此身份怀有强烈的认同，但他又在生活中的某个时刻感受到有着更高要求的信仰之拉力，那么他就很容易觉得，基督教是敌人。在这方面，吉本的经历也许具有相关性，他花费那么大的功夫来表述和定义18世纪

264

---

* 这里是指去除了对人间福祉以外的更高目标的追求。——译者注

的反基督教，但他在年少时期却有着身不由己地皈依天主教的经历。

因此，人们可能通过各种不同的路径最终拒斥基督教，因为基督教所要求的远不止是人间福祉，它是人间之善的死敌；同时也是对自足的缓冲身份之尊严的否认。

然而，由此显而易见的是，无求于外的人文主义之兴起，同时就其肯定性动机和否定性动机而言，都密切联系于自由和慈善之秩序的伦理。正是此伦理居于中心地位，并在实施此伦理上取得相应的成功，才促成人类中心主义的转向。正是这一成功的秩序奠定过程所产生的强烈的道德满足感，正面激励了对此新兴人文主义的拥抱；尽管宗教在涉及此伦理上的种种失败，也常常从反面促成了这一运动。

我在此提供的这种解释与广泛流行的那个化减故事正好相反，后者把不信的发展简单地视为科学和理性探索进步的结果。这就提出了一个关键问题，我稍后会返回这里。

就"大改革"与我们这里所说的"世俗化"之间的关系，我的观点还可以用另外一种方式来陈述，就从"世俗化"一词开始说起。"世俗化"的词根是拉丁词"saeculum"，指一大段时间，或指一个时代。经常译成该词的希腊词是"aion"（即英语中的"aeon"，指极长的时期）。更近的时候，它在现代语言中的表述（siècle, siglo）意味着一个固定的量，指一百年，也就是我们在英语中所说的一个世纪。

在拉丁基督教世界中，"saeculum"和形容词"secular"成为处于对比中的一个术语；其实，有好几个相关对比。作为时间描述，它开始指日常时间，即按年代计量的时间，与高级时间、上帝或永恒相对。因此，它也可以指在这种日常时间中生活的境况，这种境况在某些方面极为不同于在永恒中的那些境况，即当我们完全汇聚在上帝的时间之际我们所处的境况。我们在此时此地的境况之两个显著特征是，我们在列国中生活，即处于政治权力之下；我们在财产制度下生活。这两个特征并不是上帝为我们安排的最终计划的一部分。除此二者之外，也还有许多其他特征。

在这个意义上，现世(the saeculum)抗拒这样的生活形式——它将在我们得蒙恢复的境况之完满中获胜，它甚至在现在也起作用。这种高级形式就是奥古斯丁作为"上帝之城"来论说的。它活在与现世的张力之中，正因为这两种生存境况非常不同，当人们紧贴他们的"世俗"境况并视之为根本时，这种张力就可能引发对立。

或者，"世俗的"一词在稍加引伸之后也可以指这个世界的事务，即"属世的"事务，它与上帝之城的事务相对，后者是"属灵的"。从这里它又被进一步延伸，指属于这些不同领域的职业和人们。因此有这样的表达：上议院由"神职议员和俗职议员"(主教和平信徒议员)构成；异端者被"交由世俗权力"来处罚。一般来说，教士和修士归在"属灵"一边，但还有"在俗教士"和"驻院教士"之分。后者是修士，生活上与"俗世"分开，严守隐修会规；前者是教区教士，牧养他们的"羊群"，因此是"在俗世中"的。

在原初的中世纪形式中，我们有两个生活领域，它们有着各自的适当活动和功能，并对应共存于历史中的两座"城"，即上帝之城和世俗之城。它们都有各自独特的规则和规范。例如，"属灵的"权力不应该杀人，这也是为什么异端必须提交给"世俗权力"。

我称为"大改革"的过程改变了这种共存的条件，并最终近乎消灭了这种双重性。这种改变主要沿着三条相互关联的路线展开，对此我在上面已有所描述：

(1)第一条路线始于教宗格列高利七世的改革之后不久；它试图使生活在现世中的平信徒更加充分地成为基督徒。定义这种更充分生活的种种规范，在某些方面类似于在"属灵"职业中已经得到发展的那些规范；特别是，它们越来越强调个人敬虔和苦修方面的教规。关键阶段以1215年第四次拉特兰公会议的规则为标志，该规则要求所有信众每年都必须做一次告解、领受一次圣体。

(2)第二条路线伴随着新教改革而来，它是对二元论本身的正面攻击。它不仅拒斥修士的"属灵"职业要比平信徒的职业高级这种观念，而且把所有属灵职业拒斥为无效的。你不可能靠着远离现世而成为一个

266

合格的基督徒。这种苦修的退隐所反映的只是你的属灵骄傲，以及你可以靠自身努力来赢得救赎这样的错误信念。一切有效的基督徒职业或天职都是日常生活中的职业，或是现世中的生产和再生产。最关键的是你怎样来履行这些天职。这两个领域彼此瓦解成为了对方。隐修规则消失了，而日常的平信徒生活现在却被置于更严格的要求之下。隐修生活的一些苦修规范现在被挪到了俗世。与此相关，韦伯说到"入世的苦修主义"。[61]很显然，这条路线延续了、甚至是加剧了第一个走向。

（3）第三，"大改革"的所有支流都在推动着祛魅，但新教徒的方式则更为激进。这一点极大地促进了那两个领域互相瓦解成为对方，因为"属灵"领域的主要标志在于，该领域的成员处理神圣事物，又集中呈现于确定的时间、地点、个人、行动，或呈现于节日、教堂、神职人员和圣礼。就圣/俗描述退出我们的生活而言，更加显而易见的是，基督徒的生活只能表现于活在"俗世"的某些方式。

至此，大改革已经走得如此之远，但依然没有到达我在此所描述的翻盘，即俗世还没有宣称，它可以独立于"属灵"要求。情况可能是这样的：作为这个世界上的基督徒去过不要圣礼的生活，这一理想很大程度上仍然是高深的指示，尚未被简化为规范、组织或具体的纪律。来自宗教改革运动某一派强调"内在之光"的重要性；而诸如这样的立场影响了最早的贵格会成员。

但是，当教会——后来是和教会连在一起的国家——确立起这样的目标，即动员、组织、主动实现这种（他们以为的）更高水平的合格基督徒生活，后者就开始被整理并展开成为一套规范。大改革开始被视为一桩严肃的事情，而且别无他选。不再有一个独立的"属灵"领域，在那里人们可以在现世之外追求祈祷的生活；也不再有狂欢节所代表的在秩序和反秩序之间的另类摆荡。只有这一个关于正确思想和正确行为的永无止息的秩序，它必须占据所有的社会空间和个人空间。

那么，突然转变是如何发生的？因为这个尝试本身，即试图用现世中的行为之法典来表达合格基督徒生活的含义，就开启了这种可能性，即制定这样一部法典，其主要目的是促成现世中的诸般基本之善，包括

生命、繁荣、和平、互利。换言之,这就使得我所说的人类中心主义的转
移成为可能。一旦这件事发生,突然转变也就一触即发。只需要再进一
步,即裁定这些"世俗的"诸善是整部法典要点所在。由于极端遵从信仰
的苦修要求遭致很多人的不满和抱怨,所以许多人很愿意跨出这一步。

当这一步跨出之际,中世纪基督教的二元世界(当时至少在一些新
教国家,已被压缩进一个属灵-属世整体),就将变为一元世界。但这种
变化也无法彻底,因为对灵性的感受在我们的社会中依然是鲜活的,至
少是分界的一个源泉。除此之外,还有种种模式的反宗教运动,它们试
图用纯然内在的方式来为世俗生活重获高级目的,比如共产主义或法西
斯主义。

我的第一个论题就论述至此。那么第二个主张又是怎样的呢? 即
情况不可能是别样的;一种不信思潮难道不能以任何其他形式兴起吗?
从道理上讲,这类主张是非常难以证明的。尽管如此,在我看来,这一主
张还是极有说服力的。宗教在那个时代的人类生活中有着巨大的力量,
若不是使用由此宗教本身帮助促成的最强有力的伦理观念这一形态,此
宗教又怎能被反抗? 我在这里所指的是范围广泛的现象。很显然,对于
超常个体来说,观念上的任何转变都有可能。其中有些人似乎已能做
到,既远离基督教信仰,又远离现代人对于仁慈秩序的认同;他们采取独
立不群的、寂静派的伊壁鸠鲁学说,例如圣艾弗蒙(St. Evremond)或圣丰
特内尔(St. Fontenelle)。这显然是不同于基督教的一个理智的选择,它
也不需要人们从头发明;在古代世界就有这种典范。但我们无法想象这
会成为一种大众运动,因为即使是受过教育的人群,他们也处在基督教
还显然占据主导地位并定义着灵性生活界限的社会。

我在上面提到过,有一种化减故事,主要用认知术语来解释这个转
移。在科学不断进步的时代,基督教的主张开始不那么可信了。于是,
人们就只能接受纯粹属人的价值观。对于这种讲法,我已经说过何以我
认为它是极不恰当的。但我们也能理解,为何今天还有这样一些人——
他们仍受制于这一故事,当他们回溯这一时期的时候,会过高抬举那些

信奉卢克莱修主义的异见者。他们之所以会如此，是因为这些"放荡者"（libertins）主要是思想自由的人；他们的主要关切，不在仁慈秩序。但也正因为这个原因，他们并不是那个时代的风云人物。圣丰特内尔甚至提出一种隐退策略，把隐居当作是通往幸福的道路。在这个世界上占据尽可能小的空间。我们为了改变现实所做的绝大多数事情，仿佛都在增加我们在这个世界上的"体积"。

268 　　　　但是这个体积增加了我们遭受命运打击的风险。在战壕中作战的士兵会想成为一个巨人以便被更多的子弹射中吗？同样，想要幸福的人会尽可能地减少和限制自己。他有这样两个特征，即很少改变位置，和占据很小的空间。[62]

这不是一种以重建世界为目的的哲学。

　　我们再转到稍后的时期，根据主流的化减故事，休谟的《自然宗教对话录》（*Dialogues Concerning Natural Religion*）及其对神迹的驳斥，在我们今天看来，堪称是为不信而战的关键一击。但我却假定，要是没有我所描述的新道德理解，该书或许影响甚微。要是主教们只是需要去面对那些受到卢克莱修主义影响的怀疑论者，他们也许依然可以太平无事地睡大觉。不信的其他模式之后还会产生；但它们都需要建构仁慈秩序的人文主义来为自己开辟道路。

　　关于这一点，我们也可以从另一个略微不同的方向来考察：在这个时代的确有一种流传于少数精英当中的不信模式，这种不信立场在古人那里看到了一种与基督教相对立的富有启发意义的典范。这批人既包括我们刚才所提到的两位，也包括其他一些思想家，如沙夫茨伯里和吉本。但塑造他们主要观点的，通常是源于基督教的现代仁慈价值；这方面，沙夫茨伯里是个很好的例子。如果这个现代因素较弱，其影响力就小。真正搅动这个世界的，并不是吉本，而是伏尔泰。因为他们虽然在思想上非常接近，但伏尔泰对于自由和互利伦理却有着极为热情的认同和投入。至于吉本所处的位置，套用莱斯利·斯蒂芬（Leslie Stephen）的话来说,历史上的最好时期,就是在"开明的专制所带来的死一般的昏睡"之下度过的那些时期。[63]

　　这就引向我的第三个主张,即所有当代的不信都带有那个起源的印记。我在这里所提出的是另一个论题,有关我们当代选项的历史性,也有关过去在现在中的积淀。在第一部分的开头我曾扼要触及此论题,我在那里提出我们把自己理解为是世俗的,这种理解本身是由一种(经常是相当模糊的)历史感所规定的,这种历史感告诉我们,我们走到今天这个样子,乃是经由克服和走出早期信仰方式。这也就是为什么,即使对于那些最心安理得的不信者来说,上帝也仍然是一个参照点,因为上帝有助于定义一个诱惑——这个诱惑是你为了上升到这些不信者所处的理性高度,必须克服和置之不理的。这也是为什么在今天,当施行巫术或魔法的人在我们的社会生活中已经有几个世纪都不再是必不可少的人物了,"祛魅"却仍然还是一种人人都能理解的对于我们时代的描述。

　　也许有人会想象这样一个社会,生活在其中的人们毫不涉及上帝,并且根本意识不到这一否定性事实;例如,我们生活在一个既不是由将军、也不是由高级祭司所领导的社会,又同时根本没有认识到这一点(除了那些专门研究古代历史的学生们)。也许,一个无神论者可能会向往这种彻底不信上帝的社会,但无论这种社会是否能够真的存在,它显然与我们现在的社会非常不同。

　　但我们有重要的理由去怀疑它能否真的存在。当然有这样的社会,那里的人毫不察觉他们不信亚伯拉罕的上帝。今天就有许多这样的社会。但有趣的问题是,是否有这样的不信,它对被否定了的宗教观点毫无感觉。宗教缺席的境况,或许不再值得被称作"不信"。如果可能有这样的社会,那么它就在一个关键方面与我们现在的社会相区别。对于很多当代的不信者而言,不信被理解为理性的成就。要能有这样的理解,就必须始终伴随一个历史意识。不信是不能只用现在时态来描述的一种境况,它还需要完成时态:它是一个"已经克服"了信仰的非理性境况。正是这种完成时态的意识为今天的不信者使用"祛魅"一词提供了基础。

我们很难想象存在这样一个世界，在其中，这一意识已经完全消失了。

同样地，无求于外的人文主义（它倡导自由、纪律和仁慈的秩序）之创始时期的重要性，在我们当前的世界上依然是不可去除的。不信的其他模式——以及信仰的很多形式——都把自身理解为已经克服或驳倒了这种人文主义。整个尼采主义思潮就是一个恰当的例子，它确实倚赖这一见地，即基督教信仰和仁慈秩序的关系是"父子"关系，并随后从反对这二者来定义自身。

实际上，自由和仁慈秩序这一事业对于我们的文明具有极其核心的意义，几乎所有可能的立场都是在与它的关系中来规定自己的；要么作为对它作不同方式的肯定和解释，就如马克思主义以及启蒙的其他支流；要么是作为对它的批判，以便为其他立场开辟空间，就如浪漫派的反叛之多种形式的追随者。

这就是为什么，有关不信之兴起的叙事历史，并不仅仅只涉及一个与现在无关的往昔，只是历史爱好者茶余饭后的谈资。相反，当前所有围绕世俗主义和信仰的问题都受到这种双重的历史性、双层的完成时态的影响。一方面，不信和无求于外的人文主义根据它们与此前的种种信仰方式（同时包括正统的有神论和对世界尚未祛魅的理解）的关系来定义自己。另一方面，后来所兴起的种种不信形式，以及重新定义和发现信仰的尝试，也都是在与这第一种破天荒的人文主义（倡导自由、纪律和秩序）的比较中来规定自己。

◆ 7 非人格的秩序 ◆

1

我已经处理了我的"自然神论"构思的第一个方面，即在人类生活目标上的人类中心主义转移。现在让我转向第二个方面，也是"自然神论"的一个核心特征，就如这个词的通常定义。

这里的关键特征是对上帝、上帝与世界的关系之理解上的变化。这是上帝观的漂移，在正统基督教的上帝观念中，上帝是与人互动并干预人类历史的能动者；但到了自然神论那里，上帝则是宇宙（universe）的缔造者，宇宙按不变的规律运行，而人类不得不遵从这些规律，否则就要承受相应的后果。从一个更广的视角来看，这个漂移可以被看作是在一个连续性过程中的转变。原来的观点是，至高存在者拥有的能力类似我们所知道的能动性和人格，并在与我们之间的关系中不断施展这些能力；后来转变为这样的观点：这一存在者仅仅通过他所创造的、但受规律掌控的结构与我们相关联；再到最后，把我们的处境理解为就是尽力去对付一个对我们完全漠不关心的宇宙，而上帝要么是冷漠的，要么是不存在的。从这个角度看，自然神论可被视为通向当代无神论道路上的一个半途驿站。

根据一个在启蒙运动中广为兜售并此后一直被广泛讨论的观念，在这个连续转变过程中，无论是转向其半途中的标志，还是彻底地转向最后的终点，都由理性本身在推动。我们发现，原先观点中的某些特征是站不住脚的，结果我们就采纳那个剔除了所有这些不可接受因素后还剩下的东西，不论它是某种自然神论，还是世界-灵魂，或是宇宙力，甚至是彻底的无神论。每一个变体都有其特定的终点；伏尔泰的观点就不同于当代科学唯物主义者的。但无论这些变体供奉什么终点，这终点就被视为真理，即剩下的真相内核，此内核之外，则是包围它的由虚构和迷信组成的外壳。我们正在处理经典的化减故事。

我想要质疑这个故事。这并非是因为它不包含真理的要素；而是因为它太粗糙，太泛泛而论，那些需要予以分离的因素被它一扫而过。让我们试着分离其中的一些线索。

271　　一条线索与祛魅形影不离。传统上通常把宇宙视为神灵和有意义的因果力场所，但这样的宇宙观开始落幕，这就为新宇宙观的发展创造了空间。其实，传统宇宙观衰弱的部分原因是新发展起来的宇宙观——宇宙是受普遍的因果规律支配的。而在伽利略之后，这些规律的概念根本不涉及目的，也就彻底驱逐了那些据称是体现于圣物或圣地的因果力。科学理性立即成为祛魅的引擎和受益者，其所带来的进步又导致人们把各种传统信仰和实践都打上迷信的标记。

另一条线索是对待历史的新态度。伯纳德·威廉姆斯（Bernard Williams）已说及，在古代历史编撰中，希罗多德（Herodotus）和修昔底德（Thucydides）之间存在差异，因着这一步，人们开始要求对遥远的、"传说的"事件所作的描述，与人们对昨天刚发生在这里的事件所作的描述是同一种描述。[1] 对此我可以这样来加以注解：这一要求等于是拒绝把某些"传说的"事件看作发生于某种高级时间，或发生于某个未指明的高级存在层面，比方说神的或英雄的层面。时间被均质化了。

类似事情也发生在 18 世纪。从一处就可以看到这一点：出现了各种各样的努力，试图叙述人类文化和人类语言的起源。[2] 在此前几个世纪，只有一些静态的语言理论，比如，霍布斯和洛克的，都是根据语言的功能（整理思想和人际沟通）来论述语言，大家都理所当然地认为，语言在某个时候兴起，是要实现这些功能。到 18 世纪就不同了，人们开始感到需要从心理学和社会学上真实地描绘这个起源是怎样发生的，还需要添上文化和语言从所设定的起源点直到现在，经历了哪些阶段。在我们今天看来，这些描述是粗糙的和推论性的，但它们却是把自身置于这一新的框架，并因此招来此后那些了解它们的思想家的批判。

这种新的历史感还产生于另一处，即 17 世纪就已开始的圣经批评。圣经上的叙述开始根据是否有道理和可信度来衡量；由于这些叙述在写下时落笔者的认识局限，于是开始允许加以修正；诸如此类。第一批（也是最令人震惊的）此类攻击中，有来自斯宾诺莎（Spinoza）的《神学政治论》（*Tractatus Theologico-politicus*）。[3]

此线索可以与之前自然科学推动的线索相结合，用以怀疑圣经故事中的某些神迹。休谟就是著名一例。他说，我们可以承认此超常事件发生过，但我们也可以去挑战把神迹传达给我们的证人的诚实或准确，他问：哪种做法实际上更合理？他显然采取了关于时间均质性的威廉姆斯原则（我们权且这么做），以此作为他的论证之不言而喻的背景（因为他必须反对这样的辩护，即过去曾经有过一个"神迹的时代"，但现在已成往昔）。

根据某些解释，这两条线索，或者说"科学"（自然科学和历史科学）的作用，已经足以解释向自然神论的滑落；而且还满足有关科学和唯物主义的另一些前提，甚至可以解释向着当代无神论的滑落。但是，在我看来，（暂时先不考虑这一论断的后半部分）这显然是不够的。对"迷信"的驱逐和对圣经叙述的挑战，并不能阻止人们去接受这样的上帝观：上帝是人们的对话者，上帝在历史中进行干预。人们可以而且确实依然感到，他们要么作为个体，要么在群体中，还在与上帝对话，和/或被上帝呼召，和/或从上帝那里得到安慰和力量。要对事情作出描述，并且要与自然科学和最好的史学相容，就只能根据这些科学所要求的狭隘、简化的解读，取消有关亚伯拉罕或摩西被上帝呼召的那些圣经故事；对于其他事件，比如上帝让以色列人战胜其敌人，也可作如是观。要照这些说法来解释自然神论，那就要落入隐含的预期理由* 这种逻辑错误。

在特雷弗-罗珀（Trevor-Roper）为吉本的著作所撰写的导言中，他就根据我上面提到的均质性来论说影响了吉本的哲学性史学家——不仅

272

---

* 证明中把未经证明的判断作为论据。——译者注

是时间的均质性,而是一种更大范围的均质性,它把所有建制,无论是世俗的还是神圣的,都归于同样的解释原则之下。用特雷弗-罗珀的话来说,吉本在阐述自己的"哲学性史学"时,追随前辈的步伐,大胆地"用世俗精神来处理教会历史,不是把教会看作真理(或谬误)的载体,而是把它看作一个人类社会,与其他社会一样,都服从同样的社会规律"。[4]

特雷弗-罗珀代表吉本所提出的主张意味着什么,取决于我们如何理解"同样的社会规律"这一表达的确切意义。当吉本不借助盲信和迷信来表述的时候,他总是倾向于用权力、威望和敌对等动机来解释教士们的行为。我们甚至可以说,他违反了特雷弗-罗珀的均质性原则,因为他对世俗统治者和世俗能动者的行为时常给出更为宽厚的解释。但我这里的主要论点可以看得更清楚,只要我们质疑吉本的一个做法:他的叙述排斥某些行为或热情,就因为它们背后的动机是行动者与上帝的关系——无论这是启示、力量、愤怒、恶意等反应或是其他。显然,很多人相信,这些因素能在人的行为中发挥作用,他们不会同意,这种行为只发生在教士或"宗教"领袖身上;问题就在于,在一般的"社会规律"中,我们是否会给这些行为留有地位("社会规律"加引号,表明我并不认同特雷弗-罗珀的表述所暗含着的追求抽象的普遍规律之倾向)。

当然,特雷弗-罗珀说对了一点,即吉本对教会史的处理,好像我们可以完全忽视相竞争的宗教教义之真假。他根本不宣布其中任何一个为假,但他在写作时,好像就为了说明发生了什么,可以全然不考虑这些教义可能包含的任何真理。但这不只是(未经证明的)超常地位之结束,它使得所有制度都被置于"同样的社会规律"之下。没有人那样撰写历史,即某种方式一概排除人们持有的有关他们自身境况的任何信仰的真理性。每个人都是带着对人之境况的某种理解来书写历史的,能动者在此境况中与他们的命运搏斗,要么前进,要么受阻,或是前后移动,但凭借我们对他们境况的理解,并不是所有这些运动都在写作时被等量齐观。

如果我们像吉本那样,用"启蒙后的叙事"(Enlightened narrative)来书写礼貌社会的兴起,[5] 我们就不可能等量齐观地考虑上升到高峰的环节和从高峰下滑的环节。我不仅是指规范上——那是显而易见的——而且是指说明上。最典型的是,我们会把上升的环节理解为我们对感知到的现实的部分回应。在书写启蒙的史书中,这些环节常常用"心智的扩展"或"哲学的发展"来作部分解释。[6] 而吉本自己似乎也相信,人类的有些进展是足够坚固的,它们会产生一种棘轮效应,能够防止后滑。甚至当文明开始衰落的时候,那些最有用的和最必要的技艺也会顽强地存活下来。"当这样的暴风雨来临的时候,个人天才和公共行业也许会被连根拔除,但这些坚强的植物依然还存活着、挺立着,它们把那永恒之根深深地扎进这贫瘠的土壤……因此,我们或许可以接受这样一个令人愉悦的结论,即这个世界上的每一个时代都曾经增进了、而且依然在增进着人类的财富、幸福、知识,甚至还有德性。"在稍稍前面一点,他写道:"我们无法确定,人类在其朝向完全的进程中会立志达到什么高度,但我们可以稳妥地推测,只要自然的面目没有被改变,人们不会再次堕落到他们原初的野蛮状态。"[7]

任何一种有意义的叙事都不能把能动者的所有信仰描述为是与我们对这段历史的解释完全无关的。吉本所采取的步骤是,为了说明目的,他仿佛确实悬置了所有宗教信仰的真假对错问题;但这并不能被描述为是对支持那些信仰的制度和另一些其他制度作等量齐观的处理,比如礼貌文明的制度和实践,就部分地由制度和实践的有效性来说明。事实上,宗教信仰本身并没有在这个叙述中真正被悬置;在很多事例中的理解是,一旦剥去厚厚的反讽,这些宗教信仰就会被表明是错误的。

特雷弗-罗珀的解释是启蒙运动之现代化减故事的一部分,根据该故事,人们不再运用宗教和迷信,而是开始使用理性和科学,而他们随后得出的结论完全反映出方法上的这个有益转变。一旦你听凭事实说话,吉本式的结论就必然出现。当然,这并不是一个中立的、无争议的事实,而是启蒙后的不信之自我形象的一部分。在这之前,它是在礼貌文明中所产生出来的诸多自我形象之一,把哲学的方法(按照笛卡尔的或更好是洛克的方式)看作是通往知识的坦途。吉本将自己摆脱掉对罗马教廷的信奉,归结为是由于"普遍的工具"(洛克的认识论)对于"我的天主教的意见"的作用。[8]

　　因此,要造就像吉本这样的18世纪的自然神论者,除了(自然的和人文的)科学要求之外,还有另外一些因素在起作用。他们很讨厌那些(被称为)是由上帝所激发的行为;事实上,他们用一个贬义词来专门称呼这些行为,即"狂信"。从表面上看,我们好像能够很显然看出为什么会是这样。那些被他们当作"狂信徒"挑选出来的人,往往是那些吵闹着声称自己得到神性启示的人,靠着这种自我声称所带来的力量,他们还常常从事一些攻击性的行为,或者以其他方式对既定秩序构成威胁。换言之,他们就是那些使互利秩序陷入危险的人。这些人是一种威胁,如果寂静派不能使他们变得无害,他们就要遭到反对或遏制。但如果我们用吉本对这些危险因素的反感来解释他排除掉上帝作为人类历史中的一个因素(以此反对对上帝的狂信),那就又会导致新的问题。如果我们承认,上帝还可用其他不太喧嚷、不太显眼(但也更具启示性的)的方式在人类历史中发挥作用,那么我们对于"狂信徒"的反对就不再决定我们怎样去解读整个教会史。今天我们在现实生活中也遇到了可与此相类比的现象,即"世俗的"美国人对宗教之影响的评判,是基于他们(合理地)否定杰里·福尔韦尔(Jerry Falwell)和帕特·罗伯逊(Pat Robertson)的观点。他们关于宗教的"范式"是一个否定性范式,这一点并不是经验发现的结果,而是来自他们先前就有的认知框架。

　　这一点可以概括如下。之所以滑向自然神论,不只是"理性"和"科学"的结果,它还反映出对于视上帝为历史中的能动者的旧宗教有着深层的道德反感。我们很容易忽视这一点,因为教会正统所宣告的上帝之作为的例子,都被表述得似乎(或的确)是俗丽的或道德低下的。流行的关于大多数人将下地狱的教义和恩宠教义都可能使上帝看起来像一个专制暴君,他任意作弄自己的宠儿,比起他的造物的好处,他更关心有关自己名誉的奥秘之事。旧约中的很多故事把上帝刻画为不断鼓动以色列人去做出各种可怕的事情,甚至不排除种族灭绝这样的事情。而有关上帝干预的故事在不涉及伦理问题的情况下,又经常会沾染想象的受惠

者之特殊的、不太文明的心愿。人们向上帝祈求并相信得到了所求，而
那些东西并非真正有利于他们（更不用说是在更一般意义上对他们有
利）。从哲学（比如斯宾诺莎的哲学）的角度看，历史的宗教乃是为了迎
合民众的畏惧与幻想，它提供了一幅不值一提的上帝画像，可以被一笔
勾销。[9]

　　当然，这种控告所没有考虑在内的，既有圣大德兰（Santa Teresa）的
自传或卫斯理的著作中所提到的种种神性干预，也有无数来自普通人的
不为人知的、较少出于畏惧的行为和经历，而亲历者把它们理解为是关
涉上帝的。或许，对斯宾诺莎的分析点头称是的人，要么不相信这些叙
述，要么用贬损的眼光予以重新解读。但这正是问题所在：他们的立场
不是他们因"事实"而被迫接受的，而是来自于某种释义学框架。

　　有趣的问题是，是什么产生或激发了这种框架？在我们试图具体回
答这个问题之前，可能起到帮助作用的是对这里所涉及的问题先形成一
个更加深入的历史视角。各种形式的自然神论想要拒斥的，都是把上帝
看作一位在历史中进行干预的能动者。上帝之为一个能动者，可以作为
宇宙的原初建筑师，但却不能作为众多特殊干预的始作俑者，无论这些
具体干预是不是"神迹"，它们都是民众的虔信和正统宗教的内容（即使
这两者在细节上并不一致）。

　　这里所涉及到的问题在某种意义上是对早期教会在早期教父时期
所遇到的问题的重演，这一问题即是用希腊哲学术语来定义基督教的观
点，并且同时还要标出基督教教义与直到当时一直用这等术语表述的主
流观点之间的区别。起初看来最适合用来表达基督教福音宣讲的哲学
是（宽泛意义上的）柏拉图主义。斐洛（Philo）早已这么做了，他是用希腊
术语来重新表述犹太教。在公元 3 世纪，它又被克莱门（Clement）和奥立
金（Origen）用来阐发基督教的一些最基本的教义。后来，由它所得出来
的一种新的学说——我们称之为"新柏拉图主义"，但当时却只被认为是
"柏拉图主义"——成为奥古斯丁的主要灵感来源。

　　在此早期阶段，所有思想家都意识到，在这个语言中，基督教教义的

一些关键特征有被歪曲的危险，他们在当时的学院内也发现了此种情形。他们的努力就是与这种媒介斗争，似乎要赋予它新的模样，为的是能够说出基督教信仰的真理。当然，他们相互之间也有争论，究竟谁成功地做到了这一点。有一些思想家，特别是奥利金，就被后来的思想家指责做出过多的妥协。

在这里，我想考察一些主要的张力点，它们能够界定出那些最为关键的改变：

首先，(1) 身体。对于柏拉图主义者来说，我们在超越了身体条件时才抵达最高境界；有肉身的存在是一种阻碍。在此世，身体需要受制于规训，但我们通过理智与至高者的接触，需要超越此生才能达致最完全的地步。对摆脱身体的这种强调，在古代世界也是一种极端立场。其他的哲学在这一点上并没有追随柏拉图（也有一些对柏拉图思想的诠释，认为他不持这种极端立场）。但是，古代世界的异教文化仍然赞成把身体视为次要的观点。"在异教对人的看法中，历来认为灵魂之支配身体，就如贵族男子治理那些比他低等的和有异于他的人——他的妻子、他的奴隶以及他城邦的平民，这种支配有着同样戒备的权威，尽管偶尔也有宽容。"[10]

按彼得·布朗（Peter Brown）所指出的，在耶稣时代的巴勒斯坦，这种二元论即使实际存在，也次要于另一种围绕"心"的二元论。这种意义上的"心"被看作是我们最深和最基本取向的位置，也是我们的爱和关心的位置。此二元论不是介于"心"与别的东西之间，而是介于"心"之不同种类和不同方向之间。用圣经中的一个意象来说，就是肉心会变成石心，它不为上帝的呼召或邻人的需要所动，"被禁锢在对上帝旨意拒不作答的悖逆之中"。针对这一点，我们有上帝的末世应许，就如《以西结书》所表达的："我必把新心赐给你们，把新灵放在你们里面；我必从你们的肉体中除去石心，把肉心赐给你们。"[11]

心之方向就是整个人（身体和灵魂）的方向。正如布朗所指出的，这是可以见于爱色尼派（Essenes）的另一种形式上完全不同的、针对身体欲望和性欲的苦修主义的基础，也是可见之于基督徒另一种苦修主义的基础。例如,节制性欲并不只是想方设法驱除那些恼人的欲望。这种新的苦修的存在方式本身是新方向的一部分,即朝向上帝,走归属天国的道路。[12] 当然,旧的二元论很难灭绝;它贯穿几个时代,一直渗透于基督教的思想和实践中。但已经发生了一个根本性的范式转移。在这以后,关键问题是心的性质(肉心还是石心),或其关切的方向(奥古斯丁的"两种爱"),或心是分裂的还是整全的。

(2)身体的重返也带来了历史之新的重要性。我们在这里也看到寻求希腊表达的犹太理解。人心与上帝之间的关系是一个有关堕落和回归的故事。这与人的历史不可分离;它是这个历史的最核心叙事。在其最极端的版本那里——例如,在普罗提诺(Plotinus)那里——柏拉图主义的上升终结于超越历史的永恒状态,而犹太人的故事则有一个结束,此结束在某些变体中是在历史之内的。而当终末是超越历史的,比如在基督教,对永恒的理解则非常不同于柏拉图式的。如我在前面所描述的,上帝的场所,即永恒的当下,是所有时间的汇聚点;不是时间之外始终不变的点。

这里的理念是,整个故事都属于那个终点,而不只是它达到的最后状态。由此可见众圣徒的人生的重要性。这不只意味着他们作为一系列范例,为信徒提供榜样和鼓励。这些是不同的人通达上帝的道路,它是不断汇聚到一起的道路,而不仅仅只是这些道路的最后结局。这些故事也是关于罪的故事,但罪也是领受恩典的机会,回转的机会,故事也由此得以继续下去。任何小事的最终意义都在整体中获得,对它的"审判"是根据整体做出的。福音书记载了彼得三次不认主,但同时也记载了这个事情最终结束于彼得的痛哭。

(3)历史作为汇聚的故事进入永恒,这种可想而知的重要性也蕴含了个体的重要性,因为个体的身份是在这些故事中展开的。这里再次看到,与普罗提诺的反差是惊人的:普罗提诺认为,加入到永恒即失去个性化。甚至在亚里士多德那里,个性化也被看成是由质料(即形式的具体体现)来确保的。在"形式"层面,没有个体,只有那个单一的原型。对亚里士多德来说,不朽只能是我们的主动理智的不朽,但这个理智却不能

277

区别于任何其他人的理智。

（4）这意味着偶然性也具有了新的重要性。产生于质料状况的偶然事件和事件流,确实可以或好或坏地影响到"形式"如何得到体现,但"形式"本身却依然不受影响。这一点既适用于亚里士多德,也适用于柏拉图。偶然性也不会影响到我们在最高状态下的生存,这也有被视为时间之外的,比如在普罗提诺那里。但是,基督教的终末是由诸般道路、诸般故事构成。这些都受到了偶然性的影响。故事有好的结局,这一点有时会被看作是从一开始就被剧本严格安排好的。这就是人们通常所说的护佑,因循斯多葛主义者的理解。上帝计划了我们的罪,所以他能带着某种怜悯撰写剧本。

但圣经却向我们提议了一个完全不同的模式。上帝的护佑是,他有能力回应宇宙和人的能动性抛出的任何东西。上帝就像一个技艺高超的网球选手,他总能接住我们的发球。[13]举个例子我们就能明白这个模式,在复活节守夜宣报词中有一著名的表述:"幸运的罪过啊",这是用来指亚当的罪;"幸运",是因为罪过带来了上帝对罪过的救赎这一如此伟大的回应。我们显然也可以用这个模式来解读关于好撒玛利亚人的比喻。该比喻要回答的问题是:谁是我们的邻人？它给出的答案令人吃惊,这部分地是因为它把我们带出了那个我们处于其中的一系列的社会关系,我们被告知好撒玛利亚人救了一个犹太人。但它也使我们走出任何既定的关系,进入了偶然性的领域:我的邻人就是我碰巧遇到的那个人,他躺在路上,伤口在流血。我刚好在那个时间遇到这件事情,这纯属偶然;但这个偶然事件可以让我以此为契机来重建上帝的圣爱所激励的一系列人际关系。撒玛利亚人的行为是上帝的某种回应,回应已被盗贼们抛入历史的斜发球。

278　　当然,为了采纳这种理解,我们就必须抛弃这样的观念,即某处存在一个总体计划;当然,更不必说,还要抛弃进一步的观念,即我们能够弄明白此计划。但这一直是个巨大的诱惑,特别是在拉丁基督教世界,尤其是在现代时期。这也常见于某些神学家,比如加尔文、詹森等,他们产生了如此令人厌恶的效果,乃至总体计划的主要提出者现在是无神论者,像挥舞棍棒那样挥舞着神正论。[14]

身体,心,个体;当这些都成为核心,(5)情感也是如此。这是与古典思想之间的又一个区别。对于普罗提诺来说——以及另一方面,对于斯多葛主义者来说——我们的最高境地即是清除了情感的状态。甚至对于亚里士多德来说,虽然他捍卫情感在我们的好生活中的地位,但依然认为,情感无法挤占到我们最接近神性的那种活动,即沉思。但在这里,情感是我们与至高存在者的关系的一部分。我们可以来看看玛莎·努斯鲍姆(Martha Nussbaum)对奥古斯丁的一段有趣论述:

> 我们听见渴望的叹息和深深的孤寂中的呻吟。我们听见那在痛苦中所谱写的情歌,就好像歌者的心在欲望中努力向上攀升。我们听见一种无法被满足的饥饿,听见一种折磨人的干渴,听见情人身体的味道,这身体点燃无以言表的欲望。我们听见一种敞开,渴望进入,听见那点燃整个身心的燃烧的火焰。所有这些都是关于深沉欲爱激情的意象,所有这些也都是关于基督之爱的意象。[15]

这是基督教思想与希腊思想之间的一个紧张点,挣扎在此最为激烈。因为在基于知识和哲学的上帝观中,超越情感或不动感情是上帝的关键特征。巨大的困难在于,怎样把十字架上在痛苦中呼喊的耶稣,与有着漠然无情的规定性特征的上帝联系在一起。这也是雅利安人之所以拒绝把基督和上帝等同起来的一个原因。接着发生的围绕三位一体和基督论的种种斗争都是解决这一紧张关系的努力。

身体,心,情感,历史;所有这些只有在(6)至高存在者是人格的存在者这一信仰中才有意义,而人格的存在者不仅是指拥有能动性,而且还拥有共融(communion)能力。事实上,在阿塔那修(Athanasius)和卡帕多西亚(Cappadocian)教父们那里,三位一体的定义中就重要地运用了共融(Koinonia)这一概念。卡帕多西亚教父发展出"hypostasis"的新意,即不再把"hypostasis"译成"实体"(substance),而是译成"位格"(person),这种理解成为这种新神学的一部分。位格概念与共融概念相关联;位格是一种能够参与共融的存在。

上帝在历史中的干预，尤其是道成肉身，都旨在通过使我们成为共融参与者而改造我们，上帝已是而且继续是共融参与者。它旨在让我们神格化。[16]在此关键意义上，救恩会受阻，设若我们把上帝当作一个非位格存在，或仅仅当作我们必须与之相适应的非人格化秩序的创造者。也可以说，救恩要产生果效，只能靠着我们与上帝的共融，而且是经由处于共融的人们的共同体，即教会。

这是核心理念，由此可以理解我刚才描述的对异教思想的所有其他修正。对于上面提到的最后一点，这是很清楚的：感情在上帝之爱中有适当位置，爱描述出共融的本质。但它同时也为所有其他变化奠定了基础：共融必须使得诸位格在他们真实身份中连为一体，他们是在其历史中建立起自己身份的有形体的存在者，而偶然性在这些有形存在者的历史中占有位置。因此，理解整体的核心概念是共融，或爱，同时用来定义上帝的本性和我们与他的关系。

从（1）至（6）的整个系列的张力点，都起源于教父神学与更早的非人格秩序之理想的斗争，无论这秩序把至高存在者等同于理念（关于善的理念）还是普罗提诺的太一，或某个以不动感情为特征的上帝。在现代时期，我们又看到这六点受到秩序之种种新理解的挑战，这些新理解的一个极端是自然神论，另一个极端则是现代无神论唯物主义。

但这些新理解整合了（1）至（5）点的大部分内容。它们提供的人类秩序图景（要么是规范性的，要么是历史发展的终点，或两者都是），都把我们看作是历史的能动者，生活于物质世界中的有身体的存在，我们正在走向那些共同生活模式，而我们的个体性在其中得到尊重（先是作为自由的权利持有者，后来又有一些想要让位给个人的独创性身份的其他形式）。在这种新理解的早期变体中，情感还被置于相当严格的控制之下（新斯多葛主义、洛克），后来在卢梭和浪漫派之后的时期，情感就担当起越来越重要的角色。

当然，它们常常被整合进护佑替代品（Providence-surrogate），一般取进步理论或"历史规律"图景的形式,这就几乎没有为偶然性留下空间。偶然事件可能会使整个过程脱离原来的轨道(例如,与一个流星相撞),但人类文明的根本样态却经常是通过一些被严格界定的术语来理解的。这就几乎丢弃了基督教的一个核心观念,即我们所走的路会有助于最终目标的实现。自然,在反对现代秩序观念的思想家(例如,今天的某些"后现代主义者")当中,也有更坚定的偶然性观念,但这是因为他们要彻底拒斥潜在的至高境界的观念,而不是因为他们在此观念中为偶然性留下空间。

但是,与基督教的那个系列不同,获得采纳的(1)至(5)因素被彻底挪出了共融语境。当然,这里有圣爱替代品(agape-surrogate),即仁慈;但在这个图景中,共融本身几乎没有位置:甚至是在人的层次上,其地位也微乎其微——现代文化中,原子主义的能动性图景之霸权对此有影响;与上帝的共融,作为一种具有改变力的关系,则丝毫没有地位。

事实上,最后这一点如此淡出视线,乃至鲜被提及,甚至也无需辩论。对正统的主要攻击涉及到上帝的能动性,其所反对的,是有着系统之外的因果力量的施行者,即能产生神迹、特殊护佑、奖惩行为等。因此,正如我们在前面所看到的,对正统宗教的"驳斥"鲜有注意到罗耀拉、圣大德兰或圣方济各·沙雷;或者,即使注意到了,也只是把他们看成是声称获得特殊启示和神性命令的"狂信"者。自然神论及其继承者所操纵的框架几乎全然取消了共融。

由此,我们又回到上面的问题:是什么使得这个框架如此强大? 没有人能声称找到终极答案,但我们能够识别出 18 世纪、至少是精英的处境之某些特征(这些特征大多适用于今天更大范围的人群),而正是这些特征,既使得上帝乃位格的能动者这一观念不再具有吸引力或有威胁性,又推动人们走向沿着自然神论方向的一系列观念,或是走得更远。更明确地说,我们可以认为,当时比正统的观点更有吸引力的是这样一个上帝观,即把上帝看作是通过一个非人格的秩序与我们相连,甚或是把上帝视为非人格秩序中的内在精神(这是斯宾诺莎所采取的一条道

280

路,也对 18 世纪晚期的德国特别重要);甚至更进一步,即一个没有上帝的非人格的秩序。

如果考虑到当时的人们正越来越多地用非人格的秩序来理解人之境况,那么我们就能理解上述系列之朝向"非人格的"一极是多么有牵引力;此过程也在历史意识中被把握,而此意识把非人格形式看作是对早期人格形式的取代。

这首先以我上面描述过的方式显明于自然-宇宙的秩序。祛魅消解了宇宙(cosmos),其不同层次反映了更高和更低类别的存在,即对人类曾有着不可否认的意义和相关性的区分,并且,这宇宙还包含神灵和富有意义的因果力量,使得事物用它们属人的意义来回应我们(比如能治病的圣物)。取而代之的,是由因果律所掌控的宇宙,它对属人的意义彻底不作回应,即使人们依然相信宇宙整体是按一般情况设计的,长远来说对我们有益。宇宙本身是不作回应的,或是对人漠不关心,它就像一架机器,即使我们相信它被设计成一架机器是为了我们的利益。

281　　我们还尚未达到那个地步,即这一宇宙开始被看成不仅是对我们漠不关心的,而且在一定意义上是恶意的和残酷的,即"弱肉强食的自然界"。真正达到那个地步,是在 19 世纪,并严峻挑战了护佑的自然神论之仁慈设计的信念。这也向基督教信仰提出了另一组问题,这些问题属于我们视为达尔文时代的那个时期,但在 18 世纪时我们尚未面临。

我不是要返回到我在上面已拒绝的那种观点,即非人格的规律在自然界的普遍存在驳倒了上帝是位格和能动者这一正统观念。我的观点是逻辑上稍弱但释义上可理解的观点:在先前的一个时代,人们相信一个充满意义的宇宙,紧接着这一时代,人们则大多知道,非人格的、不作回应的秩序在宇宙中处于优势地位,这会让人觉得要信任这样一个想法,即我们已经进入了一个新的时代,而旧宗教在其中已经不再令人感到亲近了。

这种解读也许会因着现代社会想象的性质而得到加强。现代社会想象按社会主导性的、具有框架作用的结构来呈现它,社会并不是作为一个涉及贵族地位、效忠、终身职位的个人关系的网络,而是作为分类的、平等主义的秩序,我们在其中都以同样直接进入社会的方式而联系在一起,社会本身也必须被客观地理解,它同时也是我们聚在一起的产物。现代社会是一个由相似的单元、平等的公民所统一起来的我们/他们;与一整套的封建关系(由一整套的封建关系所构成的传统社会)完全不同。[17]在18世纪正发生着这种从一个社会向另一个社会的转型,它也缓慢地(有时加速地)发生在精英们的社会想象中。我们再一次看到,不仅有正统宗教与君主制的一致——那是君主制的拥护者成功利用的东西,而且也有变化的意识,而在变化中正在兴起的力量可以看起来与那种倡导非人格秩序的宗教更相一致。

再次强调一下,这里根本没有紧密的蕴涵关系;释义学的联结会容易被宗教的其他作用所阻断。现代社会,比如以美国为例,可以被视为遵循着上帝的设计,在我们那些遵照上帝规定的制度中就有上帝的在场。一定程度上,这使得我们与上帝相连,但借助一个非人格的秩序,即我们社会的制度,我们依然能用正统术语来看待由此与我们相连的上帝。有趣的是,在美国这一案例中,虽然其奠基者一辈的主要人物都倾向于自然神论(华盛顿、杰弗逊),但新共和国最初几十年却目睹了第二次大觉醒,它对于许多人来说都意味着巩固了正统宗教和美国自由之间的关联。

因此,根本没有铁定的关联,但这里也还存在着一种可能的亲和性,若其他要素缺席,这种亲和性就会让人陷入这样一种感觉,即对基督教更加非人格的解读,或自然神论,甚或某种更加远离正统的东西,更适合他们的时代。也有人以另外方式提出这种关联,比如大卫·马丁(David Martin)针对18世纪英国景象时评论说:"那些不拘泥于教条及形式的神职人员,就利用牛顿物理学的社会性解释来提倡创造与造物主的分离,为的是更好地确保理性同时掌管自然世界和社会世界。"[18]

若考虑到两种信仰造成的伦理后果,这种亲和性就会变得更强。按共融来看的正统基督教之核心,是上帝的来临,但通过基督进入与个人的关系,先是门徒,后是其他信徒,最终再通过教会而延伸到整个人类。上帝借着爱我们与我们建立新的关系,我们可以说,我们无法单靠我们自己而彼此相爱(《约翰一书》4:19:"上帝先爱我们")。这一新关系的命脉,是上帝的圣爱,这圣爱从来都不能仅仅根据一套规则来理解,相反,它应被理解为某种关系的扩展,并向外传播成网络。在此意义上,教会是典型的网络社会,即便它是举世无双的类型,因为这样的关系并不以任何一种历史形式为中介:血缘,对首领的效忠,诸如此类。它超越所有这些历史形式,但它并不热衷于一个类别(categorical)社会(这种社会的基础是成员的相似性,例如公民身份);而是投身于始终有差异的圣爱关系所构成的网络。[19]

当然,教会没能真正达到这一模型的要求,这既令人痛惜,又引人注目,但这是它原本要成为的那种社会。

相比之下,类别社会之连为一体,则靠一系列规条;首先是法律规条。当时兴起的伦理是与类别社会的目标相一致的,由类别社会所激发,并以类别社会为范本,就此而言,此伦理也将类似地是一种规则,关乎什么可做,什么不可做,就像我们在现代伦理的历史中所看到的那样,这些现代伦理都是尾随格劳秀斯对人之困境的理解而发展的。[20]今天,主导性的哲学伦理学主要分为功利主义和后康德主义两种,它们都认为道德就是通过一些准则来决定能动者应当做什么。它们都相当敌视德性伦理学,诸如亚里士多德的伦理学。而基督教有一种观念,即最高的生活之路是我们不能根据规则来理解的,相反,它植根于我们与上帝的某种关系,但这样的观念却全然淡出视野。

在现代性条件下,关于规条或律令(即什么是人应当做的)的伦理吸引人的一个特征是,此伦理能够提出这样的能动者观点,即能动者是完全自由的,不受权威约束。此自由伦理的观念几乎从一开始就内含于格劳秀斯的事业。对于洛克来说,法是约束人,但法本身是理性所做的正式陈述。对于功利主义者来说,法基于人们实际上想要的东西,它不是基于那些从外部强加的指令。对于卢梭和康德来说,法的本质需是自己强加的。相比之下,正统基督教把我们的最高存在方式(它同时也是我们的自由,但这是根据一个相当不同的概念)视为来自于一种关系,并且是一种不平等的关系,我们凭靠它来认识自己和成为自己。

283

　　因此，也可以这样来看待现代性（作为自由的时代）：它应该符合我们自身相连于非人格的法，而不是符合产生自人格关系的目标。所有这些非人格的秩序：自然的、政治的和伦理的，都会被迫一起反对正统基督教，及其视上帝为人格的能动者这一理解。也确实有人之尊严的某种观念，由康德等人提出，但看起来不可与基督教信仰相结合。

　　正统基督教认为，我们需要得到解救。因此之故，基督教似乎在把我们当孩子对待。怜悯，作为一种人格关联，与重要律令的最高地位相冲突。基督教似乎无法与人的尊严兼容。

　　这个（按我所认为的）误解一直是现代基督教世界起重要作用的强大力量。按这里所涉及到的，作为能动性的尊严观念长期以来主要被认为属于男性。在基督教世界的很多地方，作为自封的立法者这一男性角色，都难以与基督教信仰相结合。现代时期的基督教经常变得女性化；与男性相比，有更多女性践行信仰，也有吸引女性的种种形式的敬虔行为（比如，圣心敬礼）。但在前现代的基督教世界，情况并非如此，那时候，基督徒勇士担当重要角色（也许此角色太过重要，但此处不适合去做神学判断）；即使也有较少女性化的地方，在那里，武士角色依然重要——就像在当代伊斯兰世界的很多地方，以及布什总统所诉诸的美国社会中好战的、喜爱霸权的那部分人。一直延续至今的西方基督教的女性化，即当很多女性开始渴望（那些以前一直被看作）"男性的"存在方式之时，它就成为一个重要标志，表明非人格的秩序之现代理解与基督教信仰之间的这一深刻张力。[21]

　　自然秩序、社会秩序和伦理秩序都倾向于加深这一朝向非人格秩序的跌落。但我们也可以从另一角度来看这一跌落，即我们把自身当作超脱的、理性的能动者这一自我理解推动了这一跌落。超脱关联于我所说的"客观化"（或"对象化"）。[22]对一个既定的领域进行客观化，就是剥夺其对于我们所具有的规范力，或至少是悬置它在我们生活中对于我们的意义。如果我们这样来对待一个存在的领域——在该领域，事物的存在方式曾一直对我们具有确定的意义或为我们确立标准，现在我们却对它采取一种新的态度，把它当作是中立的，毫无意义或规范力的——那我们就可以说我们对该领域进行了客观化。

在 17 世纪，科学的世界图景之剧烈的机械化就是此意义上的客观化。以前，宇宙秩序被视为理念的体现（或化身）。这里存在着双重的目的论。首先，存在于我们周围的那些事物之所以采取它们现在所具有的这些形式，是为了例示理念或原型；这是文艺复兴时期的"对应"学说的基础，依此学说，王国中的国王与动物界的狮子、飞鸟界的雄鹰、鱼类中的海豚等相对应。每一个都是在其各自领域内对同一个理念的表现。

但在第二个层次，整个秩序本身之所以是其所是，是因为它显示出某种完美；在柏拉图那里，万物在善的理念之下井然有序。它同时还要显示理性。柏拉图的理念是一个自我显现的实在。事物之所以是其所是，是为了符合理性的自我-显现之模式，"一"则在其中变为"多"，所有可能的位置都被占据（拉夫乔伊[Lovejoy]的"丰饶原则"[principle of plenitude]），诸如此类。此秩序在几个层面上对卓越作出规定。首先，各类事物的理念显示该物（这里的物当然包括人）的善；其次，整个宇宙还显示出一种从低级到高级的存在等级序列，它因此也规定了不同事物的等级；第三，整体本身也展示出它自己所特有的一种善：丰饶、理性或造物主的仁慈（按基督教的说法）。

如此构想的秩序可被称作"有意义的"秩序；涉及"本体的逻各斯"的秩序。它为处于其中的存在者确立了范式性的目的。作为人，我们要遵循属乎我们的理念，而这反过来又必定在整体中也发挥其作用，其中包括我们的"理性"特质，即我们能够理解此自我显现的秩序。任何人，若漠视该秩序，或未能承认其规范力，就不能理解这个秩序。漠视是一个标志，表明你还没有理解它，你弄错了，就如伊壁鸠鲁主义者和其他原子论者被前现代的主流思想所谴责的那样。

走向机械主义这一步，中立化了这一整体领域。它不再为我们设定规范，或规定关键的人生意义。当然，道德后果是世界图景机械化这个故事的一部分。威廉·奥卡姆等唯名论者对亚里士多德式实在论的反感，部分原因是这样一种认识，即提出一种以假定的自然倾向为根据的伦理，实际上是试图限制上帝的主权。此奥卡姆主义思想路线的进一步发展在科学革命中发挥了重要作用。[23] 这就是我称之为"客观化"的一步。但我同时也想把它说成是"超脱",因为它包含一种特定的退出。我前面说过,在本体的逻各斯框架中,若你看不到实在的意义或规范力,你就无法理解实在。正确把握的关键是,我们通过事物的意义来形成事物的概念。客观化悬置了意义,并把意义撇在一边。意义不再激起我们的探究。我们,作为活出意义的能动者,仿佛退出了探究。在我们研究属于意义领地的事物时,我们却将自身置于特定意义空间之外。我想把这种退出说成是"超脱"。

世界图景的机械化就涉及这样的退出。但笛卡尔却使我们走得比这种退出更远。我们是具有身体的能动者,而笛卡尔要求我们,凡是与此能动者的生存相关联的意义,都要退出。正常的、不作反思的人把颜色想作衣服的色彩,把甜味想作糖果的味道,把疼痛定位在牙齿上,把刺痛定位在脚上。但这是在模糊而混乱不清地看待它们。所有这些经验的本体论处所是在我们内心,尽管经验是由客体之特征或相关感官引起的。当我们具有这些经验时,对所发生事件的正确认识,是可以从第三方视角得到的认识,即在那样的视角,我们注意到此处的因果关系。

笛卡尔的客观化所涉及的退出,不仅是退出宇宙的意义领域,而且是退出身体。其次,笛卡尔采取坚定的立场,支持独自地、自我负责地建构起为了自己的确定知识,为此他要求我们远离传统和社会权威,以及我们共同经验到的事物这一整个领域。我们不能接受我们靠信任得来的真理,我们必须为了自己来产生真理,所借助的是推理过程,即从清楚而确切的观念进行确定的推理。

这一全方位超脱的强有力模式在现代性传统中得以流传下来;实际上,这一模式不无争议,但与之伴随的是巨大力量。这部分是因为超脱的思维在自然科学上的关键作用,而在现代文明,自然科学则是一种最具威望、最令人印象深刻的认识活动。但正如我已经论证的,这部分也是因为几个方面的紧密配合:超脱,缓冲的自我,以及相系的自由感、控制感、无懈可击感和因此而有的尊严感。超脱的立场基于自然科学的成功和相系的道德优越感,因此很容易利用这种名声,并(常常间接地和模糊地)跳到这样的结论:对所有模式的探究,这都是正确的立场。我认为,这种(不合理的)延伸是 17 世纪至今我们文化中的一个强大潮流,就如人文科学领域持续不断的斗争所证实的。人们总是必须一次又一次地进行论证,基于自然科学的"远经验"(experience-far)的方法,若是应用到心理、政治、语言、历史解释等现象领域,就有歪曲和不得要领的风险。

　　这并不是说,超脱的立场在日常生活中显然不是致力于增进理解的错误道路。如果我们想要理解某人在对话中正尝试告诉我们的事情;或者想要把握是什么在推动某些人或某些群体,他们是怎样看待世界的,哪些事情对于他们来说是重要的,那么超脱的立场几乎毫无疑问是自证傻瓜的策略。我们必须向所要理解的人或事件敞开,使我们对意义有全方位的回应,而这一般意味着我们的情感,正是这些情感反映出这些回应。当然,我们的情感,或我们对属人意义的理解,在这些场合也可能是让我们闭塞的因素。我们不能领会,他们与我们是多么不同。但正如伽达默尔(Gadamer)已如此出色地表明的,纠正这一错误的方法不是彻底跳出人的意义领域,并试图用一种漂白后的、中立化的"社会科学"语言来接受事物,那将使我们与新的洞见彻底无缘。有些意义似乎装不进我们承认的意义范围,但我们要敢于接受由此而来的挑战,因为只有这样,我们才能开始意识到,若要理解这些意义,原先的范围就必须被打破、被改变。[24]

　　但是,就如在日常情况下也同样清楚的,超脱模式的威望很容易压垮这种日常经验。可以说,实在只是被召集去符合该立场所能理解的内容。一种先验的强有力的均质化(可能有点太过于让人联想起康德)在此起作用,效果上是有悖常情的。我之所以说"有悖常情",乃因为我们应该坚持,方法和立场应当适应相关实在的性质,然而在这里,虽然不是故意的,实在却被提讯到"方法"的法庭;凡是不合规矩的,都被判入虚幻的阴影区。

　　我们可以把这种有悖常情的发展称作超脱的溢出效应。如果说,退出宇宙的意义是由自然科学所研究的实在之性质所恰当地推动的一步,那么,溢出效应之发生,是因为此立场的威望开始决定什么才能被理解为实在。我们还可以注意到，溢出效应构造出"多种学科"，而在其实践者眼里，推动这些学科的，是纯粹认识上的考量，但实际上（如果我是对的），很大一部分动力就在于围绕这一立场的威望和崇敬，以及它所辐射出的自由感、权力感、控制感、无懈可击感和尊严感。换言之，在此起作用的是伦理的考量（涉及人生目的或何谓高级生活形式的考量）。这一事实被某种思想意识掩盖了。

回到我们的主要议题来考虑一下吉本。想想其风格的力量，这种后来被称为"镇定"的风格故意显示出一种和平的距离。它超脱得如此谨慎，仅允许这些赋予此叙事以结构的意义出现在轻描淡写、一本正经的反讽中。这种风格的吸引力之所在，部分来自于立场本身，它会显得（如果你也有这种倾向）如此优越于其笔下许多人全身心投入的白日化的"狂热"。你怎能不羡慕这一点？你怎能不觉得这是上乘的认识论立场？

我们可以理解，这种普遍的超脱立场如何与正统基督教构成极大的紧张，因为正统上帝观强调上帝与我们关联着的位格能动性。此上帝观产生的观念是，对事物的把握，如果产生于我们投身于与上帝的关系、我们与上帝及顺服他权柄的其他人的共融，就将比我们在此关系之外或退出此关系时所能把握的大为不同并更加优越。如果来自超脱的科学的"溢出效应"足够严重，那它就威胁到信仰理解的这一关键特征。

从普遍的超脱立场来看，上述情况似乎足够清楚。全部所谓的上帝作为，都是可疑的或不足为信的。关键情形是神迹。看看休谟是怎样完全在超脱的层面来论证的。问题是，究竟是哪一种假设更向问题敞开：是自然规律允许例外，还是传递链条上的人们决不是完全准确的？他们或是由于混淆不清，或是由于轻信，或是善意的欺骗。如果我们以超脱的方式来看待人间故事，那么问题不言自明。

然而，让我们换个视角来看同一问题，比如福音书中的医治神迹。透过圣方济各·沙雷的眼睛来看这些事情。从这个观点看，与上帝的关系更亲近能够改变和医治我们这一观念就不仅是可信的，而且似乎是不可否认的。有人会说，那意味着从灵性上改变我们。是的，但在这个领

287

域,在"灵性的"或"心理的"这个方面,与"身体的"另一个方面之间,分界线又有多清楚呢?完全不信的医生承认,病人求生意志强,或内心平安的境况,都可以影响疾病过程,甚至可以导致病情的消退或好转。就此我们能在何处精确地划出分界线呢?

此处的要点恰恰表明,休谟式的论证,虽然依其自身立场看似确凿和不可否认,但放在其他视界内,其根据就开始动摇了。首先,这里所说的"自然规律"以及对自然规律的违背,究竟是指什么,并非显而易见。当然,它还关系到你在传递链中站在何处,以及你判断此链条中的特殊环节应具有多大的可信度。一旦你放弃超脱的立场,休谟论证的两个方面就不再具有归为它们的不可动摇的说服力。

在那个时代,另一个强有力的因素支持超脱的立场。对休谟和吉本重要的,并不是圣方济各·沙雷,而是他们对"迷信"的笼统看法。换言之,塑造他们对"相信上帝干预"之理解的,是轻信的人传讲的有关神迹医治的大众信仰,或其他神性干预、圣徒干预的故事。即使我们试图考虑到他们对大众宗教现象的无知(与他们理智的/人的优越感密不可分,并夹杂着畏惧),但许多这类故事确实不太令人信服。这一点有利于他们的论辩,因为他们巴不得能够把所有与位格的上帝相关的虔诚都分别归入"迷信"、"盲信"和"狂信"等否定范畴,并且进一步把圣方济各·沙雷也归在这些范畴之内,或是彻底忘掉他们。

在那时的欧洲,有很多甚至被教士判为"迷信"的大众宗教,也存在288 经常针对异端和不信者展开迫害行动的教会,因此,上述标签归类并不难展开,即使一个人自己没有被个人敬虔所触动。(或者是开始反抗自己年青时代的强烈感动——吉本也许就是如此?)

我前面说过,先是朝向自然神论、后又朝向无神论的现代滑落,整合了绝大部分原初的改变,这些改变是古代教父在他们所继承的哲学中实现的。在我所列出的六个方面的变化中,现代自然神论整合进前五个方面:身体,历史,个体的地位,偶然性和感情。也就是说,它把这些方面整合为我们对人之生活的理解的一些本质性维度,但它同时也彻底排除掉了我们与上帝的关系。当然，这两个层面不能被干净利落地分离。当想要说明我们人生中什么是最高的时候，超脱的立场就试图促使我们走出其中的某些方面。随着上帝被遮蔽，结果这成为了道德，即约束我们的律法。这将常常被看作是"理性"揭示给我们的，是在研究实在或研究理性本身的结构之后得到的。但超脱一般被视为"理性"的要素，就此而言，身体则倾向于被抛开。因此，我们就移向两种可能的立场：一种立场告诉我们，在决定什么是正确的时候，我们必须剔除身体的情感，剔除"本能反应"，甚至要把欲望和情绪都撇在一边。这一步在康德的著作中可以找到典范陈述。要不然，我们就转而反对理性的过分要求，让道德基于情感，就如我们在休谟那里找到的。但也正是出于这个原因，我们就削弱了通常围绕这些情感的高级存在的灵性光环之力量，对情感作纯粹自然主义的解释。身体的情感不再是媒介，我们通过这个媒介与我们确认自然带着更高存在之灵性光环的事物相关联；要么，我们确实承认有像这样的更高存在，并把理性视为通达它的独特门径；要么，我们倾向于彻底拒斥这种更高存在，通过自然主义的解释对其进行简化。

我想把这一步称作"道离肉身"（excarnation），我将在最后一部分予以讨论。当然，它在现代文化中也遭到了严厉反对。抵制它的一个最重要的场所就是审美体验，在那里，身体的情感依然可以使我们向更高的存在敞开。

把所有这一切综合起来，我们就能看到，某种框架性的理解是如何开始被构成的：得益于宇宙秩序、社会秩序、道德秩序等这些非人格秩序的强有力出场；被超脱立场的力量及其威望所牵引，继之又被人们关于与之不同的另一条道路的认识所认可，即这种认识以精英们眼中卑劣的、令人害怕的大众宗教形象为基础，在所有这些因素的共同作用下，人们就会产生一种坚定不移的信念——我们居于一个内在的、非人格的秩序中，而对居于其中的那些人来说，这一信念会遮蔽所有无法符合该框架的现象。

我们只需要添加一件事，可以说，这件事即是给门上了锁。一旦你 289

采取了这一步,你就会被在礼貌的商业社会中发展起来的框架性历史意识牢牢地圈住。用理论来表达,它出现于"分期"的描述,我在第一部分援引过,这些描述可见之于苏格兰启蒙运动(例如在斯密和弗格森[Ferguson]那里)。[25]人类社会经历了某些阶段,如狩猎-采撷阶段、农业阶段和商业阶段。这些阶段通常在根本上用经济术语来定义,它们描述出一种进步。更高阶段代表一种发展、一种收获,一旦我们进入到这些阶段,那么想要再从这些阶段倒退回去就是非理性的(尽管也为某种矛盾情绪和怀旧留有余地;但是正如我们将要看到的,这一点深深地植根于现代文化)。所有这些显然都适用于我们新近迈入的阶段:商业社会。

我已借助某些重要理论描述了这一点,但存在着一种影响更加广泛的观点或倾向,这种观点把近期历史看成是收获或进步,其根据是某些重大的结构变革,比如,封建的武士贵族被商业的、生产导向的精英所替代,以及随之而来的安定、经济繁荣、行为举止的温和、礼貌等等。人们很容易采纳这样的思想,即不同的时代,有不同的文化特征和实践(封臣集团对合股公司,军事训练对管理或商业技能培训,对荣誉的夸张强调,对更为平等主义的尊严感),因此,宗教模式也必须改变。据此,人们很容易采取如下步骤,即正统的、由共融定义的基督教实际上属于早前的时代;在今天还要继续维持它,既非常困难,也没有什么意义。

来自"分期"意识的这一结论不是马上就被引出的,但它显然是一种可能,而事实上,它在整个 19 世纪以及直到如今,成为越来越重要的一个因素。我前面主张过,人类中心主义的态度涉及到对大量宗教现象及其可能前景的忽视,如果这一点成立,那么在稳固这种态度并用以反对所有来自外部潜在冲击方面起着关键作用的,还有某种背景理解,这种理解会告诉你,你确实应该忽视这些现象,你没有理由去考虑它们,因为它们在今天已是"过时的"和不可能的。我们现在的观点优越于其他早期形式的理解——这一说法本身是用来断定现阶段相比之前所有阶段更加先进的部分理由。它对我们来说似乎是正确的——这一说法不只是有关我们的事实,而且反映出我们所取得的进步。理智的倒退将是不可设想的;它包含着声称我们可以回到从前。

可以这样说，这种"分期"意识是人类中心主义终点处的一个棘齿，它使得倒退（近乎）不可能。

对无法逃避的非人格秩序这一强有力的理解，把社会想象、认识伦理和历史意识连为一体，并成为现代的（未被承认的）一个关键思想，直到如今。

我们由此能察觉到某种倾向在精英当中的扩大，而且跨越一系列不同宗派，这在新教的英语世界和德语世界（程度稍小一些），比起在其他地方来得更加强劲（至少没有受到激烈反对）。它决不是一种高度一致的观点，即使是在精英层也是这样，并且就它所依存的整体社会而言，它也决不是它们的宗教重心，它还常常不得不隐藏其更激进的侧面。但因为它在精英层已牢固树立，所以扮演着举足轻重的角色。

我在一开始先是描述了此倾向的一个侧面："人类中心主义的转移"。这首先是下行地修正上帝对于我们的诸般目的，把这些目的铭刻于一个内在的秩序，该秩序照顾到了某种人间福祉，并符合互利秩序。除此之外，我还谈到恩宠在此谋划中并不重要，谈到奥秘的遮蔽，以及对早期的关于人在上帝手中发生永恒转变这一观念的节略，该观念最早是由早期教父关于"神格化"的观念所引发的。从另一侧面看，我们可以根据前面的段落来描述这一新倾向。上帝与我们的关系开始被视为是由非人格的、内在的秩序为中介的。作为内在的秩序，它是自给自足的；即除了它的来源问题，它的运行可以被自行其是地理解。在一个层次上，我们有自然秩序，即这样的宇宙，它被彻底祛魅，其中不再有任何来自上帝的超自然干预或特殊护佑，而是依照普遍的、不作回应的因果律运行。在另一个层次上，我们有社会秩序，是为我们设计的，而我们不得不靠理性去逐步认识它，并要靠建构性的行动和纪律去建立它。最后，规定着该秩序的"法"，无论是国家法/宪法，还是伦理规范，都可表达于合理的规条，对这些规条的把握，可以完全独立于我们可能建立的与上帝的关系和由此引伸出的人与人的彼此关系。要紧的人际关系是在规条中（例如，自然法，功利主义原则，绝对律令）予以规定的那些关系。

当然,这些规条都以纯粹的人间福祉为中心,这种福祉是我在谈论人类中心主义转移时提出过的。我们可以同样来谈论这个朝向非人格的内在秩序的漂移。这些都是同一个运动的不同侧面。我想建议指出的是,这个转移或漂移产生于早期现代性的更大发展,即社会组织和规训之种种新模式的发展,其目的在于,要有生产力、有效工具,促进和平与经济发展,并服从旨在互利的行动规条(政治的和伦理的)。这构成我们通常所称的"现代性"的大部分内容。我这里的论题是,虽然改革了的基督教(不只是新教的改革形式)是这一发展背后的主要动力,但其成功进展却产生了一个困境——在此困境中,我们事实上确实生活在一个涉及法和伦理的内在秩序中,并生活在自然规律支配的宇宙中——而此困境可以用人类中心主义转移来解读。其实,因为没有强烈感受到有什么被排斥在外,因此可以说,这种解读也就自然而然。

该转移(或漂移)可被看作是对现代性的一种解读或态度;但它并不像某种关于世俗化的主要叙事及其化减故事所想的那样,是唯一可能的态度,因为转移牵涉到可能的宗教生活和宗教经验完整维度的遮蔽或贬损;但这又可能是看似可行的态度,只要你实施了这些遮蔽;甚至可能是极为可理解的,只要遮蔽看似正常的或者是由当时的环境所强加的,假如某人正在见证对卡拉斯(Calas)的处决,或正在听闻南特赦令的废除,或正在参加一场反对教士之反动的斗争,等等。人们走哪条道路,从来都不能彻底说清楚,但在确定的环境下,则或多或少是可以理解的。

滑向非人格,可以从 18 世纪(一直持续到 19 世纪)的另一个发展中来看。并行和重叠于自然神论的,是神体一位论(Unitarianism)漂移。我所说的倾向,以及很多神学信念,也可见于其他教会,但神体一位论之典型的神学信念,则清楚地反映了这一转移。

由此来看,神体一位论就和启发了它的阿里乌主义一样,都可以被视为这样一种尝试,即要坚持耶稣的核心地位,但同时又要切断与历史上基督教主流救恩教义的联系。耶稣之重要不在于他开创了与我们的新关系,以及我们彼此之间的新关系,即恢复或改变了我们与上帝的关系。这不可能是救恩的真正涵义。恰当的意味是,我们同意在法和伦理中关于行动的理性原则,并且我们变得有能力按照这些原则行事。耶稣在这方面的角色,是一位言传身教的教师。他的重要性在于,他是我们后来所称的"启蒙"的鼓舞人心的开路先锋。就此而言,他不需要是神;其实,他最好不是神,如果我们想要维持自行其是的非人格秩序这一观念的话(上帝以其智慧同时在自然和社会中建立了这个秩序)。道成肉身会模糊这个秩序的边界。

在这个意义上,神体一位论并非限于神体一位论教派。但并不令人吃惊的是,我们看到这个教派的很多成员在英国和美国都是持异议的社会精英;而且它的成员中还有很多人都参与了 19 世纪英国的各种各样的改革(这一点后来被贵格派教徒紧紧跟随),这与其整个教派的总人数不成比例。马丁在其著作中引用了这样的评价:"与他们的规模相比(其教徒的规模从来都不是很大),在《国家传记词典》(*Dictionary of National Biography*)中,一位论派信徒比其他任何团体获得了更多的词条。"[26]

对我在这里所维护的论点来说,有一点可能是很重要的,即向神体一位论的公开转向经常发生在长老会信徒或其他加尔文主义信徒身上,而他们的正式信仰,因强调赎罪,成为这种新观点的对立面。[27]然而,这种向截然对立的另一极的转移似乎主要发生在精英层,他们最为成功地接受并内化了这种新的、规训的、理性的、由规条定义的社会思潮。

无论是通过神体一位论还是其他路径,非人格秩序获得的首要地位最终在 19 世纪产生出一种被驯服形式的基督教,专门去适应此秩序的要求。天主教神父和学者乔治·泰瑞尔(George Tyrrell)对这一结果进行了精辟的描述,具有反讽意味的是,在极为自我封闭的教宗庇护十世(Pius X)在位期间,泰瑞尔被作为"现代主义者"受到压制。这种观点力图——

> 在异象型领袖身上找到一个道德主义者;在先知身上找到一位教授;在一世纪找到十九世纪;在超自然事物里找到自然事物。基

督是理想的人；天国是理想的人性。正如理性之上的预设已把福音书中的神迹视为虚假而滤去，道德至上的预设也滤去了一切不属于现代道德的内容。只有那个才是实质，即基督教的本质。[28]

2

我们可以看到，人类中心主义的转移和向非人格秩序的滑落这两个侧面的运动，还向我们展示了其第三个侧面。在这样一个已被纯净化的宗教里，上帝透过他的创造启示自身。此宗教向我们提出要求，而这些要求是创造本身向我们的理性审视所启示的，此宗教还废除了造物主和造物之间所有形式的人格关系：个人的忠信，祈求的祷告，在我们的命运上取悦上帝或暗示上帝的旨意，诸如此类；这是一个基于现实的宗教。它基于大自然，或仅仅基于理性。

这个宗教并不需要启示；几乎无法想象，如果公正的理性本身就足以告诉我们所有我们需要知道的东西，这样一个秩序的作者还会屈尊于这种人格化的交流，把它视作一个捷径。

从对人的原初能力的乐观来看，这必定是人类首要的宗教。如果我们看到它到处都覆盖上了被扭曲的沉积物，那一定是由于人们在德性或启蒙方面的退化，也许还受到了那些从黑暗和无知中获益的邪恶力量（通常被严厉批评为对教职的滥用）的帮助。不同的宗教之间的区别都是假的，它们主要由各种各样的此类沉积物构成。我们必须回到在所有这些沉积物下面那个简单而共通的真理。

我们可以通过平和的、冷静的理性来达到这个真理。因此，通往真正宗教的坦途是正确的信仰。我们不能通过某种敬虔和祈祷的关系通达正确信仰，尽管祈祷或许可以产生对上帝旨意更亲密的洞见。那是"神秘主义"的道路，但在这个观点上，此道路不属于正统。神学是正确描述，它失去了所有训示之维度，虽然对于安瑟伦（Anselm）来说，这个维度仍然还存在。[29]

还有，根据关于人性的这种乐观假定，我们现在之所以如此可悲，行不出上帝的律法，主要原因就是种种虚假宗教的作用，它们不仅把我们引向诸如膜拜和献祭这样不相干的行动，而且还使我们彼此争竞，在应该和谐的地方引入冲突和争斗。如果从世界中除去这些迷信，人们就可以看到和平共处、和谐一致和互相帮助。

这种"道离肉身"的宗教生活只需再稍稍挪一下位置，就可以进入完全不信的行列，我们能够明白拉美特利（La Mettrie）在他的《人是机器》（*L'Homme Machine*）中所提出的那种论点：

> 如果无神论得到普遍接受，每种宗教都将会被摧毁，被从根基处砍倒。不会再有神学大战，不会再有宗教战士——多么可怕的战士！曾经感染了神圣毒药的大自然将重获其权利和纯洁。这些必有一死但镇定自若的人们，不会再听到任何其他的声音，只听从他们自身存在的自发指令，这仅有的命令……会带领我们走向幸福。[30]

我们在这里能够看到从信仰到无神论的转移，经过我所称的"护佑的自然神论"这一中间阶段。正是通过这个中间环节，在我们的文明中为不信开启了空间。

转向自然神论这一步所涉及的不止是信仰的变化，甚至也不止是何谓理性论证上的转移（我们在休谟不相信神迹上看到的那种事情）。它其实反映了在我们对人之认识困境的背景理解上的一个重大转移。在前面讨论客观化和超脱的时候，我已经描述了此转移的一个侧面。但从另一种观点来看，它也可以被视为眼界的变化，此变化深刻改变了思考上帝或"宗教"的含义。

自然神论立场的背景假设，涉及到把宗教真理问题分解出来，使之无关乎参加某个宗教生活的共同实践（祈祷、信仰和希望等多个侧面都交织在这种实践中）。正如我们在上一章所看到的，巴克利指出，以前的神学，包括"证明"上帝存在的努力，都必须被理解为是在这种共同体生活视域内展开的，在此处，也就是基督徒的共同生活。斯坦利·侯活士 294

（Stanley Hauerwas）在他最近的吉福德讲座中也提出同样的观点。[31]

在新的社会安排（dispensation）中，上帝的存在、我们与上帝的关系、我们所亏欠的上帝等诸如此类的问题，都被自然神论放在该视域之外。我们想象着，我们必须在别处开始，先要表明，上帝存在，接着表明，他是仁慈的，然后是他诫命的本质，以及这些诫命必须得到遵守。这是我们在巴克利描述的新护教学中所看到的理解。今天回头来看，我们就会发现，该护教学就在其自以为最有效地阻挡了无神论之际，恰恰是向无神论敞开了大门。阻挡表现在费力的论证，敞开表现在立场的转移。从宇宙的仁慈设计出发的证明之提出者，及其所针对的受众，都认为自己并不处身于以前的基督教之注重实践、祈祷和盼望的视域，至少在出于证明目的上是如此。上帝对他们的生活之根本框架无关紧要，但他是一个实体（固然是重要的实体），我们必须越出此框架，朝向此实体来推理。

这个新的框架是什么？它就是我在这里一直力图定义的。在"现代道德秩序"（MMO）规范性原则之下，人们形成社会，利用大自然所提供的一切，借助有关大自然的准确知识和我们后来称之为技术的发明，去实现自己的目的。还有，这些能动者借助超脱的理性探究非人格的秩序而获得知识。这现在规定着人类的认识论困境。

这是视域上的重大转移，它被认作是现代性的兴起。人们对它有不同的理解。按世俗人文主义者的看法，它经常由我所称的"化减"故事来表达：宗教的-形而上的错误观念消失了，人们发现，他们只是一些人，在社会中联合在一起，而这些社会唯独只有 MMO 的规范性原则，这个新定义的困境还有一些诸如此类的其他特征。或者，根据布鲁门伯格的曲折解释，一旦他们采取了自我断言（self-assertion, *Selbstbehauptung*）的立场，这就成为他们向自身所揭示的内容。从上述论证应该清楚的是，我之所以无法接受这种解释，是因为它彻底忽略了新的自我理解在我们的历史中据以被建构的种种方式。

从相反的视角看，我们可以追踪阿奎那的神学理解是如何失落的，以及上帝存在的证明在新的视域中如何呈现出极为不同的意义。由于这些根本上新的建构倾向于事后显得"自然的"，并且误解本身是如此激进和创新,使得这一新证明模式下的许多主要思想家和我们这些继承者,常常无法看到他们在多大程度上已经"改变了论题"。例如,我们倾向于认为,在上帝存在证明的有效性看法上,现代人与阿奎那不同(即我们能够看到,阿奎那错误地认为这些证明是有说服力的),但我们却没有认识到,这些证明在以前视域中所派的用场是完全不同的。

因此,如下研究就很重要,即去研究论题本身是怎样通过一系列步骤而被改变的,其中包括晚期经院主义、邓·司各特、唯名论、"可能派"(possibilism)、奥卡姆、卡耶坦(Cajatan)和苏亚雷斯、笛卡尔等,其中的每个阶段好像都是在讨论同样的问题(与其所批评的前人所讨论的一样),但事实上原来的整个框架已经从这些讨论中不知不觉散落了,且被另一个框架所取代。对中世纪思想资源的不自觉曲解,巴克利所作评论是重要的贡献,同样贡献良多的还有侯活士、麦金太尔(MacIntyre)、米尔班克(Milbank)、皮克斯托克(Pickstock)、科尔(Kerr)以及布瑞尔(Burrel)。[32]在这里,我没有能力对此工作作出公道的评论,但我所讲述的故事在一定意义上与他们的故事是互补的。我试图去理解在社会实践、因此也是在社会想象中所发生的一些变化,这些变化将有助于产生视域转移(我在本书结尾处,即在"尾声:许多故事"里,会再稍微提及此点)。

与此同时,如果前瞻一下,我们就能看到,鉴于新的框架赋予自然宇宙以重要地位,并基本上视之为仁慈而有序的,因此,它注定要被随后几个世纪的发展所深深搅扰,这最显著地集中体现在达尔文的发现以及弱肉强食的大自然图景。形而上所证明的经典的早期近代视域之更新形式,仍然包括 MMO(的当代理解)下社会中相互联合的人类,但现在人类却被置于一个冷漠的、甚至是敌对的宇宙中。现在,任何形而上的观点(当然不是现代秩序下的工具理性主体的形而上观点,因为那是根植于该框架内的),在其建立时,都必须从该视域内唾手可得的考虑出发。下面我们将考察它对于形而上思想和宗教思想的意味。

规训的、工具理性的互利秩序之发展,一直是上述转移得以在其中发生的母体。这一转移是现代"世俗化"的中心地带和根源,这里的"世俗化"是我用此词的第三个含义：它是一些新的境况，在其中，信与不信紧张地共存，而且在当代社会中还经常相互斗争。但这个母体并不仅仅用来阐明此转移；它也有助于部分地解释此斗争。根据此母体，我们就能理解一些针对"现代性"的反动，以及它们对现代信仰所产生的正反两方面的影响。我现在就转向讨论这个问题。

第三部分

新星效应

◆ 8 现代性的隐忧 ◆

接上前面的话，至少在全景式地综合过去两百年中围绕信与不信之间此起彼伏的论战时，我们会摸索出一些道理。这是我即将要说的故事的一部分。现在我会试着叙述当代世俗性 3 的发展过程，它可以分成三个阶段。

第一阶段我前面已经说过：无求于外的人文主义者如何成为基督教信仰之外的选择。第二阶段则更为多样化。各种批评分别将矛头指向正统宗教、自然神论、新兴的人文主义以及这些派别的反对者，结果导致了许多新立场，包括从自由和互利的人文主义中挣脱出来后形成的不信模式（比如尼采及其追随者），以及许多其他模式。因此，我们目前的困境在于提供了全方位的可能立场，远超 18 世纪晚期的可能选项。这就好像原初的二元性假设了一种可行的人文主义选择，结果却引发了一种新星效应（nova effect）一般的动态反应，催生出不断扩大的道德/灵性选项，跨越了人们所能想到的所有范围，甚至无法想象。这一阶段延续至今。

第三阶段与第二阶段有重合之处，是相对晚近的产物。原本只属于精英阶层的断层文化，现在则普及到了整个社会。这一趋势在 20 世纪后半叶达到顶峰。随之而起并融于其中的，是西方社会中出现的一种"本真性"（authenticity）或者说表现型个人主义的总体文化，人们被鼓励寻找自我的方式，发现自我的完满，"做自己的事"。本真性伦理发端于浪漫主义时期，但它彻底渗透进流行文化只是在近几十年，从二战开始，或者更晚。

这种转变已明显地改变了世俗性 3 的形态，主要通过改变灵性在人们生活中的位置，至少按许多人已然活出的那样。追寻一种道德或灵性道路与归属于更大的群体（国家、教会、甚至教派）之间的联系变得更为松散，结果便是加剧了新星效应。我们现在生活在一个灵性的超新星300

上,即灵性层面的多元主义迅速增长。

<h1 style="text-align:center">1</h1>

我先从新星效应开始。我们能够描述转向自然神论、继而又转向无求于外的人文主义所导致的困境吗? 这种困境主要是 18 世纪的精英们所体验到的,只有他们才担忧这些改变吗?

自由和秩序的伦理源于一种将缓冲的自我置于中心的文化。"缓冲的自我"这个术语我一直在使用,事实上它的内涵颇为复杂。可以说,该现象具有主观和客观两个方面。一个缓冲的主体意味着关闭内部(思想)和外部(自然,物质世界)之间可渗透的边界,这是生活在祛魅世界中的一部分。它通过前面描述过的一系列改变体现出来:用一种机械论的宇宙代替由神灵和魔力构成的宇宙,神圣时代的式微,满足感的衰退(比如在狂欢节中所体现的)。

然而这些改变又有所深化,并为主观变化、身份认同的变迁所强化,比如漠然理性或超脱理性的崛起,规范化的自我重塑所造成的转化,包括亲密关系的收窄和加强,以及埃利亚斯的"文明的进程"。

对精英阶层来说,这两方面大体上同时发生,而大众阶层可能经历了第一方面,却没有进入第二方面。也就是说,他们的世界可能被自上而下的改革所祛魅,那些负载了他们对神圣、神圣时代以及满足感的理解的习俗、仪式被废止或扰乱了。后文我会回过头来讨论普通民众的共同困境问题。现在,我想描述一下在那些阶层中推动了自然神论-人文主义转变的文化或信仰状况。

这种缓冲的人类中心的认同为何会得到人们的喜爱? 至少对我们而言,其吸引力是很明显的。那种拥有权力和能力的感觉,令我们觉得能够对世界和自我发号施令。这种权力与理性和科学有相当的关联性,即认为知识和理解力能带来丰厚的回报。

但在权力和理性之外,这种人类中心主义还有极强的特点:一种无懈可击感。在祛魅的世界中,缓冲的自我不再开放,不再容易受到充满神灵与魔力的那个世界的影响和侵蚀;在那个世界中,神灵与魔力常常跨越思想的边界,事实上,它根本否认有安全边界的存在。于是,属于可渗透的自我的那些害怕、焦虑甚至畏惧都不复存在了。如果在世界祛魅过程之外附加上人类中心主义的转折,不再动用上帝的力量,那么这种沉着镇定感和内在精神世界的安全感便会越来越强大。

力量、理性、无懈可击,都是在与古老的敬畏划清界限,尽管我们依然有某种畏惧感,它们不仅来自历史,来自那些未被启蒙的大众,而且它们依然游荡在我们的童年;所有这一切都属于那些转向人类中心主义的人们的自我,而且与之伴随的是一种强烈的满足感。

首先,这其中有一种自豪,意识到了个人的自我价值;更强烈、更深刻的是,人们意识到了把自己从盲目的畏惧中解放出来的成就感。现代人类中心主义的自我意识的一部分正是这种成就感,无懈可击感最终打败了早期迷魅世界的拘禁状态。从这种意义上说,现代自我意识有一种历史维度,哪怕对那些几乎对历史一无所知的人来说也是一样(唉,今天这样的人太多了)。他们知道有些事情是"现代的",其他行为则是"倒退的";这个想法肯定是"中世纪的",那个想法则是"进步的"。这种对历史地位的理解仅限于一种对事实的简单剥离。

这种意识对于过往所采取的立场,正是爱德华·汤普森(Edward Thompson)所说的"后代子孙的不屑一顾"。[1]在这种人类中心意识形成的伟大时代,也就是18世纪的启蒙时代,我们能够读到一些经典表述。吉本便是一个范例。当吉本叙述拜占庭那些僧侣和主教们野蛮而滑稽的丑态时,用的是一种沉着冷静、"从容不迫"的语调,表达了一种对于过去的非理性的距离感以及那种无懈可击感。这种风格体现了无懈可击感,通过一种不动声色的反讽智慧以及冷静的语调,吉本与我们祖先那种粗暴、极端、受到上帝折磨的行为保持了一段相当讲究的距离。这种语调告诉我们:我们不再属于这个世界;我们已经超越了它。

这种缓冲的距离感成为现代欧洲"文明"概念之复杂性的一部分,"文明"(civilization)从文艺复兴时期的"温文尔雅"(civility)发展而来,成为我们自身历史化的自我认知的重要部分,据此我们能够将自己与"野蛮的"过去相区别,就他人而言,则可与不那么幸运的人们相区别。由于构成这一发展中温文尔雅这一理想的[2](或活在"礼仪之邦"[ètat police]的含义),还有交织进来的其他元素——扫盲和教育、个人自我约束、生产性艺术的发展、礼节感、政府治理以及对法律的尊重等,因此,这种新型的无懈可击感和距离感占据了位置,规训、教育、礼节和良好政治秩序的种种理想也就因此被改变了。[3]

302　　积极方面就说这么多,还有消极方面。缓冲的自我认同深深植根于我们的社会秩序、我们在世俗时间的嵌入以及我们选择的漠然的规范之中。这种锚定保证了我们的无懈可击感,但它也是一种局限,甚至是一个牢笼,令我们对有序的人类世界以及在工具理性计划之上的东西视而不见或麻木不仁。我们很容易会有一种错失了什么东西的感觉,或是感到被隔绝了,就像生活在屏幕的背后。

我指的不仅是许多人对自然神论所采取的反对态度,甚至有更多人反对人文主义,他们出于一种强烈相信上帝或其他超越存在的感受;我们在卫斯理宗、虔信派以及后来的福音派中都能看到这种反应。我考虑更多的是祛魅世界中的广泛隐忧,这个世界单调、空洞,需要一种对内在和外在的多重探索,才能补偿那种超越世界缺席所带来的意义缺失;而且这不仅是那个时代的特点,也延续到了我们的时代。

我要说的是,并不是所有人都有这种感受;许多人的确有,而且范围远远超出那些正式的有神论者。的确,从一开始就有人注意到,有越来越多的人无法接受正统基督教教义,于是转而寻求其他灵性资源。沙夫茨伯里可以说是这个阶层的最早成员,还有许多伟大的浪漫主义作家。(其中有些人与正统的关系颇为复杂,有的向正统靠拢,比如华兹华斯、弗里德里希·施莱格尔[Friedrich Schlegel];有的则渐行渐远,比如拉马丁[Lamartine]、雨果。)然后就有了复辟时期的斯塔尔夫人(Mme de Staël)、卡莱尔(Carlyle)、阿诺德(Arnold)等等。

上述情况反映出,在面对正统宗教和不信的对立时,包括那些最好、最敏感的思想家在内的许多人,也因意见纷呈而开始寻找第三种道路。当然,正是这种意见纷呈催生了新星效应的一部分动力,接下来越来越多的第三种道路出现了。

我认为这正好说明了成为缓冲的自我本身的困境,它身处自由和互利的伦理中,有各种各样的理由反感正统信仰那些令人无法接受的方面:权威主义,将服从置于幸福之上,人的亏欠感和罪恶感,永罚,等等。这告诉我们,这种困境从灵性上来说并不稳定,它一方面要求我们不要回到以前的建制信仰,另一方面又怀着一种隐忧、空虚感和对意义的渴求。

我再次说明,这并不意味着每个人都会被两方拉扯。许多人,也许是大部分人,最终都会做出某种选择,包括那些极端的选择,如威权主义的正统或是唯物主义的无神论。然而整体的态势仍然不稳定,因为并没有出现趋向任何一种解决方案的长期运动。一代又一代的人不停地用新的方式重提这一话题;子辈会抛弃父辈的选择:一代人对 18 世纪吉本式高级文化(high culture)的反应是转向福音派;不久他们的后代又变成了不信者,以此类推。无论是那些希望不信者会遇到自身的限制或是感到乏味而最终回归正统的人,抑或是那些认为一切都代表着历史向理性和科学前进的人,恐怕都注定要失望。随着时间的流逝,似乎还没有什么稳妥的解决方案。

其次,如果我们退后一步看这种此消彼长的战斗,然后整体观察文化的某些方面,就可以在缓冲的认同中解读那种意见纷呈。虽然我们对它的回应十分不同,但每个人都能理解对祛魅世界的不满,这个世界中缺乏意义,特别是年轻人缺乏强有力的生活目标,诸如此类。毕竟这是一个值得注意的事实。你甚至无法对路德时代的人们说明这些问题。他们所担心的是一种"意义"泛滥,那种不堪承负的大问题——我是得救还是遭永罚?他们对此纠结不已。通览历史,我们会听到各种各样对"自己时代"的抱怨:变化无常,充满邪恶和混乱,缺少伟大和崇高,到处是渎神和恶意。但是,你不会在其他时代及地方听到的是:我们的时代正在受到意义缺失的威胁,而这正是我们今天习以为常的状态(其对错不是我在这里所要讨论的范畴)。这种隐忧正是缓冲的认同的特点,这种无懈可击感虽将邪灵、宇宙力乃至上帝挡在门外,但其危险之处在于,再也没有什么重要的东西需要坚守。

诚然，先前也发生过类似的情况，那就是"忧郁"（melancholy）或"绝望倦怠"（acedia）。但是，当然，这些都在非常不同的框架之内。你可以说，这是一种特定的情境，能动者本身产生了精神性病理特征；它并没有牵扯到事物的本质，没有怀疑意义的本体论基础。对意义自身本体论基础的怀疑是现代性隐忧的一部分。然而，我们也明白，为何忧郁（或者"厌倦"、"怨恨"）能够在艺术中占据重要地位，而艺术也帮助塑造了我们时代的意识，比如波德莱尔的诗。我会在之后讨论艺术的部分回到这个问题。

再说，这种隐忧及其他类似的东西，提醒了我们缓冲的认同的状态。这种症状由一种意见纷呈定义：在此种认同中的深深嵌入，以及与之相连的无懈可击感，抵挡住一切超越人世之外的东西，而在封闭自己以求安全的同时，又会产生一种可能阻塞了什么东西的感觉。正如我之前提到的，这是新星效应的源头之一，它推动我们去探索、尝试新的解决方案和新的规则。

但是，它也有助于解释任何一种特定的规则或解决方案的脆弱性，无论有信仰与否。这种不同观念的互相脆化，即觉得别人想的不同，是挺让人崩溃的，这肯定是公元 2000 年而非公元 1500 年之世界的主要特征。

鉴于今天事物的多样性，多元主义肯定是答案的重要部分。如果每个人都相信，问题就不容易显现。但是我们必须说明，这里提到的多元主义，不仅仅意味着多种信仰在同一社会或同一城市中同时存在。因为我们在前现代背景或世界其他地区也时常看到这种景象，却没有产生什么脆化效果。

事实上，只要我觉得，变得和他们一样并不是我的一种选择，这种信仰的多样性就被抵消了，就无法产生效应。只要另一种信仰是奇怪而陌生的，或许是受鄙视的，但也许就是因为太不同、太怪异、太难以理解，所以变成**那样**其实是我想都无法想的，而我所要求的只不过是，它们的差异不会破坏我对自身信仰的扎根。

　　然而不断增加的接触、交换、甚至通婚带来了变化，他们越来越像我了，除了信仰其他都很像，我们有一样的活动，一样的职业，一样的观点和品位，诸如此类。接下来差异带来的问题就会变得愈发紧迫：为什么用我的方式，而不是她的？已经没有其他差异能令改变显得反常或不可想象了。

　　现代社会处于现代道德秩序观念之下，直接进入的民主社会又使此秩序牢牢确立，其境况有着最大程度的同质性。我们变得越来越相像。使我们之间的问题不会牵制住我们的距离，现在变得越来越近了，相互间的脆化达到了最大值。[4]

　　我所称缓冲的认同的不稳定性，进一步加剧了这种效应。在意见纷呈之下，我们倾向于改变，甚至在几代人之间多次改变。这意味着我要对抗的道路可能正是我的兄弟、父亲、堂兄弟、阿姨所走过的。距离感已经消失。如果几代人之间更稳定，异族通婚更少，那么至少 X 们和 Y 们会在不同的环境中成长，从而会加大信仰的最初差异的距离。而这在现代社会是不可能发生的。均质性和不稳定性的共同作用，使得多元主义的脆化效果达到了最大值。

～ 2 ～

　　我已经探讨了在缓冲的认同中，新星效应如何在意见纷呈之下产生。但同时这种效应也是在许多其他途径参与之下发生的，只要我们详细检查这种不稳定性的细节就能发现。全套组合是：缓冲的认同，它漠然或超脱的主体性，以及支撑它的规训，所有这些都维持着自由和互利的秩序，又引发了全面的负面反应，这些反应有时与全套组合本身相当，有时反对其中某个部分，有时反对某项特定的解决方案。我想至少可以分析其中的某一些，同时稍稍探究一下争论的路径。

　　这会让我们对新星效应的广度有所了解，因为在缓冲的认同的模棱两可之中，某种回应或反对声音常常会引起多重反响。比如，回归信仰

305

的召唤可能也会导致一些新形式的不信,反之亦然。

因为我们必须记住,不只是现代的这种缓冲的认同在触发负面反应。这其中还有18世纪就已开始的强烈的反基督教文化在起作用。在列举反对整个现代全套组合的几大轴线之前,让我们先重温一下对正统宗教的控告。

简言之,控诉要点如下:

(1) 它冒犯理性(为奥秘提供庇护,提倡矛盾的概念,比如神人)。

(2) 它是威权主义的(换言之,它同时冒犯了自由和理性)。

(3) 它为神正论带来不可能解决的问题。或者说它试图避免问题;它往往胆怯懦弱,以至于提出在来世为历史上最可怕的事件作出补偿;要不然,就干脆删改以掩盖这些何等可怕的事件。

(4) 它对互利秩序构成威胁:

　　(i) 压抑自我:它反对身体的感官享受,诸如此类;

　　(ii) 压抑他人:通常也是谴责身体的感官享受,但上升到了极端的实际迫害(卡拉斯案[Calas case]*);

　　(iii) 对社会中致力于进一步深化互利秩序的合法权威构成威胁。

只要明白我们所身处的内在的、非人格的、通过理性理解的秩序,是为了巩固我们的自由和互利关系,就可以看出以上诸点的联系。(1)、(2)和(4)的联系是很明显的。但关于神正论的部分也许还需稍加解释。

这在某种意义上似乎是提出独立于内在秩序观念的一组独立的观 306　点。但实际上,神正论的问题立刻变得更为显著,也更难回答了,特别是在自然神论以及对人类认识困境之新理解的语境下。

---

* 卡拉斯案是指1761年10月,法国富商让·卡拉斯夫妇被指控阻止安东尼改宗天主教而导致安东尼上吊自杀,卡拉斯一家身陷囹圄,1762年卡拉斯被判车裂火刑。1766年巴黎法院撤销原判,还给予卡拉斯夫人三万六千金币作为抚恤金。——译者注

很明显,神正论尽管是有神论信仰模式内的一种可能性,有可能不那么尖锐,特别是当我们认为自己身处在一个不可测知的世界中,时时受到威胁,而且认为上帝是帮助者。一旦我们声称理解了宇宙及其运作,甚至试图援引宇宙创生是为了我们的利益而解释其运作,那么这种解释就会遭到明确的挑战:我们知道事物如何运作,我们知道它们为何诞生,我们能够评判前者是否达到了后者所定义的目标。1755 年的里斯本(大地震)明显没有达标。于是内在秩序加大赌注。

然而,还有一种联系。神正论的失败如今更容易导致反叛,因为我们已将自我提升到了自由能动者的地位。这种联系不如存在论态度那样有逻辑。让我们试看以下例证:

假设你亲近的人去世了。也许你想倚靠上帝之爱,倚靠这样的信心:他们和你依然与上帝同在,爱能胜过死亡,虽然你并不明白怎样胜过。你会怎样回应对神正论的挑战呢? 一种回答可以是:某种意义上说,上帝是无能的(不能取消人的有死性这一肉身条件)。尽管有时候我们走向他会给我们以鼓舞,并产生令人惊异的治愈效果。

或者从另一方面说,一想到上帝原本可以帮助我们但又没有伸出援手,就会令人痛苦发狂,充满自我折磨;或者上帝不知何故没能帮助,但按理说他应该是无所不爱的父亲。谈到上帝之爱时,总有种种争论。背过身去发泄怒火似乎是一种解脱。你可以说,我不想原谅上帝;但另一方面,你也可以说,我把这一切视为瞎眼的自然,我可以让自己憎恨这一切,将之视为敌人,我不用再勉强自己将它看作仁慈的。我尽可以发泄咒骂,将之视为不共戴天之敌;通过这样做来获得解脱之感。

倚靠我们(人类)自己,团结一致对抗着任由恐怖发生的盲目的宇宙,这里是有一种安宁。我们重新回到这种境况。这是内在秩序的现代意义开启的可能性。

这最后一点表明,一个人选择何种道路,与已经团结的群体有很大关系。如果某人过着极为敬虔的生活,那么这种坚持信靠上帝可以成为显见的道路,而如果人人都在这方面与你站在一起,这种坚持就会更容易;悖逆上帝,亦复如此。

但还有一个重要之处，再次就无神论之"科学的"证据来说，其能够
307 说服人的，并不是铁板钉钉的智性推理，而是反抗的宽慰。一个人是否
愿意求助于这一点，首先取决于一个人的内心是否已经无条件地感受到
了上帝之爱，上帝与我们一同受苦。如果没有这种感觉，生出反抗之心
就很容易，如果认为上帝作为保护人类的父亲，应能轻易地避免苦难（这
种说法随着向人类中心的转移而被加强了），反抗就更容易了。接下来
痛苦的悖论达到了顶点，它变得难以忍受、难以维持，于是人们选择变
节。这意味着，在通过"科学"变成无神论者的情况下，一个人的信仰越
是幼稚，就越容易变节。

这并不否认死亡对任何人来说都是一种严酷的考验。

且让我们先在脑海中留下这套控诉的印象，再来看看那些在内在
的、非人格的秩序中直接反对缓冲的认同的人们。他们分布在几条轴
线中。

有一条中心轴线是我们所有人都熟悉的。我们的文化中有一种整
体感，即如果超越性式微，那么有些东西可能会随之失落。我用了祈使
语气，因为人们的反应往往大相径庭；有些人接受失落的概念，并试图定
义它。有些人想贬低这种概念，将之粉饰为选择性反应，只有当我们任
由自己沉湎于怀旧情结中才会发生。还有些人坚定地站在祛魅的立场，
批评怀旧，于是接受这种失落感是无可避免的，这是我们为现代性和理
性所付出的代价，而且我们必须有勇气接受这类条件，清醒地选择必然
的结果。持最后一种立场的最具影响力的人物是马克斯·韦伯。[5] 但无
论人们在此问题上采取何种立场，他们都明白（或者自己觉得明白）这里
要讨论的是什么。至少在祈使语气下，每个人都有清楚的认知，无论他
们最后采用何种阐释。

要深入探讨这个问题，且带出更多它所牵涉的问题，我们必须冒险
牵扯上现象学，而这总是很危险的。如何描述这种感觉？也许诸如我们
的行动、目标、成就这些术语，缺乏分量、严肃性、厚重感和实质性。它们
缺乏一种更深的共鸣，而我们认为应该有这种共鸣。

这种缺失感有可能发生在青春期,成为身份危机的源头。也可能发生在后来,成为"中年危机"的基础。之前令我们感到满意、给予我们可靠性的东西,似乎不再和谐相配,不再值得我们为之付出。之前重要的东西如今不再重要。

我仅在这里尝试描述一种普遍隐忧的形态,而且我意识到这很有问题,因为还能提出许多种其他的描述。但是,这种隐忧还有多种更为确定的形式,要么是确切的问题,要么是感觉的缺失。

表述这个问题的一种方式是"生命的意义",也就是吕克·费里(Luc Ferry)所说的"意义的意义",即为我们的生命带来意义的基本点。[6] 我们几乎每个举动都有目的;我们去上班,或是下班了找个地方买瓶牛奶。但是我们会停下来问为何要做这些事,这就指向了超越这些意义的更高意义。这个问题可能会在一场危机中浮现,我们会觉得之前的人生方向缺乏真正的价值和重量。所以一位成功的医生会放弃高薪工作、稀缺岗位,跟着无国界医生组织去非洲,内心感到**这**才真正有意义。内在隐忧的关键特征是感到所有答案都是脆弱的、不确定的;那一刻终会来临,那一刻我们不再觉得曾经选择的道路还有说服力,我们无法向自己或他人作出交代。意义的脆弱性,与我们已经学会忍受的存在的脆弱性相似:突发事件,比如地震、洪水、不治之症、可怕的背叛,都会将我们拖出生活的正轨,没有回头路。只有我现在谈的这种脆弱性,关乎一切意义;道路依然开放,存在可能性,得到环境的支持,但同时价值却受到怀疑。

再一次,我们对此采取的立场可能有巨大的差距。有些人即便看到他人遭遇生命危险,也可以无动于衷。他们认为可能性"只是理论上的东西"。但每个人在听到人们提出"生命的意义"时,都能理解这类问题。早期的时代并不是这样。当时真正危险的是"绝望倦怠",人们无法解释地失去所有的动力,任何行为都无法带来快乐。但这是大为不同的经验,因为它不牵涉怀疑和对行动之价值的疑问。对修士来说,在天职中患有"懒惰症"是一项罪;但它并不是以质疑上帝的面目出现。

这种表述问题的方式分有了后轴心期视野,该视野揭示出这样一种观念,即"唯一需要的东西"(或译"终极需要")的观念,也就是某种超越所有更低目标,或者赋予所有更低目标以意义的高级目标。但是空虚感或者说无共鸣感,可能会以不同方式浮现。一个人可能会觉得日常生活没有深层共鸣,干瘪而平淡;也可能会觉得周遭事物死气沉沉,丑陋、空洞;我们为了生活组织事物、塑造事物、安排事物的方式毫无意义,没有美感、深度、道理。在面对这无意义的世界时,人们会感到一种"恶心"(nausée)。[7]

　　诚然,有些人想要拒斥表述这一问题的第一种方式,也就是"终极需要"的方式,后轴心期文化的方式。我们不应试图强迫生命追逐一种单一重大目标;我们应对生命意义**本身**的追问持怀疑态度。这些人想要采取一种反轴心立场,想为"异教崇拜"和"多神论"平反。但在这场论战中,无论采取何种立场,双方都会感受到隐忧的存在,我们也都明白这其中发生了什么。

　　我们每天都会感受到这种空虚,但在那些生命重要时刻,感受尤为强烈:出生、结婚、死亡。这些都是我们生命的重要转折点,我们也希望这样标记它们;我们希望它们是特别的时刻,庄严的时刻,所以我们会将婚姻"庄严化"(solemnizing)。我们总是将这些时刻与超越、神圣、圣洁、至高无上联系起来。前轴心时代的宗教即是如此。然而在此内在的围墙上留下了一个洞。许多人虽然与宗教并无关联,或是对宗教并无亲近感,但也会在人生重要时刻继续使用教堂的仪式。

　　但是我们每天仍旧会感到缺失。这可能是最伤人的地方,尤其是对那些有闲、有文化的人来说。比如,有些人体会到日常的可怕平凡,这种经验特别容易与商业、工业或是消费社会相联系。他们对消费文化中重复而加速的欲望和满足之循环感到空虚;那些明亮的超市硬纸板般的质感,那些位于郊区的一排排整洁的大房子;抑或是陈旧的工业城镇和废土堆的丑陋。我们可能对外人的精英立场持否定态度,因为他们在评判时对普通人的生活并没有真实的了解,只是看似在反思而已。然而无论掺杂了多少难以接受的阶级距离和优越感,这些感受依然容易理解且难以摆脱。如果想想在我们的文化中,逃离某种城镇景观去乡村或是郊区乃至野外的想法是多么受欢迎,就必须承认这一范围内的某些反应有相当的普遍性。逃到郊区或是花园城市的反讽之处在于,它在其他一些更幸运的人身上引起了同样的情感,也就是城市环境带来的空虚和平淡,而正是他们自己导致了这种环境的存在。[8]

我区分了内在隐忧的三种形式:(1)意义的脆弱感,追寻一种更长远的意义;(2)对于我们将生命中那些关键时刻庄严化的尝试感到徒然;以及(3)日常之彻底空虚和平淡。

现在我将这些称为"内在的隐忧"(malaises of immanence),因为当它们随着超越性式微而降临到我们的生活中时,每个人都会知道。但这并不意味着治愈的唯一途径是回到超越性。他们的不满足感可能会促使他们回头寻求与超越性的关联,但也有人出于种种原因无法再走回头路,或者转向与传统宗教非常不同的其他宗教形式。他们也在寻求解决之道,或是填补缺失,但都是在内在性之内;于是各种各样的新立场成倍产生。这里不仅有传统信仰,还有现代人类中心说向内在秩序的转向;对这种内在秩序的不满足感不仅刺激了新的宗教形式,还有对内在的不同解读。这种不断扩张的整体便是我在试图解释的术语"新星"。

所以,对意义的需求可以通过回到超越性来满足,但我们也可以尝试用纯粹内在性的术语来定义"唯一需要的东西",比如一项创造公平与繁荣之新世界的工程。同样,无需求诸于宗教,我们也可以通过挖掘自我的深度,在日常、自然和周遭万物中寻找共鸣。此种尝试曾在历史上产生过伟大的影响,"自然"变得不仅仅是自然现实的总体,而且是自我的深层根源。相对应于我们和其他动物的直觉深度,相对应于特定模式之固定于一般而言的动物本性,我们里面应该有对它们的深层意义的感受;所以,努力养家糊口、生儿育女、听从长者的智慧、保护儿童等等,都在我们心灵深处产生共鸣。如果我们没有感受到这一切,是因为我们被割裂,与自我分离;我们必须被带回"天性"。让-雅克·卢梭即是将反异化作为与自我深层目的重新沟通的先驱人物之一。赞美我们生命自然形式中的愉悦和深层共鸣,以及主张回归到被贵族社会异化之前的自然形态,将之视为美德之源,这是法国大革命的关键主题之一。我们可以从当时的礼仪和节日中看出这一点,人们试图为新的建制赋予实质感

310

和力量。月份的命名反映了一年的自然周期,节日将人们分成自然的类别,依年龄、工作类型、性别等来划分。[9]

我的目的并不是要详细考察各种不同的解决方法,其中许多对大家来说已经很熟悉了,我是要进一步详述人们如何应对不满足感和缺失感。以此说来,我们最好能够理解推动新星的动力。这其中包括充满更多细节的陈述,正是人们认为在现代道德秩序中缓冲的、漠然的、规训的认同(后文简称"缓冲的认同"),或是其更有力、更为扩散的种种形态所缺乏或反对的。

我已在上文通过定义不同问题或是缺失感,从三个方面总体分析了内在的隐忧。但我们还可以更进一步,定义来自批评或反对的坐标轴。解析这些坐标轴有时可能会很困难。在现实的挣扎中,常常有不止一个问题利害攸关。我将不得不进行一系列分析区分,这放在具体思想家或运动上很可能会显得相当矫柔造作。但这一行为有正当性,因为事物的方方面面总是相关的,并且通过一系列不同的方式结合在一起。

通过不同问题的相似度,坐标轴会自然分组。

I. 最首要的组,也就是我上文讨论过的,我们可以给它们一个好用的名字,比如共鸣轴。(在一定程度上,我们可以用佩吉·李[Peggy Lee]的一首著名歌曲的歌词来总结内在的隐忧:"这就是全部吗?"也许我们甚至可以称之为"佩吉·李轴线"来纪念她,但这听起来可能不太严肃。)

我们是否能够在生命中找到令人满意的意义,这种关怀可能会通过更为特定的形式表现出来,挑战缓冲的、漠然的、规训的认同之特定方面。所以,(1)从18世纪晚期起,我们频繁地产生一种感觉:主流的自然神论/人文主义对仁慈、博爱的理解过于平淡乏味。我们看到在朝自然神论发展的运动中,之前被视为上帝之爱与敬虔的核心实践被摈弃了,被斥为过度、浪费、有害或是"狂信"。一种更为严格的虔信派厌恶这些限制。于是福音派感觉有必要投身于一些事业,比如废奴运动,而通常主流教士更愿意听任自流。对于不那么严格并且亲近权威建制的主流秩序观念来说,以此种原因、在此种程度上推翻生产和所有权,似乎有些过分了。

　　然而对公平/仁慈的形式要求越高,越会催生新型的更为激进的人文主义。正如我上文提到过,卢梭是个中心人物。他雄辩地说出了公平和仁慈的更高标准;他是激进人文主义观念传统的滥觞,法国大革命中的革命者以他的名义起誓。

　　(2)卢梭的继承人中必须包括康德。这里再次有人站在了自然神论的边缘;但是他异常敏锐地定义了道德律中的内在根源,使得道德等同于自律。这里我们看到了这条轴线中一种略微不同的尝试:控告并非是仁慈的概念过于贫乏;而是对人之动机扁平化的强烈反感,而精简人之动机则与功利主义哲学不可分离。许多人一想到仁慈的根源竟是为了启发自利或仅仅是同情就深感担忧。这似乎完全忽略了人超越自我的力量,即人超越整个与自我相系的欲望并追随更高理想的能力。人们感到,现代秩序观念包括了对人之道德上升潜能的遮蔽,我们下面将会看到,无论是理论上还是在商业社会实践中,这种感觉已成为现代文化中的一种重要推动力。

　　它可能而且的确引发了相对应的信仰形式,被阻隔的上升在这里等同于朝向圣爱的上升。但它也会以人文主义的形式呈现,引发了许多中间的变体,在某种程度上可以说是踩在宗教的边界上。康德是所有这一切的重要根源。尽管他的体系中上帝和灵魂的位置继续存在,但他也是无求于外的人文主义发展中的关键人物,仅仅因为他如此强有力地说清楚了道德之内在根源的力量。

　　然而,当我们得知康德出身虔信派背景时,也不必惊讶。他的哲学继续让人感受到上帝和善的严厉要求,哪怕他让自己的虔信派信仰经受人类中心主义的转向。这里我们看到了一种移动的力量场,不止一种星群成为可能,更有甚者,星群也在频繁地突变。

　　(3)另一条紧密关联的路线是用道德主义抨击缓冲的认同及其秩序模式。从某种意义上说,这种攻击由来已久。我已经谈及南北战争中出现的"理性"宗教及其之后在英国的发展如何转向了道德主义。我们对上帝的责任包括建立并遵循他为我们设计的道德秩序,他的存在和至善

312

的证据就是他设计的世界和其中相宜的秩序,他对此的认可是通过对我们的奖赏和惩罚。我已经阐述了非人格的内在秩序倾向于用规条来体现其精神气质。这里丢失的是对上帝的敬虔这种认知,就其本身而言,它是宗教生活的核心。

我们能够看到这种反对声与之前的反对声相辅相成,这些声音都在质疑我们所谓的最高目标是否真能持守得住。此处反对的是完全循规蹈矩的生活。人们感到有些核心的东西失落了——某个伟大目标、某种生命力、某种成就感,没有了这些,生命就失去了意义。

从一个基督徒的视角看,这种缺失的核心要件是对上帝的爱,这给我们提供了另一种方式去描述卫斯理对当时主流虔信派的反叛。但是也可以从另一种视角去提出同样的指控——以完整和完满的人性名义,比如席勒。简单地强加道德规范使我们不自由,陷入必然性领域。如果我们将之施诸己身,就意味着我们创造了一种"内圣"(master within)。[10]真正的自由要求我们超越道德,实现我们完整天性的和谐,这是我们在"游戏"(play)中实现的。

313　　如此诉诸真正的自我实现来反对道德,于是就会通过许多形式展现,其中既有灵性的,也有自然主义的,比如我们在尼采身上看到的,当然,也可以在劳伦斯那里看到。的确,因为道德主义是从自由和利益的现代秩序中产生的不断重现的形式之一,包括了与其同时的不信的功利主义和后康德主义模式,这类回应仍在不断产生,并指向不同的方向。新星效应仍在持续。

II. 前文提到席勒,这将我们带入另一星群的轴线,我将之称为"浪漫主义轴",尽管考虑到席勒以及歌德在定义浪漫主义者时的作用,这一名称也许并不合适。但这一星群始于浪漫主义时期,也定义了这群公认的松散型作家和思想家的核心关怀。

之前我提到过,在人文主义语境中,在能动者和在自然范围内,尝试为生命寻找一种有分量的意义。(1)这其中的一种形式源自卢梭,通过和谐统一的理想状态而达到。这既像柏拉图,又不像柏拉图:关键的不同之处在于,这里不会关涉到任何对日常自然欲望的超越或升华。但是通过它们日常形式的完全实施,比如性爱或是享受美丽的自然环境,它们会由于其更高的意义而被理想化。所以这种理想是日常欲望和更高意义的融合,而不是相反的,通过驱逐或贬低欲望达到和谐。

在浪漫主义时期,这一理想逐渐被等同于美。席勒采纳了沙夫茨伯里和康德的观念,即我们对美的反应不同于欲望;用当时的常用语来说,它是"无利害关系的";正如康德还说过的,它也不同于我们心中的道德律。但接着席勒论证,存在的最高模式出现于道德和欲求在我们身上获得完美一致之际,此时,我们向善的行为是由多重因素决定的;而表达这种协调一致的反应正是对美的恰当反应,席勒称之为"游戏"(Spiel)。我们甚至可以说,让我们里面协调一致的,是美。[11]

该学说对当时的思想家产生了巨大的冲击;不论是对歌德(从某种意义上说,他也是联合创始人之一,与席勒有密切的交流),还是对通常意义上所说的那些"浪漫主义者们"。美作为最完满的统一形式,也是存在的最高形式,提供了生命真正目的的定义;正是它召唤我们一方面超越道德主义,另一方面单纯追求开明的兴趣。《会饮篇》中的柏拉图回归了,但没有了二元论和升华。荷尔德林(Hölderlin)起先在理论中呼唤理想女伴,接着在现实中写下"狄奥提玛"(Diotima),呼唤苏彩特·贡塔德(Suzette Gontard)。于是这个名字不是以年长智慧老师的身份回归,而是以(被渴望的)性伴侣的形式回归。(当然,最后结局不尽如人意,但那是因为现实无法承受如此这般的理想。)

从这种融合和美的人类学立场出发,我们可以理解浪漫主义时代对于漠然的、规训的、缓冲的自我及其所建造的世界的核心批评。美要求道德志向和欲望的和谐与共,也要求理性和欲望的融合。对规训的自我和理性秩序等主流观念的指责,主要在于它们分裂了这些融合,它们要求理性压制并否认情感;换种方式说,它们分裂了我们,将我们禁锢于一种干枯的理性中,令我们与更深层的情感分离。

事实上,这一批评可以向前追溯相当长的时间。沙夫茨伯里曾经回应过洛克的精明的享乐主义,为人类心灵能够做到的"慷慨的感情"正

314

名。[12]他是道德情感学派背后的启迪人物之一。后来卢梭以其雄辩的方式抗议了自我利益的狭隘理性，它令我们分裂，扼杀了心灵之理。得到极大重视的，是作为人之卓越侧面的深层情感，是情感和感性，这部分反映了对秩序理性之过分要求的反动。所有这些形成了浪漫主义时期经典陈述的背景，包括我们之前简单提及的席勒在《审美教育书简》中的表述。

现在这种对分裂的抗议可能是很久以前理性主义自然神论对正统信仰抗议的延续。这也导致了虔信派运动。真正的宗教无法在教义中包容这种对智性的迷恋；真正的宗教必须全心全意，不然就什么都不是。岑生道夫伯爵（Count Zinzendorf）发表过对权威神学家迷恋论辩的简洁判词："无论谁希望通过智性去理解上帝，都是无神论者。"[13]这种心灵的宗教传续到了卫斯理宗和循道宗，它们常常以非常形式进入迷狂状态，更令那些本就担忧"狂信"的人们感到不安。

然而，相同的反应可能会引向一个完全不同的方向。在一种极为传统的道德语境下，理性压倒情感会包含一种对基本欲望的谴责。所以对日常情感的正名会以拒绝这种道德传统的形式出现，或是以拒绝基督教的形式出现，因为基督教似乎正是基于此种传统，将人性视为遭到玷污而堕落。于是卢梭的自然神论抛弃了原罪说，其他人也会顺着这条道路，走向一种视自然自发的欲望为治愈之源的人文主义。

同一种回应能够引向两种截然相反的方向，既能把我们带向约翰·卫斯理（以及今天的五旬节运动），也能把我们带向劳伦斯（以及20世纪性解放的种种流派），更不用说介于这两位相隔一个半世纪的英国人之间的所有环节。

至于浪漫派时期的作家，他们最终各奔东西，这也许并不难理解。当时对美之原型有内在论人文主义的强烈诉求，也融入了有关我们内在的至高部分的一种异常尊贵的观念，且这一观念应与欲望结合。这些常常有柏拉图式（雪莱）或基督徒式（诺瓦利斯［Novalis］）的表述，或者两者兼备（荷尔德林）。

（2）但浪漫主义抗议的不仅是我们内在的分割。这可以被视为作为道德理性能动者的我们，与我们自身本性的分开；但这也常常被视为是与外部自然界伟大统一体的分开。换句话说，强调精心算计的理性会隔断我们与他人之间的和谐。理性和规训秩序的现代形式所分开的，因此可被看成是三重的：运用理性的心智与其自身欲望的本性分开，与其社群分开（由此社会有分崩离析的危险），与自然的伟大生命洪流分开。

席勒在《审美教育书简》第六简中有一段精彩而影响深远的描述，阐释了个体身上的这些分割如何与社群中的那些分割相互作用，并如何强化社群中的那些分割。同样，个体分割的治愈也能够促进社群分割的治愈。[14]这段描述在现代文化中依然能够引起共鸣，大家可以参看 1968 年 5 月的巴黎学生抗议。

但这种失落感不只催生了一种人文主义复苏计划，比如将来的社会主义社会；还激发出了一种向回看的信仰，相信典范存在于过去，有时在希腊城邦理想中，有时在真正完整的中世纪社会中，比如诺瓦利斯的《基督教或欧洲》（*Christenheit，oder Europa*），或者甚至以另一种形式出现在卡莱尔的《过去与现在》（*Past and Present*）中。还有更复杂的，是在过去和未来寻找可以结合的模式，正如浪漫主义时期那样，希望能够恢复古希腊的美妙统一，尽管这个统一进程被基督教社会打断了，但能够通过更高的综合重新获得（参见荷尔德林，青年黑格尔）。

事实上，这些螺旋式的主叙事在这一时期十分通行。[15]他们看到一种原初的统一，随后有一种分割，这种分割把它的两个项置于对立：理性对情感，人类对自然，等等。这反过来又准备一种找回的、更为复杂而丰富的统一，在化解对立的同时也保留了各个项。这种叙事形式通过黑格尔传到马克思，并在现代历史上产生了巨大影响。

（3）如果我们聚焦这三重分割的一个侧面，会觉察到一种对缓冲的自我的抗议。这里要说的是，将我们自身封闭于迷魅世界之外，我们即已隔断了生命与意义的一个伟大源泉，而这个源泉是与生俱来的。这并非必然被视为回到过去的号召。相反，浪漫主义更倾向于通过我们的表达能力去探索恢复与自然联系的新途径。

再次，在浪漫主义时期，与自然合一的典范往往是希腊式的。席勒

316

的一首极有影响的诗歌《希腊的诸神》(*The Gods of Greece*)*清楚地表明了这一点。在古代,在情感上与自我的统一和与自然的共融是生命的馈赠:

> 那时,还有诗歌的迷人外衣
>
> 缠绕着真理,显得美好,
>
> 那时,天地万物都注满充沛的生气,
>
> 从来没有感觉的,也有了感觉,
>
> 人们把自然拥抱在爱的怀中,
>
> 承认自然之中的高贵意义,
>
> 凡事在新手的眼中,
>
> 都显示出神的痕迹。

但是,这种共融如今被摧毁了;我们面对的是"剪除了神性的自然":

> 被剪除了神性的这个大自然,
>
> 不复知道她所赐予的欢欣,
>
> 不再沉迷于自己的妙相庄严,
>
> 不再认识引领自己的精神,
>
> 对我的幸福不感到高兴,
>
> 感受不到她的创造主的荣耀,
>
> 就像滴答的摆钟,死气沉沉,
>
> 屈从铁一般的规律。

317

尽管这些诗句充满了悲观主义,这一分割却能够形成部分找回统一的螺旋式叙事。

　　(4)关于与自然相分这一问题,尤其值得一提的还有一种特殊表述

---

*　采自钱春绮译《席勒戏剧诗歌选》。——译者注

方式。那是一种担忧，所担忧的是，纯粹工具"理性"立场被用于世界或人之生命。与第(3)点相近的是，工具理性的立场通常被斥为导致我们与自然隔绝，以及与我们身内身外的生命之流截断。但对工具理性立场的攻击还把焦点放在这种自我封闭的另一面，及其所带来的毁灭性后果。在努力控制我们的生活或是控制自然时，我们已经极大地摧毁了它们具有的深刻而有价值的东西。我们变得盲目，无法看到均衡的重要性，而工具理性会扰乱均衡，但无法创造均衡。在当代争论中，最重要的一项，显然是触及我们整个生物圈生态平衡的争论。这里我援引的一些抗议的声音对于今天的生态运动是至关重要的。当然，其中有些是以工具理性的考虑为基础的；但整个生态运动的重要部分倚靠这样一个道理，即采用工具理性立场看待世界是根本错误的、盲目的、傲慢的、甚至是大不敬的，因为这种立场单单根据此立场可以应用的人类目的来看待环境。

无需说，这种反应也会以不信或者以基督教的形式出现。

III. 浪漫主义诸轴也遇到多方面的反对声。浪漫主义对分割的批评似乎在建议一种补救方法，而我现在要描述的一类批评倾向于认为这种现代视野过于轻率和乐观。它们时常指出分割的无可救药，以及分割将导致悲剧。

(1) 可能伴随也可能不伴随强烈敬虔感的，是对自然神论护佑观的否定，认为这太荒谬且过度盲目乐观。万物为了善而整合在一起。这一切都太轻巧了，似乎否认了悲剧、痛楚、无法解决的苦难，而我们都知道这些真实地存在着。为这种反对声所提供的最著名的场景，就是1755年的里斯本大地震。对此最著名的表述或许要数伏尔泰的《老实人》(Candide)，该小说立即表明这种回应并非必须借助敬虔感，相反，我们还可以用它来质疑整个护佑观，甚至对上帝的信仰。这可能是这部作品在过去两个世纪中最重要的影响。不信者对基督教最常见的反驳一直是，基督教提供了一种幼稚而仁慈的人生观，似乎万事到了终末都将平安无事，真正成熟的人无法相信这等观点，而是愿意摈弃这种观点，勇

318

敢面对如其所是的现实。这其实是 18 世纪许多人从自然神论转向无求于外的人文主义的主要动因之一。

从某种程度上说，这预示了用护佑的自然神论去定义基督教是片面的，尤其是在巴克利所代表的护教论语境中。[16]它显示了历史事件之秩序的重要性，以及自然神论在现代论争的发展中所扮演的关键角色。但不断自由化和神圣化、且无法应对苦难的基督教，也在一定程度上为这种片面定义提供了口实。

反对的声音也有些深度。自然神论或基督教被指责为不顾现实；此外还有一种道德上的反对。不现实并不总是道德缺陷。有些人甚至会钦佩基督徒或无政府主义者的乌托邦盼望，以及他们愿意为其他人看来无法达到的事情而奋斗的精神。但在《老实人》中潘格洛斯（Panglossian）那样的过分乐观者的例子中，不现实显示出一种不成熟，缺乏勇气，以及无法面对事实。

而且，从某种程度上说，这使生活变得廉价和浅薄。承认生活中的悲剧，并不仅仅是有勇气面对悲剧，而且也要承认悲剧中的深度和高贵。之所以有深度，是因为苦难能够向我们清楚显示某种生活意义，那是我们先前在凡事皆显得一帆风顺之际无法领会的；这正是作为艺术形式的悲剧所要探索的。而之所以高贵，是因为苦难有时需要忍受或抗争。所以说，很奇妙的是，一种毫无不谐之音的幸福生活图景，让我们失去了重要的东西。

这无疑正是尼采在《论道德的谱系》中所着手处理的问题，他说，人无法忍受的不是苦难，而是无意义的苦难。人们需要赋予苦难一种意义。他特别提到了我所说的司法-惩罚模式，即我们受苦是因为犯罪这一观念，并认为例示了这样一种信仰——它之所以得到认可，部分原因是它让人明白，否则苦难就无法忍受。[17]

尼采在此引向了某种重要的发现，尽管我对这个观念有所保留，但人们需要意义本身，似乎任何意义都可以，不需要更具体的意义。我们已经看到并且会再次看到，这一观念在我们现代人文主义的宗教意识中相当流行，并使得人们对宗教的饥渴显得特别曲折（尽管我将信将疑）。

在这一点上，韦伯、戈谢（Gauchet）等都是尼采的追随者。[18]

但毕竟这里有些重要的东西。过于亲切地描绘人类境况会遗漏关 319
键性的东西，对我们很重要的东西。创造有阴暗的一面，这是借用巴特
的表述；伴随喜乐的，还有巨大的无辜受苦；而接下来，苦难被否认了，受
害者的故事被歪曲了，并最终被遗忘，从未得到纠正或补偿。伴随共融
的，还有分裂、疏离、怨恨、相互遗忘、永不和解、永不重聚。

即便信仰的声音想要否认这就是定论，如基督教所做的那样，我们
也无法忽视这就是我们所经历的苦难，我们经常把苦难经验为终极。所
有伟大的宗教都承认这点，它们将希望放在彼岸，没有简单地否认此岸
的苦难，也就是严肃地对待现实。

湿婆（Shiva）在苏醒时跳舞会同时带来创造和毁灭，女神迦梨（Kali）
的形象也反映了这一点。司法-惩罚模式也同于此理，且不论其错误与
否。这里提供了一种创造的阴暗面的阐述。如果像许多现代基督徒那
样简单否认，就会留下真空。抑或是留下一派令人难以置信的亲切图
景，它只会激发人们放弃信仰，或是回到极端奥古斯丁主义信仰模式，除
非它能引导人们重新回到耶稣受难的奥秘——世界通过神人的受苦而
得医治。很明显，如果人们要将黑暗从创世中剥离出去，基督教信仰这
一核心奥秘就会变得不可见。

（2）还有一种声音精确地攻击了自然神论和人文主义中的仁慈和普
世性模型，将它们视作具有贬低效应。如果人人平等，那么贵族式的旧
美德就不再具有价值——比如英雄主义的美德和战士的美德。

在这种反对中，现代人文主义和"文明"向平等倾斜，是与视和平高
于战争、肯定"资产阶级"生产的德性以及缓解苦难相伴随的；这又被放
进了拒绝"奢侈"和"过度"的语境中；所有这一切都被谴责为平均主义、
胆小怯懦、不求上进、没有理想、否认一切英雄主义。

我们可以在一些复古思想家比如德梅斯特（de Maistre）的作品中
读到这些，但托克维尔也写过；波德莱尔写过，尼采也写过；莫拉斯
（Maurras）写过，索雷尔（Sorel）也写过。这种观点无法用左翼或者右翼
来区分（虽然可能在 20 世纪的右翼身上更加明显），而且它可能以信仰的

形式出现(苦修和舍己的伟大神召到哪儿去了?),或者以激烈的反基督形式出现(尼采将所有现代自由平等主义视为基督教通过其他手段的继续)。

毋庸赘言,(2)可以轻易与(1)合并,但其反对声则基于不同的轴线,所以我将之加以区分。

(3) 与上述两点紧密相联的,是对现代秩序观中幸福之理解的批评。尤其是其最简化、最实际、最感官化的形式,通常与某种特定的功利主义联系在一起,被批评为过于单调、肤浅,甚至低级。更有甚者,它不仅反映了一种智性错误——一种错误的幸福理论,而且可能成为卑劣实践的宣言,有在现代世界大幅扩散的危险,会贬低生命的价值。被如此缩减的人类将最终在"低级趣味"中寻找存在的意义,托克维尔将之视为怀柔专制(soft despotism)下的臣民仅剩的关切;[19]而尼采笔下的景象则更为骇人,这些沦丧之人将会变成"末人"。[20]

在现代争论的弯曲空间中,这一轴线明显与之前两种相互交织。一方面,它明显与(2)很接近,因为这种幸福观被视为卑贱、配不上人性;另一方面,它也可与(1)关联,被斥为深深的幻象、不切实际。无论人类如何努力,都无法通过这种方式得到真正的幸福。他们的此般尝试将备受挫折,要么是因自然的、无法规避的痛苦或死亡,要么是因内心的窒息感——他们天生就是为了追求更高目标的。后一种批评在基督徒作家中常常看到,但在尼采对"末人"充满鄙夷的描绘中也有呈现。

后三条轴线定义了争论的类型,而不是明确固定的立场。也就是说,一种批评立场自身可能会受到来自同一批评阵营的更苛刻观点的攻击。那么以(3)为例,爱尔维修对最低级享乐主义的定义,可能会因其低级而被卢梭一脚踢开,卢梭会在他的幸福图景中引入一套稍高级的情感以及对美的内在追求。但从一种更为悲剧的立场看,这种道德共和国中的和谐完满似乎太乌托邦,而若根据更为严格的降服自己的要求,这又似乎太放纵,不够英勇,过度人性。

这些或多或少朝着激进方向的潜在转变,在我找出的大部分轴线中会突然出现。功利主义的启蒙运动对于斯塔尔夫人和本杰明·贡斯当

(Benjamin Constant)来说不够属灵,而他们对夏多布里昂(Chateaubriand)来说又是过于粗糙的人文主义者。以此类推。

(4)另一条相关联的攻击主线涉及死亡。现代人文主义倾向于发展出一种根本不考虑死亡的人间福祉观。死亡纯粹是对福祉的否定,即对福祉的终极否定;必须与之作斗争,直到最后一息。相反地,后启蒙世界发展出了一整套观念,在保持无神论(或是至少对超越世界持暧昧态度)的同时,将死亡,至少是死亡那一刻,或是死亡观,视为一种特权立场,在这一刻,生命的意义变得清晰,或者说让我们比在完满的生命中更为接近它。

马拉美(Mallarmé)、海德格尔、加缪、策兰(Celan)、贝克特(Beckett), 321
重要的是这些人还没有被边缘化,或被遗忘,他们的作品抓住了他们时代的想象。我们并不充分理解这一点,但我们必须将之纳入考量,以理解人文主义和信仰之间的对峙。奇怪的是,许多令人想起宗教传统的事情出现在这些作家以及其他一些作家当中,尽管在某些作家那里也可以清楚地看到,他们意在拒绝宗教,至少他们让我们这样理解。

◆———————— ◆ 9 时间的幽暗深渊 ◆ ————————

上一章我简述了几种论争之轴,基本定义了当下很大一部分争论,而信与不信的问题则隐含其中。但是,正如我已经讨论过的,这不单纯是信与不信之间、相信上帝与无求于外的人文主义之间的辩论。潮流在不同方向盘旋。

于是,19世纪见证了不信一方的急剧上升。我这样说的意思不光是指许多人失去了他们的信仰,不再去基督教堂或犹太会堂,而且指新的姿态出现了,不信有了自己的定位和空间。如果说几个世纪以来世俗性 3 的崛起,关键在于创造了无求于外的人文主义以取代信仰,那么现在这个时期则是全方位的替换方案变得更为丰富和广阔。

一方面,我们可以将这个时期视作18世纪向人类中心主义滑落的重演,而不仅仅是简单延续。因为在这两个时期之间有一段信仰的强烈冲击期。这大约开始于法国革命战争期间的英格兰(对此的反应部分表现为好战的不信),并强烈地标识出直到维多利亚时代最后几十年的英国社会。先是福音派,然后有圣公会中的高派教会(High Church),以及异见教会中的许多成员。在法国,同样的潮流当然自复辟时起。教会试图收复失地,并提高宗教仪式的水平;他们逐步扩张,直到19世纪50至70年代中期。美国从1800年起处于“第二次大觉醒”浪潮,福音派形成了共识,一定程度上将许多开国先辈所推崇的自然神论观念挤到了边缘。教会成员开始稳步增长,直到20世纪。

所以,19世纪中期或晚期的转向不信,某种程度上是一种新事物。不仅其运动范围比18世纪的前辈更为广泛,即便仍旧处在发达社会的精英阶层之中,但传播面更广;而且这种转变是一种质变,从某种意义上说
323 更为深入。我不仅是指孔德(Comte)、密尔、勒南(Renan)或费尔巴哈等知识分子的构想比边沁、爱尔维修或者霍尔巴赫(Holbach)更为深刻,虽

然我确实有此想法。但这种深度反映了另一些东西,即相对于 18 世纪前辈的类似观念,在 19 世纪人们的生活世界和对现实背景的感受中,不信扎根更深。

这表现在许多方面,我想在此列举两个方面。第一方面事实是我之前提过的从宇宙(cosmos)到寰宇(universe)的转向,但进程更为明显。

从宇宙到寰宇:人们想象世界的方式改变了。这里的"想象"有两层意思,互相说明。

第一层意思类似于前文描述的"社会想象"。的确,它可能被视为一种说明。社会想象包含了对于社会的普遍理解,这使得想象成为可能。这里"社会的"有两重含义:一是普遍接受,二是关于社会。也存在对其他事物的普遍接受的理解,这些只在一方面是"社会的"。在这中间有我们想象自己身处的世界的各种方式。

正如社会想象包含着能够合理化社会实践的理解,"宇宙想象"(cosmic imaginary)能够合理化我们所身处的周围世界的种种方式,比如,我们的宗教想象和实践方式,包括清晰的宇宙论教义;我们关于其他地方、其他时代的故事;我们标识季节和时间的方式;"自然"在我们道德和/或审美中的位置;我们发展一种"科学"宇宙观的尝试(如果有的话)。

第二种也是更为具体的想象世界的方式已经发生了改变,这与倒数第二种想象有关,也就是自然在我们的道德和审美想象中的位置。这只是我们形成对于世界的观念的多种方式之一,但却在我试图勾画的改变中尤为重要,所以我想把它单独列出来引起大家的注意。

这种改变从我们文明的近五百年开始,如今已经无处不在。我们离开了充满着神灵和魔力的迷魅世界,转向了祛魅世界;但也许更重要的是,我们从一个静态的、有边界的世界,转向了一个广袤的、无限的世界,它处于永恒的演化之中。

早期世界包含并受到特定宇宙观和世界秩序的限制,它通过赋予万物形状设置了一种边界。柏拉图式的对于宇宙的观念是存在链:用拉夫乔伊的话来说就是"丰饶原则",展示了所有可能的存在形式;它尽一切可能地丰富。但是这些形式的数目是有限的,它们能够从一套基本原则

324

中生发出来。在没有受过训练的人眼中，无论世界显得多么广大和多变，我们都知道它被包含在这些原则为我们设定的计划之内。无论它看上去多么深不可测，我们也都知道在这个理性的秩序中，我们能够触摸到底，触摸到外部边缘。

这里我谈到了一种理论。但在我所称的想象这一层面，这些理论利用了一种普遍的理解，你可以将感官的、物质的世界视为被种种理念所容纳，因为我们周遭的事物通常被理解为这些理念的体现或表达，或是无法直接看到的更高现实的符号。在迷魅的宇宙中，这种理解不成问题。事物可以作为神灵或魔力的轨迹出现，它们如此不经思考地发生，是一种即刻"经验"的事情，因为在人们的理解中它们就应如此。一块有神力的圣骨，我期待它治好日益加剧的疾病，它对我而言就不是一块普通的骨头，而是一块如果触摸它疾病就能被治愈的骨头。它如此显而易见地具有这种神力。[1]

如今发生的是，对于我们文明中的许多人、甚至大部分人来说，理解事物的整个方式开始消失。人们眼中的世界是祛魅的。这不仅是人们不再相信宇宙理论，它们甚至不再是可充分理解的。把物质现实看成是体现或表达不再合情合理。

我们祖先的宇宙想象也被另一种观念所塑造，就是犹太教-基督教的上帝创世说，这个故事用堕落与救赎将上帝和人类相连接。这也为万物强加了形状，而对物质现实中不可捉摸、困惑费解的深度之感受，也被设置了外部限制。

限制被设定在时间之中。即便在现代科学精神引领之下神学家们计算出创世的准确年代（据大主教詹姆斯·厄谢尔[James Ussher]推算，创世发生于公元前 4004 年 10 月 22 日晚 6 点）之前，过去的种种深度就已经被在其中上演完的神-人戏剧所定型。但这也意味着限制是以多种方式被设置的：我们看见的世界是上帝创造的，同时被创造的还有鸟兽鱼虫。这个世界上一直住着这些活物，即便它一直是人类的家园。

这种圣经框架开始与宇宙框架交织在一起。当然，这其中也有紧张：亚里士多德坚称世界是永恒的，这很难从无中创造的创世说相调和。

但亚里士多德也不会同意演化论,他主张物种之间有固定的等级差别。

同时,将万物视为一种更高现实之体现或表达的观念,很容易被引入创世说。上帝所创造的,也有意义,甚至像我们自己产生的言词那样有意义。新柏拉图主义描绘的世界图景和"丢尼修大法官"(Dionysius the Areopagite)作品中所表达的早期范式,逐渐成为中世纪神学的主导观念。

现在这种源自圣经的框架也能够维持对世界的某种理解,并与基础的宇宙观相交织。将万物理解为迹象,上帝向我们说话的迹象——这种理解使得短时间尺度内的宇宙稳定性得以确立。我们周遭的世界是上帝的言语作为,圣经故事的语境似乎没有为其他故事留下余地,只有一种标准说法,即我们所见的世界从一开始就从上帝手中流出。在变化的、令人迷惑的差异之无数迹象之外,必有太初创世时规定的限度。

但由这一限度感所定义的这种整体理解,已经被扫荡一空了。如今我们的宇宙感恰好被广袤和深不可测所定义:时间和空间的广大无垠;变化之长长的链条中的不可捉摸(现今的种种形式由此而来)。但在人类历史上没有先例的是,我们不再清晰或明确地知道,这种广袤是否出自一种先前的计划。宇宙在古人心目中的形象是历经万世——比如在斯多葛派或印度教的思想中——仍然受到循环往复这一观念的限制,如斯多葛派的"大年"(Great Years)。而我们目前对万物的感觉没有任何底限。

我想强调一点,我现在讨论的是我们对万物的感觉。我不是在讨论人们相信什么。许多人仍旧坚持,宇宙是上帝创造的,而且从某种程度上说,是由他的护佑来治理的。我这里谈论的,是宇宙被自然而然地想象及其经验的方式。把宇宙直接地、不假思索地感知为有目的地定秩的,已不再是惯常看法,尽管反思、冥想和灵性发展会引导人这么去看。

现今,有关这一改变的故事(或至少是故事的一部分)通常是这样讲的:圣经的宇宙观如何被科学的进步观所取代,而进化论采用的正是科学的形式。这是一个重要的因素,科学发现在重大转变中的确扮演了显著的、甚至是决定性的角色。我对此故事的疑问在于,它仅讲述了一种

325

理论如何取代了另一种理论；而我感兴趣的是，我们对万物的感觉、我们的宇宙想象，换言之，就是我们对世界整体的背景理解和感知，是如何被转变的。

这些根本不是一回事。某些理论变化完全不会影响我们的想象方式；这对当代科学中绝大多数更多精致深奥的发展来说，是个事实。有时科学上的变化会有助于瓦解或摧毁一种更早的想象；这对于为达尔文铺平道路的宇宙学和生物学的发现来说，显然是个事实。但即便是在这些案例中，科学也并没有简单地决定，在之前的想象之处，什么样的新想象得到发展。对此我们需要追踪更全面丰富的叙述，将科学和想象两方面的转型都包括在内。

出于我们这里的目标，我们必须着手更丰富的叙述。我们只要接受了最简单的"世俗化"故事，即"科学"本身就能决定现代世界的不信，我们甚至就可以想象到，我们会忽略更丰富的故事。但我希望下面的论述将显明，简单故事距离令人满意的叙述相去甚远。

如果我们忽略了更广阔的语境，甚至连科学史的实际进程也难以理解。

理论层面的重大转变很容易追踪，它可以用两个类别来阐明。第一类，旧宇宙以地球为中心，行星和恒星围绕它运转，其规模无限增加。像这样的宇宙，对于早先的想象来说，就是广大无垠，它在外太空达到极限，而圣经故事设定了早前的时间上的限度。但现代观念已经发展为，我们的太阳系只是银河系中的一个恒星系统，而银河系也只是无数其他星系中的一员。早在 16 世纪末，乔尔丹诺·布鲁诺（Giordano Bruno）就假设了这种有着无数世界的无限宇宙。

但空间的拓展不仅朝向无垠的外部，它也开启了微观世界的前沿。我们日常生活所意识到的事物不仅受到无垠宇宙的影响和决定，也受到每个人的微观构成这一本质的影响，这种细致入微的组成方式属于尚未得到充分探索的无限小的领域。来自各个方向的现实将其根源交给了未知和无法定位。正是这种感觉将世界定义为"寰宇"而不是"宇宙"；这也正是我说"寰宇"图景比"宇宙"图景更"深"的含义。

但当通向无垠空间开始主导一切时，时间的拓展可能具有更深的影响。我们开始从一个仅五六千年历史的有限的哲学宇宙，转而看到其实来自布封（Buffon）所言的"时间的幽暗深渊"。[2] 这一引人注意的形象的力量来源于我们身后的时间长河。不像我们周围的广袤空间，时间中隐藏着我们的起源，我们如何生成。星系的巨大无限事实上可以被想象成漆黑一片，在某种程度上说，其绝大部分是空的；但也可以被想象成是由无数星星点亮的。而我们身后的无数个亿万年的时间是另一种意义上的幽暗，在试图探索它们时，我们遇见了我们自己黎明的曙光，在黑夜过后，我们这种有自我意识的——承受光的——动物出现了。

圣经中的叙述好像是一束光直接照到一口井的井底（现在看来的确很狭隘）。一旦它被废弃，或是不再被认为是直线的编年记录，那遥远的过去就陷入幽暗。它的幽暗是因为深不可测——这无疑是布封所说的部分意思。但它的幽暗同时也是因为它在我们所知道的光（对万物产生意识）出现之前，而且光的出现本身也是"幽暗的"，因为它很难被理解或者想象。

人类不再是宇宙的元老，而只占据了近代的一小段时间。正如狄德罗所言：

> Qu'est-ce que notre durée en comparaison de l'éternité des temps?... Suite indéfnie d'animalcules dans l'atome qui fermente, même suite indéfinie dans l'autre atome qu'on appelle la Terre. Qui sait les races d'animaux qui nous ont précédés? qui sait les races d'animaux qui succéderont aux nôtres?[3]
>
> （"我们人类的生命与永恒的时间相比算什么？……在发酵的原子里有微小生物的无穷级数，而在另一个叫地球的原子里也有同样的无穷级数。谁知道我们之前有何种生物？谁知道现有物种还会发展出何种生物？"）[4]

这段文字写出了达尔文之前一个世纪较好的部分，将我们带入了第

327

二类改变。早期的宇宙观将世界视为固定不变的。但我们对宇宙的意识被万物演化的观念所主导。演化进程与其身处其间的时间深渊一样广袤而难以探测。我们可以将这一大类再分成两个小类：逐渐将我们居住的世界视为从早期状态发展而来；逐渐认识到生命形式处于不断演化、变化之中，单个人的生活亦是如此。

这种从有限、固定的宇宙视角转化到广袤、演化的寰宇视角始于 17 世纪初，大致完成于 19 世纪初，不过终点也许可以定在 1859 年达尔文《物种起源》的出版。

我们可将之视作经典的成功故事，一种负责任的解释事实的尝试，最终战胜了传统的、具有权威的信仰。这故事有一定的真实成分，因为某些发现很难被传统的故事所吸收。化石就是一例。还有其他人群，比如埃及人、迦勒底人、中国人等对时间的观念，据称比摩西的故事被记录下来的五六千年之前还要早许多。接着又发现了新世界、新人种，以及当时未知的物种，这些都难以用大洪水的故事去解释。如果今天所有的人类和生物都是诺亚方舟上那些生灵的后代，它们又是怎么到达美洲的？人类也许可以乘船航行过去，可是驼鹿呢？

但是近几十年的科学哲学告诉我们，如果没有另一种合适的解释框架，即便最执拗的事实也不会动摇我们的已有信仰，其实它们常常会被旧信仰所挽回。

因此，化石以前被认为是岩石中自身产生的地质构造。与真正宗教失去联系的人们会将迦勒底人的叙述斥为无意义的猜测，他们会试图给自己找到一种古老的血统来提升自己的重要性。[5]

要让这些"事实"能够结出科学的果实，需要两个条件：提供另一种叙述框架，旧有想象中所持的宇宙观渐渐式微。

从某种程度上说，第一个条件已经具备。古代世界的卢克莱修提供了一种"演变的"（evolutionary）图景，动物和人同时从土壤中诞生。现代的机械论物理学的开端从某种意义上说是回归到伊壁鸠鲁–卢克莱修的理念，为物质变化的理论开辟了道路。笛卡尔提供的叙述让人们理解现有的世界秩序如何形成，不管原来的物质分布，而遵循不变的物理定律。

至于第二个条件，我们很容易理解之前的宇宙观如何被弱化了——至少是在受过教育的精英阶层中被弱化了，正是他们提出并争论了这些科学理论。旧宇宙观与两个特征紧密相连：一种视世界为迷魅的，认为万物是神灵与魔力的表达-体现，这我已经在前文解释过；还有一种对时间的复杂理解，认为世俗事件的时间链与更高时间（可以是柏拉图式的永恒，或是上帝的永恒）相交织。祛魅的世界驱逐了更高时间，这必然会削弱传统的世界观。

六千年的时间段放在上帝的永恒模型中是短暂的，而正是在这段时间中，出现了上帝有目的的创世的说法。只要永恒是一种人们能够感知的存在，永恒的凝聚力能够在特定的处所、特定的时间和特定的行为中被感知，就很难对这种信仰提出异议。然而，一旦人们越来越多地生活在完全世俗的时代，上帝的永恒以及伴随的创世期就会慢慢成为仅仅是一种信仰而已，不论它有多少理性作为后盾，人们的想象力只要被轻轻一推，就会转向其他方式去解释那些难解的事实。

这是迈克·巴克利所指出的显著事实的背景，[6] 也是我在前文讨论过的，即近几个世纪基督教护教学如此集中于通过宇宙设计来证明上帝和上帝的仁慈，这显得很不相称。但对于一个现代信徒来说，他/她可能是通过反省人生的意义以及感受到上帝之爱才有了信仰，那种对于宇宙设计的外部情况的关注，轻则看上去很怪异，重则会被视作枯燥而无关紧要的。

然而，我们看到罗伯特·波义耳（Robert Boyle）留下了年收益五十英镑的一笔遗赠，支持一位"博学的神学家每年讲道八次，以证明基督教信仰，反对异教徒，即无神论者、有神论者（如自然神论者）、异教徒、犹太教徒和伊斯兰教徒"。[7] 当时一些伟大的思想家都是波义耳设立的这一讲坛的讲员，他们都倾己之力试图通过万物的设计来证明上帝的存在、上帝的美善以及圣经中的故事。

这难道意味着这些人缺少宗教情感的深度吗？完全不是。波义耳设立这项基金并不是偶然的，他是原子机械论、也就是"微粒论哲学"的伟大理论家。走向纯世俗时代祛魅的宇宙这一步，必然会弱化这样一种信仰,即它紧密联系于对宇宙的近经验(experience-near)感知。

机械论事实上驳斥了早期宇宙观的一个方面,因为早期宇宙观借用了柏拉图的一个观点,即万物是由理念奠定秩序的。但机械论又完全可以容纳早期宇宙观的其他方面,即这个世界由仁慈的上帝创造,并且他在一定程度上会解救他所造的人类。这一目的声称可以在机械论模式中被重新提起,中经"万物是为了给我们带来好处而被设计的"这一思想。我在前文描述过,这是现代道德秩序背后的观念之一。

然而,机械论并非主要因驳斥柏拉图和亚里士多德而弱化了信仰。真正的原因是,机械论瓦解了迷魅,即更高现实在我们周遭万物中的表达-体现,并由此导致上帝在宇宙中的临在不再是近经验的,或至少不再与以前一样。上帝的力量不再能用旧有的方式去感知或看待;现在人们不得不在万物的设计中辨别它,类似于我们在某种人造发明、某种机器中寻找制造者和使用者的目的——机器这一意象在对时间的讨论中不断重现,尤其是在将宇宙比喻成时钟的设计中。

基督教护教学之所以强烈地集中于设计说,不仅仅是因为这里存在一个智性问题:一个人可以怀疑,并且需要证明设计是有目的的和仁慈的。在这个神经痛点上,症结在于人们在这一世界有强烈的缺失感,人们曾经在这里感受到上帝的在场,并习惯这样的支撑;人们常常会情不自禁地把这一支撑的缺失感知为整个信仰的瓦解,极其需要本不应该需要的安慰。

当然,我在谈论的不仅是波义耳讲座的听众的需求,还极有可能是

330　那些讲座者和波义耳本人的需求。在之后的时代,人人都习惯了祛魅的宇宙,如今的信仰者的思维模式会着重于用其他方式感受上帝的在场,对我们来说,对宇宙设计的那种执迷似乎很奇怪。

这些古老的支撑一旦被突然抽走所造成的不安在近几百年的许多语境中不断重复,比如自上而下的改革中政府当局突然停止维护神圣场所(英国宗教改革,法国大革命等等),或是乡村教区社会的颓败,这点我会在之后讨论我们的时代时谈到。正是这种需求感(而并非信与不信之间的永恒问题)决定了人们如何应对。此规则也适用于 17 世纪的护

教学。

在抛弃了宇宙观中来自柏拉图的这一面后，许多信徒觉得他们必须在所有细节上更为坚固地保持圣经这方面。但这种坚持也是源自科学语境本身。早期宇宙观大量使用预表及其应验。新科学希望像打破许多偶像——借用培根（Bacon）的术语——一般来扫除这种影响，并提出一种对物质现实的如实描述，将物质现实视为非预兆性事物的领域。这与新教徒强调圣经为终极权威一起，导致了对早期多层次的圣经注疏的压制，包括其中的类比、类同和典型关系。于是就有了这样的想法，即紧紧抓住圣经，主要是把它当作事件纪年，并试图从叙述中提取最大程度的精确度。这是后伽利略时代的典型处理，最后终于引向了大主教厄谢尔那个荒谬的"精确计算"。

从这种框架来看，整个基督教信仰是以《创世记》细节叙述的史实确切性为依托的。例如，创世之后 1656 年左右会有一场大洪水，否则圣经就"不可信"。

这种世界观与之前相比，其特殊之处是奥秘的消除。更确切地说，上帝的设计中尚能包容奥秘；我们无法希冀去理解它们；但它却从他的造物中被驱逐了。从这种程度上说，新的世界观与新教改革（倾向于在造物中排除神圣因素，理由在于它是一种形式的偶像崇拜）有类似之处，甚至走得更远。

这样看来，我们历史中发生的真实事件本身很容易理解。我们无法理解的是上帝会在何处干预，即便是这一点也可部分地理解成，上帝在某种程度上会揭示他的意图。牛顿区分了解释万物的寻常规律和解释世界起源之间的不同，前者是通过我们能够发现的自然法则，而后者是通过一种超越我们理解力的创世行为。奥秘，即是万物被造得如此和谐，被如此严格地置于上帝的意图，事实上，在他的目的被解开时，人们也能够抓住一鳞半爪。理解事物如何运转是我们力所能及的，也就根本不需要保留奥秘；而我们对理解它们的起源则无能为力，所以也不应该去尝试；答案永远在世界之外。不存在宇宙之内的奥秘。[8]

这种对奥秘的敌意在宗教捍卫者身上出现是很奇怪的，而且也导致

331

了极为矛盾的后果,稍后我们会全面探讨。其中一种立竿见影的后果就是这些信仰捍卫者与他们的不共戴天之敌有着相同的禀性。这种捍卫者的存在是现代论争中的常量,经历了所有的转型,直到今天。

在美国,意识形态化的达尔文主义者和某些圣经基要主义者的论战是个很好的例子。所谓意识形态化的达尔文主义者,我指的是这些人,他们不仅接受进化的可靠事实,即包括人类物种在内的物种彼此间的起源关系,而且作出武断的否定性断言,即对进化如何进行的客观描述,如果我们能做出这种描述的话,也不需要参考任何样式或形式的设计。在进化论中,设计纯粹在有待解释的词(explananda)中来考虑,而永远不会作为解释前提(explanantia)来考虑。他们反对"创世论者",因为创世论者希望彻底否认物种间的起源关系,至少认为人类的来源不是这样。绝大多数不受此处所述任一意识形态掌控的人所感受到的宇宙之内奥秘的核心(也就是在偶然性的宇宙中,设计是如何发生的),在论战两边都被严格禁止。创世论者在这里跟随牛顿的说法:奥秘完全在上帝的意志那里,而上帝的意志以特殊造物形式突然完全成形并进入历史。后伽利略时代对奥秘的敌意找不到更有说服力的表达。某些新教宗派的启示论预言也同样如此,它们像科幻小说一样结合了现实细节和完全没有可能的小说结局。[9]

后伽利略时代的欧洲和后斯科普斯案(post-Scopes trial)的美国没有多少区别,信仰被弱化部分是因为祛魅,以及伴随此祛魅的内在化,它们共同起作用,在"宗教"和"科学"之间制造了一种奇特的内部性质的对峙。这种对峙在片面的"上帝之死"叙事中占据了显著地位,在不信者当中尤其流行。一部分人完全被"科学"的兴趣所打动,要为无法辩驳的事实寻找合适的解释,同时还要主动防御他者(主要是出于科学之外的目的)继续维持其所珍视的信仰和/或传统权威。

但这种戏剧性画面并不符合历史实际。如果看我们正在考察的这332　段时期,会发现清醒的科学家们时常被正统捍卫者揪住尾巴。牛顿在解释世界起源与其持续功能之间所作的区分,旨在强调前者的不可能性。但这被用来反对伊壁鸠鲁模式,该模式后来被笛卡尔复兴,用来解释当前的事物状态是如何从之前的状态演变而来。正统害怕这会倒退回伊壁鸠鲁式的对偶然和必然的倚赖，而这会导致否认设计，甚至会走向对亚里士多德式的永恒宇宙观的复兴。一个从最开始就展示了大设计的宇宙图景，似乎更能体现设计的使命。

然而，许多人坚持，科学的使命也是一样。牛顿的机械论法则建构清晰，而关于世界起源的任何叙述都像是胡乱猜测。无论谁参与其中，都在试图"追溯世界之源"、"建构假说"，要建立种种体系，这一切都是在牛顿精神感召下的清醒的科学家们所极力回避的。杜尔哥（Turgot）曾问布封为何试图解释太阳系的起源，为什么"你希望磨灭牛顿科学的朴素以及明智的节制呢？你要带我们回到朦胧的假说吗？你要为笛卡尔的信徒以及他们所讲的三元素形成世界的学说辩护吗?"正如孔狄亚克（Condillac）所言：

> 如果一位哲学家钻研甚深，那他应该尝试移动物质，他可以为所欲为，没有什么能阻止他。这是因为想象力能看到它希望看到的，而不会看到更多。但如此武断的假说对真实毫无益处，相反，它们延缓了科学的进程，最危险的是，它们的错误会误导我们。[10]

这些尝试被斥为"罗曼史"，与负责任的科学截然对立。然而这能说明牛顿、杜尔哥、孔狄亚克等人都是出于纯粹科学兴趣，而他们的对手则别有用心吗？当然不能。这只能说明每个人的动机都是混杂的，更确切地说，对真理的纯粹之爱，即不受任何带着感情色彩的信仰的影响，是其他宇宙的现实，而不是我们这个宇宙的现实。

"宗教"和"科学"之间的纯粹对峙是一种幻想，或者说是一种意识形态化的建构。现实中，思想者总是在复杂的、多层次的目的之间摇摆，这就是为什么，从与理想对比的角度来看，任何真实的故事总是显得那么困惑而凌乱，正如罗西（Rossi）所如此出色表明的。

就从17世纪末的托马斯·伯内特（Thomas Burnet）来说，他是《地球的神圣理论》（*The Sacred Theory of the Earth*）一书的作者。他在许多方面是一个自然神论者,想要修改圣经的叙述。但他的确相信他能用科学的叙述来重塑圣经故事的主线,从创世到大洪水到未来的世界末日。
这意味着他将我们现有的世界视为被洪水毁掉的废墟版本,而不是上帝亲手创造的那个原初版本。换言之,在构建犹太教-基督教历史的主线时,伯内特打破了原本固定不变的世界图景,朝着演化历史的方向迈出了一大步,我们现有的世界正是从这种历史中出现的。[11] 他并不是简单地站在对峙的任何一边。

从另一方面来说,维柯(Vico)也是如此。他受到正统思想的驱使,不相信中国人、迦勒底人等的纪年,这些古老的纪年会让人对年代更近的圣经故事产生怀疑。他的解决办法是,坚持希伯来人(也就是闪的后代)的纪年是最初的,因为诺亚的其他孩子都经历了灾难性的倒退,回到了野蛮的阶段,然后重新建立文明,但无可避免地倚赖于神话,包括他们异想天开的编年史。

维柯也无法被归入任何一边。他的动机是正统的,但他也是发展出人类文化源于前人类野蛮时期这一理论的先锋之一。这意味着他帮助埋葬了人性自太初之始就已确定的图景。他是我们现代意义上的历史中的重要原创人物,而现代历史深深植根于幽暗之中。[12]

那么伯内特和维柯到底怎么了? 我们可以认为他们正好受到了交叉压力(cross-pressured)。他们真心希望捍卫(部分)正统观念,但他们也不得不面对一些顽固的事实,于是他们做了调整,这使得他们二人都成为我们所认为的"科学"世界观战胜"宗教"过程中的原创性人物。但这远远没有捕捉到他们中任何一人的观念。伯内特不需要废墟世界的假设来证明大洪水,维柯也不需要野蛮时代的假设来驳斥古老的纪年。

事实上,我们无法理解到底是怎么回事,直到我们扩大考虑范围。不论是渴望为无法否认的事实组织一个可信叙述的"科学",还是不惜一切代价试图守住既有正统的"宗教",都无法好好解释这两位思想家。我们必须将宇宙和历史在他们的道德和美学想象中占据何种位置纳入考量。很明显他们有一种(部分)正统的信仰,但他们的宗教信仰并没有与道德想象相分离,相反,他们的正统观念被这种想象所调节。

如果我们在这一层面去理解他们，就会将他们视作宇宙想象转型中的关键人物。换言之，我们会看到，如今被视作一种现代宇宙想象的东西是如何开始塑造他们的宗教观和情感的。

地球上的山峦对伯内特来说是"破碎世界的废墟"，它们显示了"自然的伟大庄严，正如我们在**罗马时代**的古老神庙和残破的圆形竞技场中追怀当时人的伟大"。废墟是我们进入"深时"（deep time）的一条路径，它们将我们与无法恢复的过去相连，那是一个部分失落的世界，存在于一种半阴影中。被废墟感动，就是去感受那种失落感，去体味过去的伟大及其无常。古昔要突然进入时间，要借助对置身其间的我们之不完全的敏锐感受。这些正是文艺复兴时期的人围绕"罗马的神庙和竞技场"开始确切地感受到的。现在自然界也可以唤起这种感觉，这是一个迹象，表明新的"深时"感在起作用；将世界解读为不断演化而非固定不变的，这里面有深刻而动人的真理。在伯内特的书中，这种真理被说成是一种堕落，即我们的世界之灾难性的降级，乃是对我们过失的惩罚。即使这种说法会经历深远的变化，一种新的宇宙想象依然渐渐形成了。

然而，这个废墟在另一方面也同样打动了我们。我们对它的伟大无比敬畏。在它的山峦、沙漠、海洋中，我们感受到一种奇怪而疏离的广袤无垠，这让我们感到自身的渺小，它超越了我们的理解力，而且似乎根本不在意我们。同时代护教士对设计说的论证主要集中于论证世界是为了适应我们而创造的，所以他们倾向于描述一个有秩序的、容易理解的、对人类友好的自然，这更像花园而不是荒野。

伯内特的世界图景与这种以人类为中心的、在大自然中发现上帝在场的说法背道而驰。它从另一方面揭示了上帝：

> 我认为，自然中最伟大的物体也是人们最乐意看到的，首推星辰所栖之广袤苍穹，其次，没有什么能比欣赏辽阔的大海和大地上的山峦更令我愉悦。在这些事物的"气派"中有种庄严雄伟的气息，能够启迪人们头脑中伟大的思想和激情；在这种时刻，我们很自然地会想起上帝和他的伟大；但所想到的再怎么伟大，也只是"无穷

大"的影和象,一如万有之大超出我们的理解力,它们用"超额"(Excess)充满并主导了我们的思维能力,从而引领我们进入一种愉悦的恍惚和赞美。[13]

伯内特转向了18世纪被称为"崇高"的东西。

正如我们所见,维柯开辟了人类从野蛮走向人性的叙述空间。但这并非是他为了挽救圣经图景的真理而被迫作出的让步。反而是重新理解护佑的领域,能够指引这些盲目的生灵通过自身有限的激情回到仁爱和文明。异教国家的世界找回了秩序,因为"一群野蛮人出于某种人类的直觉走到了一起"。[14]

维柯试图从较低的自然中追溯人类的起源,这种东西也许永远不会被完全理解,如果我们坚持以一种理性主义的方式叙述人类行为,就更无法理解它。维柯今日为人所知的主要方面,是作为反对用肤浅的理性主义解释人类行为的领袖之一。位于其理论核心的是一种宇宙内的奥秘,它解释了理性、意识和文明秩序如何从无到有。他介绍了另一种"深时"(不同于废墟向我们所展示的),这种时间将我们带回幽暗,即有光之前的"幽暗深渊"。

我们在这两位作者那里发现了三个主题:"废墟"和"深时"主题,"崇高"主题,以及人性的幽暗起源主题——这与《创世记》第一章所展现的一束光照亮井底的图景大不相同。这些都成为我们今日宇宙想象的一部分,而且每一个主题都与之前想象的主要特征有冲突,然而我们无法将它们仅仅视作科学发现的副产品。

首先,如果我们想一想科学进步是如何得来的,恰好是我们想象的转变让我们得出了如今我们所接受的科学理论。想象的转变是这里的主要动因之一。但也许更重要的是,我们无法将这些道德想象的新形式简单地看作科学改变的后果。诚然,新的科学理论扰乱了以宇宙观念和圣经纪年为中心的旧道德想象。但这一事实本身并不决定对无垠和深时的新回应。旧的意义也许被摧毁了,但破旧本身并不会创造新的意义。我们仍旧必须理解它们是什么,以及为何形成。

让我们试着联系"崇高"的兴起来探讨这一问题。伯内特所说的"超额"的体验是由无际的星空、崇山峻岭、浩瀚的海洋和无尽的沙漠所引起的。用陆地植物语言来说，这就是荒野的特征。

古代人的宇宙观念最适合于农耕地区。这完全符合词源学上秩序的规范。荒野和沙漠地带会被视为未完成的，也就是说，还不完全符合有条理安排的"理念"。在古巴比伦，"野外未经耕作的地带等同于混沌，它们仍旧属于创世之前未分化的、无形的模式。这就是为何当一块土地被占据时（也就是开始开垦之时），人们会表演一些仪式来象征性地重复创世的行动：未开垦地区首先要被'宇宙化'（cosmicized），然后才能居住。"所以，"在新的、不为人知的、未经开垦的地区建立聚居地，等同于一种创世行动。"[15]

我们发现这种观念在欧洲中世纪不断重复出现，宗教修会进入丛林和荒地，将它们变成农田。据称这代表了卡洛林王朝时期这类修院的意志，他们说："曾经充满了野兽的可怕荒野，如今人们可以安居乐业。"这项工作有时会被描述得像创世一样，即人对上帝工作的参与。[16]

在为世界奠定秩序方面，人是上帝的同工这种观点，在文艺复兴时期也很流行。马修·黑尔（Matthew Hale）爵士说，人类是"掌管天地的伟大上帝在这个次等世界的总督；是低等世界中优质农场的管家、奴隶庄主、法警和农夫"，其任务就是耕种土地，防止它变回荒野。约翰·雷（John Ray）也看到了人类能够确保居住地不会变成"野蛮的、不宜居住的锡西厄（Scythia），既没有房屋，也没有种植园，没有玉米地或葡萄园……或是住着懒惰且赤身露体的**印第安人**的未开化的**美洲**"。[17]

前文提到的"有时可怕的沙漠野兽"，表现了旧有世界观中荒野的另一方面。它不仅是未完成的，而且是危险之物的出没之所；这里当然有野兽，还有幻化出的人兽杂交物；所以这里也是鬼魔和邪灵的出没之所。荒野反映出的不仅是不完全性，而且是堕落的化身，它不只是上帝下一步计划要解决的问题，也是上帝计划的反面。在这种观念中，荒野中受人崇敬的修士之力量不仅在于改造荒芜，还在于他驯服野兽。圣徒的生平故事中充斥着隐士与危险的野兽成为朋友的传说，包括圣安东尼（St.

336

Anthony)、圣哲罗姆,当然还有圣方济各。[18]

但恶魔在荒野中出没的观念并不是基督教独有的。古代人将潘神(Pan)、半兽人和人马置于野外。许多民族的民歌中都有邪灵、偷小孩的山精以及类似怪物住在荒郊野外的描述。[19]但对基督徒来说,这里有双重含义:荒漠(远离开化的土地及其栖息的社会)是人们可以找到上帝的地方。以色列人曾被召唤出埃及,这样才能在旷野中敬拜上帝。耶稣本人受洗后在旷野待了四十天。

这后一种情况显示出双重意义,因为耶稣在退隐时受到魔鬼的引诱。打破"太人性了"的秩序之界限,可能是找到上帝的一种条件;但这种行为也会使人暴露在所有毁灭力面前,而在那个秩序中,这些毁灭力是被捆绑着的。在孤独之地与恶魔斗争的故事在圣徒生平中屡见不鲜。

在基督教的宇宙观框架中,荒野的意义就是未成形的、邪恶的。所以当宇宙观念被打破,转而进入无限的寰宇观念时,他们的第一反应是恐惧和害怕,这并不奇怪。开普勒在听到布鲁诺的无限空间后表达了"秘密隐藏的恐惧",因为"我们觉得自己迷失了"。而帕斯卡尔的大声疾呼"无限空间的永恒沉默令我恐惧",更是尽人皆知。[20]

变化是如何发生的?"崇高"如何在 18 世纪成为美学的核心范畴?

改变不是直接发生的。首先,通过世界的祛魅以及缓冲的自我的发展,恐惧感被抵消了。漠然的理性能动者不再对怪异的、无垠的永恒沉默大惊小怪。荒野被驱魔,与之相联的那些骇人传说被人文主义思想家揭穿。山峦和平原被和谐了,一起被纳入到单一秩序空间的图景以及科学理论之中。[21]

但是恐惧会回来,尽管程度不同。沙玛(Schama)写到 17 世纪后半叶的绘画风格如何回归到展示强烈冲击我们的那些怪异骇人的巨大山峦。"16 世纪人文主义者眼中居高临下的那种清楚明白的和谐宇宙被取代了,无足轻重的人类被困于信仰的悬崖峭壁和嶙峋怪石之间的戏剧化观念再度占了上风。"[22]

但是此时的恐惧在某种程度上也令人愉快。沙玛引用了 17 世纪末在阿尔卑斯山旅行的一个英国人的想法,他认为自己"在字面意义上濒临毁灭……这种感觉在我心里催生了……一种欢快的恐惧,一种可怕的欢乐,同时我又无比高兴,我颤抖了"。约瑟夫·艾迪生(Joseph Addison)后来评论说:"阿尔卑斯有那么多山峰和峭壁,它们给人的印象是令人愉悦的恐怖,这成了世界上最不规则、最奇形怪状的图景之一。"[23]

如何理解这种情形?部分可以从缓冲的身份认同的巨大成功中来理解。《泰坦尼克号》(Titanic)这样的电影风靡一时,透露出我们在反省可怕危险时的快感,只要我们自己安全即可。至于说崇山峻岭的恐怖,那种置身事外的距离感,跟我们安全地坐在温暖的电影院里欣赏泰坦尼克号将几百个人拖进大海坟墓的壮观场景没有什么不同。

这肯定是故事的一部分。伯克和康德在写到崇高时,都看到了这种个人安全因素成为人们被感动的必要条件之一。[24]但这远远不是整个故事。崇高可以给我们一种愉悦的颤栗,这也是缓冲的身份认同的一种特征,我们在观看巫婆和邪灵附体之类的恐怖片时,常常能够体验到我们的祖先真正害怕时的那种颤栗。但这还无法恰切地解释荒野在我们道德想象中的位置。如何去理解它?

我认为这也可以被理解成是一种对现代缓冲的认同的回应。在之前的章节中,我提到了对这种认同以及人类中心主义理解下的"护佑的自然神论"和无求于外的人文主义的反对声。对很多人来说,这似乎把人类生命的边界划得太窄。在避开"热忱"(enthusiasm)的同时追求生活和繁荣的益处,以及一个为了实现这些目的而特别设计的世界,这些看上去令生命浅薄,缺乏深刻的共鸣和意义;它似乎排除了奉献和舍己为人带来的喜悦,否认了我们存在中的一种英雄气概的维度;通过将我们封入一种没有悲剧、没有不可挽回的损失、没有无意义的苦难、没有残忍和恐怖的美好人类环境中,它缩减了我们。

在这些"坐标轴"中,人们忍不住要去攻击人类能动性和秩序的统治观念,而这种秩序从某种意义上说是现代欧洲经济和政治文化的基础。当然,不是所有批评会攻击所有坐标轴,但它们之间的共同点是感受到我们文化中即将临头的危险有着确定的形式。我们往往将生命的边界划得太窄,只考虑内部产生的那一小撮目标。在这样做的同时,我们向

338

其他更伟大的目标关上了大门。这些伟大目标可能是从外部生发的，比如上帝、大自然或是人道；抑或是从内在生发的，它会鼓励我们追求伟大、英雄主义、牺牲，为我们的同类而献身，这些如今都被压抑和否定了。[25]

其结果是，大家都明白要治好这种病，就必须用更高远的目标来突破这种狭隘的自我专注。我们需要打破小规模的生命圈。自我专注的隔膜必须从外部打破，尽管它解放的是我们内在的、更本真的自我。

崇高之道德意义在此显现。对荒野的恐惧感，或是巨大的无法衡量的距离和力量，会将我们从微不足道的自我关注中唤醒，开始渴望为了更高的意义而生活；这一套坐标轴会提升英雄主义，躲开刻意遮蔽创世阴暗面的删节版人生观；而那些攻击这套轴的人尤其需要崇高之道德意义。对伯克来说，恐惧和痛苦（假设它们在必要的界限之下）能够制造快乐，因为它们为我们拥有更强健的器官提供了必要的锻炼。康德以伯克为基础，但摒弃了这位爱尔兰人的理论之缩减的、生理的倾向，声称我们永远无法抵抗自然那主导一切的力量，比如火山或瀑布，这会唤醒我们作为本体的存在者意识，即我们高于这单纯、可感知的现实，正如在可感知的领域内，险恶的现象高于微不足道的现象的自我。[26]

崇高之道德意义会各不相同，取决于什么才是我们更高目标的观
点，但就其一般形式而言，它适应于缓冲的自我的切身感受，这种自我只与纯粹属人的商品打交道，很容易陷入狭隘的自我专注。"超额"、巨大、怪异、把握不住的唤起害怕甚至恐惧的景象，突破自我专注并唤醒我们对于什么才是真正重要之物的意识，无论是对伯内特而言的上帝之无限，还是对康德而言超感知的道德使命；抑或后来的思想家所认为的，我们在面对没有终极目的的世界（永恒轮回的真相）时的一种坚守意义的英雄能力。

如果我们看一看反映出荒野新地位的另一种发展，就能发现这一点。沙玛的书里有些有趣的段落[27]提到了世外桃源（arcadia）观念的演化，它总是处于野地和开化地之间，在荒野和花园之间来回摇摆。它也许以潘神和森林之神西勒诺斯（Silenus）的野性一面开始，包括野兽的欲

望以及未驯化的天性。但前农耕世界也有一个较驯化的版本,土地出产丰饶的水果和谷物,人类无需劳作,野兽也不危险,好像维吉尔(Virgil)在《牧歌集》(*Eclogues*)中所描绘的田园诗般的农神时代。到了文艺复兴时期,世外桃源更接近花园了。但18世纪又有逆流,"天然"和"杂乱无章"成了欣赏花园的术语。"整洁"和"优雅"变得不如"花园和森林的混合"那么受欢迎。

这里与我们的论述相关的,不仅是荒野之更新的价值,这在崇高的年代是可以预料到的。但从世外桃源传统来看这一兴趣,就突出了一个重要差异。世外桃源在古代世界晚期属于渴望回归自然的一部分,这种渴望突然出现在希腊世界中,可能是因为城邦/政治生活变得复杂、过于劳神、充满阴谋,以至于人们梦想着能够逃离。比如我们能在维吉尔的《牧歌集》和《农事诗》中看到这种逃离,它强调逃离城市的恶习,回到一种更简单、更健全的生活方式。

然而,公元1700年之后的荒野的重要性不是它能给我们提供另一种生活方式。可能在较近的年代它仍为相对一小部分抗议文明之弊端的人提供了选择,但对荒野的关切,主要目标则在别处。我们与其他世界有联系、对之开放的观念会唤醒并加强我们内心的某些部分,使我们能够过合适的生活,这势必会引导我们走向"文明"。荒野不是"城市"之外的另一种生活场所,尽管像维吉尔那样的人依然相信(开化的)乡村能够提供这种生活;相反,荒野向我们传达或透露某种重要信息,它唤醒我们里面的一种力量,就在我们所在之地活得更好。

于是对自然的新感受超越了井然有序的花园(而花园一直被视为一种微观的宇宙),甚至超越了英式花园,超越了瑞士山谷——在此,荒野触及到了人类的居所,卢梭曾令之扬名——最终它达到了无法居住的高度,在此它与对浩瀚的敬畏结合在一起,而看似对人类生活无动于衷。雷蒙德(Ramond)走过这些地区,他的书表达了在处女峰的高度上欣赏巨大无垠时的兴奋。它们向我们展示了时间那无法描绘的广袤。

340

所有这一切共同作用,使得我们的冥思更为深刻,带上肃穆的色彩，承负了崇高的性格。当灵魂飞跃，它便能与所有世纪共时，与万物共存，呼啸在时间的深渊之上。[28]

从19世纪开始，欧洲人被美洲的自然景观深深打动了。夏多布里昂在报告他的纽约州北部之旅时说："想象力若想在欧洲的农耕大平原上徜徉，基本是白费力气……但在这无人之地，灵魂狂喜地在无尽的森林中沉浸、迷失……与自然那荒野的崇高……融为一体。"美国人撒迪厄斯·梅森·哈里斯（Thaddeus Mason Harris）这样说到1803年游览上俄亥俄谷区的感受："在这些无尽的森林的寂静阴影中，有种东西会在脑海留下令人敬畏的印象。在与自然独处时，我们也在与上帝交流。""未开化的野地的雄伟特征"会导致"幻想膨胀，以及一种更为高贵尊严的思想升华"。"**自然的崇高**用敬畏感捕获人心，用灵魂的扩大和升华来陶醉人心"。正如另一个美国人说的："孤独多么好！自然的能量生生不息的沉默多么崇高！在荒野中有种东西能够陶醉人的听觉，抚慰人的精神。宗教即在此中。"[29]

纳什（Nash）注意到了许多热爱野外的人的"矛盾心理"。比如哈里斯牧师，他在上俄亥俄谷区感受到与上帝的交流，但在心境忧郁沮丧时也会觉得"在丛林中的孤单"。"当一个旅行者穿过无人区，从深深的孤独中走出，来到一片开阔而宜人的开化乡村时，必会百感交集。"哈里斯在"荒郊野外"看到聚居地时会感到欣慰，"当我们在阴森的丛林中突然看到许多人出现——这是教导上帝的仁慈意图多么好的一课啊！"

但这种矛盾心理不应被看成是对立的。今天人类开拓地的扩张极度威胁到荒野区域的存在，我们也会产生这种矛盾心理。但在哈里斯身处语境中则没有冲突。对野外的赞美并没有暗示它能够提供一种更好的生活。其重要性在于它能让我们与更伟大的东西接触，因为我们平时很容易对此视而不见。"荒凉的"、"人迹罕至的"野外令人生畏，这对它们能起到如此效果至关重要。用另一个美国人的话说，阿迪隆达克山脉（Adirondacks）展现出"模糊、恐怖、崇高、力量和美"，这正是为何它们能够成为"上帝全能的象征"。[30]

荒野之崇高部分在于它的异质，它对人类的冷漠；事实上你无法真正住在那里。但对它敞开心扉有可能使你在它之外生活得更为合宜。

梭罗（Thoreau）有句格言："世界存乎野性。"厄尔施莱格（Oelschlaeger）在缅因州看到卡塔丁山（Mount Ktaadn）时也想起了梭罗的话。也许梭罗起先并没有预料到危险，所以尤其感到震动。

> 也许我下山的时候……才完全意识到这是原始的、未驯化的自然……然而那时我们还未见识纯粹的自然，除非我们看到她如此广袤、阴沉、非人……自然虽是美丽，但也是一种野蛮、可怕的东西……这里不是任何人的花园，只是人迹未至之地……人在这里没有位置。巨大的、可怕的物质，这可不是我们经常听到的地球母亲，不是我们随意踩踏的地方，我们也不会埋藏于此，不，即便是让骸骨躺在那里也太过随意，只有无可奈何之人以及被命运击中的人才会藏身于此。这里是异教和迷信仪式之所，居住在这里的人跟石头和野兽的血缘比跟我们更近。[31]

梭罗的名言说明，尽管自然对人并不友好，或者正因为如此，如果我们想生活得更好，就必须与这种非人的力量交流，"去深刻地生活，吸取生命中所有的精髓"，以避免"大部分人过着安静而绝望的生活"。自然是我们生活的永久来源，我们无法弃之不顾。"难道我不该与大地息息相通吗？难道我自己的一部分不是腐叶和腐殖土吗？"[32]

我将荒野的崇高及其道德意义置于这样的语境之中，即人们感受到现代人类中心主义的缺陷，也感受到人类需要恢复与更伟大之力的联系。结合上文对荒野非人化的讨论，我们可以看到一种更为窄化、聚焦下的崇高：它通常反对过于肤浅以及人类中心主义的生活意义——肤浅正是因为以人为中心。

人类中心主义是我上文提到的"护佑的自然神论"（它通常是我们所说的自然神论的一个重要侧面）的结果。这种态度所导致的多种场域中的一种，正好就是我上文讨论过的护教者专注于设计说的证明。

342

这些其实在基督教诞生之前就已经存在了。柏拉图在反对那些认为世界源于"机遇和必然"的人时开始采用这种形式的辩论(《法律篇》)。事实上他们从来没有论证过大设计的目的纯粹是为人类服务。比如奥古斯丁这样说,"因此,这与我们的方便或不便没有关系,而是关乎他们自身的本性,即造物当使他们的造物主得荣耀。"[33]

如今现代护教论者也有同样的声明。但事实上,他们关注的重心在于人类在宇宙中的优越地位。从某种意义上说,这是无可避免的。一旦宇宙不再被经历为灵性之力的场所,一旦你必须要去证明它是上帝通过设计创造的,那么论证的细节就无可避免地会集中在它是上帝为人类而设计的这种涵义上。伯内特打破了这种模式,他说山峦是原初地球的废墟,它们出现不是为了帮助人,而且为了威慑人。为了回应他,我们需要论证为何上帝要创造山峦。这些都可以被设计出来。整个水循环要求有高地和低地,否则水怎么能汇聚成河、灌溉大地呢?但大地的倾斜又如何解释?这也能想出合理的故事。那么虫子呢?蜘蛛呢?诸如此类。

故事还在继续,并且越来越细节化,慢慢变得荒谬。上帝成了大惊小怪的家长,焦虑地要保证创世的每个细节都符合我们的幸福和安逸。反叛必然会来,但常常是那些总体上依然相信设计说的人,比如伏尔泰,他们无法容忍那些荒诞的细节,而且最重要的是,这种叙事完全忽略了生命中的悲剧,比如著名的里斯本大地震。[34]

将世界理解成上帝创造的宇宙的旧观念并不易于受此类攻击。此早期观点将世俗时间中此世事件的历史编织进了更高时间的框架。我们世界的万物和发生的事件有一种与上帝的永恒相关的深度,当对此的感知淡去时,万物就丢失了永恒。同时也应该理解,上帝除了我们的福祉之外还有其他目标;事实上,他的目标中包括惩罚,同时作为报应和试炼。很明显,我们无法仅凭自己的脑力去说明这一切。现代的设计证明很大程度上是之前的年代无法想象的。这种证明在伽利略或牛顿之后的科学史语境中产生,希望通过倚靠自身彻底搞清楚上帝的护佑。

崇高的道德含义以及18世纪之后的大部分宇宙想象,可以被视为对肤浅和人类中心主义的反动。但它不能仅仅通过后退来反应。深度感难以在永恒(一种已感受不到的现实)中被找到。如今人们能感知的是空间的无垠和时间的深渊。上帝高于人类的说法不再是理所当然,但它显现于巨大山峦和汹涌激流之震慑性的异样。这些后来的说法可以在上帝和创世的框架中理解,但这种经验也会引至其他方向。

我用来连缀以上讨论的线索是崇高。但是我们可以看到维柯式的人性幽暗起源如何开启了一种类似的深度,以及与我们诞生之前的非人类现实的关系。事实上,维柯之后的 18 世纪并没有特别受到他的影响,去探索人类演化的秘密。17 世纪的语言理论——比如洛克和霍布斯的理论——试图搞清楚语言是什么,语言在人类生活中扮演的角色;18世纪试图讲述人类如何成了语言的动物,他们处于该进程的哪个阶段。我们在孔狄亚克、沃伯顿(Warburton)、赫尔德(Herder)、卢梭、哈曼(Hamann)以及其他人的作品中都能看到这样的讨论。正如保罗·罗西所指出的,我们无法从狭隘的语言学去理解这些创世神话,它们总是隶属于一种我们如何变成了完全人的整体理论。[35]

在新大陆的发现提供了新人类学事实后,我们可以看到这种发展如何以科学发展的叙事来讲述。但这里也很明显,科学叙事与道德想象的转型交织在一起。

在语言的起源问题上,以孔狄亚克为一方,赫尔德和卢梭为另一方的人类学论战,很清楚地与对人类境况的不同道德理解相关。孔狄亚克认为,人类起源得到了洛克式的理性规范的帮助。当我们采取并实施了一种洛克式的理性来控制我们所使用的符号时,我们就进步了。幽暗起源被忘记了。

另一方面,对于赫尔德和卢梭来说,太初时就存在一种表达-交流的力量,这在之后文明的发展中会被遮蔽、削弱,甚至遗失。起源没有被忘记,而是被理性主义者的"进程"一步步地遮蔽变暗了。这里,起源之理论与有关人类深度的理论不可分割,此深度已经受到否定或遗忘的威胁,只有正确的起源叙述才能帮助我们战斗。想象我们身处极遥远的时间,就是想象我们拥有深层自然,这样才有助于解救这种自然。

我们可以看出这类理论能够开启其他坐标轴,以攻击那种过于狭隘

344

的人类中心主义。狭隘的专注会否认一种更伟大的关怀，也就是我们的深层自然。这些必须被突破。我们身上自然本性的声音正在被扼杀。这是受卢梭影响的浪漫主义潮流中的标准主题之一。

孔狄亚克代表的理论和赫尔德、卢梭代表的理论，与我之前描述的两种对内在道德根源的叙述分别结盟：一种认为仁慈来自超脱理性的规范，将我们与特殊性分离；而另一种认为同情的根源需要从我们内心深处去重新发现。

在崇高感中，一种更伟大的东西以过于狭隘的满足感模式突破了我们的自我专注。它看似来自外部。在我们重新发现了内在深度之后，突破就来自内在。但很明白的是，这些都不是简单的替代方案。对于浪漫主义时期和以后的许多人来说，运动是朝两个方向同时进行的。重新发现自我内在的真实，使得自我感受到外在伟大的自然力并与之共鸣成为可能。

而这种共鸣的想法也是幽暗起源所赋予的。作为一种摆脱了动物性的生灵（动物性反过来又源自非动物性），我们必然会与一切生灵及超越它们的整个自然产生亲缘感。赫尔德将自然描述成一股伟大的同情之流，在万物间流淌。"看整个大自然，好像在看创世的伟大比喻。万物感知自我也感知同类，生命之间有回响。"[36]受到德国思想很大影响的柯勒律治（Coleridge）表达了类似的思想："万物都有自己的生命……我们全是同一种生命。"[37]华兹华斯写道："一种精神，一种动力，推动/一切有思想的东西，一切思想的对象，/穿越万物。"[38]荷尔德林写到向往"与万物生灵融为一体，在忘我中回到自然之整全"。[39]

如今我们与普遍生命流的联系肯定有其旧宇宙观念的根源。比如新柏拉图派认为所有的现实都源于太一（the One），但亲缘感是由我所说的幽暗起源大大加强的，在这种理念中，我们的人性从动物性发生，由于我们与其他生物共享动物性，这使得我们想到自己从其他生命形式中演化出来就会产生更大的共鸣。这解释了为何这种亲缘感在我们的时代反而更加强烈，而赫尔德依然相信的设计说和护佑说却已经褪色。亲缘感成为许多当代生态意识和关怀的关键基础之一。[40]

接着,梭罗成为这种意识的发起人,且至今仍是典范人物。他站在瓦尔登湖边,与"我们生命的长青之源"亲近。"我非常强烈地意识到一种与我同源的东西的存在,即便是在人们通常认为阴沉荒凉的地方。而且跟我血缘最近的以及最人性的不是一个人或是村民,我认为没有一个地方会让我觉得陌生。"这就是为何在前面已经引用的句子中梭罗会问出这样的话的原因:"难道我不该与大地息息相通吗? 难道我自己的一部分不是腐叶和腐殖土吗?"[41]

在我描述的对自然的道德想象中,我们会看到一种复杂,一种紧张,有时几乎是一种矛盾。我们和自然有亲缘关系,它是我们的生命之源,所以是"近亲",有时要比与我们共处的"人或是村民"更亲近。但同时这种自然也可以"无根、阴暗、非人",异质、不友好、冷漠。

这里的冲突似乎就出现在这种与我们既亲近又疏远的自然中。但在梭罗笔下,它还会以另一种形式浮现。我们亲近一切自然,哪怕是荒凉、可怕的部分。梭罗在描写卡塔丁山的不近人情时说:"这里是异教和迷信仪式之所,居住在这里的人跟石头和野兽的血缘比跟我们更近。"在这里,蛮荒被描述成一种在古老的"异教徒"时代可能就是我们自身的一部分。在其他地方,梭罗好像还说过这种可能性并不只存在于过去。在《瓦尔登湖》中他写到自己的"野蛮","我们的兽性会在更高级的本性沉睡时苏醒。它卑鄙而淫荡,可能无法被完全驱逐;就像那些寄生虫,即便我们身体健康时,它们也会占领我们的身体。"[42]

这是梭罗所担心的问题,也是我们无法全然无视的问题。事实上,试图否认外在的和我们内心的"野蛮",会使我们的生命降格。它只会引向停滞。

外界愈是阴森恐怖,我的精神愈是兴奋莫名。给我海洋,沙漠,或是荒野! ……当我想消遣时,就会寻找最阴森的树林,最阴暗、最深不见底的那种,对城里人来说就是沼泽地。我走进一块沼泽地,仿佛它是圣土,一方神圣之所。那里有自然的力量和精髓。荒野树林覆盖着肥沃的处女地,这土壤对人、对树都好……文明的国 346

度——希腊、罗马、英格兰——是由他们脚下经年腐败的原始森林所供养的。只要土壤没有被耗竭，他们就能生存下去！唉，人类的文化！当腐殖土被耗竭，一个民族被迫用父辈的骸骨做肥料时，它就没有什么指望了。[43]

这里的观念是：我们的生存或是活力或是创造力，不仅仅倚赖于非人的外在，比如自然主导一切的原始力量唤醒了我们的英雄主义，而且正是我们内心野蛮和前人类（pre-human）的部分与那种怪异的外部力量产生了共鸣。我们比康德走得更远，康德说崇高感唤醒了我们超感觉（suprasensible）的道德能动性，"头顶的星空"能与"内心的道德律"相关联，这两种现实会以同样的"惊叹和敬畏"渗透我们。[44]我们现在处于叔本华的领地，他认为我们的生命力来自一种野蛮的、无规范的、非道德的意志。这种认为我们倚赖于非理性、幽暗、攻击性、牺牲的信念在我们的文化中广为传播，部分是由于尼采、托马斯·曼（Thomas Mann）对叔本华的复兴，但也有走得更远的，如康拉德（Conrad）、D. H. 劳伦斯、罗宾逊·杰弗斯（Robinson Jeffers）等许多作家的无数作品，构成了让这种感觉浮出水面的语境。整个时代似乎都浸淫在这种感觉中，如一战后的欧洲；今天依然很强烈。

这一套理念及其启发的情感模式可以被部分理解为对现代人类中心主义的反叛，特别是"悲剧"坐标轴所反对的被删节的生活画面，其中邪恶、痛苦和暴力都被抹掉了。但它们也必须跟现代宇宙想象相关联。在旧宇宙观念的历史语境中，对付被化减的、过分乐观的视野的办法，就是让我们再次面对永恒的深度和上帝的愤怒。这种矫正法的种种更新形式今天也能看到，但实际上后叔本华式（我们姑且这样称呼）的视野也存在，并成为传统信仰的主要竞争对手；我们能够为这种在我们里面的野性设想一种道德意义——这一事实只有在现代宇宙想象的世界中才能被理解。这种想象所联系的寰宇无需受到理性、仁慈计划的安排和限制，我们也无法深究这种想象，但它仍然是我们幽暗起源的中心。

我在此论证的是，要理解我们从宇宙到寰宇的转向，就不能将自己限制于理论信念的变化。这些改变将我们从一种有限的、有序的、静止的宇宙带向了深不可测的、不断演化的寰宇。不只是我们的理论转变了，而且为这些信念提供语境的自发的、未经反省的理解也转变了。我们的祖先曾将他们的世界视作神灵和魔力的场所，他们理解的宇宙是固定的、有秩序的，不受他们认知力的影响，他们也接受这种宇宙中的任何特殊景象；而我们把宇宙经验为无限的，也就是想象力所无法包容的，只有高度抽象的理论才能勉强描述它，而这超出了大部分人的认知程度；我们能感受到它的不断变化、演进。我们的祖先能够毫无困难地忽略将我们引向无垠和演化这两种特征的种种迹象，而它们对我们来说却尤为醒目。这不只是流行理论在肯定并确认这些特征，虽然这显然是转变的部分原因；它更关乎我们看待和经验事物的方式。冰川如今告诉我们有亿万年缓慢的"冰河"运动。但我们在 18 世纪晚期已经有了这种新的感觉，比如我之前引用过的雷蒙德对阿尔卑斯山和比利牛斯山的描述。可以说这些文字立刻展现出一种可见度，在那些不同地层的岩石和冰川下面，是它们所生成的完全不同的时代。

但同样重要的是自然界进入我们道德想象的方式，我在之前的篇幅试图描述的正是这种变化。我们所处的自然有极为遥远的时间和不可测的空间，我们亦诞生于其中。这个宇宙从很多方面来说是怪异的、疏离的、无法测量的。一方面它孕育了一种亲缘感和父子关系，我们属于地球，这里是我们的家园。这种情感是生态意识的强大来源。它还引导我们认为我们具有一种深层本性，我们需要将它找回来，或可能要克服它，只有检视我们的幽暗起源才能知道应该怎样做。

另一方面，这个宇宙的不可测和疏离面向使我们面临巨大性、不可测度性、非人性，这从不同方面改变了我们。崇高会使我们充满敬畏，在提醒我们自身多么渺小的同时，又自相矛盾地使我们意识到自身的伟大。这种双重意识的典型表述就是帕斯卡尔的芦苇说：人类在宇宙中仅是一根脆弱的芦苇，但其伟大之处在于它是一根会思考的芦苇。然而同时我们也会和宇宙中的非人化、暴力、混乱产生亲缘感；这会让我们困惑，或是完全转变我们对自身深层自然的理解，抛弃卢梭学派传统中的仁爱形象,将自己与后叔本华视野所投射的野性、非道德、暴力的力量相关联。

各种理论的、粗枝大叶的理解和道德想象之间的复杂纠缠,成为我们时代西方文明的主导特征。它浸透了我们的世界,随处可见。比如,在后弗洛伊德心理学中就很明显。许多人可能会拒斥弗洛伊德的理论,但是让人们觉得这些理论有道理的理解力语境还是非常坚固的。深层自然的观念——我们失去了这种洞见,也许觉得恢复它很难,以及认为主要应该通过重新讲述我们的故事来恢复它、理解它的想法,还有这种认为深层自然可能部分是野性的、非道德的想法,所有这些很明显都是自我理解的框架,从直觉上几乎人人都能够理解,无论一个人认同哪些特定理论,甚至是对于那些想要从哲学根基上与整个框架斗争的人。

马塞尔·戈谢在一部很有提示性的作品中表明,[45]潜意识这一重要观念有多种来源。它不仅援引材料丰富、记录翔实的浪漫主义资源:我们内心有秘而不宣的"深层"这种感觉,以及所有生命形式的连续性这一强有力的观念。它还将观念建立于"大脑无意识"之上。这种观念在 19 世纪有所增强,我们开始认为人类的最高级功能——思考、意志——在某种意义上说是神经生理功能的产物。

这种观念的发展在一个领域显示出我在此处试图梳理的结合了一系列变化的效应。首先,它基于定位事物的本质在方式上的一个深刻转变。在旧宇宙观念下,尤其是柏拉图式的由理念定义的宇宙,事物的本质在某种意义上不在其自身的内部,而属于宇宙的结构。所以,即便对亚里士多德来说,"形式"在本体上也不完全倚赖它所充满其间的特殊物。尽管形式离开了这些殊相就无法存在,但具有独立于它们的完整性;是"形式"将共相赋予所有实现了该形式的特殊物。另一方面,在祛魅的宇宙中,"自然"作为产生了这类物或那类物之特征行为的因果力集合,无法从这些事物中分离出去。它不再拥有外在于事物的本体地位。[46]

当然,这种变化也同样把各种神灵、有意义的因果影响和力量驱逐出世界。它将心灵与非精神的实在尖锐地分离了。这种分离也是另一概念的基础,即思想和意志是自给自足的,在原则上它们能够十分清晰地自我呈现,能够独立于物质世界;这种理解与笛卡尔很相近。

如今宇宙想象的转变深深地瓦解了这种观点。笛卡尔式的主体失去了那种深度,而此深度曾经属于一种"自然",而这种自然又是宇宙秩序的一部分,我要发现自己到底是何物,需要学习人类社会生活和宇宙秩序才能慢慢掌握这种自然。现在我只要通过纯粹内在的自我澄清、清楚明显的自我意识,就可以完成这种发现了。

但在幽暗起源的语境中,主体获得了一种新的深度,在演化时间、个人时间,以及它与其物质体现的关系之中。笛卡尔式完全沉着冷静的图景,只有在两种伟大的宇宙观交接的时刻才会成为可能,也就是有序理念的宇宙观和我们所处的无限深渊的宇宙观。换句话说,它属于两种宇宙观更替期的相对肤浅的主导理念:一种机械的宇宙,按照神意安排的有序宇宙,其目的是为了命运在别处的那些人们。

戈谢表明了,在 19 世纪这种新深度的一个侧面是如何发展的,也就是我们的想法和意愿来自大脑神经的功能,通过反射弧和感知运动相组合。19 世纪后半叶为心理生理学的世界观所主导,这种世界观试图为意识、思想和意愿安置肉体实现。

但正如戈谢指出的,这不仅仅是理论的改变。这是整个由理论所提议构建的框架的转变,框架决定了去思考什么,必须提出哪些问题。[47] 思想与其物质基础的关系,在笛卡尔那里属于外部关系范畴,现在则成为关乎其本质的关键问题。在新的理解框架下,清醒意愿从反射弧生发,并与之有相同本质。[48] 这种世界观比单一理论复杂得多,它定义了一套繁难而冲突的问题,有些我们今天依然在探讨。科学发现和深刻的文化变迁相互作用和互相影响,从而催生了这种大脑无意识的新理解。

这一理解,连同那种源自进化论的理念,即"个体发生"(ontogenesis)重演"种系发生"(phylogenesis),被嫁接到浪漫主义遗产的力量之中,促生了我们的深层主体感。这一主体——对其自身是不透明的,是无意识且(部分)非人格的各种过程的所在之处——必须尽力去发现自身,在一种出自前人类之幽暗起源的不可度量的时间中,发现外在的和内在的自我。

同时,我一直在描述的自然之道德意义也被清楚而广泛地感受到

349

了：对荒野的敬畏；与自然的亲缘感和生态关怀；渴望离开城市、游览荒
野或是住在乡间来恢复活力；这些都是我们世界的特征。我们依然渴望
着维吉尔所赞美过的田园诗，但我们还要加上对荒野的敬畏。

　　事实上，这种曾经在 18 世纪尚是小众的感觉，已经变得普遍化了。
当然不是所有人都有这种感觉，反对声总会存在，正如 18 世纪的精英阶
层一样。但每个人都能理解它。托克维尔回忆他 1831 年游历美国时的
一个有趣故事即是很好的例子。托克维尔是生活在浪漫主义时期的一

350

个法国年轻人，他读过夏多布里昂的密西根游记，很想领略一下荒野的
魅力。但当他试图向当地的拓荒者解释自己的计划并寻求帮助时却碰
了壁。一个人想要进入原始森林，只是为了**看看它**，这太不着边际。他
肯定有什么不可告人的目的，比如伐木或是投机土地生意。[49]类似的情感
隔阂在今天也存在，比如英属哥伦比亚的伐木工人和关心生态的"拥抱
树木者"。但今天的伐木工人已经很熟悉生态勇士，无需向他们解释有
此类人的存在。

　　我还可以继续。旅行，不论是去美丽的乡村，还是海滩、野外，已经
成了我们文化中的普遍现象。没有一个阶级或是群体中的多数人不去
旅行或是不想去旅行。北美有几百万人在乡下有第二套住所。这是最
活生生的例子，人们想逃离城市，回归自然的需求促生了郊区，而飞到郊
区也司空见惯。兰迪·康奈利（Randy Connolly）展示了郊区的观念是如
何进入美国的，这种观念试图将城市和乡村的优势结合在一起。[50]

　　现在我们可以明白现代宇宙想象如何促进了唯物主义的传播。的
确，唯物主义者常常难以想象它如何做不到这一点。唯物主义想象这一
局限我会在后文解释。但这里我想说的是，上文应该已经很明显地表明
现代宇宙想象也可能朝其他方向发展。

　　现代宇宙想象与唯物主义的联系已经很清楚了。这种想象终结了
已经无法被理解的旧宇宙观念。它显然不相信规模有限的圣经宇宙观。
一种无垠且深不可测的宇宙（我们从中设想出幽暗起源）很明显可以与
唯物主义兼容。事实上，这种想象的发展可部分归功于古代的伊壁鸠鲁
主义思想，而伊壁鸠鲁主义则是原始唯物主义。

另一条路径所讲述的,正好是宇宙的道德含义:我们的深层自然感,一条流淌于万物间的洪流,亦在我们心中回响;通过与自然的接触,获得向更深、更完满东西敞开的经验;对宇宙内奥秘的感受,而奥秘在护佑的自然神论、牛顿时代的护教者以及波义耳讲座讲员那里都是缺席的,即便是今天的科学世界观以及大多数基督教基要主义也是如此。但所有这些都可以通过一系列不同的办法来解决。

有些人甚至想宣称,我们无法在一种完全唯物主义的世界观中理解这些道德意义;有些唯物主义者也同意,认为这对道德意义而言实在太糟糕。但还有一些人试图在这种框架内寻找合理性,我们暂且不表。然而,同样清楚的是,有很多人通过其他方式解决问题。一些人会在有神论、甚至正统基督教框架内理解我们对这些意义的体验;正如我在导论里引用过的贝德·格里菲斯理解了他的神显经验。

然而关于现代宇宙想象的一个显著事实是,它无法用任何单一类别的观念去捕获。它从各个方向对人产生作用,从(几乎)最冥顽不灵的唯物主义,一直到基督教正统,其间是一些中间立场。有些人,比如歌德,或是另一路径的爱默生,他们很明显是精神性的,但不是基督徒,甚至不信神。然而,其他与深层自然相连的路径,或者说流淌在自然中的洪流,是不可归类的。我们很快会在后文分析现代诗歌以及艺术语言的总体发展,它们使得人们能够在悬置本体论承诺的情况下探索这些意义。

由此可见,现代宇宙想象的显著特征不是它哺育了唯物主义,或是使得人们超越唯物主义重拾精神世界观(好似回归宗教),尽管这两点它都做到了。现代宇宙想象最重要的事实——与我们在此的探询相关的——是它开放了一种空间,人们可以在所有的选择中徜徉观望,而不必清楚明白地作出任何决定。在信与不信的战争中,这里可以被视作无人地带;而且它足够宽敞,可以吸纳中立区的特点,让人们完全躲避战争。的确,这部分解释了为何在现代文明中,信与不信的战争总是在减速泄气,尽管有少数的狂热者仍在努力。

我会更详尽地解释这一点。

────◆ **10　不断扩张的不信领域** ◆───────

 1

这一自由空间的诞生成为可能，大部分要归功于浪漫主义时期对艺术理解的转变。这与对艺术之地位和理解的另一种转变相关，也就是从模仿转向强调创造。这关系到人们所称的艺术语言，也就是诗人和画家所利用的公开参照点。莎士比亚能够让我们对弑君行径充满恐惧，正是因为他重现了我上文引述过的情形。他安排一个仆人来报告同情这一可怕行为而唤起的一连串"反常"事件：顿肯王被无情杀害的那一晚，"他们听到空中有哀哭的声音；有人听见奇怪的死亡的惨叫"，天该亮的时候也没有亮。在之前的星期二，一只猎鹰被一只捕鼠的猫头鹰咬死，丹肯的马在夜里发了疯，"不再温顺，反而嘶鸣搏斗，好像要与人类开战一般。"＊同样，绘画可以利用公众理解的神圣历史或世俗历史、事件和名人题材来提升意义，比如圣母与圣婴，或是贺拉提（Horatii）兄弟的誓言。

但过了几个世纪之后，如今我们所处的世界中，这些参照点不再适用。现在很少有人还相信文艺复兴时期的人所接受的应和学说（doctrine of the correspondences），而不论神圣历史还是世俗历史，都不再具有被普遍接受的意义。这不代表你不能写一首关于应和之诗，确切地说，波德莱尔写了；[1] 而是说我们无法利用人们对之前公开学说的简单接受。诗人自己也不会认同权威形式的学说。他需要一种不同的东西，一种穿过历史参考以及他认为围绕着他的"象征丛林"所获得的某些个人洞见。

─────────────

＊ 指《麦克白》中的情节。——译者注

为了掌握这种丛林的涵义,我们不需要理解太多以往的公开学说(反正没有人会记得任何细节),但要理解它与诗人之感受力产生共鸣的方式。

再举一个例子,里尔克(Rilke)写到了天使。但他的天使不应根据天使在传统定义的秩序中的位置来理解。相反,我们若求解该词的含义,必须通过里尔克的所有意象,因为里尔克借助这些意象来表达他对事物的感知。《杜伊诺哀歌》(*Duino Elegies*)一开头就写道:"如果我哭喊,各级天使中间有谁听得见我?"他们超越于哭喊的存在,部分定义了这些天使。我们无法通过一篇讨论从小天使到六翼天使分级的中世纪论文去理解他们,而只能在里尔克这种感受力的表达中来理解。

我们不妨这样来描述这种改变:之前的诗歌语言可以倚赖于有确定意义的众所周知的惯例,现在则必须包含于这样一种语言中——它对感受力有着清晰的表述。瓦塞尔曼(Earl Wasserman)已经表明,旧秩序随着既有的意义背景一起衰落了,这使得浪漫主义时期的新诗歌语言的发展成为必然。比如蒲柏在他的《温莎林》(*Windsor Forest*)中可以随意使用自古以来的自然秩序观,作为一种寻常可见的诗歌意象。但对雪莱而言,这些资源已不再可用;诗人必须表述自己的参照范围,并使之可信。正如瓦塞尔曼所解释的:

> 一直到 18 世纪末,人们还有足够的均质性知识,以共享一些不言自明的假设……人们在不同程度上……接受了基督教对历史的诠释,自然的圣礼论,大存在链,创世之不同层面的相似,人作为小宇宙的观念……这些都是公共领域涉及宇宙的语法,诗人完全可以视自己的艺术为对"自然"的模仿,因为他用"自然"所指的就是这些模式。
>
> 到了 19 世纪,这些世界图景已从意识中消失。诗歌中从模仿到创造的观念改变并不仅仅是一种危急的哲学现象……如今……诗人还需要作出额外的构想之举……现代诗歌必须从内部构想出一套宇宙论语法,同时在该语法所允许的范围内去形成自主的诗性实在;"自然"曾经高于诗歌,并为诗歌所模仿,如今在诗人的创作

中，自然与诗歌同享一种共同起源。[2]

浪漫主义诗人及其后继者必须表达一种原创的宇宙观。当华兹华斯在《序曲》(The Prelude)、荷尔德林在《莱茵河》(The Rhine)、《归家》(Homecoming)中描述我们周遭的自然界时，他们不再像蒲柏在《温莎林》中那样还能使用既有的参照系。他们令我们意识到，自然中有些东西依然尚未有现成词汇可以描述。[3] 诗歌为我们找到了词汇。这种"更微妙语言"(借用雪莱的说法)一边在展现，一边在定义和创造。文学史走过了一道分水岭。

19世纪初的绘画也发生了类似的转变。比如卡斯帕·弗里德里希 (Caspar David Friedrich)与传统画像学保持了距离。他在追求一种不以传统习规为基础的自然象征主义。他的抱负是让"自然的形式直接说话，它们的力量来自于艺术作品本身的秩序"。[4] 弗里德里希也在寻找一种"更微妙语言"，他在试图表述一种没有现成恰当的术语可以表述的东西，其意义必须在他自己的作品中寻找，而不是在既有的参考词汇中寻找。[5] 他以18世纪晚期自然景色对人类情感的吸引力为基础，但试图表述一种比主观反应更复杂的情感。"情感永远不会违背自然，而总是与自然相一致。"[6]

当然，音乐也是一样。但这里我们可以看到"更微妙语言"发展中的另一方面。如我们所见，这部分源于形而上信仰的式微，这些信仰关乎大存在链、万物的秩序等等；也部分源于人们对形而上和宗教的共识的终结。然而我们首先可以在音乐领域，然后在其他地方，看到一种朝向"绝对"形式的移动。它们源自这种过程的进一步发展，在这种过程中，诗歌和音乐率先成为"艺术"。

当我们想到礼拜仪式上吟唱的祈祷者，或是华宴中称颂英雄的吟游诗人，我们想到的其实是作为"艺术"范畴的诗歌和音乐。但众所周知，在原初社会中，可能没有这种范畴，即便有，这些活动或许也并不属于这个范畴。我们将它们视为"艺术"，不仅因为它们类似于(有时有祖传关系)我们的诗歌和音乐，也因为我们认为艺术有一种气场或光晕，而这些也有它们的气场或光晕。

但这不是说可以用艺术的术语——也就是我们称为"美学"范畴的东西——来解释它们的气场或光晕。礼拜仪式的确有些特殊,因为要用特殊的音域演唱。但这是由于它是向上帝说话或与上帝共融的专用方式。吟游诗人的颂词则是用一种独特的肃穆方式去缅怀追念我们的英雄。

换言之,就听众被感动的方式而言,这里的特殊之处,不是从审美角度去理解,而应从本体论角度去理解:一种特别重要的行动在进行中(敬拜上帝,颂扬英雄)。

在原初历史背景中,即便用经典形式讲个故事或是唱首情歌,都可以用这种早期的"本体论的"方式去理解。它将事件提升到更高的境界;在这种爱中或在这个故事里,有一种原型的东西,一种接近于普世的人类本质的东西。这将它们放到了更高的界域。

对于后来的歌曲或故事,我们迟早要经历转变。我们将圣咏和吟游诗人的吟诵理解成一种社会行为,我们还没有现代意义上的"艺术",也就是与宗教、颂扬英雄等等分离的"艺术"。只有当我们不必参与到创作最初嵌入式(embedded)的行为(比如祈祷,或是在华宴上颂扬英雄),而依然觉得这些创作有价值——因为它们能够令我们驻足,令我们沉思它们的含义(上帝的伟大,神圣感;英雄的伟大,或对他们的敬仰;爱和痛苦的原型,等等)——这时,艺术才作为一种分离的活动而诞生。

于是第一次脱嵌(disembedding)发生了。比如,亚里士多德在《诗学》中建立了理论。这种令我们凝视沉思、在我们面前升华的艺术,可以被描述为模仿。这是亚里士多德所理解的悲剧,而不像之前被视为一种仪式。我们现在进入了(之后被划分为)"艺术"的领地,正如近几百年中在音乐会上演出歌剧和弥撒曲,19世纪的音乐演出,诸如此类。

但是还有第二次脱嵌,它伴随着"更微妙语言"而兴起。这在音乐方面表现得最清楚。音乐在其运用的历史中发展,起先用于剧烈的行动,之后才用于模仿——情歌、祈祷、歌剧等——一种"语义化"(Sematicisation)。这其中部分是因为,很明显,为情歌和圣咏所选的音调在感觉

355

上合适，但它们并不是唯一的可能性，这里面有很多历史关联和附加因素。

第一次沉思的脱嵌留给音乐一种人类行为的明晰的历史语境：祈祷、表达爱、舞蹈、歌剧情节，等等。这些行为没有被实施而是被思考，但它们依然形成了语境。第二次脱嵌则是走向"绝对"音乐的一步。它慢慢发展为巴洛克和古典时期的器乐，后来在浪漫主义时期理论化。

这其中有"去语义化"和"再语义化"。莫扎特的《G小调五重奏》给了我们一种非常强烈的被某种深刻而原型的东西（不是渺小、转瞬即逝的东西）所打动的感受，这两者都能引起无限悲伤，但也非常美丽、清晰、动人。可以想见，那些关于不幸的爱情、失去或离别的凄美故事，也会以类似的方式打动我们。但是音乐没有讲故事。即便没有故事，我们也产生了类似的反应。

换言之，一曲情歌打动人心之处在于其爱情故事似乎表达了一种人类原型：比如罗密欧和朱丽叶。情歌、戏剧、歌剧给了我们得到表达的反应，以及这种反应的意向对象。现在随着新的绝对音乐的诞生，我们拥有了一种被捕获的、真实化的、在我们面前一览无遗的反应；但对象不在了。音乐强烈地打动了我们，因为它是流动的，如它曾经所是；它捕获、表达以及实体化了那种深深打动我们的东西（想想贝多芬的弦乐四重奏）。但它是面对什么来表达？对象是什么？还有对象吗？

或者从另一个方向看这种"再语义化"，我们可能会想到人们试图将贝多芬的《第五交响曲》的开篇处描述为命运敲门。这里的音乐所捕获的不是我们的感动，而是意向对象本身的意义。人们说，如果要为命运敲门的时刻写一出歌剧，你就会想用这样的音乐。只是这是"绝对的"音乐，而不是"计划的"音乐；不像歌剧，这里的对象没有肖像。

然而我们依然觉得必须有一个对象，一个合适的对象；否则这就只是欺骗、表演。但我们并非必需有任何（其他）语言。肯定没必要有一种陈述事实的语言。这为叔本华的音乐理论开辟了道路。然后有了瓦格纳（Wagner）的实践，他将"绝对"音乐带回到歌剧的情节语境，并极大地加以丰富。

"语义化"至少部分地捕捉到人们被打动的模式，但可能它也在尝试表达冥冥之中的宇宙。这里它利用了我们心中的宇宙共鸣。

这是一种新型的语义自由的探索。其他艺术也开始模仿。马拉美是诗歌方面的典范例证。接着，非再现式的（non-representational）绘画也转向了新空间。

"更微妙语言"在经历了这次"绝对"转向后，与意向对象（音乐）、陈述事实的对象（诗歌）或被表现的对象（绘画）脱离了关系，正在进入新的场地。其本体的承诺很不清晰。这说明这种艺术可以揭示事物本质的、极深层的真实，而这种真实当然永远不会是显然的，也不是所有人都能理解的，且不论你的灵性境况如何。于是有了贝多芬；当然还有霍普金斯（Hopkins）。但它也可能会与一种否认深层本体现实的理念相结合。只有虚无（le Néant）。这就还剩下一个奥秘：为何我们会被如此打动？但这一奥秘现在被放回到我们里面。它是有着人类学深度的奥秘。这就是我们在马拉美那里所见到的。但这里的探讨也可以被那些看到了外在现实的人重新利用，比如艾略特；以及被那些想要指向那一现实的人重新利用，比如策兰？

这样我们就可以看出"更微妙语言"在"绝对"模式下的运作如何为现代的不信提供了一席之地，尤其是对那些受到"浪漫主义"坐标轴影响的人：现代认同和世界观抹平了世界，灵性、崇高、奥秘不再有位置。但这不必将我们送回宗教信仰。还有另一个方向。

另一个方向的观念是：奥秘、深度、深深的感动，完全可以被视作人类学的。无神论者、人文主义者坚持这一看法，无论是在听音乐会、听歌剧，还是在阅读伟大的文学作品之际。这样人们就可以补足一种伦理的和科学的人类学，尽管它依然十分简陋、单调。

所有这些都表现了对"更微妙语言"的新探索如何反映了缓冲的身份之困境。首先以一种明显的否认方式：早期语言的客观参照对象越来越稀缺，如与神圣历史、天地应和、大存在链的关联；这些都是祛魅之后不可避免的后果，是宇宙在一种可用机械论术语加以理解的寰宇面前的

357

节节败退。但创造新语言的抱负表现出一种不愿放任自流的态度。它部分反映了新宇宙想象的力量，努力阐释自然中的新型道德意义。这在上文提到的弗里德里希的作品中很明显，华兹华斯和荷尔德林的诗歌中也是如此，还有许多其他例子。更综合地说，这种挣扎是要重新发现一种更深刻、更完满的愿景，同时也认识到这不会很容易，它要求一种洞察力和创造力。

框架性理解是，我们的认识困境是不同的。之前神学和形而上学的语言自信地标示出了更深之物、"无形之物"的领域，现在的思想则是，这些领域只能通过一种"象征"的语言才能间接达到。"象征"这个多义词对于1790年代的德国浪漫派有着特殊的含义，之后在歌德的作品中得以体现。这种意义下的"象征"揭示了一种用其他方法无法达到的东西；它不像"寓意画"，因为画中形象涉及的领域我们可以用文学的语言去直接描述。

事实上，象征是瓦塞尔曼称之为"更微妙语言"的基本要素。它只为所指提供通道。它无法简单地倚赖于既有的语言。这就是为何制造／寻找一个象征是如此之难；为何需要创造力，甚至天才。但这也意味着：被揭示的东西也部分被遮蔽了；它无法简单地与象征分离，或是用日常世界中的寻常参照体系去审视。

这里，现代宇宙想象和过去两个世纪中"更微妙语言"（尤其是诗歌）之间有了一种紧密的关联。先前的想象由其宇宙观表述并赋予形态。新的想象没有什么相似点，除了科学；尽管重要，但它却无法充分阐释事物的道德意义。当诸如自然作为形式之体现和大存在链这样的解释开始崩塌时，探索它半隐藏的意义即成为"更微妙的语言"的主题之一，比如在《丁登修院诗章》（*Tintern Abbey*）的这一段中，华兹华斯写道：

> 我感到有物令我惊起，它带来了
> 崇高思想的欢乐，一种超脱之感，
> 像是有高度融合的东西
> 来自落日的余晖，

来自大洋和清新的空气，

来自蓝天和人的心灵，

一种动力，一种精神，推动

一切有思想的东西，一切思想的对象，

穿过一切东西而运行。（II. 94‒102）*

358

　　自然对我们说话的观念一直徘徊于我们的文化中，它过于玄远，以至于缓冲的身份不会觉得不适，但它又很有力量，足以激发许多间接的道路，比如艺术，比如我们走进乡间或森林时那种焕然一新感，比如我们对自然被毁时的某种警觉反应。

　　正如我在前文讨论过的，这种向自然开放的需求，是感到我们的生活方式中有所不足——我们身处的秩序压抑了真正重要的东西——之后的相关反应。席勒在《审美教育书简》[7] 中描述的这种不足感堪称典范。这种对启蒙时代占统治地位的人类中心主义的批判，主要集中于本书第八章第二节讨论的第二条轴线。它是对作为道德主义的世界观的批判。我们执拗地想将理性与情感分离（席勒在此肯定想到了康德），然后再将道德强加其上，事实上这会造成我们自然本质的一面成为另一面的奴隶。但简单地肯定欲望，同样会使我们分裂，只是倒转了主从关系而已。我们追求的是一种自发的统一，所有官能的和谐，这些可以在美中找到。在美中，形式和内容、意志和欲望自然合一，不分彼此。

　　首先，席勒似乎将美作为通向道德的一种辅助工具；它能帮助一个人更有效地实践道德法则，打个比方说，就是一个人会更心甘情愿地变得有道德。但随着书写的进行，席勒似乎越来越认为审美统一的阶段是更高境界，甚至超过了道德主义。这是一种完整的满足，我们自然本质的所有方面都和谐地融会到一起，从而达到了完全的自由，因此我们的一面不再被强迫臣服于另一面，我们可以体验完全的愉悦。这样的满足超越了道德，是我们存在的真正意义。

---

* 采用王佐良译文。——译者注

　　这似乎是席勒所要表达的要点。他介绍了新术语"游戏",这个术语被在他之后两个世纪中的许多作家不断引用。"游戏"指的是那些我们创造美以及感受美的活动,它肩负着无理由的、自发的自由感,这种自由感在意志强加的法则中是没有的。席勒强调人类"只有在游戏时才成为人"。[8] 这是人类自我实现的顶峰。

359 　　接着,席勒列举了浪漫主义时期的中心理念作为明晰、有说服力、有影响力的程式,回答了道德缺失感的问题,那种(被遗漏和压抑的)对目标或满足的重要定义将会在审美领域找到。这超越了道德,但在席勒那里,两者并不矛盾。可以说它是对道德的补充,从而使人达到完满。后来,从席勒的理论中发展出一种学说,也用"游戏"作为关键概念,但它将审美与道德对立起来。其最重要的代表人物即是尼采。

　　审美是作为一种伦理范畴被建立的,是作为回答"我们应该如何生活? 我们最伟大的目标或满足是什么?"这个问题的一种资源。这赋予艺术一种核心地位。美能够拯救我们,完善我们。我们可以在外界自然或是宇宙的宏伟中找到美(特别是当我们将崇高结合到这种再生力量中去)。但为了对此完全敞开自我,我们需要完全理解它,为此我们需要用艺术的语言去表述它。所以美之创造、艺术作品,不只是能够使我们升华的美的重要场所,也是让我们进入并非我们创造的美的关键途径。在浪漫主义时期,艺术创作成为人类活动的最高领域。

　　如果我们通过艺术和审美达到最高目标,那么这个目标看上去必定是内在的。它会代表上帝之爱以外的另一种选择,一种超越道德主义的方式。但事情没有这么简单。上帝没有被排除在外。将美理解成上帝创世和救世的反映,这种观念从未出局。从席勒之后的冯·巴尔塔萨(von Balthasar)[9] 身上可以看到,神学审美依然可能。

　　重要的转变在于,这个问题如今必须保持开放。这是将我们与之前时代划分开来的节点。在前现代时期,艺术的美被理解为模仿,模仿有序宇宙中的现实,模仿万物的层级,并被更深入地理解为上帝的创造;或是模仿神圣的历史,比如圣母和圣子的肖像或耶稣受难画。无需说,伟大的艺术将我们指向天地应和、存在秩序以及神圣历史。随着这些背景的式微，随着缓冲的自我的出现，这种更大的灵性环境不再关乎没有理论依据的经验（尽管它可能依然是理性信仰的客体），我们已经发展出了瓦塞尔曼所说的"更微妙语言"。这是浪漫主义时期的第二次重大创造，补充了第一次重大创造，即把美认同为恢复我们失落的统一的关键。

　　正如我上文讨论的，这些语言功能有打动我们的力量，又无需做出本体承诺。"绝对"音乐表达的是被有力而深邃所打动，但无需确认在哪里寻找，是天堂还是人间，或是在我们内心深处——甚至不确定这些选择是否唯一。"更微妙语言"的顶点，用佩特（Pater）的话说，就是所有艺术努力达到音乐的境界。进入这种媒介并不意味着否定上帝。相反，许多伟大的现代艺术家——如艾略特、梅西安（Messiaen）——都试图使他们的表达媒介成为上帝显灵之所。这是极为可能的，但并不必要。本体的承诺可以是其他方式，或者它们仍在很大程度上未被识别。

　　这为现代的不信提供了一席之地。作为对道德缺乏感的一种回应，错过的目标可以在美的体验、审美的领域中找回。但这与有序的宇宙和/或神圣存在毫无关系。它可以被奠基于某些纯内在世界观，比如弗洛伊德所提供的那一套。但它也可能保持不做具体说明的状态，而那事实上是最常被采取的选择。

　　多亏了艺术的语言，我们与自然的关系常常停留在中间地带，即在宗教信仰和唯物主义之间的这种自由而中立的空间。我们与音乐的关系也类似于此。我想到19世纪的欧美资产阶级当中去音乐厅和歌剧院聆听公开演出的音乐成了特别重要而严肃的活动。人们开始以一种几乎宗教般的热情聆听音乐会。这种比喻毫不夸张。演出成了某种仪式，并一直保持到今天。人们感觉音乐要表述的是很伟大的东西。这也帮助创造了一种中间地带，既不是明确的信仰，也不是彻底的无神论，而是一种未定义的灵性。[10]

　　我们世界的其他特征似乎也存在于相同的模糊空间之中。比如，20世纪末许多人热衷于旅游，他们因为种种原因踏上旅途，其中一种是去看我们的文明以及其他的文明中的重要"景点"。这些景点很多是教堂、庙宇，是承载过去时代中超越意义的场所。也许你会说这证明不了什

360

411

么，只能说明过去诸文明十分仰仗超越性；那些想要观看过去的纪念物、欣赏艺术的人别无选择，他们只能在教堂、清真寺、庙宇中找到这些。但我不认为那些景点的意义仅止于此，人们身处其中，肯定会有一种敬仰、惊叹，混合着某种怀旧情绪，在这里，与超越界的接触更牢固、更可靠。

这种中间地带的存在，是我在第八章第一节中所讲的现代缓冲的身份所感受到的交叉压力的一种反应，它一方面朝向不信，另一方面又感受到灵性的吸引——无论是在自然中，在艺术作品中，在与宗教信仰的某种接触中，或是在某种意义上，上帝随时会从羊皮纸上显灵。

361 　过去两百年间的艺术对于"象征"（无论该词语被如何使用）所揭示之物的不懈追寻，即通过对"意义"的否认所导致的这种艺术理解的突出地位——即便这种理解是作为某种需要反抗的东西——都说明了我们的困境。前现代语言的失落显示出我们嵌入缓冲的身份之深，但发明"更微妙语言"的持续尝试则又表明人们很难对问题置之不顾，总想去亡羊补牢，用现在成问题的见识替换那些先前的载体。这是现代性的另一种文化现实，与关注意义的失落程度相当。它显示了在缓冲的身份中栖居的隐忧和不确定性。

从宇宙到寰宇的转移产生了两种重大结果。一是唯物主义和不信得以发展出更稳固、更深入的形式，二是缓冲的身份在信与不信之间感受到的交叉压力得以形成。这一转移连同后浪漫派艺术的发展，共同创造了一种中间地带。

2

前面几页我都在讨论这第二种发展。现在我想把本节的开头部分结合进来，探讨这一时期不信的成熟过程。

当然，如果我们寻找的是使 19 世纪的人放弃他们信仰的原因，整个范围就太宽泛了。有些人的原因跟我们已经讨论过的 18 世纪的不信作为一种选择而兴起的情况类似。比如，很清楚的是，那些对缓冲的身份

（力量，无懈可击感）感到非常满意、不太在乎它的窄化效应的人，更容易倾向于唯物主义。人们拒斥基督教的原因还包括：它关乎人的恶、上帝的惩罚等反启蒙的教义；教会的排他性做法，以及它对蒙昧主义（愚民政策）的支持。

从另一方面来看这个问题，很容易得出结论，现代道德秩序的价值只能通过完全并激进地迈向不信才能实现。在 19 世纪，一种关键的价值是利他主义。就这一点而言，无求于外的人文主义可以声称自己高于基督教。首先，基督教用身后世界为利他主义提供了一种外在的回报，而人文主义将仁慈本身作为回报；其次，基督教有时会倾向于排斥异教徒和不信者，而人文主义可以真正普世。比如，密尔就讨论过这些问题。[11]

在其他方面，唯物主义似乎也完成了一种隐含于现代秩序之中的运动。抗击那些来自渴望"更高的"或"灵性的"层次的世界观的诬谤，日常的、感官的自然本质的昭雪似乎采取了一种最激进、最彻底的形式，即完全否认所有此类更高层次的学说。为日常的人之欲望辩护，抵制来自更高的、超脱尘世的使命之要求（改教家所从事的），似乎在唯物主义中达到了终极和逻辑结论。这是一份宣言，宣告感官本性天真无邪，宣告人类与此本性休戚与共，用以反抗虚幻的、非人的完美所提出的那些扭曲要求。

所有这些因素在 18 世纪都已经出现，尽管可能没有像利他主义那样聚焦于同一方向。但现在又有两种新因素加入，它们都在某种程度上改变了论争方向，而且都为唯物主义立场提供了新的深度和牢固度。很明显，它们是相关的。我一方面想到科学和学术的影响，另一方面想到新的宇宙想象。

科学和学术都获得了长足的发展。后者主要与圣经评鉴相关，这门学问质疑了圣经的来源。但更重要的则来自科学的支持，科学声称可以提供一种唯物主义的宇宙观，这主要与达尔文的进化论相关联。

我这里并不是说，从进化论到无神论的"科学"论证就足以服人，更不是说，正因为是科学证明，它才令人确信。我的观点会在后文阐发（第十五章），即世界观上的转移反而取决于道德考量。我指的不是与"科

362

学"论证无关的道德考量，比如刚才提到的有关利他主义的那些论证。我指的是，相比基督教信仰的认识论背后的整个立场，唯物主义认识论背后的整个立场，开始显得更为动听。

不难看出，当时为何会是如此（至今依然如此）。即便是在科学结论看似在做使人归信的工作的地方，起作用的与其说是科学具体的发现，不如说是科学的形式。现代科学为我们提供的，是以普遍规律来表达的宇宙观。基本原理是，有着种种规律性的客观秩序，所有具体事物都按规律存在，并涵盖所有空间和时间。这看似与基督教信仰有冲突，因为基督教将我们与一个人格化的创造主上帝相联系，它对我们的困境的说明，是根据历史中上帝的作为与人类对上帝介入的反应的不断交流，其顶点就是道成肉身和救赎。

在西方知识感受力中，还有一种更深的冲突，可以追溯到很久以前，有些人相信这种人格的-历史的信仰，而对另一些人，何谓可靠的感知则引导他们去寻找一种非人格的秩序作为终极框架。许多"聪明的"头脑，甚至是源自亚伯拉罕的伟大宗教中的头脑，都被吸引到这一方向。例如，中世纪思想家如迈蒙尼德（Maimonides）、伊本·鲁世德（Ibn Rushd）受到亚里士多德永恒宇宙观的吸引，尽管这（看似）与创世说无法相容。

非人格的秩序框架的吸引力也有助于促进自然神论，并最终导向不信，正如我在第七章所描述的那样。我们已经看到，对于"护佑的自然神论"来说，上帝的仁爱这一首要主张，正好是他所造世界的不变秩序的本质。莱辛提到了"鸿沟"，它将道德和宗教的一般真理与所有特殊历史事实分离开来。[12]

对采取这种观点的人来说，最高贵、最高级的真理**一定**具有这样的一般形式。个人干预（哪怕来自上帝）也许会带入一些武断的和主观愿望的因素，而关于现实的最高真理必然超越这些因素。从这种立场出发，对人格上帝的信仰属于不太成熟的立场，因为这类人还是需要感知与万物的人格关系；这类人还没有准备好面对终极真理。此类思想路线慢慢聚积力量，贯穿于现代思想和文化当中，从斯宾诺莎，经过歌德，直到我们当代。

现在我认为，推动人们将科学和宗教视为互不相容并倾向于科学的力量，很大程度上来自于形式上的这一关键差别。换言之，科学大获全胜的基础以及助其坚固的，是一种感觉，即人们所熟悉的基督教属于一种早先的、更为原始的或不那么成熟的理解框架。

朝向非人格性的这一倾向受到新宇宙想象的极大强化。人们很难在广袤的宇宙体察到人格的上帝或是一种仁爱的目的，这样的宇宙似乎是在最令人生畏的意义上非人格的，对于我们人类的命运视而不见，冷漠无情。这种新的宇宙现实的深度感，似乎在召唤一种非人格的因果律的叙述。

这一推理在超脱理性的立场下一路走强，将世界解释为缺乏人类意义，更适于非人格的图景。但这种立场是缓冲自我的现代身份认同的一部分，自然会亲近非人格的秩序。

但这种亲近不只是认知的。从现代性的道德视角——现代社会想象及其陌生人的合群，以及阐释现代道德秩序的道德准则的极度中心化——出发，也要求我们采取一种普世的立场。新道德体系渐渐等同于哈奇森所言的"不偏不倚的旁观者"立场。我们必须克服并超越自身的狭隘和偏见，获得一种所有地点、所有人的观念，类似于自然科学努力占领的"不取立场的视点"。

从这种视角出发，人类以往的前进步伐的真正目的——轴心时代，异教和多神信仰的结束，宗教改革——是引出祛魅，即神灵回应人的宇宙，从而形成一种由道德法则定义的非人格秩序。直线的正统一神教尚未成为这种发展的目标。它使得诸神变成一个神，但依然被视为更多是根据某个反复无常的专制者喜欢或不喜欢而提出道德问题。现在我们早已超越了这一点。 364

后文我们将会讨论到，今天的关键问题之一恰恰在于，因偏爱至高无上、不容挑战的道德法则而来的人格关系之被驱逐，是否如同许多现代人——包括功利主义者和新康德主义者，但不限于此——似乎认为的那样毫无问题。

无论如何，这种偏向非人格的普遍偏见可能随后也波及到唯物主义，正如"科学"发展出的世界观。但有趣的是，世界并不总是这样。有些选择科学而放弃宗教的人，后来又受到我所提到的灵性浅薄的影响。他们同时感受到了交叉压力的两端。的确，这种隐忧似乎在 19 世纪末的教育精英中蔓延。他们开始寻找不同形式的灵性，超科学的研究，超心理学等等。例如，在弗雷德里克·迈尔斯（Frederick Myers）身上，两个步骤是连续的：首先是为了达尔文主义而抛弃基督教信仰，接着又回到灵性，但是在一种非人格框架中。他说自己"先是从天堂广厦的大门扬长而去，接着又从它的洗碗间重新爬进门"。[13] 一种灵性的、但非基督教（犹太教或伊斯兰教）的立场，依然是我们文化中非常广泛的选择。

但还有其他因素，让我们将唯物主义和人的成年相提并论。宗教世界观很容易被描述为提供更大安慰的观点，保护我们免受冷漠宇宙之真相的干扰，而冷漠宇宙在现代宇宙想象中被感知为很大的可能性。宗教害怕面对我们在宇宙中茕茕孑立、孤立无援这个事实。我们在孩提时代的确发现这很难面对，但随着长大成人，我们开始学会直面现实。

当然，对那些沉浸于祈祷或默想生活的人，或是从事其他严肃灵性操练的人，上述这种说法也许不着边际，因为这种操练以其自身方式超越了那种幼稚形象的上帝。但如果我们的信仰停留在不成熟的形象这个阶段，那么唯物主义等同于人之成熟的叙述听上去就会很有道理。容我加一句，如果一个人相信男子气概是关键美德，那么唯物主义的吸引力就会显得无法抗拒。对密尔来说，科学的吸引力正是"好的、彻底的、坚固的逻辑，将感伤主义降到最低"；它使你能够"直面事实"。[14]

从中我们可以看出，科学唯物主义的吸引力，与其说是详尽的发现，不如说是它暗含的认识论立场和道德理由。它被视为成熟、勇气、男子气概的立场，其对立面则是幼稚的恐惧和多愁善感。

我们可以概括地说，从信仰归向"科学"是不情愿的，伴随一种失落感，而这正是某种涉及到的信仰起了重要作用。一方面，有些人对于某些特定信条非常投入，以至于没有这些信条就无法抱持信仰。所以，就基督教信仰被完全等同于某些教条或宇宙理论——比如相信创世发生在公元前 4004 年，或是简单地结合"护佑的自然神论"的秩序——而言，新深度的现实看起来就会是致命的反驳。或者就堕落、道成肉身、救赎这样的故事被理解为不相容于人类文化的缓慢演化而言，驳斥也是颇具威胁性的。

还有一种人觉得"宗教很幼稚"这一指控，在自己的宗教生活中正中目标。"不成熟"这一假设深深地动摇了他们，而且因为这种内在的不安全感，他们最终通过放弃宗教信仰来缓解紧张，哪怕这会带来伤感和无法挽回的失落感。

在第一种情况下，我们的确可以说特定的科学结论导致了信仰的改变。但接下来问题肯定还在：为什么他们要将信仰和这些特定的教条等同起来？为什么他们对新宇宙想象的道德意义充耳不闻，尽管事实上这些道德意义有可能带领他们回归上帝？

当然，这符合我此处的一般立场，即在"科学"影响下离开宗教并不取决于所谓的唯物主义的科学证据，或是上帝的不可能（反正对此的考察也未贯彻到底），而是取决于其他因素，在当前情形中，即是那些很容易被驳斥的非核心教条。

在第二种情况下，人们被说服，从而认为科学的立场更成熟、更有勇气、更能面对未经粉饰的现实。这是一种伦理上的优越感，当然也深受个体对自己童年信仰感受的影响，因为此信仰很可能还是幼稚的。

然而，我们很容易理解，在经历了这种信仰转变之后，在转变者看来，转变方式符合科学真理成为决定性力量的标准故事。如果我渐渐被说服，认为古老信仰同现代科学相比，反映了一种不成熟的世界观，那么我肯定会抛弃前者而忠于后者。事实上，我不是因为那些斩钉截铁的科学结论（这些科学结论我常常看不懂）而转变的，我的转变，要么是因为我已经做出了选择，所以很容易被其"论证"所说服，要么是因为这种先入之见，我已经相信了科学的能力，总有一天，其结论性证据能够证明上帝不存在。

换言之，归向不信的转变者可能会讲述的有关被科学说服而放弃宗教的故事，从某种意义上说是千真万确的。这个人的确看到自己抛弃了一种世界观（"宗教"），因为另一种不相容的世界观（"科学"）看上去更可信。但实际使之更可信的，不是"科学的"证据，而是一种整体包装：科学，加上有关我们的认识论的-道德的困境之一幅图景（在该图景中，科学代表了一种面对困难现实的成熟观念），完胜了另一种整体包装：宗教，加上有关我们的认识论的-道德的困境之另一幅图景（而在该图景中，宗教代表了真正的谦卑，而许多科学声称则代表无根据的傲慢）。但这里的关键考量，不是真正的科学发现，而是"科学"提出的对道德困境的解读，这种解读深深触动转变者，切中其信仰经验。（该信仰依然幼稚——然而，谁的信仰又不是多多少少带些幼稚呢？）正是在这个意义上，我一直称道德考量起了关键作用；不是转变者一定发现"科学"本身的道德更吸引人——你可以假设对立一方的美德更吸引人，因为人们会为信仰的失落而悲叹惋惜——而是它为道德/灵性生活中提供了更有说服力的叙事。

我在前文评述宇宙观发展为寰宇观的漫长演化时已经指出，任何重要的科学推进，都同时受到某个强力持有的愿景的驱动，并反过来具有灵性的意义。当"科学"打败"宗教"时，是一种此类愿景驱逐了另一种愿景，而道德/灵性的意义或许就在这种胜利中起了作用。而一旦胜利之后，"科学"伦理便要求用"证据"的术语体系去反推证明在它之前的运动。于是官方叙事登场了。

科学和新宇宙想象的共同作用塑造了我们看待事物的整体方式，起到帮助作用的还有伴随缓冲的身份而诞生的成熟观念，这一切使得不信的模式日益坚固。这些模式不仅牢牢扎根于我们的世界观，也扎根于我们了解并操作的科学和技术实践。这就是为何在今日的大环境中，唯物主义成了显而易见的默认立场。它不再是一种遥远的野蛮理论，而慢慢地潜行渐近，成为常识。

唯物主义不但得到了加固，而且还得到了深化。我们已在之前的讨论中看到，新宇宙想象使得机械主义开启的宇宙观更进了一步。这一世界图景完全驱散了万物蕴含意义的早期观念，这样的早期观念自柏拉图、亚里士多德开始已经遭到囚禁，他们认为我们周围的世界是各种形式的实现，关于本体的逻各斯的理论。但当时还有其他意义类型的存在

367

空间，比如上帝进一步创造机械宇宙的意图，以及那些因为我们有灵魂而产生的意义。而彻底的唯物主义将其扫除一空。

现在，目的的彻底缺席可以被经验为可怕的失落感，是祛魅世界针对我们的最极端的威胁。但它也有其他积极的方面，也就是那种无懈可击感。这样一个宇宙对我们没有任何要求；我们没有被要求去抵达的目的地，没有被罚下地狱的痛苦，没有神性的因果报应，没有与我们自身不可救药的不和谐。伊壁鸠鲁派已经用一种形式表达了这样的观点。当我们知道，一切都来自原子及其莫测变化，上帝完全不关心我们，这就把我们从对超越者的恐惧中解放出来，达到一种心神安宁。现代唯物主义继承了这一遗产，但赋予它一种典型的现代激进主义曲解：在这个无目的的宇宙中，由我们决定要追寻的目标。要不然我们就往深处寻找，我们的深度，也就是我们觉得发自内心深处的东西。不管哪种情况，都是我们在决定人类的秩序，由此我们能在自我身上发现动力和能力，去构筑自由和互利的世界秩序，以对抗那个冷漠甚至是带有敌意的宇宙。

我们在宇宙中茕茕孑立，这很骇人；但这同时也令人愉快兴奋。孤独也有一种愉悦感，缓冲的身份尤其如此。孤独的喜悦部分源于自由感，部分源于稍纵即逝的瞬间的辛酸，你必须"把握今天，及时行乐"。在这粒小小的尘埃之中，是全部意义所在。帕斯卡尔将人比作会思考的芦苇，可谓抓住了一些实质。

新宇宙想象在此之上增加了一种更深的维度。我们感受到了宇宙在时间和空间上的无穷大，其微观构造又可以达到无穷小，进而感到人类既微不足道又不堪一击；同时我们也看到，在这架广袤无垠且无目的的机器中，诞生了生命、情感、想象力和思想，这是多么值得惊叹。

对此，一个信仰宗教的人很容易承认一种奥秘感。而唯物主义者通常会排斥奥秘感，科学的进程不承认奥秘之物，只有暂时的难题。但无论如何，我们的思考、感情生活在这种深不可测的系统中扎下根，意识的出现也使之充盈着敬畏。

我们惊讶于我们的幽暗起源，以及我们能感受到的围绕此起源的冲突，对于这种惊讶，一位当代作家笔下有很精彩的表述。侯世达（Douglas

Hofstadter)承认,有些人:

> 对灵魂的任何"一览无遗的解释"有一种本能的恐惧。我不明
> 白为何有些人会有这样的恐惧,而其他人,比如我,则在还原主义
> (reductionism)中发现终极宗教。也许我毕生受到物理和科学的训
> 练,当我看到最本质、最熟悉的事物或经验如何逝去时,有一种深深
> 的敬畏,正如你接触到无限小的微观层面时,看到一个怪异的、虚无
> 的以太空间,无数转瞬即逝的漩涡在以几乎无法理解的数学方式旋
> 转。这在我内心唤起一种对宇宙的敬畏。对我来说,还原主义并未
> "作出一览无遗的解释",相反,它增添奥秘。[15]

但是,因着亲缘感,因着感受到整体上属于这些深度,这种敬畏被改变和
加剧了。这使得我们重新体验与万有的联结感和一体感(这种感受兴起
于18世纪,来自我们对幽暗起源的感受),但现在有了无可比拟的宽广度
和深远度。[16]

于是,唯物主义变得更深、更丰富,形式上也更多变,因为主要人物
采取不同立场以应对我一直在试图描绘的复杂侧面。选择不信的理由,
远远超出我们对宗教的判断以及来自"科学"的所谓判决。这些理由也
包括了我们现在在宇宙和我们的起源中所找到的道德意义。唯物主义
如今受到我们栖居于现代宇宙想象的种种方式的滋养,并进一步发展了
这种想象;我们转向一种对无垠宇宙中的无目的感,以及对它产生的敬
畏感和亲缘感,这也同样滋养了唯物主义。

一方面,在19世纪,通过科学和宇宙想象,不信得到深化和巩固;另
一方面,我刚刚提到,基于纯粹世俗时代的共时性和行动的社会想象诸
形式——市场经济,公共空间,人民主权政体——变得越来越普遍。平
行于宇宙想象中对自然实在的意识,我们再次感受到了社会实在,并且
根本不必要求一种不信的视野;但它肯定可以与不信结伴,而根据对此
问题的某些解读,单独看来似乎与不信十分合拍。教宗庇护九世肯定这

样认为。

但无论我们怎样看待 19 世纪的教宗政治（他们肯定无法说服今天的任何人），这里有一种更深的道理，与我们对宇宙想象的讨论相类似。现代社会很重要的特征是不带个人色彩，也就是说，这些社会基于陌生人的合群，并包括在平等者之间集体能动性的创造；它们优先考虑类别身份，人们通过共同的属性相联系（比如美国人，法国人，穆斯林，天主教徒），而不是通过私人关系网络，比如血缘关系或者前近代欧洲社会占据中心地位的效忠关系（当时称作"封建"）。这些其宗教生活曾经与关系社会的生活方式紧密关联（比如农民生活在乡村教区的等级世界中）的人，一旦进入 19 世纪的工业化城市，便会失去方向，无法继续传统的宗教生活。他们很容易就完全抛弃了教会，或是创造新的宗教生活方式。我会在后面的章节探讨这个问题。

❧ 3 ❧

19 世纪兴起的不信形式更为深刻稳固，基本上跟今天的不信形式相同。我们可以将维多利亚人视为我们的同时代人，这种感觉却无法轻易延伸到启蒙时代的人身上。福柯等人注意到浪漫主义时代在欧洲思想上造成的分水岭，即相信这样的实在感：实在是深层的、系统的，要在直接可见的表象之下找到其主要原因，不论是马克思的经济理论，弗洛伊德的精神分析学，还是尼采的谱系学，都是如此。[17] 我们依然生活在这种转向深层的余波中，即便我们可能会质疑这些具体的理论。从这个角度看，我们可能会倾向于认为现代的不信真正始于浪漫主义时期，而非启蒙时代。19 世纪是"现代（宗教）大分裂"（the Modern Schism）发生的时期。[18]

前文中提到尼采，这将我们带到了 19 世纪不信之道德想象中一次极为重要的转折。我之前谈到过"后叔本华主义"的视野，这些视野赋予非理性、非道德、甚至我们内心的暴力冲动以积极意义。以不同形式表达的主要思想是：这些东西不能简单地被谴责或根除，因为我们的存在，和/或生命力、创造力、力量、创造美的能力，都倚赖于它们。这一转折在我们来自荒野和前人类的幽暗起源中找到了新的道德意义。它出自一种对现代人类中心主义的标准形式的反抗，它与"悲剧"坐标轴一起，拒斥了将苦难、邪恶和暴力排除在外的过于和谐的生命图景。

这一转折反对启蒙的诸价值，但不似我们通常所说的反启蒙运动——如博纳尔（Bonald）和德·梅斯特（de Maistre）这样的思想家——此转折根本不是回归宗教或超越性。它依然绝对是自然主义的。这就是我为何称之为"内在的反启蒙"。

它反抗的是现代无求于外的人文主义的一条关键线索，反过来又利用了之前的宗教传统。事实上，这是作为整体的现代西方灵性的一条强大的、具有构成力的线索：肯定生命的价值，对生命的救济及维持，医治及喂养。人类中心主义转向强化了这一线索，上帝的种种目的被窄化为维系人类生命这个单一目标。这一思想的持续力量也许可见于当代的关切——保护生命，迈向兴旺发达，减少苦难，而且是在世界范围内——我相信这是史无前例的。

这种关怀一方面反映了现代观念的道德秩序，另一方面它又历史性地源于我在别处提到过的"对日常生活的肯定"。[19]我试图通过这个术语表达的是现代早期的文化革命，它废除了公民生活中更高层面的沉思，将善的重心放到了日常生活、生产和家庭上。它属于这样一种灵性观，即我们首要关注的应是延长寿命，减少痛苦，促进繁荣。说到底，对"好生活"的关切带有一些骄傲、自私自利的味道。除此之外，它在本质上是赞成不平等的，因为所谓的"高级"活动只能由少数精英实行；反之，合宜地去过日常生活则是人人可为。这是一种道德倾向，就此倾向而言，似乎显然的是，我们的主要关怀必定是我们要以公正和仁慈来与他人打交道，而且必须在平等的层次上交往。

这种肯定——它构成了我们现代伦理观的主要部分——最初受到了基督教敬虔模式的启发。它赞扬践行的圣爱，并在争论上被用来反对骄傲、精英主义，还有那些相信"更高"的行为或灵性的人们的自私自利。

想想改教家对隐修生活之"更高"天职的攻击吧。这些天职意味着规划出有着较高程度敬虔的诸般精英道路,但事实上却偏向了傲慢和自欺。对基督徒来说,真正的圣洁生活是在日常生活本身的范围内,以基督徒的方式和敬拜态度去对待工作和家庭。

存在一种从俗世或者可以说现实的角度对这里所谓"更高"呼召的批判,但随后这种批评被调转枪头,从世俗的角度对基督教甚至所有的宗教进行批判。改教家攻击修士和修女的同一种修辞立场被世俗主义者和不信者拿来攻击基督教信仰本身。据称,这是为了纯粹想象中的更高目的而鄙视真实的、感官的、俗世的人类之善,对"更高"目的的追求只会导向对真实的、俗世的善的挫折,导向痛苦、禁欲、压抑等等。所以那些支持"更高"道路之人的动机,其实是值得怀疑的。骄傲、精英主义和宰制欲望也在这一叙事中起了作用,还有恐惧和怯懦(这也出现在早期改教家的叙事中,但没有那么突出)。

无求于外的人文主义既继承了对道德秩序的忠诚,也继承了对日常生活的肯定。可以说,这激起了来自内部的反叛。反叛的对象是人们称为世俗的人生宗教的东西,这也是现代世界中最醒目的特征之一。 371

对比人类历史的常规,我们生活在一种超乎寻常的道德文化中,在这样的文化中,饥荒、洪水、地震、瘟疫或是战争中的痛苦和死亡,能够在世界范围内唤起同情和实际团结的行动。当然,这种情形之所以可能,是因为现代传媒和交通模式,更别提这些方式的过剩了。这些不应遮蔽我们看到文化-道德变化的重要性。同样的媒体和交通手段不一定会在所有地方唤起同样的反应;这在前拉丁基督教世界表现尤其显著。

同时我们也承认媒体大肆炒作所导致的扭曲,以及媒体观众的注意力持续时间之短暂,追逐夸张场景所制造出的最强烈反应,往往会湮没更值得报道的事件,结果只有CNN的摄影机才能挽救它们。不论如何,这类现象很突出。在广岛和奥斯维辛时代,也产生了国际特赦组织和无国界医生。

当然,所有这些都有很深的基督教根源。首先,反宗教改革的天主教会在宣教方面做出了极大的努力,后来新教各宗派承接了这份努力。

接下来是 19 世纪初的群众动员运动——英国的废奴运动大部分受到了
福音派的启发和领导；美国有平行的废奴运动，也是受到了基督教的启
发。于是，这种矫正不公和缓解痛苦的全球范围的动员习惯，成了我们
政治文化的一部分。到了一定时候，这一文化不再单单受到基督教的启
发，尽管有深厚基督教信仰的人们在今天的运动中依然占据重要地位。
再则，为了超越基督教世界本身的疆域以推动团结，或许也需要突破基
督教世界的文化。

我这里试图描述的，是启蒙运动的复杂遗产。它包括了一种强有力
的人文主义，即对维持和改善生命的重要性以及避免死亡和痛苦的重要
性予以肯定；也包括了一种超越性的遮蔽或否认，即由此倾向于使得这
种人文主义成为无求于外的；还包括了一种晦暗的历史感，即第一点（肯
定）是通过和倚赖第二点（否认）而实现的。

从两个半世纪前的开端起，这种不断发展的社会思潮遇到了抵制。
在其极有影响的功利主义变体中，它被视为一种人生的扁平化，用后来
的流行说法，就是"单向度的"。引用陀思妥耶夫斯基《地下室手记》里主
人公的话，"水晶宫"里的人生，让人感到窒息、衰弱、奄奄一息，或是扁
平。很明显，这种反应至少有两种重要来源，它们有时也会彼此结合（尽
管很难）。

一种是对超越性持续不断的灵性关切，这种关切绝不会接受兴旺发
达的人类生活就是全部，并且轻视这样的简化。另一种来自古老的贵族
气质，反对平等仁爱的文化带来的扁平效应。它担忧生命中英雄维度的
失落，也担心这样一个结果，即人类下降到追求物质享受的和功利的庸
众。这种担忧竟然远远超出了保守派圈子，在托克维尔那里也有所体
现，他就十分担心这种对人性的简化在民主时代对我们构成威胁。他害
怕一个人们到头来只关心自己的"低级小趣味"的世界，这会失去对自由
的热爱。[20]

现在这些抵抗受到了长期存在的诸传统的滋养，这些传统一方面包
括超越性，另一方面包括源远流长的荣誉和卓越的标准。我所说的内在
反叛是对生命至上的抵制，但它也抛弃了那些传统资源。它既没有植根

372

于超越性,也没有基于历史被普遍接受的对社会等级的理解——虽然它可能受到了早期勇士伦理的启发,正如在尼采那里所看到的。

这种反叛来自不信阵营内部,可以说是反对生命至上。它没有借某种超越物的名义,其实更多是承认生命居首位而来的限制感、矮化感。

于是外在的反启蒙和内在的反启蒙开始发展,它们共同承担,有时甚至加剧了这种对过去的拒斥。但正如世俗的启蒙式的人文主义来自更早的基督教的、受圣爱启发的对日常生活的肯定,所以内在反启蒙也来自那些受到超越性启发的前辈。

首先发生这种情形的是文学和艺术领域,它们都经历了浪漫主义及其后继阶段。浪漫主义运动是反启蒙发生的重要场域之一,尽管它的内涵要比这丰富得多。反对被剥夺了意义的扁平化世界,这是浪漫主义作家和艺术家笔下时常出现的主题,它可与反启蒙承诺汇合,尽管并非必要。至少,这让与更粗俗的启蒙世俗主义变体(比如功利主义)结盟成为可能。

内在的反启蒙发生于西方文化领域之内。从一开始,它就与审美至上相连。即便在它拒斥审美至上这个范畴,并提及"审美幻象"(保罗·德曼[Paul de Man]语)的地方,它还是极为关注艺术,特别是现代派、后浪漫主义艺术。它在现代学术体制内的最大阵营是文学系。

其主要话题之一就是对死亡中心性的新理解,这是对于主流的无求于外的人文主义所无法应付的死亡问题的一种回答。它的思想资源部分来自宗教传统。我会在第十九章讨论这一点。

与此交织的是另一种对生命首要性的反抗,主要受外部反启蒙运动的其他抵抗思想的启发,以伟大、超常、英雄豪迈之名抵抗扁平化。

这一观点最有影响的提倡者无疑是尼采。值得注意的是,我们时代最重要的反人文主义思想家,比如福柯、德里达(Derrida)以及之后的巴塔耶(Bataille),都吸收了尼采的很多思想。

当然,尼采反对的观念是——我们的最高目标是要活命、延长寿数、避免受苦。他从形而上和实践两方面驳斥了这些观念。他拒斥了对日常生活的整体肯定之下所蕴含的平等主义。但他的反抗从某种意义上

373

说也是内在的。生命本身也可推向残酷、宰制、排斥，而且是在对生命最
旺盛的肯定之际。

所以，这一运动从某种意义上说依然是在对生命的现代肯定的框架
之内，没有什么能比生命运动本身（权力意志）更高。但它对仁爱、普世
主义、和谐以及秩序不满。它想要恢复毁灭和混沌的名誉，即恢复施加
痛苦和剥削的正常地位，将之作为要被肯定的生命之一部分。恰当理解
的生命也包含了死亡和毁灭。要假装没有这些东西，就是在试图限制
它、驯化它、控制它、剥夺它的最高表现形式，这些使得它成为你能够接
受的东西。

遮蔽死亡和痛苦的生命宗教是褊狭而卑微的。尼采认为自己继承
了一些前柏拉图和前基督教的武士伦理的遗产，即它们对勇气、伟大、出
类拔萃的颂赞。其中心一直有死亡的典范地位。甘心面对死亡，视荣耀
和声誉高于生命，一直是武士的标识，表明他的卓尔不凡。[21] 现代肯定生
命的人文主义哺育了胆怯、寡断。这一指控反复出现在反启蒙文化中。

当然，这种反启蒙文化的果实之一就是法西斯主义——其中尼采的
影响并非全然不相干，不论沃尔特·考夫曼（Walter Kaufman）对将尼采
视为纳粹原型的简单化迷思进行的驳斥多么真实有效。除此以外，对死
亡和暴力的迷恋不断出现在巴塔耶的作品中，同样还有德里达和福柯。
詹姆斯·米勒（James Miller）的福柯研究显示了这种反叛的"人文主义"
的深度，人文主义成了一种窒息封闭的空间，人们必须突破它的枷锁。[22]

我在这里不是要抨击新尼采主义，将之视作法西斯主义的前台侍
374 应。但也不是说，我们文明的任何主流精神倾向都完全不用对法西斯主
义负责。我要说的是，我们应该承认，有一种反人文主义倾向，其所反对
的恰恰是对生命不屈不挠的关怀、对暴力的排斥以及对平等的强加。

尼采主义者对强化的生命之理解——它可以完全肯定自身，从某种
意义上说带领我们超越了生命；就此而言，这与其他宗教意义上的强化
的生命（比如新约中的"永恒生命"）有类似之处。但它融会了一种对否
定生命、对死亡和痛苦的迷恋，并借着这种迷恋带领我们超越生命。它
不承认某种生命之上的至善，从这种意义上说，它自视是宗教的完全对

立面。"超越",再度从一种重要的意义以及吊诡的意义上说,是内在的。

这样看来,我所称的内在反启蒙涉及了对死亡和暴力的价值重估、甚至迷恋。它反抗主导现代文化的无求于外的人文主义,但它也排斥所有之前对超越性的本体论奠基的理解。如果我们考虑到这一点,可能会改变现代文化的图景。"传统",尤其是宗教传统,以及世俗的人文主义,这两方的战斗图景不复存在,我们可能会看到一种混战,三角战斗甚至最终成为四角战斗。

这就让我们看到了我所说的新星效应如何迅速扩张;各种立场层出不穷。它们的相似及相反变得越来越复杂。我们在唯物主义和不信上就看到了这一点。当新星效应扩张时,其他基本立场上也有类似的叠加变体,于是参与辩论的成员范围越来越广泛,其中产生了多重的平面和交叉关系——比如上文提到的帕斯卡尔(所有人里偏偏是他)和现代唯物主义的一支。

❧ 4 ❧

有人会说,不信是在 19 世纪成熟的。它发展出了稳固和深度,但可能最重要的是,它发展出了一种多样性,有着种种内部差异的综合体。对我们今天来自不同背景的许多人来说,它能够自成一个世界。也就是说,它为他们限定了何谓潜在可信的视野。有些无求于外的人文主义者对自己的立场不太确定,但令他们感到处于弱势的方向是新尼采主义者的反人文主义。或者这些"后现代主义者"读到约翰·斯图亚特·密尔或是卡尔·马克思时也偶尔会有怀疑的苦闷。在他们的地图上没有超越者。

也许是时候重提我最初的问题了:从不信根本不可能发生的公元1500 年,直到公元 2000 年,到底发生了何种变化,以至于到了公元 2000 年,不但有了许多幸福的无神论者,而且在某种小环境中,信仰竟然是在顽强反抗强大的不信潮流?

　　我们对现代宇宙想象的讨论帮助我们深化了理解。我们的起点是公元1500年,当时还是迷魅世界,自然和社会生活与高级时间交织,没有给不信留下多少空间。神学家区分了自然和超自然的层面,但人在经验上不可能将意识只限于自然层面去生活。神灵、幽暗势力、高级时间总会强行闯入。

　　随着世界的祛魅,高级时间的边缘化,高级层面的这种逐出在原则上就变得可能了。但这一过程也遭到阻击,因为人们相信,要重定这个世界的秩序,使之成为祛魅的且道德的,其所需要的激励、力量和规训都来自上帝。在个人生活中,它作为恩典来临;在公共生活中,它作为上帝所颁布的规训和组织形式。对个人品行和公共秩序来说都处于中心地位的是这样的感知,即天地万物的安排是上帝按照他的旨意、为了我们的好处而建立的。

　　上帝在我们的良知中,在我们的社会秩序中,在我们的宇宙中;他不像在迷魅世界中那样,在特定事物、地点和时间的直接经验的闯入方式中;而是作为一种确定秩序的力量,这种力量使得道德、社会和世界中的事物之条理富有意义。

　　于是与神灵和幽暗势力的直接相遇渐次退却,但这为更强有力地感受到上帝定秩意志开辟了空间。事实上,将迷魅世界赶到边缘,部分是因为我们对此定秩意志的感知。

　　随着人类中心主义的转向,对上帝定秩的在场这一感知开始褪色,而我们可以靠自身维持秩序这一感知则开始兴起。对某些人来说,上帝撤退到了远方,在开端处或在终结处(自然神论者);对另一些人来说,上帝完全消失了;还有一些人不遗余力地否定上帝。

　　我们对定秩在场的感知在逐渐损毁,而宇宙想象上的转变则加剧并完成了这一损毁过程。这不仅仅是因为这种在场被过多地等同于早期现代强调设计的护教论,它还因为无垠而深不可测的宇宙处于时间的幽暗深渊中,会令人很容易就完全忘记了这种定秩的在场。诚然,这会令坚持这一观念变得十分困难。

　　我们对宇宙的感知不那么明确,正如我之前试图解释的那样。它可以遮蔽对秩序和意义的全部感知,但也可以成为强有力的灵性意义的场域。当这些都被否认时,结果通常是一种狭隘而庸俗的科学主义。但如果我们对之采取开放的态度,结果就会有很多变化:选择伊壁鸠鲁-自然主义者的方向,他们会引领我们朝向一种深刻而丰富的唯物主义;走另一条路,他们会向我们呈现灵性的广阔范围,对一些人来说,就是让我们向上帝敞开。

但是,如果一个人选择前两条道路——要么拒绝意义,要么在伊壁鸠鲁-自然主义者意义上接受它们——那么这个人就可以生活在似乎可以宣称上帝处处缺席的世界中。这样的宇宙,其外部界限所触及的只能是绝对的幽暗;与之相对应的人类世界中,我们能真实体验到无神性。 376

这不是公元 1500 年之际我们祖先的方式,他们可以在特定处所与特定事物的相遇中体验神灵与魔力。它更像是公元 1700 年(精英)前辈的方式,他们体验到上帝定秩的在场,即作为一个四处弥漫的构造原则,而不是一个能被置于最突出位置的对象。

但它又与此不同,因为这是一种缺席感;这是一种认为所有秩序、所有意义都来自我们自身的感觉。我们与外界没有共鸣。用这样的方式看世界,正如我们许多当代人那样,自然/超自然的区别就不只是智性的抽象。一类人群出现了,他们试图体验一种完全内在的世界。从某种程度上说,我们可以将此成就判定为幽暗的胜利,尽管如此,它依然是一种非凡的成就。

11 19世纪的轨迹

如果可以的话,我们最好能够跟踪新星在19世纪末和20世纪初的发展,因为那正是不信的选择大大增加、丰富之时,且在它们整体扩散到社会的过程(我称之为"超新星",主要发生于二战后)之前。

这里的轨迹随着国家文化的不同而有显著差异。真正让人满意的叙述必须注意到所有这些情况。不过,我没有足够的篇幅和能力去写,读者或许也缺乏耐心去读完。所以我想聚焦在几个有趣并有代表性的案例上。我会先考察1840—1940年间的英格兰(有时会扩展到不列颠,但主要是英格兰),接着简单考察一下20世纪初的法国,然后我会在下一部分对西方"世俗时代"的到来做一些概括式的总结。

1

19世纪初见证了与福音派相关的信仰和实践的复兴,部分因为人们对大革命和拿破仑战争感到震惊。但在1830年代,知识分子和社会精英中的正统信仰再度受到压力。一些与之前相同的哲学考量又开始发挥作用。哲学激进主义及其功利主义原则,完全是18世纪的智性产物。但正如我之前提到的(第十章第三节),我们也许应该视基督教信仰的复归为一种重演,而不是之前世纪发展的简单延续。这是因为攻击的路线从某种方面来说是新的。旧辩论仍在继续,但一种新方法补充了进来。

一次重要的撤退发生了;于是世纪中期的约翰·斯图亚特·密尔(的确,他不是一位中立的观察者)说:"宗教、道德和政治的老观点被更明智的思想所摈弃,所以它们丧失了行善的大部分功效。"[1]但这一倒退中的最重要航向之一的确是时代的新内容。可能对它最好的理解,是将

378

它视作面对交叉压力时的解答,此种情形是当时许多人所感受到的。我在之前部分曾经描述过,一方面它属于非人格秩序看似无法逃脱的观念;另一方面它又有躲避扁平化、空洞化、碎片化的需要,这些都是周遭文化和社会秩序十分明显的伴生物。非人格的吸引力反映了一种对正统基督教的拒斥;但面对许多关键之善的失落,拯救历史上基督教的某些特定价值就显得迫在眉睫。

所以,对许多人来说,传统信仰中超越或背离非人格秩序的要素不再可信;但同时,他们又感受到自己时代的脆弱、丑陋、邪恶,这阻止他们接受更为化减的、科学主义的或是功利主义模式的秩序。

要在这些术语背景中考察不信的推进,很好的例子是看卡莱尔的影响和冲击。这在今天很难理解,不仅因为卡莱尔夸大其辞的论战风格(这本身也许很有趣),多半也因为他在事业终点时攻击了现代自由主义的一些最基本的价值,这令他难以被人谅解。的确可以说,他死后很快就湮没无闻。[2] 但在 1830 和 1840 年代他可是炙手可热。我在这里所说的不信所推进的一个航向,指的就是卡莱尔回应交叉压力时的解决办法,这一办法为许多精英公众提供了与他们先辈的信仰保持距离的桥梁。从这点上来说,他的后辈中有马修·阿诺德。阿诺德在某种意义上延伸了该桥梁,或者说他以一种不同的、甚至更加怡人的方式重建了该桥梁(乔治·艾略特提供了这一类型的另一座桥梁,也是沿着卡莱尔的足迹)。

通过赋予卡莱尔如此中心的角色,我渐渐偏离了维多利亚时代信仰失落的标准叙事。这一叙事有些过于简化——信仰失落是由达尔文进化论的冲击导致的,而进化论又直接驳斥了圣经。这对许多自幼接受信仰教育的人来说会制造一种痛苦的冲突,最后的结果是,许多人会抛弃他们的信仰,尽管带着一种辛酸的失落感。这一叙事中有真实的部分,特别是痛苦,以及失落感(似乎达尔文本人也有)。但它遗漏了关键性的东西:在进化论出现的世界中,人们已经不再对圣经故事简单地信以为真了;这个世界已经被非人格秩序观念打上深深的烙印,更不要说时间的幽暗深渊了;在卡莱尔的非人格秩序的宇宙观代替了基督教时,一种极有影响的表述已经给出了。

379　　　这不是说达尔文就没有影响力。他的理论对于世界走向一种唯物主义的、化减的宇宙观起到猛烈的推波助澜的作用，其中一切目的论都被扫荡一空（因为在更深层次上被搪塞过去了）。但在它进入的领域，许多人已经感受到非人格秩序的至尊魅力；它光凭自己无法产生这一魅力。

　　卡莱尔很大程度上受到歌德影响，并通过歌德间接地受到了席勒和德国浪漫派的影响，[3] 他反对基督教所有无法与非人格秩序兼容的特点：个人与上帝关系的重要性，特殊护佑，神圣审判乃上帝之位格的决定，以及最重要的——神迹（那些"老希伯来的把戏"）。[4] 而且，他并不认为这是他一个人的反应。我在之前的章节已经描述过他与许多人共享的观念，这种观念基于一种分期的历史观*，他拒绝的部分对于当时的人来说也是根本无法接受的，尽管如此，还是有一些人因为无法理解自己的时代而继续坚持着。无论从基督教中拯救出何种价值观，它们再也无法保存在那副旧皮囊中。"基督教的神话在 18 世纪已经无法相比于 8 世纪"；谁会帮助我们"用新的神话、新的手段和包装来体现宗教的神圣之灵，这样才能使得我们要不然也同样毁灭的灵魂可以存活？"[5] 我们从乞灵于"神话"一词就能猜测到，这副新皮囊的教义不是十分确定，但它们似乎涉及到某种不纯粹属人的灵性力量的存在，从而帮助人类获得更高形式的生命。它们设计某种形式的"护佑"、"历史"、"绝对道德准则"，正如威尔逊所指出的那样。[6] 这些更高形式能允许我们真正肯定一切存在的善和公正，也就是卡莱尔所言的"永恒的肯定"（the everlasting Yea）。

　　对卡莱尔而言，这一信念是最重要的，否则的话，时间潮流会趋向于人类生命的退化：丑陋，商业-工业社会的自大，原子主义，缺乏共同关

---

* 分期的历史（stadial history），也称为推测或假设的历史，基于经济组织将人类进程分为四个历史阶段：狩猎、游牧、农耕和商业社会。该理论最早由孟德斯鸠提出，大卫·休谟和亚当·斯密所属的苏格兰学派将之应用到史学领域。——译者注

怀,导致社会只能靠"金钱关系"来维持,缺乏更大、更英雄化的生命视角,无法超越短视的享乐主义不停向我们灌输的东西(卡莱尔预见了尼采的出现,他讥讽地定义了有组织的慈善事业,将之称为"全面废除痛苦协会")。在这一时代中,宇宙和社会看上去只是机械的,缺乏意义。"对我来说,宇宙整体缺乏生命、目的、意志力,甚至连敌意也没有;它就是一个巨大的、死气沉沉的、无法测量的蒸汽机,极其冷漠地不断滚动,将我碾得支离破碎。噢,这巨大阴郁孤零零的各各他,死亡之地。"[7] 所有一切,即便是最崇高的东西,都被简化到计算:"边沁式的功利主义,以获利和损失来衡量;将上帝的世界简化成一架死气沉沉、粗暴的蒸汽机,将无限神圣的人类灵魂简化成一种用来称量干草和蒺藜、享乐和痛苦的秤。"[8]

如果不能保证我们会进入一个更高的阶段,所有这些都会变得无法忍受。我们可以看到这里反映出对缓冲的身份和现代秩序——我在之前的章节中以不同的"坐标轴"对之进行过区分——的强烈不满。需要特别指出的是,我们看到,在最后一句引文中反映了我在第八章提出的框架中的 I.2 轴,即在面对功利-商业-工业社会的堕落理论和实践时,拯救人类灵性/道德提升之潜能的迫切性。

于是人们必须既反对基督教,又支持基督教。卡莱尔的(不是很确定的)理论是面对这一交叉压力的解决办法。他自己的一生也反映出其中的紧张,他无法直言告诉他虔诚的母亲,他已经抛弃了信仰。他提供的构想是,他没有抛弃信仰,而是重新定义了信仰,让故意的欺骗(不过程度不深)看起来有些真实性。

紧随其后的是阿诺德,他以自己的方式回应了同样的魅力。老信仰已经不可信,但它的贡献是不可或缺的。一个原子化的商业社会受到"无政府状态"的威胁,只有传播高级文化才能与之对抗。知识阶层对高级文化的谆谆教诲,跟国教对崇拜的特定形式的维持并无二致。这两个组织常有重叠部分,这样阿诺德就可以告诉他的母亲,他继承了广教派(Broad Church)父亲的事业。

阿诺德在二十岁刚出头时就丢弃了自幼受教的信仰,原因我们已经在卡莱尔的例子里看到过了。但这对他而言绝非易事,原因也跟卡莱尔类似。从个人层面上，他想与父亲保持距离，他父亲是英国国教广教派极为虔诚的教徒。但更重要的是，他感受到自己无法再去接受的信仰的衰落会带来可怕的后果。

阿诺德敏锐地感受到现代世界缺乏深度，现代自我缺乏完整性。我们倾向于栖息在表面，这样就与意义的伟大潮流断开了联系，而意义本可以改变我们的生命："你必须将自己沉到直觉的海洋深处；其他人则竭尽全力把你留在荒凉贫瘠的表面。"[9]

这种与伟大根源割断的感觉，体现在个体身上就是与自我割断："当下时代的不幸不是人类苦难的加剧，而是他们无法感受痛苦和欢乐，他们根本无法体会到整体而深刻的感受……他们在某一时刻仿佛开始感受到什么，下一刻又开始了想象，然后是世界混杂的永恒骚动，突然闯入，又匆匆离开……世界的疾病就是与自身分离。"[10]

正如霍南（Honan）指出的，阿诺德得出结论："人类缺乏深层的身份认同；他苦于迷失方向和百无聊赖，不断变化又无法满足的情感，存在的浅薄，他对自己的努力感到不满……因为灵性生活中没有任何令人信服的权威，于是导致了有气无力。"[11]

阿诺德完全感受到了我在第八章第二节中提到的现代世界中共鸣的缺失，他特别通过"浪漫主义"坐标轴去体会；这是一种自我被分裂，自我与伟大生命之流的联系被割断的感觉。像卡莱尔一样，歌德和浪漫主义时期的思想家是他的重要思想来源。像他们一样，他在美中看到了治愈的力量；他以文学为实践，后来将之定义为"文化"。

这不只是单个思想者或是拥有超常良知和情感的人的悲剧。整个时代都反映出了这种空洞。我们身处一个看重机械和物质的文明中，这就鼓励了以利益为目的的狭隘专业化，也鼓励了没有整体感的个体行为。在英格兰，后一种错误尤其严重："我们处于漂向无政府主义的危险中。我们尚没有**国**的观念——这在欧洲大陆和古代是十分熟悉的——这一观念赋予了国家以集体性和协作性的特征，国家将最紧急之力量用于大众利益，在集体利益高于个人利益的名义下控制个人意志。"[12]

这样的文明既庸俗又个人主义。碎片化的社会是碎片化的自我的

381

对应物。阿诺德吸收了席勒在《审美教育书简》中的基本观点。

这种碎片化和深度的失落是我们为基督教时代终结所付出的代价。阿诺德和卡莱尔一样清楚地确信，这不是个人的选择，而是反映了时代的变化，最终没有人能够说不。他的晚期诗歌《奥伯曼重现》（*Obermann once More*）[13]就简要描绘了我们的灵性史。异教时期的繁荣带来了伟大的成就和美，之后"隐秘的厌恶到来/深深的厌倦和难填的欲壑/把人生变成了地狱"（ll. 94—96）。但基督教到来，泽被大地。奥伯曼喊道：

噢，若我生在
那伟大的日子，
它的无上荣光填满天地，
亦令我心醉神迷！

天地间没有什么念想
能够抵御爱的浪潮，
它如此深沉而强烈，
来自耶稣敞开的墓穴。（ll. 141—148）
……

当我们相信，他便前行，
他的坟墓敞开，
来自寝室、教堂和帐篷的人们站在坟边；
耶稣前来拯救。

现在他死了！他远远地躺在
荒凉的叙利亚村庄。
叙利亚的星辰眨着明亮的眼睛，
朝下望着他的坟墓。

382

人们带着希望，徒劳地守候，

他的死地沉默无言，

墓碑石尚未铭刻，

似乎在等待墓志铭的到来。(ll. 169—180)

……

它的外形仍纹丝不动

而血肉之躯和体温已慢慢消散；

它依然讲着习惯性的演说——

但每个词都已死去。(ll. 193—196)

阿诺德的《大夏图修院诗章》(Stanzas from the Grande Chartreuse)[14]最为强烈地表现了信仰离去后留下的巨大空洞，以及诗人对信仰和信仰之不可能这两者之间深刻矛盾的暧昧感。咏者带着最强烈的吊慰之情，感伤自己无法回到祈祷者扮演如此重要角色的寺院生活的世界。

严厉的老师掌握了我的青春，

清除了我的信仰，浇灭了它的火焰，

他们向我展示了高悬而明亮的真理之星，

命令我凝视，充满雄心壮志。

即便此时此刻，他们的低语依然刺透着我的阴郁：

你在这活死人之墓做什么？

原谅我吧，思想的掌控者！

很久以前命令我的人，

他们的话有多少耳边风，有多少弃之脑后——

我不是到这里才变成你们的仇人！

我寻找这些隐士，不是为了悲悯，

是为了诅咒、否认你们的真理；

我要说！不是作为他们的朋友或孩子，

而是作为遥远北方海滩上的一个希腊人，

思索着自己的诸神；

我站在残破的北欧古文字碑石前，

充满了遗憾和悲哀的敬畏——

因为这两者都曾有信仰，但都已不复存在。

在两个世界间徘徊，一个已逝去，

一个尚无诞生的力量。

我的头脑无处安息，

只好在荒凉的大地上绝望等待。

他们的信仰，我的泪水，被世界嘲弄——

我来到他们身边一吐幽思。（ll. 67—90）

383

这里阿诺德表达了一种特别是在 19 世纪初的欧洲非常普遍的情绪，但在某种程度上说，今天的人对此也深有体会。正如莱昂内尔·特里林（Lionel Trilling）指出的，[15] 有许多不同的途径去回应这种自我合法化却又无可挽回的抛弃。一种方式是探索这一绝望的环境，几乎沉溺其中，例如歌德的维特（Werther）、夏多布里昂的勒内（René）、瑟南古（Senancour）的奥伯曼这些不同的取径。现代忧郁症从这些作品中找到了定义；它至少可以提供一幅凄苦的画面。另一种回应方式是惊天动地的行动，充满叛逆挑衅，甚至可能是毁灭性的和非道德的；比如我们在拜伦身上所看到的那种自我肯定。这从某种方式上回答了我之前提到的"悲剧"轴的担忧。

阿诺德认可了这两条道路，并在这首诗中提到了这两者。第一种方式对他有着强烈的吸引力，他下笔充满柔情。但最终两者都被否定了，他对第二种方式带着轻蔑："拜伦这样的讨厌之人，现在能有何帮助呢/……他淌血之心的华丽表演？"（ll. 133，136）而与第一种方式惜别时，他则带着遗憾：

噢，奥伯曼，当我们读到那悲哀严苛之处，

会有一丝轻松吗？

你在当年那最可怕的暴风雨中，

如何觅得藏身处？

是在枫丹白露的孤独灌木丛，

还是阿尔卑斯雪山旁的小木屋？（ll. 145—150）

但是还有第三条道路，寻找一种新时代的信仰，一种宗教的积极形式。这便是卡莱尔、阿诺德、爱默生的立场。

　　这里我无法详尽展开，但阿诺德所期望的是目前"尚无力出生"的新时代，可以由文学和教育来催生。阿诺德指望"文化"来引导这一变化。这意味着文化的定义是"通过学习了解的方式去追求我们的整体完美，了解一切与我们最相关的事物，了解世界上人们认为最好的东西；通过这一知识，会有一股清新自由的思想之流注入我们陈腐的观念和习惯——我们通常只是机械地遵从它们"。[16]我们的完美意味着人性的成长，它所对抗的是我们的动物性。它包含了"不断增加的功效，以及思考和感受等各种天赋的总体和谐发展，它们会为我们带来人性特有的尊严、富足和幸福"。[17]这一完美不仅要在单独的个体身上实现；更大的目标是带来"一种**和谐的**完美，发展我们人性的所有方面"，也可以成为"一种**总体的**完美，发展我们社会的所有部分"。[18]这一意义上的文化与宗教很接近，但又无法从属于它。"文化的目标是无私地追求完美，真实地看待事物，它告诉我们，人里面的宗教一面是多么宝贵和神圣，尽管那不是人的全部。"[19]

　　但阿诺德让这两者变得更接近了，他在晚年定义宗教是"带有情感的道德"；他描述上帝（而非我们自己）为"恒久的力量，该力量有利于公义"。[20]这一宗教与非人格秩序中生出的准则明显是同质的，因为它们都试图（通过"而非我们自己"的表述）保留一些超越的遗迹。

　　这一对困境的尝试性解决方案曾是一个希望，但它并没有减弱强烈的分离感和失落感，那种感觉在诗歌中得到广泛共鸣，也必定能被人们

384

体会到。

　　这里还有一份文献值得一看，它是一部在 19 世纪末、20 世纪初的英国和美国大受欢迎的小说——马修·阿诺德的侄女汉弗莱·沃德夫人（Mrs. Humphry Ward）写的《罗伯特·埃尔斯密尔》（*Robert Elsmere*）。[21] 主人公埃尔斯密尔是英国国教会牧师，却在正统基督教中迷失了信仰。但他没有陷入不信，甚或成为基督教的公开敌人（或者更糟糕的是，假意继续牧师的舒适职业，隐瞒自己的真正想法），而是纠结于阿诺德式的立场。他想要重新定义信仰，摆脱其（现在已经无法辩护的）超自然的神话，使之再度成为帮助人类达到道德生活更高境界的工具。

　　当罗伯特处于巨大的内心震动，苦于早年信仰的失落之时，他看到了新的视角，一个"纯粹的人性耶稣——一个纯粹的人，可以理解，而且总是一个美妙的基督徒"（321，该小说的页码，以下同）。他发现自己相信耶稣作为"教师、殉道者，对我们西方人来说作为所有天堂之物和永恒之物的象征，精神的不可见生命的形象和保证——我全心全意地相信！"但他无法接受"人神，来自永恒的道——……行神迹的耶稣，复活并升天的耶稣，作为他被定罪的弟兄们生命之永活的代求者和中保"（342）。

385

　　他相信上帝，但这个上帝是一种非人格的力量。他是"一种永恒的善——一种永恒的心灵——是人和自然之持续而唯一的启示"（494）。在这里，作家似乎没有从她的叔叔那里获得启发，而是更多受到哲学家托马斯·希尔·格林（Thomas Hill Green）的启发。格林也出现在小说里，化名"格雷"（看起来很明显），是罗伯特在牛津的同事，与他交好，在关键时刻承担起导师的责任。格林的哲学正是出现于我一直描述的交叉压力状态。一方面，它强烈反对休谟和功利主义，认为这套理论否认了人类有道德升华的潜能；另一方面，它又无法接受上帝作为超自然的代表去干涉人类历史。格林在康德和黑格尔的作品中找到了一种阐述自己立场的方法。上帝从某种意义上说是一块天然磁石，它吸引我们向上，同时也是一种本体论保证，说明这种向上是可能的。但在黑格尔的精神（Geist）概念下，向上是一种非人格的道德秩序，而不是亚伯拉罕、以撒和雅各的上帝。

就像罗伯特在临终前所说的:"人格,或是智性,或是其他等等! 它们被用到**上帝**身上时还能有什么意义?"(603)

但我们需要上帝:"如果我们要成为人而不是野兽,就必须去爱,必须有所敬畏。"(498—499)这个上帝不仅是个人道德向上所必需的,我们若要寻找团结社会的方法,也会需要他。这里他在阿诺德笔下成为一个关键主题。我们需要一种新宗教,因为我们需要"一种新的社会纽带"。我们需要它,因为"自我在人心中的式微使得个体能清楚地看到**世界的**目标,不只是去关心自己的利益,也关心邻人的利益,这使得富人为穷人奉献,穷人也不仇富……人的意愿永远有缺陷,永远不胜任。那么,伟大的世界宗教就成了兴奋剂,借由它,万物根源处的力量作用于这个人类命运迟钝的器皿。没有宗教,你就无法使意志与其任务相称。我们现有的宗教令人失望;我们必须、也必将有另一种宗教!"(572)

用阿诺德式的术语来说,这里描述的宗教是对抗混乱无序的重要文化堡垒。

我们可以看出,这部小说包含了许多高层次的知识交流。那么它是怎么变成畅销书的呢?因为它在讲述信仰失落和信仰重建的同时,生动地刻画了人物的内心冲突和剧烈的痛苦。罗伯特不仅对自己抛弃早年信仰感到沮丧,而且他和凯瑟琳的婚姻也差点因此告吹。凯瑟琳的正统福音派立场十分坚定。对她来说,坚持信仰和嘲笑不信之间并无区别。她无法理解罗伯特重新建构一种只涉及到纯粹人性耶稣的宗教的意义。"这怎么能帮助他们? ……罗伯特,你的历史人物基督,永远也不可能赢得人心。如果他是上帝,你说的每个字都是在侮辱他。如果他是人,也不是一个好人!"(480)

该小说的写作背景是 1880 年代中期,它反映了那个时代的特征。罗伯特的早年信仰是随大流,即反对当时许多年轻人喜爱的密尔和斯宾塞(Spencer)的"过度理性主义"(62—63)。再次重申,很清楚,罗伯特信仰失落所显出的关键问题不是自然科学和进化论,而是圣经评鉴学说提出来的那些问题。乡绅学者罗杰·温多佛(Roger Wendover)是其中的主要人物,正是他们这些人催化了罗伯特的改变。[22]关键性的讨论可能是关于神迹的,但是从一个更广的范围入手;也就是说,不仅仅是福音书中的基督所行的神迹,而且包括历史上肯定神性介入的所有基督教教义:耶稣道成肉身、复活、升天、赎罪和代求,等等。乡绅的论点正好处于特雷弗·罗珀(Trevor Roper)将吉本所放置的空间中,"我的目标是要让人觉得……如果拒绝在训练有素的科学批评下阅读……基督教文献,那就是丢脸的"(318)。换言之,"社会规律"将被一视同仁地应用于所有历史事件,包括那些构成基督教根基的事件。这里的假设是,我们处于非人格秩序的理性时代,很清楚地了解这些规律,绝不会再从公元 1 世纪的巴勒斯坦渔夫那里学到什么。乡绅正在写一部"见证的历史"(History of Testimony),它有清晰的主导叙事,其中科学脱胎自更早的蒙昧、非理性时代(317—318)。

该小说阐释了这一历史化框架的力量,其中历史被解读为向着非人格秩序之意识的上升,而且不再回头。更确切地说,那是我的解读;沃德夫人似乎把这一框架接纳为她自己思考的无争议的背景。用我的方法去解读这部小说,能够帮助我们摆脱背景定势。它也能帮助我们摆脱一种同等但处于对立位置的简单化,即沃德夫人坦诚想要挑战的那种简单化。

温多佛之类的人以为他们的判断无疑是科学的和理性的,但许多当时的正统派人士以同样尖锐的语词将这种背教纯粹视为骄傲的产物。据说沃德夫人参加了 1881 年的第一组班普顿讲座(Bampton Lectures),而演讲人是华兹华斯的侄子,他解释了人们对正统基督教的抛弃是出于一系列智性缺陷,比如懒惰、冷漠、鲁莽、骄傲和贪婪。正是这些攻击刺激沃德夫人动笔写一部小说,为了证明这些都是夸张的讽刺。[23]事实上,这部小说表明,这一争议的所有各方身上都不乏正直和诚实,尽管故事把象征勇气和真诚的最高棕榈枝给了罗伯特。

现在我想进一步澄清我自己对信仰皈依和信仰失落的理解。我无法接受辉格党人的主导叙事,说它们是由清晰的理性所决定。的确,在特定的框架中它们看似理性,但这一框架吸引我们的原因有许多,包括伦理原因。在伦理的吸引力当中,肯定有属于自由的、无懈可击的、漠然的能动者的吸引力。若成为这些人当中的一员,是现代人引以为傲的事情。但若是思维跳跃,由此简单推出,偏离正统信仰是由骄傲所驱使的,那就是完全无效的。在某些例子中,这样的推论无疑是正确的。但我们现在讨论的是,这些框架成为我们思想和行动的复杂环境背景,它以各种方式冲击着我们的生活。一方面说,是的,这种非人格秩序的现代感可以赋予我们作为自由人的尊严。但它也能提供给我们有力的理想,比如诚实和正直,仁慈和团结,我只举了几个最显著的例子。在这些框架如何崛起的整个原因论述中,骄傲占据了一席之地。但就个体情况而论,故事千差万别。在有些例子中,因为各种原因,人们视野中没有其他道路可选,于是他们的主要回应由理想所决定,比如诚实、正直,以及感到道德向上的人类潜能。这就是我们在 T. H. 格林身上所看到的,也是沃德夫人在她的小说主人公身上所表现的。

实际上我们所有的行为、思考和感觉都来自我们并不充分理解的背景和框架。要让我们为这些承担完全的个人责任,就是想要跳离人之境况。同时,没有哪种背景会完全不给我们留出行动和改变的空间。比起教条的理性主义者所梦想的,或是四面楚歌的正统摩尼教的僵化想象,人类生活的现实要纷繁复杂得多。

但沃德夫人笔下的最佳表现,是人面对交叉压力时的剧烈痛苦。罗伯特·埃尔斯密尔和卡莱尔、阿诺德一样,他们的痛苦无法单凭涉及到的理性考量去解释:非人格秩序驱使人们否定基督教,但历史上对目的和方向的需求又召唤着基督教。这里还牵涉到深深的个人情感,如我们所看到的卡莱尔写给母亲的信。抛弃童年信仰的痛苦往往十分巨大。正如威尔逊所描述的信仰撤退,“这是个冒险的故事,也是个丧失亲人的故事。”[24]

卡莱尔和阿诺德的这些反思,成为人们开始摈弃基督教、通向非人格秩序的宗教的桥梁。之后他们的建构又被进化论的争议所动摇,进化论威胁到了合题的一方——拯救(非人格的)基督教,以作为对抗唯物主

388

义和化减主义的堡垒。这一危机最终指向了其他妥协的道路，这些道路承诺将（道德的和文化的）家具从着了火的（神学）房子里救出来。

但从短期来看，赌注加大了。我在前一章已经描述了维多利亚时代科学和信仰之间的争端，我考虑的是解决争端的决定性因素，无论以何种方式。简而言之，我要说的是，并不完全是科学起决定作用，因为这是我们的认识论困境中两种理解方式的战斗，还带有道德意义，并与成熟和幼稚的形象相关联。但神正论也在其中扮演了角色。它已在之前的前达尔文阶段出现：卡莱尔对某种类似于历史方向的东西更朴素的信仰可以轻易地容纳里斯本大地震，这被视为它高于基督教的一部分。

但达尔文式的图景倾向于打破哪怕最笼统的设计理论，包括那些集中于万物整体向善的理论。我们不只有"弱肉强食"的自然，还有一套靠着灭绝和淘汰不适者来运转的体系。这会极大地动摇基督教信仰，但它也瓦解了更为非人格的护佑观念，这种观念是植根于宇宙观的历史方向，朝向更高的存在模式。最后，这种包括了世界精神或是宇宙力的观念，比正统基督教受损更大。不是说今天没有人相信上帝作为非人格力量的存在；当代调查体现了这点（下一章我们会看到），流行电影也祈灵于它（如"愿原力与你同在"[The Force be with you]）——也助它一臂之力。但它作为一种有明确拥趸、受到智性辩护的观念，却大大地衰退了，而无神论的唯物主义和正统基督教依然代表两极进行对抗。

这也许部分与神正论问题相关。我之前讨论过（第七章），当神正论问题总是在有神论语境中被提及，人们就不太会遇到它真正被视为问题的特定情况。前现代迷魅世界在自然（饥荒、疾病）和灵性（恶鬼、妖魔、树精等等）上都会受到威胁，会更在意讨好作为帮助者或拯救者的上帝，同时承认自己无法解释世界何以至此。而在现时代，责备上帝的观念变得更为清晰和突出，人们开始认为他们知道上帝创造世界的目的，并能够检验结果是否与意图相符。在无神论语境中提出的问题继承了这种清晰度；只不过现在是我们在设置标准，我们假设自己知道并能看清人类命运的方方面面——尤其是在我们可溯的生命轨迹之后或之上别无他物，如果有的话，也必须是以如此这般的形式。上帝被设定为无法通

389

443

过无神论考试,正如他肯定以优异成绩通过了护佑的自然神论的考试。

　　无神论者和自然神论者在相似的框架内辩论:我们知道标准,我们知道人们身上发生了什么。于是他们可以比赛谁得分多。当我们看历史上和自然中最恐怖的一面时,无神论者容易得分。对基督徒来说,否定神正论、责难上帝以任何形式存在的观点极为令人不安,同理,近距离看待任何悲剧事件也是如此,比如挚爱之人的离世。但他们也意识到,要与此类责难辩论是很无助的。真要去做的话,你得有能力展示或证明我们可能永远不知道的事物。对于历史上无法否认的事件的陈列——没有人去拯救那些死于地震的人,那些死于毒气室的人——辩护方只能说人类现实生活中屈从于命运的事例更多些。基督徒只能用盼望去回应指责。

　　从某种意义上说,一个基督徒的唯一可能立场就是重新找回我之前描述过的前现代的一些观念,视上帝为帮助者,而不是残酷的提线木偶大师。只不过之前时代的这类观念更天真,人们没有意识到还有其他选择,而现在对它的恢复是完全清醒的。这也许正是陀思妥耶夫斯基在《卡拉马佐夫兄弟》中告诉我们的,伊凡和阿辽沙的对话在宗教大法官的传奇中达到顶点。伊凡表达了所有论点,阿辽沙的唯一反应就是深感烦躁:他说,“渎神”;或是可怜巴巴地企图扭转辩论的力度和方向。但最终的问题是,何种立场能够转化伊凡如此详尽描述的野蛮的悲惨命运? 小说剩下的部分旨在提供一种答案。

　　神正论也许在这些宇宙力理论的衰退中扮演了某种角色,但这肯定不是全貌。关键点也许在这里:当人们尝试坚守基督徒的敬虔力量,同时又摈弃基督教的上帝作为位格的能动者时,这种中间立场不具备长久的持续力量。最终,它们只能赢得头脑而非心灵。

　　这一判断有些例证支持,我们只要把目光暂时离开英国转向法国。如果我们看广义的“人性宗教”(Religion of Humanity),其中包括圣西门(Saint-Simon)及其运动的不同分支,包括孔德及其实证主义,它可以被视为另一种尝试,既要保留基督教敬虔的力量,又要否定其教义基础。和卡莱尔以及阿诺德一样,他们在浪漫主义时期的德国思想中找到了新宗教的思想资源。只是这里的妥协不是在本体论层面将上帝缩小成某种宇宙力，而是尝试保留机构、仪式和敬虔的态度，不附带任何教义。孔德建议成立一个有等级制度和圣礼的机构，为人生的重大时刻提供一系列仪式。他打算点对点地与天主教匹配。其教义内核是"人性"，而其"进步"则靠科学。

390

实证主义以半宗教形式的运动起步，甚至在墨西哥（波菲里奥·迪亚兹［Porfirio Diaz］是个实证主义者）和巴西都扮演了重要角色。但从长远来看，它慢慢消亡了。仪式很难在如此虚弱的基础上自我维持，就像法国大革命者，即使配有节日和日历，还是无法维持下去。

也许我们可以从另一种欧洲语境出发去思考卡莱尔和孔德，看看浪漫主义时代的强势人物，比如瓦格纳、巴枯宁、马克思、柏辽兹（Berlioz）和雨果，如何影响了19世纪以降的思想、生活和艺术。[25] 他们每一位都在各自领域对时代的不满有所回应，这些不满我在第八章的"坐标轴"中已经描述过，这些攻击各不相同，但时有交叠，包括空虚、美的缺乏、自我和自然的分离、个人利益至上主义、当时世界的不公，对这些不满的回应让这些人物影响了他们的世界。只有孔德、马克思和巴枯宁开始了运动，只有马克思具有持续的影响力，尽管瓦格纳和雨果至今依然是我们名单中的重要人物。但这一比较的重点在于，所有这些世界观中唯一能够持续至今的（只有马克思属于这一范畴），是处于主义谱系的唯物主义那一端。正如人们经常指出的，好战的马克思主义往往呈现出一种宗教的某些派头，但它这么做的同时又强烈否认那是它想要做的。当我们进入21世纪后，就连这种半宗教的持续力量也急速衰退了。

当然，在19、20世纪之交，我们看到哈代（Hardy）反复谈到宇宙中潜在的一种原始力（Prime Force）。但这已经是与卡莱尔和阿诺德不同的一种道德空间。原始意志（Prime Will）可以被看作是盲目而残酷的。尽管哈代晚年提出一种观念，认为原始意志可能会随着（被如此粗暴对待的）人类生命成长而改善，但我们进入的是（影响了哈代的）叔本华的世界，不是启发了卡莱尔的歌德式的先验观念论。即便在当时，人们接受的也是哈代的小说和诗歌，而他的这种形而上宇宙论的思想维度却被遗忘了。

　　所以，基于非人格内在秩序的现代感，基督教与唯物主义之间教条的、形而上的妥协，似乎没有太长的保质期。抑或表象具有欺骗性？我想讨论的是，如果这些妥协源自两方面深刻的意见分歧——即一方面，那些深深被内在秩序所内化（或完全视自己处于这一框架内）的人们无法接受基督教，另一方面，他们又对世界的扁平、空洞，和/或内在分化、个人至上、丑陋，或是现代性中人类生命自我封闭的本质感到强烈不满——那么我们就会问，第二方面的担忧会走向何方呢？特别是在一个唯物主义比 19 世纪时更加强大、似乎除了正统宗教之外没有主要敌手的时代？这是否意味着第二方面的担忧已经不再对多数人有影响？不同于19 世纪的伟大先知们，我们已经适应了纯粹内在的世界？

　　有一些人肯定已经适应了，或者至少认为自己已经适应了。"世俗化"的主导叙述之一就是认为有一股潮流，越来越多的人会整个儿避开问题，无论歌德、卡莱尔、哈代等人或是正统基督教提供了何种答案。[26]当然，比起 19 世纪，有更多人会宣称自己归在这一类。但显明这一持续潮流的证据并不令人信服。空洞感、扁平化等不满来自整个共鸣轴，它们似乎依然与我们相随。年轻一代开始反抗，声势最浩大的是 1960 年代。调查告诉我们，许多人依然处于形而上的中立区，他们可以接受宇宙中或生命里一些非人格力量的存在。这些妥协的形而上适用期较短，一方面是知识学术圈的现象，另一方面是宗教意识形态体制的现象。在它们与人们一般的灵性生活之间，存在着一个重要的断裂。我会在下一章探索这个问题（即便我无法给出满意的解释）。

　　但我们依然可以再次问那个问题：浪漫主义年代的种种不满在当代唯物主义者当中去了哪里？他们都毫无问题地适应了吗？这个问题的答案似乎是否定的。要清楚地表述一种更完满、更深刻的感觉，常常需要利用同样的浪漫主义资源，正如我们在哈代身上所看到的，而且今天的人们仍然在利用哈代的资源。只是它必须被重新阐释，以便与任何外在于人的根源脱离干系。我会在后文回到这个问题。

⟡ 2 ⟡

同时,这些宇宙层面的非人格秩序观念、互利的现代秩序的变体,连同它们的反对者,都在我所称的"新星效应"的发展中扮演了重要角色,在过去两百年,信与不信两极之间产生了无数的新选择。在美国《独立宣言》所描述的图景中,突显的便是不可剥夺的权利观念,其最初版本正是我所称的"护佑的自然神论"。人类的这些权利是"创造者所赋予的",这一秩序是上帝护理的,是上帝的设计。最终这会在主权国家中造成一种"上帝庇护之下的民族"的社会想象:尽管派别不同,但人们会在同一信仰之下联合,相信仁慈的创始者为人类设计了这一自由的生活。

这一有神论的支撑已经支离破碎了。对于许多美国人来说,是否提及上帝已无关紧要,提到的话甚至会有危险。但原初的社会想象依然存在于一些重要人群中。

你可以说在英国也有类似的社会想象,因其法律和自由体制与清教相同,所以十分认同一种"体面"(decency)伦理。如今这也支离破碎,但还没有完全消失。

在这些"盎格鲁-撒克逊"社会及其相似社群中,由权利平等的个体构成的现代理念进一步与互利理念相连,已经逐渐移植于社会想象。它袭用了政体的传统特征并赋予其新的意义,如代议制和法律至上。在此过程中,它替换了之前的秩序观,旧的秩序观是等级制的和整体论的,而非个人主义的和平等的。

现代秩序观推动下的社会想象将社会呈现为一种"水平的"现实,每个人都可以直接进入,世俗时代的共同行动创造并维持着它,正如我们看到的公共空间、市场经济、人民主权等形式。相比之下,以前的"垂直"想象则把社会描述为由等级秩序各个部分连为一体,这些部分决定了各自构成者的身份,所以,某部分的成员与整体的关系只是间接地,即要通过该部分。他们作为地主或农民、神职人员或平信徒、某修会或自治机构的成员而从属于某个王国。这一复杂的联合体不是其成员的世俗行动创造的,而是高于他们的力量创造的。它的根基是万物本身的秩序(正如有"两个身体"的王国),或者说古已有之。为了存在,该政体需要等级制度,尤其是其顶端。没有国王,就没有法兰西;王国只有在君主统治下才能作为实体团结一致。

在过去三百年间,水平模式代替垂直模式时缓时急。它在缓的时候甚至可以悄无声息,因为人们或群体之有生命的社会想象是一种复杂的东西,可以结合那些或许看上去根本不相容的元素,有时从一方滑向另一方,不会引起任何大惊小怪,似乎没有太明显的感觉,正如我们看到独立战争后美国人在人民主权的新观念框架下重新组织了他们的代议制。

因为类似的原因,这两种模式可以共存,在英国历史上正是如此。这里我们很难说,差异不引人注意,因为18世纪托利党(Tories)和辉格党(Whigs)关于如何阐释法律和宪政实践的主体部分有过意识形态之争。辉格党倾向于根据契约说赋予混合宪政以正当性,他们是要达成现代模式。托利党想要坚持某种先前的"垂直"模式,甚至时常向该模式的激进版本(比如"王权神授")眉目传情。他们实际上的政治差异大概都由这些不同的理论来辩护,但他们也为整个宪政和法律体系提供了不同的理解方式。

如果我们脱离纯理论的天空·或许就能看到,在社会想象层面,过去几个世纪的许多英国人生活在一个混杂的世界中。社会形式——比如只有在水平模式下才有意义的公共空间、市场经济——在英国人的世界中占据了越来越多的空间。它们的政治体制不断扩大公民权,以逐步满足人民主权的需求。然而政体本身依然维持君主制,带有等级元素,以及垂直奠基模式的仪式性祈祷,那是一种植根于远古的由教会祝福的君主制。所有这些都可以由一种(其本质是十分现代的)国家意识连在一起,我在前文描述过的这种意识中,此君主立宪制所珍视的权利和自由,清教信仰,以及某种"体面"伦理,都被视为英国身份认同之紧密缠绕的元素。在这一例子以及其他类似例子中,对这个身份的侵蚀会带来(否定性的)严重后果,具体我们会在下一部分予以探讨。

但在这一混杂的世界中,各要素之间的平衡会缓慢而不易察觉地改变。事实上,滑落肯定会发生,因为体现出现代之水平想象的诸般形式占据了越来越多的空间。一开始,垂直模式是构成框架的模式,英格兰(不列颠)本质上是君主制;水平元素侧身其间而没有挑战其根基地位。即便在内战中,对君主制的挑战也没有质疑它的根基,恰恰相反,英联邦的不快经历反而使之更加稳固。

但随着时间流逝,平衡改变了。在维多利亚时代中期,共和主义开始成为不列颠人的一个选项。虽然它当时被击败了,但有朝一日会卷土重来。英国人的社会想象渐渐变成主要是水平式的。框架性的理解属于一个民族(或者多个民族,如果根据扩大自治权来考虑),此民族已把君主宪政给予它自身,并可以在未来改变此状况。正是这种缓慢的滑落发生时不太引人注意,但其方向(很明显,这样说带着不可避免的后见之明)保证了现代形式的扩散。 394

在整个不列颠,与福音派相关联的信仰和宗教实践在 19 世纪初复兴,这帮助巩固了我之前提到的不列颠的(或英国的)身份和某种特定敬虔之间的接合。这一接合围绕着一种确定形式的自由和互利的现代秩序,一般认为,该变体已被吸收进英国法律和生活方式——一种特定的个人主义、权利观念、议会政府、法治——这些都与欧洲大陆各强国所倾向的专断独裁式政府(尤其是罗马教宗主义国家)形成了天壤之别。确定的法则,确定的"体面"道德,被认为是典型的不列颠特征,它们也被视为必然与在更大的岛屿(唉,可惜没能在爱尔兰生根)上生长起来的重视自由价值的基督教新教伦理相关联。

这一接合于是有了三个侧面:不列颠的,新教的,体面的。但它还关联于第四个侧面。不列颠人接受的文明理想也具有该接合的浓重色彩。近代欧洲发展出的"文明"观念有许多侧面,我们之前讨论过(第二章)。它一方面包含了经济和技术的发展:人文艺术、手工艺、工业、技术、科学;另一方面是感性的发展:艺术、美、感情和表达的精致文雅、更宽泛的意识。此外,它还有政治之维:"文明的"社会,这个词本身意味着社会的管理方式是有序的；它有国家、法律和秩序，国内和平，不同于"野蛮的"部落。与此紧密相连的是第四个维度，即规训之维：成为文明人，意味着已经把受到伦理、礼仪和其他必要习俗支配的苛刻的纪律、节制、高标准的行为准则内化于己身。

这四个侧面被认为相互关联，所以是统一的概念。如果没有和平与法律，怎么会有科学或经济发展？没有这些又如何会有文雅？但第三、第四种维度的联接尤其紧密。文明的政府和依法治国是自我规训模式的一种外在表现。

然而正因为英国人认为自己跟欧洲大陆的邻居们相比有一套不同的政府和法律，他们也对文明的观念有特定的阐发。欧洲整体相对于亚洲（更别说非洲了）来说是"文明的"，而英国变体就更加高级。这种在欧洲整体优越感中的英国变体，帮助解释了一战中的不光彩奇观，交战双方都宣称为"文明"而战，英国人对"德国佬"开战，德国人对半亚洲的沙皇部队开战。

法律和规训之间的紧密联系反映了一种持续感，也就是说，这一文明是在"大改革"的刻意努力下建立的，人们在近期历史中被转向去迎合"文明化"、"体面"或是"基督徒"人生的高要求。这一过程达到的程度是史无前例的，至今（在全球化语境下）依然罕见，它的近期成就是知识进程的部分果实，甚至是更大程度上的组织化自我规训和社会转型。正如麦考利（Macaulay）勋爵曾经说的："为了国家繁荣而迫使每个人都不停地努力进步、不停地发展物理知识，没有什么不幸、没有什么治理不当，能比这样做更让国家陷入苦境了。"[27] 这是对欧洲、尤其是英国文明理念/理想的部分背景理解。

对很多人来说，其原初的、维多利亚鼎盛时期的形式，肯定是基督教文明。其规训和体面的伦理，自由和仁爱，对许多人来说都是由福音派推动的。对福音派而言，跟随上帝意味着规训自我，这需要我们不断努力，磨砺人生，塑造一种压抑低级欲望、为人类造福的品格。麦考利的母亲嘱咐他要通过锻炼加强头脑的毅力，这样，"将来才更能用你所有的力量和才华去荣耀上帝"，然后才会被"永恒居所"接纳。[28] 用才华荣耀上帝主要是通过行善。福音派投入普世仁爱的严肃性，可以被视为他们的政治成就，其中包括在大西洋两岸成功的废奴运动，以及不那么走运的"改善"大英帝国的努力。[29]

但正如我称之为"护佑的自然神论"的早期敬虔形式为无求于外的人文主义奠定了基础，进而这一奋发的福音主义为一种不信的节制伦理开辟了道路。鼓励重塑自我获得了极大成功，一个规训的、缓冲的能动者欢迎一种以纯然属人的术语展开的重新解释。

这种节制伦理的重写发生在维多利亚鼎盛时期，重要人物如莱斯利·斯蒂芬和约翰·斯图亚特·密尔都参与其中。这是一种责任和利他主义的伦理。它有一种两极对立感，一面是仁慈的义务，另一面是自私的欲望，这与康德的哲学有些相似。

这使得转向内在成为一种重演，而不是直接继续 18 世纪向人类中心主义的滑落。之前要相信"自爱和人际友善"是"同义词"也太容易了，人类的自我中心主义要么中立，要么甚至倾向于从同情滑向仁爱。但在 19 世纪的转折中，人们承认想要攀登到新的、更为严格的利他主义理想境界是十分艰难的。这不是说福音派要回到 16 世纪的观念——在他们的社会，温文尔雅必须通过严厉的规训而习得，以抵抗天然的性情。相反，他们和同时代人一样，倾向于认为基本标准已经确立了。只是对利他主义这一项，显得苛刻。和当时的其他人一样，他们历史地理解自身的困境；那是他们据以理解不列颠文明之卓越超群的框架。

但他们相信，个性的形成是通过建立良好的习惯，并且认为这是一个普遍论点。不仅对个人达到高标准而言，而且对标准的历史进化而言，这都需要时间。[30]打造强大的意志力需要很多努力，而且需要不断操练，以限制自私自利的渗透。一旦陷入自我中心主义的泥沼，必然会不断下沉。

这种意志和奋斗的道德心理反映了福音派的理念，也是新人文主义生发之处，从某种意义上说，它转向了一种内在的基调。对诱惑和软弱永远充满警惕，起先来自福音派的灵性追求观念，一直延续到新人文主义，并成为锻造钢铁般意志的持续需要，以责任之名击退低贱的欲望。

396

这就是为何在莱斯利·斯蒂芬眼中,"男子气概"——或者说是一系列美德——是如此重要的品质。人应该勇敢、具有独立精神、坦率、正直,与之相对的则是幼稚、女人气、多愁善感。考虑到斯蒂芬在抛弃信仰之前曾是宣扬"强身派基督教"的金斯利(Kingsley)的同道,就不足为奇了。对斯蒂芬来说,这一品质是所有美德的关键;它取代了苏格拉底/柏拉图为智慧安排的地位:"有一种美德是所有美德的基础:你可以叫它力、能量、生命力或男子气概,随便你怎么称呼。"[31]

我们可以看出维多利亚时期自我规训的基督教如何为朝向责任、意志和利他的人文主义运动开辟了一席之地。它们有许多共同点,特别是在自我中心主义和仁爱的对立上,但从前者移向后者的本体论基础很不一样。就基督教信仰而言,仁爱可能是第一位的,因为原初的人之本性是在"堕落"前由上帝创造的。但后来这一本性因"堕落"而变坏,所以恢复它也需要恩宠。

对人文主义而言,利他是可能的,因为一旦人类达到这个层次,他们会视之为一种更高的、进化得更好的存在方式。斯蒂芬认为当我们变得更强大、更重要时,利他主义会更受欢迎。一个可以根据普遍的善去思考的高级自我,来自启蒙和性格的过程。这是清晰可辨的18世纪理念的形式,超脱的理性能够让我们摆脱特殊,使我们达到一种更普遍的善的要求,或是以非人格的原则行事。在这里,康德成为一种思想来源。

但还有一种对浪漫主义资源的重要借用。比如乔治·艾略特受到费尔巴哈的启发,相信我们内心有力量维持一种无所不包的爱。在发展的特定阶段,我们可以将这一力量付诸实现,接着人们会认识到,我们之前归因于上帝的东西,其实是一种人类能力。

密尔和斯蒂芬通过不同方式吸收了英国的浪漫主义。我们内心深处有情感资源,在与未被破坏的大自然的接触过程中得以释放出来,这些都可以通过一首赞美大自然以及我们与大自然的关系的诗歌来阐发并加强。很明显,这里有华兹华斯的重要影响。所以对密尔来说,崇高的自然之美可以提升我们,超越那些通常占据我们的琐碎之事。对斯蒂芬来说,伟大的文学(他特别提到了华兹华斯)能够帮助我们与生命情感保持关联。[32]

但在诉诸内在资源时,这些作家在自身立场上引入了一种紧张。追求情感的自发释放,很容易跟规训的要求起冲突。如果我们的拯救倚赖于利用这些内在资源,那么不惜任何代价让意志统驭欲望的尝试就很有可能会扼杀拯救的冲动。密尔和阿诺德都感到了这一紧张。密尔说到了"人性中拘谨而冥顽"的危险。僵化会毁掉创造力,抑制更宽泛的同情心。

他们二人都感到有必要在形成良好习惯之外再补充些什么;于是他们吸收了德国浪漫主义思想家的资源。阿诺德寻找一种歌德式的宁静,一种完满的和谐,反对仅仅追求一种"自我征服"。密尔吸收了威廉·冯·洪堡(Wilhelm von Humboldt)的表现主义理想——"最丰富多样的人类发展"。这很容易被视为阻碍个性要求。洪堡所讲的"教养"(Bildung),意指对经验的开放性,培养一种主观反应,提升美学修养,开发个人潜能。所有这些都会瓦解对"意志战胜欲望"的单一追求,尤其是在这一追求是由"男子气概"来定义、反对女性化和多愁善感之际。[33]下文我还会讨论几种对这一责任和意志伦理的反对声音,到时会回到这一紧张状态。

维多利亚时期基督教为人文主义创造了空间,但这本身并不能解释转移的动因。按常理说,此类运动是无法解释穷尽的,具体到每个人身上的理由更是个个不同。但很明确的是,我在前一章评述过的所有动机在这里都有扮演角色:反对基督教的声音,科学、尤其是达尔文进化论的冲击,以及现代宇宙想象的发展。

我们也已经看到维多利亚时期不信的主要人物,在朝人类中心转向时感受到的交叉压力,他们曾向现代宇宙想象的道德意义求援,比如华兹华斯对自然的看法。

但在不列颠文化语境中,有一种动因尤其强势,那就是基于利他主义至上的论点。在这一论域,基督教被认为在两方面不如人文主义。第一,基督教在来世为利他行为提供外在奖赏,而人文主义将仁爱本身作为奖赏;第二,基督教有时会倾向于排斥异教徒和不信者,而人文主义可以真正做到普世。例如,密尔就曾提出这些论点。[34]

所以，不信的新空间出现了，这就是注重责任和利他的人文主义，它时常植根于一种强化的唯物主义。这使得占主导地位的综合体大部分完好无损，这个综合体将英国国民性、法律、体面、文明和宗教连接起来。它砍掉了最后一个元素（也就是宗教），但坚持了规训、意志力和性格塑造，这一综合体经过长期而成功的历史奋斗，最终在这个快乐岛国上实现了。然而，当这一综合体遭到挑战时，一组全新的空间出现了。

有一系列明显的原因解释了为何事态必然如此发展。我已经提到密尔立场中在性格塑造和人类发展之间的紧张。其他人担心过于强调规训会抑制想象力和智性的发展，或是会摧毁自发性和情感的发展。强调男子气概只会加剧这一危险，因为它不喜欢情绪化、个人探索、纯粹的审美探索以及朝这一方向的许多其他发展。

诚然，如果我们把男子气概最重要的制度化设置——公学——纳入考虑范围，就会更好地理解对它的反叛。这些学校在19世纪中期进行了改革，其中最著名的有拉格比公学（Arnold of Rugby），它们成为维多利亚式性格塑造的培训基地。如安南（Annan）所说，它们反复灌输的主要是两种理念：阳刚和忠诚。它们以斯巴达代替雅典作为古代的理想城邦。[35] 团队合作的体育运动是这一训练的关键部分。

这种教育非常成功，因为精英年轻男子上了这些公学，会将这些理念带入之后的生活，比如军队、董事会、政界以及整个大英帝国的公共服务。也许最能证明其成功的，是游戏在英国精英想象中占据的重要地位。"伊顿（Eton）公学的操场上"就能决定战斗的胜负，"游戏"是终极的社会美德，这些理念总是令外国人目瞪口呆，但对英国人来说则代表了强有力的民族精神。

但你可以立刻看出，这类训练恐怕会催生忠诚过头的伙伴，他们的智性和想象力发展低下，更别说福斯特（Forster）所抱怨的"发育不全的心灵"了。这很容易导致平庸化，对外来者的蔑视或冷漠，盲目假设英国的优越性，以及对其他社会的完全无知。

所有这些都会激起很多反应，以及我所描绘过的所有可能的坐标轴。但也许对我们的目标来说，最重要的是反对将生命目的窄化为一种行为准则：这种规训伦理有信与不信的变体，是一种道德说教。它将规训、节制、达到高尚的道德标准视为至高目标。即便在福音派模式中，这一倾向也相当明显，毕竟福音派在上个世纪是狭隘的道德主义的反对派，例如在卫斯理情感充沛的布道中。正如所有的道德主义，它看上去太单薄、太干瘪，只关心行为、规训、控制，没有为伟大的热忱或目的留下空间，而这种伟大能改变我们的生命，让我们不要狭隘地集中在控制上。执迷于让我自己正确行动，似乎没有为某些极其重要的目标或完满留下空间，而这些目标和完满正是我们存在的意义。

这一抱怨有时与"浪漫主义"相交织，认为现代道德、规训的生命压抑了情感，在过去两个世纪中反复出现。它是现代世界的典型担忧之一。它与另一典型担忧相关，也就是对意义的担忧，担忧可能会产生无意义的生活。的确，这两点是紧密相关的；它们从不同方向面对同一个问题。对于"我们的生命形式没有为生命的根本目的留下空间"的攻击，从另一角度可以看成是痛苦的拷问，是否还有这种根本目的？抑或它们是否已经被我们的生活方式完全琐碎化、变得毫无价值了？我们对枯燥无味的道德主义的责备，在之前几百年里有类似的情况，而对意义的痛苦拷问则是典型的现代景象。

现在，反抗道德主义不仅成为我们文化的经常性关注，而且还在 19 世纪末走上了前台。它形成了"世纪末"情绪的一部分，并在欧洲大陆泛滥。法国、德国、英国及其他国家的年轻人从两方面攻击社会过于"物质化"：对人生的解释过于简化，过于考虑物质索取、赚钱花钱。它还因扼杀及否定英雄主义、奉献、承诺、牺牲而受到攻击。正是在这种情绪下，许多青年精英将一战视为期待已久的为伟大事业而战的机会。 400

当然，在人们普遍同意有一种缺失感时，却无法对缺失了什么达成共识。有些人再度回到宗教，但在形式上一般不同于社会中的建制宗教；有些人转向了自我肯定的新哲学，这些哲学多半源自尼采；还有一些人在政治（通常是或左或右的极端）中找到了出路。但有一条线索在英国文化中尤其重要，其中包括在艺术和审美中寻找根本的、但边缘化的满足。

　　这一方向的新空间由浪漫主义一代的作家们开辟——尽管不是所有人都愿意被贴上这一标签。席勒在《审美教育书简》中迈出了重要一步，正如我上文指出的，他直接回应了道德主义的不足之处。席勒在书中指出，我们必须敞开自我以打破人类中心主义的狭隘焦点，这一力量本身可以等同于美，或者我们可以将艺术的语言视为通向它——无论这个"它"是自然、意志还是上帝——的特权渠道。

　　正如我上面讨论的，这些语言功能有力量打动我们，但无需我们认同它们的本体承诺。这也为走向现代不信打开了一扇门。作为对道德主义不足之处的回应，缺失的目标可以通过美的体验在美学范畴内来识别。但现在这已经和有序的宇宙和/或神性没有关系了。它可以在某些纯粹内在的世界观中找到新的土壤，比如弗洛伊德所提供的视域。但它也可以没有确切领域，事实上这是最常见的处理。

　　在此我们可与之前说过的唯物主义更丰富的形式关联起来，所关联的是它们有道理的部分，而非奥秘的部分（这个词会让许多不信者一触即发），接着是对物质宇宙深处生出的人类意识和情感的敬畏。人类的深度已经存在，他们与星辰、分子、细胞相关联，即便我们还无法完全了解如何关联。这一关联及其反映出的更宽泛的亲缘感打动了我们，虽然我们还不能理解它。这些人类深度，或者说我们为美折腰惊叹的能力，可以用语言来表述或歌颂，而且这不会因为我们本体承诺的不确定性而瓦解或削弱，如果我们是这类唯物主义者的话——或甚至我们都不确定自己是否接受了唯物主义。

　　事实上，这种对审美的开放，相当于建立了一个现代文化的更宽泛的教堂，在英格兰和其他地方都可以看到。这股思潮中的一些人被大公主义所吸引，包括盎格鲁形式和罗马形式。还有一些人拥抱了不那么定性的唯心论，甚至某种形式的唯物主义。更令人窘迫的是，有些人在完全对立的两极间摇摆不定，而且似乎并不觉得被玷污了。奥斯卡·王尔德有段时间对天主教有兴趣，霍普金斯是沃尔特·佩特的学生，诸如此类。

　　除了这一将审美作为伦理范畴的建制以及更微妙的语言之外，还有浪漫主义时期英国文学的遗产。我在前文已经提到过。其主旨是未经破坏的自然中有一种力量，能够与我们内心深处交谈。华兹华斯对之进行了典范性的阐述，我在上一章引用过的《丁登修院诗章》中的段落即是例证。从某种意义上说，这也反映了另外两种遗产。这是美的力量重塑我们、使我们变得完整的范例；同时，诗歌的本体承诺微不足道，要辨析极为困难。它是"一种以欢乐／或是升华之思想干扰我的气场"，它栖息于自然"和人的心灵"，"是运动，也是灵"。

这一意义上的自然，以及对它在工业化和经济发展中潜在失落的愤怒与痛苦，成为持续的主题，过去两个世纪中它在英国人身上唤起了深刻的回应，跨越了信与不信之间的鸿沟。它是诗歌中不断重复的焦点，要么以直接的方式，要么以它缺席时令人震惊的乞灵方式。它帮助塑造了文化。

❧ 3 ❧

有了这些作为背景，我现在开始考察对道德主义的反对如何在19世纪末、20世纪初的英格兰为不信找到了新空间。这一反应不仅反对责任和利他主义的伦理，也反对其体制化的呈现——公学、军队、政府等等。我们之前已经看到，当时欧洲年轻人中普遍流行的对社会的抗议，集中在其生产、获取物质财富以及给经济优先特权上。换句话说，反抗针对的不仅是利他主义的、公共精神层面中的节制伦理，也针对其个人主义的、自我改善、"自我帮助"的层面；在针对莱斯利·斯蒂芬的同时，也针对塞缪尔·斯迈尔斯（Samuel Smiles）。

我想提出一系列的回应，就从不那么激进的一端开始。但先谈谈它们彼此的关系。它们都是出于对主导的道德主义／唯物主义的不满氛围，正如我之前提到的。这导致了两种相反的效果。一方面，不同的回应之间常有相似点，即便它们给出的答案有天壤之别；以至于人们时常可以在两种（对我们来说明显）无法相容的立场边界停留，或是从一种转

402

457

到另一种。而当一种立场涉及信仰而另一种拥抱不信时，情况就尤其触目了。但另一方面，正因为这些回应是对同一问题的对立回答，它们之间的对立就更强烈。事实上，你可以谴责另一种立场成了（常见）问题的一部分，而不是对问题的解决。所以 D. H. 劳伦斯猛烈抨击布鲁姆斯伯里（Bloomsbury）文化圈，说他们麻木、与自身深层情感脱节，就好像他们实际上属于正统、规训的文化，却又认为他们正在脱离该文化。

在不那么激进的一端，我们看到，人们意识到道德主义和以生产与获取为中心的不足，但又不想拒斥道德或生产，而只是想为之补充一种更高的、文化的维度。马修·阿诺德和密尔属于这一类。我已经提到过他们，以及他们的立场造成的双重效忠的紧张。阿诺德希望通过一种教养，补充规训和生产的生活中所缺失的维度，这里，教养显然是被视为填补宗教不再能占据的空位。这一文化可以为我们的生活提供一种更高的目标，就像宗教在之前的时代所扮演的角色那样。他利用浪漫主义时期的遗产，跻身第一批为不信提供空间的人，用以反对道德主义的不足。

另一位年轻得多的人物也有同样的复杂立场，他就是乔治·麦考利·特里维廉（George Macaulay Trevelyan）。特里维廉像斯蒂芬等人一样，来自敬虔的福音派家庭，但却抛弃了信仰。然而他维持了那种综合体：不列颠的国民性、新教、法律、自由、体面、文明——几百年来在这座优越的岛国上构建起来的价值，几乎完好无缺。事实上，他成了一位历史学家，阐释并赞美了这一综合体，唯一的修正是将新教放在倒数第二，最后一位则是自由又循规蹈矩的不信。至于基督教，"我能确然相信的唯一一件事是：人类的进步。人们通常称为宗教的东西，比如灵魂不朽，我对这些东西是绝对无知的。但对民主，我已有些确定的把握。"[36]

基督教"在黑暗时代从政治上和社会上高贵地整顿了欧洲……却没有做到它声称要做的主要事情——让人们彼此相爱……"而慈善事业在现代世界不是由牧师推动的，而是由那些伟大的不可知论者推动的，比如伏尔泰。[37]

同时，特里维廉也像华兹华斯一样，在自然中看到了崇高：

> 诺森伯兰郡天清地廓；我们整日走在山脊上，可以眺望远处的
> 沼泽和山谷，颇有遗世独立之感……那遥远地平线上的土地，周围
> 水汽氤氲缭绕，不停地在远处的山脊腾移，好像远古时代的行进队
> 列，从原始部落土堆，到罗马人营地，到烽火台，矗立在诺森伯兰郡
> 的胸膛上。[38]

他在一段困难时期告诉兄弟查尔斯：

> 躺在山坡上，湖泊和星辰象征着的所有这一切都是高贵的……
> 华兹华斯靠它们活了五十年。我相信，相比之下，他没有那么倚赖
> 上帝。他无法在抽象中理解上帝。他必须在山峦中寻找上帝。[39]

这里提到了华兹华斯，它暗示了对自然的探索与对文学的探索相辅
相成，因为文学让我们对自然敞开心扉；对麦考利来说，不仅有早期作
家，梅瑞迪斯（Meredith）尤其特别。对未开发的自然、山峦、岩石和沼泽
的现代激情，在文学作品中屡有表述，它们成为"为人类准备或者说由人
类发现的圣礼之一"。[40]

但这一与自然的关系依然处在其本体承诺的不确定或未定义的领
域。1945年，特里维廉（Charles Trevelyan）作为三一学院的院长在一次
布道中说，人类的精神和想象力中有些东西，"禁止他采取一种纯物质
的世界观，让他能管窥某种神性的东西，要么是外在于自然和人类，要么
是内在于自然和人类。"[41]在描述自己对历史的激情时，他承认有一种神
秘感：

> 逝者既逝又未逝。他们的位置由今天的我们来确定。于是他
> 们再度与我们一样真实，而我们将来有一日也会像他们一样成为影
> 子。人类对这恒常的奥秘惊奇不已，于是有了诗歌、哲学和宗教。[42]

佩特和后来王尔德的唯美主义对此有更激进的表达。的确，他们是

淡泊无为的，他们没有挑战既有伦理，没有打算推翻它。但他们打算以一种相匹敌的综合观点的名义脱离既有伦理，这从某种意义上说更具颠覆性。审美现在真正外在于道德并且高过道德。

但这是一种接近于宗教的美学。它使用了宗教形式和象征物，从早期信仰和形而上信仰中汲取灵感。受其吸引的人们时常徘徊于宗教委身的边缘，尤其是非既定形式的高教会派或是天主教。正如我在上文提到的，霍普金斯是佩特的学生，而王尔德最终信仰了天主教（当时法国也有类似的事情，胡斯曼〔Huysmans〕等人既是唯美主义者，也是天主教徒）。

然而，多亏了现代艺术语言中本体承诺的悬置，使得人们可以在道德和宗教之外另辟空间，先利用宗教摆脱道德专制，接着再通过摆脱信仰，让美学王国变为终极而自足的。

可以说，后浪漫主义文学的"更微妙语言"的本体论不确定性为三种立场开了方便之门。一个人可以维持不确定性，华兹华斯的诗似乎就是如此，我刚刚给出的特里维廉的引文也是如此；一个人可以任由问题悬而未决，这一定程度上是在唤起一种外在于人类的灵性现实，或是指向某种完全属于内在经验的东西。但一个人也可以坚定地澄清自身的立场：一方面倾向于第一种立场，比如选择天主教的人们；当然，华兹华斯本人在晚年成了圣公会信徒。要不然选择第二种立场，佩特的唯美主义似乎属于这一种（可能他在晚年有过其他想法）。"用宝石般灿烂的火焰燃烧，保持这种狂喜入迷，就是生命的凯旋"，这一理想境界就是在经验层面完成的；它没有断言我们与超验对象的关系。

> 高度激情能够让人迅速感受到生命、狂喜、爱的悲哀、政治或宗教热情，或是"人性的热情"。只是需要确定，是激情给你带来了富有生机的、多重的意识这一果实。诗意的激情、对美的渴望、为艺术而爱艺术最具这一智慧；因为艺术对我们来说没有实用性，却能提供瞬间的最高质量的享受，而且只为那些时刻而存在。[43]

我会在后文(第二十章)讨论霍普金斯最终明确选择了另一种立场,这在他的作品中有清楚的反映。但他继续使用后浪漫主义的意象和对语言的理解,并且反感规训性的、工具化的道德主义,这一点与佩特、罗斯金(Ruskin)等许多人相同。

相比之下,布鲁姆斯伯里文化圈有些地方没有那么激进,有些地方则更加激进。重要的是,它真正提供的,堪称是对起主导作用的伦理的严肃修正,这在其许多成员反对参与一战的态度上有清晰的反映。

另一种伦理是摩尔(Moore)所阐释的,它将唯一的内在之善视为人际关系和美丽心灵。或者如福斯特所言,"私人关系永远是最重要的东西,而不是电报和愤怒等身外之物。"[44] 也许我们可以总结说,友谊、诚实、强烈的情感是主要的善;诺埃尔·安南描述了弗吉尼亚·伍尔芙(Virginia Woolf)的信念,她相信,正直就是"你应确切体会自己的感受,意识到自己是怎样的人,然后照此生活"。[45] 但审美经验也很关键,因为它是强烈情感的重要来源之一。这里的每一种因素都会加强其他因素:共有的经验会增强友谊,而经验因着分享,也会变得更为深刻。

这些都是终极的善。摩尔认为,所有其他东西都必然会因它们推进或阻碍这些内在之善的程度而受到评判。这是布鲁姆斯伯里文化圈不那么激进的一面的表现。"体面"伦理的绝大部分,法律和自由的体系,规训的许多部分,以及相伴随的制度框架,都在这一工具途径上被重新认为是有价值的。凯恩斯(Keynes)是这里的典范人物。他完全接受了布鲁姆斯伯里伦理,但也乐于多年在政府内部担任公务员和顾问——除了一战后期以及和平会议(Peace Conference)时期,他在一本极有影响力的书中对和平会议的结果进行了著名的谴责。要点在于要把一种不同的精神分给所有这一切,驱使它向不同的终极目标努力。

然而,正是通过不那么激进的方式,布鲁姆斯伯里在某种意义上更具颠覆性;因为他们所宣扬的精神和强调规训及男子气概的伦理南辕北辙,而且还被他们认为是善的东西。规训是需要的,但只在它朝向友谊和美丽心灵的地方才需要。这样,他们通过降级、增加附加条件,拆解了

405

广为盛行的综合体之主要部分：其宗教完全被挤在一边，其性别伦理宣告破产，其爱国主义被大大抑制，其大部分习俗惯例遭到嘲笑。

除了情感和抑制自由表达之压抑，布鲁姆斯伯里的主要靶子是长久统治英国生活的平庸主义，以及使人们无法欣赏其他国家的艺术和文化的沙文主义。弗吉尼亚·伍尔芙的著名回忆"1910 年 12 月间人性被改变了"，间接指涉了当时伦敦的一次后印象主义画展，这次画展帮助打破了阻碍新实验艺术和外国绘画的樊篱。

406　　这一反应的一种效果是保全甚至加深了体面伦理和互利的现代道德秩序之间的纽带。事实上，它通过令这一秩序移向（我之前提到过的）两种变化方向而帮助转变了我们对它的理解。首先，它朝本真性方向前进，鼓励个体表达自己与其他个体的差异，也就是诺埃尔·安南在描述弗吉尼亚·伍尔芙的立场时所提到的"正直"。其次，他们激进化了普通人的感官欲望，以反对所谓的规训或是禁欲提出的"更高"要求。比如，布鲁姆斯伯里文化圈的同性恋者甩掉了来自社会的禁忌限制。他们都"出柜了"——当然不是对公众，因为当时同性恋仍然是犯罪行为，而是在他们熟悉的社群中。他们帮助定义了这个世纪后半叶的氛围，在英国，也在其他地方。

我已经描述了一些反对道德主义的途径，它们为不信开辟了新的空间，所有这些不同途径都汲取了后浪漫主义理解框架中作为一种伦理范畴的美学。这一反应径直通向不信，部分是因为这一事实，即主导地位的综合，据称吸收了基督教信仰。但这并非是灾祸；它能够并且有时也确实启发人们在既有的综合之外探索信仰的形式。更重要的是，许多回应与之前的维多利亚中期转向无求于外的人文主义之间的亲和性。

布鲁姆斯伯里尤其反映了这一点。人们很容易将之视为一种第三代现象，特别是当我们聚焦于斯蒂芬一家的时候。叛逆中的叛逆，保持了第一阶段的原貌。父亲反抗维多利亚时期的信仰，多半因为它看上去远远不及人文主义人性化，但保持了其伦理和规训。然后女儿们又反抗这一点，但没有修正对宗教的原初判断。相反，他们走得更远，比如用性自由之类的术语去定义人性，这使得他们离既有宗教更加远了。

　　事实上，他们甚至使内在性更近了一步；他们不仅采取了一种纯粹讲人性之善的伦理，而且在另一种意义上，这种善本身也内在化了。内在有价值的东西被等同于内心、心智、经验和感性。他们主观化了伦理，不是说外在行为不重要，而是说它应完全为经验的善服务。在这一方向上，他们预示了 20 世纪后半叶的一次重要转折。

　　人们在批评布鲁姆斯伯里文化圈时，往往反对的是这一内在化倾向，轻视人之境况，用自我囚禁去抵抗深刻有力的力量，将人类生命的问题简化到个人情感能够容纳的范围内。无论一个人是从宗教角度，或是从召唤一种生命力的无神论角度（比如 D. H. 劳伦斯），或是从权力意志或历史力量的角度，都会发现布鲁姆斯伯里文化圈有种令人不安的矫揉造作和简化倾向。利顿·斯特雷奇（Lytton Strachey）在《显赫的维多利亚人》（eminent Victorians）一文中贬损了所有维多利亚时代的人，他们自以为真理在握，给人的印象不是睿智、有洞察力，而是愚钝的简化和琐碎。

　　这就是持续到 20 世纪的争吵的源头。对于代表布鲁姆斯伯里，你可以指出那些大罪，它们是以更宏大的现实的名义（不仅有上帝，还有历史和种族）犯下的，并认为体面伦理如何引导人们站出来反对这些大罪。这一点当然无可非议，事实上，可能两者都有道理，这使我们陷入了两难困境，我在后文将会讨论。

　　与此同时，我只想赏识这些留给不信的新空间的重要性，即便借此对抗（从某种程度上说只关心物质富裕的）"唯物主义"，也不会走向宗教形式，但可以找到无神论的表达。借助我最初的问题——如今的信与不信状态跟五百年前相比的天壤之别是如何发生的——我们能够看出经验地图如何变化。我引用了贝德·格里菲斯学生时代的伟大经验，后来他视此为信仰的开端。依照这些新空间，我们能够看到，相似的经验（感到有某种无法比拟的更高存在，突破了我们成长过程中感受到的万物平凡之感）现在可以在不信的视界内发生。的确，贝德的经验是个好例子，因为他在其中原创地看见了后华兹华斯时代的浪漫主义视界，而这一视界在过去两百年的英国式感受力发展中起了重要作用。

❧ **4** ❧

　　我们已经追踪了两大重要转移:在占主导地位的综合之内,转向无求于外的人文主义;反对道德主义以及该综合的种种限制,其中最重要的流派是布鲁姆斯伯里。但接下来是一战的创痛,该综合的信誉受到了前所未有的破坏。综合中包含了"文明",而文明的要件之一是通过秩序和法律防止生命遭受暴力。一战号称为"文明"而战,至少在不列颠是如此。然而,大规模的杀戮却说明这是对文明生活的最大否定。通过承诺战后在和平、福利、社会公正上的大跃进来为战争辩护,只会让事情更糟,因为这些承诺无一兑现。

408　　有证据表明,大部分英国人依然相信综合,但是对于少数一批有影响力的年轻人来说,他们曾在战壕里作战,这击碎了他们对整个综合的信念,尤其是不列颠爱国主义被大大动摇了。在公学里学习的男子气概和忠诚的伦理,后来又被带进军队,更是完全破产了。那些赋予意义的大词汇——"为上帝、国王和国家,为挚爱的家人和帝国"(引自无名战士纪念碑上的铭文)[46]争得荣誉或牺牲,听上去无比空洞。

　　如果综合以此方式被动摇,那么之后可以有不同的发展方向。一个方向是重建综合,保留体面和法律,甩掉沙文主义的爱国主义和对奋斗的盲目投入。一个方向是国际主义的自由主义,就是维系国际联盟和各种裁军尝试的立场。或者一个人可以选择成为更激进的左派或右派,但既要拒绝共产主义的综合,也要拒绝法西斯主义的综合。1930年代这两者似乎站在对立面争夺世界霸权,许多年轻人的确选择了一方,大部分是左的一方。

　　但除了选择这些方向,甚至与之伴生的是,创伤会带来一种不确定感,会导致不信甚至愤世嫉俗。这一观念会认为既有的公共秩序中没有道德可信度,这与之前的既有综合截然相反。海恩斯(Hynes)所言的"战争迷思",部分是说它制造了一种激进的历史断裂,我们与既有秩序之间出现了不可跨越的鸿沟,而这个秩序是我们的前辈非常欣赏的。[47]

庞德(Pound)总结了这种绝望、失落和愤世嫉俗的情绪,他在《休·赛尔温·毛伯利》(Hugh Selwyn Mauberly)一诗中写道:

> 无数人死去,
>
> 他们之中最优秀的,
>
> 为了牙齿掉尽的老娼妇,
>
> 为了那一团糟的文明。[48]

如何回应这种感觉——我们生活在一种可存活的秩序死亡之后?我们可以猜测这在英国的语境中尤其难以接受,因为人们已经在综合体中自信满满地生活了那么长时间。法国则是相反,关于秩序的不同观念竞争了一个世纪,与"已经建立的无秩序"进行斗争的概念已经广为人知了。

英国的情形中还有一种反应,在法国绝不会引起共鸣,那就是认为道德秩序完全土崩瓦解,成了"一堆碎片"。这个说法,无论其作者出于什么意图,它正是赋予艾略特 1922 年"荒原"的感觉;"荒原"被视为在历史断裂后清晰表述我们支离破碎境况的尝试。[49]自此,你可以选择不同的方向。一种是视个人经验为整合的唯一希望。诗歌可以带我们走近这条道路,清楚表述碎片化,将之固定到其形式中,正如艾略特所做的。"这些碎片支撑着我不被毁灭。"答案在于内在、个体化的经验,在于个人化的意义,这或许可以启发其他人,让他们也同样做;但更新公共秩序作为一种可能性已经被抛弃了。

另一种方向是采取一种激进的重新奠定秩序,跳跃到或左或右的极端解决方案。正如我在前面所说的,这是许多 1930 年代的青年精英的选择。尽管有一些用英语写作的最著名的诗人选择了右倾,比如叶芝(Yeats)、庞德、艾略特,但大部分人还是选择了左倾。

从某种意义上说,一战的可怕创伤吊诡地在二战中被部分抚平了。因为它真正是一场捍卫文明的战争。希勒特将现实贬低为针对之前冲

409

突的战争宣传。这一点加上共产主义的道德破产,清空了极端左翼和极端右翼的等级区别,战争本身从某种意义上重塑了不列颠爱国主义,使之恢复了与过去的关联。

但综合再也恢复不到 1914 年之前那种无可撼动的力量。生活在那种秩序连续性中的人,都必须接受一种理解,那就是人们也在朝一种更自由、更国际主义的方向发展,直到撒切尔(Thatcher)改革之前,也有很长一段时间在朝社会民主方向发展,慢慢地在本真性方向上朝前滑行,捍卫日常的感官欲望,给个体更多空间,让他们可以在更宽容的氛围中按照自己的意愿生活。尽管二战的胜利十分光荣,一战的将领们依然声誉不佳,他们被认为运用一种过时的战略盲目而冷漠地牺牲了许多生命。那种爱国主义不可能再次被重新接受。

那么,两次大战之间的岁月留下了什么遗产?从信仰进一步撤退,因为基督教信仰被名誉扫地的综合所波及;岛国褊狭心态略有好转,英国从此加快了融入欧洲文化的步伐;大陆现代主义"更微妙语言"兴起,比如普鲁斯特(Proust);即便是大陆理论家比如韦伯、弗洛伊德的观点,也得到了越来越多的探讨。生活在破碎秩序中的感受从某种程度上依然是经验的真实。即便某种修正的综合能让人们重拾信心,然而在某些层面上,支离破碎感依然存在。对于知识分子和艺术家来说,要以旧有的维多利亚-爱德华(Victorian-Edwardian)时代的方式去接受一种公共秩序,已经非常困难了。

410　　当我们瞥一眼那些 1914 年参战者的精神世界,仍旧会感到震惊,比如鲁伯特·布鲁克(Rupert Brooke)的十四行诗,或是一些当时的评论和书信。不只是他们谈到战争时使用的拔高语言:荣誉、勇猛、牺牲、坚守、豪迈,还有他们通过光荣的国家历史的种种意象去看待冲突的方式,这种历史在伟大文学中有所保存(比如莎士比亚的《亨利五世》),抑或是他们在学校里浸淫的经典作家的作品("为国捐躯/无上光荣")。我们震惊地意识到他们是完完全全、毫无意识地陷进了这一想象。"不列颠与文学的交媾……是本能而不愿致歉的——的确,不知羞耻。"[50]

当然,这不会一夜消失;对大部分人来说,这些贯穿于战争中的纪念活动的意象及其共鸣,仍旧是权威性的。1945 年之后,劳伦斯·奥利弗(Laurence Olivier)拍摄了电影《亨利五世》,大获成功。但在受过教育的老练者当中,他们已经无法在使用这些语言、利用这些意象时不带有某种疏远了——通过反讽、不安、半戏仿、引文以及巴赫金式(Bakhtinian)的"复调"。

然而,一些附属物留了下来。当代人对这之前的年代模棱两可,或者至少他们的反应是复杂的。我们感到比我们爱国的前辈更宽广、更成熟,多少显得更优越,但对他们的确信也多少有些忌妒,甚至有时也会为寻找支撑点而倚赖他们,因为他们的一些参照点,比如奉献、为保护他人而牺牲自己,是不能随意抛弃的,无论我们在说出这些词汇时感到多么别扭。

我在上面提到了精英中感到的不安;这不是 20 年代或者 30 年代大众的感受,1945 年甚至更少。不过精英和大众的界限在 20 世纪逐渐磨灭了;之前少数人的反应在慢慢扩大。于是过去同样复杂关系中的某些东西,如今重新出现在流行文化中。比如不时出现的各种怀旧之旅:回忆一战或是喜爱早期军服的风潮。这里常有反讽甚至故意滑稽地模仿的元素,但也有对确定年代失落的感伤;与所有这些相伴的,甚至是对生根于这失落的往昔有种安慰感。这种对之前综合的暧昧,如今似乎渗透到整个文化中。

总而言之,所有这一切都在为不信拓展空间。很明显,战后的英格兰有过一种精英的、学术-艺术的文化,其主导倾向是不信,且在不断增强。诺埃尔·安南写过一本有趣又富洞见的书,叫《我们的时代》(*Our Age*),以圈内人的身份刻画了战后三十年中领导英格兰的几代人。[51]

打动读者的事情之一是延续布鲁姆斯伯里文化圈所致力的目标。他们有同样的抱负,"改变平庸的不列颠,使她像其他欧洲国家一样,能够欣赏艺术,尊重艺术家"。还有一种抱负,"在私人空间给予人民最大程度的自由,以及他们通过艺术表达那种生活的自由"。"意志是可疑的";单靠意志力强行赋予一种形式,似乎是通向毁灭的做法,而非美德;

411

绅士理想及其在公学中的表现招致了批评。[52]

　　远在布鲁姆斯伯里视野范围之外，但同时也是作为二战的遗产的，就是安南所谓的"集体主义"，相信"国家应该介入促进更广泛的社会正义"，以及平等原则："我们希望社会中的所有阶级享受以前只有富人才能享受的特权。"[53]源自两次大战之间岁月的，是对我们社会中的异化现实的承认。[54]

　　不信的空间更为多变而复杂，它们容纳了更多非理性和否定性的元素。但在根本上，缓冲的身份栖身于从容不迫的自信。一开始安南就引用了福斯特："上帝啊，我不相信，请你帮帮我的不信吧。"他还讲道："我们的时代常常是怀疑论的，但是一种自信的怀疑。"[55]这里暗示着，"去相信"在全球范围内是可能选项，但这里被明智而勇敢地拒绝了，因为缓冲的身份假设其中包含了没有必要的、无理由的、无根据的信仰，所以它乐于认为这些都是外部的、可以忽略的。至于它是否真的弄清楚了人之境况，并不那么明显。

　　在结尾处，安南引述了罗杰·斯克鲁顿（Roger Scruton）对时代共识的抨击，斯克鲁顿控诉自由主义的思维方式缺乏"神圣和爱欲的体验，也缺乏哀悼和神圣的恐惧的体验"。他认为这是浅薄和琐碎的罪过，从某种意义上说重复了劳伦斯对布鲁姆斯伯里的攻击。他的回复是，"他们读诗歌，只为寻找安慰，激起好奇心……他们成长的年代，哈代和豪斯曼（Housman）要么还在世，要么刚离世；叶芝提醒他们生命的神秘，艾略特那精致的耳朵在诗歌传统中进行着音韵的革命。"[56]深奥的维度通过艺术走上了舞台，艺术的"更微妙语言"对我们敞开了奥秘，但其本体承诺依然悬置、未有定义。19世纪开拓出的后浪漫主义空间依然被占据着。这样很好，也应该这样；我们中许多人靠它活着。但斯克鲁顿也完全正确，那里没有"神圣的恐惧"，因为本体承诺被悬置，缓冲的自我很安全。

　　但这只是辩论的开始。这是否是一种失落，又以何种方式被认为是失落，尚需论证。事实上，双方都有许多话要说。

　　然而，很清楚的是，信与不信的当下状况无法单单通过精英文化来描述。20世纪最重要的事件之一就是新星效应涵盖了整个社会。它已

412

经成了"超新星"。这是我将在第四部分考察的内容。

⫷ 5 ⫸

我在第二节开头提到的在早期秩序的垂直观念和现代秩序的水平观念之间的这种转移,也在许多欧洲社会中出现了,并且持续了相当一段时期。的确,如果从长远看,比如在 22 世纪的教科书里,这可能是一种主流现象。但这些转移并不总是像英国那样安静而不易察觉。在欧洲,尤其是在拉丁文化中,围绕秩序观念有很多斗争,这直接相关于信与不信之间的平衡。

互利的现代秩序的一种变体,受到了卢梭的巨大影响,它成为法国以及之后其他地区共和传统的基础,就算它并不总是明确的无神论,也绝对是反基督教的。民主和人权被认为与人天生无罪或人性本善的观念密不可分。恰当的政治秩序只能在承认并赞扬这一本性及其从属美德的前提下成功施行。宗教,尤其是基督教教义中的原罪概念,只会瓦解这一秩序,并摧毁其基础。自由社会必须反复灌输一种哲学,建立一种社会想象,而且必须以无求于外的人文主义为基础。

原先的革命者在最激进的时期攻击教会,试图带来一种"去基督教化",罗伯斯庇尔统治时期甚至想用崇拜"最高存在"(Supreme Being)的新宗教取而代之。即使在热月之后,这一尝试仍在继续,通过使用新历法、国家组织的节庆,想在传统基督教世界注入一种新的世界观。

共和国对宗教的敌意后来在社会方面和形而上方面被激进化了,马克思的社会主义理论明确地采用了一种无神论的世界观。许多社会主义政权和革命运动都比雅各宾派(Jacobins)更为激烈地攻击教会,既在共产主义世界内部,也蔓延到墨西哥和西班牙等地。

道德秩序、人权、民主、无神论的站队结盟,也激起了"反动派"的结盟。天主教的旧制度早就致力于另一种秩序观念,如我在上文指出的松散的"巴洛克"。它是垂直的,强调等级制的重要性;是这样的秩序,它避

413　开混乱,只能在等级差异被尊重的地方存在,每个人都有归属的位置,社会整体由君主权力统驭。波舒哀是这一世界观的主要代言人。

这种观念的"现代"之处在于,实际等级制度的解释和辩护,越来越少采用本体论逻各斯的形而上概念,以及反映在社会诸秩序中的存在层次学说,而是越来越倚赖其有利结果,主要是稳定的秩序本身。从今天的视角看,它似乎是一种混杂:一方面,实际差异被一种更高意义的光环所包围,令人顿时感到来自于某种遥远的时间源头;它们有一种惊人的仪式感,君主处于等级制顶端,可以被视为反映了上帝与其创造的关系。另一方面,正因为其正当性主要来自后果论,这就暗示着,如果其他说法被证明更有道理,就有可能被采纳。

复辟时期企图完整地重建这一视野,但被证明已无可能。旧秩序中有太多东西已被清洗一空。时代已不再是自古以来的样貌;仪式也无法代表同样的意义,1825 年查理五世想在兰斯(Rheims)重演完整的古代加冕典礼时也发现了这点。君主制统驭下的等级制现在只能非常清晰、坦率地倚赖于一种正当性辩护——那就是它、且只有它能够带来秩序。这就是复辟时期思想家德梅斯特的主要论证。刽子手的悼词是要迫使人们深信,如果没有被吊死的威胁,人们会变得无法管理。当然,在法国大革命之后的混乱中,许多人、特别是贵族阶级认为这是非常似是而非的观点。

于是,辩护越来越集中于秩序以及对合法权威的尊重。后面这一点也被视为包括了宗教的、教会的权威。民主要求将权利让渡给法官去评判任何人、每个人,似乎自然地与自由思想和异端结盟。如果不想让真理失落于无根据的观点之无止境的繁殖,那就必须是能够推行其统治的单一权威。这是波舒哀反对新教的核心论点:一旦你与罗马断绝关系,就会陷入连续的无休止裂变。

1791 年教宗庇护六世在评论国民议会的权利宣言时,谴责了"这种可以不受惩罚地在宗教问题上思考、谈论、写作甚至出版基于最错乱想象提出的一切东西的放纵自由,……这种思考和行动的自由,国民议会将其作为自然赋予的、不可剥夺的权利,给予组成社会的每一个人"。他

的后继者庇护九世 1864 年在他的《教义举要》（*Syllabus*）中谴责了许多　414
其他骇人听闻的建议，比如"罗马教宗应与社会进步、自由主义和现代文
明和解妥协"。[57]

　　所以，一个有着不同变体（从个体开始，强调权利、自由和民主）的理
想秩序，对阵一种相反的理想——强调顺从、等级、从属，甚至为更大的
整体而牺牲。对于相反理想的拥护者来说，这似乎是一种避免政治上和
宗教上混乱的明确道路。但除此之外，强调顺从和牺牲，使得他们的头
脑与他们理解的宗教明显趋于一致，也就是说，不是"护佑的自然神论"
的人类中心主义信仰，而是奥古斯丁的原罪理解和顺服上帝的需要。

　　当然，我们以后见之明可以自信地预言，此理想会胜过相反的理想，
原因上文已经预演过。这也是实际发生的。但通向这一目标的道路要
比今天想象的远为颠簸曲折，因为它并不是简单的无神论共和党人或社
会主义者反对教会等级的事。整幅图景要比这复杂得多，因为已经有了
与基督教视野相联系的互利秩序的诸变体，比如在美国；天主教欧洲则
更甚，从拉莫乃（Lammenais）到贝玑（Péguy），直到 20 世纪中叶基督教民
主大获全胜。当然，这仅是加速了现代道德秩序的胜利。

　　另一方面，延缓这一胜利的是其他方向上的岔道，也就是说，反理想
秩序诸变体的发展多多少少与天主教或基督教脱离了关系。19 世纪中
期已经有一种智性交叉立场凸显出来，那就是孔德，他期望一种权威宗
教提供社会凝聚力，但根据科学来设计这种宗教，用以代替基督教。

　　更严肃的是，接近世纪末时，基于相反理想的某些变体的思潮开始
抬头，但又逐步与其基督教扎根之处摆脱关系。这些思潮的吸引力部分
来源于后果论者对等级制度保障秩序的辩护。更重要的是对以等级、顺
从、牺牲为中心的生活方式的固有爱戴。我在上一节中提到了批评现代
人文主义的诸轴，从"悲剧"轴方向攻击它，抨击它搞平均，摧毁英雄主
义、伟大和卓越；或是视之为化减、净化生活，试图取消不能根除的苦难、
悲剧和冲突。

　　现在你可以从基督教的角度继续这种批判，英雄就是圣人，必不可
少的苦难就是十字架的受苦。但我称之为"新星"的关键方面是，它们也

415　从不信的方向积聚，英雄更接近于老兵，苦难是人之境况不可根除的维度，这些英雄要学会去面对并克服。从这一视角看，基督教强调和平与谦卑，希冀最终与上帝合一，很容易被视为现代人文主义的敌人，这是使它不断衰弱的源头。尼采是这种观点最有名的发言人，他在许多方面依然是最具影响力的。

　　这就是我在之前章节里所讲的"内在的反启蒙"；"内在"，因为它丝毫不指涉超越的实在。本世纪已经被两种理想秩序之争彻底毁坏了，其中我所说的相反理想秩序并不总是（甚至主要是）得到基督教观念的支持，反而越来越倚仗非基督教的、甚至是无神论的资源。

　　事实上，我们有从一个极端到另一个极端的所有例证。比如查尔斯·莫拉斯这样的人物，他发起的运动主要诉诸天主教。但他自己不是信徒，他想回到法国君主制的理由也不光是重建秩序和信仰。其实，恢复信仰本身是达到其他目的的工具。莫拉斯相信法国只有回归君主制才能重返伟大。君主政权将会带来的秩序有助于这一点。但这还不是全部，君主制精神特质中的纪律、服从、奉献，会形成并催生出一种更高类型的人。终极目标是人类的伟大。

　　莫拉斯于1926年受到教宗的谴责，但一些天主教徒并没有抛弃他，他依然是以天主教徒为主的运动的精神导师，这如何可能？部分因为教会在他的计划中占据重要位置，即便他有更长远的动机；部分因为基督徒和非基督徒在评价服从于更大社群的规训、牺牲、奉献时有重要的交集，但无疑也是因为莫拉斯的许多天主教追随者本身同样受到英雄主义伦理的吸引。毕竟，如果他们是贵族，英雄主义曾经是他们阶层的精神气质。如果他们是资产阶级，却又厌恶自身社会的道德软弱、自私自利、功利主义的世界观，那么肯定也会渴望这一精神。

　　如果我们看一本书《今天的年轻人》（*Les Jeunes Gens d'aujourd'hui*），就会发现这一点，该书出版于1912年，表达了对世纪之交精神贫乏的反抗。作者亨利·马西斯（Henri Massis）和阿尔弗雷德·德·塔尔德（Alfred de Tarde）声称要为一代年轻人说话，并在年轻人中做了一次调查。当然，这一调查的科学可信度十分可疑。但从我们的角度来看，有趣的是他们的修辞和抱负。他们将自己与"1885 年这一代"相对照,那一代人似乎"过于知性和内省,相信相对主义,无法进行精力充沛的活动,缺乏信仰,迷恋颓废"。他们终究只是"业余票友"。人们亟需的是一种新的规训,能够"创造秩序和等级",引领人们过一种有担当的生活。[58]信仰可对抗怀疑主义和科学,对民族国家的奉献可对抗个人主义,承诺和规训可对抗个体选择,等级制度可对抗平等,这些都是吸引有此类倾向的年轻人的话语。

其中有些人(比如马西斯)最终改信天主教,但很清楚的是,这里有一种竞争性的道德渴望,渴望某种给人生带来意义的远大事业,渴望奉献和牺牲的对象,渴望行动和生命以对抗纯粹的反思,渴望勇敢的行动。我们可以在同时期其他欧洲社会的年轻人中看到这一情况,比如德国的青年运动,他们对自然、社群和生活哲学无比狂热。所以,这一代人中的许多精英会视战争本身为社群、牺牲、伟大事业的出口,这些都是他们在等待的。"感谢上帝让我们与他的时刻相连",鲁伯特·布鲁克这样写道。同样的欢腾雀跃在许多法国和德国年轻人身上都能看到。[59]汉斯·卡斯托普*唱着《欢乐颂》奔向战场。

我在前文已经指出,如今战争成了一种支离破碎的经验。它成为现代历史上最沉痛的创伤之一。正因为许多年轻人参战,他们来自所有交战国,感到总算为自己期待已久的英雄主义和牺牲精神找到一个发泄渠道,但西线的真实战斗,年复一年的恶劣环境下的单调和无聊,无差别的机械化的肆意屠杀,其结果令人大为觉醒。

在更深的层面上,战争是一次文明的危机,也就是说,它唤起了对交战国是否真正文明的质疑,或者更深入地说,对文明之理念本身的质疑。带着后见之明,我们依然会感到惊讶——许多爱德华时代的人认为,几个大国之间的战争,也许能以某种方式纳入文明世界,它未必会动摇这个世界的基本架构。

这一幻象有两面:军事期待,以及它的道德意义。如果将 1870 年的

---

* 托马斯·曼的小说《魔山》中的主人公。——译者注

普法冲突视为先例（而不是布尔［Boer］战争或美国内战），那是个军事错误。交战双方都想象着一场战事速战速决，地面部队英勇血战，然后有赢家胜出。一切都能在圣诞节之前结束。其道德意义在于，这会是英雄主义渴望的发泄渠道；一些年轻人会为国捐躯，但这是在一种有价值的背景中完成的：他们会为了伟大的事业不惜冒险，在自我牺牲中死去，尽管他们完全意识到枪林弹雨的危险。他们会得到光荣死去的应有地位，正如古人理解中的刚勇的军人原型，为国捐躯无上光荣。

417

在这背后，时常有更进一步的道德反思——没有周期性出现的适合这种英雄主义和牺牲精神的机会，文明本身也会停滞，变得虚弱、颓废。的确，这在 19 世纪末长期的和平中已经成为许多人的担忧。当然，有关战争必要性话题的严肃哲学讨论，最有名的是黑格尔。但今天我们无比惊恐地读到，来自两边的许多著名思想家依然拥抱 1914 年 8 月时的那种观点。比如爱德华时代的著名批评家埃德蒙·高斯（Edmund Gosse）在那个秋天写道：

> 战争是思想的大扫除。它是最好的消毒剂，那红色的血流就是康狄液（Condy），能够清洗智性的污浊池塘和淤塞渠道……我们从鸦片之梦那舒适、轻松、"安逸生活"的可悲怯懦中醒来。我们渴望的各种放纵，我们松弛的礼数，我们对个人麻烦可怜的敏感，这些突然被提到我们面前，戴着它们真实的面具，它们是民族堕落的幽灵；我们已从业余票友的昏睡中醒来，在为时太晚之前，向它们亮出刀剑。[60]

然而，现实是漫长的、大规模机械化的杀戮，人们一批批被送上战场，籍籍无名地死在一望无际的烂泥中。这彻底淹没了那些道德意义。此外，"文明"价值的构成要素之一就是通过秩序和法律保护生命免受暴力侵害，这一观念在现代欧洲发展起来。毕竟这一观念部分地由现代道德秩序所塑造。这能为年轻人英勇献身找到位置，那就是为了保障他人的安全。的确，交战各国都对敌人进行了难以置信的可怖描述，恰恰反映了文明的这一特征。英国战争宣传中的德国人很快变成了"德国佬"、"野蛮人"。但是,真实的杀戮让这一目标成为笑柄。四年当中,一代人在近乎静止的战区被碾成炮灰,要让其合理化,你起码真得与野蛮人战斗,如果不是更糟的话。现实让公开宣布的理由看上去更像一场闹剧。

要应付这种情况,一种办法是加大赌注;承诺战后会出现前所未有的更高文明:更民主,更平等,更多照顾不那么富裕的公民,绝对的和平。一场战争会终结所有战争;国家会为战争英雄打造生活家园。政府凭借本能知道战斗的目标必须随着苦难的升级而提升。战争让政治变得激进。不过,这一切的结果当然是压倒性的失望,因为那些承诺从来没有实现。 418

现在文明的危机以不同方式上演完毕:有些人愤世嫉俗和绝望,左派和右派对社会目标的激进定义,内部移居,艺术的反文化形式。我想提两类反应,都和信与不信的新星效应有关。

第一,文明的危机也是特定基督教文化的危机。基督教信仰与现代文明的联姻十分紧密——当然,这一联姻曾为"神人同形同性"的转向开辟了道路——所以受到了冲击。不列颠是一个例证,我在前一节已经论证过,因为许多民族身份认同都紧密地与不列颠的政治秩序、体面伦理以及特定的新教伦理相联系,所有这些都是既定的价值。对那些身处这一身份认同的人来说,这就是为何要去打仗。如果所有这些使文明看上去可疑,那么信仰还能去哪里? 这是个危险,但对基督教的种种对立的形式来说,比如在被压迫的波兰和爱尔兰,或是抨击"既定的无秩序"的反共和主义的法国天主教当中,则不那么容易受到伤害。在其他地方,一战的文明危机对被定为国教的信仰来说是沉重的打击,它们再也无法复原。

我要提的第二类反应带我们回到我之前提到过的岔道:在垂直的秩序理想中不信的新形式之发展。

战争对多数人来说是可怖的经验,但对有些人,比如恩斯特·容格(Ernst Jünger)来说,战争提供了一个勇敢行动和自我牺牲的领域,甚至可以说提供了一种同甘共苦的经验,这种经验是他们在平民生活中无法拥有和再现的。从对复兴的应许来看,战争的结果是极度令人失望的。许多参战者的精神饥渴依然没有得到满足。从共产主义者到法西斯主义者,许多极端主义运动都把自身基础建立于这一持续不断的渴望上。希特勒和墨索里尼都曾直接讲到以前的前线战士的经历,他们回到平民生活后感到失去了方向,不被重视,他们有一种挥之不去的感觉,觉得被后方的人们背叛了。

　　法西斯主义给我们提供了一种典型的相反的现代秩序理想,它吹嘘控制权、领袖魅力、牺牲、服从,将这些置于个人主义、权利和民主之上,但这么做是出于对伟大、意志力、行动和生命的膜拜。这里没有为基督教道德留出位置,更没有自由主义的位置;其终极目标是要从一个人的生命中成就伟大之事。伟大的衡量标准部分在于通过统治、征服而带来的权力影响;部分在于奉献的程度,比如是否肯冒生命危险就是一种衡量标准;部分属于美学范畴。

　　正如埃克斯坦斯(Eksteins)指出的,法西斯和纳粹政权的宣传不仅仅是一种手段。这种对权力的颂扬,对意志胜利的颂扬,部分是为了帮助正在进行的整体行动。这就是本雅明指出的"政治的审美化"。各种赞美面对死亡达到了惊人的程度。"最盛大的纳粹庆典看上去十分注重花环的摆放,颂扬英雄或殉身者,无论对象是腓特烈大帝、战争中的逝者、1923 年啤酒馆政变后终结的党派,还是霍斯特·威塞尔(Horst Wessel)。哈里·凯斯勒(Harry Kessler)将纳粹主义的这一方面形容为是在'宣传尸体'。"[61]

　　到了 1930 年代,反理想甚至在天主教社会也甚嚣尘上,比如西班牙、葡萄牙、后来的维希法国,更别提意大利了,这些国家地区都发现了这种面对死亡时的新型权力崇拜的强烈影响。

　　我们从这些短暂的反思中看出,信与不信之间的斗争,以及各自发展新形式的一个重要侧面,是与社会道德秩序理想及其相反理想相关联的。今天还有必要说这些,因为西方看似很大程度上已经远离了那个时代,但看看伊斯兰社会,就会知道这种远离不是全世界范围的。但在西方,一种脱钩已经发生了,这对许多我们的前辈来说是不可想象的——

419

比如支持法兰西行动的天主教徒,对他们来说"天主教的完整性"与政权变更是不可分割的;而共产主义者的全部信仰则要求革命。我们不应夸大。即便回到 20 世纪初的法国,有些天主教徒的信仰已与右派脱钩,比如贝玑、克洛岱尔(Claudel),后来还有贝尔纳诺斯(Bernanos)和马里坦(Maritain)。但 20 世纪后半叶我们似乎进入了一个新世界,旧有的链接真正消失了。

这场论战与这些理想的脱钩是如何发生的? 这不是现代形式的人文主义或信仰与理想秩序的脱钩,恰恰相反。但它们现在都与同一种东西挂钩了。现代理想大获全胜。我们都是人权的党徒。

这解释了一部分。但还有宗教和社会的脱钩,或者说是灵性转移到社会中新的一隅。我会在下一部分描述这一转变。

第四部分

世俗化的叙事

12 动员时代

1

让我们试着看一看如何进入西方现代世俗性兴起的故事。18世纪末见证了一个可行的基督教替代者的出现，那就是无求于外的人文主义；它还见证了反对这一替代者的系列回应，以及对产生这种人文主义的人类生活的理解。这就是我所说的新星效应的开始，不断扩大的一系列新立场——一些人信上帝，一些人不信上帝，还有一些人很难归类——成为我们可得的选项。这一切都还只发生在社会精英当中，有时——当它发展成为新的不信形式时——只发生在知识分子当中。精英信仰多元化的趋势到19世纪仍在持续，以不同的速度，在不同的社会也曾有各自独立的中断。我所追溯的正是这个过程，至少在前几章中涉及到它的一些方面。

然而，不知何故，在两个世纪期间，上层的困境逐渐成为整个社会的困惑。不仅宗教的、非宗教的选择拓宽了，而且社会生活中宗教的或灵性的中心也已转移。这是如何发生的呢？

在此，我们进入"世俗化理论"的地域。既有的理论主要关注的是世俗性1（宗教在公共生活中的退出）和世俗性2（宗教信仰和宗教实践的衰落），但很显然，世俗性1、世俗性2和世俗性3（信仰条件的改变）有很多重叠之处。尤其是，世俗性3和世俗性2势必紧密相关。这并非是因为这两个变化是等同的，或者它们必然会相继出现。在这里我感兴趣的变化，即世俗性3，涉及到作为替代物的一种人文主义的出现。这是世俗性2实际上不信的兴起之前提，它反过来又导致了世俗性2宗教实践的衰落。没有什么能使这些结果不可避免,但若没有最初的替代选择的多元化,它们根本不可能出现。

424　　因此,为了理解这些替代物如何从少数人的选择变成多数人的选择,倚赖我们所熟知的有关信仰衰落的叙事是有帮助的。这里的故事异常复杂,在不同的国家、地区、阶级、背景等条件下有很大的差异。正如前面的章节所示,我在这里的讨论集中于发生这个过程的某些社会(主要是英国、法国和某些时间的美国,偶尔参看其他地区)的某些阶段。因此,无需说,我在这里的评论具有暂时性。但我斗胆期望它们仍然是有帮助的,至少在主要讨论的那些国家,我的评论可以让这一变化的大致路径变得清晰,从而以这种方式对西方的世俗化叙事有所贡献。

我们可能认为,精英的灵性境况成为大众的灵性境况,主要是通过扩散:标准教育的扩展,读写能力的普及,更高层次的学校教育,以及更晚近的大学培训的迅速增长,这些都助长了这一趋势。精英的境况也得到推广,因为现代社会号召每个人遵从相同的生活方式,它倾向于抹平城镇和乡村的区别,向每个人灌输相同的社会想象,将社会连成一体,尤其是通过无处不在的电子媒体。

现在所有这些因素都扮演了重要的角色,尤其在最近。但从那里到这里的真实道路,要比一个简单的扩散故事所能扑捉到的更为坎坷崎岖。首先,在许多国家,19 世纪以及 20 世纪的某些时候,宗教实践还在复兴。曾有人计算过,经历了大革命的危机、法国的去基督教化运动、组织化的教会以及其他一些创伤之后,法国天主教实践的顶点出现在 1870 年左右。[1]

其后有一个衰落,它在 1960 年代变得十分明显。在英国,19 世纪教会的拥护者在上升,20 世纪初达到顶峰,之后有缓慢下降,第二次世界大战后下降加快,1960 年代后急速下降。[2]在美国,有人计算过,从大革命后一直到 1960 年代,宗教信徒一直在稳步增长,这之后只有小幅下降。[3]

当然,这并不让我们感到吃惊。我们应该把它放到驱动宗教改革的语境中去理解,可以说它构成了整个宗教改革运动的基础,"世俗化"只是其中一个分支。所有早先重塑教会的努力，都旨在增加各种层次的正统实践。在 19 世纪的努力之前，法国天主教运动最后一次巨大的努力是 17 世纪的反宗教改革运动，它成功地将那些原先边缘化的宗教信徒整合进来。它带来了广泛的内部宣教。类似的事情也同样发生在更具清教文化特点的英国和美国，宣教和复兴运动开始延伸到在没有教堂的地方植堂。425

在英国和法国的例子中，19 世纪倡导这些宣教活动的人大致有着一个清晰的目标，那就是防止上层阶级和知识分子当中破碎的形而上-宗教文化向下层扩散，因为对上层阶级而言，不信已经成为一个真实的选择。没有人会否认这是复辟时期法国天主教的一个主要目标，但它也是 18 世纪晚期英国福音派运动的目标和 19 世纪早期查麦士（Chalmers）在苏格兰努力的目标，等等。这些运动为什么会成功，它们在哪里获得了成功？又为什么在近几十年这种目标全都失败了呢？从以上的例子我们可以看出，1960 年前后是一个分水岭，对这三个国家来说，事实上对西方世界很多其他国家来说，也同样如此。那个时候发生了什么呢？当然，世俗化理论的伟大之谜仍然是美国。为什么这个国家与其他大西洋国家如此不同呢？

哪怕是假装能回答这些问题，我恐怕也要疯了。甚至用社会学家常用的那些词汇，这些问题也是难以回答的。受到学科的影响，社会学家通常寻找一般因素来解释社会现象。但这些解释往往空洞无物。

世俗化理论中通常提及的因素之一是"分化"（differentiation）。"分化"指的是这样一个过程，原本一同进行的功能瓦解分为不同的领域，每个领域有其自身的规范、规则和制度。[4]例如，家庭原本既是生活场所，也是生产场所。但后一部分功能现在已经移出了，取而代之的是我们所说的"经济"，经济有其自身的合理性。类似地，教会曾经提供教育和"医疗"服务，现在取而代之的专门机构则通常是由国家资助和运转的。

这些发展肯定与我们的整个主题相关。如果不出意外，它们中的一些也许可以被看作对世俗性 1 的描述，亦即将上帝和宗教驱赶到各种公共领域的边缘。但即便是这种等同也带来一些问题。当你试图用"分化"理论来解释世俗性 2 时，必然会遭到反对。将分化等同于世俗性 1 的困难在于：一个既定领域中的活动遵从自身的内在理性，并且不允许更古老的基于信仰的规范，这个事实并不意味着此类活动不会依然受到信仰规整。因此，现代经济中的一个企业家不能接受中世纪教会对高利贷的禁止，但这不能阻止一个敬虔的加尔文主义者将其事业看作是对上帝的荣耀，将其收益的大部分捐给慈善机构，等等。类似地，一个现代的医生一般不会送他的病人去触摸圣物，但他投身医生职业可能深深地植根于他的信仰。将分化等同于世俗性 2 也会产生显而易见的问题。[5]

在包含医生的后一个例子中，错误是将世俗化等同于祛魅。但如果（我们文明中的）世俗化被认为包含基督教（和/或犹太教）信仰的某种衰落或后退，那么这种等同是站不住脚的。正如韦伯、戈谢、伯格以及其他一些人所反复声明的那样，[6]犹太教和基督教在不同的时间里培育了各种类型的祛魅。

卡萨诺瓦（José Casanova）有说服力地反驳了将分化等同于私有化的说法。像国家、经济、科学这些世俗领域的分化和解放毫无疑问地发生了。但这根本不能推导出，"世俗化的过程必然随之带来私有化以及所谓的宗教的边缘化"。相反，卡萨诺瓦说，今天"我们见证了宗教的'去私有化'……世界范围内的宗教传统拒绝接受现代性理论以及世俗化理论为它们保留的边缘化、私有化的角色。"[7]

一般化理论带来另一种困难，它们在许多突出例子中似乎说得通，但在更广的范围就站不住脚，比如将都市化与世俗性 2 联系起来。有人论证说，美国的情况说明，事实恰好相反。[8]此理论也无法解释 19 世纪英国的情况。[9]

在此我们获得了这种历史思维的一个关键点。处境是如此不同和自成一格，而公认可重复的因素在这些处境中又可作如此不同的理解和实践，乃至最后我们更能确信的，只是某些具体的因果联系，而不是以此为基础的一般概括。韦伯意识到了这种困境，布鲁斯（Bruce）有力地反驳了批评者对他的责难。[10]

因此，所有这一切对"世俗化"的观念来说意味着什么呢？我们的文明中发生了某种东西可以被称之为世俗化，这已是老生常谈；尽管学者们时而对此有所争议。[11]但问题在于准确地定义到底发生了什么。事实上,有关"世俗化"是否发生的争议,引发了对这些问题的阐释。

每个人都看到,在很多国家宗教信仰和宗教实践走向衰落,尤其是在近几十年;上帝不再像过去几个世纪那样出现在公共生活中,等等。但如何去理解和阐释这些变化,答案可能并非显而易见。

事实上,产生异议有两大理由。"世俗化"一般被看作某种宗教衰落的别名。所以你可能会问,在我们这个时代,宗教是否真的像看上去那样衰落了呢?或者在接受宗教从公共空间退出这个事实后,你可能会好奇它曾经占据过公共空间吗?换言之,你可能会质疑我们关于宗教有一个黄金时代的印象,我们真的曾有一个"信仰的时代"吗?也许在改变的外观下,事情并没有太大的不同。

这些论断开启了阐释的问题。宗教是什么?如果你将宗教等同于诸般伟大的历史信仰,或者是对超自然存在者的明确信仰,那么宗教似乎已经衰落了。但如果你认为宗教包括了广泛的灵性的或准灵性的信仰,或者如果你把网撒得更大些,认为一个人的宗教是其终极关怀的表达,那么你可以说宗教像以往一样在场。

第二个问题是,我们与之比较的过去是什么样的过去呢?即便在信仰的时代,也不是每个人都真正地虔诚。如何理解那些很少参加宗教实践的、不情愿的信众呢?他们和今天那些宣称没有宗教信仰的人相比有什么两样呢?

我个人认为,世俗化论题可以应对这些挑战中的绝大多数。迎接这些挑战会让我们获得一些重要的东西。它允许我们重新叙述到底发生了什么。毕竟已然经历的不止一个变化;我们在"世俗化"这个名称下想要包含些什么呢?神职人员不再因为信众拒交什一税而把他们拖上教会法庭,这一事实就意味着我们的宗教性减少了吗?就其自身而言,并不一定是这样。在今天许多敬虔的社会中这不会发生,也不可能发生。当然,在亨利二世的英格兰和亨利四世的帝国,没有哪个教宗或主教可以要求一个统治者跪在他膝前忏悔乞求。但在亨利八世以他那无与伦比的行动冲撞教会之前,或者在查理五世的军队洗劫罗马之前,这早就

427

变得不可能了。这是否意味着"世俗化"在 16 世纪早期就已经发生了呢？我们不能将"宗教"等同于 20 世纪的"天主教"，然后将每一步的偏离都看作衰落，正如大卫·马丁有说服力地论证的那样。[12]

此处的部分知识问题以及情感反应的很大一部分理由，借用福柯的术语来说，是潜藏在许多世俗化理论之下的重要的"不曾被思考的成分"（unthought，亦译"无思"或"弗思"）。世俗化理论的反对者谈到一种有关世俗化的"意识形态"。这种意识形态认为宗教是虚假的，因而不可避免地要走向衰落。我早先提到的各种各样的"上帝之死"的场景可以被看作这种意识形态的变种。不过，"意识形态"这个术语放在这里是错误的。它暗示说党派性已经压倒了学术性，奸诈蒙骗占据了主导地位。布鲁斯相当正确地反驳了这一提议。[13]

428　　但这并没有丢弃如下建议，即许多关于世俗化的社会科学叙事或历史叙事受到了"无思"的影响/塑造。无思以一种复杂得多的方式与作者的视野有关，即它不仅仅是指一个人的观点论战式的扩展，而是指一个人的信仰和价值框架以一种更微妙的方式限制了他的理论想象。

这种限制而非好辩的党派性才是中立的社会科学真正的绊脚石。你可以在一本当代著作的前言中读到："任何被宗教当作'真'的东西——如果有这样的东西的话——都与社会科学家无关，社会科学家应当永远追求价值中立，即便这个目标难以达到。"[14]这段话强调的是最后一个分句。确定到底发生了什么取决于对一系列诸如宗教的准确性是什么或基督教信仰的内容是什么之类问题的阐释性判断，而这些判断深受我们所拥有的实质性信念的影响。因此上面所引的那段话的作者在他的书中给出了一些宗教衰落的理由。他提到了科学和技术的发展。并不是因为他持有正统的"上帝之死"这个理论，即认为科学反驳宗教，所以宗教会衰落。相反，他明确地拒斥了这种理论。人们太善于将他们的"信仰与显而易见的相互矛盾的证据"割裂开来。但他的确认为，技术解决生活问题的可行性让人们逐渐远离了宗教。"当你可以买到药剂——它一次次被证明是治疗癣症的良药——保护牛群免于癣症的困扰时，宗教仪式或宗教咒语就不再必要了。"[15]

但在我看来这是把祛魅与宗教衰落混为一谈,因而又一次规避了在我们文明中占据主导地位的宗教(即犹太教与基督教)与我上面提到的迷魅世界之间复杂的、时有冲突的关系。我们此处的分歧取决于我们各自对宗教的理解,它必然会受到我们实质性信念的影响。

我不是在论证某种"后现代"论题,即我们都陷于自身的视野之内,因而无法理性地说服对方。相反,我认为我们能给出论证,以引导他人修正他们的判断,并(密切相关地)增加他们的同情。但这个任务太艰巨了,更重要的是,它永远无法完成。当我们进入社会科学的教室时,我们并不是一劳永逸地做出决定,将我们的"价值"留在门口。它们不是作为我们可以忽略的有意识的假设进入的。它们仍然在更深层次上影响着我们的思想,与这些不同观点的持续公开交流将帮助我们纠正一些由它们所产生的扭曲。[16]

出于这个原因,我们必须意识到,是有这样一些方式,它们对世俗化的"无思",以及各种模式的宗教信仰,可能会干扰这场辩论。事实上,有一种强有力的"无思"正在运转着:这种视角认为宗教一定会衰落,要么(a)因为宗教是假的,对此科学做出了证明;要么(b)因为现在我们可以用药剂治愈癖症,宗教变得越来越无关紧要;要么(c)因为宗教奠基于权威之上,而现代社会给予个人自主越来越重要的地位;或者是以上这些原因的综合。这种观点非常强烈,不是因为它受到大多数人的支持,而是因为它在知识分子中和在学界很受欢迎,即便在宗教实践非常普遍的国家(例如美国)也同样如此。的确,宗教之被逐出或者不相干,常常是社会科学、历史、哲学和心理学之未被注意的部分背景。事实上,即便是不信神的宗教社会学家也常常注意到,他们研究其他领域的社会学同行,对他们关注这样一个边缘现象也会表示惊讶。[17]在这种气氛下,从这种视角中无意识地产生的被扭曲的判断往往很兴盛,而且没有受到挑战。这正是大卫·马丁有关"消除世俗化"的广为人知的观点。[18]

当然,我的写作也受到另一种"无思"的影响,并且我希望在这里将它们部分地表达出来,因为我认为这是一种推进辩论的方式。但通过将它与主流的世俗化理论中隐藏的部分相对照,我会把这件事做得更好。

这一领域[19]的"正统"理论模式的基本见识是,"现代性"(在某种意义上)倾向于压制宗教或降低宗教的重要性。我对此并无异议。在某种意义上,我同意这种说法。本书主要目的之一就是要更准确地定义这种意义。我对许多正统的理论家提供的有关宗教的定义也无异议。布鲁斯提供了以下定义性的描述:"对我们来说,宗教由行为、信条和制度组成,所基于的假设是,要么存在有着能动力量的超自然实体,要么存在有着道德目的的非人格力量或过程,它有能力为人类事务设置条件,或干涉人类事务。"[20]

当然,这个定义中有很多地方可以挑出毛病。其中一个很大的问题是划定界限:今天有各种各样的"灵性"世界观,它们似乎并不诉诸于"超自然",然而这很难说清楚。但这种问题会影响任何有关宗教的定义。更麻烦的是,"超自然"是一个从基督教文明中发展起来的术语;其他地方并没有标明"自然的"和"超自然的"之清晰界限在哪里。如果这种定义要服务于社会学界或历史学界,那么它会遭到质疑;但实际上,我们真正观察的是西方的历史,是先前的拉丁基督教世界的历史,在这个领域内,"超自然"提供了第一个好的"近似值"。

此外,我在此同意布鲁斯的意图,为了防止对"宗教"的定义太过宽泛和包容,乃至我们最终不得不认为,根本没有发生变化。显然,重要的事情已然发生;在某些非常重大的事情上,也有衰落,而这事是被绝大多数人归于"宗教"名下的。在此术语的使用上我们不必追随大众,但如果试图理解这种衰落的重要性,我们需要一些词汇,而"宗教"显然是其中最方便的一个。[21]

我喜欢布鲁斯的定义的另一个方面在于,它将"非人格力量"包括进来,因而承认了我在第二章中所说的"道德力量"在我们这个"迷魅的"宗教往昔中的重要地位。

有了这个定义在心里,我同意布鲁斯对这一关键现象的看法:

> 尽管有可能以别的方法将它概念化,但世俗化主要指的是人们的信仰(发生了变化)。当我们说这个社会变得越来越"世俗"的时

候，我们的核心意思是在世俗社会更少的人受到宗教信仰的影响。[22]

　　既已放弃了以普遍可接受的方式来定义宗教的企图，我愿意详细说明在现代性压力之下出现了什么。根据第一章的讨论，我想同时从两个方向来谈这一现象。我要关注的不仅是"基于超自然实体的存在"（例如"上帝"）的信条和行为，而且还有人们的转变这一视界，因为这一视界把人们带到通常所理解的人间福祉之上或之外，甚至在合理的相互性语境下（即在我们为了彼此的福祉而工作）。在基督教的例子中，这意味着我们参与上帝对人类的爱（圣爱），根据定义，这种爱超越了任何可能的相互性，是不受公平尺度所约束的舍己。我们只有从两个方面——从假设为一种超人类的力量（上帝）的东西，以及从这种力量要求我们做什么，即它所开启的转变这一视界——来把握这种信仰的特殊之处。[23]

　　我之所以下降到这一特殊层面，是因为我认为，群体和个人之间及其内部的主要争斗受到某个两极分化的影响，一极是这种转变视界，另一极是出现于 18 世纪现代道德秩序和商业社会背景下的一个观点（我在第四章中作过描述）。那是这样一个观点，即根据某种人间福祉并在相互性语境下来看我们的最高目标，亦即在个人生命和自由得到保证的前提下追求他/她自身的幸福。尽管这首先是一种护佑论的观点，它为上帝的存在留有某种位置，但种种变化形式随后出现，它们反对任何关于更高层次转变的幻象，认为这是对互利秩序的一种威胁，简而言之，是"盲信"或"狂信"。于是，无神论的或不可知论的形式很快出笼。

　　在我们的文明中似乎有两种相当不同的立场，这些立场可以同时被描述为性情和观点。你怎么去看阿西西的圣方济各呢，他放弃做一名商人的潜在人生道路，他苦行节俭，他的身上还有圣伤痕？你可能被这种超越福祉的感召深深打动，那么你就会对转变视界感兴趣；或者你将他看作休谟所说的拥有"修士美德"的典范，这样的人践行一种毫无意义的自我否定，并对公民间相互依存构成威胁。

　　当然，有很多人想要将他们自身置于我们所说的转变视界和内在视界之间。尤其是在我们这个时代，后一种视界往往受到唯物主义观点的支持。许多人采取了两个极端的中间立场,既回避唯物主义或者狭隘的互利道德观,但又不愿意回到转变视界的坚定主张,因为这涉及到对上帝在我们生活中的力量的深远信仰。可以想到 19 世纪的维克多·雨果或者像爱默生、马修·阿诺德这样的一位论者、前一位论者。这个名单可以无限陈列下去。这种立场并非不重要;事实上,在一些当代社会,这种立场或它的变种可能还是主流(但考虑到人们的模棱两可,在这个领域内计算出人数非常不容易)。但人们采纳这种立场乃是在这样的场域,它被两种极端的视界搞得两极分化;他们根据与两极的关系来定义自身,而站在极端立场的人并不领情,他们通常根据与另一极的关系来定义自身,并忽视中间派(或者让另一边同化它)。正是在此意义上,两种极端的视界定义了这一场域。

所以,我们会把注意力集中于接下来处于"世俗化"核心的这一命题:现代性导致了转变视界的衰落。至此为止,正统的世俗化理论家会同意我的看法,即便他们可能没有兴趣将转变的视界挑出来作为一个中心议题。那么,我与(正统的)世俗化理论之间有什么不和之处呢?

整个讨论中的一个难点是,"世俗化"议题到底意味着什么并不清晰。事实上,存在一个单薄版本和一个加厚版本。我所说的主流的世俗化议题,可以比喻为一个三层建筑。第一层代表事实性的论断,即宗教信仰和实践衰落了,宗教机构的作用范围和影响力不如过去了。[24] 基底层则包含了一些解释这些变化的论断。在布鲁斯的例子中,他是用社会的碎片化(包含人们常常说到的"分化")、共同体的消失(与官僚制的兴起)以及理性化对此加以论述的。[25]

但加厚版本并不止这些。它们在第一层上面又加盖了一层,讨论的是今天宗教的地位。整个运动留给我们的是什么呢? 它的困境是什么?现今宗教和不信的各自弱点与强处何在? 由此进入我标明为世俗性 3 的领域,当然,正是对此领域——即顶层——的解答,吸引了最多的人,他们是非学者(non-scholars),但又不限于此。

在有关是否同意"世俗化"上的很多混淆,主要来自于我们搞不清楚我们所关注的这个建筑究竟有多少层。如果我们谈论的只是第一层,那么，对总体转移我们有广泛的共识，即便在一些细节上可能存在争议。布鲁斯常常把一大堆据称同意世俗化的学者圈在一起，其中包括马丁和伯格。如果这种声称站得住脚，那它只能对第一层有效。一旦我们进入到基底层和顶层，分歧是相当明显的。

让我们看一看"修正主义者"是怎么责怪主流理论家的。如我们在上面所看到的，比较大的反对意见是他们将现代性的一些特征，例如都市化或工业化，阶级社会的发展，科学/技术的兴起，都看作稳步破坏或边缘化宗教信仰的力量；然而，修正主义者声称，实际的运动在很多时候都是非线性的。有的时候，比如在 19 世纪的英国，都市化和工业化导致了新的宗教形式的发展。比利时和法国的某些地方也发生了类似的情况。还有一些种族群体，比如爱尔兰的工人阶级和威尔士人，也同样如此。

对正统理论家的指控是，他们必定以某种方式相信，他们自身的这些现代发展破坏了信仰，或者让信上帝变得更困难了；而不是看到这些新的发展在破坏旧有形式的同时还保留了让这些新形式繁荣的可能。这一指控看上去是正确的，否则他们不会如此轻易地忽视这种相反的证据。换言之，修正主义者把错误归咎于主流理论家的"无思"路径。

这可能被认为是不公平的，尤其是对社会学家而言，因为他们的领域不是 19 世纪，而且他们常常觉得自己无需关心历史。尽管如此，对他们的指控似乎也是有道理的。当你看看沃利斯（Wallis）和布鲁斯对这些例外的解答时，这种印象就会得到强化。他们同意，教会在减缓和抑制世俗化的过程中扮演了一定的角色，如爱尔兰和波兰的例子所示，但随后他们总结说：

> 这些特殊的历史模式和文化模式暗示了一个简单的启发性原则，也即社会分化、社会化和理性化产生了世俗化，除非宗教找到并持续进行的工作，不限于只是将个人与超自然相联系。[26]

433　最后一句必须依据早先包含了"超自然实体"的宗教定义来理解。说宗教除了将我们与超自然实体相联系之外还能找到其他事情可做,是说宗教实体找到了其他功能或任务,根据定义,它们是一些非宗教的功能。在此,宗教不是独立地发挥功能,而是起到辅助作用。它在另一个领域有个"功能",即"文化辩护"。

　　这似乎意味着,在现代性条件下,"宗教"不再是一种独立的激励力量。用我上面使用的两极术语来翻译,即认为在现代性中转变的视界已失去它激励人们的主要力量;因此过去通常由宗教支撑的同样的行为和机构,只有在受到其他动机激励时才能维持下去。

　　但在涉及这种声称的时候,我们已经处于顶层。结果我们发现,基底层和顶层是紧密相连的;亦即你对由"世俗化"带来的宗教衰落的解释与你对今天宗教地位的描述是紧密相关的。这并不令人感到惊奇;历史中的任何解释都以对人类动机的某种特定观点为背景,在此语境下特定的解释才说得通。例如,在各种各样的"唯物主义"论述中,宗教永远是"上层建筑",它的形式永远只能通过经济结构和进程来加以解释,这些论述实际上否认了宗教渴望独立的功效。这些论述一直在断言的,就是我刚刚所说的主流世俗化理论就现代所作的那些论断。[27]

　　因此,即便对那些聚在第一层的人来说,分歧的一个重大焦点来自他们对顶层有着各自不同的构想,这也会带来他们对侧重历史解释的基底层的分歧。这在很大程度上构成了我在上面提到的历史纷争。

　　如果我们采纳对宗教独立的激励作用这一表面上的否定,并对照考虑我前面提到的省略做法,即采纳这样的论点——现代科技让相信神迹和迷魅的世界变得困难,并将此论点作为有关通常宗教的论点("不再需要用宗教仪式或咒语来保护牛群免受癣症的困扰了……"),我们似乎就是在对付强有力的框架性假设。我们也许可以用两个(相联系的)命题来描述它们:(1)消失论点,(2)附带现象论点。

　　第一个论点认为,宗教信仰和实践的独立激励作用(如果事实上它并不总是附带现象)在现代性条件下往往会消失。第二个论点认为,在现代性条件下(如果并不总是如此),宗教信仰和实践只能是附带现象,亦即它们服务于某些显著的目标或目的。第二个论点似乎隐含于前面提到的"启发性原则";而第一个论点在布鲁斯对"世俗化路径的批评者"的一个观点的拒斥上也已隐含,即"对宗教有持续的、潜在的需求"。[28]

但我还是把这些论点归到布鲁斯和沃利斯的名下,不是因为他们完整而清晰地表述了它们,而是基于——公认是间接的——如此的理由,即如果他们否定这些命题,他们就不会如此来论证;或至少会觉得,他们的某些陈述需要更多的辩护。但是当然,很多人的确持有与这两个命题类似的信念。我们可以理解,它们何以对那些坚定的内在论者显得是合理的。之所以看上去合理,要么是(a)因为对持有这种立场的人来说,科学已经打败了宗教,要么是(b)因为宗教动机的产生仅仅与人类境况中的悲惨、苦难、绝望("无情世界的有情"——马克思;"绝望"——汤普森)有关;一旦人类开始控制他们的世界和社会,宗教的冲动必然会衰退。[29]

那么,布鲁斯对今天宗教的地位有什么说法呢?从他引用治愈牛群癣症的例子来看,他似乎认同修正形式的理由(a)。这种立场看似是勒南的坚定预言在 20 世纪晚期的回音:将来有一天,人类将不再信仰,但他了解;有一天,他将了解形而上学和道德世界,正如他已经了解了物质世界;[30]姑且认为,勒南会这么说,只要他充分意识到,人们实际上是多么擅长把他们的信仰与"明显矛盾的证据"隔离开来。但布鲁斯强烈地想要摒弃旧唯物主义-理性主义的立场,即认为科学最终将取代宗教的孔德式立场。[31]

相反,他似乎看到了整场运动的另外一个终结点;这个终结点不是普遍的唯物主义,而是广泛的冷漠。

> 宗教文化的碎片化在于,前宗教改革时期广泛流行的、理所当然的和未经审视的基督教,被一种同样广泛流行的、理所当然的和未经审视的对宗教的冷漠所取代。[32]

有原则的无神论和不可知论也许不会成为默认的立场(the default positions),因为它们"是宗教文化的特征,并且在维多利亚时代达到了高潮"。[33]相反,建议似乎是,整个议题都将逐渐消退。不仅是宗教本身,围绕宗教的某些政治议题,诸如法国的天主教徒与反教权的共和党人之间激烈的争斗,都将逐渐衰退。双方的信徒都将萎缩,最终(我们希望)后一代人会好奇这有什么值得大惊小怪的。

435　　　或者,如布鲁斯在后一本书中所写:

> 目前就我能够想象出的终结点,不是自觉的漠视宗教;你不得不担心的是宗教变成漠视宗教。那将会是广泛流行的冷漠(韦伯所说的宗教上的音盲);不存在社会上重要的共享的宗教;如果人们将从头开始思考世界以及他们在世界中的位置,宗教的观念将不再是理所当然的。[34]

当然,这也许是对的,但在我看来它很不合理。因为我看不到"对宗教的需求"会这样消失。在我看来,我们的处境(人类永恒的境况?)向两种吸引力开放。一种(在我们的文明中)是被转变的视界所吸引。另一种来自对这种吸引力的一系列抵制。这些抵制部分起因于我们的文化中影响现有转变视界之种种形式的滥用和扭曲;部分起因于一个事实,即追随这种视界有可能把我们拖离在我们文化中发展起来的、我们有着深刻认同的人间福祉模式。

在我们的社会(我指的是西方社会)中,首先,我们被基督教信仰的某些形式所吸引,或者在我们日渐多元的世界中,还被犹太教的、穆斯林的或佛教的信仰所吸引。随后的反应所选取的形式,是对宗教的"世俗"批评或拒斥,将宗教视为对人间福祉构成威胁,甚至成为敌人。此反应以这种福祉的明确定义牢固树立自身,使之成为善恶、对错的绝对标准。这些立场中的每一种都是天生脆弱,具体地说,就是很容易被另一种立场所动摇。这种反应会被翻倒,因着转变的视界之吸引,或者认为这种视界有着深远的、绝对性的主张之吸引力。而宗教信仰则很容易受到伤害,主要是因我们文化中有关人间福祉的强大图景而产生的所有怀疑和重新思考。

这并不意味着每个人都受到了困扰。人们常常设法安排好他们生活中重要的事情,在这些问题上他们有着处乱不惊、深信不疑的立场,或者如我早先所说,人们采取各种各样的妥协姿态。有不受困扰的无求于外的人文主义者;也有沉稳的信徒,他们对自身的表现非常满意。后者可能采取了一种转变的视界,但却不清楚它到底意味着什么(事实上,在某种程度上它适用于几乎所有的信徒)。但他们仍然是脆弱的,因为在这种环境中他们会感受到来自相反的吸引力。即使他们感受不到,但他们的孩子往往会感受到。在我看来,这是 1960 年代众多教训之一,那个时候对绝对者的渴望非常明显,即便它常常不采取"宗教的"形式。

这里我并不声称在所有这些论点上持客观立场,没有任何"无思"。相反,我站在另一种视界;例如,我被阿西西的圣方济各的人生打动;这就与为什么会有我前面的看法有关,即独立的宗教渴望已然消失的图景是如此不合理。[35]但这并不意味着我们在此只有简单的疏远,我们从各自的最高前提出发彼此作出声明。兴许,不管哪种关于宗教渴望的观点,都会让我们更好地理解实际发生的事情。采取这种或另一种视界,让你更容易走进这些或另一些洞见;但这些洞见是如何在历史的实际叙述中胜出的,仍然是个问题。

所以,让我试着就过去几个世纪提出另一种解释,即提供一幅不同的世俗化图景。简略地说,主流观点的正确之处在于,他们识别的大部分变化(例如,都市化、工业化、移民、先前共同体的瓦解)对先前存在的宗教形式产生了消极影响。它们使得原先的一些实践变得不可能,另一些则失去了意义或效力。这确实有时让某些群体改头换面,采纳了相当不同的观点,反对基督教的立场或者反对任何宗教的立场:例如雅各宾主义、马克思主义或(像西班牙的)无政府主义;但也有些人在应对宗教衰落的时候发展出新的宗教形式。这部分是通过新教宗派的建立而发生的,例如卫理公会及其分支;还有一些是通过在旧有的教会中(如天主教会中)树立新的组织模式和新的灵修方向而发生的。

我们当代的处境来自一个更进一步的发展,它可以回溯到第二次世

436

界大战后的时期,更准确地说,是 1960 年代及以后。在此发展过程中,为回应更早的宗教衰落而出现的 19 世纪和 20 世纪早期的教义解释,本身毁于一场只能被描述为重大的文化革命。如我们分析和讨论的那样,新的形式再次发展起来。

这种解读允许我们看到主流解读遗漏的一些东西。首先,它并不将宗教的衰落看作线性的,就是说,衰落是几个世纪以来在一组原因的稳步作用之下发生的一件不可更改的事。连续性在于,早期的形式既在(大概是)19 世纪早期又在 20 世纪晚期遭到了破坏。但不连续性在于,这些形式以及破坏它们的力量是不同的。[36] 其次,它还让我们明白,宗教的形式实际上是如何改变的,以及它在今天依然在改变。

437

简单来说,我的立场与主流的理论在第一层最为接近;至于说到基底层,有一些重合之处:例如都市化、移民确实起了一些作用。但它们起作用的方式不是让独立的宗教动机萎缩。相反,这在过去和现在都可显见于新形式的创造,用以替代那些被"世俗化"作用因素中断或毁坏的旧形式。整个发展并不指向信仰的热寂(heat death)。

由此应该很清楚的是,这一尝试不是要表明宗教仍然是稳定的,也就是说,如果定义恰当的话,宗教的持续存在反驳了世俗化(第一层)。相反,脱去了早先形式的当前环境,对任何先前的时代来说,都是不同的和难以辨认的。其特点是,前所未闻的多元主义,宗教的、非宗教的以及反宗教的世界观,在其中,可能的立场似乎在不断增加。其特点也由结果显示,那就是大量的碎片化以及不同观点之间的游移。这自然取决于一个人自身的环境,但现在要找到一个不论是信还是不信都理所当然的空间越来越难了。结果是,信徒的比例越来越小,而不信的人数比以往任何时候都多;如果你以转变视界来定义宗教的话,情况就更明显了。

我坦承关于"世俗化"的观点我受到自己作为一个信徒的影响(但我仍然希望能以论证来捍卫它),而我的观点是,宗教的"没落"是显然的。宗教信仰现在存在于选择的场域,而选项包括各种形式的反对和拒斥;基督教信仰存在于这样一个场域,其中也有范围广泛的其他灵性选项。但有趣的故事不仅仅是有关没落的,还有与个人以及社会生活相关的神圣的或灵性的新位置。这个新位置现在是以新形式重建灵性生活的机会，同时也是与上帝相关联或是不与上帝相关联而存在的新方式的机会。

～ 2 ～

就这一解释涉及到的方面，我也许可以给出较好的想法，具体是大胆地提出简化的、浓缩的过去两个多世纪的历史，即从一些精英不信的时代（18世纪）走向大众世俗化的时代（21世纪）的变迁。为了标明不同阶段的区别，我想引入一些韦伯式的理想型。[37]我早前说过被后来的发展所破坏的诸般宗教形式。从两个方面来定义它们也许是最好的：承载宗教生活的社会母体，以及这种生活核心所在的灵性形式。

第一种理想型是"旧制度"的环境。在此，调用我前面对现代社会想象发展的讨论，我们可以说在人们中间流行的对秩序的普遍理解是一种前现代的类型，这是一种等级式的互补，它植根于"上帝的意志"，或自远古就存在的"法"，或事物的本性。这种秩序观念既约束着更大的社会：我们服从于国王、君主、主教、贵族；也约束着村庄或教区的小世界，在那里，神父和贵族（或者在英国，乡绅和堂区神父）有着支配权力，而每个人也各有其位。的确，我们通过地方性小世界的成员资格而归属于更大的社会。

在这种教区世界中，集体仪式仍然占有重要地位，即便在经历过大改革的社会也是如此。这部分地与何种仪式流转下来有关，而这里只是笼统来讲，具体的清单显然从天主教社会到新教社会大不相同。但即便新教社会（在一些天主教地区也同样如此，例如，那些由詹森派主导的地区）用尽一切办法抹去"魔法的"和"异教的"因素，[38]如在英国仍然保留着"民间信仰"的实质性要素。它们与其说是由被禁止的仪式构成的（尽管这些仪式仍然存在，例如咨询女巫），不如说是由赋予教会节日非正统意义构成的。因而在英国的一些地方，耶稣受难日很重要，不仅是出于神

438

学上正统的理由,而且还因为这一天是种植作物的好日子,吃热的十字面包可以保护房屋免遭火灾。新年前夜、圣马尔谷(St. Mark)诞辰前夜(4月24日)、万圣节以及圣若望(St. John)诞辰前夜(6月23日)也有类似的非官方意义。这些仪式的起源常常植根于早期异教传统——例如,万圣节部分起源于凯尔特人的萨温节(the Celtic festival of Samhain)——举行仪式的目的是"辟邪、带来好运和巩固共同体的团结"。[39]除非他们被当权者迫害和骚扰,绝大多数教民并不觉得在他们更正统的礼仪生活和他们非正式的信仰及仪式之间有什么对立。它属于某一特定时刻的神圣,例如耶稣受难日的神圣,它可能带来一些其他的有利影响。前轴心时代的宗教要素与后轴心时代的宗教要素和谐共存。

指出这一点十分必要,因为一批又一批改革派的精英,不管是不是神职人员,往往将民间宗教看作是"异教的"和"迷信的";在这一点上他们追随了后来的"启蒙运动"对宗教的批判;仿佛对耶稣受难日的流行理解只局限于它提高农作物产量的能力一般。在现代"祛魅的"框架中有一种倾向是追随早期最严格的改革派神职人员,认为民间宗教与基督教信仰极为不同;我们的农民祖先采纳的观点就是一种快乐的融合,但它结合的因素是非常不同的,受到不同原则的激励:基督教是敬虔,是对上帝的爱,民间仪式是控制和操纵。在我引用的作家当中,奥贝尔科维奇(Obelkevich)有时看似与这种视角比较接近。[40]

但这是对前轴心时代流行的基督教性质的误解。正如我们在上面看到的,前轴心时代的宗教仪式关切的是确保人间福祉,防范疾病、饥荒和洪水的威胁等等。它们在第二章中我所说的后轴心时代的妥协中存活下来,在这样的妥协中,它们结合于包括这样一种抱负的宗教形式,即追求高于福祉、拯救、永生或涅槃的更高的善。后者常常是精英一心一意的追求,韦伯所说的宗教"名家"(virtuosi):修士,托钵僧(印度教),比丘。但这种结合不是异质元素的并列。一般来说,这里有一个真正的共生。

即便在前轴心时代,仪式并不仅仅如我们今天所理解的那样是操控更高力量的尝试,因为与之伴随的是对这些更高力量的敬畏,违背这些力量时常会感到不正当（例如，"蔑视神明"一词所捕捉到的），领受恩惠时会产生奉献和感恩之情。[41]而在后轴心宗教的框架中，这些敬畏和敬虔的模式越发被改变了。以耶稣受难日播种可以增收这种力量为例。操控论的阐释所忽视的是，对那一天究竟是什么赐下了力量的流行理解基本上是正统的理解：那一天是耶稣为我们受死的日子。在基督教历史中我们不断地看到这一点，例如对圣骨圣物的崇拜。我们可以想想一个现代的例子，菲利普·包特利（Philippe Boutry）在他的书中提到的 19 世纪法国的安省（Ain department）。甚至在他生活的年代，神职人员们开始收集亚尔斯本堂神父（the curé d'Ars）的遗物。这是因为对他们来说，他是"圣徒医治"（saint curé）的典范；在此，神圣性标准很大程度上就是普世教会的标准：善行、祈祷、克己等等。在强调"好牧者"的重要性以及从他那里获得祝福的价值时，萨拉·威廉姆斯（Sarah Williams）给出了一个相似的观点。但良善的标准是基督教的：仁慈、谦卑、爱护他的"羊群"、舍己的施予。[42]

类似地，通过仪式（rites of passage）还有额外的意义：洗礼标志着进入教会共同体，坚振礼是进入成年阶段的象征仪式。威廉姆斯表明了"教会"的仪式对 20 世纪非精英阶层的英国国教信徒来说有多么重要。孩子出生后，在没有把孩子抱去教会之前，你不应该出门。违反这条规定，你往往会受到邻居的制裁。但这些仪式的"保护"力不能分离于、而是建立于它们所具有的"基督教"意义——为孩子的降生感谢上帝。[43]

在这种宗教形式上，我们不能将基督教的元素与"异教"的元素清楚地分割开来；然而，尽管如此，在这种"旧制度"宗教生活模式中有一个重要的差距。与大众相对照，精英、神职人员和/或其他一些人对同样的仪式有相当不同的理解和实践。按我们所看到的，精英对流行的仪式和实践感到很不自在，他们常常想要重塑甚至废除这些仪式。就大众这一边而言，对于他们如何理解他们的宗教生活，我们显然证据更少。但从我们引用的例子中似乎清楚的是，他们看重他们的神父身上所展现出来的个人圣洁的标志；对他们来说，这些标志更多涉及善行、对所牧养群体的热爱、向每个人开放（相对于与乡绅或知名者的同样密切关系而言），

440

而更少地涉及英雄般的克己形式，不论是有关性还是其他方面（除非这种克己直接服务于善行）。至于说到其他方面，大众宗教有一个很重要的节日维度：圣徒节、朝拜圣地、庆典等宗教仪式，以及一些更世俗的节日，如宴会和舞会。在许多神职人员眼中，它们过于杂乱地混在一起。这里还有一个与神职人员有摩擦的来源，它是后者的宗教改革热情指向的一个目标。[44]

在这种"旧制度"形式中，教会的成员资格与成为国家、尤其是地方共同体的一份子紧密相关；这种关联的巩固，一方面由于官方正统仪式与祈祷共存，另一方面由于与防卫、运气和抵挡邪恶相关的礼仪形式。后者旨在保护个人，也保护共同体。在这种深层次的、前轴心的水平上，在某些特定的宗教实践场合，我们所有人都融入其中。谁不参与，就是破坏整个共同体的威信。即便在那些经历了大改革过程的社会中，前轴心和后轴心的这一综合依然存在，而改革的目标就是在共同体的仪式之上提升个人的忠诚，清除那些仪式中"魔法的"和"异教的"元素。

但这些地方的共同体形式被搅乱了。在某种意义上，破裂始于宗教改革，但大众宗教的力量允许其自身在一个改变的基础上重构。正如我们在第二章中看到的，这是整个现代时期的一个特点，即社会精英脱离大多数大众文化，甚至仇视这些大众文化，并试图改造它。他们经常做的一件事情是祛魅，即压制"魔法的"和未经官方批准的宗教。而这本身对我们所说的"旧制度"的形式起到了破坏作用。

精英常常有巨大的力量来推进这些改变；他们与大众宗教形式的脱离会让他们自身脚跟不稳。如我刚刚提到的，在迷魅的世界，宗教的性441 质决定了宗教实践不仅仅是、或者不主要是个人实践，而应是整个社会的实践。

这种类型的宗教特别容易遭遇精英倒戈，因为他们往往处在可以严重制约、即便不是完全终结那些重要的集体仪式的位置上。如果国王自己不再扮演他的角色，你又能做什么呢？或者，如果圣徒的遗物和雕像被烧掉了，你又如何继续倚靠它们的力量呢？

因此,由上而下的改革可以残酷地终结大量的大众流行宗教,而不必给许多相关者一个说法。它不仅仅是事实上的结束,它还可以被看作是一种反驳。对那些相信影响和力量寄居于某地某物的人来说,摧毁这些事物而没有带来可怕报应这个事实,就说明它们的力量已经消逝了。以这种方式,宗教改革者继续了一种做法,而那个做法是一再用来传播信仰的。当圣卜尼法斯(St. Boniface)砍伐异教的日耳曼人的神圣橡树林时,他想要的就是这种示范效应。在墨西哥,追随西班牙征服者的传教士迫不及待地摧毁当地人的寺庙和迷信偶像,也是带着同样的意图,并且结果也相似。[45]

从这一点出发,我们对这一过程并无太多洞见,因为非精英阶层就这个问题的反思和考虑没有丰富的记录。但据我们所知,他们有可能开始通过组织一种新视角、进行一系列新实践来填补这一空白。这种新的尝试部分援引了旧宗教形式中的内容,部分受到新信仰形式的启发。

英国的宗教改革提供了一个这方面的早期例子,对此我们稍稍知道其不同阶段。首先是精英施压,他们强力压制了天主教的主要实践,而天主教在当时是绝大多数人尚在持守的信仰。[46]非精英阶层中有少数人出于强烈信念而支持他们;事实上,在罗拉德派的形式中,有些人期待克伦威尔和克兰麦(Cranmer)的出现已将近两个世纪了。但对大多数人来说,内心却变得空虚了,这种失落感为旧信仰在玛丽统治下的恢复创造了条件,只是略有改变。但在这个世纪的晚些时候,我们发现大多数人在旧实践和新仪式相妥协的基础上接受了英国国教,但它仍然是一些批评者的目标,这些批评者主要是清教徒少数派。

在接下来几个世纪中,这个由精英发起的毁坏过程和大众再创造过程一再发生。就说一下法国史好了,17 世纪的反改教运动,尤其是由詹森派信徒主导的反宗教改革运动,常常包含着对大众实践的禁止或废除;还有法国大革命和雅各宾时期的去基督教化,更不用说监禁、流放神父和主教的做法,都严重破坏了宗教实践。

随着这一最后的事件,我们显然来到了一个新时代。摧毁者第一次提供了一个反基督的意识形态来填补这个空缺。在短时间内他们极不

442

成功：共和国和它的新日历没能站稳脚跟。但天主教的精英和"共和党的"精英加入了一场长期的战役，用他们的蓝图来重塑法国。

首先从拿破仑倒台开始。复兴天主教会运动（Restoration Catholic Church）试图赢回失去的阵地。许多主流群体出于敬虔或出于对社会秩序的关注而支持这一运动。

但总的来说，复兴教会的努力还是在我所说的"巴洛克式"社会想象范围之内。确实，从法国大革命中产生的持教宗至上论的教会为这种想象赋予了一种新形式；命令是自上而下的，从上帝经由等级秩序，目标是重建一个全然的基督教社会，一个可以被视为等级互补的社会，在其中每一层阶都为了整体的善而发挥其作用。首先，皇权和教权的联盟得到重新肯定，但保留教会关键位置的目标是容许一个更"民主的"变化形式，在此其他等级都被废除了，在一个以互补的平等为基础——20世纪早期"基督教民主"的规则——的社会中，教会仍保留着它的指导功能。

像其他"巴洛克式"社会想象一样，虽然法国大革命对它造成了一些破坏，但这一想象首先植根于许多以理念为基础的旧有等级制的理解之上，在大众层面仍保留了很多迷魅世界的因素，尽管出于正统考虑而有所整顿。社会仍然被看作是有机的，而一个人在这个有机体中的位置确定了他的义务和责任。教会即是整个社会，每个人必须从属于教会；此外，社会义务的力量来自神圣者，教会是其守护者和发言人。由这样一个教会组织起来的社会在（宽泛的）意义上是"涂尔干式的"，意思是说，神圣教会和神圣社会是同一的——尽管主中心和次中心的关系被颠倒了，因为对涂尔干来说，社会是主要中心，社会秩序是在神圣秩序中反映出来，而对持教宗至上论的天主教来说，反过来才是正确的。

在各处重建基督教的尝试引发了相反的努力，它们采取了世俗主义的自由化运动或激进运动的形式，并且常常在法国大革命中找到灵感来源。其结果是深深的裂痕，以及中产阶级内部极大的分歧。此外，这种分歧还常常往下传播给更低的阶级，或者说工人阶级，尤其是后者。其中一个原因是显而易见的，持教宗至上论的教会一般与君主制-等级制站在一边，因此在这种制度下深受其害的人会反对它。[47]

443

但这里也许有更深层因素在起作用,这因素在教会转向"基督教民主"观点时更为清晰地显露出来。作为现代特征之一,精英与大众之间的文化差距,让维持一个为了社会上所有人的教会变得十分困难。也就是说,与中世纪的人相比——那时候大部分精英还会参与到普通人朝圣和朝拜圣物的宗教文化中——现在不同环境的人的信仰生活可能会有更大差异。此外,不管在中世纪存在多大差异,人们首先被一种休戚与共感所主宰,这种共同的感受与迷魅世界中的宗教是不可分的。如果我们不得不巡勘教区边界以保护我们的庄稼,或以雷鸣般的隆隆钟声抵御冰雹,那么我们就会全部参与其中,不管是乡绅还是佃农。

但是,阶级冲突让文化-信仰隔阂变得更严重了。一旦我们觉得我们不再是一个有机共同体的一部分,而是遭受着剥削——我们可以看到,即便处于旧制度的顶峰时期,这种感觉也远非表面现象——那么官方教会站在哪边的问题就产生了。在欧洲的很多地方,答案显而易见:等级制从官方秩序、房东或雇主一路往下。但有足够多的反例表明,非精英阶层与教会的疏远不是必然会发生的。

在此,都市化和工业化的过程开始进入我们的解释图景。它们部分地通过转移到很少有教会的地方,但更主要的是通过将人们带出教区环境(在新环境下这些形式是有意义的)而加速了旧制度的解体。很多民间宗教都相系于农业环境,或者与一个特殊共同体的习俗有关,它们很难在新环境下恢复过来(尽管还是有不少民间宗教存活下来)。到了法兰西第三共和国时期,我们可以看到,农村的开放,大量农民涌入城市,像军队这样的新的国家机构,都对旧方式的中断具有影响。尽管在詹森派信徒和雅各宾主义者的努力下,在 19 世纪中叶法国的农村,中世纪天主教的许多形式仍然存在着。[48]例如,当受到冰雹威胁时,人们还是会敲钟。但这些实践的整个范围不仅与一种集体性有关,如我们所说是"迷魅的"宗教的典型特征;它还与教区这种特殊的共同体有关。这类共同体被瓦解,它的消逝令其成员涌入城市,破坏了旧有的实践,将它们边缘化,其有效性不亚于精英施加的改革,有的时候甚至影响更甚。

还有一点要在这里补充,即现在必须得到处理的与精英的关系:都

444　市的雇主和地方行政长官很快就滑向了阶级斗争。一旦迷魅的世界失落,或我们与它的联系方式发生了变化,就像我们与都市工人的关系发生了变化一样,一旦精英文化开始走自己的路,而这条路已开始主导官方教会,一旦与雇主产生了阶级冲突,那么,在人民中间将不可避免地出现一种对宗教的疏离感。他们可以被某种相对立的观点吸引,在持教宗至上论的社会中,这些相对立的观点一般来说是一种世俗的人文主义学说。

　　这一对原因产生了相似的效果。也就是说,新的城市居民,不再像早些时候的移民那样,[49]与一个生活共同体相关联,他们会发现他们的灵性生活出现空缺,他们必须找到一条道路,将新的形式和对共同体的忠诚织入新的环境。19世纪晚期都市工人阶级的"去基督教化"更多与此相关,而不是与归向新的、世俗的意识形态有关。在相同时期,英国都市的工人阶级也出现了宗教实践的衰落,情况与之类似。

　　然而,这个空缺要求被填满;而新的世俗的意识形态是可能的,有时还是强有力的候选者;尤其是新的工人阶级和社会主义运动的领导者和组织者受到了这些意识形态的鼓舞。在16世纪晚期的英国,只有基督教的形式可以被用来填补这个空洞。但到了19世纪晚期的欧洲,选择的范围大大地拓宽了。无求于外的人文主义的各种模式现在都可以被选择。教会的保守立场只会促使人们更有可能去选择这些新的模式。

　　这种发展出现在法国、西班牙;类似的事情也发生在一些新教社会,在普鲁士-德国,工人阶级转向一种社会民主运动,其哲学依据是唯物主义。[50]

　　值得注意的事实是,这并非故事的全部。19世纪持教宗至上论的教会也在很多人那里取得非凡的成功,这其中,农村中肯定有很多人,但也有在都市生活的人,包括工人。它取得了成功,因为尽管它宣称自己是不变的教会,但面对一个背教的世界,它还是在某些关键方面做出了调整。它抛弃了以詹森派为主导形式的严格主义——对有罪者严苛的立场,而采取了早在18世纪阿方索·德郭利(Alfonso de Liguori)所提倡的更富同情心的立场。这种立场对大众敬虔的方式,包括像(最著名的)卢尔德(Lourdes)这样所谓的神迹遗址,更加宽容和开放。它提倡一种更热烈的、有更多情感的敬虔,对圣心的崇敬(devotion to the Sacred Heart)就是一个主要的例子。这一变化中有些是出于策略上的考虑,但更多方面可以汇入后浪漫主义的潮流,这股潮流在欧洲已经非常强劲,它不可避免地会影响到教会。不管原因是什么,它都反对早些时候改革派精英对大众的那种更轻蔑、更严厉的立场。

445

但它还在另一个关键意义上做出了调整。我在前面说过,官方的想象是一种建立在等级制之上的"旧制度",一个能让每个人都在其中找到他/她的位置的有机社会,在这里服从是出于等级制的存在。但事实上,它在实践中开始颠覆这一立场,因为它想要做的事情所要求的不是在腐朽的等级制中重新制定现行秩序,而是在新的实体中将世俗之人组织起来,不论是筹集资金——像建立蒙马特的圣心大教堂(Sacré Coeur de Montmartre),朝圣,还是各种形式的在俗传道会(lay apostolates),其中有一些后来被统称"公教进行会"(Catholic Action)。天主教会也逃脱不了动员的任务,我指的是将人们组织起来,重新纳入一些有特定目的的会员组织。但这意味着由参与者自身创造集体行动的新形式;这在旧制度的模式中是没有地位的。内容逐渐开始突破形式。为了更好地看清楚这包含了什么,让我们开始介绍第二种理想型。

～⚌ 3 ⚌～

这种类型本质上属于我们所说的动员时代(Age of Mobilization)。"动员"在这里是什么意思呢?其意义的一个显著方面在于它刻画了人们被劝说、推动、拉扯或恐吓而进入社会、教会、联合体的新形式的过程。一般说来,它指的是通过政府、教会体系以及精英的行为诱导,人们不仅采纳了新的结构,而且在某种程度上改变了他们的社会想象,合法性的观念,以及在他们的生活或社会中何谓重要的观念。以这种方式来描述,早在英国宗教改革时期或者 17 世纪法国反宗教改革时期,动员就已经发生了——事实上，十字军东征也许可以被看作一个更早一点的例子。但这些改变是在一个更广阔的社会情境、在王国和教会中发生的，它们并不是动员的结果，相反，它们早已经在那儿了，它们是一切合法性不变的和不可改变的背景。

但在一个"动员时代"，这种背景已不复存在。变得越来越清楚的是，无论我们渴望什么样的政治、社会、教会结构，为求存在，都必须加以动员。甚至对于"保守派"来说也是如此，他们所持的范例可以在旧制度中找到。在他们认识到这一点之前，他们常常被迫基于这种认识行动。但或早或晚，他们论说的方式会发生改变，他们想要恢复的旧秩序的特征成为即将被建立的形式，也许是永远有效的，因为那是上帝所愿的，或者与"自然"相合，但仍然是一种尚未实现的理想，而不是已然存在的事实。随着这种理解在政治和教会的领域得到广为接受，我们就进入了动员时代。

旧制度的模式将教会与国家交织在一起，向我们呈现出一种获得上帝认可的等级秩序。在这种模式下的社会，上帝的在场是不可避免的；权威自身就与神圣捆绑在一起，而向上帝的种种祈求更是与公共生活密不可分。但在以往我们有不止一种这样的形式。在 16 至 19 世纪之间，我们从一种原初模式——存在于中世纪和许多非西方文化中——进入到一种与之非常不同的模式。后一种模式才是我所称的动员类型。

早先那种"旧制度"的模式与人们所称的"迷魅世界"联系在一起。这显然是从韦伯那里借用来的，使用了他所说的"祛魅"的反义词。在一个迷魅世界中，圣俗之间有着强烈对比。所谓的神圣，我指的是像教会这样的特定地方，像神父这样的特定行为者，像教会节期这样的特定时间，以及像望弥撒这样的特定行动，因为上帝或至圣者在其中临在。与之相对，其他的地方、人、时间、行为就是凡俗的。

在迷魅世界，上帝在社会中的在场有着显然的方式；在神圣的场所。政治社会可以与这些场所并存，而且本身可以被想象为存在于一个更高的层面。恩斯特·坎托洛维奇（Ernst Kantorowicz）告诉我们，在欧洲历史上，"神秘身体"这个词的一种最初用法是指法兰西王国。[51] 国王自身可以成为两个层面之间的一个中间环节,即他可朽的身体和不朽的身体分别代表这两个层面。

或者用稍微不同的语言来说,在早先的社会中,王国不仅存在于日常的、世俗的时间——极强的过渡性原则适用于这样的时间——而且存在于更高时间。当然,存在不同类型的更高时间——柏拉图所说的永恒,在此层面我们完全超越了流动;还有基督教传统中所理解的上帝的永恒,即时间的一种完全汇聚;以及米尔恰·伊利亚德意义上的各种各样的起源时间。[52]

现在随着祛魅的深化,尤其是在新教社会,出现了另一种上帝与宇宙和政体相关的模式。在这种模式中,设计的观念至关重要。以宇宙观为例,存在一种转变,即从迷魅世界转向被认为符合后牛顿科学的宇宙,在此根本没有**表达**我们周遭宇宙的更高意义这样的问题。但还有像牛顿这样的人,依然强烈地感到,宇宙宣告了上帝的荣耀。这显见于它的设计、它的美、它的规律性,也显见于它的构造有助于上帝造物的福祉,尤其是为了我们这一最高级的造物。现在上帝的临在不再出现于神圣场所,因为这个领域在祛魅的世界中已经褪色了。但通过他(He)的设计,他那种强有力的在场毫不逊色。

上帝在宇宙中的这种在场也与另一个观念相合:他在政体中的在场。在此发生了一个类似的变化。神性并不存在于横跨两大层面的国王身上。但是,就我们建立一个显然遵从上帝设计的社会而言,神性可以在场。这可以用一种道德秩序的观念来充当,即这种道德秩序被看作由上帝所建立,例如,在美国《独立宣言》中就是如此来援用上帝:人生而平等,造物主赐予他们若干不可剥夺的权利。

《独立宣言》所表达的、并随后在我们的世界日渐占据主导地位的这种道德秩序观念,正是我所说的现代道德秩序。它与先前的秩序非常不同,因为它是从个人出发的,它并不是将个人看作是先验地设定于等级秩序内的,似乎脱离了等级秩序个人就无法成为完全的人类能动者。现代道德秩序中的成员,他们作为能动者,本质上并不植根于一个反映并连接于宇宙的社会,而是走向联合的一群脱嵌的个体。这种联合背后的设计是这样的,在追求他/她自身的人生目的时,每个人要互利地善待彼此而行动。这种设计要求一个社会的构成服务于互利目的,在其中每个人都尊重其他人的权利,向他们提供相互间的帮助。这种模式最有影响、最早的阐述者是约翰·洛克,但表达这种相互服务秩序的基本观念传到我们这个时代,乃是经过了一系列的变种,包括以卢梭和马克思为代表的激进形式。

但是在早些时候,当设计被理解为护佑论的、而秩序被看作自然法(是与上帝的律法等同的)的时候,建立一个满足这些要求的社会就被看作是在实现上帝的设计。生活在这样一个社会,就是生活在一个上帝在场的社会,它不是在迷魅世界中通过神圣场所接触上帝这种方式,而是因为我们的所作所为正在追随上帝的设计。上帝是我们生活方式的设计者,在此意义上他是在场的。用一句著名短语来说,我们将自己看作"上帝庇护之下的民族"。

我如此将美国看作这种新秩序观念的一个范例,是接受了贝拉(Bellah)关于美国的"公民宗教"(civil religion)这一极其丰富的概念。当然,此概念在今天有争议,是可以理解的,也是合理的。因为这种宗教的某些条件正在受到挑战,但毫无疑问,贝拉抓住了美国社会自成立之初到之后两个世纪中某种本质性的东西。

448　　美国有执行上帝旨意的天命,单单这一基本理念就能解释贝拉引用的一些段落,比如,来自肯尼迪总统的就职演说的段落,以及来自林肯总统的第二次就职演说的段落,但这一理念对今天美国很多不信者来说,会显得奇怪和危险。要理解这一基本理念,必须联系另一观念,即拥有权利的自由个体的秩序。这是《独立宣言》中援用的观念,它诉诸"自然的法律和自然的上帝的法律"。对自然神论者和有神论者来说,这些法律的公正植根于它们作为上帝护佑的设计之部分。美国革命者的激进主义在此观念上所增添的,不仅有一种历史观,即历史是这一设计逐步得到实现的剧场,而且还有一种社会观,即他们认为自己的社会就是这种设计的实现达到顶峰的地方——林肯后来所说的"地球上最后、最美好的希望"。认为他们自己是在实现上帝的旨意这种观念与新教美国的圣经文化一道,促成了与古以色列的类比,这种类比常常出现于早期美国的官方修辞中。[53]

今天的混淆来自这个事实——既有连续,也有断续。连续的是某些现代道德秩序观念形式的重要性。正是这种秩序让美国人认为他们仍在与他们的建国者一样,在相同的原则上行事。断续则出于这个事实,对多数人(尽管不是对所有人)来说,让这种秩序成为正确的秩序的原因不再是上帝的护佑;这种秩序单单植根于自然,或某种文明理念,甚或受康德启发的某种不受挑战的先验原则。因此有些美国人想要把宪法拯救出来,脱离上帝,而另一些有着较深历史根源的人则认为这么做是在损害宪法,由此而有当代美国的文化斗争。

但是,美国通向现代性的道路,尽管在很多美国人看来是典范性的,但事实上却相当特殊。所有的西方社会都走过这条路,从旧制度进入到动员时代,然后进入到我们现在的困境,我将在下面描述此困境。但在老欧洲,所走的路要更加崎岖坎坷,充满更多的冲突。尤其是在天主教社会,如我所说,上帝在场的旧模式持续时间更长。的确,它受到祛魅的影响,并且变得越来越像是一种妥协,一方面等级秩序在某种意义上被认为是不可触碰的,国王是神圣的,但与此同时,功能辩护也开始混入,例如君主制被认为是维护秩序不可或缺的。我们可以认为这是"巴洛克式"的妥协。

走到我们今天生活的道路,是同时走出神性在场于社会的这些形式,并走进很不相同的其他形式,具体是什么样的形式,我下面要做出定义。走出天主教"巴洛克式"道路经历了灾难性、革命性的倾覆。而"新教式"的道路则要柔和一些,因此在某种意义上也更难追踪。 449

大卫·马丁撰写了一系列富有洞见的著作,[54]并形成了对"新教"的有趣论述,更准确地说,是对"盎格鲁"路径的论述。在那些出现这种路径的社会,占主导地位的社会想象越来越关注互利秩序,而"巴洛克式"的秩序则被看作是遥远的、可恶的,简而言之,"天主教的"。

符合这种看法的是,在这些文化中有个事实越来越明显,即有效的宗教信仰只能是自愿的。强迫信仰越来越不具有正当性。因此，从精英主导的宗教中脱离出来后，出现了新的自愿联合的形式，这些形式与早期教会大不相同。这些形式的原型是卫斯理的卫理公会信徒，但在美国，此类自由教会真正激增是在 18 世纪末，并改变了美国宗教的面貌。

在卫理公会信徒身上，我们看到了一些新的（既不是教会也不是教派）、我们现在称之为"宗派"（denomination）的原型。一个在特洛尔奇（Troeltschian）意义上的"教会"，声称把社会的所有成员都汇聚在教会内；就像天主教会认为自己的天命是成为每一个人的教会。一些主流改教教会（Reformation churches）有着同样的抱负，例如，在德国、斯堪的纳维亚以及最初的英国，这些教会常常力图让所在的整个社会都和他们一样，成为异议的。

但即便在特洛尔奇之后我们所称的"教派"（sects）——这些教派专注于"得救者"，即当之无愧成为教会成员的人——在某种意义上亦是令人沮丧的教会。也就是说，要么像英格兰的长老会信徒，他们向往着接管一个国家教会；要么像某些重洗派（Anabaptists），他们对更大的社会感到绝望，但正是出于这种原因，他们试图将他们与社会的接触降到最低限度。他们仍然试图圈出一个区域，来定义他们的宗教生活。

卫理公会信徒的运动起初并没有打算建立独立的教会，只想成为英格兰国教中的一股潮流。它们愿意践行属于自身的灵修形式，但是在一个包含了其他信徒的更大的教会之内。它们想要的身份在某些方面类似于天主教会中的修会。当它们被驱逐出去，并成为有着与其他宗派相区分的标准观点而突显于美国环境，上述正当的差异感在某种意义上继续存在。

宗派就像是一些亲和性团体。它们（至少在部分上）不把彼此间的差异看作不成则败的拯救或是诅咒的议题。它们的方式对它们自己来说更好，甚至可能被认为是更好的方式，但这并不会让它们与其他被承认的宗派决裂。它们与其他"教会"在一个空间共存，因此在更一般的意义上，这些宗派共同构成了"教会"。要在你所选择的教会中敬拜这一命令，是要归属一个更宽泛意义上的"教会"的命令，允许选择的范围界定了教会的边界。

宗派显然是属于动员时代。它不是上帝建立的"身体"（尽管在某种意义上，更宽泛的"教会"可以被看作这样的身体），而是我们不得不创造的某种东西——不仅仅是出于我们的心血来潮，而是要实现上帝的计划。在此，它类似于公民宗教中按照天意所构想的新共和国。这两者之间有一种亲和性，并且它们相互强化。也就是说，18 世纪中叶大觉醒运动（the Great Awakening）中自愿主义之维显然为 1776 年的革命性断裂开辟了道路；反过来，新共和国中自治"独立"的精神气质也意味着 19 世纪早期的第二次大觉醒涉及到比以往更为丰富的出于宗派的主动行动。[55]

现在很清楚的是，当移民、社会变化或阶级冲突让旧有的、更全面的教会或多或少地对非精英阶层来说备感疏离和严峻时，这种自发产生的亲和性团体具有独一无二的优势。卫理公会之被构想出来，肯定不是为了调解阶级分裂；卫斯理本人坚守着最不可动摇的托利党人有关社会秩序的信念，他甚至谴责美国革命，尽管大西洋彼岸那些众多的他的追随者热情地参与了这一革命。之后，英国主要的卫理公会成员试图平息工人针对雇主的斗争（尽管它们已经准备调动工厂的劳资双方来反对那些托利党人地主）。

尽管如此，不管创建者最初的想法是什么，这种形式是准备去塑造和表达某些群体的宗教渴望以及洞见的，不管这些群体是由阶级来界定，还是由位置（例如英国北部的采矿村）来界定，或者由地域（例如威尔士）来界定，或者由地域以及意识形态的亲和力（例如美国北部和南部卫理公会信徒与浸信会信徒之间的分裂）共同界定，甚至还通过种族来界定（同样是美国的例子）。然而，在延续原初的神圣基础、覆盖全社会的大教会模式主导社会想象的社会中（即天主教社会，也包括一些路德宗社会，在更小的程度上甚至包括一些加尔文宗社会［苏格兰］），创造性地解决非精英阶层远离基督教信仰的问题极其困难（但并非不可能，以下我们会看到一些例子）；而在动员时代唯意志论文化已经成为宗教自我理解的一部分的社会中，新信仰方面的倡议更容易产生。宗派想象使得灵活性成为可能，这对多数的欧陆社会是陌生的。[56]

事实上产生了一系列不同的创举，但让人印象最为深刻的一类是由
451 人们所说的"福音派"复兴模式所组成的，这类复兴在18世纪末期的英国
和美国波及范围很广。[57]它们最激烈的争论聚焦于宗教改革的某些核心
教义：我们的原罪境况，皈依的需要，在信心中转向上帝的需要（信心让
我们向他的恩典敞开）。它们总是强调这种皈依是一种个人行为，是由
个人完成的，而不是作为置身团体即具有的倾向；具有戏剧性的是，它常
常在强烈的情感压力下发生，而且是在公共场合。

　　用我们先前讨论所用术语来说，此处是一个强有力的转变视界，它
一方面由一种深层的潜力上无法抵抗的罪感和不完美感所定义，另一
方面由对上帝及其医治能力——换言之，上帝的"奇异恩典"——不可阻
挡的爱所定义。和在宗教改革早期一样，这种得着能力（empowerment）
的新方式必定会在有序的生活中结出果实。有序与无序可以通过当时
大众阶层想要在越来越受到市场驱动的经济中立足的困境而得到理解，
他们能否存活下来取决于对新条件的适应，这包括移民、接受不同于传
统社会形式的新工作规训。堕入那种懒散的、不负责任的、无纪律的和
挥霍的行为方式将会是危险的。来自传统的娱乐和宴会方式的诱惑可
能让你堕入这些不良的形式，首先就是在酒馆里饮酒。这就是为什么禁
酒是福音派文化的中心目标之一，尽管对许多当代人来说这听起来不可
思议。然而，如果得知喝酒在当时带来了多大的麻烦，我们也许就会明
白；例如，在1820年代的美国，白酒的人均消费是今天的四倍。[58]

　　除了劝酒和教唆，还有其他为人喜爱的活动：残忍的运动、赌博、性
关系混乱。对无序的这种理解主要是针对历史悠久的男性在家庭之外
寻欢作乐的方式。对秩序的新理解是以家庭为中心的，它常常包含着这
层意思，即男性是潜在的家庭破裂的根源，而女性则是受害者以及这种
有序家庭空间的守护者。卡勒姆·布朗（Callum Brown）甚至在此谈论一
种男性品质的"魔鬼化"，以及一种"敬虔的女性化"。[59]秩序要求男性成为
一个顾家的人和一个好的养家者；而这要求他接受教育，遵守纪律，并成
为一个勤劳的工作者。清醒、勤劳和纪律是主要的美德。教育和自助是
被高度评价的品质。因着获得了这些品质，男人就获得某种尊严，即作

为一个自由且自制的能动者的尊严。这个目标可以用两个术语来刻画：一方面，有序生活带来的"体面"一直备受强调；但与此相关，我们应该重视自由的行动能力，即公民的尊严。福音派基本上是一种反对等级制的力量，成为驱动民主的力量之一。

将救恩和成圣与我们生活中某一特定道德秩序相联系，这种做法让 452
我们想起第一次宗教改革，而福音派在某种意义上是其重演，当然是在不同环境下，并伴随着对个人委身更为核心的强调。我们也可以从另一方向上来看，并且注意这一运动在今天是如何进行的，不仅仅是在它的发源地英国和美国。尽管它在美国还是相当强劲，但在今天的拉丁美洲、非洲和亚洲，它也同样兴盛。[60] 我们还可以留意一下接受救恩与给一个人的生活带来某种秩序之间的关联。所以，拉丁美洲的男人变得更顾家了，他们放弃了那些强调男子气概的寻欢作乐，成为清醒的和良好的养家者。事实上，我们也许可以将这种对照延伸到像美国的伊斯兰国家派（Nation of Islam）这样的非基督教运动。[61]

我们会看到，这些运动在"世俗"历史中有着强有力的影响，这种影响使得某些人群可以在非传统的新环境中变得有能力担当生产性的、有序的行为者，这在 19 世纪的曼切斯特（Manchester）是如此，在 20 世纪的圣保罗（São Paulo）、抑或 21 世纪的拉各斯（Lagos）也是如此。由此带来两个反思。首先，信仰与某种特定的道德或秩序之间这一紧密的认同，在 20 世纪是否将以削弱这种信仰而告终？正如我已经论述过的，17 和 18 世纪的精英阶层就是这样做的，起码在英国的结局似乎就是如此？情况似乎确实如此，因为信仰原本相系于一个人感到自身之无力，他无法独立做到让自己的生活秩序井然，而是靠着恩典，他才能做到这一点；可是，如果/当所要求的规训成为第二天性，一个人不再感到无力而是觉得可以控制自己的生活，那么原本的信仰就将失去其部分相关性和令人信服的力量。然而，尽管这可能已经由早期运动的长期结果所证实，但我们要由此去预测当前第三世界的五旬节运动的结局，将是非常愚蠢的，这不仅由于它们有着先前的运动所无法相比的自身特征，而且由于它们发生于相当不同的社会环境，而我们过去的经验仅与西方有关。

第二点反思把我们带回第一节有关独立的宗教激励力量的讨论。我正在重返的历史可以用社会科学的术语来总结，即在这些例子中，信仰的（隐性）功能是灌输一种有生产力的、适应性的特征结构。这也许解释了为什么这种功能一旦实现，信仰就衰落了。所有这些材料都可以是送入副现象论（epiphenomenalist）磨坊的谷物，并牢固确立我上面提到的两个论点，简单说就是这一观点：宗教在现代性中不再具有独立的力量。

但看看福音派和五旬节派的例子，我们就知道这个结论会是多么误导人。如果"隐性功能"意味着事实的结果，而不必是预期的结果，那么上述声称就是正确的。但如果我们观察不同的激励成果，为的是评估宗教在现代性中的独立力量，那么福音派远不是倚靠某种其他目标或目的的宗教的例子。为了显出对比，让我们看看后一种情况的明显例子。法国一些高级资产阶级在 18 世纪晚期是追随伏尔泰的，但在复辟时期却成为教会的支持者，这种支持甚至持续到了 1848 年以后。据说他们当中的很多人主要受到这种反思的影响，即认为教会是秩序的有力保障者。就这一转变的背后有多少是出自真正的敬虔，又有多少是出自社会利益的考量，我无意去猜测。但毫无疑问，有一些出自后者，让我们就以这部分人为例，作为对照。

在法国这个例子中，真正的敬虔或许不会有多么强烈，其实是更接近于荡然无存；是对无序的恐惧让这些资产阶级回到教堂，这种恐惧甚至灌输给他们迈出这一步的正确感。福音派的例子正好相反。有一个尚未改变的工人，他在酒馆逗留，喝酒喝到变成穷光蛋，但我们可以假设，他的一部分自我想要成为一个好的养家者（类似于法国的资产阶级对温和的工人阶级的渴望）。但这种渴望并不足以产生改变。结果是，他经历了宗教皈依，而这种皈依自身显然成为他生活中无与伦比的动力源泉。若是某种理论将这种动力归属于某个隐秘不明的动机，则必将面临沉重的论证负担。当然，有关深度心理本质的一些理论也许能获得成功，其中有一些也被这么认为；但在这个例子中，任何求助于隐性的社会功能的理论都难以经受得住考验。

我们已经描述了宗教信仰在脱离旧制度后能够据以在动员模式下

重建自身的两种方式。第一种牵涉到上帝在整个社会层面的在场,即上帝作为一个设计的创作者,而此社会则试图实现这个设计。可以说,上帝的设计定义了社会的政治认同。第二种则存在于"自由"教会,它们作为互助工具而建立,在那里,个人被引向与上帝之言的沟通,而个体之间也彼此坚固,以沿着敬虔道路有序地生活。它们非常和谐地共存。这不仅是因为它们都按照相似的原则来组织:组织起来去成就上帝的旨意;而且它们还可以被看作是彼此坚固的。这是美国早期的情况。共和国保证教会的自由;教会维持共和国所要求的敬虔品格。

这是上面引用的命令——在你选择的教会中敬拜——背后的意思。这就假定,每间教会的运作不仅出于其自身目的,为了竞争,甚至对其他教会充满敌意。毫无疑问,会有很多这样的教会。但完整的想法是,也将有合流,即在伦理影响上的协同作用。因此,连在一起,它们构成了一个范围更广的"身体",即"教会"——或者至少是在可容忍的界限内它们构成了一个教会。

在早些时候的美国,天主教徒是在这些界限之外的,就像今天他们大部分仍旧如此。但对其他人来说,这些界限已经拓宽至可以将犹太教徒算作信仰犹太教-基督教的一部分了。(最近,尤其在2001年发生的"9·11"事件后,这些界限又一次被拓宽,包括了穆斯林和其他一些人。)

这由此而成为宗派主义的一个特征,正因为一个人自己的教会并不包括所有忠信者,才有这样一种归属感,即归属更宽泛的、更少结构化的整体,该整体能够包括所有信徒。这至少可以在国家那里找到部分表达。也就是说,互相承认的宗派中的成员可以组成"上帝庇护之下"的人民,根据上帝的要求来行动以组建和维持他们的国家,就像上面提到的美国的"公民宗教"那样。事实上,就包括了自由在内的神性设计而言,这可以被阐释为要求向宗派多元化敞开。

这种天赐的政治使命意识在美国新教徒中一直非常强劲,直到今天仍然如此。但某种类似的东西也在英国发展起来。琳达·科利(Linda Colley)声称,18世纪发展出一种英国的民族主义,这种民族主义部分地围绕共享的新教传统意识而形成,这种意识跨越了实际认信上的分歧。[62]

454

它建立在先前英国人与新教事业的自我认同之上，在这个世界中，对国家安全的主要威胁来自较大的"天主教"力量。

因此，在一方面，一种宗派的认同倾向于宗教与国家的分离。一个宗派不能成为一个国家教会，它的成员也无法接受和加入任何声称自己是国家教会的团体。宗派主义暗示着，所有的教会都是平等的被选项，如果不是在法理上，那么至少在事实上，它们在政教分离的制度下发展得最好。但在另一方面，政治实体可以认同于更宽泛的、超越差异的"教会"，这是爱国主义的一个关键因素。

当然，这种情形与某些天主教国家盛行的"涂尔干式"的情形非常不同，在那里，是教会来定义和服务于社会的神圣领域。一方面，在这种祛魅的新教背景下，不再有原先意义上的神圣（在那种意义上，处于神圣领域的某些地点、时间、作为，是区别于俗界的）。另一方面，没有哪个教会能够独断并庆祝政治社会和天意之间的关联。

当然，我在这里说的是一种理想型；在这方面，它在美国获得了完全的实现。英国的情况由于国家教会的存在而被混淆了，一方面，它（安立甘教会）承担着一种仪式作用，它在其类型以及很多仪式细节上都是中世纪天主教的产物。但另一方面，大众对这一仪式的喜庆早已脱离了与教会的认同。

我把宗教与国家的这种联系称做"新涂尔干式"的，一方面对比于"旧涂尔干式"的"巴洛克"模式的天主教社会，另一方面对比于更近时的一些形式（在这类形式下，生存之灵性维度与政治基本脱钩）。"旧的"状态对应的情形是，人们还能在其中感受到，国家对上帝和更高时间的本体倚赖仍然存在，即使这种感受可能被祛魅和一种工具精神削弱了；而在"新的"社会，上帝是在场的，因为社会正是围绕他的设计组织起来的。正是我们同意把这一点作为对我们社会的认同性的共同描述，我们可以称其为"政治认同"。

现在，如果看一看这些英语国家的轨迹，我们就会发现，英美模式不同于"巴洛克"模式（在此模式下，教会几乎不可避免地产生反作用力），它可以维持高水平的宗教信仰和实践。对精英力量的怨恨，以及与其灵性方式的疏远，可以在另一种基督教生活和敬拜模式中找到表达。大众群体可以找到并按照自己的灵性方式生活，就像 18 世纪英国那些"热情的"卫理公会信徒，美国农村的浸信会信徒，以及今天拉丁美洲、非洲和亚洲的福音派信徒、五旬节派信徒所做的那样。与温雅拘谨的圣公会和长老会占主导地位的东北部疏远，可能表现为南部和西部热情的重生福音派形式。

与此同时，信仰由对国家的"新涂尔干式"认同来维持。在相当长的一段时间，对很多英国人来说，属乎某些新教派别的基督教等同于某些道德标准，通常用"正派"这个词来概括，[63] 而英国在世界舞台上被认为是这些派别的杰出载体。这就是我们所称的"确立的综合"（established synthesis）。对许多人来说，英国的爱国主义是围绕着这一融合信仰和规范的复合体而建立的。很多作为新教徒的美国人和后来一些作为天主教徒的美国人也已经认为，美国有一项出自上帝旨意的使命，在全人类传播自由民主。

在这种新涂尔干式的形式中，宗教归属对政治认同来说十分重要。但宗教的维度在我们可以称之为"文明的"认同方面也很重要，文明的认同指的是人们对其生活环境有一种基本的秩序感，即便它是不完美的，它也优越于外来者的生活方式，这些外来者要么是"野蛮人"，"野人"，要么是（用更礼貌的当代语言来说）"不发达的"人群。

事实上，在大多数时候，我们与在我们的"文明"中建立起来的秩序相关联的方式就是人们体会到的最基本的秩序感；我们既有一种相信它们在我们的世界中确实有效的安全感，也有从我们参与其中并拥护它的自信中产生出来的优越感和善意。这意味着当我们看到它可以从外部被破坏时，我们会产生巨大的不安，正如在美国世贸大厦发生的事件那样；但是当我们感到它可能从内部被破坏或者我们可能背叛它时，我们更会感到颤栗。在此不仅是我们的安全受到了威胁，遭到破坏的还有我们自身的正直和善良。这种质疑会让人深感不安，最终威胁到我们的行动能力。

这就是为什么在更早的时代，我们看到人们会在此类受到威胁的关头大肆抨击,用寻找替罪羊的暴力来打击"内部敌人",通过将其变作替罪羊这样一种不损害自身正直的方式来处理对我们安全的威胁。在拉丁基督教的较早时期,犹太人和女巫常常被派上这种危险的角色。有证据表明,在我们"开明的"时代,我们还是忍不住要诉诸类似的机制,这令人感到不安。但这也许并不是历史上第一个此类悖论,假如和平的普世论被用来动员寻找替罪羊的暴力。[64]

有关英国和后来美国的爱国主义,实际上,我首先基于实现上帝的设计这一感知想要建立的观点是,国家认同乃是基于在实现某种文明优越性上自我赋予的杰出。这种优越性最终可能被理解为"基督教世界"高过种种异教的优越性,但在基督教世界内,英国/美国则站在最前沿。

这种优越感,究其实质,原本是宗教的,但它可以而且确实经历了"世俗化",正如文明的优越感会逐渐和上帝的护佑分离,转而诉诸于种族,或者启蒙,甚至是两者的某种组合。但在此指认这种秩序感的要点在于,它提供了另一种空间,上帝可以据以临在于我们的生活或我们的社会想象;我们有两个设计,一个设计定义了我们的政治认同,另一设计定义了我们的文明秩序,这两个设计的创作者都是上帝。

在美国的典范例子中,两者结合在一起是如此显然,为什么要予以区分呢?这是因为它们并不总是如此整合在一起,而是可以独立地起作用。自法国大革命以降,对很多基督教的辩护者来说绝对关键的一点是,基督教信仰对于维持文明秩序来说是必要的,不管这秩序是由现代道德秩序来定义,还是由先前的等级互补来定义。这是反革命思想的核心内容,它出自约瑟夫·德·梅斯特(Joseph de Maistre)的笔下。但在今天,你在新涂尔干式语境下能听到类似的声音,它们来自美国部分宗教右翼势力。其教义是,若不是基于一个明确承认,即我们在遵循上帝的计划,我们的秩序就是不稳定的。在此,对涉及到的信仰就谈这么多。

但这会引发这样一种社会想象,即我们的秩序现在是稳定的,乃因为我们在遵循上帝的计划;或是另一种想象,即我们的秩序受到了威胁,乃因为我们偏离了上帝的计划。上帝,作为文明秩序的设计者/担保者,在我们世界的在场感或危险时的缺席感,会是非常当前的,即便在它与优越感不相关联的地方（这里的优越感是指我们的国家在实现上帝的秩序上出类拔萃）。它可能与我们的政治认同相对分离。这种观点或许反映了我自己的国家认同，但在我看来，这种先驱位置的自我僭称更有可能出现在霸权国家当中。如果你来自挪威、比利时（或加拿大），很难想象你站在人类历史的前沿。但这些小国家的人仍然可以感受到上帝是其文明秩序的基础。

然而，从另一个方面来看也是行得通的：上帝可能对政治认同来说极为重要，无需与更宽泛秩序中的任何杰出相关。因此，在现代历史进程中，信仰上的忠诚已经被织入对某些特定种族、民族、阶级或地区群体的认同。

我们可以在此处分辨出一个模式的应用，该模式在我们所说的动员时代处于核心位置。现代公民的社会想象之所以与前现代的各种形式构成鲜明对比，就在于这些前现代社会想象反映出对人类生活的"嵌入式"理解。在旧制度的王国中，我们自远古起就被定义为国王的臣民，甚至说得更准确一些，是服从于公爵、服从于国王的，是主人的奴隶；或者是这个城市中的资产阶级，是主教管辖下的座堂圣职团（Cathedral chapter）成员，而主教同时与教宗和国王相连，诸如此类。我们通过中介而与整体相联系。相反，按照现代公民的想象，我们所有人聚到一起形成了这个政治实体，我们所有人都作为平等的成员相关联。这个实体必须被建构起来。不论现代意识形态（例如民族主义）有多少种，我们或许都要确信，我们自远古起就一直是 X 群体中的一员（即便我们的祖先没有完全意识到这一点，甚至被迫说 Y 群体的语言），也不论这在多大程度上赋予我们建构自己国家的天职，即 X 地，这个国家还是必须被建构起来。人们需要得到确信，他们真的是 X 人，而不是 Y 人（乌克兰人而不是波兰人）。

对这种自我理解来说，两个相关的特征非常重要。首先是意识到我们到底是谁（X 人），要求动员。我们必须采取共同行动来建立我们的国家：反抗 Y 人，或呼吁国际联盟的帮助等等。其次是这种动员与认同的（重新）定义密不可分：我们必须清楚地、甚至有时是初步地把我们定义

458

为 X 人,而不是定义为其他一系列我们也可以是的身份(波兰人,或东仪天主教徒[Catholic-Uniates],或仅仅是这个村庄的村民,或仅仅是农民,等等)。

这些新的实体——公民国家或动员的其他产物——是围绕着认同的某些共同点组织起来的,让我们把它们叫做“政治认同”。当然,它不必是一个由语言定义的国家(尽管这常常是西方的情况)。它可以是宗教认信;它可以是政体(革命后的法国与美国)的特定原则;它可以是历史的关联等等。这使我们将美国情形视为一个例子,用以表明在动员时代现代世界的一个普遍特征。政治认同还可以根据宗教或认信的定义来编织,即便如我们看到的那样,在美国的例子中,对神性设计的指涉是缺席的,或是次要的。再次强调,英国和美国是强有力的、独立的国家。而认信种类的识别常常见于边缘人群或受压迫人群。波兰人和爱尔兰人的天主教认同是极好的例证。昔日的法裔加拿大人是另一个例子。

这种群体与认信之间的关联不属于我们在反革命的法国那里看到的“旧制度”类型,即便这里涉及的是同一个天主教会。皇权和教权不能结盟,不仅仅对路德宗、安立甘宗或东正教来说,而且对天主教会(如维也纳)来说,皇权也是不相容的。随着这些精英丧失权力和特权,对精英的怨恨也逐渐边缘化。但是,对国家统治和压迫的感知,受难与挣扎中的美德感,都与宗教信仰和忠诚深深地交织在一起——甚至出现了将波兰刻画为“万国中被钉十字架的基督”这种过度的修辞。其结果是我所称的新涂尔干式效应,对群体的归属感与信仰混杂在一起,而群体历史的道德问题往往用宗教范畴来表述。(受压迫人民使用的对抗语言总是法国大革命的语言。这种语言在下面提到的“从者民族”[subaltern nations]中都曾一时盛行:爱尔兰人联合会,1837 年的帕皮诺[Papineau]起义,东布洛夫斯基[Dąbrowski]的军团;但在各个例子中,天主教的表述后来都占据上风。)

甚至可以扩展我的新涂尔干式范畴,用以包括基于反宗教的哲学立场的政治认同之创建,就像我们看到的经久不衰的“共和主义的”法国认同。长久以来的“法国人与法国人的斗争”(guerre franco-française)是两种新涂尔干式认同之间的斗争。这些认同因而与其他那些建立在语言-历史国家或某种宪政秩序之上的政治认同不同。

最后的法国一例表明，新涂尔干式认同的动员超出了已建成的国家，或者说像波兰或爱尔兰这种想要成为国家的国家。还有一些旨在产生政治影响的信仰上的动员的例子，即便这种动员纯粹是防御性的，并且没有希望导致独立国家资格，就像文化战争期间德国的天主教徒，还有荷兰的柱群化（pillarization）现象。

由宗教定义的政治认同的动员现象，在我们的世界显然目前大量存在，（我担心）未来也是。我想在后面一节回到这个问题。但此时此刻，我想指出的是，产生这种效果的地方，信仰及其实践的潜在衰落比较缓慢，或根本没有发生。在拥有"世俗"心态的当代社会学氛围中，这极易产生误解。就像上面涉及福音派情形那样，就这些情形以及上述的英语国家的情形，我们也许忍不住会说，宗教在发挥"整合功能"，或者用布鲁斯的语言来说，宗教在发挥"文化防御"的功能。很容易滑向这样的论断，即宗教信仰在此是因变量，它的整合功能是解释因子。

但我想，下面的说法也许会少一点扭曲，即宗教语言，人们在这样一种语言中发现，用该语言可以很有意义地表述他们强烈的道德经验和政治经验，这经验要么是压迫的经验，要么是围绕某种道德原则成功建立国家的经验。一方面引用波兰或爱尔兰农民或工人面临的不同困境，另一方面参照他们的西班牙或法国同行的情况，是想要说明，用天主教的语言来表述在前者那里几乎没有遇到抵抗，而在"巴洛克式"制度的生活中，则对这样做的经验产生强烈抵抗。

援用爱尔兰和波兰的例子把我们带回到天主教会的一些尝试，即试图重新收复它们在革命期间和革命之后丧失的领地。就这些尝试，我们可以说，它们是动员的胜利，某种意义上是"面对了动员"（malgré elle）。

459

$$4$$

但在我展开这一论点之前,强调一下我做出的一个区分的不同侧面或许更有助益。我区分了两者,一是"旧制度"的形式和"旧涂尔干式"的政体,二是有着"新涂尔干"形式的动员时代。我重申一下,这些都是理想型;也许从来找不到能够完全体现这些理想型的实例——尽管前革命时期的法国君主制和 19 世纪早期的美利坚共和国可以分别被看作是各理想型的范例。

第一种理想型(AR,旧制度[ancien régime])与第二种理想型(M,动员时代[Age of Mobilization])之间的差异,可以罗列于下面的一系列对比:

(1)AR 形式基于前现代观念的秩序,此秩序又根源于宇宙和更高时间;而 M 形式与现代道德秩序观念相关,是基于互利原则的平等者共存的方式。

(2)AR 形式先于归属于它们的实际人类之前存在,并定义了他们的地位和角色,它们"自远古起"就已经存在了;而 M 形式提供了一个我们被号召去实现的模型,人类能动性在世俗时间中将这种设计付诸实现。这是 M 与我所称"动员"的东西之间的内在关联;人们不是被责令停在原处(或者说,在经历了不幸的革命所带来的间断以后)以返回他们先前的位置,而是被诱导、被强迫或被组织起来,去接受他们在新结构中的角色;他们必须被征召,参与新结构的创造。

(3)AR 形式是"有机的",这里指的是,社会被表达成构成性的"社会等级"(贵族,神职人员,资产阶级,农民)、制度(神职人员大会,议会,有特定政治权的身份地位)和小社会(教区,公社,大主教辖区),一个人通过归属于这些构成性部分而归属于整个社会;而 M 社会是"直接进入的";个人"直接"成为公民,而无关乎这些不同的群体,他们可以凭个人意志决定是否参与这些群体。

（4）AR 形式的世界一般来说是迷魅世界；而迈向 M 的世界则包含着越来越严重的祛魅。

AR 和 M 这两个理想型帮助我们澄清了我所描述的转型。就我此处使用它们的方式而言，它们最适合用来描述法国和一些英语国家走向现代性和世俗性的过程。说得更具体一些，我关注的焦点是这些社会在历史上的某些关键阶段，那时，对长久存在的国家教会的不满使得新形式的发展势所必然。

我说的这些故事肯定有其局限性，就像我费尽口舌讨论的新涂尔干式的理想型一样。它们不足以被用来理解所有不同国家的变化路径及其历史的所有阶段。例如，在德国和斯堪的纳维亚，有一些路德宗社会仍然保留了国家的、官方的教会，因此没有受到大规模异议的影响，有些地方至今还是如此。还有其他一些拉丁社会，比如意大利、西班牙，那里的发展与法国有类似之处，却不尽相同。

当然，如果我们回溯得足够远，你可以说，AR 理想型适用于欧洲的所有地方。出于文化的原因，很好理解的是，英国和法国的君主制有相似的王位神圣性（sacrality of kingship）的观念，以及国王的两个身体的观念，甚至还有国王的触摸可以治愈淋巴结核的观念。而这些社会今天完全根据动员时代来理解自身。但它们从中世纪走到今天的路径却非常不同。在英国的例子中，显然 18 世纪旧制度的君主制失去了其中世纪起源的诸多神圣化特征。对拉丁基督教世界所有不同路径的彻底研究需要极大地扩展我们的理论构架。[65]

不幸的是，这超出了我此处的研究范围（显然至少此刻也超出了我的能力）。但我所描述的诸般转型就我此处有限的目标而言已经足够了。从否定方面看，我的这些目的是要推翻之前占主导地位的、线性的世俗化理论，这种理论将信仰的退却看作是现代化趋势的稳定功能，而这些趋势是指社会的阶级分化，或农村人口向城市转移，等等。法国情形和英美情形的对比应该足以挑战这种观点，因为类似的发展在一个情形下导致悖离基督教，而在另一个情形下则带来充满活力的新形式的敬虔和教会生活。其实很明显的是，流动性自身并不会导向这一种或那一

461

种方向。就像法国宗教社会学家加布里埃尔·勒布拉(Gabriel le Bras)所指出的那样,当 19 世纪晚期的法国农民抵达巴黎市蒙帕纳斯车站(Gare de Montparnasse)时,教会已经对他不起作用了。但向北美移民的农民却常常带来新的、更具活力的宗教信仰形式。

从肯定方面说,我的目标是提出另一个模式,用以取代现代性对宗教信仰和实践带来了均质的和线性的影响的叙事。按我的模式,这些变化确实经常性地动摇了旧有的形式,但接下来会如何,则极大地取决于什么样的另类选择是可行的,或能在相关人群中被创造出来。在某些例子中,结果是新的宗教形式。"世俗化"之下的现代宗教生活的模式是一种动摇与重构,一种可以重复多次的过程。

要对此给出完全令人信服的证据需要更充分的研究,我承认这超出我的能力。但我认为我所做的范围更狭窄的比较是相当令人信服的,对其他路径的进一步了解只会肯定我的基本论点。

让我再做一个防止误解的说明。由于我处理的是理想型,因此很有可能的是,即便它们得到了最好的应用,在过去三个世纪中还是有大量的形式在某种程度上跨越了这些区别。区别的目的首先是要识别出从 AR 到 M 这个长期运动,其次是能够辨别出不同的社会环境,在这些社会环境中归属于基督教会的共同感仍然保留着,但要看到,在各种环境中,有着种类相当不同的归属。

但是,要说 20 世纪之前的英国明确就是新涂尔干式的,显然过于简单,因为直到相当晚近的时候还存在重要的顺从部分、等级制,以及对旧制度的尊崇;还存在英国教会的教区,民间宗教盛行的共同体直到相当晚近还很活跃。同样,若说 19 世纪的法国延续了 AR 形式也过于简单,这种说法只有部分正确,因为新都市文化在兴起,新制度在发展,而且都是属于动员时代的。

做出区分的目的不是把整个社会和/或整个时间切割成段,而是为了表明,AR 形式和 M 形式的权重如何在不同情况下赋予一场运动以不同的样式和轨迹,而这一运动在非常普遍的层面上涉及所有人:偏爱 M 形式而驱散 AR 形式,而接下来则是,甚至 M 形式也在 20 世纪下半叶逐渐遭到损毁。

我在此得出的结论是,19世纪天主教的反应正是动员不知不觉获得胜利的表现。首先以法国为例,原先的企图显然是围绕对等级制的捍卫而重建教会,它不仅包括神职人员,也包括平信徒。法国大革命时期的创伤迫使教会重新借助于皇权与教权的结盟,而罔顾奥扎南(Ozanam)和拉莫乃等人提出的更有洞察力的提案。但首先,重建终究需要影响深远的组织,它包括调动俗世的男女,以及修士和修女。其次,与复辟王朝的目标最相符合的19世纪教会,其特点在现代性的发展——城镇、工业、通讯、流动性——面前变得十分脆弱。最后,捍卫这些特征的企图包括组织和重新招募,简单来说就是动员,这本身就会破坏这些形式。

第二点与第三点放在一起看,我在此所谈论的这些特点在19世纪法国的农村教区体现得最为明显。例如,与从属于在美国的卫理公会的模式——它可以与几乎无限的流动性相容——正好相反,对农民来说,天主教生活的重点是教区(上面的对比(3))。这种教区的宗教生活将天主教礼仪和实践与民间宗教融合在一起,而按我前面所述,民间宗教很大程度上是在迷魅世界进行的。此外,每个教区对这两种因素有其自身的混合:例如有自己独特的圣徒,把圣徒作为医治者和保护者的圣徒崇拜,以及诸如对比(3)之类的做法。

正如布特里(Boutry)所说:

> 值得注意的是这种"民间宗教"如何"自然地"使其自身介入、整合到教区的宗教生活中,甚至坚持要求神父主持宗教仪式并祝福。充满了超自然之物,将崇拜与一时一地紧密结合,这些都是复杂的农村文化实践体系的共同特征,它们在这方面与圣礼在教区的施行并非相隔甚远。从这套仪式中产生了乡土宗教的形象,它是整个世纪农村基督教的宗教心态的基础。[66]

这种"乡土"(du terroir)宗教在每个村庄中作为一种集体规范而存在。它不仅反映了农村居民信仰中不同的个人形式和层次的结果。相反,集体仪式对每个人来说都是重要的,因为普遍的福利、农作物的收成、牲畜的健康、预防霍乱,都倚靠这些仪式(见对比(1))。确实,这些实践被认为"自远古以来"就已存在。[67]

但除此之外,甚至连个人礼仪性的敬虔水平和类型都有规定。想要提升这种水平的神父会遇到规范上的屏障,也就是教区居民所说的"尊重人"。我们从新康德主义的角度倾听,很容易误解这一表述的意思。它并不规定,为了尊重我们的同胞,我们每个人出于良心必定要做的事情。相反,它定义的是,为了获得并保持其同一教区居民的尊重,每个人必须做什么。与康德正好相反,这是一种顺从法则,而不是自律法则。例如,在很多教区,人们理解的规范是一年领一次圣体,通常是在复活节的时候。这是我们今天所说的"尽你们的义务"的核心所在;但超出这一义务的要求是不受欢迎的。当该世纪中叶在教会中发展的运动赞成更频繁地领受圣体,试图教育人们接受这一做法的神父遭遇到了来自"尊重人"这一规范的抵抗。教区居民常常难以让步;他们不能把这事看作是个人决定之事,并且觉得打破惯例的做法相当不合理。惟一可能带来重大变化的途径是改变集体的心态(有时候它是通过一种圣灵所施的治疗,例如亚尔斯本堂神父的例子)。就像一位观察者就亚尔斯本堂神父所说的,"顺从的压力开始逆向运作。如果你不做好事或者你不践行你的宗教,你就会感到羞耻。"[68]

464　　这里有一个主要属于 AR 形式的非常重要的社会基层,它让人们归属于天主教会而将人们聚集在一起。[69]但该世纪各种各样的发展有逐渐损毁它的危险;而法国城市精英阶层的宗教生活和政治生活是按相当不同的原则进行的。人们出现了分野,由于观点不同,他们形成了不同的党派,互相争斗。两类社会背景不可能相互隔离。都市的精英安定下来了;或者农村的显赫人物改变了他们的观点;一些城镇发展了工业;人们开始迁移。最终,乡村被迫开放,不仅因着铁路,而且因着第三共和国反对教权的政府,该政府让年轻男子去当兵,并向村庄派遣教师,使人们放弃教会。

最后,共和党人胜利了。他们分化了这些农村共同体,并在 1877 年

的关键选举中获得了多数票。但布特里以及后来的莫利斯·阿古隆
(Maurice Agulhon)的看法是,这并不单单意味着 1860 年前已经存在的
同一种宗教形式的退化。相反,它意味着从一种强共同体形式(布特里
和阿古隆所说的"心态")转向对宗教的一种新式理解,即宗教是我们每
个人都必须有的东西,但各有各的"看法"。"[破碎的]教区仅仅是个人
敬虔的集体框架"。一种旧制度的形式已被属于动员时代的新形式取
代了。[70]

以后见之明,我们可以明白,这是无论如何都会发生的。但这一变
迁让人感到悲伤的是,正是神职人员亲手导演了这一切。之所以会如
此,部分是因为他们想要改革他们不赞成的民间宗教因素的尝试。当
然,他们这么做只不过是沿袭了长达数世纪之久的大改革形式。他们 17
世纪的前辈就做了相同的事情,如果这些前辈是詹森派信徒的话,就更
是如此。如果说有什么区别的话,那就是 19 世纪的神职人员更加谨慎。
他们明白,过度的改革热情是如何让整个民众疏远天主教的,他们已完
全感受到,这在革命时期意味着什么。所以他们比前辈更宽容民间宗
教;但尽管如此,他们还是忍不住要干涉。[71]

他们针对的最重要目标之一,是他们的羊群的"基督教节日"。不仅
很多节日有一些可疑的焦点,例如,去一个医治之地朝圣,而那里的习俗
似乎与正统基督教毫无关联。也不仅是因为国家援用《拿破仑和解协
议》的权力,以提高生产率的名义(这是新教国家一百年前就已走过的
路),削减节日的数量。让教会当局常常感到困扰的,是节日文化本身,
它将神圣礼仪与很多世俗的吃喝玩乐搅在一起,年轻人和老年人的性道
德常常面临难以启齿的后果。他们想要清理这些节日,让节日的正确宗
教意义与这些相当放纵的群体庆典脱钩,尽可能让这些节日变得温和
一些。我们在此连接起长达数世纪之久的宗教改革过程的长期路线;譬
如可见于天主教和新教两边都在打压狂欢节的"过度放纵",我在第三章
已经谈到过;也可见于打压法令集会和村庄节日上吵闹和饮酒行为,奥
贝尔科维奇在 19 世纪的林肯郡有过描述。[72]

其次,神职人员想要改变民众,提高民众的信仰实践水平和道德水

465

平的尝试,本身就意味着他们不断在催促、谴责和要求关闭一些夜总会和歌舞厅,把钱用于新的教会。神职人员与社区之间必然产生冲突。起初这些反抗独立于任何哲学基础。但通过这些反叛,一种谴责教会权力、赞扬平信徒道德独立性的新视野就得以进入。正如阿古隆所说:

> Pour que l'influence de la libre pensée puisse jouer à plein, il fallait que celle de l'Église fût préalablement ébranlée par des raisons internes.... au premier rang de ces conditions, la naissance de conflits entre peuple et clergé. [73]
>
> ("为了使自由思想的影响能够充分发挥,必须首先使教会的影响因为内部原因被动摇……这些条件中最重要的一个是民众与神职人员之间产生冲突。")[74]

当然,一旦分裂造成了,教会只能通过动员效忠它的信徒来捍卫自身。所以它应对危机的反应本身强化了分裂,并助推了先前教区共识的解体。现在宗教不再是集体心态,而是一种派别立场。[75]

这种自我挫败的行动之悲怆向我们后人显明,天主教会在投身一个不可能完成的使命。但这比 19 世纪庇护九世与持教宗至上论的教会之间的矛盾更具广泛性。在某种意义上它展示了整个大改革计划中的种种张力。农村教区的力量在于它的集体礼仪以及它关于"尊重人"的强烈共识。但大改革运动的整个驱动力,从中世纪的鼎盛时期,经过宗教改革与反宗教改革,一直到福音派的复兴和后复辟时期的教会,都是要造就基督徒,使他们对上帝和信仰有个人的、虔诚的强烈委身。但强烈的个人信仰与最强大的社区共识最终不能结合在一起。如果目标是要鼓励基督徒在他们强烈的敬虔生活中经常领受圣体,那么最终这必定意味着他们会打破"尊重人"的约束力。在理论上,这些冲突中任何一个都可以通过颠倒当地共识来解决;但从长远看,要永远这样是不可能的:不可能每个教区都有一个让·维亚奈(Jean Vianney),即使是他,也需要花费几十年来转变亚尔斯的村庄。

除非你打算重建一个极权体系；在某一点上已经从根本上改变了这项事业的性质。持教宗至上论的教会并不总是能看到这最后一点力量，并及时感受到极权主义的诱惑；但按其他人所感受的，它也已经成为这种诱惑的牺牲品，但也因此治好了它的幻想症。然而，要看到教会目标最终而言是多么矛盾，一直困难重重，毕竟这个教会通过强有力的等级制权威而紧密地团结在一起，但这个教会依然充满甘心奉献的践行者。当然，是有这样的人，他们的敬虔生活因他们感受到在这种权威之下而得到加强，但对并不如此响应的民众来说，他们要么选择屈从，要么选择离开，或过着半秘密的生活。梵二会议带来的不可逆转的方面是，它让这种冲突公开化。

但回到19世纪的法国，我们应该承认，对教区以及革命之后的乡土宗教的重建，某种意义上是个了不起的事实。它表明这种社群生活模式在人民的风俗中扎根很深，乃至在经历了1790年代的中断之后，又能重新集合。更让人惊奇的是，布特里所研究的安省强烈拥护皇帝，在复辟之初很难治理。共和党人在1870年代的胜利也许可以被看作是回到原初位置。但显然，第二次发生了一些更重要且不可逆转的事情：旧制度形式被破坏，并走进动员时代。

这并不是说所有具有凝聚力的教区当时都被破坏了。比如在西部有一些地区，共和党人的攻势遭到抵抗。稍后我们会看到一个布列塔尼（Breton）的教区利梅尔泽（Limerzel），这个教区生活的破坏和瓦解发生在第二次世界大战后的文化革命中。

然而，考虑到旧制度形式被破坏，共和党人自身也得到动员，法国的天主教会确实没有选择。布特里也许是对的；关键的转变可能在1848年，男性普选权被引入，并且永不被撤销（在相当长的时间内，也不被扩张；直到1945年妇女才获得选举权——共和党人与教会的争执是这一推迟的部分原因）。天主教徒也逃脱不了政治动员。[76]

组织上的需要范围广泛：筹款，创办学校、医院、大学，在学生、教授和工人中间为平信徒设立机构，让教会在场，否则教会在这些地方就会

467

一直缺席；后面这些机构还服务于另外一个目的，就是将虔诚的信徒尽可能隔离于（被认为是）有着敌对性质的外部影响力：自由主义、社会主义和新教。要达成后一个目标需要全方位的各种组织机构，像天主教运动俱乐部和其他一些娱乐群体。最后并且远为重要的是，天主教的政党建立起来了。

当然，天主教会一直都有教友组织：联谊会、公会等等。但19世纪和20世纪情况特殊的地方在于，它们在越来越具有现代社会想象的社会中运转，独立的自愿组织和政党在其中扮演了越来越重要的角色。结果，不适应这个背景是不可能的。

这最终导致由背景决定的放弃与皇权的联盟——尤其是在政权唯独选择攻击教会本身的地方，如俾斯麦统治下的德国，以及后来教会在犹豫之下放弃了与本地雇主的联盟，这为基督教的民主化开辟了道路，最著名的例子是比利时。这表明工人阶级与教会的疏离谈不上是工业化不可避免的后果。[77]

但在动员时代运行的迫切需要必然意味着神职人员放松控制。工会和政党要想行之有效，必须精兵简政。这种反讽反映在文化战争期间的一个事件，即俾斯麦攻击德国天主教会。这一事件激起了德国天主教徒强烈的合一感和团结感，这在某种意义上是在为教会工作。当科隆大主教被拉去坐牢，大批信徒出动了，他们沿街站立，在他经过时跪着向他致意。然而，这种忠诚于教会权威的强烈的政治示威必然有它的另一面。持续的政治抵抗只能由一个政党来执行，从长远来看，这使得平信徒领袖越来越重要。

最后，尽管存在差异，福音派与革命后重组的天主教之间仍然有着极大的相似性。我们首先应该提到一种有着强烈情感诉求的新的或更新的灵性形式：一方面皈依慈爱的上帝，另一方面则是诸如"圣心"的敬礼，以及围绕小德兰（Thérèse de Lisieux）的生平和榜样来动员的敬礼；如果按社会学理解方式通常的做法，我们就会错误地仅仅去关注这些信仰形式的"功能"特征，即它们向人们提供在变化了的环境中践行所需的技能和规训。所有人可能都会分享一定的礼仪和内在情感。但不同的人

468

可能会觉得，他们需要一些独特的、更强烈的、更集中的或更有纪律性的虔诚/祈祷/默想/供奉方式。这可能是，他们在生活中遇到了危机或有一段艰难的时期，为了应对，他们需要集中他们的灵性资源。也可能是，他们感到他们的生活太过肤浅、茫然或苦恼不堪，他们需要一个更强的中心，即关注焦点。也有可能仅仅是因为他们觉得需要表达点什么，即有一些管道来表达他们的强烈的感激之情，以及对上帝之恩赐的承认和欢喜。

在新教和天主教两边，这些灵性形式都结合了另一些尝试，即反复灌输在一个变化了的经济和社会中发挥作用所需的新的精神和规训的尝试。在不从国教者（Nonconformities）推动禁酒运动的同时，爱尔兰教区的神父则发动了反对醉酒的战斗。[78]但不管哪一方，建立诸如友好协会、信用合作社等经济生存的必要组织的尝试，往往都与教会联系在一起。

在动员时代，各种各样有成效的信仰形式都结合了这两股潮流；不仅有针对所有人（或绝大多数人）的伦理的/规训的，而且也有一系列特别的敬礼、仪式和祈祷模式，以针对有时觉得需要特殊供奉形式的人们。它们来自个人的选择，尽管常常以集体方式来进行，而且可以有不确定的变更，并允许创造新形式。当然，在新教一边，这些形式的主要地位，当然是复兴。在天主教一边，我们有连续九天的祷告、静修和特殊的敬礼，按照圣心、朝圣、圣约瑟夫教堂（Oratoire St. -Joseph）的台阶；礼仪形式则视神父和教区而定。小德兰是这最后一种敬礼中重要的开路先锋。

这些特殊形式常常有性别之分："圣心"针对女性，男性要么完全退出这种维度，要么选择做一些"积极的"事情，例如管理天主教徒的工会。

天主教这边有一件事脱颖而出，乍一看在新教国家并没有类似的情况。围绕持教宗至上论的天主教而新展开的群众运动，不仅压制或边缘化了旧有的围绕节庆的基督教——节庆对教区社群的"当地宗教"来说十分重要——它还重新创建了自己的节日安排。在教区层面上，神父已经不太去压制流行的节日和朝拜以求控制它们，而是重新引导它们，清理它们，如我以上所述。一个普遍的尝试是将关注点从地方传统的场所

469

转移到重要的朝圣区域中心。正如拉尔夫·吉布森（Ralph Gibson）所说，"教会当局试图把民间宗教之特征性的地方主义重新引向更为普世主义的方向。"[79]在整个19世纪，法国发展出与圣母最近的显灵相关的一些重要的国家场所，例如萨勒特（La Salette）、卢尔德（Lourdes）和帕雷勒莫尼亚（Paray le Monial）。到了该世纪末，数十万人每年都会有组织地去卢尔德旅行，绝大多数人乘坐火车前往。

这在一个层面上是动员的胜利。教会当局试图用跨地域朝圣仪式（由主教团保驾）来取代地方仪式（令人妒嫉地由教区共同体控制），并最终显得是一场胜利。但与天主教的其他动员形式一样，这场动员也是引起歧义的。事实上，圣母的显灵是从地方开始的；她先向农民和牧羊人显灵。主教团一开始很警惕；但无论如何，他们必须使这些新的显灵声称受到检验。过去两个世纪跨地区的重大圣母朝拜地，从瓜达卢佩（Guadalupe）到默主歌耶（Medjugorje），起初都是民间宗教中的新起始点，但它们的起飞则是因为它们对普通信众有吸引力。教会当局有时可以扼杀这些运动，但他们无法创造它们。[80]

我在此处援用的"节庆的"（festive）这一概念必须作广义理解，它包括节日和朝圣。首先，它包括大批人在司空见惯的常规之外走到一起，无论这"之外"是地理上的（在朝圣的例子中是这样），还是存在于打破日常生活秩序的节日仪式。我们可以认出，昔日的狂欢节（以某种形式依然在巴西延续）是这一大类节庆的另一小类。但其次，这种集会让他们感到与神圣的接触，或至少与某些更伟大力量的接触。它们可以显明于医治的形式，如在卢尔德的情形。即便没有如此，接近更深或更高事物的感觉还是存在的。这就是何以不作进一步引伸，以在此类别中包括狂欢节。如果我们追随我在第三章中扼要介绍的特纳的论述，这个"兜底翻转"的世界又将我们连接于我们社会中的"共同体"之维，在既成秩序的等级划分之外，我们作为平等的人走到一起。

我提出这一点，乃因为我相信，在这个意义上，节庆是我们自身时代的宗教生活或准宗教生活之重要的延续形式。任何对灵性在我们社会中地位的描述，都应该包括此一部分。在此处一开始讨论节庆时我就说过,这些19世纪天主教的形式似乎在新教这一边没有类似情况。但仔细看的话,就可以挑战这种观点。奋兴会就呈现为明显的类似情形。当我们想到上个世纪五旬节运动大规模发展(现已传播到世界很多地方),我们就更有理由将节庆视为当代宗教生活的一个关键维度。 470

在下一章我将回到这个议题。继续讨论天主教动员和新教动员之间的相似之处,我们可以看到,两方的灵性和自律的模式往往依次联系于政治认同,尽管方式上非常不同。在英国和美国,这种关系被视为积极的,是与文明秩序意识紧紧相连的。福音派信徒感到,他们培育着所在社会达到其最高使命和理想所需要的社会风气。正因此,他们满有信心和使命感去要求整个社会服从于他们的某些标准,例如禁酒和守安息日。尽管这些目标遭到很多反对,而且人们还有这样的感觉,清教徒是在强迫每个人接受不受欢迎的约束,但"不从国教"原则与英美的政治认同之间有足够多的重合之处(这类政治认同最初是通过反对天主教和权威主义而得到定义的),因为福音派信徒觉得,这些国家与他们的根本价值基本上是一致的。[81]

但是,在上面提到的像波兰人和爱尔兰人这样的少数族裔当中,显然是另一种与之不同的关系,这次则是消极的。在此,信仰仍然与一种政治认同相关,但这是一种反对既有权威的政治认同,它越来越渴望建立一个独立国家。第三种联系显见于少数派天主教徒,或至少在大陆被围困的教会(如法国);抵抗是有组织的,要么希望以对手来定义国家的政治认同(法国),要么确保可接受的少数派地位(德国)。还有一些变种可以在比利时和荷兰这样的低地国家找到,在此发生了"柱群化"(荷兰语是"verzuiling")。在此意义上,所有的灵性家族都表现得像少数派,要求其地位得到承认。欧洲大陆的诸多办法的后果,通常是由灵性选择来定义政治党派:天主教的,有时是新教的,或是自由的(即反教会的)政党。

在所有这些受到围攻、四面楚歌的天主教会中,都存在着这样的强烈感受:它们为文明秩序提供了唯一可能的堡垒。有个声称常常被法国的天主教会所申明,并在有产阶级中被很多人接受,即天主教是抵抗革命带来的毁灭性无序的唯一堡垒,革命回潮是一个恒常的威胁。这种想法不仅仅只是说,教会能劝服人民服从应有的权威;而且也涉及这样的思路:若没有献身的神职人员长久且耐心的工作,道德、社会和家庭生活基础将分崩离析。正如亚尔斯本堂神父自己曾经说过的,"如果让一个教区二十年没有神父,到最后他们会敬拜那里的野兽。"[82]

这种学说有强烈的教权主义形式;但若没有这点细微差别,就与英吉利海峡另一边福音派所持观点相似,即这样的观点:如果宗教消亡了,基本的道德无法长存。教友的一个共同看法是,按杰弗里·考克斯(Jeffrey Cox)所说,"没有道德,社会将分崩离析,没有宗教,道德是不可能的,而没有教会,宗教就会消失。"以下引用的是德文郡公爵(Duke of Devonshire)对伦敦南部教会基金的支持者的演讲:

> 你能想象哪怕是一刻,如果没有这些教会,英国的今天会变成什么样子吗? 这些教会意味着什么呢? ⋯⋯显而易见,走在大街上不再是安全的。所有的尊重、体面,所有使得现代文明得以可能的一切都将不复存在。你能想象为了疯人院、为了刑事拘留所我们应该向警察付多少钱吗? ⋯⋯如果没有教会过去的工作和今天正在做的工作,这笔费用会成百倍地增加。[83]

也许公爵在这次演讲中主要提及了教会的慈善工作,但这显然是有关文明秩序之道德基础更基本的观点之一部分。

对这个时代大多数的基督教情感来说,这个议题不是我在上面就宗教提出的问题:不论是一个人应该将个人目标限制于纯粹的人之完满,还是对不限于人之完满的事物开启超越性的视界。对当时占据主导地位的视界而言,第一种选择并不存在。一个人若不靠近超越之物,靠近上帝和通过耶稣带来的拯救,就连最基本的人之完满的条件都会在不道德和无序中瓦解。这种观点今天在某些圈子里还有人捍卫,不过一个世纪之前它在基督教信徒中是标准和权威的观点。

如果采纳我提出的"动员"这一理想型,并且试图确定动员日益占据主导地位的时期,那么我们可以将动员时代的界限大致定为 1800 年到 1950 年(也许更准确地说是 1960 年)。如果考察这段时期,我们会看到各地的宗教形式,那些旧制度的类型,都在遭受着衰落和死亡;同样几乎在各地,适应这个时代的新形式也得到了发展。这些新形式招募和动员了相当可观的人,超过了与之对应的旧制度形式(例如,爱尔兰教会,在饥荒之后经历了改革进程)。

确实,有些学者谈到"第二个认信时代"(当然第一个是在 16 世纪),[84] 因为教会试图管理其成员的大部分生活,因此成为强烈忠诚的聚焦点,一种近似民族主义的情绪。[85]事实上,在盎格鲁-撒克逊世界之外,这种组织常常采取聚居区的形式,这意味着仅仅在教友中间确保他们接受学校教育,踢足球,有他们的娱乐,等等。天主教会是这类聚居区的主要缔造者,甚至在盎格鲁-撒克逊人的世界建立这些聚居区;但在荷兰,新教徒也同样这么做。事实上,你甚至可以声称,"认信时代"延伸到了基督教教会的边界之外。你可以在社会民主党和后来的共产党,以及它们的妇女和青年组织、运动俱乐部、文化组织等机构中找到某种类似之处。它们的目标与天主教"聚居区"的目标并无太大不同:更深地渗透进跟随者的生活,将他们更紧密地联系在一起,减少他们与外人的接触。[86]

因此,这个时代信仰的有力形式融合了四股线索:灵性、规训、政治认同和文明秩序图景。这四股线索已经出现在前两个世纪的精英宗教中,但现在这已是一种大众现象。它们彼此加强,构成一个整体。

这些紧密组织起来的教会,通常对外人抱有怀疑,有着严厉的清教徒式的准则,与政治认同(不管是何种类型的)有着内在关联,并声称奠定了文明秩序的基础,但这些教会完美地为它们在下一个时代的陡然衰败做好了准备。这种衰败在该世纪中叶就开始出现苗头了。现在我就转向这一问题。

13　本真性时代

$\Longleftrightarrow$ **5** $\Longleftrightarrow$

　　让我们把这个时代称作本真性时代（Age of Authenticity）。上个世纪后半叶，也许时间还要更短一些，似乎发生了某些事情，深刻地改变了我们社会中信仰的条件。

　　我和其他许多人都相信，在最近几十年北大西洋文明经历了一场文化革命。60 年代也许提供了关键契机，至少在象征意义上是如此。一方面是个体化的革命，它听起来可能有些奇怪，因为我们现代时期已经基于某种个人主义。但这一革命转移到了一个新的轴心，而无需抛弃其他个人主义。除了道德的/灵性的和工具的个人主义之外，我们现在还有一种广为传播的"表现型"个人主义。当然，它并不是全新的。表现主义是 18 世纪末浪漫主义时期的创造物。整个 19 世纪知识分子和艺术精英一直在寻找本真的生活方式，或者说表达他们自身的方式，其新颖之处在于这种自我定向似乎已经成为大众现象。

　　每个人都感到，某种重要事情已经发生改变。人们常常把它体验为一种丧失和断裂。大多数美国人都相信社群正在瓦解，包括家庭、邻里关系甚至政体；他们感到人们不再像以前那样愿意参与，承担他们的责任；他们也不再像以前那样信任别人。[1]学者不一定同意这个评估，[2]但这种感知本身是有关当今社会的一个重要事实。毫无疑问，在其他西方社会也有广为流行的类似感知。

　　解释这些变化的原因有很多：富裕以及消费主义生活方式的持续扩展；社会和地理的流动性；公司业务的外包以及裁员；新的家庭模式，尤其是双职家庭的增长，以及由此带来的过度劳累和倦怠；人们向郊区蔓延，他们生活、工作、购物常常是在三个不同区域；电视的出现，等等。[3]但我无意去正确列出这类形成因素，这里让我感兴趣的是对人类生活、能动性的种种理解，以及对善的理解，因为这种理解既鼓励了这种新的（至少看上去是新的）个体化，同时又让我们对它有道德上的不安。

有些人，尤其是那些最受此转移困扰的人，将之理解为十足的利己主义的爆发，或转向享乐主义。换言之，在强调社群服务和自律的传统伦理中被明确视为罪恶的两样东西，被标定为这种变化的引擎。但我认为这种看法遗漏了关键一点。利己主义和对快乐的纯粹追求（先不管其准确内涵是什么）在不同个体的激励机制中也许起着或大或小的作用，但是对善的一般理解的大规模转向却要求对善有某种全新的理解。在某个给定的个体身上，这到底是更多起着合理化作用，还是起着有生气的理想作用，是无关紧要的；理想本身成为一个关键性的推动因素。

因此，有争议的个体化最显著的表现之一就是消费者革命。随着战后的富裕，以及原本被视为奢侈品的东西的扩散，出现了对私人空间以及填充此空间之手段的全新专注，这种专心开始扩张到原先紧密相连的工人阶级[4]或农民社群[5]的关系中，甚至扩张到大家庭关系中。旧有的互助模式开始衰落，部分原因可能是大部分人逐渐摆脱了极端贫困。人们越来越关注他们自身的生活，他们的小家庭生活。他们搬到新的城镇或郊区去住，生活也更多倚靠自己，而市场提供着日益增长的新产品、新服务（从洗衣机到旅行社代办的观光旅游），由此促成了更自由的生活方式，便于他们尝试创造出一种新的生活。随着便捷手段不断增多，"追求幸福"呈现出新的、更直接的意义。并且，在此新的个人化空间，市场越来越鼓励消费者表达自身的品位，根据自身需要和喜好去装饰空间，就像过去只有富人才能做到的那样。

这种新的消费者文化的一个重要侧面是创造出一个特别的青年市场，这个市场上充斥着从衣服到录音带等各种各样的新产品，它的顾客范围从青少年到年轻的成年人。销售这些产品的广告与青年文化一道创造出一种全新的意识，即青年是人生的一个阶段，介于少年和被责任拖累的成年之间。当然,这并非全无先例。很多早期的社会在生命周期中也标识出这样一个阶段,它有其自身特殊的群体和仪式;上层阶级的青年享受着他们的学生时代和(有时)趣味社团。事实上,随着都市文化的扩展和民族文化的巩固,19 世纪末上层阶级和中产阶级的青年作为一种社会实在开始拥有了自我意识。青年甚至成为一种政治的参照点,或社会动员的基础,比如,我们可见之于德国狂飙运动,以及后来的法西斯主义者在他们著名的进行曲中乞灵于"青年"。但青年的这种自我划界是与 19 世纪以及 20 世纪早期工人阶级文化的断裂,因为那时候人生之艰难似乎容不得这样一段时间,即介于童年和开始赚钱的成年之间的阶段。

目前这种青年文化同时由两个因素定义为表现主义的,一是广告针对该群体投放的方式,二是在很大程度上它是自主的。穿衣的风格,听音乐的类型,都在表达个性,表达选择者的种种共鸣。在这个广阔的时尚空间,一个人的选择将他与成千上万、甚至上百万人联系起来。

我想马上谈一谈这个时尚空间,但如果我们的视线从有关战后消费主义的这些外部事实转向与之相伴的自我理解,我们就会看到我所称的"本真性文化"的稳步普及。[6] 我指的是,伴随 18 世纪晚期的浪漫派表现主义而产生的人生理解,即我们每个人都有实现人性的独特方式,重要的是要找到并活出自己的人生,而不是甘心随从社会、前辈、宗教权威或政治权威从外部强加给我们的模式。

这是 19 世纪以及 20 世纪早期很多知识分子和艺术家的立场。在这段时期,可在一些文化精英身上追踪到这种社会思潮的强化和激进化,日益强烈地感到这样一种权利甚至义务,要去反抗"资产阶级"或既有规范和标准,并去公开表明,拥护他们激情澎湃地去创造和生活的那种艺术和生活模式。在 20 世纪早期的英国,布鲁姆斯伯里文化圈对其自身气质的定义是这条道路上的一个重要阶段,具有跨时代意义的变化体现在弗吉尼亚·伍尔芙的那句名言中:"大约在 1910 年 12 月,人性发生了改变。"[7] 一个差不多与此平行的时刻发生于 1920 年代,安德烈·纪德(André Gide)公开了自己的同性恋身份,在这一变化中,欲望、道德和正直感走到了一起。不光是纪德觉得不再需要维持一个假面具;经过长期的思想斗争,他才把这面具视为一个错误,这错误是他强加给自己的,也强加给了在类似伪装下困惑挣扎的其他人。[8]

但只有到第二次世界大战之后,这种本真性伦理才开始塑造一般的社会前景。像"走自己的路"这样的表达开始变得流行;70年代初一个啤酒广告告诉我们"在当今这个世界要做你自己"。简化的表现主义无处不在。层出不穷的诊疗承诺帮助找到你自己,实现你自己,释放真实的你,诸如此类。

因此,当代的本真性伦理有一段很长的前史;如果看一看这段前史,我们就会发现,它的确立背景是对缓冲的、规训的自我的广泛批判,尤其是担忧工具理性的控制。如果将1960年代看作关键时刻,我们会注意到,就在此前的一段时期,一些首要的知识分子对我们的社会有广泛的批评。人们批评1950年代的社会墨守成规,窒息了个性和创造力,太注重生产和具体的结果,压抑了情感和自发性,让机械性压倒了有机性。像西奥多·罗斯扎克(Theodor Roszak)和赫尔伯特·马尔库塞(Herbert Marcuse)这样的作家原来是即将来临的革命的先知。正如保罗·蒂利希(Paul Tillich)对1975年的一个毕业班所说的,"为了你们,为了这个国家,为了人类,我们希望你们不要循规蹈矩。"在某种意义上(也许并非他所愿的),他的愿望在接下来十年中确实是遍地开花了。[9]

青年人在"60年代"(事实上它延续到了70年代,但我使用的是已经成为标准术语的60年代)的反叛所指向的是窒息创造力、个性和想象力的"体制"。他们以更"有机的"纽带为名反抗"机械的"体制;反抗工具性的价值,追求有内在价值的生活;反抗特权,追求平等;反抗理性对身体的压抑,追求感官享受的完满。但这些不仅仅被视为一系列独立目标或需求。这些青年人追随浪漫主义时期已被主张过的批评的坐标轴,他们的认识是,内在的分裂(例如理性对抗情感),社会的分裂(例如学生与工人之间的分裂),以及生活领域的分裂(例如工作与娱乐之间的对立),都彼此内在地联系在一起,逃脱不掉宰制与压迫的模式(理性战胜了情感,劳心者统治劳力者,"严肃的"工作将娱乐的地位边缘化了)。一场完整的革命将一次性瓦解所有这些分裂/压迫。这的确就是 1968 年巴黎的学生运动中开始获得表达的展望。一个平等社会的诞生，需要同时打破刚刚提到的那三大障碍。并且，尽管各地的理论表述略有不同，但五月风暴运动在世界各地引起了巨大的反响，它反过来反映出 1964 年始于伯克利(Berkeley)的美国早期运动的某些主题。

这种展望可以追溯到浪漫主义时期，这在席勒的《审美教育书简》里有所表达。[10]它流传下来，进入 1960 年代，部分通过相关的反文化之持续不断的链条，部分通过像马尔库塞这样的作家的影响力。正如植根于这一展望的本真性伦理，此展望在这一时期脱离了精英背景，成为一个更广泛的可行性选择，一种社会整体可识别的立场和情感(不管它有多么被人讨厌和受到诬蔑)。

当然，我们不能单单透过 60 年代的抱负来解读接下来几十年的文化。我们不仅要考虑这一展望在当时和现在所遭到的反对声音，还应考虑这些抱负本身所产生的种种矛盾和困境。也许现在每个人都会认识到"1968 年 5 月"理想的乌托邦性质。[11]从某种意义上说，即便在当时它也是如此；"68 这一代人"完全没有列宁和布尔什维克主义者钢铁般的决心；事实上，这一运动部分是由于受到法国共产党的批评才出现的。在此意义上，他们的手是干净的。但乌托邦主义有它的代价。完整的自我表达、感官的释放、平等的关系以及社会的纽带这些目标很难一同实现，它们似乎最多只能在一个小的共同体内一时间得到艰难的联合，就此而言，要想实现它们，就将涉及到为了这一揽子目标中的一些目标而割舍一些要素。

这自然就是我们看到在后来发生的事情。戴维·布鲁克斯(David Brooks)提出了"资产阶级"和"波希米亚"之间的综合，这是他在当代美国上流阶层所看到的。他把他们叫做"波波族"(BoBos)。"波波族"可以与资本主义和生产力和平共处，但他们仍坚持一个最重要的理念：个人发展和自我表现的重要性。他们全心信奉性和感官享受本身是一种善，但他们追求这些乃是带着对自我改善最真诚的关切，这与 60 年代的狄俄尼索斯精神大相径庭。他们发展出戴维所说的"高级自私"："自

477

我修养是当务之急……因此这不是一种粗鲁和庸俗的自私,不是狭隘的自利或盲目的积累。这是一种高级自私。它关乎让你确信,你充分利用了自己,这意味着,你要从事这样的工作,它是精神上满足的,社会上有建设性的,经验上多元的,情感上丰富的,它是提高自尊的,始终具有挑战性的,和永远给人启迪的。"

　　一方面,与原来的整体目标相对照,这里遗失的是社会平等的要求;波波族接受了里根-撒切尔的改革,福利国家的衰落,收入不平等的增加,因为他们自己处于社会的上流阶层。另一方面,他们高度流动的生活方式瓦解了共同体。但这在许多成功人士当中,远不止是一种剩余的不安。他们愿意相信,他们为每个人的福利做出了贡献;而且他们渴望更有意义的共同体关系。[12]

　　事实上,我们主要从 IT 界发现的这种资本主义的亚文化,却被富人和有权势的人一致接受了。依然存在垂直型大公司的文化;两种文化间存在着张力。

478

　　然而,这表明的是,选择性遵循的理想之片段仍然是强有力的;即便那些被抛弃的部分,仍然可能拉扯着我们的良知。这个理想不管如何被扭曲,在像美国这样的社会中仍然有力量唤起某些方面的强烈抵抗,成为所说的"文化战争"的对象。"文化战争"的措辞可能在某种意义上是一种夸张,因为有证据表明,彻头彻尾的死硬派在两极都相对较少;绝大多数的美国人事实上处于中间派。但是,系统的动力,种种单一议题组织之间的互动,媒体,美国政党制度,可能还包括美国人对"权利"的痴迷,使得两极对立异常火热,从而阻碍了对这一问题作出理智和低调的处理。[13]

　　这种理想只能有选择地实现,这个事实也同样改变了我们确实遵循的那些部分的意义。当自我表达不仅被看作与平等者所组成的真共同体相容,甚至被看作是通往这一共同体的道路时,它就具有一种分量和意义。然而,当结果只是关注自身时,意义也就丧失大半。戴维·布鲁克斯用"高级自私"(事实上是用他的整本书)来回应这一反讽。选择性不仅从被抛弃的一些部分受到损失这一点上体现出来,也反映在被保留下来的部分潜在的平庸化。它还带来一种危险，即坚持我们现在化减了的理想，我们将会对这里隐藏的困境视而不见：我们绞尽脑汁地阻碍其他的有效目标，并且减少我们支持和声称的那些目标。这个减少和简化的片段成为我们道德世界的边界，一个包罗万象的口号的基础。

一个很好的例子是"选择"，选择本身就成为最主要的价值，无论它是何种事物的选择，或是何种领域的选择。但我们必须承认，在我们的社会，有些人常常诉诸这种选择，用作严肃语境中一个战无不胜的论证。我可以想出许多理由来反对法律禁止怀孕早期的堕胎；包括考虑这一事实，即在我们目前这个社会中，抚养孩子的负担主要由怀孕的女性来承担；或者很有可能的一种情况，即法律被广泛规避，堕胎手术是在很危险的条件下进行的。但如此支持选择，与此问题无关（除非你同等地想要合法化这一选择）：未来的父母为了减轻可能的嫁妆负担而有选择地堕掉女性胎儿。这种诉求使问题琐碎化了。它利用了某个词语受人欢迎的共鸣，而这个词语也在其他语境被调用：例如，在广告中，要有助于唤起这样一种感觉——根本没有什么障碍能阻挡我的欲望，于是就会有这样的镜头：一个徘徊在糖果店的小孩感到自己正在沿着一个充满愉悦选择的一望无际的田野上空翱翔。这是一个几乎拦阻了其他所有重要东西的词语：在两难处境下牺牲可供替代的选择，以及这一处境真实的道德分量。

但我们发现这些词语一再地出现，诸如"自由"、"权利"、"尊重"、"非歧视"等口号。当然，这些词语都不像"选择"那么空洞；但它们也常常被当作中止论证的一般概念来使用，无需考虑它们适用的场合与方式。这与在许多西方民主社会中的政治程序之机制有关（我不是就它在别处是否会更好，作出或此或彼的表态）；游说集团、媒体和政党运作的方式，既产生一种愚蠢的政治文化，也从这种文化中吸取养料。亨特（Hunter）指出了一个尖锐的事实，即有研究表明，反对堕胎这一立场的人辩论说，用"权利"和"选择"这些词能够最好地维护他们的主张。[14]这些受欢迎的词语获得了强求一致的力量。浅薄和宰制是一枚硬币的两面。

但正是出于这个原因，你可能会好奇它们在多大程度上反映出对社会中人类现实的考虑。亨特揭示出,在比如"你支持堕胎还是反对堕胎"这样的简单化问题上站队的人,其思维有多么复杂和微妙。[15]

我们找到了对这一情况的另一个有趣的反思,出自艾伦·埃伦哈特(Alan Ehrenhalt)对 1950 年代的芝加哥以及此后的美国生活所做的令人惊叹的研究。[16]这本书的开头是这样写的:

> 在美国,我们大部分人相信一些简单的命题,它们看上去如此清晰自明,几乎不需要解释。选择是生活中的一件好事,我们拥有越多的选择,我们就越快乐。权威就其本质而言是可疑的;没有人有权利告诉别人应该想什么或者应该做什么。原罪不是个人的,而是社会的;个体的人是他们所生活的社会的产物。[17]

任何人都能在此认出这样一些广为流行的观念,它们被当作论证中的王牌或者框架性假设,即便它们常常是有争议的。埃伦哈特在此处的主要观点非常令人信服。将这三个命题中的任何一个当作普遍真理都是荒谬的。很明显的是,要有任何可持久的社会,某些选择就必须加以限制,某些权威就必须得到尊重,某些个人责任就必须得到承担。问题应该总是:什么样的选择,什么样的权威,什么样的责任,以及付出怎样的代价。换言之,倚赖此类口号使得我们看不见那些我们必须在种种选择之间小心飞跃的困境。若作恰当理解,20 世纪后半叶发生在美国的事情正是一些选择被释放出来,一些权威被推翻,以及从而带来的某些收获,但是以某些失落作为代价的。帮助这些术语流行的大多数人都在一定程度上意识到了这一点,因为他们在另一些场合又在哀悼稳定的、可靠的和安全的社群之失落。我们在前面看到,大多数的美国人都相信,共同体被破坏了,今天人们不再像原来那么可信赖了。

我们付出的代价在某种意义上因着一个事实而被掩盖了,即甚至在今天,我们还尤为愤愤不平于 50 年代的某些限制和压迫:妇女被限制在家,儿童在学校接受模式化教育。我们觉得这些事情永远不应该再发生了。而代价——比如贫民窟里社会纽带的解体,或我们许多人一生中

480

"频频跳槽"——给人的印象要么是可忍受的,要么是"制度化的",因而无论如何也得承担。

但是,在所有敷衍了事和逃避责任中出现的是,这里有一种真实的价值转移。我们从一个事实就可以明白,即我们已承担了几百年的事情现在被宣称为不可忍受了,例如,对妇女人生中的选择的限制。因此,关于我们的处境有两点要说明。一是要看到,公共话语的关键术语之扁平化和庸常化。二是要看到,我们实际的考虑,虽说遭到扭曲并且部分被这些幻象打乱,但仍然比这些幻象所容许的要丰富和深刻得多。

指出这一点是因为,我认为,对于类似于开启了本真性时代之转向的转折,我们需要允许类似的双重评估。一方面,很多对此转折缺乏同情的人仅仅根据其幻象来看待它;例如,他们将本真性或对感官享受的肯定仅仅看作是利己主义的和对快乐的追求;或者唯独根据消费者选择来看待自我表现的渴望。另一方面,支持这一转向的人很容易肯定新理想的诸般价值,似乎这些价值是毫无问题的,不需要付出代价的,永远不会庸俗化的。两方面都将这一转向看作是一个稳定的、常在的游戏内的一步。对批评者来说,它包含着对邪恶的支持,而那些邪恶曾经威胁并还在威胁着美德;对支持者来说,我们改变了曾经是、现在仍然是压迫模式的古老形式。

我想从另外的角度来审视这一转向。当我们经历这类转变时,道德的利害关系发生了改变。我不是说我们无法就转型中的得失做出理由充分的整体评价。(我相信扣除成本后总和仍然是正数,尽管涉及明显的代价。)但我确实想说,可以获得的选择发生了改变。这首先意味着,原来可以获得的一些选择在今天不复存在了,例如回到家庭性别角色清晰且固定的模式。其次,这意味着在新的语境下出现了一些新的选择,它们中的一些比另一些更好。这是批评者们所反复述说的退化最严重的形式想要视而不见的。这些批评者成为庸俗化形式不知情的盟友,因为他们攻击了新语境整体,似乎它是由这些退化形式所定义的。堕胎问题辩论的一方称它赞成"妇女自由选择节育",这和它与其对手战斗的机制有关。对本真性的彻底攻击让我们的生活变得雪上加霜,而我们无力

481

把时钟倒拨回早前时代。

这一转向对我们的社会想象有什么后果？其中一个重要的侧面将我们带回到前面关于青年文化的讨论。它也构成了可能的庸俗化进驻的一个重要场所。

我在别处[18]说到过这种典型现代的、"水平的"社会想象形式，在这种想象形式中，人们认为他们和其他很多人同时存在和行动。三种被广泛认可的这类形式是：经济，公共领域，和至高无上的人民。但上文提到的时尚空间是共时性的第四种结构的范例。它与公共空间、至高无上的人民不同，因为这些都是共同行动的场所。在这方面，它与经济类似，在那里，众多个体行动连接起来。但它也与经济不同，因为我们的行动在时尚空间是以特殊方式相联系的。我戴了一顶款式独特的帽子，但在这么做的时候，我也是在将我的风格展示给大家。在此，我响应你的自我展示，就像你会回应我的自我展示一样。在时尚空间，我们维持着一种将符号和意义结合在一起的语言，这种语言恒常在变，但在某些特定时刻，它们都是背景，此背景是把意义赋予我们的姿态所需要的。如果我的帽子会表达我的某种自大，但仍然是低调的自我表现，这是因为我们之间关于风格的共同语言演进到了这一地步。我的姿态会改变它，随后，你回应的风格化行动将从此语言呈现的新轮廓中汲取其意义。

从时尚空间这个例子中我想要勾画的一般结构是一种水平的、共时的、相互在场的结构，它不是共同行动构成的结构，而是相互展示构成的结构。对我们每个人而言，我们在行动时，他人在场，他人见证了我们正在做什么，从而我们共同决定了我们行动的意义，这是非常重要的。

这种类型的空间在现代都市社会中变得越来越重要，在此人们摩肩接踵，彼此不认识，彼此不相干，但却相互影响，共同形成了彼此生活中不可逃避的语境。每天冲向地铁去上班，他人有可能成为我前进道路上的阻碍。与此不同，城市生活可以发展出其他共同存在的方式，例如，我们周日的时候都去公园散步；或者在夏季的街头节日中、在决赛开始前的体育场馆里，我们打成一片。在此，每个人或每个小群体都按自己的 482

方式行事，但他们意识到，他们的展示向他人传达出了某些东西，他人会对此做出回应，会帮助他们塑造出一种共同的情绪，这种共同的情绪将影响每个人的行动。

在此，一系列的城市单子盘旋于唯我论和共通感之间的场域。我大声讲话和打手势只向我身边的同伴公开表达，我的家庭成员在安静地步行，参与我们自己的星期天郊游，但与此同时，我意识到我们正在塑造这个公共空间，进入此空间的信息获得它们的意义。往返于孤独感和共通感之间的这一奇怪场域兴起于19世纪，而且，当这种现象兴起时，令早期观察者错愕不已。我们可以想一想莫奈（Manet）的一些绘画，或者波德莱尔在漫游者和花花公子的角色中对都市场景的那种迷恋，它们将观察与展示结合起来。

当然，这些19世纪的都市空间是主题化的（topical），即所有的参与者都出现在同一个地方，能够看到彼此。但20世纪的沟通产生了元主题的（meta-topical）变化形式，例如，我们在电视上共同观看奥林匹克运动会或戴安娜王妃的葬礼，我们意识到成千上万的人和我们一起在观看。我们参与这件事情的意义被与我们共享这一事件的广大的、分散的观众所塑造。

正是因为这些空间盘旋于孤单与汇聚之间，它们有时会翻转而为共同行动；而事实上，精确地找出这一共同行动的时刻是困难的。当我们跃起庆祝关键的第三阶段进球时，我们毫无疑问成为了一个共同行动者；当我们一边离开场馆一边游行和呼喊时，甚或造成各种破坏时，我们是在试图延长这种共通感。摇滚音乐节上欢呼的人群也类似地融合在一起。在这些融合的时刻有一种增强的兴奋感，就像狂欢节或者早些时候伟大的集体仪式上的某些时刻。涂尔干赋予这些集体兴奋时刻以重要地位，作为社会和神圣的奠基时刻。[19] 无论如何，这些时刻看上去满足了今天"孤独的人群"某种重要的情感需要。

我刚刚说到了"共同行动"，但它并不总是正确的概念。当暴徒捣毁警车或向士兵扔石头的时候，这或许是正确的词汇。但在摇滚音乐会或是戴安娜的葬礼上，人们共享的是一些别的东西。与其说是行动，不如说是情感，一种强烈的共同情感。所发生的是，我们全都一起被触动，像同一个人一样被感动，我们感到我们与某种伟大的、让人感动的或令人敬佩的东西融合在一起；那种东西的力量因为这种融合而被大大增强了。

这将我们带回"节日"这个概念，我上面援引过：节日是在一个共同行动/情感中融合的时刻，它让我们从日常生活中解脱出来，并且看上去让我们接触到了某种超出寻常、超出我们自身的东西。这也是为什么有人将这些时刻看作我们这个世界中宗教的新形式。[20] 我认为这种说法有一定的道理，稍后我会来考察这个说法。

消费者文化、表现主义与相互展示的空间，在我们的世界里联系在一起，创造出它们自身的协同作用。商品成为个人表现的工具，甚至是身份认同的自我定义。但不管它在意识形态上被如何表述，它并不是对真正的个人自主性的声明。自我定义的语言是在相互展示的空间被规定的，现在它已变成元主题的空间了；它将我们与著名的风格创造中心联系在一起，这些地方通常是在富裕和有权势的国家和地区。而这种语言是大公司想要始终操控的对象。

我买了一双耐克跑鞋，它说明了我想要如何出现在人们面前，我想成为一个有权说出"只管去做！"（这是我的座右铭）的行动者。通过这样做，我将自己认同为那些体育明星和他们所在的球队。通过这样做，我和其他上千万人一样表达着我的"个性"。此外，我通过将自己与某种很大程度上想象出来的更高级的世界、明星和英雄汇聚的地方相联系，表达出我的个性。

现代消费者社会与展示空间的建构密不可分：主题空间，消费城市，诸如被瓦尔特·本雅明主题化的 19 世纪巴黎的拱廊，以及今天巨大的商场；还有通过商品将我们与一个想象出来的更高存在联系起来的元主题空间。

但所有的这些顺从和异化依然会让人觉得像是选择和自决；不只因为消费者空间存在大量的选择，而且通过选择其中的某些风格，我可能会觉得我打破了家庭或传统施加于我的更为局限性的空间。[21]

当然,不言而喻的是,只有在跨国公司制造的逻各斯中心主义[22]的语言得以摆脱的地方,对本真性更真实的追求才能开始。这种语言在元主题的展示空间占据了很大地盘,但并不是全部。人们喜欢的明星、英雄、政治口号与示威模式都在传播。它们本身可能会遭受扭曲(想一想切·格瓦拉 T 恤衫),但它们也可以将我们联系于围绕真正议题的跨国运动。

表现型个人主义的发展会如何改变我们的社会想象呢?在这里我只能又一次勾画出一个理想型,因为我们正在处理的是一个新旧并存的渐进过程。

我们把自身理解为至高无上的人民的自我理解,并没有被这一新个人主义所取代。但重点也许已有转移。人的身份认同是件复杂的事情,它由许多参照点构成。对很多人来说,我们是加拿大人、美国人、英国人或法国人仍然是重要的,看看奥林匹克运动会上我们的表现就知道了。但是,这一国族认同在我们的整个认同感中的重心(即重要性)会转移。

你可以论证说,对今天很多年轻人而言,在他们的自我感中占据更大地位的,是某些风格,而这些风格是在他们更直接的小圈子中所享用和展现的,但它们的定义则通过媒体,以及与他们喜欢的明星(甚至产品)的关系,而这种自我感已倾向于取代向更大规模集体的归属感的重要性,这些集体指的是国家、教会、政党、游说团体等等。

至于互利的现代道德秩序,说起来,还得到了强化。或者,更准确地说,它已经采取了稍有不同的形式。显然,公平的观念、尊重彼此的自由的观念,在今天的年轻人中和以往一样强劲。事实上,伴随本真性伦理的看起来正是柔性的相对主义:让每个人做他们自己的事,我们不应该批评每个人的“价值观”;这些论断来自一个坚实的伦理基础,事实上,它们正是这一伦理基础的要求。你不应该批评他人的“价值观”,因为他们有权像你一样过自己的生活。不能容忍的罪恰恰是不宽容。这样的训谕显然是从自由以及互利的伦理中产生的,尽管你可能对它的应用吹毛求疵。[23]

明显体现于“相对主义”的新转折是,这样的训谕过去是被其他训谕围绕和包含的,现在它孤零零地站在那里。对洛克而言,自然法需要通过严明规训灌输给他人；因此，即便它的目标是个人自由，人们也根本感觉不到个人自由与对普遍强制性的美德的需要之间的不相容。相反，看来不证自明的是，没有强制性的美德，相互尊重的机制难以为继。要等很长时间，才有约翰·斯图亚特·密尔阐述所谓的"伤害原则"（harm principle）。"伤害原则"指的是，没有人有权为了我的善而干涉我，人们只能阻止我去伤害他人。在他的时代，这条原则还远远没有被普遍接受；它似乎是通向放荡的道路。

但在今天，"伤害原则"已被广为接受，似乎成为占据主导地位的表现型个人主义所要求的常规。（也许并非巧合的是，密尔的论证还借用了以洪堡为代表的表现主义资源。）

的确，"追求（个人的）幸福"在二战后呈现出新的意义。当然，在美国革命之后它成为自由主义的题中之义，自由主义把它作为人的三项基本权利之一。在美利坚共和国成立后的第一个世纪，它被划入某些理所当然的边界之内。首先是公民伦理的要求，它关注自治，这是对美国人的期望。除此之外，还有某些基本要求，有的属于性道德，有的属于后来被称为"家庭价值观"的东西，还有的属于强调辛勤工作和生产力的价值观，这些要求为追求个人的善提供了基础构架。要是越出这些要求，与其说是追求幸福，不如说是走向灭亡。因此，这里没有什么违背社会努力灌输的《独立宣言》所确立的三项基本权利，即便是某些特殊的例子（例如，性道德）也在执行这些规范。与美国相比，欧洲社会在执行各种社会服从的模式上没有那么激烈，但它们的规范更为严格。

在某些例子中，对个人实现的这些限制是逐步瓦解的，向前和向后摆荡，但就长远来看，其趋势是明白无误的。迈克尔·桑德尔（Michael Sandel）注意到，现在对公民伦理的关注比起美国历史上的第一个世纪更加突出了。布兰代斯（Brandeis）可以部分地以大公司"剥夺了工人具备公民的道德能力和公民能力"为由来论证 20 世纪初的反托拉斯案。[24]但随着 20 世纪的推进，这样的考虑越来越退居二线。法院开始更关心捍卫个人的"隐私权"。

但的确是到了第二次世界大战之后，对追求个人幸福的限制被放到了一边,尤其是在与性有关的事情上,当然其他一些领域也是如此。美国最高法院在裁决的时候考虑到隐私权,因此限制了刑法的施用范围,这是一个明显的例子。在特鲁多(Trudeau)任期内,加拿大刑法的修订也发生了类似的情况,它表述为"国家无权干涉国民的卧室"。米歇尔·维诺克(Michel Winock)注意到法国 70 年代"心态"的变化:"审查的解除、民风自由化……进入了法律",还有堕胎合法化,离婚改革,色情电影合法化,等等。[25]这种革命几乎在所有大西洋国家都发生过。

这一革命的核心在于性道德。如前面的章节所示,这是一个长期的过程,但这一革命首先在文化精英中发生了。1960 年代,它扩展到所有阶级。毫无疑问,这是一个深刻的转变。忠贞和一夫一妻制的相对化,肯定同性恋是一种合法的选择,所有这些都对教会产生了巨大的影响,最近几个世纪以来教会非常关注这些议题,敬虔常常被等同于一种严格的性规范。稍后我会回来简单讨论这一问题。

事实上,培养品格的需要已逐步退却,甚至消退为背景了,似乎互相尊重的道德成为植根于本真性自我实现这一理想本身;毫无疑问,今天很多年轻人都能感受到它,他们浑然不觉恐怖的 20 世纪的法西斯主义和极端民族主义的脱轨,也陶醉于表现主义资源。

所有这些也许只是反映出在多大程度上互相尊重权利的原则已植根于大西洋世界的文化,构成政治法律文化背景,使得我们有关找回权利和非歧视性的诸多政治程序和法律程序看似完全合法,即便我们还在激烈争论它们具体适用与否。但它也反映出这样一条路径,在其中,权利意识越来越松散地联系于对特定政治共同体的归属感,这既有积极一面,也有消极一面。[26]

我在此处抛开利弊的讨论,把焦点对准与我们的目的相关的内容,我们可以把它形容为想象出的神圣领域,当然是在最宽泛的意义上。借助于勾勒此表现型个人主义的新社会想象这一理想型,我们可以说,它是非涂尔干式的。

在旧涂尔干式的社会安排下,我与神圣的联系意味着,我属于教会,教会原则上与社会有着同等范围，虽然社会上有可被容忍的外人，还有散漫的异端。在新涂尔干式的社会安排下，我进入到我选择的宗派，但这反过来也让我连接于更宽泛的、也更无形的"教会"，更重要的是，连接于一个有着天命角色所要承担的政治实体。在这两种情况下，跟随上帝与属于国家之间都有联系，所以我把它们称为"涂尔干式的"。

新涂尔干式的模式包括重要的一步，即迈向个人与选择的权利。一个人加入某个宗派，因为在这个人看来，此宗派是正确的。的确，现在看起来，如果不通过这样的选择，根本就没办法处在"教会"中。在旧涂尔干式的统治下，可以有这样的要求，即人们被强制性地融为一体，与上帝有正确的关系，而且可以违背人们的意愿；现在这毫无意义。强制不仅看上去是错误的，而且是荒谬的，因而是可憎的。从有教养的欧洲人对撤销南特敕令的反应中，我们看到这种意识发展过程中出现的一个重要的分水岭，甚至教宗也认为这是一个错误。

但表现主义的观点借此得到了进一步延伸。我参与的宗教生活或宗教实践不仅必须出于我的选择，而且它还必须对我有吸引力，它必须讲得通，而且是根据我所理解的灵性发展。这把我们带得更远了。宗派的选择被认为发生在一个固定的框架内，比如说使徒信经，即更宽泛的"教会"的信仰。在这种信仰框架内，我选择的教会是我在其中觉得最舒心的。但如果现在关注的焦点是我的灵性道路，以及用我感到有意义的微妙语言让我灵性苏醒的洞见，那么维持这种或那种框架就变得越来越困难了。

但这意味着，我在宽泛意义的"教会"中的位置对我而言不是那么紧 487要了，与此相伴随，我在"上帝庇护之下的国家"的位置，或在其他承担着神意角色的政治机构中的位置，亦复如此。在新表现主义的社会安排中，根本不必让我们与神圣的联系植根于任何特定的、更宽泛的框架内，不论是"教会"还是"国家"。

最近几十年来，在法国过去那种"法国人与法国人的战争"的双方都不太稳固，原因也在于此。不仅教会看到了信徒人数骤减，而且年轻人也开始扔掉相互竞争的雅各宾主义和/或共产主义的世界观。与巴洛克式的、旧涂尔干式的教权主义机制保持一致,斗争高举某种人文主义,这种人文主义以其自身的方式渴望成为一种国家"教会",即某种共和国及其原则,也就是基础构架,在其中人们可以持有不同的形而上和(如果他们坚持的话)宗教的观点。共和国用一种新涂尔干式社会安排替代旧涂尔干式的教权君主制。这种传统甚至接管了"神圣"一词。(想到刺杀马拉[Marat]等人的"神圣同盟"和"渎圣的手"。"神圣"的这种用法显然得以让涂尔干将"神圣"一词的理论用法可以同时涵盖旧制度和共和国。)毫不奇怪,天主教与共和主义的这一路线在表现型个人主义这一后涂尔干式的社会安排中经历了失败。[27]

这彻底改变了援用秩序理想的方式,在过去,这种援用总是跟信与不信的论战交织在一起,现在则不必了。造成这种变化的,不仅仅是我们就道德理想所取得的广泛共识。还有就是在后涂尔干式的社会安排中,不管是宗教的还是世俗的"神圣",与我们的政治效忠再无瓜葛。激起"法国人与法国人的战争"的,曾是这两种全球性效忠之间的竞争。也曾是这种更古老的社会安排,可以在 1914 年把无数法国人送入战壕,为他们的祖国而战,并让他们坚持四年之久,期间只有很少几起逃兵和兵变情形。[28]

我用过去时态来谈论,是因为在参加这场战争的主要交战国中,新的社会安排可能让这种事情寸步难行。但同样清楚的是,让这一结论有效的地理区域是有限的。在巴尔干地区,自从 1911 年的战争爆发以来,情况没有太大变化。我们也不应该过于乐观地相信,即使在北大西洋核心社会,这种变化也是不可逆的。

新涂尔干式、旧涂尔干式和后涂尔干式,分别描述了几种理想型。我的论点并不是说它们提供了完整的描述,而是说我们的历史已然经历了这几种社会安排,并且后一种正越来越大地影响我们的时代。

这种新的社会安排并非故事的全部,这从当代社会的斗争中很容易看清楚。从某种意义上说,部分地驱使美国"道德多数派"的,以及激励基督教右翼的,正是有这样一种抱负,即要或多或少地重建已出现裂缝的新涂尔干式理解,此理解曾用来定义美国,而成为美国人又会与有神

488

论联系在一起，与"上帝庇护之下的国家"联系在一起，或至少与同此交织在一起的伦理联系在一起。同样，以梵蒂冈为首的天主教会当局也大多在试图抵制对单一权威的挑战，此挑战乃是内在于新表现主义的灵性理解的。而在美国的天主教会常常与基督教右翼彼此联合，尝试重建早期形式的道德共识——这些早期形式在所处时代利用了新涂尔干式宗教基础。[29]这些群体依然持守这样的观点，即基督教信仰与文明秩序之间存在关联。

但这些尝试四面楚歌，争论不断，这本身就表明，我们已在很大程度上摆脱了陈旧的社会安排。这一转移对解释我们现今的信仰境况很有帮助。但它也强调了我早前提出的一个论点。我用"新涂尔干式"和"后涂尔干式"这样的术语，指的是理想型。我并不声称，我们现今时代明确地是后涂尔干式的，正如我也不声称，中世纪的法国毫无疑问地是旧涂尔干式的，19世纪的美国是新涂尔干式的。相反，在这些社会安排之间，始终存在着斗争。但也正是因此，即后涂尔干式社会形式的可用性，令我们感到不稳定，并引发冲突。

在考察信仰与文明秩序之陷于困境的关联之前，我想阐明，我正在述及的这种转移在多大程度上与现代主体化的逻辑合拍，以及在多大程度上与我们所称的"缓冲的自我"合拍。我们已经看到，在18世纪，在上一部分提到的一个重要"分支点"上，针对缓冲的身份认同这种冷静的、慎重的宗教，一种回应是强调能够打动我们的情感和有生命的信仰。例如，虔信派与循道宗的情况就是这样，对这些信徒来说，情感上强有力地回应上帝的救恩行动，比神学上正确更重要。

当然，这些运动希望保持在正统内，但受正统包容的时间不长，因为重心越来越转移到情感的力量与真实，而非情感对象的性质。该世纪晚些时候，《爱弥儿》的读者终将去倾慕书中那些角色深厚真挚的情感。

这里有一种明确的逻辑。在此之前，有大量充满激情的信仰，而生老病死问题都关乎信仰；但现在人们广泛感到，宗教的核心正失落于有着冰冷距离的知识上无懈可击的正统。你唯有通过激情才能与上帝相遇。对那些感受到这一点的人来说，激情的强度成为一种主要的美德，489

即使神学表述上缺乏准确，也是很值得的。在超脱理性主导的时代，这种美德愈益显得关键。

到了浪漫主义时期，同样的议题稍有变调。现在，在很多人看来，这种干巴巴的理性已经无法抵达任何形式的终极真理。所需要的是一种更微妙的语言，可用来显明更高的或者说神圣的东西。但这种语言为了有影响力，就要求它与作者或读者产生共鸣。要让某些外部规则得到同意并不是主要问题，真正重要的是能够产生透入更高级实在的令人激动的见识。被深深感受到的个人见识现在已成为我们最宝贵的灵性资源。对施莱尔马赫（Schleiermacher）来说，要探索的关键事情，是那种仰赖更高级存在的强烈情感。让这种情感统治我们的内心，在我们心中发出声音，比获得正确的规则更重要。

我相信，来自该转移的当今表现主义世界观正在以某种普遍形式深深渗入我们的文化。在一个看似被"鄙视宗教的博学者"（施莱尔马赫用语）主导的时代，真正有价值的，是灵性的见识／情感。它将不可避免地采用这样一种语言，该语言与掌握它的人有着高度共鸣。因而，训谕或许是这样的：让每个人遵循自己的灵感之路。不要因为有人指控它不符合某种正统，你就离开这条道路。

因此，在原初的旧涂尔干式社会安排中，人们很容易感到，他们必须服从命令，抛弃自己的宗教直觉，因为这些不合乎正统的直觉一定是异端的或至少是低劣的；而那些生活在新涂尔干式世界中的人则感到，他们的选择必须服从于"教会"或被（上帝）偏爱的国家的整体构架，因此，即便是神体一位论派和伦理社会，都会将自己装扮成提供主日敬拜服务和说教的教派；在后涂尔干式的时代，面对服从的要求，很多人不明所以。正如在新涂尔干式的世界中，如果你加入一个教会，而你并不相信它，你这样做就不仅是错误的，而且是荒谬的、矛盾的；同样地，在后涂尔干式的时代，如下想法也是如此：你去遵奉某种灵修方式，但它并不显明是你的道路，即感动和激励你的道路。对今天很多人来说，撇开自己的道路以顺从某种外部权威，作为一种灵性生活形式似乎是不可理喻的。[30]用节日上"新纪元"信仰的一位讲员的话来说，训谕是"只接受那些在你内心自我听来是真实的声音"。[31]

　　当然,这样来理解灵性的地位及其性质已融入了多元主义,这种多元主义不只是特定教义框架内的,而是不受限制的。或者说,有来自另一种秩序的限制,在某种意义上它是政治的,源自自由和互利的道德秩序。我的灵性道路必须尊重他人的灵性道路;它必须遵守"伤害原则"。在此限制下,可供一个人选择的道路,既有那些要求某种社群践行信仰的道路(社群甚至可以是民族共同体或自称的国家教会),也有仅要求很松散联系的群体(或只是诸如提供建议和资料的服务机构)的道路。

　　先验的原则——即对宗教探索的一个有效回答,必须要么满足旧涂尔干式条件,要么满足新涂尔干式条件——在新的社会安排下已被抛弃。灵性本身不再内在地相连于社会。

　　表现主义的逻辑对缓冲的身份认同的回应就说到这里。但是当然,这并非就必须像它已实现的那样展现。至少在某些社会,它在近几十年来如此展现的主要催化剂,似乎是二战后的富裕繁荣所释放的新个人主义消费文化。这似乎确已极为吸引普罗大众,那些人自古以来就一直生活在不变的贫困之中,对他们来说,最乐观的前景就是维持温饱和避免灾难。伊夫·兰伯特(Yves Lambert)已经表明,这种新的文化是怎样即刻解散了布列塔尼教区(Breton Parish)紧密的社群生活,使得人们从其浓厚的社群的-礼仪的生活转向对个人兴旺发达的大力追求。正如向他提供消息的一个人所说,"人们不再有时间关心宗教了。人们追求的是金钱、舒适以及所有那方面的东西;现在每个人都沉迷其中,其他的东西都滚蛋吧!"[32]

　　这些是相互关联的运动。新的繁荣伴随着更好的通讯而来,并共同打开了新的视野;然而,追求幸福的动力是如此之强,以至于人们抛弃了过去由社群塑造的古老礼仪生活以及为了在身体和灵性世界生存的共同努力。这种仪式生活本身开始萎缩,并部分消失,即使对那些仍然想要留在其中的人来说,也越来越失去吸引力。[33]

　　如同更早的皈依那样,这种"转身"就像是对一种更强的魔法形式做出的回应。这并非是说,利梅尔泽(Limerzel)公社的村民唯独关心经济

490

生存和防御灾害,而是说,他们的信仰如此地把对救赎的关心与对福利的关切交织在一起,乃至于新的走向个人发达这一既可靠又给人深刻印象的前景,搅乱了他们先前整个的世界观。另一位消息提供者说,"他们对自己说,为什么我还要去望弥撒呢？ 我的邻居没有去,他过得和我一样好,甚至比我还要好。"[34]

491 　　换言之,在布列塔尼教区存活到后来的宗教形式中,旧世界观把世俗关切和超世关切复合为一体,此复合体现在毫无疑问地分崩离析了。它很难再被重建起来,如兰伯特所观察到的那样,信仰只存活在与时俱进、持守信仰的人当中。[35]类似情况也发生在魁北克(Québec),尽管它在1960年代是个都市化社会。在那里,那种效应因着民族认同与天主教之间所具有的那种新涂尔干式的联系而延缓了,但这一联结一旦断开,衰弱就以令人困惑的速度发生。这一发展也许与当代爱尔兰发生的情况或波兰刚刚开始出现的情况有点相似。

　　类似的下滑在其他新教社会、尤其是以英语为母语的社会中更为渐进,也没有那么激烈,这也许是因为在这些地方新消费文化发展得较为平缓,并且历经很长一段时间。在英国和美国,60 年代表现主义革命似乎加速了这一发展。

　　如何理解宗教在公共空间的地位之整个转移所产生的影响呢？ 也许可以这样设想:18 世纪无求于外的人文主义的发明开创了新的多元主义处境,一种在宗教与非宗教之间断裂的文化(阶段 1)。反应不仅针对这种人文主义,还针对它从中发展并使得选项全方位激增的母体(缓冲的身份认同,道德秩序)(阶段 2)。但在相当长一段时间内,这种多元主义主要是在精英群体、知识分子和艺术家范围内起作用并产生新选项。

　　更早些时候,尤其是在天主教国家,兴起过好战的人文主义的政治运动,试图把不信传播给民众,但收效甚微;而宗教的异化也使一些普通阶级的人脱离教会,尽管不必提供给他们别的选择。另一方面,大多数人要么处身于这种多元主义的、断裂的文化之外;要么即使沾点边,也因着不同模式的涂尔干式社会安排(在这样的安排下某个既有宗教选项密切地联系于对社会的依附),被坚固地保留在相信上帝的选项内。它可以属于旧涂尔干式的类型，尽管在整个社会层面上它开始快速衰落，但在一些偏远地区的地方社群（如在兰伯特所描述的利梅尔泽教区），它仍然可能十分活跃。它也可以属于新涂尔干式的类型，比如在天佑吾族的洋洋自得中，或在受压迫群体中，他们面对其他宗教势力而捍卫岌岌可危的身份认同（包括最近波兰出现的无神论），或在移民群体中。或者在信仰共同体中，必要的依附感也可以被一个尚未受到挑战的信念所支持，即无论在当地的主导形式如何，基督教是维持文明秩序不可或缺的母体。

　　我的假说是，二战后我们的社会想象日益进入后涂尔干式的时代，因此动摇并破坏了各种各样的涂尔干式社会安排。由此产生的效果，要么是将人们逐渐解放出来，让他们被吸收进断裂的文化；要么是另一种情况，即新的消费文化极大地动摇了先前的世界观，爆炸式地把人们赶进这一断裂的世界。因为，在意识到新文化的吸引力的同时，我们也不应该低估一点，即人们也可以是被迫进入的：村落社群的解体，地方工厂的关闭，因"裁员"而丢掉工作，非常重要的社会认可和社会羞辱开始站在新个人主义一边产生影响。

　　所以，表现主义的革命已经破坏了动员时代的一些大规模宗教形式：那是些这样的教会，它们赢得我们效忠的主张，部分通过它们与一种政治认同相连。即便在这种认同仍然强烈的地方，对那些身处新涂尔干式社会安排的人们来说，与灵性的连接也已断开。

　　还不止这些。表现主义革命也破坏了基督教信仰与文明秩序之间的连结。前面描述的动员时代之许多宗教形式，都有一个主要特征，即它们强烈的有序生活的观念，并有帮助/劝说/强制其成员实现这种生活的努力。如我在上面所说，这也许是不可避免的，随着新规训变得内在化了，规训职能也许就不再受到重视，某些早前被视为关键的僵硬规定，如绝对禁酒或完全守安息日，在制定者的后代看来是令人讨厌的。福音派总会遇到出于所谓的种种理由的抵制，即他们是清教徒，扫兴者，制造分裂者。一些虚构人物，像狄更斯（Dickens）笔下的梅尔柴斯德克·豪勒

（Melchisedech Howler）和杰贝兹·法尔沃克斯（Jabez Fireworks），乔治·艾略特笔下的布尔斯特罗德（Bulstrode），就表达了这种敌意，有时还有对卫理公会信徒的批评，因为他们坚持禁酒并且禁止村落开展体育活动，认为这些活动是扰乱人心的寻欢作乐的社群文化，让人们彼此仇视。[36]接近 19 世纪末时，针对福音派道德，有一种更普遍的反应盛行起来，即认为这种道德枯燥乏味，压制自由和自我发展，让我们变得千篇一律，否认美，等等。萧伯纳（Shaw）、易卜生（Ibsen）和尼采这样的作家有力地表述出这一点；这也部分表达于密尔的名言："异教徒的自我肯定强过基督徒的自我否定。"[37]而对阿诺德来说，他叹息于不从国教的中产阶级缺乏教养。布鲁姆斯伯里文化圈的形成，部分可视为对这整个宗教氛围的回应。

但 1960 年代的文化革命强化了所有这些趋势，不仅因为更多的人站到了宗教伦理的对立面，而且因为新的性道德对宗教道德发起了更强烈的冲击。曾有一种在过去许多人看来是绝对不可置疑的三合一关联：一方面是在基督教信仰与规训、自制（甚至是自我否定）伦理之间的关联；另一方面是这种伦理与文明秩序之间的关联。但如前所述，现在有更多的人觉得，第二种联系越来越不可信了。日益让人感受到的是，对幸福的追求不仅不需要严苛的性伦理和延迟满足的规训，而且事实上要以自我实现的名义要求违反这些规训。当然，对此感受最强烈的人正是那些已经让这些规训成为自己第二天性的人，他们不需要强有力的伦理/灵性支持来保持这些规训。让我这一代的许多韦伯主义的社会学家感到惊奇的是，1960 年代和 1970 年代的孩子试图在其生活中放松许多传统规训，尽管在他们的工作中保持着这些规训。要做到这一点并不简单；有些人就做不到。此外，还有整体背景，规训在那里仍然是太新、太远离他们的生活方式，以至于如此的挑挑拣拣尚不可能。大卫·马丁这样描述五旬节运动在第三世界的推进：

在发达世界，至少在相对延长的放纵期，有相当多的人，在忽略经济规训的同时，可以追求许可与释放，但在发展中世界，经济规训是无可逃避的。尽管在发达世界,你可以在工作期间接受规训,却在其他方面能够予以忽视,但在发展中世界,你的规训管理着你的整个生活,否则你将误入歧途——或者堕入犯罪。[38]

规训的选择性承担这一不凡技艺,意味着长期的、通常是几代人的内化过程,是新立场之关键的推进条件;即便表现主义革命为逾越旧界限提供了理由。在其他时代和地方,这样有原则的逾越似乎是疯狂的,甚至是自毁的。

现在到了这样的地步,即规训与文明秩序之间的关联断开了,但基督教信仰与规训之间的关联仍然未受挑战,而此时,表现主义与性革命携手让很多人离开了教会。这产生了两点影响。首先,那些适应目前改变的人发现,他们与教会提倡的性伦理格格不入。其次,他们习惯了走自己的路,而这一意识受到教会的冒犯,因为他们体会到,教会还在用"权威主义"的方法制定规条,也不管有无回应。

教会发现与这种心态的人很难交谈。交谈不是简单地同意他们所说的。在性革命中,已有太多的花招、乌托邦的幻象,以及对旧禁忌的反抗,这样的交谈难以明智地进行。事实上,四十年来的此番状况在许多年轻人身上越来越明显。(这不是说教会没有从这整个转变中学到重要的东西。)[39]

但是正如面对任何负责任的行为者那样,那些声称拥有某些智慧的人有这样一个义务,即要令人信服地予以解释,而且要从对话者所在位置出发。可是,在此前两百年间,因着防御态势,形成了对严厉规训的依附,而一帮忠实信徒也始终觉得四面楚歌,这就使得找到这种语言几乎是不可能的。

这一断裂是影响深远的。按卡勒姆·布朗就福音派的情况所显明的,这种伦理立场基于的思想是,妇女想要稳定的家庭生活,而家庭生活始终岌岌可危,因为男子不断受到酗酒、赌博、不忠的诱惑。我们看到天主教这一边也提出了类似的思想。这种定义问题的方式在过去也并非没有基础;那时妇女担心男子的不负责任,甚至暴力给她们和孩子带来

494

的后果。即便在今天的很多环境中，这种思想也不是毫无基础，尤其是在发展中国家，如大卫·马丁所指出的那样。[40]

我们在此连接上一种深刻的发展，即基督教的"女性化"，在过去二百年或三百年间，此发展显见于不同宗派，卡勒姆·布朗有趣的新书也说到这一现象。[41]它显然相关于一种紧密共生关系，即在基督教信仰、"家庭价值观"的伦理以及规训的工作之间建立起的共生关系，而此共生关系贬低（即便不是直接反对）好战的和攻击性的生活模式，以及男性社交模式——把男性带离工作场所和家庭的喝酒、赌博、运动。这不光对教会来说是一个问题；我们可以看到，冲突——和摇摆——也反映在整个社会，比如在 18 世纪，"礼貌"社会的理想也基于商业而发展起来。即便是界定和欢迎这种新发展的一些知识分子，如亚当·斯密或亚当·弗格森，都对此表达了疑虑。它可能导向一种自治的公民所必需的尚武美德的萎缩。其他人担忧男性的"女性化"。[42]文化的女性化与信仰的女性化并肩而行。

在基督教语境中，这也被另一个情况所反映并进一步加固，即比起女性，参加礼拜的男性人数相对下降。19 世纪，尤其是 19 世纪下半叶，安省的神父们同声哀叹，"男人已经消失了"。[43]这种缺席常常反映出一种男性的骄傲与尊严感，这种感觉被视为与强烈的敬虔不兼容；这种敬虔有点"女人味"。这种感觉与对教会权力的不信任有关，两者彼此助长：神父（他的习惯与女人的习惯相似）也许对做妻子的和做女儿的有太大的权力；但另一方面，这并不是一件坏事，因为他教导她们贞洁与忠诚，这反过来为一家的男主人提供了安全感。可是，尽管对这种神父的领导权的承认是有利于妇女的，但这与构成男性尊严之关键因素的独立不相容。显然，这种态度可以为共和党人聪明的反教权主义提供一个立足点。[44]

但西方目前的性革命已经挑战了有关男女地位的整个图景，而文明秩序的理解恰恰建立于此图景。它带来一系列女性主义的立场，在其中某些立场看来，妇女应该要求与先前置于男性欲望核心同等的性探索权利和不受约束的性满足权利。这完全切断了占据主导地位的伦理观基础。1970 年苏格兰教会针对这个问题在报告中写道："这里真正的问题是滥交的女孩。"[45]

当然，并不是每个人都同意对女性欲望的这种描述。但它表现出对女性身份认同形式新的不确定感——与之相对称的，则有男性当中存在的相应的不确定感。不处理这些议题根本无法回答性别伦理的问题。

〜 6 〜

因此，1960 年代文化革命中受教育的几代人，在许多方面疏离于西方基督教信仰强大的传统模式。我们已经看到，他们何等难以顺服性规训，而性规训按 19 世纪英语国家福音派复兴运动的理解，是虔诚基督徒生活的一部分。事实上，当代的转向已远远不限于拒绝接受这些高标准，甚至在传统的农民社区已普遍接受的限制，也不被我们现今社会中相当多的人所接受，要知道，这些限制在教会少数派看来还是太宽松了，他们总是试图去改进这些限制。举例来说，教会当局曾经很反感婚前性行为，当那些已经怀有孩子的男女准备结婚时，教会也颇为不安。但在同样这些农民社群，尽管他们认为先尝禁果是相当正常的，而且也特别想确定他们会有孩子，但他们还是承认，通过仪式来确认结合是强制性的。那些试图越过这些限制的人会被强大的社会压力或"吵闹声"（rough music）挤回到界限内。[46]

但我们今天已经明显地越出这些界限。不仅人们在专心于稳定伴侣之前会广泛尝试，而且他们还会结成伴侣而无需结婚；此外，他们成为伴侣、分手，然后改变这些关系。我们的农民祖先也会进入一种"连续的一夫一妻制"（serial monogamy），但他们先前的婚姻是由死亡来终结的，而我们现在的婚姻是由离婚（或者在没有结婚的伴侣关系中，有一方搬出去）来终结的。[47]

这里有些重要方面是与所有形式的性伦理相悖的，因为民间传统或基督教教义都把婚姻稳定视为社会秩序的要素。但问题还不止如此。

496

基督徒确实把他们的信仰视为文明秩序的要素，但这一点并不是主导现代西方基督教性伦理的唯一资源。还有这样一些强有力的灵性看法，把一些特殊的性纯洁典型奉为神圣。我们可以在现代早期看到这些发展。约翰·鲍西就认为，在中世纪对七宗死罪的理解中，灵里的罪（骄傲、嫉妒、发怒）被视为要大于肉体的罪（饕餮、好色、懒惰；贪婪既可列于肉体的罪，也可列于灵里的罪）。但在天主教改革时期，人们越来越强调色欲是成圣的主要障碍。[48]

　　这里也许颇具古风的，是通过一个显示污秽与纯洁的棱镜来看待性伦理。"因此而有四旬期和其他一些季节不许结婚的禁令，已婚者之间的性行为总是可宽恕的罪这样的教义，以及妇女分娩后需要洁净，神父中间对性的特别关注。"[49]现代似乎灵性化了纯洁背后的观念，使得纯洁成为我们接近上帝的主要途径。

　　根据本书所使用的术语，我们可以把天主教的改革，尤其是法国天主教的改革，视为这样的尝试，即（通过耶稣或玛利亚）在（潜在的）每个人身上谆谆教导其对上帝深入的、个人的忠心；且主要经由神父来执行，他们宣讲、说服、劝诱和全力推进这种更高的新方向，并且离开传统的、共同体的、前轴心的神圣形式。如果假定这是目标，我们就能想到人们试图达成这一目标的种种方式。重要的强调点可能放在某些成圣的榜样上，寄希望于唤起追随他们的意愿。要不然就是，主要趋势可能是让人们出于害怕而至少在最低限度上变得循规蹈矩。当然，这些方法都被尝试过，但压倒性的影响力落在了负面。事实上，这是中世纪盛期就已开始的大改革整个过程的一部分。让·德吕莫曾谈论过"教区的恐怖政策"。[50]

　　也许，我们会把这当作理所当然的事情，特别是当作现代之前的久497 远传统。但我们或许也能把它视为与改革事业本身密不可分。如果目标不只是让某些灵性形式大放光芒，从而吸引尽可能多的人；如果目标是争取每一个人（或每一个不希望走向永罚的人），那么你能指望产生这种群众运动的唯一方法，也许就是极大地倚赖威胁和恐吓。显然这是早在大改革过程中就已确立的模式，即 13 世纪巡游四方的托钵修士的宣教。

讽刺之处在于，在教会领导层真正力图改变一个共同体的地方，它倚赖的是教区神父的个人圣洁，而非他所展示的地狱恐怖。在前一节我提到过亚尔斯本堂神父的例子。但是，正如我在那里所说，你不能指望每个教区都有一个让·维亚奈。如果你的目标是触动每一个人，甚至通过灵性上平淡无奇的人，那么让人恐惧就是你最好的选择。

引用法国王朝复辟时期一位传教士的话：

> 不久，你死亡的钟声就将敲响；继续你的混乱吧；让你自己深陷于你可耻的激情中；上帝是最公正的审判者，你不敬虔的心将使你受到侮辱。很快你将倒在死亡无情的击打之下，对你罪孽的惩罚将化为可怕的折磨施加在你身上。[51]

一旦你踏上这条路，别的事情就接踵而至。威胁必定相系于确定无疑的失败。这么做吧，否则的话（接着就是下地狱）。"这么做"必须得到清楚的界定。当然，确有一些时期，尤其是在加尔文主义神学语境中，一个人是否真正被上帝所拣选至终是不确定的。但如韦伯所说，这是难以忍受的困境，很快就出现了一些被拣选的标志，不管有没有神学上的保证。在天主教改革的语境中，相关的标准不是被拣选的标志，而是对上帝之要求最低程度的顺从：避免致命的罪，或者至少做能够让这些罪得赦免的事情。

从所有这些当中出现的就是我们所说的"道德主义"，即某种准则在我们灵性生活中被赋予了至关重要的意义。我们全都应该更加亲近上帝；但这条道路上的关键阶段是对这一准则最低程度的顺从。若这一点都做不到，你甚至尚不在这趟旅途的起跑线上。你根本就没入场。这也许不是一种容易与对新约的解读相一致的观点，但它仍然在现代时期众多基督教教会中获得了一种支配地位。

这一观点最后终结于强调我们应该做什么和/或我们应该相信什么，这对灵性成长是不利的。修女伊丽莎白·日耳曼（Elisabeth Germain）分 498

析了 19 世纪广泛使用的一份有代表性的教理问答,她总结说:

> 道德最为优先,而宗教成为其奴仆。信仰和圣礼不再被理解为道德生活的基础,而是作为我们要去履行的义务,作为我们必须相信的真理,作为帮助我们实现这些道德义务的手段。[52]

现在有了天主教会当局推动的大改革,又有永罚恐惧襄助,因而道德主义以及围绕道德主义而形成的准则,还可以采取不同的形式。中心议题可以是以慈善对抗侵犯、愤怒、报复;或者中心矢量可以是性纯洁这个问题。同样,两者都是当前的议题,但令人惊讶的是,更强调的重点是性。前面我们看到,某种意义上,重点在此方向上的转移伴随着天主教的改革。问题并不是侵犯、暴力和不公正之罪被忽视了。实际情况恰恰相反。问题在于,上述准则,即对何为抵达起跑线的定义,在性问题上极其死板。当然也有其他方面不可饶恕的大罪,如谋杀,在教规领域也有许多的罪(例如,不领弥撒);但在你与下属和其他人打交道时,你可能处事极不公正或者铁石心肠,却不至于招致被逐出教会,而犯淫乱罪就要自动被逐出教会。性行为的偏差,不听教会的劝导,似乎是导致信徒自动被逐出教会的主要方面。性纯洁以及顺服,因此而被赋予了非同寻常的突出位置。

由此,19 世纪法国天主教会当局作出了(在我们看来)极不相称的小题大作之举,像禁止跳舞、清除民间节日等等。(当然在新教国家的福音派当中也有类似事情。)年轻人被拒绝领圣体或免罪,除非他们彻底改正。在某些时刻对这些问题的关切显得很过分。

我不能自称有能力对此作出解释;但也许有一些考虑可以将之放在背景当中。首先是我在前面几章所讨论过的现代社会的国内安定;事实上,在 15 至 19 世纪之间,由匪徒、世仇、叛乱、宗族之争等原因引起的日常国内暴力水平开始下降。随着暴力和愤怒变得不再是无法制服的生活现实,人们关注的焦点转向了纯洁。其次是明显的标志,即性节制是立誓独身的神职人员之核心的生活事实。他们因此非常强调禁欲,也就不足为奇。

无论如何,显然命中注定的是,教会当局自上而下的改革、道德主义和压抑性生活这三方面的结合,将与我在此所描述的发展中的现代性相冲突。对个人责任和自由的强调将最终悖逆教会当局的主张。后浪漫主义对现代性规训的反动,以及为身体和感情生活恢复名誉的尝试,最终激发了对性压抑的反动。

这些张力在 20 世纪中叶以前就已显明。我在前面提到过,自 18 世纪晚期以降,相比女性,男性做礼拜的人数开始下降。我在那里提到的一个通常解释,援引的是男性之骄傲与尊严的形象。但我们也可以从另一方向来看待同一个现象,即强调这种死板的性规范从正面打击了某些男性的习惯做法,尤其是年轻男子有点流氓气的生活方式。也许更深入一点来看,似乎是性压制与教会权力的结合——如人们在告解中所感受到的——把男人赶走了。教会当局反对男人的独立感,但是当这种管理采取公开男人生活中最应该缄默的和最私密的侧面时,无疑就变得不可忍受了。所以在任何时期都有对告解的巨大抵制,即使一个人不得不告解,也不是向你熟悉的神父,而是向前来传教的不认识你的神父告解。如德吕莫所说,"告解时的主动沉默,主要原因是告解者羞于承认性方面的罪恶。"最终,这种张力让男人不再告解;如吉布森描述 19 世纪的后续发展时所揭示的,"他们不能领圣体,他们对神父的窥探感到愤怒,这样一来,越来越多的人放弃了教会。"[53]

为了更好地理解观点上的裂缝,回顾一下我迄今只是泛泛而论的性革命之几个特征也许是有帮助的。性革命同样有一段前史,我谈到了其中的一部分。也许我们要把这段前史延伸到几个世纪之前,我们的起点是中世纪天主教的教导,那时的教导蔑视性快乐,甚至波及生育过程中的已婚夫妇。与此相反,大改革的思想家为婚姻之爱恢复名誉,视其自身为善。婚姻所给予的"相互安慰"就包括性交,这个短语对性交给出了一种积极评价。但性的首要目的仍然是生育。"不自然的"行为是那些违背生育目的的行为。出于这些原因,以及性有可能将我们带离以上帝为中心的生活这一考虑，性爱的感官享受或欲望层面的满足被视为危险的和有问题的。[54]

一个类似的观点在维多利亚时代的英美两国也很强势。性旨在连结夫妻。性是健康的，因此快乐与之相系，但快乐不应是其主要目标。[55] 然而，这一理解据以成立的框架非常不同。当然，它仍然被认为是一项基督教教义，但主要根据科学来证明。医学专家及其对健康的看法，比起神学家关于上帝旨意的观念，即便不是更重要，至少也是同等重要。

我们在此看到关键转折在 17、18 世纪的进一步发展，那是我在上面描述过的：将上帝在我们身上的旨意等同于占统治地位的人间福祉观念，在该例中，这种相等是由现代道德秩序定义的。上帝设计自然，他的设计考虑到我们的好处。从他的设计可以读出他的旨意。我们让自己与设计之有利的功能一致，就是在遵循他的旨意。洛克的《政府论》（*Treatises of Civil Government*）就是这样来论证的。随着科学的进步，这种思路为一种适应或一种性伦理的医学化开辟了道路，而且根本无意于表达这样一种意思，即这在某种程度上是在取代信仰的地位。

但背景假设非常不同。对清教徒来说，为我们的性生活奠定正确秩序，只能从恩典和成圣开始。这不是一个不越轨、不堕落的普通人可以获得的。（与此并行的是，你可以说，建立在自然基础之上的古代伦理，被认为是在提倡一种普通人难以企及的完美；这就是为什么，所有阶级的人，非希腊人、奴隶、工人、妇女，都不是美德的真正追求者。）与此相对照，医学化的观点向我们提供了一幅有关健康的图景，它是每个人都可以获得的，无论是一些天性有缺陷的人，还是一些没有受过良好训练的人。可以说，善的要求与我们性生活的要求相交汇之处，恰恰应该是在日常生活中，而不是在改变的终点，此处的改变是指让我们超越日常福祉的那种改变。

因此，19 世纪的医学化需要一个解释，为什么正常的性满足并不是很普遍，虽然这种需要可能隐而不宣，这往往是由于围绕体面人的生活中的大量沉默和掩饰。但人们谈到这个议题时，强调的是糟糕的训练（例如，这在移民、殖民地的土著、工人阶级身上表现得很明显）；随着这个世纪的推进,更不幸的是对所谓的种族差异的强调。人们认为有一些特定的"退化类型"和一些劣等种族。

把邪恶、疾病和罪连在一起,并简单化地对立于美德、健康和圣洁,由此造成的后果至今伴随着我们。首先,由此会产生环绕着疾病的否定的道德氛围,认为那些患有癌症的人某种程度上是咎由自取——正是这种观点遭到苏珊·桑塔格(Susan Sontag)的猛烈抗议。[56]健康者感受到一种散发道德气息的好,而患病者则感受到一种沾染了邪恶的坏。我们已远离更古老的基督教对疾病的看法:疾病是苦难之所在,基督耶稣接近苦难,从而接近我们。

再者,在现代医学的健康观念和旧有的(我认为更深刻的)美德观念之间,存在一个关键差别。就健康而言,美德之完满所要求的,可以一分为二,包括知识成分和实践成分。但这两个成分存在于相当不同的人身上。专家可能过的是最"不健康的"生活,但他仍然是一个(知识的)专家;而听话的病人,(我们希望)洋溢着健康,虽然他对自己的机体为什么是健康的一无所知。我们所处的论域,不同于亚里士多德伦理学的论域,在那里,亚里士多德的"实践智慧"概念不允许我们割裂美德的知识成分和实践成分。[57]这种区分在现代科学中才有可能,科学被构造成客观化领域的知识,当代西方医学也同样如此。更令人震惊的是,对客观知识的求助开始在现代文化中取代伦理学。根据功利主义的观点,例如,正确运算微积分所需的知识/技能与一个人行善的动机毫不相关。这是一种既可以让坏人作恶,也可以让好人行善的知识。这正是一种亚里士多德用来区别于实践智慧的知识。类似地,对许多当代的新康德主义者来说,看似你所需的只是遵循逻辑论证的清晰性,这是另一种与道德洞见无关的能力。

毫无疑问,对客观的专业知识而非道德洞见的强调,是为我们这个世界中更强有力的新家长制提供执照。谁敢和"科学"争辩,无论这科学来自医生,精神科医生,还是来自 IMF 经济学访问学者——他会告诉你,为了达到财政"平衡",需要削减医疗保健预算。

还是回到我们的故事,在世纪之交的一些作家笔下,"科学"本身开始打破与宗教的结盟。对于弗洛伊德、埃利斯（Havelock Ellis）、卡朋特（Edward Carpenter）这样的思想家来说，性满足要么自身被视为好的，要么至少被视作实际上不可抗拒的力量。这滋生了一种反文化，其中的一些部分将性看作狄俄尼索斯式的摆脱规训和压抑的一种形式。大约在20世纪初，所有这些与新的、主要是在城市的社会条件相汇合，在城市，年轻人性行为完全不受监督。1920年代见证了一类年轻人、尤其是年轻女性所享受的性自由，这是一种与婚姻或生殖无关的纵欲。

所有这些包括：（a）犹豫地解除由来已久的对感官享受的贬斥（至少在白人中产阶级的圈子中）；（b）犹豫地肯定女性欲望（在维多利亚鼎盛时期被否定的欲望），以及她们追求快乐的权利。当然，这仍然充满危险，因为女性仍然承担着怀孕所带来的所有不良后果。

如果我们快进到1960年代，当然，我们还应考虑一些新的社会因素：女性进入劳动力市场，避孕的革命，等等。但像上面一样，在此我的兴趣是说清楚这一时期发生的伦理变化，而非枚举促发原因。这场革命的主要线索是什么呢？

确实有这样一条线索，它以所谓的老于世故的享乐主义为特征，并与《花花公子》联系在一起。但与学生运动和青年运动相联系的主要线索是四重的：（1）上述（a）的延续和极端化，即感官享受恢复为自身的善；（2）上述（b）的极端化，即肯定性别的平等，尤其阐述了一种新的理想，即男女摆脱了他们各自的性别角色，作为伙伴生活在一起；[58]（3）狄俄尼索斯精神的广泛传播，即便是"越界的"性也是解放人的；以及（4）出现一个新概念，即一个人的性征是其自我认同的本质要素，这不仅赋予性解放额外的意义，而且成为同性恋解放以及之前一系列遭受谴责的性生活方式的解放之基础。[59]

所有这些表明，性革命运动是60年代不可分割的一部分，如我上面所定义的；也就是说，它受到了同一组道德观念的推动，通过这些观念，发现一个人本真性的认同并且要求它得到承认（线索4），这一现象连接于平等的目标（线索2），连接于身体和感官享受的昭雪，以及身心分裂、情理分裂的克服（线索1和线索3）。因此我们不能简单地将它看作一种享乐主义的爆发，仿佛其全部定义可以符合海夫纳（Hefner）与《花花公子》的话语。

但如上所示，此处存在一个相互连接的理想，但这个事实并不能确保这一理想的实现。虽则遭到大多数伦理学的忽视或低估，但困扰人类性生活的难以对付的不连续性和困境必定会自我伸张：不可能将狄俄尼索斯因素整合进持续不断的生活方式；很难将感官享受容纳在一种持续不断的真正亲密关系之内；不可能完全摆脱性别角色；重新定义性别角色，至少在短期内障碍重重。更不必说，对性解放的赞美可能产生一些新方式，使得男性据以客体化和剥削女性。[60]许多人吃过苦头才发现，在抛弃他们父辈的准则时，解放与危险如影随形。

然而，又如在早先的讨论中所表明的，我们不得不承认，道德景观已经发生了变化。经历过混乱的人们必须找到顾及平等伴侣之间长期相爱关系的形式，这些伴侣在多数情况下还是希望成为父母，并且在充满爱与安全的环境中抚养自己的孩子。但是不能将这种期望简单地等同于过去的准则；因为过去的准则都是彼此相连的，如对性行为的贬斥，对本能的恐惧，固定的性别角色，或者拒绝讨论身份认同问题，等等。可是，教会力劝人们遵守的准则依然（至少看上去如此）或多或少带有这些缺点，此乃悲剧。

让这种无能变得更加无法挽回的是，基督教的性伦理不幸地混合了某些"自然"模式，甚至是医学意义上的。这种混合不仅让这些模式难以重新定义，而且也遮蔽了一些问题，比如，这种省略是多么偶然和成问题，它是多么难以被证明为内在于并本质上是基督教的。这里我们再次看到，18 世纪将上帝旨意等同于某些所谓的人间诸善，所起到的作用担当着世俗化的巨大引擎（孕生出世俗性 2）。

这种混合视野之令人厌恶的效应显然在本真性时代达到了顶峰，伴随着一种广泛传播的大众文化，而个人自我实现和性满足则交织其中。讽刺之处在于，这种疏离发生时，正值改革和教权的复合体（Reform-clerical complex）的诸多特征在梵二会议上遭到质疑之际。毫无疑问，教权主义、道德主义以及恐惧的首要性在很大程度上被拒绝了。此复合体

503

的其他要素也很少作为重点被明确提出。并不清楚的是,大改革本身的驱动力产生的全部负面后果,其伴随的清除大众宗教中"非基督教"元素的尝试,是否得到了适当理解。梵二会议之后,在拉丁美洲有一些秉承梵二精神的改革尝试,像围绕"解放神学"的尝试看似重复了"神职人员主导的去基督教化"旧有模式,贬低和禁止民间崇拜,并疏远了很多忠实教友,其中有些——具有讽刺地——转向了该地区的新教教会,这些教会比起进步的"解放者",更能容纳神迹奇事和节庆活动。[61]一个奇特的稀奇发展是,加尔文要重返人世!——这也许会让加尔文颇感惊讶。至于性道德议题,要在生育控制问题上重审此议题的尝试,也因神职人员对教会"权威"的阵阵不安而被放弃。

事实上,梵蒂冈目前的立场看来想要在性领域维持最严格的道德主义,毫不放松教规,结果是,那些有着"不合规范的"性生活的人(应该)自动地不被允许参加圣礼,而有待定罪的黑手党成员,更不用说第三世界中没有悔改的大土豪,和有着足够大权势去宣布禁令无效的罗马贵族,则毫不受约束。

但是,梵二会议所采取的诸般转折尽管不完全,推行起来也是犹豫不绝,却已显然相对化了旧有的改革和教权的复合体。它开辟了这样一个领域,你在其中不必非常了解教会的历史就能明白,最近几个世纪主导性的灵性模式,不是规范性的。更不用说,这整个灵性——既渴望着504　完全奉献给上帝,但又受自我克制和强烈的性纯洁形象的推动——却反过来要遭到谴责。这也许是处理"改革和教权主义的复合体"的教权主义改革!很清楚,在过去和在今天,是有灵性上极其丰富的独身呼召,而其中许多在核心上转向了禁欲和纯洁的抱负。如果去逆转和贬低这些呼召,或许只是在重复新教改革者的错误。改革和教权主义的复合体在教会和当代社会中树起一道屏障,其致命特征不是它有活力的灵性;我们的世界正相反,被淹没于性满足的崇高形象,因此,我们需要知道诸般放弃(renunciation)的道路。偏差在于,把这种对性的看法强加到每个人头上,具体通过一种道德主义的准则,规定某种纯洁作为经圣礼而连结于上帝的基本条件。梵蒂冈的教规制定者和世俗主义者的意识形态都没有看到的是，有很多种他们从未想到的成为一名天主教基督徒的方式。但要抓住这一点不应该如此困难。即便在改革和教权主义的复合体的观点主导教牧政策的几个世纪，也总是存在另外一些路径，有时候有最著名的人物代表，包括像圣方济各·沙雷和费内隆这样的人物（属于法国天主教改革派），更不用说帕斯卡尔了，尽管他安慰那些散布恐惧的人，但他仍然提供了一种无与伦比的深刻异象。

　　但只要这种大一统形象控制着局面，在属于本真性时代的广大地区，由天主教会传播的基督教信息就不容易被听到。但这些对一种狭义的世俗主义，也不太友好。

14 今日宗教

7

因此,动员时代主导的宗教形式已被当前的文化革命动摇了,甚至就像旧制度的形式因动员时代来袭而瘫痪一样。过去两个世纪的宗教形式已经遭到双重打击:一方面是与强烈的民族认同或少数族群认同相关的对教会的破坏,另一方面是与同样这些教会之权威的大部分伦理和风格的疏离。

如果我们考虑到宗教的新涂尔干式的据以嵌入国家的方式,及其作为文明道德的中流砥柱角色,尤其是性伦理在家庭中的作用,我们也许要谈论第三重打击。

这种双重嵌入最知名的例子也许是美国,尤其是在战后不久的时期;因为在这段时间里,美国的爱国主义、宗教和家庭价值观似乎完全一致。一方面,在日益增长的郊区大多数人可以过上美满的小家庭生活,这种新机会被看作是美国梦的实现。美国当时所发生的,就是这种新机会的开放,所有人最终都能在其中顺利发展。到郊区生活在如此众多的人眼中应该是发展的顶峰——要明白其中的道理,只需问问这些人来自哪里。有一些人,尤其是最近的移民,他们过去曾密集地置身于大家庭和亲属网络,相比之下,这种新生活显然是一种解放,而且这也令他们与主流美国社会受尊崇的模式接轨。对另一些人来说,这种生活曾受到贫穷以及贫穷所涉及的危险(失业、缺乏规训、酗酒)的阻碍。最终他们接受了体面的要求。而且,这些人刚刚摆脱灾难性的大萧条和一场世界大战,他们似乎看见,绿野终于在他们面前展现。

如果这样的成功是美国生活方式的核心,那么对宗教来说也同样如此。因为这可以看作是遵从上帝的设计,而美国作为一个国家就是专门 506 为实现此设计而被创建的。这个三角形的三条边是相互支持的:家庭是母体,年轻人在其中被抚育成为好公民和虔诚信徒;宗教是同时让家庭和社会充满生机的价值观的源泉;而国家是家庭和社会这些核心价值观的实现和堡垒。这种状况也得到一个事实的彻底强调,即美国的自由需要防范"不信上帝的共产主义"。十分自然的是,芝加哥新郊区埃尔姆赫斯特(Elmhurst)的居民以建立一个新教会——埃尔姆赫斯特长老会——来表彰他们的社区建设成就。在建立他们的新生活上,教会被视为核心部分。

当然,有许多观察者对宗教、生活方式和爱国主义的这种紧密交织不以为然。威尔·赫伯格(Will Herberg)在其《新教徒、天主教徒与犹太教徒》(*Protestant*,*Catholic*,*Jew*)一书中就把这些新教会看作更多与社会认同有关,而非与上帝有关。建立起一个新的长老会教会,新的居民就疏远了长老会在该地区已有的教会,而老的教会在讲道风格上更强调永罚的可怖。事实上,长老会身份之被选择,并不是因为其神学,而是因为它正好处于宗派的社会阶层中间;它不像圣公会那样古板,也不像浸信会那样不体面和大众化。[1]

家庭、宗教和国家的这种紧密交织,更令人瞩目的是其各构成部分将同时遭到打击(那时还无人知晓)。的确,对此毫不同情的历史学家将之称为"现代小家庭生活之拼死一搏的狂欢"。[2]在对黑人的斗争中,在越南战争的痛苦中,美国生活方式之清白的善良遭到了质疑;女性主义、新表现主义文化以及 1960 年代的性革命,这些都质疑着小家庭的正面形象;随美国大流(American conformity)这种平淡无奇的追求在这动荡的十年遭到了全面抛弃。

好吧,在前几章,我一直在把这一关键转型描述为逃离或分解先前的宗教形式,即动员时代的宗教形式。这向我们提供了消极面,即我们当前状况不好的方面。但我们也应该让积极的概括有更多彰显。从表现主义革命及其改变了的性伦理中出现的,是怎样的灵性生活?

姑且说,许多年轻人在追随他们自己的灵性本能,但他们在寻找什么呢?用一个敏锐的美国观察家的话来说,许多人正在"寻找一种更直接的神圣体验,寻找更伟大的直观性、自发性和灵性深度"。[3]这往往源自对完全处于内在秩序中的生活的深刻不满。人们感到这种生活是空洞的、乏味的,缺少更高目的。

507　　当然,这是在至少过去两个世纪期间对西方现代性产生的世界所作出的广泛反应。我们不妨借用美国歌手佩吉·李的一首歌的歌名来做这种反应的口号,"这就是全部吗?"比起我们目前用社会和个人的成功来定义自身,生命必定还有更多。这总是之前回归宗教的一个因素,比如像我上面提到的 19 世纪和 20 世纪早期法国的几宗皈依天主教的例子。但那时,此因素交织于新涂尔干式的身份认同,甚至交织于恢复文明秩序的计划。当这些交织被剥离时,这种追求就出于自身目的而发生。它是个人的追求,可以相当容易地用本真性的语言来编织:我在试图找到自身的道路,或找到自己。

此外,这种情况下的追求者是表现主义革命的继承人,其根源是浪漫主义时期对规训的工具化自我的反应,该自我则与现代道德秩序相连。这不仅意味着他们与"佩吉·李"的反应有共鸣之处,而且意味着他们在追求一种自我的统一和完整,重申感觉的地位,以此来对抗理性之单面的凸出,以及重申在规训的、工具化的认同中带有负罪感的、地位低下的身体及其快乐的重要性。[4]重点在于统一、完整、整体感和个体性;他们的语言常常包含"和谐、平衡、流动、整合、成为一体、中心"等词语。[5]

正因为如此,对灵性整全的追求常常紧密联系于对健康的追求。我们似乎看到,其中有点类似于前一章中我描述过的罪与恶在 19 世纪的医学化。这里,灵性健康与身体健康之间的联系得以建立,但其基础却完全不同。主流的医学将身体及其过程客体化,而我所说的医学化将这种客体化延伸至恶习。但在当代,健康与灵性之间的诸般关联通常从另类医学出发。另类医学并不把身体看作自然科学的客体,而是看作灵性之流的场所。恢复健康需要你将自身与这些灵性之流的关系调整到位,而这只有通过向灵性之流敞开自己才能做到,这恰恰是与客体化相反的立场。

鲁夫(Roof)指出了当代灵性文化中的节食、减肥等新方法。根据更古老的"死罪"理解,肥胖产生于暴食,而饕餮是必须严加防范的诱惑。但医学化将这种诱惑重新定位为一种异常,产生于发育偏差的那类状况。当代的理解常常超越饥渴,而是去面对引发焦虑性饮食之未满足的深层灵性需要。[6]

重要的是,这是一种带有本真性伦理特点的文化。我必须去发现我自己通向整全和灵性深度的道路。关注的焦点是个人,是他/她的经验。灵性必须对这种经验有吸引力。鲁夫认为,灵性生活的基本模式因而是探索。[7]这种探索不能从先验的排斥或无法逃避的出发点起步,那会代替这种经验。

这种探索常常被其实践者称之为"灵性",并与"宗教"相对。这种对比表明,这种探索拒斥"制度化宗教",也即拒斥教会做出的权威宣称。教会认为,它们受命进行的工作是代替探索,或将之维持在确定的界限内,而说到底就是要强加固定的教规以规范行为。鲁夫引用了一个受访者的话:

> 嗯,宗教,我感觉就是教义和传统,屈膝敬拜,以及你必须这样来做事。而灵性是一种内在感觉,是一种允许——无论你在你的世界中、在你的心灵中如何感知它,无论你如何感觉它,都可以……这里没有加诸它的那些限定因素,说你必须以这种方式且只能以这种方式来信仰。我认为,灵性是某种进入到你的内心中,将你提升并将你变成一个更好、更开放的人的东西。我不认为宗教是这样的。宗教告诉你应该做什么,什么时候去做,什么时候跪下,什么时候起立,诸如此类。它有许多规则。[8]

"灵性"的这些特征,它的主观性,它对自我及其整全的聚焦,它对感情的强调,导致很多人认为,出现在我们社会的新形式灵性探求是本质

508

上微不足道的或私人化的。我相信,这是我在前一章所批评的那种常见错误的重要部分:广泛地倾向于把本真性时代的主要现象等同于它们最简单、最扁平化的形式。这种扁平化效应一方面起于对抗本真性之批评者的论战,另一方面起于这些琐碎化形式的鼓吹者——就像在之前的讨论中提到的"选择"话语的传播者。这些因素不经意间协力造成了对我们文明中所发生之事的简单化、扭曲化的看法。

特别是,在此错误下,这种新的灵性探求(不局限于汇聚在"新纪元"名义下的那些探索形式)往往被指责为人类潜能运动的扩展而已,因此,对它们的注意力完全集中于内在,和/或集中于它们作为种种导向自我专注的号召,而丝毫不关心超出个体之外的方面,无论是周遭的社会还是超越维度。当然,在此一般范围内的许多现象确实符合这些特征描述。但是,如果认为所有这些灵性探求都是如此,如果认为这类探问就其本质而言必定被吸引到内在的自我关注,那就是一种幻觉。这种幻觉产生于两拨人之间声嘶力竭的辩论,其中一拨人的宗教权威感被这种探问冒犯了,另一拨人则支持自我中心的、内在中心的形式,而且两拨人都将对方看作他们的主要对手。第一拨人说,"你看看,当你抛弃适当权威时,都发生了什么"(例如,根据这种观点,权威可以是圣经,或教宗,或传统);第二拨人回答,"你没看到吗,唯独我们提供了不同于无知的权威主义的道路"。当各方都这么想,即仅有的与自己不同的道路是如此令人厌恶,就都会对自身立场感到欣慰。

但这错过了我们这个时代灵性现实的一个重要部分。将当代灵性探求形式描画为内在的动向,是把它混淆于另一个存在了更长时间并遍布大部分现代时期的倾向。像诺曼·文森特·皮尔(Norman Vincent Peale)这样的战后人物以及他的"积极思维的力量"就代表了这种动向;宗教语言和意象被用于一个应许更完满人间福祉的事业。我们可以将他的课程看作"人类潜能运动"的一部分,尽管这个词是后来才有的。但正如鲁夫等人令人信服地论证的,今天很多探索者所追求的东西比这更多。他们常常在将自身禁锢于自我发展之后,又觉察出它的不足;这本身唤起了"佩吉·李"的反应,他们想要继续前行。[9]

在我看来，即便是像保罗·希拉斯（Paul Heelas）这样敏锐的观察家，在他最近一本非常有趣的书中，[10] 对其研究的现实也有一些简化。我在这里所提的这种探求，对于这些作者所称的与"宗教"相对的"灵性"而言至关重要，但这种探求其实是由一种自主的探索来定义的，它不是简单地服从权威；走上这一灵性之路的人因他们在教会中发现的道德主义的、盲目的教规崇拜而苦恼。但这种提出关键问题的方式，与这些作者提出的或多或少等价的其他方式，不一定相平行：譬如，下面两种表述就不平行，一种是"听从和顺从最终超越此世生命的意义之源"，另一种是"寻求、体验与表达属于生命过程本身的意义之源"。[11] 走访泰泽（Taizé）团体的许多年轻人最终会选择这里的第一种道路，就像出现在作者调查中的许多佛教徒那样，他们与其他探索者一样，对道德主义和由某个权威代替他们的探索产生反感。

再说一下，"找到自己，表达自己，去发现能够充分发挥自己潜能的独特方式"，是与"否认或牺牲自己——为了事物的超自我秩序，甚或参照这样一种秩序来生活"相抵触的。[12] 但这一对比不能被认为是全面而彻底的。第一个表述可以被视为当代本真性伦理的一个定义；第二个表述则说出一个观点，表明什么是生活中无比重要的。第一个措辞确立的问题可以开启一种探求，这种探求可以终结于作为答案的第二个表述。根本没有什么能确保这样，但也根本没有什么能确保其对立面。

这些作者正确地看到，我们称作"新纪元运动"的许多灵修受到一种 510 人文主义的影响，而该人文主义又受到浪漫主义对现代规训的、工具化的能动者批评的影响，如我们上面已看到的，这种批评对 60 年代十分重要；所强调的是统一、完整、整体感和个体性。[13] 但他们也指出，由于他们的普遍愿望是"深化这种探求"，所以，他们所研究的灵性与"一般的主观幸福感文化"不同。[14] 对一些人来说，这将不会超出内在论上所把握的生命力，但它也无需停留在此处。当然，有些人则想要宣称，这种对完整的探求是与超越根本对立的：作者提到，一位牧师告诉会众，"整全"不如"圣洁"重要，[15] 但这是出自有敌意的观察者的看法，是可以预料的，因为对这样的观察者来说，宗教权威让这种探索变得无用和危险。我们根本没有理由参与这种短视。

我坚持这一点，因为在某种程度上，我这整本书是尝试研究强烈意义上的宗教信仰在现代西方的命运。重申一下，我按双重准则来定义这一强烈意义：一方面是对超越实在的相信，另一方面是相连的渴望，渴望一种超越日常人间福祉的转变。对如此定义的宗教命运，若你接受我在此予以抨击的扁平化观点，你也许会严重误解。

在我们的时代，毫无疑问存在一种张力，即两种宗教或灵性形式之间的张力，一种是将权威放在首位，并因此对当代的探问模式抱有怀疑和敌意；另一种则踏上这些探问模式，可能承认也可能不承认或这或那的权威形式；这一张力也是新涂尔干式认同与后涂尔干式认同之间对时代境况的不同解说竞相争论的地方。这种对立与我们的文明中退回五百年、即宗教改革时代的分歧，颇有相似之处。

我们的寻求者的灵性祖先属于"敬虔的人文主义者"这一潮流，这是亨利·布雷蒙在他有关 17 世纪法国的巨著中予以命名的。[16] 在 17 世纪的法国，他们的反对者是詹森派信徒。立刻想到的，是耶稣会和詹森派信徒之间的斗争，我们通常根据各方所采纳的教义、政治立场、战略姿态以及联盟来定义这些斗争。但我想还有一个更基本的东西：在对待灵性生活的深层态度上存在差异。在敬虔的人文主义者看来，主要目标是在自己身上培养对上帝的爱，这里使用该世纪的奠基性人物之一圣方济各·沙雷的关键词。这意味着他们愿意相信这种爱最初在他们身上的激励；他们着手培养胚芽，到时候可以辨认出来。[17]

我们要想具体例示这是怎么回事，只要看看一个世纪前它们的来源之一，这是有关耶稣会创始人依纳爵·罗耀拉皈依的故事。当他从一次战役的创伤中恢复过来后，他对战争感到极度厌倦，想要找一些东西来读。他特别想读一些侠义小说，这是那个时代骑士和淑女的主要读物，这类书后来遭到过塞万提斯的嘲讽。但罗耀拉所在的那座城堡里没有这类小说，他能找到的只有圣徒传记。稍后，他开始注意到重要之处：读小说时是扣人心弦和令人兴奋的，读完之后却让你觉得无趣和不满；而当他阅读圣徒的故事时，他觉得自己被大大提升了，并且读完之后也没有失望，他仍然感到满足，甚至喜悦。这成为他后来的《神操》(*Spiritual Exercises*，或译《灵操》)中一个关键分辨形式的基础。这里有该走哪条路的一个暗示。他将内心的喜悦感称为"神慰"(或"灵慰")，与之相对的是"神枯"(或"灵枯")。在与他的阅读的关系上，灵慰是由"上帝的作为"产生的；而灵枯通常是在读了"人的作为"的故事后产生的。正是这种反思让他踏上了灵修之路，我们今天也因着这条灵修之路而认识这位历史人物。[18]

这种敬虔的人文主义的批评者强烈地反对这种信任，这种信任似乎愿意倚靠一个人自身的暗示。堕落的人怎么可以擅自这么做呢？他们可能是没完没了地自我欺骗的根源。他们所需要的是去倾听外部的重要东西，即某种权威，而此权威是超越一个人自身的方向感的，这里的方向是指上帝据以被找到的那个方向。这权威可以是圣经或教会的权威，但关键在于它的权威不是基于个人自身的暗示。

同样的议题也产生于17世纪晚期两位法国主教波舒哀和费内隆之间的著名辩论。辩论的问题是，一个人是否应该渴望对上帝的真正纯洁的爱，而且即便这个人看似要受永罚，这爱依然能持守。在圣方济各·沙雷的生活中，很长一段时期他都觉得自己可能会受永罚，但在临到他身上的一个重要时刻，让他感知到，即便是这样也不能停止他爱上帝。费内隆支持这一理想，波舒哀则坚持认为这意味着一种傲慢，即我们可以克服我们的罪的境况。

在17世纪，这些辩论根据教义来展开，尤其是极端奥古斯丁主义的教义，即人类堕落至极，若没有上帝的有效恩典，人类就没有能力摆脱堕落。但我谈论的是背后的态度。一旦你将这些看法构造成教义，你就违背了它们，你就丢失了它们所包含的细微之处。当然，没有人认为一个人自身的这些暗示足以成为指示，以致它们对整个基督教教义都有效；但站在另一方的那些人能够认出灵性振奋的时刻，并从中汲取力量。有人甚至会认为，有效的立场是承认此处的互补性，结合各自的某些特点：在自信的基本立场内，要意识到自满和自欺的多种可能，像罗耀拉和圣方济各·沙雷那样的人确实是这样。这种立场，伍斯诺(Wuthnow)把它 512

579

放在介于他所称的"固定"（dwelling）灵性立场和"求索"（seeking）灵性立场之间。[19]但"固定"和"求索"这两个方向仍然是可以倚靠的。

我的论点是，直到今天，这些仍然是两种不同的宗教感受力的基础，一种是新式灵性探求的基础，另一种是优先选择权威，把新探求拒之门外。我们可以做一些非常局部的和迟疑的尝试来理解为什么会是这样。以一类皈依为例，有些人在这样的皈依中得以被救离极度混乱的生活，这种类型在过去两个世纪往往伴随着宗教复兴，这一类型也见诸于今天巴西或西非的福音派、五旬节派教会。很容易理解的是，这些皈依情形常常被感觉为对一个外部权威的顺服，由此克服了个人身上的自我毁灭动机。这既不应使得另一种旅程无效，也不应被另一种旅程宣布无效。这另一种旅程指的是，探索者在旅程中可能也走向了基督教信仰，但其之前获得的暗示似乎并不是朝这个方向的：例如，贝德·格里菲斯的生活史，我在第一章引用了他的自传。

再次强调一下，各种各样的学说使这些另类道路变得极度僵化，成为对立的两极，产生了迫使人们采取极端立场的混淆视听的效应，一端是专横的权威，另一端则是自负；要么是彻底自疑，要么是全然自信。当然，这与拉丁基督教世界的一个长期困扰相一致，即要以终极的、不可企及的和最终自毁的精确性来铁板钉钉地确定最终的、不可挑战的、无误的权威，不管此权威是罗马教宗的一个决定，还是对圣经的一种字面解读。

但是，即便一个人可以逃脱这种把人推向极端的对立，那么应该明确的是，还存在其他另类道路，很多现今的灵性生活/宗教生活形式有待在这个中间地带找到。

这并非是说，在后涂尔干式的社会安排与个体化的灵性体验（常常滑向开心和肤浅）这一倾向之间，不存在关联。说得更清楚一些，这种要求不高的灵性，在很多人眼里，就是走自己的路。但这远非故事的全部。有一点千真万确，假如你能以某种方式穿越到某一更早的世纪，你将发现，任性的探索者人数会急剧下降。但这丝毫不能证明，我们把"走自己的路"这一训谕等同于今天可见的那些更软弱、更肤浅的选项是合理的。

一些保守的灵魂觉得，只要注意到，这个时代已经使得极其多的人陷入不受限制的、要求极低的灵性形式，就足以谴责这个时代。但他们应该问自己两个问题：首先，你可以想象回到旧涂尔干式或新涂尔干式的社会安排中吗？第二，问得更深入一些，每一种社会安排是否有它自身网开一面的偏差形式？即使我们的社会安排倾向于增加有点肤浅和要求不高的灵性选择，我们也不该忘记种种强求一致带来的灵性代价：假冒为善，灵性迟钝，对福音的内在反叛，混淆信仰与权力，甚至还有更糟的。即便我们曾经有选择，我并不认为坚持目前的安排就更不明智。

513

⁓ 8 ⁓

这幅新的灵性景观有什么特征呢？首先，这一风景是每个人都将欢迎的，不同宗教群体之间的壁垒倒塌了，过去隔断它们的壁垒现在被解构了，正如迈克尔·霍恩斯比-史密斯（Michael Hornsby-Smith）对梵二会议之后讲英语的天主教会所做的报告显示的。[20] 当然，这种影响在原来教派林立、各自为政的社会中表现得更为明显，如荷兰。

但它的反面是一种衰落。可衡量的外部结果正如我们可以预料的：首先，在包括英国、法国、美国和澳大利亚在内的许多国家，宣称自己是无神论者、不可知论者或无宗教信仰者的人数上升了。[21] 除此之外，中间立场的界域大大拓宽：许多人虽然不再积极参与宗教实践，但仍然宣称他们属于某个教派或信仰上帝。在另一维度，信仰某种超越之物的界域也拓宽了，越来越少的人声称他们相信某个人格神，但更多的人相信某种非人格的力量；[22] 换言之，范围更广的人在正统基督教之外去表达他们的宗教信仰。沿循这条线索，我们能看到诸般非基督的宗教的增长，尤其是那些起源于东方的宗教，以及其他信仰实践模式或观点的增长，如新纪元运动，横跨人文主义/灵性界限的观点，以及连接灵性与治疗的信仰实践。另外，越来越多的人接纳了原来被看作是站不住脚的立场，例如，他们视自己为天主教徒却不接受很多重要教理，或他们将基督教与佛教结合起来,或他们虽然祈祷却对他们的信仰不太确定。这并不是说,在过去人们就不持这样的立场。恰恰是因为,现在看似更容易对其信仰开诚布公。为了应对这一切,基督教信仰以各种方式重新定义自身、重构自身,从梵二会议到五旬节运动。所有这些反映的是表现主义文化对我们这个世界造成影响的后果,它创造了一种全新的困境。[23]

达妮埃尔·爱尔维优-雷杰(Danièle Hervieu-Léger)谈到一种"信仰和实践的脱钩",一种"信仰与归属感和身份认同的分离"。格蕾丝·戴维(Grace Davie)谈到"没有归属感的信仰"。某种宗教身份认同、对某些神学命题的相信以及某一标准的宗教实践,这三者之间的紧密规范性关联,对很大数量的人们来说不再有效。其中许多人忙于通过某种"随意拼装"来汇编出自己的世界观;但也有一些广为流传的模式是反对传统星象的。不仅有"没有归属感的信仰",即宣称对上帝有某种信仰,并与某间教会有关联,但实际上不参加礼拜;而且还有一种斯堪的纳维亚模式,即支持国家教会,但只参加关键的通过仪式,而同时也承认,对其神学抱有广泛怀疑。在民族身份认同、某个教会传统、强烈的共同信仰和文明秩序感四者之间的这一紧密联系,曾是动员时代的标准,但此时已经松垮,且严重削弱了神学的控制力。但在其他一些国家,这还意味着教会认同的衰落,虽说这后一种关联在斯堪的纳维亚国家依然强劲,但却褪去了其原初的神学内涵。有人也许可以说,教会在此被视为历史-文化的身份认同之关键因素。这种模式也可见于其他欧洲国家,但在北欧国家似乎很突出。[24]

这些数据和趋势的背后隐藏着什么?我们无法仅仅靠一个理想型来理解我们目前的处境,但如果我们理解到,我们自身正在离开动员时代而进入本真性时代,那么我们就能在某种意义上把这整个变迁视为基督教国的撤退。基督教国(或基督教世界)指的是一种文明,在此文明中,社会和文化受到基督教信仰的深刻影响。如果我们考虑到直到最近基督教各教会构想其任务的方式,这种撤退显然是一个惊天动地的发展。如果只以天主教会为例(与多元主义的新教社会中跨宗派的"教会"有相似之处),那么目标则是为整个社会提供共同的宗教家园。我们可以想一想 17 世纪法国天主教改革的例子,它们试图赢回被改革宗教会夺去的阵地,并渗透到一些从未被基督教化的乡村地区;还有 19 世纪,教会又一次尝试恢复由革命带来的破坏;20 世纪初天主教行动的目的是前往那些丢失阵地的教区传教,但显然这个抱负至今没有实现。

现在,我们在西方的这些社会将始终处于受基督教影响的历史过程。稍后我会回来讲这一判断的重要性。但我说基督教国撤退的意思是,越来越少的人会因着强烈的政治身份认同或群体身份认同,或因着维持一种对社会很重要的伦理,而被吸引到信仰中或留在一种信仰内。显然还有很多两者皆具的东西:群体认同最起码对移民来说十分重要,尤其是最近的移民,对那些能感觉到他们与主流宗教的区别的非基督徒,例如穆斯林或印度教徒来说更是如此。肯定还是会有一批人,既是群体的成员又是教会的常客,根据每个国家的情况数量有多有少(美国的人数很多,瑞典的人数微不足道)。

确保这些新涂尔干式身份认同有着持续重要性的,还有另一原因。在一些社会,这些身份认同与后涂尔干式的氛围处于一种准竞争的关系。想一想美国的例子,基督教右翼的某些要求,例如,要求在学校有祈祷。但这些身份认同也许更显见于感到压抑或受到威胁的群体(基督教右翼也许又是这方面的例子?),通常,有着特定种族认同或历史认同的人群会倚靠某种宗教标志而聚集。例如,我上面提到过的波兰和爱尔兰。这是些被投入现代政治形式的人们,因为在被外族统治并时而遭受严重压迫的情况下,他们被动员起来,去获得他们的独立或建立他们的完整。他们因此采纳了现代语言和现代政治认同的概念;他们成为了现代意义上的人民。现代人民,即努力成为历史主体的集体,需要理解他们是谁,这就是我所说的政治认同。在上面提到的两个例子中,成为天主教徒是这种认同的一个重要部分。

这种现象在现代世界仍然十分重要,尽管从信仰角度会对此有些纠结。因为在所有这些例子中,从一种深深感受到的宗教忠诚,完全跌入到宗教标志被玩世不恭地利用,目的是动员人民。想一想米洛舍维奇(Milošević),还有印度人民党的例子。但不管你的伦理判断是什么,这是存在于当今世界的一个强有力的事实，这个事实不会消失。

但在一般意义上，我们可以说，21 世纪的北大西洋社会并未因种族-教派的差异而被撕裂（例如，我们现在不谈论北爱尔兰），而动员时代近年来的主导形式将在维持其成员上有些困难，不管困难是大（欧洲）是小（美国）。

如果我们不接受人类对宗教的渴望会衰退这种观点（我就不接受），那么宗教实践以及深层次的宗教参与的契机在哪里呢？答案是各种形式的灵修，据此每个人开展着他/她的属灵生活。这也许包括默想，或一些慈善工作，或一个研究小组，或朝圣，或一些特殊形式的祈祷，或诸如此类的许多事情。

当然，对那些已经和主要地植根于日常教会活动的人们来说，这些形式可以说总是作为额外选项而存在。但现在的情况常常相反。人们首先被吸引去朝圣，或世界青年节，或默想小组，或祈祷圈；再后来，如果他们沿着适当的方向前进，他们会发现自己已扎根在日常实践中了。

在这些实践形式之间，在相联系的信仰之间，会有很多往返穿梭。

这再一次表明，将后涂尔干式的社会安排与琐碎化的、极为私人化的灵修相混淆是错误的。当然，会存在很多两者皆具的情况。这些正是伴随我们目前困境的危险。如我上面所说，后涂尔干式的世界意味着，我们与灵性之间的关系越来越脱离我们与政治社会的关系。但这本身丝毫不说明，我们与神圣的关系是否将由集体关联居间调停，以及如何居间调停。一个彻底的后涂尔干式的社会或许是这样的，在那里，我们的宗教归属与我们的国家认同脱钩。也几乎可以肯定的是，在这个社会中，很多因循宗教生活的人着重于个人经验，这是就威廉·詹姆斯（William James）著名的研究所说的宗教经验而言的。[25]但并不由此推导出，每个人或甚至绝大多数人都是这样。很多人会在包括天主教会在内的教会中找到他们的灵性之家。在一个后涂尔干式的世界中，这种忠诚将脱钩于对于某个神圣化社会的效忠（旧涂尔干式）或某种国家认同（新涂尔干式）；或脱钩于这样的声称，即（现在听起来很傲慢）为共同的文明秩序提供不可或缺的母体；如果我在上面所言是对的，进入模式

516

将是不同的;但它仍然是一种集体关联。

这些关联,不论是通过圣礼还是通过普通仪式,在现代世界中显然依旧是强有力的。在此我们要避免一个简单的错误;那就是把宗教在我们个人生活和社会生活中的新地位(即我们应该因循我们自身的灵性意识这一框架性理解),混淆于我们将遵循什么路径的问题。这种新框架确实有一种强烈的个人主义成分,但这并不意味着其内容是个人化的。很多人会发现他们加入了极其有力的宗教共同体。因为那正是他们的灵性意识引导他们前往的地方。

当然,他们不一定会像他们的祖先那样容易地参与这些共同体。尤其是,后涂尔干式的时代可能意味着一种低得多的宗教忠诚的代际延续。但强烈的集体选项不会失去其追随者。也许,甚至相反的趋势可能会呈现。

严肃对待后一种观点的一个原因是,节日有着持续的重要性。人们仍在寻找那些能够融为一体的时刻,它们将我们带出日常生活,让我们接触超越我们自身的重要东西。这一点我们也见于朝圣,像世界青年日这样的大型聚会,像戴安娜王妃的葬礼这样具有高度共鸣性的事件,以及摇滚音乐会、欢宴节,等等。这与宗教有什么关系呢? 它们的关系十分复杂。一方面,其中的一些事件毫无疑问是"宗教的",这是在我讨论开始时所采用的意义上,即朝向某种公认的超越之物(前往默主歌耶朝圣,或世界青年日)。也许还没得到充分注意的是,宗教这一维度在今天依然有鲜活和广泛可见的方式,可追溯到轴心时代之前的最初形式,尽管许多世纪以来改革精英作了很多尝试,要让我们的宗教生活和道德生活变得更个人化、更内在化,要让世界祛魅并轻视集体。

在某些方面,这些形式很好地适应了当时的困境。正如年轻人在旅行中追求他们生活的信仰或意义那样,爱尔维优-雷杰指出了传统的朝圣如何在今天被赋予新的意义。朝圣同样是一种探索。在这方面泰泽团体的例子十分显著。泰泽是位于勃艮第(Burgundy)的一个跨教派基督教中心,其核心是一个围绕在已故的罗杰·许茨(Roger Schütz)周围的修士团体,每年夏季它都会吸引成千上万的年轻人从各国汇聚到此参

517

加国际聚会。这种吸引力部分来源于这个事实，即作为探索者他们被接收，他们"不会遭遇某种信仰的规范性机制，甚至也不会遭遇事先建构好的意义话语"来表达自身。然而与此同时，这个核心显然根植于基督教，根植于倡导国际理解与和解的价值观，而它们的宗教根源是通过研读圣经和礼仪得到探索。吸引年轻人的正是这整个组合，他们想要结识地球上其他地区有类似兴趣的人，他们想要探索基督教而不想有关于结果的任何前提。正如一位到访者所说，"在泰泽，在你提出问题之前，人们不会给你答案，重要的是每个人自己寻找答案。"

当然，泰泽的经验并不完全属于节日这个范畴。这里显然有对日常的超越，与更伟大之物的接触，对四海之内皆兄弟的感受，即便这种感受的来源并不总是上帝的父爱；但这种融合感并非无时无刻都十分突出。然而，它也不会全然不在场；泰泽经验的一个核心部分是一起唱歌，尤其是每个人用他/她自己的语言合唱该团体创作的圣歌，它是在民族和文化之间寻求和解的一个典型，也是和解的预尝。毫不奇怪，泰泽应该为世界青年日的发展提供一个模板；一种在本真性时代基督徒朝圣/集会的形式。[26]

518　那么摇滚音乐会和锐舞又如何呢？根据我们的标准，它们显而易见是"非宗教的"；但它们在祛魅的世俗世界也难以有合适位置。共同行动或共同感受中的融合，将我们带离日常生活。这些融合往往会产生出一种强有力的现象感，即我们正在接触某种更伟大之物，尽管我们最终要说明或理解这一感知。对世界持祛魅的观点需要一种理论来解释这种经验的持续力量。当然，这样的理论可以被发明；已有一些这样的理论：例如涂尔干、弗洛伊德和巴塔耶的理论。但依旧正确的是，参与者的心灵状态根本不是超脱的、客观化的立场，而据这种立场，内在的、自然主义的世界观之所谓的真理被认为是再显然不过的。先验上并不显然的是，在这些融合中所固有的对某种超越事物的感知，可以最终用自然主义的范畴加以解释（或搪塞）。节日仍然是我们世界中的一小片天地，在那里，（推定意义上的）超验事物会突然闯入我们的生活，尽管我们围绕秩序的内在理解已把生活安排得很好。

如果你将框架与内容相混淆，就很容易低估另一件事，即我们对自身原初灵性直觉的反应会以一定的途径持续到正规的灵性实践。我们的道路可能开始于瞬间的灵感、强有力的灵性亲和感，或瞬间耀眼的洞见，但随后可以通过某种也许要求很高的灵性操练而持续。它可以是默想；它可以是祈祷。由此形成一种宗教生活。可以说，这种路径在我们后涂尔干式的时代中正变得越来越明显和广泛。许多人并不满足于瞬间的感动！他们想要走得更远，他们在寻找这样做的各种方式。[27]正是这样的愿望引领他们进入那些乃是他们主要接触传统信仰形式的实践。[28]

如果从基督教国的撤退提供了理解我们当前处境的一把钥匙，如果信仰与国家/群体认同以及生活方式的关联在稳步减弱，即便只是作为部分结果，那么我们正在目睹探求的灵修和强制性权威的灵修之间的两极化；这里仍然有很多神秘之处和难以理解之处。很多人与他们祖先前去礼拜的教会保持了一定的距离，但仍未与之完全决裂。他们保留了一些基督教信仰，例如，他们与教会仍有一些名义上的联系，在某种意义上依然认同于教会：例如，在回答民意调查时，他们会说他们是圣公会信徒，或是天主教徒。社会学家被迫发明了新的术语来描述这种情况，例如"没有归属感的信仰"，或"弥散的基督教"（diffusive Christianity）。[29]这种情形在西欧尤其明显。

像现在这样的情况一直都存在。也就是说，在正统核心，即充分践行信仰的信徒周围，一直存在一群外围成员，他们的信仰会离开中心，直到成为异端，并且/或者他们的践行是部分的或碎片化的。我们在前面看到过这样的例子，即信奉"民间宗教"的民众依然部分地和很大程度上生活于"旧制度"的诸般形式中。事实上，创造出"弥散的基督教"这个术语就是用来指非官方的民间宗教，它是更现代的，但仍然不属于当时的时期，即在19世纪晚期和20世纪早期的英国。追随考克斯的约翰·沃尔夫（John Wolffe），就试图理解这种世界观的一种形式。它是——

　　一种模糊的非教条性的信仰：上帝存在；基督耶稣是好人和值得效仿的楷模；人们应该在与邻人慷慨友好的基础上过正派的生

519

活,这么做的人死后会上天堂。那些在此世受苦的人会在来世获得补偿。对待教会的态度是淡漠而非敌意的:教会的社会活动对社群有所贡献。主日学被认为提供了孩子们成长的必要部分,通过仪式需要正式的宗教许可。与教会关系的维持则是靠着出席某些年度节日和季节性节日,但每周参与敬拜被认为是不必要的和过度的。女人和孩子比男人定期参加礼拜的次数要多,但这并不意味着成年男性对教会抱有敌意;只是因为他们往往将自己看作家庭经济的主要来源,而觉得女人应当代表家庭在宗教领域的兴趣。重点放在实践和集体,而非神学和个体。[30]

也许,外围部分在 1900 年增大了,它所围绕的核心相比 1850 年前后——即福音派浪潮顶峰的时候——要稍稍小一些。但在任何成员较多的教会,一直存在外围之地,围绕着信仰和实践的中心区。只有与周围环境作斗争的小型而坚定的少数派教会,才能保证百分百成员的百分百坚守。在更早的时期,不那么正统的外围部分,更多是在围绕教会礼仪和节日进行的民间宗教、半魔法式的信仰和实践方面。如萨拉·威廉姆斯的工作表明,当中的一些信仰和实践甚至存活到 20 世纪初,虽然 1900 年左右"弥散的基督教"就其本质而言与早些时候的宗教外围区域有所不同。但那还是外围区。当你比较英国基督教的这些不同阶段时,沃尔夫认为,有"可作判断的基础,即在 1900 年前后英国人比起他们历史上的任何时候都更靠近基督教正统,即使是在扩散的和被动的意义上"。[31]

那么 1960 年以来发生了什么? 显然,外围区的某一部分已经丢失;现在人们清楚地站在基督教信仰之外,不再认同于任何教会,而那部分人在以前是在外围区域的(或他们的父母曾如此)。他们中的一些人有意识地采纳了一些完全不同的观点,例如唯物主义的,或非基督教的宗教。这一转变部分反映在,宣称自己没有宗教信仰的人数在上升。但这还是没有解释,何以依然有大量的人宣称自己依然相信上帝,和/或认同某间教会,即便他们与一个世纪前"弥散的"基督徒相比,与教会距离更远。例如,他们的观点更偏向异端(上帝常常被构想为是一种生命力),

他们不再参与许多通过仪式,如洗礼和婚礼。(英国的情况与德国不同,在英国,宗教葬礼比其他仪式坚持得更好一些。)

换言之,与教会以及正统基督教的某些方面的脱离或疏远,较多地采纳了格蕾丝·戴维所说的"基督教唯名论"的形式。坚定的世俗主义"仍然是一个相对小众的信条⋯⋯在信仰方面,唯名论而非世俗主义才是残留的范畴"。[32]

如何理解这一点尚不清楚。大量类型各异的矛盾存在于这种有距离的姿态,即戴维所说的"没有归属感的信仰"。正如世俗主义者所称,这只是一种转变过程中的现象。对一些人来说,毫无疑问。但它适用于所有人吗?

从某种意义上来说,这种现象最好用基督教集体生活的往昔形式来描述。它所处位置,不同于"弥散的基督教",后者本身与全心全意的实践模式有一定距离。它依然在围绕这颗恒星运行,尽管这恒星相距遥远,但仍然是一个关键的参照点。这样,动员时代的形式依然活跃在当代生活的边缘地带。这一点在某些时刻变得非常明显,例如当人们感受到要与他们的往昔相连的时候;以英国为例,在诸如英国女王登基周年庆典或皇太后的葬礼这样的皇家典礼的时候。此处,那仿佛是原来的新涂尔干式认同施展出全部力量,将英国人风格与某种形式的新教基督教联系起来,奇怪之处在于,圣公会被允许为每一个人(甚至是天主教徒!)举行仪式,重温某一日。在这些场合,我们的偏心轨道(通常将我们带到远至外太空的地方),又在接近原始太阳的地方经过。这就是我早前提到的某一事实的部分意义,即我们的往昔无可挽回地处于基督教国之内。同样的时刻最近也发生在法国,那里在庆祝克洛维(Clovis)国王洗礼一千五百周年。各路"世俗的"人物都在抱怨,但仪式照样进行。历史是难以否认的。

另一类场合发生于灾难降临的时刻,诸如 2001 年美国的"9·11";或1989 年 4 月在英国发生的希尔斯堡(Hillsborough)足球惨案,当时死了九十四人,绝大多数是利物浦的球迷。格蕾丝·戴维描述了利物浦惨案之后的仪式。[33]最近德国又一次发生了类似的惨案,2002 年 4 月在埃尔福 521

特(Erfurt)发生了一起校园屠杀。此刻在前东德,这个礼仪水平已下降到比世界其他地方都要低的地区,人们涌向通常寥寥无人的教会。当载有很多瑞典人的渡船爱沙尼亚号(Estonia)在波罗的海沉没时,类似的事情发生了;瑞典的教堂排满了前来参加追思礼拜的人。[34]

当然,有一些同时包含以上两种因素的事件,如 1997 年对戴安娜王妃的哀悼和她的葬礼。

因此,人民大众的宗教认同或灵性认同似乎仍然由他们通常保持了相当距离的宗教形式来定义。要说清楚这一立场,需从其内部来描述它,我们还需要做些尝试,可以说,这类似于沃尔夫在上面引用的段落有关"弥散的基督教"所做的尝试。这里也许还有我们可用的另一条线索。一个人与其仍然承认的灵性要求保持一定的距离,这样的立场毕竟是众所周知的。著名的奥古斯丁祷词"主啊,请让我贞洁,但不是现在",就部分概括了这一立场。但它一般没有那么戏剧化;在我们的生活中我们全都有重要的事情需要继续去做,我们感到我们无法把全部的注意力和精力投向灵性或道德上的要求,尽管我们认为这些要求某种意义上是生效的,而且也会因别人更充分致力于这些要求而敬慕不已。

我们对这些要求的依附之出现,在于我们不想忽略它们,不愿否认它们,或看到它们被别人诋毁。这可能是有些人在回答调查问卷时自称信仰上帝(或天使、或来世)的部分原因,即便他们没有让小孩在教堂受洗或在教堂结婚,或做其他明确表明此信仰的事情。它也可以解释,为什么同样这些人会被另一些人的行为所感动,那些人确实彰显出他们与灵性源泉的关系。用我早前讨论中的语言来说,人们也许保留着对某个转变视界的依附,尽管他们当前还没有根据此视界行事为人;他们甚至发现自己时不时会忘记它。可以说,这种接收里里外外都减弱了,就像在农村接收城市的调频电台那样。当他们看到或听到人们的生活看似真的被这些转变的源泉所触动时,他们也会被深深地感动。这时候,广播嘹亮而清晰。他们被感动了,并奇妙地对此心存感激。我还记得对教宗约翰二十三世(John XXIII)的生活、尤其是对他去世时的反应。这些反应往往远远超出了天主教会的边界。我们处理的是一个不局限于宗教领域内的现象。像曼德拉（Nelson Mandela）这样的人物也唤起了人们同样的肯定和感激。

也许我们在此需要一个新概念，它可以抓住这一现象背后的内在动力机制。格蕾丝·戴维和达妮埃尔·爱尔维优-雷杰在她们的著作中似乎已在朝此方向努力。我们也许可以借用戴维的术语"间接经验的宗教"（vicarious religion）。[35] 在此她想要捕捉的，是人们与一间教会的关系，他们与教会保持了一定距离，但在某种意义上他们仍然珍视此教会；他们想要在那里，部分是作为他们祖先记忆的持有者，部分是应对未来之需的资源（例如，他们需要通过仪式，尤其是葬礼）；或在面对某些集体灾难时作为安慰和方向之源。

在此情形中，我们也许不应该简单地讲论新涂尔干式认同的失落，或因着我们对文明秩序的忠诚而导致与宗教关联的失落，而是应该把它描述为一种突变。在我们的民族认同（和/或文明秩序感）中，宗教参照点与其说是消失，不如说是变化，即退到有一定距离的位置。它在记忆中仍然是强有力的；但也作为灵性力量或安慰的一种储备。它从"热"形式突变为"冷"形式（此表述改编自麦克卢汉［Marshall Mcluhan］）。热形式要求一种强烈的、参与式的认同，和/或一种将基督教作为道德秩序堡垒的敏锐意识。冷形式允许就历史认同存有某种模糊性，以及与基督教的正式道德存有一定程度的异议（目前最强烈的异议存在于性道德的领域）。

以英国为例，在体面的英国人与基督徒之间形成综合是原初的热形式，但在 20 世纪却毁于多个因素，其中首先是因着第一次世界大战的经验。就欧洲一般的场景来说，经过两次世界大战，热烈的、好战的民族主义遭到极大的信誉损失。但对民族认同和文明认同并没有就此消失。新的、羽翼未丰的欧洲认同，在它存在的地方，就结合了这两个维度；欧洲是一个超民族的共同体，此共同体要按特定"价值观"来定义。但旧的种种认同采取了一种新的形式，包括面对昔日的"热"变体的断言时所带有的距离感、被动感，尤其是某种恶心。

事实上，受过教育的、有教养的欧洲人对于强烈的民族主义或宗教

522

情感的任何公然表示,都会感到极不舒服。他们与美国人在这方面的反差常常被人提起。此处,值得关注一下世俗化理论中的一个最具争议性的话题,即"美国例外论"——如果你愿意,从更广的视界来看,也可以是"欧洲例外论"。不管以哪种方式来说,我们都要面对欧洲社会一种急剧的衰退,尽管形式不一,但美国没有发生类似的情况。如何解释这种差异呢?

❧ 9 ❧

已有一些不同的尝试。(1)例如,布鲁斯将宗教在美国的强势部分
523 归结于美国的移民背景。一些移民需要与那些有类似来源的人聚集在一起,为的是缓解他们过渡到美国社会的不适。聚集点往往是一个共享的宗教,主要的机构就是教会。[36]

但这种解释结论下得过早。为什么移民这件事要与成为教会成员和参加礼拜合成一体呢? 想法一定是,教会是可以、且易于获得的支持团体。但证据表明教会并不总是这样看。事实上,移民可能产生相反的效果,就像农民从农村进城所常常发生的情况那样。这个现象非常普遍,就连有些世俗化理论也会有这样一条基本规则:流动性就像教育和工业发展一样,往往会让一群人"世俗化"。

但事实上,这里没有一般规则。同样的人群来源,例如意大利南方,可以把人送到不同的目的地,如意大利北部、阿根廷和美国,并伴随着不同的结果。

> 20 世纪之交从意大利南方农村来的移民……当他们迁移到意大利北部的工业中心或信仰天主教的阿根廷时,他们往往采纳反教权的社会主义者和无政府主义者身份,而当他们迁移到美国的都市工业中心时,他们却成了"更好的"参与信仰活动的天主教徒。你可以在目前伦敦的印度移民和纽约的印度移民,或巴黎讲法语的西非

穆斯林和纽约讲法语的西非穆斯林之间做类似的对比。[37]

是什么造成了这种差别？我们又被抛回到原初的问题。在两种目的地社会的"社会想象"中存在一些差别，我特别是指各自对宗教在社会中地位的理解。我们似乎回到了起点；但如果进一步探讨这种差异，我们或许可以走得稍远一些。

美国社会从一开始就将整合各种不同因素当作自身的目标。"合众为一"是它的信条。当然，最初这些因素指的是各州。但很快，整合的模式之一就是关乎"宗派"。随着老的制度教会遭到冷落，人口被分散到许多教会中，但统一还是得到了恢复，此乃因着将所有这些教会视为更广的"教会"的一部分，而此"教会"，如前所述，则将人民相互连接于共识的"公民宗教"。最初它只包括信仰新教的基督徒，那些新移民、尤其是天主教徒普遍感觉自己是可疑的"美国人"。但不知怎么的，共和国力图扩大其基础，而在 20 世纪，天主教徒和犹太教徒开始被看作包含在内了。

这意味着，美国人之所以能够理解他们在社会中融合到一起而不论信仰差异，乃是因为这些信仰本身被视为与此共同的公民宗教处于共识关系。去你自己选择的教堂，但如果感觉那里不好就走人。后来这扩展到包含犹太会堂。当阿訇与神父、牧师与拉比开始一起出现在早餐祷告会上时，这就表示伊斯兰教徒也被邀请加入这个共识。 524

这意味着，一个人可以经由其信仰或宗教而被融合为一个美国人。这与雅各宾派-共和党人"政教分离"的原则形成鲜明对比，在那里，整合是靠着忽略、降格或私有化宗教认同而发生的。

在美国，接受这一经适当扩展的旧整合准则已是相当大的共识，这个事实有助于让移民的少数族群通过突出他们的宗教身份认同而更深地进入美国社会。这对一些少数族群来说变得十分正确，因为不然的话他们就会被按照种族来看待，虽说种族识别也是美国多样性的另一个重要维度，但种族关系往往是不好对付的，并容易引起冲突。

美国社会的一个关键特征（此特征也许有助于解释美国例外论）是，它有通过宗教身份认同进行整合的长期而积极的经验，而在欧洲，这些身份认同一直是分裂因素：要么是国家教会与不从国教者之间的分裂，要么是教会与世俗力量之间的分裂。但这一相对积极的经验也与多样性的另一维度、即种族并行，而后者仍然问题重重。事实上，"白人"这个概念在美国历史上也已历经变化。一些先前被排除在外的群体，如皮肤黝黑的南欧天主教徒，最终进入了这个范畴，恰恰是因为他们的信仰被包含进了公民宗教的共识中。[38]

所以在这里起作用的不是（或主要不是）移民的困境（例如，需要社交网络，等等）；关键因素是此接待社会的一个结构性特征，即它的整合方式是通过宗教认同。但这一历史经验本身开始用来解释美国与欧洲的差异。

（2）另一个使得欧美不同的重要因素也许是欧洲社会的等级性。例如，英国的精英，尤其是知识分子，自 18 世纪以来一直生活在一种断裂的文化中；显著的不信虽则在某些以强烈敬虔为特征的时期也许稍稍显得低调，但总是存在。如今在美国的知识分子中间也许依然如此，但不信在各自社会中所占据的位置则非常不同。在恭敬的英国社会，精英的生活方式是享有盛誉的，这是美国社会所不具有的。这意味着精英的不信既能更有效地抵制顺从，也能更容易地为其他阶层的人做出表率。其他欧洲社会与英国有类似之处，它们在这方面都与美国不同。[39]

精英为整个社会奠定基调，定义其"宗教想象"的能力，可能是一个非常重要的因素。美国的学术界或许与它的欧洲同行一样弥漫着深深的不信氛围。当然，例如在社会科学和历史学中，基本的假设似乎同样是世俗主义。但在美国的例子中，这种情况对更大社会中的多数人几乎没有什么影响；而在欧洲国家，精英的观点似乎定义了有关宗教地位的普遍可接受的图景。宗教正在稳步衰落这个主流世俗化故事似乎已深入到欧洲公众的内心——这是我在此予以反驳的，但美国某种程度上与此不同。

大西洋两岸这些不同故事的力量，似乎显现于民意调查的一个特征中。人们已经注意到，在确定宗教参与度（比如一个人去教会的频率）的调查中，美国人往往夸大他们的出席率，而欧洲人则往往低估它。在这个层面上，人们对什么应该"正常"发生的某种意识干预了调查的数据。但也许不止于此。或许认为宗教正在衰落且这是"现代性"的一个特征的感觉，不仅让人们轻视他们的宗教信仰和参与，而且抑制了人们的信仰和宗教实践。对世俗化理论的信仰在此部分扮演了"自我实现的预言"的角色。[40]

（3）但美国例外论的核心也许在于，这个社会从一开始（如果我们撇开"老字号"的英联邦国家）就是完全按照新涂尔干式模子塑造的。所有的欧洲国家都有某种"旧制度"或旧涂尔干式因素，也许已退化到有名无实的地步，就像围绕在君主立宪制周围的礼仪那样；但通常足够重要——例如国家教会的存在，或有着"乡土宗教"的农村共同体的存在。尽管当我们从西班牙转向英国或瑞典，我们会看到旧与新的比例非常不同，但所有欧洲国家都包含着两种模式的某种混合，而美国的宗教生活则完全处于动员时代。

这意味着，源自旧制度体系的动力机制将以不同程度发生于所有"旧世界"的社会。其中之一是在一个不平等的社会背景中针对国家教会的反应，让建制宗教与权力和特权结盟这一诱惑几乎是难以抵御的。这不会不产生反教权的种种反应，考虑到自 18 世纪以来无求于外的人文主义选项已是唾手可得，反教权反应会很容易转变为好战的不信；这就可以被用来引导民众对神职人员不满的力量。我们看到这种机制在法国和西班牙上演，甚至在某种程度上扩展到了普鲁士。另一方面，在英国，我们看到，更流行的反教权在"不从国教"上找到了表达。但即便在此，在诸如托马斯·潘恩（Tom Paine）和古德温（Godwin）这样的人身上，开始了另一股潮流；然而这种观念对早期美国史并没有产生相同的影响。一系列令人印象深刻的自然神论的创始人——其中最有代表性的是杰斐逊——留下的印记，看似在很大程度上已被第二次大觉醒抹去了。

在这些例子中显得重要的另一个动力机制是，一度和同时影响旧制度形式和动员形式的振动对宗教信仰产生的扰乱效应，显然大于单单针对新涂尔干式体系的挑战。如果正在被转变为法国人的农民只能靠着

526

种种新涂尔干式动员模式而幸免于不信,那么,这些模式的损毁就对宗教信仰或至少对其实践具有更深刻的动摇效应。另一方面,在一个社会中,如果向动员时代的转型不需要信仰有任何重要的跌落就得以完成,那么损毁先前主导的这种动员模式的效应显然要小得多。

(4)也许,为了让美欧差异这个问题提得更尖锐些,我们不妨这样来提问。我在这里的论证主线是,60 年代的文化革命动摇了先前的宗教形式,因此而有新形式的发展。新兴的强有力的本真性伦理,与性革命一道,以两种不同方式倾覆了在 19 世纪和 20 世纪早期强有力的宗教形式。首先,它损毁了信仰与政治认同的新涂尔干式结盟;其次,它削弱了宗教信仰与特定的性道德之间的紧密关系,这是宗教与所谓承载文明的道德的重要融合之一。

因此,我们的问题可以这样来提出:为什么是在欧洲而不是在美国,这种失稳导致宗教忠诚和实践的下降,甚至某种程度上导致宗教信仰的下降?

就美国的情况而言,至少答案的一个方面映入我们的眼帘。在美国,对松开宗教、政治认同与文明道德这三者纽带的抵制十分强烈。事实上,依然很强劲的美国爱国主义把美国视为"上帝庇护之下的国家",而某种"家庭价值观"对它的伟大来说必不可少。人们时刻准备反击那些改变美国本质的做法。这是一种在美国依然强有力的宗教模式。

相比之下,宪法-道德的爱国主义,即我在上面所说的国家、道德和527 宗教三者间的主导性综合体,早些时候在英国和美国非常相似,但在英国没有那么强烈,事实上,它在英国遭到更为强烈的质疑。第一次世界大战后尤其如此,因为英国社会遭受的创伤比美国社会更严重。如我前面所说,这场大灾难所代表的对英国文明的挑战,在很多人看来是对其信仰的挑战。新涂尔干式的效应曾产生了这样的强烈感知,即每个人都分享一种特定的道德或灵性规范,而且这是据以理解我们强烈的集体道德经验的方式,但这种感知在此时的英国衰退得特别厉害,并弱化了那种规范;而在美国,部分地出于我刚刚提到的原因,很多人觉得通过加入某间教会你能够显示你的美国人特征。在这方面,依上述论点,其他欧洲社会与英国类似,都有相同的历史经历,结果也类似。[41]

　　针对这一论点有三重攻击,而这些攻击是1950年代的家庭-宗教-爱国主义综合体在民权、越南战争和表现主义革命时期所遭受到的。这三重攻击给美国造成的影响与第一次世界大战对英国造成的打击不是很相似吗? 也许吧,但可能不是每个人都这么看。事实上,对这一时期的不同反应似乎是当代美国政治之"文化战争"的基础。似乎是,信仰、家庭价值观和爱国主义的融合对一半美国社会依然极其重要,他们沮丧于看到此融合受到挑战,既在其核心价值观上(例如,为堕胎或同性婚姻而斗争),又在他们的信仰与政体的关联上(为学校祷告以及"上帝庇护之下"这句话等等而斗争)。

　　此外,很多美国人,甚至那些非右翼美国人,仍然对美国是"上帝庇护之下的国家"这种观念觉得非常自在。对这种认同觉得不自在的人,主要在大学和(某些)媒体畅所欲言,且占据主导地位,但人数并不很多。对那些非基督徒和非犹太移民群体来说更是如此,他们也许被认为是那些想要抵制对美国认同进行圣经编码的人的天然盟友,他们自身急于被团结进适当拓宽的美国身份认同。现在阿訇、神父、拉比一道出现在公共祈祷中,这种泛宗教的团结尤其出现在危机或是灾难时刻,正如在"9·11"之后。

　　换言之,宗教认同在国家整合上的持续重要性让大多数美国人仍然乐于称呼自己的国家是"上帝庇护之下的国家",即便他们在有关上帝应该管辖的领域,如堕胎或同性婚姻等问题上争论不休。"蓝州"(blue states)的很多投票者,也大多是主流教会的成员,他们虽对宗教右翼极端分子深恶痛绝,但仍然高兴地赞同宗派和谐共存的神圣信条。

　　这在一定程度上是在美国信仰某些宗教的人数与在欧洲有巨大差别的结果。但这还与对待民族认同的不同态度有关。欧洲在20世纪下半叶对其昔日的民族性一直缄默不语;20世纪上半叶的事件解释了原因。欧盟建基于超越早期形式的尝试,因为充分意识到它们曾是何等具有毁灭性。自我褒奖的民族主义之高声鼓噪的声张,现在只保留给了极端右翼,而其他人都认为这种极端声音代表着一种瘟疫,一种可能致命

528

的疾病,是反欧洲的。战争,甚至"正义的"战争,作为民族事业之优越性的表达,让绝大多数欧洲人深感恐慌。

与之相当不同的是美国的态度。这可能部分是因为跟欧洲伙伴相比,美国人需要掩盖的不可外扬的丑事比较少。但我认为,这个答案太简单了。当你拥有霸权的时候,更容易对你自身的正确性有着完全自信。丑事是有,但它们可以被果断地忽略,尽管一帮学者还在努力研究"历史战争"。大多数德国人想起第一次世界大战的口号"上帝与我们同在"时,都会感到尴尬不安(至于第二次世界大战,则少说为妙)。[42]但大多数美国人对上帝站在哪边几乎毫不怀疑。在这个语境中,传统的新涂尔干式定义更容易被接受。[43]

所以,根据我在几个段落前的讨论,"公民宗教"这种传统的美国综合体,即原本围绕非宗派的基督教、并与文明秩序紧密联系的一种强烈的新涂尔干式认同,仍然是一个"热"词,这与其英国对应部分不同。这种原初的公民宗教逐渐走向比其新教基础更宽的领地,但现在它走到这样一个阶段,它与文明秩序的关联依然强劲,但它与宗教的关联正受到范围广泛的世俗主义者和自由派信徒的挑战。像禁止学校祷告、堕胎或更晚近的同性婚姻的议题就带来剑拔弩张的争论。我在前面谈到过"文化战争",但另一个近义词也许是"法国人与法国人的斗争",这是相同国家认同下两种强烈对峙的意识形态编码之间的斗争,在这个语境中,民族主义(虽说不上大国沙文主义)仍然是强劲的。这是导致残酷斗争的方法。[44]

(5)这只是答案的一半。另一半是,有些人愿意转向后涂尔干式立场,并且批评传统的性道德,对他们来说,美国宗教多元化的历史给了他们一个模式,允许有更加个性化和实验性的宗教形式的众多选择。在20世纪的文化革命之前,威廉·詹姆斯著名的百年旧著已经向我们提供了很多这样的例子。[45]换言之,摆脱了新涂尔干式的和道德主义模式的种种宗教生活,在美国场景中已是常见的和熟悉的。想要在这些方面进行探索的人有例可循。

自19世纪初,美国已是宗教自由之地,并以非常美国化的方式来表

达,亦即这是一个有宗教选择的国家。人们自由流动,形成新的宗派,加
入并非成长其中的教会,与现在的教会脱离,等等。他们的整个宗教文
化在某种意义上已经为本真性时代的到来做好了准备,甚至早在本真性
成为 20 世纪下半叶大众文化的一个方面之前。不错,本真性伦理在
1960 年代之前就已经存在于大西洋两岸的文化精英中,但即使在战后大
学扩张之前,美国受教育的人数所占比例还是更大。

这整个转型因此在美国引起的动荡要更轻微。相比之下,在欧洲,
可供更新颖的后涂尔干式诸般形式参考的先例非常稀少,或者根本就没
有。例如,我们只要想一想德国和法国,在这些地方新的"教派"(cults)
令人深感恼怒。当宗教不再采取法国无神论者一贯痛恨的天主教形式
时,他们甚至有点恐惧。

这个问题的大部分答案已经从我以上的论证中呼之欲出了。我承
认我对这个答案只有一半满意;或者更确切地说,只有四分之三满意。
我认为,我的有关美国的推理是对的;在欧洲,新涂尔干式反应之缺乏,
在我看来是恰当的和可理解的。但有人依然会问:为什么欧洲人在创造
新形式上不像美国人那么有创造性? 为什么他们不复制美国模式,毕
竟,在这个快速沟通和国际旅行便利的时代,这些模式并非不被知晓?

也许,答案只能从一些长期因素中来寻找。其中一个因素可能是我
在上面提到的旧制度在欧洲投下的持续的历史阴影。国家教会(或国家
建立的跨国教会)的霸权仍然在影响人们的世界观,即便它们不再发挥
任何主导作用已有数百年了;甚至在像英国这样宗教多元化对霸权有消
减作用的地方也是如此。然而,即便它的遗迹在美国也不存在。这可能
决定了本真性伦理对两个大陆的影响。在美国,这种新价值可以轻而易
举地与宗教的表达方式结合起来,而在欧洲,人们更容易把宗教与权威、
与顺从全社会的准则联系起来,更不用说人民之间的敌对分裂和暴力
了。对包括年轻人在内的许多人来说,教会和宗教仍然背负着屈从和服
从的重担,而对很多美国人来说,这种意义早已不复存在。在这种情况
下,寻找自身道路的号召在欧洲相比在美国,注定要引导更多的人去追

寻宗教以外的意义形式。

530

此外,将宗教认同于本真性的敌人也促进了对世俗化叙事的信赖,也就是说,自律的增长以及自由追求的身份认同注定导向宗教的衰落。对此叙事的普遍承认反过来促成了宗教信仰和实践衰落这个自我实现的预言。

在此我要坦承,我是在黑暗中探索。对这种差异完全令人满意的叙述——某种意义上说,这是世俗化理论所面临的关键问题——我还没有找到。[46]

❧ 10 ❧

也许我可以尝试将讨论的一些线索串在一起。我一直在试图描述我们如何从 18 世纪(局部)精英的不信走向了 21 世纪(更广泛,但还是局部)的不信以及对宗教的不满和疏远。这将我带入世俗化理论的领域;在此我宣布了我与"正统"版本的分歧,以及我对"修正主义"历史学家和社会学家的批评的赞同。我们并不是在处理信仰/实践上的线性回归(我不是在谈论统计学!),即由"现代性"与宗教信仰某些特征的不相容所导致的退行。我不接受常常看似世俗化主流叙事背后有关人类动机的潜在假设。尤其是,我认为,宗教渴望,即不止于内在的转变视角的渴望和响应,也就是尚塔尔·米隆-德索尔(Chantal Milon-Delsol)所说的"永恒的渴望"(désir d'éternité),[47]仍然是现代性的一个强有力的、独立的动机来源。[48]

尽管如此,很明显的是,信仰及其实践上的衰落已经发生,除此以外,信仰在早几个世纪所享有的不受挑战的地位也已丧失。这是"世俗化"的主要现象。但我们仍需理解,此现象究竟包含哪些内容。就某种方式而言,我的论题,为了追求简洁,或许也会被建构为另一个"化减故事"。这可能包括,一时忽略此过程各阶段如何参与对认同、社会想象、制度和实践的新建构。但是,如果我把焦点放在消极方面,就将更清楚地显明我与主流理论的对比。

循此,我们可以很概括地问:在公元 1500 年,是什么阻止人们(也即,几乎所有人)采取不信立场? 一个答案是:迷魅的世界;在一个充满神灵和魔力的宇宙中,有一些神灵和魔力是恶的和有害的,一个人必须紧紧抓住的,是看为善力的主要倚靠,以此作为抵抗恶的堡垒。另一个答案是:那种信仰如此交织于社会生活,以致一方缺失另一方就难以想象。 $\quad$531 这两个答案最初是相关联的:交织在某种程度上包括对善的集体运用,神圣力量用来抵御灵性世界的诸般危险;诸如教区巡勘边界的仪式就表明了这一点。

消极地,并完全撇开涉及其中的解释,其间的几个世纪已历经迷魅宇宙的分解(某些迷魅信仰要素还在,但它们并不形成一个体系,只是被各处的个体所持守,而不是社会共享的了)。于是,在现代道德秩序的背景下,不同于信仰的可行选择就切入其中,此选择就是无求于外的人文主义形式,随后,信与不信的种种立场都成倍出现,也就是我所说的"新星"效应。这就挑战、损毁、瓦解了早期社会形式,在那里,上帝的临在植根于社会空间:旧涂尔干式的和更普遍的"旧制度"形式。起初,这种衰落的主要受益者,是动员时代的新涂尔干的形式和其他形式,踩在脚下的是旧制度结构和社群的废墟。但接下去的发展也损毁着这些形式,连同文明必须以基督教来奠定秩序这一论断。我们所生活其中的社会,已不再以这样的普遍感知维系,即信仰上帝是我们(部分地)享受有序生活的核心。[49]

这是一个多元的世界,其中信与不信的许多形式在竞争,因而彼此脆化。在这个世界中,信仰已经失去了很多社会基层,那些基层曾让信仰显得"人尽皆知"和不可挑战。当然不是全部;依然存在着信仰在其中乃是"默认"答案的一些环境:除非你对此信仰的对立面有着强大的直觉,那么在你看来你就应该继续维持此信仰。但随后我们也有了不信在其中接近于默认答案的一些环境(包括学界的重要部分),由此增加了全面的脆化。

假如我们想要把这种叙述作为"化减故事"继续下去,也许可以说,世俗化已经最终带来一个"平坦的运动场";在这里,世俗化的定义是按照信仰的社会环境的失落,以及信仰的没落和脆化;之所以称"平坦",乃是因为这些社会环境先前给予了信仰以优惠和优势地位。但这种想法是荒谬的,因为我们实际拥有的根本不是运动场,而是凹凸不平的地带;其中有很多斜坡,但它们并非全都朝同样方向倾斜。圣经地带(Bible Belt)的斜坡不是城市大学的斜坡。

我们可以说,这是这样的世界,在其中,信仰的命运相比以前更加取决于个体强有力的直觉,这直觉向他人传播开去。这些直觉对他人来说远非不言自明。对包括许多信徒在内的一些人而言,这一划时代的发展看起来就像是基督教的退却。对另一些人来说,基督教国的撤退则有失有得。集体生活的一些伟大成就消失了,而我们与上帝关系上的困境之532　其他侧面则开始浮现;例如以赛亚谈到一个"隐藏的上帝"(hidden God)时所指的方面。在 17 世纪,你必须成为帕斯卡尔才能明白这是什么意思。但现在我们每天都在经历它。

这种多元主义和相互间的脆化之结果,常常是宗教从公共空间退出。从一方面来看,这是不可避免的,而在这种情况下是好的。正义需要现代民主政权与不同信仰立场之间保持相等距离。一些公共机构的语言,例如法院的语言,要摆脱不论来自哪种信仰立场的前提。我们通过基本从现代道德秩序中产生的政治伦理、民主和人权等观念凝聚在一起,各种不同的信仰共同体和非信仰共同体基于不同的理由来认可它们。我们生活在一个由约翰·罗尔斯(John Rawls)所描述的"重叠共识"(overlapping consensus)的世界中。[50]

但从另一方面来说,按何塞·卡萨诺瓦(José Casanova)已论证的,[51]公共广场的宗教话语是非常多的。民主要求,在公共辩论中,每一个公民或公民团体可以使用对他们来说最有意义的语言。审慎可能要求我们以他人都能接受的术语来表述,但这种要求也许是强加给公民言论的不能容忍的要求。随着生活在基督教世界感知的衰退,我们认识到,根本没有属灵之家为整体负责或为整体代言,将会有越来越强的自由感知,去说出我们自己的想法,在某些情况下,这些言论将不可避免地用宗教话语来表述。

我相信,这种发展是一个表面上的悖论的原因,该悖论是格蕾丝·戴维注意到的;恰恰是在后 1960 年代的巨大衰落之后,某些圣公会主教才开始强烈地介入对撒切尔政府的公开批评。[52] 也许我们可以说,正是此般急剧衰落之后,圣公会的领袖才挣脱了作为国教的精神重负,可以自由地说出他们的心声了。

作为主叙事(master narrative)的消极故事主要就说这些。但我们可以添加一个补充叙事,它强调当前这些灵性探索之积极特征。用"积极"一词,我的意思并不是我们必然想要赞同的那些特征,只是说,我们不把焦点放在我们的时代已经挪开的东西上,而是放在概括这时代的东西上。这里非常突出的是拉丁基督教国的长期航程,它稳步走过五百年,朝向更加个性化、更加坚定形式的宗教敬虔和实践。我们今天所看见的探索灵修可以被理解为此航程在本真性时代采纳的形式。同样长期的趋势(该趋势产生了规训的、有意识的、忠诚的个体信徒,加尔文主义者、詹森派信徒,敬虔的人文主义者,循道会信徒,并且稍后为我们带来"重生的"基督徒),现已产生今天的天路寻求者,他们试图辨别出并遵循他们自己的道路。北大西洋宗教的未来一方面取决于这一系列此类探索的连锁成果;另一方面取决于在探问模式与传统宗教权威中心之间(即伍斯诺所说的固定者与探索者之间)将发展出何种关系,是敌对关系、冷漠关系,还是(所希望的)共生关系。

对一些人来说,这不是一个鼓舞人心的想法。不论宗教信仰与实践处于什么水准,在一个高低不平且斜坡很多的竞技场上,信与不信的不同形式之间的论辩仍将继续。在这种辩论中,信仰模式处于不利地位,这是因为人们记得它们先前的主导形式,而在许多方面,这些主导形式与时代风气背道而驰,至今遭到许多人反抗。另一个因素使之更为不利,即碎片化探索氛围带来的意想不到的副产品:即这一事实,宗教实践的衰落意味着新生代人通常已失去与传统宗教语言的接触。[53] 如保罗·瓦拉迪耶(Paul Valadier)所说,"在很多情况下,缺失的是对宗教意义的敞开，对什么是信仰的某种最起码的理解，对神圣或上帝的某种最简单的经验，信仰不是纯粹的荒谬，而是某种合理的和激动人心的方式……能够借以预感到宗教世界的某些东西的姿态本身。"[54]

另一方面，对不信形式不利的是，有一系列纠缠不休的不满——不满于现代道德秩序，与之相伴随的规训，其种种乌托邦形式的快速淘汰，以及一种持续的感知——还有更多。这些不满可以把人们遣向四面八方，包括那些内在论的反启蒙立场，但它们也可以开启通往信仰的通道。这就是上面所说的，信仰的一个劣势有其积极的反面。事实就在于，信仰的形式并不绝对地符合这一时代的精神；在此精神中，人们感到窒息，感到想要逃离；还有这一事实，信仰让我们接通横跨不同时代的如此多的灵性通道；随着时间的推移，这将不断吸引人。这是一场持续的斗争。

拉丁基督教的中心地带——即西欧（与其在南北美洲的偏离中心的地区构成对照）——未来非常不清晰。许多人与信仰的传统语言越来越失联，似乎预示了一个衰落的未来。但此失落引起了对灵性生活恰当形式的追求，而且追求力度很大，这可能是充满希望的。也许，欧洲宗教认同之"酷"（cool）阶段可以用略微类似于米哈伊尔·爱泼斯坦（Mikhaïl Epstein）描述苏联解体后的俄罗斯情形的那些术语来解释。

在两篇有趣的论文中，[55]爱泼斯坦引入了"最低限度的宗教"（minimal religion）的概念。他还谈到一种重叠范畴，即有这样一些人，他们在宗教忠诚的调查中宣称自己"只是基督徒"，相比之下，另外一些人则声称自己属于或这或那的基督教教派，比如东正教或天主教。在爱泼斯坦看来，这种宗教立场是"后无神论的"；它有两层意思。这些人是在好战型无神论政权下长大，这一政权否认和压抑所有宗教形式，因此他们与所有教派选项都是等距离的，都同样不了解。

"最低限度的宗教"是一种灵性，它实践于一个人直接的圈子，包含了家人和朋友，而不是实践于教会，这个人尤其意识到殊相，既在个体的人身上，也在我们周围的地方和事物。为了回应对"遥远的人"（distant one）的普遍主义关切（这是在马克思的共产主义中所强调的），这种灵性试图在分享我们生活的那些特殊人群中尊崇"上帝的形象和样式"。[56]

534

但因为这种宗教产生于任何教派体系之外,有它自身的普遍主义,一种自发的和缺乏周密思考的普世论,在这种普世论中,多种灵性形式和崇拜形式的共存被认为是理所当然的。即便以这种灵性探索开始的人最终也会加入一个教会,像许多人那样,他们仍然相当程度上保留了他们的原初观点。

一个"最低限度的宗教"的信仰者,一般来说或早或迟会加入一种特殊的宗教传统,成为一个正统的基督徒、一个浸信会信徒或一个犹太教徒。但在经历过与空洞、与旷野的共鸣空间之后……他/她保留了这种永远敞开的新感觉。正是在那里,在灵性废墟中,没有任何准备、洗礼、教理问答,上帝突然抓住了他。

人们可能会推测,这种朝向宗教革新的趋势会主导 21 世纪俄罗斯的精神。无神论之前的传统之恢复,是目前(1995 年)宗教复兴的焦点,但无神论的过去,对旷野的经验,不可能消失得无影无踪,这种"空洞"(the void)的痕迹会在对灵性完满的追求中显示出来,超越历史上诸般教派的界限。那些在旷野中找到上帝的人,感到现有的礼拜堂围墙对他们来说太过狭窄,应当扩大。[57]

也许,对"后世俗的"欧洲的处境,也可说些类似的论述。我用"后世俗的"这个术语并不是用来指一个时代,似乎过去百年间信仰及其实践的衰落已得到扭转,因为至少就此刻来看,这似乎并没有可能;相反,我指的是这样一个时代,在其中,世俗化之主流叙事霸权将受到越来越多的挑战。我认为这是正在发生的。但是这种霸权影响了这种衰落,我相信,对它的克服将打开新的前景。

"灵性的但不是宗教的"立场是西方的现象之一,它与爱泼斯坦所说的俄罗斯的"最低限度的宗教"有亲和之处;它通常指的是一种与宗教教派的规训和权威保持了一定距离的灵性生活。当然,这种距离反映了对宗教权威声称的反应和对教派领导层的一种警惕;而俄罗斯的反应是反对激进无神论留下的"荒原",与教派的距离首先是无知和不熟悉的问

535

题。但在这两种情况下，某种散漫的普世感在蔓延，即便是那些随后接纳某种教派生活并因此变得"宗教的"那些人，也相当程度上保留了这种摆脱了宗派主义的原初自由。在东方和西方，依然重要的是，持续感知追随自身灵性旅程之重要，这种感知，用爱泼斯坦引用的别尔嘉耶夫（Berdyaev）的话来说就是："知识、道德、艺术、政府和经济理当成为宗教的，但应出于自由和内心，而非靠外部的强制。"[58]

无论如何，我们刚刚开始了一个宗教探索的新时代，其结果没有人可以预见。

第五部分

信仰的条件

15　内在框架

～ 1 ～

现在我们可以回到关于世俗性 3 的最初问题，也就是遍布于现代西方的信仰境况。简单说来，最初的问题即是：为什么在现代西方（有多种社会背景），信仰上帝是如此困难，而在公元 1500 年，不信上帝几乎是不可能的？

在先前那些章节，我一直试图通过一个故事——即我们如何到达现在所处的位置——来提供一个解答。但那些"世俗化"的故事也涉及到关于当今时代灵性状况的某种图景（即我在第十二章中描述的关于这些理论的第三个故事）。这就是我想在本章予以处理的问题。

如果我们回顾一下在早先章节中讨论过的一些主题，铺陈其中所描述的那些相互勾连、相互强化的变化，我们就能用这些线索组织出一个答案。

我们谈论过"祛魅"，它有许多方面。这里我首先想提及它的"内部"侧面，也就是用缓冲的自我取代了可渗透的自我，而在缓冲的自我看来，有一点似乎是公理性的，即所有的思想、感觉和意图，所有我们通常将其归于能动者的特征，都必定处在区别于"外部"世界的心灵之内。缓冲的自我借由近乎不可把握的一种目的倾向开始寻找有关神灵、道德力量和因果力量的想法。

缓冲的认同之兴起一直伴随着一种内在化；也就是说，并不仅仅是内部/外部的区分，心灵和世界作为两个分离场所的区分，这种区分对缓冲的自我本身至关重要；也不仅仅是这种内外区分在从笛卡尔到罗蒂

(Rorty)的各种各样中介性认识理论中的发展;[1]而且还是有关内在性的丰富词汇的增长,即一个有待发掘的思想和感觉之内部领域的增长。经由自省之种种灵性规训——经由蒙田、现代小说的发展、浪漫主义的兴起和本真性伦理,一直到今天我们把自己看作具有内在深度的自我——

540 自我探索的疆界在不断扩展。我们甚至可以说,先前那些被置于宇宙、被置于迷魅世界的深度,现在被更轻易地置于我们内部。早前人们会说被鬼附体,我们现在想到的却是心理疾病。或者说,迷魅世界的那些丰富象征系被弗洛伊德置于内心深层。无论对他的具体理论持何种看法,我们都会发现,这一步是非常自然和令人信服的。[2]

　　缓冲的身份认同及其内部空间,伴随着诺伯特·埃利亚斯(Norbert Elias)所描述的一些变化,他的描述是最有启发性的。[3]这些变化包括规训和自我控制的发展,尤其是在性和怒气方面。由埃利亚斯所描述的变化与由米歇尔·福柯所考察的那些变化有一定的重合。[4]但埃利亚斯还指出了一种苛求感引人注目的发展过程,它涉及从先前与他人混杂接触的情形中撤回,并严格禁止在他人面前展现某些身体功能。有教养的、受过教育的人开始强调隐私,由此开始改变17、18世纪的起居状态。隐私允许亲密,但这点不再是无分别的,而是限于"知交密友"(intimates)。我们可以说,早先那种接触更混杂的地方——在那里,贵族与一群仆人混杂于餐桌和其他地方——现在已经按新的亲疏之别区隔开了。

　　亲密空间当然也是社会空间,因为它是与(少数具有特权的)他人所共享的。但内心空间和亲密区域之间有着密切关联。正是在亲密区域,我们分享在我们自身中发现的一些深层次情感、亲近感和敏感。确实,若是没有在祷告、对话或书信中的这种分享,若是没有亲密对话者彼此意气相投的接纳,我们很多的内心探索将无从发生。探索内心的习惯部分是在亲密交流中养成的,而通过像小说(其早先形式主要或者完全寓于书信体的交流)这样的新文本的发行,其交流模式本身成为一种普通知识。

　　缓冲的、规训的、同时也在寻求亲密的自我(虽然规训和亲密可能处于张力之中),还会越来越把他/她自身视作个体。我们看到,这一点反映于我们称作现代道德秩序的社会理解中。我们所置身的社会秩序并不是植根于宇宙的,不是先于我们而存在,好像在那里等着我们去占据我们被分配到的位置;相反,社会是由个人构成的,或者至少是为了个体而构造的,个体在社会中的位置需要反映他们究竟为何加入这个社会的那些理由,或者需要反映上帝为何要赋予他们这种形式的共同存在。这些理由到最后都会归结到人类之善,并非这种或那种角色的担任者,而恰恰绝对地是一种人类之善,这种善为所有人平等地具有,即使他们并不是以同等程度实现这种善。(当然,现代社会理论会在一个问题上出现分歧,即人们是以个体的形式实现这种善[例如洛克和边沁],还是相反地不得不把它作为人类一种共享的共同善来实现[例如卢梭、黑格尔、马克思和洪堡];但无论哪种情况,我们正在谈论的都是一种关涉人类本身的善。)

541

如我在此一直描述的,缓冲、规训和个体性不仅仅互相关联、互相加强,而且它们的产生在很大程度上可被视为受驱于大改革的过程。这引发了一种新的宗教生活形式,这种形式更个人化、更坚定、更忠诚、更基督中心论;它在很大程度上代替了旧的以集体仪式为中心的生活形式,这种驱动力并非只对特定的宗教精英产生了影响,对每个人都是如此。所有这些并非仅仅为祛魅(从而为缓冲)和自我控制的新规训增加了力量,而且也使得旧有的对社会的整体论理解变得越来越不可信,直至最后几乎变成完全不可理解。

在大改革过程中出现的个人主义,首先是强调责任的个人主义。在个人委身中,我必须依附于上帝、基督和教会。这可以走得很远,甚至质疑婴儿受洗这一礼仪,或者使个体皈依作为成为教会成员的条件(例如在康涅狄格州的殖民地)。即便这种个人主义不被推到那么远的地方,它也起着至关重要的作用。每一个天主教徒,如果要履行他的复活节职责的话,必须告解和得到赦免;一个人再也不能随大流。这种最初的个人主义发展着,先是自省的个人主义,继而是自我发展的个人主义,最终则是本真性的个人主义。在这条路上,自然而然地会产生一种工具性的个人主义,这种思想隐含在社会存在是为了个体的善这个观念之中。

在将社会看作是由个体组成的这种观点之对立面，是诸般早期宇宙秩序观念的萎缩，诸如支撑传统君主制的那些观念。在某种意义上，这是"祛魅"的另一侧面，因为这些宇宙秩序观念求助于自然中的目的论，以及社会现实背后有目的的力量。在某种意义上，它们形成了迷魅世界中那片更高的、精英化的和智识化的领域，而农民则生活在充斥着圣物和树妖的模式中。

宇宙秩序与早先对更高时间的理解密不可分。关于秩序的现代观念将我们深深地、彻底地置于世俗时间之中。但正如我们上文所见，当宇宙秩序被认为是自我维持的时候，新的护佑社会秩序就有意要由人的行动来建立。它为建构性的行动提供了蓝图，而不是一些已经存在于自然中的有目的的力量。新的语境高度重视建构性行动和对待世界的工具性姿态，而新规训早已灌输了这种姿态。

现在，工具性姿态和时间的彻底世俗化并肩而行。而在我们的文明中，围绕我们自身已编织起非常浓厚的量化时间环境，这就强化了我们542全面生活于世俗时间的感觉。精准的时钟指针量度塑造着我们的生活，若没有了时钟指针，我们会手足无措。这种厚密的环境，同时是我们充分利用时间这种广泛努力（用好时间、不浪费时间）的条件和结果。它也正是时间对我们成为一种资源（我们不得不明智地加以利用并使之处于优势地位）的条件和结果。而我们记得，这正是清教改革者谆谆教诲的规训模式之一。[5]在我们的世界中，工具理性的主导地位与世俗时间的弥漫携手并行。

所以，规训的个体之缓冲的身份认同推进于已被建构起来的社会空间，其中工具理性是关键价值，而时间则是处处世俗的。所有这些构成了我要称之为"内在框架"的东西。只待添加一个背景观念：这个框架构成了一个"自然的"秩序，要与"超自然的"秩序形成对比，即与可能的"超越"世界形成对照的"内在"世界。

现在反讽之处在于，"自然的"与"超自然的"这种清晰区分是中世纪后期和现代早期拉丁基督教国的成就，作出这一区分原本是为了明确标示"超自然"之自主。"唯名论者"对阿奎那的"实在论"的反叛，意在建立上帝至高无上的权柄,这个上帝就是非曲直做出的判断,不会被"自然"倾向所束缚。同样,改教家倾尽全力,要使恩宠秩序脱离自然秩序。

但这个观念只是通过我刚才描述的那组互相关联的变化,才深深确立于我们对世界的理解,但它与先前所有文明中占主导地位的对迷魅世界、宇宙秩序的理解冲突很大。那组变化表现了在我们实践的自我理解上的深刻变化,表现了我们如何适应世界(作为缓冲的、规训的和工具性的能动者)和社会(作为承担责任的个体,构成旨在互利的社会)。它们与西方现代性的主要理论变革——也就是后伽利略自然科学的兴起——互相吻合,从而使它们的根基更加牢固。这最终产生了我们所熟悉的图景——由毫无例外的规律所决定的自然的、"物理的"宇宙,而这些规律则反映了造物主的智慧和仁慈,但为了得到理解或(至少在初级水平上)解释,我们并不需要指涉一个作为旨归的善,无论这个善的形式是柏拉图式的理念还是上帝旨意中的理念。

当然,这个步骤与上面所继续的一些东西有关。尤其是,在培根之后的现代科学和工具性姿态之间存在着紧密的关联:培根坚持认为,科学的目标并不是发现万物中的一个宏伟的总体模型(正如他带有偏见地描述亚里士多德的科学),我们可以因证明它而感到自豪,相反,科学的目标是要解释实验,并让我们据以"改善人类的生存条件"。这就是为什么舍勒(Scheler)将新科学形容为"成效知识"(Leistungswissen)模式。[6]

新科学把一种清晰的理论形式赋予了内在秩序,而且可作独立的理解,不必参照来自外部的干涉(即使我们可以从它推论到一个创造者,甚至是一个全善的创造者),与此同时,在世俗时间上有着工具有效性的缓冲的个体之生活,则产生出实践背景,让这种内在领域的自给自足可以变成经验问题。正如我上面指出的,社会的新理解空间所考虑到的,并不仅仅有新的集体能动者(就是这样的"我们":聚集到一起创建一个国家,发起一场运动,建立一个教堂),而且还有社会实在的客观化,即社会是由自身规律所决定的(我们希望如牛顿定律那样,没有例外,清楚明确);确实,这种客观化的理解对我们集体行动效力来说是不可或缺的。

所以,我们开始将我们的生活理解为发生在一个自给自足的内在秩序中,[7]或者说发生在一丛宇宙秩序、社会秩序和道德秩序中。诚如我在第七章所描述的,这些秩序被理解为非人格的。这种对我们困境的理解包括了我们的历史感——作为背景:经历了社会和自我理解的早期更为原始的那些阶段,我们已发展到对处境的这种理解。在此过程中,我们变得成熟起来。

起初,社会秩序被视为向我们提供了一幅蓝图,展现出在人的领域,事物如何能够为了我们的互利而结合在一起,而此蓝图被等同于是天意的计划,也就是上帝要求我们去实现的。但无求于外的内在秩序按其本性来说,可以被视作是无需指涉上帝的;合宜的蓝图很快就被归因于大自然。当然,这种转变谈不上有任何重要性,假如我们继续把上帝视作自然的创造者,因为那乍看只是标记的变化。但若追随斯宾诺莎所开创的道路,我们可以首先视自然等同于上帝,继而视自然独立于上帝。这个计划没有计划者。由此得以再进一步,将计划看作是在文明和启蒙过程中所共享和依附的东西;这要么是因为我们能够提升到一种普遍的观点,即一种"公正的旁观者"的世界观;要么是因为我们内在的同情延伸到了所有人类;要么是因为我们对理性自由的依附,最终向我们展示了我们应该如何行事。这些是最常见的路径,借此人间事务的规范性安排这一概念可以被完全内在化,但不再笼统地内化到"自然",而是内化到人类动机的发展。

于是内在秩序就摆脱了超越,但它并非必然如此。我描述为内在秩序的东西,是认同于我们所有现代西方人的,或者至少可以说,那是我试图描绘的。我们有些人想要将它作为对超越之物敞开来经历,有些人想要将它作为封闭来经历。它允许封闭,但不强求封闭。让我试着对此做进一步探索。

2

首先来探索人们支持一派或者另一派的主要动机。让我们从这个发问开始：内在框架如何保持开放？

在先前一些章节，我们已经看到解答这个问题的种种要素。一个最好的例子就是我在前一章所称的"新涂尔干式"理解这一范式，即作为美国基础的"公民宗教"。在这里，我们有对我们应该遵照的计划之护佑论的解读。上帝（或者按有神论来说，宇宙的建筑师）是我们在树立社会秩序时所要跟随的那一位。我想从这个例子引伸出的一般特征是，对那时候（至今还有许多）的许多美国人来说，他们感知到有某种更高目的，有某种更好的、更道德的生活方式，而这种感知恰恰牢固地连接于上帝。

我们可以这样来表述。正是出于我所称的"强评估"（我们据以区分善与恶、高贵与卑贱、美德与邪恶等等）的性质，使得它能够在词语间作出区分，其中一个（或一些）词语无共同标准地高于另一个（或另一些）词语。也就是说，低者并不仅仅是相差在数量上，而是根本没办法通过低者的任何累积来弥补高者的缺乏。反之亦然。

只要对建构起这类区分的高者之感知，是以某种方式根深蒂固地连接于上帝或本体上的更高者（超越者），对此更高者的信仰看起来就显然是正确的、有根据的，甚至是不可否认的。对很多人来说，他们对善的最高感知历来是要深入到宗教语境中才能形成的：例如，这种感知是围绕圣徒画像形成的；或者他们对善的最强烈感知来自祷告时刻，或是礼仪、宗教音乐等时刻；或者他们效法的榜样是那些具有强烈宗教信仰的人。他们对最高之善的感知，形成于任何确定的神学观念之前，是与上帝同质的；我这么说的意思是，离开了上帝或与更高者的联系，这种善将是无法设想的。"无法设想的"在此的含义不是我们在哲学话语中的通常含义——在哲学上，我们用这个词谈论概念上的不连贯，就如某人说到"圆的方"或者"已婚的单身汉"那样。毋宁说，它的意思是，不参照某种超越的形式,当他们体验到善事时,他们就无法理解它。

这种关联会被进一步的经验所打破。我们也许会改变对最高善的看法;或者认为它在一个内在语境中是可能的。也许我们会从与他人的关系中看到经验是如何被不同地建构的,虽然我们会继续认为指涉上帝才使得经验最有意义。没有上帝的道德也许不再是不可设想的,虽然对我们来说它还不是全然可信的。

但进一步的经验也会加固这种关联。有更加有力的例子,甚至让我们转离最初的内在姿态。前面讨论过的一个有力案例,就是大觉醒及其后续运动的皈依经历,靠着这些经历,人们感到来自上帝或者基督的力量,使他们能够践行生活加在他们身上的规训和工作的要求,比如变成更稳重、更有效的养家者。这种经验持续至今,比如我们见之于广泛的五旬节运动,以及基督教之外的形式,像在美国的黑人穆斯林那里所看到的。但这只是现代时期皈依叙事的多种形式之一。

上面提及的新涂尔干式的案例提供了进一步的加固。这经验并不仅仅是我自身对于善的经验,而且也是织入了珍贵且关键的集体身份认同的经验,无论是民族身份,还是种族团体身份,抑或是某个宗教运动的身份认同。这是一个似乎与上帝"同质的",或是与超越性处于某种本质关系的至关重要的集体善。

这种类型的"同质"是一组积极方式,据此,内在框架可以被经历为是固有地对超越敞开的。但它也可以对我们呈现出消极的一面,因为我们感到它的不足。我早前讨论过,针对现代道德秩序及其相伴的规训和种种工具化之减缩形式,人们作出了多种反应。某些模式,如功利主义,招来了此类颇具敌意的反应,并且提供了轻而易举的例证,虽然不是唯一的例证。在一个被缩略地把握的秩序中,我们会有窒息感:那就是全部吗?那里似乎容不下慷慨行为、英雄主义、武士精神,以及更高的识别力;也容不下对人类的真实献身、有更高要求的牺牲伦理;或者也容不下对更大整体的感受,以及与宇宙之关系的感受;诸如此类。

这一系列的反应,例如对功利主义的反应,也许会将我们带入许多不同的方向。其中一些继续停留于内在秩序之内,寻找更极端和更深远的对善的理解,就如我们在卢梭和马克思那里所看到的。但这些反应想要尊重由自然科学和效法自然科学的定律式(law-like)社会科学所设立的界限,以及缓冲的身份认同的界限。另一些人也保持于内在秩序之内,但代价是拒绝包括平等和普遍福祉的道德秩序,并推崇只有少数人才可得到的更高的生活形式;在这里,我们经历到内在的反启蒙之诸般形式。但也有一些人奔向对超越的认知,或者驻足于浪漫主义艺术形式所开启的不确定的边境地带。

至于超越性介入其中的诸般积极形式,我们看到它们连接于我们视为至善的东西;它们把道德或灵性维度包括在内。这种形式适用于我们的时代、适用于内在框架中的生活,但并非适用于任何时代、任何地点。想想卜尼法斯(Boniface)在异教的德国人面前所讲的故事吧。他砍伐了他们神圣的橡树林,但没有任何事情发生。这被视作大能的神迹,致使许多人皈依,这是我们所大致了解的。在这里起作用的是对能力的前轴心期的理解,这种处境如此远离我们自己的处境,我们几乎难以想象。

但这并不是说,我们完全局限于那些被容纳于内在框架的因素,比如道德善。有时候,某些在以前重要、但被现代大改革挤到一边的受压抑因素,似乎会再次突围。新的朝圣中心因着圣母显灵而兴起:卢德(Lourdes),法蒂玛(Fatima),默主歌耶,与更古老的朝圣地相续,例如琴斯托霍瓦(Częstachowa)和瓜达卢佩。对于那些参与其中的人来说,这些朝圣之旅自身就是大能之地。这些现象应该被放入伊夫-玛丽·希莱尔(Yves-Marie Hilaire)称之为"节日"的背景,[8]此背景也可见于那些带我们超脱日常生活的弥撒典礼的某些时刻。我们并不必然地像我们所自以为的那样"现代"。

3

是什么因素导致了封闭,我们何时走往那个方向? 很明显,对应于和超越者同质的善,则有把善视为本质上内在的种种观念。从 18 世纪开始,也就是从吉本、伏尔泰和休谟(Hume)那里,我们看到了一种反应,它在极具超越性类型的基督教形式中辨认出对现代道德秩序诸善的威胁。极具超越性类型的基督教将要求对某些神学信条或教会结构保持忠心,而这会撕裂一个单单要确保互利的社会。不然,那种在人类福祉之外还要达到更高的善的要求,充其量会使我们分心,在最坏的情况下则会成为另一些要求的基础,而那些要求会对平稳的互利秩序造成威胁。启蒙运动学者将这些危险形式的宗教全都称为“狂信”。

一种受到狂热主义威胁的感觉,是内在封闭的一大根源。在许多情况下,我们首先会看到反教士主义(或反教权主义)运动,它最终转变为对基督教的拒绝,再后来则转变为无神论。例如,我们可以在 19 世纪法国反教士主义的故事中发现这些轨迹。[9]

但这一运动可以更深入。它不仅仅是说,善受到更善、更高者所谓的威胁,也可以被等同为对更高者的拒斥。有一种新教话语,它拒斥天主教的禁欲主义,指责教士们以一种虚伪的更高天职的名义拒绝上帝的恩赐。这在过去两个世纪由一种敌基督教的话语所继续,理由是所谓的基督教拒绝或者贬低感官事物。

在这里,我们触碰到内在性之道德吸引力、甚至是唯物主义的一个深刻根源,这种东西我们早已在卢克莱修那里感受到。我们处身于“自然”秩序这一观念,具有极大的吸引力。在这种观念中,我们是更大整体的一部分,我们从中产生,但并不逃离或者超越它,即使我们高出其中的任何其他事物。这种吸引力的一个侧面就是归属感,我们是我们的故土的一部分,我们与这个自然同一。在夏日之时,当我们闲坐于花园,听鸟吟蜂鸣,这种同一感最强烈。我们属于地球。在加缪的《婚礼》(Noces)中,他最强有力地唤起了这种情感。[10]这种感觉会进一步加强,只要我们反思到,相信我们能超越自然已经如何常常将我们推至不人道的地步。

这同一种归属感的另一方面是我们的惊奇感,仿佛我们自身是从低等自然中生发出来的。这里有一个奥秘的过程;要去深刻理解的东西。我们被这东西深深吸引,我们想探索它。将自然和超自然分裂开来的机械论世界观取消了这种奥秘。这种分裂产生了现代“奇迹”(miracle)观念；外部超越者在事物的正常秩序中刺破的一种精准孔（punctual hole）。因此，无论何种更高之物，必须通过在正常的、自然的秩序中刺破的那些孔才能发生，而在此秩序的正常运作中，根本没有奥秘。很奇怪的是，这是唯物主义者和基督教基要主义者所共享的事物观。只有对这些人来说，此观点提供了一种"奇迹"之证明，因为某些事物不能通过正常的自然因果过程得到解释。对于唯物主义者来说，这是任何超越之物都被科学排除在外的一个证明。

这时常把一种张力带入唯物主义话语，因为一方面唯物主义者想强调在以科学方式理解自然时，没有"神秘之物"存在。但另一方面，很多人在心灵起源和产生自无生命自然的目的面前，却感到强烈的神秘感。他们被这种幽暗起源深深吸引，试图进一步研究它，更全面地理解它。显而易见，当你使用标准的现代"奇迹"观念，即作为打断有规律秩序的精准干预，你就会完整地取消了问题。

这种对"奇迹"的拒斥正是恩斯特·勒南（Ernest Renan）伟大的激情所在，正如我们可见之于他毕生追踪宗教起源的工作。他不得不把信仰视为对他这种追寻之前提的拒斥，就是说，这里有某种值得深入理解的东西，而这种东西只能通过对自然和历史的深入发掘才能为我们所掌握。因此，勒南驶出了信仰领域，进入到他自己所理解的"科学"领域。[11]

当然，这些后面的考量——归属尘世，对我们幽暗起源的感知——也可以是基督教信仰的一部分，但只有当它放弃某些内在框架的特征，尤其是放弃自然/超自然的区分才行。也许，构成"奇迹"的，恰恰是日常事物的运行。

但是，暂时搁置这个问题。我已经描述过自然主义对超越者的拒斥，从中我们可以看到一种推向封闭的伦理观。尽管许多人处身现代秩序会有不适感，因它所伴随的规训和工具理性，他们也被驱向对超越者敞开，但处身其中也有让我们感到适意和满有力量的一系列途径。在上面我多次列举了这些途径。缓冲的自我在神灵和魔力的世界面前感到坚不可摧，虽然神灵和魔力时常在我们的梦里萦绕，尤其是在童年。世界的客体化赋予我们力量感和控制感，工具理性的每场胜利也加剧了

548

这种感觉。

现代自然科学的巨大胜利和与之关联的技术让我们觉得它们解开了所有的奥秘，最终它们将解释一切，人文科学必须按照相同的计划来发展，甚至最终还原到物理学，至少是有机化学。

因此，我们将把文明或者说现代性的发展与封闭的内在框架的展开看作是同义的；在此框架之下，教化的价值观发展起来，因得到科学理性的更充分协助，对人间之善的专心聚焦让人类最大的福祉成为可能。宗教不仅以其"狂信"威胁到这些目标，而且也削弱理性——这种理性被看作是严格地需要科学唯物主义的。

刚刚我描述了两种极端立场的基本动机。但我们必须记住，总有许多人受到两个基本定位的交叉压力；他们想尽量尊重内在秩序的"科学"样式，这是他们不得不看到的；或者他们害怕宗教"狂热"所产生的后果；但他们仍旧不由自主地相信，还有比纯粹内在事物更重要的东西。这种"唯灵论者"的立场我们在维克多·雨果那里可以看到，让·饶勒斯（Jean Jaurès）也是一个引人注目的例子。

从所有这些浮现出来的是，我们可以要么把超越者视为威胁、危险的诱惑和分心，要么视之为对我们最大之善的阻碍。或者我们也可以将其解读为对我们最深渴望和需求的回答，以及善的完成。否则，既然宗教时常是最重要的：想想从阿兹特克人（Aztec）的祭祀，到托奎马达（Torquemada），最后到本·拉登（Bin Laden）的这条长线；那么，真正的问题在于，它是否只是威胁，难道不也提供一个应许？（我们还可以加上一个问题，即是否只有宗教才会造成这类威胁。在 20 世纪，斯大林、希特勒和波尔·布特［Pol Pot］这些人物，似乎告诉我们应该是相反的。）

我认为，我们最终走哪条路，可以归结为我们对此问题的回答。但这并不意味着，每个人，无论他是走这条路或那条路，甚至无论他在人生的关键时刻做出这样或那样的转向，都要直面这个问题。他们并非一定要处于那个开放空间，即在那里，你能感受到风在牵拉着你，这会儿信，这会儿又不信，对此，威廉·詹姆斯有过精彩探索，我在关于他的讲座中也描述过。[12]

我们的立场有所不同，因为内在框架自身通常并不是我们用来解释我们的困境的**一组信念**，尽管人们可能已经开始这么做了；相反，它是我们发展我们信念的语境；但以同样的方式，这种或那种采纳内在框架的信念，不管它是开放的还是封闭的，常常会变成某种不受质疑的框架，某种我们甚至不敢想象自己可以置身其外的框架。

我刚刚描述了处于有信仰这边的人们，对他们来说，善是与上帝同质的，对善的其他解释毫无意义。在封闭这边，相应地也有立场，我稍后就会探讨。一般意义上说，在这里我们有维特根斯坦（Wittgenstein）称之为一幅"图像"的东西，它是我们思考的背景框架，在其中词项得以有意义地使用，但这幅图像本身却大部分没有得到形式化的表述，也正因此，我们想不出可以替代它的东西。正如维特根斯坦的名言所说，"图像将我们捕获"。[13]某些时候我们会被这种图像完全抓住，甚至不可能去考虑替换图像的另外一种可能性。或者情况更好一点，我们能够看见有另外一种理解事物的方式，但在理解它时仍然感到困难重重，在某种意义上说，这是文化人类学中的标准困境。

站在詹姆斯的开放空间，要求你比这第二阶段更进一步，并且实际地感受到每种反对立场的一些力量。但由于信与不信、开放与封闭相隔如此之远，这种技艺相对来说比较稀罕。我们中的大部分人处于第一或者第二阶段，要么无法看到另外一种世界观如何可能，要么在竭尽所能地去理解它。

然而，我们在现代西方的困境，并不仅仅由我所称的内在框架（这是我们或多或少共享的）所刻画——尽管其中某些特征需要被怀疑或重新解释，如我们在后面将会看到的。它也由一些更具体的图像组成，即内在框架作为开放方式和封闭方式的"织成品"（spun），它们在某些社会背景中时常占据主导位置。这种局部的主导显然会强化其作为图像的地位。在学界处于霸权地位的封闭之网是个恰当的例子。

⟳ 4 ⟲

但是,我在此处的整个理解将会遭到挑战。我已在内在框架与"开放和封闭"这两个同等"结网"(spins)的可能性之间做出区分。一些人将毫不怀疑,内在框架需要单一的解读。是的,我们可以凭借坚定的(在智识上并不很诚实)"结网"去接受其他观点,但只有一种解读是显然的、"自然的"解读。理所当然地,该主张在今天最经常是由"封闭"解读的倡导者作出的,那些人将内在性看作是根本不承认超越者的。这是此解读占据霸权的一个后果,尤其是在知识界和学术界。这一感知,即认为这种解读是自然的、逻辑上不可避免的,巩固着主流世俗化理论的力量,此理论的观点是,现代性必将带来世俗性,这正是我在这里要反对的。这种理解至少可以追溯到韦伯,他嘲讽地说,那些面对"祛魅"依然相信上帝的人,就像在不得不做"知识献祭"(Opfer des Intellekts)。"如果一个人不能像个男子汉那样承受这个时代的命运,那么对于他,人们只能说,你还是悄无声息地回到旧式教会那敞开的、充满怜悯的怀抱中去吧。"[14]

相比之下,我对内在框架的理解是,若得到恰当理解,内在框架的两种解读都是可以的,而且不会迫使我们必须接受其中之一。如果你把握住我们的困境,并且没有意识形态的扭曲,不戴有色眼镜,那么你将看到,选择这种还是那种解读,其所需要的,是通常所称的"信仰的跳跃"。但是值得对我此处的想法做更贴近的研究。

促使我们作出或这或那选择的,就是我们将之描述为我们对人生及其宇宙环境和灵性(假如有的话)环境的整体态度。在信上帝的问题上,或者在对内在框架是持开放还是封闭理解的问题上,人们的立场通常出自对事物的这种普遍感知。

这一态度绝非简单武断。一个人如果受到极力劝说,他或她经常会清楚说出一系列促动此立场的考虑,诸如对我们人生中真正重要的事情的感知,或者人生可以得到改变的方式,或者人类历史中有什么是不变的（如果有的话），等等。

但此态度远远不止于这些具体的洞见。再说，这些洞见本身也会因进一步的事件和经验而改变。这样，我们对事物的整体态度优先或领先于我们能为它收集的诸般理由。这类似于本质上基于直觉的预感；也许我们在此将之称为"预期信心"（anticipatory confidence）更好一点。这就是我在此所说的"信仰的跳跃"的含义。

当然，当我们说到有神论的宗教时，"信仰"这个词具有一种不同的意义。这里它指的是我们对事物的整体感知的一个关键特征，也即信靠和信任上帝的人格关系，而不是指我们采取此立场的动机。它描述了我们观点的内容，而不是其理由。

当然，经验可以增加我们对自己观点的信心。但我们从没有到达一个超越所有预期、所有预感的程度，从没有到达那种确定性，即我们只能在某些较为狭窄的问题上（比如说在自然科学或者日常生活中）才能享有的。

因此，尽管信仰在我们第二种、也即有神论的意义上，是在内在框架中某种开放立场所特有的，但开放立场和封闭立场都包含着走出这样一步，即超越可资利用的理性，走向预期信心之领域。

因此，充分清晰或许包含这点，即承认一个人的信心至少部分是预期性的，并由此意识到詹姆斯的开放空间。我所说的"结网"是回避进入此种空间的方式，即让一个人自信自己的解读是明显的、强有力的，根本不允许别人挑剔或者反对。在前面段落，我援引了来自韦伯以降直到如今对信徒在智识上不诚实的指控。我这里的"结网"概念也涉及此种不诚实，但没有那么戏剧化和无礼；此概念也意味着，我们的思想总是被一幅有力的图景所笼罩，或者说所阻碍，让我们看不到实在的重要方面。我想要表明，那些认为这种对内在性的封闭理解是"自然的"和明显的人，乃是患上了这种智力障碍。

当然，那些认为开放的解读是显而易见的和不可避免的人也是如此，因为，举例来说，他们认为上帝的存在可以被"证明"。但比起他们的世俗主义对手来说，这类人在今天为数不多，且他们肯定不能获得他们对手所享有的知识霸权,因此我的论证将主要针对世俗主义者。

要理解世俗主义"结网"之力量,可以按我所称的"封闭的世界结构"(CWSs),即那些限制我们把握某些事物的方式——那是些要求被如其所是地认识的事物。在接下来的几页内容中,我想考察一下其中范围较广的三种方式,它们大大有助于说明主流的世俗化叙事之无正当理由的力量,以及与此叙事相伴随的对宗教的漠不关心和轻视。当然,在我的这一分析过程中,以及由此而来的对这些结构的揭示中,我所说的一切都不会以任何方式去抨击它们所支持的结论。所有的CWSs也许都是不具有正当性的,而仍然可能没有任何东西超越于内在框架之上。我并不会去支持或者反驳开放理解或者封闭理解,我只是尝试驱散围绕每种解读的显而易见的错误氛围。

在开始这种分析之前,我们必须埋葬另一个可能的误解。确实,我们现代的人造世界宣称上帝不存在,在同样的意义上,《诗篇》作者说诸天诉说上帝的荣耀。如威尔逊(A. N. Wilson)所说:

> 19世纪为其自身创造了一个哲学的、政治社会学的、文学的、艺术的、个人的顶峰,在其中,上帝变为不可知,在机器的喧闹声中,在显现出来名为现代(The Modern)的自我狂热(egomania)那无调的女鬼般的尖叫中,我们再也听不见上帝的声音。宗教曾经能提供的社会凝聚力已经被打碎。社会本身的性质——城镇化的、工业化的、唯物主义的——则是无神性(godlessness)的背景,这种无神性与其说是哲学和科学发现的,不如说是它们许可的。[15]

552　　威尔逊对"无神性"的描绘具有多重面向。在一个层面上,有城镇环境的变化:用一个现代都市与环绕着哥特式教堂的中世纪城市对比。这不光是那种让教堂相形见拙的摩天大楼,更像是反映了一套取代旧意义集的新意义集,比方说,资本主义取代了基督教。但事实上,这个变化更为激烈。它更像是用刺耳声取代了意义。城市的形状再也不是对一个涵盖范围广泛的意义的反映,毋宁说,一方面,单幢的雄伟建筑是为了纪念一项合作或者某个成功的企业家；另一方面，城市的大部分地区构建了一些具有特殊目的的建筑物，例如工厂、商场、码头，它们各自遵循着片段化的工具理性。20世纪鲜有如新德里（New Delhi）、昌迪加尔（Chandigar）那样整体上成功的环境。

在另一层面，广告和娱乐媒介无所不在，"自我狂热那无调的女鬼般的尖叫"不可避免地冲击了我们，不断号召我们转向自身的满足和实现，将作为我们人性构成因素的强有力的性欲以及对整体的渴求，与提升到偶像地位的产品联系起来，并且在这一过程中将这些力量本身模糊化、空洞化和琐碎化。

在此肯定有一种普遍的失落感，如果不是始终涉及上帝，至少也是意义的失落感。这显明于旅行者蜂拥走向早先文明尚未被毁坏的场址，包括寺庙、清真寺、教堂；也显明于当代高档郊区对这些历史区域的调用，例如桑顿的托斯卡纳（Tuscany in Sandton），约翰内斯堡（Johannesburg）北部。今天的现实更易于让人们做梦，梦到自身在其他地方或者在其他时间流之中。

但威尔逊的那段话的暗示，即现代境况产生了无神性的经验，恰好是世俗主义理论所认可的，只是稍稍匆促了些。造成这种状况的并不仅仅是一种原因。

首先，它忽视了现代性的其他经验：例如，某个国家的公民经验，那些公民的政治认同是按宗教术语或教派术语来定义的——我上面描述过的新涂尔干式的困境；或者是循道宗信徒和五旬节派信徒的经验，他们满足当代生活规训要求的能力紧密联系于他们对基督教信仰的皈依，因此，维护秩序的道德被认为是与他们的信仰密不可分的。对一个以中世纪城市为典范的人来说，出自个体能动者的不相关而混乱的理性经济活动，可能显得支离破碎和毫无意义，但同样是这些活动，也可以来自信教的企业家或者工人，并且是信仰之规训的坚实成果。

但其次，即使目睹此处无神性的那些人，也并不必然地选择关于内在性的封闭视角。他们也许会将此视为难以忍受的缺乏，指向被忽视的超越性整合力量。

553

实际上,这两种反应可以被结合起来:对资本主义创业精神的颂扬被视为一个有信仰的社会的正面标志,而媒体的性放纵则被视为对上帝的反叛。正是这种类型的双重感知在很大程度上支持着当今美国的"文化战争"。或者,我们可以想一想基督教右翼对同性婚姻的尖刻反对,他们把同性婚姻视作社会中的反常,而此社会历来珍视"基督教家庭价值观"。

所以,抛弃了上帝(或者抛弃了意义)的世界的意义,不会必然地转变为——无论逻辑上还是心理上——对内在性的封闭理解。在这种理解看来,没有任何东西能够超越"自然的"秩序。那种认为一定如此的观念,部分地源自对"祛魅"与"宗教灭亡"的混淆。这在当代的讨论中广为流传。这两个词项某些时候确实被当做是同义的,甚至韦伯在某些时候也陷入了这一混淆。

但在这里,我在一种狭窄意义上使用这个词:祛魅是指瓦解"迷魅"世界,那个充满神灵和有意义的因果力量的世界,充满着树妖和圣人遗骨的世界。迷魅对于一些宗教形式来说是不可或缺的;但其他形式的宗教——尤其是现代改革后的基督教,无论是天主教的还是新教的——则基于对迷魅部分的或者全然的拒斥。我们不能将两者等同。

你可能会说,在一个迷魅的时代,某种超越"自然之物"的东西在场,可能会更加显眼、更加直接、更加现实。最强意义上的神圣——它标识出特定的人、时间、地点和行动,与其他凡俗形式相区别——就其本质而言是地方化的,它的地位在仪式地理和神圣地理中被清楚标示。这就是当我们思考中世纪教堂时所感受到的,并且时常惋惜其消逝。"上帝被抛弃"通常是这样一些人的经验,他们祖先的文化被无情的祛魅过程所改变和压制,那种被剥夺感仍能被真切地感受到。但远在把它(错误地)看做是宗教衰落的一个方面之前,它已经成为从一种宗教生活转变为另一种宗教生活的一部分。

一旦我们撇开用来辨认宗教和迷魅的幻觉,那么我们在此整个运动中所必须保留的,是宗教生活本身转变的某种方向。在曾经的时代,宗 554 教生活是更涉身的(embodied),神圣临在可通过仪式而发生,可以目见、感觉、触碰,可以去朝圣,但我们已走出这样的时代,转向了一个更偏向"心灵"的时代,我们与上帝相关联,更多经由我们对相互竞争的诠释的支持,例如,按宗教来定义政治认同,或上帝是支撑我们伦理生活的权威和道德源泉。

决不能夸大这种变迁。在教会理解他们信条的方式上,也就是官方神学层面上,这一点看得稍稍清楚些。但在大众宗教层面,总是有一些反叛。改革宗教会总是不得不与(他们所认为的)旧宗教遗存进行斗争。在 19 世纪,复辟后的天主教会"被迫"——在精英眼里是这样——允许朝圣、圣物尊崇、圣母显灵崇敬等大众敬虔的做法。更加普遍的是,在当今我们能看到朝圣的持续性力量,这就是我在一般意义上称之为"节日"的东西。而更近时,以奇异的辩证逆转,我们容忍五旬节运动,这一融合了出神祷告和神奇医治的运动在传统天主教文化中赢得了跟从者,而在此文化中,神职精英们带着怀疑和蔑视的眼光看待这些实践。加尔文对此会说些什么呢?

但所有这些并不能解释"有形施舍"在当代基督教实践中的持续重要性。

但撇开这些方面以及反对它们的运动,官方基督教经历了我们称之为"道离肉身"(excarnation)的过程,也就是从具身的(enfleshed)、成为肉身的宗教生活形式,转向一个更偏向"头脑"的形式。在此,它与"启蒙运动"和一般的现代不信文化相平行。这里的问题并不在于我们听到多少对肉身的积极调用,这些大量存在于许多形式的无神论唯物主义以及自由派基督教当中。问题是,我们与至高者(对信徒来说是上帝,对不信的探索者来说一般是道德性)的关系能否以具身的形式作为中介,在此有一个清楚明白的例子,即宗教改革以前的英格兰,教区居民在耶稣受难节"爬向十字架"。[16]或者,若看看是什么推动我们走向至高者,那么问题就是,我们的最高欲望,即让我们去辨识最高者的欲望,在何种程度上是涉身的,像新约中的动词"splangnizesthai"所表达的"怜悯",显然就是涉身的。

与此相对照,我们可以看看当今的"开明"伦理学。一方面,我们有休谟这一脉，它确实赋予感觉即同情的反应在伦理学中以一定地位，但与此相应，我们根本没有能力分辨其应用的好坏。这是计算理性必须决定的。而在某些极端形式中，甚至是像对杀婴罪的恐惧这样最"本能"的感觉，也被裁定为不相关的。另一方面，我们有康德这一脉，它将我们思考为纯粹理性的行为者，然后从中推导出我们的道德义务。

555　　　现代开明文化正是理论取向的。我们往往生活在我们的头脑中，信任我们对经验、美感的超脱理解（除了有关我们自身的感觉以外，我们不会真正承认经验或美感明白地告诉了我们什么）；甚至它对伦理的理解也是如此：我们认为，伦理的自我定位的唯一有效形式就是通过理性准则或者理解。我们不能接受，成为善部分在于我们向某些感觉敞开；无论是对杀婴罪的恐惧，还是作为本能感觉的圣爱。

　　但大改革的影响一直是，现代西方基督教很大程度上沿着同样的路径。

　　但某人可能确实会论证说，我所称的内在框架并不简单地是中立的。生活在这个框架之中，就会被推向这个方向而不是那个方向。在某种意义上，这个看法十分正确。内在框架通过特定实践以及理论洞见的发展得以出现。这些倾向使得我们将自己看做是自然地、社会地、伦理地生活在非人格的秩序中，正如我在第七章所描述的。这本身给予自然神论——在它面对正统基督教时——以合理性，后来这一点被用来支持无神论和唯物主义。或者看看另外一个例子，现代"科学的"和分析的思维之规程，给予了非人格的"不取立场的视点"以特权，即"远经验的"观点。它往往导致我们系统地贬低那些可能会挑战非人格秩序理解的洞见，例如，出自我们祈祷的洞见，或存在于爱的关系中的洞见。在我们这个时代，最声名卓著、已被广泛接受的远经验非人格秩序是出于自然科学的那种秩序。若遵循此秩序，以之作为关于我们和我们的世界的故事，这秩序很容易被视为是支持唯物主义的。

　　因此，在某种意义上这一说法没错，即生活在此框架之中会把我们推向封闭视界。但在这种意义上，生活在框架之中，意味着根据框架包含在内的规范和实践来生活。然而,我一直在论证说,生活在西方现代性中的实际经验往往会唤起多种形式的反抗和抵制。在这种更充分的、经验的意义上,"生活在框架之内"并不简单地在一个方向上提醒你,而是使你感觉到在两个方向上被拉扯。生活在此的一个非常普遍的经验就是受到开放和封闭视界的交叉压力。

此外,在接下来的几页内容中,我将论证一个更进一步的观点。这不仅仅是说,框架并不如所指的那样使我们倾于这个方向或那个方向,它对每个人的影响会受到他们已被引导的发展方向的影响。而且,甚至当他们感到它明显地支持封闭,这也不能构成一个有效的论证。对"明显的"封闭的感觉,并不是一种具有理性基础的知觉,而只是一种我称之为"结网"的幻象。

换言之,内在框架的规范和实践也许倾向于封闭,但这既不会决定 556 "生活在框架之内"事实上将对我们造成的影响,也不会为封闭立场做出辩护。如果这对我们似乎是"显而易见的",则要么这是在表面现象的意义上(正如上面提及的威尔逊所说的"无神性"),要么是在把自己强加于理性的意义上,这是因为我们已然对它采取了一定的姿态。[17]

5

现在我想考察一下封闭视角具有理性的"显然性"这一幻象。我的目的是想探索现代性中我称之为"封闭"世界或"水平"世界的构成。这种描述我们"世界"(在海德格尔的意义上,就是为我们的"世界")的方式,没有给"垂直的"或者"超越的"东西留下任何地盘,反而是以这种或那种方式将它们排除在外,使它们变成不可接近的,甚至不能想象。

这些世界的存在对我们而言已经变得"平常"了。但是,设若我们对之采取一定的距离,并返回到构成本书论证框架的主要对比——按我在开篇建议的,返回到西方文明的五百年前(例如,拉丁基督教世界),我们将再次看到这有多么不同寻常。那时候,在大部分人看来,不信上帝几乎是不可想象的;[18]然而这不是今天的情形。有人会倾向于认为,在某些社会环境中,反过来说也是对的,即信仰上帝是不可想象的。但这种夸大已经显现出了对称性的缺乏。更准确地说就是,在我们的世界,在整体的立场,从最激进的无神论到最正统的传统有神论,以及一路上每个可能性的观点,都在我们的社会得到了某种程度的表达和辩护。某些不可想象的特定立场在特定环境中是可以被体验到的,但什么立场会被排除在外,则取决于环境。在圣经语境中,一个无神论者是很难被理解的,就像在学术界的某些分支,信仰上帝是很难被理解的。当然,在各自语境之中的人们能觉察到其他人的存在,他们无法真正相信的一些选项,正是同一社会其他语境的人所默认的选项,不管他们看待这一点的时候是带着敌意或者仅仅是困惑。另类选项的存在使得各种语境脆化(fragilization),也就是说,使得可想象或不可想象的意义都变得不确定和摇摆起来。

这一"脆化"[19]由此因下述事实而加深,即很大一部分人并没有被牢牢地嵌入任何这样的语境,而是感到困惑,他们承受着交叉压力,或者陷入某种中间立场的大杂烩。这些人的存在,有时会在更加确定的社会环境中提出更加尖锐的怀疑。两极对立可以被认定是错误的或者疯狂的,正如我们在当今发生于"自由派"和"基要派"之间的美国文化战争中所看到的;但有时中间立场不能被轻易抛弃。

我想尝试的,是去清晰表述这些世界的一部分,而信仰的选项在其中似乎是奇怪的和得不到辩护的。但是这种表述包含了某种程度的抽象——确实有三种类型的抽象,以及它们各自相应的危险。

(a)我真正应该描述的并不是作为整体的世界,而是"世界结构",也就是经验和思想得以塑造和前后协调的方式之面向和特征,而非经验和思想乃是构成要素的整体。(b)我将不会描述任何具体的人类世界。世界是人们居住其中的地方。人们所经验、所感知、所以为、所看见的东西,是世界赋予其形状的。交叉压力的世界不同于有着确定感的世界。但我正在做的是清晰表述特定的世界类型(近似韦伯所用的"理想类型"),而这种世界类型几乎确定地不会和任何现实人的世界相同。(c)第三,这种表述包含一种知识化;人们必须通过观念来到生活经验的关联之中,而且通常来说,相关者并不能有意识地获得这些观念,除非他们被迫通过挑战和论证去清楚表述他们的观念。

尽管如此,我相信这种努力是非常重要的,因为它使得我们看到了我们是如何被约束于某些世界结构而浑然不知还有另外的选项。正如维特根斯坦所说,一幅"图像"可以"把我们俘虏了",这个意象在前几页我曾运用过。[20]根据同样的原因,我们可以理解为何两个人或者两个团体会彼此争论,因为他们的经验和思想是在两种不同的图像中被建构的。

我想要尝试展示的是对封闭的世界结构的超越。这些世界结构产生于我所称的"内在框架",但是,如我在前面所说的,它却被做了某种扭曲,某种"结网",但这种扭曲主要不是作为一种有意识的理论运动,而是通过某种深层图像——这些图像把进一步的特殊性赋予了框架本身背后的图像。

要了解这些结构如何起作用,可以回到我先前说过的例子,即为现代认识论提供框架的情形。在这里,我并不只是把"认识论"当作广为流传的一套理论,而且也是在我所说的结构层面上,也就是说,它是一种只被部分意识到的背景图像,但它控制了人们的思考、论证、推论以及使事物有意义的方式。

这种结构在其最显眼之际呈现为个体这一几乎无所不知的能动者图像,在越来越综合的理论中,这些个体通过结合联系信息,建构起他们对世界的理解。信息是他们所接受到的,并在内在表征(representations)中得到表达,不论这些过程是被感知为心理图像(早一些的形式),还是被感知为真值句(sentences held true)这种更当代的形式。558

这幅图像的特征是一系列的优先性关系。关于自我及其状态的知识要优先于外部实在的知识和他人的知识。作为中立事实的实在之知识,要优先于我们将各种"价值"和相关性归于该实在。当然,关于"此世"事物以及自然秩序的知识,要优先于任何对超越于它们的力量和实在的理论援引。

与现代科学的一些理解(这是很常见的)相结合,认识论的图像时常作为一个 CWS(封闭世界结构)运作。优先性关系不仅告诉我们先学到什么,而且还告诉我们以什么知识为基础可以推导出什么知识。它们是基础性的关系。我通过我的表征来认识世界。在我对它设定价值之前,我必须将世界作为事实来把握。我必须从自然出发,去应答超越者。这可以作为 CWS 来运作,因为很显然,通向超越者的推论处在推论链之最极端和最脆弱的一端;它最易受到认识论上的质疑。确实,它明显很成问题,因为相对于此链条的早先步骤(例如,通向"他人心灵"),尚缺乏围绕这一步的共识。

现在我引入认识论图像,为的是阐明 CWS 在我们时代运作方式的一些特征,即这些特征一方面受到争议,另一方面又维持自身的方式。

我们都能意识到这种争论,因为 20 世纪一些最著名的哲学家也参与其中。而若是参照海德格尔和梅洛-庞蒂(Merleau-Ponty)拒斥认识论的典型案例,我们可以看到,这种观点被完全改变。(1)我们对世界的理解并不简单地由我们关于外部实在的内在表征所组成。我们确实持有这些表征,这在当代术语中最好理解为真值句。但这些表征只有对我们才有确当的意义,因为它们作为身体的、社会的、文化的存在者,被抛入应付世界的持续活动之进程。这种应付从来就不能根据表征来说明,但提供了背景,使得我们的表征具有确当的意义。(2)正如上面所暗示的,这种应付活动和居于其间的理解,主要不是出自作为个体的我们每个人;相反,我们每个人都被迫参与作为社会"游戏"或社会活动的应付实践;在发展的后来阶段,某些应付实践确实要求我们采取个体姿态。但起初,我们是社会行动的一部分。(3)在应付时,我们所处理的事物首先不是对象,而是海德格尔所称的"人为的事物"(pragmata),即处于我们种种应付之焦点的事物,并因而对我们具有相关性、意义和重要性,但不是作为一种附加物,而是从它们首次出现于我们的世界开始。之后,我们学会置身事外,客观地考虑事物,把应付的相关性置之度外。(4)在后期海德格尔那里,这些重要性包括了一些拥有更高地位的东西,它们构建了我们整个的生活方式以及我们意义的整体。在"四方域"(das Geviert)这一表述中,我们的世界被置于其中的语境有四个

559

轴:地与天;人与神。

虽然那些追随这种解构认识论路径的人并不追随第四阶段的观点,但显而易见的是,这些论证的一般要点是要彻底推翻认识论的优先性关系。那些被视为置后推论或附加物的东西,则被视为应该是我们原始困境的一部分。完全无法赞同它们,与之争论亦毫无意义。海德格尔在《存在与时间》(*Sein und Zeit*)中说,"哲学的丑闻"并不是没有抵达外部世界之确定性的能力,而是这应当被作为一个问题来考虑。我们只是作为应付世界的能动者而拥有知识,既然我们是在应付这个世界,怀疑这个世界也就没有意义。对事物的中立把握根本不优先于价值。个体的自我感也根本不优先于社会;我们最原始的身份,只是一个被迫参与一个古老游戏的新手。即使我们不加上第四阶段,并且也不把某些类似于神性的东西看作是人类行动之部分不可避免的语境,但它作为一根长链条中最遥远、最脆弱的推论或者附加物这一整体意义,也会被这一认识论的颠覆完全削弱。通过对第四阶段的拒绝,新观点也许有助于建构新的 CWS,但它并不像认识论图像那样以直接且明显的方式把自身作为CWS 提出来。

从这个例子,我们可以明白一些有关 CWS 的运作方式、它遭受的攻击以及为自己辩护的一般知识。认识论图像从其自身内部来看,似乎没有什么问题。它看上去好像是在反思我们的知觉,以及获得知识时我们得到的明显发现。所有那些伟大的奠基人物:笛卡尔、洛克、休谟,都声称他们只是说出了那些当你反思性地检查自身经验时所显而易见的东西。

从解构的观点来看,这是最严重的自我蒙蔽。更确切地说,实际发生的是,一种强大的理论将经验雕刻成形,这种理论把个体的、中性的、内在心理的首要性预设为确定性之所在。是什么在推动这种理论? 某些"价值"、美德和卓越:它们属于独立的、漠然的主体,这主体反思性地控制着他自己的思想过程,用胡塞尔(Husserl)著名的短语来说就是:"自我负责的"。这里有一种伦理,强调独立、自制、自我负责,强调带来控制的漠然;一种需要勇气的姿态,即拒绝由对权威的顺从而来的简单舒适,

560 拒绝迷魅世界的慰藉,拒绝向感官刺激投降。这整个的图像,充满着"价值"——它理应从细心的、客观的、无预设的审查中产生——现在被呈现为从一开始就在那里,并且推动着整个"发现"过程。[21]

一旦你转向解构的观点,CWS就不再能这样运作了。它似乎提供了一个中立的观点,我们从这种观点可以让某些价值——例如"超越的"价值——比其他价值更成为问题。但现在显示出,它本身是被自己的一套价值集所推动。它的"中立性"显得是假的。

换句话说,在某种意义上,CWS"自然化"某种事物观。可以说,它告诉我们,这就是事物的本性,并且一旦你没有先见地去看待经验,这就是事物所显现的。在这里,"自然的"与某些"社会建构的"东西相对;从解构的观点看,你不得不就这个观点的兴起讲述相当不同的故事。恰恰不是某一天人们拿下了眼罩并发现了认识论;相反,这是可以从人类身份新的历史形成内部来看待事物的方式,即超然的、客观化的主体的历史形成。这个过程包含了人之身份的一种再发明、再创造,与之伴随的是社会和社会实践领域中的巨大变化。这根本不是简单地从早先的此种身份进入事物本性的纯粹光亮。

我们当代CWS的一个特征就是,它们被生活于其中的人以这种自然化的方式所理解。也因此,生活于其中的人除了返回早先的神话或幻象,看不见其他可能。这就是赋予它们以力量的所在。身处于堡垒内的人是一直奋战到最后的、最无力的论证,因为他们难以想象投降,除非把它当做倒退。这种自然化出现于他们为自身的起源提供的描述,我想称之为"化减故事"。

但为了展开这一想法,我应该转向另一种更丰富的CWS或者CWS丛。人们时常用"上帝之死"之类的措辞来表示这些东西。当然,人们以数不清的方式在使用这个措辞;我不能忠实于所有用法,并且我也不会简单地追随这个措辞的原创者(虽然我认为我的表述形式与此相差不远),[22]即便我认为,这个短语所捕捉到的一个基本观念就是,在现代世界,信仰上帝的条件提高了,在其中,我们不可能在没有困惑、敷衍或心有保留的情况下就诚实地、理性地信仰上帝。这些条件使得我们无法相信超越人类领域的东西,有的只是人之各种快乐或潜能,或英雄主义。

究竟是哪些条件呢?它们就本质而言是两种秩序:首先且最重要的是科学的解救;第二则是当代道德经验的建构。

就拿第一个秩序 CWS 来说——在今天它也许是最强有力的秩序——它的中心观念看似就是,现代科学的全部要点就是建立唯物主义。对于那些支持这一观念的人来说,条件之第二种秩序,即当代道德困境,是不必要的或仅仅是第二位的。单单科学即已能够解释信仰在上述意义上何以不再可能。这是一个被所有层面的人所持有的观点;从最复杂的——"我们作为物质世界中的物质存在物而存在,这个物质世界中的所有现象都是物质实体之间的物理关系的结果"[23],到最直接和最简单的——麦当娜的"物质女孩生活在一个物质世界"。

宗教或者灵性涉及到用错误的和神话的解释来作为替代,又借着"魔鬼"来作出解释。[24]说到底,这不过是面对显而易见的真理的问题。[25]

这并不是说,道德议题没有参与进来。相反,它们的进入方式是去解释为什么人们会逃离现实,为什么他们愿意继续相信幻象。他们这么做是因为这是令人安慰的。现实世界对于我们来说是彻底漠然的,甚至在一定程度上是危险的和令人恐惧的。作为孩子,我们必须将我们视为被爱意和关怀所包围的,否则我们将会枯萎。但在成长过程中,我们被迫学会面对这一事实,即这种充满关怀的环境不会延伸到人类领域之上,在人类领域之内通常也不会延伸得很远。

但这种转变是困难的。因此我们投射一个世界,它由良善的上帝创造,并得到上帝护佑。或至少,我们根据终极的人之善将世界看作是有意义的。这个得到护佑的世界不仅仅是令人安慰的,而且它还把评价事物的重任从我们肩上卸去。事物的意义已被给定。如一个著名的当代理论家所说:

> 我以为,那个观念,即认为我们全都在亚伯拉罕的怀抱或者在上帝环抱一切的爱中,是这样的——看,世事艰难,如果你能哄骗自己,认为生活有某些温暖的模糊意义,那么这将是极大令人安慰。

但我认为,这只是一个我们对自己言说的故事。[26]

因此宗教产生于幼稚般的缺失勇气。我们需要像一个男子汉那样挺立,去面对现实。

自启蒙时代以来,来自不信传统对宗教的攻击就包含对这种幼稚、胆怯的指责。它也包含了另一种攻击,这种攻击认为宗教号召一种由骄傲所驱使的可怕的自残。人的欲望必须被遏制,被抑制。而随后这种抑制时常被强加于他人,因此宗教是可怕地施加苦难的根源,以及对异端和局外人严厉惩罚的根源。这属于"上帝之死"批判的道德方面,稍后我将回到这种批判。但对于科学的驱动方面来说,拒斥真理的最主要理由就是胆怯。

不信具有相反的特征。不信者有勇气采取一种成熟的姿态去面对现实。他知道人类只能靠自己。但这并不会使他屈服。相反,他决意去承认人的价值和人的善,并且在没有错误幻象或慰藉的情况下为此奋斗。而这意味着在他的道德信念中他也是反禁欲的。此外,他没有理由将其他人作为异端排除在外,因此他的博爱是普遍的。不信与现代(无求于外的)人文主义齐头并进。

一个故事是这样的。它最主要的观点是,其科学的-认识的部分完全是自给自足的。理性的心灵将被引导去相信,这一部分是独立于任何道德信念的。当你试图去解释为什么某些人接受而另一些拒绝这些真理时,偏向某一方的道德归因就会出现。唯物主义科学和人文主义肯定之间的联系出现了,因为你必须成为一个面对这些事实的成熟而勇敢的存在者。至于为什么成熟的勇气会包含仁慈——它塑造了这幅人文主义肖像的特征——答案可以被简单地抛给我们人类,因为我们想对我们的同胞有所助益;或者说,我们一直在文化上以这种方式发展,我们重视它,而且一旦我们致力于此,就能使这种方式持续。

而从信仰者的视界来看,所有这些结果相当不同。我们从一个认识反应说起:这样一个从现代科学到无所不包的唯物主义的论证,看上去不大可信。每当我们用它来解释一些细致的东西时,它看上去总是漏洞百出。今天最好的例子就是进化论、社会生物学以及类似的东西。但是在理查德·道金斯（Richard Dawkins）或丹尼尔·丹尼特（Daniel Dennett）的著作里，我们也能看到这类推理。[27]

因此，信仰者回之以谦恭有礼。他四方寻找，设法解释唯物主义者何以如此热切地相信一个远非定论的论证。这里，刚才提及的道德观回来了，但起着不同的角色作用。不是那个角色，即未能上升到使你不能面对唯物主义之事实的角色；而是这样的角色：其道德吸引力，及其就人类道德境况的事实看似可信的论辩，让你乐意接受它，因此你就欣然准许出自科学的唯物主义论证可以有种种的信仰跳跃。整个包装看上去可信，所以我们不会对细节吹毛求疵。

但怎么会是这样的呢？确实，这整个包装要想看似可信，正是因为科学已经表明……等等。而这正是认识论的和道德的一揽子观点将自身呈现给那些接受它们的人的方式；可以说，这是官方故事。但这里的问题在于，此官方故事不是真实的故事；其包装所拥有的吸引人、说服人的实际力量在于，它是作为我们伦理困境的定义，特别是作为能够形成信仰的存在者。

这意味着，承认令人不快的真理的勇敢者这一理想，准备避开所有惬意的舒适和安慰，同样地，这些变得能够把握和掌控世界的人迎合着我们，吸引着我们，乃至我们感受到诱惑，要将此理想作为我们自己的理想。这也意味着，信仰、献身、敬虔这些相反的理想，可以很简单地被看作是受到了对安慰、意义、超人类支持这些仍不成熟的欲求所促使。

似乎使得这一包装的观点被相信是认识论所驱动的，恰恰是著名的改宗故事，这些故事从达尔文之后的维多利亚时代开始，一直持续到今天，故事中那些早年拥有坚定信仰的人发现，他们不情愿地、甚至是带有怒气地放弃了信仰，因为"达尔文已经驳斥了圣经"。确实，我们想说，这些人从某种意义来说在道德上偏向基督教观点，但还是要带着某种程度的内心痛苦来服从事实。

但这正是我所要拒绝的。这里的实情并不是道德观点服从残酷的事实。我们反而应该说，这里的实情是一种道德观点让位于另一种道德

563

观点。另一种更高模式获胜了。此模式占据有利因素：权力的形象、不受束缚的能动者的形象、灵性的泰然自若（即"缓冲的自我"）的形象。另一方面，一个人童年时期的信仰也许在很多方面依然是幼稚的；将此看做在本质上天生如此，实在是太容易了。

　　然而，一种道德理想在另一种道德理想面前的这种退却，仅仅是故事的一个方面。最关键的判断是关于人类伦理困境之本质的一体式判断：新的道德观，即克利福德（Clifford）著名术语所表达的"信仰的伦理学"——一个人只应该信任由证据所清晰阐明的东西，而不仅仅是其本身具有吸引力；伴随此道德观的，还有关于我们伦理困境的看法，即我们强烈地被引诱（越是如此，我们就越不成熟）去偏离这种朴素的原则，并且对给人慰藉的非真理表示赞同。对新伦理学的皈依让他学会了不相信他自身某些最深处的本能，尤其是那些将他引向宗教信仰的本能。在此实际起作用的转变，其所依据的是，对我们伦理困境的这种理解比起基督教的理解看似更为可信，后者对是什么诱惑我们走向原罪和叛教有着独特的描绘。关键的变化是在给予信仰倾向的地位上；这是解释上的根本转移之目标。它再也不是在我们里面使我们走向真理的推动力，而是相反地变成了最危险的诱惑，让人违反信仰形成的朴素原则。对我们伦理困境的这一通盘解读变得更加看似可信。新道德理想的吸引力仅仅是它的一个部分，虽然不是最重要的部分。另一个关键之处在于对我们自身动机的解读发生了变化，这种解读将信仰上帝的渴望变成了一个幼稚的诱惑。既然所有早期的信仰都显而易见是幼稚的，并且（在基督教的例子中）只有通过成为福音意义上"小孩子的样式"，我们才能越过这一阶段，这种解读（误读）就不难做出。[28]

　　当然，变化是痛苦的，因为一个人可能深深依附于这种幼稚的信仰，这不仅仅是作为他过往的一部分，而且也是依附于信仰所应许的东西。确实，这种持续的吸引力可以是整个新观点（现在作为一种诱惑）之必不可少的部分。尽管勉强，我们仍可以理解伴随着转变到不信的那种后悔和乡愁。威尔逊在他的著作《上帝的葬礼》（*God's Funeral*）中说道，围绕着这个论题，19世纪充满了遗憾和哀伤，他援引了哈代的同名诗作。[29]但

564

这种遗憾往往投射在一种失却了更加幼稚且美丽的世界的悲伤之中。（当然，这是维多利亚时代后期的一个重要主题，巴里［Barrie］在他的《彼得·潘》［Peter Pan］中曾强有力地表达过这一点。）哈代在《牛群》(The Oxen)一诗中对旧信仰做出了同情性的比喻，这首诗既表达了一种失落世界孩子气的性质，又对此失落表示遗憾：

> 圣诞前夜，十二点整。
> "现在它们全都跪下来，"
> 一位长者说道，当我们坐进人群。
> 在火炉的余烬旁舒适地紧围。
>
> 我们想象温顺的生物
> 呆在它们居住的草棚，
> 我们中间没有一人怀疑
> 它们当时正跪在其中。
>
> 如此美好的幻想，在这些年头
> 很少能出现！然而，我深思：
> 假若有人在圣诞前夜说出
> "走吧，去我们童年时常去之地，
>
> "在那边小溪崖的附近，
> 去看牛群跪伏在孤独的农场，"
> 我就会带着真切的信念，
> 在昏暗中与他同往。*[30]

此外，这种痛苦本身会因为皈依而起作用。有一点值得注意，就是

---

* 参考吴迪的译文。——译者注

维多利亚时代很多伟大的不可知论者来自福音派家庭。他们将艰苦的、男子气概的、博爱的关怀模式置换为新的世俗手段。但那个模式的核心,也就是从失落的痛苦中升起的男子气概的自我征服,现在讲起来是偏向叛教的。[31]

所以,我无法完全相信现代世俗性兴起的主要推力乃是"上帝之死"这种叙事;及其以另外的词语对现代的信仰条件所做的解释。使得信念变得成问题、变得困难并且充满怀疑的,不单单是"科学"。

565　　　显然,在我此处对"正式故事"的批判和认识论的解构之间,存在着平行。在这两个例子中,都声称一点,即某些步骤被当做一个简单的发现而被忽视了,实际上它更像是一种新的建构;一种包含了我们新的认同感和在世界中的地位及其所隐含价值的转变,而不是简单记录在案的可观察的实在。(说它们是"建构"的,并不是说这些论题无法通过理性来仲裁;这是一种"后现代"谬误;但对它们的仲裁更加复杂,就像在库恩[Kuhnian]的范式之间进行仲裁一样,也像涉及到解释学适当性论题时那样。)[32]

古典认识论者声称,我们首先意识到的是我们心灵中的观念,这是"反思"或内心观察的显然真理;"上帝之死"的倡导者愿意把"无神性"看作是科学所揭露出的宇宙的一个特性。认识论的解构者想要指明,这种据称是显而易见的反思真理之看似如此,实际上只能是在对能动性某种具有价值倾向的解说之内;所以这里我要论证的是,上帝之死的故事,要看似显而易见,也只是在对能动性的某种理解之内,因为正是在这样的理解中,超然于外的科学探索才被织入勇敢的成年故事,而要达到成年,就要经由对意义和至福之更"幼稚的"慰藉的弃绝。

当认识论的故事处于恰当的位置,并且在哲学话语中占据主导地位时,新的解释看上去越来越显而易见且不可挑战,关于漠然的勇敢的成人能动性亦复如此。曾经在其他构建中之可能的一种构建,现在沦为维特根斯坦意义上的一幅图像,也就是说,成为不被质疑的背景的一部分,这背景的形式是察觉不到的,但它以几乎不被注意的方式,决定了我们做出思考、推论、经验、陈述和论证的方式。很显然,在此图像中,论证的秩序是从科学经过一系列牢固可靠的步骤到达无神论。对于那些看到这些步骤中的几步是如此不可靠的批评者来说,能动性解释的关键角色就变得更加显著了。

此图像捕获我们的这个故事,若是应用到限于牢固的无神论文化的那些人,也许会有说服力;但那些转变到这一观点的人,似乎也跌入到这幅图像,并且接受了官方故事,这一切又是如何发生的呢?因为对这种"上帝之死"的无神论观点,很关键的一点是,它把自身理解为是科学驱动的;如果承认在成人能动性的种种可能观点中它支持了其中之一,那也许就是承认,在此有重要的东西需要辩护,却尚未有这样的辩护。能动性的解说仍处于图像层面,这对整个立场是很重要的;就像对整个中介认识论的传统来说,很重要的是观念或真值句的优先性,或者任何可以被看做中介要素的东西的优先性,而不是被视为多种解说中的一种而需要辩护。只要这些重要的框架建构还是图像,它们就不能被挑战;确实,取代它们的其他选项是不可想象的。这就是"依然是被捕获的"之含义。

这并不是要否认科学(甚至更多"学科")在这个故事中占有重要位置,而且是在许多方面占有重要位置。一方面,这种科学所揭示的宇宙非常不同于有中心的等级制宇宙(我们的文明就是从此宇宙内成长的);它几乎不向我们暗示,人类在它的故事中有什么特殊位置,人类的时间之维和空间之维都是单调乏味的。加上我们用来理解它的自然法观念,就难以接受神意的干预,因为这些干预是在我们早先的宇宙框架以及与之相连的对圣经故事的理解中被预设的。从这种理解来看,"达尔文"确实"驳斥了圣经"。

另一方面,现代科学的发展是与我在第七章所描述的人类认识论困境之现代理解携手并进的。这产生了它自己的伦理学,也就是我上面所描述的那种朴素的、漠然的理性。但所有这些依然不等于认可官方故事,即在当代社会许多背景中的不信氛围,是对过去三个世纪科学所催生的唯物主义的一个强烈反应的案例。

相反,其中的关联是我在本章第一部分已经探索过的东西。现代科

566

学,连同已描述的其他侧面——缓冲的自我及其规训,现代个人主义以及它对工具理性和在世俗时间中活动的倚赖——构成了内在框架。这可以在许多方式上被经历。某些对超越性开放,其他一些则走向封闭。我们刚刚察看的两个方式(它们走向封闭,而且被视为对能动性做了浸透价值的解说),就吸收了在内在框架中发挥巨大作用的一些善的观念:诸如漠然的理性,摆脱带给人慰藉之幻象的勇气,倚靠理性反对权威,等等。在生活中让其他修改或限制它们的善与之联合起来是可能的;或者你也可以让它们成为无可匹敌的中心。第二条路线可以轻易把你引向维持封闭世界系统的能动性解说,这是我刚刚考察过的。出自这种能动性感觉来生活,就会把某种"结网"赋予内在框架,而内在框架随后似乎反射给我们这样的有效性,即我们对内在框架的封闭意象是有效的。科学、现代个人主义、工具理性、世俗时间,全都似乎是内在性之真理的进一步证据。例如,自然科学并不仅仅是通向真理的一条道路,而是成为所有道路的典范。被看做是均质的、空洞的世俗时间,并不仅仅是现今行动的主导领域,而是时间本身。我们的姿态让我们牢固地确立于一幅图像,对此图像,我们最终变得没有能力向它发出挑战。

☙ **6** ☙

567　　但现在,我"解构"上帝之死这种观点的论证之关键部分就是,从自然科学到无神性的诸般论证,并不那么令人信服。撇开那些认为这些论证强有力的人可能会提出的挑战,我们也许可以通过拒斥上帝之死的支持者,增加在他们自身立场上的阐释来反对我的推测。因此,如果这些论证并不强而有力,它们仍然可能成为打动他们的论证吗?

　　事实上,为什么差劲的论证在历史中就不该产生重要的影响呢,即便其影响比不上更佳的论证? 在某种意义上,这种反对意见是很好的;因此,在某种意义上,官方故事也是正确的。很多人相信他们是无神论者和唯物主义者,因为科学表明它们无可辩驳,在一个非常好的意义上,我们可以说这是他们的理由。

但根据糟糕的理由作出的解释，则需要有补充。我们需要解释，为什么糟糕的理由能起作用。当然，在个体案例中，这并不必然如此。个体可以从他们的社会环境得出有关权威的某种结论。正如我们这些门外汉从周日报纸获取关于原子微观构成的最新报道那样，我们也会从萨根（Sagan）或者道金斯那样的权威那里得知科学已经拒斥了上帝的消息。但这仍然留下一个疑问，即这类权威是如何构成的呢？是什么使得我们这些门外汉以及科学名人如此容易地就被这些无效的论证所吸引呢？为什么我们以及他们不能更容易地看到其他可选项？根据彻头彻尾地负载了伦理价值的能动性观点所具有的吸引力，我提供了解释，这是旨在为这些更深的问题提供答案。

我并不是说根据错误信念对某人的行动作出解释总是需要补充。我出门可能没带雨伞，因为我相信天气预报是可信的，它预测有个好天气。但这种例子与我们现在处理的例子之间的不同在于，首先，天气——除了今天被淋湿所带来的不便——对我的重要性与其他东西对我的重要性不同。其次，除了天气预报，我没有其他途径得知今天下午的天气。

这第二点在信仰上帝的问题上并不完全正确。当然，作为一个门外汉，我要把古生物学的发现当做是权威。但在科学是否已经表明物质世界拒斥了上帝的存在这个论题上，我并不在相似的意义上缺少资源。因为我也可以过一种宗教的生活，这种生活能感到上帝的存在以及他对我的存在的影响，我可以据此检查所谓的驳斥主张。

我想用苔丝狄梦娜（Desdemona）来做类比。让《奥赛罗》（Othello）成为一出悲剧而不仅仅是一个不幸故事的，是我们认为其主角太容易相信伊阿古（Iago）所编造的证据，在这一点上他是该受责备的。他本可以有另外的途径去获知苔丝狄梦娜的清白，如果他能向她的爱和奉献敞开心扉的话。悲剧英雄奥赛罗的致命缺陷在于他做不到这点，他被一种强有力的荣誉法则所禁锢——他的局外人身份和突如其来的晋升无疑加剧了这种禁锢。

有这样的论证，即不做任何补充就把"科学已经驳斥了上帝"用来解

568

释不信的兴起，对此我无法接受。理由在于，在这个问题上，比起听着天气预报且对拿不拿雨伞犹疑不决的人，我们更像奥赛罗。我们解释我们所做的，不能仅仅根据我们接受来自外部资源的信息，却*丝毫*看不见我们对内部资源的解释。

但这并不意味着对个体经验完全实事求是的描述就不会存在——很可能的是，他觉得必须放弃他所珍视的信仰，因为（按他所认为的）宇宙的严酷事实驳斥了该信仰。因为一旦你走上这条路，一旦你接受了不信，那你很可能也接受了这样一种意识形态，这种意识形态赋予外部资源以首要性，它将内部资源贬低为无能的，就如同幼稚幻象的源泉——这是遵循我们现代的荣誉法则，成年的和理性的知识主体的法则。现在追溯着去看，仿佛根本没有其他的理性选择——而这似乎也是奥赛罗的处境。但我们这些看到这一切发生的人需要一个深入的解释，为什么苔丝狄梦娜的证词没有被倾听。

但在现代视野中，苔丝狄梦娜的声音必将是非常微弱的。这是我在第七章结尾处描绘过的关于人类认识论困境的新观点。我们先去理解人类个体，他们借助漠然的理性，在互利社会中彼此相连，有能力把握和控制大自然。在牛顿的时代，此理解仍能产生用以表明仁慈创造主的论证。但两百年后，这个结论的两个特征都受到了质疑：首先，"设计"的存在需要一个创造主；其次，被造之物应显示仁慈的证据。这种论证视野的升级版通常带有唯物主义的特征，这就使得自然科学在所有领域成为通往真理的捷径。从这一观点来看，对体验到的意义之考量，如果已被证实是有科学价值的，就只能在论证中得到推进，尽管这论证关乎上帝或人之目的。究其本质，这种框架中的论证总是优先考虑"远经验的"（experience-far）自然科学因素，"近经验的"（experience-near）因素往往是其次的。苔丝狄梦娜的声音因彻底不被信任而遭阻止。

因此，一个人一旦迈出不信这一步，那么他被诱导去相信官方的、受科学驱动的故事，就有无法抗拒的诸般理由。并且，由于我们时常在受他人——正是其权威让我们认同官方故事——影响之下做出这些选择，那么许多人认为他们的转变受到了科学驱动，甚至可能是最极端形式

569

的，就不足为怪了。科学看似表明，我们不过是一个正在走向死亡的星球上的一个转瞬即逝的生物而已；或者宇宙不过是在永远增长的熵之下的衰退物质，其中没有灵或者上帝的地位，也没有神迹或救赎的地位。面对巴塞尔美术博物馆收藏的汉斯·霍尔拜因（Hans Holbein）的作品《墓中基督》（有关死亡的绝对终局），[33]陀思妥耶夫斯基曾经获得异象，此异象使他确信，必定有更多的东西；然而这幅作品很容易产生相反的效果——拖你下水，并迫使你放弃自己的信仰。

但问题依旧存在：如果论证事实上不是定论性的，为什么它们看上去如此令人信服，而在其他时间、其他地点，上帝的存在看上去如此明显呢？这是我试着要去回答的问题，而"上帝之死"在此处并不能帮助我；相反，它用一个伪解决方案阻挡我的探索之路。

因此我的论点是，当今唯物主义的力量并非来源于科学"事实"，而是要根据将唯物主义和道德观连为一体的某种组合力量来解释，这个组合我称之为"无神论的人文主义"或"无求于外的人文主义"。是什么赋予这个组合以力量？我在上面试图回答此问题，主要是依据隐含于内在框架中的某些价值，例如漠然的理性，这种理性被推向极致便会产生科学驱动的"上帝之死"的故事。

但我们也要看到"上帝之死"叙事的第二个层面，也就是从我们当代道德困境开始的层面。这里的结论与从科学那里得到的论证一样，即我们再也不能理性地相信上帝；但出发点如今是现代时期的伦理观。

不错，我们政治和道德生活的很大部分集中于人的目标：人类福利、人权、人间福祉以及人与人之间的平等。确实，在熟悉的现代意义上的世俗社会中，我们的公共生活仅仅关注人间诸善。在这个方面，我们的时代在人类历史上显然是独一无二的。因此，也许并不令人惊奇的是，在这类世界中，一些人根本看不到信仰上帝的位置。这种信仰会使一个人不得不成为局外人，成为这个世界的敌人，并要与之不懈斗争。于是，一个人要么彻底进入这个世界，按照其假设来生活，并由此不能真正相信上帝；要么相信上帝，并且在某种意义上活得像现代性中的一个异乡客。既然我们越来越觉得被卷入其中,信仰就变得越来越困难;信仰的视野在稳步撤退。[34]

这幅关于信仰和现代性关系的敌对画面,并非不信者的一个发明。它与一股基督教对人文主义世界的敌意相匹配、相鼓励。我们只需想一想庇护九世 1864 年在《错谬》(*Syllabus*)中是如何严厉谴责现代世界所有错误的,其中包括人权、民主、平等以及当代自由国家所体现出的方方面面。还有其他更近时的例子,既有发生在基督徒身上的,也有来自其他宗教信徒的。

但基要主义者和强硬的无神论者之间的这种交汇,并不会让他们对有关信仰与现代性关系的解释成为唯一可能的解释。很清楚的是,有许多这样的葆有信仰的人,他们为建立或维持这个现代人文主义世界提供帮助,坚定地致力于人类幸福和福祉的模式,而这些模式处于中心地位,则要归功于这个世界。"上帝之死"的叙事再次跳跃到一个远非得到证实的结论。有可能把现代人文主义视为宗教的敌人;正如有可能把科学视为已经证实的无神论。但是,既然结论在两个例子中都没有得到证实,那么何以那么多人认为已经证实,就是一个问题。而这将我带回到我刚刚已经提出的中心论题。

此道德形式的"上帝之死"叙事对许多人来说是可信的,因为他们对现代性的兴起做了一个假设,此假设让他们看不到这个探索的复杂和困难程度。这个假设就是我所说的"从多佛海滩来看的观点":转向现代性是由于传统信念和传统忠诚的丧失。这也许可以被视作是制度转变的一个结果:例如,流动性和城市化侵蚀了静态农村社会的信念和基准点。或者说,这种丧失也会被认为是源于现代科学理性日益增长的运用。这个转变可以被正面评价——要不然也会被论断为是一场灾难,当然,作此论断的人认为,传统的基准是有价值的,而科学理性则过于狭隘。但所有这些理论对这个过程的描述都是一致的:旧的观念和忠诚已被侵蚀。在尼采的图像中,旧的视野已被冲走。按照阿诺德的说法,信仰之海已在退却。《多佛海滩》(*Dover Beach*)中的这些诗句抓住了这一场景:

信仰之海

也曾一度涨满，围绕地球的海岸

如同一卷明丽的腰带伸展。

但如今我只能听见

它忧郁、绵长、退却的呐喊，

在后撤，和着夜风的

呼吸，撇下这个世界硕大阴沉的边缘

和赤裸的碎石滩。*35

　　这里的语气是带有遗憾和乡愁的。但遭侵蚀的信仰之深层意象，恰好也可用于志得意满的科学理性进步的乐观故事。从某种观点看，人类已经摆脱了许多错误的、有害的神话。从另一种观点看，人类已经丢失了与关键的灵性实在的接触。但在两种情况下，转变都被看做是信念的丧失。

　　经由这一丧失，问题就出现了。乐观故事珍视关于知识陈述的经验-科学路径、个人主义、消极自由以及工具理性的主导地位。但这些东西之占据显著地位，乃是因为，一旦我们不再被错误或者迷信的信念以及相伴随的僵化生活模式所阻碍和遮蔽，这些东西正是我们人类"通常"所看重的。当神话和错误遭到驱散，这些东西就是仅有的游戏。经验路径是获取知识的唯一有效途径，而当我们将自己从一种错误的形而上束缚中解放出来时，这就变得更为明显。对工具理性日益增长的倚赖使我们能更多得到想要的，而我们只会因着没有根据地限制我们自己的禁令而不去这么做。当人的自尊自重摆脱了上帝虚幻的要求、存在之链或社会的神圣秩序，自然会结出个人主义的果子。

　　换句话说，我们现代人之所以如此行事，是因为我们已经"醒而看见"，某些要求是错误的——或者按照否定的解读，因为某些永恒真理已从我们的视野消失。这一视野从图景解读出的，是这样一种可能性，即

571

---

*　参考王道余的译文。——译者注

西方现代性也许可以由其自身关于善的积极愿景来推动,也就是说,由众多其他唾手可得的愿景中的此类愿景之集合来推动,而不是在旧的神话和传说被推翻之后,由剩下的唯一可行的一组愿景所推动。一旦旧的错误被显明(或旧的真理被遗忘),它就会屏蔽所有可能为西方现代性提供具体道德指引的东西,将人类生命本身的普遍形式所规定的行为准则抛诸脑后。例如,人们表现为个体,因为这是他们不再被旧的宗教、形而上学和习俗所掌控的"自然的"行为,尽管这也可以被视作一个光荣的解放,或是盲目地陷入了利己主义,具体怎么看则倚赖我们的不同视角。但它就是不能被看作为一种道德的自我理解之新形式,不能简单地由否定它先前的东西来定义它。

在道德的"上帝之死"故事和它那由科学引导的固定伙伴以及认识论之间的类比,应该是显而易见的。它们都迈出了关键一步,将之呈现为"发现",即某些条件满足之际我们就会"醒而看见"的东西。在所有情形下,这一步若要看起来像个发现,就必须处在某个框架之下来看,而此框架是新建构的对于我们自身、我们的困境和我们的身份认同的认识。"发现"的决定因素似乎是不可挑战的,因为深层建构已被挤出视线,并被遗忘。

根据我前几页的讨论,所有这些叙述都将现代的、自由的身份认同之特征"自然化"了。这些叙述无法将此身份视为关于人之能动性的诸般历史建构的理解之一。

基于这一关于现代性的"化减"观点,即作为因旧视野的消逝而产生
572　的东西,现代人文主义只有通过先前形式的衰退才能出现。只有经由"上帝之死",我们才能构想它的到来。由此可以直接推出,如果你还没有甩掉旧信念,你就不能完全投身于当代人文主义者的关怀。你不能完全支持现代,却又依然相信上帝。或者也可以这么说,如果你仍然相信,那你就有保留意见,你最终将部分地、也许暗暗地成为某种反对派。

但当然,正如我在别处花大量篇幅所论证过的,[36]这是对现代性的一个相当不充分的叙述。已被过滤掉的,是这样一种可能性,即西方现代性的维持,也许可以借助其自身原初的灵性愿景,也就是说,不是靠着在

转变中简单地和不可避免地产生的那个愿景。但这种可能性实际上就是现实。

化减故事的逻辑大概如此：一旦我们甩掉了我们对侍奉上帝或者参与任何其他超越实在的关怀，我们所剩下的就只是人之善，而这正是现代社会所关心的。但这对我所称的现代人文主义来说，是根本不合格的描述。留给我的只是人间关怀，这一说法无法告诉我去把普遍的人类福利当做自己的目标；它也无法告诉我自由、成就或平等是重要的。仅仅局限于人类诸般好处，恰恰也可以表现于我只关心我自己、我的家庭或作为直接环境的物质福利。那些作为现代人文主义特征的对普遍正义和慈爱的迫切需求，并不能仅仅靠着对早先目标和忠诚的化减来解释。

化减故事虽说不合格，但还是深深植根于现代人文主义的意识。它绝不仅仅只是被过分简单的理论家所提出。即使像保罗·贝尼舒（Paul Benichou）这样具有洞察力的老练的思想家，在他的《古典时代的道德》（*Morales du grand siècle*）中也赞同某种化减故事："人类从它能够克服自身的贫困之日起尊重自身。它往往会忘记它的物质窘迫和令人羞辱的道德，这种道德让它心甘情愿地去谴责生活。"[37]换句话说，因为人类有能力甩掉更古老的、关注来世的苦修主义，现代人文主义才得以出现。

此外，一些关于人类普遍动机以及特殊宗教信念蓬勃发展的特定观点，为这个故事夯实了基础。后者被视为痛苦的果实，与之相伴的自我弃绝则是"心甘情愿地去做必须要做的事"。信念是剥夺、羞辱以及希望缺失的产物。它是人类对福祉的欲求的对立面，我们被这种欲求的挫折所导致的绝望所驱动。

因此，人间福祉尽管在充满苦难和羞辱的岁月暗淡了，但还是被当作我们的永恒目标，而一旦你开始确认它，它的内涵简直就会被视作不成问题。

这种对化减故事的过分倚赖与我早先在第一章所抱怨的对象有关，即这类解释过分注重信仰上的变化，当然这是相比对经验和情感上变化的关注而言的。我们可以看到这两种错误（如果它们是的话）如何互相关联。而化减故事太少关注西方现代性所造成的文化变迁，也就是此现

573

代性发展出有关自我及其在社会和时空中地位的诸般新理解的方式。化减故事没有看到我们一直以来是多么有创新；其倾向是要把现代性视为一种解放，即让信念和欲求之持久的核心摆脱那些扭曲、抑制它的形而上/宗教的幻象。

但我们据以经验我们世界和人之境况的新方式，例如，作为自律的主体，作为酷爱选择的存在者，作为主权人民中的公民，作为能潜在地控制历史的人；所有这些，只有当我们在一个伟大的文化转变——西方现代性所带来的关于自我、能动性、时间、社会的新理解——语境中，才是可以理解的。因着忽视或者抹平所有这些转变，化减故事令我们难以想象人在经验上的变化。剩下的只有根据转变了的信仰所做的叙述。

这是对现代世俗性兴起的一种解释，而我在这本书中的尝试，就是提供另一个我认为更令人信服的解释。我们所处理的是我们通常称为"主叙事"的东西，即历史如何展开的框架图景。在我们的时代，这些叙事受到相当大的攻击，并且被认为是（观念上）的过时之物。[38] 但我的论点是，它们远没有过时，这些主叙事是基于我们的思考的。我们都在运用这种叙事，包括那些声称要放弃它们的人。我们需要对我们所做之事保持清醒，并且准备好为我们所倚赖的东西进行论争。试图放弃它们恰恰使事情变得模糊混乱。

我已经追踪了一个此类叙事的轮廓，这个叙事就是对现代世俗性来临的叙述，而此世俗性就其普遍形式而言，乃是广泛而深刻地根植于现代人文主义文化。它有四个互相关联的方面：(a)"上帝之死"论题，即一个人不再能够诚实地、明晰地、真诚地信仰上帝；(b)有关现代人文主义兴起的一些"化减"故事；(c)对宗教信念之原初理由，以及这些理由在永恒的人的动机（动机为化减故事提供基础）中的位置，有一套观点。这些观点各不相同，包括 19 世纪有关原始人对未知之物的恐惧或控制自然环境的欲望的理论，也有弗洛伊德那样将宗教与神经官能症联系在一起的猜想。根据诸多此类叙述，当技术达到某个水平时，宗教变得完全是不必要的：我们不再需要上帝，因为我们知道怎样倚靠自己。[39] 这些理论一般来说都是化减的，而且化减得随意且令人难以置信。

574

上述三点导致(d),把现代世俗化主要当做是宗教在面对科学、技术和理性时的撤退。在 19 世纪,像孔德这样的思想家信心满满地预言宗教将会被科学取代,勒南也是如此:"当人类不再相信上帝,而是会像它了解物质世界那样了解形而上学和道德世界时,这一天就会到来。"[40] 与这幅对未来充满信心的投射相对,今天每个人都认为这种幻象有相当不错的未来;但根据我在这里所描述的愿景,对某些人来说,此幻象有更多缩减。

这四个方面合在一起稍稍让我们明白,从无求于外的人文主义阵营内部来看,现代世俗化通常看起来是怎样的。与此相反,我则提供一个不同的图景。[41]

<h2 style="text-align:center">❧ 7 ❧</h2>

我已检视"上帝之死"视界的两派立场,以及它们据以"自然化"西方现代性新兴认同之种种面向的方式。结果是,在两种叙述的重心上存在一种转移。第一种,或者说科学驱动的立场,为唯物主义辩护,它看上去是以认识论主张为基础的。唯物主义本身就是一个本体论问题:凡存在之物,其基础都是"物质",不论"物质"意指什么。但这里的论证最终是认识论的,因为本体论问题要诉诸于科学的成功。正因为现代世界中有效知识的典范案例把它们所研究的实在视为唯独由物质组成,我们才应该得出万事皆物质的结论。

但即使现代科学的前提是正确的,上述结论也并非顺理成章;而且我认为,那些支持这个论证的人被诱导去忽视它的缺点,因为作为唯物主义故事一部分的整个人类的伦理困境,让他们确信(同样没有充分的理由)这个结论。这是将唯物主义表达为有勇气的成人的观点,他们为了理解一个漠然宇宙的实在,已准备好抵制早先形而上学和宗教信念之安慰人的幻象。而这一步关联于一个故事,即我们上升到一个可以识别并抵制早期幻象的境地。康德让这个故事广为人知,在他对启蒙颇具影

响力的定义中,启蒙就是人类存在者从受监护的状态中走出来,成为那

575 种为自己负责的人,一个自我负责的未成年人。这个时代的口号就是:
敢于去获知![42]知识的增长对这个阶段十分关键,但这与勇气的一个新形
式分不开,这个新形式使得我们背负起对自己的责任,背负起现实,并且
背负起我们在现实中的地位。

　　这意味着,这个新确信的一个关键部分倚赖于一种叙事,一种关于
我们如何到达现在所在之地的观点。当我们转向"上帝之死"视界的第
二个维度、也就是道德维度时,我们发现这种叙事走向了前台和中央。
这里它以一个化减故事的形式出现;但我们能看到这两种叙事——即勇
敢地走向成年,以及幻象的化减——如何互相归属。它们是一枚硬币的
正面和反面。我们摆脱的是幻象,但这么做需要勇气;剩下来的是科学
的真正解放、关于事物以及我们的真理,它们都等待着被发现。

　　"成年"、化减,正是这个强有力的当代故事的两个方面。但这个故
事要比这两个方面更丰富,对其他方面做更深入一些的探索将会是有
用的。在这里,我想考察一下两个广为人知且在措辞上令人信服的叙
事,它们在许多社会背景中已经下沉到不受挑战的常识层面,也就是说,
它们已经成为类似维特根斯坦意义上的背景"图像"。

　　第一个(叙事)主要涉及我们的社会和政治境况。我早前提到,我们
现在将自己理解为生活在由平等的个体组成的社会之中。我们对社会
的归属已经渐渐脱钩于种种人际网络,尤其是我们涉身其中的亲属关
系,以及那些涉及等级关系的人际网络,特别是在前现代"封建"社会处
于中心地位的那种网络。这并不是说人际网络和等级制不存在,而只是
说现代想象视它们为脱钩于国家或经济或公共领域层面的社会归属。
我们直接地属于这些大的整体,也就是说,我们进入这些整体不需要这
些人际网络的居间。这些整体由一种"陌生人的社交"所维持。[43]

　　这就是故事的骨架,它与外部看来非常不同。按所经历的转型作出
的实际描述,通常是讲述一个伟大的道德热情的故事,这热情可以是向
着一项发现,可以是向着从更紧密、更封闭的关系(包括过度的控制和令

人反感的区分)的狭隘世界中解放出来;与此同时,它也被经历为释放到更广阔的空间,在那里,人民大众在旧的区分之外聚集起来,在一项新的事业中——就像国家、革命政党或"人民党"——作为同胞公民、作为同样的人类而相遇。当然,我们不能忘记,从另一立场(来自那些抵制这些变化的团体)来看,这一切时常被体验为一种最关键、最基本的社会纽带的灾难性崩溃。

576

这里的典型例子就是法国大革命,人们在革命中摆脱了他们的"等级",进入到由"自由、平等、博爱"这新三位一体所连接的新"国家"空间。这里有一个极强有力的道德抱负,它意味着这一极端之举会反复出现:首先,这显见于其他一些"国家",它们开展革命,或至少在新根基上重新建构自身;与此同时,这也发生于一些新的政党,它们渴望领导这些革命,不论成功与否。这些虔诚的信徒,从 19 世纪早期的"青年意大利"这样的民族运动,经过 20 世纪的革命无政府主义和布尔什维克政党,到当下的恐怖主义活动,都把他们自己看作是从一个更旧的、更狭隘的、时常是等级结构的人际网络中走出来,迈向一个平等同志关系的广阔空间,这预示着新组建国家的新空间或者是新的净化了的伊斯兰。[44]

我们也可见之于一系列的"青年文化",它们涉及对家庭中等级角色归属的反叛,以及身份认同的转移,即作为更大的友爱运动的成员。在 60 和 70 年代,对我们西方社会冲击最大的运动就是这种类型,他们挑战权威,试图消解老师和学生、学生和工人、男人和女人之间的区分,消解工作和娱乐、手段和目的之间的区分;所有这些都是为了进入一个新秩序,在其中,所有人都能有人情味地走到一起。这项事业的乌托邦性质可能会主宰我们对它的记忆,但它所号召的转变方向,它在这一系列此类转移(走出等级区分,进入自由平等的新空间)中的成员身份,都不应该被忘记。

而先于此的,有一系列更早的此类运动,尤见于那些在大社会中处于劣势的少数族裔。在尤里·斯莱兹肯(Yuri Slezkine)关于 20 世纪俄国犹太人的深刻著作中,他清晰地记录下了这些。年轻的犹太人响应新型空间的希望,这空间有着开放与平等,也将是普世的空间,这个空间将使他们永远摆脱犹太人区的生活——在他们眼里,那种生活是狭隘的,受限制的。[45]

不那么混乱的、更加普遍和友爱的新空间有着强大的道德吸引力,如果我们注意到这一点,就会发觉某种人类历史上有着广泛共鸣的要事。像这样的要事一再发生:佛陀的追随者出离种姓法则而进入僧伽(Sangha)的新空间;基督的跟随者追随好撒玛利亚人比喻的引领,乃至保罗会说:"并不分犹太人、希腊人,自主的、为奴的,或男或女,因为你们在基督耶稣里都成为一了";穆罕默德的追随者看到了超越于所有部落和民族的伊斯兰新空间;斯多葛主义的吸引力也与此相似。

577　这类行动看起来对我们人类所拥有的力量,可以告诉我们很多关乎我们自身的要事,只要我们可以更精确地定义它。在这里我不想这么做,但在我看来,对这种力量的解释,不能仅仅用否定的行动,即逃离一系列的等级区分和限制。不错,摆脱区分和限制可以产生极大的兴奋,正如我们在狂欢节或者一些暴力事件的爆发中所看到的。巴塔耶曾论述过这种类型的力量。但在我看来,那不同于达到更高要事这一常见含义,恰恰是这一常见含义,与我上面描述过的行动以及现代社会想象联系在一起。

这种力量必须部分地、甚至大部分地用肯定的吸引力来描述,这种吸引力来自于我们得到解放而进入的空间,这里列举四个例子:寻找启蒙的空间,救赎的空间,顺服上帝的空间,或是诸神和人类构成的大都会(cosmopolis)。

那种内在于陌生人社交的现代空间中的力量是什么呢?它必定与此处兴起的集体力量以及效力之增强的意义有关。走到一起成为人民(a people),一个国家向那些以这种方式联合在一起的人们许诺了一种新型的效力。人民不是臣民,而是最高统治者(主权在人民)。当然,这个许诺事实上时常会挫败于精英,挫败于官僚机构,甚至挫败于人民自己的漠不关心。但是两百年过去了,这个许诺仍然还在,正像当它不能兑现之际,我们还能用失望的苦楚来衡量。当然,它部分地兑现了,这是在比较民主社会和由不负责任的掌权者小圈子统治的那些社会时就能看到的。

有些事与此有关，但不是什么事都与此有关。还有一个事实就是，这类新型的效力也将自身呈现为是以正义、平等、自由、全体团结为基础的。正是我们前面概括的能动性和正义这两种善的新颖混合，可以用来解释新空间的道德力量。

一旦这种新形式确立起较高的和规范的地位，现代的以平等和非歧视为内容的正义观就开始站稳脚跟。化减故事会认为我们始终享有这些直觉知识，只不过它们被各种为等级制度和精英统治背书的虚幻形而上教条和宗教教条所拒绝和降格。但事实并非如此。在早先分化的等级社会中，像有着不同法律制度的前现代欧洲王国，或者奥特曼帝国——它有着等级制安排的宗教社群米利特（millets），存在着另一种正义观，尽管它并不总是得到遵循。这种正义观把诸般差异当作既定的，并定义了一种将这些差异考虑在内的制度之间或米利特之间的正义。欧洲农民反抗地主，但通常并不挑战等级制事实，而只是挑战过分压迫和盘剥地运用等级制：地主们被控非法增加农民负担，以及引入史无前例的强迫劳役。无论在哪里，"道德经济"都考虑到据称已固定下来的习俗，而那时的习俗本身就是等级制的。 578

在正义能按现代方式（这使得类似于罗尔斯的工作，在许多当代人眼里是如此不言而喻）构想之前，这整个理解社会的方式必须让步于前现代的方式。一种新的空间必须被创造出来，它卓越的效力以及它自身的正义、自由和团结的形式结合在一起，产生了巨大的吸引力。若要理解现代性之兴起，却又仅仅根据化减故事而不考虑史无前例的新创造，就会再一次无以复加地遭到扭曲。

正如当代极端自由主义者不会忧虑于这样一种资本主义——它产生出一个贫困的下层阶级，而且其本身还被视作秩序的一部分，懒惰者、散漫者在其中得到应有的惩罚——前现代也不会忧虑于不同制度、不同人群和不同宗教团体之间系统的不平等，因为那是事物秩序的一部分。

正是这些新空间的力量，解释了这些转变如何能够继续，即新空间不断吸收新的人口，而且通过对等级制和差异越来越激进的挑战来继续吸引这些人群。一旦一个人进入了新空间，那么只要时机、条件成熟，几乎所有传统的差异都会被潜在地视作一种不公平的强加。因而会有后来追求性别平等的发展，这一发展远在新社会想象的奠基行动之后，而且是在紧随妇女进入劳动力市场和获得教育机会等之后。一个新的方向在现代历史中起作用，而且挑战先前革命果实的可能性也存在，因为它们的原则没有得到充分实现——正如 60 年代的年轻人所做的。这个方向是被一系列形式上"不是你，而是 X 代一员"（Xer than thou）的行动所定义的。

我所列举的早前行动的转移包括：一方面是轴心革命中的关键行动，即佛教的、基督教的、斯多葛派的、穆斯林的行动；另一方面是现代社会想象的兴起带来了不同种类的个人主义。首先，轴心期的行动是杜蒙所说的"此世之外的个体"的宪章。比丘、修士、修行者（印度教）、苏菲派圣人，他们相继走出仍然是等级社会的常规秩序。现代的转变是"此世之中的个体"的宪章；社会"世界"现在被看作是由出于互利而联合起来的个体组成的。

新秩序有四个强有力的衡量基准：自由，意味着解放；权力，意味着能够授权；互利，这是社会的基点；理性，不论自由、权力、互利的实现及实现方式如何，都可以靠理性讨论来裁决。它们的成就也旨在是可论证的。这些，以及平等的基本前提，和权利的突出地位，是新理解之关键的构成概念。

当然，它们也是"启蒙"的价值观。这已经足以使许多人开始一种关于政治现代性的叙事，这种叙事将自身看作是反对"宗教"、与"宗教"斗争或者是要牺牲"宗教"的。但这需要得到更准确的检视。

确实，这种现代形式之兴起，乃是靠着与之前错综复杂的结构和规则所作的斗争。旧制度是基于一系列容易辨别的相反价值来运行的：（1）那些使得结构和规则自身具有价值的价值，比方说，是因为基于宇宙秩序，或基于团体、种族、性别之间的真实差异；（2）存在某种更高之物这种观念，比互利更为重要；（3）人之善的某些特征事实上被谴责，例如感官享受；因此有一种苦修主义的倾向。

579

如上所述,所有这些都得到了教会以及其他宗教领袖的捍卫。庇护九世(意大利语中又被称作 Pio Nono)领导下的天主教会是这方面有充分说服力的例子,当然还有其他许多例子。所以,世俗主义的解读远远不是捏造,但它也远非整个故事。现代道德秩序观念起源于洛克这样的基督教(或至少是有神论)思想家;当今还存在着基督教民主;这些都表明,从宗教视界来看的(1)和(3)之对立,远远不是现实的一个必要特征。(2)当然是任何有着超越维度的宗教信念都必须保留的东西,但接下来的一个说法就远非显然,即这威胁到上面提及的一组启蒙价值观中善的东西。相反,它甚至可能提供了某种洞见,让我们看到,被视作全然充分的这些启蒙价值观是有局限的。

因此,对现代社会空间兴起的故事无需给出一个反宗教的"结网"。但有一些动机是朝这个方向的;与任何"结网"一样,我们很容易就能看到,一种此类动机如何被广泛接受,而由此所涉及的对宗教的贬低又会变成一幅"图像"——它显得是明明白白的和不可挑战的。追踪现代世俗性叙事这一方面的要点,并不在于此追踪表明,相比唯物主义和科学的故事或化减的现代性故事,此叙事的理由更充分。相反,要点在于,对这一方面的关注表明,一旦一种世俗主义的"结网"已被采纳,这个反宗教的故事就拥有了真正的说服力和道德力量,而此般力量是与这些公民社交空间之展开紧密相连的。

在上面,我提及了关于个人的现代观念,即作为集体授权的能动者。但这种新空间的权力拥有另一方面。作为"民族"的人民,经常被视为特定语言或文化的承载者。我们以一种特定于我们民族和语言的方式,生活在这个世界,歌颂这个世界。这是赫尔德的民族概念背后的基本思想。因此,想要参与这种新空间的渴望也会有这一另外的意义:你想要更接近这种特殊生活和歌颂方式的源泉。这可以是"人民",即指民众, 580 是未被精英们带坏的(这些精英们可能已经屈服,并在他们中间使用法语或者英语,鄙视共同语言)。或者是,促使着语言之本质在高级文化中得到表达的过程已经开始;这个过程时常被看作是从某个奠基人物的作品产生的,像但丁、莎士比亚、歌德、普希金、密茨凯维奇(Mickiewicz)、裴多菲(Petöfi)这样的人物。因此,新空间是由说(或者也许是写)这种新近强化的方言来定义的。斯莱兹肯以一种有趣的方式讨论了这个现象。[46]

<h2 style="text-align:center">〜 8 〜</h2>

世俗性的这一叙事还有在此值得一提的另一侧面,因其在对待内在的"封闭"结网上很重要,而且处处得以体现。这里的故事线索是这样的:从前,人类从他们自身之外的权威那里获得他们的规范,他们的善,他们关于终极价值的标准;包括从上帝,或诸神,或存在本质,或宇宙。但后来他们开始明白,这些更高权威只是他们自己的虚构,并且认识到,他们不得不根据自己的权威去重新建立他们的规范和价值。这是极端化的"成年"故事,就像它出现于科学驱动的唯物主义论证。人开始确立有关世界的铁铮铮的事实,并不仅仅是因为摆脱了幻象,还因为他们开始决定自己据以生活的终极价值。

当然,对于那些认为是科学在某种意义上确立起何谓道德正确的人来说,这两种表述可以近乎是一回事。功利主义者时常持类似的观点:这是自明之理,即要做正确之事,就是去做能带来最大幸福之事(按照这种传统的表述),而确立什么实际上能带来这一点的,则有赖于各种特殊学科,以及常识性经验研究。在此情况下,建立我们自己的标准这一激动人心的主张就归结为这样一个思想,即我们不再从我们之外的权威、而是从我们自己的科学研究来获得这些规范。我们也许可以说,我们是从理性或者说从我们自己的理性中获取了它们。但清楚的是,我们并不由自己来决定什么是对的;这由相关事实来决定。

与此相平行,康德则会声称,当我们制定道德律时,这是由理性所建立的;只是此时不仅仅是相关事实,而且还有理性的本质,要求我们按照可普遍化的准则来行动。我们不能决定什么是正确的,而只能遵守它,按照我们的本性,即作为理性行为者、作为反对欲望的存在物去行动。

但这条叙事线索的部分戏剧化力量在这里丧失了。令人吃惊的是 581
这样一个主张：根据我们自身权威来颁布我们要遵行的规范。当我们体
会到，我们是多么藐视古老意义上更高的、超越人类的权威，这种思想会
在我们里面激起一阵颤抖；与此同时，我们对自身的责任感，和我们需要
扛起责任的勇气，也会让我们兴奋。除此之外，我们还会被下述感觉撞
击，即我们仿佛站在一个规范的深渊面前，这个不长眼睛、不长耳朵的沉
默宇宙根本不提供任何指导；我们在这里遭遇到一个令人兴奋的挑战，
它鼓舞着我们，它甚至会唤醒一种对于这个陌生宇宙的奇绝之美的感
受，并且面对此宇宙，我们坚持要求担当意义的制定者。

这同一个故事可以在不同的激进层面来讲述。在其最单调的层面，
一个当代的休谟信徒也许会思考休谟的一个观点，即驳斥理性之见作为
道德基础。这更是存留于人的日常情感，存留于某种天生的倾向，即并
不根据行动是否有助于人类的幸福来认可它们或反对它们。我们固有
的同情心也确保一点，此处，我们不会只被我们自己的幸福所驱使，而是
更多会被普遍效用所驱使。

至此，我们简直就没有能力去决定什么是好的和对的。这部分取决
于我们固有的倾向，即倾向于认可那些带来幸福的事情，也部分取决于
我们的理性，只要我们用它去决定什么东西确实在事实上有助于人类福
利。但从另一个方面来看，这个观点明显与传统伦理学严重背离。它不
仅驳斥了传统的主张——即我们的标准取决于某种更高的东西，不论它
是上帝的旨意，还是宇宙的本质，抑或是"人之理念"等等——而且驱散
了倚赖此更高源泉的无法拒绝的权威光环。我们的道德冲动是自然的，
正如所有其他冲动；它们是我们人类在事实上如何运作的一部分，正如
我们的两性构造，以及我们对自尊、认同以及所有其他的需求。

但道德要求当然自称是更高的、是压倒一切的，是即使在其他欲求
强烈要求忽视它们的时候，我们实际上也应该要听从的那些要求。这是
我们使用"道德"一词的部分含义。总体上说，休谟式的道德哲学家不会
想要拒绝这个声称；她会渴望响应这个声称，从而活出她的人生。但之
后她会意识到，同意给予道德要求这种地位的并不是宇宙或上帝，而最

终是她自己。在此意义上，某种决断是需要的。

　　并且这种决断需要某种勇气；因为更高源泉和压倒一切的声称之间的关联是如此深深根植于我们的历史和文化，或许甚至根植于我们的构造，乃至于对所有外在源泉的驳斥，很容易就导致我们丧失勇气。我们582必须有勇气去重新确认我们自身在（部分）道德准则上的权威，而这些道德准则过去是作为上帝或者自然的命令来持守的。

　　现在，我们可以超越狭隘的休谟式道德哲学来概括自我委任（self-authorization）这一概念，而且我们接近于以赛亚·伯林（Isaiah Berlin）在他的《两种自由概念》（Two Concepts of Liberty）一文结尾处巧妙表达的立场：

> 　　结果，人们在各种终极价值中进行选择；他们之所以做出选择，是因为他们的生活与思想受到基本的道德范畴与概念的决定，这些范畴与概念在大部分的时空中，至少是他们的存在与思想、他们自己的认同感的一部分。

在这里，伯林援引了"一种理想的自由，即选择目的但不断言它们的永恒有效性"。他承认，这在过去是得不到承认的，也许在未来也是这样，"但对于我来说，似乎不应该得出怀疑主义的结论。"

> 　　原则之缺乏神圣性，并不是因为它们的有效期限得不到保证。的确，渴望这样一种保证——我们的价值观在某个客观的天堂中是永恒的和牢固的，也许只是渴望童稚的确定性或我们原始往昔的绝对价值观。我们时代一位令人尊敬的作家说过，"认识到我们的信念之相对有效性，却依然毫不妥协地坚持它们，正是这一点区分出文明人和野蛮人。"在此之外要求更多，也许就是根深蒂固且不可救药的形而上需要；但是让这种需要来决定一个人的实践，却是一种

同样根深蒂固且更加危险的道德与政治不成熟的表现。*[47]

我所描述的叙事线索在此得到精彩的援引：从童稚到成年，从野蛮到文明，我们爬到了能够自我委任的地步。但清楚的是，虽然存在有待作出的重要选择（伯林因其"价值间不可还原的冲突"这一论题而闻名），然而大部分被我们接受为规范的东西都深深地植根于我们的过去和身份认同。

倘若我们不把我们赞同的价值观想作是如此连续于我们的过去和我们已成的样子，自我委任就会获得一个更激进的转折。那些觉得自己处身革命境地的作者，会更容易把他们自己视为在拥护更激进的新立场；比如，一种新的人文主义，它与有神论伦理学或基于大存在链的伦理学构成对照；或是一种有特定倾向的人文主义，与其他更有影响力的形式相对照。

例如，我们在加缪那里找到了后一种类型的立场，要部分地定义他的人文主义，可以对比萨特（Sartre）所信奉的"进步的"、倾向共产主义的、革命的人文主义。在加缪那里，这种感觉非常强烈，即这种自我委任产生于这样的宇宙：它是沉默的和冷漠的，它让想在其中寻找意义的所有尝试都落空。正是在此意义上，它是"荒诞"之地。但是，充分意识到这一点，并对挑战做出热烈反应，面对着这种荒诞而支持自己的伦理，这一切却能产生勇气和激励，去与无意义惨境的力量作斗争。《鼠疫》（*La Peste*）中的里厄医生（Dr. Rieux）就是此种立场的一个典范英雄。将某种错误的意义投射在瘟疫上（比如说，人们因他们犯罪而受惩罚），不仅仅是屈服于幻象，也是在战斗中举手投降。

加缪的立场，因其清晰性和修辞力量，值得我们作略微详尽的考察。他的关键一步是，在宗教-形而上幻象结束之后，使用"荒诞"这一概念来清晰表达人之境况的意义。这种荒诞"naît de cette confrontation entre

583

---

* 参考胡传胜译文。——译者注

l'appel humain et le silence déraisonnable du monde. "[48]（"这种荒诞产生于人类的呼唤与世界不合理的沉默之间的对抗。"）[49] 我们感受到了幸福（**享乐**）的召唤。这不仅仅是一种欲望，而是这样一种感觉：这就是我们的常规境况；这是生来如此的。此外，我们感受到我们的内心迫切要求去理解世界，去寻找世界中的某种统一的意义。换句话说，我们拥有一种关于事物意义的直觉，它被写入了我们不可避免的生活经验。

然而，实现和意义的要求被一个冷漠的宇宙残忍地拒绝了。它根本不欠我们什么，它的运转随机地支持我们的抱负，但转而又粉碎我们的抱负。创造意义的尝试持续地并且完全地被挫败。这就是被加缪命名为"荒诞"的矛盾。

当然，这个要求本身含有一个表面上的矛盾。那些谨慎地看到加缪将人之境况戏剧化的人，毫不迟疑地指出了这一点。如果其要点与基督教和一系列形而上的观点相反，即认为宇宙是冷漠的并且是毫无意义的，那么说它"荒诞"也没有任何意义。只有当有理由去期待意义，但出现的却是无意义时，荒诞才存在。如何能在一个已经假设认为它没有意义的宇宙中去期待意义呢？

在这里，加缪的观点是现象学式的。期待、争取、希望幸福和意义，是我们生活经验的一部分。从不取立场的观点来看，宇宙正是冷漠的，并且根本没有立足点来说意义之缺失。但当我们生活于其中，对意义的期待、要求则是不可消除的；宇宙被经历为"荒诞的"。"Ce monde en lui-même n'est pas raisonnable... Mais ce qui est absurde, c'est la confrontation de cet irrationnel et de ce désir éperdu de clarté dont l'appel résonne au plus profond de l'homme. "[50]（"这个世界本身是不合理的……但荒诞的是这个不合理的现实与对清晰性的狂热渴望——这种渴望的呼声在人心深处引起共鸣——之间的对抗。"）[51]

对于意义的要求不是一个可选可不选的立场。它处于我们人性的中心：

> Je peux tout nier de cette partie de moi qui vit de nostalgies

584

incertaines, sauf ce désir d'unité, cet appétit de résoudre, cette exigence de clarté et de cohésion. Je peux tout réfuter dans ce monde qui m'entoure, me heurte ou me transporte, sauf ce chaos, ce hasard roi et cette divine équivalence qui naît de l'anarchie. [52]

（"我可以否认活在模糊乡愁中我的那一部分，除了对统一性的渴望，对决心的渴求，以及对清晰性和凝聚力的需求。我可以拒绝我周遭世界中那些与我冲突或者使我狂喜的每一样东西，除了这种混乱，这种至高无上的选择，这种从无政府状态中产生出来的神圣的等价者。"）[53]

对此该如何应对？传统的应对历来是否定荒诞性，肯定宇宙的意义。或者更恰当的表述是，贯穿人类之整个早期发展，它曾生活在这样的境地内，即将意义以社会建构的方式投射在世界上，而这种投射闭塞了我们现代人需要面对的问题。在今天，一种应对方式就是试图修补这些投射，或者设计新的投射。对基督教的持续信仰就是一种保留旧形式的尝试，而正统马克思主义则代表一种新尝试，但所要做的是同样的事情。在历史的终结之处，在革命之后，所有的事物都会拥有意义——假如我们忘记了诸如"事故"和"夭折"这样的细节的话。

另一种策略就是贬低尘世幸福的重要性，尽管这幸福是我们所欲求的，而且觉得是生来就想要的。寻求尘世幸福受到挫折这一事实并非总是那么重要，因为我们有更重要的事情去奋力以求：救赎，以及革命。这两者显然可以齐头并进，它们是一枚硬币的两面。我们开始时主张，在我们渴求幸福上我们喜爱宇宙，但这一主张遭到宇宙的否定，这时，要肯定宇宙是有意义的，就意味着要把对意义的寻求转移到别处。总有比我们日常的实现更为重要的东西。

加缪同时拒绝了这个策略的两个方面。我们不能诋毁幸福，"我们必须热爱自然，在生活的直接性中而不是在远处，拥有一种生活的智慧。"[54]这就是加缪所称的他的"希腊精神"（Hellenism）。我们可以在其他现代批评家所提出的"异教信仰"（paganism）里看到某些几乎同样的观

585　念，我们试图返回到基督教的转变视界之前，并再一次将日常的人间福祉恢复到其正确位置，作为我们的最高目的。

因着采取这种彻底清醒的立场，我们有我们自己作为明眼人的尊严，能够面对痛苦的真理。加缪谈及"荣誉"：

> Noblesse oblige à l'honneur. Mais l'homme oblige à la noblesse . . . Vigny atrès bien vu que l'honneur était la seule morale possible pour l'homme sans Dieu. Les raisons de l'homme ne tiennent pas debout. C'est l'homme qui tient debout à leur place. [55]

> （"高贵迫使一个人去追求荣誉；但做人又迫使一个人去追求高贵……维尼看得很清楚，对于那些背离了上帝的人来说，荣誉是唯一可能的道德。因为人的诸般理由不能靠它们自身站稳；站在它们位置上的，是靠自己站立的人。"）[56]

但这还不是全部。业已恢复日常幸福的地位，就使我们对所有人负有义务；它让我们和其他人走到一起，齐心协力为这种幸福而奋斗，不论幸福是在何处受到威胁。这是一场我们最终要输的斗争，但它也会包括许多暂时的胜利。这些是我们拥有的一切；我们不应该挥霍它们。

我们看到，加缪在宗教-形而上的意义投射中看见的第三种特征，在这种回应中遭到否定；不仅掩盖了荒诞，不仅贬低了幸福，而且拒绝把我们所相信的任何意义的实现给予那些不接受我们信条的人。一个人让自己摆脱这些投射，就是能够获得一种真实的普遍性。"Il faut bien . . . faire ce que le christianisme n'a jamais fait：s'occuper des damnés."[57]（"一个人必须……去做基督教从未做过之事：照料被罚入地狱的人。"）[58]

加缪在此变相表达了我们在早先的讨论中所称的这样一种感觉，即在人与人之间长出一个新空间，且伴随着更广泛的团结。这就是他称之为"反叛"的空间。"Il me semble trouver dans le mouvement de la révolte le lieu commun où les hommes se rejoignent."[59]（"我相信，在反叛运动中我们发现了人类可以结合的共同基础。"）反叛什么？反叛荒诞本身；而不是仅仅被动地承受对我们幸福渴望的否定；鉴于避免那些更加错误的解决方案——因为它们掩盖了荒诞，并向被偏爱的团体应许某种虚幻的替代品，有效的反叛意味着打我们能打的仗，目标也限于我们能实现的有限而暂时的幸福——不管我们在哪里发现它，不管谁是它的获益者，都不作任何排斥。"Sachant qu'il n'est pas de causes victorieuses, j'ai du goût pour les causes perdues: elles demandent une âme entière, égale à sa défaite comme à ses victoires passagères."[60]（"因知道没有凯旋的事业，我品尝失败的事业。它们要求毫无分裂的灵魂，失败的平等，及其临时的胜利。"）[61]

这种临时的、有限的幸福和快乐不能以伟大的整体解决方案的名义而被牺牲，加缪的这种强烈感觉使他无法追随萨特支持共产主义，并导致这两位从前的朋友和同盟之间出现痛苦的裂痕。[62]

所以加缪曾在一处文字中说到，反叛"n'est que l'assurance d'un destin écrasant, moins la résignation qui devrait l'accompagner"（"只是对破碎的命运的确认，减去应该伴随它的顺从"），这是与人类相称的唯一立场。采纳这个立场，"lui restitue sa grandeur. Pour un homme sans oeillères, il n'est pas de plus beau spectacle que celui de l'intelligence aux prises avec une réalité qui le dépasse. Le spectacle de l'orgeuil humain est indépassable. . . . Appauvrir cette réalité dont l'inhumanité fait la grandeur de l'homme, c'est du même coup l'appauvrir lui-même."[63]（"［这个立场］将生命恢复到其原来的伟大。对于没有眼罩的人来说，没有什么比一种与超越它的现实相搏斗的理解视线更好的视线了。人类骄傲的景象是难以超越的。……让那种现实——正是其非人性铸就了人类的伟大——贫困化，等于是让人类自身变得贫困。"）[64]

这是一个关于勇气的鼓舞人心的理念，在这一点上它类似于斯多葛主义，在我们的时代我们能发现它以一系列方式被复兴。某些人在没有成功保证、甚至最终的失败确定无疑的情况下，仍然为善而奋斗；这不仅是在此意义上，即冷漠的宇宙最终会抹去人类的所有作为，而且还因为

586

一个人将根本不接受历史之外的超然希望，即善良意志之工可以被带入永恒。这就是人类道德的顶点，因为在无源的自我委任的顶峰，即便面对确定的失败，也要完全委身于正义之事。德里达赞成某种与此类似的观点。

加缪、德里达以及其他一些人，最终都为一种深深扎根于我们文明的伦理学辩护，即一种变相采取现代道德秩序的人文主义，就是认为我们的行动和结构应该有助于全体的利益。尼采构想了一种自我委任的概念，它故意拒斥了普遍利益、平等主义、民主，因为它们是通向自我超越之路上的众多绊脚石。在此我们看到另一种激进的表现，它准备与我们文明的创始原则完全决裂。它不仅仅是可见于马克思那里的重铸，不管它多么深谋远虑，它更是直接拒绝。从激进的自我委任这个意义上，一种关于自由、权力和美的令人兴奋的意义就会产生出来，正如我们在《权力意志》结尾处所看到的：

587　　　你们知道"世界"对于我来说是什么吗？要叫我把它映在镜子里给你们看看吗？这个世界是：一个力的怪物，无始无终，一个坚实固定的力，它不变大，也不变小，它不消耗自身，而只是改变面目；作为总体，它的大小不变，是没有支出和消费的家庭；但也无增长，无收入，它被"虚无"所缠绕，就像被自己的界限所缠绕一样；不是任何含糊的东西，不是任何浪费性的东西，不是无限扩张的东西，而是置入有限空间的力；不是任何地方都有的那种"空虚"的空间，毋宁说，作为无处不在的力，乃是忽而为一、忽而为众的力和力浪的嬉戏，此处聚集而彼处消减，像自身吞吐翻腾的大海，变幻不息，永恒的复归，以千万年为期的轮回；其形有潮有汐，由最简单到最复杂，由静止不动、僵死一团、冷漠异常，一变而为炽热灼人、野性难驯、自相矛盾；然而又从充盈状态返回简单状态，从矛盾嬉戏回归到和谐的快乐，在其轨道和年月的吻合中自我肯定、自我祝福；作为必然永恒回归的东西，作为变易，它不知更替、不知厌烦、不知疲倦：这就是我所说的永恒的自我创造、自我毁灭的狄俄尼索斯的世界，这个双料淫欲的神秘世界,它就是我的"善与恶的彼岸"。它没有目的,假如在圆周运动的幸福中没有目的,没有意志,假如一个圆周没有对自身的善良意志的话——你们想给这个世界起个名字吗?你们想为它的一切谜团寻找答案吗?这不也是对你们这些最隐秘的、最强壮的、无所畏惧的子夜游魂投射的一束灵光吗?——这是权力意志的世界,此外一切皆无!你们自身也是权力意志,此外一切皆无!* [65]

开始进入现代时期的这种感觉——我们生活在一个无意义的宇宙,我们最珍视的意义在宇宙或上帝的旨意中根本找不到支持——经常被形容为一个创伤性损失、第二次确定地被逐离天堂。但在尼采的描绘中,它实际上是一首赞美诗,我们感受到了另一种反应——兴奋。这正是体现无限和力量的景观的一部分,但在这巨大的骚乱中还有几乎使人晕眩的意义,即所有的意义都取决于我们。这可以显得是最终的解放,让我们摆脱所有外源的意义。

因此我们看到关于自我委任的叙事可以用多种方式来讲述,其中一些十分极端。但这个故事时常在没有区分这些不同形式的情况下被讲述,它被当做是一个普遍的故事,指向最明显的事实,即随着上帝和有意义的宇宙的终结,我们是仅剩的委任力量。因而阿兰·雷诺(Alain Renaut)说: 588

> 从根本上说,人文主义是将人性概念化和稳定化于他的自治能力中。我的意思是……构成现代性的是这一事实,即人将其自身思考为他表象和行动的根源,是它们的基础或者它们的作者……人文主义的个人不再从事物的本性(亚里士多德)或者上帝那里获取他的规范和法律,而是根据其自身的理性和意志去建立它们。因此,现代自然权利是一种主观性的权利,由人类理性(司法上的理性主

---

* 参考张念东、凌素心译文。——译者注

义）或人类意志（司法上的意志主义）所设立和确定。[66]

在这里，自我委任被当做是现代性的一个自明的特征，无论它是通过理性还是意志。这在今天是一个广为传播的叙事；它遍地开花。在它被接受的地方，它看似反过来使得对内在性的封闭理解变得同样不言而喻。整个现代性的伦理立场预设了上帝之死（当然，还有有意义宇宙的灭亡），并以之作为出发点。这给了成年的现代性故事一个转折，使它去呼唤坚定的勇气，甚至是彻底解放的喜悦之情。

　　我们因着抛弃信仰而达到成熟这种感觉，会完结于漠然理性的语域和接受中立科学的需求。这是我在上面描述过的第一组 CWSs 的推动力。但"成熟"除了上面的意思之外，还可以意味着能够面对事物中意义的消失，在面对一个没有意义的宇宙时，做好准备去寻找或者投射意义。这里的美德也许不是或不只是漠然理性的美德和科学责任。确实，感觉也许是，我们在寻求意义上，必须避免过于简单地倚赖科学。这里强调的主要美德是面对虚无的富有创造力的勇气，并由这种勇气激励去创造意义。尼采及其追随者是对内在性的这种"结网"的支持者。而加缪，正如我们上面所见，则提供了它的另一个极具影响力的形式。[67]

　　但在虚无面前创造意义和价值，这个创造观有多连贯？确实，作为一个对现代性早期阶段发生之事的描述，它近乎幻想。如果你试图向洛克或格劳秀斯解释说这就是他们所作的事情，他们会瞪着你看，内心充满了不解。

　　但抛开这一面，这个主张本身有多连贯呢？我们视为有约束力的价值观真能被创造吗？或者按伯林那个不那么激进的形式，我们承认，这些价值观来自我们的过去和身份认同，但赞同其暂时性和相对性又意味着什么呢？当然，我知道，我设立的一个好的人类生活标准并不适用于人类之前或之后。我也承认，我认同的本真性伦理，对于其他文化和时代的人来说没有意义。但这不会阻止我认为这些标准是植根于我们之中的，或者用传统的表达来说，植根于我们的人类本性之中，并且它们需要被寻找、被发现、被更好地定义，而不仅仅是被赞同。[68]

此外,我们应该如何理解那些围绕着这些标准的光环呢,即它们要求我的钦佩和忠诚这一事实? 说到底,那就是对上帝和宇宙的指涉所试图理解的东西。休谟主义,康德主义,更不用说尼采主义,对此能否提供一个比传统解释更为可信的解释尚不清楚。

最后,谁曾下令说,我们在人类生活中所能希望并追求的转变,必须局限于只能在没有超越根源的无意义宇宙中被实现的那些转变呢?

自我委任的叙事,一旦更仔细地去考察,就远不是自明的;而它们在许多人的思想中所具有的自明地位,只是强有力且流传广泛的 CWS 的一个方面,即把一个封闭的"结网"强加给我们共享的内在框架。

❦ **9** ❧

我一直在勾勒对现代性的观点之四个方面,它们使得现代性看似一个封闭的内在秩序。我把这些称为"封闭世界结构",因为它们(错误地)把此观点视为显而易见的、不可挑战的和自明的。这些方面在某种意义上是关于一个时代来临的叙事(从童稚意识走向成年意识)的变奏。在第一个方面(它声称科学已表明上帝不存在或至少宗教与生活无关),成熟故事只是处于背景,但它对于我们接受这种思考方式起到了关键作用。第二个方面是化减叙事,但它也只得到了最低限度的论证,更多的是作为人们所讲叙事之不被注意的背景。第三和第四个方面对现代政治-道德空间的兴起及自主的自我对价值的认可提供了更完整的叙述,其中包括许多丰富的细节。但它们作为一个关于成熟的故事而相互关联,这些故事表达出成熟的不同侧面。 590

我细致地表达了这些方面,部分是为了表明,它们作为未受到挑战的公理、而不是作为不可动摇的论证在发挥作用,并且它们倚赖一些可疑的假定,而这些假定常常是基于对深刻的文化转变所作的不合法的自然化,一般来说,它们之所以能存活下来,大体上是因为它们在所处思想氛围中最终逃避了审思,原因是它们被当做用于任何论证的不可否认的框架。但我的目标还包括让大家理解这些叙事是多么生动有力,多么令人兴奋和着迷——尤其是最后两个方面是如何联系的,以及它们如何与各种美德紧密相联,主要是与勇敢的、聪明的成年有关的那些美德。很容易明白的是,如果没有其他考虑来干扰,它们如何能在内在框架之内对封闭观点产生预期信心。但它们没有成功地成为所谓的确证。

叙事维度非常重要,因为这些CWS的效力,较少来自于假定的详细论证(例如科学驳斥了宗教,或者基督教与人权不相容),较多来自于叙事的普遍形式,达到的效果是,宗教曾有一个蓬勃发展的时代,但这个时代已经过去了。信仰的合理结构永远不可逆转地崩溃了。涉及对人格上帝(与某种非人格力量相对)的信仰,我们可以从19世纪的思想家那里感受到这一点。阿诺德认为宗教的旧形式不可挽回地成为一种往昔之物,哈代也如此说,威廉·詹姆斯也这么说,只是换了个方式。

同一类假设在今天也广为传播,这种假设有利于无神论或唯物主义,它将所有形式的宗教都归入一个更早的时代。在某种意义上,这种叙事所倚赖的原始论证不再起作用了,在特定社会环境中这种感觉是如此之强,以至于这些旧观点不可能是我们的选项了。

事实上,我可以更进一步去探索封闭的内在性图景的更多方面。我讨论了与之相联系的认识论原则的细节,但还需要去讨论当今道德哲学上被广泛采纳的观点,它单单聚焦于义务行为的问题,即什么是要做的正当事情。像涉及好生活的本质、更高的伦理动机、我们应该去爱什么这些议题,事实上都被丢弃了。更广泛的关切点在古代世界西方伦理的奠基性哲学那里是明显的。但现代的讨论,往往集中于承传自功利主义思想家的学说和康德的学说这一范围,这就将此领域大大地收窄了。[69]当然,在这种转变背后的,是对人之能动性和人之善的理解上的巨大转变,但这些更深的转变被挤入了背景,并且被"自然化了",因此,似乎自明的恰恰是,在道德上最最要紧的,必定要么是功利,要么是功利加上自由和/或理性论证的要求。在这些表述的任何一项中,伦理学的基础都被视为某种显而易见的东西,似乎根本不要求去检视所有这一切背后对至高者的理解,更不用说提出它是否指向超越之物的问题了。

当然,还存在着其他模式的 CWS,是由其他对能动性和我们的困境的感知所激励的。就理解这种对待现代性的立场而言,这里说得已经够多了。

在这种立场占主导的社会环境中,理解任何人何以相信上帝,都会显得困难,除非是因为理性的失败或者该受谴责的自我放纵。不过,即便在那里,在这不受质疑的信心之岛,仍然存在这种活生生的感知,即还有别的选项,而某些使人不安的怀疑也会因这个感知而兴起。

在某种意义上,另外的选项不会消失,因为它是官方故事本身的一部分。按照某些版本的"世俗化"故事,宗教恰恰最终也应该整个消失,正如我们在不久前引用的勒南那段话中所看到的。幻象最终被驱散,人类将它抛诸脑后。就如我们也许可以认为,特殊的信念形式或者特殊的宗教功能相当程度上已经消失。我们也许可以想象一种人,对他们来说,"宗教"只意味着"更高的"形式之一,这种形式已经完全忘记了萨满以及萨满教(shamans and shamanism)。(我不确定它是否真的可以以这种方式被贬低,但为了论证的缘故,我们可以如此设想。)

或者在上面由布鲁斯提出的当代形式中,认为在科学驳斥的压力下宗教会消失的这种期待,遭到抛弃,但布鲁斯的预测是,未来,在人类对意义的追寻上,宗教的答案将会被挤到边缘。

但作为整体的宗教会以这种方式消失或者被边缘化吗?乍一看来,这貌似比较困难,原因就在不信之自我理解——只要它把自己呈现为是成熟的、勇敢的,是对童稚诱惑、倚赖和怯弱的克服,那就要求我们仍然能够意识到被征服的敌人,意识到我们必须越过的阻碍,意识到依然会临到那些勇敢的自我责任感动摇的人头上的危险。信仰必须依然是一种可能性,否则无神论的自我评估就崩溃了。设想信仰绝对会消失,就是设想一种根本上不同的非信仰(non-faith)形式,且与身份认同完全不相关联。处于这种非信仰形式也许会是这样的,我对自己毫无信仰这一自身的伦理困境的感觉漠不关心,视为无关,正如今天我不再相信古代的某些理论,比如燃素说(phlogiston)或自然位置说(natural places)。我以为这就是某种类似于布鲁斯所预测的东西。

592

也许一些人认为他们自己在今天已经接近这种境况；那些说"我不信宗教"的人，也许会用同样的语调说：我不喜欢萝卜或者猫王普雷斯利（Elvis Presley）。我的猜测是，如果迫使他们去注意这些论题，甚至他们也会开始感到他们与界定认同的信仰处于这种或那种关系之中。并且在我们文化中传播的关于信与不信的论证，以及人们做出的从这里向那里的移动，都是在这种负载了伦理意义的层面上得以理解的。在非宗教的视野上，宗教仍然是不可消除的；反之亦然。正如我在上面所暗示的，这是官方故事需要在更深层面上被理解的另一种迹象。

⌇ 10 ⌇

所有这些也许让我们感知到，处在我上面（第三节）已说到过的詹姆斯的开放空间会意味着什么，要知道，在这样的空间，有大风呼啸，并且你可以感受到被两个方向拉扯。站在这里，就是站在定义我们文化的交叉压力的中点。

这个空间中的经验会有许多形式。但我想挑出两种，它们各自反映了一个人会偏重的方向。第一种形式从先前的讨论来看是熟悉的，那些想要选择有序、非个人的宇宙（无论是其科学-唯物主义形式，还是一个更为精神化的变化形式）的人会感到，一个充满着美、意义和温暖的世界，以及一种超越日常生活的转变自我的视界，都行将失去。这些珍爱的好东西的吸引力，与往昔密切相连，时常相连于选择者的童年——当然，是童年最终促使它们变得不可信。即使在覆水难收之后，这些被拒斥的渴望依然有力量，并以惋惜和乡愁的形式重复出现。这就是威尔逊所谈到的，[70] 为何 19 世纪展现出一股持续不断的痛惜、甚至是如同丧亲之痛的潮流，最深刻的表达之一就是哈代的诗歌《上帝的葬礼》（God's Funeral）：

　　所以，朝向我们神话的遗忘，

在黑暗中，紧闭双唇，我们蹒跚、我们摸索

比那些在巴比伦哭泣的人更为悲哀，

他们还有锡安——那永恒的希望。

过去的时光是多么甜蜜，

我们用深信不疑的祈祷开始一天的时轮，

黄昏时我们安然躺下，

感到祝福满满的确信，他就在那里！

谁或什么将填补他的位置？

漫游者们走到哪里，才会将

他们那不专注的目光，投向一个固定的星球

促使他们朝向事业的目标……[71]

593

这种失落感也许永远不会止息，它只能在全面解放的狂喜之中被扫除或者被吞噬。

　　第二种形式则是这样一些人经验到的东西，他们最强烈的倾向推动他们朝向对灵性意义——通常是上帝——有起码的寻求。他们心中萦绕着这一感知：宇宙最终会是像最为还原性的唯物主义所描述的那样，毫无意义。他们觉得他们的想象力要与这个平面而空虚的世界作斗争；他们担心的是，他们对上帝或者永恒的强烈渴望，到头来会是唯物主义者所宣称的那样，是自我诱发的幻象。

　　这一直是过去两百年间的一个常见困境。继埃里克·海勒（Erich Heller）之后，切斯拉夫·米沃什（Czeslaw Milosz）也谈到了"欧洲文化的浪漫主义危机"，这种危机由"科学规律的世界（对于人的价值观冷漠）与人的内在世界之间的二分"所造成。[72]这也许不是对这股感知倾向的最好称呼，但米沃什捕捉到的是，人们感到人生之中心意义受到了威胁，而且拒绝把这些意义限制在一个失落的往昔，并决心恢复一种表达和确认这

673

些意义的新方式。他主要的例子（还有其他许多例子）是布莱克、歌德和陀思妥耶夫斯基，当然，这个名单还必须包括米沃什自己。

出现了这样的认识：这是一场持续的斗争，而对信仰的辩护还不完全，如陀思妥耶夫斯基的那句名言所示，如果让他在基督和真理之间选择，他会选择基督。[73]这里的信心必须始终葆有期待。平行于曾经的信徒（ex-believers）之持续的惋惜之情的，是这样一种感觉——永远不会一劳永逸地赢得为了信仰的斗争。

与其他形式一道，这两种经验形式，以及许多其他形式，属于追随海勒的米沃什所说的"被剥夺继承权的心灵"（Disinherited Mind）。

16 交叉压力

～ 1 ～

在我关于世俗化理论更广泛的论证中，封闭世界结构的讨论起着什么样的作用，至此已经很清楚。我想说的是，这些封闭的内在性叙事的力量有助于解释为什么主流理论时常与它所造的"基底层"（第十二章术语）一同运作。在其第一层有这样一个假设，世界朝着克服宗教或贬低宗教的方向前进。这一主叙事框住了特殊的理论主张，而这些断言则构成此理论。

有一个方面我想将之放在恰当位置，至少是关于西方社会（这是我本书论证所着重的），但此方面更为复杂。我们经历了我们境况上的一个变化，涉及到我们生活于其中的结构之变化，以及我们对这些结构的想象方式上的变化。这是我们共享的重要变化，不论我们观点上有什么不同。但用宗教之衰退和边缘化这样的措辞，很难捕捉到这种变化。我们所共享的是我称之为"内在框架"的东西；我们活在其中的不同结构：科学的、社会的、技术的等等，它们之所以构成如此一个框架，就在于它们是一个"自然"秩序或者"此世"秩序的一部分，而对此秩序的理解，可以自成一体，无需指涉"超自然"和"超越者"。但这个秩序本身留下一个悬而未决的问题，即为了终极解释、灵性转变或最后的意义生成，我们能否援引某种超越之物。只有当这个秩序以特定方式来"结网"时，它似乎在决定一种"封闭的"解释。

这种转变对宗教的后果历来是复杂且多个面向的。我已论证过西方现代性的发展动摇了宗教生活的诸般早期形式，并使它们实际上难以为继，但新的形式已开始出现。而且，这个动摇和重构的过程并不是一劳永逸的，而是持续不断的。结果是，西方社会中的宗教生活前所未有地碎片化，而且极不稳定，因为人们仅在自己一生或代际之间就改变了他们的立场，而且改变程度是前所未有的。

595　　　西方社会的显著特征，与其说是宗教信仰及其实践的衰退（尽管是有很多衰退，不同社会情况各异），不如说是不同宗教立场的相互脆化，以及信与不信的观点之间的相互脆化。整个文化经历了交叉压力，一边是封闭的内在叙事的拉力，另一边则感受到这种叙事的不充分，而因着与宗教实践的现存社会环境的相遇、或者来自超越之物的暗示，这种压力在不断增强。在某些人、某些社会环境里，交叉压力会被更为尖锐地经验到，但从整个文化来看，我们可以看到它们也反映于一些受到两边夹击的中间立场。

　　　正是在这里，我们能看到，我上面所考察的封闭内在性故事的四个方面开始分道扬镳。在上一节，我把它们处理成同一故事的不同方面，而处身其中的许多人其实也是这么看待、经历和思考它们的。但第一个方面，即采纳基于科学的唯物主义、并时常与贬低文化变化和创新的化减故事相伴随的那一方面，也引发一些抵制。唯物主义与还原论被太紧密地捆绑在一起，根据还原论的观念，思想、意向、欲望和志向，无论从机制的角度，还是从更基本动机的角度，都应该做机械论的解释。

　　　正如我在上面论述的，唯物主义有许多方面。有两种形式在人文科学中尤为普遍：首先是机械论的解释（M.1）；这其实意味着我们在自己的解释中回避意义和目的论；我们只考虑到动力因果。这类理论还偏好原子论的解释，据此的因果联系在时空中是精确的。但还有一种唯物主义，我称之为"动机论的唯物主义"（M.2）：我们谈论有动机的行为，但我们的解释仅基于更低的动机，而不是道德志向，譬如，或一般而言，有分量的评价。一般"庸俗的"马克思主义是这方面众所周知的例子。M.2在 M.1 之后，因为回避意义更符合唯物主义，但严格说来，M.1 根本不允许我们谈及动机。然而，在科学想象上，我们的基本动机好像是阶段性的驱动力，这是一种原始"推力"，只有很少的情感认识，因此也只有最低限度的意义,它只是由某个对象触发的欲望。斯金纳(B. F. Skinner)和其他行为主义者似乎正是这样来对待它们的。

是什么在支持这种形式?在一个层面上,是"科学",即后伽利略的阐述之成功。但也存在着偏见,此偏见的引入,是因着采取外部观点,即不取立足点的观点,我们据以能全景地接纳整个宇宙。[1]就其本质而言,这是一种远经验的观点。从遥远的距离来看,我们都像蚂蚁,注定毫无踪迹地来过和离去;如其他物种一般。

这种对宇宙的、非人格秩序的偏爱,现在对我们来说就像是对唯物主义的偏爱,因为这就是我们已经开始看待宇宙秩序的方式。但这种解读是在最近几个世纪中发展并成长起来的;它只是在19世纪才逐渐站稳脚跟。在此之前,我们有早先的变化形式,可见于自然神论或甚至是斯宾诺莎主义。

但这个观点也是受伦理推动的。首先,它需要勇气;我们需要抵制令人安慰的意义之诱惑,按照标准叙事,要像哥白尼、达尔文、弗洛伊德所做的那样。这也被那个围绕着漠然理性的伦理光环所支持。

这里还有一种道德立场。按说宗教和形而上会让我们转身,不再具体地关切人间的欲望、痛苦和幸福。这里似乎有一个奇怪的推论,正如索洛维约夫(Solovyov)不无讽刺地说过的:"人从猿而来,因此我们必须相互关爱。"不过,要是引入现代的互利道德,这个推论似乎也说得通:人们应该这样好好相处,为的是彼此增进他们的多个人生规划,而正如我们在上面看到的,宗教可以被描画为这种原则的敌人,因为宗教会因其超世要求而不顾或者扰乱这种利益秩序。此外,一旦你对人间事务采取一种置身事外的立场,这个原则本身可以被看作是自明的,尽管按其定义来说它是不偏不倚的。所以我们必须扔掉上帝和柏拉图。当然,尼采已经表明,当你拒绝了MMO,这个傻瓜论证会走向何方。但对于启蒙主流来说,对这个秩序的一种委身,似乎已被整合进科学的漠然立场。

但也有排斥这一立场的种种理由。这些理由的成形,其所围绕的观念是,人生的伟大由什么构成,或按我在本书所描述的,人生的完满由什

596

么构成。它们表达的不安是,还原论唯物主义者对人类的描述根本就没有给他们所理解的完满留下任何余地。下面是触发这种反应的几种完满之定义。

(1)存在这样的感知:我们不只是被决定的,我们也是主动的、能建立、能创造、能塑造的能动者。莱布尼茨和康德是此观点的主要捍卫者。这既是对我们行为方式的洞察,也是对否认这一方式所做的伦理反驳。

(2)还有一种灵性的反对理由:我们有更高的伦理/灵性动机,例如,康德的"对法则的敬重"(Achtung für das Gesetz);饶勒斯、阿诺德以及其他一些人都采取了相似的反对还原论的立场。

(3)再有就是美学的反对理由:艺术、自然触动了我们;我们拥有一种对意义的更深的感觉;我们不能把我们"美学的"反应仅仅看作是令人愉快的反应的另一种形式。它们具有更深的意义。

所有这些现在都会引导人们返回到、或者重新确认一种正统信仰。如果这就是拒绝上帝所导致的后果,那么看上去这是一步坏棋。但许多对唯物主义有着同样消极反应的人,也想要对照正统宗教或至少对照基597 督教来定义自身。他们寻求一条中间道路。这可以是某种"灵性的"或者有神论的立场,但偏离了正统的基督教,正如我们在康德、阿诺德以及饶勒斯那里看到的;或者它可以是为伦理学寻找其他基础的尝试(论题2),即从我们对人类尊严的直觉开始,在某种意义上,它不太受还原论的影响。

当然,我把这一点看作是自明的,即所有人以及所有哲学立场都采取了关于人类生活之伟大和完满的某些定义。所以举例来说,唯物主义的批评者通常会指责唯物主义者拒斥伦理学,这种指责并不符合实际。正如我们所见,唯物主义背后的推动力是伦理的和道德的。恰恰是他们关于我们如何将他们的解释与完满的这些形式相协调的解释,在很多人看来难以置信:例如,一个人如何能够相信对思维和概念自发性的一种唯物主义的还原论(论题1);或者是对动机以及伦理学之有效性的唯物主义解释(论题2);或者有色彩的表面引发了我们大脑中的特定反应,对此反应的还原论解释如何说得通我们对伦勃朗(Rembrandt)的反应(论题 3)。

我们文化中盘旋的辩论围绕着三个节点汇聚。这里有人类成就自身的三种形式,而且是绝大多数人想以某种方法尽可能去坚持和维护的。对于所有坚持内在性——无论是唯物主义的还是非唯物主义的——的立场来说,一个主要问题就是:若是完全不根据质问着我们的某种超越存在或超越力量来说话,如何能够描述创造力的能动性或伦理要求的独特力量,以及描述艺术经验的力量? 而此问题被进一步调整为,我们相信是什么构成了人类的动机? 我们越是觉得,因着我们的本体论信念,我们的本性接近于其他动物的本性,我们的描述就越是困难或充满争辩。但一般来说,这些立场试着为我们的伦理和美学经验的力量提供一种心理之内的说明。

弗洛伊德是一个很好的例子。一方面,他最喜欢的一句话就是:道德是自明的,[2]由此表达出科学的超脱立场和现代道德秩序之间看似明显的关联,先前的段落中我提到过这一点。另一方面,他开启了一个全新的解释领域,在其中,艺术作品对我们的吸引力可以根据我们心理的内在系统来理解。

这就是在当代情境中起作用的极化或交叉压力之三个领域。它们的出发点是当代社会的某种学说甚或是特征,而该学说或特征似乎有理由被呈现为宗教衰落的一个结果或至少是一个伴随物,但这类结果则是许多人觉得讨厌或难以接受的。在我们刚才讨论的例子中,还原论的唯物主义即是这样的出发点。当然,这种观点最初对捍卫正统的人有利,因而被采纳。但时常发生的情况是,那些反对它的人也包括许多拒斥此正统的人。这就是交叉压力。

598

这也许使得我的下述断言更具有说服力:我们社会中的争论不得不被理解为悬荡于两个极端立场之间,即正统宗教和(当代意义上的)唯物主义无神论之间。这并不是说中间立场不丰富,甚至也不是说持此类中间立场的人数不可观。而是说,这些立场通过它们所拒斥的东西来定义自身,在我们的案例中,几乎总是包含了极端的立场。也许,我们的文化不得不演变得面目全非,否则这些立场也不会如此远离我们的视线,乃至不再被认为是事实。在此意义上,交叉压力定义了整个文化。

我们也可以看到,文化被悬荡于极端立场之间这一主张,何以丝毫不涉及此文化中的所有成员或绝大多数成员。大部分人都以一种相对不被打扰的方式隐藏于这种或那种立场,无论是极端立场还是中间立场。但这不是要点,要点反而是,这些立场自身是在这样一个领域中得到定义的,而极端的立场(一端是超越性的宗教,另一端是还原论的唯物主义)在此领域中是关键的参考点。

除了创造鼓舞人心的新立场,以及创造能回避令人反感的后果的拒斥宗教的新方法,这些交叉压力可以导致一种境况,许多人处身其间会在对宗教的态度上长期犹豫不决。先前的段落提供了这些新创造的例子。但一种来来回回的运动和/或长期犹豫也会导致新的创造。

以纳粹政权对人权犯下的野蛮侵犯为例。为了回应这种对人们(甚至像温斯顿·丘吉尔[Winston Churchill]这样的非正统人物)称之为"基督教文明"标准的断然拒绝,战后的许多欧洲国家存在一个回归宗教的运动。在德国,对宗教的保护被视作人权的堡垒。但欧洲五十年的世俗化,以及受宗教启发的恐怖主义之兴起,让很大一部分人觉得两者之间没有如此紧密的联系。现在,仍有一些其视野相当世俗的德国人交付信仰税(confessional tax),虽然他们只要宣布他们自己是**无信仰的**就可以很容易解除这种税负。当被问到为什么这么做时,他们时常回答说"他们希望教会能给他们的孩子提供道德指引",或者"他们认为教会对于社会的道德根基十分重要"。[3]

我们在"平静革命"(Quiet Revolution)之后的魁北克父母那里找到相似的模式。他们已经彻底不践行信仰了,但他们不愿放弃学校中的宗教教育,以免他们的孩子失去价值感。

599　　但是,在这类交叉压力并不单纯导向长期不确定性或者犹豫不决的地方,它们一直是一系列新立场(这些立场组成了我称之为"新星"的东西)的原因。我们遭到两股势力的撕扯,一是反基督教的推力,二是对某种极端还原形式的排斥力;因此我们发明新立场。在一种意义上,甚至原初的有神论非人格秩序也可以如此来看，因为它不想放手创造之善，就像受卢克莱修启发的无神论那样。

　　在我们的世界中还存在着交叉压力的其他路线，但它们的出发点在别处，比如种种生活方式的观念，这些观念伴随着对宗教的拒斥而产生，但许多人、甚至是那些不再接受旧宗教的人，也害怕接纳这些观念。其中一个出发点是脱离实际的功利主义，在功利主义之下，所有的价值都根据效用结果而均质化，动机的高低之分也遭到否认。从它第一次出现开始，功利主义就激起了一种反应，此反应先是在卢梭那里得到著名的表达，继之是康德，而在今天的种种新康德主义中依然活跃。另一个与之关联的出发点是一种彻底的立场，它将自然和世界仅仅当做服务于人类目的的工具和原材料。对此作出反对的回应是明显的，主要显见于各种类型的生态运动，也见于对医学研究和人的化妆工程之界限的痛苦质问。提出这些质疑的有许多信徒，也有许多非信徒，但后者发现他们正在和那些信徒一起寻找共同的基础。

　　我在上面提到的一个人的主要动机是道德动机，几乎每个人都想为它找到一个位置。但还有一种反应是反对现代性之规训的道德秩序，将此秩序视为我们需要逃避的东西。道德规训或好秩序预示着压碎我们的自发性，或我们的创造性，或我们有所欲求的本性。在浪漫主义时期，我们能找到一种此类反抗，而在尼采那里则以极端形式驳斥、拒绝现代道德自身，包括其中对平等、幸福和减轻痛苦的优先考虑。权力意志要有受控制的释放，这种道德就是敌人，而为了服务于狄俄尼索斯的力量，需要的是阿波罗的秩序。尼采提出了一种新的伦理学，但在西方现代性中得到定义的道德，在这种伦理学中根本没有位置。这是我上面描述过的"内在的反启蒙"的一个根源。

　　这个抗议在西方艺术、文化和思想中所产生的结果非常重要。通过20世纪的思想家，例如巴塔耶和福柯以及其他一些人，追求狄俄尼索斯的力量一直在持续并且仍具吸引力。但这历来是交叉压力另一个向度的根源。这不仅意味着，尼采式的批判的特征可以被宗教人士借用来批

评现代自由文明，例如穆尼埃（Mounier）在他的著作《基督教的对抗》
600 （*L'Affrontement Chrétien*）中所做的。[4] 而且还意味着，大部分现代人必
须感到，他们至少对现代道德秩序的基本原则存有一种深刻的忠诚。因
此才有当代新尼采主义者这样的尝试，即他们同时展开对规训和秩序的
批判，以及对建立在权力和不平等之上的现代社会的激烈批判。这种尝
试一方面可见于福柯和康诺利（Connolly），[5] 另一方面可见于德里达。

❧ 2 ❧

　　在这些交叉压力的领域里，争论终究关乎什么？内在框架提供给我
们的一个关键选择就是，不论是否相信某种超越之源或力量，对我们生
活在西方文化中的大部分人来说，这个选择就是要不要信仰上帝。对许
多人来说，它可能并不像是一个选择，因为它已经被他们的社会环境、或
他们的密切关系、或他们深层道德方向提前关闭了；但内在性的文化本
身让选择之门敞开着；它并未被不可否认的论证提前关闭。然而许多人
最终以一种或另一种方式采取了一个立场。决定这个立场的关键议题
是什么呢？

　　在上一章，我描述了世俗性的种种叙事；我讲这些故事，部分是要表
明，这里没有一个不容置疑的证据，但也想表明，对世俗性的支持者来
说，种种不信形式的吸引力何在。正如我在前一节指出的，我认为根本
就无法逃避我在之前讨论中所称的"完满"的某种形式；对人之生活的任
何能持久的理解而言，必定存在某种方式，据此，此生看起来是好的、完
整的、适当的，是按其应该的那样真正得到经历的。此类方式的彻底缺
失会让我们陷入可怜的、难以承受的绝望之中。因此，不信避开基督教
关于完满的种种观念，并不是根本抛弃完满，而是有其自身的完满形式。

　　因此，信与不信之间、以及各自不同形式之间迷乱的辩论，可以被视
为有关真正完满由什么组成的争论。争论有两个侧面。就以两种不信
之间的争论为例：一方是标准的功利主义立场；存在者有着特定的需要

和欲望,例如兴旺发达,一个人们得以健康而有序成长的家庭,与朋友和家人相处的美好时光。与之相反,我们拥有一种英雄论的立场,这种立场在我们文化中通常要极大地归功于弗雷德里希·尼采;例如,日常幸福是一种"可怜的安慰",在生活中有某种更高的东西。或者它也许是加缪《鼠疫》中的里厄医生那种英雄式的人文主义,尽管荒诞,但他为他的同类受造物而行动,甚至在最终也不顾所有此类行动的徒劳。

因此在一种层面上,"英雄论"对一个休谟主义者的批判似乎是这样的,她为自己和他人寻找的满足是真实的,但在生活中还有某种更高的东西被她错过了。但在其他方向上的批判似乎关注着不同的论题:它对所谓的满足本身提出了质疑。英雄人物在他的行动中所找到的"高尚"感被视为可疑的。指责也许是(常常是),这里的"高尚"很大程度上充斥着自吹自擂;我们给自己演场戏,剧中我们是孤独的英雄;说到底那是一场精彩的表演。实际上,它所掩盖的是一种无能,即无法在日常的人之快乐和实现中得到满足。这里有某种失调;也许这个人没有能力投身一种稳定的关系;也许他需要那种刺激肾上腺激素的冒险行动;也许他没有能力去爱;这可能就是批判的路数。所谓的实现本身也许会被打上不实、非真实的印记。

在基督徒那里也有相似的情形。有一些人声称,否定自我的天职要比常规职业更高级,就此而言,它类同于尼采的英雄论立场。大部分人或许会同意,真正的基督教立场将两者都看作是潜在地真实的。但批判依然可以指向这样的人——他持有这种"英雄式"天职,但他的动机不纯;他入行的真实动机就是天职所赋予的优越感;因此这里就不是真实的"实现";在此意义上,它就是一个不真实的仿造物。

因此,一类批判是这么说的:我在此看到一种真正的完满,即某种比日常生活的运转更深、更坚固的东西。但我想指出的是,存在一些事物,它们能产生出更高、更深、更有力量的完满;你不应该把你当前的完满当做是你人生的整个目标。于是有另一类批判,又是一个说法:我看到了你所认为的那种完满,我也看到了你从中得到的极大乐趣,但两者并不一样。你认为你获得了实现,但你是在愚弄自己,视假为真,欺骗自己。

601

这要么是因为，虽然存在真正的此类完满，但你还没有得到它（这里的案例就是那种通过英雄式的行为和否定自我而得到高尚感的苦修者）；要么更极端地，是因为这种完满是个幻象，比如，可能有对尼采的休谟式批判：整个事情就是一场自导自演的戏剧，它掩盖了一些不那么值得钦佩的东西。

而这当然也是对基督教的尼采式批判的形式：你认为你出于爱而弃绝尘世，但实际上你的动机乃是奇怪的混合物：里面有对权力、美丽和成功的恐惧、嫉妒、怨恨和仇恨。

我们可以认为，第一类批判是针对由高而低方向的，在其中，"更高的"抱负被列入"更低的"渴望——也许两边都认同这种排列等级的方式，尽管休谟主义者也许会以讽刺的、骇人的引述来使用这些词语。而揭穿式批判一般"由低而高"地进行。但这并不必然如此。以广告图片里那些聪明的、成功的、生活快节奏的零售商为例。他拥有足够的聪明才智设计出许多成功的广告口号——这些口号使得各种平平常常的商品变得流行，为此他或许会有巨大的满足感。他赚了钱，吸引了女人，获得了一定的名声；他能辛勤工作，也能在时髦的游乐场所疯玩。这是真正的生活。像尼采那样，他明白，并非每个人都能开辟这种生活，大多数人的生活陷入灰暗，但他的生活则光辉灿烂。

"由高而低"的批判，比方说来自这样一个人，他的创业努力包括为撒赫勒（Sahel）地区的村民凿建廉价且有效的水井，也许会将此番努力打上"非真心"的标签；基于类似我上面的"由低而高"的批判的某些理由：这种满足取决于你如何自导自演这件事，或你如何找到羡慕你的观众来观看；它到头来是用于装饰的金属丝、烟雾或镜子。时尚产品并不真正增加人类福利。它只是一场我们自娱自乐的游戏，一个志趣相投的环境，在这一点上，它很像孤独战士的虚假豪情。与此同时，你牺牲掉了真实之物：真正有用的产品，在一系列绚烂的风流韵事中的真实关系，在度假的生活方式中真实地享受自然。但所有这些在在表明，它不能持久；它不能填满整个生活；当精力衰退时，它只留下虚空。

与之类似的是奥古斯丁站在基督教信仰立场上，批判那种追求武士名声和荣誉的异教生活的实质。所有引以自豪的实现，最终都被判定为虚空。

我们可以明白，这里的争论关乎历来所称的"人生目的"。这是一场伦理争论，接续着柏拉图和亚里士多德在所处时代中介入的争论。它同时关注所提议的可能前景是否真实：人们是否能出于爱而真正弃绝，并且不总是只有恐惧-怨恨？光辉灿烂的生活能一直这么延续下去吗？何种真实的前景在一定程度上是真正的实现或最高程度的此类实现？这两个方面难分难解地交织在一起。

形而上-宗教的立场之间的争论，主要受驱于人们对此种意义上的自身伦理困境的感知。正是这种感知在很大程度上决定了他们所采取的立场，他们所背弃的立场，他们所经历的从一种立场到另一种立场的转变；他们在两个不可接受的立场之间感受到交叉压力，这种压力促使他们去设想新的立场，从而推动了新星效应的出现。即便在它似乎受驱于别的因素，也许部分是这样，此争论仍在起重要的作用。这就是我在上面提到过的转变为不信的情形，开启这种转变的（据转为不信的人说，这种转变是坚决的）似乎是这类思想："科学已经证明……"——例如，万物皆物质，上帝不可能存在。我认为，即便在那里，我们对人类道德困境的感知仍然扮演着重要角色，也就是同时包含下述两方面：一方面，我们受到朴素且勇敢的现实认知者之伦理的吸引，另一方面，我们感知到信仰对我们的残存吸引力，与其说是标志着一种真正可能的前景，不如说是一种残余的软弱，即面对无意义世界而渴求安慰。

此争论的伦理维度再清楚不过，只要我们看看当今宗教的一些重要形式：例如，"新涂尔干式的形式"，在此种形式下，宗教是政治认同的一部分；和/或这样的感知，即宗教是保护文明-道德生活方式的堡垒。在这两种情形下，我们所认同的——我们的国家支持什么，我们的生活方式——具有关键的伦理维度。但还存在这样一个感知，处身这一感知，这些情形中的伦理争论无法进入其最纯粹的形式。我们喜爱对完满的某种伦理定义，但这种喜爱被社会归属感所支持，而对此更广阔的社会，我们感受到一种情感上的忠诚，这就让其他动机掺和进来，比如与认同

603

的自豪感有关的动机,但此类动机可能是与据称定义我们的伦理相违背的。

设想这样一个人,他觉得自己是"上帝庇护之下的国家"的一部分(某种美国身份认同),或者是世俗共和国(法国雅各宾派)的成员。让这些人转变他们的伦理-宗教观点——在第一个例子中成为一个不可知论者,在第二个例子中成为天主教徒——是比较困难的,因为这会让他们感到他们背叛了自己的身份认同以及他们的同志。在这背后,是双方都很少提及的东西,即他们觉得由于各自属于自己那类共和国,所以他们属于人类的一种高级类别,远超过剩下的那些不知道真正享受自由或理性以及自由、平等、博爱的人种。

但要点**不**在于,采纳伦理立场和归属社会携手并进。两者几乎总是相伴的,而对一个基督徒来说,确然如此,因为成为信徒就意味着归属教会。问题在于,那些在我的成员身份周围出现并妨碍我改变伦理观点的动机,并不是伦理立场宣称是最核心的那些动机。以美国人为例:出于对美国优越性的一种沙文主义的自豪感仍旧做一名基督徒,几乎不可能根据基督教的理由来行动。设若美国在全世界范围内造成严重危害,即便是更值得称道的团结意识,也必须有其自身的界限。我们将拥有与上面提到过的类似的"向上的"批判因素,在其中,由于参与的动机是错误的,因此在苦修的天职中的一种可能实现就被错失了。

当涉及到雅各宾派的自豪感和团结时,也可以得出一个相似的论点。也许某种特定的处理宗教的方式(在学校里戴头巾)是不正确的,即便它看上去无可挑剔地是"共和的"和"世俗的"。真正的平等和人权原则应该告诉你归结何处。

当然,随之可以想到,因为我想要紧跟某教会而继续支持某教义,这样的动机本身也会偏离此教义。这个现象再明显不过,无需进一步论604证。基督教历史上充满了这种教会沙文主义。

我此处的要点不是要指责这种沙文主义(尽管严厉的批判在我们当前的困境中并不会造成任何伤害),而是要指出,与这个论题的斗争显然是伦理-宗教斗争,在此斗争中,你被迫去衡量哪一种实现是真正的并且可能的,以及哪一种实现更为高级,而且在此类语境下只能艰难地发生。其他相异的动机系统地产生阻扰,有影响的正是这种系统性。当我们与这些论题斗争时,相异的动机总是前来阻扰,但比起身份认同岌岌可危之际这些动机的作为,此时的阻扰还谈不上是以大规模的和有组织的方式进行。

类似的论点也可以来自这样一些人,他们认为宗教对于文明-道德秩序乃是根本的,即便他们并不认同宗教或为之自豪(例如,王朝复辟之后的法国贵族,他们经历了大革命的磨练之后,从怀疑转变到至少是公开的信仰)。这里又有某种相异的东西,即对社会失序的恐惧,很容易搞乱任何向内的伦理-宗教争论。

现在,既然我们时代越来越多的人不是摆脱了由宗教定义的新涂尔干式的身份认同,就是摆脱了宗教与文明-道德秩序的联合(两者在欧洲都决定性地弱化了),那么,越来越多的人就处于这样一个空间,他们被引导着去重新思考自己的立场是什么,相对摆脱了相异考虑的影响。虽然这些考虑仍然对他们有影响——如果我不去望弥撒我的母亲会多么失望?而若我是去的话,又该如何面对朋友们?——但是它们不太可能与作出关键选择之真正有效的理由混为一谈。

我想重新强调的一点是,现代文化中的关键争论不仅仅围绕对立的完满概念,也围绕有关我们伦理困境的概念。正如我在上一章所论证的,后一类概念更加显而易见。它不仅包含了对完满的理解,也包含了:

(a) 有关何种动机是能把我们带向完满的动机的某种看法;这些动机有时可能就隐含于完满概念本身——正如在基督教的案例中,圣爱即是道路又是终点——但也并不总是如此。

(b) 那些挡住我们通向完满概念之路的动机;我们看到,对那些觉得科学已经驳斥了其信仰的人来说,这是一个关键论题的中心;他们容易被某些朝向信仰的想法或图像所打动,但这种倾向已被

605　　　污名为一种障碍，阻碍着正确而负责任的信仰这一成熟目标。

（c）也将有关于完满如何整体地得到实现的观念；它是否只是一个
终极的、甚至有点乌托邦式的理想，人根本无法企及其整体实
现，而只能接近它？或者，一个将总体地实现自身的整体转变是
否可能？按无求于外的人文主义之见，在纷烦世界中获得静心
的目标通常属于第一类型的目标，而佛教所理解的超脱的终点
（end of detachment）则被看作是一种完全转变。

（d）与（c）紧密相关的是另一串论题：在何种程度上，属于（b）的负面
动机能被克服？尽管它们可以被削弱，但它们是否总能持续？
或者，它们真的能被转变或者被超越吗？很显然，佛教以及基督
教做出了后一种断言，但某些模式的无求于外的人文主义也是
如此，而其他取向则明显不是。马克思主义——遵循卢梭那里
的一条重要线索——看似允诺人们最终会克服他们对不同于普
遍善的个人利益的依附；但各种模式的自由主义则视这种前景
为彻底的幻象。

（e）与（d）紧密关联的是另一个论题：如果负面动机（b）不能被彻底
撇开，那么，拒绝它们或者压倒它们的代价是什么？这是否需要
严肃的牺牲，乃至残害人类生活？

在争论中，所有这些面向都可能被采纳。（b）已经出现于我们对归
向科学唯物主义所作的解释，但当我们观察这一争论的某些方面时，当
我们在我们的文化中观察这一争论在我们周围的样子时，我们将看到
（a）（c）（d）（e）这些议题如何可能成为争论之焦点。

❧ **3** ❧

显然，关于这个争论需要写一整本书，尽管已有不少著作，因为在这
个领域还有许多问题有待论说。但由于篇幅所限，在这里我只能指出这

个争论的某些一般特征，即在我此处正在讲的这个故事——"主叙事"
——中比较突出的特征。

重新回到上面提到过的交叉压力（1）至（3）维度，那些持有中间立场
的人之所以要回避唯物主义者的还原论，是因为在他们看来，完满的某
些重要特征——我们是主动的、创造性的行为者；我们是道德主体；我们
有能力回应美——与还原论者的本体论是不相容的。但还是可以提出
这样的问题：除了承认那些你依然想要否认的东西，例如，对超越之物或
更大的宇宙力量或其他任何此类东西的指涉，你是否还能真正为这些特
征留出本体论空间？换句话说，这个中间立场真的可行吗？

这是上面类别（a）所包含的一个问题，就其如下意义而言：它问我们
能否弄懂我们对完满的理解所假定的动机。

以第三个领域为例，即我们被艺术和自然中的美所感动。一类问题
是这样的：在一个排除了超越之物的本体论中，我们能够理解经验吗？
乍一看，这似乎是可能的，至少是部分可能的。用类似弗洛伊德的理论
来看，某些艺术作品对我们的感染力是用产生于我们内心深处的情感来
解释的。一旦我们承认像俄狄浦斯戏剧之类的东西是我们心理发展的
一个关键阶段，那么，它在《俄狄浦斯王》中的再现怎么会无法唤起战栗
以及观众心里更深意义上的认可呢？

我先前提到过，19 和 20 世纪的唯物主义如何重新体验到沉思整个
自然时的某种惊讶感和深度感，而那是我们可以在古代世界卢克莱修的
著作中找到的。这种惊讶不仅仅在于了不起的整体，而且还在于我们借
以出现的方式，这是指，我们是脆弱的和微不足道的，却又有能力把握这
个整体。帕斯卡尔之"人类是会思考的芦苇"这一主题，也可以用无神论
者和唯物主义者的方式来表达。甚至可以说，这里出现了一种敬虔，在
这种敬虔中我们意识到，尽管我们在客观思想中是漠然的，但我们最终
属于并且复归到这个整体（whole）。在为他的同事和导师威廉·汉密尔
顿（William Hamilton）所写的那令人动容的讣告中，理查德·道金斯写
到，他朋友的遗愿就是"被安放在亚马逊丛林中的空地上，由甲虫埋葬，
并作为它们幼虫的食粮"：

606

689

稍后,那些有触角的父母用从我身上得来的拳头大小的肉球,小心地饲养它们的孩子,我将得到超脱。对我来说没有蠕虫,也没有肮脏的苍蝇:重新组合并且数量倍增,最终我将在土壤中嗡嗡作响,正如蜜蜂从蜂巢中飞出,确实,比蜜蜂更嘈杂的嗡嗡声,就像一大群摩托车。我将由飞翔的甲虫带入巴西的旷野星空中。[6]

你也许会说,如此这般的表述,这种惊讶感,以及归属的敬虔,就不仅仅是与一个自然主义的内在主义者视界相容,而是前者假定了后者;它是这种视界的一个内在部分。

如果我们将这种惊讶感至少视作是审美的(这种敬虔也许接近于"宗教"),那么就像先前弗洛伊德式的例子,这个例子不就了结了一些怀疑,即对于在内在主义的本体论中为我们的美学经验寻找地盘所存的怀疑;在道金斯和汉密尔顿的情形中,甚至是一个唯物主义的本体论? 确实如此,但正如我在上面所说的,只是部分上是如此。

我这么说,首先是因为,这种惊讶经验的力量和真实性并不排除这样的可能,即某种相似的、甚至是更丰富的东西可以在宗教信念的记录中得到恢复,比如我们在帕斯卡尔那里就看见这样的例子。其次,还有其他模式的审美经验,这类经验的力量似乎不可分离于它们的神显性质(epiphanic nature),即它们揭示某种高于它们的东西,甚至高于我们日常所知的自然。我在导论中所引的贝德·格里菲斯的经验就是一个例子。有许多这样的艺术作品(包括但丁、巴赫、沙特尔大教堂[Chartres Cathedral]的建造者等等的作品),它们的力量似乎不可分离于它们的神显的超越指涉。这就给不信者带来挑战,他们要去找到一种非有神论的语域,据以响应这些作品,但又不至于让作品贫乏化。

当然,这种语域是否能被找到,不是可以简单决定的问题;确实,虽然我们每个人都有对自己经验的解读,而这种解读使我们倾向于自己的答案,但在我们主体之间仍然难以裁决。而由于我在先前章节所提及的后浪漫主义时期艺术的特征,这变得更加困难,因为其更微妙的语言使得我们能显示事物中的秩序,而同时允许本体论承诺相对模糊。这一点可以从下面这一例子中得到说明：19世纪如此多的人把华兹华斯奉为典范诗人，但这些人的本体论立场的范围可以涵盖从正统基督徒到包括艾略特和哈代这样的无神论者。

但从对诗歌和对诗歌的热爱在许多不信者生活中占据的地位那里，我们仍能看到交叉压力。不只是华兹华斯的诗歌，尤其还有哈代和豪斯曼（Housman）的诗歌（据道金斯说，汉密尔顿阅读了很多后者的诗歌）。[7]十分有趣的是，作为当代无信仰论的一个主要发言人，面对下述指控，即他的时代和环境缺乏深度，却指出该时代对哈代和豪斯曼的热爱。[8]

在此，我绝不是在断言关于美学经验的论题，只是想指出，无论我们发现自己处于什么样的经验，我们每个人都要权衡的那些考虑。我想对上面提到的第二个论题，即道德能动性的问题，本着同样的精神，做一番评论。这里出现的问题是，什么样的本体论能够支持我们的道德承诺，因为对我们大多数人来说，道德承诺构成一个关键的"实现"，我在这里使用的意义是，那是我们被要求去实现的更高模式或完满模式。[9]像康德那样的中间立场起源于否定判断（negative judgment）：纯粹唯物主义的本体论和对伦理学的功利主义解释，并不能理解我们的道德经验。

这类论题继续是我们当前关心的问题；与美学经验相平行，我们可以询问，我们需要何种本体论才能明白我们得到正确理解的伦理或道德生活。根据这些理由，也可以挑战康德那样的解决方案，尤其涉及到它倚赖原则或法的概念，以及它极端地区分感觉（倾向）和道德动机。

在这里我想提及另一个案例，这次的挑战瞄准了新休谟式的对道德的重构。我提到它，是因为它触碰到了位于我叙事中心的一个主题，触碰到了人们所理解的现代道德秩序的一个关键特征，即它赞同把普遍人权和福利作为我们的关键目标之一。对此，我想这样来理解，即我们走进更宽泛的且有着本质区别的人际团结，包括与早前更狭窄纽带的断裂和部分取代。就此而言，这一步类似于历史上某些前例，例如由佛陀、斯多葛主义、新约布道（"并不分犹太人、希腊人，自主的，为奴的，或男或女，因为你们在基督耶稣里都成为一了"）以及穆罕默德所开创的先例。断裂不仅仅在于我们极大地扩展了团结的范围，而且还在于团结在一起

608

的含意发生了改变，且常常是根本性的改变。作为分化的、等级社会的秩序的一部分是一回事，做一个现代"国家"的公民则是另一回事。大革命所理解的那种"博爱"关系只适用于后面这种水平空间。它内在地与"自由、平等、博爱"这三位一体中的其他词项相关联。

对同一个历史发展过程的休谟式理解，即根据我们天生的同情倾向，将此改变视为从我们在历史的开端就生活于其中的狭隘圈子中走出来，逐步扩展到我们互相协作的更大圈子，由此扩展了我们的视野，最终在一种普遍伦理中以"全球化"（我们现在的称呼）而结束。[10] 在这种描述中，没有质的断裂，也没有我们经验到的加入更高者的感觉——这种感觉在当我们为了更高的团结而割断与更狭隘且更低级的归属感的联系或使之相对化的时候会出现。

我想到了欧内斯特·海明威（Ernest Hemingway）在《丧钟为谁而鸣》（*For Whom the Bell Tolls*）里表达的感觉，这种感觉被他的主人公罗伯特·乔丹（Robert Jordan）经验为：

> 一种要为全世界受压迫者献身的感觉，这种感觉就如宗教经验那样难以表达和令人窘迫，但它却是真实的，就如你听到巴赫或者站在沙特尔大教堂或者里昂大教堂中看到阳光透过大窗户时那么真实。[11]

我不想把这点发展成一个完全令人信服的结论。更中肯地说，我不认为我有这个能力。我只想识别此处至关紧要的问题类别：我们得到正确理解的道德或伦理生活是否真的能够被那些与我们支持的本体论相符合的叙述所把握。在这个例子中，我们从休谟的尝试开始，即把道德理解为许多"自然的"人类情感中的一种，而不是理解为理性所知觉到的本质上处于更高地位的要求。我这里所提出的议题是（尽管它没有确定的答案），这样一种"自然主义"的描述能否解释普遍主义现象，即一种与早先空间断裂并且进入到更高空间的感觉，一种自由感，甚至与此举相伴随的兴奋感。针对社会生物学的描述，可以提出同样的问题，因为该描述预设了我们里面的一种倾向,此倾向由进化所引起,它让我们的行为与小集团(in-group)团结一致,且通常借助于对外来者野蛮的敌意;而后,通过我们所定义的"小集团"这个概念的逐渐扩大来解释普遍主义伦理的发展。

但仍然有个问题没有得到普遍令人满意的解决(虽然我有自己基于直觉的想法,当然是有神论的),即是什么导致了在这些团结空间中质的转变以及相伴随的道德进步感,或这种转变背后的原因是什么,或(如果可能的话)有什么理由为这些转变做辩护?但我把这些问题摆在这里,首先是为了举例说明议题的种类,并与那些有关美学的议题相提并论,因为这种议题的产生也针对伦理学:议题是,如何使得我们最好的现象学与一个适当的本体论相契合?如何去解决诸如刚才描述的契合的缺乏,要么靠着丰富本体论,要么靠着修正或挑战现象学?我提出问题的第二个理由是因为这一现象,即在团结的空间和本性中质的跨越,是现代性的关键特征之一,它在我讲述的世俗性故事中显得尤为突出。在后面,我将从另外的视角提出如何公正对待这个跨越的整个议题。但我先要转向现代性的另一重要渴望,也是此叙述将之置于中心的渴望。

我指的是对整体性的渴望,尤其是按它在浪漫主义时期反对规训的、缓冲的自我方面所呈现的样式。这里的反对是,理性的、漠然的能动者在实现他的理想时,牺牲了某些本质性的东西。那些被牺牲了的东西时常被描述为自发性或者创造性,但它更频繁地被等同于我们的情感和身体的存在。就以作为范例的席勒来看,抱怨的缘由是,我们关于抽象思考和设立道德规则的理性的和形式的能力,宰制并压抑了情感、身体存在的要求、具体的形式和美。补救方法不仅仅是要翻转优先性,以及为了情感而牺牲理性,甚或要抵达两者之间的某种公平交换。而且,补救还要走向一个更高的阶段,在此阶段,形式冲动和内容冲动和谐统一。实际上这是一个自由的领域,也是美的领域,两者构成了席勒称之为"游戏"的东西。

席勒是1790年代的一位作家,若是把他对狭隘理性主义的批评当

610　作是对我们文明之被普遍接受的渴望的阐述,那显然是有问题的。当
然,席勒和歌德的追随者属于一个阵营,他们与现代文化中追求理性控
制和工具理性的人争战不休。但是,不要牺牲身体或感性这一渴望,乃
是某种更普遍的东西,而且它也出现于最大化工具理性的支持者当中。
除了追求人类欲望的最大化,这一动机还应致力于其他什么吗? 这是
不是要求我们将诸如灵性洁净或者献身美德之类的所有对不切实际的
"更高"目标的渴求都撇在一边? 激进启蒙运动的支持者们就是如此认
为的。这些人也追求整体性与和谐;只不过他们提议的实现方法,不是
把高级形式的冲动与欲望综合起来,而是驳斥所有此类更高的冲动,并
找到一个使得所有日常的感官欲望在人自身里面或在人际间彼此兼容
的方法。

　　因此,这种禁止我们牺牲身体的整体性需求,极大地成为我们继承
自 18 世纪的文化之中心,虽然对此目标的想象是以截然不同的方式。
让我们看一看关键性的差异。对于激进启蒙运动来说,对于爱尔维修、
霍尔巴赫、边沁来说,不牺牲身体意味着要给予日常感觉欲望以发泄
口,要给予它自己的空间,让欲望在其中得以根据自己的条件获得满
足。当然,这就意味着,在我们社会中与此相系的某些消极面(像陷入
人际竞争或对抗,以及被迫反对他人以夺取我们想要的东西),将要在
社会的理性组织中得到克服。但根本不会有转变感觉欲望本身这个
问题。

　　相比之下,在席勒主义模式中,此般欲望被转变了。此欲望与形式
冲动相冲突是一回事;两者得到融合或相协调则是另一回事。当欲望与
形式统一起来时,欲望就与更高的意义相融合,这就产生了美。

　　每一方都将另一方视为偏离共同目标。在激进者看来,对融合或转
变欲望的任何谈论,都只是变相地企图以某种虚伪的"更高者"名义让感
觉降格。而在席勒的追随者看来,听任欲望留在未被改变的状态,恰恰
就是让欲望全然陷入低贱形式。那不可能是解救身体的原意。

　　这是我们现代西方文化未得到解决的最深层议题之一,它在 20 世
纪后期的性革命中再次浮现。某种意义上,其根源就在此文化的基础本

身。你可以在某种方式上论证说,这种对整体性的理解——它包含了给予身体一个重要的位置——是我们基督教文明的遗产。当然,这种看法在后希腊和罗马文明的精神图景中是不能设想的,在这两种文明中,基督教信仰部分地转变了,我在第七章描述过这种转变方式,彼得·布朗也极好地描绘了这个转变。[12]但在另一方面,改革宗基督教的发展,以及后轴心时代宗教在较长时期内的发展,又再次将身体降格。

611

让我们先取长视角,看看轴心期转向包含了什么。大略地(也许过于简单)看这个问题,我们可能会说:"之前",我们拥有迷魅世界中的宗教生活,而且还有对事物之两面的接受:世界(和一些神祇或者精灵)之方式可以是仁慈的、被赐予的,即福之源泉;但另一方面(甚至有时候是同一些神祇或精灵)又可以是严酷的、残忍的和毁灭性的。在一位当代学者的表述中,这幅图景是这样的:

> 总是有光明和黑暗,热和冷,黑夜和白昼。二元性是世界的方式,对此根本不存在抗拒和改变。从他们的观点来看,因为那里要一直存在着世界,就必须存在这些对立的力量。善和恶、光明和黑暗、黑夜和白昼之间永恒地冲突和互相作用,是理所当然的事实,而不是某种我们要试着去抵制的东西。这就是宇宙的本性。[13]

与此相反,轴心时代的宗教提供了逃避、驯服、克服这种对立力量形成的大漩涡的路径。它们提供了一条通往更完满的、更高的善的路径。

但在许多情况下,这种善是某种超越人间日常福祉的善,甚至将这种福祉作为我们最高目的是与这种善不相容的(例如佛教徒的无我)。但它许诺了一种转变,在这种转变中,我们可以在这种更高的善中找到我们最深的、最完整的目的,甚至在其中,力量的斗争会被超越(狮子与羔羊同卧),或被驯服进入一个连贯和谐的秩序之中(儒家的仁)。

这就把巨大的张力和冲突引入宗教生活,它摧毁着诸般高级文明。最高的渴望可以被视为对人类日常欲望的否认和破坏,这些欲望时常被谴责为贬低我们或使我们异化的冲动。这些举措包含两个方面。一是它们否定这些欲望，限制这些欲望，并且要求人们要非常严格地控制和限制欲望：例如，它们要求追随者要践行一种很大程度上弃绝性欲的性伦理；或者要求平定不守规矩的武士社会，严格控制和管理侵犯行为，使骄傲者降卑。这是伦理方面的要求。

这些改革的另一方面，我们可称之为"祛魅"侧面。人们完全从消极的角度来看待这些冲动。它们是通向善的阻碍。它们拒绝任何灵界的深层共鸣。

例如，在早先时代，通过像庙妓和圣婚之类的仪式和制度，性交可以连通上界。与此同时，在前轴心时期的古代形式中，战争中的仪式[14]或献祭把暴力奉为神圣，并且把一种神圣深度赋予杀戮以及杀戮的兴奋和陶醉；正如通过前面提及的用于性欲和结合的仪式。

换句话说，我们今天所称的性和暴力，也可以是连通神灵/诸神或上界的方式。我们也可以在生活的这些维度与上界共鸣。由此得出推论就是，上界同时拥有两类神，既有残忍和淫欲的神，也有良善和贞洁的神；有阿佛洛狄特（Aphrodite）和战神（Mars），也有阿尔忒弥斯（Artemis）和雅典娜（Athena）。这就是我在上面所提及的前轴心期世界的道德"矛盾"。

随着后轴心期高级宗教的来临，为性和暴力作神圣背书已经日渐离去。我们走向这一地步，即在某些宗教中，暴力在圣洁生活或类似领域根本不再有任何地位。对于基督教和佛教来说是如此；在印度教中，我们也发现了不杀生的要求得到稳步传播，因此，甚至是先前被允许和被期望去杀戮动物的种姓（jatis），现在也尝试通过放弃这些做法来提高社会地位。

这是由这些完整的欲望记录所经受、并由后轴心期宗教的高尚抱负所施加的双重创伤：一方面是伦理压迫，另一方面则将之祛魅地缩减为纯粹的堕落冲动，其仅有的意义是负面的，即它妨碍了美德。

毫不奇怪，人们对于这种创伤有着持续的反抗。实现的压迫模式（suppressed modes of fulfillment）得以回归，甚至是以迷魅的形式在"高级"宗教中回归。狂欢节是一个例子。另一些例子可以在各种形式的圣战的整个范围中看到。各种各样的圣洁和纯洁的暴力重新出现，正如我们在基督教的十字军东征中所看到的。在我们现在看来，它似乎与基督教的精神相违背，这是当中世纪早期的主教们试图约束贵族的好战性并且宣告上帝停战时在某一层面上意识到的精神。然而，他们以一种替罪羊的方式被引诱着去鼓吹十字军东征：异教徒是黑暗的仆人，因此在和平之君的名义下，它们活该遭受最极端的敌意。

在我们这个时代，现代的不信时常通过采取"异教信仰"的原因来应对这种创伤。[15]它通过抵制基督教对转化的要求来保护欲望。启蒙运动的许多面向可以在这里得以看清。[16]在爱尔维修那里有一个揭穿性的唯物主义和功利主义的版本。它废除了对感官享受的伦理压迫；但它忽视了祛魅的面向，反而加强了这一面向。欲望就是欲望。同样的事情在康德那里也重新出现。功利主义和康德主义都可以被看作是以一种复仇的方式在延续后轴心改革。只要它不阻碍互相尊重的道德，性就被看作是一个自然的实现。人们往往从全然消极的角度看待暴力。在我们的社会，你常常可以听到让孩子远离战争玩具以及不要让年轻人感到被羞辱这样的提议。

另一方面，许多浪漫主义者在一个更深的意义上采纳了异教信仰，他们想解除对欲望的祛魅，以及解除伦理压迫。因此存在一种对古老仪式以及这些仪式在其中处于中心位置的社会的怀旧之情，这些仪式通过我们的欲望以及我们在自然和宇宙中的实现，将我们整合在一起。因此我们才有狄俄尼索斯式的强有力的范畴，它最为著名的支持者是尼采，但在巴塔耶、德勒兹、福柯和其他哲学家那里也得到明显的支持。这不仅仅是释放欲望——性欲以及暴力的和毁灭性的欲望——的召唤，而且还是恢复这些欲望的一种深刻共鸣的尝试，即修复一条它们为我们提供的逃离我们的规训牢笼而进入狂喜之地的道路。这里的问题是，我们太过于关注头脑，我们太远离肉身了，我们需要解除这种处境。这些逃离的模式与早先前轴心时代的仪式有着一种深刻的相似。想想1913年在巴黎举行的那场闹哄哄的并且冲突不断的《春之祭》(Le Sacre du

613

Printemps）舞剧。[17]

在它最坏的情况下——即最盲目、最耳聋、最密集的情况，例如，唯物主义的功利主义——西方现代性压制了宗教的两极。它给前轴心时代造成了双重创伤；并且它对后轴心时代宗教抱以蔑视。但我们可以把它看作是另一种类的后轴心时代改革，它寻求建立一种生活形式，这种形式是绝对善的，是和谐秩序的另一种模式。它也许是所有后轴心形式中对前轴心的共鸣最没有感觉的。与其他许多这样的后轴心形式相似，它不能宽容它的对手宗教，尽管它们常常你中有我，我中有你。

即使处在秩序良好的自由社会的规则之下，被压抑的东西依然会回归：替罪羊式的暴力、对性罪恶的迷恋。

我一直试图把对整体性的渴望以及拯救身体的渴望置于宗教历史的悠久语境中。但现在我想将它放在与这本书的主题、即更短暂的历史的关系中来考察，即拉丁基督教发生的各种改革运动。在上几个段落简缩的历史中，我所遗漏的是各种后轴心时代的宗教试图避免进入到我所称的"道离肉身"运动的方式，及其将宗教生活从身体性的仪式、崇拜、实践中转化出来的方式，所以它越来越"位于头脑之中"。对"道离肉身"的抵制可以有各种形式。瑜伽是一个例子。但我们同样能看到一系列早先的仪式，只不过它们现在带有一种新的意义或者被转变了。在先于拉丁基督教改革的"高级"文明的经典平衡中，许多前轴心形式的集体仪式被整合进了新宗教当中；在少数宗教"大师"（virtuosi）的新规训中，身体表达同样具有重要的地位；不仅仅是瑜伽，同样也包括各种仪式和住院修士生活的形式。

这里的目的不是要回到早先对性和暴力的神圣化，而是要找寻集体仪式的新形式；通过仪式；有关祷告、斋戒、献身的个体的和小团体的规训；标记时间的方式；夫妻性生活的新方法；治疗和共享的新作为，它可以提供崇拜上帝的身体表达以及某些时候的公共表达；或者对涅槃的寻求，以及对解脱（Moksha）的寻求。

在（对我来说是关键的）改革前的拉丁基督教世界（Pre-Reformation Latin Christendom），存在一些特殊的基督教关于弥撒庆祝以及关于礼仪年（liturgical year）的仪式，如圣烛节（Candlemas）以及受难节举行的"爬向十字架"的活动；基督教的通过仪式；一种新的性伦理；对战争的一种矛盾的态度；"肉体的善事"的定义在特定的宗教秩序生活中被制度化。当然，存在一系列有前基督教起源的典礼和仪式，虽然在某种程度上它们被改变并且被整合进了教会实践，但是它们逐渐被削弱到了一个有争议的边缘位置，在此教士阶层变得非常可疑，福音保证（evangelical warrant）也同样可疑。

但这个平衡，正如所有从轴心革命产生出来的"高级"文明一样，是极不稳定的。它不只是那些带有准异教色彩的抵御鬼魔入侵、确保身体健康或保护触犯了神灵的婚姻伴侣的可疑做法，它还是让大部分人的生活感到不安的后轴心时代的高要求。高等的性伦理从不适合农民社群的现实伦理。正如我在前面章节提到的，他们一致谴责通奸行为，但不同意对婚前性行为进行谴责。更不用说那些教士和修士无法履行其诺言的方式；或者世俗权力让教会的"魔法"为自身目的服务去支持政治权力和精英特权的方式；或者反过来，教会的权力试图积累自己的财产并取代世俗权力的方式。

很容易看出这种前改革的境况对于证明最激进的改革而言看起来是如何地负面。但实际上，这种改革的方向是朝向一种意义深远的道离肉身；这是本书的一个主要论点。在广泛的祛魅运动中，旧的前轴心时代的实践已经被扫除。在新教徒中，弥撒的中心仪式也被当做是非法的"魔术"而被取消。狂欢节受到压制。在教会中，音乐、舞蹈、戏剧的使用被不同程度地削减，在世俗社会中也常常受到重压。某些通过仪式被取消或者被贬低（对某些新教教会来说，婚礼不再是一个圣礼）。

与此同时，对自我的理性分析和控制的一种漠然姿态引入了道离肉身的另一个面向。正如笛卡尔所论证的，我们需要与对事物的涉身理解保持一定的距离，以期获得清楚明白的知识。正确的行为被理解为是从这种清楚理解中出现的。它不是被定义为从合适的、有序的欲望中来的，而是被看作漠然理性对欲望的要求，在此要求中，欲望必须被训练成为驯服的。[18]

615 　　如果我们想一想最宽泛意义上的人类语言-交流行为的三个层面
——一个是身体性的习惯和模仿；一个是在艺术、诗歌、音乐、舞蹈中的
象征性表达；一个是在散文中的表达，即描述性的语言——我们可以看
见，原始的宗教生活主要是在前两个层面中得到表达，但从现代西方宗
教改革中产生的文化则在很大程度上抛弃了这些，将自己局限在第三种
表达中。它以这种方式做了现代的漠然理性对道德所做的类似的事。
在两个例子中，关键是要把握住命题真理（prepositional truth）——一种
情况是关于上帝和他的基督耶稣的真理，另一种情况是关于正确行为的
真理。在第一种情况中，紧接下来是正确的崇拜，但这种崇拜所采取的
形式是第二位的，并且可以随意地被改变。在第二种情况中，理性成功
的强制带来了正确的行为，但这种正确行为意味着什么只有纯粹的理性
才能知道——要么是对有用结果的计算，要么是准则的普遍性。但无论
如何，典范式的身体性情感都不被看做是正确行为的标准——如新约中
的圣爱。

　　我已经提供了一幅关于现代西方宗教的讽刺画；或者说，提供了一
种理想的类型，这种类型确定了大部分现代西方宗教被吸引的一个方
向。这些已经足够激起一些强有力的反对，从天主教到各种形式的新
教，从卫理公会和虔信派到18世纪建制的新教教会，从五旬节派到今天
的以上所有教派。因此，现实更加充满了波折。但倾向性还是存在的，
并且继续在施加影响；许多人以各种形式的自然神论、神体一位论走到
了这条路的尽头，即敬畏某种非人格的秩序。

　　这对我们上面的讨论意味着什么？让我们回到我们反对极端启蒙
者的地方，也就是用席勒的方式来提问：通过拯救身体来获得整体性，这
意味着什么？我们首先要更好地理解为什么说这是对我们提出的一个
要求。我们不仅可以借助追溯到轴心时代的脱离肉身的推动力来理解
它，而且它在西方走向宗教改革的动力中变得越来越强有力了。我们也
可以理解为什么它是对我们提出的，因为在基督教文明中存在着抵制道
离肉身的东西。

　　但由于在拉丁基督教的现实改革中存在某种东西，它史无前例地将这种道离肉身推得更远，我们可以同时看到为什么克服它的渴望一定会变成一种对斗争的邀请，以及为什么这种克服如此不同地被理解。压力和压制同时针对身体性欲望，尤其是性和暴力的欲望；但它同时也倾向于稳步排除作为更高者和完满之表达的身体性欲望。同时存在伦理的压制和祛魅的还原。一个派别接受了还原，并将它的火力完全集中在反对压制上；另一个派别则追随席勒想要消除这个还原。

　　你如何能够确定地说谁是对的？但只要我们看一看 1960 年代发生 616 的性革命，很清楚的一点在于，正是席勒式的立场将人们带向街头。休·海夫纳和《花花公子》也许想去表达另一个极端：感官享受是极好的。但在革命者当中，即使是那些口头上支持海夫纳准则的人，显然也怀有一种对新世界类型的乌托邦式的希望，在这个新世界中，不受限制的性行为可以释放一种新型的博爱。我上面提到过的进入这种新的且更宽广的团结空间的步骤之一，正是那希望与性自由捆绑在一起的一部分。我已经探讨了这里所涉及的幻象，但这些事件也说了一些关于席勒模式的权力之物，即希望去消除还原，而不仅仅是消除压制。当然，希望本身不能表明何种改变是可能的。

　　也许在某些时候它是可以的？我们现在需要看一看对那令人失望的整体性希望的不同回答，以及是否应该放弃这种希望或如何放弃这种希望的问题。

　　可以很容易地理解，对整体性的希望和对身体的拯救是如何被应用在信与不信之间的斗争中。我们已经看到启蒙运动如何将它用于反对宗教：据称宗教通过坚持追寻所谓的更高的善——这会导向无意义的禁欲——阻挠了我们获得日常欲望的完美和谐。但位于基督教信仰中心的是人与上帝——在（复活了的）身体中——最终和解的希望。

　　每一方都曲解另一方，并且都指控对方是不能实现的乌托邦。不信者嘲笑基督教的基督再临是一个白日梦。但只要启蒙者使他们自身和谐的希望存活下来，他们就会发现基督徒（还有很多其他人）在提醒他们乌托邦主义是不现实的。我们需要考虑乌托邦的两个维度,这两个维度分别与我们在这里检视过的现代道德/伦理的两个面向相对应:不仅仅是身体和精神,或者是身体性欲望和更高渴望之间的和谐;以及所有人之间的和谐,这种和谐能让我们依附于普遍权利和福祉的伦理。这两者时常一起出现;就此而言,1968 年学生的希望并不出人意料。同一种类的双重和谐(每个人内部的和谐以及所有人之间的和谐)也是席勒、激进的革命者以及马克思主义所寻找的。在大革命的高潮时期,存在一些至少自称是基督教的声音,如德·梅斯特,他警告大众不要将生命赌注押在不真实的希望上。类似的警告也针对 20 世纪的共产主义。

617　　然而,当这些希望破灭时,这个图景就改变了。我们生活在这样一个时代,生活在 1960 年代和 1970 年代的余波中,甚至更多在马克思的共产主义崩溃之后。很难相信这两种和谐中的任何一种是有可能实现的。这会如何改变争论呢?

　　对那些既不接受一种位于历史之上的和解的基督教希望,也不再相信在我们世俗处境下各种双重和谐准则的人来说,结论貌似明显:放弃所有关于这类和谐的希望。但这仍然留下很多不确定性。它所留下的更小的希望是什么呢?你真的能让自己同时放弃这两个目标吗?一个人们在其中以平等和公正的方式生活在一起的世界秩序,难道不是我们大部分的政治活动的目标吗,即便它只是一个理性的观念?我们大部分治愈的努力难道不是将人的整体性作为目标的吗?我们怎能简单地就把这些目标抛在一旁呢?

　　尽管弗洛伊德——他在此追随叔本华,浪漫主义整体性观念的伟大敌人——要求我们完全抛弃心理和谐的目标,我们也不用走得那么远。有许多相比共产主义来说野心更小的社会联合形式(自由主义提供了很多这样的形式);也有一些所谓能在不完全追随席勒的情况下克服心理冲突的形式。现在,正是这些形式位于我们后乌托邦时代的议程中。(但这能持续多久呢?)

从这个关于整体性理想的案例中,我们可以看到在我们的清单上从(c)到(e)的论题是如何关键,这些论题包括这个理念能否被整体性地实现,哪些动机阻碍了它的实现,以及试图实现它可能要付出多大代价。在下一章,我们将以更敏锐的形式去审视这些问题。

17 困境 1

I. 人文主义与"超越性"

我们已经考察了对整体性的渴望，无论这种渴望是针对计算理性的霸权，还是针对柏拉图主义或基督教禁欲主义的"更高"要求，我们都可以看见，这种渴望是与拯救身体或者说修复日常人类欲望的渴望内在地联系在一起的。我们也可以看到它以不同的方式介入基督教信仰与不信之间的争论。

我想更切近地来看这个争论，正如它在我们的反乌托邦阶段所展现的。我将首先考察修复身体和欲望的渴望是如何在针对信仰、尤其是基督教信仰的指控中起作用的，这种指控认为信仰内在地且就其本性而言是阻挠这种渴望的。我相信这个考察将会表明，事物并不必然是它们看上去的那个样子，并且宗教和世俗人文主义之间的争论最终会指向两种视野都需要面对的一系列困境。

1

在现代文化中，这种渴望——它旨在修复日常的、身体的欲望——的一个明显结果就是，对本质的善的肯定，对我们原始的、自发的渴望的纯真感的肯定。恶被看作是外来的，是社会、历史、父权制、资本主义，是由这种或那种形式的"体制"造成的。正如大卫·马丁所说，你在当今主流的都市文化中遭遇到的"流动的、变化的、享乐的、技术的"心灵，"对个人的罪没有感觉，但却觉得集体的罪应受谴责。"[1]

这种人类与生俱来的纯真感的一个显著结果，就是许多原先被认为是道德的问题，现在转换成了治疗性的问题。早先的罪现在时常被看作是病。这是"治疗法的胜利"[2]，它产生了一个悖论式的结果。它看上去包含了人类尊严的提升，但实际上贬低了它。

我想进一步考察这一点。我们这里有一个框架转变：某些人类的斗争、问题、论题、困难、难题，从被记录为道德/灵性的问题，转而被记录为治疗性的问题。这其中究竟包含着什么？

这并不是说，疾病和健康不再被当作道德和灵性上失败/完满的隐喻：想一想柏拉图那里的治疗性图像（therapeutic image），或者"有罪的患病的灵魂"（sin-sick soul）的图像。但不同之处也许在这里：即在精神的领地中，灵魂"正常的"、日常的、处境的起点已经部分地为罪所支配。要超越这种境况，就需要某些英勇的或者超常的行为；我们中的绝大部分人处于中间位置，我们在其中挣扎着。因此存在一个人类的"正常状态"，它被定义为是这种中间位置。

它的基础在于，在罪和恶中存在着一种特定的尊严形式。它是某种对善的寻求，但这种寻求被灾难性的、该受责备的错误所误导偏离。最终，它空无一物；它只是错误的；它的荣耀和名声变成了空洞、俗套的东西。但在这种错误中，还存在一些特定的伟大、光荣的表象，它们具有一定的一致性。这就是处于中间位置的正常状态的观念。

与之相对，仅仅是病态的则没有尊严。它也许是该受责备的（想象人们如何看待感染艾滋病），也许是不该受责备的。但它完完全全是一种失败、软弱、缺乏和减损。

现在，关于精神疾病的深度心理概念，位于这些清晰区分开的范畴之间。某些时候存在幻象的元素；事物不以本来面目显现。但这种错误可能没有任何尊严可言。可能只是我们无法长大，无法从一个成年人的视角看待事物。或只是一种冲动；或只是一种盲目的、无法控制的反应。在它的病因中，魔鬼路西弗（Lucifer）的故事没有任何位置。

因此，康复（healing）并不涉及转变、智慧上的增长以及一种看待世界的更高级方式；或至少这些不是康复的关键，虽然它们也许处于它的结果之中。

当然，还存在一些中介现象。存在各种疗法，例如一种人文主义的深度心理疗法,在这种疗法中,各种情结逐渐被看作是有限存在者的一种可理解的反应,还有些疗法部分地涉及改变你对事物的看法。这些进路是精神性的。但使得它们仍然是治疗法的原因在于,最初的病因中没有路西弗的元素。不存在选择,在错误的这边至少还有明显的价值和尊严——或者至少是明显的价值和尊严的吸引力;因此不需要在可选项之间进行选举意义上的选择。最初的堕落完全就是强迫的性质或者禁锢的模式。

因此不同之处在于:恶因为选择一种明显的善而具有尊严;病态则不是。这种尊严得到了承认,即使是在那种声称将恶展示为假好的转变的论说中,因而它实际上是空洞的,是异化的一种类型。它不是在文本中而是在上下文中,以演说的方式得到了承认,它承认对手的力量。

现在,在治疗法的胜利中包含的悲怆是这样的:抛弃有关罪恶/神圣的精神视角的一个理由是要反对这样一个观念,即我们正常的中间位置的存在是不完善的。作为"自然的"存在者,我们很完美。因此日常的、"自然的"存在的尊严得到进一步提升。这应该可以使我们从无力、分裂、苦恼、怨怒、忧郁、虚空、无能、灰心、绝望中解放出来,它们时常被看作是罪的后果。但这其实比比皆是。

但现在,那些注定位于这种中间位置正常状态的存在者所受的折磨,必须被看作是病态的结果。他们必须被治疗。但那些被治疗的人,现在被当作没有能力的人来对待。比起有罪者来说,他拥有更少的尊严。因此我们设想提升了我们尊严的方式,实际上是削弱了尊严。我们只是被处理并被操控进入了健康的领域。

从另一个角度看:抛弃宗教意味着使我们获得自由,赋予我们作为能动者的全然尊严;抛弃宗教、教会以及教士的监护。但现在我们被迫走向新的专家、临床医学家和医生,他们施行一种比盲目的、强迫的机械主义更为合适的控制;他们甚至可能给我们分配药物。比起昔日我们对教会的忠诚,我们病态的自我现在更加被贬低,仅仅被当作物来看待。

显然,这种不同可以被减缓到这样一个程度,即(a)治疗是"谈话式治疗",它号召病人像治疗中的共同行为者那样合作;以及(b)病态、强迫、受限的位置(constrained place)被理解为(i)某种肉体必须要承受的东西,因此我们不是站在健康这个更高的平台上大声说话,以及(ii)被人性地理解为一个已经堕入的困境,我们可以理解的某些人会落入的困境,为此我们能感到对同类的同情:"我明白落入其中是多么容易"。在此我们正在逼近类似于罪的尊严的东西。例如,温尼科特(Winnicott)以及他对中间位置的欣赏,在此产生了"足够好的"抚育;还有其他人文主义的治疗家。

因此这个治疗的转换——从有关罪、恶、灵性上的误导的解释学到有关病态的解释学——对于人类尊严来说充其量也不过是模棱两可的结果。它对我们的自我理解也有重要的影响。我上面提到过,早先被看作是精神上的误导的那些苦恼、怨怒、忧郁、虚空等等,仍在我们的治疗时代继续着。但现在,它们不再被解读为这种误导的标记,或与精神实在缺乏接触的标记,而是简单地被当作病因。

一种精神视角会假设,在某个深层的地方,我们会感受到被促使去承认那被定义为精神实在的东西,并且生活在与它的关联之中。我们也许感到被它吸引,我们渴望它,若失去它就会感到不满意和不完整。人们谈论"神圣的不满"(divine discontent),一种"对永恒的渴望"。这也许被深深地埋藏,但它是一种永恒的人类潜能。因此,即使那些在正常人间福祉的领域已经非常成功的人(也许尤其是这些人),也会感到不安,甚至是懊悔,即他们的成就是虚空的。按照那些拒绝了这种所谓的精神实在的人的看法,这种不安只能是病态的;它完全是非功能性的;它只能使我们倒退。拒绝许多传统意义上的精神实在,是这个治疗性转换的一个关键因素。

因此,关于我们不安、苦恼、虚空、分裂等等的经验,这个转变向我们提供了一种对之全然不同的理解。一方面,它们也许会告诉我们某些重要的东西;它们也许会显示出我们生活中的某些缺失或者误导。另一方面,它们与病态相近,并且也许表现为某些误导的**症候**(正如高血压是我的食谱过于丰盛的结果);但它们并不构成对这种误导的(也许大部分是迷茫的和隐蔽的)**认识**。

621

　　因此,选择哪个视角不仅仅影响到别人(医生、救助者)如何对待你,也影响到你如何对待自己。一方面,这种不安需要被进一步理解和克服——也许是在祷告和沉思之中;另一方面,它们需要被处理,或者至少需要温和到我们能够承受。

　　心理分析也许被部分地看作是一种中间现象。不像行为疗法或那些主要倚赖药物的疗法,心理分析涉及到一种解释学,它试图理解我们不安的意义。但它的目标是相同的;对我们构成中那不可避免的深层心理冲突进行解释学的探索。但这些没法向我们提供道德教训;内疚和后悔并不指向真实的错误。我们努力理解它们,只是想削弱它们的力量,能够与之一起生活。在关键的论题上,即在道德上或精神上我们能从痛苦中学到什么,它坚定地站在治疗这一边:答案是"没有"。

　　在对我们心理痛苦进行精神性的和治疗性的解读之间发生的斗争,并不仅仅是宗教与不信之间的对立。在不信的一般范围中存在许多案例,在这些案例中,关于人类生活的一种"更高的"、更具"英雄主义的"观点,与一种注重满足日常欲望的观点进行着争辩。在早先讨论各种批评时——"高级的"对"低级的"批评,或者反过来——我曾提到过这些案例。因此我们可以做出判断,向人们提供各种由高薪职位、合理的成功、消费者的选择、令人兴奋的媒体等带来的满足,或许能确保一个稳定的现代民主,但仍需哀悼的是一种关于生活的更高尚的观点的丧失——在其中,英雄主义的行为、政治的自治或伟大的仁慈献身被看作是一种更高的实现。(弗朗西斯·福山[Francis Fukuyama]的《历史的终结》这部伟大著作的核心,貌似某种与此类似的观点。)[3]

　　现在,可能拥有这些观点的某些人,在一个非常成功的高收入专业人士那里,无法发现什么病征,即无法发现由于失去生活中某些重要的东西而产生的不安情绪;那些通过治疗来处理这种情绪的尝试,会被他们看作是对人类处境的一种歪曲。

　　但无论如何,你都能看到这场在两个视角之间的斗争,对于你如何生活来说十分重要。如果我说我相信自己那种深层的不安——也许它严重地扰乱了我的工作或婚姻生活——是病征,那么这很容易伴随一种羞愧或者缺乏信心的感觉，即我心中的忧虑正在摧毁我自己的生活。也许最终所有这些都是器质性地被引起的想法将消除这种羞愧。而这一点，加上便宜药物的容易获得，驱使许多心理疗法向化学疗法转化。

让我们看看这个论题对一个人的生活来说是如何重大。无穷无尽地担忧不安的意义——它的基础实际上是器质性的——完全就是在浪费时间，造成不必要的痛苦。但若想试着解决这种不安，你真正需要了解的是严重的损害；在治疗法的文化中停留越久，能够表达这种理解的各种语言（伦理的、精神的语言）对新一代人来说就变得越陌生、越不可获得。

换句话说，这一点是普遍的，即人类存在总是被强有力地引向某些定义的完满性。大部分人会同意，这些渴望本身有时会是许多深刻麻烦的根源；例如，强烈的道德要求有时会以沉重内疚的形式对我们的生活产生冲击，这可能会让我们在行动和反应上变得无能，包括道德上的。但纯内在主义疗法的一个关键特征是，对这些无能的治疗被认为包含对任何超越之物的渴望（例如宗教信仰）的拒斥，或至少是远离它们。它们不是偶发地而是本质地产生无能，因为我们将它们错误地定位于我们的生活中。一种包含摆脱它们的治疗法是完全可以设想的，如果不是强制的话。而从精神的视角来看，信仰要求会产生严重的冲突，这一点反映的不是它们的天然本质，而是我们真实的（堕落）困境，我们的目标应该是寻找一个对精神实在更为适当的应对，而不是逃避它。

当然，为了简洁起见，我假设你可以谈论一种"精神的"或者"病理的"解读。实际上，你也许甚至会说，病理学的因素几乎总是让我们感到不安。恶，背离善——在盲目地或被迫追求不那么善的事物甚至是恶的意义上，都会造成病态。因此精神的或者伦理的视角允许甚至要求对病态进行诊断，正如陀思妥耶夫斯基所展示的。这里的论题是，你能否单独地谈论病态，或者这里是否需要做出精神的或者伦理的解释。

我们大部分实际的无能都处于可以被以这样或那样的方式治疗的 623
范围内。它们具有一些可以回应治疗法的强制性元素。但我们作为选择错误、罪恶的责任人，也受到他们的影响。治疗的革命带来许多洞见和方法。正是作为一种整体的形而上学，它冒着产生负面结果的危险：它治疗我们疾病的努力最后可能会进一步窒息我们身上的灵性，让我们其他的无能更加根深蒂固。

我已经讨论了与（1）我们被治疗和对待的方式，和（2）我们理解自身的方式有关的治疗法的转变。

但在这两种视野之间，还存在相关的第三种差异。如果我们把我们的无力、无能、分裂看作是罪、恶、道义欠缺的结果，我们就会期望在所有人中都能找到它们；我们只有在神圣巅峰的极少数情况下才会期望它们被克服。但如果我们将它们看作是病态的结果，是由不可避免的创伤、错误的抚育、缺少正确的支持等所造成的，那么我们会期望许多人达到"正常状态"，也即道德完善的某个中间位置，期望他们消除了不安，或学会了与之共存。充分的能力与人性的交集会被置于一个较低的高度。但对转变视角的灵性视野来说，例如对基督教和佛教来说，我们获得充分的人类能力的地方——超越了病态和关于我们灵性状况的其他混乱——要远远超出一般承认的人间福祉的水平。这无疑是少数现象。在考察灵性与一种稳定的政治秩序之间的关系时，我们将会看到这第三种区别的重要性。

复杂且矛盾的恶之本质，其实包含着一种较小的能力，但同时也构成了一个负责任的能动者的处境，而这种治疗性的进路消除了恶的歧义。歧义的消除被认为是迈向前方清楚的一步；但实际上它将我们引向了困顿之地，因为现实本身是复杂且有歧义的。

〜 2 〜

在此背景之下，我想考察一下反对基督教的案例，它们认为基督教否认或阻碍人类实现。但首先我们需要再一次提醒自己的是，宗教与拒斥宗教的争论的悖论式特征。如果我们接受来自不信者对宗教的批判，它似乎来自两个不同的方向。

一方面，由骄傲和恐惧所驱使的宗教，为人类设置了遥不可及的目标，如苦修、禁欲或对日常人类目的的弃绝。它邀请我们"超越人性"，这最终只会损毁我们；它会导向对我们能够达到的日常实现和幸福的轻视与忽视。这是在第一组轴心（即我在第八章描述的"浪漫主义"）中出现 624 的一个主要批评。

另一方面的指责认为宗教不能直面有关自然和人类生活的真实事实，即我们是不完善的存在物，是进化的产物，在此过程中，大量的侵犯和冲突都被置入我们的本性中；在人类生活中有许多可怕的和令人厌恶的东西，它们难以被清除。宗教倾向于对现实做一些删改。这来自于第二组轴心，即"悲剧"集。

我说过这里存在一个悖论，而不是一个矛盾。根据一种特定的解读，我们可以看到两类批判如何呈现出一致性。那些被指控为损毁我们的不可能的转变，在另一方面看来只是一些幼稚的乌托邦。

即便两条攻击路线之间并不矛盾，还是存在一股张力。很显然，当我们反思的时候会发现，第二条路线主要反对更"自由主义的"、"自然神论的"基督教形式，它是无求于外的人文主义转向的前身。例如，没有人会想着对加尔文提出删改现实的指控。任何让人类的大部分落入无休止且难以言表的地狱之苦的观点，都不能被指控说掩盖了事物的阴暗面。

与此同时，第一种攻击主要是反对更野蛮的"旧时代的宗教"，因此只要我们越来越靠近"自然神论"这一极，第一种攻击就变得越来越不适当。

不仅如此，这种删改的指控同样针对那些不信的人文主义——它们对利益的和谐或人类同情的力量持有一种过于乐观的观点；而这种损毁的攻击肯定也针对某些形式的无神论人文主义——它们的总体性改革所带来的毁灭性尝试将 20 世纪的历史弄得一团糟。

一种更好的表达方式则是说，不是基督教受到了这两种批判，而是不同的解释内部相争的场景，在这个场景中，一些人想要避免一种解释，但却更直接地落入另一种解释,另一些人则相反。基督教信仰问题看上去更像一个困境,要想避免这些批判同时又不让自己落入困境,也就是说,一个人想要同时避免这两种批判,看上去是比较困难的。

但也许你会猜想有些类似的事情对于不信而言是真实的。不信的观点也许出卖了人类的弱点,因为它们低估了人类改革的能力;但它们也有可能把标准定得太高,从而为一些具有毁灭性的变革尝试辩护。问题是,是否存在一个位于这些错误之间的地带,类似的问题也可以向基督教信仰提出。

625　或者检查时也许会发现双方需要面对不只一个困境,一个困境与超越性和人类实现有关,另一个困境则与人类本性中的暴力和侵犯有关。

但这场争斗的大致形态看似是这样的,两边都在与类似的困境相搏斗,而每一方对人类困境都有不同的理解。在不均衡的激烈争论中,这种形态通常从视野中消失了,每一方都扔出大石头,玻璃房中的居民不再安全。

让我们回过头来看一看这些批评。

(A)玛莎·努斯鲍姆代表了第一种批评,她以一种非常有趣且常常颇有说服力的方式,对"超越人性"的尝试做出了警告。[4]她从她在《善的脆弱性》(*The Fragility of Goodness*)[5]中发展起来的论证出发,但又不局限于这些论证。在从我们自己的有限性、我们的界限、我们的需求、我们的脆弱性中所经验到的不安和恐惧中,努斯鲍姆看到了我们想要超越日常状况的欲望的根源。

当你检查她的论证时,你会发现这种渴望有两个地方不对。一方面,超越的欲望——至少在它的某些形式中——必须打败自身。它时常作为一种人类欲望开始,这种欲望想要抵消那些让我们的生活变得悲惨、让世界变得凶险的界限。但如果得到全面的许可,这个愿望就会将我们提升至人类状况以上。女神卡吕普索(Calypso)邀请奥德修斯留在她的岛上,与女神一起享受无穷无尽的安稳的爱情,而不要回到那个必死的人类女子身边,过一种被危险所围绕的生活,但奥德修斯拒绝了。

在讨论这个例子时,努斯鲍姆有力地表达了这种观点。乍一听这些替代选择,我们也许会认为他疯了;我们的恐惧和脆弱性会让我们迅速接受女神所提供的东西;但当我们进一步考虑时,就会发现人类的爱、关心、互相帮助是与人类有限且凶险的处境分不开的。卡吕普索那种无穷无尽、没有任何危险的生活,缺少人类生存转瞬即逝所赋予的全部意义,它有关键的转折点,有需要抓住或失去的时刻,简而言之,人生短暂。选择了这个有风险的补救措施,我们就在某种意义上"改变了主题",不是改进了我们人类的生活,而是去寻找某些完全不同的东西。[6]

努斯鲍姆用竞技体育的例子来让人理解这个观点。这是一种对抗局限的紧张,每一个冠军都想把他自己领域中的世界纪录往前推进一点。但如果我们设想可以完全超越我们的局限,可以直接且不费力地超出纪录很长距离,可以随意改变形体,那么竞技体育还有什么意义?他们就不再需要希腊神祇了。一个运动员想要拥有赫尔墨斯(Hermes)的力量的渴望会自我解构。[7]

当然,这种特殊的关于神圣不朽性的古希腊式想象看上去似乎与论题无关;你怎么能成为一个希腊神祇呢?但努斯鲍姆是想让我们在极端的例子中看到在较少的整体渴望中已经拥有什么;正如柏拉图在《会饮篇》中所描述的,爱不再和特殊的人关联在一起,而只与美和善本身相关联。在这种渴望中,难道我们不是放弃了一些让我们人类生活变得有价值的东西吗?难道我们不是放弃了人类的卓越而努力追求某种异化的生活方式吗?

这和努斯鲍姆一直以来与一种特定的做哲学的方式作斗争不无关系,这种方式完全以一种漠然的态度和使用一般术语来做哲学,与特殊之物保持距离,与情感经验保持距离,因而也与那些最好地表达了这些情感的叙事保持距离。她在这里的论证非常重要,而且正确地具有影响力。

但对超越的渴望还有一种指控,说它不仅仅是无用的和自毁的,而且它实际上还在损害我们,让我们不适合追求人类实现。它是通过诱导我们对日常人类欲望和需求产生一种厌恶和反感来做到这一点的。它

626

对我们反复教导,使我们对我们的局限产生反感,而这破坏了我们也许会在人类生活的满足中所感受到的快乐。

这里的敌人不完全是希腊的多神教幻想以及希腊哲学,而是基督教,尤其是奥古斯丁式的基督教。在此,努斯鲍姆接受了我们世俗时代的一个中心主题、一个基本的争论,正如我试着去描述的。基督教诋毁、败坏了日常人类感官满足,让它变得不洁,对这一点的痛恨是促使人们选择一种无求于外的人文主义——一旦它变得可以想象——的最强有力的动机。在《爱的知识》(*Love's Knowledge*)中努斯鲍姆对此进行了探讨,[8]她提供了这种立场的一个谱系学,它在伊壁鸠鲁和卢克莱修那里拥有一个前基督教的出发点,但在谈到基督教对身体和日常实现的反感时,她的语调则更接近于伏尔泰和尼采,这两位也是她所援引的。确实,我们可以论证说,卢克莱修对于我们近几个世纪的人之所以变得非常重要,是因为他协助我们在基督教和后基督教文化中去阐明这些争论。

努斯鲍姆看似支持尼采为自己所设定的任务,用她的话来说,这个任务消极的一面就是"通过解构性的谱系学、辛辣的讽刺、可怕的投射,彻底细致地拆毁宗教的信念和目的论欲望"。[9]问题来了,这是一个值得追求的目标吗? 甚至这是一个可能的目标吗? 考虑到基督教普遍主义的重要性和圣爱在现代道德秩序观念中的构成性作用,我们真的期望将基督教在我们文明中反复灌输的信念和欲望连根拔起吗? 也许尼采看到了这个问题的全部景象,并准备给予一个肯定的答案,因为他想抛弃的不仅仅是身体仇恨(body-hatred),而且还有同情、痛苦的解除、民主和人权。但有多少人想要完全按照尼采的路子走呢?

627　　我认为要探究这个问题,不被直接牵扯到争论中是有用的,因为它往往会将我们推向极端的立场,我怀疑,这最终是无法维持的,因为我们都承受了比他们所能允许的更大的交叉压力(这甚至包括尼采,尽管他走得很远,以至于想要寻找一个位于这种文化之外的立场)。

我想分两个阶段来讨论这个问题:首先关注"超越人性"的观念,以及我们能够或者想要在何种程度上推翻它;随后再考察基督教在这整个争论中的地位。

我们能否放弃超越的渴望,回到"内在的"(immanent)生活？有时候这听上去正是努斯鲍姆所建议的。但在她的威廉·詹姆斯讲座中,她说事情要比这个"复杂得多"。[10]"在人类生活的语境中存在大量空间,可以容纳特定的超越我们日常人性的渴望。"但我们需要的是"**一种内在的**(internal)**和人类的超越**"。[11]

显然努斯鲍姆在此是正确的,但这会将论证转向一个新的平台,并且产生一个问题,即她的内在-外在区分是否是我们想要做出的区分。

她是正确的,但为了对她保持距离的立场做到公平,我们需要考察一下为什么人们很容易持有这种立场。我们需要援引现代性的一个构成性经验。确实,奥德修斯的回家——从怪诞的、凶险的有限处境中,回到时间有韵律地流逝的日常生活的欢乐中,也许会被当做是这种经验的一个典范图像。只是对我们来说,怪诞和凶险时常是一种自我折磨和自我强加,或者至少是其他受了迷惑的人的强加物。

这是改革宗教会中许多人的经验,他们在婚姻和生产性职业中恢复日常生活的满足。他们认为,天主教评价修道呼召遵从了"全德的劝谕"(counsels of perfection),其中隐含了对日常生活的无端诋毁。[12]被骄傲所驱使,人们把自己献身于一种关于苦修的虚幻的理念,他们不是被上帝所呼召,他们本当在日常的人生道路上行上帝的旨意,但他们却从这条道路上转离。这种反叛提供了一个样板,在后来,这被发展成为更极端的形式,包括那些完全拒绝基督教的形式,在这些形式看来,基督教以禁欲和弃绝这种虚幻的理念为名,牺牲了日常感性身体存在所带来的快乐。在最近几个世纪,尤其是最近一个世纪,无数人抛弃了摆在他们面前的宗教要求,并且自视重新发现了原先为宗教要求所禁止的日常人类满足的价值。他们有一种重新回到一种被遗忘的善、找到在日常生活中被掩埋了的一份宝藏的感觉。

不仅仅是宗教被构想为这类反叛的对象。在上一个世纪,成千上万的人在社会变革理想不可能的名义下被迫害。他们渴望回到他们视为正常的、日常的、不被动员的人类生活的满足之中。我记得大约是 1990

628

年，一个爱沙尼亚人告诉我说，在他的国家，已经有四十五年没有人能过上正常的生活。要理解他的意思并没有什么障碍。

不管你认为天主教徒和新教徒、基督教徒和不信教者之间牵扯到什么教义问题，你都必须承认回归日常的积极力量和价值。这里有一种重要的人类经验，它在现代性中一再出现，而且它本身——不管它披上怎样的教义外表——往往具有深远的积极意义，因为它蕴含了对重要人类的善的重新发现和肯定。

在这些回归的时刻，他们所修复的是一种对日常的爱的价值感，这种爱并不引人注目，甚至有瑕疵，它是通过日常事务和劳作、分离和重聚、疏离和回归来体现的恋人之间、朋友之间、父母子女之间的爱。[13]现在，我们可以一方面不再被对超越性的渴望冲昏头脑，另一方面又有一种强烈的重新发现的感觉，这仅仅是因为，与人生中更令人兴奋或耀眼的成就和实现相比——例如一段充满冲突和冒险的事业旅途，或者一段热烈的戏剧般的爱情（但也许它们令人兴奋的原因最终还是源于你对超越性的渴望），人们更容易低估日常生活的丰富性。而后，我们的伴侣生病了，或者遭受了一个致命的意外打击，我们就会突然意识到，这种爱对于我们来说意味着什么。我们的很多文学作品叙述了不太引人注意的日常生活的恢复，例如简·奥斯汀（Jane Austen）的小说。

在反思希腊人阿提卡（Attic）墓碑的第二首《杜伊诺哀歌》（Duino Elegy）中，里尔克捕捉到了某种类似的东西：

> 想想那些失重的手多么自在，即使断肢里藏满了
> 力量。
> 那些克制的人明白，通过这些会更深入地
> 触摸到我们自身，那里才有我们的本性；
> 也许众神施加给我们更沉重的压迫
> 但那是神的事。[14]

这是关于现代性的一个反复出现的洞见；反复出现，因为它总是需要从遗忘中被解救出来；由于我们的文化肯定了日常生活的重要性，所以它是现代性的构成部分。

现在，可以很好地理解的是，那些已经从某些自我-超越的伟大计划中走出来并赢得了回归日常生活之路的人，也许会说出类似这样的话："让所有的超越性都见鬼去吧"。这并不能让这样一个标语变得正确或甚至连贯成立，但你应该尊重和重视其中所包含的经验。其他人，哲学家或是理论家，也许会通过对超越性的全盘拒绝来利用这种经验的力量，并获得支持。但这不能让我们忘记这种经验本身的价值。

面对这种标语，反应应当是很复杂的，包括如下这些元素：(a)这个标语是错误的，(b)但它源自一种真实且重要的经验，我们不能诋毁这种经验，因此(c)你可以抵抗它，但不能把它污蔑为全盘的错误。

它为什么是错误的？当努斯鲍姆采取她那更细致入微的立场时引证了这些理由。存在一些我们想要去超越的方向；确实，你很难想象在一个人的生活中，所有这些方向都被拒斥了。

但我们不能通过给它加上一个限定词来拯救这个标语："让所有'外在的'超越性都见鬼去吧"；除非对这里援引的区分，我们能给出一个清楚的意义。"外在的"超越性意味着什么？它当然不是简单地成为奥林匹克运动员这种有点荒诞的欲望（我的意思是这对我们来说是荒诞的，但对古希腊人来说是有意义的）。但现在先不管它的错误之处，这已经由努斯鲍姆很好地描述出来了。我们也许要从所有那些让我们脱离人类模式的转变中抽身出来，因此对我们来说，一些特定的人类的善和卓越就不再是可能的了。正如希腊神祇不再从事竞技体育和政治之后，它们也不再拥有隐含在这些活动中的特殊的目的和善。

我们也许可以运用这一标准去反对柏拉图在《会饮篇》中提出的爱的概念，因为他的看法似乎让所有对特殊的人类的爱都变得不重要或者仅仅是附属性的了。所以友谊和性爱将会被一种为了与它保持一致而革新的生活方式排除出去。也许所有现代人都会同意这一点，但这并不意味着这个标准总是可以毫无争议地用于区分被允许和不被允许的超越性。

正如努斯鲍姆在《爱的知识》的导论中所指出的,在伦理要求和爱欲要求之间似乎有一股张力。[15]性爱要求私密性和独占性,因此很容易引起愤怒和嫉妒,而这似乎与一种对更普遍的爱和关怀的渴望——远离自我中心——存在张力。在此看来很难说日常的、身体的性爱更加糟糕,我们很难这么说;柏拉图似乎支持这种观点,其原因在上面提到过。但看起来也很难将对一种更普遍的、去中心化的关怀的渴望宣布为一种被禁止的"外在的"超越形式。确实,对于刚才所建议的标准来说,它看上去是"外在的"——彻底将它作为一个最终的专有的要求,而这似乎会让我们生活的一个重要组成部分靠边站,例如性爱,或者任何一种独占性、嫉妒和愤怒在其中起作用的爱。但现在不清楚的是,如此定义的区分能否为我们确定真正重要之事。修正过的标语失败了。

或者再举另外一个例子。在本世纪,我们参与了一些企图通过某种世界秩序来建立一种持久和平的尝试。但是战争还是时有发生,难以言说的恐怖以及追求高贵的行为也时而发生。它号召一种特定的、在其他地方难以与之相配的献身和勇气。对那些在二战期间渡过青少年时期的一代人而言,在我看来不可否认的一点是,即使考虑到了人类动机的全部复杂性和幽暗性,还是有人拿他们的性命做赌注让其他人获得自由,甚至为了避免更大恐怖的发生。这就是为什么在我们的时代,虽然很多人严肃地对待康德式的永久和平计划,但还是会反复出现去定义一种"战争的道德对等物"的尝试。这就承认,正如事情现在所是,战争的终结会取消实现人类卓越的一个重要机会:英雄主义、献身精神以及对弱者的保护。

现在一些思想家通过放弃这里的超越性类型来对此进行回应:战争必须继续下去,因为它对人类卓越必不可少。黑格尔是一个显著的例子,但在本世纪还有其他人采取了相同的路线,例如恩斯特·荣格尔(Ernst Jünger)。他们断言在上面讨论的意义中,永久和平是"外在的"。但我不能接受这种路线。我也不同意另一方那令人宽慰的观点——战争只能产生恐怖和破坏,虽然战争显然导致了很多这样的事。

从上面可以看出，超越人性的问题并不是那么容易解决。这不仅仅是说我们很难在可接受的超越方式和不可接受的超越方式之间画出一条清晰的界限，无论我们是否依据外在性/内在性或者类似的东西来做出这种区分。而且我们也许不得不承认，在某些情境中我们陷入了困境，我们不确定是否要支持或者不支持某一给定的方式。

由此可以得出的是一种类似于"让所有的超越性见鬼去吧"这样的标语，即使在"超越性"这个词前面加上限定词，还是不能解决所有问题。放弃所有的超越方式在整体上不可行。甚至如尼采这样的基督教超越性的凶猛敌人，也许尤其是这样的人，满嘴都是"自我克服"的嘱托；他要我们扼杀我们身上的同情，简而言之，它几乎很难让我们在善的清单和卓越性不受损害的情况下保全自身。

我们也许会支持与内尔·诺丁斯（Nel Noddings）类似的路线，[16] 我们会放弃任何与抚育的价值观以及我们对周围事物的爱相竞争的东西；但这还是留下了许多我们现在所依恋的东西，而我们本该去"超越"这种依恋。

但如果超越的渴望不能简单地被取消——包括那些成问题的渴望——且难以被评估，或者甚至将我们置于一种困境，那么也许我们不能简单直率地谴责那些建议这些方式的人，即便我们想说他们是错误的。 631

举个例子，努斯鲍姆在她的贝克特（Beckett）那一章中讨论了基督教对身体和欲望的憎恨。[17] 我同样想谴责它，认为它是一种可怕的偏离。但如果我们考察一下彼得·布朗[18] 所描述的一个源于早期基督教修院主义的想法，我们就能看到它源于一种感觉，即两性生活和生育子女是对一个人的家庭和子嗣关怀的一部分，它是对血统、财产和权力的关怀，这种关怀虽然本身不是坏的，但对于一个人将自己完全献身于爱上帝来说，这是一种阻碍。换句话说，弃绝是尝试的一部分，这种尝试寻找对在基督身上显明的上帝之爱的一种更完满的回应。这接近于一种我们在阿西西的圣方济各那里看到的献身的视角，它提醒我们，教会与血统的权力之间的斗争贯穿所有时代——从叙任权之争中的教宗希尔德布兰德，到不了解他们父母的宿怨就让罗密欧和朱丽叶结婚的修士。

当下，我们可以看到弃绝的理由在后期如何滑向了对身体的消极的痴迷，对欲望的厌恶及迷恋，这就是贝克特注意到的努斯鲍姆所描述的现象。

也许我们应该据此而放弃对更完满的爱的渴望？我认为，对我来说，比起贝克特可能会拙劣地模仿的狭隘的现代天主教，这也许是对人类更大的毁损。无论如何，需要对这种论点进行论证，而不仅仅是假设。

但如果我们不放弃这一点，那么我们对这个狭隘的、对欲望痴迷的灵性模式的回应，就必须与对上面提到的它的对立面回应同样微妙，同样也是三重的：(a)当然，我们必须指出它是错的并且它错在哪里，但是(b)我们必须承认，它部分地来源于一种真实的和有价值的渴望，即对更完满的爱的渴望，因此(c)我们不能简单地谴责它的根源和分支，就好像它可以不加区别地被摧毁和连根拔起；我们应该在保留它根源中有价值的东西的情况下，对它加以克服。

这就是我在刚进入这个问题的争论时所表达过的那种不安的原因。这种争论很容易被两极化，以至于一边喊出"让所有的超越性都见鬼去吧"的标语，另一边则因受到刺激，对为对手所嘲笑的所有狭隘的、痴迷的偏差进行辩护。这种情形在美国以及其他地方的文化战争中时常出现。也许这就是阿诺德想要在他那著名的"无知的军队在夜间发生冲突"的图景中所调用的。

在那些支持反对超越性的争论的人那里，各种对更高之物的渴望，都被看作是扭曲的和病态的，或者是被无理由的病态意志所驱使的。这些渴望要么被妖魔化，如某些人文主义者对基督教的攻击，说基督教是一股邪恶的反人类力量；要么被当作是病态的而被削弱。

在后一种情形中，我们有一个治疗法胜利的案例，以及我在上面的讨论中提及的两个特征。首先，从"正常"的可接受的人类实现模式中偏离并不被认为是受到另一幅——虽然是错误的——善的图像的推动；其次，"正常状态"是位于人类平均天资范围之内的东西；它不是某种只有一小撮贤能的精英才能获得的东西。

奇妙但也许不完全一致的是，治疗和妖魔化可以并行，正如某些人文主义者在攻击宗教时所做的。弃绝的生活被谴责为病态的,但与此同时,向平信徒灌输这种生活被看作是教士追求权力意志的策略的一部分。(通过将病态置于平信徒之中,将权力意志置于教士之中,一致性也许能被重新获取。)

现在,这种反超越的人文主义时常会提供一种将"内在性"的门槛设定得过高的解读。它吸收了许多我们理解为属于文明的规训的东西,与现代道德秩序自发地保持一致,作为普遍可获得的非病态的"正常"的一部分。这也许并不那么令人惊讶,因为我上面论证过,对无求于外的人文主义的最初开放是位于这样一种文化中,在其中,这些文明的规训确实已经成为许多人的第二本性。这就是为什么他们感到自然且一般人都可以轻易获得的原因。

但无论这个立场多么容易理解,它都使这类人文主义对偏离者(deviant)时常报以一种轻蔑甚至有时是残忍的态度,并将他们归为古怪的人或是被病态意志驱使的人。从"政治正确"产生的一些政策中可以找到当代的案例,它们对偏离各种"规范"的人——这些人时常被指责为至少是违规的"种族主义"或"厌女症"患者——要么实施强制教养,要么实施严厉惩罚,要么双管齐下。

所有这一切都强调了这些区分是多么成问题,不仅仅是内在超越和外在超越之间的区分,还有超越性和内在性本身的区分。当正常行为的门槛被设定得足够高的时候,"内在性"就不再是一个合适的词项。当然,为了我的主要论点,我想保留超越性这个概念,以及我对无求于外的人文主义和包容性的人文主义(inclusive humanism)做出的最原始的区分。但在此,我想指出的是,在这场将基督教信仰当作对人类身体性满足的一种否定来予以反对的争论中所隐含的"超越性"概念是多么不清晰和不令人满意;同时也想表明,一些比较苛刻的无求于外的人文主义会如何简单地从不信中滋生出逆反。

宣称文明生活的规训位于法治之下,与倡导自由和互利的道德秩序相一致,正如"正常的"意即非病态;或者将对这种生活模式的渴望看作是一种"内在的"超越;这等于是对这些规训的各种抵制进行分类:暴力、

633

侵犯和控制的冲动；以及狂野的性放纵的冲动，只不过它们是病态的或未发展完全的。它们可以很轻易地被治疗、再教育或以力量威胁来消灭和移除。它们并不反映任何本质性的人类实现，即便是以扭曲的形式，通过道德改造，人们也许确实会被诱导着离开这些冲动，但在不剥夺对他们来说重要的目的——这构成他们作为人类存在者的生命——的情况下，它们不会轻易地被压制。这是安东尼·伯吉斯（Anthony Burgess）在《发条橙》（*A Clockwork Orange*）中所嘲笑的家长式的灵魂工程背后的立场。

或者这个问题可以在与治疗法的胜利的关联中被表述出来。如果暴力、侵犯、性放纵可以仅仅被视作是病态的或未发展完全的，是某种可以被治疗或被教化的东西，那么在"正常化"之后，我们并没有失去本质性的东西。但如果我们把它们看作相关能动者可以体验为本质性满足的行动，那么即便我们认为它们会从一种道德改造——通过这种改造，他们再也不会按照这种方式看待自己——中受益，我们也不能欺骗自己说让它们接受治疗或者再教育仅仅是在帮助它们。确实，为了他人的安全或者普遍和平的缘故，我们也许要以各种方式约束它们，但我们必须承认，我们正在迫使它们为了普遍的善而蒙受牺牲。

为了看清楚什么东西正处在紧要关头，这个区分——即治疗性视角和伦理视角的区分——的背景需要被进一步发展。现代治疗性视角部分地由启蒙运动（洛克式的灵感）的观念发展而来，这个观念就是人类能动者是可塑造的；根据一些特定的基本动机（例如，寻求快感，躲避痛苦），能动者可以被训练以各种方式去识别他的目的。通过再教育来重新定义这些目的，并不会迫使他放弃他这种存在物的一个固有方向；而如果这最终将使他能更好地与周围的人相适应，那么它会带来更大的和谐、更大的普遍欲望的实现，因而是全方位的受益。

治疗法之胜利的另一个根源在于那种想要排除罪这个范畴的欲望，罪的范畴在某种程度上将一种病态意志归之于罪者。偏离者是坏的训练或病态的受害者；在那里，他并不是一个理应受到我们谴责的、会认同他那可悲的破坏性行为的能动者；相反，他被一个强迫循环困住，我们能通过治疗将他解放出来。

这第二个去罪化的（deculpabilizing）动机虽然与可塑性观念很好地相适配，但它并不要求如此。治疗法的胜利时常与一种更加复杂的人类学相伴随，这种人类学预设了人类在品行塑造方面极其墨守成规，例如心理分析。

但这两个根源都与我们传统（可以追溯到古代）中主要伦理学背后的人类学以及各种宗教观相冲突。这些根源各不相同，尤其是在它们赋予恶的地位上，但它们都同意将有罪之人或者做错事的人看作是追求某种他们感觉为善的东西，要么因为他（错误地）认为这就是如此（古代的变体），要么因为他不合理地感到被拖拽着去支持恶（一种与基督教一起出现的变体）。这种做错事，这种"偏离目标"（hamartia，正如在亚里士多德和希腊文圣经里所称呼的），通常被看作是某种难以理解的东西，也许是极端不可解释、甚至是神秘的。

但是，这显然回避了关于可塑性观点的纯粹环境式的解释。无论坏的训练和坏的习惯与我们选择做错事如何相关（正如亚里士多德所论证的），它最终都将成为某种我们将整个存在、幻想和欲望投入其中的东西。好的早期训练并不是获得好品行的一个充分条件，根据亚里士多德，好品行开始是由令人钦佩的范例培养的，后来甚至是通过伦理的反思。但正是通过幻想和欲望将我们的存在投入其中，才使得我们最终转变成为某种超越治疗法的东西。无论柏拉图如何多地引用这幅为了伦理转变而治疗的图像，很清楚的一点是，他自己将转向善看作是某种类似于"改宗"[19]的东西。

在现代语境中，伦理转变包含参与到能动者的意志和幻想中。它超越了一种旨在治疗不承认其偏离性的能动者的治疗法；它也超越了一种反复灌输知识和能力的教育；它可以抵制武力和恐怖。

这就允许我们去理解，一种行为"文明的"、道德的人文主义——它将对它的抵制仅仅看作是病态的或者未发展完全的，当从一种伦理视角被看待时，如何显现为是对它识别出并建议调整的偏离者的一种诋毁和非人化。[20]

（B）现在，这会把我们带入反对宗教的其他领域中，它们来自"悲剧"领域。因为不可避免的是，"正常化的"人文主义会招致强烈反对，所有拒斥它以还原的方式接受人类生活侵犯的、荒淫的面向的人都会反对。这也包括那些想要谴责侵犯行为，但却从一个伦理人类学框架出发来看待这个问题的人。但最恶意的反对来自那些在侵犯以及偶尔在性放纵中看到某种值得赞美之物的人。尼采主义者远不会去谴责侵犯、掌控、甚至是施加痛苦的强烈欲望，反而将它们看作是权力意志的表达。现代人文主义在平等、幸福以及结束痛苦的名义下对它们进行的诋毁，被（尼采主义）视作是使人类退化，将人类生活贬低成某种不再值得去过活的生活，是传播"虚无主义"。在我们的时代，对文明的人文主义的这种攻击被米歇尔·福柯所采纳，在上面的讨论中我借用了他的"正常化"这一词项。这就是被大力吹嘘的"人的终结"背后的伦理意义（实际上并不明确）；[21] 正如它是许多后现代主义者谴责"人文主义"的关键所在。

这种现代人文主义沿着"悲剧"领域内所有的轴线挑起攻击。对某些人（托克维尔、尼采、索雷尔、荣格尔）来说，是让生活的英雄主义维度变得虚空。对其他人来说（除了上面的人，还有以赛亚·伯林和伯纳德·威廉姆斯），这种人文主义倾向于隐藏我们所看重的不同事物之间的冲突有多大。它人为地移除了悲剧，移除了不可调和之物间的痛苦选择，移除了困境，而这些都是与人类生活不可分割地联系在一起的。它会造成一种印象，即所有善的东西都不费吹灰之力地聚集到一起；但这是通过让某些善——它们阻碍了受人青睐的一组自由主义价值观——改变性质或者降低等级来达到的。

再或者，攻击也许会对准在这种人文主义中蕴含的幸福或实现的观念。通过将这些执拗的推动力贬斥为病态的或未发展完全的，文明的人文主义暗示适当的人类实现将是"正常人"的实现，是没有冲突的。一种平静的幸福伴随着这种正常状态，因为它不需要牺牲任何重要的东西。

从伦理的视角来看，这类平静的和谐确实是可能的，但只有在人类成就的顶峰之中；它不是某种统计学意义上"正常的"东西，正如它绝不可能在非病态的意义上被定义为正常的。在此，大部分宗教观点与伦理观点相平行。完全的自我和谐不可能是大部分人能实现的，更不用说"一般感性的人"。

对尼采主义者来说，就像对于那些相信他们在生物学以及进化论中找到了根据，将侵犯、性别差异或等级制视作是深深扎根于我们天性之中的人来说，和谐是不可获得的，甚至相信它或者为之奋斗都是一种该受责备的缺陷。相信平静的幸福，不仅仅是一个幼稚的幻象，而且还是对我们本性的截断，让我们背弃了我们主要之所是。正如我在先前章节中所注意到的，他们在这种理念中看到了某些可鄙的东西。

现在，这一套批判不仅仅针对正常化的人文主义，而且还针对宗教。从某种意义上说，这也许看上去非常不合适。难道基督教布道不总是在反复说，在有罪的世界中罪人是不可能完全幸福的吗？显然这个幻象不能被归罪于基督教信仰，无论有多少当代基督徒被吸引进当今这种"追求幸福"的共同观点中。

但从另一方面看，显然这里有一个观点会遭到指控。因为那种认为由于侵犯位于我们的基因之中（社会生物学）因而是根深蒂固的想法，以及（或者）那种认为（侵犯）是某种我们应该去赞美而不是去克服的东西的想法（尼采），确实是与基督教信仰和盼望以及与任何可辨认的基督教末世观不相容的。在此，基督教预设了一种可能的转变，而这种转变受到了尼采主义和科学主义的反对。因此它时常被指控为一种不真实的乐观主义，用盼望代替了实在感，宣扬一种关于人类的适意神话，这种神话模糊了严峻的现实。在此，它被当作是正常化的人文主义的祖先，正如尼采不遗余力所说的那样。我们已经看到了在历史的意义上这是真实的，在历史的意义上这种人文主义从一种对基督教信仰的特定的（还原的）解读中发展出来。

现在，这里的论证展现出一个奇特的跨越。当尼采主义者斥责基督徒由于过分相信一幅干净的、"精神化的"人类潜能的图像而拒绝去看清人们不得不通过侵犯来确认自身这个事实时，他们的指控与上面的指责——即基督教不接受我们的感官性质——非常接近。这是无求于外的人文主义在拒斥基督教的超越性时做出的一个关键论证；现在，对这

636

种人文主义本身来说，一个相似的论点已被它最致命的敌人提出来反对它。

❧ 3 ❧

所有这一切令人相当困惑，表明我们需要一幅关于意识形态领域的新的更加精微的地图。现代文化不仅仅是信与不信之间斗争的图景。我们可以看到，反对宗教的论证来自两个完全不同的角度；甚至乍看上去，它们并不反对宗教的所有变体；虽然如先前段落所示，两种攻击方向可以在某种程度上由一种尼采主义的视角联合起来，但它们最终将我们带向了不同的结论。关于人文主义的本质，以及更极端地，关于它的价值，不信阵营中存在着深刻的分歧。

我想提供另一个框架以理解这些斗争，在这个框架中，斗争不再是以两种代表人物之间的斗争出现，而是以一种三角、也许甚至是四角的斗争形式出现。我上面称之为"内在的反启蒙运动"的进入——它挑战了人文主义赋予生活的首要性——让这一景象变得更为复杂。

存在一些世俗的人文主义者，新尼采主义者，还有一些承认某些高于生活的善的人。任何一对都可以联合起来，在某些重要问题上反对第三方。新尼采主义者和世俗人文主义者一起谴责宗教，并且拒绝任何高于生活的善。但新尼采主义者和那些承认超越性的人对世俗人文主义不断的失望都不感到惊奇，并且都感到它关于生活的愿景缺少一种维度。在第三条阵线上，世俗人文主义者和有信仰者一道捍卫一种人类的善的观念，并且反对尼采继承者持有的反人文主义。

第四方可以被引入这个领域，如果我们考虑到那些承认超越性的人也可以被分组的事实。一些人认为走向世俗人文主义的整个步骤完全是一个错误，它需要被彻底消除。我们需要回到一种关于事物更早的观念之中。另一些人——我把自己置于其中——则认为，生活的实践首要性对人类来说是一个巨大的收获，并且在启蒙运动的自我叙事中也有一些真理：如果不与建制化的宗教决裂，这种收获实际上不太可能会来临。（我们甚至可能很想说现代的不信是天赐的，但这可能是一种过于挑衅的陈述方式。）然而我们会认为无求于外的人文主义所信奉的生活具有形而上的首要性是错误的、沉闷的，并且它那持续的主导地位使得实践的首要性岌岌可危。

在上一段中，我把这幅图景弄得更加复杂。然而我相信，先前所勾画的简单线条仍然是有效的。世俗人文主义者和反人文主义者都认可启蒙运动的一部分叙事，即他们将我们看作是从一种超越生活的善的幻象中解放出来，因而能够让我们确认自身。这可能采取启蒙运动所赞同的仁慈和正义的形式；或者它可能是完全肯定权力意志的特许状——或是"能指的自由游戏"，或是自我的美学，或是任何现有的版本。但它仍然处于将超越之物贬低为过去的幻象的氛围中。对那些完全浸染在这种氛围中的人来说，超越性差不多成为不可见的。

当然，我们也许想要把这个三角图像放在一边，原因是当代反人文主义并不是一个足够重要的运动。如果你只关注比较文学的一些时髦教授，那么这看上去是可能的。但我感到这第三股潮流对我们文化和当代历史的影响是非常有力的，尤其是当我们考虑到法西斯主义以及对暴力的沉迷，这种暴力甚至感染了受到启蒙运动启发的运动，如布尔什维克主义（这远不是唯一的例子）。我们能避免即便是"进步的"、民主的民族主义那血淋淋的历史吗？

然而，如果我们接受了这个三角图像，一些有趣的问题就出现了。解释其中任何一项对其他两项来说都是一个挑战。尤其是，反人文主义从启蒙运动的视角来解释是比较困难的。在一部分已经从宗教和传统 638 中"解放出来"的人那里，为什么会发生这种倒退？

从宗教的视角来看，问题是相反的。我们手头拥有一个太快速、太滑头的解释：对超越性的拒绝，必定会导向一场崩溃，最后就是所有道德标准的崩溃。首先是世俗人文主义受到挑战，之后它的虔诚和价值观会受到挑战，最后就是虚无主义。

我并不是说，在这种解释中完全没有洞见。但是它留下太多没有解释的东西。反人文主义不仅仅只是一个黑洞，一种价值观的缺席，它也是一种对死亡、以及有时候是对暴力的维持。它重新表达了对死亡和暴力的某种沉迷，这有力地让我们回想起传统宗教的一些现象。显而易见的是，这种沉迷延伸到了反人文主义的边界之外。正如我刚刚提到的，我们可以在启蒙运动的继承人那里看到这一点；但它也明白无误地在宗教传统中反复出现。古拉格和宗教裁判所都是它的力量长期存在的明证。

但对这种过于自我放纵的宗教解释的尖锐反驳，再一次向无求于外的人文主义提出了一个问题。如果这里存在某些长期的、反复出现的东西，那么它们何时会出现？从社会生物学到弗洛伊德对死亡原则的猜测，我们并不缺少人类倾向于邪恶的内在理论。但它们有其自身的反启蒙推动力：它们给任何改善的希望施加了严格的限制。它们倾向于怀疑启蒙运动的中心理念——我们掌管自己的命运。

与此同时，从超越性的角度看，一些考虑似乎是显而易见的：

无求于外的人文主义关闭了超越之门，就像不存在任何超越的东西。此外，对人心来说，打开那扇窗，先看一看，然后望向超越，好像这不是一个不可抑制的需要。就仿佛感到这种需要是错误的结果，是错误的世界观、坏的影响，或者更糟糕的，是某种病态。两种关于人类境况的极端不同的视角，哪一种是正确的？

那么，谁能更好地解释我们所有人都在过的生活呢？从这个角度看，现代反人文主义的存在，似乎正是在反对无求于外的人文主义。如果超越性的观点是正确的，那么人类将会有一种回应超越生活之外事物的不可消除的嗜好。否认这一点是令人窒息的。事实上，即便对那些接受了生活的形而上首要性的人来说，这种观点看上去也是令人窒息的。正是在此意义上，而不是在那种认为不信一定会毁掉自身的沾沾自喜、自我满足的观点的意义上，宗教视角对反人文主义的出现一点也不感到惊讶。

从这种观点内部来看，我们可能很容易做进一步的推测，并且暗示人类长期以来容易沉迷于死亡和暴力，本质上显明了我们作为宗教人的本质。从那些承认超越性的人的观点看，当这种对超越的渴望没能将我们带到超越性时，它最容易把我们带到这里。这并不意味着宗教和暴力是简单的互换品。相反，它意味着，大部分历史上的宗教都与暴力深深地联系在一起，从人类献祭一直到共同体内的大屠杀。因为大部分历史上的宗教仍只是十分不完善地朝向超越。宗教与不同形式的暴力崇拜的亲和性是十分明显的。

　　然而，这可能意味着，唯一能够完全避免暴力的方法，位于向超越性回归之途的某个地方，即通过全心全意地去爱某种超越生活之善。在此，我们进入了一个宗教和暴力的领域，勒内·吉拉德（Rene Girard）以一种十分有趣的方式探索了这个领域。下面我再回到这个话题。[22]

　　但无论我们采取哪种解释性观点，我希望我已经说出一些让一个观念变得可信的东西，这个观念就是，现在任何理解启蒙运动的严肃尝试，都不可能在没有对内在的反启蒙运动进行深刻研究的情况下做出。这种两方斗争的经典场景让我们从两个主角与从它们中间唤出的第三个竞争者的不同和相似中学到的所有东西都相形见绌。

4

II. 反对残缺（Mutilation）

　　从上面显示出来的是，对无求于外的人文主义攻击宗教的思考展示了不信阵营中的深刻分歧。这本身并不必然是一个问题：从原则上说，这些观点中的一个可能是正确的，其他则仅仅是错误的。但我感觉每一边——"人文主义者"和"尼采主义者"——都给对方制造了深刻的困难。要抛弃仁慈、平等这些人文主义目标并不容易。尽管内在的反叛往往被有力地推动着。这里存在一些尚未解决的困境。

　　它们源于我们在最后一章中找到的任何有关人类伦理困境的概念的关键复杂问题：这个关于完满性的概念是否可以整体地实现，阻挡它的否定动机能否被完全地克服；如果不能，推翻它们会不会包含一种不可接受的牺牲(论题(c)(d)和(e))。

640　我们也许会称之为困境、张力或者是痴心妄想的尝试。无论我们称它什么,基本的形式看上去应该是这样的:如何定义我们作为人类存在最高的精神渴望或道德渴望,并与此同时指示一条通向转变的路径——这条路径不会挤压、毁坏或者拒绝对于我们人类来说是本质性的东西?让我们称它为"最大需求"。

为什么这个需求对我们来说是重要的? 我想可以在上一章我试图清晰表达的我们对整体性的渴望中找到理由。贯穿整个现代文化的是我们牺牲了身体、日常欲望或日常生活的实现来追求最高理念的错误感。为什么它被赋予了如此重要的地位? 毕竟,柏拉图在《理想国》中以城邦内更高、更完善的和谐之名,似乎准备让所有重要的人类欲望——组建家庭、拥有财产并传之子孙——都靠边站。

当然,古人远不会同意这些。亚里士多德强烈批评柏拉图从好生活中删除一些日常满足的尝试,在《政治学》第二卷中,他坚决反对柏拉图式的消除家庭和私人财产的建议。但在我们的例子中,理由则来自我们的基督教文化起源。一种道成肉身的宗教不能简单地让身体靠边站。福音书归之于耶稣的"怜悯"是一种直觉,末世论的视角是关于肉身复活的。宗教改革对日常生活的重视远比亚里士多德走得远,它不仅让生产和家庭领域成为好生活的一部分,而且还给予它一种亚里士多德没能给予的尊严。因此,从中世纪以来天主教哲学的一种核心传统将自身建基于亚里士多德的哲学之上就不足为奇了。

对基督教的批判接受了身体的这种中心性(centrality),我们日常身体满足的不可取消性,并用它们转而去反对信仰本身,污蔑它是一种柏拉图主义的变形。尼采时常调用这种亲和性,努斯鲍姆在上面讨论过的批评中也引用了这一点。让这种批判如此具有毁灭性的是,我们的文化一般来说强烈地认可这种中心性。这也是为什么最大需求对我们有效力的原因:不能以肃清或者贬低日常实现为代价去追求理想。

前几页中的讨论固然简略,但其负担在于要满足这种需求并不容易。我们需要面对这也许无法被实现的可能性,也就是说,使我们最高的渴望与对全方位人类实现的基本尊重变得一致,也许是个不可能的任务。换句话说,要么我们为了允许我们日常人类生活得以繁荣而降低我们的道德渴望;要么我们同意牺牲某些日常生活的繁荣以求获得我们更高的目标。如果我们把这认为是一个困境,那么也许我们只能把自己钉死在一个角上或是另一个角上。

我解释了两种看上去似乎自相矛盾的对宗教信仰的指控,两者都会各自导向对日常人类生活的禁欲,它们都删改或净化了人类本性,就像 641 真的旨在解决这个困境一样。合在一起的指控就是:你已经以这样一种方式来设想我们的最高渴望,即若要实现它们,你就不得不使人性变得残缺(禁欲的责备);因而自然地,你被偷偷地引诱去降低你的要求,并且向自己隐藏起人类感官享乐和侵犯的全部力量,所以可以在人们互相欢呼的领域内找回日常的和可救赎的人性——因此你应当受到这种删改的责备。实际上这造成了一个困境:你只能通过把自己钉死在一个角上,才能逃避另一个角。

现在,对宗教做出这些指控的无求于外的人文主义往往看似假定它们已经避开了这个困境:即它们已经创立了一个能够逃避这个困境的有关我们最高渴望的合适定义,它充分地尊重日常人间福祉。上面这个论证的负担在于,这时常是一个幻象。它们时常向自己隐藏这一点,要么因为它们低估了我们离它们的目标有多远——用传统的话来说就是,它们低估了人类的堕落——从而应当受到删改的责备;要么因为它们对达到目标所付出的代价漫不经心,从而应当受到禁欲的责备。

当然,某人可以同时犯这些错误,如我们可以在启蒙运动道德工程学的更机械的形式中看到的,它们将人类本性看作是从根本上可塑的,例如爱尔维修的观点。因为它们把改革的问题看作仅仅是塑造正确的习惯和建立正确的心理联系的问题,日常人类本性离目标并不是太远。它们拒斥了原罪的教义,认为它夸大了人类的堕落(因此他们删改了人性)。但正是出于这个原因,它们难以看到它们的社会工程学会对人类——他们的欲望和渴望不能简单地从外部加以塑造——施加多么恶劣的影响。(所以其实际的政治致使人性残缺。)

　　换句话说,我们可以悖论性地将自己同时钉死在两个角上,同时犯错误。而这事实上时常是来自启蒙运动的更具还原论式的流派所做出的批评。它们放低了自己的眼界:它们旨在建立一个所有人在服务自身的同时也能使他人受益的世界;利益将取得和谐。因此人类最终将会被满足,并且对改进的无止境寻求最终会找到一种稳定的形式。历史将会走向一个目的。这种视野隐含在当下许多关于自由贸易和全球化的乐观主义论述中:当每个地方都建立起市场民主时,就没有任何理由争斗了。永久的和平生产和共同繁荣的统治将会降临。

642
　　如今在很多人看来,这将我们的渴望定位得太低了。福山将这个时代称为一个"末人"(last men)的时代。从 18 世纪开始,一股平稳的批判洪流就一直针对这一点:卢梭、康德、马克思、尼采;这个名单也许可以无限地延伸下去。但与此同时,批评者时常指出,这些还原式的理论都没能认识到人类动机的广阔范围:对意义、自我肯定的寻求,尊严的要求以及屈辱的伤口,更不用说性欲和侵犯这些更宽的领域。它们将这些要么看作可控制的小过失,要么把它们那更具威胁的形式看作是病态的。因此,它们完全不能衡量压制它们或者摧毁它们所要付出的真实代价。它们把(福柯意义上的)正常化当做人类的完全实现。

　　无求于外的人文主义不那么还原的形式,则不享有这些不利条件。在其他对还原论的机械模式的偏离中,它们在理性自由、道德自治或审美经验中看到一种关键的实现,正如我们在前一章所看到的。但这并不是说,它们创立了一种我们最高渴望所能达到的最大需求的表达形式。从浪漫主义时代以来,那些评价在理性自由的纪律或道德自律中丧失了情感自发性和自我表达的文献已是汗牛充栋。席勒是一个合适的例子。

　　有一些人追随席勒寻找一种转变——在席勒那里,是向审美的维度转变,转变到美的领域——这种转变可以将我们本性的两个方面结合起来,去满足最高的要求。当然,像马克思这样的革命者走的也是同样的道路。但这些希望是很成问题的,那些关于人类动机的不那么还原论的观点则往往对最大需求丧失信心,承认它为我们设置了一个不可能完成的任务,因此降低我们的渴望是更审慎的和不那么具有摧毁性的。我们被诱导向一种"恐惧的自由主义"求援,后者的基本目标是限制痛苦的施行。

或者要么我们追随尼采,拒绝对最大需求加上一个基本的限制:它调和了更高的渴望和**每个人**的日常实现。一旦这个普遍的要求被置之不理,那么无与伦比的精英能否要么不做出牺牲、要么愉快地接受牺牲以获得卓越就值得关注了。这种成就可能让大众负担过重的事实是无关紧要的。那些受尼采影响的内在反启蒙运动的思想家,没有很快拒绝普遍主义,但他们确实想为自我肯定那种更野蛮、更无限制的形式——而这是现代人文主义的规训所压制的——开放一些空间。

5

能满足最大需求的一种无求于外的人文主义形式能否被创制出来,这仍是一个开放的问题。但基督教信仰又如何? 它能更好地适应这种最大需求吗? 也许它看上去如此,只是因为基督教寻找人类生活的一个更加完全的转变,因此设想去转变那些甚至是目光最短浅、最自我陶醉以及最暴力的人,就成为了可能。但这个转变不能在历史中完全实现。在事物的本性中,基督教在此时此地没有给出一个能完全解决困境以及满足最大需求的全面解决和普遍安排。它只能展示一些道路,在这些道路中我们作为个人或者作为教会,会被带向国度的完美之中。

因此在我们时常所说的意义上,基督教没能真正拥有这个困境的解决方案,这里有两个理由:首先,它们所指引的方向并不能被证明是正确的;它必须以信心来领受;其次,与此有关的是,我们不能完全展示它的意义,即用一个规范或者一个完全指定的生活形式来展现它,而只能指向特定的开拓性人物以及共同体的典范式生活。

但这将困难轻描淡写了。基督教时常被看作是柏拉图主义的另一种形式,更糟糕的是它似乎给予了惩罚和牺牲一个非常重要的位置,这些看法并不是由于批评者的愚钝或其病态意志在作祟。福音信息与通过多个世代的人类历史而传承到我们手中的范畴并不适合，为了能用这些术语说得通，福音信息被反复歪曲，甚至是被它自己的支持者所歪曲。

这意味着存在一些明显错误的基督教信仰版本。但这并不是说我们能用独一正确的版本来取代它们。这些范畴——它们通过我们的历史（包括我们前轴心的宗教生活），临到我们的脑海中——对我们的控制是如此强大，以至于我们在彻底思考基督教启示的含义时会遇到困难。错误的范畴时常"自然而然地"临到我们的脑海中，因此我们带着一定程度的不清晰和混乱。这就是做神学的状况。

尽管如此，我们仍能辨别出某些误解，其中一些能或多或少地被简练地澄清；另一些则要求我们摆脱从我们早期历史的母体中传承下来的基督教信息。

一个重要的扭曲集中围绕着转变这个概念。柏拉图也许会蔑视我们对牺牲身体和日常生活的指责。他所预见的转变——通过转变你可以成为一个真正爱智慧的人——意味着原先对我们来说十分关键的东西不再起作用了。这位于一种长远转变的本性之中。抗议说我们现存的欲望会受阻是没有用的；这些都会消失，因为我们将会看到它们并不真的重要，它们并不是实现人类理念所需要的一部分，而这反过来意味着与善的观念完全的和谐。

644　　毫无疑问，任何长远的转变都有这个特征，即现在重要的目标实现以后会被背离。因此假如我们要保护"一般的感性的人"生活的价值，那么我们不得不拒绝任何此类大的转变。这就是极端启蒙运动的反柏拉图式逻辑。在谈及转变的时候，基督徒如何能不成为隐蔽的柏拉图主义者？

显而易见的是，任何允许我们的存在发生转变的伦理学观点，都会有这个特征：那些顽固不化的欲望将不再会打动转变了的人。甚至最具还原论式的理论——它认为我们的欲望是迷恋我们自身的快感（如爱尔维修，再说一次）——也会允许下面这些：更好的训练，或者对实现满足的真实条件的更好理解，将会消除我们原先拥有的兴趣，如以劫掠邻居来满足我们的需求。更为深远的转变将包含你会丧失各种欲望。

以一种基督教的视角来论证,圣徒将会丧失对我们通常所渴望的赞扬和钦佩的一种自我舒缓的敬意,或者对展示男子气概失去兴趣。柏拉图式的错误在于,在我们的欲望、尤其是身体欲望的分界线上,在我们可以丧失的欲望和对我们来说是本质性的欲望之间做了区分。(当然,《理想国》中真正的柏拉图并不建议要我们丧失这些欲望,只是说它们应该完美地驯服于理性。)相反,在基督教的视角中,爱——它最终让自我提升的满足边缘化且变得不相干——自身与一种同情必然联系在一起,后者化身为一种身体欲望。转变通过一条完全不同的轴在运作,这个轴不是身体与灵魂的对立,而是"肉身与精神"的对立,这些是相当无关的。无论是基督教还是非基督教,都时常把"肉身"当做"身体"的同义词,这一事实可以被看成是旧范畴在我们的生活和思想领域影响有多么强大的证据。这绝不仅仅是过去留下的一个弊病。你可以论证说,漠然理性的规训,在现代性中给予这种身体/心灵的分裂一股强大的力量。

另一种误解出现在牺牲范畴的周围。显然,这是一个中心范畴:耶稣放弃了生命来拯救人类。基督徒时常被号召弃绝某些重要的东西。与第一种误解相联,基督教的弃绝可以很容易滑向一种更加柏拉图式或斯多葛式的理念。我们放弃一些生活的满足,因为它们是"低级的",在最终的分析中,它们并不是人类生活所真正关注的,而只不过是通向我们真实目标的阻碍。所放弃的东西并非真正重要。但这让基督的牺牲变得没有意义。正因为人类生活如此有价值,它是上帝为我们所做计划的一部分,因此放弃这种生活就具有了一种至高无上的爱的行为的意义。苏格拉底之死和基督耶稣之死的比较可以让这一点变得更为清晰。一方面,哲学家在即将饮下毒酒时心平气和,使他的朋友确信他即将前往一个更好的地方;另一方面,基督在园中挣扎,向圣父祷告拿走这苦杯;然后他喝下这苦怀,说"愿你的旨意成就"。

这个观念似乎总是难以理解。如果繁荣的完满性出了什么问题,那么你为什么会放弃它是容易理解的。这就是不信者对基督教的弃绝的解读,即将它当做对人类实现的一个否定判断。

在这一方面,它遵循着基督教世纪以来的感觉,对人间福祉的许多方面感到不安,对它们感到不确定和矛盾。以性满足为例。几个世纪以来,中世纪教会都教导说性交基本上是为了生育后代,因此你不能全身心地享受它。改教家试图修复已婚夫妇之间的性关系,但在实践中,他们强调这必须是为了上帝的荣耀,这又等于是抑制性快感。

我并不试图居高临下地看待我们的祖先,因为我认为在生活中,试图将性满足和敬虔结合起来确实存在张力。这事实上是一个更为普遍的张力——在人类普遍繁荣和献身于上帝之间的张力——被觉察到的一个点。可以很容易理解的是,这种张力在性领域尤其明显。强烈而深刻的性满足有力地让我们专注于与配偶的交流;它强有力地让我们为私下分享的东西所占据。在这里,我们接近于我上面引用过的努斯鲍姆提出的观点。早期修士和隐修士将性弃绝看作是对上帝更广阔的爱打开大门并非毫无道理。

现在,在满足和敬虔之间存在一种张力,这并不会让我们——我们生活在一个被罪所扭曲的世界,与上帝分离的世界——感到惊讶。但我们必须避免让这种张力变成本质上互不相容。而这恰恰是两者——一方面是无求于外的人文主义,另一方面是多数保守基督教的感觉——都容易陷入的状态。第一方面认为献身于上帝必定会让人从人类实现中分心。第二方面则专注于对欲望的拒绝和限制,以至于它们很容易滑入一个关于世俗立场的镜像:追随上帝意味着拒绝你自己。

所有这些立场似乎是融贯的。张力只存在于它们之间,在它们里面却似乎不存在。但如果你认为满足和敬虔不是本质上互不相容,并且追随上帝也许时常包含了弃绝,那么你就持有了一个看上去不一致的立场,并且处于极大的张力之中。这种张力不仅仅来源于下面这个事实,即由于这些目标之一必须要屈从于另一个目标,大阵营之间时常会有争斗。它还来自将两个目标结合时遇到的真实困难,正如我在上面通过性欲所阐明的。最终,这种真实存在的张力比任何其他都更甚,它会让意识形态的两极化情况出现,虽然这种两极化肯定会加剧这种张力。

这将我们带到第三种误解,它不是特别关涉基督教,但会影响我们一般的伦理思维。我们倾向于将一些欲望看作是好的,例如对我们邻人

646

的爱,以及对他人的慷慨之情,等等;而将另外一些欲望看作是坏的,例如骄傲、暴力倾向,等等。目标必须是消除坏的欲望,支持好的欲望。正是在这种精神下,父母时常会让他们的孩子远离战争玩具,或者删改一些传统的儿童故事,后者时常带有暴力。

这也许是大部分还原论式的启蒙运动理论所看到的东西,它们的目标就是培养好的习惯,消除坏的习惯。但在任何一种允许更加深远转变的理论中,现实都是复杂的。我们所要转变的正是欲望本身。性欲需要被培养成为一种更加深刻的、更全身心参与的爱;自我肯定需要被培养成为对我们所爱之人的奉献,同情必须对我们周围真实的困境更加清醒,等等。如果这个过程甚至在我们之中任何一个人那里开始——这肯定是这些发展方向中的一种情况——那么我们的现实就是复杂的。它将不再仅仅是消除某些东西或者支持某些东西的问题。因此,给我的性生活简单地画上一个句号,这能消除坏的、自我陶醉的那些方面,但也给整个发展过程画上了句号。这个过程可以被引导、被改变、被加速,但是不能简单地被打断。用圣经的话说,麦子和稗子不可分地混合在一起,以至于不能在不损伤前者的情况下将后者拔除。[23] 这种关于人类实现的基本矛盾,除了在绝对恶的极端情况下,(这对我们来说真的可能吗?)我们必须将它们牢记于心。

在指出这三点后,我们来到了真正困难的地方。那些指控宗教拒斥人类感性生活或者使日常人类感性生活变得残缺的人,他们并不简单地只是柏拉图式幻象的一些受害者,或者是误解牺牲的本质的受害者。基督教转变从另一种观点来看同样也是一种救赎。这种救赎指向诅咒的可能性,因此指向神的惩罚的可能性。严厉的惩罚等待着那些死不悔改的人,这一想法让人们更加认可将宗教视为否定和谴责日常人类实现。为了看得更清楚一些,我们要回过头去看看一个黑暗的过程,在这个过程中,基督教启示得以出现,并且部分地拒斥了对牺牲和神圣暴力的早先理解。

(A) 在某种意义上,这种指控似乎是不可否认的。在我们眼力所及,我们可以看到宗教时常以这样或那样的形式包含着牺牲。我们需要

放弃一些东西；它可以安抚上帝，或喂养上帝，或得到他的青睐。但这种
要求同样也可以被精神化或道德化：我们是极端地不完美，达不到上帝
所要求的。因此我们需要牺牲坏的部分；或者在对坏的部分的惩罚中，
牺牲某些东西。

　　一种无价值的感觉在这里起着重要作用。但人类总是处在毁灭性
力量的威胁之下。存在猛烈的飓风、地震、饥荒、洪水。在人类事务中也
同样存在野蛮的、毁灭性的人和行动：入侵、洗劫、征服、屠杀。也许我们
会感受到最终的熵的威胁。

　　也许这些力量通过被归入厄运的可怕要求——这些命运是我们的，
要么因为我们亏欠了神灵，要么因为我们自身的不完美——之下而被赋
予了一种意义。这种解释与尼采式的观念相符，即我们想要赋予痛苦一
种意义，以使得痛苦变得可以忍受。但我们从不同的方面也同样能看
到：缺乏感，不足感，是原始性的；我们需要赋予它一种形式。并不是先
受苦，然后我们为之寻找一种意义，因此受苦成为一种惩罚；而是首先应
受惩罚（或者不足感），因此我们寻找不同模式的受苦，使得这种惩罚得
以成形，或者是一种我们如何能弥补它的感觉。因此我们的惩罚就与这
种受苦相等同了。以这种方式，自然的毁灭性力量被看作是狂野的，充
满了毁灭精神。

　　宗教因而可以意味着我们认同这些要求/命运。因此我们把毁灭看
作同样是神圣的，正如迦梨-湿婆（Kali-Shiva）所示。并且当你认同于它
的时候，你就放弃了所有被毁灭的东西，净化了你自己。野蛮的毁灭被
赋予了一种意义和意图。在某种意义上它被驯化了，在某种方式上它变
得不再那么可怕，即使它部分地具有超自然的恐怖。

　　当然这还包含了屈服于一种外在的更高的意志、意图或者要求；它
要求去中心化。但也存在一种处理暴力、毁灭以及它们在我们心中激起
的可怕恐惧的方式，这赋予我们一种权力感、一切在掌控之中的感觉。
这是武士伦理的核心部分。我们降服了毁灭的恐惧；我们接受了暴力死
亡的可能性。我们把自己看作早已被宣判死亡的人：我们是"休假的死
人"（dead men on leave）。想一想以骷髅命名一个军团所具有的象征意

义：普鲁士军队的"骷髅图腾营"（Totenkopf）。

因此我们生活在暴力元素中，但是我们作为纯粹的能动者像国王那样无惧，处理死亡；我们是死亡的统治者。原先恐怖的东西现在变得令人激动和欣喜；我们处在一定的高度。它给予我们的生活一种意义。这就是超越所指的意思。

有一种处理恐惧的方法能让暴力狂潮平静下来，它要么剥夺暴力的超自然力量，要么通过将它等同于某种更高的此类力量，这种力量最终是善意的。其他一些则保留了暴力的超自然力量，但逆转了恐惧的领域；原先让我们退缩的东西，现在让我们感到兴奋；现在我们靠它生活，通过它超越正常的界限。这就是赋予战争的狂怒、狂暴的愤怒以生命力的东西，它让我们在日常生活中不可想象的使用武器的技艺成为可能。

还存在一些结合这两种反应的方法，正如在一些人祭文化中那样。一方面，我们顺从于神灵，向他献上我们的鲜血；但献祭者同样成为暴力的执行者；他们不是通过屈服于暴力来执行暴力；他们行走于血泊之中，但现在带有神圣的意图。因为它结合了两种策略来处理这种恐惧，没有什么能比一场神圣的大屠杀更令人满足的了。勒内·吉拉德研究了这个宗教和暴力相遇的领域。[24]

因此宗教很早就与牺牲和损毁相关联；这种关联是通过将我们本质中的某种东西奉献给上帝的义务感、尤其是我们的不完美来达成的，也是通过我们处理由暴力和毁灭在我们心中引起的内在恐惧的策略而达成的，这种策略包括将它们等同于神圣的，或是将它们的超自然力量内在化，或是两者兼而有之。

但还存在一种反向运动，它试图去切断或至少是净化这种关联。古犹太教开始批判这种对我们的神圣强索。有一些假神；它们的强索完全是一种带有暴力的抢劫，正如向巴力（Baal）献祭一样。这并不是上帝想要的，正如他在摩利亚山对亚伯拉罕的指示。

这种批判可以适用于非精神化、非道德化形式的牺牲，在其中我们只需要安抚神祇或神灵。但基督教传统保留了各种各样的精神化形式，在其中，牺牲是通向完美之路的一部分，或者是我们对上帝自我倒空的

648

回应。我们可以成为"天国的阉人"。然而在后来，这些道路中的某些也被指控为虚假，正如宗教改革对天主教"更高的"弃绝式天职的谴责所显示的。

　　如同我们在上面看到的，现代基督教中的人类中心主义转向，以及由此产生的不信，都把这条批判路线越推越远。它描绘了基督教信仰的旧形式，并且最终是宗教本身，作为一种错误的精神完美主义，牺牲了真实的、健康的、逼真的、亲爱的人类，他们在假神的祭坛上享受它们的正常实现。所有的宗教说到底都是从被杀之物的脑壳中吮血的摩洛神（Moloch）。[25]旧约中对腓尼基异教崇拜的批判，现在被延伸到对超越者本身的信仰的批判。

　　在这点上，任何超越了无求于外的人文主义的东西都可以成为这种批判的靶子，正如我们在努斯鲍姆和其他人对超越性的批判中所看到的。

　　这里的滑落——它将我们完全带离信仰——也许可以这样理解：基
649　督教启示的一个核心组成部分就是，上帝不仅仅愿意赐给我们恩惠（一种包括了人间福祉的恩惠），而且愿意让他儿子道成肉身和受难来确保这恩惠。现在，这一组成部分越来越以这样一种方式被解读，在其中，牺牲以及上帝所定的受难越来越受到排斥，以至于关于上帝牺牲和受难的核心信念变得似乎站不住脚了。

　　如果上帝愿意赐给我们的恩惠，不仅仅包含了人间福祉，而且完全由人间福祉组成，那么牺牲人间福祉的某些部分以服侍上帝有什么意义呢？牺牲和宗教之间的纽带被切断了。传统敬虔的基督教其他流派，它们将世界中的暴力和毁灭看作是最终达成神圣计划的一部分，或将它们内在化为暴怒的力量，这些流派就近乎难以理解了。

　　内在化是不可能的，因为在现代道德秩序中的人间福祉的观念，是不可能为暴力和愤怒留下地盘的，只会为和平的互利留下位置。确实，这种文明秩序的准则包含了对这种暴力的压制和边缘化，以及最重要的，否认它具有任何超自然的力量。它更是被降低到了病态的层面，正如我们上面看到的。

　　但同样也没有神圣暴力,以及作为达成了的神圣计划一部分的毁灭和受苦的位置。一个除了我们的人间福祉之外没有其他旨意的上帝,不想给这种繁荣造成损失。这没有任何意义。如果有什么旨意的话,上帝一定与我们站在一边,去压制暴力和将人类暴力去神圣化。他本身怎么可能赋予暴力正面意义?假定上面两种策略相互交织,毁灭感源自上帝准许我们作为上帝的代理人快乐地参与到神圣屠杀之中,那么对人类暴力的否认似乎需要对神圣毁灭的拒斥。

　　因此在这个我们保留了任何精神性观念的人类中心主义思潮中,它必然是完全建构性的和正面的。它不会容纳迦梨,并且越来越不允许一个会惩罚的上帝。上帝的愤怒消失了,只剩下他的爱。

　　在旧观点看来,愤怒必须是一揽子计划的一部分。拯救的意义与我们的堕落败坏是分不开的。这反过来与应受惩罚也是分不开的;我们必须受到应有的惩罚。上帝把这一点归因于他的尊荣,正如我们在先前看到的(第六章)。因此一些人在地狱中受尽煎熬;另一些人则被拯救,只因为基督已经为他们"赎罪"。它位于对赎罪的司法-惩罚模式理解的中心。

　　但在人类中心主义思潮中,这不再具有意义,它确实显得很怪异。的确,我上面称之为"自然神论"思想的早先阶段,保留了死后的奖惩观念。正如我们看到的,在洛克那里,这作为让我们站在通往我们自身益处的道路上的一种帮助措施是说得通的。但随着我们需要这类外在支撑的 650 感觉逐渐变弱,为作为惩罚或教育的神圣暴力做辩护的最后一个理由也消失了。

　　因此,对于旧神学那些为了要么作为惩罚、要么作为审判的神圣暴力提供地盘的所有维度,存在一种尤为猛烈的攻击。这就是显著的现代现象,被称之为"地狱的没落"。

　　对基督受苦和牺牲的爱及感激之情,对一些人来说,很长时间以来并且以后也将是基督教敬虔和奉献的核心,但现在对大部分人来说,这看起来是难以理解的,或者甚至是令人厌恶和恐惧的。庆祝像钉十字架这样可怕的暴力行为,让这种行为成为你信仰的核心,你肯定是生病了;

你肯定扭曲地陷入自我损毁，因为它平息了你的自我仇恨，或者它平息了你对健康的自我肯定的恐惧。你提升了自我惩罚，而后者是自由的人文主义想要当做病态驱逐到超自然领域之中的。这就是你今天时常会听到的。[26]

当然，十字架事件到今天也不能被排除在故事之外；但它只能是不幸之事，而不是重点。这与在人类中心主义思潮中发生的、赋予基督生活意义的整体转变相符：重要的不是他所**做**的（赎罪、战胜死亡、掳掠了仇敌），而是他所**说**或者所**教导**的。这种向神体一位论的滑落，进而变成一种基督可以成为一位"先知"的人文主义，属于在耶稣生命重心的中央发生的巨大转换。

当然，我们在这么做的时候放弃了一种古老的尝试，即通过将对暴力和毁灭的超自然共鸣的恐惧和不安置于神圣计划之中，来处理这种恐惧和不安。这里有一个代价。由人类、尤其是在超越的理念名义下强加的苦难，将会拥有一种意义：它是一种否定的东西，某种我们需要奋力去摆脱的东西。但外来的苦难将是没有意义的。我们无法在不回到过去那种把苦难看作是正确的和必要的——苦难被施于我们是为了试探、惩罚或者提升我们——观点的情况下，去承认它具有意义。

这就是现代如此关注意义问题的原因之一，我们下面会讨论到。这也给了我们关于下面这个问题的部分解释，即为什么在这个人类中心主义转向的时代中，神正论会拥有如此巨大的重要性。

存在一个明显的关联，这个关联可以这么陈述：过去所有被当作神圣暴力赋予意义和旨意的苦难，现在都向上帝提出一个问题；确实是这样，这是针对于任何神灵来说的，但尤其针对一个把人间福祉当作他主要旨意的神灵。但我们也可以以其他方式来看待这个关联。旧观点将毁灭和暴力看作是我们世界和境况的一个不可消除的部分。神圣计划赋予它一些意义，以及一些超越它的最终道路，这个事实是感恩的充分基础。我们的新立场允许我们设想一个没有暴力和痛苦的世界，至少它是一个可设想的长期目标。我们面对的毁灭性力量只不过是通向这个目标道路上的阻碍而已。我们可以合法地向上帝提问，如果上帝为我们

651

寻求的也是这个目标,那么为什么毁灭性力量起初会在那里。

我们可以以第三种方式来表达这些,它将与先前章节的讨论联系起来。旧立场从我们的有限性和脆弱性的境况中去把握世界。但要设想它如何能被全面地改革,需要我们站在它的外面,将它看作一个体系,以一幅画面或者"世界图像"的方式呈现于我们眼前,然后我们才能计划各种转变。从这个立场来看,如果我们承认上帝,神正论根本不会出现。

现在,我把不信的思想描述为某种处于一种张力或困境之中的东西,它被推向一种人文主义的计划,这种计划倾向于将阻挡它实现的障碍看作是病态的,尽管它反复提及对这种还原论立场的厌恶,并产生了我称之为内在反叛的东西。

但人类中心主义的转向同样也将基督教信仰置于某种困境之中,这与那些不信的想法有一些联系或者相似。一方面,在没有牺牲、没有赋予苦难正面意义的可能性的情况下,基督教是不可想象的。另一方面,十字架事件不能仅仅被看作是有价值的教导生涯的可悲副产品而置于一旁。

当然,这是对的。但回答得是不是太简单了?且请废除人类中心主义的转向;重新相信,在我们现有境况所能掌控的最好的人间福祉之上,上帝还有一个对我们的旨意;重新相信,我们是堕落的存在,但可以被提升。

这确实是答案的一个部分。但这并不是说我们的目标仅仅是回到原初的自然神论的状态。首先,基督教信仰,至少在拉丁基督教中,对我称之为极端奥古斯丁主义的司法-惩罚模式寄望过高。

回想一下我在这里试图去概述的:至少存在基督教信仰所倚赖的两个关键奥秘:其中一个是为什么我们被恶所支配,为什么我们不能在某种程度上克服这种状况,并成为我们知道我们被创造出来要去成为的那类存在物;另一方面则是基督的牺牲如何突破这种无助,打开一条出路。在西方,第一种现象要以原罪概念来理解。第二种现象被称之为赎罪,几个世纪以来在拉丁基督教世界占主导地位的理解是将它置于一种特殊的司法-惩罚模式之中:在罪中,我们应受惩罚,因此失去了上帝。我们不得不偿还极大的罪债。上帝透过他的独生子，为我们赎罪，从而为我们中的大部分人打开了回归之门。

652　你可能会认为，一种警觉的基督教信仰会认识到我们永远不能探测这些奥秘，也即任何想通过某些特殊概念集——例如"原罪"、"偿还罪债"或者"给予满足"[27]——来解释它们的尝试，都只是接近它们，但在某些点上是有问题的，我们必须不惜任何代价来避免鲁莽地将这些概念的逻辑推向它们最终的结论，无论多么悖谬或者令人厌恶。

在思考信仰的奥秘时，在某种意义上我们是与许多不同的意象一同运作。像许多意象或者隐喻那样，它们显示了某些重要之物，但这些类比无法在不被曲解的情况下无限制地生搬硬套。因此司法-惩罚故事没有抓住我们的错误。但还存在另一幅甚至典范性的关于救赎的意象，在其中救赎者将被囚者从囹圄中赎出。不同于司法-惩罚模式，不能说这里的偿还是某人应得的，肯定不属于抓捕者；保护费不是"欠"黑手党的。正如司法隐喻以及它关于罪债的中心比喻，不能推到极至而不使（更中心的）救赎隐喻变得无效。这么做就是忘了，虽然每个意象都添加了某些东西，但只有通过这些意象的一个整体范围，我们才能远远地希望能够捕捉到上帝在世界中的某些作为。

相似的论点可以适用于上帝的愤怒。当我们犯罪时，我们激起了上帝的愤怒。这确实说明了一些罪将我们与上帝隔开的重要方式，以及造成这种可怕状况我们所承担的责任。但一个人不能将这个愤怒意象的逻辑推到它所有的结果。当我因为你对我做的事而对你发怒时，我想惩罚你，甚至是砍了你，再也不与你来往。当我把这些应用于上帝时，我们跨越了一条线，而这使得由其他意象和故事所承载的关键的基督教教义变得没有意义，尤其是浪子的故事。[28]

但这种限制需要一种理智上的谦卑，在拉丁基督教中这种谦卑很少有，而是一幅将自己完全地、几乎是着迷地等同于某些他们最喜爱的方案的场景，它趋向于得出狂野的或令人厌恶的结果，为残忍的分裂做辩护。你可以想象加尔文关于双重预定论的可怕教条，但天主教那一方与这种下定义的傲慢之情也相去不远。

一般来说,两方都来源于它们那共同的极端奥古斯丁主义的根源,或它们都同意人类大部分被诅咒。传教士们在征服拉丁美洲后觉得他们不得不告诉他们的新皈依者说,后者的祖先们被永远排除在上帝的拯救之外。你可以不断列举下去。我们有充分的理由认为,极端奥古斯丁主义框架的这些后果,对于早先时代的良心来说是令人厌恶的,并且当人类中心主义的转向聚集力量时,这些后果还促使很多人脱离信仰,进入到无求于外的人文主义之中。

现在,我认识到当今许多信仰者仍然想要肯定完整的极端奥古斯丁 653 主义的一揽子计划,例如保守的天主教徒以及某些基要主义的新教徒。但还有一个更广泛的基督教信仰和情感的频段,在其中,"地狱的没落"是一个积极的教义变化。对那些简单地回归到原初状态的自然神论立场中的人来说,这是没有什么问题的。

如果我从自身的立场,也即这种宗教理解之外来谈论,那么这个现代转向还带来了一些积极的好处;也就是说,它让我们对第一种奥秘(原罪)的观点摆脱过分的人类堕落感;并且让我们远离赎罪的司法-惩罚观点。

但在更基本的层面上发生了一个改变。我们的极端奥古斯丁主义的前辈属于一种宗教文化——在这种文化中为苦难和毁灭寻找神圣意义是很正常的——的一部分。所有先前的人类文化都这么做,并且以其他形式来理解/经验这个世界似乎是难以设想的。现代性的断裂意味着这种理解不再被视为理所当然的。

我的意思有两层:不仅仅存在一些可选项,它们使我们将降临到我们身上的危险和不幸理解为纯粹是偶然的,而在过去只有一小部分人这么想(例如,伊壁鸠鲁主义者以及其他一些哲学家)。而且还产生这样的问题,即以神圣暴力的方式去解读是不是一种危险的诱惑?

在上面我提到了一些过于人性化的倾向,它会将神圣暴力殖民化为我们自己的东西。如果这样一种征服是上帝对我们的罪的惩罚,那么我们就近乎赋予征服者一个神圣的使命。如果上帝的愤怒的工具是一些外来者,例如入侵基督教王国的蒙古人和土耳其人,那么这就没有什么威胁。但对于那些在内部与异教徒斗争、压制异端、惩罚违法者的人来说，他们也会开始认为自己拥有神圣的命令。上帝的暴力可以很容易地被武士文化所盗用，这种文化将超自然的暴力内在化。

被剥夺神圣暴力同样是一种排除的机制。我们站在上帝这一边，而根据定义，异教徒、异端、做错事者、我们社团的对手则不是。我们荒谬至极，像是在第一次世界大战中基督教欧洲的最后一次伟大动乱，双方都自信地将上帝纳为它们的支持者。由于我们征服了对手，我们离一种精神性诱惑——即认为我们是正确的和蒙恩的——就不远了。

也许，在对神圣暴力的批评上，现代转向是正确的，这种批评开始于圣经中对向巴力献祭的拒绝，一直到挑战这个概念本身。也许在所有将苦难视作神圣的解释学中，都存在一种深刻的错误。也许我们在这里寻找意义本身就是错误的。

654　　但对于一个基督徒来说，基督受难确实具有意义，但这种意义能扩展到殉道者和圣徒那里吗？是的，但在传统观点看来，这种意义与已经存在的意义框架相符合，在这种框架中，苦难被看作是惩罚或教育，其性质由基督的牺牲获得了改变。

我们可以从一个极为不同的地方开始，把苦难和毁灭时常看作是它们自身缺乏意义，将基督在苦难面前的舍己看作是由上帝开启的一项新的主动行动，借由它，上帝和人类之间的裂痕得到修补，因此这并不是一个回顾性的或者已经建立的意义，而是一个变革的意义。

我们从一个事实开始，即人类对上帝的抵挡，对上帝封闭，上帝却能治愈这些抵挡的所有后果，这些后果我们称之为罪。这是第一个奥秘。在完全的脆弱性中，在抵挡的中心，上帝主动进入到我们人类中间，提供一种参与神圣生活的方式。这种抵挡的本质就是，这种主动牺牲激起了更加暴力的反对，不是一种神圣暴力，而是一种反神圣暴力。

现在，基督对这种抵挡的应对不是去对抗抵挡，而是继续展示爱和牺牲。这种爱可以深入到事物内部，甚至会为抵挡者打开一扇门。这是第二个奥秘。通过这种爱的服从，暴力被转变了方向，它不再引起无止境的螺旋式的反暴力，暴力被转变了。一条道路向非暴力敞开，它是无限的自我奉献，完全的行动和无限的开放。

在这个主动行动，即这苦难无法理解的医治力的基础上，人类的苦难——即便是最没有意义的苦难——与基督的行为相联系成为可能，并且成为人类与上帝重建关系的所在，一种可以治愈世界的行为。通过被献给上帝，苦难被赋予一种变革的意义。

灾难从而可以成为一个天意故事的一部分，以某种方式被回应；它的意义不在它的先行事件那里，而在由它所得出的结果那里；正如堕落的终极意义在于道成肉身，即上帝对堕落的回应（它那悖论式的描述"蒙福的过失"［felix culpa］）。无论是里斯本大地震，还是节礼日海啸，无论是二战，还是广岛核爆炸，都可以被理解为是对它们的先行事件的惩罚；即便人类处在最糟糕的不幸之中，上帝仍然坚定地不放弃人类，通过这些，上面这些事件被赋予了意义。

这类现代基督教意识中之所以存在张力、尴尬、有时甚至是困境，是因为现代基督教意识试图将关于罪和救赎的信仰的核心真理，与它们熟悉的拉丁基督教背景、极端奥古斯丁主义的司法-惩罚理解、把神圣暴力和苦难当作是一种惩罚或者教育的解释学分离开来。一方面，许多人认为这难以置信，或者说很难与他们关于上帝的感知相一致；另一方面，关于信仰的许多官方表达都与它们密切相关，并且它们对我们想象力的控制也十分强大。

我们的罪在于，我们抵制了上帝主动使受苦具有修复意义的行动。我们被上帝深深地吸引，但我们同样也能感觉到，追随上帝会如何让那些形式——承认它们使生活对我们来说变得可以忍受——变得混乱和变形。我们通常以恐惧、惊慌、敌意来应对。我们与自身处于战争状态，并且以不同形式来应对这种内在冲突，最终我们与每个人都处于战争状态。因此，毋庸置疑，罪的结果是许多的痛苦。但这决不是根据应得来分配。许多相对来说无罪的人被这种痛苦所吞噬，而一些恶劣的违法者则不费力地逃脱了这种痛苦。对所有这些的适当反应，不应该是回忆性的簿记，而是让自己能够回应上帝的行动。

但如果这就是罪的意义，那么你可能会同情对宗教——这些宗教专注于人类本性中的作恶倾向以及对弃绝和牺牲的需求——的许多现代批判。这不是因为人类事实上是类似天使的，或者牺牲没有意义。而是因为，专注于人类能变得多坏——即使它拒斥了世俗人文主义者过于乐观的看法以及他们对人类可塑性和治疗法的倚赖——只会强化厌恶人类的情绪，它肯定不能使你更接近上帝；提议让他们自己牺牲或者弃绝会将你带离关键点，即追随上帝的主动计划。我们明白，在这个计划的特许行为中可以涉及到牺牲，但弃绝不是它的目标。确实，关注于弃绝常常对上面提到的第二种误解是有帮助的，即将弃绝解读为放弃丝毫没有价值的东西。

但与此同时，这种基督教意识不会追随无求于外的人文主义将人间福祉作为自身唯一目标。如果你可以修补与上帝之间的裂痕，那么放弃人间福祉就具有意义。

现在这种理解因为上面提到的第二种和第三种误解而很难被坚持。弃绝不知不觉地就会在对我们实际上并不需要的坏事物的清洗中寻找它的意义；位于通向更深层转变道路上的我们的生活，就会失去它的矛盾之处，并且整齐地被划为好的部分和坏的部分，后者当然是要被"弃绝"的。正如我在上面所描述的，我们的生活在位于通向上帝的成长和对长期存在的更狭隘的习惯和形式的坚持之间存在真实的生存张力，它可以轻易地被两极化为好的部分和坏的部分，并在一张可行的和不可行的计划表上被罗列出来。

因此这种现代基督教意识就存在于一种张力之中，也许有时感到它类似于一个处在现代人文主义发展中所得出的结论和它对基督教信仰的核心奥秘的依恋之间的困境。它认可地狱的没落、对赎罪的司法-惩罚模式的拒绝、对神圣暴力的任何解释学的拒绝，并且承认人间福祉的全面价值。但它不能接受内在性中的自我封闭，并且意识到上帝已经在基督的生与死中赋予苦难和死亡以一种新的转化意义。上帝的主动计划赋予了弃绝一种新的意义，它必须在超越宗教反人文主义变形了的外壳之上得到修复。

上帝的愤怒——在司法-惩罚模式中，它被解读为对冒犯上帝的"荣耀"适当的回应——现在被视作一个伴随物,它与对上帝之爱的拒绝是不可分割的,这最终是罪人之间的孤立和分离。地狱——与上帝的最终分离——对人类自由来说必须仍是一种可能性,但所有自以为是地认为它有人居住的确信都必须被抛弃。

这是一个困难的立场,不仅仅由于社会学的原因,即它跨越了信与不信之间的战线;而且还由于更深的存在论的原因,即在我们的生活中,自我满足和对上帝献身之间存在的张力远未得到解决。[29] 在一个人的生活中,展示他所宣称的人性和神性之间的相容性是极其困难的。一个人在特殊的个体身上看到了这种生活,但这并不能轻易就被折射入别人能看到的他自己的生活中。战线两边的辩论家发现,凭借他们那片面的看法更容易存活下来,或者也许更尖锐地说,他们向自己隐藏了他们的存在与他们思想上所宣称的东西之间的冲突有多么严重。

现代基督教意识所信奉的相容性并非一项成就,而是在上帝的计划中、在他也会造成的转变中的一种信心的行为。对一些人来说,这是本质性的弱点,但对它的支持者来说,这是最终使它变得可信的东西。

III. 暴力之源

6

(B) 因此,信仰者的困境与不信者的困境——它们存在于这个领域中——有一些相似。在上面,我们看到无求于外的人文主义如何倾向于拒绝对超越性的渴望;但它完全无视这种渴望遇到了困难,正如努斯鲍姆在定义"内在超越性"时所做的有问题的尝试。现在我们可以看到,现代信仰如何以自身的方式去觉察位于人间福祉和上帝要求之间的相似的张力。

在其他的张力位置是否存在类似的相似呢,例如在和平的道德秩序和侵犯性的自我肯定,和摆脱规训的狭隘限制的欲望,甚至是和对暴力之爱和狂野的性放纵之间?有一种倾向,它试图将所有对和平秩序的阻碍归为病态或原始的不发达,并且认为通过治疗和调节后,它们就是可

657

有可无的,这种倾向激起了一种反应,就是我上面所描述的对不信的内在反抗。对我们存在的狂野面向的否认,被尼采以及其他人看作是一种策略,它与对感官享受的基督教式的批判如出一辙。它们都是以奴隶道德为名的自残。

乍一看,似乎在基督教那边不会出现类似的问题。而这也就是为什么尼采和无求于外的人文主义者一直声称,根据"原罪"学说,基督徒有资源宣称许多"正常"人类生活的普遍倾向是堕落的。对感官享受的批判也同样适用于暴力。以我们不能自残为由,为我们的侵犯本能辩护,将是无效的。

但一种现代基督教意识不再如此迅速地以贴上"堕落"标签来解决它的问题。它意识到(堕落)本质和上帝要求之间的张力,但同时它也看到,人类的自我肯定是如何密不可分地与它的扭曲形式交织在一起,或者用圣经的图像来描绘,麦子和稗子如何直到收割时还混在一起,以及到达这种收割需要多么长的过程。因此,这种意识能在这里觉察到一个困难,这个困难类似于不信者所察觉到的困难。由于这种复杂的纠缠,通往上帝的脚步和对上帝的抵制通常是难解难分的。

问题在于,如何理解某些强有力的甚至有时是疯狂的欲望:狂野的性欲、狂暴之怒、对好战和屠杀的热爱?当我们体验到这些时,我们就像狂野的野兽。这些欲望不仅令人深感不安,而且还是毁灭性的。它们妨碍着慈善、伤痛的愈合、和平、良善,以及长久的爱、忠诚、抚育孩子、关怀,当然也包括神圣。

如何理解这种反对? 尤其是它狂野的一面?

至少在我们已知的文化中,这个狂野的一面似乎在男人、尤其是年轻男人那里十分强大。你可以从民兵组织、战斗团体、游击队以及诸如此类的东西对他们的吸引力中看出这一点。我们同时也能注意到这种准组织化团体的一种倾向,即它容易转向强奸、劫掠、屠杀。这看上去很有吸引力,就像是自信的一种强有力的形式,是对男子气概的崇拜。

我们认为,它们正是宗教的对立面。对于"高级的"宗教来说,这是正确的。但暴力,以及有时候是性欲,通常在许多"原始"宗教那里为自己取得一席之地，并不仅限于此；正如我在与前轴心时代的宗教相关的上一章中所说的。

这是什么原因造成的？在我们的文化中，一条通常的路径就是漠然的、客观化的"科学"路径。暴力倾向，可以用生物学或进化论的术语来理解。它以某种方式"注入了"我们。

我们能以生物学的术语来理解暴力吗？或我们必须求助于元生物学的术语？我这里"元"的意义，是它在形而上使用中的原始意义，即物理学"之后"或者"之上"。在此生物学上的"元"是什么意思呢？我们可以这么说："生物学的"意味着我们与其他动物都享有的东西，即我们需要食物、住所、性；以及其他一些只有我们才寻求的东西，但它们满足的需求类似于其他东西对其他动物的功用：例如保暖的衣物。当我们提到对意义的需求时，我们就进入了元生物学的领域。在此，我们再也不能用与动物类似的生物学术语来讲清楚这些东西，也不能用这些术语说明白何种事物会满足这种需求，如目的感，某种生活的重要性或价值，诸如此类。

我们对性和暴力都有社会生物学的解释。我们可以设想，我们的祖先不得不发展他们侵犯的习性，因为要么杀光所有入侵他们部落的外来者，否则就不能生存下来；正如我们拥有的对一夫一妻配偶制的解释，它让更多的后代得以存活下来。也许我们会认为这解释了当今的现象，例如对战争的民族主义动员，它证明了残酷攻击敌人的合法性；或者爱和婚姻在所有人类社会中的重要性。我们的进化史对了解我们今天是什么样子做出了一些贡献，在某种意义上这是正确的。社会生物学的问题在于它能解释多少。

即便社会生物学家也一定意识到，我们已经围绕爱和战争创建了一个精心的元生物学母体；我们拥有真实的、深刻的爱的观念；或正义战争的观念。问题在于：对于我们在这些领域之中的行为，这些自我理解的母体果真能解释一些重要的东西吗？尤其是，这些母体是文化性的；它们会在社会和社会之间变化。为了理解我们为什么会这么做和我们正在做什么,理解这些变项是至关重要的吗? 或者说,我们在这些领域中行为的主要特征,用我们共同的进化遗传的术语可以得到充足的解释吗?

没有人会否认这一点,即这些变化着的文化母体对于理解不同社会的道德和宗教观点是至关重要的。每种文化都努力控制性和暴力那种强大的破坏性力量,为了理解这些控制的方式,也许我们不得不进入到元生物学的层面。但这些力量本身也许可以用纯粹的生物学术语来理解。这种划分领域的方法轻易地赞同了作为一种"返祖"现象的绝对暴力概念;文化在进化,带来了关于道德行为的越来越高的标准。我们现在活在人权的观念中,且部分地倚靠它,现在的人权观念是严格的,这种严格是先前文化中的人权观念完全不能相比的;但旧的推动力仍在潜伏,它等待着允许它破茧而出的特定极端状况。我们甚至可以对这种状况加以一种弗洛伊德式的扭曲:文明的进步带来了更严厉的标准,这些标准对暴力行为下了一道更沉重的禁令。原先的发泄口,例如狂欢节、暴乱、公共的仪式化的处决、斗牛、猎狐以及其他一些我们认为野蛮的东西,现在都处于禁令之下。在绝对暴力的爆发最后得到允许时,这些禁令为这些暴力增加了释放的感觉和刺激的浪潮。

在这种对劳动力的解释性区分中,我们可以在一种纯生物学的层面上思考对暴力本身的解释,把它当做即便随着文化"进步",在人类生活中还是大致保持不变的东西。我们注意到男人,尤其是年轻男人,通常是罪犯,这可以指引我们作出一种荷尔蒙的解释。所有这些是否都涉及到睾酮? 但这种解释看似非常不充分。这不是说身体化学不是一个关键因素,但它从不仅仅通过人类生活来运作,只有通过事物对我们的意义,它才能运作。荷尔蒙的解释不能告诉我们为什么人类易受某些意义的影响。它最多能解释暴力的原始事实,例如何时我们会冲突;例如为什么男人比女人在关系中更暴力。但甚至这也是有疑问的,因为像詹姆斯·吉立甘(James Gilligan)等人有一些发现,在个人的暴力中,屈辱是一个重要的决定因素。[30]

当我们论及绝对暴力时,我们可以看到,元生物学因素时常扮演一个关键性角色。确实，年轻男人时常被它影响；但我们同样也看到，当他们处于失业状态，四处游荡，在自己身上看不到有意义的未来时，他们更容易被拖向绝对暴力，正如巴勒斯坦难民营中的年轻男子。他们的生活镶嵌在意义母体之中，后者为他们提供充满活力的目的感，而这可以激励他们并让他们的生活具有意义。此外，正是这些母体指明了谁是同伴，谁是敌人。

还存在某种东西，它有时被婉转地称为时常伴随着这种暴力的"过度"（excess）。这可以给予罪犯一种"快感"，这种快感会允许并且诱惑我们超越所有可允许的界限。正如一个有洞察力的观察者在最近一本书中写道的：

> 凌驾于他人生命之上的像神一般的权力和战争的鸦片结合在一起，如性爱之癫狂，让我们感觉控制着我们的身体。杀戮让我们之中的黑色暗流得到释放，让我们将自己视作亵渎的，并鞭打自己进入毁灭的狂欢之中。死亡，它在和平时期得到尊重，在战时则被滥用。它们成为行为艺术的一部分。尸体被钉在波斯尼亚谷仓的大门上，被斩首，或者像丢弃的衣服那样垂挂着。它们像垃圾那样被倾倒入河中，在家中被活活烧死，被赶入大仓库中后遭到射杀，尸体变得残缺不全，或被弃之路旁。在大街上，孩子们走过尸体，朝着它们咧嘴大笑，然后自顾行路。[31]

660

对这种野蛮行径的爆发，我们倾向于解释说，它们是返回到早期不那么文明的时代。我相信，这是一个危险的幻象。但即便这是正确的，也不意味着这里的古老可以用生物学而不是文化的术语来解释。

对于这里的快感，我们往往解释说，这些底层的推动力受到严格控制，并在现代文明中受到压制，因此当我们允许它们释放的时候，它们的突然释放就会展现出巨大的能量。并且如果我们注意到，暴力的释放同样可以是一剂催情药，一种不受束缚的性欲，它会给罪犯一种情欲的氛围，那么上面的观点就会得到加强。[32]

但即使我们返回到"野蛮"时代,返回到现代文明许多沉重的禁令之前,我们仍然可以发现,从最早时代开始,这两种推动力就与元生物学意义紧密地纠缠在一起。正如我在先前章节提到的,通过神圣婚姻或者寺庙卖淫之类的仪式,性欲与神圣相互联系。以战争形式出现的绝对暴力,深深扎根在人类历史之中。基根(Keegan)论证到,绝对暴力最初也主要是仪式化的。[33]这限制了破坏。(讽刺的是,由于"理性的"行为,"发展"意味着更大的毁灭。)此后,就有关于人类牺牲的丰富多彩的历史。

因此,不只是我们控制不受束缚的性欲和暴力的努力需要用元生物学术语去理解;而且这些"推动力"本身也需要通过意义母体来理解,这个母体让这些推动力得以在我们生活中成形。事实上,我们很容易就能从宗教和暴力的历史性交织中推论出这一点,在第五节中我简要地对此进行了回顾。

❧ 7 ❧

显然,基督教需要某种对我们暴力冲动的元生物学解释。意义易受不同解释的影响,因此会带来方向上的转变,基因的固有倾向则不易发生这种转变。但这并不是说,这类解释必须支持基督教的转变观念。我们必须牢记这(至少)是一个三角式的争论。存在一些受到尼采启发的关于暴力之意义的解释,在它们想要恢复通向暴力、毁灭和狂欢性欲的冲动这一点上,这些解释是内在地反启蒙运动的。

如果我们不接受某些此类解释,那么我们对在这个领域中发生的争661 论的整体理解就会受到删节。我想简要地提及两种解释,它们受到尼采的影响,想要坚持一种普遍主义视角,并避免将"太人性的"大众降级到一个更低的范畴之中。

第一个是乔治·巴塔耶。我对他观点的解释,主要来自他的《宗教理论》。[34]

动物生活在与它们的世界无界限的连续性中。在巴塔耶的意义上,人类有能力区分对象并将它们辨识为"物"（choses）。首先，他们辨识出工具性的对象。它们持续存在着，独自一旁或互相影响，但不会在无界限的连续性中互相融合。

人类世界就由这些持存之物组成，确实，我们工具性行为的目的就是让它持续下去。在这个秩序之中，我们自身的死亡没有一席之地，除了被尽可能地延缓以外。

但我们是有生命的存在，并且感觉到了连续性。在我们和动物都享有的连续性中，死亡是生活的一部分。作为有生命的存在，我们渴望活在连续性中，这就是巴塔耶称之为"亲密性"的东西。它拖拽着我们。但对于处在一个稳定的事物秩序之中的人来说，这种连续性是一种威胁，最终会中断的威胁，它最坏的形式就是死亡。基于同样的理由，它也是人类生活中的神圣所在，它吸引人并使人迷恋，但同时也引起恐惧：亲密性是圣洁的、神圣的，并且弥漫着焦虑。[35]

同样，我们对死亡有一种矛盾的情感：它既是我们所努力抵挡的我们持存世界里的断裂，另一方面也让我们突破物的世界，进入连续性-亲密性中。因此，它带来悲伤，也带来快乐；我们的眼泪时常表达了我们的失却，但"另一方面，眼泪在某些情况下是对意外胜利的回应，是对我们狂喜命运的回应，虽然时常以一种放纵的方式，它从不为未来考虑"。[36]

但这不是济慈那种"对静谧的死亡的爱"。当我们处理暴力死亡时，我们就逃离了客观化的物的秩序，并接近了死亡。死亡的吸引力也是一种通向暴力、毁灭和野性欲望的拉力，它直接逆转和拒绝了我们想让事物秩序持久存在的认真的、工具性的努力。它是一种放弃，一种瞬间的"消耗"（巴塔耶用的是"终结"、"用尽"，而不是"消耗"）。

这种放弃将我们带离一个领域，在这个领域中，每个事物都是另外某个事物的工具，我们进入到了一个以自身为目的的行为领域，即"所谓的非生产性的消耗"：

Le luxe, les deuils, les guerres, les cultes, les constructions de monuments somptuaires, les jeux, les spectacles, les arts, l'activité

662

sexuelle perverse（c'est-à-dire détournée de la finalité génitale）représentent autant d'activités qui . . . ont leur fin en elles-mêmes. [37]

（"奢华、哀痛、战争、宗教崇拜、豪华纪念碑的建立、游戏、景观、艺术、堕落的性行为［例如，从它的生殖功能中转移］——所有这些都表现了以其自身为目的的行为。"）[38]

这种逃离的一种原始的古代宗教形式就是献祭。祭物也许会被杀掉，但关键不是杀戮本身，而是放弃和给予。

Ce qui importe c'est de passer d'un ordre durable，où toute consumation des ressources est subordonnée à la nécessité de durer，à la violence d'une consumation inconditionnelle. [39]

（"重要的是，从一个持久的秩序——在这个秩序中，资源的所有消耗都服务于延续的需求——中走出，进入到无条件消耗的暴力之中。"）[40]

实际上，献祭者会说，

Intimement，j'appartiens，moi，au monde souverain des dieux et des mythes，au monde de la générosité violente et sans calcul，comme ma femme appartient à mes désirs. [41]

（"我亲密地属于神祇和神话的至高无上的王国，属于暴力的未经计算的慷慨世界，正如我的老婆属于我的欲望那样。"）[42]

Dans ses mythes étranges，dans ses rites cruels，l'homme est dès l'abord à la recherche de l'intimité perdue. [43]

（"在他奇怪的神话里，在他残忍的仪式里，他从一开始就在寻求失落的亲密性。"）[44]

如果放任自流，那么这股冲动就会毁灭所有事物，就像一把火（因此火是献祭的象征和手段之一）。因此在某种程度上，献祭或任何宗教节日必须同时释放并限制这种对亲密性、醉酒、混乱、性狂欢以及毁灭的敞开；共同体也必须觉察出这必须在哪里停止，以防止它消失。[45]

在此，我们来到了早期宗教生活的基本矛盾之处，这种矛盾从来没有被克服，甚至宗教生活后来更高的形式，都是从回避这个矛盾的尝试中生发出来的。亲密性意味着从事物秩序中逃离，但节日是由一个共同体精心安排的，共同体本身想作为一个超级之物存活下来。军事社会可以通过将暴力转向外部的方式来回避这种矛盾，即将暴力工具化，以服务于自身共同体的存活。反对功利保存的反应采取了更为高尚的形式，像武士甚至在生命遭遇危险时仍在寻求的荣耀，以及他找来装饰自己的奢侈品和饰物；但这一切并不能真正补偿直接投身于自我释放中。

之后，宗教的更高形式出现了，它将亲密性置于世界之上，安放在一个超感觉领域，并且将神圣的或者理智的世界看作是与持存事物的秩序完全相容的；确实，神圣或者理智观念的秩序赞同对人和习俗的保存。我们把表达了这种赞同的准则视作道德。它是理性的，因为你可以凭借理性推断出，为了保护持存的秩序，我们需要什么东西。现在，暴力以及对暴力的渴望，被视作是恶的，是上帝和秩序的敌人。最初的神圣——它有着深刻的矛盾，是利益和伤害的根源——现在被分裂为一种纯粹的神圣和一种恶的原则，前者被视作超越于世界，后者则存在于物理世界之中。

但这只不过是将神圣、将亲密性原则放在了超越世界的地方，因此它更加远离我们。这并不能满足人类。此外，这种神圣被假设为某种我们可以通过各种运作（规训、善功）而接近的东西，也就是说，我们把它当作是另外一种我们通过工具性行为可以产生出来的实在来对待。

当这最后的矛盾在"唯独信心"的新教原则中被克服的时候，最后一个阶段就达到了：善功并不会带来救赎。但这最终使得工具性行为和生产领域从所有更远的目标（ulterior goal）中解放出来。现在我们拥有一种经济形式，在其中生产只为自身的缘故而存在，或者生产的盈余被稳定用来让生产更为有效和丰富。我们来到了现代资本主义阶段（这里明显地受惠于韦伯）。

我们完全进入了"物的统治"、"奴役的主权"。"人类越来越与自身疏离"[46]（我们可以回想韦伯的"铁笼"）。为整个运动奠基的基本原则是：

> ce que［la vie humaine］admet d'ordre et de réserve n'a-t-il de sens qu'à partir du moment où les forces ordonnées et réservées se libèrent et se perdent pour des fins qui ne peuvent être assujeties à rien dont il soit possible de rendre des comptes. C'est seulement par une telle insubordination, même misérable, que l'espèce humaine cesse d'être isolée dans la splendeur sans condition des choses matérielles. [47]

（"人类生活以秩序和保存的方式所允许的事情，只有从有秩序的和被保存的力量为了某些目的将其自身解放出来的时刻起才有意义，这些目的不服从于任何可计算之物［也就是以得与失来衡量的东西］。无论多么可鄙，只有通过这种不顺从，人类种族才不会在物质事物的绝对光辉中被孤立。"）[48]

实质上，这种解放也是团结人类存在的东西。"Tout transparaît, tout est ouvert et tout est infini, entre ceux qui consument intensément. "[49]（"一切都表明，在那些拼命消耗的人中间，一切都是开放的和无限的。"）[50]

为了替换过去声名狼藉的信仰，我们需要寻找一些创造性毁灭的新形式，以满足宗教一直奋力实现的深刻需求。亲密性必须找到一些表达方式。

这里的解决方案没有问题那么清晰，后者被极好地概述出来。我们可以看到基本的直觉：在失序、暴力、性狂欢中所能达到的即时性和共融感，是一种人类学常项，一种深刻的不可消除的需求。要训练人类走出这种需求，在文明的规训中抛弃它们，这样的尝试不仅注定会失败，而且还会使人类生活变得残缺不全。

巴塔耶借鉴马塞尔·莫斯和亚历山大·科耶夫（Alexandre Kojève），

他的思想明显通过反对现代性规训的、工具性的、客观化的立场而成形。他关于"亲密性"解放的图像与上面这种立场完全对立。他的理论为思考暴力和献祭在前轴心时代宗教中的地位打开了通道，无论将其理论作为对后轴心时代宗教的阐释来追随有多么困难。但这可能让这一切更有助于理解后轴心时代所压制和丧失的东西。

但还存在一种完全不同的方式可以修复暴力和毁灭的冲动。在一种后叔本华式看待事物的框架中，我们甚至可以在美感中把痛苦淹没。人类施加痛苦和使他人遭受痛苦，是事物运行方式的一部分，是宇宙中的黑暗和非人性在我们身上产生共鸣的方式。明白这些就等于在人类生活的基础上直视了悲剧。在这种方式中有一种特定的美感，看到它和赞同它会有一种欢乐。在尼采的观点中，更高级的存在会对这种方式和这种欢乐说"好"。

通过必然从中产生的美感来实现与暴力和苦难的和解，这种观念在现代文化中反复出现。它在文学中比在哲学中出现得更多，但它仍是一种强有力的存在。在梅尔维尔（Melville）、康拉德以及福克纳（Faulkner）那里都有它的影子；在海明威那里，一个男人对斗争拥有一种自我肯定的爱，他反对偶然性，在此过程中展示出勇气和决心，他通过与某种深深扎根于我们和世界中的东西相关联而获得了深度和共鸣，因而通过必然性而获得了转变。

当代作家科马克·麦卡锡（Cormac McCarthy）在一系列小说中抓住了这种公共想象，小说中出现的这种想象时常通过小人物之口娓娓道来：

> 他说，人们相信死亡的选择是一种高深莫测的东西，但一个行为牵动着另一个行为，从人们学会迈步那一刻起，他们是其自身死亡的帮凶，如同在命运的所有此类事件中一样。此外他还说，人类的终结在出生时已被决定，人类在面临每个阻碍时都在寻找自己的死亡。他说，两种观点实际上是一种观点，与其说人们在他们一直躲避的奇怪和模糊的地方遇见死亡，不如更准确地说，无论通向毁

665

灭的道路隐藏得多么好，或者多么曲折，人类最终都会找到它。[51]

有关隐藏在宇宙残忍的运行方式背后的绝对美感的陈述，在罗宾逊·杰弗斯的诗歌中得到了更强有力的表达。

杰弗斯从加利福尼亚海岸的卡梅尔（Carmel）走向了他的诗歌生涯。对他来说，这个地方就是我们文明的尽头，不仅仅是空间上的界限，而且是它在时间中向西前进的尽头。尽头：一个循环结束了，一个新的可能会开始。在这个地方，一个人可以感觉到人类生活和文明在广阔宇宙（前者从它而来）中的根源。

杰弗斯的诗歌被一种对此生活的感受所滋养，通过我们，这种生活在宇宙中跳动，从宇宙中产生，并作为它的一部分。这里与华兹华斯以及浪漫派存在一种联系，它们都感觉有一股洪流在宇宙中涌动。但两者的想象力是完全不同的。杰弗斯更愿意把这股洪流称为"上帝"，一种泛神论的上帝，它就是宇宙，通过我们以及其他创造物，宇宙在感知和领会。要理解这个整体，与这个生活之流交汇，就要拥有一种关于巨大美感的想象力，但想象力中同时也有牺牲、痛苦以及一种冷漠的残酷。这里有某种东西让我们回想起尼采，他说到他理想化的武士，在面对"道德领域中的奴隶反叛"时，就像伟大的捕食者。[52]

> 上帝如同一只在夜空中滑翔的鹰……
> 他有一张嗜血的喙和尖利的爪，
> 他猛扑，他撕咬……
> 一个凶猛的生命（"双刃斧"）
> 他绝无公义可言
> 没有怜悯，也没有爱（"一个时代的诞生之际"）[53]

666

在宇宙面前，人类显得很渺小。我们可以且应该转身看一看，甚至崇拜这整体的壮丽之美。

> 我相信是美而非其他，
> 才是事物被造的意图。世界确实
> 不是为幸福、不是为爱、不是为智慧而造。
> 同样也不是为痛苦、怨恨和愚蠢而造。所有这些
> 都有它们自己的时日；在长远的将来，它们互相平衡，
> 互相取消。但只有美会长存。（"入侵"，583－584）[54]

但人类容易走向一种不能克服的自恋；他们转向内在，关注他们自己以及自己的事情，认为这些东西实质上对于宇宙或者上帝是非常重要的。杰弗斯嘲笑基督教，认为基督教是这种自以为是的错觉的一种最有影响的形式。

这种自恋孕育了一种与世界的自我分离，一种对残忍的享受，在杰弗斯看来这是堕落的，它非常不同于无动于衷地施加痛苦，后者是自然生活的一部分。杰弗斯的一部分诗歌，表达了对这种整体的想象的接受和一种平静共融：

岩与鹰

> 有这么一个意象停在
> 许多高深的悲剧思想
> 观察自己的眼睛里。

> 这灰岩，高耸于
> 水岭之上，那里海风
> 禁止树木生长，

> 地震的侵袭，被经年的
> 暴风雨留下印记：山巅
> 一只鹰栖。

我想,这儿是你的象征

孤悬于未来之天空;

不会杂交,不是蜂巢,

而这骁勇的力量,暗淡的宁静;

凶残的本能确保着最终的

公平;

生命与无生息的死亡为伴;猎鹰

真实的眼睛及行动

与岩石庞然的神秘感

合为一体,

失败不足以将它击溃

成功不足以显其荣耀。(502)

　　但在他的某些诗歌中,尤其是在他的叙事性诗句中,我们可以超越自我专注,并且与生命的完整强度相交流,这种交流来自中心人物的戏剧化行为,通常是一个女人,它以这种方式借鉴了、有时候甚至是改写了希腊悲剧,或者在古代母亲女神的观念基础上来处理生活和死亡。例如在《他玛》(*Tamar*)中有乱伦和烧死的激烈故事;也有如在《苏尔角的女人们》(*The Women at Point Sur*)中清洗暴力行为的故事。

快来吧风暴,仁慈的风暴。

夏天和疲惫的金色日子

是苦涩的蓝和更具毁灭性的

患有麻风病的草,生病的森林,

像妓女的眼睛的海,

和太阳的噪声,

667

黄狗在蓝色牧场狂吠，

向旁边猛咬

……

你疲倦且堕落，

你压住野兽直到喷泉的水被污染，

它身上的疥癣往下淌，臭气飘过了欧比利特的窗口。

破坏承诺的战争杀死了它解放的人

没有谁活得更干净些。但风暴来临的时候，

狮子在电闪雷鸣之夜捕猎。它会到来：靠和平喂养

尽管外壳最后还保留你们每个人一点点的

苍凉：一撮欲望或一滴恐惧：

然后狮子在垂死的大脑中捕猎：风暴是好的，风暴是好的，

好的生物，

仁慈的暴力，悸动的喉咙疼痛且带有遗憾。(149-150)

　　正如迦梨或者杜尔迦(Durga)那样，通过疯狂、谋杀、自杀，这种暴力的女性能量清洗和净化了那些太人性的东西。通过生动地调用这种力量，我们与生和死的潜流重新汇合在一起。

8

668

　　但是无论这种暴力倾向是生物学的还是形而上学的，它终究留下了一个任何基督教的理解必须要解开的谜题：我们所知道的人类本性如何是按照上帝的形象造的？

　　这里有来自基督教视角内的一个假设：人类出生于一个动物王国，由上帝所引导；男性拥有一股强烈的性推动力，以及许多侵犯行为。只要这种天赋被考虑，那么通常的进化论解释就是正确的。但是，为上帝所引导，就意味着要对这些推动力进行某种改造；不仅仅是对它们的压

抑、抑制,对它们加以限制;而是真正将它们从内部转向出来,通过一种改造,让这些力量成为支持上帝的力量;爱的力量变成上帝对人类的圣爱,侵犯变成了能量,它竭尽全力将事物带回到上帝那里,它是一种与恶斗争的力量。

什么是恶? 它不止是零点,也就是说,还没有被转化。但对这个零点还有另一种反应,这就是开始成为一个人并感觉到这种被转化的召唤,接受上帝的教育。在一个人的生活中,现在存在更高的东西,一种无与伦比的更高的维度,你不能对它置之不理,它是一种我们不能忽视的渴望和努力的维度。

恶为了某种比上帝更低或者根本不是上帝的东西,捕捉了这个维度。这是一个巨大的、强有力的诱惑。我们知道,感受到这种诱惑并且屈服于它,是人类生活的一个组成部分。各种生活模式都围绕着这种屈服而建立。那些没有被转化之物赋予某种更高的、甚至是超自然的力量。所以权力的自我感觉就变成了骄傲、荣誉感;但同时,杀戮或性欲的狂暴,也会被赋予超自然性。

这就是堕落的条件。存在两个维度。上帝慢慢地教化人类,慢慢地转化它,从内部转变它。(在此极大地借鉴了爱任纽[Irenaeus]的观点。)与此同时,教育法(pedagogy)被盗走,被滥用和误用了;教育(education)发生在这个抵抗领域中。

抵抗采取了某些历史形式。我们那未被转化的生活的某些特定面向被赋予了超自然的力量;这些形式被建立起来,然后传承下去。部分地是以文化传统传承的明显方式。小孩子看到士兵伴着鼓声和喇叭声前行,他们也渴望长大后成为士兵,干一些伟大的事业。但它们同样也以一种更神秘的方式在传播,仿佛它们进入了一种我们都浸染其中的人类环境,即使在没有正常"接触"的情况下,它们也能对我们施加影响。(我们时常援引魔鬼来解释这一点。)

669　　现在,上帝的教育法在这个反对的领域中运作。在这个领域,如果围绕着某些未被转化的实践的超自然性被扭转,被带到为上帝服务的某种关系之中,那么带领我们靠近上帝可以是一个积极的步骤;即你也许会假设,最终目标会把这种实践抛诸脑后。你不可能一步跨越所有这些步骤而达到终点。这就是缓慢教育的真谛。

但另一方面,这里可以、也必须有跳跃。否则,我们在回应上帝的时候,就没有显著的进步。有时,你应该与一些历史形式决裂。在这方面,亚伯拉罕是我们的典范。

在许多宗教中,我们都有人祭。这需要在一种双重框架中被看待:一方面,我们对控制、杀戮、施加暴力有一种欲望,这是一种赋予这种欲望以超自然力量的方式。这种超自然力量专注于嗜血,暴力中的快感,以及一种陶醉状态;正如我在前面所讨论的,未被转化的欲望专注于自身,生成它自己的超自然性,而不是让自己向上帝的转化开放。

另一方面,鉴于这一切,将这些引至献祭是另一种将其带回到神圣性的方式。它对神圣教育法采取了某些行动和让步。

对于神圣婚姻或者寺庙卖淫也可以作如是观。

亚伯拉罕所得的启示则与这些分道扬镳。伴随启示的是一种能力的恩赐。我们完全拒绝了献人祭;上帝将我们带向更高的地方。但我们仍然无法设法跳跃到终点。暴力仍被赋予一个地位;现在是一种双重地位。在外部,一些异教实践被宣布为恶的,例如向巴力献祭儿童。但由于必须对此加以制裁,因此在我们的内部,我们被动员起来,身为武士去反对这种异教主义,保卫我们的边界。这里存在神圣暴力,正如我先前讨论的。超自然性不再是它所固有的;不再有一个神圣的战斗欲望本身;但这些战争仍是受到护佑的。并且这里有一种危险;即这里会出现一种不被承认的自我专注,并且它会以上帝之名,将我们带向暴行。也许在旧约中记载了某些类似的行为?[55]

还有关于基督的进一步启示,以及一种新的能力的恩赐。上帝受害及其带来的改变,转变了暴力和神圣之间的关系。但在重要的方式上,我们跌回到基督教中,这也许是不能完全避免的。因此仍然还有受到护佑的暴力(blessed violence)。它又受到这种观念的辩护,即对于上帝的子民来说,有一个外部的、外在的界限。暴力被用于那些根本上反对上帝的人,即上帝的死敌。

但从一开始，也许是在最开始，基督教对这种暴力就怀有不安。随后在基督教中它们采用一种通常方式——即将它与互补性区分开——来处理它。基督教的战士是受到护佑的；但神职人员不能流人血。

在禁欲中也有一个人对自己的暴力。这是我们对上帝的抵抗斗争的一部分。

我们可以看到，为获得批准的、神圣的暴力提供位置更容易与非普遍主义相契合。这为暴力在宇宙中提供了一个不可取消的壁龛。为此提供支持的是某种类似的深层观念：人类可以做出选择；他们应该选择上帝，但他们也必须能够选择反对上帝。选择一路反对意味着成为上帝的敌人，以暴力待他，因而也会遭受他的暴力。后者为什么是这样的？因为若是上帝没有拒绝它，则不能真正宣称说拒绝的道路是错误的；若是上帝没有以某种方式惩罚它，则他不能真的拒绝它。他亏欠了他的荣耀。他卡在了一种逻辑-形而上学的必然性中间，这种必然性要求他去惩罚拒绝者。这是司法-惩罚观点的一个关键预设。

这将我们带向暴力的另一个维度。因为我们已经采取了将其超自然化（numinizing）的转向，一种自我专注的转向，我们在人类环境中觉察到了它。它作为一种自我肯定的方式，或者给予我们生活以超自然力量的方式，在召唤着我们，同时也恐吓着我们。它恐吓，是因为可怕的事情可能会降临到我们头上，但也因为我们害怕被吸入我们的另一方面，我们"更高的"方面；我们害怕它的诱惑，就像狂野性欲的诱惑一样。（巴塔耶和杰弗斯都试图让这种矛盾的情感——即迷恋和苦恼——变得有意义，这是他们观点的优点。）

这些就是我们在与暴力和毁灭的关系中感受到的恐惧和内在苦恼的根源，我在先前的讨论中已经援引过。我们应该可以在我们的进化论背景之外，去解释侵犯的一种特定倾向；内在的共鸣和恐惧，它们极大地刺激了我们在生活中、宗教中、战争和惩罚中将暴力制度化的方式，只有我们已经位于上帝教育的领域之中，才能感受到这些。只有在这个领域中，暴力才首先具有一种超自然的维度。

正如我们早先看到的，如果我们将暴力看作是事物规划——这些规划有益于救赎并且与之相容——的一部分,那么这种恐惧或不安就会减少:湿婆、迦梨,以及作为上帝左手的毁灭。另外,暴力作为神圣之爱的必然爆发,粉碎了那些从根本上拒绝它的人。但丁的地狱不仅仅是由神圣力量和最高智慧所创造的,还有原初的爱。[56]

后一种观点中有一些真理,但它与普遍主义不相容;因为拒绝的确会滋生暴力,让我们生活在暴力之中。暴力关系在任何时刻都能将受害者和迫害者、好人和坏人、施加伤害的罪犯和受到伤害的人沉淀出来。因而它们必须被定罪,以及被救赎吗? 问题在于,这种在迫害者和受害者之间的区分是否真的是上帝的最后决定,以及转化的力量能否走得更远,最终找到这种暴力的藏身之所,并且征服它。我们也许可以把上帝看作是一个网球高手,他总是以新的方式来应对我们的臭球。[57]

相反,将暴力看作最终实现了的神圣计划的一部分,看作作恶者的命运,让我们可以参与到我们自己的版本中,为惩罚作恶者而欢呼;或者,甚至作为上帝的自卫队去实施打击。神圣屠杀因而获得了认可。现代普遍主义,"地狱的没落",它们都想击倒这个支柱,这似乎是一种收获。

这种关于暴力的基督教解释学提供了一条走出无求于外的人文主义困境的出路吗? 在一种意义上是的;在另一种意义上则不是。

让我们再看看各种人文主义立场之间的张力。现代秩序观念想要完全禁止暴力以及某些版本的性欲。从来自启蒙运动的客观化观点来看,不管是隐含在宇宙中或通过为上帝服务,暴力没有任何超自然的外表。或者,当暴力在为大革命或祖国服务时,它可以保留某种类似于超自然氛围的东西,它的目标是带来它自身也会在其中消失的最后阶段。下面我会返回到这种神圣屠杀的世俗版本。但撇开这个不谈,从一种一般的启蒙运动的观点来看,暴力和狂野的性欲可以被仅仅看作是原始的暴行、感官享受,某种完全原始的东西,它需要被克服,它的吸引力存在于人类发展的最原始阶段。

通过将暴力还原为病态或者原始主义,我们对我们最强有力的欲望采取了一种外在的立场，我们将自己分割，并且拒斥了这些强有力的推动力。性和暴力的形而上/超自然的维度消失了。

一些动机促使我们来到这个方向。不光还原论的唯物主义的解释模式是有影响力的。它是重要的，但不是只有一个动机。很多人受到这些动机的吸引不仅仅是基于认识论或者形而上的理由，而且也由于，一种纯粹的生物学路径也许能提供一些方法来改变它们，通过行为疗法来压制这种暴力倾向（例如在《发条橙》中），或者更加深刻的，通过基因工程。

但我们同时也时常有一种强烈的实践动机。我们都排斥暴力，并且恐惧暴力在我们生活中的肆虐。我们想要与之争战时，很容易挖空心思地显出鄙视和侮辱，将其看作仅仅是邪恶的（在一种精神视角中）或是病态的（在一种无求于外的人文主义视角中）。用我在先前章节中的讨论来说，下面这点是有诱惑性的，即伴随着我们对暴力的伦理压制，我们要对暴力倾向做一个抽身式的还原。抵抗这种还原，似乎会让你与暴力的弘扬者相勾结，并且你会被指责削弱了直接的和紧迫的控制议程，通过一种对推动力的轻蔑的还原论的解释，这个议程被认为应得到进一步的发展。

而且，结果将毫无疑问，如果根源于生物学或者进化论中的暴力被看作是一个不可还原的常项，那么这种还原论的解释不能产生任何控制暴力倾向的技术或者使它减少，因而控制行为，以及避免承认它可能具有的人类意义，看上去应该是更加紧迫的事。

正如我在先前几页所论证的，这整个还原论的路径显得相当不充分。不仅从元生物学因素明显的重要性来看它在理论上是可疑的，而且也许在实践上也是事与愿违的。在鄙视和厌恶被控制者动机的氛围下试图控制其行为的尝试，也许会激起反抗及对暴力的一种更强的确认。

确实，这种不充分引起了一些反应和抗议，后者又在现代文化中引起了共鸣，正如我们已经看到的。面对仅仅是临床的、漠然的、枯竭的观点，浪漫主义的批判之轴必须再次寻找一个确认的方式，去确认什么是强有力的，并且是从我们内心深处生发出来的。在浪漫主义时代，以及

672

对那些在其后果中写作和创作的人来说,某种来自深处的东西拥有其自身的超自然性。原始的东西具有力量,即使我们也许必须要限制它以及抵制它,但它仍然是我们需要从中吸取的东西,或者说,让我们感到敬畏的东西。当叔本华将浪漫主义的深厚情感调换为"意志"的时候,这种东西是狂野和无形式的斗争的发生地,是暴力和无限制的性欲的发生地。这些深厚情感位于康拉德黑暗的中心;出现在早期的斯特拉文斯基(Stravinsky)那里;出现在整个原始时代。这些东西展示出,在 19 世纪末 20 世纪初,后浪漫主义以及叔本华主义在艺术和思想上的巨大影响力。这些探索只是以不同方式修复位于人类深处的一种超自然意义,包括性欲和侵犯,这些力量可以通过审美展示被挖掘出来。

新立场的多样化还在继续。弗洛伊德试图为了"科学"来修复这些审美洞见,以他的内在于心理的动力学来解释艺术的力量。另一方面,在陀思妥耶夫斯基那里,我们找到由浪漫主义带来的另一种新的基督教反应。尼采对狂野维度的"肯定"(Jasagen)——人文主义想要将它减少——在20 世纪得到了广泛的支持,例如,受到了米歇尔·福柯的支持;以及我们看到的,它也为巴塔耶和杰弗斯以不同方式所支持。

但困难就在这里。对暴力的深层意义的这些解释,要么倾向于对暴力的肯定,甚至是颂赞暴力;要么倾向于展示暴力是如何不可消除。换言之,我们可以说,无论它们是为这种景象庆祝(尼采),还是对之采取一种无可奈何的悲观主义(弗洛伊德),它们一般都倾向于表明,暴力的吸引力扎根过深,以至于难以将它根除。

从理论上说,从元生物学的角度解释暴力的意义对暴力的吸引,可 673 以打开一条对这种意义进行重新定义或者转化以使我们超越它的道路。例如,巴塔耶似乎想要探索这种可能性。当我们从神学幻象中解放出来,正如我们从"物的统治"的物化中解放出来,我们就会进入一种新的直接性形式,它不是建基于毁灭之上。[58] 在其他地方,他提到过一种"非形式非模式"(sans forme et sans mode)的神秘主义。[59] 但当他的目标似乎比较接近时,解决方案仍然是难以捉摸的。

现在我所描述的基督教的元生物学解释则打开了这样一个转变的

视角。在此意义上我可以对上面的问题做出一个肯定的回答：基督教带领我们逃离了无求于外的人文主义不能避免的困境吗？但答案也可以是否定的。这不仅仅是因为，对许多人来说，这里所建议的转变的本性是像巴塔耶所说的那样不透明的，而且另一方面，这种观点让一种特定的困境来到了我们经验的中心。

我在这里所探讨的转变类型不仅仅是一种可塑性：你以不同的方式训练他们，最后他们就好像帮助老奶奶过马路一样。这是洛克零级的环境主义和以上各种反应都反对的启蒙。这个转变更加神秘，并且包含了提供另一种精神方向。

但如果你允许这种可能性，那么你就会在面对性欲和侵犯——我称之为人类生活的狂野维度——时感到困惑不解。你不能简单地拒绝它们的超自然或者形而上维度，因为你看到，它们从一开始就被纳入到神圣教育法中。它们在人类生活中的多种形式，表达了它们对这种教育的反应。这些反应以不同方式表达了对上帝的抵制，试图捕获或扭曲他召唤我们走上圣爱的道路，使它成为我们更容易与之相处的东西。

但这并不意味着这些形式简单地都是坏的。扭曲是坏的，但作为对上帝的呼召的反应来说则是好的。我们必须认识到人类现实的根本矛盾性，这是上面所说的第三种误解完全忽略的。此外，这些形式远不是同等好或同等坏的。其中一些需要比其他更猛烈地被抵制。在此之上，还存在一个贯穿历史的上帝教育运动，因此某些现在看来完全不合情理的形式，在早先是情有可原的，例如神圣战争，或者甚至是人祭。

这意味着，对于暴力在我们身上引起的共鸣，我们应该在两个层面上进行回应。在直接的语境中，我们必须保卫无辜者免受攻击。我们必须与纳粹斗争，结束民兵驱动的内战，惩罚那些反对人类的罪行，让暴力的召唤沉寂下来，诸如此类。这些都属于对破坏的控制。

674　　　在另一层面，我们必须思考我们如何才能与上帝的教育法合作，帮助人们转向上帝之计划的方向。当然，我们不能通过拒绝它们超自然的意义，将它们还原到病态来完成这项任务。这只会让我们与那些被它们感动了的人断绝联系，将他们推入愠怒的反抗。但同时，我们也不能通过将它们作为某种人类固有的东西，不论它们采取何种形式，一味地欢迎它们，来达成这项任务。将它们具体化为遗传给予的东西，置于我们DNA的生物学具体形式中，同样也不能帮助我们完成任务。

如果你从这种转变视角来看待这些推动力，那么你对它们不会采取一种简单的、无矛盾的立场，就如正常化的、治疗的人文主义者以及尼采主义者以他们各自方式所做的那样。在前者看来，你可能会与后者相联合，也许反之亦然。由于在通向性欲和暴力的推动力问题上，你采取了一个二价的（bivalent）视角，因此这里不光有一种张力；还有另一种张力，它产生于那些看似是直接性议程的要求和那些更具转变性议程的要求之间。

超自然暴力的力量位于我们中间，例如在足球暴乱、街头帮派、摩托车党之中。它那解放式的影响在现代理论中受到欢迎，这条理论道路由尼采以及巴塔耶和卡卢瓦（Caillois）所开创，更不用说荣格尔。面对这些，我们倾向于提供一种还原论的和客观化的解释。但一种基督教视角禁止我们从这一切中采取对暴力的这种令人满意的距离。确实，也许它允许我们采取这种距离来看待它，仅仅是因为它能更有效地动员我们去摧毁这些爆发，通过强制来改造罪犯，同时也促使我们心中的敌意和侵犯苏醒过来，并使其合法化。这样，即便位于一个世俗的自由框架之中，我们也更容易相信并参与到我们自身的"神圣"暴力中。

如果这些都是真的，那么，在此，在处理性欲和暴力时，正如上面涉及到实现和超越性的问题时一样，基督教信仰会面临张力、困难、甚至是困境。这些与不信者面临的困扰有某种类似性。

但是，某种未曾预料到的东西，在我们讨论的信与不信之间的论战中出现了。如果我们看一看不信对宗教批判的两个主要轴心，我们就能发现，它们远没有指明一个显然的答案，反而只是展示了两边的支持者都面临的深刻困难和困境，而且这些困境的确是类似的。

无求于外的人文主义能否找到回答这些困境或者能满足最大要求的答案，是不清楚的。当这一点变得明显，有时候在基督教阵营中就会出现必胜的欣喜。但这是没有正当理由的。确实，基督徒拥有一些一个人如何能超越这些困境的暗示，但这些暗示不仅出现在信仰领域，即从我在第十五章中讨论的"预期信心"的意义上，而且它们不是那种可以移入其他普遍准则或者程序中的东西。

但更糟糕的是，在准则和结构发生了许多转向的内在框架的语境中，这种在提供解决方案上的无能是一个痛苦的困境，它让人感觉不足以参加这个伟大的讨论，或与这个伟大的讨论无关。因此基督徒时常被诱惑着说一些他们本不该说的东西，并且开始提供"答案"；在这么做的时候，他们陷入了还原式人文主义也同样陷入的那类盲目性之中。

因此，你可以时常发现，基督徒生活被等同于一些特定的"正常的"道德，例如，自足的工作以及"家庭价值"，和/或在一个"基督教"政体中，被视为是大部分实现了的。偏离者被打上"恶"的记号，而不是病态。确实，这能避免被治疗的转向打倒，但同时这也是被深深地扭曲了的，它跌入第三种误解，并且在拒斥有害东西的同时也拒斥了好的东西（用圣经的语言就是，麦子和稗子一同拔除），它冲洗掉了我们生活中的矛盾情感。

"基督徒们"陷入了一些偏离之中，这些偏离与那些"世俗人文主义者"陷入的偏离相类似。正如我在整本书中试图展示的，我们都来源于拉丁基督教的同一个长期的改革过程。本质上我们都是兄弟。

双方都需要一剂谦逊之药，也就是现实主义。如果信仰和人文主义能在这种精神下相遇，我们会发现双方都会脆化；问题被重塑为一种新的形式：并不是谁在它的军械库（armory）中拥有最终决定性的论证——基督教一定要摧毁人间福祉吗？不信一定会贬低人类生活吗？相反，它看上去应该是这样一个问题，即对那些我们最终共同感受为困境的东西，谁能最深刻、最令人信服地做出应对。

我想在下面进一步讨论现代暴力的本质时再返回到这一点。但为了理解它，我们需要进一步探索暴力的意义问题，以及它的元生物学动机。在这个领域，甚至没有人能接近一种终极理论，虽然已经提到了一些有趣的建议。为了更好地理解我们的动机，我需要介绍当代争论的一些其他特征。

18 困境 2

我已经试图描述在当今西方文化中信与不信之间争论的冲突领域。我首先将它描述为一个位于极端立场的交叉压力之下的领域，这些极端立场一方面是正统的宗教（最开始是基督教和犹太教，但现在伊斯兰教、印度教、佛教和其他信仰越来越多地加入进来），另一方面则是强硬路线的唯物主义无神论。交叉压力并不意味着所有或者大部分位于这种文化中的人都会感到被撕扯，而是所有立场至少部分地通过与这些极端的关系去定义自身。

其次，我论证了，这场争论有一组关键的下述考虑，涉及到我们关于我们的伦理困境的看法。

第三，我也论证了，这场争论不是发生在清晰地互相反对、内在自我一致的立场之间，而往往倾向于更细致地审查试图解释特定的共同困境并向特定的共同困境妥协这两种相竞争的尝试之间的争斗：在对超越性的渴望（在努斯鲍姆讨论的更广泛的意义上；在本书中，我用的是其狭隘的意义）和对日常人类欲望的珍视之间；在理解和尊敬人类暴力的元生物学根源的要求和结束暴力的绝对道德要求之间。

我同时也挑出了发生于西方现代性争论中的两个重要的参照点：一方面是我们对现代道德秩序、普遍人权和幸福的忠诚，另一方面是我们对整体性的渴望，以及修复身体和欲望的渴望。

从以上这些我们可以看到，在一个世俗时代（第三种意义上）中生活会如何不安和受到交叉压力，它无法轻易地给自己提供一个适意的休憩之地。这就是我们在争论中看到的，但如果我们看一看这个时代特有的一系列关切，那些触碰到生活中的意义问题的关切，我们也会看到这一点。

677　　吕克·费里最近对这个问题的探索十分有趣。[1]我们所做之事总有一个目的；我们承担起各种计划，与此同时，我们继续维持我们生活的程序。通过这些，某种东西会发展起来：一种爱的生活；孩子们长大成人，并过上自己的生活；在某些有价值和有用的行为中，我们能获得更好的发展。但我们也会纠结于这个问题，这到底增添了什么？这一切的意义是什么？或者说，由于个体计划和定期例程都有它们的意图，问题以高阶的形式出现：所有这些特殊意图的意义是什么？"Le 'sens du sens'—la signification ultime de toutes ces significations particulières—nous fait défaut."[2]（"意义的意义——所有这些特殊意义的最终意义——是缺乏的。"）[3]

在这一点上，反应往往不同。一些人会认为，你不能问这种元问题，你应该训练自己不要感觉到这种需求。确实，拒绝问题可以是一种精神训练的一部分，一种以超越之物为导向的训练，理由是我们给出的任何答案都必定是扭曲的和片面的，会让我们看不到事物的真实要点。但作为一种为无求于外的人文主义辩护的方式，这一步骤有重大缺陷。许多人不愿意追问元问题；但只要你脑海中出现了这些问题，你就不能简单地通过忘记它的命令而将它消除，除非将它们带向一个答案是某些训练的一部分，正如我刚才提及的训练。

这是因为它来源于一种意义，即比起我们的日常目的来说，存在一些我们能更全面、更深刻地参与其中的目标。这是我在第一章中使用的同样的意义，即在某个地方存在一种超越日常的完满性或者富足性，它现在再次发生，但是以一种带有疑问的模式，如同某种被寻找的东西。要把它从人心中根除，殊为不易。

一个更有效的反应是要么展示某个我们现在的目标实际上拥有我们所寻求的完满性和深度，要么建议说某种超越了我们生活的日常范围的东西仍是内在的东西，吕克·费里在他的书中试图提供后一种东西。

在人类生活的救助和普遍福祉中，他看到了一个真正超越了生活日常范围的目标。他引用了感人的证词，即为无国界医生组织（Médecins Sans Frontières）这样的机构服务，如何能够有效地赋予许多年轻人的生活以强烈的意义。[4]他论证说，这是我们日常存在的一种超越性，但这是一种"水平的"超越性，而不是"垂直的"超越性。[5]他甚至想用"神圣的"这个词（这很有法国传统，正如我们所看到的）；但这并没有将我们带离人类领域；相反，提议这种超越日常的目的，正是我们人类生活形式的一部分。"C'est par la position des valeurs hors du monde que l'homme s'avère véritablement homme."[6]（"只有主张超越尘世的价值，人才能证明他自己是真正的人类。"）[7]

这个答案部分地援引了康德，并且在一般意义上，它出现在一个现代发现/发明中，即普遍仁慈的动机有内在的人类根源，正如我在前面段落中所描述的。费里对生活意义的回答与我们产生了共鸣，因为这些根源是我们继承的一部分。这是一个强有力的回答。但这对我们来说是否足够，部分地取决于我们是否觉得它抓住了这个召唤——我们感到应该救助作为人的人类——的全部力量；是否还存在没有被清晰表达的东西，例如，在人作为上帝的形象这一语言中。

我在其他地方已经讨论了这个问题。[8]但在这里，我想进一步探索费里所暗指的那种不安。它是我们这个"世俗的"、交叉压力下的多元世界——在这个世界中，内在性的吸引力非常强大——的一个中心特征。如果我们能弄明白贯穿这个世界的力量线索，以及弄明白这个世界中精神经验的形状，那么我们就能接近我在这项工作中一直寻求的东西，即理解生活在世俗性 3 的时代中意味着什么。

像费里那样提出意义问题，是一个良好的开端。不像任何先前的时代，它确实是我们时代的一个特征，即我们能感觉到意义之丧失是一个真实的威胁。但就这么表述，我们还只是让事物停留在一个过于抽象的层面。这与关于我们困境的一种特定的不信观点相吻合，即人类需要或渴望的是意义，任何意义，任何能否定或逃避无意义的东西；对不同的宗教观点来说，这种需要或渴望总是可以在更特定的术语中看到：为了上

678

帝、为了涅槃去克服二元性。许多有影响力的宗教理论建立在关于人类在信仰中寻求什么的普遍抽象定义之上，这个定义当然也与提供给这个终成泡影的寻求的所有答案相容。正如我上面所说的，韦伯对宗教的理解似乎是从这个前提开始的，戈谢那非常有趣的理论亦复如是。[9]

在理查德·列文汀（Richard Lewontin）探讨一些基督徒拒绝进化论的理由时，我们能找到这种观点的一个最近的表达：

> 这里的问题在于，在丧失了对一个命定的更高意图的信仰之后，一个人的家庭、社会以及工作生活的经验，包括其中的焦虑、痛苦、疲乏、失败能否提供意义。人类生活的神圣创造的故事之所以有持续的吸引力，是因为它为生活在埃里克·弗洛姆（Eric Fromm）称之为"无意义的焦虑"中的人类提供了一种诱人的安慰。其余的只是注释而已。[10]

我并不是说这种观点完全就是错误的；它抓住了一些重要现象。但它过于片面，而且太抽象。人类对意义的需求总是以更明确、更具体的形式出现的；并且我相信这可以在我们当下的困境中被解读，甚至是那些没有信仰委身的人，虽然这种委身可能会让你更好地觉察到它们。

的确，下面这个观念有点荒唐，即认为我们的生活可以专注于这些意义，而不是专注于某些特殊的善或价值。一个人可能会为上帝而死，或者为大革命而死，或者为没有等级的社会而死，但不会为意义而死。这个词项指称一个普遍之物，它试图捕捉那种将许多不同的人拉向他们各自的宗教-形而上-道德选择的东西。

有时候，这种所谓的普遍性会作为一种"更高的"替代品被提出，去替代一些更特殊的善。（基督教、伊斯兰教或自由主义的）传教士对许多部落的人说：你们会感到某些特定阶层的人的生命需要被尊敬，位于这种尊敬之下的实际上是对普遍性的一种幽暗意识，即这样的人类生命必须被保存。这种召唤被转化为一种更广阔的视角。但这类事物在这样的"意义"中是不可设想的。

　　这个普遍范畴并不属于行为者的视角,而是属于(一般来说是祛魅的)观察者的,他们注意到不同人的生活都是以不同的事物为中心的,在许多情况下(也许是所有情况下)没有任何客观的保证。可以得出的结论就是,普遍需求是对于这种中心来说的,不管它是什么,只要它可以被相信。

　　在对当代精神经验的这种解读中,重要的一般性问题岌岌可危。正如我对现代世俗性兴起的解读试图与另一种认识论优先的理论——它支撑着"上帝之死"的情景——相竞争一样;因此,这里我想提供的关于我们当前关注和争论的图像,会与某些流行的普遍的宗教理论相冲突。我指的是那些关于人类在宗教中寻求何物的理论。

　　这并不是说我将提供我自己的普遍理论。相反,也许在一开始就说清楚为好,即我怀疑任何这样的普遍理论能否被建立。我说的理论,是那些将在精神领域中显示出来的强有力的热心(élans)和渴望都收集起来,并且将它们都与某个单一的、根本的需求、目标或者倾向(无论它是否是对意义或者其他东西的欲望)关联起来的理论。对这个目的来说,现象过于多变而且令人困惑;甚至即使它们更易于处理,我们也必须站在历史的终结处才能够得出这样的结论。

　　我以为,我们面对着不同的精神传统,在这些传统中,新形式在历史中起步,它得到了人们的效忠,并且赋予人们的精神渴望以特定的形式。随后,这些形式流传下来,然后被改造,因此在同一个社会/文化中,后继者的版本与前人的版本有着很大的相似性。我已经论证了,对无求于外的人文主义与基督教信仰的关系来说这是对的,例如仁慈的中心性。我也论证了,如果不存在与圣爱的相似之处,那么无求于外的人文主义根本不可能出现。但从这点不能论证出,所有可行的精神观点必须拥有与圣爱类似的东西。反之则是正确的。

　　我们中没有人站在普遍的观点之上。通过对我们认为是正确的信仰的一番普遍考察,无法产生我们对自身信仰的依附。我们与其他信仰相遇会带来挑战,这种挑战会磨练我们,使我们感受到我们信仰的内在精神力量,如此才能产生上面所说的对自身信仰的忠诚。

680

　　但我认为,除了一般地呼吁谨慎面对千差万别的宗教形式,还存在另外一个理由,让我们对这种宗教的普遍理论——对意义的寻求激励着它——保持警惕。这是因为,正如我上面论述的,它清晰地属于一种旁观者的视角。任何真正"进入"某些善或价值的人都必须将这种特殊的善看作是有价值的;这是他为之感动的东西。作为一个现代人,他也许会发现一种特定的反思性立场是不可避免的,通过这种立场,他将那些(善或价值)看作是他的"意义",也就是说,这些善对他的意义相当于完全不同的善对他的邻居的意义,是给予他生活以秩序和意义的东西。(至于他如何将这些与他那成问题的价值的有效性的第一阶感结合在一起,则是另一个更为复杂的问题。)

　　很好理解的是,在宗教观点受到挑战,甚至对某些人来说变得不合时宜之后,对于所**失落**之物的感觉为何围绕着意义的问题。确实,"祛魅的"世界将世界看作是没有意义的。但这并不意味着,在宗教生活的所有时代以及所有形式中,这就是构成和保存宗教形式的推动因素。这是平静地采纳了这种宗教动机理论之后得出的一个错误的推论。正是因为这个若隐若现的景象对处于世俗时代之中的我们是一个大问题,因此将它投射到全部时间和全部空间中是非常容易的。但在这一步骤的结尾会出现某种不一致的东西。例如,它完全不能帮助我们理解为什么萨满教出现在旧石器时代,也不能帮助我们理解为什么16世纪欧洲会被由信仰带来的救赎这个问题所撕裂。

　　说了这些之后,我想试着探索世俗现代性中的某些精神渴望和张力,因为在我所讲述的关于其起源故事的光亮中,它们变得可见了。

　　1.当我们将对意义的渴望打碎成更加具体的需求时,我们是在为苦难和恶的问题提供一个答案。我不是说一种神正论;因为根据定义,不信者不会为此提供一个位置。我的意思是如何与之共存。

　　当我们意识到存在于世界上的所有苦难时,我们会被击倒;此外,还
681　存在着丧失、消散、邪恶、盲目;或者扭曲的、挫败的以及自残的人类;或者迟钝、空虚、单调。

正如过去那样,这是一种甚至在祛魅的世界中也会出现的状况:我们未受保护;现在,我们感觉苦难和邪恶在世界上兴风作浪,而不是魔鬼和精灵。在许多我们没有防备的时刻,我们会感受到苦难的巨大重力,我们被苦难拖着下坠,或者被推向绝望。在面临战争、饥荒、屠杀或者瘟疫时,这些灾难会将痛苦压在我们身上。

但在苦难之上,还存在着邪恶;例如,施加痛苦、残忍、狂热,以苦难的受害者为乐或者嘲笑他们。其中最糟糕的是陷入到残忍之中,即罪犯那麻木的残忍暴力行为。它简直就像是一场噩梦。你想要获得保护,就要与此分离。但是它可以慢慢爬过你的防护并且攻击你,甚至是在一个祛魅的世界之中。

我并不是说所有人都能感觉到这一点。它——或者至少它在我们这里的特殊形式——在我们的文明中属于我们,与此有关的是这一事实,即我们被一段长久的过去——它以一种圣爱的精神和仁慈的伦理为特点——所塑造。但人们普遍觉得我们需要一种感觉自身脆弱的方式,好让世界"走进我们",或者说这种方式更好。

对此消极的、自卫的反应是将它的大部分阻挡在外面;甚至不去瞄一眼晚间新闻,而是专注于其他东西。更具腐蚀性的是,贯穿整个历史,我们总是善于告诉自己这些人实际上和我们并不相像,以此来消除那种恐惧;也许他们不像我们这样在意贫困和肮脏;也许他们是坏的,是邪恶的,他们应受这种苦难;也许他们由于自身的懒惰和软弱才遭受苦难。或者我们可以画一幅关于事物的更亮丽的图画,在其中苦难被隐藏了;例如,通过对那些生活在意义厚重的文化中的土著人采取一种外在的审美想象力,我们使自己与他们远离。

所有这些都在麻木我们的感觉:存在某种深刻错误,世界如此无序,几乎不堪设想。这些排除或疏远的反应让我们免受淹没,保持清醒。

但当你感觉到你能够行动,去做某些拯救世界的事情;当你能感觉到的不仅仅是部分的问题,还有部分的解决办法时,对此还有一种积极的反应。我们可以从一个小规模的行动中获得这种感觉,感觉到我们在周围环境中为自己的目的乐观战斗,因此我们只是为"tikkun olam"

——用这精炼的希伯来语来说——尽了绵力,用我们的话说就是"修复世界"。我也许可以通过工作来做到这一点,例如,通过生产性的工作,尤其是通过一种"辅助性的"行业。当人们在寻找一种"有意义的"工作,即那种能帮助他们回答他们生命意义问题的工作时,成为这种解决办法的一部分的感觉时常是一种重要的元素。在这点上,费里的分析似乎与我的相吻合。

我们生活中的一个重要问题就是:我们是如何通过各种防护性的、排外的步骤,以及通过修复的实践,来对付世界的苦难感的。

现在,一种远离策略以某种方式隐含在现代的漠然立场之中。你可以看见问题,但不允许它接近你。你准许一些特定的同情、关怀,但你不允许自己为它们所淹没。这些都是关于人类现在身处何处的一些不带情感的事实。至于说邪恶,更不可能接近你。你对这些刚硬罪犯的同情受一种改善计划的界限所限制。如果他们可以改好,那么这是必须要做的。否则,他们就要被消灭。

因此,克制自己不为苦难所吞没,以及通过建基于实践行为界限之上的排除,疏远工作得以实现。你不用担心不可能被改变之物。

这种疏远所保留的积极一面,就是你作为漠然的主体,感到被非人格的慈善所推动;在理性的和可能的界限之内,成为一个自由的自我,善待所有人,能够面对不可避免的苦难和邪恶的事实,并且在内部将它们抹去。你必须能够面对这些事情;因此你对不真实的基督教盼望怀有敌意。通过将这个世界秩序化到一定程度,带来一些善,由此可以获得满足。这种功效感能够确立起仁慈的、漠然的主体之认同,并且将它显示为有价值的,这就为上面的阻挡做了辩护。

这种疏远能采取的另一种形式,我们可以在诸如布尔什维克立场那里看到。这和自由的、仁慈的漠然感有着相似的根源。在对历史行使强大控制时,还存在一种巨大的力量感。所有的仁慈现在都投入到了这种全能的改善行动之中;因此,这种行为之外的东西都可以被牺牲,或者被无情地置于一旁。这就会允许一个人变得残忍,侵犯对无辜人类生命的普遍尊重原则;而在某种方式上这是自由主义不会追随的,即我们的界限感强制执行了负面的检查：至少你应该避免去施加痛苦或施加死亡。但当一个人拥有巨大的力量去行善这种幻象还在继续的时候，仁慈的功效感就会确立漠然的、仁慈的认同。你确信成为了解决方案的一部分；因此不再属于问题的一部分。这在大革命的高潮时期尤为强烈，或者在某人加入共产党的时候。

这里发生的是一个双重过程：一方面，存在作为解决方案一部分的意义，它回答了人类的问题，与邪恶和苦难做斗争，以有效的治疗来应对苦难和邪恶，从而让我们免于被它们吞没。但同时，通过漠然和控制的立场，我们斩断对受苦者和作恶者的本能同情，这意味着我们再也不会感到被牵连其中。他们不再是我们的人。这些愚蠢的、落后的、自我折磨的野蛮人，这些残忍的杀手，这些盲目自私的资产阶级剥削者，这些残酷残忍的白人卫兵（White Guards）；我们拒绝与他们有亲属关系。我们通过脱离监视和控制的立场来完成这一点。

沿着从布尔什维克延伸出来的范围移动，我们就能触及一种立场，它放弃了普遍仁慈和互利的道德秩序。这是一种尼采主义的立场，它拒绝了平等和仁慈，因为它将它们视作具有拉平的效应，并且迎合了我们之中最低等的人，满足了适意和安全的需求。它寻求英雄主义。它的一种形式可以和"伟大"（titanic）相关联，正如荣格尔在《工人》（*Der Arbeiter*）中所用的短语。[11] 或者它可以通过采取一种由"超人"实施的更温和的精英统治的形式，在其中，每样东西都服务于它们的英雄主义或致力于卓越。

现在，答案的第一个积极部分不再是仁慈，而是下面这个观念，即人类要求自身卓越性的实现，但只有很少部分人能做到；所以他们必须继续前行。其余的人也许可以从得知他们是为这个目的服务中获得一些满足，但如果不是这样，他们不得不被牺牲。这里的敌人不是苦难，而是沦入懒惰、平庸、无意义之中。第二个过程——标志着一个人的距离——来自这种观点的精英主义。只有卓越之人才真正有价值。

这里反对自由主义/社会主义的敌意是一种尼采主义的敌意，即他们把救助弱小、结束苦难、带来平等当作他们的主要目的。他们扼杀了

683

对卓越、自我克服、冒险、英雄主义这些最高精神的需求。你已经准备将生命投入其中：黑格尔的"投身"（Daransetzen）；你甚至已经准备"动手了"：荣格尔的"铤而走险"（Draufgängertum）。[12]这些高级的存在渴望去面对在他们通向一种更高的生活中的苦难；并且他们准备好面对死亡。他们反转了恐惧的领域。他们持有一种武士伦理。正是因此，他们必须要战胜同情的诱惑。他们必须让自己冷酷以免被吞噬，并且采取漠然的冰冷立场。

因此他们对邪恶的力量的——至少是部分的——回答，以及对暴力的推动力的回答，是将它内在化、净化，可以说，让它为争取卓越而奉献；将超人的、原始的和最高的结合起来。这是我在先前段落中提到的将暴力中的超自然因素内在化/集中化的一种现代变项。20 年代的荣格尔似乎被诱惑着走向这条路。这是他的尼采主义的黑暗一面，并且在纳粹种族主义那里被庸俗化。

因此存在着受害者剧本。它会侵占左派的头脑。所有的邪恶都被投射到其他人身上；只有他们是施害者；我们是纯粹的受害者。自由的自我感觉比较无辜，因为(a)它清晰地看到了完整的图像，并且(b)它是解决方案的一部分。但这与在某种程度上认识到在世界的失序中你自身的错误是相容的。另一方面，受害者剧本是一种离经叛道的、世俗化了的基督教，它以将所有的邪恶都投射到其他人身上为代价，获取了完全的清白。这可以为布尔什维克式的残忍辩护，也可以为"伟大的行动"（titanic action）辩护。我们可以看到这如何能够实现两种过程，即让我们远离恶：我们是解决方案的一部分，我们绝不是那些施行伤害的人。我们与他们没有任何交集。

因此我们可以看到现代不信的各种形式为我们从苦难和邪恶的退缩所激励。即便对将它阻挡在外的缓冲的自我来说，某种东西取代了往日的精神世界。也就是说，仍然存在某种我们需要保护的东西。这不是说每个人都被推动着去对上面提到的任何一种策略进行巨大投入。例如，在积极的布尔什维克党人和献身的受害者那里我们就能看到这种完全的投入。但大部分人也许只是轻轻地和尝试性地采取这些立场；许多拥有者不只持有一种立场；并且大部分人会保护自己，以免由于他们缩小关注点而被吞噬，他们投身于生活，寻求帕斯卡尔式的分心。投身于生活并不必然是一种逃离。我们现代人不太可能缩小我们的关注点，因为媒体以及我们生活于其中的全球的元主题空间时常将远方他人的困境推入我们的注意力之中。

这些策略中的某一些涉及到使用一些似乎是恶的东西：使暴力神圣化、战争、献人祭以及对他们平等人性的否认。在此，它们似乎是宗教和基督教的对立面。但正如我在上面指出的，历史上基督教的很大一部分在吸收这些元素上都非常成功：不惜一切代价通往秩序，好战，驱逐并且消灭异教徒，诸如此类。确实，基督教信仰时常在纳粹分子能跨越的某种界限面前踌躇不前，然而将暴力神圣化的努力仍然存在。历史上基督教显示了一种混合的多样性，它将修复的一种实践，与针对受诅咒者、异教徒、不信者、异端、无可救药的冷淡者的各种排斥性步骤相结合。

当今在这种共同需求的基础上，在一个我们对我们那排斥性步骤的古老储备（venerable repertories）越来越不满意的语境中，信与不信相遇了。看一看历史上基督教的排斥性实践，一些人就会确信，一种人文主义的反应能够最大化地修复这种排斥产生的不良后果。但之后就有问题出现，即是否任何人文主义的观点——仅仅由于它围绕着人类的伟大潜能的图景而被编织起来——都不会诱惑我们忽视失败者、恶棍、无用之人、垂死之人、即将灭亡之人，简而言之，就是否定了期许的人。也许只有上帝，在某种程度也包括那些将自己与上帝相联系的人，能在人类完全处于不幸时还爱着人类。特蕾莎修女在加尔各答的作为将这个问题带到我们心中。

在这个问题上的争论可以被进一步发展。我试图在其他地方这么做。[13]但需要明白的是，在这些问题上得到一个定论是多么困难，尽管如此，通过我们对生活意义的深刻直觉，这些问题仍然摆在我们面前。这 685 是否一定会推动我们超越人类领域？这个问题仍然是开放的。

但从这种对苦难和邪恶的反思中强有力地出现的，是它对两边提出的挑战,将他们的修复实践从他们的排除策略中剥离出来。一方面,它指向一个净化的基督教选项,在这个选项中,一个人可以让自己不畏缩地生活在苦难和邪恶之中,确信上帝的力量能转变它。通过一个人的在场和祷告,通过一个人的在场并且确认从未缺席的善,这个人就成为解决方案的一部分。通过上帝之眼,你看见了善。

一个人必须和这些不信的解决方案共存,肯定善,并且与恶魔斗争。也许存在一条新的路——因而也是从他们那儿去往上帝那里的人迹罕至的路——一条"修直主的路"的路。

另一方面,还有一种乖巧的、消极的自由主义,它从它自身恶魔潜能的过激行为中学到了很多。实践礼仪,避免苦难,与压迫斗争。在此,以赛亚·伯林是一个重要的人物,在另一种方式上茱迪·史珂拉(Judith Shklar)也是。在这里有某种深刻智慧。[14]

❧ 10 ❧

在下一章我会返回到这个关于世俗化的现代性的精神张力问题,但现在我想重提先前段落中不完整的讨论:暴力和宗教又是如何呢? 在一个受神学启发的恐怖主义时代,这些问题我们想得很多。当然,我们也看到许多被无神论以及/或者反基督教意识形态(例如,马克思列宁主义和纳粹主义)所刺激引起的恐怖暴力。但这仍然没有解决问题。我上面所论证的那个结论,即绝对暴力之根源是形而上的,而非生物性的,似乎将目光对准了那些宽恕或者鼓励杀戮的形而上观点或者宗教观点。

我在上面所明确表达的关怀,即我们如何与邪恶共存,如何避免被邪恶吞没,这些关怀允许我们将第五节关于宗教和暴力的讨论推向深入,并有助于阐明宗教和暴力一直以来的纠缠。

正如我们所见的,在前轴心宗教中,杀戮能够被赋予一个与生活的其他面向共存的位置。战争与和平曾一度共存;或者说,那时人的任务(某人也许会说"法"[dharma])就是发动战争。有战争之神;有献祭中的神圣杀戮；也有赞赏和平行为的神祇和女神。但迈向轴心宗教的步伐，带来了一种将和平置于战争之上的优先性，尽管如此，前轴心宗教的许多特征都保留在了"高级的"宗教中。战争或者暴力，在许多情况下被视为邪恶的结果。当然基督教的情况也是这样的。

那么神圣杀戮是如何存活下来的？它如何在"高级的"宗教中——它似乎挑战了这些宗教的基本原则——重现？基督教文明如何重新使用迫害，例如在反犹主义形式中？它如何以十字军的形式来鼓吹圣战？ 686

在此我无法花足够多的笔墨详尽地讨论这些问题。[15] 但简单地说来，答案就是，神圣杀戮之所以会重现，是因为它提供了一种净化形式。例如，我们越是强烈地感到我们在某种程度上被邪恶所包裹，我们就越是感到被世界的混乱和邪恶所淹没，正如我在上一节所讨论的，采取一种投射模式——在一个对比的例子中，恶聚集在我们之外——对于我们来说就越是有诱惑力。这使得我们变得纯净，而如果我们英勇地与那些不纯和失序的携带者作战，这种纯净就会变得尤为显著。此外，由于上帝是纯净的根源，因此在作战中，我们与他合而为一；我们站在他那边。

这就是我们称之为"替罪羊机制"的本质。[16] 也许我们可以把它理解为两种构造之间的交汇点：第一种构造是一种反应，这种反应通过辨识出一种对比的情况，让我们能将自己从中区分开，来确信自己是良好的/有序的；我们在自身内部划出一条线。这可以用纯净/污染、自我肯定的对比来表达。第二种构造则是一种强力和精神力量，它们来自对超自然的暴力、诸神的暴力的认同；它在神圣屠杀的某些形式中得到了积极的认同。我们可以在没有神圣屠杀的情况下拥有自我肯定的对比；例如，印度的种姓制度。但当它们汇合，其结果是极其强有力的。

如果这个过于简单的网格可以被强加于一系列复杂的现象之上，那么这种由对比所推动的神圣屠杀就会以两种主要形式出现。存在一种替罪羊机制，发动这种机制，我们可以杀死或驱逐那些侵入以及侵蚀边界的外人。再有就是十字军东征，我们与外部的对比情形作战。后者除了将超自然暴力与纯净结合起来，还实现了另一个强有力的综合：它将武士立场——作为死亡的主人——与超自然暴力的更高原因结合起来。

因此它既能将所有这些可能瓦解的暴力集合起来形成更高的统一，又能给予武士的自我肯定一种更高的意义和意图。十字军东征是一个典型案例，它是对基督教信仰和中世纪社会统治者的贵族武士生活方式之间那难以忍受的冲突的一个解决方案；另外，对于教会将"上帝的和平"强加给不羁和好战的贵族而引起的不断斗争，十字军也是一种解决方案。

　　因此，许多宗教文化都建基于对神圣杀戮或者献人祭这些早先形式的拒绝之上，但超自然暴力甚至在这些文化中也会出现。它们再次出现是因为人们对纯净和良善有了新的定义，人们使用这些定义去建立和保护他们的纯净感，让他们与坏的事物分离。[17]这些人反对和平之君吗？让我们去粉碎他们吧！我们有一种自我确信，相信自己是和平之君最忠实的追随者，即便当我们违背他的教导时也是这样。

　　但这并不是简单地再造了轴心时代的原初状态。在之前和之后都有将自己等同为超自然暴力的东西。但其中所包含的东西发生了彻底的改变。超自然暴力并不必然意味着等同于良善。在前轴心时代，神祇既有良善的也有恶意的；有些神祇主要是良善的，而其他则主要是恶意的，但大部分兼而有之。在这里，"良善的"是相对于人间福祉来说的：生命、健康、财富、子嗣繁多。我们需要时常欺哄和安抚这些更高的存在（这就是"巫师"的重要性）。但是轴心革命倾向于将神圣置于终极善这一边；与此同时，将它重新定义为某种超越了我们理解为是日常人间福祉的东西：涅槃、永恒的生命。

　　轴心转化的某些形式让上帝更接近一种道德的概念；一些准则得到了辩护，并且可以按照这种更高的善被理解，如柏拉图。我们也可以在先知们对上帝的援引中看到这一点，先知们常常命令我们放下献祭，先去救助寡妇和孤儿。

　　因此暴力现在有了一个新的立足点。这就是为更高者（the Higher）服务。这就是说，它变得更不能宽恕、更加残忍和彻底。许多先前的战争被仪式化因而是有限度的，后轴心时代的神圣杀戮将会变得越来越合理并且没有限度。

　　这个"进步"持续着，这是因为在轴心革命之后，神圣杀戮不仅延续下来或者说再次被发明出来；而且，在现代世俗革命——它意味着要扫除"狂热"、宗教迫害以及十字军，一句话，所有过去由宗教诱导的无意义杀戮——之后，这种神圣杀戮还是存在。我们可以在法国大革命的典型案例中看到这些，在其中，共和国"美德"的纯净性再一次需要通过消灭它的敌人来得到保护。并且再一次，杀戮现在被视作是更加理性（它直接瞄准那些确实应该被杀的目标）、更加清洁、更加冷静和更加技术化的（断头台），它带来了真正的善的统治。这将会是和平的统治：在对新宪法的投票表决中，罗伯斯庇尔与那些想要禁止死刑的人站在一边。最终目标和完成它所需要的神圣杀戮之间是不相关的，这一点再明显不过了。

当我们进入 20 世纪，我们可以看到一种革命性的暴力，它为理性技术所推动，这种技术产生的恐惧能让先前时代的恐惧都变得渺小。[18]

在一个重要意义上，在这个方向上，现代冷漠的、理性的和世俗的世界比它所拒绝的宗教文化走得更远。最后的界限被置于一旁。但当目标只包含邪恶、不洁、消极时，我们就没有任何理由袖手旁观。正如斯大林所说的："十年、二十年之后，谁还记得这些乌合之众？"[19]

道德被理性化了。也就是说，规训建立在相对于人间福祉来说善或正义是什么的某些观念之上。这带来了一些关于责任的观念。我们惩罚做坏事者。我们离开了早期宗教的矛盾情感，在这种矛盾情感中，神圣之物带来了福音和危险，之后我们可以崇拜献祭的受害者。

在基督教语境中，与神圣暴力相等同变成了与上帝的愤怒相等同。因此我们迫害异教徒。巫术审判也正式参与了这种逻辑；不管它建基于多么残忍的幻象之上。

现代道德秩序以及祛魅的理性化的世界，应该终结这些行为。没有上帝的愤怒的地位；甚至在信仰者那里也存在"地狱的没落"。

但道德化也许会让事情变得更糟；并且问题会出现，即在启蒙了的、祛魅的世界中，我们是否就不会发明新的残忍的幻象。这种暴力有多么"过时"，准确地说有多么"多余"？

需要注意的是，在现代世界，原始献祭的受害者——它既神圣又危

688

险,是麻烦和治愈的根源——如何被瓦解了。这产生了(a)完全错误的和邪恶的替罪羊,例如在巫术、反犹主义之中;(b)完全正义的牺牲:勇敢的年轻男子在战争中失利,这是一个最终来源于基督教的观念。[20]

在暴力和宗教的关系上,所有这些告诉了我们什么? 宗教是绝对暴力的主要煽动者? 好吧,由于在人类文化的最开端,宗教和暴力是紧密联系在一起的,貌似是这样的。并且在今天,还存在两者互相关联的案例。

但在另一方面,当我们仔细检查某些我们称之为暴力的宗教运用,尤其是诉诸于替罪羊机制,以及通过将邪恶等同于外部敌人(或者暂时是内部的,但这些人需要被驱逐出去)来对我们的纯净性进行自我肯定时,我们就能发现,所有这一切可以很容易地避开对宗教的拒斥而存活下来,并且以意识形态-政治的形式在世俗之人甚至是无神论者那里重现。此外,它的重现带有一种虚假的良知,一种对重现旧的恶劣的模式的不知不觉,这仅仅是因为一个简单的假设,即属于宗教旧时代的一切都不会在我们的启蒙时代发生。

不仅如此,如果宗教一开始就与暴力必然联系在一起,那么这种联系的本质变化了。在古代,前轴心形式,战争或者献祭中的仪式,使得暴力神圣化;它将暴力与神圣联系在一起,并且赋予了杀戮以及杀戮带来的兴奋和陶醉一种超自然的深度;正如它通过其他为性欲和性交而设的仪式所做的。

689 随着“高级的”后轴心宗教的到来,这种超自然的认可慢慢萎缩。我们已经来到这个地步,在一些宗教中,暴力或者它的类似物在神圣的生活中再也没有任何位置,正如我在第三节所评论的。

但是正如我们看到的,神圣化和纯净化的暴力的各种形式重新出现。我们有一个类似于十字军东征的现象。这深深地与基督教精神相抵触,当中世纪早期的主教试着限制高贵的好战以及宣布上帝的停战时,他们在某个层面上意识到了这个问题。然而他们通过退回到替罪羊模式,被诱导着去鼓动十字军东征:异教徒是黑暗力量的仆人,因此他们应当遭受和平之君名义下最彻底的敌意。

尽管如此,这里还有一种深刻的矛盾情感。这些神圣运动被认为是在比日常战争更为严格的规则下运作的;神职人员本身并不应该拿起武器。但基本上,我们在后来的罗伯斯庇尔那里能找到这种模式。一旦共和国建立,曾经作为死刑反对者的他,愿意以完全的纯净性来维持这个共和国,即使血流成河也无所谓。这里的幻象在于认为一个人能够将之前和之后分离,将内部和外部分离。纯净性将在内部并且在王国/共和国之中统治,但至于我们与那些处在这个和平领域之外或者之前的东西的关系,则是由野蛮来统治。

后轴心宗教总是备受一种深刻的坏信仰甚至是伪善所折磨。但在这一点上,它们并不是唯一的。在这方面,有一些好战的世俗的意识形态追随着它们,正如我们当今的混合现象,由教派界定的民族主义(印度人民党的印度教特性,乔治·布什的国家将自由带给世界,都追随上帝对人的旨意)。

但这些更高级的宗教和意识形态想要用暴力来确认它们自身的纯净,与此同时完全剥夺古代和早先形式赋予它们的超自然深度。暴力是丑陋的和野蛮的,然而它必须要为高贵和忠诚的武士所使用。我们不断地压制我们内心熟知的一半的战争和暴力世界;并且,当我们看见我们自己英勇的战士所造成的暴行时,例如在美莱村(My Lai)或者阿布扎比(Abu Ghraib)发生的暴行时,我们也总是被震惊。

现代世界——宗教的以及世俗的——在它的自我理解中有一道深深的裂缝,一种大规模的意识形态盲目,为此它深受其苦。克里斯·海杰斯(Chris Hedges)在他那本惨痛的著作中对此进行了精辟的剖析。[21]

因此,再一次,信仰和世俗的思维面临一种类似的挑战,这个挑战是它们难以设想的,更不用说有效地应对了。在结束了接下来一节的讨论之后,我会回到这个问题。

〜 **11** 〜

就像所有先前关于社会秩序的道德基础的观念——例如等级互补的秩序，或者古代法律——在其支持者眼中，道德秩序的现代观念倾向于被视作是自我稳定的。也就是说，遵从它会给社会带来凝聚力，社会也就变成是自我维持的。

在现代社会中，这种稳定性被认为建基于现代观念的基本原则之上，也即恰当有序的社会能让个体以一种他们互惠的行动促进他们互利的方式联合起来。正如我们所见，这一点以不同的方式被设想。最开始的观点是那种我们称之为最低纲领主义者（如洛克）提出的，后来为18世纪启蒙运动的主流人物所支持。我称之为"最低纲领主义者"，因为他们并没有强烈要求一种利他主义或者一种强烈的团结感；而是认为一旦给定了正确的结构，并且它与对权利的相互尊重的特定原则相一致，在每个人追求其自身的最大利益时，互利就会出现。这通常以一种观点为人所知，即通过一种"利益的和谐"，社会得以稳定。

后来，为了应对上面这种想法，我们可以看到很多版本，它们重点强调公民联合的重要性，即对普遍意志的一种强烈的共同认同，它们也更加强调团结。在这股思想潮流中，卢梭和马克思是关键的思想家。[22] 另外，还有其他一些版本，它们要求一种更高层面的利他主义，这种利他主义被设想为是普遍的，超越所有界限。康德以及马克思以其自身的方式成为这股潮流中的关键思想家，黑格尔则试图以他自己的方式去联合卢梭和康德。

在所有这些版本中，良序的社会被看作是自我稳定的。这不仅对"利益的和谐"之变种来说是如此。约翰·罗尔斯（John Rawls）——一位深受康德影响的当代思想家——也认为"良序的"社会倾向于赢得它的成员的忠诚，从而维持它自身。[23] 普遍主义者康德想要把这种影响延伸至国际领域：资产阶级纳税人，不同于为了追求荣誉而不负责任的国王，他们知道并且能感受到战争的耗费。由他们运作的共和社会,越来越不乐意对其他一方发动战争。人类可以想望永久和平时代的来临。[24]

但最低纲领主义者的观点是难以被取代的。确实,如果说它们有什么的话,那就是共产主义从内部破裂之后,它们变得越来越显著和流行。当今的一个共同观点是,自由市场和自由社会的传播,以及民主的统治形式,能为人类确保一个黄金时代,一个允诺了普遍和平和所有人都更加幸福的时代。人们需要在规训和自我倚赖的方法中,在企业中受到训练,要尊重权利以及民主政府;但这些事物是他们渴望拥有的,一旦获得便不愿失去。

我们关于我们自身的整个观点——它建基于我们对道德的现代理 691
解以及对一个有序的、规训的互利社会的现代理解之上——就是我们已经来到(一些发达国家)以及正在走向(另一些欠发达国家)一个确立了民主制和人权的文明。这个自信景象的基础是什么?

回答是,“一般来说”,一旦这些政权被建立,我们即为之欢欣鼓舞。偏离一直都是错误、迷信或者恶劣条件下的结果。一旦这些被克服,我们就会为这些文明感到高兴,这种高兴的理由是在 18 世纪启蒙运动中首次被预示的:因为我们被启蒙了的自我利益所驱动,并且最终看到了现代民主和市场社会所实现的利益和谐;或者因为深深植根于我们本性中的同情。

当然,许多事物能打破这种和谐:过度的自我主义、骄傲、对权力和名声的竞争性追求;以及各种恶习:欲望、醉酒、各种沉迷等等。但一个看法就是,以上这些也可以被上面提到过的一种积极的、更强的动机所包含。因此我们适应了稳定的民主。

因此我们时常听到说,全球化和经济增长会让社会产生一种转变,在其中流行的暴力会被和平民主政治所取代,因为人们的精力将会拥有更有益的发泄口(这是托马斯·弗里德曼[Thomas Friedman]在《纽约时报》的多篇专栏文章的论证负担)。在弗朗西斯·福山有关历史终结的宣言中,也有一种类似的对自由市场民主制的满足感(虽然伴有失去更高人类目标的一丝不安)。

　　但对持续暴力的悲惨记录会使这一景象陷入麻烦。为什么它老是跟随着我们？为什么我们还在自身中延续它？无论我们的形而上或者宗教信仰如何，对这些我们共同面对的问题，没人能提供一个完全可信的回答。

　　答案的一部分肯定是这样的：许多被认为确保和谐的更低纲领主义的规则，在道德上天生不稳定。诚实、自由竞争、互相尊重权利以及民主统治的法则，一旦被人们真的从中获利的事实所运用，就会被加强，而且人们会更坚定地依附于它。新自由主义全球化的乐观景象就建立在这个期望之上。在我们这个时代，这些法则显然包含了一些真理，但它也显而易见地包含了大量的错误。

　　这不仅仅在于，对一些人来说，至少在短期和中期内，最自由的市场运作会产生可怕的负面后果。（从长远看来，所有这些都会被消除，但我们知道凯恩斯不得不提一下这所谓的安慰。）而且还在于，在最好的环境中要确保大多数人的利益需要一定程度的正直以及对共同利益的忠诚，而这些是自由市场的规则所不能保证的。那些骗取雇员退休金的 CEO，以及那些追求生态上不负责任的政策以致使全球濒临灾难的公司；名单还可以延伸下去。

　　如果我们真的想要进入一种自我维持的伦理法则的应许之地，或者说我们要想满足现代道德秩序的基本条件，即我们的互动确实是互利的，那么我们似乎需要一种更强的伦理，一种对共同体更加坚固的认同，更加团结。因此，我们的反应能不能简单地就是，以一种更加卢梭或马克思的方式来重写法则？

　　但我们现在都痛苦地意识到了这里所涉及的问题。过于强大的中央控制会破坏每个人想要的繁荣，并且威胁自由。团结不能被从上到下地管控出来，而必须是某种人们真正认同的东西。但强烈的共同认同的现代案例——其中最引人注目的是民族主义——也有它们自身的问题，它们时常对多样性怀有敌意，或者可以动员起来去反对外来者。确实，它们可以很容易地就成为我在先前段落中讨论的替罪羊机制的这种或那种形式，也就是说以这样的形式，我们通过将邪恶投射到一些他者那里,来支撑我们自己的道德正直感,以及通过对这种他者发动残暴迫害或者战争,来巩固我们对纯净性和自我正义的确信。

能将一个社会联合起来的社会伦理的这整个领域,是很成问题的,并且是多重困境发生的场所。当然,一种强烈的社会团结感的缺失,可以由一种更高层面上的普遍利他主义所弥补,一些人会希望这种利他主义成为一道藩篱,抵制住排他的实践、战争和迫害,即使在拥有坚固团结的地方也是如此。

就后面这个希望而言,它会被前面段落的讨论——这个讨论展示了即使在现代普遍主义人文主义形式之中,替罪羊机制如何重构自身——所动摇。在雅各宾派和布尔什维克主义那里是很显然的,但即使在当代自由社会中,在"反恐战争"的华丽辞藻——包括对战争的辩护以及为了完全消灭作恶者而对之实施折磨的辩护——背后,你仍然可以听到一种类似的立场在回响。情况似乎是,任何纯净的概念,即使是以人权和民主来定义的"纯净",都会受到替罪羊式的步骤——借助这个步骤,通过与那些被设想为邪恶的人进行的暴力斗争,我们自身的正义得到了保证——的颠覆。

但第一个希望会如何:利他主义是团结纽带的一个补充物,因为团结纽带不仅仅在社会内部过于脆弱,即便在全球规模上也是这样,在那里,它们显然不足以维持一个建立在普遍利益之上的政策。

很清楚的是,在我们这个时代,一个全球规模的利他主义所扮演的角色,比在先前任何一个时代扮演的都重要,这不仅仅是在私人领域中,例如人文主义帮助以及无国界医生组织这样的非政府机构活动的形式,而且还在政府层面上。我们只要想一想最近 G8 峰会上提出的增加援助非洲规模的倡议就行了。但这提出了一个问题,即隐含在这些倡议之下的道德根源问题。

在第十六章,我提出了一个问题,即对于我们对全人类的义务感,现代自然主义哲学提供了各种解释,这些解释是否能使这种义务感有意义。我对休谟主义的解释表达了一些怀疑,在这种观点看来,一种人类同情逐渐在越来越广泛的圈子里蔓延。在此这种道德情感的本体论能和现

693

象学相适配吗？我认为不能。那个解释似乎是有缺陷的，因为它没能解释我们的义务感，对于我们与一种旧的、狭隘的、不那么令人满意的团结模式决裂的感觉，它也没能解释。

但这里我们是在问另一个问题。虽然对于那些驱动我们的东西，我们只有一种有缺陷的解释，但我们仍然被它们强有力地驱动着。事实上，人们会因为一系列的原因，去认同一种团结的政治或者人文主义的活动；无论这些人是无神论的人文主义者，是基督徒，还是穆斯林，等等。这是一个在"重叠共识"之上运作的现代政体的本质。但在此之内，我们仍然可以问，何物作为基础是更令人满意的，现在不是对它如何产生的解释，如先前讨论所示，而是作为我所说的一种"道德根源"。通过这些考虑，我所意指的是某种激发我们去支持这种道德的东西，以及某些唤起我们去巩固忠诚于这种道德的东西。[25]

这里的问题涉及我们需要什么去贯彻道德对我们的要求。我们支持它的理由能促使我们去做它号召我们做的事情吗？或者难道情况也许是，当面对位于我们道路上的阻碍和分心时，它会严重地削弱我们吗？

这两个问题各自的答案很可能是紧密相联的。我们第一个问题的正确答案——即什么能最好地解释我们的道德渴望和行为——能够辨识出我们真实的潜在动机，而不是我们必须接受的它受到意识形态诱导的图像。这是位于我们最高渴望和我们最佳实践之下的动机，在后者中，我们实践了我们对自身提出的要求。但可能的情况是，认识到这种动机，并且越来越清楚和敏锐地意识到它，会加强我们对这种伦理的依附，以及我们按照它去行动的决心。弄明白"我们为什么要做这些事"，可以帮助我们辨识出其他外来的动机并且将它们中立化，这些外来动机——例如自我正义、对做坏事者的轻蔑和痛恨以及对文明优越性的感觉——也许会搅乱行动并且将我们带离我们的目标。一般来说它将会激励我们并且加强我们的决心。如果一种动机拥有这种授权的潜能，我称之为一种"道德根源"。

694　　我早已提及，我们愿意进入这种更宽广的普遍团结的空间，对于这种意愿，启蒙运动时期提出的主要解释基于两个方面，一方面是我刚刚触及的普遍同情,另一方面则是我们将我们的特殊性提升到一种普遍观点,而这给我们带来了一种普遍仁慈。根据这种解释,假设公正的旁观者的立场,不能不引起我们对普遍福利的欲求。

但如果我们不仅仅想要一个说明性解释,而且还去寻求一种对道德根源的认同,那么我们需要更进一步。为什么把握了普遍视角就能让你为了所有人的利益而行事?坦率地说,作为一个事实,并不是每个人都会这么做。可悲地没有达到这些要求的能动者缺失的是什么?

对此,休谟式的解答将会是,我们的同情受到了过多限制。我们感觉团结的能力覆盖范围太狭窄了。也许,通过更多了解那些遥远的他人,或者将我们自己完全向电视敞开,这些电视覆盖了许多能直接引起我们情感的灾难,这样我们就能帮助克服休谟主义所说的那些缺点。但这和调用一种道德根源是两码事。在此,我们与一个早先的讨论——休谟式的同情可以作为对团结的一种解释——相联系。伴随着文明发展和广泛接触而来的所谓的同情之扩展,只是关于我们的一个事实;它不能解释的东西是我们这样的一种感觉,即存在某种比普遍同情更高级、更高贵、更具人性的东西。正是这种对普遍团结作为更高之物的感觉,可以作为一种道德根源来运作;它帮助我们把外来动机置于一旁,并且激发我们去行动。

某种更高的东西在这里可以作为这样一种根源来运行,对此应该如何解释?一种答案援引了我们对尊严的感觉,即我们作为能够理解普遍视角的能动者,或者作为理性能动者,以一种经常援引的方式来提出这个论点。我们是能够实践这种普遍洞见的存在,为了实践这种能力,我们也需要以一种普遍的方式行事,无论这是如何被设想的。这也许是我们朝向普遍幸福(功利主义),或者我们以某种可普遍化的公理来行事(康德)。但在两种情况中,我们都可以说,出于我们的尊严我们如此行事,而这就是构成道德根源的东西。也就是说,这是你可以在自身或他人身上诉诸的东西,它可以让我们去做我们应该做的事。

笛卡尔——在他诉诸"慷慨"作为其他美德的基本原则时——开始了这种现代的将道德锚定在尊严之中的想法。当然,正如这句话的原始意义所隐含的,这是伦理行为的一个非常古老的基础,它位于武士和贵族荣誉伦理的中心。你必须根据你的地位去行事,不要做那些让你看起来像是来自更低秩序之一员的事。只有在笛卡尔那里,这种诉求既被内在化,又被普遍化。你所隶属的更高秩序并不是一个外在的等级,而是理性的能动作用;它是所有人类都(潜在地)享有的。启蒙运动的普遍主义追随着他的脚步。[26]

695　　　当然,这种尊严感所承载的重负比起那些驱使你去为他人的利益而行事的同情来说,是要轻一些;它的重负也轻于一种关于共同利益的生动感觉,后者为一种利益和谐原则所支持,或者为某些在人们内部和之间获取一种普遍双重和谐的希望所支持。但只要对这些早期支柱的信仰黯淡下来,正如在这个后乌托邦时代所发生的,那么主要的诉求就会落到我的尊严之上。作为一个理性存在者,如果行事只为琐碎的私人利益,我会感到羞耻。或者用一种更加释疑和更加幻灭的语言来说,作为一个完全清醒的人,若是在事物中看到了荒诞,我就情不自禁地想要与荒诞斗争,将人类从这种普遍苦难中解救出来,如《鼠疫》中的里厄医生。正如我在上面引用过的加缪的话:"Vigny a très bien vu que l'honneur est la seule morale possible pour l'homme sans Dieu."[27]("维尼准确地看到,对于离开上帝之后的人来说,荣誉是唯一可能的道德。")[28]

　　　并且,一个人越是接近一种"后现代的"、"反人文主义的"立场,那么他对普遍权利的热情承诺就越是无法在事物本性中得到保证,就越是没有希望得到奖赏或者满足,这种承诺越是不受传统术语的激励,如德里达所显示的,那么它就越会受到一种尊严感的激励,我们清醒地感觉到了这种尊严感对我们的要求。

　　　这似乎是令人钦佩的和英雄主义的。在某种程度上它无疑是这样的。但有个问题出现了,即它是否是一个充足的根源,也就是说,它是否真的能驱使我们去实现我们对普遍人类尊严和幸福的渴望。

　　　这将我们带到了我在《自我的根源》最后一章中简要提出的问题。[29]令人印象更加深刻的是将一种福音伦理极大地扩展为一种普遍的团结,扩展为一种对生活在地球另一侧的人类——我们也许永远不会碰见他们，也不需要把他们当做同伴或同胞——的关怀；或者，这不是最艰难的挑战，让人印象更加深刻的是，我们对我们接触过的人，那些我们往往讨厌或鄙视的人，仍然怀有这种正义感；或者我们有意愿去帮助那些似乎是自作自受的人；我们越是思考这些事情，就越会对人们产生去参与这些团结事业、国际慈善事业或现代福利国家事业的动机感到惊奇。或者从消极一面来说，不那么令人惊讶的是，当激励无法让他们振作起来时，正如我们在许多西方民主国家中看到的，对贫困之人和处境不利之人的反感正在固化。

我们可以这么说。我们的时代对人类团结和人类慈善提出了比以往任何时代更高的要求。之前，人们从来没有被要求如此一致地、如此系统地延伸得这么远，结果当然是延伸到了门外的陌生人。一个类似的观点也可以得出，如果我们看一看肯定日常生活的另一个维度，即普遍正义的维度。在此，我们被要求维持覆盖了越来越广泛的各阶层民众的平等标准，将多种差异打通，这种要求对我们的生活产生了越来越大的冲击。我们怎样才能做到这一点呢？

或许我们不能很好地应对；这样就会碰到一些有趣且重要的问题：我们如何才能做到呢？但为了接近这个问题的答案，我们至少应该问一问：我们该怎么做呢？毕竟乍一看我们在这个团结和正义的领域比之前的时代做得更好。

1. 一种方式会认为，对这些标准的执行属于我们所理解的正派的、文明的人类生活的一部分。我们尽可能地不辜负这些标准，因为如果我们没有做到，我们会感到有些羞耻。它们成为我们自我形象的一部分，成为我们自我价值感的一部分。与此相关的是，当我们沉思那些之前没能认识到或者现在也认识不到这些标准的他人——我们的祖先或者同时代的非自由社会的人——时，我们会有一种满足感和优越感。这基本上就是我上面概述过的主要道德根源，这种根源在以启蒙运动为基础的无求于外的人文主义中被奉若神明。

但是我们能感觉到，作为一种动机它是多么脆弱。它会让我们的博

696

爱易受媒体注意力不断转换的模式以及自我感觉良好的各种炒作模式所影响。我们将自身投入到这个月的事业之中，为这个饥荒捐助资金，向政府请愿让它们去干预可怕的内战；并且下个月当它们从屏幕上散去时，便将它们彻底忘记。如果一种团结最终由给予者自身的道德优越感所驱动，那么这种团结就会是一种反复无常、浮躁易变的东西。事实上，我们距离我们的道德观所规定的普遍性和无条件性还很远。

我们不妨设想通过一种更迫切的自我道德价值感来超越这些；这种感觉要求更多的一致性，要求我们独立于时尚，小心地、知情地关注真实需求。这是那些在 NGO 中工作的人必须要感觉到的一部分，相应地，他们瞧不起我们这些被电视图像驱动的给予者，就像我们是那些教养较差、对这些运动无动于衷的人一样。

2. 但最苛刻、最崇高的自我价值感也有局限性。在帮助人的时候，在无限制地给予的时候，我感觉自己有价值。但帮助人的价值在于什么？明显地，作为人类，他们有一种特定的尊严。我的自我价值感与我对人类价值的感觉在理智上和情感上是彼此关联的。这就是现代世俗人文主义想要为自己庆贺的地方。在取代那幅肤浅的、贬低人格的、把人类作为堕落顽固的罪人的图像，清楚地表明人类通达善性和伟大的潜能时，人文主义不仅仅赋予了我们起来改革的勇气，而且还解释了为什么这种博爱行为如此值得去做。人类的潜能越高，实现它的事业就越伟大，这种潜能的执行者就越值得我们去帮助他们实现这种潜能。

但是由一种崇高的人文主义所驱动的——正像时常由宗教理念所驱动的——博爱和团结具有两面性。在抽象的一面，一个人会被鼓舞着去行动。但另一方面，当对人类现实表现出深深的失望，以及现实的、具体的人不足以实现这种伟大潜能或忽视、戏仿以及背叛这种潜能时，一个人只会体验到一种增长的愤怒和无用的感觉。这些人真的值得成为所有这些努力的对象吗？也许在面对这些愚蠢的顽抗时，如果一个人放弃了它们，算不得是对人类价值或他自身价值的背叛。也许我们能为它们做的最好的事情就是迫使它们进行改善。

在人类缺点的现实面前，博爱——对人类的爱——会慢慢地被轻视、痛恨、侵略所覆盖。行动被破坏，或者更糟糕的是，行动在继续，但现在行动充满了新的感觉，它渐渐地变得越来越强制和无人性。专制的社会主义历史，例如 20 世纪的共产主义，充满了这种悲剧性的转变，这在一百年前就被陀思妥耶夫斯基英明地预见到了（"从无限制的自由开始，我就能达到无限制的专制"）[30]，然后它一而再地以一种致命的规律反复出现，从宏观层面的一党专政，到微观层面的"救助"机构，例如从孤儿院到为土著居民建立的学校。

这条线上的最后一步由埃列娜·齐奥塞斯库（Elena Ceausescu）——在她被后继政权处死前有记录的最后讲话中——所完成：罗马尼亚人民已经表明他们并不值得她的丈夫如此宵衣旰食地为他们谋求利益。

悲剧式的反讽在于，越是意识到这种潜能，实现不了潜能就会越痛苦，由这种失望所激起的转变就越是剧烈。一种崇高的人文主义设置了自我价值的高标准，以及一个我们去奋斗的宏伟目标。它激发了伟大时刻的事业。但也正因此，它鼓励了力量、专制、监护、终极的轻蔑，以及在塑造不听话的人时的某种残忍无情。说起来也奇怪，启蒙批判在由宗教控制的社会和制度中所找到的恐怖正与此相同。

基于同样的原因。在这里，信仰的不同并不是关键的。在那些为了高级理念而奋斗的行动没有被缓和、被控制、最终被对受惠者一种无条件的爱所吞没的地方，这个丑陋的辩证冒险反复出现。当然，仅仅拥有适当的宗教**信仰**并不能保证这会发生。

3. 第三种动机模式是我们能反复见到的，这一次是在正义而不是慈善之中见到：我们在雅各宾派、布尔什维克主义中能看到它，在当今政治正确的左翼以及所谓的"基督教"右翼中也能看到。我们与非正义斗争，后者迫切地想要进入复仇的天堂。我们被一种炽热的义愤驱使着去反对种族主义、压迫、性别主义，或者左翼人士对家庭或基督教信仰的攻击。针对那些支持和纵容这种非正义的人的仇恨，又为这种义愤提供了动力，而这反过来又会被我们的一种优越感所促进，即我们不像这些邪恶的工具和帮凶。马上我们就会对周围发生的浩劫无动于衷。我们关于世界的图像安全地把所有邪恶都置于我们之外。我们与邪恶斗争所

698

需要的能量和敌意都证明了邪恶外在于我们。我们决不能变得温和，反而应该在义愤和谴责中与他人较量，从而增强我们的能量。这是我在第五节和第十节所讨论过的神圣杀戮的辩证法。

另一个悲剧式反讽也在于此。对（时常正确地被辨识出的）非正义的感觉越是强烈，这个模式就越能有力地得到确立。我们成为敌意的中心，成为一个更大规模的新非正义模式的制造者，但我们是从最精致的错误感，以及对正义、平等、和平的最大激情开始的。

我认识一个来自泰国的佛教徒，他大胆地访问了德国绿党。他承认他彻底地迷惑了。他认为他理解了绿党的目标：人类之间的和平，以及人类对自然的尊重和友好的立场。但令他感到惊讶的是绿党对现有党派的愤怒、谴责的语调以及敌意。这些人似乎并不认为通向他们目标的第一步是要平息他们自身中的愤怒和侵犯。他不明白他们到底在忙些什么。[31]

这种盲目性在现代无求于外的世俗人文主义那里是很典型的。这种现代人文主义为自己释放了博爱和改革的能量而自豪不已；通过消除"原罪"，摆脱人类本性那幅卑贱和低下的图像，它鼓励我们往高处攀爬。当然，这其中也有一些道理。但它也是严重片面和幼稚的，因为它从未面对我这里提出的问题：什么东西能为这种博爱、改革的巨大努力提供力量？这种人文主义给我们留下了很高的自我价值感，以免我们倒退；给我们留下了一种极高的人类价值观，促使我们前行；也给我们留下了一股反对错误和压迫的炽热义愤，向我们提供能量。它很难理解所有这些是多么成问题，以及它们多么容易就变成某种琐碎的、可恶的或具有直接危险性和毁灭性的东西。

一个尼采主义的谱系学家可以在此忙一阵子了。对尼采来说，没有什么比展示道德或灵性实际上为正相反的东西所激励更能让他感到满足了，例如，基督徒对爱的渴望实际上是由弱者对强者的敌意所驱使的。不管人们怎么看待这种对基督教的判断，有一点很清楚，现代人文主义充满了这种令人不安的逆转的可能：从对他人的献身到自我放纵的、感觉良好的反应，从关于人类尊严的一种崇高感到由轻蔑和敌意所驱使

699

的控制，从绝对自由到绝对专制，从帮助受压迫者的一种炽热愿望到对那些阻碍自己道路之人的疯狂敌意。飞得越高，跌得越重。

也许说到底，拥有一些小目标而非大期望，从一开始就对人类潜能保持某种愤世嫉俗的态度会安全一点。毫无疑问这是对的，但之后你也许会有这样的风险：你不再有动机去采取团结的伟大行动，也不再与巨大的非正义斗争。最后，问题就变成一个极大极小的问题：如何在对人类最小的希望中去拥有最高程度的博爱行为。一个类似于加缪《鼠疫》中的里厄医生这样的人物，也许是对这个问题的一个可能解答。但那是虚构的。在现实生活中哪种解答是可能的？

上一个段落的反思显示了，在实际的实践中，博爱如何能滋生对人类的厌恶。但在现代文化中，你也可以看到一股强有力的厌世潮流，它是独立于任何试图帮助或者改变生活状况的实际经验的。这种厌世——正如它所是——在原则上承认人类生活的价值；它将自己看作是采取了一种英雄主义的立场，它最终宣布了基督徒和人文主义者都试图向自身和我们隐藏的那些东西。在最近的一本书中，[32] 南希·休斯顿（Nancy Huston）研究了 20 世纪文学中一个不寻常的现象，即某些最受欢迎的作家支持最冷酷的和最无条件的厌世，他们的作品被广大公众阅读和赞赏，而读者群中的大多数人都不会对按照这种世界观生活感兴趣。

例如，她援引了萨缪尔·贝克特（Samuel Beckett）、托马斯·伯恩哈德（Thomas Eernhard）、埃米尔·齐奥朗（Emil Cioran）、伊姆雷·凯尔泰斯（Imre Kertesz）、米兰·昆德拉（Milan Kundera）。他们中许多人的共同根源就是叔本华，那个伟大的悲观主义者，让自己成为了卡尔德隆（Calderón）的《人生如梦》（*La vida es sueño*）中的名句："人类最大的罪行就是出生。"但实际上，叔本华并没有把被出生等同于一种罪行，它更应该被看作是一种巨大的不幸；那些给予生命的人才应该是受诅咒的。这种厌世彻底拒绝并且鄙视人类生殖、繁殖这一整个组建家庭、养育子女的事业；这种立场往往患有一定程度的厌女症。女人对于男人来说是一种威胁，因为她们让他们陷入延续这整个生殖过程的网罗之中，而这在叔本华看来,是意志的一种繁殖其承载者的持续努力。

令人有点困惑的是,这种极端的悲观主义还在吸引着如此的关注、赞赏、文学奖赏和媒体关注。对此,南希·休斯顿提供了一些非常有趣的解释。坦率地说,她认为在这种立场中有一些英雄主义,这是正确的,即便你根据其他原因来谴责它,这也赢得了赞赏。"佩戴着无比痛苦的光环,其跟随者是我们十字架上的基督,我们那受尽折磨的圣人,我们那禁欲主义的殉道士,高尚且光荣。"[33] 我将加上另一个原因。说白了,我们中的很多人都对我们信奉的博爱式团结带有一种矛盾的态度,这是由于一系列原因,包括上面讨论的这些。这种矛盾情感为一种不安的良心所加强:我们并没有做到在我们理念和抱负的光照下应该做到的事情。看到它们彻底地被抛弃,我们矛盾的情感受到压抑的一面得到了宣泄,我们以一种方式——我们被政治正确的规范推入了伪善之中,总之以一种貌似可以推翻的方式——表达了我们的怨恨,在这当中存在一些特定的快感,因为毕竟我们不过在"享受文学"。[34]

但是,如果我们想要从对厌世的这种鬼鬼祟祟的同情之中将自己解放出来呢?休斯顿提供了一些能够达到这一目标的考量。她让我们注意生养子女的经验,"我看见了语言或人格的缓慢出现,看见了一个生命难以置信的建构,以及它对世界的接收,将它转为他自己的,进入到与世界的关系中……**我看到它感人肺腑**。"[35]

我觉得这是正确且动人的。我确信它描述了一种广泛的经验。但这让我们回到了我们早先的问题。这种敬畏、惊奇、柔和的感觉,在一个新人类生命出现并且寻找到她自己的时候,会让我们如此动容,但这些感觉究竟反映了什么?显然,人们可以拒绝看到它,例如陀思妥耶夫斯基的小说《群魔》中的助产士阿琳娜·普罗霍罗夫娜;面对一个新生儿时,沙托夫感到颇为惊奇,叫喊到,"一个新生命的出现是一种奥秘,一种伟大且不能解释的奥秘……有两个人,突然就有第三个人了,一个全新的精神;……一种新的思想和一种新的爱……如此不可思议……世界上没有比这更高级的东西," 阿琳娜·普罗霍罗夫娜则嘲笑道,"你真是大惊小怪啊……这只不过是生物机体的进一步发展,除此之外别无其他,没有什么奥秘的,……否则每一只苍蝇都是一种奥秘了。让我告诉你一些事情,多余的人根本不该被生出来。"[36]

当你无法避开这个洞见时,你看见的是什么? 以哪种方式清晰表达这种洞见能公平地对待它? 哪种方式能最强有力地捕获它? 哪种方式能使它以最强有力的方式影响我们并指导我们的生活? 我们上面的两个问题,即解释我们的道德反应,以及辨别我们的道德根源,现在再一次紧密地互相关联起来。

一个基督徒会说,父母在成长的孩童中看到的是上帝形象的某些方面。但显而易见,你未必一定要使用形而上的或者精神的词项来理解这个洞见。然而,同样并不见得相反的情况就是对的,这只是一个可以用自然主义的方式来解释的反应。我们应该把它视为一个需要进一步探究、辨明、探索的问题;同时也作为一个重要的问题。将这个问题与上面讨论的普遍团结之根源问题相关联,可以这样来陈述:这个令人感动的洞见——我们中的大多数人能够很容易辨认我们与子女的关系——能以何种方式告知和激励我们作为人的立场。

相反,我们关于博爱的深层动机的整个问题常常被过于简单地解决了;要么通过我们的信仰——有些人信仰上帝,另一些人则信仰康德主义的道德或者人权;其他一些人则从另外一个角度,通过我们同情的"自然"情感或是(在这个例子中的)惊奇。

但是,正如我之前所说的,对于我上面所描述的博爱实践来说,仅仅拥有合适的信仰并不构成一个解决。并且同情可以如此容易地为意识形态所阻碍,即使(虽然很少)在对我们自己孩子的同情上也会这样,至于对他人的同情自然更会这样。实际上,在现代人文主义登上舞台之前,基督教就慷慨地展示了从高级理念到残忍实践的转变。那么我们还能做什么?

我们如何能够成为不被厌世情绪影响、不纵容自身的能动者呢? 当然,对此存在一种基督教的叙述,我在上面已经提到过。这是不能担保的事,唯有信仰。这可以用两种方式被描述。要么作为一种无条件的爱/同情,也就是说,不是基于作为接收者的你把自己变成了什么样;或者基

701

于你最深刻地所是的东西,例如作为上帝形象的存在物。它们明显是相等同的。在每一个例子中,爱并不是以在作为个体的你之中所实现的价值或者单独在你那里可以实现的价值为条件的。那是因为它是在上帝的形象中受造,而且是每个人都具有的一个特征,它并不是某种凭借单独地关涉到这种存在就能被刻画的东西。我们在上帝形象中的存在也反映为我们在爱的河流——这是我们试图掌握的上帝生活的一个方面,是我们在谈及三位一体时试着去理解的,虽然不十分充分——中与其他人一同存在。

这里还存在另一个问题。我们可以看一看基督教的圣爱,然后说,加缪在荒诞面前肯定了人类的幸福,如同维持同一类博爱行为的另外两种可选项,如人文主义的行动或捍卫人权的行为。这里有两种一般被不同的人——他们有着重叠的共识——接受的立场。这是上面讨论的主要关注点。但是它们同时也反映了非常不同的伦理观,以及对人类生活极为不同的观念。

在上面,我谈到了现代厌世立场中的英雄主义。即便感觉到了生活的无意义和没有价值,英雄主义仍然坚持继续存活下去。但加缪与此相关的立场——即以持续的博爱行为来应对这个无意义的宇宙——似乎更加英勇。确实,它似乎比基督教的殉难更为勇敢,因为在为他人的生活中,甚至在为他人而死中,自我的馈赠被剥夺了回报的希望,而殉道者们在复活后的生命中仍然拥有这种希望。这是绝对的英雄主义。

这部分解释了这种立场在我们这个时代所拥有的巨大威望;并且正如我所认为的,现代无神论令人信服的力量更多地在于它的伦理立场而不是认识论的考量,这不是一件小事。

看起来似乎是,这种对优越性的断言是不可辩驳的;甚至无偿的给予都能胜过十字架上的受难。

但这是衡量卓越的最终标准吗? 如果我们认为伦理美德是孤立个体的实现,那么看上去似乎是这样。但假设最高的善是由团契、互相给予和接受构成的,典型的例子则是欢宴节。无偿给予的英雄主义在这种互利性中没有地位。如果你回赠给我某些东西,那么我的礼物就不是完全免费的;并且,在极端的情况下,我会随着我的礼物一同消失,我们之间的团契变得不再可能。这种单边的英雄主义是自我封闭的。它触及到了当我们由我们自身的尊严感所感动时所能达到的最遥远的界限。但这就是生活所向?基督教信仰提出了一个非常不同的观点。[37]

让我们回到南希·休斯顿上面那个洞见,即我们看到儿童正在觉醒,成为另一个自由的存在。这事实上是某种更大东西的一个侧面。在成长之路中,儿童都被父母引导着。但这不仅仅是一个人为另一个人进行服务。它只有在超出这种服务的地方,在爱的连结产生的地方,才算取得了成功。在这种结合中,每个人对另一个人来说都是一份礼物,每个人都给予和接受,因此给予和接受之间的界限就模糊了。我们完全处在"利他的"单边主义的范围之外。

情况能否是这样,即有某种类似的东西,以一种非常不同的方式,位于平等者的团结感之后,这种感觉促使我们去帮助他人,即使是在地球另一边的人?这种感觉将会是,我们在某种程度上是彼此被给予对方的,并且在理想情况下,推向极致,这向我们指明了一种给予和接受互相融合的关系。

我们在这里的关注又是双重的。一方面,我们想要发现这里感动人的力量是什么,并想提供一个对它的公正解释。另一方面,我们感觉到正确地获得它会帮助我们加强这种力量,并且能让它从我上面描述过的动机——这种动机很容易将博爱据为己有,并将它变成它的对立面——中解放出来。

现在,你可能会总结,对于我们人类来说,这类对他人之中上帝形象的回应实际上不太可能,并且你也许不能理解我们彼此被给予对方这个观念。我认为这可以是真的,但只有我们对上帝保持开放才有可能,而这实际上意味着要越过无求于外的人文主义在理论上设定的界限。如果一个人真的相信它,那么你能对现时代说出一些重要的东西,这些东西诉诸所有人在现时代——包括信仰者与不信者——最看重的价值的脆弱性。

但如果不是这样,那么情况似乎就是,加缪或德里达那令人敬畏的、

703

斯多葛式的勇气必须是我们最高的渴望。没有这种或那种方式的"信仰的跳跃"和"预期信心"，这个问题仍然会悬而未决。但如果信仰上帝这一行为是有合理理由的，那么一个人必须以新的眼光来看待这种斯多葛式的勇气。作为尼采意义上的人类的自我克服，它仍然是值得赞赏的，正如它的近亲、彻底的叔本华式的厌世，但它的实现是以将自己，很可能也有他人，从在历史中一条通向更有力且更有效的治疗行为的道路上转移出来为代价的。[38]

～ **12** ～

同样都是在最后一段中，论证来到了这里，在此我们必须超越下面这个问题：即准则应该是怎样的，无论是最低纲领主义，还是建立在团结或利他主义之上的准则；且要去问执行这个准则所需的更深动机的问题。这在第十节中是以消极的方式出现的，在那里问题是这样提出的：我们如何打击或克服通过替罪羊机制来支持自以为是的诱惑？在第十一节中它以更积极的方式出现，在那里，我们为当代利他主义的高标准寻找合适的道德根源。

在这些案例中，我们超越了许多道德思想——它们源自道德秩序的现代观念——的范围。这往往将焦点准确地对准准则，一方面是道德准则，另一方面是制度和规则的集合。在由利益和谐而自我维持的道德秩序的最低纲领主义者的最初版本中，道德动机问题的黯然失色是非常能让人理解的；稳定性和社会秩序的基础在于启蒙了的自我利益。"利益"是基本的且持续着的动机，它只需要通过好的习惯和/或启蒙了的观点把它往正确的方向上引导。

当然，这个动机问题的黯然失色——它对于先人来说是不可思议的——受到后来关于道德秩序的更为苛刻的观点的挑战，这些观点强调团结和/或利他主义。卢梭以及康德都把动机看作是核心问题：自爱（amour-propre）对抗普遍意志；由爱好所推动的意志对抗由理性所推动

的意志。但是当代思想——甚至在它的新康德主义形式中——似乎又 704
一次远离了这种洞见。

因此现代自由社会的一大部分努力放在了定义行为准则和应用行为准则上。首先,在最高的理论层面,许多当代道德理论都预设了道德可以以一种关于义务和被禁止行为的准则来定义,此外,这种准则也可以从一个单一根源或者原则中产生出来。因此,在我们的哲学系里最重要的是功利主义和(后)康德主义之间的斗争;他们都同意,必须存在一个单一的原则,从中我们可以推导出所有的义务行为;但就这个原则的本性方面,他们二者展开了一场激烈的争论。一方面是那些倾向于以这种或那种方式对功效进行计算的人(规则功利主义、行为功利主义、偏好功利主义等等)。另一方面,我们可以发现那些以某种普遍性形式来设定标准的人:不管它是最初的康德主义(根据可普遍化的准则来行动),还是更加复杂的现代版本,例如:只有当所有受影响的人都同意时,这个规则才是正确的(哈贝马斯);或者只有当你能在那些受影响的人面前为行为辩护时,这个行为才是正确的(斯坎伦[Scanlon])。这里不变的是将道德等同于一种统一的准则,它从一个单一根源中产生。

但如果你从学院走到政治领域,你会受到一种类似的(以及相关的)准则固定的困扰。这与我们社会的一些基本原则的合法确立——这种确立最显著和可见的形式就是各种权利宪章和非歧视条款的宪法化,这是我们世界的一个中心特征——是相互交织的。这导致了对有法律约束力的准则越来越复杂的定义。但这种方法在精神上超越了政治领域。下面这一点被当做是理所当然的,获取某些重要的集体善——例如宽容和互相尊重——的方式,位于一种行为准则中,例如一些校园已经落实到位的"说话准则"。不尊重的形态被整理出来,以便它们可以被禁止,如有必要甚至是处罚。这样,我们的社会才能继续前行。

这是哪里出错了呢?为什么我们的道德/伦理生活不能由一条准则充分地捕捉?以下是一些理由:

(1)亚里士多德的理由:处境、事件不可预见地是多样的;没有一套法则能完全捕获它们。任何一个未确定的准则都必须被调整以适应新的处境。这就是为什么拥有实践智慧的好人，确实是在对所关涉之善的一种深层感觉上运作，加上觉察新处境所需要的一种灵活能力。

（2）善的多样性（同样也是亚里士多德）：不仅仅只有一种善；但这并没有为康德和边沁认识到，也没有被所有那些试图从单一根源-原则中推导出道德的人认识到。在一些特定情况下，这些善会互相冲突，如自由和平等；正义和怜悯；交换正义和礼让；高效的成功和富于同情的理解；以官僚制形式处理事情（这需要分层、规则）和将每一个人当做独一无二的人来对待；如此等等。

（3）现在这个特征（2）强化了（1）。它产生了一些困境；这些困境以不可预料的方式互不相同。因此我们更需要实践智慧。在此我们感到有两种善在冲突，感到每一种要求的权重与其同类的要求处于紧张之中。如果其中一个确实是重要的，那么另一个则相对微小，我们要知道向哪条路倾斜。

因此，"相同"困境的不同案例要求不同的解决。但此外还有一些东西。困境的本质在于，即使在一个具体案例中，它们也可能会允许不止一种的解决方案。也就是说，根据冲突着的善来定义的"相同"困境，在具体的案例中，也许会有不止一种解决方案，就像是拥有两个未知项的二次方程。为什么？

因为我们在处理的不仅仅是一些善（正义和宽容，自由和平等），而且还包括特定的人、特定行为者的一些主张。他们如何选择，或如何被诱导去处理他们自己的主张，这些都会对结果产生一种决定性影响。某些人遭受了一种历史性错误；交换正义要求赔偿。但还有一些其他的考量。如果我们仅仅考虑错误的本质，那种被认为是充分赔偿的东西，就会产生其他一些影响，这些影响会对各方——要么它是清白无辜的，要么它不承担全部罪责——产生破坏。这明显是在历史赔偿中出现的问题：对历史受害者的赔偿支付；或从一个专制剥削政权向一个更加开放、民主、平等主义的政权过渡。在后一个案例中，我们还需要考虑，充分赔偿对剥削者后裔和被剥削者后裔未来在新政权中共存所造成的影响。

现在,在两方的冲突仍然胶着且相互保持距离的语境中,一个"正确的"解决方案对于受害者来说也许该是一个全盘考虑的判决。但如果他们可以被带到一起,可以对话,并被激励去寻找一些为了他们的共存良好的未来基础,那么你也许会得出一种非常不同的"判决",或者解决方案。当代过渡正义(transitional justice)的案例就会浮现在眼前,例如南非的真相与和解委员会(Truth and Reconciliation Commission)。当然,对此也会出现一个大问题:受害者真的同意吗? 到底谁是受害者? 他们是不是匆忙地、被推搡着、被迫做出了太多的妥协? 如此等等。但是隐含在这类程序之后的基本理念就是,让之前的受害者接受下面这一点,即他们可以对真相(究竟发生了什么)闭口不谈,但这是以放弃许多其他他们可以合法宣称的权益——例如对作恶者的惩罚,以眼还眼等——为代价的。目标在于寻找一种"判决",它允许和解,从而让人们能在一个新的基础上共同生活。

这里的关键之处在于:一个人之所以论辩说困境允许不止一种的解决方案,是因为在要求者之间也时常存在冲突,而这种冲突会被那些牵扯其中的人以不同的方式看待和解释。但是进一步,通过将解释往一种特定的方向推进,相同的困境可以用对两种善牺牲较小的方式来解决。也就是说,一个解决方案也许是这里唯一的正确答案,因为各方还是强硬地敌对并且互相反对,坚持他们完整的"权利";其结果是,对受害者的"判决"在一种意义上是更高的,因此对作恶者的伤害更大;但由此产生的敌意,也剥夺了受害者和他们的继任者由礼让与合作带来的善。作为对此的反对,真相与和解委员会的运作可以将我们提升至一个新的境地,在此这个问题就不再是零和的。与第一种情况的全盘敌意相比,它能带来一种双赢之举。

(4)对此做一个概括,我们可以看到,一些困境必须在一种二维空间被理解。水平空间给你提供一种维度,在其中你必须在两方之间寻找解决之法、公平的"判决"。垂直空间打开了一种可能性,通过被提升到更高层面,你会接受一种新的水平空间,在此的解决方案对两方来说不再那么痛苦或具有破坏性。

这一类案例大量地存在于现代政治之中。在可怕的互相杀戮之后，对波斯尼亚来说，一个"公平"的解决，也许就是这种奇怪的三族国家（tri-partite state），即分离的小行政区，一种三位一体的总统制（triune presidency），以及很大程度上的不确定性和不稳定性。但设想一下，经过时间的历练，在各方之间可以重新建立一些信任；那么，你就能看到走向一种更规范的联邦制的可能性。

这就是为什么政治中的施恩者是那些其超凡魅力的发明能帮助一个社会在这种空间中前进的人；曼德拉、图图（Tutu）主教会出现在我们的脑海里，正如上面的案例所表明的。

换言之，我们可以说，此类困境同时也是三重困境或者双重困境。首先，我们必须在断言 A 和断言 B 之间做出判断；但随后我们也必须决定，我们是在我们现有的层面上寻找 A 和 B 之间的最好"判决"，还是试图引导人们将它们提升到另一个层面。在此，伟大的领导人能将人们可以被引导至何处的精明判断，与将他们带领到那里的超凡能力结合起来。我们再一次想起了曼德拉。

我这里所谈论的垂直维度是关于和解和信任的。而这恰巧也是对这些困境的一种基督徒式的理解的核心主题之一。上面的讨论确实展示了基督教信仰如何永远无法被移入一种固定的准则之中。因为它总是将我们的行为置于两种维度之中，一种是正确的行为，因而也是一种末世论的维度。但还存在一种和解与信任的维度，因为它指向超越了可能和解的任何仅仅是内部的历史视角。然而，它能激发出历史中的垂直步骤，如曼德拉和图图所示。（图图的信仰委身是众所周知的；我不知道尼尔森·曼德拉实际上信仰什么，但他的整个行动明显深受基督教启发，但愿这符合历史事实；宽恕是一个关键的范畴，不管它在此如何被淡化为一个术语。）

新约中充满了这种暗示。举个例子，有个葡萄园主，他在一天的开始就接收作工的人，接下来一天中一直这么做，直到这一天的结束。园主提议付给每个雇工一钱银子，这对于维持一个稳定社会中的工钱政策

707

基础来说显然是离谱的;因而招致那些一大早就入园工作的雇工的抗议。但是这个比喻开启了上帝之国的末世论维度:在垂直空间的最高点,就是唯一合适的分配。上帝在垂直维度中运作,正如道成肉身的基督与我们水平地在一起。[39]

但那意味着,基督徒在这个世界中行动不存在任何公式。要采取在当今环境中有可能最好的准则,或任何可通行的准则。这个问题一再出现:一个人可否通过超越/修补/重新阐释准则让我们都朝垂直方向运动?在福音书中,基督一直这么做。这就是为什么基督教教会有一些非常令人不安的倾向的原因,这些教会完全认同某些准则(尤其是性规范)和制度(自由社会)。

但是返回到论证的主线,诉诸于垂直维度,会以另一种方式将我们带回现代道德哲学缺少的视角,即道德动机的视角。因为显而易见,在和解与信任的维度上走得更高,会涉及到一种动机的转变,以及放弃由报复获得满足的能力,或者由于与邻居保持一种不信任的距离而有的安全感。它涉及以一种新的方式将人们结合在一起,无论我们是否以一种基督教的方式来理解这条我们正在行走的垂直道路。

因此现代自由社会的"准则迷信"(code fetishism)或法则崇拜具有极大的潜在破坏性。它倾向于忘记那些让任何准则具有意义的背景:规则和规范想要去实现的各种善,并且它倾向于让我们对垂直维度感觉迟钝,甚至盲目。它同时也鼓励一种"一刀切"的方法:一条规则就是一条规则。你也许可以说,现代的法则崇拜会在道德上和精神上让我们变傻。

❧ 13 ❧

现在,这个讨论无疑与我们在第十节末尾悬置的问题有关,即替罪羊式的暴力问题。所有这些有没有告诉我们如何减轻暴力或者将它消除? 我们有希望做到这些吗?

708　　　让我们先考虑一下我上面提到过的康德的假设,虽然他并不是唯一坚持这一假设的人。这种观点认为,有序的民主社会将变得不那么暴力;互相之间不会发生战争,可能也不会受到内战的折磨。这其中有一定的道理,正如我们在第十一节所看到的。现代规训化的秩序有一定的影响。但正如我们在同一节看到的,由于一系列的原因,和平是脆弱的;部分是因为存在一些经济秩序的成功条件;部分是因为排外和竞争的张力虽然是亚暴力的,但产生出了敌意。因此,存在一个问题,即一些社会加入有序民主政体的范畴会有很大的困难。

　　因此,任何想要克服暴力的程序必须至少包含两个目标:(1)建立这样一个有序民主的政体;(2)通过防止绝望地被排除在外的团体的形成,尤其是年轻人群体,试着让它们的利益尽可能广泛地扩展。

　　但在面对延续或更好地重新编写替罪羊机制的旧形式和我们今天的圣战时,这个程序似乎是极端不完善的。我们能做一些事去反抗这些吗? 在我们的程序中有第三种元素吗?

　　一种答案也许是:让我们注意到这种绝对的、净化的暴力的形而上/宗教根源。那么我们该如何摆脱它? 它是宗教的,或者至少是形而上的;因此,只有通过完全克服我们存在之中的宗教维度,才能摆脱它。到此为止,问题在于,一个所谓的世俗共和国的主要建造者们——列宁们和罗伯斯庇尔们——并没有像他们所以为的那样将自己从这个梦魇中解放出来。

　　从上面所回顾的现象来看,明显的一点就是,仅仅提出一些非宗教的理论,像现代人文主义那样,并不能真正解决这个问题。宗教形式似乎重构了他们自身。因此,我们将不得不为真正的、彻底的祛魅,为完全逃离宗教而斗争。但我们如何才能做到这点? 这真的可能吗?

　　这暗示了另一个答案:上面所有的东西都显示了,宗教维度是不可避免的。也许只有在好的宗教和坏的宗教之间做选择。现在有好的宗教。例如,吉拉德将旧约和新约作为一种源泉,它提供了关于替罪羊叙事的一个反面故事,后者能显示受害者是无辜的。[40]例如,我们也可以对佛陀说出类似的东西。

因此，我们可以指出一种基督教式的反暴力的福音图像：转变那种通常进入替罪羊净化机制的能量；这种转变能克服对暴力的恐惧，但它达成这一点，不是通过成为暴力的主人，不是通过指引暴力成为一种反抗邪恶的毁灭性力量，而是通过将自己献给暴力，以此来克服它；它以爱和宽恕来回应，因此轻轻打开了善和治愈的一股源泉。

但我们可以对这些宗教立场做出一个类似于我们刚才对人文主义做出的论述。仅仅接受一些宗教，甚至是原则上"好的"宗教，并不能解决问题。现代世界对"受害者的关注"（le souci de la victime），要归因于基督教。但是我们也看到了，这如何能被有着替罪羊净化机制的宗教据为己有。我们是否要抗议说这是一个世俗化了的变项？那么，基督教反犹主义那长久的、沉闷的、可怕的历史又是如何呢？从一种吉拉德式的理解来看，这是对福音的直接背叛；一个 180 度的大转折。因此，仅仅相信这些"好"的宗教并不能克服危险。

双方都有病毒，因此必须与之作战。

在寻找我们程序中的第三类衡量标准的过程中，它将我们留在了何处？在上面的悖论式反转中，我们注意到一种模式。当我们奋力去实现那些寓居于我们的目标中或我们的秩序观中的善时，它们在某种程度上就破灭了。罗伯斯庇尔那个没有死刑的共和国，在某种程度上激活了一个不断升级的屠杀程序。对于各民族在多样性中共存的赫尔德式的秩序，或者拯救所有受害者这个目标，也可以用相似的话来总结。悖论之处在于，目标的真正善将我们、它的建造者和辩护者定义为是善的，因此它打开了一条路，在这条路上，我们将自我完整性建立在与我们的善可媲美的恶的对比案例上。道德越是高级，我们的恨意就越是恶毒，因此我们就必须破坏和发泄。当十字军东征在现代世界的道德主义中到达顶峰时，甚至正如在萨拉赫丁（Salah-ud-din）和狮心理查德（Richard Coeur de Lion）的时代对一个敌人骑士般的尊敬这最后的遗迹也已经消失了。除了与邪恶冷酷无情斗争之外，已经没有什么东西了。

　　针对这种暴力分类的自以为是的重建——它在善和允许最可怕的暴行的恶之间划了条界线，没有一个普遍的补救方案。但还是存在一些步骤，它存在于给定的语境，通过这些步骤，你能放弃由受难而来的权利，放弃无辜者惩罚恶的权利，放弃受害者追究施害者的权利。这种步骤与我们保护公义的本能防护正相反。它是一种能被称作宽恕的步骤，但在一个更深的层面上，它建基于对共同的、有缺陷的人性的一种认识。

　　在陀思妥耶夫斯基的《群魔》中，那些要重建世界的科学主义的革命者的标语是"没有人该受责备"。这条标语对现实采取了一种漠然的立场，是一种治疗性的观点。但这条标语所隐藏的是另一种立场，它将所有的过失都归咎于敌人，从而赋予自己总是从公义而来的行事权力。与之相反的是这样一种洞见，即陀思妥耶夫斯基那可能被救赎的人物所努力争取的："我们都该受责备"。[41] 正是对一个共同基础的修复，定义了我正在谈论的这类步骤。它打开了一个新的立足点，在这个立足点上，我们可以与先前的敌人一起共同承担责任。

　　这将我们带回到了我上面提及的尼尔森·曼德拉的例子。那里有伟大的政治智慧。因为追随唯一可理解的复仇之路，只会让建立一个新的、民主的社会变得不可能。正是这种反思，在历史上促使许多领导人在内战之后实行大赦。但不仅仅如此。大赦有一个缺陷，即它们时常包含着对真理的压制，或者至少压制了犯下可怕错误的意识，而这又会让国家政体恶化。曼德拉的回应就是真相与和解委员会，它意味着将可怕的行为带到阳光之下，但不必然是一个惩罚的语境。此外，带到阳光之下的不仅仅是原先掌权那边的行为。这就是委员会所提供的共同责任的新基础。

　　没有人知道这到底行不行。这样的举动，与完全可理解的受害者想要复仇的欲望，以及所有自以为是的反应，是相违背的。但如果没有这些，甚至没有曼德拉第一次从监狱中释放出来后那种不寻常的立场，这种立场可以称之为对受害者权利的放弃，那么新南非就不可能从内战的诱惑中——这种诱惑威胁着南非并且直到现在仍然不平静——建立起来。[42]

410

在这个从专制和杀气腾腾的政权中转变出来的整个领域中，还有其他一些案例，它们与民主的传播不可分离。波兰的案例浮现在我们眼前，像亚当·米奇尼克（Adam Michnik）这样的人提出强有力的建议，放弃以建立一个新社会为名而由惩罚带来的满足。达赖喇嘛对中国政府在西藏的作为的回应，也是另一个引人注目的案例。

正是在这类举动中，我们需要寻找我们程序中的第三种元素。它们并不跟随上面所建议的路线，因为，尽管它们显然在很大程度上是从它们所属的宗教传统中来的，但它们并不必然是一种个人宗教信仰的产物。但无论如何被激励，它们的力量并不是来自镇压暴力归类的疯狂，而是来自以一种新的共同世界为名的转变。

〰 **14** 〰

我现在愿意返回费里有关"意义之意义"的原问题,即我们生活中的更深意义之源泉。在上一章开头处,我开始探索这样一个源泉,以及它所回应的渴望。我指的是我们要将我们自身脱离恶与混乱的渴望,让我们驻足于善的渴望。我们看见了这样的渴望可能产生的含混结果,这种结果不只见于那些我们可能视为宗教的回答,而且见于各不相同的内在论的人文主义和反人文主义。我现在想要提到另外几个意义之源,或我们在其中寻求这样的源泉的领域。这样的考察不能决定信与不信之间的议题,先前几节的讨论也是如此。但这样的考察得以使我们看见封闭在内在框架中的视界在何处令人不安。

2. 让我们换种方式来回答费里的问题:我们可以试图表明,日常生活的诸般意义是多么深入和强有力,像爱的满足、工作的满意、自然界的乐趣,以及音乐、文学和艺术的丰富。正如我在前面有关超越的讨论中所说的,对日常生活价值的此般感受是现代文化的一个建构因素。它被纳入启蒙运动,并在浪漫主义时期进一步深化。浪漫艺术和感性又进一步深化了性爱关系,性爱关系现在被视为强烈的沟通;也深化了我们与自然的关系,自然现在在向我们说话,乃是作为生命对生命在言说;也深化了我们对时间和往昔的感受。

712 但已经为我们说清楚日常生活的深度和圆满的,是在始终看起来是逾越了自然-人领域之界限的一种艺术中。譬如,浪漫派的自然感难以分离于更大的力量或横贯万有的生命流的形象。举例而言,如在上面引用过的段落中,这些形象对华兹华斯的诗来说处于中心地位。但这些形象小心翼翼地树立起有着缓冲身份认同的边界,巧妙地把心灵与自然分开。

然而,这些终究只是形象或隐喻吗?也许。但其指向什么?此处的诱惑是,认为它们所描绘的,是我们关于自然的深层**感情**(feelings)。由此而来的问题是,这就近乎把感情处理成为纯粹无理性的感觉,而此处涉及的感情自身更多地呈现为对于我们周遭的自然世界之充满情感的**知觉**。自然主义是否涉及到把所有此类知觉归约为纯粹的原始感情?如果不是,我们能否找到另一种语言,用以表达这些知觉,而这些知觉则并未冲破缓冲的自我之范畴?对此最后一问,答案是否是肯定的尚不清楚。

这就连接到一个有关我们现代文化的突出事实,即如此多打动我们并说出关乎我们生活之重要事情的作品,是连接于我们的宗教传统的。我们上面注意到,旅游者是如何被吸引到往昔的教堂和寺庙的。这或许也说明了我们今天为何依然被巴赫或贝多芬的《庄严弥撒曲》(Missa Solemnis)所打动。这是一个可能的描述,但我觉得它尚不足信。从另一种观点来看,也可以这么说,这只是很多种方式之一,用以表明古老宗教在这所谓的"世俗"时代并没有被完全取代。

这就再次表明,我的目的并非要力图把议题搞明白到获得一个结论的地步,相反,我只是想表明,这是多么困难。

3. 我上面已经提到我们的时间感和往昔感。生活在一个世俗时间的世界,即在这样的世界,更古老的、对更高时间的意识已经退却,而新的时间感和记忆感得以生长。

试图把握时间经验之变迁的最佳方法或许是根据我们对秩序的理解上的变化。我们的祖辈活在多重时间的世界,这些时间有高有低且相互关联。正是在这多层次的时间内,他们所生活其中的高低互补的社会秩序才有意义。像"王的两个身体"这样的学说,在现代性千篇一律的世俗时间中,就变成奇怪的废话。

特别是,在对立的或至少不平等的价值要素之间的互补性或必要的交替这样的概念,预设了一个条件,即社会是被置于一个由互补性所主宰的宇宙中,并受制于这样的时间观念,也就是说,时间不是均质的容器,漠然于其中之物,而是多形式的和机缘性的(kairotic)。那是这样的世界,在其中,狂欢节可以得到理解,尽管在此期间现有秩序被倒转,"世界被兜底翻转"。这秩序本身与秩序之上的某种东西处于互补关系,而这种交替承认超越者,并给予其应有位置。维克多·特纳试图根据"结构"和"反结构"来说明这种关系。[1]

⁷¹³ 但相继的现代改革浪潮,以宗教或"文明"(civility)的名义,已经通过组织和纪律,力图创造一种人间秩序。在这样的秩序中,善的需要只是向坏的或不太善的需要作出策略上的和临时的让步。文明(我们现在主要使用过程词"civilization")的规训对于消除互补性起到了关键作用。这么做的时候,这些规训就把我们从一个世界带到另一个世界。在前一个世界,更高时间赋予日常生活以意义,而在后一个世界,世俗时间在公共空间一统天下。

我们可以换个角度来追踪这一过程,即扼要观察一下我们的核心现代社会形式的发展:公共领域,经济和民主国家。

按安德森备受称赞的术语,现代民族国家是"想象的共同体"。[2]我们可以说,这类国家有着特别的社会想象,即社会上共享着一些方式,以这样的方式,社会空间得以想象。现代想象有两大重要特征,要最佳地揭示这些特征,不妨对比一下欧洲历史上同样情况之前是怎样的。

首先,有这样的社会变迁,即从有高有低、并通过中间人进入的社会,转向水平的、直接进入的社会。其次,现代社会想象不再把更大的跨地方的实体——民族、国家和教会——视为扎根于某种他世的东西,即比世俗时间内的共同行动更高的东西。国度的有高有低的秩序被视为基于大存在链。部落单元被视为按照法律建构成如此这般的,而法律可以追溯到"人心把握不到的时间",甚或是某种创始时刻,有着埃利亚德意义上的"起源时间"的地位。

安德森的描述极有启发之处在于，它把两种特征联系起来。该描述表明，直接进入的社会之兴起是如何被联系于对时间的变化的理解，并进而联系于对想象社会整体的可能方式的变化的理解。安德森强调，在同时性范畴下，新的把握社会的方式如何预备了新的民族归属感。[3]作为整体的社会是由同时发生的所有无以计数的事件构成的，而这些事件标识出该时刻其成员的生活。这些事件是那种均质时间的这一段的填充物。这一非常清楚、毫不含糊的同时性概念属于对时间的一种理解，即我前面论述过的，把时间单单理解为世俗的。

纯世俗时间理解使得我们"水平地"去想象社会，与任何"更高的点"（这是日常的系列事件触摸更高时间的地方）都没有关联，并因而根本不承认任何特权者或代理者——诸如国王或祭司——站在所谓的"更高的点"作为居间人。这种根本的水平性恰恰是直接进入的社会所蕴含的，在那样的社会里，每个成员能够"直接通达整体"。

由此我们可以衡量出，现代已经多么无情地导致我们越来越单单以世俗时间去理解或想象我们自身。这部分是通过我们统称为"祛魅"的多样变化而发生的。这一局面也被追求秩序的动机这一遗产极大地强化。追求秩序显然已经成为所谓的文明的一部分。这就使得我们采取这样的时间观：把时间视为工具或者有待管理的资源，并因此需要被测量、切碎和管理。工具立场按其本质就会产生均质化；它出于进一步的目的去定义时间区隔，但并不承认内在的质的差异。这一立场已经建立起我们生活于其中的僵硬的时间框架。

但在这框架顶端，只有同时和相继的纯世俗时间是不同形式的社会想象的中介。我们的公共生活和私人生活都被四处弥漫的时间定秩所裹挟，早前时代的更高时间根本没有地盘。

但这也并不简单地意味着一种"均质的、空洞的时间"。很值得怀疑，人类能单单生活在这样的时间。对我们来说，时间继续是以循环为标志的，我们也循此为自身定向。即使对于那些完全投身于高要求职业之时间安排紧凑、分秒必争的人来说，假如他们的日常生活被中断，也会感到全然失落。这种框架赋予他们的生活一种意义，使得不同时刻相互

714

区分,各有其意义,创造了迷你型机缘时刻(mini-kairoi)来标识时间的流逝。仿佛我们人类对以一种或是另一种方式聚集在一起的时间有某种需要。

现在,这一需要在我们时代被满足的一种方式是叙事,更强烈地讲述我们或是作为个体或是作为社会的故事。在第一层次,自传已经成为现代写作最突出的领域之一。这一文类由奥古斯丁所创,但在卢梭拾起它之前,它被冷落了长达十四个世纪。

在社会层次,我们对历史的兴趣日益高涨。而且还不限于此,因为在政治层面,我们需要理解我们民族故事的意义。

向水平的、直接进入的世界的运动,交织着在世俗时间中的嵌入,必然给我们在时间和空间中的处境带来不一样的感受。特别是,由此带来对于历史和叙事模式的不同理解。

在第四章,我已经讨论了民族叙事以及相关联的"革命"和"进步"范畴。这些叙事和范畴已经成为我们在世俗时代的社会想象之构成要素。

叙事是聚集时间的一种方式。叙事构塑时间流,"使时间均质化",并且标识出我们的机缘时刻,比如 1789 和 1989 这样的革命时间和解放时间。

也因此,我们可以靠着纪念来聚集时间。纪念本身成为一种小规模的机缘时刻,因为我们从分散各处到聚在一起,为的是称颂我们共同的奠基事件。我们对我们的故事有了更强烈的感受,正因为我们现在分享这个故事。

但也有其他时刻,我们相聚在一起,可以说根本没有事先安排。譬如,数以百万计的人们发现,在黛安娜王妃去世之际,他们的行动和感受并不孤单。他们发现在悲伤行动中大家相聚在一起,而这些行动现在又融入巨大的共同致敬,创造了新的机缘时刻,成为许多个人故事以及对社会的共同理解上的一个转折点。这些时刻会是非常强劲有力的,甚至达到危险的地步。

但这样的时刻似乎回应了现代社会中被深深感受到的需要。我在第十三章说到这些新形式"水平的"社会想象,它们并不维持共同的行动,而是确立提供相互展示的空间。这种空间在现代城市社会中越来越重要,正因为如此多的人在互相匿名的情况下摩肩接踵。一大堆"单子"悬在孤单和传播之间的边界上;而因为他们站在这一交叉点上,他们有时会翻身一跃而进入共同行动,比如在一场足球赛或摇滚音乐节上,伴随着欢呼的人群。在这些融化其中的时刻,有一种高度的兴奋,似乎回应了当今"孤独的群众"某种重要的、被感受到的需要。

某些这类时刻确实可比拟于先前世纪的狂欢节。它们可以是非常强劲有力的和激动人心的,因为它们见证了,出自先前四散的潜力,一个新兴集体代理者诞生了。它们可以令人陶醉,令人兴奋。但与狂欢节不同,它们不是被有关结构和反结构的共同理解装入一定的框架,这类共同理解往往深知民俗,即便不是明言的。它们常常极为令人着迷,但也经常是"野蛮的",轻而易举的,能够被有着不同道德取向的一群人接管,或是乌托邦革命家,或是仇外的、有着野蛮毁灭性的;或是它们形成某种可以深深感受到的共同怀有的善,就如布拉格瓦茨拉夫广场(Wenceslas Square)的环绕钥匙链活动,或在黛安娜葬礼上的情形,这些都出自在寻常生活中对爱情和幸福普通而脆弱的礼赞和追求。

回顾 20 世纪的历史,充满了纽伦堡集会和其他诸如此类的恐怖,对于这些"野蛮的"机缘时刻,人们有理由害怕,就如人们有理由希望。但这些时刻的潜力,以及它们巨大的吸引力,也许是现代世俗时间的经验中所蕴含的。正如我早前描述过的,"节日"是现代社会的关键特征。

在上述讨论中,我们识别出我们的世界时间被赋予形式的两种方式。第一种是以循环、惯例、生活中的重复形式为特点:每日,每周,伴随四季的每年,高度紧张的活动时间,休假时间。第二种是通过变化、成长、发展和潜力实现的种种叙事。这些叙事有着"一劳永逸"的时刻:建国时刻,革命时刻,解放时刻。在这些时刻之外,还有"野蛮"时刻,即未经计划的、常常是不可预料地走到一起的,当相互展示转变成共同行动之际。这些时刻会非常强劲有力,因为它们可以有"革命"时刻的感觉——当某种潜伏的共同根基被首次发现,并因此或许开创了一种全新的相聚方

716

821

式的时候。至少在这一时刻，它们感觉就像是节点，这是它们时常具有压倒性吸引力的部分原因。

循环和一次性（once-for-all）有复杂关联且相互倚赖。一方面，大节点事后得到重复庆祝：7 月 4 日（美国国庆），7 月 14 日（法国国庆），5 月 3 日（日本宪法纪念日）。假如叙事要保持活力、相关性和具有型塑力，那么这样的庆祝是必不可少的。此外，某些"野蛮的"节点，或者成为节庆，或者来自节庆。

但是，如果有待一再重复的"一次性"时刻保持鲜活，那么，靠着此一次性时刻获得其意义和力度的各样循环，也要保持鲜活。你可以认为，诸如此类的事情总是如此。人类其实一直标识出时间的循环：日、月、年，较长的时期，如斯多葛派所说的"大年"（Great Years）——将结束于一场普遍的大火。但许多可重复的片段相系于一个持续的秩序或超越的原则，因为那是意义的来源。斯多葛派的"大年"表示展开以及随后回到单一的原则；而对柏拉图来说，许多情形只是它们与一个理念（Idea）处于何种关系。

几乎在所有前现代景观中，时间之重复循环的意义是在时间之外找到的，或在更高时间，或在永恒。现在世界所特有的，是兴起了这样一种景观，在那里，赋予可重复循环以意义的单一实在，是人的自我实现的一种叙述，尽管理解上各不相同，或进步的故事，或理性和自由的故事，或文明和体面的故事，或人权的故事，或一个民族和文化之成熟的即将来临。经年有条不紊、循规蹈矩的工作，甚至几辈子如此，发明、创作、创新、建国的功绩，都因它们在更大故事中的位置而被赋予意义。比方说，我是尽心尽责的医生、工程师、科学家或农学家。我的生活充满了循规蹈矩的常规工作。但经由这些琐事，我正帮助建设和维护一种文明，而在这样的文明中，人类的福祉将是历史上前所未有的；而我试图作出的小发现和小创新，或许也将在更高的成就水平上把同样的任务传递给我的后代。这些常规之事的意义——且这意义使得它们真正有价值——就在于这跨越空间和时间的更大图景。

现代世界的一个重要特征是，这些叙事已经受到攻击。某些流行的

"后现代主义"声称，"大叙事"（Grand Narratives）的时代已经过去了，我   717
们不再能相信。[4]但大叙事让位这一说法显然太过夸张，此乃因为，后现代
作家在宣布叙事退位的时候，他们自身也在使用同样的修辞：我们曾经
（ONCE）陷入大故事（grand stories），但现在（NOW）我们认识到这些大
故事的空洞，并因此走向下一阶段。这是类似的副歌。

人类进步的叙事如此深植于我们的世界，假如对它的信心失落了，
那或许真是令人恐怖的日子。日常词汇证明了这种深植，某些观念在日
常词汇中被描述为"进步的"，另外的观念则被描述为"落后的"；某些观
念是现今的，另一些观念则肯定是"中世纪的"；某些思想家"超前于他们
的时代"，另一些则依然处在前一个世纪，诸如此类。

尽管整体崩溃谈不上，但下述说法是正确的，即现代性叙事自18世
纪初兴起时已经受到质疑、驳斥和攻击。从一开始，就有人抗议其平淡
无奇，其进步性和寻常百姓的幸福目标也缺乏灵气闪动。对某些人来
说，所有超越视界被搁置一边，这样的事实就足以用来把这种目标谴
责为不恰当的。但另一些坚定的不信者，也斥责它降低了人类生活水平，
因为它没有给例外、英雄主义和比生活更宏大的事情留出地盘。进步意
味着平等，最低公分母，伟大、牺牲和战胜自我的终结。在我们的文化
中，尼采一直是这一条攻击路线中最具影响力的阐释者。

要不然，文明的规训被视为对赐予人生以意义的灵感、深层情感和
强有力情感的限制和否认。这些规训意味着一种禁锢，是我们必须冲破
的。自浪漫派时期以来一再重复的攻击也是从这方面着手的。

贯穿这些攻击的，是无意义的幽灵；作为否认超越、否认英雄主义和
深层情感的结果，我们所剩下的是这样的人生观：它空洞，不能激发认
同，不能提供真正有价值的东西，不能应答我们对能为之奉献自己的目
标的渴望。能够激发我们人之幸福的，只能是这样的：如果有种种势力
要摧毁幸福，我们必须奋起抗争；然而一旦实现了目标，它将再也不能激
发我们，有的只是厌倦，哈欠连连。

正如我前面所讨论的，这一主题确实是现代性特有的。在较早年
代，要是说害怕丧失意义，会被视为奇谈怪论。当人们被置于获得拯救

和被罚下地狱之间，你或许可以抗议一位复仇的上帝之不公和残忍，但不会说不存在重要的问题。

对现代性的这一忧虑是如此具有建构性，乃至一些思想家已然看见，宗教的本质就在于对意义问题提供了解答。正如我在前面论述的，我认为，这些理论在一个重要方面是离题的。这些理论暗示，宗教的要点是解决人对意义的需要。当采取这样的立场时，它们就将现代困境绝对化了，仿佛来自此时此地的看法即是有关事物的最终真理（以及提供一种观点，却不能从第一人称立场充分理解）。由此，这些理论在某种意义上构成出自进步叙事的一个分支。但它们所由开始的直觉是无可争辩的：有关意义的议题是我们时代的一个核心关切，而其濒临缺失则使得我们据以生活的所有现代性叙事脆弱不堪。

但即使先撇开这先天的脆弱性不说，现代性叙事也在 19 世纪和 20 世纪遭遇到日益增长的怀疑和攻击。部分是因为实际的文明成就——工业荒原，野蛮的资本主义，大众社会和生态毁坏——开始越来越备受质疑。但也有原初启蒙目标分裂为日益不同的变种。这些又常常导致对早先的批评作出响应，诸如包括意味深长的满足在内的种种人类幸福；要不然就是对有问题的文明之实现予以回应，诸如共产主义的形式是希望克服资本主义的蹂躏。

在这所有问题的顶端，一些在启蒙时代尚有残余势力的有关秩序的观念，比如大存在链和神-人的拯救史，现已失去其大部分力量。浪漫派时期的大量诗歌和美术，只能对照这一没落背景才能得到理解。更老的秩序观念为这样的诗歌语言提供了一组参照点，也为绘画提供了一系列主题，而且有着不言自明的力度。现在，倚赖这些参照点和力度的艺术语言开始衰弱。诗在求索"更微妙语言"，其建立毫不参照公众接纳的事物观；[5] 艺术是在求索全新界定的主题。我已在第十章描述了这一发展。

但由于没有得到可信的叙事或早前的秩序观念的支持，文明中日常生活之规训的常规也就变得问题重重。一方面，这些常规会近乎被视为监狱，把我们限制在无意义的重复中，并把任何可能是意义之源的东西碾碎和窒息。这层意义在浪漫派的批判中已经呈现，但随着我们进入当代,它就开始更为迫切地一再出现。

要不然,这些常规本身难以整合我们的生活;这或是因为我们被这些常规排除在外,或是不允许进入这些常规,或是游离在外——因失业、被迫闲置或无能/不愿意承受规训。但由此而来的是,日常时间的形状,即当前时刻的地方时间形状,就有丢失的危险。时间的解体让一切有意义的连接丢失了,变得沉闷或漫无边际。

即或不然,常规依然存在,但它们难以跨越它们那可重复的场合,不能使我们的生活成为一体。它们不能把统一性给予生命的整个时期,更不要说把我们的生命与祖先和子孙连为一体。但这种一体感始终是可重复循环的一个重要部分。这些循环把我们在一个连续体中连接起来,因此把不同场合在更大的跨越时间的单一模式中纽结在一起。

对于在我的生命中通常意味着模式和循环的东西,其中于我有意义和有效的部分,也就是对我先辈有意义的那些部分。这些模式是与他们的模式连为一体的,在本质意义上是一样的。但还不仅如此,他们与他们的模式也是连续的,即同一个故事的不同部分。他们传递给我的,正是他们的生活模式的部分;而我通过再现他们的生活模式向他们致敬,这正是我生活模式的部分,即我以重新活出这模式来纪念他们,并将它们传递下去。这些不同的展现并非不连续。它们连接在一起;汇聚成一个未被阻断的故事。

生活之可重复的循环跨越时间,相互连接,并构成一种连续性,这是一个生命拥有意义的根本条件。早先的聚集模式所确保的正是这种连接在永恒之中。但是,在这些叙事的可信度和力量减弱的地方,统一性面临着威胁。

现在,我们回过头来可以认为,在原初迈向纯世俗时间之际,在迈向与更高时间没有关联的生活之际,在宇宙时间(至少就人间事务而言可被描述为"均质的和空洞的")的背景下,这种不统一和无意义的威胁已经隐含其中了。但很清楚的是,在很长一段时期,早前观点的剩余力量和强有力的叙事力量,把这一威胁挡在一定距离之外。大约到了19世纪中叶,当然也只是在艺术家和文化精英当中,你才开始看见他们对时间

719

意识的某种危机有所察觉。

我们可以在我刚才提及的三种模式中看到这一点。监禁在常规中的感觉被伟大的韦伯之铁笼形象所明确表述。这是指被监禁于平庸,即"alltäglich"。(在英语中译作魅力之"routinization"[常规化]的那个德语词汇是"Veralltäglichung"。)[6]

对日常时间解体的感受,及其硬化成一种沉闷的无边无际,被波德莱尔生动地说明了,那即是他所称的"怨恨"、"倦怠"之本质。

对于跨时代连接之丢失,普鲁斯特是最出色的阐明者,他也是试图用新的内在世界的经验方式来恢复这种连接的发明者。或在世俗时间的世界,也就是说,在这世界,古老的对更高时间的感知已经退场,并确实已经让对于时间和记忆的种种新感受得以成长。其中最突出的感受是他在《追忆似水年华》中创造的。该小说的创制面向"更微妙语言"的创造,使得新感受得以表述。普鲁斯特给我们的,是一种更高时间的感受,但它是出自世俗时间流动中的现代生活的感性。在空间上被划分的诸多时刻之连接不是由存在秩序或神圣历史居间的;所作出的连接是出现在对小蛋糕和晃动的铺路石的俗世感觉经验中。

通过这三个维度的失落感所生发的,是这样一种需要:在文明的规训秩序之对象化时间资源背后或之上,去发现活出来的时间。正是从活出来的经验,我们才要么去发现打破铁笼的道路,要么去转变倦怠的世界,要么去重新连接逝去的时间。

在作家探索这种丧失并暗中摸索转变途径之际,哲学开始试验性地把活出的时间作为探索主题,先是柏格森(Bergson),后是海德格尔。

～ 15 ～

4. 上述仅仅是我们现代时间经验回应更高时间退却的一些方式。要全部枚举这些方式,或许需要对当代文化做范围更广的研究,尤其是我们对于死亡的态度。但放在一起讨论,它们或许让我们有理由论说人类中"对永恒的渴望"（désir d'éternité），即汇聚散落的意义时刻，使之成为某种整全。[7]但这种渴望也许以另一种形式出现，即面对死亡。

使得维持日常生活——尤其是爱的关系——之更高意义非常艰难的诸事之一，就是死亡。这不只是因为我们所爱的人与我们关系重大，因此当我们的爱侣去世就成为我们生活中的悲伤之孔。那还因为，他们是如此重要，他们似乎要求永恒。已存在的深爱对抗着生命的盛衰，尽管有中断以及散落着争吵、分心、误解和埋怨，这爱依然把往昔和现在连在一起。按其本质，这爱参与汇聚的时间。因此，死亡可被视为挫败，是未被汇集的终极散开。

"一切欢愉都意欲永恒。"尼采的这一名句，我不把它解释为：我们有如此美好的时光，让我们不要停止；而是解释为：此爱按其本质呼求永恒。死亡在今天的显著特征，围绕死亡的主要戏剧，就是与所爱之人的这种分离——这是重大的。阿里埃斯（Ariès）表明了，并非一直如此。在中世纪后期和现代初期，重大问题是垂死者即将面临的审判。再之前，死者在某种意义上是与生者同处一个共同体的。为此阿里埃斯用不同的标题来区分几个时期："我们的死亡"，"我的死亡"，以及"您的死亡"。[8]

正因为地狱渐渐消失，但爱的关系仍处于我们人生意义之核心，我们活着的人以最大的痛苦忍受着"您的死亡"。

现在，很多无神论者也在讨论基督教的或一般宗教的永恒观念，其意义就在于，这是童年般态度的另一侧面，即以意愿代替现实，而长大则意味着放弃这种态度。死亡是最终的（用法国革命家去基督教化的词语来说，是"永恒的沉睡"）。我们不得不从这里开始，为的是把注意力引向此世，并让它更适合人类。

这种轻视的态度通常假定，我们对永恒的渴望纯粹就是要活下去，不让我们的生活停止。这种欲望正是伊壁鸠鲁的说理旨在平息的：只要你意识到问题，就表明你还活着；一旦你死了，对你就不再是问题了。但对于死亡之问题何在，这种理解有点浅薄。

如果我们能够把幸福作为当下的事情从任何意义中抽离出来，那么我们可以享受当下的某些伟大时刻，然后等待以后的伟大时刻；很像我

721

们享用美餐。也许在往日，有另一种烹调法。对其消失，我们和善地表示遗憾。但现在也有美味，因此让我们赶紧享受。

但那就是问题所在。最深层、最强烈的幸福，甚至是在某个时刻的，都有意义感突入其间。但意义似乎被某种结束所否认。那也是为什么围绕死亡的最大危机来自我们所爱的人的死亡。

"一切欢愉都意欲永恒"；不止因为你想要让它一再延续，就如让任何快乐的经验延续一样。相反，所有欢愉都渴求永恒，是因为一旦它不再延续，就将失去它的某些意义。

而当你回顾整个人生，那些幸福的时刻，在阳光下的那些旅行，它们都笼罩于这样的意识：别样的年份，别样的旅行，似乎在当前的意识中栩栩如生。这是"大回归"（Great Return），是真正的"永恒轮回"（ewige Wiederkehr）；不只是某种相似的东西的再次出现，而是那个时刻中某种不死的东西的回归。这是普鲁斯特似乎抵达的，而不只是那永远消失的东西的召唤。

但即使只是在记忆中拥有，也类似于让时间鲜活；假如你能把它写下来或在艺术中把握它，就更是如此。艺术追求某种永恒，追求能向未来时代说话。但也有其他追求永恒的次要模式或替代。有人会把氏族、部落、社会和生活方式塑造成永恒的。你们的爱情及其结晶——你们的孩子，也在这样的链条中占有位置；只要你保存或更好地强化那个部落或生活方式，你就把它传递下去。以那样的方式，意义得以继续。

这只是表明，欢愉如何追求永恒，即便当下可行的，只是永恒的次要
722　形式；即便高度个体化的我们很在乎的某种东西消失了，就如对我们意义最大的具体事物正逐步消失于我们自己造就的普遍影响。当然，这种永恒并不能保存那些真正被遗忘的人，或那些没有留下印记的人，或那些已经被谴责排除在外的人。在这种恩泽子孙后代的"永恒"中，根本不存在普遍的复活。这就是让本雅明备受折磨的事情，即未满足的需要：拯救那些在历史中被践踏的人。

现在，这一切并不表明，信仰视界就是正确的。表明的仅仅是，对永恒的渴望并非如所描绘的那样，是小事和孩子气的事。伊壁鸠鲁的回答

处理了"我的死亡"（的部分侧面），但根本不涉及"您的死亡"或"意义的死亡"。

应该怎么办？这是严肃的、不可止息的渴望，这一事实不正表明了，要成为头脑清醒的无神论者，你需要更大的勇气吗？也许，这一事实还表明了，渴望永恒何以反映了一个伦理洞见，那是尼采的短语表达出的一个洞见，而且也可以否定性地来表达，即死亡损毁着意义。当一个人忘记这一点时，某种重要的事情就丢失了。终究，这里存在着交叉压力。

死亡与意义的这种连接反映在按我们现在理解的人类生活的两个常常被讨论的特征。第一个是面对死亡的方式，目睹一个人的生命行将结束，可以让我们集中注意为何而活的议题。死亡究竟意味着什么？换言之，死亡能够以其最为尖锐的形式带出意义问题。这是海德格尔的主张背后的问题，他认为，本真性生存涉及"向死而生"的态度。

第二是那些失去亲人或活着的人力图坚持意义的方式，而那种意义是与那些去逝的人一起建立的，而同时（不可避免地）由着那个人离去。这是葬礼历来所做的事，不论葬礼还服务其他什么目的。既然进行葬礼的关键方式是要把这个人，甚至是在他的死亡中，与某种永恒的东西——或至少是继续存在的东西——连接在一起，那么，永恒之意义的崩塌就带来一个空洞或某种危机。这是我们今天所目睹的。那位已逝者被召到永恒的生命，"确然有复活的盼望"，这样的期待要么被否认，要么被那些与他接近的人视为不确定而悬置。然而，其他继续存在的现实，或许对他和他的送葬者并无真正的意义。比如，继续存在的政治社会显然对于死去的政治家没有什么意义；我们小镇继续的生活对于离世的镇长也没有什么意义。但许多人并不以那种方式连接于社会的这些层次；他们生活在相对不为人知的层次，他们自身并不觉得被紧紧地限制在这些层次中。不清楚我们能抓住的继续存在的现实是什么。

这里有种空洞感，深度的尴尬感。但同时，我们要找到一个标记此种感受的方式则有着最大的困难，即死亡仪式要说出我们最强烈的情感。费里说到现今的"平庸的哀悼"；[9]我们太过经常地在葬礼上感到别

723

扭;不知道对丧失亲人的人说什么;如果可能,我们也常常尽力回避这类问题。但同时,甚至那些常常并不践行信仰的人也会诉诸宗教葬礼;也许因为这里至少有一种满足永恒需要的语言,即使你并不确定你真信。

希尔韦特·丹妮芙(Sylvette Denèfle)在她对法国不信教者的研究中指出,对他们来说,最难持有的"信条"是死后没有生命这一思想。在她调查的人当中,有一半认为这思想站不住脚,有四分之一相信有某种东西持续存在,而另外四分之一则不作回答。对他们来说,最为艰难的,是所爱的人的死亡。[10]

我们不知道如何应付死亡,因此我们只要可能就尽力忽视它。我们专注于生活。垂死者也不想将他们的苦境强加给他们所爱的人,即便他们可能渴望、甚至切望谈论他们正在面对的死亡对他们意味着什么。医生和他人难以领悟这一欲求,因为他们把自身不愿面对死亡的态度投射到病人身上。有时,垂死者会要求他们所爱的人用不着为他操心,不举行追悼仪式,只需要火葬然后离开;仿佛他们在厌恶死亡这一共谋上,还挺照顾即将丧亲的人。目的可能是要让整个事情悄悄走过场,对垂死者和丧亲者都是平稳地并尽可能没有痛苦地走过,这一理想在影片《残酷入侵》(Les Invasions Barbares)中得到描绘,尽管不无含混。如此的代价是否认意义问题本身,而意义问题无论如何永远不可能被全然压抑。

在这非常尴尬而慌乱的回避中,死亡与意义的深层关联依然被表现出来。

我回到死亡与意义的另一个连接,就是上面提到过的一个观念:死亡,尤其是死亡时刻,是个有利位置,从这里可以把握人生意义。死亡可以提供一个有利点,超越生活的混淆和分散。

对意义的需要,对永恒的欲求,可以迫使我们触摸人类领地的边界。但死亡以另一种方式向我们提供一条路,让我们逃脱这一领地的局限,呼吸上面的空气。

如果我们沿着在 19 世纪不信世界中成长的思想和感性路线,我们就可看到这一点。在某种意义上,这一路线代表了对启蒙价值观的一种攻击，但却是从内部发起的。这就是我前面所描述的"内在的反叛"。

可以说，这是来自不信阵营内部的叛逆，撞向生命之首要性。现在　　724
不是以某种超越者的名义，而恰恰更多来自被限制感，这种被限制感因
着对生命首要性的承认而被贬损。

正如我早先说过的，这一反叛的关键主题之一是死亡在人的生活中
的中心地位被重新发现。

这一转变的典范人物是马拉美。和他的前辈诗人一样，他把对理
念，即"美"的追求，等同于转身逃离生活：

> 那有着铁石心肠的人，
> 躺卧于只求塞饱他肚腹的幸福中，
> 令我一阵阵厌恶，
> ……
> 我逃遁，整个人抱住窗框
> 从中我可以背对人生；
> 受福于窗玻璃——那玻璃正沐浴于永恒的露水，
> 被永恒之纯洁清晨装饰着。
>
> 我对窗凝眸，我看见了天使！我死了，渴望
> ——让窗户变成艺术，变成奥秘吧——
> 再生，把美梦织成冠冕，
> 在美曾经怒放的往昔天空之下。[11]

在这首早期诗歌中，你依然能够看见对赤裸生命不满的早期宗教源
泉。窗的形象，以不同形式一再唤起，把宇宙区分为一高一低。低的部
分被比作医院，生命是一种腐烂；但之外和之上则是河流和天空，而唤起
高的部分的形象，依然充满宗教传统的共鸣：无限、天使、奥秘。

但后来，在马拉美度过危机之后，他显露出某种类似唯物主义宇宙　　725
观的东西。万物背后，我们看到的是"无"，是"零"。但诗人的天职依然

是妄自尊大的。他甚至会援用原创、完美语言这一浪漫派传统来诉说这一天职。(诗是关乎"大地的神秘解释"。)

用信仰的语言来说,马拉美已加入启蒙阵营,甚至还是启蒙之相当极端的唯物主义形式。但根据人的生存的观点,他也不能远离它。生命的首要性被断然拒斥,一拒了之。随之出现的则是某种类似反向的死亡的首要性。

现在清楚的是,对马拉美来说,诗人天职之实现,即抵达净化的语言,本质上所涉及的,类似于诗人之死;确切地说,是一切具体性的克服,但此过程似乎只能是以实际的死亡告终:"这样,在他自己,永恒改变了他。"

> Tout ce que, par contre coup, mon être a souffert, pendant cette longue agonie, est inénarrable, mais heureusement je suis parfaitement mort, et la région la plus impure où mon Esprit puisse s'aventurer est l'Éternité, mon Esprit, ce Solitaire habituel de sa propre Pureté, que n'obscurcit plus même le reflet du Temps. [12]
>
> ("作为在那慢慢死亡过程中的反应,我的存在所遭受的苦难,不胜详述,但幸运的是,我全然死了,我的心灵可以探险的最不纯洁区域,是'永恒'——我的'心灵',那习惯于居住在其自身'纯洁'的隐遁者,甚至再也不因'时间'的倒影而变暗。")[13]

马拉美成为有关"缺席"(硕大的无用之空虚的小玩意)的第一位伟大现代诗人,并由包括艾略特和策兰在内的其他人所跟随:显然,缺席的,是某种特殊客体(在空空的客厅餐具柜上:没有 ptyx*),但这是只能通过缺席而抵达的某种东西,在某种意义上,那是主体之死(因为主人去了冥河,要汲取泪水滔滔/仅有虚无为之自豪的此物在手)。[14] 这里确立了

---

*　"ptyx"一词是马拉美创造的,有诗韵考虑,也指某个缺席的东西,其含义只能在诗歌韵律中感悟。——译者注

与早前宗教传统之间奇怪的平行,但又在否认超越性的框架之内。

死亡和死亡时刻在宗教传统中有着不可取消的位置:在基督教,死亡是放弃一切,放弃一个人的自我;因此,死亡之时乃关键时刻(现在,和在我们死亡之际,为我们祈祷);死亡在绝大多数佛教传统中的位置也相仿。用基督教的术语:作为一个人已经放弃一切的地方,死亡的焦点是与上帝的最大合一,也因此悖论地成为最丰盛生命的源泉。[15]

在这一新的马拉美之后的视界中,死亡焦点秉有新的范式地位。基督教的悖论被丢掉了:死亡不再是生命之源泉。但也存在新的悖论:似乎对超越有着更新后的肯定,某种意义上是肯定生活之上的生命,即肯定某种在生命繁盛之上的点。但同时,这一点又被否认,因为这样的点在现实之本质中绝无立足之处。要在现实中寻找这一点,遭遇的只能是"零"。

此悖论的观念,我们可以称之为内在的超越,是内在论的反启蒙主要议题之一。死亡某种程度上提供了一个有利视角,即汇聚生命点的范式。在我们的文化中,这一观念一再出现——无需来自马拉美。我上面提到的海德格尔的"向死而生"是个著名例子,但在萨特、加缪和福柯那里,此主题采取了相当不同的形式,并回响在"人之死"的风潮中。在说到"主体之死"的不同形式中,与某些宗教观之间吊诡的亲和性十分明显——也许最明显的是佛教。

与此并列且与此交织在一起的,是另一种针对我前面(更微妙地)描述的生活首要性的背叛,其中最具影响的倡导者无疑是尼采。令人瞩目的是,我们时代最重要的反人文主义思想家,比如福柯、德里达以及他们背后的巴塔耶,都极大地倚重尼采。

❧ **16** ❧

但我不想在此追溯这条线索。我已经在别处做过较多讨论。[16]在前面几页,我的目的是要提出这样一系列方式,在其中,我们现代文化在人

类领地的篱笆处坐立不安。我已经提到：对意义的追求；通过与自然和
艺术接触，我们对生命感的加深；死亡是对爱的意义的否认，但死亡也是
从生命藩篱逃脱到生命可以从中显示其意义的最高有利点。

此前，我也处理了一系列的困境和要求，那些也是信仰和无求于外
的人文主义必须要处理的。这些要求包括：找到道德资源，使得我们能
够与我们对人权和福祉的强烈的普世认同相称；找到如何避免回到暴力
的方式，因为暴力在危险地回归，并在"较高的"生命形式上不被关注，因
为这些较高形式已假设暴力被确然置于一边。与其单方面明确掌握另
一方缺乏的答案，我们其实发现，双方面临同样的问题，各自都有困难。

人越是反思，对超越或内在的"结网"的简单确信就越是站不住脚。

对于我们固守的立场之诸如此类的其他压力点，我已经提到很多；
但我希望基本点已经阐述得更有道理：当前四分五裂的表现主义文化，
以其得到推进的后涂尔干式的理解，似乎对信仰极不友好。我们的世界
在意识形态上也是四分五裂，诸多立场的范围在扩大，就如新星效应因
表现型的个体主义而倍增一样。有一些强有力的动机，要保持在人类领
地的边界内，或至少不费心于超出这个边界去探索。对一些伟大的超越
语言的理解水平正在降低；在这方面，大众十分无知。按消费文化所界
定的个人幸福追求依然耗去我们大部分时间和精力，要不然就是那些
被踢出此种幸福追求行列的威胁，因为贫穷、失业、缺乏能力让我们疲于
奔命。

这些都是事实，但对某种重要东西的若有所失，依然会钻入人心。对
此，许许多多的人会有感知：在反思他们的生活之际；在大自然尽情释放
的时刻；在丧失亲人和失落的时刻；并且，这样的时刻相当野蛮和不可
预料。我们的时代离安顿于令人舒服的不信状态还很远。尽管许多个
体就是如此，但更多的人依然还不至于如此，不安继续浮出水面。难道
会是别的状态？

世俗时代是精神分裂的，或者说得好听点，也是被各种意见撕扯着
无所适从。人们似乎与宗教保持着安全距离；但他们知道还有特蕾莎修
女这样虔诚的信徒时，还是会非常感动。不信的世界，一直不喜欢教宗

庇护十二世,但惊叹于约翰二十三世。一位教宗恰恰不得不听起来像一个基督徒,许多久远的阻力被融解了。Il fallait y penser.(有人注定要思想它。)这就仿佛许多并不想要跟随基督的人还是愿意听听基督的好消息,想要让这好消息在那里被宣告。在对教宗约翰·保罗二世的反应中,悖论是明显的。许多人受到这位教宗关于爱、世界和平、国际经济正义等公开巡回布道所鼓舞。这些事情居然会被说到,这令他们十分惊讶。但即使许多倾慕教宗的天主教徒,也不觉得他们必须跟从教宗的所有道德教训。但在表现型的后涂尔干世界,这一点也不矛盾,完全可以理解。

这就是我们时代信仰的奇怪和复杂境况。

20 皈 依

1

在上一章，我试图描述当代的论辩，很大程度上是通过检讨不信的立场，以及他们对宗教的批判。但在这里我想涉足这一论辩中的另一个视角，简要地看看那些冲破内在框架的一部分人；这些人经历了某种"皈依"。

在某些案例中，人们经历了一种本真性自我的过程，或者可以说是"神显"经验，比如贝德·格里菲斯——我在第一章引用过他的话。这种经验的另一个例子来自哈维尔（Vaclav Havel）：

> 这让我再次想起在赫马尼斯（Hermanice）监狱的遥远时刻。那是在一个炎热晴朗的夏日，我坐在一堆废铁上，凝望着一棵大树的树冠。这树以富有尊严的姿态伸展，向上，向四周，跨越将我与之分开的围墙、电线、栅栏和瞭望台。在我注目无尽天空下树叶的微微颤动时，我被一种难以描述的感觉所征服：霎那间，我似乎全然从我在这个世界当下生存的坐标升腾，进入一种时间之外的状态，就在那个时刻，我曾见过和经验过的一切美丽事物统统"共在"（co-present）于我面前；我有的是一种和解感，其实是温顺地赞同现在向我揭示的事件之必然经过，这种感觉还伴随着无忧无虑的决心，即面对不得不面对的。对存在主权的深深惊愕，变成一种晕眩感，不断翻滚滑入存在之奥秘的深渊；对鲜活的存在，对被赐予活过所有曾经历的机会，对万物皆有深层和明显的意义这一事实，我都无不

感到挣脱了捆绑的喜乐——这喜乐还在我心里形成与一种茫然的
恐惧的奇怪联合,那是对我此刻如此接近的万物之不可理喻和不可
抵达的恐惧,犹如站在"无限之边缘";我被一种至高的幸福感吞没,
我感到与世界、与自身的和谐,与那个时刻以及与所有我能记得的
时刻的和谐,与万物背后不可见但有意义的事物的和谐。甚至可以
说,我在某种程度上是"被爱击中",尽管我不确切知道这爱出于谁
和为了什么。[1]

不言而喻,对绝大多数经历过皈依的人来说,可能从来未曾有过看
起来是本真性自我的经验,像贝德或哈维尔的经验;但他们也可以轻易
从其他人那里取得关于宗教的新观点:圣徒、先知、有魅力的领袖,这些
人辐射出某种更为直接的接触感。

其他人更接近这一感受,是平常人对共享的宗教语言或表达圆满方
式的信心。这些可以是著名的人物,公认的典范,比如阿西西的圣方济
各或圣大德兰;爱德华兹或约翰·卫斯理;或者,他们可以是一群籍籍
无名、不为人知的圣徒或圣民。无论在哪一种情形下(通常是两种情形
相结合),一个人所遵从的语言因着一个信念而被赋予力量,即其他人已
经以一种更为完全、直接和强有力的方式活出这种语言。这是归属一
个教会的部分意义所在。

但有关这种更为直接的接触会涉及到什么,我们需要扩大我们的举
例范围。我是从一种对圆满的经验——即贝德和哈维尔的经验——开
始的。可以与这些相比的,也许还更为重要的,是神秘主义者(像大德
兰)的异象。但我们自身不能局限于这种与圆满之所的亲近。也许在基
督教传统中更重要的是另一种接触,以圣方济各为代表的那种:方济各
身上令人震惊的是,他被上帝之爱这种无法抵抗的力量感所抓住,并热
切渴望成为这爱的"管道"。他的故事也包括异象,譬如上帝的这种爱在
大自然中(太阳兄弟和月亮姊妹);但他一生激励人心的显著特征出现在
他的皈依故事中,他是如何被感动,乃至为了上帝的爱而放弃生活中的
一切。我们可以说,打动方济各的,与诸如在贝德和哈维尔的"神显"时

刻那种上帝的权能"在那里"的异象不太一样,而是上帝向他敞开的爱本身的高度的权能。超出我们常规范围的转变是那抓住他的力量的关键部分;不是作为更大的个人能力(这有偏离正道的危险),而是作为参与上帝的爱。

同样可能的事,有些处于"中间境况"的人,也可以对这种爱会是怎样的有模糊的感觉,比如,通过阅读方济各的人生而被吸引,并确认这种信念。

我们需要扩大与圆满的此类接触点的调色板,因为在我们的时代,

730 我们太倾向于用"经验"来设想这种接触;把经验设想为某种主观的东西,截然不同于我们所经验的客体;以及把经验设想为某种与感情有关的东西,截然不同于我们存在的变化:态度,方向,我们人生的爱好,等等。也就是说,"经验"可以对后面这些产生因果效应,但又分离于这些因素而被定义。这一与客体和主体的持续本质都截然不同的经验概念,是典型现代的,产生自关于心智和知识的现代哲学,经由笛卡尔和 17世纪的其他作家传给我们。我们在威廉·詹姆斯的著作中能看到这种影响。

就贝德和哈维尔所描述的事件而言,这一经验概念已经扭曲了;因为他们所经验到的(在此词的日常意义上),对他们来说,是按照两方面来定义的,一是他们现在正朝之敞开的更深的实在,二是这一实在被理解为是改变生命的。如果我们试图将这一经验的本质视为截然不同于客体或能动者的,那它就会被扭曲。

但是,如果我们看看方济各的皈依,也就可能不至于这样去做。的确,这里也有种种"经验",如喜乐、自由等;但清楚的是,事件的核心是其改变人心、改变人生的本质。类似的事情也可见于小德兰的生活。

因此,我们需要扩大与圆满的此类接触点的调色板;有些人是涉及到对此圆满的默想式把握(如贝德、哈维尔、罗耀拉的神显、爱德华兹);还有关于圆满之否定式缺席的异象(如荒芜、空虚等)。更有一些人涉及到改变人生的时刻,"因爱而惊讶"。当然,这样的区分纯粹是概念性的;也就是说,同一个事件可能两方面都有涉及。

这根本没有穷尽所涉及的范围。迄今所讨论的两种类型事件还只是涉及个体。但也有一种转变经验是发生在集体礼仪或庆祝时刻。这是我前面所称的"节日性的";这也是涂尔干所特别强调的:"集体欢腾"时刻,可以团结起社会的成员,或把他们送往新的方向,或使他们向圆满敞开。这一事件类型当然可以往回追溯到人类宗教的黎明;但也正是此一类型在现代西方的宗教中被边缘化,我们上面也看到了,现代西方的宗教生活中心已经转离这一类型。

然而,不论它是突然发生还是渐渐发生的,它现在发生了,当今的此类皈依有着确然的特征,反映着我们的时代。一个特征来自于他们转变的本质。许多伟大的皈依,或换句话说,历史上许多新的灵性方向的奠基行动,涉及到人们此前思想、情感和生活框架的转变。他们让人们看到超出原有框架的某种东西,并在同时又改变了该框架之所有要素的意义。事物以全新方式获得其意义。我们可以思考,耶稣对他所在的社会先存的弥赛亚观念所作出的变革;也可以思考佛陀是如何转变了对超越再生之链的事物的理解;在基督教内,我们可以看看方济各如何转变了人们对于响应上帝之爱的含义的理解,以及圣大德兰所确立的新奥秘论传统,诸如此类。这些都存在着对已有的思想、行为和敬虔等习惯的打破。我们在科学上有"范式转移"的比拟,那只是指影响我们生活的核心议题。

当代皈依常常有此特征,即使所影响到的生活仅仅是皈依者自己的生活,但它们涉及到同样种类的范式转移。想想从内在论精神治疗视界向灵性视界的转移,我在前面已经描述了两者的区别。在那样的转移中,上帝、善与恶现在被作为实在严肃地对待。内在论理论的内部拯救——比如弗洛伊德式的,其所考虑的所有作用因素都是纯粹内在于心理,根植于患者的欲望和恐惧——现已遭到瓦解。罪感、异化和内部分裂的源起,现在发现至少部分上成为对某种超越事物的渴望。因此,佩西(Walker Percy)皈依天主教部分上是基于人类学的转移。天主教认为"人这个能动者,部分是天使,部分是野兽"。有关一种深层分裂的存在者这一观点,即"悬在两种无限之间的受造物",取代了把人视为纯粹"环

731

境中的有机体"的正统科学观。[2]

或者,我们再来看看陀思妥耶夫斯基帮助带来的道德视界上的转移,我在前面章节已有较多讨论。陀氏就他所在时代的政治改革者提出了他们的深层动机,以及他们与善和恶的关系这样的问题。他们对他们的动机的自我感知是,他们要改善人类大多数的生活,他们的行动是受仁慈促动的,或在更为激进的革命家那里,他们受制于科学的冷静观,因为这种态度本身把不偏不倚和承诺带到普遍的善。陀氏全然跳出他们的话语世界,跳出他们有关可能动机的本体论,在他们的道德兴奋、他们钢铁般的意志、他们愿意在一个相当不同层面使用暴力的背后,陀氏找到了根源,尽管他们从来不会承认。在小说《群魔》中,沙托夫在刚出生的婴孩身上看到新创造的奇迹,接生婆只看到"有机体的进一步发展"。

阿西西的方济各也打破他的时代界限,但这些关乎人们如何理解上帝所想的是什么。他所打破的体制不是密不透风的,而是有一个地方,让他可以说他想要说的话。相比之下,这些现代人全都与体制决裂,因为这些体制在反对者眼里是新的意义上的总体性;它们是自说自话的内在秩序的体制。这就是所谓的现代"自然"观念,相对照于"超自然"手段。有可能的是,甚至为了此世利益而试图主张根本无需为了理解我们的世界而去超越它。因为在某些非常享有声望的案例中(像被自然科学跟踪的体系),被信徒和非信徒所普遍共享的理解是,体制事实上可以被自说自话地说明,很容易裁定,产生意义的总体性被当前居统治地位的理论术语所掌控。

试图超越这个体制来产生范式变化(对照自然科学内范式之间的转移),某种意义上是在抵制普遍接受的语言界限。作出范式转移时所使用的术语受到怀疑,难以被信任;它们要么属于可以被打上"现代之前"标记的景观(比如,上帝、恶和舍己的爱)而不予信任;要么不得不诉诸新的"更微妙语言",尽管其自说自话的术语没有被普遍接受的所指,但这种语言可以指点我们超越日常的"内在论的"现实。其实,这里应该被挑战的,或许是自然/超自然这一区分本身。

这也是为什么在过去两百年间,如此众多有影响的皈依者是作家和艺术家。文学是这些新发现的洞见之表达的一个首要焦点；说是新发现，乃因为人们是因摆脱内在论秩序而获得，要么来自这样的信念，即这一秩序就在那里，要么至少是对这一秩序施加到我们所有人身上的压力有强烈的感受。奥康纳（Flannery O'Connor）不是公认的皈依者，但她对此压力有敏锐的感受，说到了"神圣的吸引力和我们时代中我们所呼吸到的不信气息之间的冲突"。她也说到，在她的这种现实主义中，作家运用"一种极端形象，旨在把来自日常生活的场合与'裸眼看不见但由作家坚定地相信是犹如每个人所看见的一样真实的一个点'结合起来"。那个"看不见的点"是日常解释之自我封闭的体制之外的点，与此点相联系，我们日常生活的意义全然改变，它是范式转移的关键点。艺术家带领我们"跨越心理学和社会学而'朝向奥秘之界限'"。[3]

皈依者的洞见超越了流行版本的内在秩序的界限，这些版本要么是根据公认的理论，要么是根据道德和政治实践（而你需要立即超越这两者，以提出我上一章提过的有关暴力根源的议题）。这也许要求她发明新的语言或文学风格。她从内在秩序中破壳而出，进入更大、更具包容力的秩序，即在瓦解它的同时又涵括它。

但这又提出另一个关键议题。更大的秩序（比如上帝和他的教会）瓦解着已有的秩序。但在这更大的秩序和社会之已有政治秩序、文化秩序、知识秩序之间，是否存在另一个理想关系？有没有这样的理想关系，在其中，不缺乏和谐，在其中，两者完全一致？此理想常常出没于上个世纪的皈依者。他们往回看，看到了基督教世界荣耀的往昔，不论是在欧洲中世纪，或现代早期，或法国大革命之前的时代，或宗教改革之前；或者如美国的"基督教右翼"，他们想恢复的往昔，仅仅是几十年前的光景。他们反对已有秩序（或用莫拉斯及其法兰西运动所偏爱的短语"既定的紊乱"），认为其悲苦在于它脱节，既与自身脱节，也与更高秩序脱节；其实，这两方面是一起的，因为只能通过恢复与此更高、更具包容力的秩序的接触，它才能返回到真正的自己。[4]

许许多多皈依者感受到了这一点，至少作为一个诱惑，即使这并非他们皈依的主要理由。它在法兰西运动的参与者中颇为强烈，但我们也

733

能在其他人身上看到这种倾向，比如道森（Christopher Dawson），贝洛克（Hilaire Belloc），艾略特（他倾慕莫拉斯并非偶然），以及一定程度上的切斯特顿（G. K. Chesterton），尽管他毫无怀旧维度。

在这种倾向中，有好几股线索绞在一起。对于像道森和艾略特这样的人来说，他们很明确，欧洲文化的最深根源是在基督教，并且，就现代人离开基督教而言，此文化必定失去力量和深度。[5]另一股线索在主观论或诸般哲学中识别出现代性的一个基本错误，即在建构科学和文化世界上强调自由个人主体的力量。艾略特也研究此主题，但对此批判最著名的清楚阐述来自马里坦（Jacques Maritain）。特别是，他的《三位改教家》（*Trois Réformateurs*）把路德、笛卡尔和卢梭作为一排目标，这是三位极具影响力的人物，他们对现代主体被"封神"相继作出贡献。[6]伟大而必要的救治方法是更新的托马斯主义哲学，该哲学会再一次带来对客观实在的承认。此哲学能有解救之效，乃因它迫使我们"抬起我们的头"，去考虑"作为他者的客体"；它使我将自身顺服于"独立于我的存在"。[7]

对马里坦来说，这一哲学立场被等同于"智性"，这里我们可以明白他在少年时期和本世纪 20 年代初与莫拉斯结伴的一个缘由。因为"智性"是莫拉斯一派的主要口号之一，用类似的术语定义为对现代主观论的拒绝，但随后又进一步被理解为要求对自由主义和民主"偶像"存持久敌意，同时也肯定天主教的首要性，以及通过恢复君主制来复苏国家的力量。[8]这是被抹上毒药的果实，马里坦不得不挣扎着让自己从中摆脱出来。

734　但莫拉斯式的集群不是演绎这一"智性"概念的唯一方式。理性思想和反主观论之间的密切连结在 20 世纪其他著名皈依者的工作中也是很突出的，他们并不把这一立场与超右翼政治联系起来，比如，像英格兰的切斯特顿或罗纳德·诺克斯（Ronald Knox）。[9]

这个绞结中交织的第三股线索因其政治后果而常常是最致命的，即是这一观念：基督教对秩序本身是至关重要的。现代世界通过其主观论和对道德根源的否认，坠落到更深的失序。正如伊夫林·沃（Evelyn Waugh）在 1930 年的一篇文章中所论述的：

在我看来,就欧洲历史的当前状况而言,根本的争议不是在天主教与新教之间,而是在基督教与混乱之间……文明——我用这词并不意味着谈论电影院和罐装食品,也不是谈论诊室和卫生所,而是欧洲整个道德和艺术组织——本身并没有存活下去的力量。文明通过基督教而形成,若没有基督教,那就根本没有意义或命令效忠的权力。……不再有可能去接受文明的好处,而在同时又否认文明所倚靠的超自然基础。[10]

基督宗教,或在某些案例中的天主教,是作为抗击危险的解体和失序的唯一堡垒;与这一主题交织在一起的,还有欧洲文化之深层根源和放纵的主观论之危险这样的议题。于是这三股线索联合起来,致力于批判现代文明的平淡,而这一文明能够确保"空心人(the Hollow Men)的最后胜利,这种人知道每一事物的价钱和虚无的价值,但已失去深入**感觉**和**思想**任何事物的能力"。

这是非常强有力的融合。它把对内在框架是局限的、甚至令人郁闷的、且撤开有生命力的东西这样的直觉,与对文化和秩序之深层根源的回溯结合起来。就此融合而言,确有某种吸引力很强的东西,但也有非常麻烦的东西。后一因素随着时间而浮现,并导致某些著名的皈依者与之决裂。比如,托马斯·默顿(Thomas Merton)似乎就是个例子。[11]显然,那也是马里坦身上所发生的情况。

我在后面还会讨论到马里坦,但现在我想评论说,在与此融合的关系上,西方皈依(或者也可以说是重新皈依)基督教是在一个特殊处境下。难以设想非洲或亚洲的新基督徒用这些术语来思考。之前的基督教国对我们的想象力的局限是巨大的,在某种意义上这也是正常的。因此,很容易想到的一层意义是,从主流的内在秩序中挣脱是已经被基督教国模式所定义的。当然,就多大程度上我们能够返回这个议题,依然可以讨论,但这一先前的文明,既给了我们范式性的语言——那语言是我们正在寻求的——或许还给了我们一种社会和文化的模式,此模式与"信仰"并不处于紧张关系,而是充分表达了"信仰"。

735

当然，此处的向后看也许是骗人的。在实际的社会，不论是中世纪，或是路易十四时期的法国，或是 19 世纪的美国，其生活都是如何密切反映"基督教的价值观"的？社会尊重这些价值观，这与我们今天看到的不一样，但社会并不确保实际遵行这些价值观。但在更深层面，我们应该问问，我们可以期待遵行这样的价值观包括些什么。在中世纪时期本身，人们普遍理解到，在历史中，基督徒生活的充分要求也许从来就得不到满足，除了人数稀少的圣徒之外，若要满足，只有在耶稣再来之际，在时间终结之处。人们意识到，此处存在我们生存的结构特征（比如国家的存在，私人产权的存在），它们与我们的堕落境况不可分离；为了缓和堕落的某些灾难性后果，这些特征是必要的，但也正是因为这个理由，它们不能被投射到终末（eschaton）。

这意味着，基督徒在其中生活的两种秩序，用奥古斯丁的表达来说，就是上帝之城和世上之城，相互间从来都不能全然吻合，存在着种种紧张。这也反映于不同的行动规则，我们今天看来似乎是苛求的和不一致的。也因此，战争在某些情况下是被允许的，但神职人员不应参战。教会本身不能使用强力与异端斗争，但此任务留给了"世俗权力"（secular arm）。不错，这些安排很容易会变成纯粹的权宜之计，旨在保护教会表面上的清白和不干预。但在那时候的执政者看来，根本就没有全然愉快的方式，可以温和地结合两种秩序的要求。

我在前面章节所讲的故事之核心部分是这样的方式，在其中，宗教改革的动机倾向于要把这些要求相互拉近。宗教改革的目标是要造就这样一个教会，在那里，每个人应该显示同样程度的个人委身和热心，而此前那是专属精英的态度。这或许会是这样的教会，在那里，所有真正的成员（排除被咒诅的）应该整体地努力去完成福音使命。要完成这一改革，就要求定义一种向所有人敞开的生活方式，它将使我们整体完成福音的使命；这不可避免会带来有关基督教信仰的要求的定义，这些非常接近于按照此世所能实现的，或在历史中可以被实现的。至高的上帝之城与基督徒恰当顺应的世上之城之间的距离，就不得不缩小。

如果有人把两种秩序的这种和睦推到极致，那就会落入某种自然神

论,而在自然神论中,道成肉身失去了意义,耶稣成为一位阐述上帝要求 736
的伟大教师,而这些要求中包括一种道德,使得我们可以活在地上,有平
安与和谐,即换种语言的现代道德秩序。真宗教的重点是提出这种道
德;这确立了呼唤我们前去的转型的界限。"来世"现在有了不同的功
能,不是去完成从此世开始的"神格化"的道路,而是就实现我们在历史
中的行动之正义要求提供奖惩。两种秩序之间的张力很大程度上消
失了。

在前面章节,我的主张是,虽说只有很少几个人走到这一逻辑结论,
而且正统基督教维持了对两个非共时秩序的理解,但是,西方的主流基
督教受到这一距离缩小的深刻影响,特别是、但显然不只是在新教社会。
而距离甚至某种程度上在 19 世纪和 20 世纪进一步缩小,作为与西方殖
民力量一起发展的文明优越性这一意义,开始交织于基督教国作为此文
明承载者这一意义。传教士把基督教带到非西方世界,通常伴随着这样
的意义,即他们还带来未来繁荣、进步、秩序和民主自由的基础。对很多
人来说,难以回答这样的问题:基督教信仰关乎什么? 人类的拯救,还是
资本主义、技术和民主所带来的进步? 这二者很容易被混为一体。而要
区分拯救和确立好的道德秩序,也变得更困难了。

一位美国循道宗主教"1870 年告诉一位听众,他预见到不远的将来
美国会'没有一个通奸者,咒骂者,不守安息日者,忘恩负义者,背教者,
堕落者,诽谤者;成千上万的家庭不会有一个浪子,不会有争吵、嫉妒或
伤心的眼泪'……三十年过后,美国海外传教部负责人宣布,'基督教是
地球上主要国家的宗教。预言在不远的将来它将是世界上唯一的宗教,
也算不得草率。'……一位浸信会领袖'在 1909 年写道,现代社会的三大
事实(基督教、国家、民主)中,基督教是我们现代文明中最强大的力
量'"。[12]我在第十二章提到过德文郡的公爵,在为伦敦教会基金募集资金
的一次讲话中,他这样问他的听众:"你们这会儿能否想象,若没有那些
教堂以及那些教堂所意味的一切,英格兰会是什么样子? ……显然,在
街上散步将变得不安全。所有的尊敬、体面,所有那些倾向于造就现代
文明如今这个样子的那些东西,根本就不会有。"

737　　换句话说，基督教国的观念自但丁时代以来开始趋向演化。那时候，人们强烈地感受到，在基督再临（今天还在酝酿之中）所带来的终极秩序与我们生活其中的既有文明秩序之间，存在着一条鸿沟和不可回避的张力。在现代许多基督教的环境中，鸿沟缩窄了，张力消失不见了。

❦ 2 ❦

这是一个损失吗？你可以认为是。首先在于，当把基督徒的生活等同于生活在遵从我们文明规范的生活，我们就看不见基督教信仰所展开的进一步的、更大的转型，即把人的生活提升到神格化。其次，正如伊万·伊里奇已经如此有力地论证的，倘若我们去理解福音所指引我们的共同生活方式，并将之解释成由某些组织出于这一目的而推出的一套规则，那么某种东西就丢失了。我想稍稍更充分地推进伊里奇的论证，因为应该很显然，他的故事相当接近于我在书中所试图讲述的。其实，我从他那里学到很多。[13]

这种理解根植于一种基督教信仰。早前曾当过神父的伊里奇依然是天主教徒，其神学也属正统，但他对于历史中的教会的理解是深刻的、原创的、并且是破除偶像的。他把基督教教会和基督教文明的实际发展（我们现在习惯于称"基督教国"）视为基督教的"腐败"。

学者们同意，在古代世界兴起的基督教教会是一种新类型的宗教结社，并围绕教会创建了新的"服务"机构，诸如医院和收容所。教会深度参与了实际的慈善工作。这类活动在基督教国许多世纪中一直是重要的，直到现代时期，这些机构被世俗实体所取代，通常是被政府取代。从西方文明史来看，现今的福利国家可以被理解为早期基督教教会的长期继承者。

现在，绝大多数人，不论是否基督徒，会把这一点正面地归功于基督教，作为历史上教会负责的"进步"运动。伊里奇没有否认来自基督教的这一好的方面，但他也看到了其黑暗面。特别是，他在此过程中看到，这一发展已经构成对基督信息的深刻背叛。

在第一章,伊里奇就毫不犹豫地解释了这一点,并运用新约中最著名的故事,即好撒玛利亚人的比喻。这起因于讨论十诫的训诫意义:爱人如己。一位律法师问耶稣:"谁是我的邻舍呢?"耶稣的回答就是这个故事。一个旅行者落在强盗手中,被打得半死,扔在路边。一个祭司和一个利未人——即犹太社群中担任重要职务的人——相继从"另一边"走过去了。最后,一位撒玛利亚人——即被人瞧不起的外邦人——来到这地方,上前扶起这人,为他包裹伤处,并把他带到附近旅店照应他。

对律法师原初的提问,这又是怎样的回答呢?我们现代人很容易认为那是理所当然的。我们的邻舍,即在他们陷入这类困境时我们应该帮助的人们,不仅仅是我们的小团体、部落、民族的同伴成员;而是任何人,不论他属于哪一个群落。我们可以将此一般化,包括所有人类,不带歧视,都是我们要帮助的合适的受益人,效法撒玛利亚人的榜样,这帮助是我们应该慷慨给予的。这一故事可以被视为建构我们现代普世主义道德意识的原始材料之一。

因此,我们学到教训,但我们是把它放在明确的范围内,即道德规则的领域,指导我们应该如何行事为人。较高的道德规则是普世的规则,即那些在所有人类种族中都适用的规则。我们把注意力集中在脱离地方性上。但在伊里奇看来,如此我们就失去此处至关重要的东西。故事在向我们开启的,不是一套普世规则,适用于任一地方和每一地方,而是另一种存在方式。这一方面涉及到新的动机,另一方面涉及到新型社群。

伊里奇对此比喻的把握可以这样来表述:有一些早前的宗教的和社会的生活形式,它们有两个特点,(a) 它们是基于强烈的"我们感",这"我们"比"我"更为根本,因此有局内人和局外人之分的概念,和(b) 它们有对魔鬼的感受,既是围绕着我们的黑暗权势,又是保护我们免受其伤害的精灵。

这些前现代的生活还有(c)强烈的适合感和比例感。这意味着(i)世界上的事物有它们必须活出或达到的恰当形式(清楚说明此点的一个方

738

式是柏拉图-亚里士多德的"形式"概念），和（ii）它们是置于宇宙中的，而在宇宙中，不同部分与其他部分在不同层面相对应：天与地，上与下，男与女，等等（第九章）。

福音开启了新方式，打破了这些界限。撒玛利亚人的比喻表明了这一点。到这里为止，伊里奇还认同标准观点。撒玛利亚人是因看见受伤者而动了慈心；他起而行动，而在这么做的时候（潜在地），即开创了与这位受伤者之友谊/爱/慈善的新关系。但这跨越了他所在世界所许可的"我们"的边界。这是他的"我"的自由举动。伊里奇在此谈到了自由，这或许会误导一个现代人。那不是某种他只靠自己就能引发的事情；他是在响应这个人。他感到被召唤去响应，但不是因某种"应该"的原则，而是因这个受伤的人自身。在如此响应之际，他自己摆脱了"我们"的藩篱，获得了自由。他的举止也超出细致建构的神圣感、黑暗的魔鬼和在我们的文化、社会、宗教不断被推出的种种预防模式（把外邦人看作"不干净"的观点时常很明显）。

这就使得在"我们的"社会中的宇宙及其在其中建立起来的比例或均衡岌岌可危，但它也不否认均衡。它在撒玛利亚人和受伤的犹太人之间创造了一种新的适合与归属。它们以一种不对称的均衡配合在一起（第十七章），这均衡来自上帝，那是出自圣爱的均衡，并因为上帝成为肉身而变得可能。上帝的道成肉身向外延伸，通过像撒玛利亚人与犹太人建立的这种新联系，铺展出一个网络，即我们所说的教会。但这是一个网络，不是类别的聚集；也就是说，它是一束关系，把具体的、独一无二的和披戴肉身的人们彼此连结，而不是一群人因为共同拥有某些重要特征（如在现代国家，我们都是加拿大人、美国人、法国人；或更普世一点，我们都是权利持有人，诸如此类）而聚集在一起。在此方面，有点相似于早先的亲属网络。（在一个部落里，重要的事情并不是我们共同所属的类别，而是我与这位乃是我父亲、我叔叔、我侄子等等这类人的关系。这也是为什么人类学家惊讶地发现，在亚马逊丛林里的"原始"社会，那里的人有能表明不同角色、部分、氏族等的词汇，但没有指称整个集体的词汇。）[14]但教会与部落亲族群体不同，它不是局限于已有的"我们"，即它跨界创造连结,其基础是彼此合适(fittingness),这种合适并非基于血缘,而是基于上帝为了我们的那种爱,我们称之为圣爱。

当这一新的网络陷入更世俗的"常规"的时候,它的腐败也就产生了。有时,一个教会社群成为一个部落(或占领一个已有的部落社会),像犹太人对待撒玛利亚人一样对待外人(贝尔法斯特[Belfast])。但真正可怕的腐败是一种跃进式的运行,教会飞速发展成某种前所未有的东西。圣爱的网络涉及到对新关系的某种忠诚;因为我们全都太容易疏远这一关系(这种疏远我们称之为"罪"),我们被带领着去支撑这些关系;我们将它们制度化,引入规则,分别责任。以这样的方式,我们让饥渴者得饱足,无家可归者有居所,赤身露体者有衣服穿;但我们现在生活在对网络生活的笨拙模仿中。我们已丢失了共契(conspiratio)的某些方面,而那处于圣餐的核心(第二十章)。灵被窒息了。

从中也出现了新的东西:现代官僚制,基于理性和规则。规则预先规定了针对人民的类别处理方式,因此,我们生活的一个极为重要的特征是,我们符合不同的类别;我们的权利、财产、责任等等倚靠这些类别。 740
这些类别塑造了我们的生活,使得我们用新的方式看待自身,其中,分门别类极大地膨胀,披戴特质的个体变得越来越不相关,更不用说这一披戴肉身的人通过他或她的友谊网络展开丰盛生命的方式了。对伊里奇来说,有某种怪异的东西,让人们疏远这一生活方式。怪异来自最高的圣爱网络的腐败。腐败的基督教导致了现代的兴起。

伊里奇的异象远不止于对教会官僚硬化(hardening)的这一理解,因为那毕竟发生得相对较早,波及教会的绝大多数分支,甚至包括东方教会的分支。他认识到该过程在拉丁基督教国走得更远。我们在罪及其豁免的刑法化或司法化当中看到这一点(第五章)。种种法规、应尽的义务和惩罚越来越占据主导地位。他也在一系列发展中看到这一点,那些发展被公认为对西方现代性来说是十分重要的,但也难以被概念化:诸如对包括人的生活在内的万事都采取客观化立场这样的发展,越来越稳定地占据主导地位。

我们还在他所称的"身体的医疗化"中看到这一点。关于身体的医学知识追踪到我们器官的运作方式，以及这些运作背后的种种化学过程，等等，这就涉及到采取站在我们自身之外的一种立场。它们贬低我们活生生的身体及其经验，并将其撇在一边。这不是真实而科学的知识之源，如果我们想要明白在我们身体里面所发生的事情，经验之类就必须被置之一边。我们被训练成从外部看待自己，可以说，是作为科学对象。但这不单单取代活出的经验，而且还改变这种经验。比如，不平衡感，不受自我控制感，它们不再被视为主要现象，而恰恰被视为背后某种故障的症状；也因此就不再以同样的方式被关注。相反，我变得越来越敏锐地知道一些事情，而我被训练成将之视为威胁到生命的故障的重要症状。

　　医疗化由此改变了我们亲身经验的现象学，压抑此经验的某些侧面，隐去一些，而突出另一些。但它也按自身轨道运转；我们并没有认识到，我们被引向以不同方式看待或感觉我们自身，我们只是天真地相信，这就是经验本身；我们以为人们一直都是以这样的方式来经验自身。早先时代的描述令我们困惑不解。

　　伊里奇追踪这一偏离中心的、外部的观点之发展，作出了一系列常常是令人震惊的分析：比如，凝视的发展，即我们最终被这样的方式所捕获：按照我们在媒体中所秀的形象、X 光照片或在视像等手段上代表背后过程的种种方式来看待我们自身（视觉类型［visiotypes］）。在这样的过程中，我们就疏离于在世界、在真实肉身现实的泊靠；而要恢复与现实的接触，只能通过活着的身体，可是，身体的证据正遭到"虚拟"实在之扭曲的塑造，甚至遭到否认。

　　伊里奇对我们作为工具使用者、作为不可分离的器皿这类自我概念的追溯，以及对我们作为体系之部分的自我感的进一步分析，也同样令人震惊（第十三章）。我们距离活着的身体越来越远。这是我早前用"道离肉身"一词时说到的过程。

　　这就进一步把我们带离圣爱网络。而圣爱之网只能在"披戴肉身"中才能产生。圣爱从脏腑向外运动；新约有"怜悯"一词，并把怜悯这一反应部位置于肠子。我们越是沿着这些疏离的自我形象前行，就越是没有能力理解这层意思。只有当我们严肃地看待披戴肉身,复活才能被理解,比如对"道离肉身"的克服。

但疏离的观点也部分是基督教的创造。这里当然有权力欲,但也有帮助、医治和让生活变得更好的抱负。(培根把新科学联系于"改善人类的境况"。)它是(腐败的)基督教的另一怪异创造。对最好者的败坏即是最坏者(Corruptio optimi pessima)。

有关我们害怕黑暗、害怕恶的权柄,伊里奇此处的文本提供了一个很深刻的洞见,尽管在某些方面来说还不成熟。在最早的宗教生活形式中,我们牵制住这些害怕,部分是靠取悦它们,部分是靠转向仁慈的神灵——最终是上帝,寻求保护。福音的新路径邀请我们走出由古老的"我们"所树立的古老的保护,对我们在这些权势面前的免罚满有信心。但这种免罚是我们对圣爱网络忠诚的正面;而当我们返身转而尝试"组织"、"管治"此网络时,我们就背离了信心,于是害怕重新出现。但现在处在新的"意义域";我们越来越孤独地面对它们,再也没有古老的集体保护这种"遮蔽"了(第六章)。

这就驱使我们进一步走在客体化/祛魅的方向。科学恰好否定、否认幽暗权势的整个维度。我们现在再次得到保证,害怕得到了平息。可是,害怕感以两种方式依然持存:第一,着迷于这些权势及其仁慈的抗力(counter-forces)观念;如此众多的流行小说、电影、美术重新创造它们(《星际迷航》、《魔戒》、《骇客帝国》、《普尔曼》和《哈利·波特》)。我们让自己颤抖,但同时牵制住现实。第二,它们又以穷凶极恶的模式重新出现,那时我们发现我们自身牵涉其中(大屠杀、种族灭绝、古拉格集中营、死亡地带等等)。

我们可以明白,伊里奇的故事不仅仅关乎基督教,而且也关乎现代文明。后者某种程度上是"腐败的"基督教的历史创造。这在许多方面来说接近于我一直在试图讲述的故事:现代世俗世界出自拉丁基督教国之越来越多的受法规约束和规范治理的宗教改革。 742

这一文明已经把一个运动推向极致,那就是伊里奇所描绘的基督教的腐败：即根植于互相归属感这一动机导致了失败和不恰当，但对此作出回应时，此运动建立起一个体系。这就把三样东西合并在一起：(a)一套或一组规则，(b)使得这套规则内化的一套操练，和(c)旨在确保规则所要求的事情得到贯彻落实的理性建构起来的组织体系(私有的和公共的官僚行政组织，大学和各类学校)。所有这些规则及其操练成为了我们的第二天性，包括偏离活出的经验，那是为了变成训练有素的、理性的、超脱的主体而不得不进行的偏离。从这一视角内部，好撒玛利亚人的故事之标准说明似乎就很显然了：这是通往一种普世规范道德之路上的一个阶段。

现代伦理学也表明了对规则和规范的这种膜拜。不仅法律，而且伦理学也是被按照规则来看待的(康德)。法律的精神是重要的，是其核心所在，因为它也表达了某种普遍原则。对康德来说，原则就是我们应该将理性规范或人类作为理性的能动者置于首位。相比之下，正如我们已经看到的，圣爱网络把心肠驱动对一个人的反应置于首位。这是不能被化约为一般规则的。因为我们做不到这样，我们需要规则。"因为你们的心硬"。可是，我们不能完全取消规则。但现代自由文明把它们当作偶像了。我们以为我们不得不找到"正当的"规则、规范体系，然后就一以贯之地遵循它们。我们无法进一步看到，这些规则非常不适合我们披戴肉身的人类世界，我们没能注意到它们不得不加以掩盖的诸般矛盾困境：比如，正义与怜悯；或正义与更新的关系——这是消除种族隔离后的南非所面临的一种矛盾困境，也是真相与和解委员会旨在面对的矛盾困境，亦是作为一种超越已有报复规则的尝试。这里可以联系本书第八章第十二节的讨论。[15]

在这一视界中，好撒玛利亚人故事中的某种关键性的东西丢失了。由这种规则、操练、组织体系来确定秩序的世界，只能把偶然性视为阻碍，甚至视为敌人和威胁。其理想是要掌控偶然性，扩展控制网络，以便让偶然性被降低到最小。相比之下，偶然性是故事的根本特征，而故事是对提醒偶然性的问题的回答。谁是我的邻人？就是你恰巧遇见、偶然碰到的那个人，他在路上的某个地方受伤了。纯粹偶然与形成相称、恰当的反应也有关。它告诉我们某些事情,回答我们最深的问题:这就是你的邻人。但要听到这邻人的声音,我们不得不逃离偏执狂的视界,即把偶然性视为只能作为敌人加以控制的视界。伊里奇在他的书中第三、第四章发展了这一主题。

＊　＊　＊

伊里奇正在告诉我们什么?我们是否应该拆除我们由法规驱动、操 743
练的客体化的世界?伊里奇是彻底激进的,我不想减弱他的信息。我不能声称代他说话,但这是我从他的书中引出来的。没有规章、法规,我们不能生活,法律规条对于法治十分关键,道德规条也是我们在每代新人中不得不谆谆教诲的。但是,即便我们不能充分逃避法治化-司法化-客体化的世界,但非常紧要的是要看到,那不是全部,而且在许多方面它是去人性化的、异化人的;我们也要看到,这种世界还产生了我们难以理解的两难困境,并在向前推动时伴随着冷酷无情和野蛮。从左翼到右翼的种种政治正确模式,每天都在表明这一点。

我们的世界持续被拖向暴力也是如此。规条,甚至是最好的规条,也并非如它们表现的那样无辜。它们在我们里面扎根,作为对我们的某些最深层的形而上需要的回答。规条可以迅速成为我们道德优越感的拐杖。当然,这是新约的另一个重要主题,正如我们在法利赛人和税吏的故事中所看到的。

更糟糕的是,这一道德优越感是由相反的案例——即恶的、扭曲的、非人的情形——提供的证明所喂养的。我们甚至在发起对邪恶的战争时,赋予我们自身的善以最高证明。我们将向邪恶轴心和恐怖主义网络开战,然后我们发现,令我们惊讶和恐惧的是,我们再生了我们自身所反对的罪恶。

规条,即便是最好的规条,也能成为偶像崇拜的陷阱,诱使我们成为暴力上的同谋。伊里奇可以提醒我们,不要全然沉浸于规条,哪怕是热爱和平、平等和自由主义之类的最好的规条。我们应该在有生命关怀的网络中找到超越规条、并比规条深刻的灵性生活的核心。生命关切不应为了规条而被牺牲，相反，必须时时去颠覆规条。这一信息产生自某种神学，但每个人都听听也不无益处。

我部分根据伊里奇提出的观点是，在西方一直存在着这样一种倾向：把基督教信仰与文明秩序等同。这不仅令我们无法洞察基督徒被呼召去进行的全面转化，也令我们无法保持与被等同为基督教国的秩序之间重要的批判性距离，无论它是当前已有的秩序，还是某种我们力图去恢复的秩序。

伊里奇认为，基督教被一个否认基督精神的秩序所接管，乃是恶的奥秘（*mysterium inequitatis*）。即使一个人不走得这么远，也能看到其固有的危险。认为上帝在我们这一边的信仰，即上帝祝福**我们的**秩序，是沙文主义最强有力的源泉之一。它可以是对暴力的极大鼓舞。因为我们的敌人必定是上帝的敌人，我们显然必须用一切我们可以运用的手段去对付这些敌人。这是天主教会最终认识到的危险，这导致教宗在1926年谴责法兰西运动。尽管有这样的事实，这一运动为之奋斗的特定文明秩序，即恢复天主教专制，对许多教会人士来说仍颇有吸引力。莫拉斯试图向跟随他的天主教徒重申"政治，第一步"这一口号，意味着政治结盟仅仅是暂时的，并不意味着对目标的认同；但事实上他所进行的是信仰与政治计划的有机融合，助长了不断徘徊在暴力边缘的某种冲突，并伴随着莫拉斯暗杀共和国政客的号召。

教宗的谴责成为马里坦与莫拉斯决裂的契机，马里坦由此朝向一个非常不同的立场。在新的立场，他开始以全新方式看待基督教文明的重建；不是回归到基督教国，即均质地和整体地是基督教的单一的文明，但局限于一个区域。相反，他寻求全球范围基督教文化的统一，但处于分散的网络，由基督教平信徒机构和知识、灵性中心构成。"与其去构筑在大地中央矗立的坚固城堡，我们必须设想投入天空的星群"。[16]这一新文化的核心特征将是"灵性的到来，但不是出于自我中心的小我，而是来自创造的主体性"。[17]对哲学和现代境况的这一新的理解，在马里坦的《完整人文主义》（*Humanisme Intégral*）中获得了最为充分的表达。[18]

744

〜 3 〜

如果我们回到过去两百年间皈依（或重新皈依）基督教的案例，根据这里的讨论，我们可以察觉到两种趋势。这些皈依常常伴随着一个敏锐的感觉，即当前心理学的或道德的自我理解之内在秩序有着深层缺陷，另外还伴随着这样的意识，即只有一个更大的秩序才能了解我们生活的意义。更大的秩序和已有的秩序都出了毛病。但这一境况的最终意义可以从两方面来看。一方面，不合适可以被视为一个正好有关当前秩序的事实，可以通过建立另一个秩序（即真正的基督教国）加以克服，其范式通常将在我们的往昔中得到确认。另一方面，我们可以把这一缺口视为人类自身历史境况的地方病。从这样的观点来看，在基督教信仰的要求和文明（哪怕是最好的文明）的规范之间，就必定总是存在着差距和张力。

这一问题在皈依者的生活和思想中并非总是清楚的。如我们在上面所看到的，某些皈依者从一种观点转向了另一种观点，比如托马斯·默顿和马里坦。另一些皈依者，在他们思想的不同时刻和不同阶段，同时倾向两种方式。一般而言，一个人越是疏离于现今时代，就越是强烈地谴责它，也越可能倾向于第一种观点，并渴望一种真正的基督教的秩序。而对于那些相信民主和人权的文明有其特殊价值和重要性的人来说，即使他们并没有全然丢失距离感，就如我上面引用过的 19 世纪和 20 世纪初的一些人物，他们也会采取第二种途径。他们将成为现代文明的"忠诚的对立者"。

与我们将之判断为"迄今最不坏的文明"的批判性距离，也会导致将它们自身在历史中作不同的定位。那些全然认同我们时代的人，能轻易接受一种线性进步理论。我们从过去的时代没有什么好学的；就它们与我们的时代不同而言，我们可以把它们置之一边，视为不相干。与"进步主义者"极端对立的，是那样一些人，他们想要回到某种往昔范式：

745

它们(中世纪,17 世纪的美国,或 1960 年代之前的美国)是正确的,我们必须拒绝现代与此标准相偏离的一切东西。用基督教的术语,很容易在这些早期时代中看到"信仰时代",并将之理想化;正如我上面引用的新教牧师用基督教术语来打"进步"牌,把新文明视为基督教的胜利。

但那些与一个他们依然会予以捍卫的文明保持一种批判性距离的人,看法可能不同。也许根本就没有什么基督教的"黄金时代"。也许基督教信仰存在的不同阶段和不同社会确实都"直接与上帝相关联",这是兰克(Ranke)的著名用语,被用于历史的各个时代。它们是不同的,因为每一种基督教生活模式都不得不爬出它所嵌入的时代,或与该时代(你可能会说在"世俗时代")保持某种距离。但是,与其让这些模式按等级被整齐排列,还不如看到,这是使得它们互相有所助益的差异。

这些不同的取径,出自不同的嵌入,我们可以称之为信仰的不同"旅程"。我或许可以给出这里所用的新旅程以及围绕这些旅程而来的问题之更生动的含义,不妨看一个具体例子。夏尔·贝玑(Charles Péguy)是找到自己新出路的现代人的典范。

要看到这一点,我们可以首先注意到,他来自或经历了一个非常现代的关切;或许可以说,他是对根本性的现代发展提出了现代抗议。

746　　　这里的现代发展就是我们所称的"道离肉身",特别是把漠然理性高举为通往知识、甚至人类事务的捷径。通向知识的恰当道路是靠客观化,甚至在史学上也是如此;贝玑认为,这是他的时代的思想家之根深蒂固的偏见。我用"客观化"是指把所研究的问题,把握为某种相当独立于我们的东西,这样,我们去理解它就无需通过我们的参与或它在我们生活中的意义。往昔因此是另一个国度,我们对它的"客观的"理解也就可以不论是谁的,不论是不是这个往昔的传人。我们应该从"不取立场的观点"来把握这往昔。

对知识是什么的这一观点容易偏爱、但不一定产生这样的人性观,这是另一种意义上被"客观化的"人性观,即被理解为完全相似于非人的客体,用机械论的术语和决定论的框架来理解。

这整个取径都是贝玑所强烈拒斥的,他因此深受柏格森的影响。在当时的法国,正是柏格森对这种观点发起了也许是最为重大的哲学挑战。柏格森的一个主要线索是从时间意识来展开进攻,因为那是客观化观点的核心所在。与其把时间设想为空间的比拟(那样的话,不同时刻相互沿着一条线排列),我们必须去顾及绵延这种活出来的时间,在这种绵延中,我们把不同时刻架通,并在单一的时间之流中将它们连接起来,正如我们在行动中或在听美妙音乐时所经验到的。机械论观点难以理解现在,只是把现在视为连续过程中的一个时刻段;而按照伊曼纽尔·穆尼埃的说法,在柏格森看来,"现在有一种深度,这深度恰恰是自由在世界中的深度"。[19]

我们在行动中经验到的过去、现在和未来之间的这种架通(这一学说某种程度上预期了海德格尔对三种绽出[ekstaseis]的著名分析),[20]我们也在柏格森所称的"记忆"中以另一种方式经验到这种架通。

贝玑在柏格森基础上来建构,他区分了历史(客观化的类型)和记忆:"历史根本上在事件一旁运行。记忆则存在于事件之内,并且本质上最终不能在事件之外运行,而是保持在那里,从其内部重新活出。"[21]

这种按"记忆"而来的理解,对贝玑来说有着关键的重要性,因为他自视出于法兰西千年文化之中,而且这是法兰西人民的文化,不是精英的文化,是农民和工匠的生活方式。要把握这种文化,就要投身其中,通过制作、耕耘、收获和祈祷这些多种多样的实践,回忆起日用而不察的方式。此方式如何能被把握,这个问题对贝玑来说是关键性的,作为他所在民众背景中第一位有运气的、受到良好教育的人,他感到有一种需要,其实是他身负的呼召,去清楚地说明这种生活方式。[22]"历史地"走进它,或许是要改变它的本性。一个民族及其文化历经几个世纪的形成是长期的传承过程,并由此形成其关键性实践,所以,对这种形成的最好理解,要倚靠行动的比拟,故而要倚靠某种恰切于行动的时间理解,对他来说,这就是他从柏格森那里所引伸的意义上的"记忆"。

再则,这不仅仅是一个如何研究往昔的议题,而是具有实践的重要意义。要紧的不只是知道往昔,而是如何与之建立关系。对贝玑来说,

747

在一个由固定习惯主导的生活，和一个人在其中可以创造性地自我更新、甚至能够对抗习惯得的和固化的形式之力量的生活之间，有着关键性的区分。在习惯主导的生活中，一个人是被其往昔所决定的，重复着已有的、被铭刻在他身上的形式。创造性的更新只有在行动中才是可能的，而行动按其本性又必须有某种时间上的深度。这种行动必须凭借在深层的往昔中被塑造的形式，但不是倚靠简单的机械再生产，就如习惯那样，而是倚靠把传统的精神加以再创造性的应用。

我们可以理解，贝玑是如何让他的同时代人感到困惑的，几乎难以给他定位。这不，他居然让社会主义者的德雷福斯（Dreyfusard）阵营分子，一个革命与共和的信徒，充满激情地强调把一个人的行动植根于法兰西包括天主教在内的千年往昔。他真是反动的吗？但他也强烈地谴责神职人员、反德雷福斯党，正是因为他们想要重新强加老旧的形式：专制的，教权主导的，以他们过时的形式，从不考虑传统如何发展和改变。

对贝玑来说，法兰西历经千年的传统包括法国大革命。一旦你考虑到法国大革命是法国**人民**的传统，而不是法国精英的传统，这就一点也不悖论。贝玑处于这样的政治场：左派相信（客观化的）科学和进步，把往昔贬低到可以忽略不计；右派则力图回到旧制度。这就难怪贝玑的观点成为孤独的声音，而他的思想也常常被朋友和敌人所嘲笑。

贝玑的一个关键概念是忠信（fidélité），对传统的忠信，这一恰恰被排除在外的传统正在回归。回归是背叛，因为它用对往昔的机械复制代替往昔之创造性延续。这是当我们习惯性行动时所做的事情，而试图用昨天的习惯来替代今天的习惯则不得要领。再说，试图掌控这样的变化本身就意味着把社会视为有待塑造的惰性客体，这样的立场恰恰是贝玑所要避免的。在贝玑的最终判断中，左派和右派同样无能，他们都想要掌控实在，或是按照"理性"的新蓝图，或是按照"传统"古已有之的模式。他们都不能诉诸人民的创造性行动。

要被这样一种真正的活生生传统所激发，就是被"神话"（mystique，神秘信仰）所推动。此词从一开始就令人产生极大的困惑。有人可能认为他也许应该用"理想"一词。但是，正如穆尼埃指出的，他有意躲避"理想"一词,恰恰因为"理想"一词很有可能"让我们忘记,灵性实在是唯一突出的实在"。[23]换句话说,所有有效的理想已深深系于传统,系于已活出的生活方式。这些理想不能像是某项新发明的把实在撇在一边或从上面来塑造实在的计划。有效的新,是一个传统的再创造。那也是为什么他能把共和国和以后的社会主义视为法兰西人民传统的重新表达,并且与该传统有着深刻的连续性。

但在此抱负下开始的这种创举也会蜕变,可以被某个寻求权力的政党篡夺,或成为有着固定规范和习惯的新秩序。这样,"神话"就蜕变成贝玑所说的"一种政治"(une politique),他显然是在贬义上使用这个词的。德雷福斯的事业是自由和正义的事业,但它为了回应政治原因和政党偏袒的考量,随后就成为了政治计划,即新的约束规则的基础(比如,强迫接受教会与国家的分离)。

贝玑最终开始相信,这一衰退是必然的。因此才有他著名的句子:"一切始于神话,终于政治。"[24]这成为更为一般的信念的一部分,即人类生活中有个基本倾向——让创造陷入机械和习惯,灵性动脉随着时间推移而硬化。现代性本身原本青睐不动声色和客观化,也是这种硬化的一个例子。"对我们和我们的父辈来说乃是本能、血统和活生生思想的东西,对他们[政客]来说已经变成命题……对我们来说乃是有机的,对他们来说已是逻辑的。"[25]

贝玑回归信仰,部分是为了回应这一非常令人痛苦的洞见。但在讨论这一回归之前,我们应该看看他思想的另一些侧面。

我们已经看到,虽说贝玑诉诸传统,虽说他使用诸如"种族"这样的词语,但他不属于右派,也不是诸如巴雷斯(Barrès)这样的人的同盟者。就深层而言,他是共和主义者和社会主义者。同样真确的是,虽说他诉诸千年之久的法国天主教传统,但他既不属于教士党阵营,也不容易被归入占据优势地位的特伦托主义的天主教,这一主流强调规则、强调顺服权威,更不要说它对肉身和人民的怀疑。

因此,本真性行动把我们联系于往昔,并延续往昔,这被贝玑视为自由。与在政治权威组织、动员和约束下遵循规则相反,被一个人的神话

749

所推动是最高的自由；甚至在后者声称实现神话之际，我们就已经陷入政治了。

第二，有多种多样激发人类的神话。贝玑本人被不止一种神话所推动。穆尼埃在贝玑的案例中看到四种神话："他对希腊思想和文化的热爱，他对犹太人和犹太教的倾慕，[26]社会主义，基督教。"[27]这样有生气的、已经化身的理想远不止一个，它们在一个人的生活中可以组合在一起。而不同的个人和不同的民族，各自都有自身对普遍（共相）的志向，并信实地走他们自己的路。正如穆尼埃所言，"对每个人，正如对每个民族，跟随他自己的**神话**，就是要在他自身中发现他的**天才**（*genium*）和他的天职，然后以无穷的忠诚固守它们，不是因为它们是他自己，而是因为它们是朝向更高命运的呼召。"[28]

当然，这并不意味着所有这些理想都是彼此相容的。但是这就把我们带入第三点，即贝玑的"和谐城邦"的理想。这是他作为社会主义者所构想的，作为指向的终极命运，他并不放弃。该理想也融合了这样的目的：在这些理想的捍卫者之间忠诚的合作，也对他们之间的不一致保持诚实，但从不诉诸暴力或驱逐手段。[29]这是贝玑本人与多种多样朋友圈相处的方式。

第四，正如可从第三点推断出的，贝玑在他的神学中没有给地狱留下位置。在拯救上，他是普救论者。用穆尼埃的话来说，"在和谐城邦，没有任何活着的造物是外人，智者，陈旧文化的圣者，哪怕是动物……全都不排斥在外。不应该有人缺席永恒拯救。"[30]

考虑到这些差异，我们不难理解，贝玑并不同情他的时代整个天主教会的专制风格。当柏格森的著作被列入天主教禁书目录时，他虽然愤怒不已，但他的回答也表明他把禁书目录看为如何离奇和荒谬。[31]

750　我们也能看到，他距离教会的规条-定位（那些包括大大小小错事的复杂菜单）是何等之远："被称作道德的，是一个涂层，使人无法被恩典渗透"；"［有点羞愧地］被称为宗教的，要比被称为道德的更为矛盾……而把道德和宗教如此放在一起，简直是愚蠢至极（正如路易-菲利普［Louis-Philippe］和梯也尔［Monsieur Thiers］先生也是愚蠢至极）。"还有更具碑文体风格的："道德是被赢弱的人民发明出来的。基督徒的生活是被耶稣基督发明出来的。"[32]

并不令人惊讶的是,他对善与恶在历史中相互交缠的矛盾有更好的理解,"在人生现实中,可怕的并不是善与恶的并置;相反,可怕的是它们相互渗透、相互结合、相互支持,以及有时奇怪而神秘的亲缘性。"[33]

考虑到这一切,贝玑尽管有他深厚的大主教根源,却度过了一段与教会疏离的时期,就并不让人奇怪了;这种情况在他重新皈依后部分地拖延着,这是因为他要与还没有皈依的妻子保持团结。(把这种团结置于参加教会义务之上的做法,是另一个非常不符合特伦托公会议精神的事情,但这并非轻佻之举,而贝玑也为此付出很大代价。)

同样不令人惊讶的一点是,尽管贝玑曾经是个"坏教民",却重新回到了大公教会。在某种意义上,他从未真正离开过。贝玑追求一个创造性行动的时代,把不同时期连接在一起,但他敏锐地感到,要倚靠人来达到这一目标,是如何不可能,尤其是面对似乎不可阻挡的滑向机械和习惯,以及由往昔决定、但却不再与往昔有关系的确切当下。不是柏拉图或普罗提诺的时间上的永恒概念,而是被赎的或汇聚的时间之前景,在其中,所有时刻在同一个运动中重新连接。也许,在他重新皈依之前所缺失的,或许正是希望,因此,毫不奇怪的是,皈依之后他就把希望置于美德中的至高行列。[34]

同样深深属于天主教的,是他关于我们如何进入那种永恒的观念,即通过教会达到与上帝的共契。形象具有链条的性质,就像许多中世纪大教堂的门廊,在其中,虔诚的人通过他们当地的圣徒连接于玛利亚,连接于基督和上帝。 751

> 就基督教而论,没有人像罪人那样可以被认出来。都是罪人,除非是圣人。而原则上,都是同样的人……罪人向圣人伸出手,因为圣人伸出手来帮助罪人。而所有的人都在一起,一个经由另一个,一个拉着另一个,他们构成一直上升到耶稣的链条,一个手指可

以不相连的链条……一个不是基督徒的人,是不伸出他的手的人。

后来,他又写道:

> 一个人不是基督徒,是因为一个人处在某种道德的、知识的、甚至灵性的水准。一个人是基督徒,是因为他属于这样一个族类,这族类再上升到某个奥秘族类,那是灵性的和肉身的,暂时的和永恒的;换句话说,因为这个人属于某个血统(blood)。[35]

“族类”和“血统”这样的词出现在这里,这也是后来他遭到极大误解的原因,特别是当一个人想到欧洲历史上不久之前发生的事情。[36]但这里的要点在于,在肉身背后,灵性概念总是化为肉身的,并处于跨越时间的链条中。它反映出,对贝玑来说,他的基督教信仰是被他所深刻拒绝的现代之“道离肉身”激活的。可以说,借此路径,他再次进入“道成肉身”的信仰。

这里的关键概念是“手与手的相连”,另外的说法是“圣徒共契”,我们全都与之相连。

752

～ 4 ～

很少有人认识到,在贝玑那里,有些主题成为对梵二会议改革的核心,比如自由的恢复,教会为上帝子民的恢复,向其他信仰的开放态度,等等。实际上,这里的确有一条影响线索。为梵二会议奠定知识基础的大多数关键神学撰述,都是来自法国。我想到孔加(Congar)、丹尼路(Daniélou)和德·吕巴克(de Lubac)。他们的主要知识资源是教父,但他们也出自被打上贝玑印记的一系列天主教思想和情感。[37]

贝玑挑战了已有的天主教传统,在这个问题上,这传统是由特伦托公会议所定义,大革命、复辟和19世纪的冲击修正了这一传统。于是问题就在于，我们如何理解这种挑战。这最终也是同样的问题，即我们如何理解梵二改革？

可以有两种视界来看待这一问题。一方面，我们可以假定，这里的问题之关键，是对天主教式的基督教之最终的和全然正当的理解。于是问题就在于，梵二或特伦托公会议，谁是正确的，和/或在哪方面是正确的？在这个问题上，在我此处所作的这种反思中，我试图弄清楚贝玑的信仰道路，他是通过什么以及是从哪里浮现出来的，他仿佛是从岩石里蹦出来的，但唯一重要的是对他何以错了或者何以对了作出解释。

我们首先按照在世俗史学的许多论辩中所熟悉的方式来处理他的背景。比如，那些相信进步的人认为，难以期待早前的时代看到对我们来说乃是确然的真理，因为他们缺乏某些知识或摆脱偏见的自由等；或者从另一侧面来看，传统方式的支持者可能认为，在当代道德败坏的境况下，当最基本的礼貌也要受到攻击，我们就难以指望年轻人有能力看到已经丧失的东西的价值。我们用另外的语词，把描述背景和视界作为认识上有特权的或被剥夺的、好的或坏的出发点，以识别某些单一的真理。

我们可以在其中理解，这类研究的第二种框架假定受到威胁的是互补的洞见。两种情况都不是简单的对或错，而是各个议题都带来新的视界可以增加和丰富我们的理解。问题是要看到，这些不同的洞见何以配合在一起，并以此为目的去充实背景，因为一个洞见从中产生的社会的/知识的/灵性的语境可以是非常启迪人心的。

我们可以看到，这里的问题密切联系于我们前一节讨论的一个问 753 题，即一方面我们认出在较近的往昔或更遥远的往昔有一个基督教的"黄金时代"（对于某些教会是在 19 世纪，甚至现在）；或另一方面，我们认为它们是不同的、互补的进路，但不能明确分成不同等级。

我们应该做出哪一个假设？我不认为我们可以做简单选择。现实更为复杂，但坦率地说，二者各有千秋。贝玑在某些议题上的观点与早前已有的信条明显冲突，而梵二改变了围绕梵一的主要观念：比如自由的重要性，民主的价值，人权的核心地位，对其他信仰传统的评判，等等。

但这并没有穷尽这里的问题：如何思考这两种不同的天主教信仰的历史形式之间的关系。

庇护九世认为民主和人权是与基督教不相容的，这样的社会背景甚至不利于信仰的兴盛——这恰恰是错的。但那也并不意味着，在19世纪怀疑民主的天主教徒不会比我们这些不得不捍卫民主、反对各种可怕暴政的20世纪后代，更清楚地看见民主的危险和弱点。

对于诸如"错误没有权利"之类的一般原则，我们正当地谴责它们为混淆是非和危险的，并拒斥它们自以为正当的审查模式，但那也并不意味着顺服的灵性原则就不能在某些情况下有着伟大的价值。

或者来看看非教义性的问题：有这样的方式，在其中，某些戒绝模式，像禁食、周五禁肉食等等被当作法规，并被作为法定义务那类事情应用，这样的整个方式是令人窒息的，需要受到挑战；但那也并不意味着，当这些集体性戒绝行动从教会生活中退出，不会带来某种重要东西的丢失，正如埃蒙·达夫（Eamon Duffy）曾经强有力地论证的。[38]

我们必须以双焦点的方式把握这些历史差异；一方面，我们是在处理一些对错问题，其中的每个变化都是真理之得或失；另一方面，则是有着不同信仰路径，出自非常不同的生活方式。完全把焦点放在前者会使我们看不见后者。而这也许会是一个很大的损失。这部分是因为，理解另一种路径能够使我们摆脱因着全然深埋于我们自身的路径而带来的盲目性。

比如，今天的基督徒不得不爬出这样的时代，在其中，地狱和上帝的愤怒常常是被很微弱地感受到的，如果它们可以得到一点理解的话。但他们生活在一个客观化和道离肉身占统治地位的世界，在那里，死亡损毁意义，诸如此类。我们不得不挣扎着去恢复道成肉身的意味。但是，754　比如说，三个世纪前的约拿单·爱德华兹，就生活在一个上帝的愤怒强有力显明的世界，而那里的困难是要达到对上帝普世之爱的恰当感知。一个人可以回应这种不同的争论，判断这个或那个完全正确，而另一个则完全错误。我们常常谴责爱德华兹陷入了陈旧模式，或者谴责我们自身冲淡了信仰。

但我们也可以从另外方面来看待。我们都没有把握整体图像。我们全都不能单独把握在我们远离上帝以及他把我们带回的行动上所涉及的每一方面。但分散在历史上不同时期的人类当中，有许许多多的人，他们对此一戏剧的某些侧面拥有强烈的感受力。合在一起，我们得以相比任何单单一个人更为充分地活出这一戏剧。与其立即去获得辩论的武器，我们或许可以更好地聆听一种我们自己从不曾有过的声音，如果我们不曾尽力去理解它，我们或许就永远不知道这一声调。我们将发现，我们不得不把这种礼貌甚至延及到我们从不曾触及的人们（像爱德华兹）——在那方面，我们或许在过去二百年间迈出了朝向真理的某种适度的进展，尽管我们当然能在整个基督教历史上找到先例。我们的信仰不是基督教的顶点，但它也不是一个退化形式；它反而应该是向着一个对话敞开，这个对话横跨过去整个两千年（从某些方面来说，甚至还要推前）。

当然，这也留给我们巨大的混乱，即解释学难题：不同路径如何相互联系；它们如何共同联系于永恒的真理问题。若没有这些问题，我们就不曾存在；那种认为这些问题可以最终被某些权威（不论是圣经的，还是教宗的）立场所驳回的信念，是危险的、有害的幻象。[39]

这一碎片式的和艰难的对话所指向的，是圣徒共契。我将此不仅理解为完美人的共契，他们已经把不完美抛到身后；相反，我将此理解为整个人生的和整个朝向上帝之旅程的共契。整个旅程就是我们一再讲述的圣徒的人生。这些旅程甚至包括背叛时刻，正如福音故事一再讲述的，彼得还有不认基督的时刻。这样的时刻并没有被彼得此后的人生抹去。但上帝的回应是这样的，在鸡叫时让彼得感到难受而痛哭，这是朝向他在五旬节之后的使徒生涯的一步。上帝甚至让这一步成为朝向成圣的垫脚石，就此意义而言，这样的时刻也就在整体上属于他作为圣徒的生活。

旅程不仅包括罪。我的旅程关键地包括我植根于历史秩序的生存当中，伴随着好与坏，或进入或出离其中，我都必须朝向上帝的秩序迈进。终末必须包括进所有这些旅程，带着它们非常不同的光景和危难。

而这就给了我们第二个理由，不让最终真理问题把旅程的不同逐
出。正是教会，作为在相互理解和相互丰富的不同人们和时代的共契，
因对自身真理缺乏根基的全然相信而遭受损害、限制和分裂，这种盲目
信仰其实最称得上异端之名。

我已经描述了我们可以赋予当代皈依所具有的两种不同的意义，这
种意义必须跃出已有秩序。一种意义让我们去寻求完全合适的历史秩
序；另一种意义则邀请我们走向一个对话，这对话可以超越任何此类秩
序。此种情形的目标不是回到更早的表述，尽管其中有很多无疑将是有
启发性的；总是会有模仿早前模式的因素，但今天必然而正当的基督徒
生活将寻找和发现新的方式，以超越当前秩序而抵达上帝。或许可以
说，我们是在寻找新的和史无前例的旅程。按照基督教的措辞来理解我
们的时代，部分即是识别这些新的路径。这些路径已经由一些先驱开辟
出，他们已经发现了一条道路，穿越我们所生活其中的特殊的迷宫式的
风景，包括丛林和荒无人烟的河流，通向上帝。

～ 5 ～

贝玑是我的关键例子，但事实上，在西方现代性中充满了这样的新
旅程；其中有些人的路径是以文学为标志的，从陀思妥耶夫斯基到我们
在本章所讨论的那些人，以及其他无数未提及的人。但我更愿意在此简
要地论及另一个主要人物，杰拉德·霍普金斯(Gerald Manley Hopkins)。

霍普金斯确实提供了令人惊讶的新旅程的鲜明例子。和贝玑一样，
他是从现代开始的，更准确地说，是从后浪漫派困境开始的。他敏锐地
感受到一种威胁，即在一个以规训理性和工具理性为中心的文化中，人
类生活之窄缩和简约。我们失去了与围绕我们的自然世界的接触，在这
同时，也失去了与我们自身生命中更高维度的接触。在这方面，我们与

他的时代的思想和感性的一个重要潮流很契合;也和拉斯金(Raskin)相契合,这是指当前时代已经失去对围绕我们的世界之美的洞察力;还有一层意思是,这种丢失密切联系于经济剥削体系。但也在另一方面与佩特相契合,即探索在当代生活中恢复美学之维。

再则,他共享着后浪漫派的直觉,即艺术,尤其是诗,成为这种恢复上的关键因素。感知诗之重要性的一个方式是通过语言理论,这起源于德国浪漫派一代思想家,比如施莱格尔兄弟(the Schlegel brothers)和诺瓦利斯在哈曼和赫尔德的工作上所建立的。

他们的诗学兴起于对语言之建构力量的感知。这种理论从哈曼与赫尔德的一个认识开始,即词语并不仅仅通过指称我们已然经验到的事物来获得意义。相反,说话,语言表达,使得事物以新的模式为我们存在,这模式或关乎知觉,或关乎反思(赫尔德的用词是 Besonnenheit)。

此观念随后又被 1790 年代的一些作家转变成对诗的新理解。在绝大多数日常说话中,词语确实看起来是按照古老的指称性的观点发挥功用的。因着遗忘与语言本身建构的世界的普遍关系,我们会很容易相信,譬如"手"、"拐杖"、"水"这些词汇,正好是指我们已经知道的事物。但对于更高事物的范围,即"无限的"、"不可见的"领域,我们的困境显然不同。

这也许最清楚地呈现于他们的"象征"学说。有关"象征"的关键点是,单单凭借象征,一个领域被揭开了;我们可以说,单单凭借象征,确定的意义才开始为我们存在。最高的事物,有关无限、有关上帝、有关我们最深情感的事情,只能通过象征中的表达才能成为我们思想和思虑的对象。施莱格尔问道:无限者如何才能被带到表面,带到表象?他的回答是,"只有以图像和记号象征地带出"。诗就可以实现这一目的:"作诗(Dichten)……纯然就是永恒的象征化:要么我们为某种灵性事物寻找外部覆盖,要么我们把某种外部事物联系于不可见的内在。"[40]

假如我们先近似地设想这样一些事物,我们若非是语言的存在者,这些事物就根本不能在我们的经验中加以领会。以"灵气"(Ruach,Pneuma)为例。是的,即使我们还处于前语言动物状态,风或许也为我

756

们存在着;我们可能寻求庇护,远离风。但当我们喘气吸气之际,呼吸还在。

但灵呢? 不就是恩赐,不就是急速奔流,不就是一种力量进攻,要冲向更高的事物、更圆满的事物? 对无可比拟的更高者力量的这种感受唯有在名称中为我们成形。灵通过语言进入我们的世界;其显明则倚靠说话。"灵"这个词是施莱格尔意义上的一个象征。而这些词语借以率先投入流通的语言之使用,在上引段落中被称为"Dichten",即作诗。

根据这一观点,诗有着"施行的"(performative)成分;通过创造象征,诗建立了新的意义。诗在潜力上是制造世界;那就是 1790 年代起流传下来的对诗的理解。

这样理解诗带来了语域的转移,由此开启了诸般可能性的新范围。再次想想"圣灵":通过圣经及其相关文本和教导,圣灵进入了我们的世界,其实在则于叙事和教义中定格。新诗学涉及一个反身性行动,此举指向一个方法,即圣经本身不是关于事件的简单叙事,这些事件在被记录之前,已因以色列民发生。它还指向一点:这些事件本身已经在语言中得到显明和被赋予形状。这一反身性转向,具有典型的现代性特点,带来了对于意识之境况的意识,即使"不可见"的东西显明出来的意识。

范围广泛的可能性在此开启。反身性意识可能带来主观论和超越的瓦解,但也并非需要如此。在主观论一端,语言中的显明可以只被视为语言的效应。诗人绞尽心思以找到恰当词汇,这不应被视为忠于一个超越语言实在的企图。在谱系的另一点上,此语言被理解为一种尝试,试图定义超越语言的东西,但又依然相当程度上是在世界之内的。诗人表达人性,或人的境况。然后,在另一端,充分的、原初的理解得以重新获得:我们的语言力图表现上帝,或超越人性的东西。

人们恰恰太过经常地假定,现代诗学转向反身性必定带来或必然导致首要的主观论的立场。但这并非必然。正如我在前面论述的,对于后浪漫派诗学之"更微妙的"新语言来说,关键在于,这些语言允许某种本体论承诺的悬置或不确定(indeterminacy)。一个诗人处身于上述谱系,依然得以保持这种悬置或不确定。换言之,在这种现代诗学中,诗语言的语用学得以被建构，正是这种本质，在某种程度上允许在诗作本身内部保持本体论的不确定状态。语言**可以**从不止一个意义上来理解，范围从最充分的本体论承诺，到超越，到最主观的、以人为中心的或以语言为中心的。我们可以从华兹华斯的诗在 19 世纪被接受而明白这一点。[41]

这一不确定只是被允许，不是被要求。新的诗语言可以服务于寻找返回亚伯拉罕的上帝的道路。而这正是可以在霍普金斯（以及之后的艾略特）那里所看到的。在这一类案例中，正如谢默斯·希尼（Seamus Heaney）所表明的，诗有双重来源。[42]一方面，诗的形象力图说清楚经验，甚或用艾略特的语言来说，力图从强大而混淆的情感之"严重不适"中解脱出来；另一方面，这些诗的形象又力图使得在传统所锤炼的神学语言中被捕捉的上帝之行动变得可以理解，在经验上再次显为真实。在诗中捕捉到的最终洞见是两者的融合，这种融合又转变了两者；即经验被赋予更深的意义，上帝的工作获得了一种新的经验实在。

对霍普金斯来说，两种进入模式有时分布在诗的不同部分；在他的一些十四行诗中，前八行说清楚经验，后六行则试图将此经验与教义相融合。在这种融合不那么成功的地方，诗作的整体感较差；而当前八行的形象转变为神学洞见之充满活力的中介之际，融合就绝妙地起作用了——比如，《风鹰》（Windhover）就是如此。

回到有关在这后浪漫派语境中的语言之论述，通常可见这样的抱怨，我们日常使用的语言，已经了无生气，而且空洞乏味。也就是说，在我们的时代，语言的日常使用，就仿佛它仅有的就是指称已被认识的要素这一工具功能。语言之建构的、启示的力量全然被撇在一边，被忽视、甚或被否认了。这种语言使用的理解是与我们对待事物的立场相关联的，站在那样的立场，我们用纯粹工具的方式来对待事物，我们甚至这样相互对待。

这就是通常说到的**语言**之了无生气或贫乏，而不仅仅是（部分）使用者对语言的不恰当理解。这也可以从我此处所描述的对语言的理解上引伸出来。通过建构性的语言（让我们称之为"诗"），我们就开始了通过

758

语言与更高或更深事物的接触（或上帝，或人性、欲望、权力意志的深刻本质，等等）。诗可以被视为有着施行力的一个事件，开启接触的词语，是某种东西第一次显明。但这是什么事件呢？

在我上面评论的绝大多数主观论解释之外，尚有客观论一面：某种超越语言的东西被显明，得释放。但它也有不可逃避的主观论一面。此实在得以向我们显明，而说着这种语言、有着这种感性的我们，已被先前的语词或经验所装备。这新词由此在我们里面/为了我们而共鸣；那个揭示出它所做的那个词，也是与我们有关的一个事实，即使它不止于此。原则上，它最终可以与每个人共鸣，但只是因为，他们也将进入此语言和人间的意义，实在也在其中可以共鸣。这也是席勒"更微妙语言"一语的含义，席勒在这种语言中描述了现代诗学的中介。更早期诗歌的参照是由已有公共意义（存在链、神性历史等等）确保的，现代诗则与此不同，因为它并不倚赖已被承认的结构。它开启新的路径，"释放"新的现实，但只是对那些与之共鸣的人而言。[43]

这也加剧了此"诗性"语言的脆弱性。由共鸣所揭示的东西会消失；语言会变成死的、乏味的，变成惯例、方便的参照工具、老生常谈，就像不起作用的隐喻，恰恰是不经思索就被援引的。当然，我们既在传统宗教语言中看到这一点，也在其对立面中看到这一点。对立的语言，一种语言之持续不断地更新的力量，可以在活生生的宗教传统中持存。"恳求圣灵感动我心"，一代代敬拜者咏唱着，不断更新着丰富的意义。但这些祈祷会变得了无生气和习以为常；人们在唱颂它们的时候只是在例行公事；要不然就是，它们携带着某种光环，令人感到舒适，对我们与家族、祖先、往昔的联系有某种熟悉感，而这一切都几乎与这些赞美诗的原初启示力量不相干。

鉴于对语言的这种新的理解，这种了无生气，这习以为常，通常在敬拜者中被视为一种缺乏，现在可以被定位于我们的语言，现在可以不被视为一种理想规条，而是被视为在我们当中流转的中介，就在我们社会的此时此地。这一本真性要求——典型现代的——似乎在驱使我们朝向新的语言，这种新的语言**可以**在我们里面产生共鸣。

在与诗传统自身的关系上,迫近的危险是诗语言失去其力量,就像所有那些莎士比亚或圣经的隐喻埋葬在日常语言中那样,乃至诗语言被抹平了;换言之,日常的、惯例的、平常描述的和讲究算计效用的语言,与诗的创作之间的差异丢失了;后者被前者吸收了。在与文学经典的关系上,是这样的观念:伟大的诗,为了再次引起共鸣,需要新的语境;换句话说,伟大的诗,需要广泛的当代声音,这些声音可以充作中间人,可以与这些中间人产生共鸣。不然的话,其力量就有丢失的危险。

惧怕语言变得了无生气,惧怕失去共鸣,在现代文化中一再出现,这不仅仅表现在与文学的关系上。比如,我们在海德格尔那里看到这种惧怕,他对比了循规蹈矩的空洞"闲谈"(Gerede)和本真性言词。这也是现代特有的担心,因为它也倚赖"诗"(Dichtung)作为语言之潜力这一现代意义,以及由此而来的创造性言语和日常言语之间的区分。只有与诗性语言的这一高级天命相联系,坠落的惧怕才会兴起。惧怕是关乎施行力的丧失。这种惧怕与现代诗同时代,由 1790 年代的奠基思想家所表达,自此之后一再重现,其中也伴随着新诗创作可以扭转这一坠落的希望。这也是马拉美致敬爱伦坡(Allen Poe)的意义所在,因为爱伦坡担当起"赋予人间俚语俗语最纯真意义"的天职。[44]语言始终有变低、变俗、变假的危险,这种直觉不断复现。在 20 世纪早期,我们与卡尔·克劳斯(Karl Kraus)和乔治·奥威尔(George Orwell)一起看到其不同的方式。在艺术领域,针对陷入平庸和空虚的情绪,人们造了这样一个词:庸俗作品(kitsch)。

在 20 世纪一直被作为主题并对霍普金斯有着关键重要性的语言之脆弱性,有几个特征。原初的浪漫派诗人作为创造者和预言家的观念,可能会暗示一种单一的观点。真正重要的共鸣是在诗人的灵魂或存在中的共鸣。但越是对语言作对话的理解(这在哈曼、赫尔德和洪堡的奠基理论中是隐含的),就会越明白,重要的共鸣是那些把说者与听者相连接、把作家与读者相连接,以及最终把共同体连接起来的那些共鸣。诗人可能不被听闻,但写作的目的是要抵达他人,并要触动人们在被揭示的或释放的"存在"中走到一起。[45]

760

与"我"的孤立相平行的,是对单一诗"言"的聚焦。正如在单一论(单个诗人的创作)背后有着部分性的洞见一样,对单一诗人之"言"的聚焦,也有某种真理。向着更新了的施行力的突破,可以在一个关键时刻结出果实,即便只是一个词。某些新字或短语的新转向,似乎本身集中于一种新语言的力量;譬如,我们可以想到霍普金斯的"内质"(inscape)。

但是,这一观点的片面之处也容易看清,只要我们看到,集中在一个词的这种突破,唯有经过大量其他参照、企求和质疑才有可能,施行力也只有在这样的背景下才能在这个词中产生作用。正如共鸣不是发生在单一的诗人,而是在他/她和一个"你"之间,所以,使我们产生共鸣的那个力量,在单个词或短语上迸发之前,是通过整个群组建起来的。正如作为整体的诗会让我们产生共鸣,但也只是因为完整的互文背景;那就是我们始终试图新建的那种背景,以便我们的经典可以继续为我们活着。

诸般意义链中的意义:索绪尔(Saussurean)的陈腐观察认为,各个词的意义取决于该词被置于一连串的区分中,但这里的意义显然远远不止于此。"在语言中,只有与非实名词之间的差异。"[46]若没有"猩红"和"深红"的概念,"红"的意味或许就不同了。在这里,我们谈论的是一个词如何用来开启一个新空间,揭示一个新实在,接触那隐藏的或丢失的东西。而此力量只有相对诸般互补意义的整个背景才会来临,而整个背景也因着新词的引入而改变。

还有另一种方式来表述后浪漫派传统中恢复语言的问题,因为这一传统也必须根据意义的整体论来解读。这即是由犹太神秘哲学所启发的"名称"问题。在原初的亚当的语言中,言词捕捉到它们所指称的实在的本质。这一主题在20世纪由阿多诺(Adorno)和本雅明等人唤起。

这种论调听起来仿佛是这样的,即在现代语言中退化的和不恰当的东西,正是索绪尔所说的言词未被"激发"这一特征,也就是说,称此动物为 dog(狗),比起指它为犬或 Hund(狗),没有更多的理由。但是,如果认为诗可以再创这样单一的词汇,在此意义上,它们"代表"了它们帮助我们谈论的实在,就有点怪诞了。然而,假如我们理解到,此处的关键是整体的诗之意象,那么,一个重要观点就会出现。霍普金斯在《风鹰》一诗中,不是用单单一个词,而是用他的诗的措辞、节奏和词汇,来捕捉正在飞翔的苍鹰;更有甚者,他还捕捉到与上帝的行动有关的某种东西。

因此,其实是有三个问题,或者可以说是三种方式,来确定同一个问题。这些问题是对语言和诗的这种理解所固有的:(1)我们的语言失去了它的建构力量,需要加以恢复;(2)这种力量的丧失意味着我们确实能工具性地处理围绕我们周围的诸般现实,但是,这些现实的深层意义,即它们生存其中的背景,在它们当中找到表达的更高实在,却依然被忽视和看不见;换言之,(3)这意味着我们的语言失去了按事物镶嵌于更深/更高实在的状况来命名事物的能力。

当然,(4)这一语言的无能是存在之无能的关键侧面,即我们的生活被简化和扁平化了。"一切被交易灼伤;因劳苦而迷蒙、干枯……"[47]

这就是我们想要在其中理解霍普金斯的语境。在英格兰发展的城市工业世界中,他强烈地感受到丑陋,"事物的肮脏"。[48]确实,他对此的感受也许是太敏锐了:他对这个世界的判断太全球化,也不加区别,而他转向的救治是要一个不被损坏的自然,有时这类似于一种恐慌性的逃离。不管怎么说,他确实持有这样的观点:对自然形式的密切关注是根本的对抗手段,用以抵御工业化英国之丑陋污秽、扭曲人心的环境,他(有理由)恐惧工业化的持续扩张。

> 世界将是什么,一旦被剥去
> 潮湿与荒野? 让它们留住,
> 哦,让它们留住,荒野与潮湿,
> 但愿长存野草与荒地。[49]

关注自然形式可以揭示一个更深的实在,那是在我们的文明中被越来越多的人所看不见的。在第一层,此实在是霍普金斯用关键术语"内力"(instress)和"内景"(inscape)来说清楚的。基本的洞见在某种程度上与阿奎那有关,即我们周围的事物之生存不是简单地被理解为一个不活泼的事实,而是相反,它被理解为一种行动。每一个事物有一内在张力(内力),借着此力,事物实现和维持其恰当的形式(内景)。当然,这也援用了柏拉图-亚里士多德的一个观念,即任何生存的事物,都有一个恰当的形式。但霍普金斯是被邓·司各脱(Duns Scotus)所启发的,其所思超出了这个以往的观念。一个给定的事物,不仅分有其类的形式,如树或鸟;它还有其自身的特殊内景,用司各脱的表达来说,即是有其"个性"(haecceitas)。霍普金斯说到一个事物的"一性"(oneness)。写到一棵树,他描述"其内景,明显拥有其最简单和美丽的一性,而且是发自根基的"。他也在此语境谈到"自我":"自我是一个事物的内在一性"。[50]

霍普金斯的绝大多数诗作可以说是"命名"事物的内景。诗作的建构力使得这一实在出现;它揭示和赞美具体生存者的力量,正如他广受称赞的《风鹰》:

> 我今早看到了清晨的宠儿,日光国
> 的储胄,被黎明吸引而来的满身斑驳的风鹰,
> 他驾驭着翻滚的气层,底下是稳定的气流,
> 他高跨气旋,振翅翱翔,
> 何等狂喜! 然后,突然一个回转,
> 犹如冰鞋划出一道流畅的弧线:应对狂风,
> 时而疾飞,时而滑行。我的心暗自
> 为他激动——事物之成就和征服![51]

但霍普金斯所指向的,是超越此处的某种东西。在此对内景的强健把握之上,是对有关上帝的行动和我们的救赎之深层视界更为脆弱的掌握。各个事物之特殊生存,就是它得自上帝的东西:

> 事物斑驳陆离,荣耀归于上帝——
> 因为有炫彩天空像牛身的花斑;

762

......

一切相对,新奇,独特,怪异;

变动的都带斑点(谁又知如何?)

快必有慢;酸必有甜;暗必有明;

万物生于祂,祂的美常在不易:

赞美祂。[52]

一物只能在与上帝的关系中拥有其特殊存在。应用到我们人类自身,这就意味着我们只能在与上帝的共契中成为我们自己,这也意味着,我们识别上帝为我们选择的特殊性,认可这特殊性,进而自己选择它。自我发出"满足的叹息"。另外的道路就是在我们自身内选择:

自我把灵性发酵成迟钝生面团的源泉。我想

失落者就像这样,以及他们的祸根何在

正如我是我的,他们汗流浃背的自我也是;但更糟糕。[53]

真正成为我们自己,要求一种放弃,一种松手,一种牺牲。因此,基 763
督最充分进入我们生命的时刻(如果我们让他进来),就是我们的死亡时刻。于是乎,即将沉没的"德国"号轮船甲板上的修女呼唤着"哦,基督,基督,快来"。[54]死亡和复活不可分地联系在一起。最令人恐惧的毁灭,也可以被视为最温柔的春天。

激浪,雪花,河流和大地

咬牙切齿:但你高高在上,你是光之猎户星座;

你的不以圣所为至高的平衡手掌,称量价值,

你是殉道的主人:在你眼里

风暴阵阵是卷叶的花朵,百合淋雨——甜蜜的天堂

弥漫在它们当中。[55]

我们永远不能知晓上帝。在创世背后的那一位，永远不能被直接把握。他"选择的沉默"[56]令我们毫无确定的知识。

> 我们猜测；我们装饰你，见不到的王，
>
> 有我们看为合适的性质；
>
> 每个人以他自己的想象
>
> 建立你宝座前的一个阴影。[57]

但我们可以在他的创造中感知他；不仅仅在特殊事物的内景中，而且也在宇宙以及宇宙背后我们感受到的力量中。霍普金斯和克洛岱尔一样，对于在宇宙的壮观中上帝的力量有强烈的感受：

> 世界充满上帝的庄严
>
> 它将闪耀，就像历经捶打的箔片发光。[58]

但这一洞见，这一超越事物内景来看待它们的更深入的视界，也是脆弱的。它会让我们失望，而霍普金斯也易于坠入失望，这种失望似乎在他最后在爱尔兰的五年时间程度尤深。

> 我醒来并感受到黑暗的降临，不是白天。
>
> 什么样的时光，哦什么样的黑暗时光，我们度过的
>
> 这一夜晚！你，我的心，看见什么光线；你走过的路！
>
> 而更多的必须，还在更长的白日迟临。
>
> ……
>
> 我是苦汁，我是心痛。上帝之最深的旨意
>
> 苦杯尚待我尝：我的味是我；
>
> 在我里面构建的骨，充填的肉，注满的血，是咒诅。[59]

764

经过这干枯的时光，霍普金斯拒绝屈服于绝望："不，我不要腐肉的

安慰,不要不靠你的满足而去绝望。"以全然的决心,他继续祈祷:"我的主,哦,你是生命之主,降雨滋润我的根。"[60]

霍普金斯和贝玑一样,是从现代困境开始的,也同样在先前未知的地带结束。这并非是指他的思想以任何方式偏离了基督教正统。相反,他强烈抵御滑向一种非人格秩序的宗教,那是 19 世纪继承自 18 世纪自然神论的宗教,其中的许多领军人物为自身所在时代再造这种宗教,包括阿诺德和爱默生这样极具影响力的人物。事实上,与正统的传统重新建立连接的欲望是霍普金斯的核心关切,这首先把他拉向高教会派和牛津运动,后来又激发他皈依天主教。

因拒绝在教义上与他所处时代的精神作任何妥协,霍普金斯决定性地回到"共契"这一基督教核心焦点,视之为上帝在创造中的行动的目的。上帝这样创造我们,不仅为了使我们可以按照他创造的规律生活,而且还可以参与他的爱。令人瞩目的是霍普金斯的下述方式:他再次凸显了这一共契目的与对于特殊物之全部特殊性的承认之间的深层联系。像这种联系一样的东西,在阿西西的圣方济各的灵性中已经显明;当然,它是被伟大的方济各会思想家邓·司各脱明确彰显的,正是他启发了霍普金斯。但耶稣会诗人霍普金斯在 19 世纪全然不同的语境中更新了它。在那样的语境,时间和空间上广袤无边的宇宙已经摆脱原来的范围,也摆脱了柏拉图-亚里士多德的中世纪宇宙观。因此,霍普金斯的异象——上帝之作工,乃是在特殊内景中,以及在一个无以测度的宇宙之威力无比且常常是摧毁性的行动中——相当程度上是没有先例的。[61]它只能产生于我们的时代;但它首先不是非得发生。在对于按我们现在所理解的宇宙的回应上,根本没有什么必然的事情。霍普金斯很荣幸,能获得这样罕有的洞见。他走出了一个旅程,此旅程在不止一个意义上是开拓性的。

同时作为诗人和基督徒,这是一条何等孤单的道路,在他的时代是如此不被准许的道路,乃至于他有时会感到无法走到终点。

> 鸟在建造——但不是我建造；也不尽然，我也使劲，
> 时间的宦官，但并不繁殖出唤醒的一词。[62]

765　但在另一个沮丧时刻，他抱怨自己是如何强烈地感受到，他不仅在爱尔兰是陌生人，而且在他那不理解他的祖国，他也是陌生人，他唱出了稍稍不同的音符。

唯独什么词

> 我最智慧的心孕育着黑暗天堂莫名其妙的阻挡
> 栅栏或地狱的魔力阻扰。这是要储藏未被听闻的，
> 听到未被留意的，让我孤单地开始。[63]

我们现在明白，那未被听闻的词是多么值得"储藏"。霍普金斯本人明白这一点，在那时那刻，他准备等待。

6

在本章，我花了大量时间在文学人物上，但新的旅程范围远远不止于此。也有一些找到祈祷或行动之新途径的人，这里只需举出嘉禄·富高（Charles de Foucauld）、若望·迈恩（John Main）、温立光（Jean Vanier）、特蕾莎修女和小德兰。[64]这类人物中有许多是一般公众不知道、以后也不会知道的。其实，我只是触及冰山表面而已。

问题在于，如何来说明这一现象。作为事实，我在本章中谈论的所有的人，在一个明确的意义上，都是正统的天主教徒。因此，可以很正当地把他们视为与他们的先辈保持着连续性。从这一点出发，只要再跨一步就可以说，真正重要的是连续性，而不是断开的新路径。关于这些人，重要的是他们在恢复先前建立的、但后来被痛苦地挑战的教会秩序上

所作出的贡献；他们与时代倒错的偏差既不在这里，也不在那里。

"进步论者"或许会认为，这些人当中某些被认为是"偏差"的人，实际上最终归正了，我们可以将早先的"传统"形式归为对真实事物部分错误的预示。

这些立场的每一种都采纳了我在上述第四节描述过的第一种框架，这种框架假设了基督教秩序的单一范式，不论是在某个往昔时代被找到的（传统主义者），还是在当前时代被找到的（进步主义者）。

我希望在阐明有多少东西迷失在这个视界的讨论中——即被这种视界否定或撇在一边的抵达上帝之途径的丰富多样——我已经作出了小小的贡献。但这丰富的多样性要能显示，必然要求我们采纳别的框架，并把教会的统一性视为伸展到跨越所有时间的永恒，它所汇集的典范旅程不能与其他任何时代的混为一谈。[65]

问题最终是这样的：你是把一个决定性的优势位置赋予一种根植于历史的基督徒生活秩序（且不论是过去的或是现在的），还是拒绝把典范地位赋予任何秩序。

不幸的是，因为从我一直在讲述的故事的角度，我们很容易理解，存在两种与根植于历史的秩序相关的方式，这两种方式之间的问题，不可能被平静地、并在相互尊重的交流中得到解决。我们已在上面看到，相系于政治身份和/或文明-道德秩序的信仰模式在今天的重要性。那些被拖入这些形式的人有时会被引向对第一种反应的同情，寻找和抓住一个可以被视为得到充分赐福的历史秩序。这绝不是必然的。譬如，有许多人，对他们来说，皈依意味着他们能把某种秩序置入他们的生活，从而终结或逃避混乱，对他们来说，"不是什么事都被允许"这一意义是一种解放的力量，不过，他们并不想抓住基督教国的新模式。在某些情形下，比如在巴西或非洲的五旬节派，甚至不会有这样的理解。

但是，在对现在秩序或过去秩序的认同得到巩固的地方，信仰也太容易逐渐按照某些确定的规条和效忠（或这些规条和效忠是被它们在宗教中的祭礼所强化）来定义，而那些落在这些规条和效忠之外的人，比起那些结伴的基督徒来说，就更容易显得像是一个变节者，而其实，

766

那些之外的人身上恰恰是有值得学习的地方。

由此我们也有了当代的文化斗争，尤其是在美国。在这样的斗争中，某些教会被诱使在性伦理问题上去与"世俗世界"较量，议题也被狭隘地定义；这导致对其他不愿投身这一"讨伐"的基督徒予以谴责。这种情形很难缓和，因为基督教会现在是全球性的，不再只是西方的"身体"，许多议题在其他大陆的展开相当不同。

这是分裂的一大来源。还有另一个相关的来源。我在上面提到了对"道离肉身"的反应，也就是感到需要去重建身体。这已经导致西方文化中的一种反应，即高举感性欲望的价值。但这只能对抗道离肉身的一个侧面，即对性/感性的伦理压制，但并不能触及祛魅的简化。这就确实很容易走向另一端，即鼓励挪去对感官性的一切限制。

要解决祛魅的简化问题，或许就要重新去发现一种方式，使得我们在自然环境中的生活，以及身体感觉和身体表达，能够成为与圆满接触的通道。早前的宗教生活充满此类身体模式和礼仪。而随着宗教改革，恰恰这些模式和礼仪容易被搁在一边，具体是通过更有理智的基督教信仰模式，并随后划入规训的、漠然的世俗世界。但这里的抱负不应被否定，而并不令人惊讶的是，基督教之增长最快的形式——五旬节派——经常为身体仪式留下重要位置，尤其是在医治方面。但这与整个现代时期被许多西方基督徒视为宗教改革之伟大成就的东西构成对抗。冲突的另一个重要的潜在来源就在这里。[66]

这两个冲突领域是相关联的，因为针对规条的主要斗争是在性伦理领域；而性又是我们身体生存的关键之维。对此作神学理解无疑又将涉及到对性伦理某些议题的另行看待：在天主教，是避孕问题，在其他各派，则是同性恋问题。但问题远远不止于此。我们必须去恢复性欲和上帝之爱之间的连接的意义——这意义深藏在圣经传统中，不论是犹太人的还是基督徒的——并就此去找到新的表达方式。自当代性革命以来，如我前面在第十三章提到的，性别身份已经成为中心问题，因此，这一重新发现或重新表述就不得不探索男性和女性的性别身份问题，以及他们在上帝与人的关系上是如何被塑造的。有两种让这一探索规避或短路的方式：一种是把性别身份差异视为无足轻重的或可锻造的，可以由个人自由决定；另一种是固执于一种所谓永恒不变的性别差异定义，比如巴尔塔萨似乎就是如此。

这两种极端立场是极端简单化的镜像，这种简单化混淆了自然（Nature）/养育（Nurture）的区分，乃至于每个事物要么是由环境决定，要么是由遗传决定。现在应该明确的是，人的文化并不是那么简单：它总是涉及某些解释和重新定义，但要对照人之不变项的背景。因为这些常项，在不同社会和不同时代，总有新的伪装出现，这些常项更容易识别，却不那么容易描述。但在某种形式下同时涉及到差异和吸引的性生活无疑是常项之一。此处就像人的文化中的其他节点一样，既需要连续的背景意义，也需要变化的形式意义。

在今天，为了再次探索爱欲和灵性生命之间深刻的相互渗透，就需要同时考虑两个方面。在西方基督教国家，这是非常令人忧虑的领域，在这里，性与灵性相遇，急切地期待着发现通往上帝的新路径。[67]

〜 7 〜

尽管本书多处都有提到预测的不可能，但我还是禁不住要猜测一番。或许更恰当地说，我想要拟定两种不同的未来，它们都倚赖有关灵性在人的生活中的位置的假设，其中一个假设是主流理论背后隐含的，另一个假设则是我的叙事基础。

我一直在试图就世俗性 3 说点什么，即在我们时代中的信仰境况。我已经讲了很长的故事，因为我相信，若非历史地去接近它，就不能理解它。这并非是说，一种或他种观点是简单地从故事中得出的，相反，是以我在第十二章中说明的方式，一个人讲的故事只有从某种对灵性在我们生活中的地位的理解角度，才能有意义。论证在两个方向同时展开。一个方向的含义是，人的灵性生活将暗示讲述我们故事的某些方式；然后，从另一个方向，故事的动听与否将对故事的灵性观点给予支持或给予怀

768

疑。我整本书的主张一直是，主流故事中隐含的观点，用第十二章的术语来说，其"基底层"，从我们通常称作"世俗化"的西方社会的事件和过程的实际秩序来看，变得不太动听。

因此，我有理由猜测。谈论两种未来，将有助于表明和更清楚地明白两种观点的深层假设。

一种未来，从主流世俗化理论流出，把宗教看成日益萎缩。当然，现在已没有人期待宗教会彻底消亡，让位给科学，就像老一代理性主义无神论者所期待的那样（见第十五章所引勒南和孔德的话）。现今的绝大多数无神论者都承认，将始终存在某种程度的"非理性"，或至少对科学的漠不关心，即使最野蛮的思想都会有其捍卫者。但是，正如布鲁斯（Steve Bruce）所表述的，如果我们到达这样的地方，在那里，主张某种形式的宗教信仰的人数将可以想象会很少，而每个人都在发明他们自己对事物的解释。

这里的基本假设是，宗教的、超越的观点是错误的，或者说，至少是没有说服力的、缺乏根据的。一旦我们长大，不再受制于往昔的遗产，它们就只能通过少数人更野蛮、更不必要的发明，重新进入我们的世界。

我根据另一个假设预见了另一个未来。这是与主流观点相对立的。在我们的宗教生活中，我们是在响应一个超越的实在。我们全都对此实在有或多或少的感觉，这实在出现于我们对我所称的圆满之某种模式的识别和承认之际，以及寻求实现圆满之际。圆满之诸模式也被无求于外的人文主义者和其他保持在内在框架的人所承认，但他们认错了圆满。他们把圆满的关键特征拒之门外。因此，我上面所描述的宗教的（重新）皈依之结构特征，即一个人感到自己正打破狭隘的框架而进入更广的领域，以全然不同的方式理解事物，与实在是一致的。[68] 很可能的情况是，早前的圆满感现在被赋予新的和更深的意义，正如我们从格里菲斯那里看到的，他起初用华兹华斯的浪漫主义来解读他中学操场上的神显，但后来才开始用基督教术语来看待。

然而，"拒之门外"也非常好理解。皈依突破进入更广的领域，通常让人明白，我们总是持"拒之门外"的态度。通常应该提醒那些相信亚伯

769

拉罕的上帝的人,他们对他所知甚少,他们对他的把握十分片面。他们还有很长的路要走。(当然,他们当中的狂热者忘记这一点,转而活在另一个泡沫中,享受他们对他们自己的强硬真理的虚假自信。)

所有这些"拒之门外",包括无神论者的和信徒的,都可以获得强有力的激励。"人类不能太多地承受实在"(艾略特语)。若面对面见到上帝,我们或许立刻就会被震动、失重和心慌。我们需要在某种程度上把他拒之门外,为了保持起码的平衡。差异仅在于我们这个平衡点落在何处。假如我说的是对的,即我们的圆满感是对超越的实在(对我来说是亚伯拉罕的上帝)的反映,而所有的人都有对圆满的感受,那么就没有绝对的零点。但在我们的文明中,许多人有一个关键点可以停留,此关键点的定义就是拒绝把超越视为这一圆满的意义。无求于外的人文主义必须在内在领域,即在人的生活的某种境况、情感或成就中,找到圆满的根基和轮廓。若要做进一步的发现探索,门就被关闭。

但被禁止去发现的情况并不限于无神论者。许多信徒(狂热分子,但也不限于此)倚赖这样的确定性,即他们正确地把握住了上帝(相比于所有那些异端和异教徒处在外部的黑暗中)。套用亚伯拉罕的上帝的传统所熟悉的术语,他们紧紧抓住一个偶像。

有太多的事实不仅令人失稳,它还可能是危险的。尤其是在如下情形:我们试图用封闭的虚假确定性来克服我们方向感的丢失,然后试图靠着把我们自身中感到的混乱和罪恶投射到某个敌人身上来支撑这种确定性,这是我在第十八章描述过的方式。我们靠着对抗恶的进攻性的行动来使我们确信自身的整体善。我与污染作战,因此我是纯净的。

因此,宗教信仰也会有危险。向超越的敞开充满危机。如果我们用不成熟的封闭来应对这些危机,通过冲突的极化甚至战争来划分泾渭分明的纯净与不纯净的界限,就更是如此。宗教信徒能够这么做,历史在在证明了这一点。但无神论者也能够这么做——一旦他们向强有力的理想敞开,诸如平等者的共和国,一个永久和平的世界秩序,或是共产主义。我们也看到,通过对"邪恶轴心"的攻击而来的对纯净性的自我肯定,这在信徒当中和无神论者当中是同样的。偶像崇拜孕育着暴力。

因此,在这些假设的基础上,未来看起来会是什么样的呢? 当然,在

770　细节上,这未来不能被预见;再说,事情在不同社会将有不同演变,这几乎是可以肯定的。但其一般结构或许是这样的:不论在任何环境下主导的平衡点是什么,都总是脆弱的。有些将进一步"朝内",朝向更内在论的立场,至于理由,本书前面已有详述;有些会发现当前的平衡有局限,甚至令人窒息,因此将"朝外"推进。

在一般的平衡点被固定于内在(immanence)的社会(即那里的许多人会难以理解何以一个健康的人会相信上帝),占主导地位的世俗化叙事(倾向于把我们世界的许多问题归咎于宗教的往昔)将变得越来越没有说服力。这部分将会发生,因为很清楚的是,其他社会并不会照着做,这一主要叙事也就并不是关乎普世人性的;还因为被认为宗教要承担责任的许多疾病并没有离开。当然,此叙事的说服力也得以维持,但靠的是把宗教社会污名为是敌视现代价值的,正如许多欧洲人现在倾向于针对美国所做的;对"伊斯兰"则更是如此。但是,除非我们陷入真实的"文明冲突",这种赋予世俗化叙事合理性的方式早晚会走到尽头。

同时,对内在氛围的过分集中将激化后来几代人活在"荒原"的感觉,许多年轻人将再度开始超出边界去探索。这将引向何处,无人能够预测,尽管我在第十四章末所描述的米哈伊尔・爱泼斯坦的暗示或许最终成为先见之明。

"宗教的往昔之未来"[69]还有另一个特征,这是我讲述的故事所暗示的。这是指,我们现代叙事所告诉我们的乃是断然离我们而去的我们的往昔,很大程度上它是不能被简单抛弃的。主流的基督教叙事和世俗化叙事都欣然于把人类之宗教往昔的某些特征作降级处理。两者都把轴心时期的革命视为毫不含糊的正面事件,因此"多神论"或"异教信仰"(用犹太教-基督教的术语)属于一个消失殆尽的世界。对此,新教徒(以及某种程度上的某些天主教徒)会补充说,宗教改革(或其天主教的改革派)据称是完成了轴心期转向的工作,并使得我们清除了异教信仰和偶像崇拜。到此为止,两大叙事是合拍的。然后呢,世俗论者的故事打破

了级别,添加了进一步的行动,在其中,宗教本身也像旧瓶一样被抛弃,于是我们就进入到理性的阳光之下。

这些叙事更为悲观的一些变种会接纳这样的事实,即要为早期阶段负责的这些错误和不当,不论是什么,也许将依然在人的生活中起作用。偶像崇拜也许继续是对人心的试探;或者说,非理性,以及宗教信仰,或许对大多数人是不可或缺的。因此,降级也许不会是完全的。但是,在 **771** 最好的情况下,我们可以不用这些遗俗。

我在本书的故事所建议的,不同于这些叙事,甚至不同于悲观论的版本。我们的深层往昔,大部分是不能简单地置之一边的,不只因为我们的"软弱",还因为其中真有些重要的和有价值的东西。在我们现在的文化中,承认这一点通常意味着是敌基督教的,是拥抱"异教信仰"或"多神论"的某些价值观。盖伊(Peter Gay)就在他备受称赞的论述启蒙运动的著作中把它说成是"现代的异教信仰"。[70]这也许没有把握到整个现象,但他无疑触及了其中的一个重要线索。正是这一线索,导致约翰·斯图亚特·密尔高举"异教信仰的自我主张",高过"基督教的自我否定"。或者我们举个另外的例子,正是这一线索导致尼采把"狄俄尼索斯"与"被钉的那一位"相对峙。[71]这一辩护性的立场通常被一些觉得受到攻击的基督徒充分反击。

但这种简单的对峙事实上并不公平;至少,这是我试图讲述的故事所要暗示的。这并不是说我要把两种对立的立场放在同一个基础上;也不是说假如向着犹太一神论的突破从未发生我会觉得快乐。相反,这一突破以及后来的突破——像我在本书所处理的在拉丁基督教国中的长期改革——是通过这样的方式(也许不可能是其他样子)进行的,乃至这些突破把灵性生活的一些重要侧面碾碎了,或是挤到了一边。而那些侧面事实上曾经在更早的"异教信仰"中兴旺,尽管它们存在各种缺点。

对此类侧面的压制和边缘化,正是我在此处指为"道离肉身"的过程,即灵性生活之稳定地脱离身体的过程,由此导致的结果是,以有着深层意义的身体形式来承载的灵性生活变得越来越少,相反越来越多地转向"头脑"。我不是试图说,比如,基督教,不论它有什么,因着缺乏所取代的早前具有充分化身的形式而次于异教信仰。相反,我要说的是,基督教,作为对道成肉身的上帝的信仰,乃是否认了某种对自身来说是根本性的东西,只要它依然与道离肉身的形式相结合。

道离肉身还与一种恐惧相联系,并因此压抑了性,也因此对性别身份采取回避或过于羞怯的对待,这是我前面章节论述过的。

轴心期突破和宗教改革都具有的另一个负面特征,一直都是其均质化倾向。宗教改革的强烈愿望通常是要把生活的全部置于单一原则或要求之下:崇拜独一上帝,或意识到因信得救,或意识到拯救只在教会之内。而这种改革的推行常常是靠着把生活中任何看起来不容易与此单一要求相配合的东西加以消除,或是弃之一边。而人们今天试图通过唤起"多神论"优越性来表达的洞见,恰恰是这样的,即认为这些早期文化容忍生活不同侧面及其要求的完整性,而其方式是现代宗教或道德观点所缺失的。不同的神祇——阿尔忒弥斯,阿佛洛狄特,战神,雅典娜——迫使我们尊重不同生活方式之完整:禁欲,性交,战争,这是和平的艺术,道理在于,遵照单一原则的生活通常终结于否认生命。

再次申明,问题并不是要回到早期形式——比如崇拜战神——而是我们要渐渐明白,强求一致的冲动可能接近于禁止宗教改革运动。所有此类冲动都潜藏着原初的极权主义诱惑。路德和加尔文在一点上无疑是对的,他们都谴责染上中世纪后期禁欲主义属灵优越感的意识形态,但他们最终不相信此类独身呼召,这就极大地减小了基督徒生活的范围。而他们的宗教改革运动通过改革的另一个阶段,帮助产生了今天的世俗世界,在这样的世界,弃绝不只被人带着怀疑看待——某种程度上那总是健康的和必要的——而且被视为疯狂或自残。我们最终由此迈入遵循快乐原则的更为狭隘、更为均质的世界。

再强调一下,要点不是说我们需要用一点异教信仰来影响基督教,而是说,我们的基督徒生活本身遭受了阉割,这是就其强加了这种均质化而言的。教会反而意味着是这样的地方,有着不同的、差异的行程的人们来到一起,就此方面而言,我们显然差得很远。

从这里可以引出的教训是,这些上升的时刻(在这样的时刻,我前面所称的"上帝的教育学"带领我们走向高处),在它们"真正存在的"历史形式中,通常(也许始终)是高度含混的,既遭受严重的损失,又有无以估量的收益。不可缺少的向前一步在其具体形式上也强加了不可接受的牺牲。这也是我们提防主流叙事的一个理由所在,不论是由基督徒还是由启蒙运动的支持者所叙述的,都处理为简单、轻易的更迭。[72]

事实上,恰恰是这些要完全取代充满问题的往昔的主张,让我们看不见我们以我们自身的方式是如何在重复着某些往昔的恐怖,正如我们在前两章看到的,在基督教国和在现代世界,都存在以替罪羊的暴力为消遣的令人困惑的历史。

我在此处提出的描述断然拒绝那种轻易与被我们简单抛在脑后的往昔分开的做法。因为我相信,我是跟随罗伯特·贝拉的一个洞见,那是他在即将出版的论述人类宗教发展的著作中所详尽展开的,并以一个口号来表述:"根本不曾有什么东西失落"。[73]

这就是另一种方式,在这样的方式中,有关我们何以走到这里的故事,是与我们对自身现在何处的描述紧紧捆绑在一起的。这一直是贯穿本书的一个结构原则。

◆ 尾声：许多故事 ◆

我愿意在与其他历史叙述的关系中来定位我的西方"世俗化"故事，这些历史叙述追踪了那些最终产生我们当前困境的哲学或神学上的观点或理论的变迁。这些变迁在一个层面看起来非常不同，但我不相信与我的叙述有真正的冲突。

今天有这样一个我予以极大同情的潮流。我想到的是这样的学术，它把司各脱和奥卡姆等人那里的中世纪"实在论"批判、唯名论和可能论兴起，以及更为意志论的神学，与朝向世俗世界的冲动相联系。

唯名论与机械科学的兴起之间的关联，以及唯名论与人之能力的新工具立场的日益兴盛之间的关联，是已被建立的。[1]唯名论显然也对自然和超自然之间、内在秩序与超越实在之间的明确区分作出了贡献，而正如我们已经看到的，这种区分是现代世俗性的根本知识背景。工具立场反过来又对一个新的内在转向做出贡献。此内在转向是知识上和实践上凯旋般地把握世界的基础。

所有这些都有助于产生强有力的现代本体二元论：心正对着机械的、剥夺了意义的宇宙，再没有诸如古老宇宙所拥有的内在目的。[2]

科学、机械论和工具立场这些因素共同导致了祛魅。世界图景的机械化是祛魅之高层次的堂兄弟，我在此处所用"祛魅"一词的含义是，召唤灵性和道德力量的信仰与实践都在没落和萎缩。

很容易看见在此背景中兴起的世俗性。确实与祛魅有着直接的因果关系，而祛魅也是故事的一部分。但显然也存在着伴随宗教改革的复杂性，因为宗教改革有助于祛魅和摧毁中世纪基督教宇宙观。其实，帮助排空这种"观念"和"形式"的宇宙的反实在论显然有着神学动机。

774　雷米·布拉格（Rémi Brague）有关"世界的智慧"及其没落的故事在此是适切的。[3]

因着世界图景的机械化,对于作为与有意义的宇宙相关联的上帝的感受萎缩了,感觉远离了存在阶序,我们失去了类比哲学(philosophy of analogy)的语境,也因此失去了我们(有限的)通达上帝知识之确然理解的语境。其实,我们可以跟随约翰·米尔班克,把这一对存在的"单一意义的"新理解(既断言上帝,也断言受造物),视为其他变迁所由源出的关键转变。[4]

一旦走出这一步,上帝就更容易被想象成一个非常强大有力的"存在者",事实上是作为至高的创造者(Artificer),而他的护佑则被根据创造之惊人的一般"设计"更为直接地理解。我们通过他的设计来抵达他的旨意,这对现代道德秩序的故事,以及对上帝在我们中间临在的新的"新涂尔干式"的理解,都是关键的。

我们不难理解,此方式是如何为我们故事中的其他因素铺平道路的,尤其是文化上处于霸权地位的封闭内在秩序观念的兴起。

让我们称之为"知识偏差"(Intellectual Deviation,简称ID)故事。我们可以看到,此故事一定程度上与我所讲的相合,但它发展了一些我明确提到过的事情,也遗漏了一些我用力最多的事情。我现在相信,这一故事阐明了一些非常重要的真实,并引出一些关键的联系。但我不认为这足以作为世俗性背后的主要故事。还有另一个重要的东西,即处理完成轴心期革命的冲动;我指的是宗教改革,因为它力图终结后轴心期的平衡,即在所有更高级文明中前轴心期因素和后轴心期因素之间的平衡和互补。我所聚焦的,正是发生在拉丁基督教世界的这一过程,其中经历了途中发生的种种社会变迁和文化变迁。让我们称此为"宗教改革主叙事"(Reform Master Narrative,简称RMN)。

总起来说,宗教改革要求每个人都是百分百的真基督徒。宗教改革不仅祛魅,而且规训和重定生活与社会的秩序。伴随着文明状态,这构成一个道德秩序观念,把一个新的意义赋予基督教和信仰要求。这摧毁了信仰与基督教国之间的距离。它导致人类中心的转移,并因此打破了基督教信仰的垄断。

我的看法不仅是说,"宗教改革主叙事"确实重要,它显然为理解18

世纪的决裂提供了框架；而且我还认为，ID 故事本身是不够的：

（a）ID 故事处理理论理解上的变迁，主要是针对受过教育的人及其相关联的精英。我们所缺乏的是世俗性（1，2，或 3）呈现为大众现象的故事。当然，它可能简单地是（i）慢慢滴入渗透下去的过程，或（ii）巨大变迁的颠覆效应：移民，工业化，城市化等。但明显的是，（i）"滴入渗透"的很大一部分是通过传播社会想象，和（ii）我们已经表明，这一制度变迁恰恰是怎样倚赖它们如何被接受和理解的效果；我们的现代社会想象的故事有助于解释这些制度变迁是如何被理解的。

（b）ID 其实原本是基督教教义之内的一个行动；它为我们所描述的变迁找到了基督教的理由；它原初也是被这些理由所激发；但与"宗教改革主叙事"不同的是，ID 故事并不为愤怒地转向基督教提供动机（尽管布鲁门伯格可能并不这么认为）。

（c）科学，尤其是机械唯物论，要等到很久之后才提供这样的理由；达尔文之后，当整个宇宙图景，作为仁慈的、有上帝护佑的创造受到质疑之际。圣经年表是令人不安的；设计论证离去了；神义论负面结果出现了。于是在后来，机械唯物论开始质疑整个宗教；这在 18 世纪赤裸裸地浮出水面，在 19 世纪变得更为强劲。早前，深层出了问题的宇宙观念——即有苦难和毁灭的世界，而上帝试图从中救赎我们——还不是反神义论论证的明显目标。失序可以被视为上帝的愤怒，而不必被视为直接的惩罚性干预。

（d）当然，走向有着良好机械论设计的基督教这一步，可以被视为一种扭曲，以及关键性深度的失落。激进正统派（the Radical Orthodox）有一点是对的，即对于我们被造的目的，我们需要某种柏拉图类型的理解。但是，信仰之纯粹的方法简化并不必然导致世俗性；否则只会留下很少的信仰。然而，一旦决裂出现，所有这些沉默寡言都会加深不可逃避的内在框架的感觉。漠然的秩序之日益增长的知识霸权就是很好的例子。

我很乐意看到,我们的两个故事,ID(知识偏差)和 RMN(宗教改革主叙事),作为互补,是对同一座山或同一条弯曲河流之不同侧面的探索。ID 故事澄清了一些关键的知识关联和神学关联。但我们需要 RMN去颠覆线性的故事,由此表明失稳和重组的互动。要说明这些,社会想象的理解是关键的。

有人也许会反对说:对于历时性的故事,这或许是对的;但我们现在正处于端点,而 ID 和 RMN 对此端点都有贡献,我们能否将根据 ID 故事中所识别的这些偏差,只固定在当代处境? 但历史不能与它所造成的处境分开。我们必须从宗教之所有方面,在其对规训和均质化的不同冲动、抵抗和反动中,去理解当今的宗教/灵性生活。因此,要说明当今的宗教,我们同时需要这两种叙事。

776

注 释

导论

1. 当然,直到不久前,这还是我称作"世俗性 1"的标准观点。我们的确可以质疑它的某些细节,比如宗教是"私人的"这种观念。参见 José Casanova, *Public Religions in the Modern World* (Chicago: University of Chicago Press, 1994)。

   在 Casanova 更晚近的著作中,他进一步澄清了我此处称作"世俗性 1"的复杂性。他区别了不同的世俗化:一是作为所谓的宗教私人化(他仍然想驳斥此论)的世俗化;一是"各个世俗领域(国家,经济,科学)的区分",它通常被理解为从宗教体制与规范中得到'解放'"。他将此辨识为"世俗化经典理论的核心组分,与世俗化这个术语的词源学和历史意义有关。它指的是人、事物、意义等等之使用、拥有或控制,从教会的或宗教的,转向市民的或俗人的"。在即将出版的著作中,他区分了各种主流世俗化理论中有效的部分与错误的部分。

2. "La religion est partout";相关讨论参见 Danièle Hervieu-Léger, *Le Pèlerin et le Convert* (Paris: Flammarion, 1999), pp. 20 - 21.

3. 在当代沿循韦伯的世俗化理论中,一个重要部分是专注于不同领域的"区分"与"自主",这是受到理性化过程推动的。参见 Peter Berger, *The Sacred Canopy* (New York: Doubleday, 1969); Olivier Tschannen, *Les Théories de la sécularisation* (Genève: Droz, 1992), chapter IV. 我将在后面对这种观点提出部分批判。

4. 这个男生就是 George Macaulay Trevelyan,这句话引自 Owen Chadwick, *The Secularization of the European Mind in the Nineteenth Century* (Cambridge: Cambridge University Press, 1975), p. 164.

5. Bede Griffiths, *The Golden String* (London: Fount, 1979), p. 9.

6. Peter Berger, *A Far Glory: The Quest for Faith in an Age of Credulity* (New York: Free Press; Toronto: Maxwell Macmillan Canada; New York: Maxwell Macmillan International, 1992), pp. 128 - 129.

7. Schiller, *Letters on the Aesthetic Education of Man*, ed. and trans. Elizabeth Wilkinson and L. A. Willoughby (Oxford: Clarendon Press, 1967), chapter 15.

8. "完满"这个词是我为方便起见使用的,是指我们追求的境况。但我敏觉地意识到,所有词语在此都不会完全恰当。每种可能的叫法都有错误伴随。而在使用"完满"的境况中,明显的问题是:按照某种很动听的灵性道路,比如,在佛教中看得很清楚,最高的渴望是某种"空性"(*sunyata*);或以更为悖论的方式来说,真正的完满只有成功地经受空性。但这里不存在完美的术语解决方案,所以虽然有这些保留,我还是选用了这个词。

9. 对于(潜在的)宗教经验及其表达的精彩讨论,参见 Hans Joas, *Braucht der Mensch Religion?* (Freiburg: Herder, 2004),尤见 pp. 12 - 31, 50 - 62.

10. 在道德/灵性的经验之现象学描述中,用了高、低、中这三种"位置",明显有大量遗漏。我们显然也可以在其他一系列位置经验道德/灵性的力量,比如,我们对他人行为或自已行为的论断,倾慕某些行为,而对其他行为感到难过或愤慨。道德维度充满我们的日常生活,并以多种方式存在其中。

11. *La Peste*, *Le Mythe de Sisyphe*.

12. Birgit Meyer, *Translating the Devil* (Trenton: Africa World Press, 1999), p. 181.

13. 这个术语借用了 Schiller 对"天真"诗与"多愁善感"诗的著名区分,因为他的对比与我据此援引的对比有着明显的平行关系。参见 Schiller, "Über naïve und sentimentalische Dichtung", in *Sämtliche Werke*, Volume 5 (München: Carl Hanser Verlag, 1980), pp. 694－780.

14. 参见 Hubert Dreyfus, *Being in the World* (Cambridge, Mass.: MIT Press, 1991);以及John Searle, *The Construction of Social Reality* (New York: The Free Press, 1995).

15. Ludwig Wittgenstein, *On Certainty*, ed. G. E. M. Anscombe and G. H. von Wright, trans. Denis Paul and G. E. M. Anscombe (Oxford: Blackwell, 1969).

16. Marie-Anne Lescourret, *Claudel* (Paris: Flammarion, 2003), chapter 3.

17. 当然,这一观念在古代有其先驱,例如在伊壁鸠鲁派那里就有;但我不认为这也是亚里士多德的想法,他的上帝在宇宙中(作为吸引的一极)扮演了一个关键的角色。然而,正是首先在现代西方,尤其是在后伽利略时代的科学中,内在秩序才变得不只是一种理论,而是我们所有思考的背景。

18. 参见 Dalai Lama, *Ancient Wisdom*, *Modern World*: *Ethics for the New Millennium* (London: Little, Brown, 1999).

19. 在某种意义上,我这里似乎在如何界定"宗教"的问题上含蓄地采取了一种立场,该问题容易使得"世俗化"理论家四分五裂。对一些人而言,对宗教的说明是功能性的,依据宗教对于人或社会所起的作用,即有助于"整合"(integration)。而对另一些人来说,对宗教的定义应当是实质性的,其中的大多数人都要把"涉及超自然的存在或力量"纳入准则。选择什么样的宗教定义,对于提出什么样的理论影响巨大。基于功能的观点,就可能认为宗教并没有在世俗时代衰退,因为有人愿将所有种类的当代现象,甚至包括摇滚音乐会和橄榄球赛,都纳入宗教范畴。基于实质性的观点,某种衰落是不可否认的。相关的精彩讨论,参见 Danièle Hervieu-Léger, *La Religion pour Mémoire* (Paris: Cerf, 1993), chapters 2 and 3.

　　我并不想作抽象讨论,说某定义比其他定义更好;只是想说,对我而言,有趣的问题涉及实质意义的宗教。可是,我业已选择了限定现象之范围的方式,对指涉"超自然"做了谨慎处理,因为自然与超自然的区分远不是普遍的,其实它只出现在西方传统中(伊斯兰教可能除外),经由与人间福祉相一致的地方。

20. 参见 *Daedalus* volumes edited by Shmuel Eisenstadt, "Early Modernities", Summer 1998, Volume 127, Number 3; and "Multiple Modernities", Winter 2000, Volume 129, Number 1; and also Dilip Parameshwar Gaonkar, ed., *Alternative Modernities* (Durham: Duke University Press, 2001).

21. 我也意识到相反的危险,即可能忽视了不同文明在世俗化进程中的相互联系。Peter van der Veer 已经就此对我提出了批评,认为我忽视了这样一种方式,在其中,殖民主义者对非欧洲社会的认识丰富了他们的宗教观念。参见 van der Veer, *Imperial Encounters* (Princeton: Princeton University Press, 2001).

22. *Sources of the Self* (Harvard University Press, 1989).

第 1 章　信仰的堡垒

1. 参见 *Sources of the Self*（Harvard University Press，1989），chapter 7.

2. "有一种力量存在于万事万物，包括有生命的，和在我们眼里无生命的：水、树、物质、语词；事物之间也有相互影响。并且，也还有各种人类的以及超越人类或外在于人类的存在者，他们在不同层次上行使不同种类的力量：圣徒、女巫、鬼魅、幽灵和几乎不被触知的实体。"Stephen Wilson，*The Magical Universe*（London：Hambledon & London，2000），p. xvii.

3. "可渗透的"一词也被 Stanley Tambiah 用于他对西方医学和印度草药医学在治疗精神疾病上的有趣对比。在后者，"经验的个体……被视为可渗透的，并且始终向外部影响力敞开"；S. Tambiah，*Magic，Science，Religion，and the Scope of Rationality*（Cambridge：Cambridge University Press，1990），p. 134. 我相信，Tambiah 实质上作出的与我此次试图界定的，是同一种区分。他书中的讨论注意到，此区分与我们相系世界的两种不同方式有关联，"对我们的宇宙的两种取向"，他给出了简单的命名："参与"和"因果"。所有人都能兼具二者，但不同的文明与生活形式对两者有着非常不同的重视。参见 *Magic*，尤其是 chapter 5.

4. 关于被鬼附体的讨论，参见 Birgit Meyer，*Translating the Devil*（Trenton：Africa World Press，1999），pp. 205 - 206.

5. Eamon Duffy，*The Stripping of the Altars*（New Haven：Yale University Press，1992），chapter 8.

6. Jonathan Sumption，*Pilgrimage：An Image of Mediaeval Religion*（London：Faber & Faber，1975），p. 78.

7. William Bouwsma，*John Calvin*（New York：Oxford University Press，1988），p. 34.

8. 引自 Wilson，*The Magical Universe*，p. 38.

9. Jean Delumeau，*La Peur en Occident*（Paris：Fayard，1978），p. 221.

10. Ibid.，p. 393.

11. 我相信，Lucien Febvre 在他论拉伯雷的名著中也提出实质上相同的观点，参见 Lucien Paul Victor Febvre，*Le problème de l'incroyance au XVIe siècle，la religion de Rabelais*（Paris：A. Michel，1947）.

12. Peter Brown，*The Body and Society*（New York：Columbia University Press，1988），chapters 4 and 7.

13. Keith Thomas，*Religion and the Decline of Magic*（London：Weidenfeld，1971），pp. 34 - 35.

14. Preserved Smith，*Erasmus*（New York：Ungar，1923［1962］），p. 57. 另见同上，p. 294. 要想理解伊拉斯谟式的幽默讽刺，不妨设想一下，圣母玛利亚"抱怨"敬奉她的信徒之胡搅蛮缠。

15. 当然，如 Wilson 所指出（*The Magical Universe*，pp. 31 - 33）的那样，狂欢节也是一种丰收庆典仪式，但我在这里关注的是其翻转秩序的方面。

16. 这并不是说，嘲弄的暴力并未同时传达许多真正的敌意，尤其是在社会集团之间。而且也可能发生的是，戏剧化的侵害会演变成真的打斗，有时出于即兴，有时出于蓄谋。后一种情况的案例，参见 E. Le Roy Ladurie，*Le Carnaval de Romans*（Paris：Gallimard，

1979).

17. Natalie Zemon Davis, *Society and Culture in Early Modern France* (Stanford: Stanford University Press, 1975).

18. 引自 Peter Burke, *Popular Culture in Early Modern Europe* (New York: New York University Press, 1978), p. 202.

19. Mikhail Mikhaëlovich Bakhtin, *Rabelais and His World*, trans. Helene Iswolsky (Cambridge, Mass.: MIT Press, 1968).

20. Victor Turner, *The Ritual Process: Structure and Anti-Structure* (Ithaca: Cornell University Press, 1969), and *Dramas, Fields, and Metaphors* (Ithaca: Cornell University Press, 1978).

21. Turner, *Dramas*, p. 237.

22. Turner, *The Ritual Process*, pp. 101,171; 也可参见 the Apo ceremony of the Ashanti, pp. 178 – 181.

23. Turner, *Dramas*, p. 234.

24. Arnold van Gennep, *Rites of Passage* (London: Routledge, 1960).

25. Turner, *The Ritual Process*, p. 93.

26. Mona Ozouf, *La Fête Révolutionnaire* (Paris: Gallimard, 1976), pp. 102 – 108. 也可参见 Michel Vovelle, *La mentalité révolutionnaire: société et mentalités sous la révolution française* (Paris: Editions sociales, 1985).

27. Ozouf, *La Fête Révolutionnaire*, p. 88. 修改过的译文出自 Mona Ozouf, *Festivals and the French Revolution*, trans. Alan Sheridan (Cambridge, Mass.: Harvard University Press, 1985), p. 72. 卢梭在《致达朗贝尔的信》(*Lettre à M. d'Alembert*)中对这一原则作了最为清晰的论述,在那里,他对现代剧院和一个真实共和国的公共节日之间进行了对比。后者在露天进行。他清楚地表明:观众和演员的身份确认是这些有德之人集会的关键:

> 但这些演出的对象是什么? 它们演出了什么? 什么也不是,如果你愿意的话。伴随着自由,人群统治的地方福祉也将统治。在广场的中央,树立起一个鲜花环绕的长矛,让人们聚集在那里,你就拥有了一个节日庆典。甚至还可能更好:让观众也进入表演,让他们自己成为演员,这样一来,每个人都在别人中间看见自己并且爱自己,从而让所有的人更好地联合在一起。

参见 *Du Contrat Social* (Paris: Garnier, 1962), pp. 224 – 225.

28. Cabanis 语,引自 Ozouf, *La Fête Révolutionnaire*, pp. 336 – 337. 修改过的译文出自 Mona Ozouf, *Festivals and the French Revolution*, p. 279.

29. 我对此有过较详细的讨论:"Iris Murdoch and Moral Philosophy", in Maria Antonaccio and William Schweiker, eds., *Iris Murdoch and the Search for Human Goodness* (Chicago: University of Chicago Press, 1996).

30. 参见 Turner 对我们这个时代的阈限与艺术的讨论:*Dramas*, pp. 254 – 257; and *The Ritual Process*, pp. 128 – 129.

31. Victor Turner 有效阐明了这一点,参见 *Dramas*, pp. 268 – 270; Bernice Martin 也一样,参见她对 60 年代及之后的表达革命(expressive revolution)的深入研究:*A Sociology of Cultural Change* (Oxford: Blackwell, 1981)。她援引 Turner 的"反结构"和"阈限"这两个关键概念,旨在表明,若一个人试图把反结构和阈限作为人的生活的自足基础,那就必然出现困境。这些困境或自相矛盾地为她提供了有条理的概念串,她由此得以富有洞见地解读种种扭曲、转向与冲突,而这些状况界定了这场革命,并使得这场革命在此后混乱不堪。

32. Walter Benjamin, *Illuminations* (London: Fontana, 1973), p. 263. Benedict Anderson 表明,这种时间理解对现代社会想象至关重要。参见 *Imagined Communities* (London: Verso, 1991), chapter 2. 我将在第四章回到这个问题。

33. 参见 *Imagined Communities* (London: Verso, 1983), pp. 28–31.

34. Jean Guitton, *Le Temps et Éternité chez Plotin et Saint Augustin* (Paris: Vrin, 1933), p. 235.

35. Martin Heidegger, *Sein und Zeit* (Tübingen: Niemeyer, 1927), Second Division, chapter 3, section 65.

36. Guitton, *Le Temps et Éternité*, chapter 5.

37. Ibid. , pp. 236–237.

38. Mircea Eliade, *The Sacred and the Profane: The Nature of Religion*, trans. Willard R. Trask (New York: Harcourt Brace, 1959).

39. Victor Turner 也指出了这一点,即朝圣进入更高时间;参见 *Dramas*, p. 207.

40. 有人说,在我们每次欢庆圣诞之前不久,

这报晓的鸟儿总会彻夜长鸣;

那时候,他们说,

没有一个鬼魂可以出外行走,夜间的空气非常清净,

没有一颗星用毒光射人,没有一个神仙用法术迷人,

妖巫的符咒也失去了力量,一切都是圣洁而美好的。

引自莎士比亚《哈姆雷特》第一幕第一场,第 158–164 行(采用朱生豪译本)。

41. *Die Protestantische Ethik und der Geist des Kapitalismus* (Weinheim: Beltz Athenäum, 2000), p. 153;英译本:*The Protestant Ethic and the Spirit of Capitalism*, trans. Talcott Parsons (New York: Scribner, 1958), p. 181.

42. *Ethics*, X. 7.

43. Pierre Chaunu, *Le Temps des Réformes* (Paris: Fayard, 1975), p. 172.

44. Thomas, *Religion and the Decline of Magic*, p. 47.

45. Richard Fletcher, *The Barbarian Conversion* (New York: Henry Holt, 1997).

46. Thomas, *Religion and the Decline of Magic*, pp. 163–166.

47. 参见 John Bossy, *Christianity in the West: 1400–1700* (Oxford: Oxford University Press, 1985), chapter 1.

48. Ronald C. Finucane, *Miracles and Pilgrims: Popular Beliefs in Mediaeval England* (Totowa, N. J. : Rowman & Littlefield, 1977), pp. 196 ff.

49. Duffy, *The Stripping of the Altars*, p. 234.

50. Ibid. , pp. 236–237, 241, 246.

51. Preserved Smith, *Erasmus*, p. 70.

52. Duffy, *The Stripping of the Altars*, chapter 8.

53. Philippe Ariès, *L'Homme devant la Mort* (Paris: Seuil, 1977), Book I, part 2; Jean Delumeau, *Le Péché et la Peur* (Paris: Fayard, 1983), 多处。

54. Delumeau, *Le Péché et la Peur*, pp. 78–79.

55. Chaunu, *Le Temps des Réformes*, p. 189. Chaunu 引用了 J. Huizinga, *Le déclin du Moyen Age*, 其将引述追溯到 Odo of Cluny (他不可能参阅过 *Crash*)。

56. 修改过的英译取自 Johan Huizinga, *The Autumn of the Middle Ages*, trans. Rodney J. Payton and Ulrich Mammitzsch (Chicago and London: University of Chicago Press, 1996), p. 160.

57. Jean Delumeau, *La Peur en Occident* (Paris: Fayard, 1978), pp. 75 - 87 （以下引自 *Peur*）。

58. Jean Delumeau, *Le Péché et la Peur* (Paris: Fayard, 1983), p. 45 （以下引自 *Péché*）。

59. Delumeau, *Péché*, chapter 2.

60. Delumeau, *Peur*, chapter 2.

61. Delumeau, *Péché*, pp. 245, 490.

62. John Bossy, *Christianity in the West* (Oxford: Oxford University Press, 1985), p. 126.

63. Ibid.

64. Chaunu, *Le Temps des Réformes*, pp. 192 ff.

65. Ibid. , pp. 196 ff.

66. Duffy, *The Stripping of the Altars*, pp. 328, 336 - 337.

67. Ibid. , p. 361.

68. Ibid. , pp. 16 - 18, 26, 124 - 125.

69. Thomas, *Religion and the Decline of Magic*, pp. 30 - 31.

70. Smith, *Erasmus*, p. 57.

71. Chaunu, *Le Temps des Réformes*, pp. 205 - 209.

72. Anne Hudson, *The Premature Reformation* (Oxford: The Clarendon Press; New York: Oxford University Press, 1988), pp. 165 - 166, 303.

73. 引自 Chaunu, *Le Temps des Réformes*, pp. 428 - 429; from Strohl, 243.

74. Delumeau, *Péché*, chapter 11.

75. Ibid. , pp. 471 - 472.

76. Ibid. , pp. 613 - 614, 引自 Bunyan and Calvin.

77. Ibid. , p. 563, Christopher Love.

78. 引自 Smith, *Erasmus*, pp. 391 - 392.

79. *L'Institution de la Religion Chrestienne*, I. i.

80. Ibid. , III. xiii. 2; 引自 William Bouwsma, *John Calvin* (Oxford: Oxford University Press, 1988), p. 141.

81. Ibid. , III. xiii.

82. Ibid. , II. i. 4.

83. 一种将奥古斯丁之解释相对化的尝试——这是那些将语言赋予我们无法言传的奥秘的众多尝试之一——也不会翻转他和帕拉纠（Pelagius）的论辩结果。后者完全否认无能之谜。这里没有任何奥秘可以通过措辞来言传。奥古斯丁至少在辨识出这个问题上是正确的，无论人们如何评价他的答案。

84. *L'Institution de la Religion Chrestienne*, IV. xv. 305.

85. Ibid. , III. xix.

86. Bouwsma, *John Calvin*, p. 144.

87. Thomas, *Religion and the Decline of Magic*, chapter 3.

88. 这在圣经中是有根据的，比如《罗马书》1:28 - 31;《加拉太书》5:19 - 23。

89. 参见 Philip Gorski, *The Disciplinary Revolution* (Chicago: University of Chicago Press, 2003), pp. 19 - 22.

90. Bouwsma，*John Calvin*，p. 218.

91. Delumeau，*Péché*，chapter 19.

92. 我认为拉丁基督教世界存在朝向"改革"的长期动力，也许开始于由 Hildebrandine 推进的 11 世纪的改革，然后贯穿于天主教与新教的"改革"。是什么保持这一动力一直向前，这一问题颇难回答，但我认为，其一般方向不可否认。在 John O'Malle 的 *Trent and All That* （Cambridge，Mass.：Harvard University Press，2000）一书中（pp. 17 - 18），O'Malley 认为，起初改革涉及信仰实践和道德观念，目标是要回归教会或修会的原初准则或教规，因为这些规则没有得到严格遵循。我认为，这是此目标的核心，但在我所称"改革"的伟大传统中，与此相关联的是另外两个方面。第一是宗教生活自身的变化，走向更深的个人敬虔，和（或）信仰实践，而且敬虔和实践要更注重以基督为中心。第二是我在正文描述过的一个目标：更新所有基督徒，使得他们符合这些更高标准的奉献和委身。正是这两方面，使得"改革"不只是回归昔日之纯净状态（尽管这方面也被频繁提到），而且要发动一场全新的、史无前例的变化。也正是这方面的抱负，或将有助于说明，运动的冲力在如此长的数百年和多个阶段持续不衰。

　　Diarmaid MacCulloch 看到，后来的宗教改革与 11 世纪由 Hildebrandine 倡导的改革一脉相承。这些早期措施在"迫害社会的形成"上是奠基性的行动；"存在这样一个企图是不可否认的，即要利用欧洲神职人员来领导对整个社会进行彻底的、空前的管制。"参见 MacCulloch，*Reformation* （London：Allen Lane，2003），pp. 27 - 28.

93. Bronislaw Geremek，*La potence et la pitié：l'Europe et les pauvres du Moyen Age à nos jours*，trans. Joanna Arnold-Moricet （Paris：Gallimard，1987）.

94. Delumeau，*Péché*，pp. 146 - 152.

95. Delumeau，*Peur*，多处。

2　规训社会的兴起

1. 引自 M. -D. Chenu，*La Théologie au XIIe Siècle* （Paris：Vrin，1957），pp. 25 - 26.

2. 引自 Aquinas，*The Summa Contra Gentiles*，trans. The English Dominican Fathers （London：Burns Oates & Washbourne Ltd.，1928）.

3. 参见 Chenu，*Théologie*，p. 184.

4. 我们现在讨论的是最高的智性结构，但我们在普通人所处的迷魅世界也能看到类似情况，互利行为的至尊地位没有为将万物理解为无例外定律的示例留下余地。

5. *Liber XII Questionum*，c. 2，P. L.，172，1179，引自 Chenu，*Théologie*，p. 24.

6. 引自 M. -D. Chenu，*Nature，Man，and Society in the Twelfth Century：Essays on New Theological Perspectives in the Latin West*，trans. /ed. Jerome Taylor and Lester K. Little （Chicago and London：Univeristy of Chicago Press，1968），p. 8.

7. 原文同上，p. 170.

8. Ibid.，p. 117.

9. 参见，例如，W. Ullman，*Principles of Government and Politics in the Middle Ages* （New York：Barnes and Noble，1966），pp. 300 ff.

10. 参见对使徒生活修院模式的讨论，Chenu，*Nature，Man，and Society*，pp. 226 - 233.

11. 参见同上，chapter X.

12. Louis Dupré, *Passage to Modernity* (New Haven: Yale University Press, 1993), pp. 36 – 41.

13. 参见 Chenu, *Nature, Man, and Society*, chapter XI 的讨论。

14. John Hale, *The Civilization of Europe in the Renaissance* (New York: Atheneum, 1993), pp. 219 ff.

15. Ficino, *Platonic Theology*, trans. Josephine I. Burroughs, in *Journal of the History of Ideas* 5 (1944), p. 65; 引自 Stephen Greenblatt, *Renaissance Self-Fashioning: From More to Shakespeare* (Chicago: University of Chicago Press, 1980), p. 18.

16. 这既包括又超越了韦伯所说的"对于合法使用武力的垄断"。参见"Politics as a Vocation", in H. H. Gerth and C. Wright Mills eds., *From Max Weber* (New York: Oxford University Press, 1946), p. 78.

17. John Hale, *The Civilization of Europe in the Renaissance* (New York: Macmillan, 1993), p. 362.

18. Ibid., pp. 367 – 368.

19. Ibid., p. 366. 这里的"温文尔雅"(polite)一词,当然也是借自希腊词汇(英文对应"civil"一词)。

20. Ibid., p. 367. 参见查理五世雕像,对野蛮的胜利。

21. Ibid., pp. 369 – 371.

22. 参见"Des Cannibales", in Michel de Montaigne, *Essais* (Paris: Garnier-Flammarion, 1969), Volume 1, chapter XXXI, pp. 251 – 263.

23. Justus Lipsius, *Six Books of Politickes*, trans. William Jones (London: 1594), p. 17; 引自 Hale, *Civilization of Europe*, p. 360.

24. Jean Calvin, *Job*, Sermon 136, p. 718. 引自 Michael Walzer, *The Revolution of the Saints* (Cambridge, Mass.: Harvard University Press, 1965), p. 31.

25. 这不是说他们完全不干预,只是说他们成功地施加秩序并不是神圣化的标志。相反,他们的观念需要一种世界和修院之间的持续鸿沟。这也适用于拜占庭僧侣,他们的干预臭名昭著,时常采用一种半暴力的威胁方式。

26. Philip Benedict, *Christ's Churches Purely Reformed* (New Haven: Yale University Press, 2002), p. xvi.

27. Henry Crosse, *Virtue's Commonwealth*; 引自 Walzer, *Revolution of the Saints*, p. 208.

28. 引自 Walzer, *The Revolution of the Saints*, pp. 211 – 212.

29. Dod and Cleaver, *Household Government*, sig. X3; 引自 Walzer, *Revolution of the Saints*, p. 216.

30. Baxter, *Holy Commonwealth* (London, 1659), p. 274; 引自 Walzer, *Revolution of the Saints*, p. 224.

31. 参见 John Bossy, *Christianity in the West: 1400 – 1700* (Oxford: Oxford University Press, 1985), pp. 40 – 41.

32. 参见 Bronislaw Geremek, *La potence et la pitié: l'Europe et les pauvres du Moyen Age à nos jours*, trans. Joanna Arnold-Moricet (Paris: Gallimard, 1987), p. 32.

33. Ibid., pp. 180 ff.

34. Michel Foucault, *Folie et déraison: Histoire de la folie à l'age classique* (Paris: Plon, 1961).

35. Geremek, *La potence et la pitié*, pp. 40 – 41.

36. Ibid., pp. 277 - 278. 参见 Philip Gorski, *The Disciplinary Revolution* (Chicago: University of Chicago Press, 2003), pp. 63 - 64.

37. Perkins, *Works* (London, 1616), I, 755; 引自 Walzer, *Revolution of the Saints*, p. 213.

38. Geremek, *La potence et la pitié*, pp. 186, 201.

39. Peter Burke, *Popular Culture in Early Modern Europe* (New York: New York University Press, 1978), p. 209.

40. Ibid., p. 212.

41. Ibid., p. 217.

42. Ibid., p. 270.

43. Ibid., p. 271.

44. Ibid., p. 221.

45. 当然,这不是现代意义上的"警察国家"。"Polizei"(也源自"城邦",polis),"具有最宽泛意义上的管理之内涵,也就是说,为保证这片土地上生活的人民的和平与秩序所必需采取的强制手段和程序。"Marc Raeff, *The Well-Ordered Police State* (New Haven: Yale University Press, 1983), p. 5.

46. Ibid., pp. 61, 86 - 87, 89.

47. Ibid., p. 87.

48. Ibid., p. 178.

49. 参见 Philip Gorski, *The Disciplinary Revolution* (Chicago: University of Chicago Press, 2003), chapters 2 and 3. 即便腓特烈大帝也为之震撼,当他赢得了艰难的洛伊滕会战(the hard-won victory at Leuthen),他的部队突然齐声唱起了赞美诗《众人齐来感谢上帝》(Nun Danket alle Gott),这位思想自由的君主说:"我的上帝,宗教真有力量!"Hans-Joachim Schoeps, *Preussen* (Frankfurt: Ullstein, 1992), p. 74.

50. Michel Foucault, *Surveiller et Punir* (Paris: Gallimard, 1975), Part III, chapter 1.

51. Stephen Greenblatt, *Renaissance Self-Fashioning* (Chicago: University of Chicago Press, 1980).

52. *Discours de la Méthode*, Part II, in *Oeuvres de Descartes*, ed. Charles Adam et Paul Tannery (此后简称 A&T) (Paris: Vrin, 1973), Volume VI, p. 62.

53. "因人性之隔绝而导致的客观性僵化,是中世纪体系终结的最后阶段。我们这里所说的自我确定,是要找回失落的直觉,将兴趣重新聚焦到人类自身。"Hans Blumenberg, *Die Legitimität der Neuzeit* (Frankfurt: Suhrkamp, 1983), Volume 1, p. 209. 英译本: *The Legitimacy of the Modern Age*, trans. Robert M. Wallace (Cambridge, Mass.: MIT Press, 1983), pp. 177 - 178.

54. 引自 Dupré, *Passage to Modernity*, pp. 48 - 49, 51, 124 - 125, 我转引了其中非常有启发的讨论。

55. 谈到世界本身的机械化时,我们也必须考虑到类似的多重源头。我们可以说 15 世纪意大利画作中透视的发展使得空间和时间均质化,这对世俗时代中宇宙的全新理解是一种促进。但我们无法假设这一改变的诸种原因与机械化之推动力有关,或是拒斥了形式的宇宙。

56. Gerhard Oestreich, *Neostoicism and the Early Modern State* (Cambridge: Cambridge University Press, 1982), pp. 29, 35.

57. Ibid., p. 19. 此处译文根据 Justus Lipsius, *A Discourse on Constancy in Two Books*

（London：Printed for Humphrey Mosley，1654），略有修改。

58. *De vita beata*，VII，15，7；引自 Oestreich，*Neostoicism*，p. 22.

59. Erasmus，*Enchiridion*，chapter 14，p. 104.

60. 引自 Oestreich，*Neostoicism*，p. 19；英文译文略有修改。

61. Ibid.，p. 53.

62. Max Weber，*Die Protestantische Ethik und der Geist des Kapitalismus*（Weinheim：Beltz Athenäum，2000），p. 119；英译本：Talcott Parsons，*The Protestant Ethic and the Spirit of Capitalism*（New York：Scribner，1958），p. 151.

63. 参见 Oestreich，*Neostoicism*，pp. 72 - 73.

64. Ibid.，p. 8.

65. 参见 James Madison 的 *Federalist Papers*，no. 10；当然，Madison 认为这一新形势是有利的。

66. Hegel 和 Benjamin Constant 都曾讨论过这个问题。参见 Charles Taylor，*Hegel*（Cambridge：Cambridge University Press，1975），pp. 395 - 396；Benjamin Constant，"De la liberté des anciens comparée à celle des modernes"，in Constant，*De l'Esprit de Conquête et de l'Usurpation*（Paris：Flammarion，1986），pp. 265 - 291.

67. 参见 Walzer，*Revolution of the Saints*，pp. 225，227.

68. Raeff，*Well-Ordered Police State*，p. 177.

69. 这呼应了一个重要的阶段，也就是古老的理解框架的消失，这一古老框架比我们的文明要早许多，Rémi Brague 在他的有趣著作《世界的智慧》（*La Sagesse du Monde*［Paris：Seuil]）中有所描述。在从希腊人那里继承的形式中，我们是宇宙的一部分，这个"宇宙"（cosmos）比我们当代的"宇宙"（universe）涵义要复杂得多。它暗示整个宇宙是有序的，这一秩序能够自我维系，各形式在现实中运作，如我之前所提到的。人类及其生活的运转方式，和宇宙的其他部分是一样的道理。

　　诚然，人类生活也有不完美之处，在亚里士多德派的观念中，这些情况适用于整个"穹顶之下"（sub-lunar world），即人类居住的地方。只有上面的世界——"天界"——才能完美地示范秩序；所以有必要号召我们模仿天界，这样才能远离越轨的行为（Ibid.，pp. 128 - 136，152 - 171. 著名的例子是柏拉图的《理想国》，VII，500）。

　　但在模仿天界时，我们还是会跟随我们自然本性的好恶，以自我实现的形式运作。在新的人造立场中，之前的观念渐渐式微。人类秩序必须由意志构建。但人类之外的宇宙为我们提供范式的观念依然持续，甚至延续到科学革命之后，而科学革命终结了世界作为诸形式之表达或呈现的观念。下一部分我们会谈到这一点。也许有人会说，它一直延续至今，比如在一些生态运动中。然而在近几个世纪中，它愈发受到"爪牙沾血的自然"这一形象的挑战，成了一种反面典型。此外，机械主义的宇宙观已经不再能容纳"宇宙的智慧"这一理念，只将之视为无力的隐喻（Ibid.，Part IV）。

70. Hugo Grotius，*De jure belli ac pacis*. 英译本：*The Rights of War and Peace*，trans. A. C. Campbell（New York and London：Walter Dunne，1901），Book I，前言，paragraph 10，p. 21.

71. Hugo Grotius，*On the Law of War and Peace（De jure belli ac pacis）*，trans. Francis W. Kelsey（Oxford，1925）；绪论，paragraph 11，p. 13.

72. John Locke，*Second Treatise of Civil Government*，chapter 5.

73. Benedict Anderson，*Imagined Communities*（London：Verso，1991），p. 24，引自 Walter Benjamin，*Illuminations*（London：Fontana，1973），p. 263.

74. Letter to Elizabeth, 18 May 1645, A&T, IV, 202；英译引自 *Descartes: Philosophical Letters*, trans. Anthony Kenny (Oxford: Oxford University Press, 1970). 以下引自 *Letter*.

75. Letter to Elizabeth, 1 September 1645, A&T, IV, pp. 286 – 287.

76. *Republic*, 500.

77. 我完全接受最后一句的弦外之音，不是因为我想用 20 世纪最糟糕的歪曲去搭配现代性，完全不是这样；但是我想表明一个事实，这些歪曲颠倒曾是我们时代关键主题的惯用手法。

78. Letter to Queen Christina of Sweden, 20 November 1647, A&T, V, 85；英译本：*Letters*, p. 228. 也可参见他的 *Traité des Passions de l'ame*（后文引作 *TPA*），art. 152.

79. *TPA*, art. 153, A&T, XI, 445 – 446；英译本：*The Philosophical Works of Descartes*, trans. E. S. Haldane and G. R. T. Ross（此后作 H&R）(Cambridge: Dover, 1955), I, 401 – 402. 笛卡尔在这一荣誉伦理的内化上依循了 du Vair. du Vair 已经提到了部分。"真正的荣誉是美好而充满德性行动的彰显，这一行动从我们的良心发射出来，呈现在和我们一起生活的人面前，又折返到我们身上，为我们带来他人相信我们的所作所为的见证，这一见证转化为心灵的巨大满足"；因此，"雄心是一种柔的激情，它很轻易地在最慷慨的心灵中流动。"*La Philosophie Morale*, pp. 267 – 268.

80. *TPA*, art. 161, A&T, XI, 454；H&R, I, 406. 也可参见 arts. 156 and 203.

81. 我在 *Sources of the Self* (Cambridge, Mass.: Harvard University Press, 1989), chapter 8 中详细讨论过笛卡尔的转向。

82. Letter to Elizabeth, 1 September 1645, A&T, IV, 286, *Letters*, p. 170.

83. Norbert Elias, *Über den Prozess der Zivilisation* (Frankfurt: Suhrkamp, 1978)；英译本：*The Civilizing Process* (Oxford: Blackwell, 1994). 本文括号内的数字是德文版页码，如果数字前加 E，则表示是英译本页码。

84. 参见我在 *Sources of the Self*, chapter 8 中的讨论。

85. Ibid., chapter 17.

86. John McManners, "Enlightenment: Secular and Christian", in J. McManners, ed., *The Oxford History of Christianity* (Oxford: Oxford Unviersity Press, 1990), pp. 277, 298.

87. 引自 Erwin Panofsky, *Renaissance and Renascences in Western Art* (Stockholm: Almquist & Wiksells, 1965), p. 120.

3　大脱嵌

1. 参见 Bellah 的 "Religious Evolution", chapter 2 of *Beyond Belief* (New York: Harper & Row, 1970).

2. Godfrey Lienhardt, *Divinity and Experience* (Oxford: Oxford University Press, 1961), pp. 233 – 235.

3. Ibid., p. 292.

4. Robert Bellah 近期在 "What is Axial about the Axial Age?" in *Archives européennes de*

Sociologie 46 (2005)，no. 1，pp. 69 - 89，阐述他称之为"部落宗教"时表达了类似的观点："部落社会中的仪式包括了全部或大部分成员的参与。"(p. 69)他将之与"古代社会"进行对比，"古代社会"被用于表述古代世界中产生的大型国家，它征服了许多小型的面对面的社会。它们是等级制的，其关键仪式聚焦于关键人物，如国王和祭司。但面对面的仪式在基层依然继续着，Bellah 认为它们一直延续至今。Bellah 著作中对宗教发展更为丰富的叙述对我帮助极大：先是他的论文集《超越信仰》(*Beyond Belief*)中的"宗教演化"(Religious Evolution)一文；近期就是我引用的这篇论文。我在本章中试图进行的对比，要比 Bellah 阐述的几个阶段简单得多，"部落的"和"古代的"概念在我描述的"早期"或"前轴心时期"宗教中是混合的。我的要点是阐明轴心时期系统陈述的脱嵌趋势。

5. 例如，参见 Lienhardt，*Divinity and Experience*，chapter 3；Roger Caillois，*L'Homme et le Sacré* (Paris：Gallimard，1963)，chapter 3.

6. 这一特征在澳大利亚土著宗教中有所反映；参见 Lucien Lévy-Bruhl，*L'Expérience mystique et les Symboles chez les Primitifs* (Paris：Alcan，1937)，pp. 180 ff.；Caillios，*L'Homme et le Sacré*，pp. 143 - 145；W. E. H. Stanner，*On Aboriginal Religion*. 英属哥伦比亚的 Okanagan 也有类似的地貌关联，参见 J. Mander and E. Goldsmith，*The Case against the Global Economy* (San Francisco：Sierra Club Books，1996)，chapter 39.

7. John Stuart Mill，*On Liberty*，in Mill，*Three Essays* (Oxford：Oxford University Press，1975)，p. 77.

8. 例如，参见 S. N. Eisenstadt，ed.，*The Origins and Diversity of Axial Age Civilizations* (Albany：State University of New York Press，1986)；也可参见 Bellah，"What is Axial about the Axial Age?"

9. Karl Jaspers，*Vom Ursprung und Ziel der Geschichte* (Zürich：Artemis，1949). 通过使用"轴心"和"后轴心"等术语，我试图寻找一种表述，能够区分两种相当不同的宗教生活形式，其中一种比另一种要古老得多。但我并不太接受 Jaspers 用这一术语所关联的许多内容。比如，对于我们是否能辨别出一个特定的"轴心时代"(*Achsenzeit*，相隔甚远的不同文明差不多同时发生了重要变化)，我并无定论。这些重要变化的内涵问题最近又回到了学者注意的中心，伴随着重新考虑定义不同的文明传统，在很长一段贫乏期内，西方思想家像被一种观念施了咒语，认为从"传统"到"现代"有一条路径，所有的社会都会经历，但有些会比其他早。例如 Johann Arnason，S. N. Eisenstadt，and Björn Wittrock，*Axial Civilizations and World History* (Leiden：Brill，2005). 我不想在他们有趣的争论中站队，比如 Eisenstadt 和 Wittrock 对于转型中哪些变化是关键的进行了激辩。我在本书中的目的，是通过我所列举的一些特征，来对比定义前轴心时代和后轴心时代。

10. Francis Oakley，*Kingship* (Oxford：Blackwell，2006)，p. 7. 我认为 Bellah 在近期论文"What is Axial?"中提出了基本相似的观点："部落宗教和古代宗教都是'宇宙论的'，其中超自然、自然和社会都融于一个单一的宇宙中。"(p. 70)

11. Oakley，*Kingship*，pp. 50 - 57. 也可参见 Rémi Brague，*La Sagesse du Monde* (Paris：Fayard，1999)，pp. 219 - 239.

12. 参见 Cho-Yun Hsu，"Historical Conditions of the Emergence and Crystallization of the Confucian System"，in S. N. Eisenstadt，ed.，*Axial Age Civilizations*，pp. 306 - 324.

13. 在这点上我同意 Shmuel Eisenstadt 对轴心时代关键变化之一的构想："超越秩序和世

俗秩序之间的基本张力出现，并被观念化、系统化了”；当然张力出现时，“超越”秩序本身的理解也改变了。S. N. Eisenstadt, ed., *Axial Age Civilizations*, p. 1.

14. W. E. Stanner, “On Aboriginal Religion”，见发表于 *Oceania* 的六篇系列文章, vols. 30 - 33，1959 - 1963；我引用的表述在第二篇中, vol. 30, no. 4, June 1960, p. 276. 也可参见 Stanner 的“The Dreaming”, in W. Lessa and E. Z. Vogt, eds., *Reader in Comparative Religion* (Evanston: Row, Peterson, 1958), pp. 158 - 167.

15. Article VI, *Oceania*, vol. 33, no. 4, June 1963, p. 269.

16. 参见 Marcel Gauchet, *Le désenchantment du monde* (Paris: Gallimard, 1985), chapter 2. Robert Bellah (“What is Axial?”, p. 70)也强调了这些“古代社会”的重要性。

17. Louis Dumont, “De l’individu-hors-du-monde à l’individu-dans-le-monde”, in *Essais sur l’individualisme* (Paris: Seuil, 1983).

18. 我想要考虑 Stanley Tambiah 对 Dumont 公式“外在于世界的个体”的保留，他提到了佛教徒的弃世；参见 S. J. Tambiah, “The Reflexive and Institutional Achievements of Early Buddhism”, in S. N. Eisenstadt, ed., *Axial Age Civilizations*, p. 466. 从与宇宙神灵相关联的社会生活的意义上说，比丘处在“世界”之外。但是这并没有防止，甚至可能无可避免地导致了：(a)一种新型的社会性，弃世者走到一起（僧团），(b)弃世者和世人形成了互补关系，后者部分参与了弃世者直接追求的（“功德”），或甚至（虽然这看似是一种偏差）僧侣的精神力量会被导向俗人的日常生活目标。

19. Chapter 2, section 3.

20. 参见 Francis Fukuyama, *Trust* (New York: Free Press, 1995).

21. Ivan Illich, *The Corruption of Christianity*，收于加拿大广播公司 2000 年 1 月出品的“理念”(Ideas). 参见 *The Rivers North of the Future*: *The Testament of Ivan Illich*, David Cayley 记录(Toronto: Anansi, 2005). 我会在最后一章回到“败坏”的问题。

22. 参见 René Girard, *Je vois Satan tomber comme l’ éclair* (Paris: Grasset, 1999).

4　现代社会想象

1. 本章援引我的 *Modern Social Imaginaries* (Durham: Duke University Press, 2004)，详细论证可以参见该著。在论证开始时，我应该承认，我显然极大地倚重 Benedict Anderson 的创造性工作，见其 *Imagined Communities* (London: Verso, 1991)，以及 Jürgen Habermas、Michael Warner 和 Pierre Rosanvallon 等人的工作。

2. John Locke, in the *Second Treatise on Government*, chapter II, 把“自然状态”定义为一种境况，“在其中，所有的权力和司法是对等的，任何一方都不能压过另一方：最为明显的是，同一种类和等级的造物不加区别地生来就有同样的自然优势和同样官能的使用，互相是平等的，无需顺服或臣服，除非他们全部的创造主以其旨意的明白宣言将某个置于另一个之上，并以明确的指定来授予其毫无疑问的主宰权和统治权。”参见 *Locke’s Two Treatises of Government*, ed. Peter Laslett (Cambridge: Cambridge University Press, 1967), II, chapter II, para. 4, p. 287.

3. 参见 J. G. A. Pocock, *The Ancient Constitution and the Feudal Law*, 2nd ed. (Cambridge: Cambridge University Press, 1987).

4. “道德经济”(moral economy)一语借用自 E. P. Thompson, “The Moral Economy of

the English Crowd in the Eighteenth Century", *Past and Present* 50（1971），pp. 76 – 136.

5. *Macbeth*，2. 3. 56；2. 4. 17 – 18（参见我的 *Sources of the Self*，p. 298）。

6. 引自 Louis Dupré，*Passage to Modernity*（New Haven：Yale University Press，1993），p. 19.

7. "太阳将不会逾越其尺度；假如他逾越，公义侍女 Erinyes 将找他算账。"引自 George Sabine，*A History of Political Theory*，3rd ed.（New York：Holt，Rinehart & Winston，1961），p. 26.

8. *Locke's Two Treatises*，I，chapter IX，para. 86，p. 223.

9. Ibid.，II，chapter II，para. 6，p. 289；也可参见 II，chapter XI，para. 135，p. 376；and *Some Thoughts concerning Education*，para. 116.

10. *Locke's Two Treatises*，II，chapter 5，para. 34，p. 309.

11. 参见 *Peasants into Frenchmen*（London：Chatto & Windus，1979），chapter 28.

12. 参见下述著作中的讨论：Hubert Dreyfus，*Being in the World*（Cambridge，Mass. ：MIT Press，1991）；John Searle，*The Construction of Social Reality*（New York：The Free Press，1995）；均援引 Heidegger、Wittgenstein 和 Polanyi 的工作。

13. Francis Fukuyama 有关社会信任的经济学的有趣讨论，也表明社会想象很大程度上已超出既有理论的范围。有些经济体难以建立大规模的非国有企业，因为一旦超出家庭范围，信任氛围就缺失了。在这些社会中，社会想象在经济合作目的上有着区别对待——在亲属和非亲属之间，这种情况在有关我们所共享的经济（包括那些社会中的人们）理论中很大程度上未得到注意。而政府也会采纳一些政策、法律变更和鼓励措施，所基于的假设是，在"剧目"中，形成任何规模的企业都是允许的，需要的仅仅是鼓励。但是，人们感到，存在着围绕家族建立的相互倚靠之鲜明界限，这就会严重限制剧目，不论向人们在理论上如何证明，他们若是改变经商方式会更为发达。社会空间的潜隐"地图"有着深深的裂沟，它们在文化和想象中有着深层基础，再好的理论也鞭长莫及。Francis Fukuyama，*Trust*（New York：Free Press，1995）.

14. Mikhail Bakhtin，*Speech Genres and Other Late Essays*（Austin：University of Texas Press，1986）.

15. 这并不意味着乌托邦并不经营它们自身的可能性。它们可以描述遥远之地或遥远的未来社会，而且不是今天可以模仿的，或许是我们永远无法模仿的。但背后的观念是，这些东西真是可能的，在某种意义上说，它们本于人性的嗜好。这是 More 的书中叙事者所想的：乌托邦是按照本性而活（Bronislaw Baczko，*Les Imaginaires Sociaux*［Paris：Payot，1984］，p. 75）。这也是柏拉图所想的，他为 More 的书以及其他"乌托邦"写作提供了一种模式。

16. Immanuel Kant，*Kritik der reinen Vernunft*，"Von dem Schematismus der reinen Verständnisbegriffe"，Berlin Academy Edition（Berlin：Walter de Gruyter，1968），Volume III，pp. 133 – 139.

17. Leslie Stephen，*History of English Thought in the 18th Century*（Bristol：Thoemmes，1997），Volume 2，p. 72.

18. *Mémoires*，p. 63，cited in Nanerl Keohane，*Philosophy and the State in France*（Princeton：Princeton University Press，1980），p. 248.

19. Keohane，*Philosophy and the State*，pp. 249 – 251.

20. 当然，在此冒失的参照背后，有一个复杂的大议题。基本的想法是，巴洛克文化是一种综合。其所综合的，一方面是现代把能动者理解为此世中内在的和诗意的建构秩序，另一方面是更古老的把世界理解为宇宙，由"形式"所塑造。以后见之明，我们倾向于把此综合视为不稳定的、并注定要被取代的，正如事实也是如此。

但是，不论这样看是否为真，我们可以在巴洛克文化中看到某种建构性张力，张力一端是已在那里的等级秩序，另一端则是通过他们的建构性活动继续此秩序并成全此秩序的能动者，而且这些能动者倾向于把自身理解为是靠自己行动的，并因此认为自身是在等级制之外的，是平等的。这就有诸如上面提到的 Louis 那样的复杂表述。

我在 Louis Dupré 的著作中学到很多有关巴洛克艺术非常有趣的描述：*Passage to Modernity* (New Haven：Yale University Press，1993)，pp. 237 - 248. Dupré 说到巴洛克，将之称为"最后的总括性综合"，即在人这种能动者和能动所发生的世界之间的综合，由此种能动所产生的意义可以与我们在此世界中发现的某些东西建立联系。但这是一种充满张力和冲突的综合。

巴洛克教堂不是把这一张力聚焦在作为静态秩序的宇宙，而是聚焦于上帝，这位上帝的权柄和良善表达在这一宇宙中。但这一下降的权柄被人的能动性所把握和推进，产生"一种现代张力，即神性秩序和人性秩序作为各自独立的权柄中心"(p. 226)。

Dupré 认为，巴洛克文化自成一体，乃是因着"总括性的灵性愿景……在其核心处是人，这样的人自信有能力把形式和结构赋予一个新生的世界。但是——而且这里也是其宗教意义之所在——此核心依然与超越之源泉有着垂直的联系，中经居间的天体之下降范围，人这样的创造者从中汲取力量。人与神这样的双核心使得巴洛克世界图景区别于中世纪垂直的世界图景。在巴洛克图景中，实在是从单一的超越点下降，但也下降自后来的现代性之毫无疑问的水平超越点，这在文艺复兴的一些特点中已初现端倪。双核心之间的张力传递给巴洛克一种复杂、不安和动态的品质。"(p. 237)

21. Keohane，*Philosophy and the State*，pp. 164 - 167.
22. 我的详尽讨论见：*Sources of the Self* (Cambridge，Mass.：Harvard University Press，1989)，chapter 13.
23. Albert Hirschman，*The Passions and the Interests* (Princeton：Princeton University Press，1977). 此书极为有趣的讨论让我受益良多。
24. Alexander Pope，*Essay on Man*，III，9 - 26，109 - 114；IV，396.
25. 参见下书中的有趣讨论：Mary Poovey，*A History of the Modern Fact* (Chicago：University of Chicago Press，1998)，chapter 3.
26. J. B. Schneewind，*The Invention of Autonomy* (Cambridge：Cambridge University Press，1998)，Part I；and Pierre Manent，*La Cité de l'Homme* (Paris：Fayard，1994)，Part I.
27. Philip Carter，*Men and the Emergence of Polite Society* (London：Longman，2001)，chapters 3 and 4；Anna Bryson，*From Courtesy to Civility* (Oxford：Oxford University Press，1998)，chapter 7.
28. 其实，我们现在所认为的启蒙运动社会科学的高峰，从 Montesquieu 到 Ferguson，并不是单色的；这些作者不仅援引现代模式的客观化科学，也援引传统的共和主义理解。Adam Smith 不仅提出"看不见的手"，他还深思了极端分工给"人民之大共同体"的公民精神和军事精神带来的负面后果；*The Wealth of Nations* (Oxford：Clarendon Press，1976)，Volume 2，p. 787. 而 Ferguson 作为最具影响力的商业社会之冰期理论的提倡者之一，也研究了社会走向"腐败"的一些条件；Adam Ferguson，*Essay on the History of Civil Society* (New Brunswick，N. J.：Transaction Books，1980)，Parts V and VI.

29. 英译本：Thomas Burger（Cambridge，Mass.：MIT Press，1989）；German original：*Strukturwandel der Öffentlichkeit*（Neuwied：Luchterhand，1962）.

30. Cambridge，Mass.：Harvard University Press，1990.

31. *Letters*，chapter 1.

32. 这表明，18 世纪后期的普遍意志观念与当今的民意调查对象，相距何等遥远。按照我上述的区分，"普遍意志研究"旨在测量的现象是收敛的统一性，并不需要从讨论中出现。它是人类意见的比拟。18 世纪的形式之背后理想出现在 Burke 的下一段落，Habermas 做了引用（*Structural Transformation*，pp. 117 - 118）："在一个自由国家，每个人都认为他在公共事务上有所关切；他认为他有权利就这些事务形成并传递意见。他们筛选、研究并讨论这些事务。他们充满好奇，热情而专注，有时还会妒嫉；而正因为让这些事情成为他们的思想和发现的家常便饭，众多的人们就这些事务积累起来很不错的知识，有的还相当可观……而在另一些国家，只有那些因公职要求而对公共事务有所关心或思考的人，绝大多数人不敢尝试相互间的意见之力量，而在生活的其他站点，这类能力极为稀缺。相比那些没有人敢于有意见的国家的王室，在自由国家的商店和工厂，通常能找到更真实的公共智慧和洞察力。"

33. Habermas，*Structural Transformation*，p. 119.

34. *Letters*，p. 41.

35. 参见 Fox 的讲话，引自 Habermas，*Structural Transformation*，pp. 65 - 66，"征询普遍意志显然是对的和明智的……假如普遍意志不巧与我的意见相左；假如在向他们指出危险之后，他们还是没办法和我一样看到危险；或者，假如他们认为另一个措施比我的更好，我就应该按我对国王和国家的义务、对职位应尽的职分来考虑另一个措施，这样他们就可以去追求他们认为是更好的计划，靠着合适的工具，即由一个和他们同思想的人去完成……但有一件事很清楚，即我应该给予公众形成意见的方式。"

36. 引自 Habermas，*Structural Transformation*，p. 117.

37. Ibid.，p. 82.

38. 参见 *Letters*，pp. 40 - 42. Warner 也指向与现代资本主义之非人格的能动者的关系（pp. 62 - 63），以及在这种高度超定模式的框架中，此非人格立场与另一个因素的匹配，即在殖民地乃是核心问题的非人格腐败。

39. *Letters*，p. 46.

40. 参见 E. Kantorowicz，*The King's Two Bodies*（Princeton：Princeton University Press，1957）.

41. 这种事情在欧洲之外的例子，参见 Clifford Geertz 的 *Negar*（Princeton：Princeton University Press，1980），该书还描述了被征服前的巴厘国（the pre-Conquest Balinese state）。

42. 我对于此前现代时间意识的认识，涉及到更高时间的不同模式，参见"Die Modernitaet und die saekulare Zeit"，in *Am Ende des Milleniums：Zeit und Modernitaeten*，ed. Krzysztof Michalski（Stuttgart：Klett Kotta，2000），pp. 28 - 85.

43. 事实上，对宗教维度的排斥，甚至不是我的世俗概念的一个必要条件，更不是充分条件。世俗结社是纯粹根植于日常行动的结社，这不排除任何此结社的神性理由，但根本没有什么东西阻止人们从延续宗教生活形式的角度这样结社；其实，这一形式甚至会要求，比如说，政治结社得是纯世俗的。比如说，倡导教会和国家的分离，有着宗教动机。

44. Mircea Eliade，*The Sacred and the Profane*（New York：Harper，1959），pp. 80 ff.

45. Anderson 借用了 Benjamin 的一个术语来描述现代俗世时间：他视之为"均质的、空洞的时间"。"均质"抓住了我此处描述的一个方面，即所有的事件现在都落入同一种时间；但时间的"空洞"则把我们带入另一个问题：空间和时间都开始被视为"容器"，事物和事件临时填充其间，而不是由填充到它们的东西所建构。这后一步是现代物理学之形而上想象的一部分，我们在牛顿那里可以见到。但按我所认为的，这是通向均质（对世俗化很关键）的一步。

通向空洞的一步是时间客观化的一部分，而时间的客观化是现代工具理性主体观如此重要的一部分。时间某种意义上被"空间化"了。Heidegger 在他对临时的理解中对此整个概念作出强烈攻击；尤其参见 Sein und Zeit（Tübingen：Niemeyer，1926），Division 2。但把世俗性与事件的客观化加以区分，有助于把 Heidegger 定位于分裂之现代一方。Heidegger 的临时也是世俗时间模式。

46. 这并非如它看似那样的一大步，因为在殖民主义者的理解中，他们作为不列颠人享有的权利早已被视为"自然"权利的具体表明；参见 Bernard Bailyn, The Ideological Origins of the American Revolution（Cambridge，Mass.：Harvard University Press，1992），pp. 77 - 78，187 - 188.

47. "在美国，没有人会像在法国那样，担心委托代表的关系可以被等同为一种纯粹的支配形式"；Pierre Rosanvallon, La Démocratie inachevée（Paris：Gallimard，2000），p. 28. 此就代表形式的深刻一致并不排除在结构上非常激烈的辩论，正如我们在围绕联邦宪法的狂暴争议上所看见的。这甚至还使得有关代表之本质的某些深入议题得以提出；参见 Bailyn, Ideological Origins of the American Revolution, chapter V. 这种一致也无法阻止大众反对由议会投票通过的法律的暴动，比如沙溢起义（Shay's Rebellion）。要点在于，这些起义并不是旨在确立相对抗的正当模式；它们反而是最后的手段以对抗令人震惊的不义，这些不义是一个即便是有正当性的体制也会实施的。在这一点上，它们相当近似于旧制度中法兰西的起义，这在下面会讨论到。见下面著作中的有趣处理：Patrice Gueniffey, La Politique de la Terreur（Paris：Fayard，2000），pp. 53 - 57.

48. François Furet, La Révolution Française（Paris，1988）.

49. 参见 Simon Schama, Citizens（New York：Knopf，1989），chapter 4.

50. Orlando Figes, A People's Tragedy（London：Penguin，1997），pp. 98 - 101，518 - 519.

51. Locke 已发展出此机制的萌芽形式。在他论产权的章节，他要我们确信，"一个因其自己的劳作而将土地占为己有的人，不是在降低、而是在提升人类的储备。因为由一英亩圈起来精耕细作的土地所生产的用来支持人类生活的粮食供应，是数十倍于那些一英亩同样肥沃但处于荒废的土地。因此，真的可以说，那个圈起荒地并有十英亩地出产的大量作物的人，比起那拥有一百英亩荒地的人，是把九十英亩土地给了人类。"Second Treatise of Civil Government, V. 37.

52. Du Contrat Social, Book I, chapter 6.

53. Ibid., Book I, chapter 8；英译本：The Essential Rousseau, trans. Lowell Bair（New York：Signet，1974），p. 21.

54. Ibid.；英译本：The Essential Rousseau, p. 20.

55. "Profession de foi du vicaire savoyard", Émile（Paris：éditions Garnier，1964），pp. 354 - 355；英译本：Barbara Foxley, in Jean-Jacques Rousseau, Emile（London：Dent，1911），p. 254.

56. 引自 Georges Lefebvre, in Quatre-Vingt-neuf（Paris：Éditions Sociales，1970），pp. 245 - 246.

57. Montesquieu, *L'Esprit des Lois*, Book IV, chapter 5.

58. François Furet, *Penser la Révolution française* (Paris: Gallimard, 1978), p. 276.

59. Jean Starobinski, *Jean-Jacques Rousseau: La Transparence et l'Obstacle* (Paris: Gallimard, 1971).

60. J.-J. Rousseau, *Lettre à d'Alembert sur les spectacles*, in *Du Contrat Social* (Paris: Classiques Garnier, 1962), p. 225; 英译本: Allan Bloom, in *Jean-Jacques Rousseau, Politics and the Arts* (Ithaca: Cornell University Press, 1968), p. 126. 由此我们可以看到, 卢梭所追求的那种透明何以是所有形式(不论是政治的、剧场的抑或是语言的)"代表"的敌人。对某些两个位置的关系而言,透明和统一性要求,同一术语在两个地方占有重要位置。这些就包括两种关系:"x 规定 y",和"x 在 y 面前表现某物"。

61. Mona Ozouf, *La fête révolutionnaire* (Paris: Gallimard, 1976).

62. Patrice Gueniffey, *La Politique de la Terreur*, 他的讨论中很好地利用了这种区别。

63. Furet, *Penser*, pp. 271 ff.

64. 对此的详尽讨论见 *Modern Social Imaginaries*, chapter 8.

65. Pierre Rosanvallon, *Le Sacre du Citoyen* (Paris: Gallimard, 1992); and *Le Modèle politique français* (Paris: Seuil, 2004).

66. Benedict Anderson, *Imagined Communities* (London: Verso, 1991).

67. Ibid., p. 37.

68. Martin Heidegger, "Die Zeit des Weltbildes", in *Holzwege* (Frankfurt: Niemeyer, 1972).

69. 这一术语我借用自 Craig Calhoun; 比如见其"Nationalism and Ethnicity", in *American Review of Sociology*, no. 9 (1993), p. 230. 本节讨论我也得益于 Calhoun 近期的论著。

70. 对此的出色追踪可见于 Eugen Weber, *Peasants into Frenchmen* (London: Chatto, 1979).

71. Ibid.

5 观念论的幽灵

1. 参见 G. A. Cohen, *Karl Marx's Theory of History* (Oxford: Oxford University Press, 1979), 在随后的段落中我引用了他的分析。

2. Adam Smith, *The Wealth of Nations* (Oxford: The Clarendon Press, 1976).

3. Marcel Mauss, *Essai sur le don*, in Mauss, *Sociologie et Anthropologie* (Paris: Quadrige/P. U. F., 1999), Part II.

4. Michael Mann 在他令人深刻的 *The Sources of Social Power*, Volume I (Cambridge: Cambridge University Press, 1986), pp. 458 – 463, 用英国的例子谈到了这个转变, 他将这种转变称为从"一致的国家走向有机的国家"。在这一时期的宪政体制的背景下(英国、荷兰),他将这种转变与他所说的"阶级国家"(class-nation)的诞生联系在一起(p. 480)。

5. Anna Bryson 在她杰出的著作 *From Courtesy to Civility* (Oxford: Oxford University Press, 1998)中描述了这一过程。我从这本书中学到了很多。

6. 引自上书，p. 70.

7. Bryson 也谈论过这一点；参见 Ibid. ，p. 72.

8. 参见 J. G. A. Pocock, *The Machiavellian Moment*（Princeton：Princeton University Press，1975）.

9. 参见 Philip Carter, *Men and the Emergence of Polite Society*（London：Longman，2001），pp. 25,36 - 39.

10. 例如，参见 Adam Ferguson, *An Essay on the History of Civil Society*（London：Transaction Books，1980）.

11. Albert Hirschman, *The Passions and the Interests*（Princeton：Princeton University Press，1977）.

12. 参见 J. G. A. Pocock, *Barbarism and Religion*（Cambridge：Cambridge University Press，1999）；Karen O'Brien, *Narratives of Enlightenment*（Cambridge：Cambridge University Press，1997）；以及 Pierre Manent, *La Cité de l'Homme*（Paris：Fayard，1994），Part I.

6　护佑的自然神论

1. 在本书这一部分，我打算处理被 Marcel Gauchet 称为"走出宗教"的问题；参见他的 *Le désenchantement du monde*（Paris：Gallimard，1985）。不用说，我对这个问题的处理与他有所不同，但我也从他的解释中吸取了很多东西。

2. Matthew Tindal, *Christianity as Old as the Creation*（London，1730），p. 14.

3. Roger Mercier, *La Réhabilitation de la Nature humaine*，*1700 - 1750*（Villemonble：La Balance，1960），pp. 105,274 - 277.

4. *The Reasonableness of Christianity*（London，1695），pp. 287 - 289.

5. Francis Hutcheson, *A System of Moral Philosophy*，1755 年原版本的副本（Hildesheim：Georg Olms，1969），p. 184.

6. John McManners, "Enlightenment：Secular and Christian", in J. McManners, ed. ，*The Oxford History of Christianity*（Oxford：Oxford University Press，1990），pp. 282 - 283.

7. 引自 E. C. Mossner, *Joseph Butler and the Age of Reason*（New York：Macmillan，1936），p. 8.

8. Michael Buckley, S. J. , *At the Origins of Modern Atheism*（New Haven：Yale University Press，1987）.

9. 例如，参见 Gordon Rupp, *Religion in England 1688 - 1791*（Oxford：The Clarendon Press；New York：Oxford University Press，1986），p. 276；James Downey, *The Eighteenth Century Pulpit*（Oxford：The Clarendon Press，1969），p. 226. Downey 指出："正如坎特伯雷大主教 Tillotson 所规定的和那些宗教自由主义者们在整个 18 世纪所实践的，宗教已经不再是令人敬畏和着迷的奥秘。教会好像变成了改革风俗的社会，成了一个志同道合者相聚在一起以把他们的道德感调整到一个更高水平的地方。"（p. 10）

10. 引自 Gerald Robertson Cragg, *Puritanism to the Age of Reason：A Study of Changes*

in Religious Thought within the Church of England，1660 – 1700（Cambridge：Cambridge University Press，1950），p. 78 n2. 参见 Cragg 的布道《他的圣训并不令人悲痛》(His Commandments are not Grievous)："上帝的律法是合理的，与我们的本性相适应，有利于增进我们的利益"；引自 Downey，*The Eighteenth Century Pulpit*，pp. 14 – 15，亦见 p. 26.

11. Clarke 在评注新约时指出，在这些文明的日子里，我们"只被要求缩减那些无用的和有罪的开销；我们没有被要求把一切都卖掉，都分给穷人，只是被要求在自己丰衣足食的基础上要对别人慈善；我们没有被要求献出我们的生命，甚至没有被要求牺牲掉那些令人舒适的生活享受，而只是被要求摈弃那些非理性的、无益的、罪恶的快乐。"引自 Leslie Stephen，*History of English Thought in the 18ᵗʰ Century*(Bristol：Thoemmes，1997)，Volume 2，p. 340.

12. 引自 Cragg，*Puritanism to the Age of Reason*，p. 97.

13. Henri Bremond，*Historie Littéraire du sentiment religieux en France，depuis la fin des guerres de religion jusqu'à nos jours*（Paris：A. Colin，11 volumes，1967 – 1968）.

14. Louis Dupré，*Passage to Modernity*（New Haven：Yale University Press，1993），pp. 223 – 230.

15. 参见 Henri Bremond，*Histoire Littéraire*，Volume 4，*La Conquête mystique：l'école de Port-Royal*.

16. 参见 Edward Gibbon，*The History of the Decline and Fall of the Roman Empire*，chapter XXXVI（London：Penguin Edition，1994），II，p. 418.

17. Matthew Tindal，*Christianity as Old as the Creation*，p. 16.

18. 引自 Perry Miller，*The New England Mind：The Seventeenth Century*（Cambridge，Mass：Harvard University Press，1967），p. 41.

19. 为了能够更加公正地对待 Tindal 和那些自然神论者，我们必须提一下，对公正无私之爱的这种不信任曾经有着更加广泛的影响，它在更正统的奥古斯丁主义神学中也发挥着重要的作用。Bossuet 指出，他之所以有理由对 Fénelon 所说的"纯粹的爱"竭力进行批驳，是因为上帝的律法必须至少部分借助人的自我利益来实现对我们的约束。

20. *L'Institution de la religion Chrestienne*，Book III，chapter 19.

21. 坎特伯雷大主教 Tillotson 的布道已经为这条批判基督教奥秘的道路做了准备，他在布道中批判教宗至上主义者的"偶像崇拜"，批判变质说（transubstantiation，即使圣餐中的面包和酒变成耶稣的肉和血），批判教会的权威，所有这些批判都为后来那些公开反对基督教的思想家的论证奠定了基础；Leslie Stephen，*History of English Thought in the 18th Century*，Volume 1，pp. 78 – 79；E. C. Mossner，*Bishop Butler and the Age of Reason*（New York：Macmillan，1936），pp. 22 – 23.

22. Tindal，*Christianity as Old as the Creation*，chapter 4.

23. 在这里，Whichcote 从希腊教父那里，尤其是从其关于"神格化"的观念中吸取了思想资源。

24. 参见"Die Zeit des Weltbildes"，*Holzwege*（Frankfurt：Niemeyer，1972）.

25. Francis Hutcheson，*A System of Moral philosophy*，p. 217.

26. "从黎塞留主教(Cardinal de Richelieu)的最后岁月开始到路易十四死后的年头里，在我们的艺术、精神、风尚中，如同在我们的政府中发生了一场普遍性的革命，它将成为我们的祖国真正荣耀的永恒标志。"引自 J. G. A. Pocock，*Barbarism and Religion*（Cambridge：Cambridge University Press，1999），Volume II，p. 86.

27. 正如 Pocock 在同时谈到"礼貌"和"风俗"时所评论的:"这个关键词意味着一个由大家所共享的实践和价值所构成的综合体,它确保个体成为社会存在者,它使包围着个体的社会具有了一种无比复杂和灵活的结构或质地,它比法律、礼仪等都更加有力地使市民社会能够承受和控制人的行为及信仰,甚至当这些行为和信仰根基于那种据说是关于神圣存在的直接经验的时候。"Pocock, *Barbarism and Religion*, Volume II, pp. 19 - 20.

28. 引自 Pocock, *Barbarism and Religion*, Volume II, p. 203.

29. "出现了这样的情况:人们把宗教的和社会的坚决地、系统地等同起来,在关于统治社会的政治权威的问题上,这种等同既与自由主义的观点相容,也与绝对主义的观点相容;与当前的首要需要比起来,自由主义与绝对主义立场之间的差别只具有次要的意义,当前的首要需要就是要坚持圣灵只能通过社会的渠道而决不会以颠覆人的、社会的秩序的方式而显现,甚至是得到具体化身,这些社会的渠道是合理的、人性的以及服从于权威的。"Pocock, *Barbarism and Religion*, Volume I, p. 26.

30. Abbé Raynal, *Histoire philosphique et politique des établissements et du commerce des Européens dans les Deux Indes* (1770);引自日内瓦版,1780, t. X, pp. 127 ff.;转引自 Marcel Gauchet, *La Religion dans la démocratie* (Paris: Gallimard, 1998), pp. 34 - 35.

31. Gibbon, *The History of the Decline and Fall of the Roman Empire*, Volume 1, p. 56.

32. Ibid., Volume 1, p. 524.

33. Ibid., Volume 3, p. 90.

34. H. -X. Arquillière, *L'Augustinisme politique* (Paris: Vrin, 1934).

35. 这至少是 Francis Oakley 的观点;参见他的 *Kingship* (Oxford: Blackwell, 2006), pp. 91, 98 - 99.

36. Arquillière 引用了 Isidore of Seville 的说法:"另外,在教会里是不需要暴力强制的,除非神职人员不善于进行知性对话,那样就会出现以暴力恐吓维持的秩序。"*L'Augustinisme politique*, p. 142.

37. John O'Malley, *Trent and All That* (Cambridge, Mass.: Harvard University Press, 2000),书中对这种不断反复出现的改革的文化进行了描述;尤其参见 chapter 1.

38. Marcel Gauchet 也指出了这种长期的改革的动力在"世界的祛魅"过程中的极端重要性,这种改革的动力贯穿于从中世纪晚期到早期近代的整个历史发展过程中。虽然我不是很确定我跟他在对这个问题的思考上是否也略有不同。参见 *Le désenchantement du monde* (Paris: Gallimard, 1985), pp. 221 - 231.

39. "这个世界是:一个力的怪物,无始无终……其形有潮有汐,由简单到最复杂,由静止不动、僵死一团、冷漠异常,一变而为炽热的人、野性难驯、自相矛盾;然而又从充盈状态返回简单状态,从矛盾嬉戏回归到和谐的快乐,在其轨道和年月的吻合中自我肯定、自我祝福;作为必然永恒回归的东西,作为变易,它不知更替、不知厌烦、不知疲倦——这就是我所说的永恒的自我创造、自我毁灭的狄俄尼索斯的世界,这个双料淫欲的世界,它就是我的'善与恶的彼岸'。它没有目的,除非圆周运动的快乐本身就是目的;它没有意志,除非这个圆圈有关于自身的善良意志——你们想给这个世界起个名字吗? 你们想为它的一切谜团寻找答案吗? ……这是权力意志的世界——此外一切皆无! 你们自身也是权力意志——此外一切皆无!"*The Will to Power*, trans. Walter Kaufmann and R. J. Hollingdale (New York: Random House, 1967), para. 1067.

40. 引自 Ross Harrison, *Bentham* (London: Routledge, 1983), p. 276,参见我的 *Sources*

of the Self, p. 331.

41. *Pompée*, II. i. 370 – 373.

42. 引自 *Pompey*, trans. Katherine Philips (Dublin：Samuel Dancer, 1663)，略有修改。

43. *Mes Pensées*, 1131 – 1132, 引自 Mercier, *La Réhabilitation de la Nature humaine*, p. 252.

44. 引自同上，pp. 382 – 383.

45. *De l'Esprit des Lois*, IV. 2.

46. 此处的译文引自《论法的精神》(*Mes Pensées*)，英译本：*The Spirit of the Laws*, trans. / ed. Anne M. Cohler, Basia Carolyn Miller, and Harold Samuel Stone (Cambridge：Cambridge University Press, 1989)，pp. 31f. 略有修改。

47. *Mes Pensées*, 1285, 引自 Mercier, *La Réhabilitation de la Nature humaine*, pp. 249 – 250.

48. 引自 Ronald Clark, *Bertrand Russell* (London：Cape, 1975), p. 190, 参见 *Sources of the Self*, pp. 407 – 408.

49. "有两样东西，人们越是经常持久地对之凝神思索，它们就越是使内心充满常新而日增的惊奇和敬畏：我头顶的星空和我心中的道德律。"*Kritik der praktischen Vernunft*, Berlin Academy Edition (Berlin：de Gruyter, 1968), V, 161.

50. 关于怜悯(pitié)的讨论，可以参见 *Discours sur l'origine et les fondements de l'inégalité parmi les hommes*, ed. Garnier-Flammarion (Paris, 1971), pp. 197 – 198, and *Émile*, ed. Classiques Garnier (Paris, 1964), p. 261. 还可参见 *Émile* 中 Savoyard 本堂神父对"良知"(conscience)的歌颂。Ibid. , pp. 354 – 355.

51. *De l'Homme*, II. vi, pp. 146 – 147, 参见 *Sources of the Self*, p. 328.

52. Rousseau, *Discours sur l'origine et les fondements de l'inégalité*.

53. 我还会再讨论人类历史上这类进入新的、更普遍的空间的转变，新的空间激励我们去践行一种新的道德行为；参见 chapter 15, section 7.

54. John Rawls 在他的 *Theory of Justice* 中，把它能够在时间中逐渐稳定自身作为关于正义的正确理论的一个重要条件，即如果在一个社会中此种形式的正义被建构起来，那么对它的认同和实践就会逐渐增长而不是衰退。我在后面第十七章会更加充分地讨论这种预期信心。

55. *Sources of the Self* (Cambridge, Mass. ：Harvard University Press, 1989).

56. 参见 ibid. , chapter 11.

57. Ibid. , chapters 15 and 20.

58. Jean Delumeau, *Le Péché et la Peur* (Paris：Fayard, 1983), chapter 8.

59. 有更加激进的自然神论者也加入到反对这种极端奥古斯丁主义的基督教行列，它们把这种基督教看作与无神论处于同一水平。Jefferson 这样写道："我永远都不能与加尔文一道去称呼他的上帝。他实际上是一个无神论者，一个我永远都无法成为的无神论者；或者不如说，他的宗教是一种魔鬼信仰。如果曾经有人崇拜过虚假的上帝，那么这个人一定是他。那个被他的五个要点所描述出来的存在，不是你和我都承认和崇拜的上帝，不是这个世界的创造者和仁慈的掌管者，而是一具具有邪恶精神的魔鬼。即使是根本就不相信任何神，也比用加尔文的这些可怕的属性来亵渎上帝更加应被宽恕。"Paine 在他的 *Age of Reason* 中表达了同样的思路："至于基督教的信仰体系，在我看来，它好像是一种无神论—— 一种对于上帝的宗教的否定。它……与无神论之间是如此接近，就像黄昏紧挨着黑暗一样。"引自 Michael Buckley, S. J. , *At the Origins of*

Modern Atheism（New Haven：Yale University Press，1987）.

60. David Hume，*Enquiry concerning the Principles of Morals*，Section IX，para. 219；in David Hume，*Enquiries*，ed. L. A. Selby-Bigge（Oxford：The Clarendon Press，1902），pp. 269－270. Hume 的观点在下面这个更具修辞效果的问题中可以得到更加尖锐的表达："你会请方济各出席晚宴吗?"事实上，甚至是方济各的保护人，格列高利九世枢机主教，都有理由问自己这个问题。有一次，方济各在自己极不情愿的情况下被劝诱在枢机主教处与许多贵族、骑士和牧师们一起共进晚餐，他在不被人注意的情况下提前离开，去沿街乞讨。然后，他又回到晚宴上来，把乞讨得来的一些面包皮和施舍物分发给大家。不用说，枢机主教被这一举动深深冒犯了。当然，他的这个古怪举动也有它的理由；它与教宗即将做出对方济各会具有更加极端苦修性质的会规的批准有关。但是，他当时也可以采取更加委婉的形式。参见 Adrian House，*Francis of Assisi*（London：Chatto，2000），p. 244.

61. "入世的禁欲主义"（Innerweltliche Askese），参见 *Die Protestantische Ethik und der Geist des Kapitalismus*（Weinheim：Beltz Athenäum，2000），p. 119；英译本：Talcott Parsons，*The Protestant Ethic and the Spirit of Capitalism*（New York：Scribner，1958），p. 151.

62. 引自 Mercier，*La Réhabilitation de la Nature humaine*，p. 59. 后来人们多把这种伊壁鸠鲁主义传统和斯多葛主义相综合，这样的综合可以使其成为行动主义信条的一部分，例如在 Maupertuis 那里；它以这种形式在启蒙的主流中获得了一席之地；参见 Mercier，ibid.，pp. 345－346.

63. Leslie Stephen，*History of English Thought in the 18th Century*，Volume 1，pp. 447－448.

7　非人格的秩序

1. Bernard Williams，*Truth and Truthfulness*（Princeton：Princeton University Press，2002），chapter 7.

2. 例如，参见 Étienne B. de Condillac，*Essai sur l'origine des Connoissances humaines*（Paris：Vrin，2002）；Lord Monboddo，*Of the Origin and Progress of Language*（Edinburgh，1786）；J. G. Herder，*Abhandlung über den Ursprung der Sprache*（Reclam，1966），英译本：*Essay on the Origin of Language*（Chicago：University of Chicago Press，1966）.

3. Baruch Spinoza，*Tractatus Theologico-politicus*，trans. S. Shirley（Leiden：Brill，1989）.

4. H. R. Trevor-Roper，ed.，*The Decline and Fall of the Fall of the Roman Empire*，by Edward Gibbon（New York：Twayne，1963），p. x.

5. 我在这里深受 J. G. A. Pocock 在其 *Barbarism and Religion*（Cambridge：Cambridge University Press，1999）中的精彩论述的影响。关于"启蒙了的叙事"（Enlightened narrative）的讨论非常有意思，见 Volume 2，chapter 25.

6. 例如，ibid.，pp. 84，201.

7. Edward Gibbon，*The History of the Decline and Fall of the Roman Empire*（Penguin

Books，1994），Volume 3，pp. 515，516.

8. Pocock，*Barbarism and Religion*，Volume I，p. 75.

9. Spinoza，*Tractatus Theologico-politicus*；也可参见 Yirmiahu Yovel，*Spinoza and Other Heretics*，Volume 1，*The Marrano of Reason*（Princeton：Princeton University Press，1989），pp. 131 - 132.

10. Peter Brown，*The Body and Society*（New York：Columbia University Press，1988），p. 34.

11. 《以西结书》36：6，引自 Brown，*The Body and Society*，p. 35. 参见新约中所提到的"你们的硬心"（the hardness of your hearts）；也可参见 Kallistos Ware，*The Kingdom of the Heart*，the John Main Lectures，2002，the World Community for Christian Meditation 出版（London，2002）.

12. 关于这一变化更加透彻的论述，参见 Brown，*The Body and Society*，整本书中处处可见相关论述。

13. R. F. Capon，*An Offering of Uncles：The Priesthood of Adam and the Shape of the World*（New York：Sheed and Ward，1967）.

14. Martha Nussbaum 在其讨论奥古斯丁的 *Upheavals of Thought*（Cambridge：Cambridge University Press，2001），pp. 536 - 539 中，指出了他是怎样把自己的生命看作被这些偶然相遇所改变的。一个人可以"偶然与他自己相遇"。也可参见 Peter Brown，*Augustine of Hippo*（Berkeley：University of California Press，1967），p. 155.

15. Nussbaum，*Upheavals of Thought*，p. 528.

16. John Zizioulas，*Being as Communion*（Crestwood，N. Y. ：St. Vladimir's Seminary Press，1985），chapter 1.

17. 参见 Alexis de Tocqueville 的 *La Démocratie en Amérique*（Paris：Garnier Flammarion，1981），Volume II，Part 2，chapter 2，pp. 125 - 127，有专门论述这一转变的著名章节。

18. David Martin，*Christian Language and Its Mutations*（Aldershot：Ashgate，2002），p. 175.

19. 参见 Ivan Illich，*The Corruption of Christianity*，加拿大广播公司 2000 年 1 月在"理念"（Ideas）系列中出版。也可参见 David Cayley 对 Illich 的访谈，*The Rivers North of the Future：The Testament of Ivan Illich*（Toronto：Anansi，2005）. 我在本书最后一章会再回到这个关于"腐败"的问题上来。

20. Jerry Schneewind，*The Invention of Autonomy*（Cambridge：Cambridge University Press，1998）.

21. 我在这里所描述的非人格的秩序和人们对人格化的上帝的信仰之间的张力，部分地构成了下述这个观念被人们认可的理由，即基督信仰更适合于中世纪社会。但这是一个极其糟糕的错误观念。张力的根源并不在那里；但是，正如上文提到基督教勇士的那个部分所表明的，那里存在着一些其他性质的张力。对中世纪历史最肤浅的了解、教宗和国王之间绵延不绝的斗争，以及一方对另一方的制服，都将打破这个观念。

22. 参见我的 *Sources of the Self*，pp. 159 - 164.

23. 参见 Francis Oakley，"Christian Theology and the Newtonian Science"，*Church History* 30（1961），pp. 433 - 457.

24. 参见我的论文 "Understanding the Other：A Gadamerian View on Conceptual Schemes"，in Jeff Malpas et al. ，eds. ，*Gadamer's Century：Essays in Honour of Hans-Georg Gadamer*（Cambridge，Mass. ：MIT Press，2002），pp. 279 - 297.

25. Adam Smith, *The Wealth of Nations* (Oxford: Clarendon Press, 1976); Adam Ferguson, *Essay on the History of Civil Society* (New Brunswick, N. J. : Transaction Books, 1980), Parts V and VI.

26. Martin, *Christian Language and Its Mutations*, p. 173.

27. 参见 J. G. A. Pocock, *Barbarism and Religion*, on the slide out of orthodoxy among refugee Huguenots in Holland, e. g. , Jean Leclerc and Jacques Bernard.

28. George Tyrrell, *Christianity at the Cross-Roads* (1909), 引自 Alister McGrath, *The Twilight of Atheism* (New York and London: Doubleday, 2004), p. 140.

29. Nicholas Lash, *Holiness, Speech and Silence* (Burlington, Vt. : Ashgate, 2004). 806 notes to pages 278 – 293.

30. La Mettrie, *L'Homme Machine*, 引自 McGrath, *Twilight of Atheism*, p. 33.

31. Stanley Hauerwas, *With the Grain of the Universe* (Grand Rapids: Brazos Press, 2001), chapter 1. 也可参见 Michael Buckley, *At the Origins of Modern Atheism* (New Haven: Yale University Press, 1987).

32. 参见 Hauerwas 的讨论, *With the Grain*, chapter 1; 以及 Alasdair MacIntyre, *Three Rival Versions of Moral Enquiry* (Notre Dame, Ind. : University of Notre Dame Press, 1990); John Milbank, *Theology and Social Theory*, 2nd ed. (Oxford: Blackwell, 2006); Catherine Pickstock, *After Writing* (Oxford: Blackwell, 1998); Fergus Kerr, *Aquinas* (Oxford: Blackwell, 2001); David Burrell, *Analogy and Philosophical Language* (New Haven: Yale University Press, 1973).

8　现代性的隐忧

1. E. P. Thompson, *The Making of the English Working Class* (Harmondsworth: Penguin Books, 1968), p. 13.

2. John Hale, *The Civilization of Europe in the Renaissance* (New York: Atheneum, 1994), p. 360.

3. 人类中心的文明现在甚至已经发展出了自己的创世神话,其中有信仰的祖先们被故意忽略了。这种意识的高涨被视为文艺复兴的成果,是中世纪晚期人文主义走向成熟的自然进程的结果。宗教改革要么被忽略,要么以一种极为一边倒的形象出现在此进程的舞台上,其中宗教改革对中世纪天主教权威的个人化、自由化的攻击,被时空错乱地表现为某种原启蒙(proto-Enlightenment)现象,后者的特征是将人类中心主义的"自由"的新教教义复述进创始年代。

　　一个这样的故事可以被叙述为自由和理性代代相传,就像缓冲的自我的辉格党历史。这里面的确有些真理,因为对秩序的敬虔冲动最终会演化成人类中心主义的看法。此类历史有许多相通之处,就是年表并不清晰。在早期传统中就似乎已经有重要人物在神学领域之外发展出了一套被建构之秩序的伦理。比如我想到了 Justus Lipsius,他被称为"新斯多葛派",明确承认古代哲学中的资源(第二章已有讨论)。较为特别的是,Lipsius 出入于天主教和新教两界,所以他到底忠实于哪方是有疑问的,也可能说明这个问题对他来说根本不重要。从这点上来说,他是 Leibniz 的先驱,不过早了整整一个世纪。

　　然而,这段辉格党历史有重要遗漏。首先,秩序和祛魅的主要动因是宗教性的。如果这是由 Lipsius 这样的特例所推动的,那么他会利用大量古代哲学的启示,这导致社会变化的时间会更长,或者根本不会发生。能够吸引那些无论受过教育与否的大众投身于祛魅运动洪流的是宗教:天主教和新教。

　　第二,其导致的结果是新人文主义被印上了胎记,如我前面所述;它不仅要致力于对自我和世界进行积极而作用重大的排序整理,还要将普世主义和仁爱置于一切的中心。

　　尽管有上述种种情况,尽管有关键性的缺陷,还是有可能整理出祛魅和人类中心主义发展的缓慢、渐增、线性的历史。

4. 参见 Peter Berger, *A Far Glory*: *The Quest for Faith in an Age of Credulity* (New York: The Free Press, 1992), pp. 37 ff. 的讨论。当然,这里的"脆化"仅指我们有改变信仰的可能性,而这在之前的时代少有先例;其结果是,个体(或是两代人之间)向两种方向的"改宗转化"都越来越多。但这并不能说明一旦支持某种信仰(或是无神论)之后的坚定性和深度。相反,要对抗其他选择的信仰可能更强大也更深刻。参见 Chapter 15, note 19, 我就这一点进一步讨论了 Hans Joas 对 Berger 的反对意见。

5. Max Weber, "Science as a Vocation", in H. H. Gerth and C. Wright Mills, eds., *From Max Weber* (New York: Oxford University Press, 1946), p. 155.

6. Luc Ferry, *L'Homme-Dieu ou le sens de la vie* (Paris: Grasset, 1996), p. 19. 对此,我在第十八章中有详细论述。

7. Jean-Paul Sartre, *La Nausée* (Paris: Gallimard, 1938).

8. 参见 César Graña, *Modernity and Its Discontents* (New York: Harper Torchbooks, 1964).

9. 参见 Mona Ozouf, *La fête révolutionnaire* (Paris: Gallimard, 1976).

10. *Letters on the Aesthetic Education of Man*, ed. and trans. Elizabeth Wilkinson and L. A. Willoughby (Oxford: Clarendon Press, 1967), Letter VI.

11. Ibid., Letter XV.

12. *Philosophical Regimen*, in *Life*, *Unpublished Letters*, and *Philosophical Regimen of Anthony*, *Earl of Shaftesbury*, ed. Benjamin Rand (London: S. Sonnenschein, 1900), p. 54.

13. Nicholaus Ludwig von Zinzendorf, in *M. Aug. Gottlieb Spangenbergs Apologetische Schluss-Schrift . . .* (Leipzig and Görlitz, 1752); Nikolaus Ludwig von Zinzendorf 影印本: *Ergänzungsbände zu den Hauptschriften*, ed. Erich Beyreuther and Gerhard Meyer, vol. 3 (Hildesheim, 1964), p. 181.

14. F. Schiller, *Letters on the Aesthetic Education of Man*, ed. and trans. Elizabeth Wilkinson and L. A. Willoughby (Oxford: Clarendon Press, 1967).

15. M. H. Abrams 在对该时期的精彩论述中指出了这些螺旋式叙述的广泛性和重要性;参见 *Natural Supernaturalism* (New York: Norton, 1971),尤其是 chapters 3 and 4. 他还指出了他们大量吸取早期模式,包括基督徒对救恩史的理解。

16. Michael Buckley, *At the Origins of Modern Atheism* (New Haven: Yale University Press, 1987).

17. *Zur Genealogie der Moral*, III, 28: "是苦难的尤目的性而非苦难本身构成长期压抑人的痛苦"(München: Goldmann, Gelbe Taschenbücher), Volume 991, p. 135.

18. 参见 Eyal Chowers 对 Max Weber 的精湛研究著作 *The Modern Self in the Labyrinth*

(Cambridge, Mass. : Harvard University Press, 2004), chapter 3 的精彩讨论。也可参见 Marcel Gauchet, *Le désenchantement du monde* (Paris: Gallimard, 1985).

19. Alexis de Tocqueville, *La Démocratie en Amérique* (Paris: Garnier Flammarion, 1985), Volume II, Part IV, chapter 6, pp. 383 – 388.

20. 参见 *Also Sprach Zarathustra*, Zarathustra Vorrede, section 5 (München: Goldmann, Gelbe Taschenbücher), Volume 403, p. 16.

9　时间的幽暗深渊

1. 柏拉图式的将事物视为理念体现的理论,可以轻易与迷魅的通俗信仰相结合。两者都认为有意义的、成为原因的力量存在于我们周遭的事物中。柏拉图启发的宇宙观可以视作高级文化,大众迷魅的理论化附属物。

2. 参见 Paolo Rossi, *The Dark Abyss of Time*, trans. Lydia Cochrane (Chicago: University of Chicago Press, 1984), pp. 108 – 109. Buffon 借用了莎士比亚吗? 想一下《暴风雨》(*The Tempest*)中 Prospero 在质问 Miranda 记得什么时说的一番话:"你在过去时光的幽暗深渊里,还看不看得见其余的影子?"(Act I, Scene II, ll. 49 – 50) 此条注释我参考了 Lindsay Waters 的意见。

3. Denis Diderot, *Le Rêve de d'Alembert*, in *Oeuvres*, p. 299.

4. 引自 *D'Alembert's Dream*, trans. Jacques Barzun and Ralph H. Bowen, in *Rameau's Nephew and Other Works* (Indianapolis and London: Hackett, 2001), p. 117,略有修改。

5. Ibid. , chapter 22.

6. Michael Buckely, *At the Origins of Modern Atheism* (New Haven: Yale University Press, 1987).

7. Rossi, *The Dark Abyss*, p. 69.

8. Ibid. , pp. 42 – 44.

9. 例如,可以参看 Tim LaHaye 和 Jerry Jenkins 的"狂喜"(rapture)小说。该系列中的第一本是 *Left Behind: A Novel of the Earth's Last Days* (Wheaton, Ill. : Tyndale House, 1995).

10. Rossi 引语 Condillac, *The Dark Abyss*, pp. 44 – 45.

11. 参见 Rossi, *The Dark Abys*, chapter 7, 以及 0Stephen Jay Gould, *Time's Arrow*, *Time's Cycle* (Cambridge, Mass. : Harvard University Press, 1987), chapter 2.

12. Rossi, *The Dark Abyss*, chapter 26.

13. Ibid. , pp. 36 – 37.

14. Ibid. , p. 185.

15. Clarence Glacken, *Traces on the Rhodian Shore* (Berkeley: University of California Press, 1967), p. 117. 这里的引文是 Glacken 转述的,参见 Mircea Eliade,*Cosmos and History* (New York: Harper, 1959).

16. Glacken, *Traces on the Rhodian Shore*, pp. 312 – 313.

17. Ibid. , pp. 481, 483.

18. Ibid. , p. 310.

19. Roderick Nash, *Wilderness and the American Mind* (New Haven: Yale University Press, 1973), pp. 11 – 13.

20. Rossi, *The Dark Abyss*, p. 112.

21. Simon Schama, *Landscape and Memory* (New York: Knopf, 1995), pp. 424 – 433.

22. Ibid., p. 433.

23. Ibid., pp. 449, 453.

24. Edmunc Burke, *A Philosophical Enquiry into the Origins of our Ideas of the Sublime and Beautiful* (London: R. and J. Dodsley, 1757), Book IV, chapter vii; Immanuel Kant, *Kritik der Urteilskraft*, Berlin Academy Edition (Berlin: Gruyter, 1968), Volume V, p. 262.

25. 这与我在前一章坐标轴 II. 3 所描述的十分接近。

26. Burke, *Philosophical Enquiry*; Kant, *Kritik*, pp. 261 – 262.

27. Schama, *Landscape and Memory*, chapter 9.

28. Charles Rosen, "Now, Voyager", in *The New York Review of Books*, November 6, 1986, p. 58.

29. 引自 Nash, *Wilderness and the American Mind*, chapter 3.

30. Ibid., pp. 61 – 62.

31. 引自 Max Oelschlaeger, *The Idea of Wilderness* (New Haven: Yale University Press, 1991), p. 148.

32. Ibid., pp. 152 – 153, 158.

33. Glacken, *Traces on the Rhodian Shore*, pp. 198 – 199.

34. 这与我之前描述过的坐标轴 III. 1 相关。

35. Rossi, *The Dark Abyss*, chapter 17.

36. Johann Gottfried Herder, *Vom Erkennen und Empfinden der menschlichen Seele*, in *Herders Sämmtliche Werke*, ed. Bernard Suphan, 15 vols. (Berlin: Weidmann, 1877 – 1913), VIII, 200.

37. 引自 M. H. Abrams, *The Mirror and the Lamp* (Oxford: Oxford University Press, 1953), p. 65.

38. *Tintern Abbey*, ll. 100 – 102.

39. Friedrich Hölderlin, *Hyperion* (Frankfurt-am-Main: Fischer, 1962), Book I, second letter, p. 9.

40. 正如 A. N. Wilson 在近著中所言："如果必须分割出一种在我们所处的后政治时代最能控制人类的理念，那就是与各种自然形式的内在关联——我们共同居住在这个星球上——人类,哺乳动物,鱼类,昆虫,树木——我们全都互相倚赖,都不太可能在死后或是通过转世获得第二次生命,所以我们应认识到地球监护人的义不容辞的责任。"参见 *The Victorians* (London: Hutchinson, 2002), p. 230.

41. Oelschlaeger, *The Idea of Wilderness*, p. 158.

42. Henry David Thoreau, *Walden* (Princeton: Princeton University Press, 1973), pp. 210, 219; 引自 Schama, *Landscape and Memory*, p. 571.

43. "Walking", pp. 228 – 229; 引自 Oelschlaeger, *The Idea of Wilderness*, pp. 165 – 166.

44. "有两件事,使我每一次想到它们都会更深并重新地感受到内心的惊叹和敬畏,那就是头顶的星空和心中的道德律。" *Kritik der praktischen Vernunft*, Berlin Academy Edition (Berlin: Walter Gruyter, 1968), p. 161.

45. Marcel Gauchet, *L'inconscient cérébral* (Paris: Seuil, 1992).

46. 我曾试图解释过这种变化,参见 *Sources of the Self*, chapter 11, pp. 189 – 190.

47. Ibid., pp. 19 – 22, 37 – 38.

48. Ibid., p. 72.

49. 参见 Nash, *Wilderness and the American Mind*, p. 23 的讨论。Nash 引用了 Alexis de Tocqueville, *Journey to America*, ed. J. P. Mayer, trans. George Lawrence (New Haven: Yale University Press, 1960), p. 335; and *Democracy in America*, ed. Phillips Bradley (New York: Knopf, 1945), Volume 2, p. 74.

50. Randy Connolly 在其未发表的博士论文第四章表述了这一观点。此外也可参见他的 "The Rise and Persistence of the Technological Community Ideal", *Online Communities: Commerce, Community Action, and the Virtual University*, ed. Chris Werry and Miranda Mowbray(Upper Saddle River, N. J. : Prentice Hall, 2001).

10　不断扩张的不信领域

1. Charles Baudelaire, "Conrrespondances", in *Les Fleurs du Mal*; 参见他的 *Oeuvres Complètes* (Paris: Gallimard, Pléiade edition, 1975), p. 11.

2. Earl Wasserman, *The Subtler Language* (Baltimore: John Hopkins University Press, 1968), pp. 10 – 11.

3. Wordsworth 说到他将如何自处:
   如果即将来临的暴风雨黑暗了夜晚,
   注意听,
   石头下有古老的泥土幽灵般的话语,
   或是随着远风渐至暗淡。
   (*The Prelude*, ll. 307 – 311)

4. Charles Rosen and Henri Zerner, *Romanticism and Realism* (New York: Norton, 1984), p. 58.

5. Ibid., pp. 68ff.

6. Ibid., p. 67.

7. F. Schiller, *Letters on the Aesthetic Education of Man*, ed. and trans. Elizabeth Wilkinson and L. A. Willoughby (Oxford: Clarendon Press, 1967).

8. Ibid., letter 16.

9. Hans Urs von Balthasar, *Herrlichkeit* (*The Glory of the Lord*) (Einsiedeln: Johannes Verlag, 1962).

10. David Martin 的讨论很有帮助,参见他的 *The Breaking of the Image: A Sociology of Christian Theory and Practice* (Oxford: Basil Blackwell, 1980), pp. 135 ff.

11. Stefan Collini, *Public Moralists: Political Thought and Intellectual Life in Britain, 1850 – 1930* (Oxford: Clarendon Press, 1991), p. 74.

12. G. Lessing, *Werke*, ed. Pedersen and von Olshausen, Volume 23, p. 49. 鸿沟无法跨越,因为"历史作为偶然的真理,不可能成为理性必然真理的明证";ibid., p. 47.

13. Samuel Hynes, *The Edwardian Turn of Mind* (London: Pimlico, 1968), p. 139.

14. Collini，*Public Moralists*，p. 192.

15. Douglas Hofstadter，"Reductionism and Religion"，in *Behavioral and Brain Sciences* 3（1980），p. 434.

16. 敬畏感以及关联感，在 Charles Lindbergh 的思索中有所体现："我知道自己只是终有一死的凡人，但这也带来了问题：'我是什么？'我是一个个体，还是由无数自我构成的不断演化的生命之流？……一个事实是，我出生于公元 1902 年。但作为一个 20 世纪的人，我已背负数十亿年的历史。我认为自己的生命已经连续不断地穿越了过去的亿万年。所有个体都是生命之流的守护者——是远远更为伟大的存在的暂时表现，如许多梦想一般从它们的本质精髓中生成，然后回归……我回忆起站在夏威夷毛伊岛（Maui）的深谷边缘，想着生命之流就像一条高山河流，从隐蔽的源地涌出，脱胎于大地，被星辰抚爱，它汇聚、融合、演化，变成我眼前的形状。"他总结道："我既有形，又无形。我是生命，也是实质，是凡人，也是不朽。我是一人，也是众生——我自己和人流……我死之后，我的分子会回归天空和大地。它们来自星辰，我亦带有星光。"引自 Gore Vidal，"The Eagle is Grounded"，in *The Times Literary Supplement*，no. 4987，October 30，1998，p. 6.

    我们可以看出 Lindbergh 完全身处于现代宇宙想象之中。他的自然体验，比如在毛伊岛上，立刻向他暗示了宇宙的深度和我们的幽暗起源。

17. Michel Foucault，*Les Mots et les Choses*（Paris：Gallimard，1966）.

18. Martin Marty，*The Modern Schism*（New York：Harper，1969）.

19. 参见 *Sources of the Self*，chapter 13.

20. Alexis de Tocqueville，*La Démocratie en Amérique*（Paris：Garnier Flammarion，1981），Volume II，Part 2，chapter 2，p. 385.

21. Hegel 将传统荣誉伦理的这一特点作为主仆辩证法的中心。武士最初在争取认可时，每个人都表现出正因为自己将生死置之度外，才值得如此认可。尊严的关键在于"冒险"（Daransetzen）。*Phänomenologie des Geistes*，chapter IV.

22. James Miller，*The Passion of Michel Foucault*（New York：Simon & Schuster，1993）.

11　19 世纪的轨迹

1. J. S. Mill，*Autobiography*（New York：Columbia University Press，1960），p. 60.

2. 参见 Simon Heffer，*Moral Desperado：A Life of Thomas Carlyle*（London：Weidenfeld & Nicholson，1995）.

3. A. Abbott Ikeler，*Puritan Temper and Transcendental Faith：Carlyle's Literary Vision*（Columbus：Ohio State University Press，1972），pp. 72 – 80.

4. Heffer，*Moral Desperado*，p. 293.

5. *Sartor Resartus*（Berkeley：University of California Press，2000），p. 144.

6. A. N. Wilson，*God's Funeral*（New York：Norton，1999），p. 62.

7. *Sartor*，p. 124.

8. 引自 Ikeler，*Puritan Temper*，p. 55.（从"作为先知的英雄"起）

9. Park Honan，*Matthew Arnold：A Life*（New York：McGraw-Hill，1981），p. 88.

10. Ibid.，pp. 126 – 127.

11. Ibid. , p. 140.

12. *Culture and Anarchy* (New York：AMS Press, 1970)，p. 48.

13. *The Poems of Matthew Arnold*, ed. Kenneth Allott (London：Longmans, 1965)，pp. 518 - 534.

14. Ibid. , pp. 285 - 294.

15. Lionel Trilling, *Matthew Arnold* (New York：Norton, 1939)，chapter IV.

16. *Culture and Anarchy*, Preface, p. xi.

17. Ibid. , p. 11.

18. Ibid. , p. xiv.

19. Ibid. , p. xli.

20. Clinton Mahann, *Matthew Arnold：A Literary Life* (London：Macmillan, 1998)，p. 112.

21. Mrs. Humphry Ward, *Robert Elsmere* (Lincoln：University of Nebraska Press, 1967). 本文所引的页码依此版本。

22. Lionel Trilling 在他的 *Robert Elsmere* 一书中有很有趣的讨论，明显地提到了这一点，参见他的 *Matthew Arnold* (New York：Norton, 1939)，p. 308.

23. 参见 *Robert Elsmere* 一书的"编者导言"，p. xix.

24. Wilson, *God's Funeral*, p. 4. Wilson 用 Thomas Hardy 的一首诗给书取名，形象地表达了对信仰衰退的哀悼和失落感。

25. 参见 J. W. Burrow, *The Crisis of Reason* (New Haven：Yale University Press, 2000) 序言里的有趣讨论。

26. 参见 Steve Bruce, *God Is Dead* (Oxford：Blackwell, 2002)，p. 42. 我会在下一章讨论这一观念。

27. 引自 Jane Millgate, *Macaulay* (London/Boston：Routledge and Kegan Paul, 1973)，p. 137.

28. George Otto Trevelyan, *The Life and Letters of Lord Macaulay* [1876], enlarged and complete edition (London：Longmans, Green, 1908)，p. 33.

29. Macaulay 在这方面的价值观可从他为加尔各答的朋友、同盟 Lord William Bentinck 撰写的雕塑铭文"To William Cavendish Bentinck"中体现出来：

    是谁，在七年中以卓著的谨慎、正直和仁慈统治了印度；

    是谁，高居伟大帝国的顶端，却从未忘却一个公民的简朴和谦逊；

    是谁，为东方专制主义注入了英国的自由精神；

    是谁，从未忘却统治的目的是被统治者的幸福；

    是谁，废除了残酷的仪式；

    是谁，抹去了耻辱的区隔；

    是谁，为公开表达意见敞开大门；

    是谁，不懈地探索，为了提高托付给他掌管的民族的智性与道德品格。

    （引自 Millgate, *Macaulay*, p. 64）

30. Stefan Collini, *Public Moralists：Political Thought and Intellectual Life in Britain, 1850 - 1930* (Oxford：Clarendon Press, 1991)，pp. 91 - 95；引自 p. 94. 英国文明的优越性也在这种个性形成中得到了体现：比如 Marshall 声称英国比其他国家有"更多自力更生的习惯，更多深谋远虑，更多审慎和自由选择"(p. 92)。英国的"国民性"常常被用来解释其政治上和经济上的成功(pp. 107 ff.)。

31. Collini, *Public Moralists*, pp. 186 – 187，193.

32. Ibid. , pp. 71 – 72,74 – 79.

33. Ibid. , pp. 101 – 103.

34. Ibid. , p. 74.

35. Noel Annan, *Our Age* (London: Fontana, 1990), p. 58.

36. Mary Trevelyan Moorman, *George Macaulay Trevelyan: A Memoir* (London: Hamish Hamilton, 1980), pp. 30 – 31.

37. Ibid. , pp. 50 – 51.

38. David Cannadine, *G. M. Trevelyan, A Life in History* (London: HarperCollins, 1992), pp. 147 – 148.

39. Moorman, *George Macaulay Trevelyan*, p. 40.

40. Ibid. , p. 216 n5.

41. Ibid. , p. 232.

42. Ibid. , pp. 210 – 211.

43. 参见 Denis Donoghue, *Walter Pater* (New York: Knopf, 1995), p. 52；也可参见 chapter 27.

44. 引自 Annan, *Our Age*, p. 107.

45. Ibid. , pp. 118 – 119.

46. Samuel Hynes, *A War Imagined* (London: Pimlico, 1990), p. 280.

47. Ibid. , p. 328.

48. Ibid. , p. 342.

49. Ibid. , pp. 342 ff.

50. Paul Fussell, *The Great War and Modern Memory* (New York: Oxford University Press, 1975), p. 161. Fussell 还对这一"拔高的"语言有极具启示的词语解释,pp. 21 – 22.

51. Noel Annan, *Our Age* (London: Fontana, 1990).

52. Ibid. , pp. 14,17,18, and chapters 2 and 3.

53. Ibid. , p. 18.

54. Ibid. , chapter 4.

55. Ibid. , p. 18.

56. Ibid. , p. 608.

57. 引自 Émile Poulat, *Où va le Christianisme?* (Paris: Plon/Mame, 1996), pp. 140 – 141.

58. Robert Wohl, *The Generation of 1914* (Cambridge, Mass. : Harvard University Press, 1979), pp. 8 – 9.

59. Ibid. , p. 217.

60. 引自 Hynes, *A War Imagined*, p. 12.

61. Modris Eksteins, *Rites of Spring* (Toronto: Lester & Orpen Dennys, 1989), pp. 316 – 317.

12　动员时代

1. Robert Tombs (*France：1814 - 1914* [London：Longman，1996]，p. 135)将 1880 年标志为它的高峰值；Gérald Cholvy 和 Yves-Marie Hilaire (*Histoire religieuse de la France contemporaine：1800 / 1880* [Paris：Privat，1985]，p. 317) 把时间设定得更早，大约在 1860 年。我取了个中间值。Ralph Gibson (*A Social History of French Catholicism 1798 - 1914* [London：Routledge，1987]，p. 230) 同意这种定时。

2. Callum Brown，"A Revisionist Approach to Religious Change"，in Steve Bruce，ed.，*Religion and Modernization* (Oxford：Oxford University Press，1992).

3. Roger Finke，"An Unsecular America"，in Bruce，ed.，*Religion and Modernization*.

4. Olivier Tschannen，*Les théories de la sécularisation* (Genève：Droz，1992)，chapter IV.

5. 也许我们在此需要的是一个更清晰的分化概念，区分我们可能会说的"饱和"的下降，以及一种真正的宗教边缘化。当诉诸于上帝或灵性的情况不可避免地发生于生活的各个方面时，一个社会在宗教上是饱和的：在打猎前我们祈祷，我们与麋鹿的精神共融；而且当我们聚在一起决定何时去打猎、何时去耕种时也是如此。原始社会显然是这种类型。正如 Danièle Hervieu-Léger 所说，在这些社会中，"宗教无处不在"；参见 *Le Pélerin et le Converti* (Paris：Flammarion，1999)，pp. 20 - 21. 在这个意义上，分化概念的核心是饱和的反义词："宗教"降格为众多领域中的一个。现在一个社会可以经历"分化"，在此意义上，就像我们的现代经济、医学等一样，它们仍然可以被其主导的宗教形式所影响。非饱和的分化与作为"世俗化"要素之一的分化非常不同。一个在宗教上饱和的社会与一个有所分化但仍被宗教影响的社会之间的差异，大致相当于我对"旧制度"和宗教存在的"动员"形式的区分。

6. Max Weber，*Die Protestantische Ethik und der Geist des Kapitalismus* (Weinheim：Beltz Athenäum，2000)，英译本：*The Protestant Ethic and the Spirit of Capitalism*，trans. Talcott Parsons (New York：Scribner，1958)；Marcel Gauchet，*Le désenchantement du monde* (Paris：Gallimard，1985)；Peter Berger，*The Sacred Canopy：Elements of a Sociological Theory of Religion* (Garden City，N. J.：Doubleday，1967).

7. José Casanova，*Public Religions in the Modern World* (Chicago：University of Chicago Press，1994)，pp. 5，20，211.

8. Roger Finke，"An Unsecular America"，pp. 154 ff.

9. 参见 Hugh McLeod 的讨论，*Secularization in Western Europe，1848 - 1914* (New York：St. Martin's Press，2000)，导论；*European Religion in the Age of Great Cities，1830 - 1930* (London：Routledge，1995)，导论；另见 Callum Brown，*The Death of Christian Britain* (London：Routledge，2001).

10. Steve Bruce，"Pluralism and Religious Vitality"，in Steve Bruce，ed.，*Religion and Modernization* (Oxford：Oxford University Press，1992)，pp. 170 - 194. Ralph Gibson 在他的 *A Social History of French Catholicism 1789 - 1914* (London：Routledge，1989)，pp. 170 - 180 中讨论了"布拉尔的地图"(la carte Boulard)，这幅地图是由 Chanoine Boulard 在 1947 年绘制的，它展示了法国宗教实践的地区性差异。François

Furet 称此地图是"法国及其历史上最关键、最神秘的文件之一"。神秘之处在于,这幅地图密切地反映了 19 世纪、甚至 18 世纪的相关差异。这些长期存在的差异使得对实践水平的描绘很难反映社会和经济的变量;它们对宗教实践产生的影响地区差异很大。对这些差异的部分解释存在于"大革命之前法国天主教的历史中⋯⋯回到天主教改革或者说中世纪常常未被记录的社会史也许是有必要的"(p. 177)。Yves-Marie Hilaire 在 *Une Chrétienté au XIXe Siècle?* (Lille: PUL, 1977), Volume 1, p. 552 中表达了一个类似的观点。对法国北部不同地区实践差异的一些解释,可以追溯到"天主教宗教改革的努力,西部的 Boulogne 和 St Omer 教区以及东部的 Cambrai 教区严格地贯彻了这些努力⋯⋯Boulogne 教区的 Partz de Pressy 和 Cambrai 教区的 Fénelon 在众多活跃的教职人员的帮助下,看起来对他们的教区产生了持久而深刻的影响"。

11. 例如, Michael Hornsby-Smith, "Recent Transformations in English Catholicism: Evidence of Secularization?" in Bruce, ed., *Religion and Modernization*, pp. 118 – 123; David Martin, "Towards Eliminating the Concept of Secularization", in J. Gould, ed., *Penguin Survey of the Social Sciences* (Harmondsworth: Penguin Books, 1965), pp. 169 – 182. Martin 提出自己的一个世俗化论点,但他也考虑到他更早期的批评。

12. David Martin, *Religious and Secular*, p. 67.

13. Bruce, *Religion and Modernization*, pp. 1 – 2.

14. Steve Bruce, *Religion in Modern Britain* (Oxford: Oxford University Press, 1995), p. viii.

15. Ibid., pp. 132 – 133. 这是一种普遍观点。Hugh McLeod 引用一句荷兰的谚语:"人工化肥造就了无神论者", in H. McLeod, "Secular Cities?" in Bruce, ed., *Religion and Modernization*, p. 61. 还有 Rudolph Bultmann, 他说:"在生病时,我们可以不使用电灯和收音机,并利用现代医学和临床手段,意味着我们同时相信新约的精神和神迹世界。"引自 *New Testament and Mythology and Other Basic Writings*, ed. and trans. Schubert M. Ogden (Philadelphia: Forest Press, 1984), p. 4.

16. 要理解我们文明当中与文化差异类似的信徒与非信徒之间"无思"的深层差异,还有些东西可说。所以在这里,如果不去挑战迄今为止他们无可争议的背景范畴,文化 A 中的学者可能理解文化 B 是有困难的;这种差异在于,在我们的例子中信徒与非信徒往往在他们自己的范畴内生活,排除了我们今天的生活复杂而实在的(不同)方面。我会在本书第五部分进一步展开这一观点。

17. 例如, Bryan Wilson, "Reflections on a Many-Sided Controversy", in Bruce, ed., *Religion and Modernization*, p. 210.

18. 参见本章注释 9。

19. 在 Hugh McLeod 主编的 *European Religion in the Age of Great Cities* 一书的导言中,我采纳了他在讨论中对"正统"与"修正主义"的区分。

20. Roy Wallis and Steve Bruce, "Secularization: The Orthodox Model", in Bruce, ed., *Religion and Modernization*, pp. 10 – 11. 也可参见 Bruce, *Religion in the Modern World* (Oxford: Oxford University Press, 1996), p. 7. David Martin 提供了一个类似的定义:"我所说的'宗教',是指接受科学所知的可以观察的世界之上的实在,它将意义和目的归于超越纯粹人类领域之上的实在。"*A General Theory of Secularization* (New York: Harper, 1978), p. 12.

21. 这并不是说不可能存在对一种有用的广泛定义的其他类型的反思,如我们在 Danièle Hervieu-Léger: *La Religion pour Mémoire* (Paris: Cerf, 1993), 和 *Le Pélerin et le*

Converti（Paris：Flammarion，1999）这些作品中所看到的那样。有时它在理解我们的社会以及找出不同立场之间的共同要素方面是有帮助的,这些共同点跨越了我们通常看作世俗与宗教的区分。出于在此的目的,我需要更为狭窄一些的概念。

22. Bruce，*Religion and Modernization*，p. 6. 有时这个现象被定义为"宗教的社会重要性的减退"。Wallis 和 Bruce 赞同地引用了 Wilson 所说的这种效应(p. 11)。但这里没有真正的矛盾。两种现象都会发生。我更关注于个人信仰,这不只是因为比较不同社会和不同时代中宗教的社会重要性不容易,而且因为 Wilson 给出的很多说明社会重要性减退的例子,在因果上取决于信仰的衰落,要么更少的人有信仰,要么他们的信仰不再那么强烈。参见他的"Reflections on a Many-Sided Controversy"，in Bruce，ed.，*Religion and Modernization*，pp. 195 – 210.

23. 当然,这是对一个更高视角的一种完全基督教化的叙述;但在很多其他宗教中也有类似的形式:超越自我,将自身与大悲咒或大慈悲心相联,这是一种超越日常福祉的转换视角(事实上,它否定了通常被看作福祉的主要条件之一,即连续的自我);在伊斯兰教中服从真主的召唤在某种意义上以无以伦比的方式赋予了人们力量,等等。

24. Bruce，*Religion in the Modern World*，p. 26.

25. Ibid.，p. 39.

26. Wallis and Bruce，"Secularization：The Orthodox Model"，p. 17. 也可参考 Bruce，*Religion in the Modern World*，p. 62.

27. 我们在一个人们用另外的"大叙事"来谈论的一般领域之内。一种大叙事是在对历史的一般转移理解基础上让事件获得意义的叙述。这反过来与一种对人类动机的特定观点密切相关。这类例子有各种各样进步的故事,如马克思主义的故事,描述颓废或道德凝聚力丧失的现代性的故事,等等。

28. Bruce，*Religion in the Modern World*，p. 58.

29. 参见第一章引用的来自 Paul Bénichou 的段落。

30. 引自 Sylvette Denèfle，*Sociologie de la Sécularisation*（Paris-Montréal：l'Harmattan，1997），pp. 93 – 94.

31. 参见 Bruce，*Religion in the Modern World*，pp. 38,49,58.

32. Ibid.，p. 4.

33. Ibid.，p. 58.

34. Steve Bruce，*God Is Dead*（Oxford：Blackwell，2002），p. 42.

35. 事实上,相信独立的宗教动机的持续显著性,你不必非有信仰。你也许认为演化跟人类开了一个残酷的玩笑,它让我们对转化有着无可消除的渴望,尽管这种转化没有与之相符的客观可能性。在我看来,这是有神论之后未来最有可能的假设,它比消失论点(宗教会随着现代性而消失)更加合理。

36. 正如 Ralph Gibson 的 *A Social History of French Catholicism*（London：Routledge，1989，p. 227)一书中对 19 世纪法国的讨论所示:"将这段时期看作去基督教化——天主教的信仰对法国男人和女人的心灵和头脑的控制,以及它决定他们行为的能力在稳步衰退——的时期早已习以为常了,人们认为法国正在经历一个'现代化'的过程,它不仅包含了世俗化,宗教信仰的衰落也是其必要组成部分。然而,这种观点是迷信现代性的产物,这使得很多天主教徒赞成教宗庇护九世对'自由、进步和现代文明'的谴责。即便法国确实经历了一个现代化的过程……这也并不必然与天主教不相容。在 19 世纪的法国,事实上有一些相互矛盾的力量在运作,它致使天主教的行为远离了线性化的结果。那种线性化的去基督教的老式图景,最该被扔进历史的垃圾堆里。"

37. 关于这些有趣的讨论，我得益于 McLeod，Brown，Blatschke，Raeidts，van Rooden，Wolffe 等人作品中的讨论。

38. Keith Thomas, *Religion and the Decline of Magic* (New York：Scribner，1971).

39. John Wolffe, *God and Greater Britain* (London：Routledge，1994)，pp. 80 - 82. 对流行宗教的复合性质的类似描述，可以在如下书中找到：James Obelkevich, *Religion and Rural Society：South Lindsey 1825 - 1875* (Oxford：Oxford University Press，1976)，chapter VI；Sarah Williams, *Religious Belief and Popular Culture in Southwark* (Oxford：Oxford University Press，1999)，chapters 3 and 4；关于法国，参照 Philippe Boutry, *Prêtres et Paroisses au pays du curé d'Ars* (Paris：Cerf，1986)，Part III，chapter 2，and Yves Hilaire, *Une Chrétienté au XIXe Siècle?* (Lille：PUL，1977)，Volume 1，chapter XI.

40. Obelkevich, *Religion and Rural Society*，chapter VI. Jeffrey Cox 看似也分享了这种观点，*The English Churches in a Secular Society* (New York：Oxford University Press，1982)，p. 95，他谈到了"旧的非基督教的添加物"和"半异教的迷信"。

41. Robert Lane Fox, *Pagans and Christians* (New York：Knopf，1986).

42. Boutry, *Prêtres et Paroisses*，pp. 346 - 354. Sarah Williams, *Religious Belief*，pp. 100，107 - 108. Yves-Marie Hilaire 对"好牧人"有一个类似的观点，她尤其提到那些在霍乱流行时期宁愿用自己的生命冒险来帮助他人的牧者的声誉，*Une Chrétienté*，chapter VII.

43. Wolffe, *God and Greater Britain*，p. 78；Sarah Williams, "Urban Popular Religion and Rites of Passage"，in Hugh McLeod, ed.，*European Religion in the Age of Great Cities*；也可参见 Williams, *Religious Belief*，chapter 4.

44. Hilaire, *Une Chrétienté*，Volume 2，pp. 631 - 633，谈到大众阶层的基督教节日。

45. 今天仍然有人在创立新的宗教，有时是很多教会共同创立，有时是为了反对墨西哥现有的教会，如 Claudio Lomnitz 对墨西哥民间崇拜"死亡女神"(La Santa Muerte)的研究工作所示；参见 Claudio Lomnitz, *Death and the Idea of Mexico* (New York：Zone Books，2005)，pp. 483 - 497.

46. 参见 Eamon Duffy, *The Stripping of the Altars* (New Haven：Yale University Press，1992).

47. Boutry, *Prêtres et Paroisses*，Part I，chapter 2，在这里，Boutry 展示了安省大部分农村神职人员是如何揣着巨大的怀疑来看待在有限的中心聚集起来的一小部分工人的生活方式的。他们领着个人的薪水，看似未被整合进一个公认的共同体中，他们被谴责过着一种放荡的生活。他们需要被管教。这种做法明显是在排斥工人。

48. 参见 Eugen Weber, *Peasants into Frenchmen* (London：Chatto，1979)，chapter 19；and Boutry, *Prêtres et Paroisses*，书中处处可见。

49. Weber, *Peasants into Frenchmen*，pp. 281 - 282.

50. 例如，参见 Hugh McLeod, *European Religion*，pp. 11 - 18.

51. Ernst Kantorowicz, *The King's Two Bodies* (Princeton：Princeton University Press，1997).

52. 在第一章中我对它们的描述更充分。

53. 参见 Robert Bellah, "Civil Religion in America"，in *Beyond Belief：Essays on Religion in a Post-Traditional World* (New York：Harper & Row，1970)，chapter 9.

54. 例如，*Tongues of Fire* (Oxford：Blackwell，1990)，and *A General Theory of*

Secularization（Oxford：Blackwell，1978）.

55. Gordon Wood，*The Radicalism of the American Revolution*（New York：Vintage，1993）.

56. 但即便如此，与熟练工人相比，非常贫穷的人往往不太受英国这些运动的影响。参见 Hugh McLeod，*Secularization in Western Europe*，*1848 - 1914*（New York：St. Martin's Press，2000），chapter 3；亦见他的 *Religion and the People of Western Europe 1789 - 1989*（Oxford：Oxford University Press，1997），chapter 4；and David Hempton，*Religion and Political Culture in Britain and Ireland*（Cambridge：Cambridge University Press，1996），p. 29 and chapter 6.

57. 我在这里引用了很多有价值的讨论，Hugh McLeod，*Religion and the People of Western Europe*，pp. 36 - 43；John Wolffe，*God and Greater Britain*，pp. 20 - 30；and David Hempton，*Religion and Political Culture*，chapter 2.

58. Joyce Appleby，*Inheriting the Revolution*（Cambridge，Mass.：Harvard University Press，2000），p. 206.

59. Callum Brown，*The Death of Christian Britain*（London：Routledge，2001）.

60. 参见 David Martin，*Tongues of Fire*，and *Pentecostalism：The World Their Parish*（Oxford：Blackwell，2002）.

61. 社会学家已经注意到了在当代法国强烈的伊斯兰教转向所产生的类似效应；参见 Danièle Hervieu-Léger，*Le Pélerin et le Converti*（Paris：Flammarion，1999），pp. 142 - 143.

62. Linda Colley，*Britons*（New Haven：Yale University Press，1992）. 也可参见 Wolffe，*God and Greater Britain*；and David Hempton，*Religion and Political Culture in Britain and Ireland*（Cambridge：Cambridge University Press，1996），chapters 5 and 7.

63. 基督教与"体面"的关联在英国引起关注，David Martin，*Dilemmas of Contemporary Religion*（Oxford：Blackwell，1978），p. 122.

64. 对现代性中的暴力问题值得展开进一步的广泛研究，尤其要注意到 René Girard 的开创性工作。

65. David Martin 对不同路径进行了很好的总结，参见他的 *On Secularization：Towards a Revised General Theory*（Aldershot：Ashgate，2005）.

66. Boutry，*Prêtres et Paroisses*，p. 487.

67. Ibid.，p. 506.

68. Ibid.，pp. 344，459 - 460. Sarah Williams 找到世纪之交的 Southwark 发生的某些类似的事情，有一致同意强制执行的实践法则，它被当地人称为"民意"。*Religious Belief*，pp. 37 - 38.

69. 它还拒绝以个人化的方式将再改宗的前詹森派信徒分裂的教区整合到一起。他们一致认为"不应当离弃祖辈的宗教"，"尊重人"要求这样做。Boutry，*Prêtres et Paroisses*，p. 522.

70. Ibid.，p. 567. 从"思想"到"意见"的转变，只是 19 世纪根据精英文化原则转变非精英共同体的一个方面。Obelkevich，*Religion and Rural Society*，pp. 91 - 102，注意到 Lindsey 南部的类似现象。自我监管（通过喧闹的音乐进行）追求的不是隐私，而是与喧闹的人群融为一体的平等主义的村落社区，逐步让位于一个由自律个人组成的社会。

71. Boutry 谈到了在面对民间宗教时，神职人员的"保留、不信任甚至拒斥的态度"；*Prêtres*

et Paroisses，p. 481. McLeod 在 *Religion and the People of Western Europe* 中援引了另一位法国神父在 1907 年的痛苦声明："没有一个人履行了他的复活节职责,但令人感到奇怪的是,他们全都参加了游行。"(pp. 64 - 65)

72. Obelkevich，*Religion and Rural Society*，pp. 83 - 84.

73. Maurice Agulhon，*La République au village* (Paris：Le Seuil，1979)，p. 172.

74. 引自 Maurice Agulhon，*The Republic in the Village：The People of the Var from the French Revolution to the Second Republic*，trans. Janet Lloyd (Cambridge：Cambridge University Press；and Paris：Editions de la Maison des Sciences de l'Homme，1982)，p. 101.

75. Ibid.，p. 644，也可参见 pp. 578 - 595，625 - 651.

76. Ibid.，p. 626.

77. 参见 Carl Strikwerda，"A Resurgent Religion"，in McLeod, ed.，*European Religion*，chapter 2. 对比利时的天主教另一些有趣的洞见,参见 Vincent Viaene，*Belgium and the Holy See from Gregory XVI to Pius IX 1831 - 59：Catholic Revival，Society and Politics in 19th Century Europe* (Leuven/Brussels/Rome，2001)，pp. 157 - 215.

78. Boutry 还谈到了神父们反对种种弊端的斗争,这些弊端主要是跳舞、有粗俗表演的小酒馆和在星期天工作；*Prêtres et Paroisses*，p. 579.

79. Ralph Gibson，*A Social History of French Catholicism* (London：Routledge，1989)，p. 144.

80. 参见一些有趣的讨论,Thomas Kselman，*Miracles and Prophecies in Nineteenth Century France* (New Brunswick, N. J.：Rutgers University Press，1983)，chapter 6.

81. 文明的优越感支撑着帝国主义,并赋予它一种"白人的负担"的良知。这种感知假设管理"落后"之人的负担稍后转移了它的基础；人们从种族的理由来证明它,或从欧洲启蒙文化的基础来证明它。

    当英格兰的旗帜四处飞舞,

    击退了所有专制者的错误,

    为了人类在这世上短暂的存留,

    上帝让世界变得更美好。

    Disraeli 的殖民大臣于 1878 年更平淡地将这种意思表达出来,他说英国的职责是"向我们本地的同胞……提供一个最卑微的人与最伟大的人可以同样享受自由且免于压迫和错误的制度；宗教和道德之光可以穿透最黑暗的居所"。福音派在外界——印度和非洲(如 Livingston 和 Gordon)——传播英国仁慈统治的角色,被国内的福音派信徒高度称赞。参见 Wolffe，*God and Greater Britain*，pp. 194，221 - 222；也可参见 McLeod，*Secularization in Western Europe*，pp. 237，239 - 240；and Hempton，*Religion and Political Culture in Great Britain and Ireland*，chapter 8.

82. Boutry，*Prêtres et Paroisses*，p. 344；也可参见 p. 380，在此他谈到了自我赋予的"教会在世界上的道德、社会、总之是文明化的使命"。Hilaire，*Une Chrétienté*，Volume 1，p. 305，提到了相同的观点。

83. Jeffrey Cox，*The English Churches in a Secular Society* (New York：Oxford University Press，1982)，p. 271；德文郡公爵也曾引述，pp. 109 - 110.

84. 参见 Olaf Blaschke，"Europe between 1800 and 1970：A Second Confessional Age"，"Master Narratives"会议论文，2002 年 4 月；据我所知,该论文尚未发表。

85. 参见 Peter Raedts，"The Church as Nation State：A New Look at Ultramontanist Ca-

tholicism (1850－1900)"，"Master Narratives"会议论文，2002 年 4 月；据我所知，尚未发表。

86. 参见 Olaf Blaschke，"Europe between 1800 and 1970"；以及 Hugh McLeod，*Secularization in Western Europe*，pp. 208－209，224－225. 它与英国围绕主日学校组织的丰富的社会生活有一定的类似之处；参见 David Hempton，*Religion and Political Culture in Britain and Ireland*，pp. 124－125.

13　本真性时代

1. 参见 Robert Wuthnow，*Loose Connections* (Cambridge，Mass. ：Harvard University Press，1998)，pp. 1－2；也可参见 Alan Wolfe，*One Nation，After All* (New York：Viking，1998)，chapter 6；Gertrude Himmelfarb，*One Nation，Two Cultures* (New York：Knopf，1999)，pp. 20 ff；Robert Putnam，*Bowling Alone* (New York：Simon & Schuster，2000).

2. Putnam 在他的著作 *Bowling Alone* 中认为"社会资本"的衰落是真实的；Wuthnow 在 *Loose Connections* 一书中对此提出质疑，他认为逐渐衰落的旧有形式被新的"松散的"联系取代了。也可参见 Wolfe，*One Nation*，pp. 252－253；and John A. Hall and Charles Lindholm，*Is America Breaking Apart?* (Princeton：Princeton University Press，1999)，pp. 121－122. 尽管批评家们有关一般联合会的意见可能是正确的，但 Putnam 看似击中了政治参与中的核心问题。新的游说集团和单一议题组织与旧的成员联合会的运转方式完全不同。

3. 参见 Putnam，*Bowling Alone*，section III；Wuthnow，*Loose Connections*，chapter 4.

4. 参见 Richard Hoggart，*The Uses of Literacy* (London：Chatto & Windus，1957).

5. 参见 Yves Lambert，*Dieu Change en Bretagne* (Paris：Cerf，1985).

6. 参见 *The Malaise of Modernity* (Toronto：Anansi，1991).

7. 引自 Samuel Hynes：*The Edwardian Turn of Mind* (Princeton：Princeton University Press，1968)，p. 325.

8. Michel Winock，*Le Siècle des Intellectuels* (Paris：Seuil，1997)，chapter 17.

9. 参见David Brooks，*Bobos in Paradise* (New York：Simon & Schuster，2000)，pp. 117－124；Alan Ehrenhalt，*The Lost City：The Forgotten Virtues of Community in America* (New York：Basic Books，1994)，pp. 60－64；Tillich 的引言，参见 p. 61.

10. F. Schiller，*Letters on the Aesthetic Education of Man*，ed. and trans. Elizabeth Wilkinson and L. A. Willoughby (Oxford：Clarendon Press，1967)；尤见 letter VI.

11. François Ricard 对进入一个拥有前所未有的可能性的新时代给出了精彩的描述；参见他论述早期婴儿潮的精辟论著，*La Génération Lyrique* (Montréal：Boréal，1992).

12. Brooks，*Bobos in Paradise*，chapters 3，5，6；引证参见 p. 134.

13. 对这些极化机制一个良好的治疗，参见 James Davison Hunter，*Culture Wars* (New York：Basic Books，1991)，and *Before the Shooting Begins* (New York：The Free Press，1994). Alan Wolfe 在 *One Nation* 一书中试图减少这种分歧。

14. Hunter，*Before the Shooting Begins*，p. 118.

15. Ibid. ，Part III.

16. Ehrenhalt，*The Lost City*.

17. Ibid.，p. 2.

18. 参见 *Modern Social Imaginaries* (Durham：Duke University Press，2004).

19. Émile Durkheim，*Les Formes élémentaires de la Vie religieuse*，5th ed.（Paris：PUF，1968）.

20. 参见 Danièle Hervieu-Léger，*La Religion pour Mémoire*（Paris：Cerf，1993），chapter 3，esp. pp. 82 ff.

21. Achille Mbembe 在他对当代 Johannesburg 令人着迷的分析中，描述了在 Melrose Arch 和 Montecasino 新的高档市区北端整个商场的环境，它们构成了将购物者联系起来的梦想的别处。在巧妙的模仿里，甚至一块石头都被小心地处理得看起来像有数世纪之久，这就是置身于意大利 Tuscany 的感受。这既是第一世界设计的中心，但在其中世纪的根基中，它所体现出的综合社区恰恰是现代消费资本主义正在溶解的。消费者既可以享受充分选择的兴奋，又可以缅怀过去有着深层意义的人们所向往的社区；参见 Achille Mbembe，"Aesthetics of Superfluity"（*Public Culture*，vol. 16，no. 3［2004］，Duke University Press，pp. 373-405，尤见 pp. 393 ff.）.

22. 双关语。这里用斜体标出的参考书是 Naomi Klein 开创性的著作，*No Logo：Taking Aim at the Brand Bullies*（Toronto：Vintage Canada，2000）.

23. Jean-Louis Schlegel 指出从今天的青年研究中不断涌现的价值有："人权、宽容、对他人信念的尊重、自由、友谊、爱、团结、博爱、正义、尊重自然、人道干预"；*Esprit*，no. 233，June 1997，p. 29. Sylvette Denèfle 同意她有关法国非信徒的样本：*Sociologie de la Sécularisation*（Paris：L'Harmattan，1997），chapter 6. 宽容对他们而言是最重要的美德（pp. 166 ff.）.

24. Michael Sandel，*Democracy's Discontent*（Cambridge，Mass.：Harvard University Press，1996），pp. 209-210.

25. Michel Winock，*Le siècle des intellectuels*（Paris：Seuil，1997），p. 582.

26. 可能有人会说，认同的改变不仅解释了美国，而且几乎解释了大西洋世界各地投票率的下降。这种下降在年轻人那里表现得更为强烈（参见 Putnam，*Bowling Alone*，chapter 14）。这种政治不参与也许不仅是直接的（即冷漠的个人失去了对政治的兴趣），而且是非直接的：人们离开了将他们与政治相联的运动和组织。例如，阶级意识的下降，从而像工会这样的阶级运动在一些国家（如英国和法国）切断了很多人与政治制度之间的关联。他们通过一种阶级认同以及对阶级斗争的特定理解而与整个社会相联系。一个越来越少的人通过认同与"劳工运动"或基金会（PCF）相联系的世界，也许同样是一个弃权率上升的世界。

27. 我认为，我在这里的分析与 Marcel Gauchet 的分析相近，他说当前法国是"政教分离的第三个时期"；*La Religion dans la Démocratie*（Paris：Gallimard，1998），p. 74. 也可参见他的 *La Condition Historique*（Paris：Stock，2003），chapter 12. 后一本书将这种发展放置在深刻且富有启发性的人类历史的理论背景下。

28. François Furet，*Le Passé d'une Illusion*（Paris：Gallimard，1996），指出这种忠诚以及维持它的归属感有多么显著。

29. José Casanova 卓越的著作 *Public Religions in the Modern World*（Chicago：University of Chicago Press，1994），表明了我们的宗教困境有多么复杂。如果我们曾经活在一种完全由后涂尔干式的理解定义的困境之中，宗教在公共领域内可能没有进一步的空间。与今天非常流行的程序自由主义相一致，灵性生活将完全私有化。但 Casanova 事实上追踪了一种宗教的"去私有化"，即教会和宗教团体重新干预其社会的宗教生活的尝试。例如我刚刚提到过的基督教右翼和美国天主教会的联合。这种事情停止下来是不可能的（也是不可欲的）。但这些干预发生的情况是由一种统一的涂尔干式的社会系统的终结以及许多人逐渐接受一种后涂尔干式的理解所定义的。

30. Luc Ferry 在他非常有趣的著作 *L'Homme-Dieu ou le sens de la vie* (Paris：Grasset，1996)，chapter 1 中用"拒绝权威"来说明这个现象。我同意他大部分所说的，但我认为他将这种反应过度理智化了，他将它直接与笛卡尔相连，而没有看到它的表现主义根源。

31. George Trevelyan 爵士有关"心、身、灵"的节日演讲，引自 Paul Heelas, *The New Age Movement* (Oxford：Blackwell，1996)，p. 21. 你可能会说，这种禁令仅代表新纪元的观点。但在这方面，各种各样的新纪元运动更强调广泛拥有的态度，如 Heelas 在该书第六章中所述。例如，1978 年，一项盖洛普民意调查发现，80%的美国人同意"个人应该独立于任何基督教会或犹太教堂获得他/她自己的宗教信仰"(Heelas, p. 164)；另见 Robert Bellah et al., *Habits of the Heart* (Berkeley：University of California Press，1985)，p. 228.

32. 参见 Yves Lambert, *Dieu Change en Bretagne* (Paris：Cerf，1985)，p. 373. Danièle Hervieu-Léger 这里的论点与我类似。她谈到在当代世界中需求恐惧的衰退："在一个人们相信不管发生什么他们都可以吃饱的社会中，宗教将会遇到什么？"参见 *Chrétiens, tournez la page* (Paris：Bayard，2002)，p. 97.

33. 宗教社会学家已经注意到在法国的某些地区高水平的宗教实践源于人们生活在这个教区之内。向城市迁移一般都有破坏性影响。如 Gabriel Le Bras 所说，"我确信，在一百个移居巴黎的农村居民中，九十个在走出蒙帕纳斯车站后就不再参与宗教实践了。"引自Danièle Hervieu-Léger, *Vers un nouveau Christianisme?* (Paris：Seuil，1986)，p. 37.

34. Ibid.

35. Lambert, *Dieu Change en Bretagne*, pp. 385ff.

36. David Hempton, *Religion and Political Culture in Britain and Ireland* (Cambridge：Cambridge University Press，1996)，pp. 18,132 – 133.

37. J. S. Mill, *On Liberty*；参见 Hugh McLeod, *Religion and the People of Western Europe*, p. 114；Jeffrey Cox, *The English Churches in a Secular Society*, p. 275.

38. 参见 David Martin, *Pentecostalism* (Oxford：Blackwell，2002)，pp. 14 – 15. Gertrude Himmelfarb 在 *One Nation，Two Cultures* 一书中提出了相似的论点。"为了贬低清教伦理，反文化破坏了那些也许能够更好地服务于穷人的美德。下层阶级因而不仅是其自身'贫困文化'的受害者，而且还是下层阶级文化的受害者。那些对白人郊区少年来说可以逍遥法外的随意犯罪，对一个黑人城区少年来说可能就是致命的。"(p. 26)当然，当公然不义的、忽视和倒退的收入分配政策在很大程度上造成了美国穷人的困境时，将这种贫穷的因果责任全然归之于"纵容的"文化是荒谬的。

39. 当然，性革命自身可以被看作一种大叙事或化减故事的主轴，在 1960 年代它常常被这样来阐释（例如，参见 Reich, *The Greening of America*）。与之类似的故事有：科学表明宗教是错误的，一旦人们移除了认识上的障碍，他们就不会回去了；或者说，人们最终想要的是自主，一旦他们看透了权威底下的虚假理由，他们就不会回去了；因此有一个可能的故事：人们想要不受限制的性满足，一旦他们看到这种需要被没有根据的限制所否定，他们就不会回去了。这是 1968 年的伯克利或拉丁区很多年轻人的感受。但这种看法并没有流行多久。事实上，很多人很快就察觉到事情要复杂得多。

40. Martin, *Pentecostalism*, pp. 98 - 106.

41. 参见 Callum Brown, *The Death of Christian Britain* (London：Routledge, 2001)，尤见 chapters 4 and 5.

42. 在 *Modern Social Imaginaries* (Durham：Duke University Press, 2004) 一书中，我花了大量篇幅来讨论这个问题。

43. Philippe Boutry, *Prêtres et Paroisses au pays du curé d'Ars* (Paris：Cerf, 1986), p. 578.

44. Ibid., Part III, chapters 1 and 4. 也有一些对实践中性别区分的有趣讨论，参见 Hugh McLeod, *Secularization and the People of Western Europe* (Oxford：Oxford University Press, 1997), p. 128; in Leonore Davidoff and Catherine Hall, *Family Fortunes* (London：Routledge, 1987), chapter 2; and in Thomas Kselman, "The Varieties of Religious Experience in Urban France", in Hugh McLeod, ed., *European Religion in the Age of Great Cities*, *1830 - 1930* (London：Routledge, 1995), chapter 6.

45. 引自 Brown, *Death of Christian Britain*, p. 180.

46. 参见 Yves-Marie Hilaire, *Une Chrétienté au XIXe Siècle?* (Lille：PUL, 1977), Volume 1, pp. 74 - 80.

47. Grace Davie, *Religion in Modern Europe* (Oxford：Oxford University Press, 2000), pp. 63 - 64.

48. John Bossy, *Christianity in the West*, *1400 - 1700* (Oxford：Oxford University Press, 1985), p. 35; Ralph Gibson, *A Social History of French Catholicism 1789 - 1914* (London：Routledge, 1989), p. 24.

49. Bossy, *Christianity in the West*, p. 37.

50. Jean Delumeau, *Le Péché et la Peur* (Paris：Fayard, 1983); 也可参见 Gibson, *A Social History*, pp. 241 ff.

51. 引自 Gibson, *A Social History*, p. 246.

52. E. Germain, *Parler du salut?* (Paris：Beauchesne, 1967), p. 295; 引自 Gibson, *A Social History*, p. 244, 他在此处还有一个有趣的讨论。

53. Gibson, *A Social History*, p. 188; Delumeau, *Le Péché et la Peur*, chapter 17, pp. 517 - 519, 525.

54. John D'Emilio and Esther B. Freedman, *Intimate Matters* (New York：Harper & Row, 1988), p. 4; and Steven Seidman, *Romantic Longings* (New York and London：Routledge, 1991), pp. 23 - 24.

55. Seidman, *Romantic Longings*, pp. 26 - 27.

56. Susan Sontag, *Illness as Metaphor* (New York：Picador, 2001).

57. *Ethics*, Book 6.

58. Beth Bailey, *Sex in the Heartland* (Cambridge, Mass.：Harvard University Press, 1999), chapter 8.

59. Seidman, *Romantic Longings*, chapter 5.

60. D'Emilio and Freedman, *Intimate Matters*, pp. 312 ff.; Seidman, *Romantic Longings*, chapter 5.

61. David Martin, *Pentecostalism*, p. 21.

14　今日宗教

1. Alan Ehrenhalt, *The Lost City* (New York: Basic Books, 1955), pp. 220 - 228. 也可参见 Robert Wuthnow, *After Heaven* (Berkeley: University of California Press, 1998), chapter 2.

2. 引自 Wade Clark Roof, *Spiritual Marketplace* (Princeton: Princeton University Press, 1999), p. 222.

3. Ibid. , p. 86.

4. Ibid. , pp. 21 - 24.

5. Paul Heelas, Linda Woodhead, et al. , *The Spiritual Revolution* (Oxford: Blackwell, 2004), p. 26. 这项研究的对象是英国的一个社区。很显然,这里的主题与援引自美国的主题很相似,或者说,与今天大西洋任何地方的主题很相似。

6. Roof, *Spiritual Marketplace*, pp. 92,106.

7. Ibid. , chapters 1 and 2.

8. Ibid. , p. 137.

9. "在非常现实的意义上,自我实现成为一个陷阱:过于强调自我——成为特殊的、独一无二的,只有一种潜能可实现的这种图像被膨胀了——让维持自我成为一种'负担',成为由一个人的自身妄想带来的一种心理危机。"Ibid. , pp. 9,40.

10. Heelas, Woodhead, et al. , *The Spiritual Revolution*.

11. Ibid. , p. 31.

12. Ibid. , p. 81.

13. Ibid. , p. 26.

14. Ibid. , p. 88.

15. Ibid. , p. 16.

16. Henri Bremond, *L'Histoire littéraire du sentiment religieux en France, depuis la fin des guerres de religion jusquà nos jours* (Paris: A. Colin, 11 volumes, 1967 - 1968); 参见 Volume 1: *L'humanisme dévot*.

17. St. François 谈到一种"灵魂的沉思与上帝的爱";参见 *Traité de l'Amour de Dieu* (Paris: Monastre de la Visitation, n. d.), Book VI, chapters vi - xi, pp. 250 - 267.

18. Jean Lacouture, *Jésuites: 1, Les Conquérants* (Paris: Seuil, 1991), pp. 21 - 22.

19. Wuthnow, *After Heaven*, chapter 1.

20. Michael Hornsby-Smith, "Recent Transformations in English Catholicism", in S. Bruce, ed. , *Religion and Modernization*, chapter 6.

21. 参见 Steve Bruce, *Religion in the Modern World* (Oxford: Oxford University Press, 1996), pp. 33, 137 ff. ; Sylvette Denèfle, *Sociologie de la Sécularisation* (Paris: L'Harmattan, 1997).

22. 例如,*Gallup Political & Economic Index* (394, June 1993) 报道说,在英国有 40% 的人相信"某种精神或生命力量",与此相对,有 30% 的人信仰一个"人格神",引自 Heelas, Woodhead, et al. , *The Spiritual Revolution*, p. 166. 有关瑞典和法国类似的数据也可以找到,参见 Danièle Hervieu-Léger, *Le Pélerin et le Converti* (Paris: Flammarion, 1999), pp. 44 - 46.

23. 很多西方社会向我所说的"后涂尔干式"社会安排的转型，显然加快了它们走向"多元文化主义"的步伐。与此同时，由于人口的多元化，这成为更紧迫的问题。但多元文化主义还产生了一种张力，这种张力由于对人口的重要部分的一种或另一种"涂尔干式的"理解的持续把握而被加剧了。在美国，表现主义的猖獗发展让基督教保守派很紧张；而在法国，只要法国人还把自身看作一个天主教国家，或一个由天主教和"政教分离"的结构性张力所定义的国家，其中许多人就会发现，很难让他们的国家容纳一种重要的穆斯林的要素。

24. Hervieu-Léger, *Le Pélerin et le Converti*, pp. 41, 56; Grace Davie, *Religion in Britain since 1945：Believing without Belonging*（Oxford：Blackwell，1994）. 对特殊的斯堪的纳维亚模式的讨论，可以参见 Hervieu-Léger, *Le Pélerin et le Converti*, p. 57；以及 Grace Davie, *Religion in Modern Europe*（Oxford：Oxford University Press，2000），p. 3.

25. William James, *The Varieties of Religious Experience*（Penguin Books，1982）.

26. Hervieu-Léger, *Le Pélerin et le Converti*, pp. 100 – 108.

27. 对此有个非常有趣的讨论，参见 Robert Wuthnow, *After Heaven*, chapter 7，"The Practice of Spirituality".

28. 用不同类型和不同程度的宗教生活来理解自公元 1500 年以来的整个发展是另外一种方式。在这一时期的开始，只存在单一教会。它(a)(以旧涂尔干式)统一了整个社会；(b)地方教区是面对面进行宗教社交的地点；(c)它提供了一种环境，在这种环境内有的人也许可以追求一种更私人的灵修生活。现在这三种宗教实践形式的存在可以完全分离。人们可以"进入"一种，而不用参与另外一种。但我们必须强调：情况有可能是这样的。并不是每个人都可以接受这种分离。这种提法来自我与 José Casanova 的私人通信。

29. 参见 Grace Davie, *Religion in Britain since 1945*；以及 John Wolffe. "弥散的基督教"这个术语由 Jeffrey Cox 发明，参见他 *The English Churches in a Secular Society，Lambeth 1870 - 1930*（New York：Oxford University Press，1982），chapter 4.

30. John Wolffe, *God and Greater Britain*（London：Routledge，1994），pp. 92 – 93. David Hempton, *Religion and Political Culture in Britain and Ireland*（Cambridge：Cambridge University Press，1996），pp. 136 – 137，他对基督教这种弥散的理解给出了另一种叙述，他强调说我们发明的所有词汇，包括"没有归属感的信仰"、"弥散的基督教"等词汇，都不足以把握这一复杂的现实。Hempton 还指出宗教音乐的重要性，尤其是在这种文化中歌唱赞美诗的重要性。

31. Wolffe, *God and Greater Britain*. Boutry 对 1840 - 1860 年间的安省做出了类似的评论(但在这方面法国也不例外)："在天主教会的漫长历史上，从来没有哪个时期像那时那样，教牧人员的现实状况如此准确地与其理想相对应，乡村神父的存在如此接近特伦托大公会议三百年前阐发的'好神父'的理想。" Boutry, *Prêtres et Paroisses*, p. 243.

32. Grace Davie, *Religion in Britain since 1945*, pp. 69 – 70. 相关人物，可以参见她的列表，pp. 46 – 50. 33. Ibid., pp. 88 – 91.

34. Peter Berger, "Religion and the West", in *The National Interest*（Summer 2005），80，pp. 113 – 114.

35. 例如，Grace Davie, *Europe：The Exceptional Case*（London：Darton, Longman & Todd，2002），p. 46.

36. Steve Bruce, *Religion in the Modern World*（Oxford：Oxford University Press，1996），

chapter 6.

37. 参见 José Casanova，"Immigration and Religious Pluralism: An EU/US comparison"，note 20，in Thomas Banchoff, ed. , *The New Religious Pluralism and Democracy* (Oxford: Oxford University Press, 2006)。我从 Casanova 在此处和其他地方的讨论中获益良多。

38. Ibid.

39. 再说一次，这与 Martin 的议题有某种相似性；参见 David Martin, *Pentecostalism* (Oxford: Blackwell, 2002)，pp. 56,68。

40. 这是 José Casanova 的论点，参见他的论文 "Ortodoxías seculares y heterodoxías religiosas en la modernidad"，pp. 18-20。这个论点在他将要出版的新书中将得到详细阐述，这本书讨论的是传统的世俗化论题中什么是有效的，什么是虚假的。

41. 这与 Marti 在 *Pentecostalism* 中概述的论题类似，如果我对他的理解是正确的话 (p. 53)。

42. 事实上，我们不能不对第一次世界大战爆发后双方知识分子和学界的沙文主义感到惊讶。一大批德国教授发表了一个宣言，用文化(Kultur)来解释他们国家的斗争。为此，许多法国天主教学者做出了回应，他们在 11 月将导致这次可怕冲突的原因定义为："难道德国哲学不是——以其根本上的主体主义、超验观念论、对常识材料的轻视、对现象界和思想界、理性世界和道德或宗教世界的严格隔离——为这些人最为放肆的声称做了准备？他们对自己的精神充满信心，视自己为优越的存在，自认为有权利超越共同规则或者使其屈服于自己的狂想。Maritain 在其 1914-1915 年于天主教学院的冬季课程中宣称，法国的胜利'将意味着——这未必是马上，但在长远来看——天主教文明和信仰对于德意志-新教的自然主义和文化的胜利'。"Philippe Chenaux, *Entre Maurras et Maritain* (Paris: Cerf, 1999)，pp. 18-19,201.

43. 也许在过去的英联邦社会中能找到一个"控制的例子"：加拿大、澳大利亚和新西兰。像美国一样，几乎从一开始，它们就处在动员时代。但它们与新涂尔干式定义有关的信仰也存活不了。它们要么生活在一种"英国"认同中，这种认同在它的"母国"以及在前殖民地时期就已经开始腐朽；要么它们经历了与欧洲模式类似的一系列转变。但重要的是，它们并不是霸权，它们总是被与母国的亲缘性这个事实所提醒。所以，我们会毫不奇怪地发现欧洲与美国的宗教信仰/实践的数据略有相似，也毫不奇怪让加拿大的保守党感到沮丧的同性婚姻议题并没有在它南方的邻居那里引起相同程度的关注与愤慨。

44. 这种"热的"认同，也许可以帮助解释欧洲和美国在最近的伊拉克战争中出现的分歧。一些评论家试图用令人印象深刻的短语把握它："美国人来自火星，欧洲人来自金星。"参见 Robert Kagan, *Of Paradise and Power* (New York: Taylor and Francis, 2003).

45. William James, *The Varieties of Religious Experience* (New York: Random House, 1999).

46. 到目前为止，我们一直在比较美国和欧洲社会，但如果我们将美国与欧盟进行比较，也许另一个方面会出现；因为欧盟在其逐步形成的自我定义中一直稳步走向世俗性 1(宗教在公共生活中的退出)，最著名的是它拒绝将上帝写进新的、有高度争议的宪法中。参见 Peter Berger, "Religion in the West", in *The National Interest*，Summer 2005，pp. 112-119。Berger 将欧盟看作世俗化的一个机构："整合入欧洲意味着签署欧洲世俗性的条约" (p. 113)；但更准确地说，我们可以说整合入欧洲使得已有的新涂尔干式认同进一步下降了。

　　对比两种政治结构,我们可以说,对很多美国人而言,上帝与国家之间新涂尔干式的关联是很强的;而对欧洲人来说,不仅这种关联在单个国家不受欢迎,而且在欧陆的层次上,过去的爱国主义植根于其中的教派的多样性施加了另一个障碍。在此意义上,"上帝"被看作威胁到了欧洲的整合,然而它仍然在促进美国的爱国主义。

　　在欧洲的层次上来思考问题,也表明上面提到的其他因素如何以巨大的力量在运作。我们前面说过,欧洲社会往往比美国更容易追随它们的精英文化。但这种效应在"欧洲的"层次上被放大了,其运行机制完全由这些精英来主导——其结果出现在欧洲大陆各个国家最近的全民公决中。

47. *Esprit*, June 1997, pp. 45 - 47.

48. 使用这个相当含糊的表达,我并不想以任何方式来定义某种人类学常数,给人类的宗教意识下一个永恒的定义。至少就今天来看,我相信这超出了我的能力。历史上宗教的形式和模式太丰富了。在定义拉丁基督教的宗教传统中,"永恒"是一个有意义的词;因此我在这里用了这个词。在此意义上的宗教,今天仍然对人们有巨大的吸引力。

49. 在我看来,在此我发展出的这个三阶段的图景很好地抓住了 Hugh McLeod 的论文 "The Register, the Ticket and the Website" 的精神,这篇论文还没有发表。但我不会推定说他会同意我这里的解决方式。

50. John Rawls, *Political Liberalism* (New York: Columbia University Press, 1993).

51. José Casanova, *Public Religions in the Modern World* (Chicago: University of Chicago Press, 1994).

52. Grace Davie, *Religion in Britain since 1945*, pp. 149 ff. 另见 Grace Davie, *Religion in Modern Europe*, pp. 53 - 54.

53. Grace Davie, *Religion in Britain since 1945*, pp. 123 - 124.

54. Paul Valadier, in *Esprit*, June 1997, pp. 39 - 40.

55. Mikhaïl Epstein, "Minimal Religion", and "Post-Atheism: From Apophatic Theology to 'Minimal Religion'", in Mikhaïl Epstein, Alexander Genis, and Slobodanka Vladiv-Glover, *Russian Postmodernism: New Perspectives in Post-Soviet Culture* (New York/Oxford: Berghahn Books, 1999). 另见 Jonathan Sutton, "'Minimal Religion' and Mikhaïl Epstein's Interpretation of Religion in Late-Soviet and Post-Soviet Russia", in *Studies in East European Thought*, February 2006. 感谢 Jonathan Sutton 让我留意到 Epstein 的工作。

56. Ibid., pp. 167 - 168.

57. Ibid., p. 386.

58. Ibid., p. 362.

15　内在框架

1. 参见 Hubert Dreyfus and Charles Taylor, *Retrieving Realism* (即将出版)。

2. 我已经在 *Sources of the Self* 一书中花了大量篇幅来讨论它.

3. Norbert Elias, *Über den Prozess der Zivilisation* (Frankfurt: Suhrkamp, 1978); 英译本: *The Civilizing Process* (Oxford: Blackwell, 1994).

4. 尤其参见 *Surveiller et Punir* (Paris: Gallimard, 1975).

5. Max Weber, *Die Protestantische Ethik und der Geist des Kapitalismus* (Weinheim: Beltz Athenäum, 2000), p. 119; 参见 trans. Talcott Parsons, *The Protestant Ethic and the Spirit of Capitalism* (New York: Scribner, 1958).

6. Max Scheler, *Gesammelte Werke*, Volume 6 (Bern/Munich: Francke Verlag, 1960), p. 205.

7. 让我重复一下，我的意思是，一种不用考虑来自外部干预而可以用它自身术语来理解的秩序；当然，我们是否要假设在它之后存在更高的创造性力量仍存有争议。

8. Yves-Marie Hilaire, *Une Chrétienté au XIXe Siècle?* (Lille: PUL, 1977), Volume 2, pp. 631 – 633.

9. 参见 René Rémond, *L'Anticléricalisme en France* (Paris: Fayard, 1976).

10. Albert Camus, *Noces* (Alger: Charlot, 1938).

11. Claude Chauvin, *Renan* (Paris: Desclée de Brouwer, 2000).

12. 参见 *The Varieties of Religion Today* (Cambridge, Mass.: Harvard University Press, 2002), p. 59.

13. "Ein Bild hielt uns gefangen", Ludwig Wittgenstein, *Philosophische Untersuchungen*, para. 115.

14. "如果一个人不能像个男子汉那样承受这个时代的命运，那么对于他，人们只能说，你还是悄无声息地回到旧式教会那敞开的、充满怜悯的怀抱中去吧。" "Wissenschaft als Beruf", in Max Weber, *Gesammelte Aufsätze zur Wissenschaftslehre* (Tübingen: Mohr, 1982), p. 612; "Science as a Vocation", trans. H. Gerth and C. W. Mills, *From Max Weber* (London: Routledge, 1991), p. 155.

15. A. N. Wilson, *God's Funeral* (London: Norton, 1999), p. 12.

16. Eamon Duffy, *The Stripping of the Altars* (New Haven: Yale University Press, 1992).

17. 我们需要进一步定义"显而易见的"(obvious)这个词；也许我们可以区分出首要的和次要的意义。首要的显而易见的是，你无需任何特殊的训练或教育就可以知道。我们可以说这等同于 Macaulay 所说的"每一个小学生都知道"；除非这些东西是假的，因此我们不得不在另一种意义上使用"显而易见的"这个词，也就是事物看似显而易见，实际上并非如此。(对于任何给定的文化而言)看似显而易见的是，"每一个小学生都知道的"。

　　与之相对，还有一种情况是作为长期经验或个人发展的结果，某些事物看起来越来越显而易见，就如长者有时能看到年轻人的爱或是理想的幻觉。当然，在此"看穿"也可能是假的，所以我们在此也需要对"看似"与"是"做出区分。

　　但问题在于，次要意义的显而易见是另一类型的显而易见，因为它只出现于作为经验或发展结果的世界。它的领地属于人们通常所指的"智慧"。信仰上帝也许是次要的显而易见，而不是首要的显而易见(可能被看作是上帝存在的"证据"背后的论断)。作为经验、祈祷和实践的结果，它从最初的信仰的跳跃，变得越来越清晰而不可否认。在这种次要的意义上，对圣人而言，上帝的存在也许看似"显而易见"——但远不止于达到不需要预期信心的程度。只有受"诠释"支配的人会认为上帝的存在或不存在是在首要的意义上说的。参见我的"Faith and Reason"。

18. 参见 Lucien Febvre, *Le Problème de l'Incroyance au XVIe siècle, la religion de Rabelais* (Paris: A. Michel, 1947).

19. 为了澄清我的"脆化"概念，还需多说一点。Hans Joas 在他的文章"Glaube und Moral im Zeitalter der Kontingenz" (in Hans Joas, *Braucht der Mensch Religion?* [Freiburg:

Herder，2004]）中提出了一种相似的脆化。但我不认为 Joas 和我在这个问题上有任何分歧。这是因为我的"脆化"概念与 Berger 的脆化概念有所不同。我说的脆化，指的是更加接近的替代物已经导致社会中越来越多的人改变他们的立场，也即在他们的有生之年"转换"或采纳了一种不同于其父母的立场。有生之年和代际之间的转换变得越来越普遍。但这与 Berger 看似所暗示的被认为更剧烈的信仰的脆化无关。相反，在当代困境中产生的信仰可能更强烈，因为它不被扭曲地直面其替代物。在所有年代，包括我们自己的年代，在某些贬低其替代物的故事中为自己的信仰找到支持都是普遍的。因此数个世纪以来新教和天主教都活在对对方刻板印象的负面刻画中，它们并未真正抗拒检查。在我的意义上，对脆化的一个反应可以是增加对这类支持的依赖。所以你能听到信仰者对无神论可能带来的不道德的、暴力的后果的"论证"（参见 Stalin，Pol Pot，etc.）；也可以听到来自"世俗主义者"的相反论证，他们警告从宗教中会不可避免地产生出相同的后果（参见 Torquemada，the Crusades，etc.，etc.）。所有此类"论证"都代表着选择性关注对现实的胜利。最近即便像 Slavoj Žižek 这么明智的人，也声称西方"无神的自由主义者"比基督徒对穆斯林更宽容（参见"Atheism is a legacy worth fighting for"，*International Herald Tribune*，March 14，2006，p. 6）。事实上，当谈到对伊斯兰的猛烈抨击时，这两派的记录都同样令人羞愧。而实际上，一种可以抛弃此类支持的信仰更强大，更植根于其自身的源泉中。这是我们现代困境的优点之一，它可以促使人们抛弃这种低下的防御。在这一点上，我完全同意 Joas 的看法。

20. "Ein Bild hielt uns gefangen"，*Philosophical Investigations*，para. 115.

21. 参见 Dreyfus and Taylor，*Retrieving Realism*，在此他们对现代认识论及其解构有更加完整的讨论。

22. "death of God"一语出自 *The Gay Science*，para. 125. 后来尼采说："可见，实际上战胜基督的上帝的，正是基督道德本身，这是一个越变越狭隘的真理概念，基督良知中的细致（如神父听取忏悔时的细致），被不惜一切代价地翻译和升华为科学的良知以及知识上的纯粹性，大自然被看作对于上帝的仁慈和保护的证明，以赞美上帝的理性为目的地理解历史，将之（历史）理解为对于符合道德准则的世界规律及结局的佐证，还有如我们虔诚的人很久以来一直做的那样，总是把自身的经历解释得好像所有的巧合，所有的暗示，（一切）都是为了拯救灵魂而出现，负有拯救灵魂的使命。这种做法（该）过去了，这有悖良知，这样的行为在所有崇高（更细致的?）的良知面前是无礼的，是谎言，是女权主义，是软弱，是怯懦。"（para. 357）就我的阐释在何处与尼采吻合，稍后会表现得更清楚。

23. Richard Lewontin，*New York Review of Books*，January 9，1997，p. 28.

24. Lewontin 的文章引自 Carl Sagan。

25. 这种唯物主义，缺乏对它的复杂论证，事实上相当复杂。你可以区分寄居于现代科学探索之林的不同种类的唯物主义。除了普通的唯物主义（其地位近乎不证自明）之外，还有机械的唯物主义，经济的唯物主义，"台球的"唯物主义，等等。在我评论 Vincent Descombes 的作品时，已花很大篇幅讨论了这个问题。参见我对这个研讨会的贡献：Vincent Descombes，*The Mind's Provisions*（Princeton：Princeton University Press，2001），"Descombes' Critique of Cognitivism"，in *Inquiry* 47（2004），pp. 203 - 218.

26. Stephen Jay Gould，引自 Frederick Crews，"Saving us from Darwin，part II"，in *New York Review of Books*，October 18，2001. 这并不反映 Gould 更细致入微的立场，要更清楚地了解，例如，参见 *Rocks of Ages*：*Science and Religion in the Fullness of Life*（New York：Ballantine Books，1999）.

世俗时代 A SECULAR AGE

27. Dawkins 相信科学可以让宗教靠边站的理由很难激发人们的信心。它们严重倚赖对"信仰"和"科学"的简单区分。"可以说,信仰是世界上最大的罪恶,堪比天花病毒,但很难根治。信仰,信念,不是基于证据,这是任何宗教最大的罪恶。"至于科学,它"摆脱了宗教主要的罪恶,即信仰"。但认为在科学家的工作中没有假设**不是**建立在证据之上的,他们没有哪怕片刻的疑惑,肯定是**迷信**。很少有宗教信徒如此无忧无虑。Dawkins 的引文来自 Alister McGrath, *The Twilight of Atheism* (London and New York: Doubleday, 2004), p. 95.

28. 有的时候,那些唯物主义观点的支持者相当清楚他们在先的本体论委身。所以 Richard Lewontin 说:"我们愿意接受违背常识的科学论断是理解科学与超自然的斗争的关键。我们站在了科学这边,**尽管**其结构显而易见地荒谬,**尽管**它无法实现许多有关健康和生命的奢侈委身,**尽管**科学共同体对未经证实的故事的宽容,因为我们有在先的委身,对唯物主义的委身。"

"这并不是说科学的方法和机构在某种程度上迫使我们接受了关于现象界的唯物主义解释,而是相反,我们被我们对物理原因在先的忠诚所驱使,创造了一套探究的装置或一系列概念以产生出唯物主义的解释,不管它多么违背直觉,它对门外汉来说有多么神秘。此外,唯物主义是绝对的,因为我们不允许门外留有神圣的足迹。"Richard Lewontin, in *New York Review of Books*, January 9, 1997; 引自 *First Things*, June/July 2002.

29. A. N. Wilson 在 *God's Funeral* 一书中谈到这一时期信仰的丧失:"这是一个冒险的故事,也是一个有着丧亲之痛的故事。"(p. 4)

30. *The Complete Poems of Thomas Hardy*, ed. James Gibson (London: Macmillan, 1976), poem no. 403, p. 468.

31. 参见 Stefan Collini, *Public Moralists: Political Thought and Intellectual Life in Britain, 1850-1930* (Oxford: Clarendon Press, 1991).

32. 当然,这种关于我们道德困境的观点转变与我们在具有内在秩序的世界中"成熟起来"的强大叙事相关,它既支持这种叙事,也受到它的支持。我在下面会回来讲这种主叙事的重要地位。

33. 感谢 Martin Warner 在这一点上纠正我。这幅画出现在 *The Idiot* (Part 3, chapter 6),王子说到它:"看到这幅画,有的人可能会失去信仰。"(Part 2, chapter 4)

34. Friedrich Nietzsche, in *The Gay Science*, para. 125, 尼采这里有关宣告上帝之死的疯子的著名段落,也用到了这个视野的意象。

35. *Dover Beach*, ll. 21-28.

36. *Sources of the Self*.

37. *Morales du grand siècle* (Paris: Gallimard, 1948), p. 226. 译文改自 Paul Bénichou, *Man and Ethics: Studies in French Classicism*, trans. Elizabeth Hughes (Garden City, N. Y.: Doubleday, 1971), p. 251.

38. J.-F. Lyotard, *La Condition post-moderne: rapport sur le savoir* (Paris: Éditions de Minuit, 1979).

39. 一个更精致的版本,参见 Steve Bruce, *Religion in Modern Britain* (Oxford: Oxford University Press, 1995), pp. 131-133.

40. 引自 Sylvette Denèfle, *Sociologie de la Sécularisation* (Paris/Montréal: L'Harmattan, 1997), pp. 93-94.

41. 如果我可以合理地讲述这个故事,我们会看到"上帝之死"的论述有某些现象的真理。

我们可以看到一种无求于外的人文主义出现了。在这种视角下,科学向我们提供了一种对精神的唯物主义论述看似是合理的。"上帝之死"不仅在理论层面上是对现代世俗性的一个错误论述,而且它也可能是我们想要去阐释以及体验现代境况的方式。它不是我寻找的解释,但它是有待解释之物的一个重要方面。在这方面,我不想否认它。

42. Immanuel Kant, "Was ist Aufklärung?" in *Kants Werke*, Akademie Textausgabe (Berlin: Walter de Gruyter, 1968), Volume VIII, p. 33; "Enlightenment is man's emergence from his self-imposed nonage. Nonage is the inability to use one's own understanding without another's guidance." In "What Is Enlightenment?", trans. Peter Gay, in Gay, *The Enlightenment: A Comprehensive Anthology* (New York: Simon & Schuster, 1973), p. 384.

43. 参见 Michael Warner, *Publics and Counterpublics* (New York / Cambridge, Mass.: Zone Books [distributed by MIT Press], 2002).

44. Syed Qutb, *Milestones*, trans. S. Badrul Hasan (Karachi: International Islamic Publishers, 1981).

45. Yuri Slezkine, *The Jewish Century* (Princeton: Princeton University Press, 2004), chapter 3, 尤见 pp. 140 - 170.

46. Ibid., pp. 65 ff. ,96 - 100.

47. Isaiah Berlin, *Four Essays on Liberty* (Oxford: Oxford University Press, 1969), pp. 171 - 172.

48. Albert Camus, *Le Mythe de Sisyphe* (Paris: Gallimard, Folio essais, 1942), p. 46.

49. Modified 引自 *The Myth of Sisyphus*, trans. Justin O'Brien (Penguin Books, 1975), pp. 31f.

50. Ibid., p. 39.

51. Ibid., p. 26.

52. Ibid., p. 75.

53. Ibid., p. 51.

54. Olivier Todd, *Albert Camus* (Paris: Gallimard, 1996), p. 536. 译文改自 Olivier Todd, *Albert Camus: A Life*, trans. Benjamin Ivry (New York: Alfred A. Knopf, 1997), p. 296.

55. Ibid., pp. 457 - 458.

56. 引自 Todd, *Albert Camus: A Life*, p. 252.

57. Ibid., p. 396.

58. Ibid., p. 214.

59. Ibid., p. 397.

60. Camus, *Le Mythe de Sisyphe*, p. 119. 在这本书稍后几页,Camus 说道:"怎么能不明白,在这个脆弱的宇宙中,与人有关和仅仅是人的一切表现出一种更灼热的意义? 生硬的面容,受到威胁的博爱,人与人之间如此强烈又如此羞怯的友谊,这些是真正的财富,因为它们是会毁灭的。"(p. 122)

61. Modified 引自 *The Myth of Sisyphus*, trans. O'Brien, p. 80.

62. 参见 Ronald Aronson, *Camus & Sartre* (Chicago: University of Chicago Press, 2004).

63. Camus, *Le Mythe de Sisyphe*, pp. 79 - 80.

64. 改自 *The Myth of Sisyphus*, trans. O'Brien, p. 54.

65. Friedrich Nietzsche, *The Will to Power*, trans. Walter Kaufmann and R. J.

Hollingdale (New York：Random House，1967)，para. 1067（1885），pp. 549－550.

66. *L'ère de l'individu*：*contribution à une histoire de la subjectivité*（Paris：Gallimard，1989），p. 53；原文是斜体。引自 Vincent Descombes，*Le complément du sujet*（Paris：Gallimard，2004），p. 401.

67. 但有这种定位的人通常根本不在 CWS 里；也就是说，他们承认在众多的阐释中，他们提供了一种关于人类境况的阐释，尤其是当他们看到科学主义的局限时。

68. Vincent Descombes 在 *Le complément du sujet* 一书中，对 Renaut 的自我委任的自主性概念做出了有力的批评，可见我引文后面的几个段落。

69. 我在 *Sources of the Self*，Part I，讨论并批评了这一点。

70. 参见本章注 28。

71. *The Complete Poems of Thomas Hardy*，ed. James Gibson（London：Macmillan，1976），poem 267，pp. 327－328.

72. Czeslaw Milosz，*The Land of Ulro*（New York：Farrar，Straus，Giroux，1984），p. 94. Milosz 引用了 Erich Heller 的论文"Goethe and the Idea of Scientific Truth"，收录于他的论文集 *The Disinherited Mind*.

73. Milosz，*The Land of Ulro*，p. 52.

16　交叉压力

1. Martin Heidegger，"Die Zeit des Weltbildes"，in *Holzwege*（Frankfurt am Main：Klostermann，1950）.

2. Ernest Jones，*Sigmund Freud*，*Life and Work*，Volume 2，*Years of Maturity 1901－1919*（London：The Hogarth Press，1955），p. 463.

3. Peter Berger，"Religion and the West"，in *The National Interest*（Summer 2005），80，Research Library，p. 116.

4. Emmanuel Mounier，*L'Affrontement Chrétien*（Paris：Seuil，1945）.

5. William Connolly，*The Terms of Political Discourse*（Princeton：Princeton University Press，1983）.

6. Richard Dawkins，"Forever Voyaging"，*Times Literary Supplement*，August 4，2000，p. 12.

7. Ibid.

8. Noel Annan，*Our Age*（London：Fontana，1991），p. 608. 我在上面提到了这种交换；参见 chapter 11。

9. 很显然，我是在一种比日常用法更宽泛的意义上使用"实现"这个词的，它通常指的是满足我们个人的需求和愿望。在此我想将它扩展至包括实现最高级和最完满的生活形式，即便这要求我们牺牲个人的"实现"。我选择这个词的原因部分是我的论证需要这样的通用范畴，另外也由于我已经赋予"实现"这个词的角色。但尽管如此，我写的时候还是小心翼翼，担心由于不是每一页都有这样的注解，使它难以逃脱误解。

10. David Hume，*Enquiry concerning the Principles of Morals*，Section IX，paras. 222－224，参见 David Hume，*Enquiries*，ed. L. A. Selby-Bigge（Oxford：Clarendon Press，1902），pp. 272－276；也可参见 p. 274，note 1，Hume 对从野蛮到文明的过渡的理解。

11. 引自 Piers Brendon, *The Dark Valley* (New York: Knopf, 2000), p. 405.

12. Peter Brown, *The Body and Society* (New York: Columbia University Press, 1988).

13. *Books & Culture*, January – February 2002 (Carol Stream, Ill.), p. 13.

14. John Keegan, *A History of Warfare* (London: Hutchinson, 1993).

15. John Stuart Mill, *On Liberty*, in Mill, *Three Essays* (Oxford: Oxford University Press, 1975), p. 77.

16. 参见 Peter Gay 所写的一本有趣的书, *The Enlightenment: An Interpretation*, 本书第一卷的小标题是: *The Rise of Modern Paganism* (New York: Knopf, 1966).

17. Modris Eksteins, *Rites of Spring* (Toronto: Dennys, 1989), Act I, 1.

18. 参见我在 *Sources of the Self*, chapter 8 中对笛卡尔的 *Traité des Passions* 的讨论。

17　困境 1

1. David Martin, *The Dilemmas of Contemporary Religion* (New York: St. Martin's Press, 1978), p. 94.

2. Philip Rieff, *The Triumph of the Therapeutic: Uses of Faith after Freud* (New York: Harper & Row, 1966).

3. Francis Fukuyama, *The End of History and the Last Man* (New York: Free Press, 1992).

4. 在此可以参考她的 William James 讲座, "Transcending Humanity", 这个演讲作为 Martha Nussbaum, *Love's Knowledge* (New York: Oxford University Press, 1990; 以下简称 *LK*) 一书中的第十五章发表。但我还想借用这本书的第十二章以及她的吉福德讲座, 参见 Fergus Kerr 的报道, *Immortal Longings* (Notre Dame: University of Notre Dame Press, 1997), 我发现他对这个问题的处理非常有帮助。

5. Martha Nussbaum, *The Fragility of Goodness* (Cambridge University Press, 1986).

6. *LK*, pp. 365 – 367.

7. Ibid., p. 372.

8. Chapter 12, "Narrative Emotions".

9. *LK*, p. 307.

10. Ibid., p. 378.

11. Ibid., p. 379; 黑体是原书的。

12. 我曾谈论过这个问题, 参见 *Sources of the Self*, chapter 13.

13. Nussbaum 在她的吉福德讲座中, 讨论《尤利西斯》(*Ulysses*) 中 Leopold 和 Molly 之间的爱情时提到这一点, 参见 Fergus Kerr, *Immortal Longings*, pp. 4 – 5.

14. R. M. Rilke, *Duino Elegies*, II: *The Selected Poetry of Rainer Maria Rilke*, trans. Stephen Mitchell (New York: Vintage, 1984), p. 161.

15. *LK*, pp. 50 – 53.

16. Nel Noddings, *Caring: A Feminine Approach to Ethics and Moral Education* (Berkeley: University of California Press, 1984).

17. *LK*, chapter 12.

18. *The Body and Society* (New York: Columbia University Press, 1988).

19. "periagoge"；参见 *Republic*，Book VII，518E‐519A。

20. Anthony Burgess 在 *A Clockwork Orange*（New York：W. W. Norton，1963）一书中，对这个问题的提出很著名。

21. 参见 *Les Mots et les Choses*（Paris：Gallimard，1967）。

22. 参见 René Girard，*La Violence et le Sacré*（Paris：Grasset，1972）；以及 *Le Bouc émissaire*（Paris：Grasset，1982）。

23. 参见《马太福音》13：24‐30。

24. 参见 Girard，*La Violence et le Sacré*，以及 *Le Bouc émissaire*.

25. 马克思用这个表达来刻画阶级社会及其剥削，但他会很高兴将它扩展用于批评那些由宗教带来的反映并支持阶级社会的弃绝性的宗旨。

26. 也可参见对 Luce Irigaray 试图援引一种不需要牺牲的宗教的讨论，Fergus Kerr，*Immortal Longings*，p. 102.

27. 参见对一种满足神学的不足之处的批评，Karl Rahner，*On the Theology of Death*（Freiburg：Herder；Montreal：Palm Publishers，1961），pp. 58‐63.

28. 有关对上帝的愤怒的讨论，参见 Herbert McCabe，*God，Christ and Us*（London：Continuum，2003），pp. 15‐16，"我们需要形象，尤其是相冲突的形象。"McCabe 指出（p. 61），阿奎那也论证过需要很多形象（*Summa Theologiae*，Ia，1，9）.

29. 尤其是性满足的情况。关于情欲和对上帝之爱的关系、我们与上帝的关系中性别认同的位置的严肃思考，也许可以减轻这种混淆。我将在"对话"的第六小节简要地谈到这个问题。

30. James Gilligan，*Violence*（New York：Vintage，1996）.

31. Chris Hedges，*War Is a Force That Gives Us Meaning*（New York：Public Affairs，2002），p. 89. Jonathan Glover 指出一些人在战斗中体验到的同样的权力兴奋感。他引用一个越南老兵的话，"战争，对男人来说，在某种意义上最接近妇女的分娩：初次涉及到生与死的权力。这就像掀起宇宙的一角，看看下面到底是什么"；参见 *Humanity*（New Haven：Yale University Press，2000），p. 56.

32. Hedges 也注意到这一点，参见 *War Is a Force*，pp. 98‐105.

33. John Keegan，*A History of Warfare*（London：Hutchinson，1993）.

34. Georges Bataille，*Théorie de la religion*（Paris：Gallimard，1973）.

35. Ibid.，p. 71.

36. Ibid.，p. 65.

37. Georges Bataille，*La Part Maudite*（Paris：Minuit，1967），p. 33.

38. 改自 "The Notion of Expenditure"，in *Visions of Excess：Selected Writings，1927‐1939*，ed. and trans. Allan Stoekl（Minneapolis：University of Minnesota Press，1985），p. 118.

39. Bataille，*Théorie de la religion*，p. 66.

40. 引自 Bataille，*Theory of Religion*，trans. Robert Hurley（New York：Zone Books，1989），p. 49.

41. Ibid.，p. 59

42. Ibid.，p. 44.

43. Bataille，*La Part Maudite*，pp. 113‐115.

44. 改自 *The Accursed Share：An Essay on General Economy*，trans. Robert Hurley（New York：Zone Books，1991），p. 57.

45. Bataille, *Théorie de la religion*, pp. 71 – 75.

46. Ibid., p. 123.

47. Bataille, *La Part Maudite*, p. 53.

48. 改自"The Notion of Expenditure", in *Visions of Excess*, ed. and trans. Allan Stoekl, p. 128.

49. Ibid., pp. 115 – 116.

50. 引自 *The Accursed Share*, trans. Robert Hurley, pp. 58 f.

51. A. O. Scott, "The Sun Also Sets", review of *Cities of the Plain*, Vol. 3, *The Border Trilogy*, by Cormac McCarthy, in *The New York Review of Books*, September 24, 1998.

52. "对于外界,在遇到陌生的人和事时,他们不比刚刚放出来的野兽(肉食动物)强多少。他们享受摆脱了一切社会约束的自由,相比长久地囚困于和平环境中产生的紧张,他们在原始世界中的表现可算无害,他们回到肉食动物无辜的良知中,成为尽情撒野的妖怪(妖魔?),或许在一系列谋杀、纵火、亵渎(践踏)、酷刑后能神采飞扬、心平气和地离开,好像只是开了个年轻人(大学生)的玩笑。还认定自己给了诗人们足够的题材来歌颂和赞美。" *Zur Genealogie der Moral*, Erste Abhandlung, 11; in *Nietzsches Werke* (Berlin: Walter de Gruyter, 1968), Sechste Abteilung, Zweiter Band, pp. 288 – 289.

53. 引自 James Karman, *Robinson Jeffers* (San Francisco: Chronicle Books, 1987), p. 51.

54. 引自 *The Collected Poetry of Robinson Jeffers*, ed. Tim Hunt (Stanford: Stanford University Press, 2001).

55. 参见《撒母耳记上》15 章,记载了扫罗被废黜,因为他没有杀死所有的亚玛力人。

56. "Fecemi la divina Potestate, /La somma Sapienza e 'l Primo Amore"; *Inferno*, Canto III, ll. 5 – 6.

57. 这幅画面来自 R. F. Capon, *An Offering of Uncles: The Priesthood of Adam and the Shape of the World* (New York: Sheed and Ward, 1967).

58. Bataille, *Théorie de la religion*, p. 132.

59. "事实上,如同在神秘主义者的体验中,这回到了一种'没有形式和没有方式'的心智沉思。" *La Part Maudite*, pp. 271 – 273.

18 困境 2

1. Luc Ferry, *L'Homme-Dieu ou Le sens de la vie* (Paris: Grasset, 1996).

2. Ibid., p. 19.

3. 引自 Luc Ferry, *Man Made God: The Meaning of Life*, trans. David Pellauer (Chicago and London: University of Chicago Press, 2002), p. 7.

4. Ferry, *L'Homme-Dieu*, pp. 204 – 205.

5. Ibid., p. 124.

6. Ibid., pp. 240 – 241.

7. 改自 Ferry, *Man Made God*, trans. Pellauer, p. 139.

8. 参见"A Catholic Modernity?", in James Heft, ed., *A Catholic Modernity?* (New York: Oxford University Press, 2001).

9. Marcel Gauchet，*Le désenchantement du monde*（Paris：Gallimard，1985）.

10. Richard Lewontin, in the *New York Review of Books*，October 20，2005，p. 53.

11. Ernst Jünger，*Der Arbeiter：Herrschaft und Gestalt*（Hamburg：Hanseatische Verlag-sanstalt，1932）.

12. G. W. F. Hegel，*Die Phänomenologie des Geistes*（Hamburg：Felix Meiner Verlag，1952），p. 144；Ernst Jünger，*In Stahlgewittern. Aus dem Tagebuch eines Stoss-truppführers* [original publication 1920]（Berlin：E. S. Mittler & Sohn，1924）.

13. 参见"A Catholic Modernity?"，in James Heft, ed. *A Catholic Modernity*?

14. Jeffrey Alexander 在他的新书 *The Civil Sphere*（New York：Oxford University Press，2006，尤其是 chapter 4）中考察了公民领域的论说，以及将自由民主国家凝聚在一起的共同的规范性理解。这种论说表达和确立了一些准则，这些准则支持特定的动机、关系和制度，并谴责违背这个社会风气的其他动机、关系和制度。亚历山大认为这些准则反映了纯洁与污染的观念，也就是说，那些负面准则的特征被看作是在腐化和深深地破坏我们的社会。亚历山大的观点是，当离开这样的准则——一种现代民主是难以想象——它也不可避免地提供了一种社会排斥、不人道的"净化"模式的危险根源。我相信这与我对替罪羊现象的讨论有一些关联。

15. 我已经试图展开更完整的论述，参见"Notes on the Sources of Violence：Perennial and Modern"，in James L. Heft, ed.，*Beyond Violence：Religious Sources of Social Transformation in Judaism*，*Christianity*，*Islam*（New York：Fordham University Press，2004），pp. 15 – 42.

16. 在此，我很明显地借用了 René Girard 很有趣的研究作品；参见 *La Violence et le Sacré*（Paris：Grasset，1972）；*Le Bouc Émissaire*（Paris：Grasset，1982），*Je vois Satan tomber comme l'éclair*（Paris：Grasset，1999）.

17. Frantz Fanon 阐述过这种关联，但令人吃惊的不是对净化式的暴力的批评，而是对它的辩护。请看 Sartre 如何阐述对反殖民战争的颂扬：

    > 人重塑了他自身……没有哪种温柔能够抹去暴力的痕迹：只有暴力自身可以毁灭自己。当地人通过用武力驱逐移居者而治愈了殖民的神经官能症。当他的愤怒沸腾时，他重新发现了他失去的清白，因为他创造了自身，所以他认识了自己……一旦开始，这是一场格杀勿论的战争。你可能会害怕或恐惧；也就是说，放弃脱离虚假的存在或克服你与生俱来的团结。当一个农民手中拿起枪，旧的神话开始变得暗淡无光，禁令逐个被遗忘。反叛者的武器是他人性的证明。在反叛的最初几日你必须杀人；击毙一个欧洲人是一石二鸟，摧毁一个压迫者和一个被他压迫的人；这里还剩下一个死人和一个自由人。

    引自 Ronald Aronson，*Camus & Sartre*（Chicago：University of Chicago Press，2004），p. 222.

18. 也许这可以被看作是 Balthasar 加入神学构造的发展的一种反映：在耶稣受难以后，"邪恶将失去它无论如何曾经拥有的'异教的清白'：……人们制造邪恶，甚至为它欢呼雀跃，像迷恋美杜莎的蛇头一样迷恋它"；Aidan Nichols，*No Bloodless Myth：A Guide through Balthasar's Dramatics*（Edinburgh：T & T Clark，2000），pp. 208 – 209.

19. 引自 Jonathan Glover，*Humanity：A Moral History of the Twentieth Century*（New Haven：Yale University Press，2000），p. 256.

20. 正是在这个语境中我想要来理解 Regina Schwartz 有趣且发人深省的著作中有关一神教与暴力的主题，*The Curse of Cain*（Chicago：University of Chicago Press，1997）.

我提议说,这种现象可能比她提出的更普遍和一般。

21. *War Is a Force Which Gives Us Meaning* (New York: Public Affairs, 2002).

22. 参见 Hauke Brunkhorst 有关团结对现代思想的特殊重要性的有趣著作: *Solidarität: Von der Bürgerfreundschaft zur globalen Rechtsgenossenschaft* (Frankfurt: Suhrkamp, 2002).

23. John Rawls, *A Theory of Justice* (Cambridge, Mass.: Harvard University Press, 1971).

24. 参见 Immanuel Kant, *Zum ewigen Frieden*, in *Kants Werke*, Akademie Textausgabe (Berlin: Walter de Gruyter, 1968), Volume VIII, pp. 341 – 386;英译本: "Perpetual Peace", in H. Reiss, ed., *Kant's Political Writings* (Cambridge: Cambridge University Press, 1970). 可以说,康德仍然接受,这更多取决于利益和谐的理论,尽管它们不处在他的伦理理论的中心。

25. 我在 *Sources of the Self*, Part I 中花了很长篇幅来讨论这个问题。

26. 我在本书第八章更详尽地讨论过这个问题。

27. 参见 Chapter 15, note 49.

28. 引自 Olivier Todd, *Albert Camus: A Life*, trans. Benjamin Ivry (New York: Alfred A. Knopf, 1997), p. 252.

29. *Sources of the Self*, chapter 25. 我在此借用了我在 "A Catholic Modernity?"中的讨论,收录于 *A Catholic Modernity*, ed. James Heft.

30. Fyodor Dostoyevsky, *The Devils*, trans. David Magarshack (Harmondsworth: Penguin Books, 1971), p. 404.

31. 与 Sulak Sivaraksa 的对话。

32. Nancy Huston, *Professeurs de désespoir* (Paris: Actes Sud, 2004).

33. Ibid., p. 347.

34. 但一般来说,对这种现象的合适论述需要钻研更深,深入我们的时代和人心;正如我从 Huston 对 Samuel Beckett 更具同情心的对待中所看到的。也可参见 Czeslaw Milosz 论 Gombrowicz,引自 *The Land of Ulro* (New York: Farrar, Straus, Giroux, 1985), section 12.

35. Ibid., p. 45;原文是斜体。

36. 与这些段落略微有所不同的译文,可以参见 *The Demons*, trans. Richard Pevear and Larissa Volokhonsky (New York: Vintage, 1995), Part Three, chapter 5, section vi, pp. 592 – 583.

37. 参见 Derrida 与 Lévinas 的讨论,引自 John Milbank, *Being Reconciled* (London: Routledge, 2003), chapter 8. 也可参见 Robert Spaemann, *Glück und Wohlwollen* (Stuttgart: Klett Cotta, 1989).

38. 你可能会认为"乐观的"视角——那些寄希望于人类生活的长远转变的观点——在认识论上比"悲观的"观点更不确定。支持后者你不需要那么多预期信心。但如果这意味着作为一个"悲观主义者"你更少犯悲剧性错误,那么这是不对的。一种灾难是尝试一种事实上根本不可能的转变。但还有另一种损失,就是通过拒绝相信它,让一种可以实现的积极转变从一开始就被中止了。因此,也许不再相信任何人看似更聪明、更安全,但在这种互不信任的氛围中,某些相互支持的关系永远无法生长出来。Hannah Arendt 写过很多这样的例子,从爱的问题一直延伸到政治权力的形式问题。

39. 参见《马太福音》20:1 – 16. 在对另一个比喻——好撒玛利亚人的比喻的讨论中,Paul

Thibaud 评论说，撒玛利亚人的反应绝不应当仅仅被看作是一次性的行为，它开启了一种新关系。"这一关系在时间中扩展，它可能会经历不同阶段，因为撒玛利亚人对店主提到了受害者的康复，因此这个关系打开了更美好的时间，在共同未来视野中把相关的人连接在一起。这里呈现出来的前景不是福音书中其他许多比喻所呈现出来的末世的前景，而是历史的前景，改善世界的前景。"参见 Thibaud，"L'Autre et le Prochain"，in *Esprit*，June 2003，pp. 13 - 24. 我也许还要加上一点，在此 Thibaud 很有可能会同意，这个历史视野有助于理解基督教与更深的启示性宗教之间的关系。

40. 参见本章注释 16，尤其是 René Girard，*Je vois Satan tomber comme l'éclair*.

41. 这是 Shatov 面对 Arina Prokhorovna 的慷慨以及她有关人类生活的还原论观点时所获得的洞见；参见 *The Demons*，Part Three，chapter 5，section iii，p. 584.

42. 有关这类真相委员会的优点和危险的有趣讨论，参见 Rajeev Bhargava，"Restoring Decency to Barbaric Societies"，in Robert Rotberg and Dennis Thompson，eds.，*Truth and Justice*（Princeton：Princeton University Press，2000），pp. 45 - 67.

19　现代性不平静的前沿

1. Victor Turner，*The Ritual Process：Structure and Anti-Structure*（Ithaca，N. Y.：Cornell University Press，1969），and *Dramas，Fields，and Metaphors*（Ithaca，N. Y.：Cornell University Press，1978）.

2. Benedict Anderson，*Imagined Communities：Reflections on the Origin and Spread of Nationalism*（London：Verso，1983；second edition，1991）.

3. Ibid.，p. 37.

4. 尤见 J.-F. Lyotard，*La Condition post-moderne：rapport sur le savoir*（Paris：Éditions de Minuit，1979）.

5. "更微妙语言"这一术语出自雪莱，Earl Wasserman 以非常有趣的方式予以采纳。参见他的 *The Subtler Language*（Baltimore：Johns Hopkins University Press，1968）. 对此概念的进一步讨论，参见本书第十章，以及我的 *Sources of the Self*，part V.

6. 参见对韦伯以及其他作家对此一议题极为有趣的探索，例如 Eyal Chowers，*The Modern Self in the Labyrinth*（Cambridge，Mass.：Harvard University Press，2004）.

7. "对永恒的渴望"这一表述被 Millon-Delsol 使用，参见 *Esprit*，no. 233，June 1997，p. 45.

8. Philippe Ariès，*L'Homme devant la mort*（Paris：Seuil，1977）.

9. Luc Ferry，*L'Homme-Dieu ou Le sens de la vie*（Paris：Grasset，1996），p. 12.

10. Sylvette Denèfle，*Sociologie de la Sécularisation*（Paris：L'Harmattan，1997），chapter 7.

11. 翻译修改自 *Stéphane Mallarmé：Selected Poems*，trans. Henry Weinfield（Berkeley：University of California Press，1994），p. 12.

12. 1867 年 5 月 14 日致 Henri Cazalis 的信，原文引自 *Correspondance Mallarmé 1862 - 1871*（Paris：Gallimard，1959），p. 240.

13. 改自 *Selected Letters of Stéphane Mallarmé*，ed. and trans. Rosemary Lloyd（Chicago and London：University of Chicago Press，1988），p. 74.

14. 翻译修改自 *Stéphane Mallarmé*： *Selected Poems*，trans. Henry Weinfield（Berkeley：University of California Press，1994），p. 69.

15. 参见本书第二十章有关 Hopkins 的讨论。

16. 参见 "The Immanent Counter-Enlightenment"，in Ronald Beiner and Wayne Norman，eds.，*Canadian Political Philosophy*（Don Mills，Ont. /New York：Oxford University Press，2001），pp. 386 – 400.

20 皈依

1. Vaclav Havel，*Letters to Olga*（New York：Knopf［1984］，1988），pp. 331 – 332. 引自 Bellah，*Religious Evolution*，pp. 8 – 9.

2. Paul Elie，*The Life You Save May Be Your Own*（New York：Farrar，Straus，Giroux，2003），p. 160. 我这里绝大多数是引用 Elie 的，但"环境中的有机体"这一短语是引用 Percy 的。

3. 再次表明，我此处跟着 Elie，*The Life You Save*，pp. 155，312 中具有穿透力的讨论，双引号内引用的是 Elie 的，单引号内引用的是 O'Connor 的。

4. 这种转向往昔，Norman Cantor 称之为"返顾中世纪"的观点，吸引了许多作家，不只是皈依天主教的；比如 Henry Adams，参见 Elie，*The Life You Save*，pp. 6 – 7，97.

5. "我在谈的是使欧洲成为欧洲的共同的基督教传统，以及此共同的基督教所带来的共同的文化因素……正是在基督教中，我们的艺术发展了；而直到近时的欧洲法律，也正是根植于基督教。正是在这一基督教背景下，我们的思想才有意义。"参见 T. S. Eliot，*Notes Towards the Definition of Culture*（London，Faber & Faber，1962），p. 122；引自 Joseph Pearce，*Literary Converts*（London：HarperCollins，1999），p. 264.

6. Jacques Maritain，*Trois Réformateurs*（Paris：Plon，1925）.

7. Jean-Luc Barré，*Jacques et Raïssa Maritain*（Paris：Stock，1997），p. 256.

8. Philippe Chenaux，*Entre Maurras et Maritain*（Paris：Cerf，1999），p. 91.

9. 参见 Joseph Pearce，*Literary Converts*，chapter 15.

10. Ibid.，pp. 166 – 167. 也可参见 Ian Ker，*The Catholic Revival in English Literature*，*1845 – 1961*（South Bend：University of Notre Dame Press，2003），p. 191.

11. 参见 Paul Elie，*The Life You Save*.

12. Richard Neuhaus，"The Public Square"，in *First Things*，March 2005，p. 60. 这位循道宗主教的话，听起来就像（已过时的）"前千禧年"观点的典型例子，但我们在当今"后千禧年论者"中，也可以看到这种把基督教信仰与民主文明省略式等同的许多例子。

13. 参见 *The Rivers North of the Future*：*The Testament of Ivan Illich*，对 David Cayley 的口述（Toronto：Anansi，2005），文中所标页码和章号均出自此书。

14. 参见 Greg Urban，*Metaphysical Community*：*The Interplay of the Senses and the Intellect*（Austin：University of Texas Press，1996），chapter 2，pp. 28 – 65.

15. 我也在即将发表的"The Perils of Moralism"一文中推进了这一讨论。

16. Jean-Luc Barré，*Jacques et Raïssa Maritain*，p. 396.

17. Ibid.，p. 398.

18. Maritain，*Humanisme Intégral*（Paris：éditions Montaigne，1936）.

19. Emmanuel Mounier, *La Pensée de Charles Péguy* (Paris: Plon, 1931), p. 144.

20. Martin Heidegger, *Sein und Zeit* (Tübingen: Niemeyer, 1927), Second Division, chapter 3, section 65.

21. *Clio, dialogue de l'histoire et de l'âme païenne*, VIII, 285 – 286, 引自 Mounier, *La Pensée de Charles Péguy*, p. 82.

22. 正如 Albert Béguin 所指出的那样，作为他的家系中第一个学会阅读的人，"他回到那些沉默的祖先，估量自己的特权，就是对于那些只能通过姿态和生命中庄严的重大行动来一代代完整保存下来的东西，他是第一个能用言语进行表达的人。" Albert Béguin, *La Prière de Péguy*, 4th ed. (Paris: Seuil, 1948), p. 19. Béguin 所描述的是 Péguy 的 *Note Conjointe sur Monsieur Descartes* 中的一段话。Mounier 从同一本书中引用："人沉入其种族的沉默当中，不断攀升，找到了我们能够在最初的创造的永久沉默中所捕捉到的最终的结果。" *Note Conjointe*, IV, 92 – 96; Mounier, *La Pensée de Charles Péguy*, p. 91.

23. Mounier, *La Pensée de Charles Péguy*, p. 106.

24. *Notre jeunesse*, IV, 59; 引自 Mounier, *La Pensée de Charles Péguy*, p. 115.

25. Ibid., IV, 51; 引自 Mounier, *La Pensée de Charles Péguy*, p. 109.

26. 这对于 Péguy 的意味，有一个出色的讨论，参见 Alain Finkielkraut, *Le Mécontemporain* (Paris: Gallimard, 1991), pp. 40 ff.

27. Mounier, *La Pensée de Charles Péguy*, p. 107.

28. Ibid. 我们在这里能看见一个观念，与 Herder 的一个观念平行，即每个人和每个民族"都有其自身的尺度"，这是现代本真性理想的核心。这也是相当现代的 Péguy 的另一个侧面。

29. 正如 Mounier 所说，"在和谐城邦，忘记了所有过去的斗争，不再有排斥，而是接纳所有文化、所有内在生命、所有宗教、所有哲学的所有的人。" *La Pensée de Charles Péguy*, p. 46.

30. Ibid., pp. 182 – 183.

31. *Note Conjointe*, Alexander Dru 有引用和讨论，参见他的 *Péguy* (London: Harvill, 1956), pp. 98 – 103.

32. *Note Conjointe*, IX, 104 – 106; *l'argent, suite*, XIV-9, 135; 引自 Mounier, *La Pensée de Charles Péguy*, pp. 132 – 133.

33. *Les récentes œuvres de Zola*, II, 130, 引自 Mounier, *La Pensée de Charles Péguy*, pp. 204 – 205.

34. 参见 *Le Porche de la deuxième Vertu*, in Charles Péguy, *Oeuvres poétiques complètes* (Paris: Gallimard, éditions Pléiade, 1975), pp. 527 – 670. 参见 Mounier 的讨论，*La Pensée de Charles Péguy*, pp. 192 ff.

35. *Un nouveau théologien*, 引自 Albert Béguin, *La Prière de Péguy*, p. 42. 也可参见 Mounier, *La Pensée de Charles Péguy*, p. 189（原出处：*nouveau théologien*, XIII, 257 – 258）.

36. 当然，这不是 Péguy 唤起民族意义的"族类"的仅有问题。他显然不是任何意义上的种族主义者，但可以就他的民族主义产生争议，尤其是他对战争的接受，为此他还丢了性命。他对现代之无根性的直率批判也有其危险。

37. Von Balthasar 在这些神学家兴起的浪潮中写作，也赋予 Péguy 以重要地位，参见其 *Herrlichkeit*, Volume 2 (Einsiedeln: Joannes Verlag, 1962), pp. 769 – 880.

38. Eamon Duffy, *Faith of our Fathers* (London：Continuum，2004).

39. 梵二前史表明，这一如何与另一个时代的基督教信仰相连接的能力，可以帮助我们联系到我们自己的时代。有关教会、其权威、其所能援用的哲学资源的不灵活概念，在对"现代主义"毫不妥协的谴责中找到表达。这就全然缩窄了天主教会允许的知识生活范围，在教会和世界之间挖了一条更深的鸿沟。超越这一困境的方式得以在回到教父资源上找到，特别是希腊教父，这可见于 Henri de Lubac 和 Yves Congar 等人的著作。这些资源不仅是更新教会和超自然之定义的基础，而且还使得教会有可能恢复神学和奥秘生活之间的连接、这些古代经验和我们时代活出经验之间的连接。在谈到这些资源时，最近有一个作者写道："这既是行动中的神学，它源自早期基督教社群的经验，也是神秘神学，象征在其中扮演了重大的角色。这种神学满足了同代人对生存和奥秘的胃口，而在托马斯主义的标签下传授的如果不是理性主义，至少是理性化的教导，像薄粥一样很打击这一胃口。这一教导把生命的繁盛压制在托马斯主义的枷锁之下。救赎史的神学，对教会历史中的磨难敏感的神学，这一神学给历史赋予了某种意义，他们（指新神学家）摸索探寻这一意义，而晚期经院哲学的反历史主义则对此完全无能为力。"Étienne Fouilloux, *Une Église en quête de liberté* (Paris：Desclée de Brouwer，1998)，p. 185.

40. *Die Kunstlehre*，81-82；我已选择"象征"作为关键词，即使该词不是唯一被使用的，而在一个作家身上和不同作者中间含义多样，不尽一致。有时，"隐喻"用作同样的事情；这也是极为混淆的，因为"象征"作为表达这一关键观念的工具是对照"隐喻"而被定义的。混淆可能被一个事实进一步复杂化：这一术语也被其他人以一系列不同方式使用（它在"符号逻辑"这一表达中的使用似乎就与浪漫派所赋予的含义正好相反）。但我们的讨论需要一个词，暂且就使用"象征"这个词。

41. 参见 Stephen Gill, *Wordsworth and the Victorians* (Oxford：Clarendon Press，1998).

42. 参见 Seamus Heaney, "The Fire i' the Flint", in *Preoccupations* (London：Faber & Faber，1980)，pp. 79-97.

43. 我在 *Sources of the Self*，chapter 21 进一步发展了这一点。

44. "Le Tombeau d'Edgar Poe"，line 6.

45. 受众的重要性——甚至超越我们同时代人的超受众——这一思想，也是由 Mikhail Bakhtin 所发展的。

46. Ferdinand de Saussure, *Cours de Linguistique générale* (Paris：Payot，1978)，pp. 155-156.

47. "God's Grandeur"；参见 *Gerard Manley Hopkins：Selected Poetry*, ed. Catherine Philips (Oxford：Oxford University Press，1995)，p. 114.

48. 这一短语被 Norman White 所引用，见其 *Hopkins：A Literary Biography* (Oxford：Oxford University Press，1992)，p. 125.

49. "Inversnaid"，*Selected Poetry*, ed. Philips, p. 138. 中文选用豆瓣豆友艾洛的译文。

50. Von Balthasar, *The Glory of the Lord*, p. 357. Hopkins 的司各脱主义似乎以怪诞的方式预见了 Mikhaïl Epstein 在后无神论俄罗斯察觉到的"最低限度的宗教"。因应于对无神论共产主义之"远隔的人"的关切，这种最低限度的宗教主要关心我们与邻人——具体的人——的关系。在 Epstein 看来，在此背后有一个神学洞见。"最低限度的神学……远避泛神论假设。上帝不是在每一（every）事物中，而是在各个（each）事物中，在每一事物的各性（eachness）中。""神学的真正主题是诸般稀奇（singularities）的世界，即按单一创造主的形象被造的万物的独特性"。参见 Mikhaïl Epstein, "Minimal Religion", in Mikhaïl Epstein, Alexander Genis, and Slobodanka Vladiv-Glover,

Russian Postmodernism：*New Perspectives in Post-Soviet Culture*（New York/Oxford：Berghahn Books，1999），pp. 167 - 169.

51. *Selected Poetry*，ed. Philips，p. 117.

52. "Pied Beauty"，*Selected Poetry*，ed. Philips，p. 117.

53. "I wake and feel"，*Selected Poetry*，ed. Philips，p. 151. 参见 von Balthasar 的讨论，*The Glory of the Lord*，pp. 379 - 380，383 - 384.

54. "The Wreck of the Deutschland"，stanza 24，line 191；*Selected Poetry*，ed. Philips，p. 104.

55. Ibid.，stanza 21，lines 164 - 169；*Selected Poetry*，ed. Philips，p. 103. 参见 von Balthasar，*The Glory of the Lord*，p. 387.

56. "The Habit of Perfection"，*Selected Poetry*，ed. Philips，p. 79.

57. "Nondum"，*Selected Poetry*，ed. Philips，p. 80.

58. "God's Grandeur"，*Selected Poetry*，ed. Philips，p. 114；也可参见"The Starlight Night"，ibid.；尤见"That Nature is a Heraclitean Fire"，ibid.，p. 163.

59. "I wake and feel"，*Selected Poetry*，ed. Philips，p. 151. 在这里引用的最后一句之后的三行已在前面引用，始于"Selfyeast of spirit"，note 13.

60. "Carrion Comfort"，*Selected Poetry*，ed. Philips，p. 153；and "Justus quidem tu es，Domine"，ibid.，p. 165. Walter Ong 有说服力地论证到，Hopkins 的干枯时期不能被理解为失去信仰。"Hopkins 说的每件事和在他的苦修背景下的每件事，都暗示 Hopkins 直截了当突入到受苦的自我，远远不是某种程度上使得上帝'消失'的对基督教信仰的一个威胁，事实上提供了一个机会去更深知道信仰包括什么，接纳信仰的完整后果，并一定程度达到以前未曾抵达的明确认识。"Walter J. Ong，*Hopkins, the Self and God*（Toronto：University of Toronto Press，1986），p. 152.

61. 参见"That Nature is a Heraclitean Fire"，以便理解 Hopkins 的宇宙在多大程度上超越了中世纪和现代早期的主流宇宙观念；*Selected Poetry*，ed. Philips，p. 163. 另参 Ong，*Hopkins*，pp. 156 - 159 中的讨论。

62. "Justus quidem tu es，Domine . . ."，*Selected Poetry*，ed. Philips.

63. "To seem the stranger"，*Selected Poetry*，ed. Philips，p. 151.

64. 小德兰的路径也是从现代境况开始的。这一点不像先前的路径，在先前的路径中，确有"罪人"，他们对上帝和基督只有模糊的感受，而没有关联于他；但不管怎么说，"每个人"，即整个社会，都是有信仰的。相反，我们生活在否定上帝是真实的这一选择的世界，数百万人做出了这一选择。参见 Fernand Ouellette，*Je serai l'Amour*（Montreal：Fidès，1996）：

"小德兰很久以来一直被一种'形而上的悲哀'刺痛。正是在这里上演了她内心的悲剧。这一悲哀源于她自幼年就形成的对基督受苦以及人们对他的爱的拒绝的认识……Marcel Moret 总结说：'出于某种神意的奥秘计划，在喜乐和安慰的表面之下承担这一现代的形而上意义上的悲哀成为小德兰的天职之一。'（323）对缺乏信仰的体验，对某种空洞的体验，并没有导致她试图摆脱这一体验；她的目的恰恰是生活在其中，仍然希望去相信，并且和上帝在一起。这是她的'微小的声音'（336）。只有忍耐甚至是罪人的痛苦，并且和他们一起分享'试炼之饼'，人们才能有效地为灵魂的拯救工作。"（337）

正如 Michel de Certeau 指出的，"利雪的小德兰的生命历程从一个绝对的意愿（我选择一切）开始，终结于笼罩了她的生命最后时刻的'黑夜'，这一黑夜伴随着退缩为'我愿意相信'的信仰。"*La Fable Mystique*（Paris：Gallimard，1982），p. 236 n55.

65. 参见 Rowan Williams 对于寻求一个基督教黄金时代的批评："有一个做基督徒特别有优势的时期——这整个想法都是离奇的"；in *Why Study the Past?*（London：Darton，Longman，Todd，2005），p. 105.

66. 对此整个问题的一个有趣讨论，参见 Alister McGrath，*The Twilight of Atheism*（New York：Doubleday，2004），chapter 8.

67. 有趣的讨论参见 Rupert Short，*God's Advocates*（London：Darton，Longman and Todd，2005），interviews with Janet Martin Soskice，pp. 24 - 42，and Sarah Coakley，pp. 67 - 85.

68. 这解释了在当代世俗世界，有信仰认同的作家在许多作家中会有被包围、被局限的感觉。Josef Pieper 说过"日常世界的穹顶"，这穹顶可以束缚我们。智术士、伪哲人越来越死死地向下压迫这穹顶。我们需要冲破它。参见 *The Philosophical Act*，in *Leisure the Basis of Culture*，trans. Alexander Dru（Indianapolis：The Liberty Fund，1999），pp. 69 - 71；*Was Heisst Philosophieren?*（Einsiedeln：Johannes Verlag，2003），pp. 19 - 21.

69. 有关我的这个题目的文章，参见 Hent de Vries，ed.，*Religion—The Concept*（Fordham University Press，forthcoming）.

70. Peter Gay，*The Enlightenment：An Interpretation*（New York：Knopf，1966）.

71. John Stuart Mill，*On Liberty*，in Mill，*Three Essays*（Oxford：Oxford University Press，1975），p. 77. Friedrich Nietzsche："—Hat man mich vestanden? —Dionysos gegen den Gekreuzigten."参见"Ecce Homo"，in *Nietzsches Werke*（Berlin：Walter de Gruyter，1969），Sechste Abteilung，Dritter Band，p. 372.

72. 不言而喻，这也适用于基督教要"取代"犹太教的主张。作出此类主张的基督教信仰，某种程度上是被遮蔽和扭曲的。但更一般地，我也希望予以明确的是，我的（无可否认是没有细致定义的）"上帝的教育学"这一概念不同于莱辛的观点（见其 *Die Erziehung des Menschengeschlechts*）。这不仅在于"进程"并不结束于自然神论激发的道德主义，而是更为根本性的，因为既然教育取决于加深我们对罪和救赎之奥秘的感受，那它根本就不会有恰当的"终结"：根本没有令人满意的毕业生时代，他们可以高高在上俯视他们的不先进的前辈之不完美的把握。关于泛神论类型的形式，参见 Nicholas Boyle，*Sacred and Secular Scriptures*（Notre Dame：University of Notre Dame Press，2005），chapters 1 and 2.

73. Robert Bellah，"What Is Axial about the Axial Age?"，in *Archives Européennes de Sociologie*，46，no. 1，pp. 69 - 89；the quote is on p. 72. 此文论证 Robert Bellah 有较为详尽的扩展，见其即将出版的 *Religion in Human Evolution：From the Paleolithic to the Axial Age*.

尾声：许多故事

1. Francis Oakley，"Christian Theology and the Newtonian Science"，*Church History* 30 (1961)，pp. 433 - 457.

2. 这些关联在 John Milbank 和 Catherine Pickstock 等通常被称为"激进正统"（Radical

Orthodoxy)的倡导者的工作中得到很高水平的探索。参见 John Milbank, *Theology and Social Theory*, 2nd edition (Oxford: Blackwell, 2005); Catherine Pickstock, *After Writing* (Oxford: Blackwell, 1998); John Milbank and Catherine Pickstock, *Truth in Aquinas* (London: Routledge, 2001); John Milbank, Catherine Pickstock, and Graham Ward, eds., *Radical Orthodoxy* (London: Routledge, 1999).

3. Rémi Brague, *La Sagesse du Monde* (Paris: Fayard, 1999).

4. 参见 John Milbank, in Rupert Shortt, *God's Advocates* (London: Darton, Longman & Todd), p. 108.

索引

（索引中的页码为原书页码，即本书的边码）

955

◆ 译后记 ◆

《世俗时代》的出版对于想要了解查尔斯·泰勒的哲学家、历史学家、宗教学家以及社会理论家来说是一件重大的事,因为它体现了泰勒在他五十余年的学术生涯中所付出的巨大努力,并彰显了一位严肃的当代思想家在其晚年所能达到的思想高度。

泰勒试图理解在拉丁基督教世界,即他所说的"西方"世界中一个世俗的时代是如何到来的。他并不打算对作为一个全球现象的世俗化进行阐述,而只是对影响他的基督教文明做一个系统性反思。这个反思最初的成果是他在 1989 年出版的《自我的根源》(*Sources of the Self*)。在这本书中,他追溯了现代自我认同形成的漫长过程,尤其批评了现代道德哲学这样一种准则化的、平面化的理解对道德根源和道德空间的忽视。在随后的《现代社会想象》(*Modern Social Imaginaries*)以及《本真性的伦理》(*The Ethics of Authenticity*)中,泰勒进一步勾勒出在现代社会中影响人们实践的想象形式,以及在这些想象形式的维持之下现代道德秩序是如何运转的。本真性伦理的出现是现代西方个人主义文化进一步深化的结果,泰勒在其中既看到了问题,也看到了新的希望。《一种天主教的现代性?》(*A Catholic Modernity?*)和《今日宗教种种:重新思考威廉·詹姆斯》(*Varieties of Religion Today: William James Revisited*)则是泰勒触及宗教问题的较早尝试,他在这两本小书中,提出了天主教的现代性问题以及今日宗教的灵性体验的特征。在 2007 年出版的《世俗时代》中,泰勒对其一生最为关注的世俗性问题进行了详尽的阐释,并将他早先的思考都囊括其中。

此书不仅涉及大量宗教史内容,也有很多核心概念是泰勒自己的创举。对这些核心概念的翻译让译者们花了不少心思,例如,经过我们反复商议,buffered self 译作"缓冲的自我",与之相对,porous self 译作"可渗透的自我"。Subtraction story 译为"化减的故事",根据这类故事,世俗化是人类从迷魅状态中解放出来的过程,但泰勒认为它们对历史采取了一种简化的理解。Cosmos 和 universe 分别指的是前现代那种充满神灵与魔力的宇宙以及现代科学所理解的不承载意义的、中立性的宇宙。从 buffered self 到 porous self 的转变,从 cosmos 到 universe 的转变是大脱嵌(the Great Disembedding)的后果。前现代人是镶嵌于宇宙秩序和社会等级秩序中的,但历经了脱嵌的过程,他们变成了现代主体。现代主体受到无求于外的人文主义(exclusive humanism)的影响,这是一种将超越性排除在外的人文主义,它仅仅关注人间福祉(human flourishing),为了彰显这种人文主义自认为所具有的自足性,因此我们将其译作"无求于外的人文主义"。他们还持有一种原子论的自我理解,受笛卡尔开启的认识论影响,他们相信其理性能力能够使其摆脱身份的约束,对周遭环境采取一种彻底的客体化态度,泰勒称其为一种 disengaged agency 或 disengaged reason,我们将其译作"漠然的能动性"或"漠然的理性"。相应地,disengagement 译为"超脱"。世俗时代的到来不仅改变了现代人的自我理解,改变了他们的宇宙想象和社会想象,改变了当代世界的关注点,而且也转变了精神世界。它带来了一个道离肉身的过程:人类宗教生活与各种有形的仪式、敬拜实践相脱离,越来越存在于人的头脑之中。Incarnation 一般译为"道成肉身",因此我们将 excarnation 译作"道离肉身"。此外,世俗化与其说是科学战胜了宗教,不如说是出现了一种新的伦理视野,它无需诉诸超越性就能证明现代社会的构成具有正当性。这种新的伦理视野被泰勒称为"内在的框架"(the immanent frame)。内在的框架取代了原先由宗教提供的那个无所不包的意义框架。宇宙的、社会的以及道德的秩序,现在都被理解为内在的世俗秩序,缺乏超越性。正是在此内在框架中生活的现象学经验,使得我们的时代成为了世俗时代。

　　阅读以及翻译泰勒的著作可以享受到思想上的巨大乐趣,但同时这也是一份艰辛的工作,背负着智识上的责任。徐志跃和邱红夫妇慧眼识书,2007 年就与哈佛大学出版社联系希望获得此书在中国出版的版权,后在清华大学哲学系贝淡宁（Daniel A. Bell）教授的推动下如愿以偿。之后他们委托了刘擎、张双利、王新生、盛韵参与翻译工作。因为翻译此书的工作量极大，得知当时我正在进行一个有关泰勒世俗性思想的研究工作，徐志跃邀请我参与进来，和他一起承担部分翻译工作。全书的分工如下：刘擎翻译了导论和第一章；盛韵翻译了第二至三章，第八至十一章；张双利翻译了第六至七章；张容南翻译了序言，第五章，第十二至十四章；王新生翻译了第十五至十八章；徐志跃翻译了第四章，第十九至二十章，尾声。全书的法文翻译由崇明完成。审校由徐志跃和张容南（第十五至十八章）完成。2014 年 11 月，徐志跃先生因患食道癌猝然离世，离世前心系此书，嘱托其妻邱红女士完成最后的收尾工作。邱红女士不负所托，和张容南一起完成了统一译名和整理索引的工作。最后阶段的查漏补缺、语句疏通看似简单，却极为耗时，邱红女士为此付出了极大努力。

这本书从购买版权到最终问世，殊为不易。在此要特别感谢查尔斯·泰勒教授为此书题写中文版序言，感谢贝淡宁教授在购买版权问题上给予的帮助，感谢崇明夫妇解决了令人困扰的法文翻译问题。这本书能够面世还得益于几位译者的通力合作，他们在紧张忙碌的科研生活中抽出很多时间来完成翻译工作，希望这本书能发挥它应有的学术影响力。值得一提的是，如果没有徐志跃和邱红夫妇对这本书的全心付出，它无法以今天的面貌呈现给中国读者。如果对众多译者而言，做这本书的意义主要是学术上和智识上的，那么对于这两位编译者而言，做这本书的动力还源自他们信仰上的追求。

此书的翻译由多位译者共同完成，可能存在翻译风格上的不同，且因为翻译此书需要对基督教历史和西方哲学有深刻的了解，对查尔斯·泰勒的思想历程有所把握，其难度可想而知。尽管如此，译者们对这本书的问世还是有很大的期待，希望它的出版有助于学界深化对查尔斯·泰勒理论的研究。全书的翻译难免有不当之处，恳请学界同仁批评指正。

张容南

◆ 编后记 ◆

　　查尔斯·泰勒教授的学术巨著《世俗时代》即将付梓,作为本书责任编辑,心中百感交集。本书是在 2007 年由徐志跃策划引进中文版(那时《世俗时代》英文版尚未正式出版),到 2016 年年底最终出版,历时九年,其中甘苦,难以言表。

　　感谢张容南、盛韵、刘擎、张双利、王新生、徐志跃以及负责法文翻译的崇明等各位教授学者的辛勤翻译工作,感谢徐志跃、张容南审校了全部译稿,尤其是张容南和崇明,他们帮助、陪伴我直到译著最终定稿。

　　感谢泰勒教授的学生、清华大学哲学系贝淡宁教授,帮助上海三联书店从哈佛大学出版社获得本书中文版授权。感谢博达著作权代理公司,为我们未能按时出版译著争取到延期出版授权。感谢上海三联书店总编辑黄韬,他对本书翻译出版进程给予了很多关注和支持。

　　感谢华东师范大学刘擎教授为本书撰写书评《世俗时代的死亡问题》(发表于《东方早报·上海书评》,2008 年 7 月 28 日),让中文读者在很多年前了解到泰勒的这部世纪巨著。

　　感谢黄剑波教授、瞿旭彤教授于 2016 年 4 月组织了"北师大-华师大理论与社会科学跨学科工作坊"第一期活动——泰勒《现代社会想象》学者读书会(《世俗时代》第四章即是"现代社会想象"),为这部重要著作中文版问世在学术领域预热推介。该工作坊第二期活动还将继续阅读泰勒的著作,期待更多人能从泰勒对现代性的洞察中获益。

　　感谢复旦大学和爱丁堡大学神学院借本书中文版出版契机,计划在2017 年联合举办以"启蒙、宗教与世俗化"为主题的国际学术会议,希望届时可以邀请到泰勒教授亲自来华参加此次会议。特别感谢组织此次会议的复旦大学张双利教授和林晖教授。这次会议将有特殊的意义,因为《世俗时代》的写作正是基于 1999 年春季泰勒教授在爱丁堡大学所做的吉福德系列讲座，题为"生活在一个世俗时代"。

本书由七位译者合译，然而负责组织本书翻译工作的徐志跃在 2014 年 11 月 2 日突然因病离世，译著定稿工作未能最终完成。感谢橡树文字工作室的游冠辉放下手上修订加尔文《基督教要义》中译本的重要工作，通读了整部译稿，并对照英文原书更正了译稿中的多处错误。同时，为了帮助普通读者更好地阅读和理解这部卷帙浩繁、内容艰深的巨著，橡树文字工作室引进了加尔文学院哲学教授詹姆士·史密斯（James K. Smith）的著作《如何（不）世俗：解读查尔斯·泰勒》（*How（Not）to Be Secular：Reading Charles Taylor*），该书目前正在翻译中，希望可以在 2017 年出版。此书连同《世俗时代》一起列入上海三联书店与橡树文字工作室合作出版项目，成为一份美好合作的见证。

最后，我要感谢徐志跃的同道挚友许宏。得知本书即将出版，许宏撰写了一篇评论《世俗时代》的文章——《另一部时间简史？》，发布在他的微信公众号"言究所"上。志跃和许宏的相识相知是因着三十四卷本《沃格林全集》主编埃利斯·桑多兹（Ellis Sandoz）教授。志跃离世这两年，许宏多次撰文追思，其中《纪念徐志跃》（Daniel Hsu：In Memoriam）发表在沃格林协会刊物《沃格林视野》（*VoegelinView*）上，深情厚谊令人动容。在《世俗时代》的书评最后，许宏说，"这部多维时间简史，开始帮助我进一步想念将这本书带到中文世界的志跃兄还有他的家人朋友们，志跃所在的那个世界跟这个世界之间的隔绝似乎开始没有那么让人窒息了，尽管我仍旧不知道他现在具体怎样了。"

还要感谢好友周威，他是最好的读者，也为这篇编后记以及本书封面文字选用提供了很好的建议。

"一粒麦子不落在地里死了，仍旧是一粒，若是死了，就结出许多子粒来。"（《约翰福音》12：24））谨以本书中文版献给我的丈夫徐志跃。在我们十年婚姻生活中，这本书陪伴了我们大半段时光，念兹在兹，它早已成为我们生命的一部分。志跃虽然已经离开了这个世界，离开了令他爱恨交加的世俗时代，离开了他的家人和朋友，但他工作的果效还在延续，为黑暗的世界带来一线光亮，为冷漠的世界添加一丝温暖。他虽然已经脱离了我们所处的世俗时代，进入天上永恒的世界，相信他也会为本书终于出版感到欣慰。

邱　红

2016 年 10 月 3 日

修改于 10 月 16 日

图书在版编目(CIP)数据

世俗时代/(加)查尔斯·泰勒(Taylor，C.)著. 张容南等译；
徐志跃，张容南审校—上海：上海三联书店，2016.12(2024.6 重印)
ISBN 978 - 7 - 5426 - 5463 - 2

Ⅰ. 世… Ⅱ. ①泰…②张… Ⅲ. 哲学 Ⅳ. ①B - 49

中国版本图书馆 CIP 数据核字(2016)第 015812 号

A SECULAR AGE by Charles Taylor

Published by arrangement with Harvard University Press
Simplified Chinese translation copyright © 2016
by Shanghai Joint Publishing Company
ALL RIGHTS RESERVED
中文版由博达著作权代理有限公司代理

世俗时代

著　　者 / 查尔斯·泰勒
英　　译 / 张容南　盛　韵　刘　擎
　　　　　　张双利　王新生　徐志跃
法　　译 / 崇　明
审　　校 / 徐志跃　张容南
策　　划 / 徐志跃
责任编辑 / 邱　红
特约编辑 / 游冠辉
合作出版 / 橡树文字工作室
整体设计 / 豫　苏
监　　制 / 姚　军
责任校对 / 张大伟

出版发行 / 上海三联书店
　　　　　　(200041)中国上海市静安区威海路 755 号 30 楼
邮　　箱 / sdxsanlian@sina.com
联系电话 / 编辑部：021 - 22895517
　　　　　　发行部：021 - 22895559
印　　刷 / 上海普顺印刷包装有限公司

版　　次 / 2016 年 12 月第 1 版
印　　次 / 2024 年 6 月第 9 次印刷
开　　本 / 640 mm×960 mm　1/16
字　　数 / 957 千字
印　　张 / 63.5
书　　号 / ISBN 978 - 7 - 5426 - 5463 - 2/B·458
定　　价 / 158.00 元

敬启读者，如发现本书有印装质量问题，请与印刷厂联系 021 - 36522998